【好評図書のご案内】

全訂 Q&A 渉外戸籍と国際私法
南敏文 編著

二〇〇八年二月刊　A5判　三九二頁　定価四一〇四円（本体三八〇〇円）

商品番号：40135
略　号：渉国

詳解 処理基準としての戸籍基本先例解説
木村三男・竹澤雅二郎 編著

二〇〇八年三月刊　A5判上製箱入　九〇四頁　定価九五〇四円（本体八八〇〇円）

商品番号：40335
略　号：戸先

全訂第二版 相続における戸籍の見方と登記手続
髙妻新・荒木文明 著

二〇一一年五月刊　A5判上製箱入　一七六四頁　定価一五八七六円（本体一四七〇〇円）

商品番号：40039
略　号：相戸

最新 体系・戸籍用語事典

定価:本体8,400円(税別)

昭和55年 3 月15日	初　版	発行
平成元年 2 月10日	全訂版	発行
平成 4 年 3 月10日	新　版	発行
平成13年 1 月30日	改訂版	発行
平成26年10月 9 日	最新版	発行

監修者　南　　　敏　文
著　者　髙　妻　　　新
補訂者　青　木　　　惺
発行者　尾　中　哲　夫

発行所　日本加除出版株式会社
本　　社　郵便番号 171-8516
　　　　　東京都豊島区南長崎 3 丁目16番 6 号
　　　　　ＴＥＬ　(03)3953-5757 (代表)
　　　　　　　　　(03)3952-5759 (編集)
　　　　　ＦＡＸ　(03)3951-8911
　　　　　ＵＲＬ　http://www.kajo.co.jp/
営　業　部　郵便番号 171-8516
　　　　　東京都豊島区南長崎 3 丁目16番 6 号
　　　　　ＴＥＬ　(03)3953-5642
　　　　　ＦＡＸ　(03)3953-2061

組版・印刷　㈱倉田印刷　／　製本　牧製本印刷㈱

落丁本・乱丁本は本社でお取替えいたします。
Ⓒ 2014
Printed in Japan
ISBN978-4-8178-4187-2 C2532 ¥8400E

JCOPY 〈㈳出版者著作権管理機構　委託出版物〉

本書を無断で複写複製(電子化を含む)することは、著作権法上の例外を除き、禁じられています。複写される場合は、そのつど事前に㈳出版者著作権管理機構(JCOPY)の許諾を得てください。
また本書を代行業者等の第三者に依頼してスキャンやデジタル化することは、たとえ個人や家庭内での利用であっても一切認められておりません。

〈JCOPY〉　ＨＰ：http://www.jcopy.or.jp/、e-mail：info@jcopy.or.jp
　　　　　電話：03-3513-6969、FAX：03-3513-6979

【監修者・著者・補訂者紹介】

著 者 **髙妻　新**（こうづま・あらた）

　　　大正11年宮崎県生まれ，法政大学法学部卒業
　　　前　宇都宮・浦和・横浜各地方法務局戸籍課長
　　　　　法務省民事局第二・五課　課長補佐
　　　　　東京法務局（本局・支局・出張所）登記官
　　　　　昭和57年から14年間東京家庭裁判所参与員
　　　　　昭和55年から29年間司法書士

　　　　主　著
　　　「体系・戸籍用語事典」（日本加除出版）
　　　「相続における戸籍の見方と登記手続」（日本加除出版）
　　　「Q＆A相続登記の手引き」（日本加除出版）
　　　「相続における実務総覧」（日本加除出版）

補訂者 **青木　惺**（あおき・さとる）

　　　昭和22年新潟県生まれ，日本大学法学部卒業
　　　昭和41年4月　東京法務局採用，法務省民事局第二課課長補佐，鹿児島地方法務局総務課長，名古屋法務局人権擁護部長，静岡地方法務局長等を経て，千葉地方法務局長を最後に平成17年4月退職
　　　平成17年5月から大月公証役場公証人として現在に至る。

　　　　主　著
　　　「戸籍訂正ＡＢＣからＺまで」（日本加除出版）
　　　「市町村限りの職権訂正」（日本加除出版）
　　　「戸籍・外国人登録の窓口実務」（ぎょうせい）

【監修者・著者・補訂者紹介】

監修者 　**南　　　敏　文**（みなみ・としふみ）
　　　　　昭和22年大阪府生まれ，京都大学法学部卒業
　　　　　昭和47年　4月　大阪地方裁判所判事補
　　　　　昭和50年　8月　法務省民事局付検事
　　　　　昭和58年　4月　在ジュネーヴ国際機関等日本政府代表部一
　　　　　　　　　　　　 等書記官
　　　　　昭和61年　4月　法務省民事局第五課長
　　　　　昭和63年　4月　法務省民事局第二課長
　　　　　平成　2年　4月　東京高等裁判所判事
　　　　　平成　5年　9月　東京地方裁判所判事（部総括）
　　　　　平成10年　4月　横浜地方裁判所判事（部総括）
　　　　　平成13年　4月　東京地方裁判所判事
　　　　　　　　　　　　 東京簡易裁判所判事（司法行政事務掌理）
　　　　　平成14年　7月　徳島地方裁判所判事（所長）
　　　　　　　　　　　　 徳島家庭裁判所判事（所長）
　　　　　平成16年　2月　京都家庭裁判所判事（所長）
　　　　　平成17年　7月　東京高等裁判所判事（部総括）
　　　　　平成24年11月　定年退官
　　　　　現在：弁護士，川崎市市民オンブズマン

　　　主　著
「全訂　Ｑ＆Ａ渉外戸籍と国際私法」（日本加除出版）
「新しい国際私法—改正法例と基本通達」（日本加除出版）
「設題解説　渉外戸籍実務の処理Ⅰ～Ⅷ」（日本加除出版）
「はじめての渉外戸籍」（日本加除出版）
「はじめての戸籍法」（日本加除出版）
「わかりやすい国際結婚と法」（有斐閣）
「新訂　民事訴訟と不動産登記一問一答」（テイハン）
「民事弁護と裁判実務5　損害賠償1　自動車事故・労働災
　害」（ぎょうせい）
「改正法例の解説」（法曹会）

平成10年 2 月 9 日	民二255号回答 ·································	343
平成11年11月11日	民二・五2420号通知 ··························	285・513
平成12年 3 月15日	民二600号通達 ·············	128・136・181・214・476
平成12年 3 月29日	民二765号回答 ·································	529
平成13年 6 月15日	民一1544号通達 ································	9
平成14年12月18日	民一2999号訓令 ································	185
平成14年12月18日	民一3000号通達 ·····················	183・184・185
平成15年 3 月18日	民一750号通達 ·································	238
平成16年 9 月27日	民一2664号通達 ································	284
平成16年 9 月27日	民一2665号通達 ································	519
平成16年11月 1 日	民一3008号通達 ··························	208・260
平成19年 5 月 7 日	民一1007号通達 ··························	259・260
平成20年 4 月 7 日	民一1000号通達 ············	163・165・166・167・168・
		236・237・238・245・418
平成20年12月18日	民一3300号通達 ································	518
平成20年12月18日	民一3302号通達 ································	519
平成22年 5 月 6 日	民一1080号通達 ································	148
平成22年 6 月23日	民一1541号通知 ································	364
平成22年 9 月 6 日	民一2191号通知 ································	485
平成22年12月27日	民一3200号通達 ································	340
平成22年12月27日	民一3201号通知 ································	340
平成23年 6 月 7 日	民一1364号通知 ································	480
平成24年 6 月25日	民一1550号通達 ······························	9・413

平成元年11月30日	民三4913号通達	595
平成元年12月14日	民二5476号通知	433
平成元年12月27日	民二5541号通達	413
平成2年3月1日	民二600号通達	625
平成2年4月12日	民二1240号回答	15
平成2年4月23日	民二151号回答	15
平成2年5月1日	民二1835号通達	9
平成2年9月20日	民二4178号回答	15
平成2年9月20日	民二4179号回答	15
平成2年10月20日	民二5200号通達	214・221・520・558・559・568
平成2年10月20日	民二5201号通達	205
平成3年1月5日	民二183号回答	307
平成3年8月8日	民二4392号通知	405
平成3年11月28日	民二5877号通達	207
平成3年12月5日	民二6047号回答	15
平成3年12月5日	民二6048号回答	15
平成3年12月5日	民二6049号回答	15
平成3年12月13日	民二6123号回答	15
平成3年12月13日	民二6124号回答	16
平成3年12月13日	民二6125号回答	16
平成4年1月6日	民二155号通達	9
平成4年2月28日	民二887号回答	16
平成4年7月17日	民二4372号回答	16
平成5年4月5日	民二2986号通知	15
平成6年4月28日	民二2996号通達	367
平成6年11月16日	民二6002号通達	130
平成6年11月16日	民二7000号通達	130・147・150・178・204
平成6年11月16日	民二7005号通達	212・479・559
平成6年11月16日	民二7002号通達	172
平成6年11月16日	民二7007号通達	558
平成7年10月4日	民二3959号回答	367
平成7年12月4日	民三4344号通知	601・603
平成8年5月28日	民二995号回答	367
平成9年1月8日	法務省民事局補佐官連絡	325
平成9年2月4日	民二197号回答	324
平成10年1月16日	民二94号回答	511
平成10年1月30日	民五180号通達	232・285・322・511・513

昭和56年 9 月14日	民二5536号通達	283・284・567
昭和56年 9 月14日	民二5537号通達	207・221・283・284・558・568
昭和56年11月13日	民二6602号通達	20
昭和57年 4 月30日	民二2972号通達	239・269・276・280
昭和57年 5 月20日	民二3592号回答	328
昭和57年 6 月11日	民二3906号回答	366
昭和57年 7 月 6 日	民二4265号通達	232・285
昭和57年12月18日	民二7608号回答	307・514
昭和58年 3 月 2 日	民三1310号回答	598
昭和58年 3 月 2 日	民三1311号回答	618
昭和58年 3 月 8 日	民二1824号回答	328
昭和58年 3 月14日	民二1819号通達	186・243・570
昭和58年 3 月14日	民二1821号依命通知	186・243・570
昭和58年 3 月22日	民二1500号通達	568
昭和58年 3 月22日	民二1501号通達	558
昭和58年10月24日	民二6115号通達	479
昭和59年 5 月 2 日	民二2388号回答	328
昭和59年10月15日	民三5195号回答	586・616・621
昭和59年10月15日	民三5196号回答	586・616
昭和59年11月 1 日	民五5005号法務大臣訓令	544
昭和59年11月 1 日	民五5506号通達	523・544・551
昭和59年11月 1 日	民二5500号通達	188・193・210・437・499・501・519・532・538・547・552・560・561・562
昭和59年11月 1 日	民二5504号通達	138・161
昭和60年 4 月12日	民二1971号回答	366
昭和60年 5 月17日	民二2789号通知	212
昭和60年 6 月28日	民二3675号回答	328
昭和62年 1 月26日	民二287号回答	85・228
昭和62年 5 月13日	民二2475号回答	328
昭和62年10月 1 日	民二5000号通達	190・206・207・209・275・304・309・334・335・337・338・339・346・365・371・372・374・375・378・382・384・396・425・499・500・501
昭和63年 3 月29日	民二2020号通達	493
昭和63年 9 月17日	民二5165号通達	336
昭和63年12月20日	民二7332号通達	85・228
平成元年10月 2 日	民二3900号通達	9・15・19・252・297・300・320・361・365・366・392・403・410・411・415・429・433・454

昭和48年11月17日	民二8522号依命通知	181
昭和48年12月11日	民三8859号回答	598
昭和49年1月8日	民三242号回答	620
昭和49年3月12日	民二1369号回答	349・626
昭和49年6月19日	民二3465号回答	102
昭和49年9月9日	民二5039号回答	269
昭和49年10月1日	民二5427号回答	308
昭和50年4月30日	民二2221号回答	194
昭和50年5月23日	民二2696号通達	255
昭和50年9月9日	民二5096号回答	108
昭和51年1月14日	民二280号通達	327・390・430・436
昭和51年1月23日	民二900号通達	238
昭和51年5月7日	民二2846号回答	328
昭和51年5月31日	民二3233号通達	85・198・228・425・426
昭和51年11月4日	民二5351号通達	425
昭和51年11月4日	民二5353号通達	426
昭和51年11月4日	民二5355号通達	198・426
昭和51年11月5日	民二5641号通達	187
昭和52年4月4日	民二1861号回答	417
昭和52年10月6日	民二5118号回答	319
昭和53年1月23日	民二497号回答	349・627
昭和53年4月26日	民二2473号回答	272
昭和53年7月22日	民二4184号通達	420
昭和53年10月3日	民二5408号通達	19
昭和54年3月31日	民三2112号通達	596
昭和54年5月11日	民二2864号回答	328
昭和54年8月3日	民二4257号通知	130
昭和54年8月21日	民事甲4391号通達	205
昭和54年8月21日	民二4390号通達	221
昭和54年8月21日	民二4391号通達	260・265
昭和54年8月31日	民二4471号通達	443
昭和54年10月5日	民二4948号回答	328
昭和55年7月2日	民二3948号回答	493
昭和55年8月22日	民二5216号回答	328
昭和55年8月27日	民二5217号回答	407
昭和55年8月27日	民二5218号通達	407・408・428
昭和56年5月22日	民二3249号回答	328

昭和44年4月1日	民事甲482号通達	180・181
昭和44年4月3日	民事甲542号回答	526
昭和44年4月11日	民事甲584号回答	525
昭和44年4月22日	民事甲877号回答	409・525
昭和44年5月17日	民事甲1091号回答	414
昭和44年7月7日	民事甲1348号回答	570
昭和44年7月24日	民事甲1477号回答	221
昭和44年9月1日	民事(五)発1025号依命通知	126
昭和44年9月1日	民事甲1741号通達	126
昭和44年10月16日	民事甲2204号回答	603
昭和44年11月25日	民事甲1436号回答	391
昭和44年12月19日	民事甲2733号回答	405
昭和45年1月31日	民事甲464号回答	306
昭和45年6月5日	民事甲2667号通達	480
昭和45年10月5日	民事甲4160号回答	603
昭和45年12月2日	民事甲4708号回答	147
昭和45年12月17日	民事甲1219号回答	206
昭和46年2月16日	民事甲568号回答	397・422
昭和46年3月1日	民事甲972号通達	270
昭和46年4月23日	民事甲1608号回答	532
昭和46年11月17日	民事甲3408号回答	204
昭和47年4月17日	民事甲1442号通達	598
昭和47年5月2日	民事甲1766号通達	221
昭和47年5月15日	民事甲1783号通達	134
昭和47年5月15日	民事甲1784号通達	134
昭和47年5月15日	民事甲1793号通達	134
昭和47年5月15日	民事甲1794号指示	134
昭和47年5月15日	民事(二)発884号依命通知	134
昭和47年5月16日	民事甲1898号回答	170
昭和47年5月29日	民事甲2091号通達	207
昭和47年7月15日	民事甲1711号訓令	134
昭和47年8月21日	民事甲3565号回答	598
昭和47年8月23日	民事(二)発420号回答	284
昭和47年11月15日	民事甲4679号回答	558
昭和48年3月10日	民二2085号回答	278
昭和48年4月25日	民二3408号回答	75
昭和48年10月17日	民二7884号回答	265

昭和40年5月13日	民事甲794号回答	278
昭和40年5月13日	民事甲797号回答	278
昭和40年6月23日	民事甲1451号回答	277
昭和40年7月5日	民事甲1709号回答	278
昭和40年7月14日	民事甲1875号回答	603
昭和40年7月16日	民事甲1879号回答	278
昭和40年8月3日	民事甲1956号通達	622
昭和40年9月21日	民事甲2821号回答	620
昭和40年9月22日	民事甲2834号回答	258
昭和40年10月16日	民事甲2937号回答	206
昭和40年11月17日	民事甲3285号回答	279
昭和40年12月20日	民事甲3474号回答	413・415
昭和41年2月23日	民事甲384号通達	160
昭和41年3月8日	民事甲646号回答	526
昭和41年3月14日	民事甲655号回答	258
昭和41年12月23日	民事甲3638号回答	622
昭和42年3月8日	民事甲373号回答	274
昭和42年4月13日	民事甲615号通達	138・233・234・514
昭和42年5月20日	民事甲1200号通達	309
昭和42年8月4日	民事甲2152号回答	285
昭和42年8月21日	民事甲2414号通達	479
昭和42年9月26日	民事甲2650号回答	570
昭和42年10月14日	民事(三)発735号通知	172
昭和42年10月20日	民事甲2400号通達	568
昭和42年12月22日	民事甲3965号回答	412・415
昭和43年1月11日	民事甲10号通達	170・618
昭和43年3月1日	民事(三)発170号回答	598・603
昭和43年3月4日	民事甲373号通達	113・618
昭和43年3月28日	民事(三)発114号回答	616・619
昭和43年4月5日	民事甲689号回答	276
昭和43年5月16日	民事甲1663号回答	157
昭和43年6月24日	民事甲2269号回答	130・133
昭和43年7月11日	民事甲2346号回答	303
昭和43年7月22日	民事甲2644号回答	330
昭和44年3月3日	民事甲373号回答	618
昭和44年3月11日	民事甲422号回答	570
昭和44年4月1日	民事甲481号訓令	180

昭和38年9月12日	民事甲2604号回答	156・221
昭和38年10月29日	民事甲3055号回答	100・103
昭和38年11月20日	民事甲3119号回答	598
昭和38年12月4日	民事甲3165号回答	258
昭和39年1月30日	民事甲201号回答	305
昭和39年2月6日	民事甲276号回答	258・305
昭和39年2月13日	民事甲316号回答	99・100・103
昭和39年2月13日	民事甲319号回答	377
昭和39年2月27日	民事甲381号通達	155・156
昭和39年2月27日	民事甲385号通達	82
昭和39年2月27日	民事甲416号回答	625
昭和39年4月6日	民事甲1497号回答	146
昭和39年4月21日	民事甲1574号回答	331
昭和39年5月4日	民事甲1617号回答	292
昭和39年5月27日	民事甲1951号回答	395
昭和39年6月15日	民事甲2086号回答	258・305
昭和39年6月30日	民事甲2240号回答	277
昭和39年7月4日	民事甲2303号回答	247
昭和39年7月9日	民事甲2480号回答	484
昭和39年7月15日	民事甲2253号回答	432
昭和39年7月23日	民事㈡発271号回答	568
昭和39年7月27日	民事甲2683号通達	479
昭和39年9月5日	民事甲2901号回答	271
昭和39年9月9日	民事甲3019号回答	567
昭和39年10月26日	民事甲3470号回答	277
昭和39年10月30日	民事甲3560号回答	349・627
昭和39年11月21日	民事甲3749号回答	622
昭和39年12月1日	民事㈢発706号回答	603
昭和39年12月25日	民事甲4043号回答	277
昭和40年1月7日	民事甲4016号通達	269・277・278・280
昭和40年2月15日	民事甲325号回答	288
昭和40年3月1日	民事甲479号回答	404
昭和40年3月16日	民事甲540号回答	395
昭和40年4月10日	民事甲781号回答	501
昭和40年4月12日	民事甲838号回答	187・191・407・559
昭和40年4月22日	民事甲846号回答	278
昭和40年4月26日	民事甲858号通達	206

昭和36年 9 月 5 日	民事甲2008号通達	232・285
昭和36年 9 月11日	民事甲2204号回答	315
昭和36年 9 月11日	民事甲2227号回答	624
昭和36年11月14日	民事甲2756号通達	243
昭和36年11月14日	民事甲2763号回答	353・380・424
昭和36年11月22日	民事甲2934号回答	312
昭和36年12月18日	民事甲3127号回答	491・611
昭和36年12月25日	民事甲3211号回答	626
昭和37年 2 月13日	民事甲309号回答	469
昭和37年 2 月20日	民事甲334号回答	267・268
昭和37年 2 月20日	民事甲345号回答	239
昭和37年 2 月21日	民事甲349号回答	335・349・627
昭和37年 2 月26日	民事㈡発72号通知	267・268・269
昭和37年 3 月13日	民事甲691号回答	75
昭和37年 3 月28日	民事甲849号回答	245
昭和37年 5 月30日	民事甲1469号通達	375・441・442・487・609
昭和37年 6 月15日	民事甲1606号通達	596・624
昭和37年 6 月29日	民事甲1839号回答	441
昭和37年 7 月14日	民事甲1989号回答	373・377・386
昭和37年 8 月22日	民事甲2359号通達	595
昭和37年 8 月28日	民事㈡発348号指示	85
昭和37年 9 月13日	民事㈡発396号通知	377・469
昭和37年 9 月27日	民事甲2716号回答	393・421
昭和37年10月 2 日	民事甲2818号回答	315
昭和37年11月 2 日	民事甲3175号回答	156
昭和37年11月29日	民事甲3438号回答	502
昭和37年11月29日	民事甲3439号回答	373・378
昭和37年12月 3 日	民事甲3513号回答	483
昭和38年 2 月 4 日	民事甲350号回答	310
昭和38年 3 月11日	民事甲742号回答	156
昭和38年 4 月19日	民事甲1136号回答	558・568
昭和38年 5 月14日	民事甲1359号回答	205
昭和38年 7 月 1 日	民事甲1837号回答	258
昭和38年 8 月14日	民事甲2340号回答	331
昭和38年 8 月16日	民事甲1734号通達	604
昭和38年 8 月22日	民事甲2446号回答	261
昭和38年 8 月26日	民事甲2480号回答	331

昭和34年 1 月29日	民事甲124号回答	328
昭和34年 2 月18日	民事甲313号回答	181
昭和34年 3 月28日	民事甲635号回答	284
昭和34年 3 月30日	民事甲657号通達	489
昭和34年 4 月 8 日	民事甲624号通達	240・242・339・352
昭和34年 6 月 4 日	民事(二)発276号依命通知	568
昭和34年 6 月 4 日	民事甲1127号通達	568
昭和34年 6 月11日	民事甲1238号回答	314
昭和34年 6 月22日	民事甲1306号回答	284
昭和34年 6 月25日	民事甲1331号回答	568
昭和34年 7 月22日	民事甲1550号回答	156
昭和34年 8 月 7 日	民事甲1723号回答	397
昭和34年 8 月27日	民事甲1545号通達	158・232・285
昭和34年 8 月28日	民事甲1827号通達	305・327
昭和34年 9 月12日	民事甲2064号回答	172
昭和34年 9 月15日	民事甲2067号回答	616
昭和34年10月19日	民事甲2332号回答	327
昭和34年10月31日	民事甲2426号回答	420
昭和34年11月30日	民事(二)発595号回答	142
昭和34年12月11日	民事甲2786号回答	169
昭和35年 2 月 5 日	民事甲286号通達	618
昭和35年 2 月18日	民事甲361号回答	279
昭和35年 2 月22日	民事甲421号通達	489
昭和35年 4 月12日	民事甲883号通達	479
昭和35年 4 月15日	民事甲930号回答	156
昭和35年 4 月28日	民事甲994号回答	479・609
昭和35年 5 月31日	民事甲1293号回答	19
昭和35年 6 月20日	民事甲1945号回答	532・533
昭和35年 8 月 4 日	民事甲1972号回答	480
昭和35年12月 9 日	民事甲3092号回答	239
昭和35年12月16日	民事(二)発472号依命通知	275・304・309
昭和35年12月16日	民事甲3091号通達	189・275・304・309・499
昭和35年12月19日	民事甲3195号回答	493
昭和35年12月22日	民事甲3220号通達	222
昭和36年 1 月20日	民事甲183号回答	321
昭和36年 1 月20日	民事甲184号回答	75・327
昭和36年 3 月24日	民事甲728号回答	615・620

昭和32年9月13日	民事甲1689号回答	358
昭和32年9月21日	民事甲1833号通達	534
昭和32年10月30日	民事甲2087号回答	408・429
昭和32年11月7日	民事甲2097号回答	328
昭和32年11月19日	民事甲2042号回答	242・386
昭和32年12月14日	民事甲2349号回答	650
昭和32年12月14日	民事甲2371号回答	630
昭和32年12月14日	民事甲2372号通達	534
昭和32年12月27日	民事(三)発1384号回答	485・623
昭和33年1月10日	民事甲4号通達	615・621
昭和33年1月30日	民事甲210号通達	150・178
昭和33年2月1日	民事甲229号回答	482・484
昭和33年2月27日	民事(二)発84号回答	246
昭和33年3月10日	民事(二)発110号回答	75
昭和33年3月29日	民事甲633号通達	195・341・381
昭和33年4月8日	民事甲735号回答	387
昭和33年4月23日	民事(二)発204号回答	339・352
昭和33年4月28日	民事甲779号通達	603
昭和33年5月29日	民事甲1064号回答	195
昭和33年6月16日	民事甲1217号通達	134・570
昭和33年7月9日	民事甲1379号通達	620
昭和33年7月26日	民事甲1556号回答	126
昭和33年8月5日	民事(二)発354号回答	624
昭和33年8月13日	民事甲1645号回答	195
昭和33年8月19日	民事甲1686号回答	492
昭和33年9月15日	民事甲1847号民事局長依命通達	180
昭和33年10月27日	民事(二)発510号回答	481
昭和33年10月28日	民事甲2260号回答	152
昭和33年10月29日	民事(二)発509号回答	313
昭和33年11月7日	民事甲2192号回答	102
昭和33年11月18日	民事(二)発551号回答	152
昭和33年12月2日	民事甲2435号回答	308
昭和33年12月15日	民事甲2580号通達	581
昭和33年12月20日	民事甲2612号通達	205
昭和33年12月23日	民事甲2613号通達	530
昭和33年12月27日	民事甲2673号通達	500
昭和34年1月20日	民事甲82号回答	500

昭和30年 9月17日	民事(二)発444号回答 ……………………………………	524
昭和30年10月31日	民事甲2290号回答…………………………………………	502
昭和30年11月 4日	民事甲2350号回答…………………………………………	492
昭和30年11月30日	民事甲2467号回答…………………………	240・626・627
昭和31年 1月24日	民事甲37号回答…………………………………………	625・626
昭和31年 2月14日	民事甲289号回答 …………………………………………	624
昭和31年 2月24日	民事(二)発67号回答 ………………………………………	386
昭和31年 2月28日	民事(二)発71号回答 ………………………………………	31
昭和31年 3月 6日	民事(二)発91号回答 ………………………………………	75
昭和31年 3月13日	民事(二)発116号回答 ……………………………………	31
昭和31年 3月19日	民事甲551号回答 ………………………………………	240・242
昭和31年 3月27日	民事甲384号回答 …………………………………………	386
昭和31年 4月26日	民事甲912号回答 ………………………………………	139・219
昭和31年 4月26日	民事甲913号回答 …………………………	242・243・351
昭和31年 7月12日	民事甲1593号回答…………………………………………	154
昭和31年 7月14日	民事(二)発381号回答 ……………………………………	572
昭和31年 8月30日	民事甲1965号回答…………………………………………	172
昭和31年 9月18日	民事(二)発479号回答 ……………………………………	328
昭和31年10月17日	民事甲2354号回答…………………………………	79・386
昭和31年10月22日	民事甲2441号回答…………………………………………	169
昭和31年12月 4日	民事甲2709号回答…………………………………………	240
昭和31年12月21日	民事(二)発657号回答 ……………………………………	386
昭和31年12月25日	民事甲2878号回答…………………………………	85・158
昭和32年 1月10日	民事甲61号回答…………………………………………	594
昭和32年 1月31日	民事甲163号回答 …………………………………………	485
昭和32年 2月20日	民事甲358号回答 …………………………………………	171
昭和32年 2月26日	民事甲381号回答 …………………………………………	80
昭和32年 3月 6日	民事甲442号回答 …………………………………………	558
昭和32年 3月27日	民事甲577号回答 …………………………………………	408
昭和32年 3月27日	民事甲599号回答 …………………………………………	221
昭和32年 4月 4日	民事甲689号通達 …………………………………………	585
昭和32年 4月30日	民事甲834号回答 …………………………………………	102
昭和32年 6月 1日	民事甲1002号通達………………………………	150・152・177
昭和32年 6月 3日	民事甲1052号回答…………………………………………	533
昭和32年 6月19日	大阪法務局長通知…………………………………………	628
昭和32年 7月17日	民事(二)発289号回答 ……………………………………	386
昭和32年 8月 1日	民事甲1358号通達…………………………………………	485

昭和28年11月24日	民事甲2207号回答	336
昭和28年12月11日	民事甲2335号回答	258・261
昭和28年12月23日	民事甲2524号通達	133
昭和29年2月3日	民事甲259号通達	132
昭和29年2月23日	民事甲291号通達	491・611
昭和29年3月6日	民事甲509号回答	324
昭和29年3月18日	民事甲661号回答	324
昭和29年3月23日	民事甲607号回答	395
昭和29年4月1日	民事甲659号回答	372
昭和29年5月6日	民事甲968号回答	603
昭和29年6月3日	民事甲1116号通達	246
昭和29年6月15日	民事甲1188号回答	582
昭和29年7月1日	民事甲1335号回答	492
昭和29年8月6日	民事(二)発280号回答	393
昭和29年8月20日	民事甲1721号回答	172・240
昭和29年9月1日	民事甲1791号回答	207
昭和29年9月2日	民事甲1813号回答	28
昭和29年10月25日	民事甲2226号回答	412
昭和29年11月5日	民事甲2335号通達	138
昭和29年11月20日	民事甲2432号通達	243
昭和29年11月30日	民事(二)発463号回答	102
昭和29年12月24日	民事甲2601号回答	68
昭和29年12月24日	民事甲2650号回答	108
昭和30年2月9日	民事甲245号通達	413
昭和30年2月15日	民事甲289号通達	74・571
昭和30年2月22日	民事甲331号通達	529
昭和30年3月12日	民事甲251号回答	373・378
昭和30年4月5日	民事甲603号通達	204
昭和30年4月15日	民事甲710号回答	335・349・626
昭和30年4月23日	民事甲742号通達	615・620
昭和30年5月11日	民事甲908号回答	314
昭和30年5月23日	民事甲973号回答	608
昭和30年6月3日	民事甲1117号回答	420・479
昭和30年6月15日	民事甲1229号回答	172・615
昭和30年6月18日	民事甲1264号通達	585・615・620
昭和30年7月1日	民事甲1345号通知	161
昭和30年8月1日	民事甲1602号通達	240・242・337・339・351

昭和26年12月20日	民事甲2416号回答	207
昭和26年12月28日	民事甲2424号回答	191・407
昭和26年12月28日	民事甲2483号回答	285・571
昭和27年1月16日	民事甲35号通達	120
昭和27年1月22日	民事甲5号通達	152
昭和27年1月26日	民事甲34号回答	139
昭和27年1月31日	民事甲44号回答	284・480
昭和27年2月2日	民事甲89号回答	97・103・338・630
昭和27年4月7日	民事甲399号回答	207・212
昭和27年4月19日	民事甲438号通達	30・31・32・38・48・243・331・571
昭和27年5月24日	民事甲751号回答	558
昭和27年6月7日	民事甲804号通達	170・292
昭和27年7月9日	民事甲1012号回答	81・82・394・421
昭和27年8月5日	民事甲1102号通達	191・358
昭和27年8月23日	民事甲74号回答	612・616
昭和27年9月1日	民事甲145号回答	481
昭和27年9月8日	民事甲141号通達	482
昭和27年9月15日	民事甲275号回答	103
昭和27年9月18日	民事甲274号回答	404
昭和27年9月25日	民事甲326号回答	558
昭和27年10月22日	民事甲511号通達	482・483
昭和27年11月19日	民事甲661号回答	245
昭和28年1月29日	民事甲73号回答	279
昭和28年2月25日	民事甲246号回答	331
昭和28年4月14日	直資1－55国税庁長官通達	593
昭和28年4月15日	民事甲597号回答	82・625
昭和28年4月18日	民事甲577号通達	391
昭和28年4月25日	民事甲697号通達	585・620
昭和28年6月9日	民事甲947号通達	170
昭和28年6月9日	民事甲957号通達	480
昭和28年7月20日	民事甲1238号回答	258
昭和28年7月22日	民事甲1239号回答	372
昭和28年7月22日	民事甲1261号回答	32・48
昭和28年8月1日	民事甲1348号回答	628
昭和28年9月3日	民事甲1609号回答	179
昭和28年10月15日	民事甲1895号回答	19
昭和28年11月5日	民事甲2045号回答	376

昭和26年1月10日	民事甲3419号回答	440
昭和26年1月23日	民事甲51号回答	271
昭和26年1月26日	民事甲16号通達	133
昭和26年1月31日	民事甲71号回答	74・350・502
昭和26年2月6日	民事甲173号回答	567
昭和26年2月8日	民事甲172号回答	265・314
昭和26年2月13日	民事甲257号回答	381
昭和26年2月13日	民事甲274号回答	74
昭和26年2月23日	民事甲285号通達	207
昭和26年3月6日	民事甲412号回答	410
昭和26年3月30日	民事甲677号回答	131
昭和26年4月19日	民事甲830号回答	154・180
昭和26年4月21日	民事甲840号回答	558・568
昭和26年4月26日	民事甲863号通達	130
昭和26年4月30日	民事甲899号回答	187・191・407・559
昭和26年5月4日	民事甲912号回答	74・464
昭和26年5月10日	民事甲891号回答	404
昭和26年5月10日	民事甲947号回答	145
昭和26年6月14日	民事甲1230号通達	433
昭和26年6月21日	民事甲1289号回答	251
昭和26年6月22日	民事甲1231号回答	440
昭和26年6月27日	民事甲1332号回答	259・261
昭和26年7月14日	民事甲1465号通達	558
昭和26年7月23日	民事甲1497号回答	335・349・626
昭和26年7月23日	民事甲1505号回答	102・501
昭和26年7月25日	民事甲1542号回答	414
昭和26年8月4日	民事甲1607号回答	440
昭和26年8月13日	民事甲1510号回答	372・380
昭和26年8月14日	民事甲1653号回答	440
昭和26年8月31日	民事甲1754号通達	603
昭和26年9月4日	民事甲1787号通達	500
昭和26年9月18日	民事甲1881号回答	584
昭和26年9月27日	民事甲1804号回答	75・443
昭和26年10月22日	民事甲2042号回答	28
昭和26年11月5日	民事甲2102号通達	337
昭和26年11月6日	民事甲2095号回答	246
昭和26年12月5日	民事甲1673号回答	506

昭和25年4月27日	民事甲1021号通達	591
昭和25年5月2日	民事甲931号回答	128・131
昭和25年6月1日	民事甲1566号通達	188・524
昭和25年6月2日	民事甲1486号回答	594
昭和25年6月10日	民事甲1653号回答	330
昭和25年6月22日	民事甲1747号回答	372・378・380
昭和25年7月1日	民事甲1677号通達	483
昭和25年7月1日	民事甲1790号回答	350
昭和25年7月21日	民事甲1951号回答	315
昭和25年7月22日	民事甲2006号回答	502
昭和25年8月12日	民事甲2099号回答	524
昭和25年8月15日	民事甲2201号回答	372・380・386
昭和25年8月16日	民事甲2206号回答	572
昭和25年8月17日	民事甲2205号回答	506
昭和25年8月22日	民事甲2245号回答	351
昭和25年8月30日	民事甲2354号回答	183
昭和25年9月1日	民事甲2329号回答	74
昭和25年9月6日	民事甲2435号回答	148・358
昭和25年9月12日	民事甲2467号通達	240
昭和25年9月12日	民事甲2468号回答	524
昭和25年9月12日	民事甲2506号回答	292
昭和25年9月22日	民事甲2573号通達	440
昭和25年9月22日	民事甲2605号通達	484
昭和25年10月7日	民事甲2682号回答	613
昭和25年10月8日	民事甲2712号回答	225
昭和25年10月10日	民事甲2633号回答	335
昭和25年10月10日	民事甲2709号回答	103
昭和25年10月12日	民事甲2767号回答	277
昭和25年11月9日	民事甲2909号回答	192・375・376・378
昭和25年11月9日	民事甲2910号回答	288
昭和25年12月4日	民事甲3089号回答	274・469
昭和25年12月6日	民事甲3069号通達	330
昭和25年12月15日	民事甲3205号通達	558・567
昭和25年12月20日	民事甲3232号通達	191
昭和25年12月27日	民事甲3352号回答	186・205
昭和25年12月28日	民事甲3358号回答	274
昭和25年12月28日	民事甲3421号回答	131

昭和24年5月31日	民事甲1277号回答	341
昭和24年6月9日	民事甲1309号通達	480・482
昭和24年6月23日	民事甲1413号回答	102
昭和24年7月6日	民事甲1532号回答	265
昭和24年7月8日	民事甲1570号回答	593
昭和24年7月19日	民事甲1643号回答	226
昭和24年7月19日	民事甲1648号回答	75・336
昭和24年7月21日	民事甲1647号回答	330
昭和24年7月26日	民事甲1686号回答	283
昭和24年8月30日	民事甲1939号回答	274
昭和24年9月5日	民事甲1937号回答	484
昭和24年9月5日	民事甲1940号回答	154・179・180
昭和24年9月5日	民事甲594号回答	180
昭和24年9月9日	民事甲2034号回答	334
昭和24年9月9日	民事甲2039号通達	378
昭和24年9月15日	民事甲2058号回答	192
昭和24年9月17日	民事甲2096号回答	349・626
昭和24年9月24日	民事甲2201号回答	482
昭和24年9月28日	民事甲2204号通達	433
昭和24年10月7日	民事甲2286号回答	305
昭和24年10月15日	民事甲2338号回答	358
昭和24年11月4日	民事甲2562号回答	193
昭和24年11月5日	民事甲2551号回答	461
昭和24年11月10日	民事甲2616号通達	248・251・298
昭和24年11月11日	民事甲2641号回答	193
昭和24年11月14日	民事甲2651号回答	397
昭和24年11月15日	民事甲2670号回答	187・191
昭和24年11月17日	民事甲2681号通達	484
昭和24年11月18日	民事甲2694号通達	330
昭和24年12月20日	民事甲2915号通達	120
昭和24年12月27日	民事甲3020号通達	133
昭和25年1月6日	民事甲2号回答	395
昭和25年2月16日	民事甲455号回答	230
昭和25年2月21日	民事甲520号回答	394・490
昭和25年3月24日	民事甲764号回答	100・102
昭和25年3月30日	民事甲859号回答	462
昭和25年4月18日	民事甲1012号回答	179・181

昭和23年10月11日	民事甲3100号回答	308
昭和23年10月15日	民事甲207号回答	210
昭和23年10月15日	民事甲660号回答	80・225・571
昭和23年10月16日	民事甲2648号回答	188
昭和23年10月23日	民事甲1640号回答	192
昭和23年10月23日	民事甲1994号回答	334
昭和23年11月12日	民事甲3579号回答	336
昭和23年11月12日	民事甲3585号通達	461
昭和23年12月1日	民事甲1998号回答	210・231・232・234・285・480
昭和23年12月1日	民事甲3429号回答	200・492
昭和23年12月3日	民事甲2194号回答	372・380
昭和23年12月6日	民事甲3000号回答	103
昭和23年12月9日	民事甲2831号回答	140
昭和23年12月9日	民事甲2929号回答	208
昭和23年12月9日	民事甲3185号回答	469
昭和23年12月9日	民事甲3678号回答	180
昭和23年12月9日	民事甲3780号回答	500
昭和23年12月14日	民事甲2086号回答	362・363
昭和23年12月15日	民事甲2321号回答	329
昭和23年12月18日	民事甲95号回答	620
昭和24年2月4日	民事甲200号回答	68・506
昭和24年2月11日	民事甲3659号回答	194
昭和24年2月12日	民事甲194号回答	440
昭和24年2月12日	民事甲311号回答	212
昭和24年3月7日	民事甲499号回答	276
昭和24年3月15日	民事甲3499号回答	440
昭和24年3月23日	民事甲3961号回答	247・250・298
昭和24年3月23日	民事甲642号回答	153
昭和24年3月25日	民事甲654号通達	480・482
昭和24年4月6日	民事甲3189号回答	358・483
昭和24年4月6日	民事甲436号回答	230・379・419
昭和24年4月12日	民事甲823号回答	330
昭和24年4月18日	民事甲898号回答	329・330
昭和24年5月19日	民事甲1008号回答	75・443
昭和24年5月30日	民事甲1251号回答	378
昭和24年5月30日	民事甲1252号回答	130
昭和24年5月30日	民事甲1264号回答	251・412

昭和23年 1月13日	民事甲17号通達	138・170・188・200・201・208・210・213・283・288・334・355・421
昭和23年 1月29日	民事甲136号通達	191・205・274・275・284・358
昭和23年 1月31日	最高裁判所民甲37号事務総局民事局長回答	564
昭和23年 2月27日	民事甲210号回答	194
昭和23年 3月5日	民事甲327号回答	193
昭和23年 3月16日	民事甲149号回答	337
昭和23年 3月29日	民事甲452号回答	283
昭和23年 4月2日	民事甲399号回答	171・221
昭和23年 4月8日	民事甲193号回答	195
昭和23年 4月15日	民事甲373号回答	225
昭和23年 4月20日	民事甲208号回答	193・194・200・276
昭和23年 4月21日	民事甲54号回答	210・494
昭和23年 4月21日	民事甲658号回答	274・304・492
昭和23年 4月27日	民事甲757号回答	506
昭和23年 5月6日	民事甲322号回答	498
昭和23年 5月6日	民事甲520号回答	502
昭和23年 5月6日	民事甲652号回答	192・373・375・380
昭和23年 5月7日	民事甲249号回答	150・194
昭和23年 5月8日	民事甲644号回答	532
昭和23年 5月8日	民事甲977号回答	376
昭和23年 5月13日	民事甲1259号	469
昭和23年 5月17日	民事甲1310号通達	119
昭和23年 5月20日	民事甲1074号回答	192
昭和23年 5月29日	民事甲1454号回答	399
昭和23年 6月22日	民事甲1969号通達	126
昭和23年 6月24日	民事甲1989号通達	529・531・532
昭和23年 7月1日	民事甲1676号回答	75・500
昭和23年 7月1日	民事甲1788号回答	498
昭和23年 7月10日	民事甲2052号回答	276
昭和23年 8月9日	民事甲2371号回答	583
昭和23年 8月12日	民事甲2370号回答	75
昭和23年 8月28日	民事甲11号最高裁民事部長回答	593
昭和23年 9月21日	民事甲1789号回答	201
昭和23年 9月9日	民事甲2484号回答	245
昭和23年 9月24日	民事甲3122号通達	133
昭和23年10月11日	民事甲2997号回答	378

昭和15年3月26日	民事甲359号通牒	624
昭和15年4月8日	民事甲432号通牒	259・261・268
昭和16年4月28日	民事甲384号回答	484
昭和16年9月29日	民事甲907号通牒	172
昭和17年2月18日	民事甲90号通牒	170・208・287
昭和17年3月17日	民事甲177号回答	169
昭和17年7月15日	民事甲515号回答	483
昭和17年8月12日	民事甲584号回答	480
昭和19年5月26日	民事甲385号回答	483
昭和19年6月22日	民事甲446号通牒	480
昭和19年10月19日	民事甲692号通達	586
昭和20年4月18日	民事甲577号通達	20
昭和20年5月1日	民事特甲56号回答	349・626
昭和20年5月22日	民事特甲88号通牒	154・155
昭和20年7月15日	内務省発地236号内務次官通牒	133
昭和20年7月17日	民事甲228号回答	484
昭和20年8月28日	民事特甲350号通牒	133・154
昭和20年12月6日	民事特甲631号回答	482
昭和21年1月7日	民事特甲719号通牒	484
昭和21年3月20日	民事甲164号通牒	484
昭和21年5月31日	民事甲358号通牒	480・482
昭和22年2月13日	民事甲104号通達	483
昭和22年4月8日	民事甲277号通達	245
昭和22年4月12日	民事甲333号回答	292
昭和22年4月16日	民事甲317号通達	103・118・119・358・641
昭和22年5月12日	民事甲417号通達	119
昭和22年5月29日	民事甲445号通達	119
昭和22年6月11日	民事甲512号通達	119
昭和22年6月21日	民事甲561号通達	120
昭和22年6月25日	民事甲595号回答	251・412
昭和22年7月18日	民事甲608号回答	218
昭和22年7月28日	民事甲664号通達	119
昭和22年8月16日	民事甲788号回答	209
昭和22年10月14日	民事甲1263号通達	119・207
昭和22年11月6日	民事甲1349号通達	119・207
昭和22年11月26日	民事甲1506号回答	175
昭和22年12月4日	民事甲1717号回答	480・482・483

昭和 8 年12月23日	民事甲1643号回答	648・649
昭和 9 年 2 月12日	民事甲175号回答	79・306
昭和 9 年 2 月14日	民事甲10号回答	99
昭和 9 年 3 月 5 日	民事甲300号回答	258
昭和 9 年 3 月29日	民事242号回答	357
昭和 9 年 6 月25日	民事甲921号回答	640
昭和 9 年 7 月20日	民事甲1002号回答	569
昭和 9 年 9 月 4 日	民事甲1189号回答	102
昭和 9 年12月28日	民事甲1467号回答	104・106
昭和10年 3 月 2 日	民事甲212号回答	106
昭和10年 7 月 2 日	民事甲522号回答	99・101
昭和10年 8 月 5 日	民事甲842号回答	487
昭和10年10月 5 日	民事甲1169号回答	284
昭和10年10月30日	民事甲1268号通牒	99・102
昭和10年12月 3 日	民事甲1377号回答	102
昭和10年12月18日	民事甲1419号通牒	212
昭和10年12月26日	民事甲1048号回答	349・626
昭和11年 3 月 9 日	民事甲238号回答	646
昭和11年 4 月11日	民事甲371号回答	107
昭和11年 7 月17日	民事甲828号回答	650
昭和11年 7 月23日	民事甲561号回答	175
昭和11年 9 月 3 日	民事甲1090号回答	363
昭和11年 9 月15日	民事甲1185号回答	650
昭和11年11月21日	民事甲1457号回答	106
昭和11年11月28日	民事甲1521号回答	646
昭和12年 2 月 4 日	民事甲92号回答	356
昭和12年 3 月 5 日	民事甲230号通牒	209
昭和12年 4 月 7 日	民事甲371号回答	207
昭和12年 4 月23日	民事甲519号通牒	107
昭和12年 7 月12日	民事甲937号通牒	141
昭和12年 8 月 6 日	朝鮮総督府法務局長回答	45
昭和12年 8 月20日	民事甲1091号回答	45
昭和12年 9 月22日	民事甲1283号通牒	234
昭和12年 9 月27日	民事甲1322号通牒	329
昭和13年 8 月 5 日	民事甲887号回答	646
昭和13年 8 月 8 日	民事甲895号回答	106
昭和14年 7 月 8 日	民事甲718号回答	292

昭和3年9月28日	民事10505号回答	153
昭和3年12月12日	民事11462号回答	213
昭和4年2月6日	民事689号回答	45
昭和4年2月8日	民事751号回答	213
昭和4年3月9日	民事1007号回答	651
昭和4年3月9日	民事15号回答	505
昭和4年4月5日	民事2204号回答	45
昭和4年7月5日	民事5550号回答	170
昭和5年3月3日	民事194号回答	45
昭和5年3月29日	民事242号回答	357
昭和5年4月2日	民事228号回答	284
昭和5年5月9日	民事404号回答	246
昭和5年6月5日	民事611号回答	209・305
昭和5年6月17日	民事622号回答	209
昭和5年6月24日	民事601号回答	558
昭和5年9月6日	民事739号回答	652
昭和5年9月29日	民事890号回答	414
昭和5年11月20日	民事1261号回答	357
昭和5年12月9日	民事1182号回答	108
昭和6年2月12日	民事1370号回答	484
昭和6年3月12日	民事2303号回答	643
昭和6年5月27日	民事567号回答	646
昭和6年7月8日	民事730号回答	221
昭和6年7月9日	民事663号回答	286
昭和6年7月25日	民事697号回答	484
昭和6年8月3日	内務省文書課長通牒	564
昭和6年10月8日	民事710号回答	461
昭和6年10月19日	民事805号回答	394・490・491
昭和6年11月12日	民事1053号回答	100
昭和7年3月18日	民事甲216号回答	647・648
昭和7年5月28日	民事甲542号回答	179
昭和7年6月4日	民事甲250号回答	306
昭和7年12月13日	民事甲1430号通牒	209
昭和8年2月14日	民事甲187号通牒	34
昭和8年9月21日	民事甲1226号回答	505
昭和8年11月21日	民事甲1314号回答	628
昭和8年12月12日	朝鮮総督府法務局長回答	35

大正12年2月6日	民事328号回答	212・284
大正12年2月19日	民事4941号回答	101
大正12年9月28日	民事3370号回答	482
大正13年5月6日	民事7383号回答	175・179
大正13年5月14日	民事6958号回答	208
大正13年5月26日	民事8017号回答	648
大正13年6月14日	民事8490号回答	45
大正13年7月14日	民事8408号回答	99・101
大正13年7月15日	民事8852号回答	479
大正13年8月29日	民事10513号回答	234
大正13年10月29日	民事11450号回答	356
大正13年11月14日	民事11606号回答	531・532
大正14年1月6日	民事11087号回答	460
大正14年1月7日	民事12645号回答	480
大正14年1月28日	民事34号回答	651
大正14年2月9日	民事715号回答	505
大正14年2月27日	民事537号回答	154・155
大正14年5月19日	民事4744号回答	532
大正14年5月29日	民事4254号回答	99・100
大正14年8月1日	民事7271号回答	108
大正14年10月30日	民事9449号回答	80
大正14年11月26日	民事9054号回答	106
大正14年12月12日	民事10648号通牒	480
大正14年12月21日	民事10564号回答	99・100
大正15年3月22日	民事1963号回答	31
大正15年5月21日	民事3875号回答	207
大正15年6月29日	民事5407号回答	45
大正15年9月18日	民事6942号回答	329
大正15年11月26日	民事8120号通牒	170
大正15年12月9日	民事9557号回答	180
昭和2年4月22日	民事2979号回答	134
昭和2年10月11日	民事7271号回答	258・261・271
昭和2年12月7日	民事9162号回答	169
昭和2年12月24日	民事9201号回答	186
昭和3年3月16日	朝鮮総督府法務局長回答	45
昭和3年6月13日	民事7035号回答	243
昭和3年9月27日	民事10510号回答	292

大正 8 年 9 月13日	民事3685号回答	276
大正 8 年 9 月15日	民事2816号回答	219
大正 8 年 9 月19日	民事4252号回答	99
大正 8 年12月16日	民事5357号回答	491
大正 9 年 2 月 7 日	民事284号回答	152・219
大正 9 年 2 月 7 日	民事405号回答	647
大正 9 年 2 月27日	民事527号回答	225
大正 9 年 3 月 2 日	民事178号回答	107・469
大正 9 年 3 月 4 日	民事677号回答	504
大正 9 年 3 月25日	民事956号回答	105
大正 9 年 5 月31日	民事1553号回答	491・611
大正 9 年 6 月26日	民事2156号回答	219
大正 9 年11月10日	民事3663号回答	233
大正10年 2 月 8 日	民事522号回答	104・105
大正10年 3 月18日	民事1051号回答	314
大正10年12月28日	民事4030号回答	45
大正11年 1 月16日	民事4177号回答	45
大正11年 2 月 6 日	民事4545号回答	356
大正11年 3 月 8 日	民647号回答	301
大正11年 4 月15日	民事893号回答	188
大正11年 4 月28日	民事1212号回答	356
大正11年 4 月29日	民事1177号回答	154
大正11年 4 月29日	民事1307号回答	141
大正11年 5 月16日	民事1688号回答	256・273・275・301
大正11年 5 月16日	民事2501号回答	221
大正11年 5 月16日	民事2678号回答	98
大正11年 5 月16日	民事3236号回答	32・45・572
大正11年 5 月16日	民事3471号回答	251・412
大正11年 5 月16日	民事3790号回答	106
大正11年 5 月17日	民事1775号回答	45
大正11年 6 月 5 日	民事2144号回答	208
大正11年 7 月 8 日	民事2586号回答	108
大正11年11月29日	民事4186号回答	209
大正11年11月30日	民事4297号回答	258・261
大正11年12月22日	民事3998号回答	45
大正11年12月27日	民事4565号回答	158・326・356・653
大正12年 1 月 6 日	民事4887号回答	433

大正5年11月9日	民1784号通牒	484
大正5年11月10日	民1420号回答	106・107
大正5年11月10日	民1505号回答	219
大正5年11月11日	民1523号回答	159
大正5年11月13日	民1556号回答	99・101
大正6年1月20日	民1997号回答	646
大正6年3月5日	民363号回答	209
大正6年3月6日	民197号回答	276
大正6年3月19日	民370号回答	308
大正6年6月22日	民1180号回答	231
大正6年7月13日	民853号回答	357
大正6年7月14日	民1161号回答	99
大正6年7月16日	民1259号回答	150
大正6年9月26日	民1827号回答	482
大正7年2月8日	民234号回答	646
大正7年3月13日	民402号回答	469
大正7年3月20日	民364号法務局長回答	514
大正7年4月4日	民535号回答	208
大正7年5月11日	民613号回答	32・80・106・210・221・400
大正7年5月16日	民1030号回答	271
大正7年5月30日	民1159号回答	106・273・275・301
大正7年5月31日	民1148号回答	648
大正7年6月15日	民1333号回答	105・107
大正7年7月4日	民1296号回答	305・310
大正7年7月20日	民1388号回答	149
大正7年9月16日	民2013号回答	209
大正7年10月4日	民1082号回答	225・571
大正7年10月10日	民1791号回答	82
大正7年11月6日	民168号回答	80
大正7年11月22日	民2487号回答	219
大正7年11月26日	民1685号回答	503
大正8年1月17日	民2808号回答	100
大正8年3月13日	民637号回答	483
大正8年3月28日	民710号回答	276
大正8年6月4日	民事1518号回答	482
大正8年6月26日	民事841号回答	104・106・108・239・241・251・412・480
大正8年8月1日	民事2115号回答	209

大正4年6月26日	民519号回答	239・241
大正4年7月7日	民1008号回答	239
大正4年7月7日	民638号回答	212
大正4年7月7日	民942号回答	98
大正4年7月15日	民1122号回答	400
大正4年7月16日	民1138号回答	150
大正4年7月16日	民984号回答	645
大正4年7月17日	民1134号回答	152
大正4年7月22日	民1206号回答	175
大正4年8月2日	民1237号回答	234
大正4年8月6日	民1293号回答	497
大正4年9月8日	民1334号回答	217
大正4年9月17日	民1413号回答	291
大正4年9月21日	民1523号回答	645
大正4年10月2日	民1557号回答	143
大正4年10月25日	民1674号回答	204
大正4年11月6日	民1564号回答	469
大正4年12月14日	民1803号回答	209
大正5年2月3日	民1836号回答	231・484
大正5年3月15日	民226号回答	212・240
大正5年3月15日	民387号回答	246
大正5年3月17日	民390号回答	99・101
大正5年3月18日	民361号回答	646
大正5年3月22日	民316号回答	276
大正5年3月24日	民11号回答	205
大正5年6月5日	民392号回答	208
大正5年6月7日	民465号回答	225
大正5年6月29日	民1024号回答	482
大正5年7月24日	民1127号回答	32
大正5年9月11日	民485号回答	644
大正5年9月22日	民1373号回答	653
大正5年10月21日	民626号回答	469
大正5年10月21日	民629号回答	241
大正5年10月25日	民805号回答	273・301
大正5年10月26日	民921号回答	480
大正5年10月28日	民988号回答	209
大正5年11月2日	民1331号回答	305・313

大正 3 年 1 月14日	民17号回答	101・107
大正 3 年 5 月19日	民793号回答	246
大正 3 年 8 月 8 日	民1205号回答	107
大正 3 年11月17日	民1599号回答	156
大正 3 年11月19日	民1608号回答	171
大正 3 年12月 9 日	民1684号回答	211
大正 3 年12月28日	民999号回答	218
大正 3 年12月28日	民1125号回答	209・210・218・484・647
大正 3 年12月28日	民1303号回答	357
大正 3 年12月28日	民1669号回答	115・117・176
大正 3 年12月28日	民1962号回答	241・271
大正 3 年12月28日	民1994号回答	225・291
大正 3 年12月28日	民893号回答	147・212・218・413
大正 4 年 1 月 9 日	民1009号回答	217・240・241
大正 4 年 1 月11日	民1800号回答	85・150・158・175・204・228
大正 4 年 1 月12日	民253号回答	487
大正 4 年 1 月13日	民1771号回答	159
大正 4 年 1 月14日	民1805号回答	85・228
大正 4 年 1 月16日	民1184号回答	218
大正 4 年 1 月19日	民752号回答	357
大正 4 年 1 月20日	民54号回答	284
大正 4 年 2 月10日	民93号回答	152
大正 4 年 2 月12日	司法省・省議決定	647
大正 4 年 2 月15日	民138号	232
大正 4 年 2 月19日	民224号回答	483
大正 4 年 3 月 8 日	民320号回答	645
大正 4 年 4 月21日	民530号回答	650
大正 4 年 4 月23日	民392号回答	504
大正 4 年 4 月26日	民353号回答	152
大正 4 年 5 月 4 日	民501号回答	649
大正 4 年 5 月 6 日	民562号回答	505
大正 4 年 6 月12日	民784号回答	482
大正 4 年 6 月22日	民406号回答	177
大正 4 年 6 月23日	民361号回答	288
大正 4 年 6 月24日	民428号回答	356
大正 4 年 6 月24日	民634号回答	240
大正 4 年 6 月25日	民926号回答	400

日付	番号	頁
明治32年10月9日	民刑1746号回答	357
明治32年11月8日	民刑1949号回答	141
明治32年11月15日	民刑1986号回答	227
明治33年4月9日	民刑335号回答	99
明治33年4月28日	民刑414号回答	619
明治33年11月16日	民刑1451号回答	461
明治34年5月23日	民刑489号回答	135
明治34年5月28日	民刑571号回答	462
明治35年2月5日	民刑86号回答	141
明治35年4月8日	民刑281号回答	648
明治35年11月22日	民刑920号回答	653
明治36年1月10日	民刑734号回答	210
明治36年4月13日	民刑1052号回答	356
明治37年7月13日	民刑750号回答	142
明治39年2月26日	民刑107号回答	651
明治39年4月17日	民刑298号回答	461
明治39年12月28日	民刑1434号回答	653
明治41年5月2日	民刑1562号回答	104・210
明治41年9月21日	民刑994号回答	99・100
明治42年8月23日	民刑824号回答	646
明治44年2月14日	民刑24号回答	107
明治44年2月18日	民刑120号回答	356
明治44年5月24日	民事184号回答	103・106
明治44年11月10日	民事989号回答	643
明治45年4月15日	民事602号回答	105・107
大正元年9月11日	民事250号回答	286
大正元年11月22日	民事578号回答	653
大正元年11月25日	民事708号回答	395
大正2年1月9日	民事840号回答	97・98・630
大正2年1月31日	民事861号回答	640
大正2年2月26日	民事89号回答	105・106
大正2年7月3日	民103号回答	104・106
大正2年8月22日	民452号回答	104
大正2年9月30日	民719号回答	107
大正2年10月29日	民1005号通牒	106
大正2年10月30日	民1007号通牒	646
大正2年11月24日	民1101号回答	355

先 例 索 引

明治31年7月23日	民刑4931号回答	653
明治31年9月5日	民刑1144号回答	85・228
明治31年9月19日	民刑861号回答	169
明治31年9月21日	民刑1159号回答	175
明治31年9月21日	民刑962号回答	92・93・94・95
明治31年9月22日	民刑972号回答	288
明治31年9月27日	民刑1240号回答	145
明治31年10月4日	民刑1383号回答	176
明治31年10月4日	民刑1389号回答	92
明治31年10月12日	民刑1508号回答	354
明治31年10月15日	民刑1516号回答	642
明治31年10月15日	民刑959号回答	333・643
明治31年10月15日	民刑979号回答	245
明治31年10月19日	民刑1406号回答	582
明治31年10月22日	民刑915号回答	93・94・95
明治31年10月28日	民刑1338号回答	655
明治31年11月10日	民刑1857号回答	208
明治31年11月16日	民刑1710号回答	354
明治31年11月29日	民刑1668号回答	138
明治31年12月5日	民刑1274号回答	645
明治31年12月7日	民刑2142号回答	129
明治32年1月10日	民刑2289号回答	264
明治32年1月26日	民刑1788号回答	207・211
明治32年1月31日	民刑2383号回答	653
明治32年3月13日	民刑2317号回答	358
明治32年3月15日	民刑2209号回答	102
明治32年3月29日	民刑224号回答	305
明治32年4月13日	民刑523号回答	643
明治32年4月13日	民刑553号回答	357
明治32年5月9日	民刑41号回答	104・108
明治32年5月27日	民刑934号回答	474
明治32年7月29日	民刑1400号回答	106
明治32年9月12日	民刑1356号回答	466

〔5〕 家庭裁判所審判

昭和33年2月27日	長野家諏訪支審	556
昭和34年12月24日	横浜家審	315
昭和35年6月15日	広島家審	556
昭和35年7月29日	大阪家審	315
昭和37年5月25日	前橋家沼田支審	566
昭和40年8月11日	高松家決	565
昭和42年4月17日	東京家審	632
昭和44年6月13日	東京家審	429
昭和46年2月27日	札幌家審	315
昭和51年12月17日	大阪家審	556
昭和56年3月9日	東京家審	252
平成6年1月31日	東京家八王子支審	557
平成10年1月12日	水戸家審	295

昭和36年6月12日	札幌高決	555
昭和38年6月6日	福岡高決	565
昭和39年11月6日	東京高決	565
昭和40年1月28日	大阪高決	566
昭和40年6月29日	大阪高決	557
昭和41年7月29日	大阪高決	303
昭和43年3月27日	東京高判	337
昭和44年9月8日	東京高判	603
昭和44年10月8日	名古屋高決	557
昭和48年9月4日	高松高決	587・592
昭和49年7月3日	名古屋高判	75
昭和54年7月3日	東京高判	633
昭和54年11月22日	大阪高判	83
昭和56年5月26日	東京高決	252
昭和58年11月8日	東京高決	143
平成6年2月25日	大阪高判	331
平成10年3月10日	東京高判	263
平成10年9月16日	東京高決	257

〔4〕 地方裁判所判例

明治44年7月12日	東京地判	230
大正4年12月27日	東京地決	355
大正13年10月6日	東京地決	143
昭和4年6月17日	東京地判	400
昭和5年5月21日	東京地判	310
昭和26年4月30日	新潟地相川支判	81
昭和26年8月11日	大阪地判	81
昭和29年9月16日	大阪地判	372
昭和29年10月5日	大阪地判	397
昭和30年3月16日	大阪地判	349
昭和30年10月14日	東京地判	429
昭和33年10月9日	東京地判	81・397
昭和43年12月9日	東京地判	525
昭和48年4月26日	東京地判	632
平成5年3月31日	大阪地判	331
平成8年10月31日	京都地判	311

判例索引

大正 9 年 7 月 8 日	東京控判	656
大正13年 5 月13日	東京控判	386
昭和23年 4 月21日	大阪高決	556
昭和23年10月 8 日	東京高決	566
昭和23年10月22日	東京高決	566
昭和23年11月29日	福岡高決	587・592
昭和24年 1 月31日	東京高決	566
昭和24年 3 月18日	東京高判	521
昭和24年 6 月 4 日	東京高判	522
昭和24年 7 月19日	東京高判	522
昭和24年 8 月29日	東京高決	556
昭和24年10月 7 日	福岡高決	532
昭和24年11月17日	東京高決	532
昭和24年12月15日	大阪高決	557
昭和25年 3 月 2 日	東京高決	566
昭和25年 4 月20日	東京高決	566
昭和25年 8 月 8 日	東京高判	522
昭和26年10月12日	大阪高決	556
昭和26年11月11日	大阪高決	566
昭和27年 2 月22日	大阪高決	566
昭和27年 9 月15日	福岡高決	565
昭和27年10月31日	大阪高決	567
昭和28年 3 月20日	東京高決	441
昭和28年10月28日	大阪高決	556
昭和30年 1 月29日	大阪高決	250
昭和30年10月15日	大阪高決	557
昭和31年 2 月29日	大阪高決	565
昭和31年 5 月 2 日	東京高決	566
昭和31年12月24日	大阪高決	565
昭和32年 2 月18日	仙台高決	565
昭和32年 8 月 8 日	大阪高決	556
昭和32年12月 4 日	大阪高決	565
昭和32年12月11日	高松高判	602
昭和32年12月27日	仙台高決	565
昭和33年10月17日	広島高決	566
昭和34年 5 月14日	東京高判	125・126
昭和36年 3 月 6 日	広島高決	565

昭和45年 7 月15日	最大判	71・270
昭和46年 1 月26日	最三小判	602
昭和47年 9 月 8 日	最二小判	576
昭和48年 4 月12日	最一小判	349・626
昭和49年12月23日	最二小判	97
昭和50年10月24日	最二小判	595
昭和51年 3 月18日	最一小判	606
昭和52年 3 月31日	最一小判	19
昭和53年 2 月24日	最二小判	239・280
昭和53年12月20日	最大判	575
昭和54年 3 月23日	最二小判	586
昭和54年 4 月19日	最一小判	84
昭和54年 7 月10日	最三小判	575
昭和56年 4 月24日	最二小判	349・627
昭和57年 3 月19日	最二小判	311
昭和58年 3 月18日	最二小判	598
昭和62年 4 月23日	最一小判	603
平成元年11月24日	最二小判	595
平成 2 年 7 月19日	最一小判	75
平成 3 年 4 月19日	最二小判	598
平成 7 年 1 月27日	最二小判	289
平成 8 年11月12日	最三小判	576
平成 9 年 3 月11日	最三小判	97・337
平成 9 年10月17日	最二小判	322・511・513
平成10年 3 月12日	最一小判	48・331
平成10年 7 月14日	最三小判	346
平成10年 8 月31日	最二小判	262・263・267
平成11年 7 月19日	最一小判	575
平成12年 1 月27日	最一小判	632
平成20年 6 月 4 日	最高大判	516
平成25年 9 月 4 日	最高決	255・583
平成25年12月10日	最高決	259
平成26年 4 月14日	最一小決	75

〔3〕 控訴院・高等裁判所判例

明治40年 5 月 8 日	東京控判	467
大正 6 年 2 月27日	東京控判	467

〔2〕 最高裁判所判例

昭和23年12月23日	最一小判	…………………………………………81・333・348
昭和25年12月28日	最二小判	…………………………………71・266・269・337
昭和27年10月 3 日	最二小判	……………………………………242・337・351・386
昭和28年 4 月23日	最一小判	…………………………………………125・484・624
昭和28年 6 月26日	最二小判	…………………………………………………………74
昭和29年 4 月30日	最二小判	………………………………………………………309
昭和29年12月21日	最三小判	………………………………………………………592
昭和31年 7 月18日	最大判	………………………………………………………522
昭和31年 7 月19日	最一小判	…………………………………………………………81
昭和32年 7 月20日	最大判	……………………………………………………71・219
昭和32年 9 月27日	最二小判	………………………………………………………653
昭和33年 6 月 2 日	最大判	…………………………………………………………84
昭和34年 8 月 7 日	最二小判	………………………………81・394・397・417・421
昭和35年 3 月22日	最三小判	…………………………………………………………9
昭和36年 4 月 5 日	最大判	………………………………………32・48・509・572
昭和37年 4 月27日	最二小判	………………32・256・273・275・302・317・517・586
昭和37年 7 月13日	最二小判	…………………………………………………………63
昭和37年12月 5 日	最大判	………………………………………………………30・48
昭和38年 2 月22日	最二小判	…………………………………………………602・612
昭和38年11月28日	最一小判	………………………………………………………422
昭和39年 3 月 6 日	最二小判	………………………………………………………602
昭和39年 3 月25日	最大判	………………………………………………………430
昭和39年 9 月 8 日	最三小判	………………………………………………………351
昭和40年 6 月 4 日	最二小判	…………………………………………………32・48
昭和41年 7 月14日	最一小判	………………………………………………………607
昭和41年 7 月28日	最一小判	………………………………………………………602
昭和42年 4 月27日	最一小判	………………………………………………………588
昭和42年11月 1 日	最大判	………………………………………………………576
昭和43年 8 月27日	最三小判	………………………………………………………310
昭和43年11月22日	最二小判	………………………………………………………613
昭和44年 1 月31日	最二小判	………………………………………………………422
昭和44年 5 月29日	最一小判	…………………………………………………258・263
昭和44年 9 月 4 日	最一小判	…………………………………………………258・263
昭和44年10月30日	最一小判	………………………………………………………576
昭和44年10月31日	最二小判	………………………………………………………397

昭和4年5月18日	大判	334・349・626
昭和4年7月4日	大判	350
昭和5年2月28日	大判	124
昭和5年4月14日	大決	598
昭和5年5月24日	大判	83
昭和5年6月16日	大判	602
昭和5年10月2日	大判	78
昭和6年7月29日	大決	143・144
昭和7年2月9日	大判	576
昭和7年2月12日	大判	349
昭和7年2月16日	大判	348
昭和7年3月25日	大判	71
昭和7年5月11日	大判	97・630
昭和7年6月29日	大判	125
昭和7年7月16日	大判	301
昭和7年12月14日	大判	305
昭和7年12月22日	大判	356・357
昭和10年10月31日	大判	311
昭和11年6月30日	大判	266
昭和11年10月23日	大判	71
昭和11年12月4日	大判	234
昭和12年6月29日	大判	310
昭和12年9月11日	大判	78
昭和12年10月13日	大判	78
昭和13年3月30日	大判	626
昭和13年4月12日	大判	576
昭和13年5月23日	大判	71・269
昭和13年7月20日	大判	601
昭和13年11月26日	大判	269
昭和14年8月10日	大判	71
昭和14年12月8日	大判	71
昭和15年1月23日	大連判	261・268
昭和15年9月20日	大判	260・262
昭和16年5月20日	大判	397
昭和16年7月29日	大判	234
昭和16年11月29日	大判	81・394・417

判 例 索 引

大正 7 年 4 月18日	大判	601
大正 7 年 7 月26日	大判	124・231
大正 7 年10月21日	大判	644
大正 7 年12月20日	大決	144
大正 8 年 3 月14日	大判	644
大正 8 年 3 月28日	大判	574
大正 8 年 6 月 6 日	大判	139・141
大正 8 年12月 8 日	大判	310
大正 9 年 4 月 8 日	大判	103・108・629
大正 9 年 5 月11日	大判	612
大正 9 年 9 月18日	大判	397
大正 9 年12月17日	大判	588
大正10年 2 月 2 日	大判	78
大正10年12月 9 日	大判	301
大正11年 1 月16日	大判	125
大正11年 3 月27日	大判	314
大正11年 4 月25日	大決	219
大正11年 9 月 2 日	大判	81・333・348
大正11年11月 6 日	大決	217・610
大正11年12月21日	大決	217
大正12年 1 月20日	大判	615
大正12年 3 月 9 日	大判	301
大正12年 7 月 7 日	大連判	349
大正12年 7 月23日	大判	80・640
大正13年 3 月13日	大判	576
大正13年 7 月 6 日	大判	97
大正14年 6 月24日	大判	400
大正15年 2 月 1 日	大連判	602
大正15年 2 月16日	大判	576
大正15年 8 月 3 日	大決	587・592
大正15年10月11日	大判	277
昭和 2 年 7 月 7 日	大判	81
昭和 2 年11月 2 日	大判	645
昭和 3 年 5 月 5 日	大判	355・356
昭和 3 年 6 月29日	大判	71
昭和 3 年 7 月 3 日	大判	588
昭和 3 年12月11日	大判	357

判例索引

〔1〕 大審院判例

明治29年3月3日	大判	655
明治32年1月22日	大判	310
明治35年4月30日	大連判	357
明治35年12月20日	大判	380
明治37年1月23日	大判	125
明治37年5月27日	大判	104
明治39年4月16日	大判	576
明治40年11月6日	大判	348
明治41年10月9日	大判	125
明治41年12月15日	大連判	602・612
明治43年4月6日	大判	57
明治43年11月29日	大決	466
明治44年7月10日	大判	576・591
明治44年9月21日	大判	357
大正2年7月7日	大判	647
大正2年10月4日	大決	466
大正4年1月16日	大判	601
大正4年4月29日	大判	97
大正4年5月13日	大判	78
大正5年2月24日	大判	357
大正5年3月4日	大判	354
大正5年4月29日	大判	305・310
大正5年11月8日	大判	602
大正6年2月24日	大判	357
大正6年6月14日	大決	144
大正6年12月12日	大判	602
大正6年12月20日	大判	348
大正6年12月25日	大判	97・630
大正6年12月26日	大判	104・108
大正7年2月2日	大判	605
大正7年4月9日	大決	219
大正7年4月15日	大判	234

〔り〕

利益相反行為　336・585・615・620

離縁

　　——・縁組取消　98
　　——後の養子の子の戸籍　376
　　——の制度　391
　　——による戸籍の変動と記載　375
　　——による復氏・復籍　371
　　——の許可申立人　377
　　——の効果　354・370・376・384
　　——の際の祭祀承継者の決定　371
　　——の裁判確定と戸籍の処理　380
　　——の種別　370
　　——の準拠法　391
　　——の法制がない場合　391

離縁の際に称していた氏を称する届　190・
　　227・375・382・555

離縁協議者　240・242・373・375・386

離婚

　　——制度　8・235・416・428・435・436
　　——による氏　227・418・428・555
　　——による氏の変動の問題　428
　　——の効果　399・416
　　——の際の氏を称する　198・399・425・556
　　——の際の子の親権者の指定　429・434・
　　　　454
　　——の裁判確定と戸籍の処理　420
　　——の準拠法　427・428・429・431・432・433・
　　　　434・435・436

　　——の方式　436
　　——の法律関係の性質　428

離婚意思

　　——の合致　235・417
　　——の存在時期　417

離婚証書　436

離婚届書　441

離婚の際に称していた氏を称する届　190・
　　198・227・382・418・425・555

離籍　649

律令　30・31・41

領海内　52

領事　129

領事婚　403

領土　52

旅券　37

臨時代理者　130・131・133・213

〔れ〕

暦法計算　85・228

連結素　5

連結点　5・8

〔ろ〕

浪費者　476・477

〔わ〕

わが国の方式による協議離婚　432

割印　113・146

事項索引

明治前の戸籍　110
明文事項　22
明文法　23
命令　59
妾　653・654

〔も〕

最も密接な関係のある法律　8・401・411

〔や〕

屋敷番号　111
やむを得ない事由　555・556

〔ゆ〕

行方の知れない者　466

〔よ〕

養家　639
要件具備証明書　251・252・323・360・365・405・411・412・413・415
　　──の内容　251
養子縁組制度　338・360・363
用紙戸籍（用紙による戸籍）　120・145・146・156
　　──の一部の訂正　221
　　──の消除の方法　214
　　──の全部の訂正　221
　　──の全部または一部の回復　221
　　──の訂正方法　265
　　──の謄抄本作成　169

用紙による戸籍・除籍　120
養子
　　──死亡後の離縁　98・378
　　──の子の養家における身分　101
　　──の親権者　440
　　──の配偶者の去家　101
養親
　　──および養親の血族と養子の血族との関係　97
　　──の去家　99・100・101・655
　　──の去家の原因　100
　　──の入籍の原因　99・100
　　──の本国法が離縁を認めない場合　389
　　──の本国法に離縁の制度がない場合　389・390
　　──の本国法に離縁の制度がない場合の準拠法　389・391
養親子関係
　　──の消滅と回復の戸籍記載　101
養親族関係　96・337
　　──の消滅と戸籍　102
　　──の発生と範囲　96
養父母
　　──との続柄欄　145・365
　　──の一方が死亡している場合の離縁　377
養父母欄　209
嫁としゅうと　95

――の戸籍への一本化　117
　　――の新設　115
身分法　2・76
民事訴訟法　52
民事調停法　65
　　――と家事調停　65
民籍簿　32
民籍法　32・40
民族籍　44・46・47・48
民法　49
　　――上の家　114・188・554・638・645
　　――上の氏　187・188・191・321・382・413・425・559・560
　　――750条と外国人と婚姻した日本人の氏　559
　　――772条の適用　258
　　――の規定による氏　407
民法施行法　49・50・613・656
民法の応急措置法　50・95・207・613・629・654
　　――当時の戸籍の取扱い　207・613

〔む〕

無効な協議離縁届の追完　386
無効の国籍留保届　532
無国籍　25
　　――のある場合に関する議定書　25
無国籍者　3・6
　　――の本国法　6・8・401・411
　　――の本国法の決定　5・6

――を父母とする嫡出子等の出生届　285
壻養子
　　――の実男子の推定家督相続人がない場合の地位　357
　　――の地位　356
　　――の配偶者である家女の姉との相続順位　357
　　――の養親との続柄　358
　　――夫婦の氏　358
壻養子縁組　354・355・356
　　――後の単純養子との相続順位　357
　　――婚姻　356・358
　　――前の実男子（嫡出子・庶子）・養子との相続順位　356
無手数料　171
無届による国籍喪失　528
無能力者　78・224・643
無名　211

〔め〕

明治19年式戸籍　113
　　――の改製　115・175・176
明治31年式戸籍　114
　　――の改製　176
　　――の保存　116
明治5年式戸籍（壬申戸籍）　111
　　――の改製　113・148・175・176
　　――の保存　113
明治8年樺太・千島交換条約　30
明治以後の戸籍　110

事項索引

589・591
──の同意　310・455・589・591
母子関係存在確認の裁判　302
補助開始の審判　455・456
補助人　57・59・77・78・125・455・456・458・
　　462・466・477・478・572
補助監督人　456
本家　639
本国官憲による身分関係事実証明書　413
本国の方式による身分行為　249
本国法　5
　　──が裁判離婚しか認めていない場
　　　合　431
　　──主義　16・17・631
本籍　186
　　──が明らかでない者　243・247
　　──がない者　243・247
　　──転属不自由　44
　　──不明者　196・234・243・244・246・285
本籍地主義　48
本籍分明届　243・247
本籍欄　204
本人確認　165

〔み〕

未成年後見監督人　60・62・93・160・197・444・
　　470・471・472・473・474・634
　　──と戸籍の記載　472
　　──の任務終了届　474
　　──の更迭届と戸籍の記載　197

未成年後見　460・461・462・463・464・467・
　　470
　　──制度　460
未成年者後見人　462・463・464
　　──地位喪失　467
未成年者の後見開始届　466
未成年者の後見終了届　449・468
未成年後見の戸籍の記載　469
密接関連地法の決定　8
密接関連法　6・7・8・14・15・17・252・401・406・
　　408・410・427・428・431・432・433・434・
　　436
　　──の適用　6・15・436
　　──の具体的事例　15
身分　76
身分関係　77
　　──整序に関する親子関係確認の訴
　　　え　266
　　──の確認の訴え　53
身分関係事実　412・413・434
身分関係事実証明書　413
身分関係証明書　364・365
身分行為　76
　　──に関する証書の謄本　249
　　──の追認による追完届　240・243
　　──の方式の準拠法　249
身分事項欄　205・207
　　──の移記　214
身分上の事実　79・251
身分登記簿　116

平和条約発効時の台湾在籍者　30
平和条約発効前に台湾籍から内地籍に
　入った者　30
弁護士等による請求　165
弁論主義　57

〔ほ〕

包括遺贈　597・598・604
傍訓の除去　558
傍系姻族　94
傍系血族　93
報告　223
報告的性質と創設的性質を併有する届出
　　　224
報告的届出　223
報告的認知届出　327
方式違反の婚姻（跛行婚）　5・402・404
法人の選任性　456
本籍転属不自由　44
本籍欄　204
法定隠居　643
法定相続　631
法定血族　92・93・94・96・101・103・105
法定受託事務　127・128・131・135・136
法定代理人　78・339
法定単純承認　588・589
法定の推定家督相続人　357
本島人　40・41・329
法の抵触　4
法務局　135

法務大臣　135
　──の関与　137
法律行為の方式　248
法律上の親子関係　266
法律上の管理の準拠　3
法律上の効力を有する遺言事項　596
法律上の推定　96・256・258・259・261・272・
　　　310
法律上の判断　74・75・230・232
法律上の父子関係　275
　──の形成　303
法律上の母子関係　275
法律の施行時期　3
法例　2・3
法令解釈権　75・102
法令の解釈適用　230・232
法令の解釈について法務省の見解と異
　なる見解による審判　75
法例の規定　16
補完　183
「母系補充」血統主義　27
保護要件　323・360・361・364・365
保佐　6・93・181・182・214・455・456・458・
　　　475・476・477・478・589・591
　──・補助の準拠法　477
保佐開始届　461
保佐開始の審判　181・182・455・476・477
保佐監督人　456
保佐人　57・59・78・125・181・182・310・360・
　　　455・456・462・466・476・477・478・572・

事項索引

──の離縁　372
──の離縁当事者　372
扶養義務の準拠法　9・14・362・406・450
不確定期限　86
副戸長　111・112・129
復氏届による戸籍の変動　494
複数法国　4・7
復籍　199
復籍拒絶　649・650
副本　150・151・152・153
副本制度　151
父系優先血統主義　293・294・406・509・510
不在者　485
不在住証明書　616・619
不在籍証明　172・615・619
不在籍証明書　615・619
父子関係存在確認の裁判　302・315・327
不受理　232
不受理証明　244
不受理申出　235
　　──の方法　236
不正手段による戸籍謄本等の入手　142
父性の推定　262・270・319
　　──の制度　301
附籍　112・115・652・653
　　──の取扱い　653
普通隠居　642・644
普通帰化　33・34・522
普通失踪　486・487
普通養子縁組

──の形式的要件　337
──の効果　337
──の実質的要件　333
──の取消し　352
──の無効　337・348・351・399
──の無効・取消しの裁判確定と戸籍の処理　353
──の無効・取消しの裁判手続　353
普通養子縁組届　337・338
普通養子と特別養子の相違　342
不統一法国　7・8・410
不当利得　3
不服申立　142
　　──認容の審判確定後の戸籍の処理　144
　　──の対象となる処分　143
　　──の許される範囲　143
不文事項　22・23・24
父母との続柄　207
父母との続柄欄　207
父母欄　206
父母両系血統主義　27・295・509・510・529・535・536
不文法　23
分割した遺産に欠点があった場合の担保責任　586
分家　506・639
分籍　506

〔ヘ〕

兵役法　29・42・43

事項索引

判決　59
　——の確定　71・270・311・316・370・380・416・424
　——の確定時期　72
　——の確定証明　72・270
判決確定証明書　72・436
判決による就籍届　572
判決離縁　370・379
判決離婚　416・419
反致　16・17・18・360・365・390・391・392・431・432
判例法　49

〔ひ〕
引取入籍　45・504
非訟事件　61
非訟事件手続法　142
卑属　94
非嫡出子（→嫡出でない子）
　——の親権者　439
非嫡出親子関係　300・302・317・319・320・322・333・359・451
筆頭者氏名欄　145・190・204・205・211・297・558・560・562
否認権の行使　264
　——期間　264
　——の方法　264
被認知者に弟妹があるとき　309
否認の裁判確定と戸籍訂正　265
被廃除者の子の代襲相続権　496

被廃除者の廃除者からの受遺　496
被保佐人　57・77・78・125・181・214・224・310・455・476・477・543・572・589・591・596
　——と保佐人　455
　——又は保佐人において当該行為を取り消す　455
被補助人　57・77・78・125・224・455・456・477・543・572
　——又は補助人において当該行為を取り消す　456
秘密証書（による）遺言　456・599・634
表見相続人の相続回復請求権の消滅時効援用　575

〔ふ〕
夫婦
　——・親子の国籍独立主義　26
　——が本国法を異にする場合の共同縁組　360
　——が本国法を異にする場合の単独縁組　360
　——国籍同一主義　26・321・509
　——国籍独立主義　436・509
　——同氏　188・371
　——の一方が外国人である場合の夫婦の称すべき氏　406
　——の本国法が同一　8・14・408・427・431・433
夫婦共同縁組
　——違反の縁組　349

事項索引

　　——の登記　459
　　——の内容及び方式　456
任意後見制度の創設　455・456
任意後見人
　　——の解任　458
　　——の事務執行上の配慮義務　457
　　——の代理権消滅と登記　458
任意事項　22
任意認知　304
　　——による戸籍の処理　208・308
　　——の形式的要件　306
　　——の実質的要件　304
　　——の性質・態様　304
認知　303・634
　　——事項　308
　　——主義　301
　　——された子の国籍取得　516
　　——準正　304・309
　　——する外国人男の本国法が事実主義を採用している場合　322
　　——制度　266・301・304
　　——取消の原因　315
　　——の裁判確定と戸籍の処理　316
　　——の裁判手続　316
　　——の種類　302
　　——の準拠法　302・319・320・322・323
　　——の成立の準拠法　317・327
　　——の方式　280・304・327
　　——の法制　302
　　——の無効・取消し　67・312

　　——無効の主張　314
　　——の効果　224・307
　　——の裁判確定と戸籍手続　311
　　母の——　275・286・299・301・302・304・586
認知準正　190・273・274・298・299・304・309
認知の訴え　54・266・267・268・309・310・311
　　——の性質　309
　　——の提起期間　311
　　——を提起できる者　310
認知の効力を有する嫡出子出生届　239・307
認定死亡　482・484

〔ね〕

年齢計算法　87

〔の〕

除かれた戸籍　147

〔は〕

配偶者　92・93
配偶欄　210
廃家　644
　　——の効力　644
廃絶家再興　32・45・99・100・106・116・119・647
配分的適用　320
跛行婚　404
跛行離婚　434
破産者　462・466
母の認知　275・286・299・301・302・304・586

事項索引

〔な〕

内国人　27
内台人間の身分行為　29・30
内地　38
　　――と外地の区別　7・38
　　――在籍者　29・32
内地人　38
　　――と外地人との間の身分行為と地
　　　域籍の変動　44
　　――と外地人の区別　40
　　――と外地人の処遇上の差異　42
内地籍　30・32・45・46・330・331・508
内地法　29・40・45・330
名主　112・129
名の変更　557
　　――と訂正・更正　567
名の変更届　564
名欄　211

〔に〕

二重国籍　25
25年経過戸籍副本　152・153
二重相続資格者の相続分　581・583
二重相続資格者の相続放棄　594
二重反致　16
日露講和条約　30・31・38・42
日華平和条約　30
日清講和条約　29・38・42
日本国との平和条約　10・30・31・32・35

日本国民　29
　　――であることの登録　254
　　――登録簿　24
　　――（日本人）の範囲　29
日本人男が外国人女の胎児を認知する
　　届出　324・511
日本船舶内　52
日本における異国籍の外国人同士の婚
　　姻　404
日本における同一国籍の外国人同士の
　　婚姻　404
日本の国籍を有しない者に関する届出　122・
　　247
日本の裁判所による離婚判決　429
日本の方式による縁組　361・363
日本の方式による創設的婚姻届出　410
入寄留簿　114
入籍　199
入籍通知　202
入籍届　503
入夫婚姻　118・399
任意改製　178
任意後見受任者　457
任意後見監督人
　　――の欠格事由　457
　　――の事務執行上の留意事項　457
　　――の選任　457
任意後見契約
　　――に関する審判手続　458
　　――の解除　457

事項索引

特別永住者　36
特別縁故者　594・595
特別家事審判規則　56
特別失踪　489
特別受益者　596・615・620・621・628・629
　　共同相続人中に——がある場合の相
　　　続分の算定基準　628
特別受益証明書　591・615・619
特別上告　72
特別代理人　54・60・242・264・306・336・339・
　　340・352・386・585・591・615・620
特別の方式　306・599・600
特別養子　342
　　——制度　349
　　——の戸籍の処理　189・346
　　——の婚姻届の審査　347
特別養子縁組　342
　　——の審判　61・198・336・337・343・344・
　　　345・346・361・363・367
　　——の審判による効果　305・345
　　——審判の確定　345
　　——審判の要件　344
　　——の性質　343
　　——の成立要件　342
特別養子離縁
　　——の審判　370・379・383・384
　　——審判の確定　384
　　——の審判確定による効果　384
　　——の性質　383
特別養子離縁届　384

特例による戸籍・除籍　204
年寄　112・129
土人　31・35・40・41・44
特権・免除　533
届出　223・418
届出期間　227
　　——の起算日と満了日　85・228
届出義務者　223・224
届出懈怠者　114・115・124
届出資格　197・218・224・242・269・292・479・
　　529・540
届出事件の本人　160・198・220・226・281
届出受理後の取下げ　234
届出受理証明　124
届出地　226・442・447・448・449
届出に意思能力　224
届出による国籍再取得　538
届出による国籍離脱　541
　　——の手続　543
　　——の要件　542
届出人　220・234
届出の催告と職権記載　229
届出の受理の対抗力　234
届出の代理　225・339・377
届出の不受理処分　234・325・514
届出の不受理申出　235
届書の閲覧　245
取消し　312・315

審判の確定　67
調停前置主義　55・56・57・58・63・66・69・390・398
調停離縁　370・379・380・390
調停離婚　139・160・416・419・430
直系姻族　94・95・103・105・112
直系血族　93・95・337・346・457・462・466・471・599
直系尊属　94・577・581・594
　　──間の相続順位　579・580
直系卑属　94・310・338・370・577・579・581・594

〔つ〕

追完届　238・339
　　──の形式と処理　241
　　──の時期　239
　　追認による──　241・243
追完の対象（範囲）　239
追認　81・241・242・337・339・351・353・386・387・422・521
　　──による追完届　241・243
通則法　2

〔て〕

撤回　315
手続法　24・53・71・90・117・142・266・315・370
転籍　570
転致　17・18

〔と〕

同意権付与の審判　455
同一常居所地法　14・406・408・427・431・432・435・436
統一法国　7
同一本国法（共通本国法）　8・14・17・406・427・431・432・433・434・435・451・452・453
登記官
　　──の審査（権）　102・622・623
　　──の相続適格者の認定基準　102
登記義務者　603・616
登記権利者　603・616・618
登記事項証明書の交付等　459
登記目録　113・114・116・655
　　──の新設　113
同家　639・647
同時死亡　479・481・623
当事者主義　60・61
当事者の一方の本国法による方式　402・415
謄本　169
島民　40・41・132
特殊の審判　68
特段の事情があるとして国籍法2条1号を適用した事例　511
特段の事情のある場合の認知の届出　285
特定遺贈　597・598・602
特別隠居　642

　　　　410・452
　　――（異法地域者）の本国法の決定　6
地域的慣習法　23
父の推定方法　256
父の引取と利害関係人による戸籍訂正
　　　292
父または母の新戸籍　501
父未定の子　270・271・297
　　――の出生届　271
父を定める訴え　266・271・272
秩序罰　140
地番号による本籍の表示　115
地方公共団体の手数料の標準に関する
　　政令　128・169
地方交付税　128・169
地方交付税法　128・169
地方財政法　128
嫡出子　255・287・293・461
　　――出生届　315
　　――と非嫡出子　255・256・359
　　――と非嫡出子とを区別する理由　255
　　――の親権者　439
　　――の父母との続柄の定め方　119
嫡出子否認の訴え　262
嫡出子否認の裁判　264・265・266・305
嫡出性の準拠法　293・294
嫡出性の推定　262
嫡出でない子
　　――について父が届出人の資格を父
　　　としてした嫡出子出生の届出　280

　　――の場合の親子関係不存在確認の
　　　訴え　268
嫡出否認の準拠法　295・296
嫡母　105
　　――と庶子　105
嫡母庶子関係　105・654
　　継親子・――の発生　106
　　継親子・――に基因する親族関係　107
　　継親子・――の消滅　107
中国の方式による養子縁組の効力　366
懲戒権　438
懲戒罰　140
長子相続制　51
朝鮮戸籍令　32
朝鮮在籍者　31・32・47
　　――と内地在籍者との間に身分行為　32
朝鮮籍　32・45・46・329・330・509
朝鮮民事令　32・40・41・43・329
調停
　　――・審判による国際離婚　436
　　――における特別の審判　67
　　――に代わる審判　55・58・64・67・68
　　――の効力　67
　　――の成立　58・66・67・68・197・380・381・
　　　420・442・443・497
　　――の不成立　58・66
　　――申立て　54・55・57・58・67・265・272・
　　　316・353・380・381・387・398・420・423・
　　　424
合意に相当する審判・――に代わる

——の審査方法　622
即時抗告　59・61・62・64・67・142・144・345・
　　384・445・448・449・450・464・465・487・
　　489・497・501・502・555・564
属人的効力　21・22
属地的効力　21・22・247
訴訟当事者　57・69・70・270
訴訟能力　55・57・70・310
尊属　94

〔た〕
第一号法定受託事務　128・136
第一次改製　178
大帰化　33・34・523
代行者選任　444
待婚期間　82・270
第三者請求　163
大使　129
胎児認知　304・308
　　——と戸籍上の嫡出推定期間内の出
　　　生子の処理　307
　　——の記載　308
胎児の相続　578・579・582
代襲相続　581
　　——の効果　581
　　——の性質　581
　　——の要件　581
大正4年式戸籍　117
　　——の改製　155・176
代諾縁組　225・336・337・340・352

代諾権のない者の代諾による縁組　350
第二次改製　178
対日平和条約　4・7・30・32・48・328・331・393・
　　509
代理権付与の審判　455・456
代理人による口頭の届出　225
台湾在籍者　29・30・47
台湾人　4・29
　　——のみに関する身分行為　29
台湾籍　30・45・330・509
台湾における届出の受理・送付および
　　入籍・除籍などの手続　30
台湾の戸口調査制度　29
他家　639
太政官布告　23
単一法国　7
単意離縁　376・377
段階的連結　14・17・406・432・434・435・450
　　——による準拠法の定め方　406
単純承認　587・588・590・642
　　——・限定承認の考慮期間の起算点　587
　　——の効果　589
　　——の取消し　589
単独離縁　376・389

〔ち〕
地域籍　45・47・48・332
　　——の得喪制限　329
地域的異法国籍者　6・7・401・410・431・452
　　——（異法地域者）の本国法　6・401・

事項索引

651
――の効果　646
絶家再興の効果　648
絶対強行規定　23
戦時死亡宣告　488
選択的連結　299・319・324・432
選択的連結制　319・324
船舶遭難者遺言　456
選定未成年後見監督人　472
選定未成年後見人　463・467
先例（意義と効力）　137

〔そ〕

創設的届出　223
創設の訴え　54
相続開始証明　609
相続回復請求権　574・575・576・612
　　――の消滅時効と一般の取得時効と
　　　の関係　576
相続回復請求権者　575
相続回復被請求者　575
相続関係説明図　621
相続欠格者　578
相続権
　　――の同語異義　574
　　――の法的性質　574
相続財産　576
　　――の範囲　576
相続財産分与の登記　594
相続順位　578

相続適格者　578
　　――の認定基準　622
　　――の認否例　623・624・625
相続登記に要する戸籍書類　617
相続と戸籍　481
相続人　578
　　――となるべき者の戸籍訂正　611
　　――の証明　616
　　――の住所証明書　621
相続人証明　610
相続の開始　611
　　――後の認知　303
　　――原因　479・481・577・608・609
　　――時期の証明（相続開始証明）　609
　　――時期の戸籍訂正　611
相続の対象にできない財産　577
相続分　582
　　――のない旨の証明書　615・621
相続分指定証明書　615
相続分譲渡証明書　621
相続放棄　590
　　――の効果　593
　　――の申述　232・592
　　――の方式と期間　592
相続放棄権者　591
相続放棄者　627
相続放棄申述書　592
相続放棄申述受理証明　592・615・621
相続を証する書面　601・610・614・615・618・
　　619・621・622・623・624・625

――の内容上の効力　62

――申立て　54・475

審判離縁　370・379・380・390

審判離婚　416・419・431

〔す〕

推定家督相続人　100・119・287・348・356・357・495・498・507・574・643

推定相続人　60・62・68・79・206・214・218・223・226・495・496・497・498・574・610

推定相続人の廃除　60・62・68・79・206・214・218・223・495・496・497・498・581・610

――の原因　495

――の効果　496

――の裁判確定と戸籍の処理　497

――の取消し　214・497

推定力　125

推定を受けない嫡出子　96・192・256・260・261・263・268・270

推定を受ける嫡出子　96・256・260・261・264・267・270

〔せ〕

請求　158・196

制限能力者　77・78・79・224・477・543・572・585・589・592・596

――の戸籍法上の届出能力　79

生前認知　304

生存配偶者の復氏　160・189・190・194・198・200・206・226・338・378・426・492・493・494

生地主義　23・25・26・27・509・527・528・529・530・531・533・534・535・536・541

――国籍法　25

生地主義国　24・25・27・296・297・298・528・529・530・531・533・534・535・536

――で出生の外交官以外の職員の子　534

――で出生の外交官の子　533

成年擬制　406・408

――に対する離婚の効力　429

成年後見制度　396・455・475・477

成年後見監督人　306・420・456・459・460・475

成年後見人　455・459

――の複数制　456

――の保佐人，補助人の選任　456

――の事務執行への配慮義務　456

成年被後見人と――　455・460

成年の子の認知　123・307

成年被後見人　78・79・224・307・418・455・459

――と成年後見人　455

成文法　33・613

正本　71・116・117・120・150・151・152・153・596

生来国籍　24・25・26・27

生来の嫡出子　96・256・259・260・273・293・294・297・305・308・313

制令　31・41・329

籍　46

積極的抵触　16・25・298・406・525・540

絶家　102・639・649・645・646・647・648・650・

事項索引

——変更の方法　443
親権者指定届　223・224・441・442
親権者変更届　223・443
親権喪失　197・446・447・461
　——の審判　443
　——（の）取消　197・446
親権喪失審判取消届　446
親権代行者　61・336・344・438
新戸籍の編製　116・118・121・152・154・201・
　　205・210・358・524
人際私法　8
人際法国　7
新在留制度　35
　——対象者　35
審査請求　53・143
人事訴訟　53・54・56・57・63・65・69・71・73・
　　196・262・270・314・315・316
　——と家庭裁判所　53・54・56・69・70
　——の事物管轄　57
人事訴訟手続法　56・266・348・388
人事訴訟法　52・53・57・69・262・270・311・
　　312・316・370・385
人事調停法　55・65
　——と現行法　65
　——の制定　55・65
身上監護権　438・462
心神耗弱　476・477
　——を原因とした準禁治産宣告を
　　　受けた者　476
　——を原因としない準禁治産者　476・
　　　477
壬申戸籍　111・112・113・148・175
心身喪失の常況　77・78
心神喪失者　76
申請　196
　——による戸籍訂正　220
親族　92
　——関係の法律的効果　93
　——関係およびこれから生ずる権利
　　　義務関係の準拠法　3
　——関係の証明　254
　——の種別　92・94
　——の範囲　92・97・639・654
親族入籍　49・99・100・101・103・105・106・
　　107・119・211・494・503・504・505・638・
　　644・648
人的異法国籍者　6・7・8・401・411・431
　——（異法人域者）の本国法　6・7・401・
　　　411・452
　——（異法人域者）の本国法の決定　6・
　　　7
親等　94・95
　——の計算法　92・94
審判　59
　——確定後の戸籍の処理　64・144
　——手続　56・59・60・74・144・443・445・
　　　446・447・448・449・464・465・555
　——と異議申立てとの関係　64
　——の効力発生時期　61
　——の取消し・変更　61

条約国籍法　23・29・33
条理　4・18・23・33・35・55・103・509・522
条理法　330
嘱託　123・158・196・197・206・444・459・465・
　　　466・467・472・474
職務違反　115・134・140
　　――に対する過料処分　115・134
所在地　226・396
所在地法　3・16・632・635
　　――主義　16
庶子　277・286
　　――・私生子の名称廃止　287
庶子出生届　277・279・313・315
除斥　93・115・123・131
除籍　147・619
　　――謄本等の交付請求　168
　　戸籍（――・原戸籍）が滅失した場
　　　合の再製手続　179
　　戸籍（――・原戸籍）に滅失のお
　　　それがある場合の再製手続　180
　　戸籍・――副本の保存　153
　　戸籍または除かれた戸籍（――）の
　　　正本　150
　　戸籍用紙による――　147
　　磁気ディスクによる――　148
除籍副本制度　117
　　――の創設　117
除籍簿　120・147
　　――の制度　113
　　――の保存　148・150

除籍簿見出帳　156
除籍目録　113・114・655
職権記載　123・139・141・160・197・217・229・
　　　285・388・524・571
職権探知主義　57
職権調査主義　60・61
職権訂正　220・221・292・387
親権　417・418・438・450・460・461・462・463・
　　　655
　　――停止の審判　444・445・446・447
　　――の意義　438・441
　　――の回復　448
　　――の帰属　450
　　――の辞任　448・449・461・464
　　――の準拠法　451・452・453
　　――の準拠法の具体的適用　451
　　――の準拠法の決定と変動　450
　　――の消滅・喪失　450
　　――の内容　438・450
親権回復届　449
親権辞任届　448
親権者　417・418・438・439・440・461
　　――の指定に関する準拠法　435
　　――指定の方法　441
　　――の公示方法　440
　　――の定めのない裁判離婚　420
　　――の指定　19・20・60・62・74・79・230・429・
　　　435・441・442・443・444・454
　　――の職務執行停止　444
　　――の変更　75・442・443

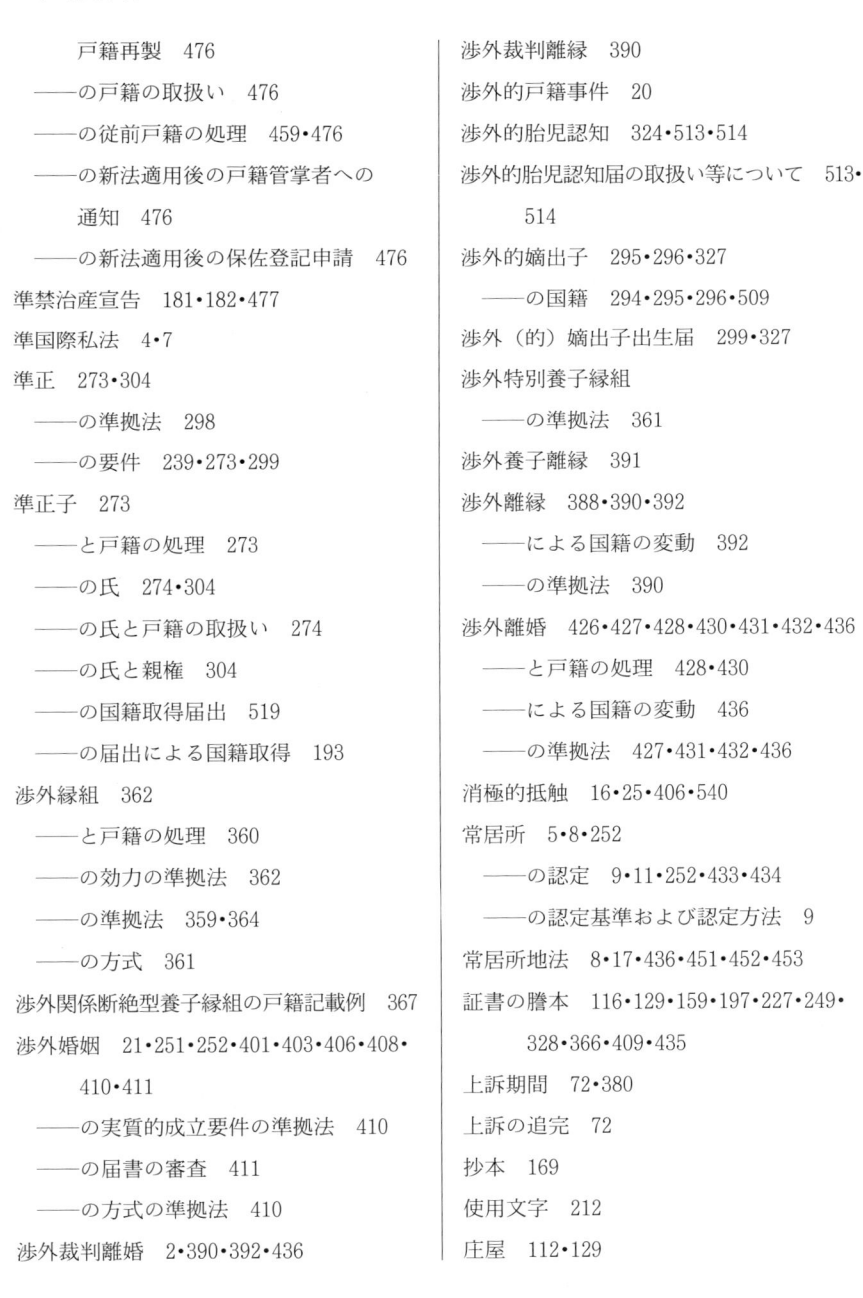

事項索引

　　　戸籍再製　476
　　　――の戸籍の取扱い　476
　　　――の従前戸籍の処理　459・476
　　　――の新法適用後の戸籍管掌者への
　　　　通知　476
　　　――の新法適用後の保佐登記申請　476
準禁治産宣告　181・182・477
準国際私法　4・7
準正　273・304
　　　――の準拠法　298
　　　――の要件　239・273・299
準正子　273
　　　――と戸籍の処理　273
　　　――の氏　274・304
　　　――の氏と戸籍の取扱い　274
　　　――の氏と親権　304
　　　――の国籍取得届出　519
　　　――の届出による国籍取得　193
渉外縁組　362
　　　――と戸籍の処理　360
　　　――の効力の準拠法　362
　　　――の準拠法　359・364
　　　――の方式　361
渉外関係断絶型養子縁組の戸籍記載例　367
渉外婚姻　21・251・252・401・403・406・408・
　　　410・411
　　　――の実質的成立要件の準拠法　410
　　　――の届書の審査　411
　　　――の方式の準拠法　410
渉外裁判離縁　2・390・392・436

渉外裁判離縁　390
渉外的戸籍事件　20
渉外的胎児認知　324・513・514
渉外的胎児認知届の取扱い等について　513・
　　　514
渉外的嫡出子　295・296・327
　　　――の国籍　294・295・296・509
渉外（的）嫡出子出生届　299・327
渉外特別養子縁組
　　　――の準拠法　361
渉外養子離縁　391
渉外離縁　388・390・392
　　　――による国籍の変動　392
　　　――の準拠法　390
渉外離婚　426・427・428・430・431・432・436
　　　――と戸籍の処理　428・430
　　　――による国籍の変動　436
　　　――の準拠法　427・431・432・436
消極的抵触　16・25・406・540
常居所　5・8・252
　　　――の認定　9・11・252・433・434
　　　――の認定基準および認定方法　9
常居所地法　8・17・436・451・452・453
証書の謄本　116・129・159・197・227・249・
　　　328・366・409・435
上訴期間　72・380
上訴の追完　72
抄本　169
使用文字　212
庄屋　112・129

死亡の事実を証する書面　480・482

死亡報告　480・482・483・484・611

姉妹の各瑨養子相互間の相続順位　357

氏名の登録証明　255

受遺能力　602

終期　83・85・86

常居所　3・8・252

　　——の認定　9

常居所地法　3

　　——主義　16

住居番号　111・187・479

重国籍　6・25・535

重国籍者　5

　　——の本国法　3・7・8・401

　　——の本国法の決定　6・7・8

15歳未満の養子の離縁協議者　373

州際私法　4

住所寄留簿　48

住所地法　16

　　——主義　17

就籍　570

従前の禁治産者後見制度　461

従前の禁治産宣告制度と改正後の制度
　との経過措置　461

従前の本籍　160・187・194・365

住民基本台帳法　36・49

住民登録法　48・49

宗門改帳　110

主観主義　302・312

出寄留者　49・114

出寄留簿　114

出寄留用紙　48・49

出生届　254

出生子

　　——が学齢に達した後になされた出
　　　生届　285

　　——が日本国籍を取得しない場合　298

　　——が日本国籍を取得しない場合の
　　　出生届　298

　　——が日本国籍を取得する場合　296

出生届済証明制度　119

出生による国籍取得　27・33・34・509・516・
　533・535

出生年月日欄　145・170・218

出入国管理令　38

受理

　　——伺い　285

　　——照会　230・231・232・250

　　——証明　124・244・248・323・392・413・
　　　437

　　——命令　144

準拠法　2・3・248・451

　　——たる外国法が離婚を禁止してい
　　　る　432

　　——の選択的連結制　324

　　——の連結に段階的連結を採用　17

　　——を指定する基準　5

　　——を指定する補充的連結点　14

準禁治産者　476・642

　　——（心神耗弱者）の新法適用後の

事項索引

死後認知　309
事実主義　29・299・300・302・312・313・317・318・319・322・323・327・451・452
　　――を採用している国　317
事実主義法制　302・317・319・323・451・452
　　――と認知の準拠法　302・320
　　――による非嫡出子出生届　302・319・451
事実の判断　230・231・232
使者　54・396・405・418・567
私生子　104・105・116・170・211・286・287・288・641・649
自然血族　92・93・94・96・101・103・105・338・578
自治事務　127・128・131・138
市町村長の棄児発見調書による戸籍編製　291
市町村長の職務代理者　130・131・135・213
市町村長の職務の暫定執行者　131
市町村長の書面審査　252
市町村長の処分に対する不服の申立て　60・63・140・235・245
市町村長の審査　144・230・233
市町村長の審査権　88・144・231・249・250・326
市町村長の臨時代理者　130・133
実家　99・101・105・106・209・358・505・639・644・648・649・650・653
失権宣告　197
執行文を付与する場合　151
執行力　53・54・62

実質国籍法　23・33
実質審査　88・125・230・231・233・250・627
　　――義務　88・235
実質審査権　88・216・230・250・622
実質的成立要件　359・360・392・401・402・405・410・411・414・432・433
実質的要件　251・307・333・359・362・371・388・389・390・394・395・401・412・414
実質要件　20・21・22・232・251・634
失踪者　114・226・485・486・489・490・491
失踪宣告　461・486・488・489・490・491
　　――の効果　487
　　――の手続　481・486
　　――の取消し　116・214・218・489
　　――の要件　486
失踪宣告届　223・488・491
失踪宣告取消届　491・611
実体法　89
指定未成年後見監督人　472
指定後見人　463
指定未成年後見人　463
自筆証書（による）遺言　599・634
死亡危急者遺言　456
死亡後の認知請求　82
死亡した子に対する認知の記載　308
死亡届　479
　　――の意義　479
死亡とみなされる時期　489
志望による外国国籍取得　33・34・542
　　――と戸籍の処理　542

婚姻関係　4・77・90・92・192・214・255・256・259・261・262・266・270・276・278・279・293・294・295・301・333・397・416・417・422・426・461・492　414・415

婚姻準正　190・239・273・299・304・395・316

婚姻証書の謄本　409・413・414

婚姻締結地　405

婚姻届と戸籍の処理　396

婚姻取消の際の氏を称する届　399

婚姻要件具備証明書　251・405・411・412・413・415

婚家　102・106・107・639

〔さ〕

財産管理（権）　461・462

財産分与　62・66・417・428・594・595

　　――制度　594

　　――の請求　417・595

　　――の登記　595

再審　72

再製　113・116・132・133・134・137・138・151・152・153・154・155・156・175・178・179・180・181・182・183・184・205・219・460・475・476・568

再製原戸籍　152・155・156・180・181・185・219

　　――・再製原除籍の保存期間　155

再製原除籍　155・156・181・219

　　再製原戸籍・――の保存証明　181

最大の関係を有する地の法律　3

再致　17

在日外国人に関する届出　237

在日当該国の公館において同国（養親例）の方式によって縁組が成立　366

裁判確定と戸籍訂正　265・270・272

裁判管轄の準拠法　3

裁判拒絶　3

裁判事務心得　23

裁判認知　223・267・268・276・303・309・312

裁判離縁　341・376・379・382・389・390・392

　　――の手続と成立　379

裁判離婚の手続と成立　419

債務についての遺産分割　587

在留カード　9・10・15・35・36

〔し〕

始期　83・86・254・487

磁気ディスクによる戸籍　120・131・150・152・153・156・172・177・178・203・221・222・265

　　――調製のための改製　177・178

　　――の訂正方法　222・265

磁気ディスクによる除籍　148

磁気ディスクによる特例戸籍の消除方法　215

磁気ディスクをもって調製される戸籍・除籍　147・204

　　――の訂正方法　221

事件発生月日　159

時効　53・82・574・575・576・589・607

事項索引

──制度の明定　112
戸籍の編製と──制度　113
戸籍簿　145
　──・除籍簿の閲覧制度　162
　──の副本　113
戸籍法　51・52
　──10条の2第1項の請求（第三者請求）
　　163
　──10条の2第2項の請求（公用請求）
　　164
　──10条の2第3項から5項までの請求
　　（弁護士等による請求）　165
　──41条の証書提出　327
　──62条の嫡出子出生届　224・275・297・
　　298・300・315
　──62条の類推適用を認める嫡出子
　　出生届　276
　──62条を類推適用する事例　278・280
　──63条・同条類推適用の届出　327
　──73条の2の届　382・383
　──73条の2の届と戸籍の処理　382
　──77条の2の届　198・382・417・418・425・
　　426
　──77条の2の届と戸籍の処理　425
　──107条2項の届　413
　──116条の確定判決を要する趣旨　73・
　　219
　──違反通知　124・140・141・142・228
戸籍法施行規則　51・52
戸籍法ノ適用ヲ受ケサル者ノ選挙権及

被選挙権　43
戸籍簿見出帳　156
戸籍または除かれた戸籍（除籍）の正本
　150
戸籍用紙による除籍　147
戸籍吏　29・115・116・117・122・129・235・
　257・355・400・642・643
　──の除斥　115
戸長　111・112・114・129・151・286
五人組帳　110
子の氏変更　74・79・206・224・439・500・
　501・502
子の財産　439
子の死亡後の準正　274
子の名　212・239・283・284・292・567
　──に用いられる文字　212・283
　──に用いる文字に関する留意事項　283
子の離婚後の親権・監護権　429
婚姻
　──の形式的要件　395・402
　──の実質的要件　394・401
　──の取消し　397
　──の方式　2・5・20・21・249・402・405・
　　406・410
　──の無効　396
　──の無効・取消し　65・396
　──の無効・取消しの裁判確定と戸籍
　　の処理　396
　──の無効・取消しの裁判手続　398
婚姻挙行地　21・402・403・405・410・411・

事項索引

──の証明事項の範囲　171
──の正確性保持　115・122
──の編製基準　52・175・186・192・193・198
──の編製と副本制度　113
──の変動　30・32・187・188・189・191・192・199・201・206・213・273・308・338・341・375・376・378・381・421・428・437・440・494・501・502・503・568・614
新──の編製　116・118・121・152・154・202・205・210・358・524

戸籍受附帳　157
──の記載順序　158
──の調製と役割　157

戸籍受附補助簿　160

戸籍記載事項証明　120・169・171・172
──書の作成　120・169

戸籍事件に関する不服申立ての準拠法　142

戸籍事項欄　205
──の記載と文末認印　213

戸籍事務
──の管轄権　138
──の管轄庁　75・115・135
──の監督　73
──の分掌　131
──の管理　135

戸籍事務管掌者　127・128・129・130・134・139・213・345・444・445・467
──と戸籍事務補助者の責任　139
──の除斥　131・134

戸籍事務協議会の決議　138
戸籍事務補助者　131・139
戸籍・除籍の副本　151・153
──送付の特例　153
戸籍先例　73・74・138・172・314
──と家事審判　74
戸籍訂正　216・217・219・220・270
申請による──　220
戸籍謄抄本の有効期限　618
戸籍の記載　440・442・443・444・445・446・447・448・449・450・464
──後の追完　239・240
──前の追完　239
──の誤りの原因　216
──の効力　125
──が法律上許されないものであること　218
──に遺漏があること　217・218
──に錯誤があること　218・421
──を要しない届書　246・247・545
戸籍の記載事項と記載欄　204
戸籍の記載手続　196
戸籍の記載方法　212
戸籍の公開
──の原則　162
──と戸籍訂正　123
戸籍謄本等の交付請求　162
戸籍の附票　49・125・615・618・619
戸籍副本　112・115・152・153・154・176
──制度　112・176

事項索引

国籍選択届　224・226・227・537・539・540・545・548
国籍喪失の宣告　537・547・549・550
　——の対象者　549
国籍喪失届　223・226・247・526・537・540・544・545・547
国籍喪失報告　223・247・540・544・550
　——と戸籍の記載　550
国籍の再取得　530・552
　——後の戸籍の処理　552
　——の要件　551
国籍の留保　224・226・298・320・510・530・531・532・543
　——の規定の適用除外　534
　——の届出方法　532
国籍の留保届　224・226・531・542
国籍法　23・24・25・26・545・549
　——2条1号の適用範囲　322・510
　——2条2号の適用範囲　515
　——2条3号適用後の問題　290
　——2条3号の適用範囲　515
　——2条3号を適用した事例　289
　——上の帰化の手続　523
　　特段の事情があるとして——2条1号を適用した事例　511
国籍法の抵触についてのある種の問題に関する条約　25・290・508・527・540
国籍法施行規則　24
国籍離脱　25
　——の自由　25・525・541

　——の届出効果　544
国籍離脱届　34・543
国内公序　18
戸口規則　29・40・41
戸口調査簿　29・30
子死亡後の準正　274
戸主　640
　——・戸主権の廃止　641
　——との続柄欄　210
　——の用語と意義　640
戸主権　640・655
呼称上の氏の変更　189・190・201・413・554・655
誤字・俗字の訂正　221・558
戸籍
　——主義　48
　——上嫡出の推定を受ける嫡出子の場合の親子関係不存在確認の訴え　267
　——上の隠居届出　643
　——上の父母双方死亡後の親子関係訴訟当事者　270
　——（除籍・原戸籍）が滅失した場合の再製手続　179
　——（除籍・原戸籍）に滅失のおそれがある場合の再製手続　180
　——・除籍副本の保存　153
　——即家　114
　——の意義　122・125・140
　——の改製　175
　——の処理　464・465

──の規定 16
国際準正嫡出親子関係 298
　　──の成立 298
国際相続の先決問題の準拠法 632
国際嫡出親子関係 293・295・296
　　──の成立 295・296
国際的裁判管轄権 2・4・390
国際的取引行為 2
国際的身分行為 2・4・5・6・7
国際非嫡出親子関係の成立 317・451
国際法上の原因に基づく日本国籍の取得と喪失 32
国際民事訴訟法 2
国際遺言
　　──の準拠法 633
　　──の方式の準拠法 634
国際養親子関係 359・364・388
　　──の成立 359・364
　　──の消滅 388
国際離婚 426・427・428・430・436・454
　　──の効力 428・450・454
　　──の際の子の親権者・監護者の決定 454
国籍 508・509・516・519・525・527・531・535・539・540・545・546・548・550
　　──独立主義 26・321・436・509
　　──と戸籍との関係 24・254
　　──の意義 508
　　──の関係 46
　　──の自然離脱 528

──の抵触 25・540
──の当然離脱 296・298・510・527・528・549
──の得喪 33・34・35・79・126・191・206・508・509・520
──の不留保 34・296・298・509・527・528・529・530・531・542・543・550・551
──の不留保による喪失 296
──非強制の原則 521・541
──放棄 541
──唯一の原則 527・529・535・536・541
日本の──を有しない者に関する届出 122・247
国籍証明 25・125・126・172・297・300・323・328・392・411・508
　　──書の請求・交付の手続 126
国籍選択 510・537・538・545・546・547・548・549・550
　　──宣言 322・537・545・546・547・548・549
　　──宣言の効果 537
　　──の期間 547
　　──の期間と選択の宣言の届出 547
　　──の義務 537・546・547・548
　　──の義務と履行期間 536
　　──の義務の履行方法 537・546・547
　　──の催告 24・363・392・537・539・548・552
　　──の催告後の国籍の変動 538
　　──の催告に伴う戸籍の処理 538
　　──未了者通知 538

――の開始原因　445・461

　　――または保佐の登記の通知があっ
　　　た場合の戸籍の再製手続　181

後見開始届　223・226・460・461

後見終了届　119・223・226・228・449・453・
　　　469・474

後見監督人　470・471・472・473・474・597・634

後見監督人更迭届　226・473

後見監督人就職届　226・473

後見監督人地位喪失届　473

後見人　455・461・464・466・467・469

　　――の解任　457・465・467

　　――の欠格　465・467

　　――の辞任　335・464・467

後見人更迭届　223・226

庚午年籍　110

公使　129

公示送達　380・420

公示方式　3

公序　18

　　――違反　18

公証力　124・125・220

公序規定　432

　　――を適用して離婚裁判をする　432

公序良俗　3・18・19・86・283・332・391・654

　　――関係法　3

公示力　89

公信力　89・125

更正　222

公正証書（による）遺言　599・600・634

　　――の方法の改正　456

公正証書および私署証書の方式　3

公正証書原本不実記載罪　124

後天国籍　24・27

後天的嫡出子　256・293・294

口頭の届出　225

皇統譜　120・121

甲類事件　458

高齢者の職権消除　484・623

公用請求　164

誤記訂正　222

　　――と更正　222

国際遺言の準拠法　634

国際親子間の法律関係の準拠法　20・429

国際慣習　533

国際結婚　20・191・401・406・408・429・450・
　　　510・559

　　――と氏　406・429

　　――の身分的効力　191・450・559

　　――の効力の準拠法　406

　　――の際に公的身分である国籍の取
　　　得行為　409

　　――の実質的要件の準拠法　401

　　――の方式の準拠法　402・404

　　――の無効取消の準拠法　401

　　――要件の準拠法　401

国際後見　477

国際公序　18

国際私法　2・3・4・18

　　――条約　9・18

401・402・634

刑事罰　115・124・216

継親子　92・95・103・105・118

継親子関係　92・95・103・105・654

　　――・嫡母庶子関係の発生　106

　　――・嫡母庶子関係の不発生　105

　　――・嫡母庶子関係に基因する親族

　　　関係　107

　　――・嫡母庶子関係の消滅　107

形成の訴え　53・54・72・272・309

形成判決　71・72

形成力　53・54・62・75・265・272

継父母と継子　92・96・103・105・108

血縁主義　301・302

血縁上の父　275

血族　93

血族相続人　577・578

　　――相互間の相続順位　579

血統主義　26・188・293・296・320・406・509・

　　516・527・531・535・550

血統主義国籍法　25

　　――と生地主義国籍法との交錯　25

原因発生地法　3

原戸籍　148・149・150・163・178・287・288

　　――の種別　148

　　――の謄抄本の認証文　150

　　――の編綴順序と保存　150

検察官　57

原則的氏変更の要件　555

限定承認　76・587・590・642

――の効果　590

検認　601・603

原本還付　621

権利能力者　254

権利の主体となる始期の登録　254

権利変更の訴え　54

〔こ〕

行為地法　5・16・248・249・359・361・362・

　　366・388・392・432・433・436・635

合意地　3

　　――または行為地の方式　3

合意に最大の関係を有する地の法律　3

合意に相当する審判　58・63・64・67・310・

　　316・353・398・399・423

行為能力　16・55・57・77・82・254・406・408・

　　429・476・477・642

庚寅年籍　110

航海日誌の謄本　123・129・158・159・196・

　　197・206・479

後見　455・461・464・467・469・470・471・473・

　　474・475・478

　　――開始の審判　78・181・182・455・458・

　　460・475・478

　　――開始の審判等と任意後見契約と

　　　の関係　457

　　――（等）終了の原因　469・478

　　――登記申請　475・476

　　――登記制度の創設　458・464

　　――等の登記　458

協議離縁届　374
協議離婚　416・421・424・436
　──制度　235
　──の取消し　65・422
　──の無効　421
　──無効・取消しの裁判確定と戸籍の処理　423
協議離婚届　417
　──不受理申出　424
強行事項　22
強制改製　178
強制認知　303・304・309・312
行政罰　124・139・140・532
行政不服審査法　53・143・550
兄弟姉妹間の相続順位　580
共通常居所地法　8・14・431・432・434・435
共通法　4
共同相続人中に特別受益者がある場合の相続分の算定基準　628
京都戸籍　110
許可による就籍届　571
許可を得てする入籍届　502
許可を得ないでする入籍届　500
虚偽届出の罪　124
去家　98
挙行地法　5
挙式地　396
居所寄留簿　48
居所指定権　438
居所地法　3

寄留者　48・49・112・113・114
寄留制度　114
寄留簿　48・114・122・132
寄留法　48・49・110
禁治産および準禁治産の制度改正　455
禁治産者　214・224・348・386・460・461・475・507・642
　──の従前戸籍の処理　459・461
　──の新法適用後の後見登記申請　475
　──の新法適用後の戸籍再製　475
　──の新法適用後の登記と戸籍管掌者への通知　475
禁治産宣告　181・182・460・461・475
均分相続制度　51

〔く〕

口がきけない者の公正証書遺言　599
口がきけない者の秘密証書遺言　600
国の内部規則である特別法（人際私法ないし域際私法）　8

〔け〕

契印　113・115・145・146・153・170・204・213・246
経験則　23
形式審査　250
形式審査義務　89
形式審査権　87
形式的要件　20・21・74・234・251・306・337・338・359・361・373・374・388・389・395・

管外転籍　570
管轄　57
管轄法務局・地方法務局の機能　232
韓国併合条約　31・32・38・42
監護権者　454
鑑札　112
慣習　29・32・33・35
慣習法　22
管内転籍　570
官報催告による国籍不選択者の再取得
　届出の要件　551
管理権　439・445
　——の回復　450
　——の辞任　79・449・469
　——の喪失　445
管理権回復届　450
管理権辞任届　449
管理権喪失
　——審判の取消し　447
　——の審判　445・447
　——の審判取消届　446・447
管理権喪失　446・447・467・469
慣習法　22

〔き〕

帰化　520・651
　——許可後の戸籍上の手続　524
　——の許可行為　522
　——の効果　523
　——の条件　522・523

　——の手続　34・38・436・523
　——の法律上の性質　521
帰化届　524
期間　82
　——起算点　82
　——の計算方法　82・228
　——満了点　84
機関委任事務　127・136
期限　86
　——と期間　86
　——と期日　86
　——と身分行為　86
棄児　288
　——の氏　292
　——の国籍　289・515
　——の引取　292
棄児発見調書　207・291・292
期日　87
危難失踪　486・487
既判力　53・54・62・68・72・270・390
客観主義　301・302・312
給付の訴え　53・54・309
旧法当時の父母との続柄の定め方　208
旧民法上の家の構成　638
旧民法上の氏と現行民法上の氏　188
協議離縁　371・374・385・389
　——の取消し　67・387・388・422
　——の無効　63・65・385・387
　——の無効・取消しの裁判手続　387
協議離縁裁判確定と戸籍の処理　387

事項索引

――による報告的婚姻届出　413
外国判決承認　390
外国法の適用排除　18
改製原戸籍　101・113・114・116・118・148・150・155・170・180・219・287・288・610・614・617
外地　38・39
外地人　40
　　――の国籍　41
　　――の地域籍（民族籍）と平和条約発効後の国籍　47
外地法　39・40・41
改名手続　564・568
改名の正当な事由基準　564
額書　104・119・210・287
額書欄　104・210・287
確定期限　85
確定証明　71・72
確定判決　68・72・73・219
　　――に基づく戸籍の処理　73
確認訴訟　68
確認の訴え　53・68
確認の利益　70・266
確認判決　70・71・72・73
　　――の効力と戸籍訂正　71
掛紙　145・146・170・204・213
家事事件手続法　55・56・59・65・66
家事審判　59・73
　　――と異議の申立て　58・63
　　――の対象　59

家事審判規則　56
家事審判法　55
家事調停　64・466
　　――と戸籍の届出　67
　　――の対象　65
　　――の手続　66
家籍　46
　　――（家族籍）と地域籍（民族籍）との関係　47
　　――取得　287
加籍目録　113・114・655
家族制度　638
家族籍　46・47・328
家庭裁判所　56・58・466
　　――の合意に相当する審判　272
　　――の養子縁組を成立させる旨の審判　365
家督相続　119・577・639・648・655
　　――制度　51
樺太原住民　30
樺太土人戸口規則　31・40
樺太土人戸口届出規則　31・35
樺太・千島交換条約　30
仮戸籍　153
　　――の意義　153
　　――の記載の効力　154
　　――の訂正　155
過料裁判　148
簡易改製　178
簡易帰化　33・34・523

小笠原関係戸籍事務所　132
　　──の長　133
小笠原総合事務所の長　132
沖縄関係戸籍事務所　133
親子　96
親子関係存否確認の訴え　71・73・266・270
親子関係の登録　254
親子間法律関係
　　──の準拠法　450
　　──の性質決定　450
親子国籍同一主義　26・321・509
親子国籍独立主義　321・509
親子同氏同一戸籍の原則　192

〔か〕

外域裁判　5
外交婚（領事婚）　5・249・402
外交特権　534
外国官憲の発行した要件具備証明書　251
外国国籍喪失届　223・537・545
　　──と戸籍の処理　537・545
外国国籍の選択　537・539・542・546
　　──と戸籍の処理　537・542
外国国籍の離脱　322・539・545
外国裁判承認　2
外国裁判所の認知の裁判　327
外国人　27
　　──住民基本台帳制度　36
　　──との婚姻による氏の変更届　227・408・413・555・562・563
　　──との離婚による氏の変更届　227・555
　　──に関する戸籍の届出　37
　　──に関する創設的届出　248
　　──に関する届出　21・237・247・298・511
　　──に関する報告的届出　247・248
　　──に関する身分登録簿　248
　　──配偶者の氏の性質　559
　　──間の身分行為　248・249
　　──ヲ養子又ハ入夫トナス法律　33
外国人の在留管理　35
　　──の沿革　37
外国人たる嫡出子の出生届書の記載・保存　298
外国人父の本国法が事実主義を採用している場合　299・300・323・327
　　──の準正　300
外国人父・母の氏への氏の変更届　555・557
外国人登録原票　413
外国人登録証明書　36・364・433
外国人登録済証明書　279・618
外国人登録法　36・37・38
外国人登録令　38・41・43
外国人民ト婚姻差許条規　33
外国における身分行為　249
外国の裁判所による離婚判決　327・430
外国の方式　248
　　──による協議離婚　435
　　──による縁組　362・366
　　──による認知　327・328
　　──による身分行為　248

事項索引

委任代理人　620
異法人域者　6・7・8
異法地域　30・34・39・52・328
異法地域者　6・7・8
違法届出の受理　233
違法な許可と帰化の効力　522
遺留分　596・605
　　──の額　605
　　──の計算　605・606
　　──の放棄　496・608
　　──減殺請求権　607
遺留分減殺による所有権移転登記　608
遺留分権利者　495・605・607・628
遺留分放棄者　628・629
印鑑証明書　585・599・603・619・623
隠居　642
　　──の効果　643
姻族　95
姻族関係終了　79・98・160・206・224・226・
　　376・492・506・655

〔う〕

受附　229
　　──と受理・不受理　232
受附月日　158・159
受附番号　157・158・159・233・355
氏　187・554
　　──の原始的取得と選択的取得　188
　　──の主導性　192・200・341・371
　　──の性格　187

　　──の変更と訂正・更正　558
　　──の変動　188・199・273・381・406・413・
　　　418・428
　　──の変動と戸籍の変動　199
　　──変更の代理　439
　　──変更要件の社会的相当性　557
　原則的──変更の要件　555
氏の変更届　557
　外国人との婚姻による──　227・408・413・
　　555・562・563
　外国人との離婚による──　227・555
　外国人父・母の氏への──　555・557
訴えの種類　53
訴えの提起　53
　　──の方式　54
訴えの取下げ　54
　　──の効力　55
　　──の方式および要件　54

〔え〕

縁組事項　340・365
縁組証書　366
縁組当事者の一方死亡後の離縁　59・373・
　　375
縁組の方式　362
縁女　655・656
　　──の意義　656

〔お〕

応急措置法　50

事 項 索 引

〔あ〕

アイヌ人　31・42
　　――以外の樺太原住民の取扱い　31

〔い〕

家制度の廃止による各規定の消滅　119
家附の継子の相続　104
「家ニ在ル者」　507・639
家に関する規定の排除　118
家の規定排除による身分関係の回復　118
家の登録　51・114・177
域際間行為　3
域際私法　4・7・8
域際的裁判管轄権　4
域際的身分行為　3・4・5
異議の申立て　53・58・63・64・67・416・419
　　――の認められる家事審判　63
遺言　456・596
　　――による所有権移転登記　597
　　――の方式による認知　233・304・307
　　――の「確認」　601
遺言後見人　463
遺言執行者の資格を証する書面　603
遺言書の検認　601
遺言の方式　599
　　――の準拠法　9・14・633・634
遺言養子　51・119

――の廃止　119
遺留分減殺による所有権移転登記　608
遺産相続　51・104・287・314・574・577・597・
　　602・612・638・639
遺産分割　584・596・634
　　――後に認知された子の相続分　586
　　――による登記　586
　　――の基準　584
　　――の効果　586
　　――の方法　585・597
遺産分割協議書　303・585・591・615・619・
　　620・621
意思主義　78・81・301・312
意思能力　77・78・439
　　――ある者の身分行為　78
意思表示　80
　　――による単純承認　587
　　――の形式　80
　　――の効力発生時期　82
　　――の成立　80・81
　　――の内容の確定　80
遺贈　596・601・634
　　――の登記　602・603
　　――登記に要する戸籍謄本　603
　　――の物権的効力　602
一家創立　649
異動目録　113・114

姻族三親等図

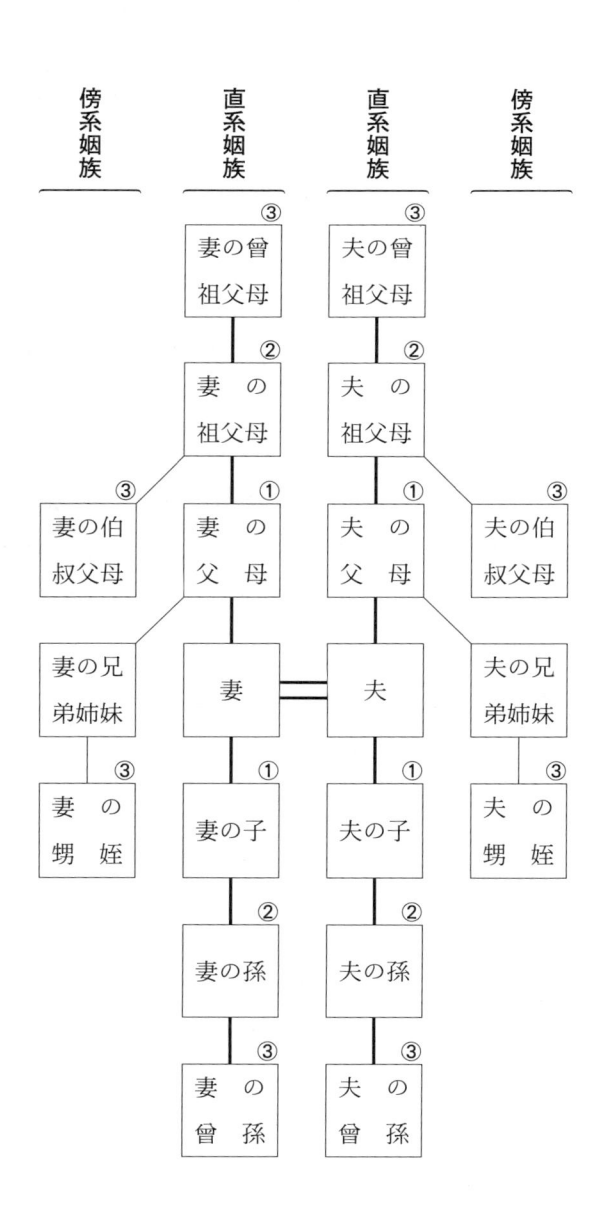

```
         傍系姻族   直系姻族      直系姻族   傍系姻族

                   ③              ③
                 妻の曾           夫の曾
                 祖父母           祖父母
                   │              │
                   ②              ②
                 妻の祖          夫の祖
                 父母            父母
                   │              │
         ③        ①              ①        ③
       妻の伯ー 妻の            夫の ー夫の伯
       叔父母    父母            父母    叔父母
                   │              │
         妻の兄ー  妻 ══ 夫   ー夫の兄
         弟姉妹                      弟姉妹
           │        │              │        │
         ③        ①              ①        ③
       妻の      妻の子          夫の子      夫の
       甥姪                                  甥姪
                   │              │
                   ②              ②
                 妻の孫          夫の孫
                   │              │
                   ③              ③
                 妻の            夫の
                 曾孫            曾孫
```

附録

血族六親等図

直系血族

傍系血族 ／ 傍系血族

尊属 / 卑属

関係	親等
高祖父母の祖父母（六世の祖）	⑥
高祖父母の父母（五世の祖）	⑤
高祖父母の弟妹	⑥
高祖父母	④
高祖父母の兄姉	⑥
曾祖叔父母	⑤
曾祖父母	③
曾祖伯父母	⑤
従祖叔父母	⑥
叔祖父母	④
祖父母	②
伯祖父母	④
従祖伯父母	⑥
叔従父母	⑤
叔父母	③
父母	①
伯父母	③
伯従父母	⑤
再従弟妹	⑥
従弟妹	④
弟妹	②
自己 ※	
兄姉	②
従兄姉	④
再従兄姉	⑥
従姪（従弟妹の子）※	⑤
甥姪 ※	③
子 ※	①
甥姪 ※	③
従姪（従兄姉の子）※	⑤
従姪孫（従弟妹の孫）※	⑥
姪孫（弟妹の孫）※	④
孫 ※	②
姪孫（兄姉の孫）※	④
従姪孫 ※	⑥
曾姪孫（弟妹の曾孫）※	⑤
曾孫 ※	③
曾姪孫（兄姉の曾孫）※	⑤
玄姪孫（弟妹の玄孫）※	⑥
玄孫 ※	④
玄姪孫（兄姉の玄孫）※	⑥
来孫（五世の孫）※	⑤
昆孫（六世の孫）※	⑥

(注)1．明治36.1.10民刑734号回答
(注)2．明治37.8.26民刑734号回答
※　男女を問わない。

(6の6) 全部事項証明

身分事項 出　　生	【出生日】平成３４年６月１日 【出生地】東京都千代田区 【届出日】平成３４年６月３日 【届出人】母 【送付を受けた日】平成３４年６月１０日 【受理者】東京都千代田区長
認　　知	【認知日】平成３５年１月７日 【認知者氏名】甲野義太郎 【送付を受けた日】平成３５年１月１０日 【受理者】東京都千代田区長
入　　籍	【届出日】平成３５年１月１５日 【入籍事由】父の氏を称する入籍 【届出人】親権者母 【従前戸籍】千葉市中央区千葉港５番地　丙山竹子
親　　権	【親権者を定めた日】平成３５年１月２０日 【親権者】父 【届出人】父母
戸籍に記録されている者	【名】啓二郎 【生年月日】平成３０年４月３日 【父】甲野義太郎 【母】甲野梅子 【続柄】三男
身分事項 出　　生	【出生日】平成３０年４月３日 【出生地】名古屋市中区 【届出日】平成３０年４月７日 【届出人】母
民法８１７条の２	【民法８１７条の２による裁判確定日】平成３５年２月１２日 【届出日】平成３５年２月１５日 【届出人】父母 【従前戸籍】名古屋市中区三の丸四丁目３番　甲野啓二郎
	以下余白

発行番号０００００１
　　これは，戸籍に記録されている事項の全部を証明した書面である。
　　　　平成何年何月何日

何市町村長氏名　　職印

	【続柄】養子
身分事項 　　出　　生	【出生日】平成２４年５月１日 【出生地】東京都千代田区 【届出日】平成２４年５月６日 【届出人】父
養子縁組	【縁組日】平成３３年１月１７日 【養父氏名】甲野義太郎 【養母氏名】甲野梅子 【代諾者】親権者父母 【送付を受けた日】平成３３年１月２０日 【受理者】大阪市北区長 【従前本籍】京都市上京区小山初音町２０番地　乙川孝助
戸籍に記録されている者 　除　　籍	【名】みち 【生年月日】平成９年７月９日 【父】甲野義太郎 【母】甲野梅子 【続柄】二女
身分事項 　　出　　生	【出生日】平成９年７月９日 【出生地】千葉市中央区 【届出日】平成９年７月１３日 【届出人】父 【送付を受けた日】平成９年７月１５日 【受理者】千葉市中央区長
離　　婚	【離婚日】平成３３年７月５日 【配偶者氏名】乙原信吉 【送付を受けた日】平成３３年７月７日 【受理者】横浜市中区長 【従前戸籍】横浜市中区本町一丁目８番地　乙原信吉
分　　籍	【分籍日】平成３３年８月２日 【新本籍】東京都中央区日本橋室町一丁目１番地
戸籍に記録されている者	【名】信夫 【生年月日】平成３４年６月１日 【父】甲野義太郎 【母】丙山竹子 【続柄】男

附　録　　　　　　　　　　　　36

（6の4）　　全　部　事　項　証　明

出　　生	【出生日】昭和62年3月17日 【出生地】横浜市中区 【届出日】昭和62年3月18日 【届出人】母 【送付を受けた日】昭和62年3月20日 【受理者】横浜市中区長
入　　籍	【届出日】平成14年3月20日 【入籍事由】母の氏を称する入籍 【従前戸籍】京都市上京区小山初音町18番地　乙野梅子
養子縁組	【縁組日】平成16年4月12日 【養父氏名】乙野忠治 【養母氏名】乙野春子 【送付を受けた日】平成16年4月16日 【受理者】京都市上京区長 【入籍戸籍】京都市上京区小山初音町18番地　乙野忠治
戸籍に記録されている者 除　　籍	【名】芳次郎 【生年月日】平成16年1月6日 【父】甲野義太郎 【母】甲野梅子 【続柄】二男
身分事項 　　出　　生	【出生日】平成16年1月6日 【出生地】千葉市中央区 【届出日】平成16年1月17日 【届出人】母 【送付を受けた日】平成16年1月20日 【受理者】千葉市中央区長
死　　亡	【死亡日】平成24年12月13日 【死亡時分】午後8時30分 【死亡地】東京都千代田区 【届出日】平成24年12月15日 【届出人】親族　甲野義太郎
戸籍に記録されている者	【名】英助 【生年月日】平成24年5月1日 【父】乙川孝助 【母】乙川冬子 【続柄】二男 【養父】甲野義太郎 【養母】甲野梅子

発行番号000001　　　　　　　　　　　　　　　　　　以下次頁

(6の3) | 全部事項証明

身分事項 　　出　　生	【出生日】平成6年2月15日 【出生地】東京都千代田区 【届出日】平成6年2月19日 【届出人】父
特別養子縁組	【特別養子縁組の裁判確定日】平成11年10月7日 【届出日】平成11年10月12日 【届出人】養父母 【送付を受けた日】平成11年10月16日 【受理者】大阪市北区長 【新本籍】東京都千代田区平河町一丁目10番地 【縁組後の氏】丙山
特別養子離縁	【特別養子離縁の裁判確定日】平成18年12月9日 【届出日】平成18年12月15日 【届出人】父母 【新本籍】大阪市北区老松町二丁目6番地 【離縁後の氏】甲野
戸籍に記録されている者 　除　　　籍	【名】みち 【生年月日】平成9年7月9日 【父】甲野義太郎 【母】甲野梅子 【続柄】二女
身分事項 　　出　　生	【出生日】平成9年7月9日 【出生地】千葉市中央区 【届出日】平成9年7月13日 【届出人】父 【送付を受けた日】平成9年7月15日 【受理者】千葉市中央区長
婚　　姻	【婚姻日】平成28年10月3日 【配偶者氏名】乙原信吉 【入籍戸籍】東京都千代田区平河町一丁目8番地　乙原信吉
戸籍に記録されている者 　除　　　籍	【名】英子 【生年月日】昭和62年3月17日 【父】 【母】甲野梅子 【続柄】女
身分事項	

発行番号000001　　　　　　　　　　　　　　　　　　　　　　　以下次頁

	(6の2) 全部事項証明

	【出生地】京都市上京区 【届出日】昭和41年1月10日 【届出人】父
婚　　姻	【婚姻日】平成4年1月10日 【配偶者氏名】甲野義太郎 【従前戸籍】京都市上京区小山初音町18番地　乙野梅子
養子縁組	【縁組日】平成33年1月17日 【共同縁組者】夫 【養子氏名】乙川英助 【送付を受けた日】平成33年1月20日 【受理者】大阪市北区長
戸籍に記録されている者 除　　籍	【名】啓太郎 【生年月日】平成4年11月2日 【父】甲野義太郎 【母】甲野梅子 【続柄】長男
身分事項 　　出　　生	【出生日】平成4年11月2日 【出生地】東京都千代田区 【届出日】平成4年11月10日 【届出人】父
推定相続人廃除	【推定相続人廃除の裁判確定日】平成32年3月16日 【被相続人】父　甲野義太郎 【届出日】平成32年3月20日 【届出人】父 【送付を受けた日】平成32年3月23日 【受理者】大阪市北区長
婚　　姻	【婚姻日】平成33年3月6日 【配偶者氏名】丙野松子 【送付を受けた日】平成33年3月10日 【受理者】横浜市中区長 【新本籍】横浜市中区昭和町18番地 【称する氏】夫の氏
戸籍に記録されている者 除　　籍	【名】ゆり 【生年月日】平成6年2月15日 【父】甲野義太郎 【母】甲野梅子 【続柄】長女

発行番号000001　　　　　　　　　　　　　　　　　　　　　　　以下次頁

（6の1）　　全部事項証明

本　　籍	東京都千代田区平河町一丁目１０番地
氏　　名	甲野　義太郎
戸籍事項 　戸籍編製 　転　　籍	【編製日】平成４年１月１０日 【転籍日】平成５年３月６日 【従前の記録】 　【本籍】東京都千代田区平河町一丁目４番地
戸籍に記録されている者	【名】義太郎 【生年月日】昭和４０年６月２１日　　【配偶者区分】夫 【父】甲野幸雄 【母】甲野松子 【続柄】長男
身分事項 　出　　生 　婚　　姻 　養子縁組 　認　　知	【出生日】昭和４０年６月２１日 【出生地】東京都千代田区 【届出日】昭和４０年６月２５日 【届出人】父 【婚姻日】平成４年１月１０日 【配偶者氏名】乙野梅子 【従前戸籍】東京都千代田区平河町一丁目４番地　甲野幸雄 【縁組日】平成３３年１月１７日 【共同縁組者】妻 【養子氏名】乙川英助 【送付を受けた日】平成３３年１月２０日 【受理者】大阪市北区長 【認知日】平成３５年１月７日 【認知した子の氏名】丙山信夫 【認知した子の戸籍】千葉市中央区千葉港５番地　丙山竹子
戸籍に記録されている者	【名】梅子 【生年月日】昭和４１年１月８日　　【配偶者区分】妻 【父】乙野忠治 【母】乙野春子 【続柄】長女
身分事項 　出　　生	【出生日】昭和４１年１月８日

発行番号０００００１　　　　　　　　　　　　　　　　　　　　以下次頁

附録

② 平成六年十月三十一日法務省令第五十一号戸籍法施行規則第七十三条
付録第二十二号様式・第二十三号書式・第二十四号の磁気ディスクによる戸籍の記載のひな形と事項証明書式（同条第二項・第三項・第六項関係）

附　録

平成弐拾四年五月壱日東京都千代田区で出生同月六日父届出入籍㊞　平成参拾年壱月七日野義太郎同人妻梅子の養子となる縁組届出（代諾者親権者父母）同月弐拾日大阪市北区長から送付京都市上京区小山初音町二十番地乙川孝助戸籍から入籍㊞	父	乙　川　孝　助	養子　三男　甲野義太郎
	母		冬　子
	義父	甲　野　義　太　郎	
	義母		梅　子
	英　　　　助		
	出生	平成弐拾四年五月壱日	
平成九年七月九日千葉市中央区で出生同月拾参日父届出同月拾五日同区長から送付入籍㊞　平成参拾年七月五日夫乙原信吉と協議離婚届出同月七日横浜市中区長から送付同区元木町一丁目八番地乙原信吉戸籍から入籍㊞　平成参拾年八月弐拾日分籍届出東京都中央区日本橋室町一丁目一番地に新戸籍編製につき除籍㊞	父	甲　野　義　太　郎	二女
	母		梅　子
	～~み　ち~~		
	出生	平成九年七月九日	
平成参拾四年八月壱日東京都千代田区で出生同月参日母届出同月拾日同区長から送付入籍㊞　平成参拾五年七月壱日甲野義太郎認知届出同月拾日東京都千代田区長から送付㊞　平成参拾五年壱月拾五日父の氏を称する入籍親権者母届出千葉市中央区千葉港五番地丙山竹子戸籍から入籍㊞　平成参拾五年壱月弐拾日親権者を父と定める旨父母届出㊞	父	甲　野　義　太　郎	男
	母	丙　山　竹　子	
	信　　　　夫		
	出生	平成参拾四年六月壱日	
平成参拾年四月参日名古屋市中区で出生同月七日母届出入籍㊞　平成参拾五年弐月弐拾日民法七百七十条の二による裁判確定同月五日父母届出名古屋市中区三の丸四丁目三番甲野啓二郎戸籍から入籍㊞	父	甲　野　義　太　郎	三男
	母		梅　子
	啓　二　郎		
	出生	平成参拾年四月参日	

附録

事項欄	名	続柄
平成六年弐月拾五日東京都千代田区で出生同月拾九日父届出入籍㊞ 平成拾壱年拾月七日特別養子となる縁組の裁判確定同月拾弐日養父母届出同月拾六日大阪市北区長から送付東京都千代田区平河町一丁目十番地に丙山某氏の新戸籍編製につき除籍㊞ 平成拾八年拾弐月九日特別養子離縁の裁判確定同月拾五日父母届出大阪市北区老松町三丁目六番地に甲野某氏の新戸籍編製㊞	ゆ　り 父 甲野義太郎 母 梅子 出生 平成六年弐月拾五日	長女
平成九年七月九日千葉市中央区で出生同月拾五日父届出入籍㊞ 平成弐拾八年四月参日乙原信吾と婚姻届出東京都千代田区平河町一丁目八番地乙原信吾籍に入籍につき除籍㊞	み　ち 父 甲野義太郎 母 梅子 出生 平成九年七月九日	二女
昭和六拾弐年参月拾七日横浜市中区で出生同月拾八日母届出同月弐拾日区長から送付入籍㊞ 平成拾四年参月弐拾日母の氏を称する入籍届出京都市上京区小山初音町十八番地乙野梅子戸籍から入籍㊞ 平成拾六年四月拾八日甲野忠吾の養子となる縁組届出同月拾八日京都市上京区長から送付同区小山初音町十八番地乙野忠吾同人籍に入籍につき除籍㊞	英　子 父 母 甲野梅子 出生 昭和六拾弐年参月拾七日	女
平成拾六年壱月六日千葉市中央区で出生同月七日母届出同月弐拾日区長から送付入籍㊞ 平成弐拾四年弐月参拾日午後八時拾参分東京都千代田区で死亡同月拾五日親族甲野義太郎届出除籍㊞	芳次郎 父 甲野義太郎 母 梅子 出生 平成拾六年壱月六日	二男

甲野義太郎

附録 30

現在の戸籍

① 昭和三十一年十二月二十九日司法省令第九十四号戸籍法施行規則第二条附録第六号の用紙を用いた戸籍の記載のひな形（第三十三条関係）

注意（このひな形は、戸籍に記載すべき相当欄及び特殊の記載例を示すにとどまり、必要な記載事項を全部示すものではない。）

本籍	東京都千代田区平河町一丁目十番地 ～四番地	氏名	甲野 義太郎
平成四年壱月弐日編製㊞			
平成五年参月八日平河町一丁目十番地に転籍届出㊞			

昭和四拾年六月弐拾壱日東京都千代田区で出生同月弐拾五日父届出入籍㊞	父	亡 甲野 幸雄	長男
平成四年壱月弐日乙野梅子と婚姻届出東京都千代田区平河町一丁目四番地甲野幸雄戸籍から入籍㊞	母	松子	
平成参拾年七月拾七日妻とともに乙川英助を養子とする縁組届出同月弐拾日大阪市北区長から送付㊞	夫	義太郎	
平成参拾壱年七月千葉市中央区千葉港五番地丙山竹子同籍信夫を認知届出㊞			
	出生	昭和四拾年六月弐拾壱日	

昭和四拾壱年壱月八日京都市上京区で出生同月拾日父届出入籍㊞	父	乙野 忠治	長女
平成四年壱月弐日甲野義太郎と婚姻届出京都市上京区小山初音町十八番地乙野梅子戸籍から入籍㊞	母	春子	
平成参拾年七月拾七日夫とともに乙川英助を養子とする縁組届出同月弐拾日大阪市北区長から送付㊞	妻	梅子	
	出生	昭和四拾壱年壱月八日	

平成四年拾壱月弐日東京都千代田区で出生同月拾日父届出入籍㊞	父	甲野 義太郎	長男
平成参拾年参月六日父甲野義太郎の推定相続人廃除の裁判確定同月弐拾日父届出同月弐拾五日大阪市北区長から送付㊞	母	梅子	
平成参拾参年六月六日丙野松子と婚姻届出同月拾日横浜市中区長から送付同区鷺田町十八番地に夫の氏の新戸籍編製につき除籍㊞	夫	～啓太郎～	
	出生	平成四年拾壱月弐日	

本籍ニ於テ出生父甲野禮二郎届出大正参拾四年七月拾日受附入籍㊞ 乙川孝之丞ト壻養子縁組婚姻届出大正五拾五年参月四日受附㊞	孫	父	甲野禮二郎	長女
		母	藤子	
		百合子		
		出生	大正参拾四年七月七日	
千葉縣千葉郡千葉町六番地戸主乙川孝輔孫大正五拾五年参月四日甲野義太郎孫百合子ト壻養子縁組婚姻届出同日入籍㊞	孫	父	乙川孝二郎	二男
		母	亀子	
		義父	甲野禮二郎	壻養子
		義母	藤子	
		孝之丞		
		出生	大正参拾年五月五日	
		父		
		母		
		出生		
		父		
		母		
		出生		

附　録　　　28

		続柄	氏名	生年月日等
千葉縣千葉郡千葉町四番地戸主乙原信藏二女入正参拾参年七月五日甲野禮三郎ト婚姻届出同日入籍㊞	婦	父　乙原信藏 母　　秋　子 家族続柄ト　二男禮三郎妻	藤　子	出生　大正拾貳年五月六日
麹町區元國町一丁目六番地戸主丙山忠吉二女同人姪戸主甲野禮太郎姪入籍届出大正参拾九年九月七日受附㊞　神奈川縣橘樹郡橘村十番地丙川悌八ト婚姻届出大正参拾参年拾壹日橘村長山邊熊藏受附同月参日送附除籍㊞	姪	父　丙山忠吉 母　　冬　子　三女	朱　朱 荻　子	出生　大正元年拾月五日
麹町區平河町一丁目四番地戸主丙野悌三長女杉子本籍三女庶子出生父甲野禮太郎届出大正拾参年拾月四日受附入籍㊞	孫	父　甲野禮太郎 母　丙野杉子　男庶子	智　太　郎	出生　大正貳拾貳年八月壹日
千葉縣千葉郡千葉町五番地戸主乙野忠藏曾孫入籍戸主妻梅子届出大正参拾参年拾壹月拾壹日受附㊞	曾孫	父　乙野忠兵衞 母　　竹　子　三男 家族続柄ト　妻梅子姪孫	忠　之　助	出生　大正貳拾年五月八日

事項欄	身分事項	氏名
千葉縣千葉郡千葉町四番地ニ於テ出生父甲野義太郎届出大正五年九月拾八日千葉町長波川保吉受附同月貳拾日送付入籍㊞ 疾病ニ因リ家政ヲ執ルニ堪ヘサルニ因リ家督相續人廢除大正拾年七月六日裁判確定戸主甲野義太郎届出同月八日受附㊞	父 甲野義太郎　長男 母　　梅子 長男 出生 大正五年九月拾壹日	禮太郎
千葉縣千葉郡千葉町四番地ニ於テ出生母甲野梅子届出大正六年九月六日受附入籍㊞	父 甲野義太郎　長女 母　　梅子 長女 出生 大正六年九月参日	櫻子
本籍ニ於テ出生父甲野義太郎届出大正八年貳月拾日受附入籍㊞ 乙原藤子ト婚姻届出大正参拾七年七月五日受附㊞	父 甲野義太郎　二男 母　　梅子 二男 出生 大正八年貳月参日	禮二郎
養父麹町區元園町一丁目四番地戸主丙川信太郎弟信三郎及養母鶴子ト協議離縁縁組届出大正九年拾月壹日受附復籍㊞ 大正拾年拾月拾日東京地方裁判所ニ於テ懲役ノ刑ニ處セラレ華族ノ籍喪失右同裁判所報告同月拾八日受附㊞ 千葉縣千葉郡千葉町三番地ニ分家届出大正拾五年拾月拾五日千葉町長波川保吉受附同月拾八日送付附除籍㊞	父 甲野仁吉　三男 母　　松子 族稱 平民 弟 出生 明治参拾四年五月七日	朱 朱 義三郎

大正四年式戸籍　〔大正三年十月三日司法省令第七号、戸籍法施行細則第一条〕

附録第一號様式附属雛形　注意（載本例形ヲ示スニ止マリ戸籍ニ記載スヘキ事項ノ全部ヲ網羅セルニ非ス　必要ナル記載事項及特殊ノ記載例ヲ網羅セサルニ非ス）

本籍	麴町區麴町四丁目六番地ヨリ 東京市麴町區元園町一丁目三番地	前戸主	甲野仁吉
	大正参年拾貳月参拾壹日前戸主吉死亡ニ因リ 家督相続届出大正四年壹月拾日附㊞	族称	亡華族 士族
	大正四年八月拾日附辞令ヲ以テ華族ニ列セラル 右届出同月拾七日受附㊞	続柄前戸主トノ	亡甲野仁吉長男
	麴町區麴町四丁目六番地ニ轉籍届出大正四年拾月六日受附㊞	父	亡甲野仁吉 長男
	乙野梅子ト婚姻届出大正四年拾月七日受附㊞	母	松子
	姪萩子戸主義太郎ノ同意ヲ得スシテ神奈川縣橘樹郡橘村十番地丙川悌八ト婚姻ヲ爲シタルニ因リ 復籍拒絶届出大正参年拾貳月拾日受附㊞	戸主	甲野義太郎
		出生	明治拾八年六月貳拾壹日
	大正拾年拾月壹日午後八時本籍ニ於テ死亡戸主甲野義太郎届出同月貳日受附㊞	父	乙山孝吉 三女
		母	春子
		母	朱松子 ✕
		出生	明治貳年参月四日
	千葉縣千葉郡千葉町五番地戸主乙野忠藏三女大正四年拾月七日甲野義太郎ト婚姻届出同日入籍㊞	父	乙野忠藏 三女
		母	夏子
		妻	梅子
		出生	明治貳拾六年七月四日

職

	弟	父	亡飯田正義	二男
明治六拾八年拾壹日麹町區平河町壹丁目四番地井戸龜次郎養子協議離縁届出同日受附入籍⑩ 明治七拾年拾月拾五日芝區巴町參番地ヘ分家届出同日芝區戸籍吏肉野丙郎受附同日届書及入籍通知書發送同月拾九日受附除籍⑩		母	亡 タカ	
		家族トノ續柄		
			高正	
		出生	明治參拾四年五月七日	
明治參拾九年七月五日神田區錦町壹丁目四番地雲井時直三女婚姻届出同日入籍受附⑩	婦	父	雲井時直	三女
		母	ムメ	
		家族トノ續柄	二男三郎妻	
			マツ	
		出生	明治七拾貳年五月八日	
		父		
		母		
		家族トノ續柄		
		出生		
		父		
		母		
		家族トノ續柄		
		出生		
		父		
		母		
		家族トノ續柄		
		出生		

備考　本簿式ニ示ス所ノ母、長女及ヒ弟ノ三欄ニハ朱ヲ交スルモノトス

附 録

事由	続柄		氏名	
明治五拾八年六月壹日午後八時死亡同月貳日届出同日受附㊞	母	父	川下幾太郎	三女
		母	ナラ	
		家族ノ続柄ト		
			カタ	
		出生	明治九年六月四日	
明治五拾八年五月七日麴町區四番町五番地副島吉蔵ニ女婚姻届出同日受附入籍㊞	妻	父	副島吉蔵	三女
		母	ラク	
		家族ノ続柄ト		
			トク	
		出生	明治参拾六年七月四日	
明治七拾五年七月六日推定家督相続人廃除ノ裁判確定同月八日届出同日受附㊞	長男	父	飯田正夫	長男
		母	トク	
		家族ノ続柄ト		
			一郎	
		出生	明治六拾年八月九日	
明治七拾貳年六月四日麴町區永田町四丁目五番地澤田兵三ト養子縁組届出同日受附除籍㊞明治七拾貳年六月四日戸主ノ意ヲ得スシテ養子トナリタルニ因リ同月拾五日復籍拒絶届出同日受附㊞	長女	父	飯田正夫	長女
		母	トク	
		家族ノ続柄ト		
			ハナ	
		出生	明治六拾参年九月六日	
明治六拾八年貳月四日出生届出同日神田區戸籍吏申野乙郎受附同日書發送同月七日受附㊞	二男	父	飯田正夫	二男
		母	トク	
		家族ノ続柄ト		
			二郎	
		出生	明治六拾八年貳月参日	

明治三十一年式戸籍 〔同前戸籍法取扱手続第二條〕

```
附録第一號

    戸  籍  簿

        何市何町村戸籍役場
```

竪八寸

本籍地	麹町四丁目六番地 麹町區元園町壹丁目參番地　朱	前戸主	飯田正義
横表	明治六拾年八月拾日華族二列セラル同月拾七日届出同日受附㊞ 明治六拾年拾月六日本籍地變更届出同日受附㊞	族稱	朱　士族 華族
		前戸主トノ續柄	亡飯田正義長男
		父	亡飯田正義
		母	タカ
			長男
		戸主	飯田正夫
五		出生	明治参拾壹年八月貳拾壹日
			月五日取リ戻ル届戸主父正義死亡ニ因リ戸主ト爲リ明治五拾九年拾壹月五日届出同日受附㊞同五拾六年拾貳月六日届出同日受附㊞

第二號（戸一〇二、民七七五）

　　　　　　　　　麹町區飯田町一丁目十六番地戸主平民裁
　　　　　　　縫師
　　　妻　　　　　　　　　　　口上　フ　ト
　　　　　　　　　　　　　　明治七年參月六日生
　　　　　　右父神奈川縣橫濱市戸部町百番地無職業
　　　　　　　　　　　　　　口上　善八
　　　　　　右母亡　　　　　　　　　カ　ナ
　　　　　　　　　埼玉縣北足立郡大宮町三番地戸主無職業下
　　　　　　　　　屋谷次叔父平民小學校教員
　　　夫　　　　　　　　　　　下屋谷文作
　　　　　　　　　　　　　　明治元年九月七日生
　　　　　　右父亡　　　　　　下屋権べー
　　　　　　　　　　　　農
　　　　　　右母　　　　　　　　　　ナベ
　　　　　　　　　本郷區追分町五番地材木商
　　　證人　　　　　　　　　谷田松吉
　　　　　　　　　　　　　　明治貳年四月貳日生
　　　　　　　　　麹町區永田町二丁目一番地無職業
　　　證人　　　　　　　　　田添治作
　　　　　　　　　　　　　　明治元年壹月五日生
右人夫婚明治參拾壹年拾壹月拾日屆出同日受附㊞

附錄第一號ノ六

明治何年

本籍人

身分登記簿

婚姻之部
東京市麹町區戶籍役場

紙數表紙ヲ除キ何枚

東京區裁判所監督判事氏名 ㊞職印

第一號（戶一〇二、一〇六、民七五）

夫　麹町區麹町三丁目五番地戶主士族官吏
　　青木大太郎
　　明治五年六月貳日生
右父　無職業　青木八作
右母

妻　神奈川縣横濱市吉田町一丁目八番地戶主下
　　宿營業柴野三郎妹平民無職業
　　柴野トラ
　　明治拾年拾月壹日生
右父　無職業　柴野作三
右母　　　　　シン

神奈川縣横濱市吉田町三丁目一番地
寄留地　麹町區元園町一丁目二十番地
酒類營業
證人　福内三郎
　　明治八年五月四日生

神田區錦町三丁目一番地無職業
證人　鈴木喜一
　　明治元年六月七日生

右婚姻明治參拾壹年九月八日届出同日受附 ㊞

```
┌─────────────────────────────────┐
│  附　　　　　　　　附             │
│  第　　　　　　　　錄ノ五          │
│  一　　明治何年                   │
│  號                              │
│                                  │
│    本籍人                         │
│                                  │
│       身分登記簿                  │
│                                  │
│           養子離緣之部            │
│           北豐島郡板橋町戸籍役場   │
└─────────────────────────────────┘

┌─────────────────────────────────┐
│       紙數表紙ヲ除キ何枚          │
│                                  │
│       東京區裁判所監督判事氏名㊞  │
└─────────────────────────────────┘
```

第一號（戸九五、民八六四）

　　　　　明治參拾貳年參月貳日緣組
　　　　　　北豐島郡板橋町千番地戸主平民農
　　養父　　　　　　　秋友太郎吉
　　　　　　　　　　　慶應元年參月八日生
　　養母　　　　　　　　　　サカ
　　　　　　　　　　　明治貳年六月九日生
　　　　　東京市小石川區原町百番地戸主農内山權藏
　　　　　弟平民無職業
　　養子　　　　　　　　　　三郎
　　　　　　　　　　　明治拾年五月拾日生
　　右父　　　　　　　内山良一
　　右母　　　　　　　　　　クー
　　　　　北豐島郡板橋町六十番地農
　　證人　　　　　　　上井好助
　　　　　　　　　　　明治貳年六月八日生
　　　　　同郡板橋町五十番地農
　　證人　　　　　　　下口向次
　　　　　　　　　　　明治五年七月壹日生

右協議ニ因ル養子離緣明治參拾五年八月七日届出同日受附㊞

附録

　　　　　　　　　　　東京市小石川區原町百番地戸主農内山權藏
　　　　　　　　　弟平民無職業
　　　　　養子　　　　　　　　　内山良一三郎
　　　　　　　　　　　　　　　　明治拾年五月拾日生
　　　　　右父　無職業
　　　　　右母　　　　　　　　　ラ　ク
　　　　　　　　　北豊島郡板橋町六拾番地農
　　　　　證人　　　　　　　　　上井好助
　　　　　　　　　　　　　　　　明治貳年六月八日生
　　　　　　　　　北豊島郡板橋町五拾番地農
　　　　　證人　　　　　　　　　下口向次
　　　　　　　　　　　　　　　　明治五年七月壹日生
右養子縁組明治参拾貳年参月貳日届出同日受附㊞

第三號（戸八五）
　　　　　　　　　北豊島郡板橋町四拾番地戸主平民無職業
　　　　　養父　　　　　　　　　新井太郎作
　　　　　　　　　　　　　　　　明治元年六月参拾日生
　　　　　養母亡
　　　　　　　　　同郡板橋町五番地戸主農下菅川六養女平民
　　　　　　　　　無職業
　　　　　養子　　　　　　　　　カ　ク
　　　　　　　　　　　　　　　　明治拾年六月貳日生
　　　　　右父亡　　　　　　　　向坂太郎
　　　　　右母東京市本郷區丸山町五番地無職業
　　　　　　　　　　　　　　　　エ　ン
　　　　　右前養父北豊島郡板橋町五番地農
　　　　　　　　　　　　　　　　下菅川六
　　　　　右前養母亡　　　　　　ト　キ
　　　　　　　　　東京市本郷區東片町二番地青物商
　　　　　　　　　寄留地北豊島郡板橋町五番地
　　　　　證人　　　　　　　　　上山五郎
　　　　　　　　　　　　　　　　明治五年六月四日生
　　　　　　　　　北豊島郡板橋町三番地農
　　　　　證人　　　　　　　　　坂上新二
　　　　　　　　　　　　　　　　明治四年五月貳日生
右養子縁組明治参拾貳年拾月六日届出同日受附㊞

附錄

右戸主ヲ廃スル何月何日願済同月何日屆出
第号
何町何番地士族
父氏名

明治三十一年七月十三日司法省訓令第五号
戸籍法取扱手続第二条

明治三十一年身分登記簿（一部）

附錄第一號
明治何年
本籍人
　　身分登記簿
　　　出生之部
東京市麹町區戸籍役場

紙數表紙ヲ除キ何枚
東京區裁判所監督判事氏名　職印

第一號（戸六、八、九六、ニ、七、ニ、一）
麹町區麹町一丁目一番地戸主平民呉服商
　　　　　　　　　　　飯尾太郎
　　　　　　　　　父
　　　　　　　　　　　　　ン
　　　　　　　　　母
　　　　　　　　　長男
　　　　　　　　　　　　　一郎
出生ノ時　明治参拾貳年参月四日午後五時
出生ノ場所　麹町區麹町一丁目一番地
届出人　飯尾太郎
明治元年四月貳日生

右出生明治参拾貳年参月五日届出同日受附㊞

附錄第一号ノ四
明治何年
本籍人
　　身分登記簿
　　　養子縁組之部
北豊島郡板橋町役場

紙數表紙ヲ除キ何枚
東京區裁判所監督判事氏名　職印

第一號（戸八五、民八四七）
　　北豊島郡板橋町千番地戸主平民農
養父　　　　　　　　　秋友太郎吉
　　　　　　　　　　慶應元年参月八日生
養母　　　　　　　　　　　カ
　　　　　　　　　　明治貳年六月九日生

登記目録書式第十一

明治何年除籍目録
　他府県へ送籍之部

第　号　　　　　　何村何番地平民氏名三女
　　　　　　　　　　　　父名三女　名
右何府区何町番地平民氏名妻ニ嫁スへ何月何日送籍状発送何月何日入籍報知書受領

第　号　　　　　　何村何番地平民氏名長女　名
右何県何郡何村番地士族氏名長男縁女ト為ル何月何日送籍状発送
何月何日入籍報知書受領

第　号　　　　　　何村何番地平民氏名三男　名
右何県何郡何村番地士族氏名養子ト為ル何月何日送籍状発送何月何日入籍報知書受領

第　号　　　　　　何村何番地平民氏名弟
　　　　　　　　　　　　父名四男　名
右何県何郡何町番地平民氏名実兄ニ付相続人ト為ル何月何日送籍状発送何月何日入籍報知書受領

第　号　　　　　　何村何番地士族氏名男
　　　　　　　　　　弟名長男　名

登記目録書式第十五

明治何年管内異動目録
　異動之部

第　号　　　　　　何町何番地士族氏名長男
　　　　　　　　　　　　　　婦　名
右結婚何月何日届出

第　号　　　　　　何町何番地平民氏名養子
　　　　　　　　　　養子名妻　長女　名
右離婚何年何月何日届出

第　号　　　　　　何町何番地平民
　　　　　　　　　　　　氏名

管内異動目録
　管内送入籍之部
　　事項加籍目録入籍之部除籍目録送籍之部ニ同ジ
　異動之部
　　一　戸内結婚
　　二　戸内離婚
　　三　家名相続
　　四　廃戸主
　　五　廃嫡
　　六　廃嫡者復立
　　七　私生子為嫡出
　　八　棄児立戸
　　九　失踪
　　十　失踪者復帰
　　十一　失踪者所在分明
　　十二　改姓名
　　十三　復姓
　　十四　身分裴換
　　十五　廃家
　　十六　絶家
　　十七　転住
　　十八　戸籍訂正

登記目録書式第一
　明治何年加籍目録
　　本籍人管内出生之部
　　　第　号　　　　　　　　　　何村何番地士族
　　　　　　　　　　　　　　　　　　　　氏名
　　　　　　　　　　　　　　　　　　妻　名
　　　　　　　　　　　　父
　　　　　　　　　　　　　　二男
　　　　　　　　　　　　母
　右名何月何日出生何月何日届出
　　　第　号　　　　　　何村何番地平民氏名長男
　　　　　　　　　　　父
　　　　　　　　　　　　　　長女　　　　　　婦　名
　　　　　　　　　　　母　　　　　　　　　　孫　名
　右名何月何日出生何月何日届出
　　　第　号　　　　　　何村何番地平民氏名妹
　　　　　　　　　母
　　　　　　　　　　　私生子　　　　　　　　　名
　右何月何日出生何月何日届出

十六　附籍者別人籍
　　　十七　絶家再興人籍
　　　十八　転住人籍
　他郡区ヨリ区籍之部
　　事項同上
　他戸長役場管内ヨリ入籍ノ部
　　事項同上

登記目録部門竝事項書式第二
　登記目録
　　除籍目録
　　　本籍人管内死亡之部
　　　本籍人管外死亡之部
　　　失踪者及重籍者除籍之部
　　　他府県ヘ送籍之部
　　　　一　結婚送籍
　　　　二　縁女送籍
　　　　三　養子女送籍
　　　　四　相続人送籍
　　　　五　携帯者送籍
　　　　六　親族送籍
　　　　七　私生子引渡
　　　　八　棄児引渡
　　　　九　棄児引受替送籍
　　　　十　離婚送籍
　　　十一　養子女離縁送籍
　　　十二　相続人離縁送籍
　　　十三　分家送籍
　　　十四　分家者復帰送籍
　　　十五　附籍者送籍
　　　十六　附籍者別立送籍
　　　十七　絶家再興送籍
　　　十八　転住送籍
　他郡区ヘ送籍之部
　　事項同上
　他戸長役場管内ヘ送籍之部
　　事項同上

登記目録部門竝事項書式第三
　登記目録

附　録

出寄留簿書式第二

　　　　他府県之部

　　　　　　　　　　　　　　何村何番地士族氏名二男
何年何月何日復帰何月何日届番出㊞　　△一名一
右何年何月何日何府何区何町何番地氏名方ヘ寄留何月何日発送届書何
月何日受領

　　　　　　　　　　　　　　何村何番地平民
　　　　　　　　　　　　　　　　　氏　名
　　　　　　　　　　　　　　　　妻母名名
右何年何月何日何県何部何村何番地ヘ寄留何月何日発送届書何月何日
受領

登記目録（二部）〔同前〕

登記目録部門並事項書式第二

　　　登記目録
加籍目録
　本籍人管内出生之部
　本籍人管外出生之部
　棄児之部
　無籍者就籍之部
　他府県ヨリ入籍之部
　一　結婚入籍
　二　縁女入籍
　三　養子女入籍
　四　相続人入籍
　五　携帯者入籍
　六　親族入籍
　七　私生子引取
　八　棄児引取
　九　棄児引受替入籍
　十　離婚復籍
　十一　養子女離縁復籍
　十二　相続人離縁復籍
　十三　分家入籍
　十四　分家者復帰入籍
　十五　附籍者入籍

何年何月何日何町何番地士族氏名方へ寄留届出㊞　△何年何月 何日退去届出㊞	何県何郡何町何番地　平民 氏名妹 △一氏——名一 何年何月何日生
何年何月何日何町何番地平民氏名方へ寄留届出㊞	何府何区何町何番地　平民 氏　　名 何年何月何日生
何年何月何日何町何番地平民氏名方へ寄留届出㊞　△何年何月 何日何番地氏名方へ寄留替届出㊞	同人妻 △一名一 何年何月何日生

出寄留簿書式第一

出寄留簿
　他郡区ノ部
　　　何村何番地士族氏名父
　　　　　　　　　　　　　　　母　右同人妻　名
　　　　　　　　　　　　　　　　　　右同人二男
△何年何月何日何府区何町何番地　　　△一弟——名一
氏方へ寄留替
右何年何月何日本県何区何町何番地へ寄留何月何日発送届書何月何日
受領
　　　　　　　　　　　　　何村何番地平民氏名三女　　　名
右何年何月何日本県何郡何村何番地氏名へ寄留何月何日発送届書何月
何日受領
　　　　　　　　　　　　　何村何番地士族氏名弟　　　名
右何年何月何日何郡何町何番地氏名方へ寄留何月何日発送届書何月何
日受領

附　録　　　　　　　　12

入寄留簿登記書式第二

△	出生本籍何県何郡何村何番地	
何府何区何町何番地借地寄留 △何年何月何日退原届出㊞	平民戸主氏名	
何年何月何日妻外一名携帯寄留届出㊞	世帯主	父名男 名 何年何月何日生
	妻	名 何年何月何日生
△何年何月何日退原届出㊞	二女	△一名一 何年何月何日生
何年何月何日寄留届出㊞ △	長女	名 何年何月何日生

入寄留簿登記書式第三

何年何月何日何町何番地平民氏名方へ寄留届出㊞　何年何月何日改名願済何月何日届出㊞	何県何郡何村何番地　士族	氏名男　新名 氏　△一名一 何年何月何日生
何年何月何日何番地平民氏名方へ寄留届出㊞　△何年何月何日死亡㊞	何府何郡何村何番地　平民	△氏——名一 何年何月何日生

明治十九年寄留簿 〔回　前〕
入寄留簿登記書式第一

何県何郡何町何番地持家寄留	本県何郡何町何番地		
	士族		
何年何月何日全戸寄留届出㊞	戸主	亡父名二男 氏　　名 何年何月何日生	
◁何年何月何日退原届出㊞	母	亡父名妻 ◁一名一 何年何月何日生	
	妹	亡父名長女 名 何年何月何日生	
何年何月何日寄留届出㊞	妻	名 何年何月何日生	
何年何月何日出生何年何月何日届出㊞	長男	名 何年何月何日生	

備考　他府県人寄留簿ノ本籍ハ何府何郡何区何町村何番地ト記シ他郡区人寄留簿ノ本籍ハ何郡何区何町村何番地ト記ス

附　録

	孫	長男名長男	何年何月何日生
		名	
	長	養子名妻	何年何月何日生
何年何月何日何府何区何町平民氏名長男名妻離婚ニ付復帰㊞		名	
何年何月何日養子名妻トナル㊞	女		何年何月何日生
		名	
何年何月何日同県同郡何村平民氏名三男入籍ス㊞	養		
	子		何年何月何日生
△			

備考　願済又ハ確定裁判言渡ニ係ル事項ハ何年何月何日願済云々又ハ何年何月何日地何裁判所
　　　裁判言渡云々ト記スヘシ
　　　朱線ハ除籍又ハ氏名身分変換又ハ訂正ヲ登記スルトキニ画スルモノトス

戸籍登記書式第二

何府何郡何町		
何年何月何日町何番地先ニ於テ拾上㊞	棄	
△何年何月何日何町平民氏名養子トナル㊞		△―氏――名―
	児	推測何年何月生
何年何月何日町通何処ニ於テ拾上㊞	棄	
△何年何月何日何県何郡何村平民氏名引受トナル㊞		△―氏――名―
	児	推測何年何月生

附録

続柄	氏名・生年月日	事項
弟	亡父名三男　△ー名ー　何年何月何日生	△何年何月日同県同郡同村同番地ニ分家ス㊞
妻	弟名妻　△ー名ー　何年何月何日生	何年何月何日同県何郡何村平民氏名ノ女ヲ入籍ス㊞／△何年何月何日夫名ニ従ヒ分家ス㊞　△
弟	亡父名三男　△ー名ー　何年何月何日生	△何年何月日同県何郡何村何番地絶家何氏ヲ再興ス㊞　△
妹	亡父名四女　△ー名ー　何年何月何日生	△何年何月日同県同郡同村平民氏名ニ嫁ス㊞
大伯叔母	亡曾祖父名四女　△ー名ー	何年何月何日願済大叔母ヲ大伯母ト正誤ス㊞　何年何月何日失踪㊞／△何年何月何日満八十歳ニ付除籍㊞
叔父伯叔母	亡祖父名三男　△ー名ー	何年何月何日失踪㊞　何年何月何日同県何郡何村ニ現在㊞／△何年何月何日同県何郡何村ニ於テ死亡㊞
父	何年何月何日生	
叔母母	亡祖父名乙女　名　何年何月何日生	何年何月何日同区裁判所言渡ニヨリ何県何郡何町平民氏名妻　離婚ニ付復帰㊞　△
従弟	叔父名二男　名　何年何月何日生	何県何郡何町平民氏名二男何年何月何日母名離婚復帰ニ付願済　携帯㊞　△
婦	長男名妻　△ー名ー	何年何月何日何県何郡何町士族氏名長女ヲ入籍ス㊞／△何年何月何日何県何郡何町士族氏名方ヘ離婚復帰ス㊞

明治十九年式戸籍

［明治十九年十月十六日内務省令第二十二号戸籍取扱手続
　同日内務省訓令第二十号］

戸籍登記書式第一　　書式中△印ハ朱字又ハ朱線

	戸主
△何年何月何日華族ニ列セラル㊞	前戸主亡父氏名 士族
△何県何郡何村何番地 何年何月何日十何番地ニ移ル㊞ △何年何月何日何府何区何町何番地ニ転籍㊞	
何年何月何日相続㊞　何年何月何日願改名㊞　何年何月何日願済復姓㊞	亡父名長男 復姓号　新名 △氏一　△名一 何年何月何日生
	母
何年何月何日何県何郡何村平民氏名之女入籍ス㊞	亡父名妻 名 何年何月何日生
	妻
何年何月何日何府何区何町士族氏名長女入籍ス㊞	名 何年何月何日生
	長男
何年何月何日願済廃嫡㊞ △	名 何年何月何日生
	長女
△何年何月何日何府何区何町平民氏名長男名ニ嫁スル㊞	△一名一 何年何月何日生
	二男
△何年何月何日死亡㊞	△一名一 何年何月何日生
	二女
△何年何月何日何県何郡何町平民氏名養女トナル㊞	△一名一 何年何月何日生

　　　　　　　某國某郡某所
　　　　　　　　某宗某寺號
　　　　　　　　　第幾世
　　　　　　　　　　　　　名

某國某部某村百姓一幾男年月日於某所某寺得度
　　又
　　　　　　　幾番地所
　　　　　　　　某宗某寺末
　　　　　　　　　寺號
　　　　　　　　　　第幾世

　　　　　　　　僧役
　　　　　　　　弟子
　　　　　　寺中
　　　　　　　寺號

右之通相違無之候
年號干支月

　　　　　　　　　　長
　　　　　　　　　　戶　名　印
　　　　　　　　　　何氏
　　　　　　　　　　第　副　名
　　　　　　　　　　　氏　印
　　　　　　　　　　　同

附錄

```
                                又
                                        ┌─某渡世
                                        │ 父亡
                                        當町
                                 戸ノ      某渡世
                                 外モノ後見ノ例
                                          ┌─某渡世
                                          │ 後家
                                          何某
                                          之
                                          長女          誰
                                              ┌─某町
                                    元手代   ┌亡長男
                    戸内モノ後見ノ例  後見手代
              父奴婢ノ屬附籍スル例
              父母死去之後附籍
              又                    ┌─京都某町
                                    │ 某渡世ニ所持地
                                    │ 出店支配人
                                    父某町亡

         ○
                    某國某郡某所
                    某社
                    父某職某名亡

         又
                    幾番地所
                    某國某郡某村某觸下
                    社父亡

         又
              某社人中
              亡某職
```

附　録

```
　　　　　　　　　　　　　　　　　　　　　　　借地
　　　　　　　　　　　　　　　　　　　　士族　父隠居
　　　　　　　　　　　　　　　　　　　　當府某町某渡世　弟
　　　　　　別居スルモノノ例
　　氏神某社
　某所某宗某寺

　　　　　　　　　　　　　　　　　　　　　　長男
　　　　　　　　又婿養子ノ例　　　　　　　京都府士族　之　誰
　　　　　　　　　　　　　　　　　　　　　　　賣次女
　　　　　　　　　　　　　　　　　　　　　　次男　妻
　　　　　　　　　　　　　　　　　　　　　　次女
　　　　　　　　　　　　　　　　　　　　　　長女

　　　　　　　　　疾癘
　　　　　又ニ住スル家人ト
　　　　一邸内ニ一家命其從者ノ例　　　士族内居住
　　當府華族　　　　　　　　　　　　　父隠居
　　　　　　　　　　　　　　　　　　　父　故幕府某職　家來
　　　　父隱居シテ家ニアル例
　　當府士族　從者
　　　　　　　　　　　　　　　　　　　後妻
　　氏神某社
　又
　　　　　　　　　　　　　　　　　　　亡　士族居住
　年月日被任某官東京寄留
　　　　　　　　　　　　　　　　　　何　之　誰
　　　又　　　　　東京某町
　　　　　　　　　　　　　某國某藩士族
　　　本籍ヲ以テ寄住ノ地ニ編
　年月日被任某官年月日全寄住　亡　士族居住
　年月日被任某官　　　　　　何　之　誰
```

附錄

年月日被敍某位　年月日被任某官
某國某藩士族――亡長女　　母　　　　某　　　　名
　　　　　　　　　　　　妻　　　　　　　　　　　年何十
當府華族―姉
　　　　　　　　　　　長男　　何　　之　　誰
年月日被任某官　　　　次男　妾腹何　之　誰
伯父當國某縣知事氏名次女　長男某妻　　　　名
　　　　　　　　　　　同人長女孫
　　　　　　　　　　　同人長男孫　　　　　名
　　　　　　　　　　　次男某官某名妻　　　　年何々
大學南校寄留　　　　　弟次男
　　　　　　　　　　　弟妻
神奈川某町某職―内弟子　同人長男甥
當府某町某渡世――妻離緣之後復籍妹父三
大阪府某町某渡世―方寄留　叔父同人弟
　　　　　　　　　　　從母方伯母夫當國某郡某村亡長男百姓某弟　　何　之　誰
某村退轉ノ後附籍
當縣大属―備　　　　　母方從弟長男
同人召使　　　　　　　從弟次女遷女同人

附録

兄弟姉妹夫妻
大伯父母夫妻
従伯叔父夫妻
従弟以下夫妻

○

某國某郡某村
所有ノ地ニ住スル例　　一番屋敷居住
主人ノ邸内ニ住スル例——内居住
全區借地スル例　　　——借地居住當府
　　　　　　　　　　　某町某所持地
區内ヲ分テ借地スル例——内借地居住
　　　　　　　　　　——借宅居住
　　　　　　　　　　——借店居住

華族　士族　卒　農　工　商　同居
某役
某職
某渡世

父亡セシモノ例　　　　　　　父某官某名亡
父隠居シテ別居スル例　　　　父——別居
嫡孫承祖ノ例　　　　　　　　祖父亡
　　　　　　　　　　　　　　嫡孫承祖
兄ノ養子タルモノ例　　　　　實父亡幾男
　　　　　　　　　　　　　　養父實兄亡
人ノ養子タルモノ例　　　　　實父當藩士族某氏某稱幾男
　　　　　　　　　　　　　　養父亡
家ヲ祖父ニ承ルモノ例　　　　祖父亡
家ヲ兄ニ承ルモノ例　　　　　兄亡
分家セシモノ例　　　　　　　父當村百姓幾男
父ノ時ト住所ヲ異ニスルモノノ例　父某町亡

何　之　誰

明治五年式戸籍　〔明治四年四月四日太政官布告第百七十号戸籍法第四則〕

第四則戸籍書式

戸籍ハ幾冊ニモ綴ヂ戸籍ノ紙数ノ嵩ニ従ヒ区内戸籍ノ戸籍ノコトニスベシ三ニ従ヒ

某県某藩管轄第何区戸籍之一

年号干支月改

何郡　何国
何町　何村
何町　何村
合何箇村町

戸籍同戸列ノ次ノ順

戸主
母　母
父　父
祖父　祖
曾祖父　曾祖
高祖父　高祖
子
妻
婦
孫　孫　孫
玄孫　姪　甥　弟　妹　母　母　父　父
曾孫　兄　姉　伯叔　伯叔
從兄弟　大伯叔父母
從男　又從兄弟
又從兄弟

附　録

- 明治5年式戸籍 ……………………………………… *2*
- 明治19年式戸籍 ……………………………………… *8*
- 明治19年寄留簿 ……………………………………… *11*
- 登記目録（一部） ……………………………………… *14*
- 明治31年身分登記簿（一部） ………………………… *18*
- 明治31年式戸籍 ……………………………………… *23*
- 大正4年式戸籍 ……………………………………… *26*
- 現在の戸籍 …………………………………………… *30*
- 血族六親等図 ………………………………………… *39*
- 姻族三親等図 ………………………………………… *40*
- 事項索引 ……………………………………………… *41*
- 判例索引 ……………………………………………… *75*
- 先例索引 ……………………………………………… *83*

改正後	改正前
②本法ハ遺言ノ方式ニ付テハ之ヲ適用セズ但第28条第2項本文,第29条第1項,第30条本文及ビ第31条ノ規定ハ此限ニ在ラズ	②本法ハ遺言ノ方式ニ付テハ之ヲ適用セズ但第27条第2項及ビ第28条第1項ノ規定ハ此限ニ在ラズ

2　**民法**　昭和22年法律第222号（明治31年法律第9号）＝一部改正（同前）

改　正　後	改　正　前
第757条　削除	第757条　外国人が，夫の本国の法定財産制と異なる契約をした場合において，婚姻の後，日本の国籍を取得し，又は日本に住所を定めたときは，一年以内にその契約を登記しなければ，日本においては，これを夫婦の承継人及び第三者に対抗することができない。

付④　**民法の一部を改正する法律の施行に伴う関係法律の整備等に関する法律**（平成11年法律第151号）（抄）（平成12年4月1日施行）

第2条　法例（明治31年法律第10号）の一部を次のように改正する。
　　第3条第2項中「無能力者」を「能力ノ制限ヲ受ケタル者」に改める。
　　第4条第1項中「禁治産」を「後見開始ノ審判」に，「禁治産者」を「成年被後見人」に，「宣告」を「審判」に改め，同条第2項中「禁治産ノ原因」を「後見開始ノ審判ノ原因」に，「禁治産ノ宣告」を「後見開始ノ審判」に改める。
　　第5条中「準禁治産」を「保佐開始ノ審判及ビ補助開始ノ審判」に改める。
　　第24条第2項中「禁治産ノ宣告」を「後見開始ノ審判」に改める。
　　第25条中「保佐」を「保佐及ビ補助」に改める。

第29条　当事者ノ住所地法ニ依ルヘキ場合ニ於テ其住所カ知レサルトキハ其居所地法ニ依ル ②当事者ガ二箇以上ノ住所ヲ有スルトキハ其住所地中当事者ニ最モ密接ナル関係アル地ノ法律ヲ其住所地法トス 第30条　当事者ノ常居所地法ニ依ルベキ場合ニ於テ其常居所ガ知レザルトキハ其居所地法ニ依ル但第14条（第15条第1項及ビ第16条ニ於テ準用スル場合ヲ含ム）ノ規定ヲ適用スル場合ハ此限ニ在ラズ 第31条　当事者ガ人的ニ法律ヲ異ニスル国ノ国籍ヲ有スル場合ニ於テハ其国ノ規則ニ従ヒ指定セラルル法律若シ其規則ナキトキハ当事者ニ最モ密接ナル関係アル法律ヲ当事者ノ本国法トス ②前項ノ規定ハ当事者ガ常居所ヲ有スル地ガ人的ニ法律ヲ異ニスル場合ニ於ケル当事者ノ常居所地法及ビ夫婦ニ最モ密接ナル関係アル地ガ人的ニ法律ヲ異ニスル場合ニ於ケル夫婦ニ最モ密接ナル関係アル地ノ法律ニ之ヲ準用ス 第32条　当事者ノ本国法ニ依ルヘキ場合ニ於テ其国ノ法律ニ従ヒ日本ノ法律ニ依ルヘキトキハ日本ノ法律ニ依ル但第14条（第15条第1項及ビ第16条ニ於テ準用スル場合ヲ含ム）又ハ第21条ノ規定ニ依リ当事者ノ本国法ニ依ルベキ場合ハ此限ニ在ラズ 第33条　外国法ニ依ルヘキ場合ニ於テ其規定ノ適用カ公ノ秩序又ハ善良ノ風俗ニ反スルトキハ之ヲ適用セス 第34条　本法ハ夫婦，親子其他ノ親族関係ニ因リテ生ズル扶養ノ義務ニ付テハ之ヲ適用セズ但第30条本文ノ規定ハ此限ニ在ラズ	第28条　当事者ノ住所地法ニ依ルヘキ場合ニ於テ其住所カ知レサルトキハ其居所地法ニ依ル ②前条第1項及ヒ第3項ノ規定ハ当事者ノ住所地法ニ依ルヘキ場合ニ之ヲ準用ス （新設） （新設） 第29条　当事者ノ本国法ニ依ルヘキ場合ニ於テ其国ノ法律ニ従ヒ日本ノ法律ニ依ルヘキトキハ日本ノ法律ニ依ル 第30条　外国法ニ依ルヘキ場合ニ於テ其規定カ公ノ秩序又ハ善良ノ風俗ニ反スルトキハ之ヲ適用セス 第31条　本法ハ夫婦，親子其他ノ親族関係ニ因リテ生ズル扶養ノ義務ニ付テハ之ヲ適用セズ

第23条　第13条乃至第21条ニ掲ケタルモノノ外親族関係及ヒ之ニ因リテ生スル権利義務ハ当事者ノ本国法ニ依リテ之ヲ定ム

第24条　後見ハ被後見人ノ本国法ニ依ル

② 日本ニ住所又ハ居所ヲ有スル外国人ノ後見ハ其本国法ニ依レハ後見開始ノ原因アルモ後見ノ事務ヲ行フ者ナキトキ及ヒ日本ニ於テ禁治産ノ宣告アリタルトキニ限リ日本ノ法律ニ依ル

第25条　前条ノ規定ハ保佐ニ之ヲ準用ス

第26条　相続ハ被相続人ノ本国法ニ依ル

第27条　遺言ノ成立及ヒ効力ハ其成立ノ当時ニ於ケル遺言者ノ本国法ニ依ル

② 遺言ノ取消ハ其当時ニ於ケル遺言者ノ本国法ニ依ル

第28条　当事者ガ二箇以上ノ国籍ヲ有スル場合ニ於テハ其国籍ヲ有スル国中当事者ガ常居所ヲ有スル国若シ其国ナキトキハ当事者ニ最モ密接ナル関係アル国ノ法律ヲ当事者ノ本国法トス但其一ガ日本ノ国籍ナルトキハ日本ノ法律ヲ其本国法トス

② 当事者ノ本国法ニ依ルベキ場合ニ於テ当事者ガ国籍ヲ有セザルトキハ其常居所地法ニ依ル但第14条（第15条第1項及ビ第16条ニ於テ準用スル場合ヲ含ム）又ハ第21条ノ規定ヲ適用スル場合ハ此限ニ在ラズ

③ 当事者ガ地方ニ依リ法律ヲ異ニスル国ノ国籍ヲ有スルトキハ其国ノ規則ニ従ヒ指定セラルル法律若シ其規則ナキトキハ当事者ニ最モ密接ナル関係アル地方ノ法律ヲ当事者ノ本国法トス

第22条　前9条ニ掲ケタルモノノ外親族関係及ヒ之ニ因リテ生スル権利義務ハ当事者ノ本国法ニ依リテ之ヲ定ム

第23条　後見ハ被後見人ノ本国法ニ依ル

② 日本ニ住所又ハ居所ヲ有スル外国人ノ後見ハ其本国法ニ依レハ後見開始ノ原因アルモ後見ノ事務ヲ行フ者ナキトキ及ヒ日本ニ於テ禁治産ノ宣告アリタルトキニ限リ日本ノ法律ニ依ル

第24条　前条ノ規定ハ保佐ニ之ヲ準用ス

第25条　相続ハ被相続人ノ本国法ニ依ル

第26条　遺言ノ成立及ヒ効力ハ其成立ノ当時ニ於ケル遺言者ノ本国法ニ依ル

② 遺言ノ取消ハ其当時ニ於ケル遺言者ノ本国法ニ依ル

第27条　当事者ノ本国法ニ依ルヘキ場合ニ於テ其当事者カ二箇以上ノ国籍ヲ有スルトキハ最後ニ取得シタル国籍ニ依リテ其本国法ヲ定ム但其一カ日本ノ国籍ナルトキハ日本ノ法律ニ依ル

② 国籍ヲ有セサル者ニ付テハ其住所地法ヲ以テ本国法ト看做ス其住所カ知レサルトキハ其居所地法ニ依ル

③ 地方ニ依リ法律ヲ異ニスル国ノ人民ニ付テハ其者ノ属スル地方ノ法律ニ依ル

認知ノ当時ノ認知スル者又ハ子ノ本国法ニ依ル此場合ニ於テ認知スル者ノ本国法ニ依ルトキハ同項後段ノ規定ヲ準用ス

③父ガ子ノ出生前ニ死亡シタルトキハ其死亡ノ当時ノ父ノ本国法ヲ第1項ノ父ノ本国法ト看做シ前項ニ掲ゲタル者ガ認知前ニ死亡シタルトキハ其死亡ノ当時ノ其者ノ本国法ヲ同項ノ其者ノ本国法ト看做ス

第19条　子ハ準正ノ要件タル事実ノ完成ノ当時ノ父若クハ母又ハ子ノ本国法ニ依リ準正ガ成立スルトキハ嫡出子タル身分ヲ取得ス

②前項ニ掲ゲタル者ガ準正ノ要件タル事実ノ完成前ニ死亡シタルトキハ其死亡ノ当時ノ其者ノ本国法ヲ同項ノ其者ノ本国法ト看做ス

（新設）

第20条　養子縁組ハ縁組ノ当時ノ養親ノ本国法ニ依ル若シ養子ノ本国法ガ養子縁組ノ成立ニ付キ養子若クハ第三者ノ承諾若クハ同意又ハ公ノ機関ノ許可其他ノ処分アルコトヲ要件トスルトキハ其要件ヲモ備フルコトヲ要ス

②養子ト其実方ノ血族トノ親族関係ノ終了及ビ離縁ハ前項前段ニ定ムル法律ニ依ル

第19条　養子縁組ノ要件ハ各当事者ニ付キ其本国法ニ依リテ之ヲ定ム

②養子縁組ノ効力及ヒ離縁ハ養親ノ本国法ニ依ル

第21条　親子間ノ法律関係ハ子ノ本国法ガ父又ハ母ノ本国法若シ父母ノ一方アラザルトキハ他ノ一方ノ本国法ト同一ナル場合ニ於テハ子ノ本国法ニ依リ其他ノ場合ニ於テハ子ノ常居所地法ニ依ル

第20条　親子間ノ法律関係ハ父ノ本国法ニ依ル若シ父アラサルトキハ母ノ本国法ニ依ル

第22条　第14条乃至前条ニ掲ゲタル親族関係ニ付テノ法律行為ノ方式ハ其行為ノ成立ヲ定ムル法律ニ依ル但行為地法ニ依ルコトヲ妨ゲズ

（新設）

一　夫婦ノ一方ガ国籍ヲ有スル国ノ法律
二　夫婦ノ一方ノ常居所地法
三　不動産ニ関スル夫婦財産制ニ付テハ其不動産ノ所在地法
②外国法ニ依ル夫婦財産制ハ日本ニ於テ為シタル法律行為及ビ日本ニ在ル財産ニ付テハ之ヲ善意ノ第三者ニ対抗スルコトヲ得ズ此場合ニ於テ其夫婦財産制ニ依ルコトヲ得ザルトキハ其第三者トノ間ノ関係ニ付テハ夫婦財産制ハ日本ノ法律ニ依ル
③外国法ニ依リテ為シタル夫婦財産契約ハ日本ニ於テ之ヲ登記シタルトキハ前項ノ規定ニ拘ハラズ之ヲ第三者ニ対抗スルコトヲ得

第16条　第14条ノ規定ハ離婚ニ之ヲ準用ス但夫婦ノ一方ガ日本ニ常居所ヲ有スル日本人ナルトキハ離婚ハ日本ノ法律ニ依ル

第17条　夫婦ノ一方ノ本国法ニシテ子ノ出生ノ当時ニ於ケルモノニ依リ子ガ嫡出ナルトキハ其子ハ嫡出子トス
②夫ガ子ノ出生前ニ死亡シタルトキハ其死亡ノ当時ノ夫ノ本国法ヲ前項ノ夫ノ本国法ト看做ス

第18条　嫡出ニ非ザル子ノ親子関係ノ成立ハ父トノ間ノ親子関係ニ付テハ子ノ出生ノ当時ノ父ノ本国法ニ依リ母トノ間ノ親子関係ニ付テハ其当時ノ母ノ本国法ニ依ル子ノ認知ニ因ル親子関係ノ成立ニ付テハ認知ノ当時ノ子ノ本国法ガ其子又ハ第三者ノ承諾又ハ同意アルコトヲ認知ノ要件トスルトキハ其要件ヲモ備フルコトヲ要ス
②子ノ認知ハ前項前段ニ定ムル法律ノ外

第16条　離婚ハ其原因タル事実ノ発生シタル時ニ於ケル夫ノ本国法ニ依ル但裁判所ハ其原因タル事実カ日本ノ法律ニ依ルモ離婚ノ原因タルトキニ非サレハ離婚ノ宣告ヲ為スコトヲ得

第17条　子ノ嫡出ナルヤ否ヤハ其出生ノ当時母ノ夫ノ属シタル国ノ法律ニ依リテ之ヲ定ム若シ其夫カ子ノ出生前ニ死亡シタルトキハ其最後ニ属シタル国ノ法律ニ依リテ之ヲ定ム

第18条　子ノ認知ノ要件ハ其父又ハ母ニ関シテハ認知ノ当時父又ハ母ノ属スル国ノ法律ニ依リテ之ヲ定メ其子ニ関シテハ認知ノ当時子ノ属スル国ノ法律ニ依リテ之ヲ定ム

②認知ノ効力ハ父又ハ母ノ本国法ニ依ル

付③ 法例の一部を改正する法律新旧対照条文

1　**法例**　（明治31年法律第10号）（傍線の部分は改正部分）

（平成元年法律第27号一部改正＝同2年1月1日施行）

改　正　後	改　正　前
第1条　法律ハ公布ノ日ヨリ起算シ満20日ヲ経テ之ヲ施行ス但法律ヲ以テ之ニ異ナリタル施行時期ヲ定メタルトキハ此限ニ在ラス （削る）	第1条　法律ハ公布ノ日ヨリ起算シ満20日ヲ経テ之ヲ施行ス但法律ヲ以テ之ニ異ナリタル施行時期ヲ定メタルトキハ此限ニ在ラス ②台湾，北海道，沖縄県其他島地ニ付テ勅令ヲ以テ特別ノ施行時期ヲ定ムルコトヲ得
第2条～第12条　（省略）	第2条～第12条　（省略）
第13条　婚姻成立ノ要件ハ各当事者ニ付キ其本国法ニ依リテ之ヲ定ム ②婚姻ノ方式ハ婚姻挙行地ノ法律ニ依ル ③当事者ノ一方ノ本国法ニ依リタル方式ハ前項ノ規定ニ拘ハラズ之ヲ有効トス但日本ニ於テ婚姻ヲ挙行シタル場合ニ於テ当事者ノ一方ガ日本人ナルトキハ此限ニ在ラズ	第13条　婚姻成立ノ要件ハ各当事者ニ付キ其本国法ニ依リテ之ヲ定ム但其方式ハ婚姻挙行地ノ法律ニ依ル ②前項ノ規定ハ民法第741条ノ適用ヲ妨ケス
第14条　婚姻ノ効力ハ夫婦ノ本国法ガ同一ナルトキハ其法律ニ依リ其法律ナキ場合ニ於テ夫婦ノ常居所地法ガ同一ナルトキハ其法律ニ依ル其何レノ法律モナキトキハ夫婦ニ最モ密接ナル関係アル地ノ法律ニ依ル	第14条　婚姻ノ効力ハ夫ノ本国法ニ依ル
第15条　前条ノ規定ハ夫婦財産制ニ之ヲ準用ス但夫婦ガ其署名シタル書面ニシテ日附アルモノニ依リ左ニ掲ゲタル法律中其何レニ依ルベキカヲ定メタルトキハ夫婦財産制ハ其定メタル法律ニ依ル	第15条　夫婦財産制ハ婚姻ノ当時ニ於ケル夫ノ本国法ニ依ル

② この法律の施行前の期間に係る扶養義務については，なお従前の例による。

編注　施行日＝昭和 61 年 9 月 1 日

（法例の一部改正）

③　法例（明治 31 年法律第 10 号）の一部を次のように改正する。

第 21 条を次のように改める。

第 21 条　削除

第 31 条に次の一項を加える。

本法ハ夫婦，親子其他ノ親族関係ニ因リテ生ズル扶養ノ義務ニ付テハ之ヲ適用セズ

② 前項の規定により適用すべき法律によれば扶養権利者が扶養義務者から扶養を受けることができないときは，扶養義務は，日本の法律によって定める。
（傍系親族間及び姻族間の扶養義務の準拠法の特例）
第3条 傍系親族間又は姻族間の扶養義務は，扶養義務者が，当事者の共通本国法によれば扶養権利者に対して扶養をする義務を負わないことを理由として異議を述べたときは，前条の規定にかかわらず，その法律によって定める。当事者の共通本国法がない場合において，扶養義務者が，その者の常居所地法によれば扶養権利者に対して扶養をする義務を負わないことを理由として異議を述べたときも，同様とする。
② 前項の規定は，子に対する扶養義務の準拠法に関する条約（昭和52年条約第8号）が適用される場合には，適用しない。
（離婚をした当事者間等の扶養義務の準拠法についての特則）
第4条 離婚をした当事者間の扶養義務は，第2条の規定にかかわらず，その離婚について適用された法律によって定める。
② 前項の規定は，法律上の別居をした夫婦間及び婚姻が無効とされ，又は取り消された当事者間の扶養義務について準用する。
（公的機関の費用償還を受ける権利の準拠法）
第5条 公的機関が扶養権利者に対して行つた給付について扶養義務者からその費用の償還を受ける権利は，その機関が従う法律による。
（扶養義務の準拠法の適用範囲）
第6条 扶養権利者のためにその者の扶養を受ける権利を行使することができる者の範囲及びその行使をすることができる期間並びに前条の扶養義務者の義務の限度は，扶養義務の準拠法による。
（常居所地法及び本国法）
第7条 当事者が，地域的に，若しくは人的に法律を異にする国に常居所を有し，又はその国の国籍を有する場合には，第2条第1項及び第3条第1項の規定の適用については，その国の規則に従い指定される法律を，そのような規則がないときは当事者に最も密接な関係がある法律を，当事者の常居所地法又は本国法とする。
（公　序）
第8条 外国法によるべき場合において，その規定の適用が明らかに公の秩序に反するときは，これを適用しない。
② 扶養の程度は，適用すべき外国の法律に別段の定めがある場合においても，扶養権利者の需要及び扶養義務者の資力を考慮して定める。
　　　附　則（抄）
（施行期日）
① この法律は，扶養義務の準拠法に関する条約が日本国について効力を生ずる日から施行する。
（経過措置）

規定の適用については，その国の規則に従い遺言者が属した地方の法律を，そのような規則がないときは遺言者が最も密接な関係を有した地方の法律を，遺言者が国籍を有した国の法律とする。
（住所地法）
第7条　第2条第3号の規定の適用については，遺言者が特定の地に住所を有したかどうかは，その地の法律によって定める。
（公　序）
第8条　外国法によるべき場合において，その規定の適用が明らかに公の秩序に反するときは，これを適用しない。
　　　　附　　則
（施行期日）
1　この法律は，遺言の方式に関する法律の抵触に関する条約が日本国について効力を生ずる日から施行する。
（経過規定）
2　この法律は，この法律の施行前に成立した遺言についても，適用する。ただし，遺言者がこの法律の施行前に死亡した場合には，その遺言については，なお従前の例による。
（法例の一部改正）
3　法例（明治31年法律第10号）の一部を次のように改正する。
　　第26条第3項を削る。
　　第30条の次に次の1条を加える。
第31条　本法ハ遺言ノ方式ニ付テハ之ヲ適用セズ但第27条第2項及ビ第28条第1項ノ規定ハ此限ニ在ラズ
（民法の一部改正）
4　民法（明治29年法律第89号）の一部を次のように改正する。
　　第23条中「法例ノ定ムル所」を「法例其他準拠法ヲ定ムル法律」に改める。

付②の(4)　扶養義務の準拠法に関する法律（昭和61年法律第84号）（同年6月12日公布）（同年9月1日条約発効日「昭和61年外務省告示第235号」から施行）

（趣　旨）
第1条　この法律は，夫婦，親子その他の親族関係から生ずる扶養の義務（以下「扶養義務」という。）の準拠法に関し必要な事項を定めるものとする。
（準拠法）
第2条　扶養義務は，扶養権利者の常居所地法によって定める。ただし，扶養権利者の常居所地法によればその者が扶養義務者から扶養を受けることができないときは，当事者の共通本国法によって定める。

参考資料

付②の(2) 民法の改正に伴う関係法律の整理に関する法律（昭和22年法律第223号）（抄）（同年12月22日公布）

第21条　法例の一部を次のように改正する。
　　第13条第2項中「第777条」を「第741条」に改める。
　　第14条第2項及び第15条第2項を削る。
　　　附　　則
第29条　この法律は，昭和23年1月1日から，これを施行する。
第32条　昭和22年法律第74号（日本国憲法の施行に伴う民法の応急的措置に関する法律）施行前に外国人が女戸主と入夫婚姻をし，又は日本人の婿養子となった場合の婚姻の効力及び夫婦財産制については，第21条の規定にかかわらず，なお従前の例による。

付②の(3) 遺言の方式の準拠法に関する法律（昭和39年法律第100号）（同年6月10日公布）（同年8月2日条約発効日「同年6月10日外務省告示第81号」から施行）

（趣　旨）
第1条　この法律は，遺言の方式の準拠法に関し必要な事項を定めるものとする。
（準拠法）
第2条　遺言は，その方式が次に掲げる法律の一に適合するときは，方式に関し有効とする。
　一　行為地法
　二　遺言者が遺言の成立又は死亡の当時国籍を有した国の法律
　三　遺言者が遺言の成立又は死亡の当時住所を有した地の法律
　四　遺言者が遺言の成立又は死亡の当時常居所を有した地の法律
　五　不動産に関する遺言について，その不動産の所在地法
（遺言の取消方式）
第3条　遺言を取り消す遺言については，前条の規定によるほか，その方式が，従前の遺言を同条の規定により有効とする法律の一に適合するときも，方式に関し有効とする。
（共同遺言）
第4条　前2条の規定は，二人以上の者が同一の証書でした遺言の方式についても，適用する。
（方式の範囲）
第5条　遺言者の年齢，国籍その他の人的資格による遺言の方式の制限は，方式の範囲に属するものとする。遺言が有効であるために必要とされる証人が有すべき資格についても，同様とする。
（本国法）
第6条　遺言者が地方により法律を異にする国の国籍を有した場合には，第2条第2号の

囲1（大正7年法律第39号）　大正10年7月1日施行
第3条　一ノ地域ノ法令ニ依リソノ地域ノ家ニ入ル者ハ他ノ地域ノ家ヲ去ル
② 　一ノ地域ノ法令ニ依リ家ヲ去ルコトヲ得サル者ハ他ノ地域ノ家ニ入ルコトヲ得ス
③ 　陸海軍ノ兵籍ニ在ラサル者及兵役ニ服スル義務ナキニ至リタル者ニ非サレハ他ノ地域ノ家ニ入ルコトヲ得ス但シ徴兵終決処分ヲ経テ第二国民兵役ニ在ル者ハ此ノ限リニ在ラス

囲2（昭和17年法律第16号改正）　昭和17年2月17日施行
第3条　一ノ地域ノ法令ニ依リソノ地域ノ家ニ入ル者ハ他ノ地域ノ家ヲ去ル
② 　一ノ地域ノ法令ニ依リ家ヲ去ルコトヲ得サル者ハ他ノ地域ノ家ニ入ルコトヲ得ス
③ 　戸籍法ノ適用ヲ受クル者ハ兵役ニ服スル義務ナキニ至リタル者ニ非サレハ他ノ地域ノ家ニ入ルコトヲ得ス

囲3（昭和18年法律第5号改正）　昭和18年8月1日施行
第3条　一ノ地域ノ法令ニ依リソノ地域ノ家ニ入ル者ハ他ノ地域ノ家ヲ去ル
② 　一ノ地域ノ法令ニ依リ家ヲ去ルコトヲ得サル者ハ他ノ地域ノ家ニ入ルコトヲ得ス
③ 　戸籍法又ハ朝鮮民事令中戸籍ニ関スル規定ノ適用ヲ受クル者ハ兵役ニ服スルノ義務ナキニ至リタル者ニ非サレハ内地及朝鮮以外ノ地域ノ家ニ入ルコトヲ得ス
囲改正法附則第2項　本法施行ノ際徴兵適齢ヲ過ギ居ル者及徴兵適齢ノ者ニシテ其ノ際現ニ戸籍法ノ適用ヲ受クルモノ又ハ本法施行後其ノ適用ヲ受クルニ至リタルモノニ付テハ第3条第3項ノ改正規定ニ拘ラズ仍従前ノ例ニ依ル

囲4（昭和18年法律第110号兵役法改正）　昭和19年9月1日施行
改正法附則第6項　共通法第3条第3項ヲ削ル
　　　　　　第7項　前項ノ規定施行ノ際徴兵適齢ヲ過ギ居ル者及徴兵適齢ノ者ニシテ其ノ際現ニ戸籍法又ハ朝鮮民事令中戸籍ニ関スル規定ノ適用ヲ受クルモノ又ハ同項ノ規定施行後其ノ適用ヲ受クルニ至リタルモノニ付テハ仍従前ノ例ニ依ル

付②の(1)　**民法中改正法律**（昭和17年法律第7号）（抄）（同年2月12日公布・同年勅令第93号により同年3月1日施行）
第1条　本法施行ノ期日ハ勅令ヲ以テ之ヲ定ム
第6条　法例中左ノ通改正ス
　　　第18条第1項中「私生子認知」ヲ「子ノ認知」ニ改ム

三〜二十三（略）
第10条　朝鮮人相互間ノ法律行為ニ付テハ法令中公ノ秩序ニ関セサル規定ニ異リタル慣習アル場合ニ於テハ其ノ慣習ニ依ル
第11条　第1条ノ法律中能力，**親族及相続**ニ関スル規定ハ朝鮮人ニ之ヲ適用セス
　朝鮮人ニ関スル前項ノ事項ニ付テハ**慣習**ニ依ル
第12条　不動産ニ関スル物権ノ種類及効力ニ付テハ第1条ノ法律ニ定メタル物権ヲ除クノ外慣習ニ依ル
　囲　朝鮮慣習（親族・相続）
　　朝鮮総督府編「民事慣習回答彙集」469例（法務省民事局国籍事務研究会編「渉外身分関係先例判例総覧」法令編（日本加除出版））

付①の(5)　**共通法**（大正7年法律第39号）（抄）
　囲　第3条を除き，大正7年6月1日施行（同年勅令144号）
　　第3条は，大正10年7月1日施行（同年勅令283号）
　改正　大12—法25
　　　昭17—法16
　　　昭18—法5・20

第1条　本法ニ於テ地域ト称スルノハ内地，朝鮮，台湾，関東州又ハ南洋群島ヲ謂フ
　前項ノ内地ニハ樺太ヲ包含ス（大正12年法律第25号本条改正）
　注（大正7年法律第39号）
　第1条　本法ニ於テ地域ト称スルノハ内地，朝鮮，台湾又ハ関東州ヲ謂フ
　　前項ノ内地ニハ樺太ヲ包含ス

第2条　民事ニ関シ一ノ地域ニ於テ他ノ地域ノ法令ニ依ルコトヲ定メタル場合ニ於テハ各地域ニ於テ其ノ地ノ法令ヲ適用ス
　二以上ノ地域ニ於テ同一ノ他ノ地域ノ法令ニ依ルコトヲ定メタル場合ニ於テ其ノ相互ノ間亦同シ
　民事ニ関シテハ前項ノ場合ヲ除クノ外法例ヲ準用ス此ノ場合ニ於テハ各当事者ノ属スル地域ノ法令ヲ以テ其ノ本国法トス

第3条　一ノ地域ノ法令ニ依リソノ地域ノ家ニ入ル者ハ他ノ地域ノ家ヲ去ル
②　一ノ地域ノ法令ニ依リ家ヲ去ルコトヲ得サル者ハ他ノ地域ノ家ニ入ルコトヲ得ス
③　削除（昭和18年法律第110号兵役法改正ノ附則（囲4）ニヨル，昭和19年9月1日施行）

律ニ依ル
第24条　前条ノ規定ハ保佐ニ之ヲ準用ス
第25条　相続ハ被相続人ノ本国法ニ依ル
第26条　遺言ノ成立及ヒ効力ハ其成立ノ当時ニ於ケル遺言者ノ本国法ニ依ル
　　遺言ノ取消ハ其当時ニ於ケル遺言者ノ本国法ニ依ル
　　前二項ノ規定ハ遺言ノ方式ニ付キ行為地法ニ依ルコトヲ妨ケス
第27条　当事者ノ本国法ニ依ルヘキ場合ニ於テ当事者カ二箇以上ノ国籍ヲ有スルトキハ最後ニ取得シタル国籍ニ依リテ其本国法ヲ定ム但其一カ日本ノ国籍ナルトキハ日本ノ法律ニ依ル
　　国籍ヲ有セサル者ニ付テハ其住所地法ヲ以テ本国法ト看做ス其住所カ知レサルトキハ其居所地法ニ依ル
　　地方ニ依リ法律ヲ異ニスル国ノ人民ニ付テハ其者ノ属スル地方ノ法律ニ依ル
第28条　当事者ノ住所地法ニ依ルヘキ場合ニ於テ其住所カ知レサルトキハ其居所地法ニ依ル
　　前条第1項及ヒ第3項ノ規定ハ当事者ノ住所地法ニ依ルヘキ場合ニ之ヲ準用ス
第29条　当事者ノ本国法ニ依ルヘキ場合ニ於テ其国ノ法律ニ従ヒ日本ノ法律ニ依ルヘキトキハ日本ノ法律ニ依ル
第30条　外国法ニ依ルヘキ場合ニ於テ其規定カ公ノ秩序又ハ善良ノ風俗ニ反スルトキハ之ヲ適用セス

付①の(2)　**法例ヲ台湾ニ施行スルノ件**（明治31年勅令第161号）

明治31年法律第10号法例ヲ台湾ニ施行ス

付①の(3)　**法例ヲ朝鮮ニ施行スルノ件**（明治45年勅令第21号）

法例ハ之ヲ朝鮮ニ施行ス
　　　附　　則
本令ハ明治45年4月1日ヨリ之ヲ施行ス
（官報3月28日）

付①の(4)　**朝鮮民事令**（明治45年制令第7号）（抄）

第1条　民事ニ関スル事項ハ本令其ノ他ノ法令ニ特別ノ規定アル場合ヲ除クノ外左ノ法律ニ依ル
　一　**民法**
　二　明治35年法律第50号（年齢計算ニ関スル件）

第10条　動産及ヒ不動産ニ関スル物権其他登記スヘキ権利ハ其目的物ノ所在地法ニ依ル
　　前項ニ掲ケタル権利ノ得喪ハ其原因タル事実ノ完成シタル当時ニ於ケル目的物ノ所在地法ニ依ル
第11条　事務管理，不当利得又ハ不法行為ニ因リテ生スル債権ノ成立及ヒ効力ハ其原因タル事実ノ発生シタル地ノ法律ニ依ル
　　前項ノ規定ハ不法行為ニ付テハ外国ニ於テ発生シタル事実カ日本ノ法律ニ依レハ不法ナラサルトキハ之ヲ適用セス
　　外国ニ於テ発生シタル事実カ日本ノ法律ニ依リテ不法ナルトキト雖モ被害者ハ日本ノ法律カ認メタル損害賠償其他ノ処分ニ非サレハ之ヲ請求スルコトヲ得ス
第12条　債権譲渡ノ第三者ニ対スル効力ハ債務者ノ住所地法ニ依ル
第13条　婚姻成立ノ要件ハ各当事者ニ付キ其本国法ニ依リテ之ヲ定ム但其方式ハ婚姻挙行地ノ法律ニ依ル
　　前項ノ規定ハ民法第777条ノ適用ヲ妨ケス
第14条　婚姻ノ効力ハ夫ノ本国法ニ依ル
　　外国人カ女戸主ト夫婚姻ヲ為シ又ハ日本人ノ婿養子ト為リタル場合ニ於テハ婚姻ノ効力ハ日本ノ法律ニ依ル
第15条　夫婦財産制ハ婚姻ノ当時ニ於ケル夫ノ本国法ニ依ル
　　外国人カ女戸主ト入夫婚姻ヲ為シ又ハ日本人ノ婿養子ト為リタル場合ニ於テハ夫婦財産制ハ日本ノ法律ニ依ル
第16条　離婚ハ其原因タル事実ノ発生シタル時ニ於ケル夫ノ本国法ニ依ル但裁判所ハ其原因タル事実カ日本ノ法律ニ依ルモ離婚ノ原因タルトキニ非サレハ離婚ノ宣告ヲ為スコトヲ得ス
第17条　子ノ嫡出ナルヤ否ヤハ其出生ノ当時母ノ夫ノ属シタル国ノ法律ニ依リテ之ヲ定ム若シ其夫カ子ノ出生前ニ死亡シタルトキハ其最後ニ属シタル国ノ法律ニ依リテ之ヲ定ム
第18条　私生子認知ノ要件ハ其父又ハ母ニ関シテハ認知ノ当時父又ハ母ノ属スル国ノ法律ニ依リテ之ヲ定メ其子ニ関シテハ認知ノ当時子ノ属スル国ノ法律ニ依リテ之ヲ定ム
　　認知ノ効力ハ父又ハ母ノ本国法ニ依ル
第19条　養子縁組ノ要件ハ各当事者ニ付キ其本国法ニ依リテ之ヲ定ム
　　養子縁組ノ効力及ヒ離縁ハ養親ノ本国法ニ依ル
第20条　親子間ノ法律関係ハ父ノ本国法ニ依ル若シ父アラサルトキハ母ノ本国法ニ依ル
第21条　扶養ノ義務ハ扶養義務者ノ本国法ニ依リテ之ヲ定ム
第22条　前9条ニ掲ケタルモノノ外親族関係及ヒ之ニ因リテ生スル権利義務ハ当事者ノ本国法ニ依リテ之ヲ定ム
第23条　後見ハ被後見人ノ本国法ニ依ル
　　日本ニ住所又ハ居所ヲ有スル外国人ノ後見ハ其本国法ニ依レハ後見開始ノ原因アルモ後見ノ事務ヲ行フ者ナキトキ及ヒ日本ニ於テ禁治産ノ宣告アリタルトキニ限リ日本ノ法

付①の(1)　**法例**（明治31年法律第10号）（同年6月21日公布，同年勅令第123号により同年7月16日施行）

法例別冊ノ通之ヲ定ム
此法律施行ノ期日ハ勅令ヲ以テ之ヲ定ム
明治23年法律第97号法例ハ此法律発布ノ日ヨリ之ヲ廃止ス
　　　（別　　冊）
法　　例
第1条　法律ハ公布ノ日ヨリ起算シ満20日ヲ経テ之ヲ施行ス但法律ヲ以テ之ニ異ナリタル施行時期ヲ定メタルトキハ此限ニ在ラス
　　　台湾，北海道，沖繩県其他島地ニ付テハ勅令ヲ以テ特別ノ施行時期ヲ定ムルコトヲ得
第2条　公ノ秩序又ハ善良ノ風俗ニ反セサル慣習ハ法令ノ規定ニ依リテ認メタルモノ及ヒ法令ニ規定ナキ事項ニ関スルモノニ限リ法律ト同一ノ効力ヲ有ス
第3条　人ノ能力ハ其本国法ニ依リテ之ヲ定ム
　　　外国人カ日本ニ於テ法律行為ヲ為シタル場合ニ於テ其外国人カ本国法ニ依レハ無能力者タルヘキトキト雖モ日本ノ法律ニ依レハ能力者タルヘキトキハ前項ノ規定ニ拘ハラス之ヲ能力者ト看做ス
　　　前項ノ規定ハ親族法又ハ相続法ノ規定ニ依ルヘキ法律行為及ヒ外国ニ在ル不動産ニ関スル法律行為ニ付テハ之ヲ適用セス
第4条　禁治産ノ原因ハ禁治産者ノ本国法ニ依リ其宣告ノ効力ハ宣告ヲ為シタル国ノ法律ニ依ル日本ニ住所又ハ居所ヲ有スル外国人ニ付キ其本国法ニ依リ禁治産ノ原因アルトキハ裁判所ハ其者ニ対シテ禁治産ノ宣告ヲ為スコトヲ得但日本ノ法律カ其原因ヲ認メサルトキハ此限ニ在ラス
第5条　前条ノ規定ハ準禁治産ニ之ヲ準用ス
第6条　外国人ノ生死カ分明ナラサル場合ニ於テハ裁判所ハ日本ニ在ル財産及ヒ日本ノ法律ニ依ルヘキ法律関係ニ付テノミ日本ノ法律ニ依リテ失踪ノ宣告ヲ為スコトヲ得
第7条　法律行為ノ成立及ヒ効力ニ付テハ当事者ノ意思ニ従ヒ其何レノ国ノ法律ニ依ルヘキカヲ定ム
　　　当事者ノ意思カ分明ナラサルトキハ行為地法ニ依ル
第8条　法律行為ノ方式ハ其行為ノ効力ヲ定ムル法律ニ依ル
　　　行為地法ニ依リタル方式ハ前項ノ規定ニ拘ハラス之ヲ有効トス但物権其他登記スヘキ権利ヲ設定シ又ハ処分スル法律行為ニ付テハ此限ニ在ラス
第9条　法律ヲ異ニスル地ニ在ル者ニ対シテ為シタル意思表示ニ付テハ其通知ヲ発シタル地ヲ行為地ト看做ス
　　　契約ノ成立及ヒ効力ニ付テハ申込ノ通知ヲ発シタル地ヲ行為地ト看做ス若シ其申込ヲ受ケタル者カ承諾ヲ為シタル当時申込ノ発信地ヲ知ラサリシトキハ申込者ノ住所地ヲ行為地ト看做ス

参 考 資 料
◎法例の改正経過

付①の(1)　法例（明治31年法律第10号） ……………… 2
付①の(2)　法例ヲ台湾ニ施行スルノ件（明治31年勅令第161号） ……… 4
付①の(3)　法例ヲ朝鮮ニ施行スルノ件（明治45年勅令第21号） ……… 4
付①の(4)　朝鮮民事令（明治45年制令第7号）（抄） ……………… 4
付①の(5)　共通法（大正7年法律第39号）（抄） ……………… 5
付②の(1)　民法中改正法律（昭和17年法律第7号）（抄） ……… 6
付②の(2)　民法の改正に伴う関係法律の整理に関する法律
　　　　　（昭和22年法律第223号）（抄） ……………… 7
付②の(3)　遺言の方式の準拠法に関する法律（昭和39年法
　　　　　律第100号） ……………… 7
付②の(4)　扶養義務の準拠法に関する法律（昭和61年法律
　　　　　第84号） ……………… 8
付③　法例の一部を改正する法律新旧対照条文
　　1　法例〔明治31年法律第10号（平成元年法律第27号）〕 ………… 11
　　2　民法〔昭和22年法律第222号（明治31年法律第9号・
　　　　平成元年法律第27号）〕 ……………… 16
付④　民法の一部を改正する法律の施行に伴う関係法律の
　　　整備等に関する法律（平成11年法律第151号） ……………… 16

(4) **男女の不平等是正**　妻の無能力（旧民14条～18条），妻の同居義務（旧民789条），夫婦間の財産関係（旧民798条～807条），妻の貞操の義務（旧民813条2号・3号）をいずれも廃止し，夫婦の称する氏は婚姻の際に定める（民750条），夫婦は婚姻費用を分担する（民760条），日常の家事については連帯してその責に任ずる（民761条），子に対する親権は父母婚姻中には共同して行う（民818条）など，夫中心から妻の地位をも平等にしたことが認められる。

(5) **氏の問題**　旧法の氏は，家の呼称であって，戸主およびその家族がその家の氏を称した（旧民746条）。したがって，旧法の氏の創設および変更ということは，結局，家の創立および所属する家の変更ということを意味した。他方，新法では「家の氏」というものを認める余地がないから，氏は個人の呼称ということにならざるをえない。しかし，新法も氏を各個人が自由に創始し，または変更できるものとはしていない。すなわち，新法では氏を同じくする者は，夫婦と親子ということを規定している（民750条・790条・791条）ことから，一定の生活共同体にある者，つまり一定の身分関係にある者は氏を同じくするものと考えられる。また，呼称上の氏についても，その変更には戸籍法上に制限がある（戸107）〔→№116「氏」，№298「呼称上の氏の変更」みよ〕。

【参考文献】　①我妻栄・足立芳枝「親族法・相続法」，②中川善之助「新憲法と家族制度」

述のように、将来自己の男子と婚姻させる目的で入籍させたもので、家督相続人たる資格を与えるものではない。しかし、縁女は養女ではないが、民法施行後における法律上の関係は、その性質を養女と同一に解するのが相当であるとして、明治31年民法施行後の縁女の断縁の方法としても便宜、離縁の手続によるのが例とされていた（（旧）訓令通牒録第661項920頁、昭7・10戸籍学会解答戸質430号28頁、昭13・1同会解答戸質493号32頁—坂本斐郎「相続法＜訓令・通牒・学説・判例＞実例総覧」604頁）。

なお、縁女の相続権について、戸籍上縁女と記載があり、実際その家の養女（民法施行法68条囲）である場合に、戸主死亡し、他にその死跡を相続すべき近親がないときは、養女においてこれを相続するのが当然の順序であるという裁判例がみられる（大審院明治29・3・3判決、民事判決録第2輯3号5頁、前掲実例総覧604頁）。

> 囲 民法施行前における養子縁組にあっては、当事者間に実際縁組をする合意があれば足り、必ずしも一定の方式を履践する要はないものである（東京控訴院大正9・7・8判決、法律評論第9巻民法657頁）〔実例・判例・文例「親族法総覧」968頁—敬文社〕。

No.363 「家」制度と改正民法

終戦後の民法改正は、昭和22年5月3日新憲法の施行に伴い、この新憲法24条の「個人の尊厳」と「両性の本質的平等」とに矛盾する点（家の制度と男女の不平等）が、とりあえず「日本国憲法の施行に伴う民法の応急的措置に関する法律」〔→ No.35「民法の応急措置法」みよ〕によって、憲法施行の日から全般的に修正され、次いでこの精神で民法の全面的改正が行われ、昭和23年1月1日から施行された。つまり、明治31年の民法上の「家」の制度は、実際の家族的共同生活とは無関係なものになっていて、「家」「戸主」「家督相続」に関する一連の規定は廃止の運命にあった。

(1) 民法上の「家」の廃止　(ア)　家を同じくすることを条件としていた旧法728条の継親子関係（先夫〔妻〕の子と後夫〔妻〕との間柄）、嫡母庶子関係（庶子と庶子の父の妻との間柄）は、法律上では血族一親等（親子）と同じ扱いであったものが、新法はこれを排斥し、戸籍の異同を問わず姻族一親等にすぎないものとした（民725条）。(イ) 旧法は生存配偶者と婚家との姻族関係を、その者の去家によって消滅する（旧民729条2項）としていたのに対し、新法は、戸籍の異同を問わずに生存配偶者の姻族関係終了の意思表示によって姻族関係を終了するものとした（民728条2項）。(ウ) 旧法は養子縁組によって生じた親族関係にある者について、養親の去家の有無が親族関係を左右するとしていたものを新法はこれを排斥した（旧民730条2項）。(エ) 旧法は扶養関係に「家」という枠があったのに対し、新法はこれを排斥した（旧民954条2項・956条・958条2項、民877条・878条）。

(2) 「戸主権」の廃止　従前の家族の婚姻、離婚、縁組、離縁などに対する戸主の同意権、その他の戸主権というのは当然になくなった。

(3) 「家督相続」の廃止　戸主の地位の承継ということがなくなったことはもちろんのこと、遺産について、長男だから一人で相続できるということはなく、子はすべて同順位で、しかも同等に、その父または母の遺産を受ける（いわゆる均分相続）ことになった（民887条）。

の法制は、民法典が成るまで政府の布告、達および指令などによっている。明治3年、政府は刑法の内容を主として定めた新律綱領（布告）において、親族の範囲を等級で定めた「五等親図」に示し、これによると、妾を妻と同等の夫の二等親として妾の配偶関係を公認している（青山道夫「注釈民法⑳」35頁）。このことは、さらに明治6年太政官布告21号において「妻妾ニ非ザル婦女ニシテ分娩スル児子ハ一切私生ヲ以テ論ジ……」とし、妾の子を妻の子と同じく父の認知を要しない当然の公生子として処遇していること、他方、明治7年2月の司法省指令が「凡妾ト称スル双方許諾ノ上初テ其ノ名ヲ定ムルヲ得ル、其ノ定名アル者姦罪ヲ犯セバ即チ有夫ヲ以テ論ズ」とし、妾の貞操義務を妻と同等に求めていることによっても窺い知ることができる。また、明治8年12月9日太政官達209号が「婚姻養子女若クハ離縁等戸籍ニ登載セサル内ハ其効ナキモノトス」としたことに伴い、同日内務省指令は、妾も妻も同じ戸籍に登載（送入籍）があって初めて、その妾の身分を取得する扱いであったようである（①同前34頁・35頁、②中川善之助「注釈民法（22の1）」161頁、③「戸籍」誌261号33頁）。

　以上のことから、明治4年公布の戸籍法に基づく戸籍上にも公認された「妾」の名称が表示され、たとえば、明治4年戸籍法の戸籍書式例中には、「妾腹　何之誰」というのがみられる。

【3】　**妾の廃止**　明治15年旧刑法（明治13年7月12日布告36号）の実施に伴って、妾を妻と同等に処遇した親族関係の制度（前述の五等親図）が廃止され、妾の配偶者としての地位も認められなくなったので、妾は法律上から消滅し、妾の名称も戸籍上から姿を消すことになった（前掲青山35頁）。明治31年民法、現行民法においても、妾の法的地位は認められていない。このために、妾契約は公序良俗に反する無効なものであり（民90条）、また、夫が妾をもつことは、不貞の行為として離婚原因になる（民770条1項1号）。なお、妾の子は、妾そのものが配偶者としての法的地位を有しないことから、婚姻外の子として、一般に嫡出でない子の取扱いを受けるようになった。

No.362
縁　女

【1】　**縁女の戸籍記載**　明治31年民法の施行前の慣例においては、「縁女」と称し、その当時の戸籍上にも、①幼少女を他日成年のうえは長(二)男の妻とする目的で入籍させた場合は、その入籍者の氏名の肩書に「長(二)男某縁女」と記載し、また、幼少男を他日成年のうえは、長(二)女の夫（婿養子）とする目的で養子として入籍させた場合（縁男入籍「言ヒ名ツケ」と称する）は、長(二)女の氏名の肩書に「養子某縁女」と記載していた（明31・10・28民刑1338号回答、後掲坂本604頁）。この縁女について、明治19年戸籍取扱手続（明19内務省令22号）第9条（登記目録）中の加籍目録、除籍目録に「結婚入籍」、「縁女入籍」、「養子女入籍」と各区別されていた（登記目録書式第11参照）。

　なお、前記の縁女入籍または縁男入籍の記載がある戸籍が民法施行後に転属するときは、民法に適合させるため通常の養子縁組届出によって、その登記をすべきものとされていた（前掲回答）。

【2】　**縁女の意義、性質およびその法律上の効果**　民法施行前における「縁女」とは、前

を発し，明治4年戸籍法施行前の厄介と称したものは，附籍と同一に取り扱うべきものとされた（明39・12・28民刑1434号回答）。つまり附籍者は，世話になっている他人のところに籍を付記されるという意味であって，本来の身分（戸主，家族たる身分）にはなんら影響はなかったものである。したがって，明治31年民法，同戸籍法の施行後に附籍が廃止されてからは従前の附籍者が戸主であるときは，一家を創立すべきものとされ，また他家の家族であるときは，その家に復籍すべきものと解されている（明31・7・23民刑4931号回答）。

【3】 附籍の取扱い　明治4年戸籍法による附籍の制度は，その後の明治31年戸籍法，大正3年戸籍法当時には廃止されているが，従前の附籍者についての取扱いは次のとおりである。

(ア)　附籍者が戸主たる身分を有する場合，附籍者の戸籍が附籍主の戸籍と別用紙に記載してあるときは，その籍が附してある所に本籍を有する戸主とみなすべきであるから，附籍主が家督相続，転籍などで新戸籍を編製しても，附籍者についてはそのままにしてなんらの措置を要しないものとされ，もし，戸主の身分を有する附籍者の戸籍が附籍主の戸籍と同一用紙中に記載してあるときは，附籍者の戸籍を別に編製すべきものとされた（明35・11・22民刑920号回答，大5・9・22民1373号回答）。

(イ)　附籍者が戸主でなく家族たる身分を有する場合，その附籍者が実家の戸籍にも在籍しているときは，その実家の家族とみなすべきであるから，附籍主が家督相続などで新戸籍を編製するときは，脱籍届をさせて附籍から除くことにした（脱籍届は戸籍法上の規定によるものではない。明32・1・31民刑2383号回答）。もし，附籍者が脱籍届をしないときでも附籍主の戸籍はこれを消除し，付記してある附籍者の戸籍はそのままにして，戸籍の欄外に脱籍の手続をしないから消除しない旨を記載して当該戸籍全部を消除簿に移す扱いであった（明35・11・22民刑920号回答，大5・9・22民1373号回答）。

(ウ)　附籍者が戸主の身分を有し，その附籍者の戸籍が附籍主の戸籍と同一用紙に記載してあるとき，附籍者が同一管内に転籍した場合は，附籍者について新戸籍を編製すべきものとされた（大元・11・22民事578号回答，大5・9・22民1373号回答，大11・12・27民事4565号回答）。

No.361
妾

【1】 意義　妾（メカケ）とは，「法律上の妻または事実上の妻でなくて，主として妻帯の男性から経済上の援助を受けて，これと性的結合関係を継続する女」の意に解されている（昭32・9・27最高裁判決〔刑集11巻2384頁〕）。この意味で妾は，妻（内縁の妻を含む）でない者であるが，性的結合関係が継続的で，しかも相手方が特定していることが重視されるので，不特定の相手方と性交する売春婦とも区別されている。妾の呼称は，別名「テカケ」「ソバメ」ともいわれる。

【2】 妾と戸籍　「妾」という呼称について歴史的にみると，わが国の太古において権力財力のある者が多妻的であり，その一夫多妻婚が公認されていたようであるが，唐制にならった律令時代になって一夫一妻制に移行したことから，妻でない特定の女に「妾」という名が与えられ出現したといわれている（「民事法学辞典」1986頁）。ところで，明治維新

その他の旧法関係　　　　　　　　　652

大正拾年弐月拾日イ国ロ府ハ街フリードリッヒ・ベルナールト婚姻ヲ為シ国籍喪失ノ処大正拾弐年拾月五日附許可ニ因リ国籍回復届出同月拾日受附一家創立㊕（前掲記載例120）

(ウ)　同前（旧国26条）

亜米利加合衆国ニ於テ出生国籍ヲ留保セサルニ付国籍喪失ノ処昭和五年七月拾五日付許可ニ因リ国籍回復父甲野礼二郎届出同月弐拾日受附一家創立㊕（昭5・9・6民事739号回答）。

(8)　**日本で生まれた子の父母共にどこの国籍をも有しないとき**（旧国4条）　現行国籍法2条3号後段の場合と同じく，新戸籍を編製することになるが，その原因は，一家創立であった。

(9)　**戸主でない者が爵位を授けられたとき**（明治38年法62号）　この場合は，分家に準じて取り扱われた（同法1条2項）。

(10)　**皇族が臣籍に降下されたとき**（明治43年皇室令2号）

【参考文献】　①野上久幸「親族法」，②中川善之助「日本親族法」昭和17年，③穂積重遠「親族法」。

No.360
附籍

【1】　**附籍の由来**　明治4年戸籍法1則には，戸籍は住居の地（住所）を基礎にして編製すべきものとし，各地方の便宜に従って区画した一定の区内の戸籍・人員と人の生死・出入などを明らかにすることを定めている。すなわち，明治4年に創設された戸籍制度の本来の目的は，人の居住の実態を把握することにあって，ただ，その手段として戸籍に生死，婚姻，離婚，縁組，離縁などの出入りが記録されることから，同時に身分登録の性格を備えることになったものといえる。つまり，今日の戸籍制度は主として身分の登録制度としての役割を果たしているが，創設時の戸籍制度は，今日の住民の登録制度に相当するものだといえる。

このように，各戸の現実の人員構成を把握しようとしていた明治4年戸籍法の性格からして，生活に困窮して他人の世帯に世話になっている者も，その生活先に戸籍の編製をすることとされていた。そのことが戸籍法29則に定められている。すなわち，明治4年戸籍法29則には「此迄厄介ト号セシモノ或ハ縁故アリテ養育スルモノ等ハ其族属ト続柄ヲ肩書ニシ其事由ヲ其名前ノ上ニ記スルコト式ノ如クスヘシ」と定められ，同法4号戸籍書式には「某村退転ノ後附籍」「父母死去之後附籍」の場合が例示されている。附籍の制度の実態は，華族・士族の雇人をはじめ，また，生活の道がなく独立のできない者が他家の厄介となり，あるいは養育されていたこと，その他種々の原因によって附籍が行われたようである（福島・利谷共著「明治前期における戸籍制度の発展」49頁，山本政幸「日本社会と家族法」64頁）。

【2】　**意義**　附籍は，他人に養育された場合などに附籍者として登録されたが，無籍者ではないのが特徴である。この附籍者の身分取扱方に関し明治8年9月30日の太政官は「附籍ノ儀ハ他籍ヲ本籍ニ付記スルマテニテ其元身分ニ関渉候理ハ無之且厄介ノ呼称ハ去ル明治4年戸籍法中第29則ニ因リ相廃候儀ト可心得事」（雑誌「戸籍」258号31頁）という指令

付キ東京市麹町区麹町四丁目六番地実家戸主甲野義太郎ノ同意ヲ得サリシ為メ大正六年拾月壱日復籍ヲ拒絶セラレタルニ付キ」となる（前掲記載例35・36）。
　(ウ)　前記(イ)の記載をした場合の前記(ア)の記載の職権抹消（戸主の事項欄）
　　大正拾年弐月九日神奈川県橘樹郡橘村十番地丙川悌八妻荻子離婚ニ因リ同村一番地ニ一家創立届出同拾日橘村長山辺熊市受附同月拾壱日送付右荻子ノ復籍拒絶ノ記載抹消㊞（前掲記載例100）
　(5)　**家族が「離籍」されたとき**　（旧民749条・750条・742条）　この場合は、家族が戸主の居所指定の催告に従わないか（旧民749条）、または、家族が戸主の同意を得ないで妻をむかえ、または養子をした場合（旧民750条）、戸主はその者を離籍する届出をすることができた（旧戸140条）。この届出によって離籍されたその家族は、一家創立することとされた（旧民742条）。
○　戸籍の記載例
　(ア)　離籍の記載（被離籍者の事項欄）
　　戸主ノ同意ヲ得スシテ島子ト婚姻ヲ為シタルニ因リ離籍届出大正七年拾月五日受附㊞（前掲記載例93）
　(イ)　離籍のため一家創立の届出による除籍（被離籍者の事項欄）
　　麹町区平河町一丁目四番地ニ一家創立届出大正七年拾月拾日受附除籍㊞（前掲記載例94）
　(ウ)　離籍者の妻の除籍（同妻の事項欄）
　　大正七年拾月拾日夫忠七一家ヲ創立シタルニ因リ共ニ除籍㊞（前掲記載例95）
　(エ)　離籍による一家創立の記載（新立戸主の事項欄）
　　麹町区麹町四丁目六番地戸主甲野義太郎長男戸主ノ同意ヲ得スシテ島子ト婚姻ヲ為シ大正七年拾月五日離籍ニ因リ一家創立届出同月拾日受附㊞（前掲記載例96）
　(6)　**絶家に家族があるとき**　戸主を失った家に家督相続人がない場合、その家は絶家となり、その家族は一家を創立することとされた（旧民764条）。この場合に、子は父または母に従い（旧民764条1項但書）、妻は夫に従った（旧民764条2項・745条）。
○　戸籍の記載例〔→№357「絶家」みよ〕
　(7)　**外国人が帰化、または元日本人が国籍を回復したとき**　外国人が帰化（旧国5条5号）、または日本の国籍を回復（旧国25条・26条）した場合には、従来存している日本のいずれの家にも入らないので、一家を創立すべきものとされた（帰化＝明39・2・26民刑107号回答、大14・1・28民事34号回答、国籍回復＝明39・2・26民刑107号回答、昭4・3・9民事1007号回答）。
○　戸籍の記載例
　(ア)　帰化による一家創立者の事項欄
　　イ国ロ府ハ街十番地フリードリッヒ・ベルナール弟大正四年拾弐月拾日附許可ニ因リ帰化届出同月拾五日受附一家創立㊞（前掲記載例118）
　(イ)　国籍回復による一家創立者の事項欄（旧国25条）

けて)
　　実家廃家ニ付キ一家創立㊞（前掲記載例34)
(イ)　養親の本籍地で離縁届出に次いで、別に一家創立届がされた場合（旧戸142条）
　　養父千葉県千葉郡千葉町一番地戸主丙川信二ト協議離縁届出実家廃家（絶家）ニ付キ一家創立届出大正五年弐月拾日千葉町長波川保吉受附同月拾参日送付㊞（前掲記載例35)
(ウ)　養親の本籍地（甲）になされた離縁届出とは別に、実家の本籍地（乙）で一家創立の場所を丙地とする一家創立届出がなされた場合（旧戸142条）
　　養父千葉県千葉郡千葉町一番地戸主丙川信二ト協議離縁届出大正五年弐月拾日千葉町長波川保吉受附同月拾参日送付実家廃家（絶家）ニ付キ一家創立届出同月拾壱日麴町区長雲井高輔受附同月拾参日送付㊞（前掲記載例36)
○　戸籍の記載例（養親の戸籍中養子の事項欄）
　　養父丙川信二ト協議離縁届出大正九年拾月壱日受附実家廃家（絶家）ニ付キ神奈川県橘樹郡橘村百番地ニ一家創立㊞同月拾六日入籍通知ニ因リ除籍㊞（前掲記載例37)
　次に、婚姻・縁組によって日本の国籍を取得した元外国人が、離婚・離縁によって原国籍を回復しない場合は、依然として日本の国籍を保有することになる（旧国籍法「以下旧国」19条）。この場合には、日本に復籍すべき家がないため一家を創立することとされた（大4・4・21民530号回答，昭11・7・17民事甲828号回答，昭11・9・15民事甲1185号回答)。
○　戸籍の記載例（新立戸主の事項欄）＝（離婚・離縁事項につづけて）
　　原国籍ヲ有（回復）セサルニ因リ一家創立㊞（昭32・12・14民事甲2349号回答）
　　同上（離婚者・離縁者の除籍の事項欄）＝（離婚・離縁事項につづけて）
　　原国籍ヲ有（回復）セサルニ因リ麴町区平河町一丁目五番地ニ一家創立㊞年月日入籍通知ニ因リ除籍㊞
(4)　「復籍拒絶」されているとき　（旧民741条・750条・742条後段）　これは、家族の者が戸主の同意を得ないで婚姻・縁組によって他家に入った場合（または，他家から入った者が転婚・転縁組した場合)、それに同意を与えなかった戸主が、従前の家族であった者が離婚・離縁をしても実家に復籍することについて、拒絶する旨を婚姻・縁組後1年内に届出することができた（旧民741条・750条，旧戸141条)。この復籍拒絶の届出によって、その旨が戸主の事項欄に公示され、復籍を拒絶された者がその後、離婚，離縁などをした場合一家を創立することとされた（旧民742条)。
○　戸籍の記載例
(ア)　復籍拒絶の記載（戸主の事項欄）
　　姪荻子戸主義太郎ノ同意ヲ得スシテ神奈川県橘樹郡橘村十番地丙川貞八ト婚姻ヲ為シタルニ因リ復籍拒絶届出大正六年弐月拾日受附㊞（前掲記載例98)。
(イ)　復籍拒絶による一家創立の記載（新立戸主の事項欄）
　　前記(3)の各場合における記載例中「実家廃家（絶家）ニ付キ」の部分が「婚姻（縁組）ニ

東京市麴町区麴町四丁目六番地ニ於テ廃家（絶家）甲野氏再興届出大正拾年拾壱月拾日麴町区長雲井高輔受附同月拾五日送付除籍㊞（明31戸手記載例67，旧戸細記載例114）

　　㋒　前記のほか，次の例によることも認められていた。

伯父東京市下谷区萬年町二丁目二番地甲野義太郎昭和六年拾弐月弐拾八日廃家（絶家）ニ付東京市蒲田区矢口町五番地ニ於テ再興届出昭和拾壱月壱日蒲田区長秋田実受附同月七日送付除籍㊞（昭8・12・23民事甲1643号回答）

　㋓　離婚，離縁による実家再興の戸籍記載（戸主の事項欄）（大4・5・4民501号回答）

夫何郡何町何番地戸主何某続柄某ト協議離婚実家廃家（絶家）ニ付何氏再興届出年月日何町長何某受附同月同日送付㊞

養父何郡何町何番地戸主何某続柄某養母某ト協議離縁実家廃家（絶家）ニ付何氏再興届出年月日何町長何某受附同月同日送付㊞

【参考文献】　①穂積重遠「親族法」，②野上久幸「親族法」，③中川善之助「日本親族法」昭和17年

No.359　一家創立・復籍拒絶・離籍

明治31年施行の民法（以下「旧民法」という）は，家に関する規定をもうけ，その家は戸主と家族とから一つの家が成り立つものとしている。この一家を新立する原因としては，新立戸主の意思による場合と法律上当然に生ずる場合との二とおりある。前者は新立戸主の意思に基づく民法上の分家に限られ（旧民743条），後者には，次の場合に一家を創立すべきものとされていた（以下の各戸籍記載例は，大正3年戸籍法施行当時のもの）。

(1)　**子の父母が共に知れないとき**（旧民733条3項）　これは，主として棄児の場合であり，入るべき父母の家が明らかでないので，出生子は一家を創立することとされた（旧戸78条～80条）。

○　戸籍の記載例（戸主の事項欄）

大正五年九月拾日一家創立同日附麴町区長雲井高輔調書ニ依リ記載㊞（旧戸細記載例8）

(2)　**「嫡出ニ非サル子」が父母の家に入り得ないとき**（旧民735条2項）　これは，庶子，私生子の父母が家族で，その家の戸主から家族の出生子の入家を拒否された場合であり，子は父母の家に入ることができないので一家を創立することとされた（旧戸69条2項14号）。

○　戸籍の記載例（戸主の事項欄）＝（出生事項につづけて）

父母ノ家ニ入ルコトヲ得サルニ因リ一家創立㊞（前掲記載例3）

(3)　**復籍すべき家がないとき**（旧民740条）　これは，婚姻・縁組によって他家に入った者が，離婚・離縁にあたって，その実家の廃絶のために復籍ができない場合であり，一家を創立することとされた（旧戸95条5号・104条13号）。

○　戸籍の記載例（新立戸主の事項欄）

　㋐　離縁届書に一家創立の旨が記載されている場合（旧戸95条5号）＝（離縁事項につづ

であった者）でも，その一家創立の家を廃してさきの絶家を再興することができた（明35・4・8民刑281号回答）。

　(2)　**戸主のなす本家の再興**（旧民762条）　新立の戸主は，無条件に廃家することを許され，その戸主も廃家をすれば，縁故のある他の廃絶家を再興できたし（旧民762条1項），とくに，家督相続により戸主となった者でも，本家の再興のためには自己の家を廃家することが許された（旧民762条2項但書）。

　(3)　**離婚，離縁による復籍者の実家再興**（旧民740条但書）　離婚または離縁，もしくは婚姻または縁組の取消しによって実家に復籍すべき者は，その実家が廃絶していた場合に，一家創立をすることなく実家を再興することが許された。

【3】　**絶家再興の効果**　(1)　**家名と家系の承継**　廃絶家再興は，家督相続ではない（前掲判例）。このことは，明治31年の民法施行前の絶家を同法施行後再興しても，再興者は絶家再興を原因とする絶家戸主名義の不動産について，所有権取得の登記はできないという先例でも明示している（昭7・3・18民事甲216号回答）。これは，廃絶家再興が，家の復活であっても，再興者は廃絶家の戸主の権利を承継するものでなく，また一家の創立でもないので，家名と本家，分家というような家系を承継することにとどまるものであり，結局，その家の氏を称すること以外に格別の実質的意義を有していなかったわけである（大7・5・31民1148号回答）。ただし，民法施行前の絶家再興者については前述【1】を参照のこと。

　(2)　**再興者の家族の処理**　戸主が廃家して他の廃絶家を再興した場合には，廃家の家族は当然に再興された家の家族になる（旧民763条）。しかし，戸主以外の地位にある家族が，他の廃絶家を再興した場合に，再興者の妻は夫に従って再興した家に入るが（旧民745条），再興者の直系卑属には当然に随従入籍する規定がなく，その家に入るには，別に旧民法737条の親族入籍によるほかなかった（大13・5・26民事8017号回答）。

○　戸籍の記載例

　(ア)　廃絶家再興による新戸籍の記載（戸主の事項欄）

　　千葉県千葉郡千葉町五番地戸主乙野忠二郎弟廃家（絶家）甲野氏再興届出大正拾年拾壱月拾日受附㊞（明31戸手記載例66，旧戸細記載例113）

　　　㊟　前記のほか，次の例によることも認められていた。

　　東京市下谷区萬年町二丁目二番地戸主甲野義太郎昭和六年拾弐月弐拾八日廃家（絶家）ニ付甥東京市深川区清澄町三丁目三番地戸主乙野忠二郎三男国雄再興届出昭和拾年壱月四日受附㊞（昭8・12・23民事甲1643号回答）

　(イ)　廃絶家による除籍の記載（戸主の事項欄）

　　甥東京市深川区清澄町三丁目三番地戸主乙野忠二郎三男国雄東京市蒲田区矢口町五番地ニ於テ再興届出昭和拾年壱月四日蒲田区長秋田実受附同月七日送付㊞（昭8・12・23民事甲1643号回答）

　　　㊟　この記載は，法定ではないが，任意に記載することが認められていた。

　(ウ)　廃絶家再興者の除籍（去りたる家の戸籍中再興者の事項欄）

絶家の戸籍中家族の事項欄（新立者）

麴町区平河町一丁目五番地ニ於テ一家創立届出大正拾年六月拾日受附除籍㊞（同上107）

絶家による一家創立者に随従する者の事項欄（大9・2・7民事405号回答）＝絶家戸籍中の除籍の記載

何年何月何日父（夫）某一家創立ニ付キ共ニ除籍㊞

一家創立戸籍の入籍の記載

何年何月何日父（夫）某一家創立ニ付キ共ニ入籍㊞

(イ) 明治31年戸籍法施行当時

一家創立者の事項欄（新戸籍）

明治参拾壱年拾月九日戸主死亡其家絶家ト為リタルニ因リ同月拾参日一家創立届出同日受附㊞（明治31戸手記載例61）

【参考文献】 ①野上久幸「親族法」，②中川善之助「日本親族法」昭和17年，③穂積重遠「親族法」

No.358 廃絶家再興

【1】 **意義** 法律上の「家」は，明治31年施行の民法（以下「旧民法」という）において制度化され，その家の所在は「戸籍」によって明示された。旧民法は，廃家または絶家により，いったん消滅した家も一定の条件のもとに再興することを許した（旧民743条・762条）。この家の再興も，家そのものが戸籍によって顕現されていたので，その復活は，創設的身分行為（意思表示）として戸籍法上の届出を必要とした（明治31年戸155条，旧戸146条）。したがって，廃絶家再興は，市町村長の職権で処理すべきものではなかった（大3・12・28民1125号回答）。廃絶家再興は，家の復活であるが，単に廃絶した家の家名のみを再興するものであり，廃絶家の最後の戸主の権利義務を承継する家督相続ではないから，廃絶家戸主に財産があったとしても，再興者が相続する権利を有しなかった（大2・7・7大審院判決〔判決録19輯614頁〕，昭7・3・18民事甲216号回答）。ただし，民法施行前に絶家を再興した者は，遺留財産につき，再興者に帰属し，再興者のみの申請により家督相続を原因として所有権の取得を登記すべきものとされていた（大4・2・12司法省・省議決定―司法省「親族・相続・戸籍・寄留先例大系」2635頁）。

【2】 **再興の要件** 廃絶家の再興は，その目的が家名の承継であるから，再興されるべき家と再興者とが無縁故であっては意味がない。そこで，旧民法は，再興されるべき家と再興者との間に一定の関係が存することを要件とした。これには，次の三つの形態がみられる。

(1) **家族のなす再興**（旧民743条） 戸主以外の地位にある家族が，再興者となるためには，(ア) その者の属する家と再興さるべき廃絶家との間に，本家，分家の関係にあること，または同家の関係（同一の本家から出た分家を相互に同家という）にあることを要し，また，(イ) 前記の本家，分家，同家の関係がなくとも，廃絶家の最後の戸主と再興者とが親族であるときも許されていた。たとえば，絶家によって一家を創立した者（絶家の家族

家創立の届出があったときは，相続人曠缺の手続を要しないで，家族が相続をしない意思を決定した時に絶家したものとして取り扱った（大6・1・20民1997号回答，昭11・3・9民事甲238号回答，昭13・8・5民事甲887号回答）。

また，単身戸主，あるいは戸籍の全員が死亡その他の事由によって消除され，かつ，市町村長が戸主の遺留財産を調査して無財産であることが明らかになった場合は，絶家の届出をするものがないことを理由に市町村長が裁判所の許可（旧戸64条3項・39条2項＝現行戸44条3項・24条2項の管轄法務局の許可に同じ）を得て全戸籍を抹消すべきものとした（明治31戸183条，大2・10・30民1007号通牒，大7・2・8民234号回答）。この場合の絶家の時は，裁判所の許可の日と解されていた（昭11・11・28民事甲1521号回答）。

○ 戸籍の記載例（最終戸主の事項欄）

　(ア) 大正3年戸籍法施行当時

　　相続人ナキニ因リ絶家大正拾年九月六日附東京区裁判所ノ許可ニ依リ同月七日本戸籍抹消㊞（旧戸細記載例108）

　　この記載をした後に本籍欄と戸主の事項欄にかけて「除籍」の印を押す（旧戸細20条）。

　(イ) 明治31年戸籍法施行当時

　　明治参拾壱年八月拾六日甲区裁判所ノ許可ヲ得テ絶家トス㊞（明31戸手記載例60）

　(ウ) 次に，明治31年戸籍法施行後において，市町村長が前記の絶家による職権抹消をした後に遺留財産のあることを発見した場合には，市町村長が抹消戸籍の回復をする戸籍訂正許可申請をすべきものとされ，監督区裁判所は，これに許可を与えるべきものとされていた（大5・3・18民361号回答，昭6・5・27民事567号回答）。なお，民法施行前（明治31年7月16日前）には，明治17年6月10日太政官布告20号に「単身戸主死亡又ハ除籍ノ日ヨリ満六箇月以内ニ跡相続者ヲ届出ザル者ハ総テ絶家トス」とあって絶家のときが明定され，その絶家となったことが明らかであるのにそのままとなっているものは，明治31年戸籍法施行後において，同法183条の手続により前記(ア)(イ)と同じく職権抹消の取扱いがなされた（明42・8・23民刑824号回答）。

【3】 **絶家の効果** 絶家によって家は消滅するので，家族があればその者は一家を創立すべきものとされ，家族は絶家によって一家創立をする旨の絶家届を要した（旧戸144条）。この場合，家族たる親子について，子は父または母の家に入り（旧民764条1項但書），妻は夫の家に入るものとされていた（旧民764条2項）。

○ 戸籍の記載例

　(ア) 大正3年戸籍法施行当時

　　最後戸主の事項欄＝家督相続人ナキニ因リ絶家甲野菊子届出大正六年五月壱日受附㊞（旧戸細記載例105）

　　一家創立者の事項欄（新戸籍）

　　麹町区麹町四丁目六番地戸主甲野義太郎妹大正拾年六月四日義太郎死亡家督相続人ナキニ付キ絶家ニ因リ一家創立届出同月拾日受附㊞（同上106）

(2) **廃家者の家族の処遇** 廃家者の家族は，当然に廃家者に従ってその入家先の家の家族となった。すなわち，その入籍には，入籍原因，その家族の同意，入家先の戸主の同意など，なんらの制限もなかった（旧民763条）（昭2・11・2大審院判決〔民集6巻585頁〕）。
○ 戸籍の記載例
　(ｱ) 廃家戸主の事項欄
　　新立戸主の廃家事項（旧民762条1項）廃家届出大正六年五月五日受附㊞（旧戸細記載例102）
　　裁判所の許可を得た廃家事項（旧民762条2項）
　　大正六年五月四日附東京区裁判所ノ許可ノ裁判ニ依リ廃家届出同月五日受附㊞（同上103）
　　廃家届出に次いでなされた除籍となる原因の身分行為の一例（旧民737条の親族入籍）
　　千葉県千葉郡千葉町五番地乙野忠二郎家籍ニ親族入籍戸主義太郎届出大正六年五月拾日受附㊞同月拾五日入籍通知ニ因リ全戸除籍㊞（同上104）
　(ｲ) 廃家の家族の事項欄
　　何らの記載も要しない（大4・7・16民984号回答）。
　(ｳ) 廃家戸主の入籍先の事項欄
　　東京市麴町区麴町四丁目六番地戸主廃家ノ上入籍届出大正六年五月拾日麴町区長雲井高輔受附同月拾弐日送付㊞（大4・3・8民320号回答）
　(ｴ) 廃家の家族の入籍先の事項欄
　　大正六年五月拾弐日戸主甲野義太郎廃家ノ上入籍シタルニ因リ共ニ入籍㊞（大4・9・21民1523号回答）
【参考文献】①中川善之助「日本親族法」昭和17年，②野上久幸「親族法」

No.357 絶家

【1】**意義** 絶家とは，明治31年民法（以下「旧民法」という）における家が自然に消滅することをいう（旧民764条，旧戸144条）。絶家は，廃家（旧民762条）が戸主の意思（行為）によるのと異なり，何人の意思にもよらない自然的事実である。このように消滅した家そのものも絶家といわれる（旧民731条・743条，旧戸146条）。

【2】**原因** 旧民法上の家に家督相続が開始し，その家の家督相続人がないときに，その家は絶家となる（旧民764条）。ただ，この場合に家督相続人のないという自然的事実がいつ明認されるかが問題であるが，通常相続財産があって旧民法1051条以下の相続人曠缺の手続がとられた場合には，その完了したとき（一定の公告期間内に相続人たる権利を主張する者がないとき）に確定するものと解されていた（明31・12・5民刑1274号回答）。しかし，実際に絶家が生ずるのは，家族のないことが多く，もし，被相続人たる戸主に財産があったり，由緒ある家の場合は，親族会が他家にまで家督相続人を求めて選定が行われたのが実情である（旧民985条）。したがって，絶家の実際は，一家全滅し，財産もないので，相続人曠缺の手続もとられないで放置されていたような場合が多かったようである。戸籍の実務では，戸主が死亡し，相続する者がなく，家族から無財産を証明して絶家による一

ある（旧民757条，旧戸115条）。これは，隠居者の意思表示と家督相続人の相続承認の意思表示である。したがって，戸主が隠居をするについて家督相続人でない者が相続を承認し，もしくは隠居届をしたとき，その隠居は無効である（大正7・10・21大審院判決〔民録24輯1006頁〕）。

○ 戸籍の記載例（隠居者の事項欄）

(ア) 普通隠居の場合

隠居届出大正四年拾壹月六日受附㊞（大3年戸籍法施行当時，旧細記載例66）

明治参拾壱年八月壱日隠居届出同日受附㊞（明治31年戸籍法施行当時，明治31戸手記載例36）

(イ) 裁判所の許可による隠居の場合

大正四年拾月拾日附東京区裁判所ノ許可ノ裁判ニ依リ隠居届出同年拾壹月六日受附㊞（同前，旧戸細記載例67）

(ウ) 婚姻により隠居をなしたるものとみなす場合（実家の戸籍中戸主の事項欄）

東京市麹町区麹町四丁目六番地甲野義太郎ト婚姻届出大正四年拾壹月七日麹町区長雲井高輔受附同月八日送付㊞隠居ノ上除籍㊞（同前，同上68）

【参考文献】 野上久幸「親族法」

No.356 廃家

【1】 意義　法律上「家」とは，明治31年施行の旧民法上の戸主と家族とによって組織された親族団体であり，その法律上の家の所在を明示したものが「戸籍」である。廃家とは，法律上の家を消滅させる身分行為であって（旧民762条・763条），戸主だけがなし得たものである。それは，戸籍上の届出によって成立するものとされていた（旧戸143条）。このような戸籍上の届出によって廃された家も，また廃家と呼ばれている（旧民731条・743条）。

【2】 廃家の要件　廃家をなすためには，戸主であること，その戸主が意思能力を有すること，また戸籍上の届出を要したが，このほかに次の要件を必要とした。一家創立〔→No.359 みよ〕などの新立の戸主は，自由に廃家できたが（旧民762条1項），家督相続によって戸主となった者は，祖先の祭祀を欠くことのないようにする配慮から，原則として廃家が許されなかった（旧民762条2項本文）。ただ，一定の事由（本家の相続，再興，その他これに類する正当の事由）があって裁判所の許可があった場合に限って許された（旧民762条2項但書）。

【3】 廃家の効力　(1) 廃家届の受理の効果　廃家によって，戸主がその家を消滅させることになる。廃家が確定的に効力を生ずるためには，廃家者が，同時に他家に入ることが必要であるから，廃家届が受理されたのみでは足りない。すなわち，廃家届に次いでなされる戸主の他家に入籍する婚姻，縁組，親族入籍，本家相続などの各届出が受理されて初めて，効力が生ずるものと解されている（大5・9・11民485号回答，大8・3・14大審院判決〔民録25輯433頁〕）。したがって，戸籍の実務は，廃家届があった場合，戸籍には単にその届出のあったことを記載するにとどめ，次の他家に入る届出によって初めて除籍した（旧戸26条）。

本家の相続または再興，その他でやむを得ない事由があるときは，裁判所にその事由の存否の判断を求め，その許可によって隠居が認められるものである。この隠居も許可によって効力を生ずるものでなく，やはり届出による。前記の場合に，法定の推定家督相続人がない場合には，前もって家督相続人を指定し（旧民979条），その者の相続承認を要した（旧民753条但書）。

　(ｲ) **婚姻による他家入籍の隠居**（旧民754条1項）　女戸主が他家に入る婚姻をする必要が生じたり，男戸主でも入夫婚姻や婿養子縁組により他家に入ることの必要を生ずることがある。その場合の便宜を計るために，前記(ｱ)と同様に裁判所の許可によって隠居できるものとし，家督相続人の指定・承認も同様の取扱いである。

　(2)　**女戸主の隠居**（旧民755条）　女戸主が隠居をなすには，年齢の制限がなかったので，60年未満でも届出による隠居ができた（旧民755条1項）。女戸主に年齢上の制限をしなかったのは，なるべく男を戸主にしたいという民法の方針であったようである。しかし，これは女戸主の隠居要件に年齢制限を免除したのみで，他の要件は依然適用があった。すなわち，旧民法752条によるとすれば，1号の要件を免除されても，2号は適用され，同条2号の要件を具備する女戸主の隠居には裁判所の許可（旧民753条）を要しなかった（明44・11・10民事989号回答）が，相続を承認する家督相続人が無能力者の場合は，旧民法752条を適用できないので，結局，旧民法753条の裁判所の許可を要した（明31・10・15民刑959号回答，昭6・3・12民事2303号回答）。次に，女戸主は，隠居をするについて年齢上の制限はないが，夫があればその同意を要した（旧民755条2項本文）。もっとも，夫は正当の事由がなければ，これを拒めなかった（同項但書）。

　(3)　**法定隠居**（旧民754条2項）　戸主が婚姻によって他家に入るには，前記(1)，(2)の各要件を充足し，隠居の届出を要し（旧民757条），次の婚姻の届出をすべきものであった。したがって，元来，戸籍吏は隠居届がないのに婚姻届のみを受理しないはずである。しかし，戸籍吏が婚姻届のみを誤って受理した場合には，婚姻尊重の趣旨から，その婚姻を有効とし，かつ，その婚姻の日に隠居の効果を付与したものである（明32・4・13民刑523号回答）。これがいわゆる「法定隠居」と称されるものである。この場合に，戸主に法定・指定の家督相続人のない場合は，家督相続人の選定を要した（旧民982条・985条）。

【5】　**隠居の効果**　隠居の効果としては，戸主権の喪失である。隠居による戸主権の喪失は，家督相続が開始し，従来の戸主が家族となり，家族の地位にあった家督相続人が戸主となる（旧民964条1号）。したがって，家督相続の全部の効果が発生し，前戸主の有していた権利義務は，一身に専属するものを除いて新戸主に移転する。しかし，隠居による家督相続は，死亡による家督相続とは異なって，隠居者がなお生存しているので，財産の一部を隠居者に留保することを認めている（旧民988条）。もっとも，その留保方法は，第三者に対し明らかにするために確定日附のある証書（公正証書による日附，または，私署証書に登記所もしくは公証人役場などの官公署で日附の印章を押したもの）でもってすべきものとされている（民施4条〜8条）。

【6】　**戸籍上の隠居届出**　隠居の届出は，隠居者と家督相続人とが連署してすべきもので

た戸籍と併存していたわけであるが、法務大臣の命令（昭和32年6月1日法務省令27号）によって改製されることとなり、全国的には昭和36年〜37年頃までに形式面でも新法戸籍に書き替えられて、姿を消している〔→ №112「戸籍の改製」、№100「改製原戸籍」みよ〕。

【参考文献】　①中川善之助「日本親族法」昭和17年、②野上久幸「親族法」

№355　隠居（普通隠居・特別隠居）

【1】　**意義**　隠居制度は、古く中国から継受され、仏教の影響により慣習となり、武家時代には武士階級のみでなく、町人階級にも隠居ということが行われていたようである（穂積重遠「親族法」172頁）。「家」の制度を採用した明治31年民法（以下「旧民法」という）が施行されてから、法律上で隠居とは、いわゆる隠居所に引っ込むというような事実行為ではなくて、戸主がみずから戸主たる法律上の地位を退き、家族の地位になる法律上の行為をいう。すなわち、それは戸主引退の意思表示であって、その意思表示は戸籍法上の届出によってなされることを要した（旧民757条）。旧民法は、戸主に相当大幅な権利義務を付与して、一家を統活すべきものとしていたが、終生その任にあたらせることは、戸主自身に対して酷な場合も生ずるので、一定の条件のもとに隠居をしてその地位を去ることができるようにした。旧民法上の隠居は、常に戸主自身の行為であって、何人も強制して隠居させることはできなかったものである。

【2】　**隠居の共通絶対的要件**　隠居には、その条件の種類によって普通隠居（旧民752条）と、特別隠居（旧民753条〜755条）に分かつことができるが、そのいずれにも隠居の意思の存在と戸籍吏への届出とは、共通の絶対的要件であり、これを欠く隠居は無効である。このほかの各要件については次のとおりである。

【3】　**普通隠居の要件**　戸主の老衰を理由とするもので、第一に隠居者が満60年以上であること（1号要件）、第二に完全の能力を存する家督相続人があって、それが相続の単純承認をすること（2号要件）の二要件が充足しなければならなかった（旧民752条）。この第二の要件は、戸主が後顧の憂いをなくし、かつ対外関係では債権者を保護する趣旨である。すなわち、家督相続人は、いわゆる法定の家督相続人（旧民970条・984条）、または指定の家督相続人（旧民979条・980条）に限り、しかも、その家督相続人は、法律によってその行為能力を制限された未成年者、禁治産者、準禁治産者および妻（旧民14条）であってはならなかった（明31・10・15民刑1516号回答）。ここに家督相続人が被相続人である前戸主の権利義務（相続の効力）を無制限に承継する単純承認（旧民1023条・986条）に限定したのは、限定承認〔→ №318みよ〕をするとなると、相続人は相続によって得た財産の限度においてのみ、前戸主の債務および遺贈を弁済する責任を負うにすぎなくて、自己の固有財産まで捧出することを要しないわけである（旧民1025条）。そうなると、債権者のためには不利益となり、負債打切りの目的で隠居が行われる弊害を生ずるおそれがあるため、これを除去する趣旨であった。

【4】　**特別隠居の要件**　(1)　**裁判所の許可による隠居**　この許可による隠居には、第一に戸主が家政をとることができない場合と、第二に婚姻による他家入籍の場合とがある。

　(ｱ)　家政不能の隠居（旧民753条）　戸主が満60年に達しない場合であっても、疾病、

主の家族としようとする場合（引取入籍＝旧民738条）は，いずれも入家先の戸主の同意を要した。

　(3)　**家族の去家する場合の同意権**　前記(1)および(2)のように他家に入ろうとする場合のほか，家族が分家・他家相続・廃絶家再興〔→ No.358 みよ〕のために，従来属した家を去るには，その家の戸主の同意を要した（旧民743条）。

　(4)　**家籍への入籍拒否権**　家族の出生子で，私生子〔→ No.177 みよ〕，庶子〔→ No.177 みよ〕は，戸主の同意がなければ，その戸主の家籍に入れなかった（旧民735条）。

　(5)　**家族に対する居所指定権と制裁**　戸主は，家族に対し扶養の関係から居所を指定する権利と，これに違反した場合には，家籍から追放する離籍という処分権を有していた（旧民749条）。

　(6)　**その他の戸主の権利義務**　家族に対し，(ｱ)　後見人，保佐人となる権利（旧民903条・907条・909条），(ｲ)　成立要件違反の婚姻・縁組の取消権（旧民780条1項・854条），(ｳ)　禁治産，準禁治産の宣告請求権（旧民7条・10条・13条）が認められていた。(ｴ)　戸主は家族（同籍者）に対し扶養義務を負うものとされていた（旧民747条）。

【3】　**戸主の交替**　戸主が，その地位を交替する原因としては，死亡のほか，隠居〔→ No.355 みよ〕，国籍喪失〔→ No.296 みよ〕，戸主の縁組・婚姻の取消による去家，入夫婚姻〔→ No.221 みよ〕により夫が戸主となる場合，入夫戸主が離婚した場合に限って認めていた（旧民964条・736条・752条～761条）。戸主の交替は，その戸主権を有する地位とともに「家」の財産全部を当然に新戸主に引き継ぐべきものとされていた（旧民986条・987条）。

【4】　**戸主・戸主権の廃止**　昭和22年5月3日新憲法の施行に伴い，その基調である個人の尊厳と両性の本質的平等に矛盾するような旧民法上の戸主，家族，その他，家に関する規定の適用は，これを排除させることになった（民応措3条）。しかし，民法，戸籍法の改正が同日に間に合わなかったので（その後の昭和23年1月1日改正施行），戸籍実務は次のような取扱いがなされた。すなわち，従前の戸籍に「戸主」の表示のあるものは，そのままとし，とくに，「戸主」の文字を消除する必要はないものとされ，戸籍の書式も当分従前どおりとされた。ただ，新戸籍を編製または新たに戸籍の記載をするときは，戸籍の事項欄の記載例中に「戸主」の文字がある部分は省略して用いることにし，戸籍法および同施行細則中「戸主」とあるのを「戸籍ノ筆頭ニ記載シタル者（其者カ戸籍ヨリ除カレタル後亦同シ）」と，「家族」とあるのを「戸籍ノ筆頭ニ記載シタル者以外ノ者」と，「家」とあるのを「戸籍」と読み替えて取り扱うこととされた（昭和22・4・16民事甲317号通達）。

　したがって，「戸主」の表示のある戸籍は，昭和22年末まで戸籍法および同法施行細則の改正のないまま存した。さらに，前記の旧法による戸籍は，昭和23年1月1日から現行の戸籍法が施行になっても，新法による戸籍に一度に書き替えることは至難のことであったので，新法施行後10年を経過してから，旧法戸籍を新法戸籍に改製措置をすることとされ，当分の間は形式が旧法戸籍でも法律上は新法戸籍とみなして取り扱われた（戸128条）。そのために「戸主」の表示のある戸籍は，昭和23年後も新法によって編製され

甲家からみれば乙丙両家とも分家である。

　分家の方式は，戸籍法上の届出によって効力を生ずる（旧戸 145 条）。分家行為は，本家を離脱する分家をなす者自身の行為であるから，意思能力のない者は分家ができなかった。また，分家行為は身分上の行為である性質上，代理に親しまず法定代理人によることは許されないものと解されていた（大 12・7・23 大審院判決）。分家によって分家者は一家を創立し，その家の氏はあくまで本家と同じ氏を称し（大 2・1・31 民事 861 号回答），新しい戸籍が別につくられて分家者がその戸主となった。

　分家の場合に，分家者の本家における直系卑属は当然に分家の家族となるものではない。すなわち，分家者の直系卑属を分家とともに随従させるには，本家の戸主の同意を要し，また子が満 15 年以上のときには，その子の同意も要した（旧民 743 条）。なお，分家戸主が本家において設けた三男のみを分家の家族として入籍させたときは，その三男の戸主との続柄はその分家における地位を示すものとして，「三男」でなく「長男」として表示することとされていた（昭 9・6・25 民事甲 921 号回答）。

No. 354
戸主（戸主権）

【1】　戸主の用語と意義　明治維新後の明治 5 年において全国統一の戸籍がつくられてから現行戸籍書式になる直前まで，戸籍には戸主の表示がなされている。すなわち，第一に明治 4 年戸籍法に基づいて編製された明治 5 年式戸籍（法制施行の時点を基準にした呼称である。以下同じ），第二に明治 19 年内務省令によって改正された明治 19 年式戸籍，第三に明治 31 年戸籍法に基づいて編製された明治 31 年式戸籍，第四に大正 3 年戸籍法に基づいて編製された大正 4 年式戸籍（現行直前の旧法戸籍）のいずれにも「戸主」という表示がなされている。これは，明治 4 年戸籍法をはじめ，明治 31 年民法および前記の各年次の戸籍法に基づいて用いられたものである。この「戸主」の存在も明治 31 年の民法施行に至るまでは，戸籍が国民の動態把握を主たる目的としていたことからして，現実の生活共同体の主宰者である世帯主的意義を有していたものとみられる。しかし，明治 31 年民法施行後の「戸主」には法制上で後記のような強大な権限を付与された。この民法（明治 31 年民法）上の「戸主」は，一個の「家」を公示する方法として採用された一つの「戸籍」のうえに，その家長たる身分を「戸主」として表現させた。「戸主」の意義は，これを戸籍という形式面からみれば，現行の「戸籍の筆頭に記載した者」と同じく戸籍の索引的機能がある。しかし，実質的には下記のように大きな差異があった。

【2】　戸主権　戸主には，家族の長として戸主以外の家族（同籍者）にみられない次のような特別の権利義務が認められていた。これを一般に戸主権と呼んでいた。

　(1)　**家族の婚姻，縁組への同意権と制裁**　家族が婚姻（または転婚），縁組（転縁組）をする場合には，その家の戸主の同意を要した。もし，この同意を得ないで婚姻・縁組をした者に対しては，同籍者であれば離籍し，他籍に入った者には復籍を拒絶することができた（旧民 741 条・750 条・776 条）〔→ No.359「復籍拒絶」みよ〕。

　(2)　**家籍への入籍同意権**　他家にある戸主の親族で，その戸主の家族となろうとする場合（親族入籍＝旧民 737 条），また他家にある戸主の親族ではないが，家族の親族をその戸

家族集団の表示とともに個人の呼称として捉えられている。

　(5)　家には必ず所在地があり，この所在地も家族の現実の生活が営まれる場所というよりも戸籍の所在地ということになる。これが本籍地と呼ばれる（旧戸9条）。

　(6)　旧民法上は随所に「家ニ在ル」「家ニ在ル者」という用語が用いられているが，そのすべての場合が所属の家を同じくする，すなわち戸籍を同じくする意味である。たとえば，扶養関係（旧民954条2項・956条），相続関係（旧民744条・982・984条）も家の中の関係として家の枠内で規律していたほか，民法以外の法律でも親族の範囲を限定する必要がある場合に「家に在る者」という枠が用いられていた（改正前の恩給法72条など）。

　(7)　旧民法は一家創立〔→ No.359 みよ〕，分家〔→ No.353 みよ〕，廃絶家再興〔→ No.358 みよ〕，廃家〔→ No.356 みよ〕，絶家〔→ No.357 みよ〕などというものを認めている（旧民733条3項・735条2項・740条・742条・743条・762条・764条）。

【4】　「戸主権」に関する規定　〔→ No.354「戸主」みよ〕
【5】　「家督相続」に関する規定　〔→ No.309「家督相続と遺産相続」みよ〕
【6】　家の種類　旧民法上の家を，それぞれの家族生活（身分行為）において次のように呼称している。

　(1)　本家・分家　〔→ No.353 みよ〕
　(2)　同家　同一の本家から出た分家を相互に同家という（旧民743条）。
　(3)　実家　普通には，婚姻または縁組によって家族が他家に入った場合に，従来属していた家（去った方の家）が実家と解されている（旧民739条～741条・845条・875条）。したがって，転縁組・転婚の場合，現在の養家・婚家を基準にして従前の家は実家と解されている。
　(4)　婚家　家族が婚姻によって新しく入った家（旧民788条）をその従来属していた実家に対して婚家という（旧民741条）。
　(5)　養家　家族が養子縁組によって新しく入った家（旧民861条）をその従来属した実家に対して養家という（旧民730条・741条）。
　(6)　他家　本分家などの関係の有無にかかわりなく一家からみてその家以外の家はすべて他家である（旧民737条その他）。
　(7)　廃家　〔→ No.356 みよ〕
　(8)　絶家　〔→ No.357 みよ〕

【参考文献】　①中川善之助「日本親族法」昭17，②野上久幸「親族法」

No.353
本家・分家

　甲家の家族が分家行為によって（旧民743条），その家を出て別に一家乙を新立したとき，甲家を新立の乙家に対し本家といい，新立の乙家を甲家に対し分家という（旧民731条・743条・744条・753条・762条・948条・985条）。家族が分家行為によらないで分離独立した家，たとえば戸主に離籍されて一家を創立した場合（旧民742条），嫡出でない子が父の家にも母の家にも入れないで別に一家を創立した場合（旧民735条）などは，いずれも従来の家との間に本分家の関係を生じない。なお，甲家の分家乙家からさらに分家した丙家にとって甲家も乙家も本家であり，

No.352
「家」制度（家族制度）

【1】 家の意義　家（家族制度）の本来の語義には二つの面があるといわれており，その一つは現実の家族的共同生活形態である。すなわち，いずれの民族社会でも個人を超えるなんらかの広い家族集団（夫婦とその間の子という小家族，あるいはその他の親族を含む大家族）が社会構成の単位をなし，その団体には家の長（家長）があってその家族を統制している。次に，このような現実の家族的共同生活団体も，祖先から現在，さらに子孫に家長の地位が血縁で承継され，家の財産も家産として次の家長に受け継がれるという家族生活の規範が存在する。近年のわが国がどのような家族形態をもって法律上の制度（家族生活の規範）として認めたか，それは明治31年施行の民法上の「家」をもって家族制度とした。法律上で家族制度という場合には，この明治31年施行の民法上（以下「旧民法」という）の「家」の制度を指称する。この家の制度は，「家」「戸主」「家督相続」という三つを柱とする法律制度であり，日本国民はすべて特定の「家」に所属すべきものとし，親族，夫婦，親子，相続，その他あらゆる身分関係の変動に対して「家」からの制約を加えられていた〔→ No.354「戸主」，No.309「家督相続と遺産相続」みよ〕。

【2】 旧民法上の家の構成　法制上ある親族団体を家として認めるためには，なんらかの公的に確定された範囲が示されなければならない。すなわち，一定の家族関係に法律上の効果を与えようとしても，その者が何家に属するかを明確に公示しなければ，法律効果を実現することができない。そこで戸籍が，その要求に応えるものとして採用されたのである。つまり，戸主（家長）を中心として，これに従う家族の一団を一戸として登録したのが戸籍であり，一戸籍一個の家ということになる。したがって，旧民法上の家とは，戸籍上に同一家族団体を形成する者として一括記載されている集団であり，その集団は必ずしも現実の集団ではなく戸籍上の集団であった。

【3】 「家」に関する規定　(1) 家は戸主と家族とから構成されるものとされていた。戸主は一家に一人と限られており，家督相続（旧民964条以下）によって順次に承継され，戸主のない家はないとされていた。家族は原則として戸主の親族およびその配偶者であって（旧民732条1項）その数に制限はない。戸主に家族がなくて，戸主一人になっても家の存在にはなんら影響はないものとされていた。これが普通単身戸主と呼ばれる。

(2) 戸主交替の場合，前戸主の家族は，新戸主の親族でなくても当然家族の身分を継続して保有した（旧民732条2項）。

(3) どの「家」の構成員となるかどうかにより，実体的な権利義務に差異を生ずる（例・家督相続の有無）から，出生，婚姻，離婚，縁組，離縁などに伴う家の所属を定めている（旧民733条～736条・739条～742条・788条）。なお，もっぱら家の所属を変える親族入籍〔→ No.280 みよ〕，引取入籍〔→ No.281 みよ〕などの行為についても規定されている（旧民737条・738条）。

(4) 家には必ず名称があり，これを「氏」という。一家に一戸籍があり，同一戸籍にある者は必ず同じ氏を称する（旧民746条）。それは二つ以上の夫婦を基準とする家族が存在しても同様である。この点，現行民法上の「氏」は，一つの夫婦とその親子を基準とする

第 6 編

その他の旧法関係

ることを明らかにしている（同法5条）。

　さて，遺言は，その方式が次に掲げる法律の一に適合するときは，方式に関し有効とされる（同法2条）。(1)　行為地法，(2)　遺言者が遺言の成立または死亡の当時国籍を有した国の法律，(3)　遺言者が遺言の成立または死亡の当時住所を有した地の法律，(4)　遺言者が遺言の成立または死亡の当時常居所を有した地の法律，(5)　不動産に関する遺言について，その不動産の所在地法。

　遺言を取り消す遺言については，上記の定めによるほか，その方式が，従前の遺言を上記の定めにより有効とする法律の一に適合するときも，方式に関しては有効とされる（同法3条）。

　そして，これらの定めは，二人以上の者が同一の証書でした遺言の方式についても，適用される（同法4条）。

婚姻の場合には、実質要件と形式要件（方式）とに分かれ、実質要件とは婚姻意思を中心とするものであり、形式要件（方式）とは、それが外形的表示となるものであった。遺言にあっても、同様に、遺言者の意思を中心とする実質要件と、それが外形的に表示される形式要件（方式）とに分けて考えることができるが、遺言の場合には、遺言者はすでに死亡しているため、その意思はもっぱら外形的表示となった遺言によるほかはないのであるから、ある意味ではそれはすべて形式要件（方式）の問題ということもできるし、そうでなくとも、ここでは形式要件（方式）の問題が大きなウェイトをもってくることは否めないであろう。

日本民法では、遺言によって一定の法律効果を発生させることができる事項として、(1) 認知（民781条2項）、(2) 未成年後見人、未成年後見監督人の指定（民839条・848条）、(3) 相続人の廃除、廃除取消（民893条・894条2項）、(4) 相続分の指定、指定の委託（民902条）、(5) 遺産分割方法の指定、指定の委託（民908条）、(6) 遺産分割の禁止（民908条）、(7) 相続人相互の担保責任の指定（民914条）、(8) 遺贈（民964条）、(9) 遺言執行者の指定、指定の委託（民1006条）、(10) 遺贈減殺方法の指定（民1034条）が定められている。

要するに、このような遺言により得る行為およびその範囲について、それが国際遺言である場合には、いずれの国の法律によって定められるかが問題となるのであって、それは、その遺言の成立した当時（遺言作成の当時）における遺言者の本国法によるわけである。また、その効力も、同様に、遺言成立当時における遺言者の本国法による。したがって、たとえば、遺言者がA国人当時に遺言を作成し、国籍をB国人に変更した後に死亡した場合において、その遺言の成立・効力の問題を解決するには、A国法によることになる。

さらにまた、いったん成立した遺言の取消しは、その取消当時における遺言者の本国法による。したがって、遺言後に遺言者の国籍が変わっておれば新しい本国法によることになる。ここで遺言の取消しというのは、すでになされた遺言を任意に撤回することであり、意思表示の瑕疵に基づいて取り消されるような場合は含まれない。

なお、遺言により得る行為の中で、最も主要なものは、いうまでもなく相続に関するものである。たとえば遺贈、相続分の指定などがこれにあたる。これは、当該遺言によって法定相続の内容変更するところに意味がある。また、戸籍制度のない外国では、遺産承継人を事実上明らかにし、相続手続を容易にするところに大きな意義がある。

No.351 国際遺言の方式の準拠法

国際遺言の準拠法は、(1) 遺言の成立要件の準拠法と、(2) 遺言の方式の準拠法とに分けられる。遺言の方式の準拠法については、とくに「遺言の方式の準拠法に関する法律（昭和39年法律100号）」が制定されている。

日本民法7章2節は「遺言の方式」と題して、(1) 普通方式（自筆証書遺言、公正証書遺言、秘密証書遺言）、(2) 特別方式（危急時遺言、隔絶地遺言）を規定している（民967条以下）。「遺言の方式の準拠法に関する法律」では、とくに、同法が適用される「方式の範囲」について規定を設け、(1) 遺言者の年齢、国籍、その他の人的資格による遺言の方式の制限、(2) 遺言が有効であるために必要とされる証人が有すべき資格も、方式の範囲に属す

（要旨）
(ア) 渉外的な法律関係において，ある法律問題（本問題）を解決するために不可欠の前提問題が国際私法上本問題とは別個の法律関係を構成している場合，その前提問題の準拠法は，法廷地である我が国の国際私法により定めるべきである。
(イ) 渉外親子関係の成立の判断は，まず嫡出親子関係の成立についてその準拠法を適用し，嫡出親子関係が否定された場合には，嫡出以外の親子関係の成立についてその準拠法を適用して行うべきである。
(ウ) 平成元年法律第 27 号による改正前の法例の下において，出生以外の事由により嫡出性を取得する場合の嫡出親子関係の成立の準拠法は，嫡出性を取得する原因となるべき事実が完成した当時の母の夫の本国法である。
(エ) 平成元年法律第 27 号による改正前の法例の下において，血縁関係がない者の間における嫡出以外の親子関係の成立は，右親子関係を成立させる原因となるべき事実が完成した当時の親の本国法及び子の本国法の双方が右親子関係の成立を肯定する場合に認められる。

なお，前述の通説といわれる「法廷地国際私法説」に対し，例外的であるかとも考えられるが，相続権付与の前提となる身分関係の存否に関しては，法廷地の国際私法によらないで，直接に相続準拠法所属国の法律（国際私法をも含めての実質法）に従うのが最も合目的的であるという見解が見られる（この考え方は「準拠法国国際私法説」といわれる＝「国際家族」1791 頁以下・参考判例（**別記**②））が，上記最高裁判決に照らし実務上採用し難い。

（別記②）
「判例」（昭和 54 年 7 月 3 日東京高裁判＝「国際家族」1802 頁）
本件において，婚姻の成立及び嫡出親子関係が相続の先決問題になるが，これらの先決問題の準拠法は，本問題の準拠法の所属国の国際私法により，その内容が不明である場合には，その国の国際私法の基本原理と条理とを考慮して準拠法を決定する。

No.350 国際遺言の準拠法

遺言の準拠法について，通則法 37 条（遺言）は，「①遺言の成立及び効力は，その成立の当時における遺言者の本国法による。②遺言の取消しは，その当時における遺言者の本国法による」と規定している。また，「遺言の方式の準拠法に関する法律（昭和 39 年法律 100 号）」があって，遺言の方式についての準拠法を定めている。

そこで，遺言（広義）の準拠法は，(1) 遺言の成立要件の準拠法，(2) 遺言の方式の準拠法とに分けることができる。そして，前者の，遺言の成立要件の準拠法が，ここでいう遺言（狭義）の準拠法である。

「遺言の方式の準拠法に関する法律」によれば，遺言者の年齢，国籍，その他の人的資格による遺言の方式の制限，遺言が有効であるために必要とされる証人が有すべき資格などは，方式の問題に含まれると定めている（同法 5 条）。したがって，前者の遺言の成立要件とは，遺言によって一定の法律効果が発生するものとされる事項は何か，その範囲はどうか，その効力はどうかというような問題がこれに該当することになるのであろう。

本国（A国）に帰属しないで，日本国がこれを取得する。

No.349
国際相続（本問題）の先決問題の準拠法

【1】 国際的相続関係の準拠法 国際相続問題を解決するには，相続の準拠法をいずれの国の法規によるかという問題（本問題）がある。例えば，日本にある不動産を乙国に住所を有する甲外国人が所有していた場合，その所有者が死亡し，わが国としてその相続問題を処理するには，どういう人が相続人になれるか，どういう人は相続人になれないか，相続人の範囲や相続順位，相続分などはどこの国の法律によったらよいかという問題がある。この場合，不動産の所在地法たる日本法によるのか，または被相続人の本国法たる甲国法によるのか，あるいは，被相続人の住所地法たる乙国法によるのかが問題になる。各国は，それぞれの国内法で国際私法上の問題を解決するのに，その準拠法を人の国籍，住所（常居所），あるいは物の所在地などを連結点としていずれの国の法規によるかを定めている。この準拠法の指定が国際私法上，相続に関する本問題である。

【2】 相続（本問題）の前提となる国際的親族関係の準拠法 相続人が，相続人たりうるための前提となる被相続人との間の身分関係の存否が国際的である場合，相続人の確定のためには，それが有効に成立しているか否かを，相続の先決問題として別個の準拠法によることになる。つまり，わが国内法である国際私法（通則法）では，夫婦関係の存否（通則法24条），嫡出親子関係の存否（通則法28条），非嫡出親子関係の存否（通則法29条），準正嫡出親子関係の存否（通則法30条），養親子関係の存否（通則法31条），その他の親族関係の存否（通則法33条）などは，それぞれ，まず法廷地である日本の通則法の各規定にもとづき各準拠法（送致を受けた国の国内法たる国際私法及び（又は）実質法）に送致して，適用し判断することになる（久保岩太郎「国際私法」255頁，折茂豊「国際私法（各論）」340頁）。この考え方は「法廷地国際私法説」といい，通説であり，判例でもある（**別記①**）。

（別記①）
(1) 「判例」（昭和48年4月26日東京地裁判＝「国際家族」1800頁，「国際私法基本判例」172頁）

　　相続の前提となる配偶関係の存否は，相続問題とは別個の先決問題たる法律問題であるとして，これを法例第13条（現行の通則法24条）により婚姻の準拠法によるべきものとした事例

(2) 「判例」（昭和42年4月17日東京家裁審＝「前同」1800頁）

　　相続の先決問題である婚姻外の子の父との間の親子関係の存否は，通常認知の要件及び効力に関連すると解されるから，法例第18条第1，第2項（現行の通則法29条1項・2項）を適用し，父母の本国法たる韓国法を適用すべき場合であるとして，法廷地の国際私法を適用した事例（法例改正前）

(3) 「判例」平成12年1月27日最高裁（一小）判決，一部破棄自判，一部棄却（民集54巻1号1頁）

No.348 国際相続の準拠法

国際相続(渉外相続)とは、たとえば外国人が日本で死亡した場合、あるいは日本人が外国で死亡した場合などのように、なんらかの意味で国際間にまたがる相続をいう。この場合に問題となるのは、相続の準拠法がどの国の法律となるかということである。

相続は、大別すると、(1) 法定相続(無遺言相続)と、(2) 遺言相続とに分けることができるが、まず、法定相続の場合の準拠法については、通則法36条(相続)は、「相続は、被相続人の本国法による」と規定している。すなわち被相続人の本国法主義である。次に遺言相続の場合の準拠法について、同法37条(遺言)は「①遺言の成立及び効力は、その成立の当時における遺言者の本国法による。②遺言の取消しは、その当時における遺言者の本国法による」と規定している。これもまた被相続人(遺言者)の本国法主義である。

古い法制では、相続については、(1) 不動産に関する相続関係と、(2) 動産に関する相続関係とで準拠法を異にし、前者については、不動産の所在地法を、後者については、「動産は人に従う」の原則によって被相続人の住所地法を適用することが一般に行われた。現在でも、英米の国際私法では、依然としてこの主義が維持されているといわれる。これによると、不動産が数個の法域に分散する場合や、不動産の所在地と被相続人の住所地が異なるときは、準拠相続法が分かれることになり、「相続分割主義」となる。しかし、これでは相続による法律関係が輻輳して複雑となり、種々の困難を惹起する。そこで、相続を、親族関係を中心とする財産の承継関係であるとの観点から属人法の管轄に属するものとして、相続財産の所在法域にかかわりなく、相続関係は全財産について単一の法秩序の支配を受けるべきだとする「相続単一主義」が、次第に有力となった。

日本の国際私法である通則法も、相続単一主義をとり、「相続は、被相続人の本国法による」と規定している(通則法36条)。したがって、誰が相続人であるか、相続欠格および相続人廃除、相続順位、相続の承認・放棄、相続分、遺留分などに関する問題は、すべて被相続人の本国法(死亡当時における本国法)によることになる。

相続が開始しても相続人が存在しないか、または判明しない場合、すなわち相続人の不存在の場合に、相続財産がだれに帰属するかについて、これもまた被相続人の本国法によるのかどうかについては、問題がある。相続人不存在の場合には、その財産管理について、通則法14条の適用後相続財産は、国庫または公共団体に帰属するものとすることが普通である(日本民法959条参照)。ところで、相続問題として通則法36条の適用を受けるのは、通常の相続人が存在するかどうかということまでであって、それによる相続人が不存在であるときは、その相続財産をいかにすべきかは、被相続人の本国法によるべきではなく、相続財産の所在する属地法の管轄に属すべきものと解すべきである。したがって、在日外国人が死亡した場合、その本国法により相続人がないときは、その者が日本に遺した財産(動産、不動産、その他)は、日本民法の規定によって、日本の国庫に帰属することになる。たとえば、被相続人の本国法(A国法)によれば、通常の相続人がない場合には国庫(A国)が最終の相続人として相続財産を取得すべきものとしても、被相続人の

て考えてみる。

　(ｱ) 丙は旧法中に他家から婚姻により入った者で，応急措置法施行の際に戸主であったこと，(ｲ) Aは前述の理由により家附の継子であり，しかもその継親子関係は応急措置法施行の際まで継続していたこと，(ｳ) 所問は新法施行後に相続が開始したことなどの各要件を具備するので，Aは丙の嫡出子と同一の相続権を有していたものと解される。

【2】　**代襲相続の原因と要件の問題**　まず家附の継子Aは，新法後相続開始前に死亡しているので，その子DがAの有していた相続権を代襲して相続人となることができるかどうかである。現行相続法上，Aは前述のとおり被相続人丙の嫡出である子と同一の地位にあったわけであり，しかもDは丙とA間に継親子関係発生後に出生した者であるから，民法887条2項の適用により代襲相続人となり得るものと解される（昭32・12・14民事甲2371号回答）。

　次に，Bは被相続人丙の子で本来相続人たるべき地位にあったが（民887条1項），相続開始後に廃除により相続権を失ったので，その者の子がこれを代襲して相続人となるかどうかである。昭和37年7月1日民法の一部改正前は，相続人たるべき者が相続開始以前に相続権を失った場合についてのみ代襲相続が認められていたが，改正後は代襲原因としての死亡は相続開始以前のものに限るが，欠格・廃除は相続開始後でもよいことになった（民887条2項）。そこでXは代襲相続人となる。

　さらに養子Cは，被相続人丙より前に死亡しているので，その子が代襲して相続人となるはずであるが（民887条2項），ZのみがCを代襲して相続人となる。その理由は，Y，Zいずれも養子Cの子ではあるが，YはCの縁組前（丙・C間の養親子関係発生前）の出生子で，被相続人丙とY間には親族関係を生じないから，丙の直系卑属ではない（民727条）から代襲相続人たり得ないことになる（民887条2項但書）。その点Zは，Cの縁組後（養親子関係発生後）の出生子で，丙との間には親子関係を生ずるので，丙の直系卑属ということになる（民727条，大6・12・25大審院判決，昭7・5・11大審院判決，大2・1・9民事840号回答，昭27・2・2民事甲89号回答）。よって，丙の相続人は，D，X，Zである。

〔設例〕　　　　　　　　　別図〔Ⅱ〕

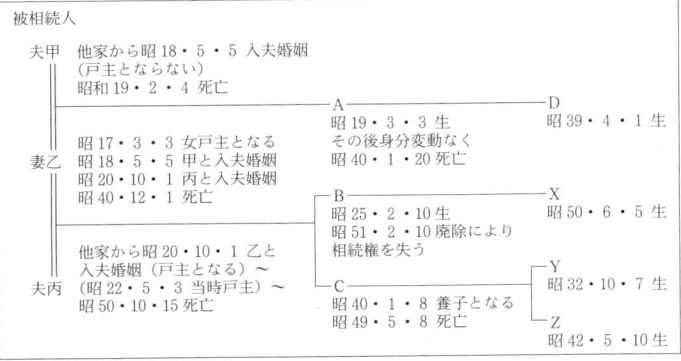

被相続人
夫甲　他家から昭18・5・5入夫婚姻
　　　（戸主とならない）
　　　昭和19・2・4死亡
　　　　　　　　　　　　　　A──────D
　　　　　　　　　　　　　　昭19・3・3生　昭39・4・1生
　　　　　　　　　　　　　　その後身分変動なく
妻乙　昭17・3・3女戸主となる　昭40・1・20死亡
　　　昭18・5・5甲と入夫婚姻
　　　昭20・10・1丙と入夫婚姻
　　　昭40・12・1死亡
　　　　　　　　　　　　　　B──────X
　　　　　　　　　　　　　　昭25・2・10生　昭50・6・5生
　　　　　　　　　　　　　　昭51・2・10廃除により
　　　　　　　　　　　　　　相続権を失う
　　　他家から昭20・10・1乙と
　　　入夫婚姻（戸主となる）～　　　　　　Y
夫丙　（昭22・5・3当時戸主）～　　　　　昭32・10・7生
　　　昭50・10・15死亡　　　C────
　　　　　　　　　　　　　　昭40・1・8養子となる　Z
　　　　　　　　　　　　　　昭49・5・8死亡　　　昭42・5・10生

もしくは「相続分を有しない」というような記載がなされるので，本問も一定の割合を算出すれば足りるのである（下記【3】参照）。

【参考文献】 ①岡垣　学「先例判例　相続法」（日本加除出版）162頁，②谷口知平「注釈民法㉕」205頁，③中川　淳「相続法逐条解説（上）」（日本加除出版）235頁以下

【3】 相続分の具体的算定方法

（相続分の算定方法）

	法定相続分 （昭56・1・1以降）	具体的相続分	現実の相続取得分
妻乙	$\dfrac{1}{2}=\dfrac{6}{12}$	$\dfrac{6}{12}$	$\dfrac{6}{6+1+1+2}=\dfrac{6}{10}$
孫X	$\left(\dfrac{1}{2}\times\dfrac{1}{3}\times\dfrac{1}{2}=\dfrac{1}{12}\right)$	$\dfrac{1}{12}$	$\dfrac{1}{6+1+1+2}=\dfrac{1}{10}$
孫Y	$\left(\dfrac{1}{2}\times\dfrac{1}{3}\times\dfrac{1}{2}=\dfrac{1}{12}\right)$	$\dfrac{1}{12}$	$\dfrac{1}{6+1+1+2}=\dfrac{1}{10}$

（孫X，Yは子Aを代襲）

子B	$\dfrac{1}{2}\times\dfrac{1}{3}=\dfrac{1}{6}=\dfrac{2}{12}$	$\dfrac{2}{12}-\dfrac{2}{12}=0$	0

（特別受益者）

子C	$\dfrac{1}{2}\times\dfrac{1}{3}=\dfrac{1}{6}=\dfrac{2}{12}$	$\dfrac{2}{12}$	$\dfrac{2}{6+1+1+2}=\dfrac{2}{10}$

（遺留分放棄者）

現実の遺産は，上記の計算によって乙が $\dfrac{6}{10}$，X及びYが各 $\dfrac{1}{10}$，Cが $\dfrac{2}{10}$ を各々相続することになる。

No.347
新民法施行後の相続開始に家附の継子が相続人となる場合と代襲相続の各種具体例

〔要点〕　この設例は，相続人を認定する場合において，民法附則の適用のある問題，代襲相続の原因と要件の問題を理解しようとするものである。

【1】　民法附則上の問題（Aは被相続人丙に対し，相続法上いかなる地位にあるか）　Aは民法の応急措置法施行前（旧法中）に出生し，母の後夫丙（被相続人）とは旧法中に継親子関係（旧民728条）を生じ家附の継子であったものである。ところで，「継子」とは，配偶者の子にして婚姻の当時配偶者の家に在った者，または，婚姻中にその家に入った者を指称する（大9・4・8大審院判決）。つまり，継親子関係とは，子の親の配偶者であって，子にとって親でない者と子が家を同じくする場合に法律上で認められた親子関係である。また，「家附」とは，婚姻または縁組によりその家に入った者の婚方または養方においてすでに生まれていた配偶者の子（養子）をいい，所問では丙が入夫婚姻したときには，すでに配偶者乙には先夫甲との間の子Aが生まれていたわけである。そこで，Aについて民法附則26条1項の適用があるかどうかについ

を放棄しても（民1043条），相続が開始した場合に，遺留分権利者としての主張（遺留分減殺請求（民1031条））ができないというだけであって，相続人としての権利義務には少しも影響がないからである。Dは相続放棄者であるので，相続から完全にはずれる（民939条）。また，相続放棄は代襲原因にならないので（民887条），その子Zに代襲相続ということは考えられない。そこで，相続人は乙，X，Y，B，Cである〔→ No.331「遺留分の放棄」みよ〕。

【2】 共同相続人中に特別受益者がある場合の相続分の算定基準　相続人の特別受益額が本来的相続分（法定）と等しいか，またはこれを超えるときは，特別受益者の具体的相続取得分は零となるものとされている。本来的相続分と等しいときはともかく，これを超えているときは超過額を他の共同相続人がどのように負担し，その相続分はいかになるべきか諸説がみられる。第一説は，現存財産につき，特別受益者を相続人から除外し，その他の共同相続人だけでその法定相続分の割合により取得すると解するもの（特別受益者不存在擬制説）。第二説は，現存財産につき，特別受益者を除いた共同相続人の具体的相続取得分の比率（この比率は，一応特別受益者を含めて法定の相続分を算出のうえ，超過特別受益者を除く各相続人の取得割合）に応じて各自の現実の相続取得分を算定する（具体的相続分基準説）。第三説は，本来の相続財産（現存財産に贈与分を加える）につき，まず，特別受益者を相続人から除外しないで法定相続分を計算するが，特別受益者の超過特別受益額は，その者を除くその他の相続人が，その法定相続分の割合により負担して現実の取得分を算定する（本来的相続分基準説）。第四説は，第三説の超過特別受益額の負担方法について，超過特別受益者が血族相続人の場合には，配偶者を除いた超過特別受益者以外の血族相続人だけで負担するというものである（配偶者優遇説）。思うに，第一説は，特別受益者を放棄者と同じく全く相続人から除外することは，相当ではないであろう（昭8・11・21民事甲1314号回答，同28・8・1民事甲1348号回答）。また，第四説は，民法899条の「各共同相続人は，その相続分に応じて被相続人の権利義務を承継する」という規定からして，配偶者を各共同相続人から除外することにも問題があろう。そこで第二説，第三説が妥当のようであるが，登記の実務では第二説が採用されている（昭32・6・19付総3450管内支局長，出張所長あて大阪法務局長通知〔民事月報13巻4号86頁，昭34・3・30法曹会決議，昭34・12・14法曹会決議〔新要録329頁〕）。

ところで，共同相続人の相続登記には，各自の持分を記載する必要があるが（不登39条），登記官において具体的に相続財産の額を「○○円」と認定することは困難である。そこで，通常特別受益の証明書の内容は抽象的に「相続分に等しい贈与を受けた」，または「相続分を超える贈与を受けた」，

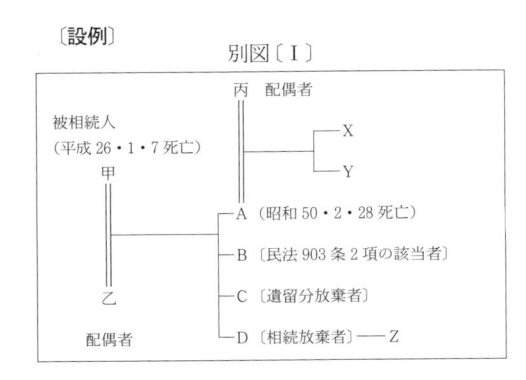

〔設例〕　別図〔Ⅰ〕

被相続人（平成26・1・7死亡）甲
丙　配偶者
―X
―Y
―A〔昭和50・2・28死亡〕
―B〔民法903条2項の該当者〕
―C〔遺留分放棄者〕
―D〔相続放棄者〕――Z
乙　配偶者

のような単独の親子関係を成立させることが，一方の配偶者の意思に反しその利益を害するものではなく，養親の家庭の平和を乱さず，養子の福祉を害するおそれがないなど，前記規定（改正前民795条本文）の趣旨にもとるものでないと認められる特段の事情が存する場合には，夫婦の各縁組の効力を共通に定める必要性は失われるものというべきであって，縁組の意思を欠く当事者の縁組のみを無効とし，縁組の意思を有する他方の配偶者と相手方との間の縁組は有効に成立したものと認めることを妨げないものと解するのが相当である」とした。一方，昭和56年4月24日の最高裁第二小法廷判決（判例時報1003号94頁）では，養親側が夫婦である事案であるが，前記判例の原則的見解を維持したうえで，当該事実関係では特段の事情があるとは認められないとして，縁組全体を無効とした。

そこで戸籍の実務においては，配偶者のある者がその一方のみでした縁組について，有資格者から追完届出があれば受理するし（昭30・11・30民事甲2467号回答，この追完届は強制できる性質のものではない），また追完届がなければ，当該縁組事項は戸籍訂正の申請がない限りそのままとする取扱いである（昭37・2・21民事甲349号回答，昭39・10・30民事甲3560号回答）。これは，戸籍事務管掌者に形式的審査権しかないことからして，当事者となるべき養親側，または養子側について，改正前の民法795条本文の規定の趣旨にもとるものでないと認められる特段の事情が存したか否かの実質判断（確定的有効，無効）をすることができないことによるものと考えられる。つまり，この実質判断は司法判断にまつほかない（昭53・1・23民二497号回答）。

一方，登記官の審査においても同様にその形式的審査権からは，戸籍上に配偶者ある者がその一方のみでした縁組の記載がなされている場合に，書面によらないで（他に確認判決または訂正後の戸籍謄本がない限り），当該縁組の有効・無効を確定的に認定することができないわけである。すなわち，登記官の審査も当該縁組について共同縁組の趣旨に反するか否かの実質審査までは及ばない。したがって，かかる戸籍記載の謄本では身分関係の存否に疑義があるので，相続を証するに足る書面とは認定できないことになる。

No.346
共同相続人中に特別受益者・相続放棄者・遺留分放棄者がある場合の相続人の認定と相続分の算定方法の具体例

〔要点〕次頁の設例は，相続人の範囲と共同相続人中に特別受益者がある場合の相続分を算出する問題である。まず相続人の範囲を認定するに必要な代襲相続の問題，相続放棄の効果，あわせて相続放棄と遺留分放棄との相異を理解しようとするものである。次に，特別受益者がある場合の相続分はいかになるか，その算定方法には諸説があるが，ここでは登記実務の取扱いを中心に説明する。

【1】 相続人の認定　被相続人甲の相続人は，その子A，B，C，D（民887条1項）と配偶者乙（民890条）がなるはずである。ところが，Aは甲の死亡以前に死亡しているので，その者の子X・Yが代襲して相続人となる（民887条2項）。Bは相続分に等しいか，それ以上の利得を受けている特別受益者であるので，相続分はないが，相続人ではある（民903条2項）。Cは遺留分放棄者であるが，相続人であることに変わりはない。すなわち遺留分

り家督相続が開始している戸籍については，その縁組について追完届または縁組の記載消除の戸籍訂正によって明確にされない限り，その養子または戸主の長女のいずれのためにも家督相続の記載はできない（昭36・12・25民事甲3211号回答）。

(4) 夫婦双方の養子となる縁組届出後，その養親の一方のみとの縁組無効の裁判が確定した場合，これに基づく戸籍訂正の申請は受理してさしつかえないとされている（昭49・3・12民二1369号回答）ので，その訂正後には残存養親についての相続登記申請は受理されることになる。

(5) 配偶者のある者の縁組について戸籍先例（有権的行政解釈）は，後記のとおり，従来，夫婦共同縁組は常に共同であることを必要とし，縁組は全体として1個と考え，夫婦共同縁組の規定に違反する縁組は，縁組意思を有する当事者の縁組を含めて，全体として無効であるという見解のようであった。したがって，旧法当時から新法後昭和30年のはじめ頃までの戸籍の実務では，前記の縁組を絶対的に無効として追完の余地がないものとして，戸籍訂正により削除すべきものとされていた（昭10・12・26民事甲1048号回答，昭20・5・1民事特甲56号回答，昭24・9・17民事甲2096号回答，昭26・7・23民事甲1497号回答）。しかし，昭和30年以降の戸籍の取扱いでは，前記の配偶者のある者の縁組届出が，旧法であると新法であるとを問わず，縁組届出の当事者と届出を欠く配偶者の全員が縁組書書の誤記を理由とする追完届を出せば，これを受理して，その縁組は当初から有効に成立するものと解するに至った（昭30・4・15民事甲710号回答，昭30・11・30民事甲2467号回答，昭31・1・24民事甲37号回答）。

ところで，判例も配偶者のある者の縁組について，従来，当然無効の見解であったが（昭4・5・18大審院判決〔民集8巻494頁〕，昭13・3・30大審院判決〔戸籍関係判例総覧571頁〕），昭和48年4月12日の最高裁第一小法廷判決（民集27巻3号500頁）では，養親側が夫婦である事案についてであるが，縁組の個数について「本来養子縁組は個人間の法律行為であって，右の規定（改正前民795条本文）に基づき夫婦が共同して縁組をする場合にも，夫婦各自について各々別個の縁組行為があり，各当事者ごとにそれぞれ相手方との間に親子関係が成立するものと解すべきである」とし，さらに夫婦共同縁組の趣旨について，原則的には「縁組により他人との間に新たな身分関係を創設することは，夫婦相互の利害に影響を及ぼすものであるから，縁組にあたり夫婦の意思の一致を要求することが相当であるばかりでなく，夫婦の共同生活ないし夫婦を含む家庭の平和を維持し，さらには，養子となるべき者の福祉をはかるためにも，夫婦の双方について等しく相手方との間に親子関係を成立させることが適当であるとの配慮に基づくものであると解される。したがって夫婦につき縁組の成立，効力は通常一体として定められるべきであり，……前記のような法の趣旨に反する……ような縁組は，その夫婦が養親側である場合と養子側であるとを問わず，原則として，縁組の意思のある他方の配偶者についても無効であるとしなければならない」と解している。しかし，夫婦共同縁組の趣旨を前記のように解することから，判例はさらに特殊事情のある場合について「夫婦の一方の意思に基づかない縁組の届出がなされた場合でも，その他方と相手方との間に単独でも親子関係を成立させる意思があり，かつ，そ

きは，その旨を当該身分事項の末尾に「……（死亡後受理）㊞」と，もし郵送届書の戸籍記載後に死亡が明らかになったときは，その旨を当該身分事項につづけて「夫（妻）死亡後受理年月日記載㊞」の振合いによって記載される（昭28・4・15民事甲597号通達，平2・3・1民二600号通達「参考記載例28・29」）。

(3) その他，添付情報としての戸籍謄本上に相続人となるべき者として，たとえば「長男，三男，二女」のみが記載されている場合とか，あるいは一名しかいないのに「四男」と記載されている場合には，他に相続人があることも考えられるので，その謄本のみでは相続を証するに足る書面とは認められない。この場合は，戸籍の記載自体に錯誤があるとすれば訂正後の戸籍謄本，その記載が正当であれば，これを証する他の戸籍謄本の提供を要する。

No.345
相続適格者の認否例（配偶者のある者がその一方のみでした縁組の記載がある戸籍）

昭和63年1月1日施行の改正民法795条のもとにおいては，同日以降の夫婦共同縁組をすべき場合（配偶者のある者が未成年者を養子とするとき）に，戸籍面上に夫婦の一方との単独縁組の記載があったとしても，他方配偶者の意思表示ができない場合には（その旨は戸籍上に公示されない），単独で縁組ができる（民795条ただし書）のであるから，登記官の形式審査では，戸籍面上のとおり縁組が成立しているものとして当該養親子関係を認定するほかない。

これに対し，改正前（昭和62年12月31日以前）の民法795条および796条のもとにおいては，夫婦は常に共同縁組をすべきものとされ，夫婦の一方が意思を表示できない場合でも夫婦双方で届出すべきであることが定められ（改正前戸籍法67条），かつ，その旨が戸籍面上に公示された。したがって，前記の改正によっても，改正前にされた夫婦共同縁組をすべきである場合に，単独でされた縁組の効力には改正法は直接影響を及ぼすものでないから，さきの縁組が当然に有効になることはない（後記説明のとおり，従前は，夫婦共同縁組の規定に反した縁組は無効と解されていた。）。そこで，この場合の登記の実務は，改正前の夫婦共同縁組の要件を欠くとみられる戸籍によっては，従来（下記先例参照）のとおり取り扱うべきものと考える。

(1) 旧法中，夫婦の一方のみを養子とした縁組（夫婦の一方が他の一方の子を養子とする場合でない）で，養親につき新法施行後相続が開始し，相続人としてその養子から相続登記の申請があった場合，養親と養子夫婦から，ともに養子となる旨の追完届がなされた旨の記載がある戸籍の謄本を添付して，養子夫婦からした申請でない限り却下すべきである（昭31・1・24民事甲37号回答）。

(2) 新法施行後，夫婦の一方のみを養子とした縁組（夫婦の一方が他の一方の子を養子とする場合でない）で，その養子の配偶者死亡後に，養親の死亡による相続が開始した場合，その養子から養親の相続人としての相続登記申請は受理すべきでない（昭39・2・27民事甲416号回答）。

(3) 旧法当時，夫婦の一方のみとの縁組届が誤って受理され，戸主たる養親の死亡によ

申請があった場合，同時死亡として取り扱うほかない（昭36・9・11民事甲2227号回答）。この場合は，甲乙の死亡の先後が明らかでないから戸籍の記載を完備させる方法がなく，やむなく法律上，同時死亡の規定（民32条ノ2）により甲乙は同時に死亡した者と推定するほかないので，両者間に相続の関係は生じないことに取り扱われる。同時死亡の規定は，昭和37年7月1日から創設施行されたが，従前の事案についても同趣旨に解するのが相当である〔→No.269「同時死亡」みよ〕。

(2) 共同相続人中の一人甲が被相続人Ａと同時に死亡した場合で，甲に子乙がある場合には，その乙は他の相続人丙とともに共同相続人となる（昭33・4・11法曹会決議）。この場合は，甲Ａ間に相続の関係が生じないので，乙は甲の代襲相続人となる（昭37・7・1改正，民887条2項，昭37・6・15民事甲1606号通達）。

No.343
相続適格者の認否例（認定死亡事項のある戸籍）

戸籍簿に戦死した旨の記載があるときは，その記載は戸籍法89条の報告によりなされたものと認定すべきであって，かかる記載がなされている者は，反証のない限り戸籍簿登載の死亡の日に死亡したものと認定すべきである（昭28・4・23最一小判〔民集7巻4号396頁〕）。この場合は，通常の死亡診断書または死体検案書を添付した死亡届ほど完備したものではないが，その記載が戸籍法に基づくものとして是認されている。

No.344
相続適格者の認否例（身分関係の存否に関する戸籍の記載相互間に矛盾する記載がある戸籍）

(1) 旧法中，戸籍上戸主たる養親の死亡後受理された縁組届により入籍している養子について，職権による家督相続の戸籍記載はできない（昭33・8・5民事(二)発354号回答）。

(2) 戸籍上，被相続人の死亡後において，婚姻により被相続人の戸籍に入籍していることが明らかな被相続人の配偶者を相続人とする相続登記の申請は，不動産登記法49条8号（現行25条9号）により却下すべきである（昭31・2・14民事甲289号回答）。

前記(1)(2)の場合，登記申請書の添付情報の戸籍謄本によれば，死亡している者が縁組または婚姻をしているという戸籍上の矛盾した記載がなされており，有効，無効の実体について判断するまでもなく形式的に不適法であることが明らかであるから，相続を証する書面とはなり得ない。もし，生存中に縁組または婚姻の届出（委託または郵送）のあったことが明らかになれば，縁組または婚姻は有効に成立していたことが立証される。この場合の戸籍の実務は旧法中であれば「委託又ハ郵便ニ依ル戸籍届出ニ関スル件（昭15法4号）」により，また現行法上は，戸籍法47条により受理されたことが戸籍上にも明示されているわけである。すなわち，委託による届出が昭和15年法律施行前であれば当事者の一方（生存者）の戸籍の上部欄外に「確認」の符号が表示され（昭15・3・26民事甲359号通牒），さらに同法施行後であれば，戸籍上の身分事項中に委託確認による届出である旨「……届出委託確認の裁判確定何日受託者何某届書提出入籍……」が記載される。また，郵便による届出の場合，死亡前に郵送した当該届書を死亡の戸籍記載後に受理して戸籍に記載すると

通則法，国籍法，民法（総則編，親族編，相続編の各規定）および戸籍法などに照らして，戸籍の記載の適法性を審査する必要がある。ただ，この場合の登記官の審査は，書面審査のみに頼る消極的審査であるから，裁判官のような審理（書面のほか証人，現場検証などによっての自由な心証形成の結果で認定）にみられる積極的確信にまで到達できるものではなく，また，そのような審査権限（審査義務）もない。したがって，登記官が相続適格者であると認定できるためには，戸籍謄本上（書面上）に証明の内容として，相続開始があったということ，すなわち，登記名義人の死亡が証明されていること，次に，登記名義人とその相続人と称する者とが，相続法にいう直系卑属，または直系尊属もしくは兄弟姉妹ならびに配偶者の関係にあることが明示されていなければならない。さらに，他に法定相続人が存在しないこと（前婚の子や被認知者等の不存在）の確認も必要である。なお，戸籍の記載が親族法上からみて許されないものであったり，または身分関係の存否について疑義のあるものや，戸籍の記載相互間に相矛盾するものがあった場合には，書面上で証明されていることにならない。結局，この場合には適式の書面の提出がないということに帰着するから，登記手続法上は，当該申請を不動産登記法25条9号の「提供しなければならない情報が提供されていない」という理由で却下することになる。

次に，相続を証する書面としての証明力についても審査することになるわけであるが，戸籍謄本は市町村長が発給する公文書として，形式的にも証明能力があるということを不動産登記令7条1項5号イに明示されている。他方，相続を証する書面が戸籍謄本のほか私文書で補充される場合には，その私文書が真正に作成されたものであることを書面上で立証するため，私文書に押印の印鑑につき市町村長発給の印鑑証明書（公文書）を添付する必要があるわけである（相続を証する書面の一部としての「印鑑証明書」）。市町村戸籍事務担当者においても，戸籍謄本についての登記官の審査範囲を理解することによって，利害関係人に対し謄本交付前にあらかじめ戸籍の訂正申請なり，追完の届出など適切な指導をすることができる〔→No.341～345「相続適格者の認否例」みよ〕。

【参考文献】　①枇杷田泰助「相続登記の構造」（民事月報1973－10・11），②吉田琢磨「登記官の審査権についての一考察」（民事研修1965 No.103・104）

No.341
相続適格者の認否例（高齢者死亡による職権消除事項のある戸籍）

100歳以上の高齢者について職権で死亡の記載がなされただけでは，相続登記はできない。死亡の日または失踪宣告により死亡とみなされる日が戸籍に記載された後，相続登記の申請をすべきである（昭32・12・27民事㈢発1384号回答）。この場合の職権消除事項は，単に戸籍の整理にすぎなく「高齢者につき死亡と認定平成五年壱月拾四日許可同月拾六日除籍㊞」の振合いで表示されただけで，相続開始の時点が明らかでなく，ひいては相続人の認定もできない〔→No.271「高齢者の職権消除」みよ〕。

No.342
相続適格者の認否例（同時死亡事項のある戸籍）

（1）被相続人甲は，昭和34年9月26日午後10時20分，甲の二女乙は同日午後7時から翌27日午前7時までに死亡した旨記載のある戸籍謄本を添付して相続登記の

る。したがって、これらの写しの作成に代えて、別図の振合いで作成された「相続関係説明図」を提出することで足りる取扱いが登記の実務で認められている（昭39・11・21民事甲3749号回答、昭40・8・3民事甲1956号通達、昭41・12・23民事甲3638号回答）。

No.340
登記官の相続適格者の認定基準（登記官の審査権）

【1】 登記官の審査権（審査範囲）　登記官は、登記の申請があった場合に、その審査をどのような基準で、またどのような方法でもって行うかに関する問題である。わが登記法は、不動産自体の状況を明確にするところの不動産の表示に関する登記の申請（不登27条ないし同58条）については、登記官の職権調査（実質的審査権）が認められている（不登29条）。

一方、不動産の権利関係を具体的な形で一般に公示し、取引の安全を図るための不動産に関する権利の登記の申請（所有権、地上権、抵当権、その他の権利に関する設定、保存、移転、変更、処分の制限もしくは消滅＝不登3条後段）については、不動産登記法25条に列挙された事由（同条11号を除く）からみて、登記官は申請書および添付情報と登記記録とを形式的に突合のうえ法令に照らし、その適法、不適法を認定する、いわゆる形式的審査である。したがって、相続登記（相続を原因とする所有権移転の登記）の申請も権利に関する登記の一つの場合であるから、登記官の審査範囲は登記記録を基本に当該申請書とその添付書面の形式的適法性を把握すれば足り（形式審査主義＝書面審査主義）、申請（書）の内容が実体法上の権利関係と一致しているかどうか、または実体法上の権利関係が有効に成立しているかどうかを積極的に確認する必要はないものと解されている。すなわち、わが登記法は登記官にいわゆる実質的審査を要求していないものと一般に解されている（杉之原舜一「不動産登記法」94頁、幾代　通「不動産登記法」53頁以下）。

ところで、登記官は申請の適否を認定するについて、前述のとおり権利関係の実体についてまで積極的確認をする権限は与えられていないが、登記手続法上の要件審査の先決問題となる実体法に属する事項についての審査（実体法規の具体的適用＝行政解釈）は、登記官もなし得るし、また当然に要請されるものである（前掲、杉之原195頁）。これは、登記の申請を処理するについて、まずどの法令（実体法）を適用したらよいか、またその法令の趣旨・内容をどのように解し適用したらよいか、という問題が解決されなければ適正な登記行政を執行できないことになるからである。この点は、戸籍事務管掌者である市町村長が、戸籍届出に対し、実体的身分法規を具体的に適用ないし解釈適用して審査する法律上の判断と異なるものではない。

【2】 相続を証する書面の審査方法　相続登記の場合、申請の添付書面である相続を証する書面の適格性について、いかなる範囲のものがあれば充足されるか、共同相続が原則となった現行法のもとでは実務上容易な問題ではないようにみられる。そこで登記官の相続登記申請に相続証明として添付された戸籍謄本などについての審査がいかなる範囲についてなされるべきかである。

登記官は、戸籍謄本上から相続適格者を認定するにあたっては、まず相続法に定められた相続開始の原因があるかどうか、次に被相続人と一定の身分関係を有するかどうかを、

た，相続分譲渡証書にも相続人の印鑑証明書を添付する（昭59・10・15民三5195号回答）。
　（4）　民法891条所定の欠格事由がある場合，戸籍謄抄本のほか当該欠格者の作成した相続欠格事由のある旨を証する書面と，これに押印した印鑑証明書を添付することを要する（昭33・1・10民事甲4号通達）。

【5】　**相続人の住所証明書**　相続を原因とする所有権の保存または移転の登記を申請するときは，登記令7条1項6号別表29・30により，申請書に記載した相続人の住所が正しいことを証明するため，住所を証する市町村長もしくは区長の書面またはこれを証するに足る書面を提供すべきものとされている。この場合の住所を証する書面は，通常，住民票の写し（印鑑証明書でもよい）が利用され，住所の変動がない限り作成後3か月以内のものであることを要しない（登記令16条3項と同令別表に定める添付情報との対比）。住所を証する書面を必要とする趣旨は，所有権の登記名義人が正しく登記され，いわゆる虚無人名義に登記されることを防止しようとするものである。

No.339
相続関係説明図（相続を証する書面等の原本還付）

登記の申請に情報として提供された相続を証する書面（戸籍の謄本・抄本，遺産分割協議書，相続分のないことの証明書など）は，原則として申請人に還付されないで登記完了後，登記所に30年間保存される（不登規則28条10号）。しかし，相続の対象となる不動産が2個以上あって，しかもその所在が管轄登記所を異にする場合（登記申請は，不動産の所在地を管轄する登記所ごとにする＝不登6条1項・25条1号），相続を証する書面は各申請ごとに添付するため数通を必要とする。このような他の登記所にも相続登記の申請をする必要がある場合，相続を証する書面が1通でも足りる便宜措置として，添付情報の原本還付請求が認められている（不登規則55条）。この原本還付の請求をするには，通常は原本とともに原本に相違ない旨を記載した当該書面の写しを作成して提出する。登記官は，その写しに原本還付の旨を記載して押印し，原本を申請人に還付する。登記所は，原本に代えて写しを保存することになる。しかし，相続を証する書面である戸籍，除籍，原戸籍の謄抄本，遺産分割協議書（遺産分割の審判書または調停調書の謄本を含む），相続分のないことの特別受益者の証明書，相続放棄申述受理証明書などの写しを申請人において作成することは相当に負担である。また，相続人の相続を証する書面が法定代理人の代理権限を証する書面をも兼ねている場合の戸籍謄抄本，相続人の住所を証する書面としての住民票の写しなども，申請人において作成することは相当の手数がかか

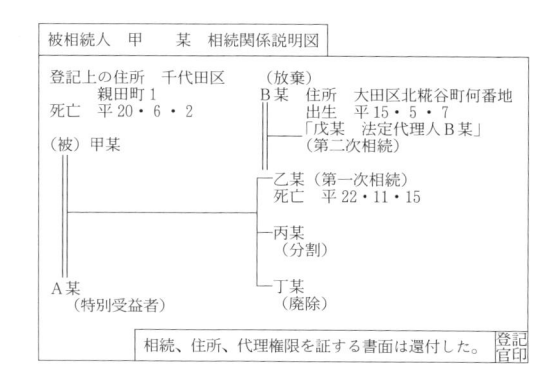

```
被相続人　甲　某　相続関係説明図

登記上の住所　千代田区　　（放棄）
　　　　　　　親田町1　　　B某　住所　大田区北糀谷町何番地
死亡　平20・6・2　　　　　　　　出生　平15・5・7
（被）甲某　　　　　　　　　　　「戊某　法定代理人B某」
　　　　　　　　　　　　　　　（第二次相続）

　　　　　　　　　　　　　　乙某（第一次相続）
　　　　　　　　　　　　　　死亡　平22・11・15

　　　　　　　　　　　　　　丙某
　　　　　　　　　　　　　　（分割）

　　　　　　　　　　　　　　丁某
A某　　　　　　　　　　　　（廃除）
（特別受益者）

相続、住所、代理権限を証する書面は還付した。　　登記官印
```

次の場合には，相続を証する書面の一部として印鑑証明書の提供をも必要とする取扱いである。この場合の印鑑証明書は，登記令 16 条の制限がなく，作成後 3 か月以内のものである必要はない。以下，(1)～(4)の印鑑証明書について同じ。

(1) 民法 902 条 1 項によって，被相続人が遺言で相続分の指定を第三者に委託した場合，登記申請書に記載した相続分が第三者の指定した相続分であることを証するため，戸籍謄本，遺言書のほか第三者の指定書を必要とするが，さらにこの指定書には，その真正であることを証するため，これに押印した印鑑の証明書を添付することを要する。

(2) 共同相続人中に民法 903 条 2 項による被相続人から相続分に等しいか，または相続分を超える生前贈与または遺贈を受けた者（特別受益者）がいる場合，その者が相続分を有しないことを証するため，戸籍謄本のほか当該相続人の相続分がない旨の証明書を必要とするが，さらにこの証明書にはその真正であることを証するため，これに押印した印鑑証明書を添付することを要する（昭 30・4・23 民事甲 742 号通達）。なお，相続分のないことの証明書の作成は，当該事実の証明行為にすぎないので，親権者母と数人の未成年の子とが共同相続人である場合，相続人中の一人の未成年の子だけに相続分があるとして，親権者母が自己のほか他の未成年者についても相続分のない旨の証明をすることは，なんら民法 826 条の利益相反行為には該当しないものと解され，登記実務上もそのように取り扱われている（昭 23・12・18 民事甲 95 号回答）。もっとも，未成年者でも満 17 歳に達し，相続分のない旨の証明書をみずから作成し，その者の印鑑証明書が添付されていれば，相続について認識のうえ作成した真正なものとして取り扱われている（昭 40・9・21 民事甲 2821 号回答）。また，特別受益者が相続開始前に死亡した場合には，その相続分がない旨の証明書を当該特別受益者の代襲相続人（民 887 条 2 項・3 項）が作成することはさしつかえなく（昭 49・1・8 民三 242 号回答），この場合も作成者の印鑑証明書の添付を要する。

(3) 共同相続人が民法 907 条 1 項によって遺産分割の協議をした場合，その協議成立を証するため，戸籍謄本のほかに，当該協議書とこれに押印した印鑑証明書を添付することを要する（昭 30・4・23 民事甲 742 号通達）。ただし，当該協議書中の物件を取得する相続人については，これを要しないものと解される。

遺産の分割協議を共同相続人である親権者とその親権に服する子（未成年者）との間でする場合は，民法 826 条の利益相反行為になると解されているので（昭 28・4・25 民事甲 697 号通達），子のために特別代理人（子が複数の場合は，子一人ごとに各別の特別代理人）を選任して，その者が相続人である子に代わって遺産分割の協議をすることになる（昭 30・6・18 民事甲 1264 号通達）。この場合は，戸籍謄抄本，遺産分割協議書のほか，特別代理人の選任を証する家庭裁判所の審判書謄本（家事法 39 条別表第 1 の 65 項）と特別代理人の遺産分割協議書に押印した印鑑証明書を添付することを要する（昭 36・3・24 民事甲 728 号回答）。

なお，遺産分割の協議を委任代理人（民 643 条）に行わせた場合，戸籍謄本，遺産分割協議書および代理権限を証する書面（委任状本人の印鑑証明書付）のほか，遺産分割協議書に署名押印した代理人の印鑑証明書をも添付する（昭 33・7・9 民事甲 1379 号通達）。ま

上の本籍の表示と異なるときは（住民登録法の施行される昭和27年7月1日前においては，住所をもって本籍とするのが建前であったので，両者が同一であれば，直ちに被相続人の同一性が認定できた＝寄留1条)，登記記録上の被相続人（登記名義人）が戸籍謄本の被相続人と同一であるかどうかを登記官が直ちに判断できない場合，その同一性を証するものとして，住民票または戸籍の附票の写し（登記記録上の住所が表示されているもの）を提供することを要する。

　(ｲ)　相続登記申請において，被相続人の登記記録上の住所が最後の住所でないときは，被相続人の同一性を証するものとして，その住所移転の経過を証する書面（住民票または戸籍の附票の写し）をも提供することを要する。この場合は，被相続人が申請人ではないので（不登27条)，被相続人の表示の変更登記をしないで，直ちに相続人名義に相続登記をしてさしつかえない取扱いである（明33・4・28民刑414号回答)。

　(2)　**相続人の同一性を証する書面**　戸籍謄本による相続人の本籍と遺産分割協議書，または民法903条の規定による特別受益証明書に記載された相続人の住所とが異なる場合においても，相続人の氏名と生年月日が，戸籍謄本と印鑑証明書（遺産分割協議書，特別受益証明書に添付されたもの）において一致しているときは，別に同一性を証する書面として，住民票または戸籍の附票の写しなどの提供を要しない取扱いである（昭43・3・28民事(三)発114号回答)。

【3】　**不在籍証明書・不在住証明書**（相続を証する書面の一部）　いわゆる不在籍，または不在住の証明は，被相続人の登記記録上の住所が誤って登記されている場合，戸籍または住民票により直接に被相続人の同一性を証明できないので，その場合，反対資料を提出して間接的に同一性を疎明しようとするものである。この証明の内容としては，登記記録上の氏名の者が登記記録上の住所の表示でもって，本籍または住所を設定したことのないこと，また，登記された当時に登記された住所に登記名義人と同姓同名の者が他に存在しないこと，つまり，登記記録上の住所には登記記録上の氏名の者の戸籍，除籍，住民票，附票が存しないことの趣旨の市町村長の証明書である。この証明によって登記名義人（被相続人）の住所が誤っていたことの疎明資料とし，被相続人の登記記録上の氏名と戸籍謄本上の氏名とが符合することをもって被相続人の同一性を認定するほかないとするものである。この証明は，同姓同名の別人名義の不動産について不真正な登記を防止するためのものである。もっとも，除籍簿・除票の保存期間，また除籍簿の編綴方法のいかんによって，市町村によっては，ある者が過去に本籍または住所を有していたかどうかを証明することの困難な場合も考えられる。この場合には，登記申請について不可能なものまでも求められる趣旨ではない（登記の実務上は，被相続人の所有権の登記済証が利用されている）ので，証明は可能な限度で発給されれば足りる。なお，不在籍証明書もしくは不在住証明書は，登記記録上の氏名の一部分が誤って登記されている場合も，前記の趣旨で用いられることがある。

【4】　**印鑑証明書**（相続を証する書面の一部）　相続を証する書面としては，通常，戸籍の謄本または抄本が基本となるが，このほかに，相続人もしくは相続分を確認するため，

＝除籍，入籍もしくは新戸籍編製の原因と年月日も突合する）。

　(3)　**戸籍謄抄本の有効期限**　相続証明情報としての戸籍の謄抄本については，有効期限になんらの制限もないので，相続適格者に変更のない限り作成の日付がいつであってもさしつかえない（昭35・2・5民事甲286号通達）。ただ，戸籍謄本を代理権限を証する書面として，たとえば，親権者もしくは後見人が法定代理人となって未成年の子の代理申請をするときの代理資格を証する情報として添付する場合には，その謄本は作成後3か月以内のものに限られているので注意を要する（登記令17条）。

　(4)　**省略謄本の廃止**　昭和51年法律66号による「民法等の一部を改正する法律」が公布され，同年12月1日から，戸籍謄本について，請求により除籍者に関する記載の謄写を省略して作成することができる旨の規定は廃止された。

　(5)　**謄抄本の提供できない場合**　(ア)　相続登記の申請に，除籍の原本が災害により滅失し，その謄本が得られないときは，「除籍謄本の交付できない旨の市町村長の証明書」および「他に相続人となるべき者が存在しない旨」の相続人全員の上申書（印鑑証明書付）を添付することによって相続人の認定をする（昭44・3・3民事甲373号，同58・3・2民三1311号各回答）。

　(イ)　現行民法施行後に死亡した被相続人の先妻の子の除籍，および戸籍の謄本が，除籍後の入籍先で戦災地区のためとれない場合には，その子の除籍の記載がある被相続人の除籍の謄本ならびに除籍，戸籍および住民票，除票などが編製されていない旨の当該市町村長の証明書を添付して，その子も相続人の一人に含めて相続登記の申請ができるものと解されている（昭34・10・16法曹会決議）。

　(ウ)　不動産登記法63条の登記権利者（登記名義人となる者）の認定および登記令7条1項5号イの添付情報は，相続人が日本人であるときは通常戸籍謄本によるが，もし相続人が外国の国籍を有するときは，当該国の官憲が作成した身分関係を証する情報により，相続人が無国籍のときは，外国人登録済証明書等により，取り扱うほかはないものと解されている（昭33・4・25法曹会決議）。

　(エ)　相続を証する書面としては，明治5年式戸籍も該当することになるが，当該戸籍はその大部分が廃棄処分となっているので（昭43・1・11民事甲10号通達，昭43・3・4民事甲373号通達），その戸籍謄本を利用できない。したがって，登記の実務では当該戸籍が廃棄処分にされたときは，「廃棄処分により戸籍謄本を交付できない旨」の市町村長の証明書のほか，「他に相続人はない旨」の相続人全員の証明書（印鑑証明書付）をもって代えてさしつかえない扱いである（昭44・3・3民事甲373号回答）。

【2】　**住民票，戸籍の附票の写し（相続を証する書面の一部）**　被相続人または相続人の同一性を証する情報として，住民票または戸籍の附票の写しが利用される場合がある。すなわち，相続を証する書面としては，第一に戸籍が用いられるが，次にかかげる例のように戸籍のみでは相続を証する情報として十分でない場合に，その一部に住民票または戸籍の附票の写しで補充される。

　(1)　**被相続人の同一性を証する書面**　(ア)　登記記録上の被相続人の住所の表示が，戸籍

関係に照らし当然なことである。結局，不動産登記令7条1項5号イの市町村長が職務上作成した情報とは，まずもって戸籍（除籍，原戸籍）謄本を指称することになる。そこで，登記手続に戸籍謄本を添付情報として利用する場合，申請に添付を要する範囲，またこれに対する登記官の審査の範囲などは，いずれも相続登記における場合と同様である〔→No.338「相続登記に要する戸籍書類」，No.340「登記官の相続適格者の認定基準」，No.341～345「相続適格者の認否例」みよ〕。

【参考文献】①枇杷田泰助「相続登記の構造」（民事月報 1973 — 10・11），②御園生進「相続登記法」（日本加除出版）

No.338 相続登記に要する戸籍書類

【1】戸籍，除籍，改製原戸籍の謄抄本　(1) 提供範囲の原則　相続登記の申請の受否を認定するに際しては，登記原因証明情報として戸籍謄本と相続人とが符合しているだけでは足りない。すなわち，提供された被相続人の死亡の記載のある戸籍謄本から，当該謄本の相続人のほかに，なお相続人が存在するかも知れないことが窺われるときは，登記官は，その存否を確かめるための戸籍謄本または除籍謄本をも提供させるべきであると解されている。たとえば，申請書に記載された相続人の範囲と，これに提供された被相続人の死亡当時の戸籍謄本による相続人の範囲とが符号している場合であっても，その戸籍謄本に相続人と推定される者の婚姻，縁組，分籍などによる除籍の記載があるときは，入籍先の戸籍謄本の提出を求め，現に相続人があるか否かを確認することを要するし，また被相続人の死亡当時の戸籍が転籍，分籍，改製などにより新たに編製された戸籍であれば，その直前の戸籍謄本をも提供させ，相続人の有無を調査すべきであるというのが実務上の取扱いのようである（昭34・12・14法曹会決議）。もし，登記官の要求に応じないときは，申請に必要な情報の提供がないものとして，不動産登記法25条9号により却下されるということになる。

しかし，すべての場合において相続登記の申請書に被相続人の出生当時の戸籍にさかのぼって，関係戸籍全部の謄本を提供させるという一律的な取扱いをすることは，国民の負担および登記事務全般の能率的処理などにかんがみ，妥当ではないと解されている（昭34・12・14法曹会決議）。そこで，実務上は人間の生殖可能な年齢を考慮して，被相続人がおおむね15～16歳もしくは婚姻適齢当時からの事項の記載がある戸籍・除籍の謄本を添付する必要があるという取扱いが多いようである（御園生進「相続登記法」98頁）。

(2) 謄抄本の提供を省略できる場合　婚姻などにより甲戸籍から乙戸籍に移った子が，父の死亡により相続登記の申請をする場合，乙戸籍の相続人がその後，転籍，分籍，その他の原因により丙戸籍へと編製替もしくは入籍していても，実方甲戸籍（除籍）謄本上の記載と相続人の現在丙戸籍の謄本上の記載とが符合することによって，相続人の同一性が確認されるときは，乙戸籍の謄抄本を提供する必要がない（「登記研究」159号38頁）。この場合，甲戸籍と丙戸籍において相続人の父母の氏名，父母の続柄，生年月日が同一であり，かつ，甲戸籍と丙戸籍とのつながりが乙戸籍を経ていることが明らかである（甲戸籍上の入籍先の戸籍の表示と丙戸籍上の従前戸籍の表示が，いずれも乙戸籍を表示しているとき

および不在住証明書など（昭43・3・28民事(三)発114号回答）〔→No.338「相続登記に要する戸籍書類」みよ〕。

(8) **相続分譲渡証書** 民法905条（昭59・10・15民三5195号回答，同日民三5196号回答）

No.337
相続人の証明（登記令7条1項5号イ）

登記の実務上は，「相続登記」ないし「相続による登記」という場合には，不動産登記法63条2項により単独で申請することが認められている相続による権利移転の登記を指称する。この場合，登記令7条1項5号イにおいて，相続その他の一般承継があったことを証する市町村長の職務上作成した情報の提供が求められており，それには戸籍謄本等が利用されている。

ところで，一般の相続登記という場合に，厳格な意味での相続登記ではないが，これに類似するものとして，登記権利者（登記することによって登記簿上で利益になるとみられる者），または登記義務者（登記することによって登記簿上で不利益になるとみられる者）に相続が開始した場合の権利移転の登記なども含めて，指称されることがある。すなわち，登記権利者または登記義務者の相続人が被相続人の登記請求権（登記権利者が登記義務者に登記申請の協力を求め得ること）もしくは登記義務を承継し，登記権利者または登記義務者の相続人として登記を申請する場合である（共同申請＝不登60条）。これは，相続人が相続の開始のときから被相続人の財産に属したいっさいの権利義務を承継する（ただし，被相続人の一身に専属したものは除かれる）ことに基づき（民896条），相続人から被相続人の権利義務を承継してなされる登記である。たとえば，不動産所有権の登記名義人である甲が乙に売買でその所有権を移転した事案で，その登記をしない間に登記義務者である甲が死亡した場合には，甲の相続人Aが甲の登記義務を承継して（被相続人甲名義をA名義にすることなく甲名義のまま直接乙名義に），乙と共同で所有権移転の登記申請をすることになる。また，前記事案で逆に売主甲（登記義務者）は生存しているが買主乙（登記権利者）が登記手続をしないまま死亡した場合には，買主乙の相続人B（相続人が数人ある場合でも保存行為として一人で足りる）は被相続人乙の有していた登記請求権を承継して（直接B名義にするのでなく被相続人乙名義に），甲と共同で所有権移転の登記（しかる後，相続登記する）申請をすることになる。さらに，もし売主甲・買主乙ともにその所有権移転の登記手続をしないまま死亡し，相続が開始した場合には，買主乙の相続人Bは乙の登記請求権を承継し，反面，売主甲の相続人Aは甲の登記義務を承継することになる。この場合，登記義務者の相続人が数人あるときは，その全員が登記義務を負うことになる（昭27・8・23民事甲74号回答）。なお，登記申請義務を遺産分割協議によって相続人の一部に負わせることはできないものと解されている（昭34・9・15民事甲2067号回答）。

このように登記権利者または登記義務者が登記手続をしないまま死亡し相続が開始した場合には，その相続人がその登記権利者としての地位（登記請求権），または登記申請義務を承継して登記手続をすることになる（不登62条）。この場合，登記令7条1項5号イにより登記手続上，登記請求権の承継者であること，また登記義務の承継者であることを立証するための添付情報の提供に戸籍謄本が最適であることは戸籍制度と親族法・相続法の

書面としては，例外なく，第一に戸籍（除籍，原戸籍を含む）の謄抄本を添付することにしている。この場合，相続を証する市町村長の書面を戸籍の謄抄本によらないで，戸籍の記載に基づき「相続人は何某である旨」を証明した書面では，適法なものではない。すなわち，市町村長には身分関係を戸籍の記載どおりに証明する権限はあっても，戸籍の記載に判断を加えて相続権の有無を証明することは，その権限外の行為になるからである（昭30・6・15民事甲1229号回答，大12・1・20大審院判決〔同年(ク)28号〕）。

【2】 **戸籍に追加される相続を証する書面**　登記の実務において，相続を証する書面の基本となるものは戸籍であるが，相続の態様によって相続の証明書には，戸籍謄本のほかに次のような書面が相続を証する書面の一部に追加されることがある。

(1)　**相続の放棄を証する書面**（民938条）　共同相続人中に相続の放棄をした者がある場合には，その者は初めから相続人とならなかったものとみなされるので（民939条），これを証するものとして，家庭裁判所の相続放棄申述受理証明書が必要である（家事法別表第1の95項，家事規106条）〔→ No.319「相続放棄」みよ〕。

(2)　**遺産分割を証する書面**（民907条・908条）　協議による分割の場合は，遺産分割協議書とこれに押印した協議者の印鑑の証明書（昭30・4・23民事甲742号通達）。もし，分割が協議でなく家庭裁判所の審判または調停によるときは，その審判または調停調書の正本（家事法39条別表第2の12項，244条）。また，被相続人が遺言で分割方法を定めたり，または遺言で分割方法を第三者に委託した場合は，その遺言書または，遺言書のほかに第三者の遺産分割の指定を証する書面と，これに押印した印鑑の証明書（民908条）〔→ No.316「遺産分割」みよ〕。

(3)　**相続分の指定を証する書面**（相続分指定証明書）（民902条）　被相続人が遺言で共同相続人の全部または一部の者の相続分を定めた場合は，その遺言書，また遺言で相続分の指定を第三者に委託した場合は，遺言書のほかにその第三者の指定を証する書面と，これに押印した印鑑の証明書。

(4)　**相続分のない旨の証明書**（特別受益証明書）（民903条）　共同相続人中に被相続人から相続分を超える遺贈または生前贈与を受けた者がいる場合（特別受益者）は，その者の相続分を有しないことの証明書と，これに押印の印鑑の証明書（昭30・4・23民事甲742号通達）。

(5)　**相続欠格を証する書面**（民891条）　共同相続人中の相続欠格者について，戸籍謄本のほか民法891条所定の欠格事由が存する旨の当該欠格者の作成した書面と，これに押印した印鑑の証明書または確定判決の謄本（昭33・1・10民事甲4号通達）。

(6)　**相続人たる子とその親権者との利益相反行為となる遺産分割協議に，協議者の適格を証する書面**（民826条）　この場合は，子のために特別代理人を選任して，その特別代理人が相続人である子に代わって遺産分割の協議をすることになるので，遺産分割協議書のほかに特別代理人選任の審判と，特別代理人の前記協議書に押印した印鑑の証明書（家事法別表第1の65項，昭30・6・18民事甲1264号通達，昭36・3・24民事甲728号回答）。

(7)　**被相続人または相続人の同一性を証する書面**　住民票，戸籍の附票，不在籍証明書

降に開始した相続について適用され，その相続開始原因は，人の死亡による死亡相続のみである。ただ，現行民法適用の経過的な特例として，被相続人が応急措置法施行の際における戸主であり，かつ，婚姻または養子縁組により他家から入った者である場合には，家附の継子は，新法施行後に開始する相続に関しては嫡出子と同じ相続権を認められている（民附則26条1項）。なお，現行民法は，昭和37年法律40号により同年7月1日から，また，昭和55年法律51号により翌56年1月1日から，それぞれ一部改正が行われ，相続法の分野も重要な改正が行われた〔→ No.312「代襲相続」，No.314「相続分」，No.319「相続放棄」，No.328「遺留分」みよ，「寄与分」（民904条の2）〕。

（イ）**対象となる戸籍** 昭和22年法律224号戸籍法が現行民法施行と同時に昭和23年1月1日から施行されたが，旧法戸籍は新法戸籍と擬制されたので（附則第3条），その新法戸籍に改製されるまでの間（おおむね昭和40年頃まで）は，事実上，新旧の形式による戸籍が併存していた。したがって，相続登記の対象となる戸籍は，従前の旧法戸籍と新法戸籍ということになる〔→ No.112「戸籍の改製」，No.100「改製原戸籍」みよ〕。

【3】**相続証明の複雑性** 今日の相続登記に用いられる相続を証する書面としての戸籍謄本等は，どの範囲・種類のものであれば足りるかに関しては，これを画一的に取り扱うことのむずかしさがある。それは，相続の開始（人の死亡）が永年にわたって断続的に行われ，一方その間には前述のように相続法と戸籍法の改正がしばしばあったことにも起因する。すなわち，今日の被相続人となる多くの人は，明治・大正や昭和初期の時代の旧法当時に生まれ，その後，婚姻，縁組などの身分行為により，または戸籍の改製などのため戸籍の変動が重ねられているので，親族法，相続法および戸籍法は現行法のみでなく旧法についても理解する必要がある。また，旧法当時に相続が開始したが，被相続人の不動産について相続登記のないまま今日に至っている場合は，その間には旧法適用，新法適用の相続が数次に開始していることもあって，相続を証する書面の把握に一層の複雑性を加えている。

以上の理由から市町村側においても，戸籍，除籍および原戸籍などの謄本の発給について，利用目的が相続登記である場合には，登記の実務に用いられる相続を証する書面となり得る範囲のものが交付されるならば，戸籍制度の意義も国民に一層理解され，信頼されるものと考える〔→ No.341～345「相続適格者の認否例」，No.338「相続登記に要する戸籍書類」みよ〕。

【参考文献】 髙妻新・荒木文明「全訂第二版 相続における戸籍の見方と登記手続」（日本加除出版）

No.336
相続を証する書面（登記令7条1項5号イ）

【1】**相続を証する戸籍** 戸籍が相続証明に利用されるのは，わが国の戸籍制度の仕組みからみて当然のことである。すなわち，戸籍制度は，その創設このかた人の身分関係を登録し，かつ公証することを目的としているから，相続制度において，人の死亡または一定の身分行為に相続の開始を認め，被相続人と一定の身分関係にある者を相続人と認める場合，戸籍を利用するのが最適であるわけである。登記の実務では，登記原因が相続である場合に，この相続を証する

相続登記の手続は，不動産登記法63条2項の規定によって通常の登記手続である共同申請（不登60条）の例外として相続人の単独申請を認めている。これは，登記名義人が既に死亡していて申請することができないことと，相続登記の申請書に相続を証する市町村長もしくは区長の書面またはこれを証するに足る書面を提供することによって，真正な登記を担保できること（登記令7条1項5号イ）が理由である。

【2】　相続登記に必要な相続法と戸籍法　(1)　明治民法（明治31年施行）前の相続

(ア)　**相続の内容**　明治維新後，民法施行前には相続について成文法がなく，慣例をもとに太政官の布告・指令または内務省・司法省の回答により運用され，民法施行前に開始した遺産相続については，民法施行後も特別の場合を除いて従前の慣例を尊重すべきことが明示されている（明治31年民法施行法1条）。

(イ)　**対象となる戸籍**　明治民法施行前における戸籍の編製は，明治4年太政官布告170号戸籍法による明治5年式戸籍，明治19年内務省令22号による明治19年式戸籍が編製されている〔→ No.76「明治5年式戸籍」，No.77「明治19年式戸籍」みよ〕。

(2)　明治民法（明治31年法律9号）の相続　(ア)　**相続の内容**　明治31年7月16日から昭和22年5月2日までの間に開始した相続については，家督相続と遺産相続の二つの形態がある。すなわち，家督相続は戸主権と家の財産を相続する効力を有し（旧民986条・987条），その家督相続は，戸主の死亡のほか，隠居または国籍喪失により，また戸主が婚姻または養子縁組の取消によってその家を去った場合，あるいは女戸主の入夫婚姻または入夫戸主の離婚があったときに開始するものとされている（旧民964条）。遺産相続は，戸主以外の家族の財産について，その家族が死亡した場合のみに開始する（旧民992条）。なお，家督相続が開始した場合について，旧民法当時に家督相続人が選定されないままでいた場合には，昭和23年1月1日以後は現行法が適用される（民附則25条2項本文）（囲　髙妻　新「相続登記の手引き」現行民法附則第25条・第26条の親族・相続関係〔増補版226頁以下〕）。

(イ)　**対象となる戸籍**　明治民法施行当時には，従前の明治5年式戸籍，明治19年式戸籍に加えて明治31年法律12号戸籍法による明治31年式戸籍，大正3年法律26号戸籍法による大正4年式戸籍が編製されている〔→ No.78「明治31年式戸籍」，No.80「大正4年式戸籍」みよ〕。

(3)　民法の応急措置法（昭和22年法律74号）の相続　(ア)　**相続の内容**　昭和22年5月3日から同年12月末までの間に開始した相続について適用される。この相続の内容は，人の死亡によって開始する死亡相続のみであり，新法（現行法）の相続と大体において同趣旨であるが，兄弟姉妹について代襲相続が認められていない（昭25・10・7民事甲2682号回答，昭43・11・22最高裁第二小法廷判決）〔→ No.81「民法の応急措置法当時の戸籍の取扱い」みよ〕。

(イ)　**対象となる戸籍**　当時は戸籍法の改正もなかったので，対象となる戸籍は，従前の戸籍法に基づくもの全部にわたる。

(4)　現行民法（昭和22年法律222号）の相続　(ア)　**相続の内容**　昭和23年1月1日以

いては，正当な相続人名義に権利取得の登記をするため，正当相続人はまず不適法な既登記を当該登記名義人に協力を求めて，錯誤を原因として共同申請で抹消手続をなし（不登60条1項），あらためて真正な相続登記の申請をすることになる（昭27・8・23民事甲74号回答）。もっとも，不正の相続登記名義人〔→不法行為者または物件侵害者～No.307の【2】「相続回復請求権の規定が適用される当事者」みよ〕が，その登記の抹消申請に協力しなければ，正当相続人は被相続人の登記請求権（登記と実体関係とを符合させるための）の承継により，相続無効を理由に判決を得て単独で相続登記の抹消を申請することができる（不登63条1項）。

(2) 婚姻または縁組の届出が受理され，戸籍の記載がなされても，その婚姻・縁組が無効であるときは，配偶者もしくは養子としての身分を取得しないので，被相続人の配偶者もしくは養子としては，相続人にならない。この場合において，無効行為の戸籍の記載に基づき遺産相続の登記をしたとしても，利害関係人は婚姻無効もしくは縁組無効を理由に，戸籍の訂正を求めるほか（戸114条・116条），前記(1)と同様に不適法な相続登記の抹消を請求できる。

次に，婚姻や縁組の届出が受理されているのに，市町村長が誤って戸籍の記載を遺漏していた場合，婚姻や縁組は届出の受理によって有効に成立しているから（民739条・799条），理論的には，配偶者としての相続権，養子としての相続権は，相続開始のときに取得していることになるわけであるが，実際には戸籍上に実体の身分関係が反映していないと相続登記などの面では容易に手続が進まないことになる。この場合は市町村長が職権による戸籍記載をすべきであるから（戸24条2項但書），利害関係人はその訂正方の申出をすれば足りる。要するに，戸籍の記載に間違いがあれば，早く訂正の手続をしておく必要がある〔→No.341～345「相続適格者の認否例」みよ〕。

【参考文献】 ①谷口知平「注釈民法(1)」，②中川善之助「注釈民法(24)」，③青木義人・大森政輔「全訂戸籍法」

No.335
相続登記と相続法・戸籍法

【1】 相続登記の意義　相続登記は，相続した財産の中に不動産がある場合に行われる。明治民法（旧民法）当時の家督相続の場合，前戸主に財産がないときは戸主権の承継のみで相続登記はあり得ない。相続人が被相続人所有の不動産を相続したときは，その不動産の取得を第三者に対抗（主張）するには，相続登記を要するか否かについて，判例は，かつて生前相続（旧民法当時の隠居，入夫婚姻，入夫戸主の離婚など），死亡相続の別なく登記を要するとしていたが（明41・12・15大審院連合部判決〔民録14輯1301頁〕，大9・5・11大審院判決〔民録26輯640頁〕），最高裁判決は，相続財産が不動産の場合，相続登記がなくても，相続による不動産の取得の効果を第三者に対抗（主張）し得ると解している（昭38・2・22最二小判〔民集17巻1号235頁〕）。しかし，相続人が相続した不動産に関する権利を自衛するためには，相続登記をして権利者であることを明確にしておくことが望ましく，また，相続により取得した不動産を処分するには，結局，相続登記をしてから処分の当該登記をすることになる。

報として提供するのが普通である（登記令7条1項5号イ）〔→№336「相続を証する書面」みよ〕。

<u>№.334
相続と戸籍訂正</u>　【１】　**相続の開始時期の戸籍訂正**　(1)　**自然的死亡の場合**　相続開始の時期が前後することによって，相続順位，相続分に重大な影響がある。通常の死亡については死亡診断書または死体検案書を添えて死亡の届出があるが（戸86条），その届出事項中，死亡の日時に錯誤があったため戸籍にも事実と相違した死亡日時が記載された場合，その戸籍によっては事実のとおり相続の開始があったことを証明できない。この場合は，利害関係人が家庭裁判所の許可を得て戸籍の訂正申請をすることができる（戸113条）。なお，官公署からの死亡報告（戸89条）に錯誤がある場合には，通常，当該官公署から訂正通知がなされるが，前記の利害関係人から訂正手続をとることも可能である。

(2)　**失踪宣告の場合**　失踪宣告により死亡とみなされた者が，その死亡とみなされたときと異なったときに事実上死亡した場合には，さきの失踪宣告を裁判上で取消し，戸籍法上の失踪宣告取消届を要する（民32条1項，戸94条）。この場合は，すでに失踪宣告により法律上死亡という効果（相続の開始）が確定的に生じているので，単に異時に死亡していることを立証しても（戸籍の実務では後述のとおり死亡の旨が記載されたとしても），さきの失踪宣告による死亡の効果（相続の開始）を否定することができない。したがって，死亡とみなされたときと異時に相続が開始したと認められるためには，利害関係人が異時死亡を立証して，さきの失踪宣告自体の取消申立をなし，その取消裁判があることを要する。

そこで，戸籍の実務では，失踪宣告を受けた者について死亡の届出があれば，市町村長はこれを受理して戸籍の記載をするが，失踪宣告の記載については，利害関係人に戸籍の記載に錯誤がある旨を通知し，利害関係人をして失踪宣告取消の裁判に基づく戸籍訂正の申請をなさしめて，失踪の記載を消除すべきものとしている（大9・5・31民事1553号回答，昭29・2・23民事甲291号通達）。したがって，失踪宣告により除籍された者について，死亡届による死亡の記載があっても，失踪宣告の記載は取消届がない限りそのままにしておくほかはないとされる（昭36・12・18民事甲3127号回答）。

【２】　**相続人となるべき者の戸籍訂正**　戸籍は，夫婦，親子，兄弟姉妹などの身分関係を登録し，公証するものであるから，誰が相続人となるべき者であるかどうかを証明し，また，戸籍の記載は一応真実であるとの推定を受け，実際にも相当の信頼がおかれている。しかし，戸籍の記載は絶対的に常に真実を反映しているものではないので，反証があるときには戸籍の訂正をする必要がある。たとえば，

(1)　虚偽の出生届に基づき，他人の子を自己の子として届け出て戸籍の記載がなされたとしても，親族法上，親子と認められない。この場合に相続が開始しても戸籍面だけの子は相続人とはならない。もし，相続人でないのに虚偽の戸籍の記載があるのを奇貨として遺産の相続登記申請をなし，その登記がなされた場合（登記官は提出された書面のみを法に照らして形式的に審査する権限しかないので），正当相続人は親子関係不存在を理由に，戸籍の訂正を求めるほか（戸113条・116条），実体関係と符合しない不適法な相続登記につ

れもないときは兄弟姉妹）が共同相続人となり（民889条），甲の直系尊属・兄弟姉妹がなければ，その全部について配偶者乙のみが相続することになる（民890条）。

【3】 **相続人であることの証明（相続人証明）** 相続が開始した場合，誰が相続するか，すなわち，誰が相続人となるかについて，相続法は，旧民法・現行法ともに被相続人と一定の身分関係を有する者に限ってこれを認めている。この被相続人と一定の身分関係を有する者であるかどうかは，戸籍が身分関係を登録公証することから，戸籍によって証明できるわけである。すなわち，相続人となり得る一定の身分関係にある者としては，第一順位としては被相続人の子（またはその直系卑属）であること（民887条），第二順位としては被相続人の直系尊属であること（民889条1項第1），第三順位としては被相続人の兄弟姉妹（またはその子―昭56・1・1以降）であること（民889条1項第2・同条2項），このほか前記の者とともに常に相続人となる者としては被相続人の配偶者であること（民890条）である。なお，その者が推定相続人に該当するとしても，相続人としての地位を剥奪されていないかどうか，すなわち，推定相続人の廃除（民892条～894条）があれば，その旨が戸籍に記載されることになっているので，当該事項が戸籍に記載されているかどうかによって，相続権を有するかどうかが証明される（戸97条）。

No.333 戸籍の公証力と相続 相続の開始自体は，人の自然的死亡または失踪宣告の裁判確定の瞬間時に発生するから，理論的には戸籍法上の死亡または失踪宣告の届出によって生ずるものではない。したがって，戸籍に死亡または失踪宣告の記載がないからといって相続が開始しないというものではない。しかし，一般には人の死亡が戸籍に記載されることによって相続の開始が証明され，相続人が誰であるかも戸籍によって証明される。もし，人が死亡しても死亡の届出がなく，また失踪宣告の裁判が確定しても失踪届出がないとすれば，戸籍によって相続の開始を証明できない。それでは，戸籍の機能を果たすことができない（届出が義務づけられている理由の一つ）。

次に，被相続人の子が相続人であることは，何も戸籍に記載されることによってその身分を取得するものでなく，親族法上で被相続人の子として認められているものを，そのとおりに戸籍に登録することによって公証されるにすぎない。いいかえれば，親族法上で被相続人の子として認められないものを戸籍面だけを子として記載しても正当な相続人となるものではない。つまり，戸籍の記載は一応その記載どおりに推定（信頼）されるが，それは絶対的のものでなく反証によって否定されることがある（戸113条～116条＝戸籍訂正が許されること，大11・11・6大審院決定〔民集1巻638頁〕）。

次に，事実上の妻が配偶者として相続人となるためには，婚姻が外国の方式による場合を除き，婚姻の届出が受理されることが絶対的に必要である（民739条）。この場合は，届出の受理即戸籍の記載という建前から，戸籍の記載がなされているのが普通である。そのように相続の開始，誰が相続人であるかは，通常，戸籍によって証明されることから，遺産の相続登記申請には，相続の開始と相続人となる者を立証するものとして，市町村長の相続を証する書面には，戸籍（除籍または改製原戸籍など）の謄抄本を登記原因証明情

の制度のみとなった（民応措7条以下，民法5編）。この財産相続が行われる原因としては，人が「死亡」した場合だけに限られている（民882条）。すなわち，人の死亡だけが相続の開始原因である。もっとも，民法上の死亡という場合には，自然的事実である死亡のほかに，法律上で死亡したものとみなして取り扱われる「失踪宣告」を受けた者も含まれる。

　失踪宣告については，普通の状況下にあって人の行方が不明で，その生死が7年間以上もわからないときや，船の沈没その他の危難に遭遇した者が，その危難の去った後1年間も生死が不明な場合に，家庭裁判所に請求して失踪宣告がなされたときは，その者が実際に生きていたとしても法律上では死亡したものと同じ取扱いがなされる（民30条・31条）。相続開始原因である自然的死亡・失踪宣告を公示するものとしては，戸籍の記載が役立っている。つまり，戸籍法上で死亡の届出または失踪宣告の届出を義務づけ，戸籍にその旨が記載されるので，そのことは財産相続の手続をするうえで大きな役割を果たしている。

【2】　**相続の開始時期の証明（相続開始証明）**　相続がいつ開始したか，すなわち，死亡のときはいつかということは，誰が相続人になるか，つまり，相続人となるべき者の順位および相続分を決定するのに重大な関係がある。したがって，これを明示する必要から戸籍には，死亡の「年月日時分」までを記載することとされている（戸86条，法定記載例129）。なお，戸籍の実務では，死体検案書に死亡の時刻を「推定何時」または「何時頃」と記載されて死亡届出があった場合には，戸籍にも「推定何時」または「何時頃」と記載することとされている（昭35・4・28民事甲994号回答，参考記載例163・166）。また，危難による失踪宣告の審判書中に危難の去った時（死亡とみなされる日）について時刻まで記載されているときは，その失踪宣告の届書および戸籍上にも時刻まで記載することとされている（昭37・5・30民事甲1469号通達）〔→ No.273「失踪宣告」みよ〕。

　前記の死亡時刻の記載がいかに重要であるか，同じ事故で，夫婦，親子，兄弟姉妹などが，死亡した場合に1秒でも死亡時刻が前後すると相続順位や相続分に大きな相違を生ず る。たとえば，父甲母乙と長男丙，長男の妻A，二男丁の5人家族の場合，甲，丙，丁の三人が乗船中暴風のため船が沈没して死亡したが，その死亡時刻が甲，丙，丁の順に死亡したことが明らかであれば，甲の遺産についての相続人と相続分は，まず母乙が6/12，子丙，丁が各3/12を相続する（民887条1項・890条・900条1号）。次に長男丙の相続分3/12を母乙1/12と丙の妻A 2/12として相続する（民889条・890条・900条2号）。さらに二男丁の相続分3/12は母乙のみが相続する（民889条1項第1）。つまり，甲の遺産については母乙が，6/12＋1/12＋3/12＝10/12，長男の妻Aが2/12を相続することになる。

　ところが，航空機の事故，汽船の沈没のように一度に多くの人が死亡した場合には，実際に誰が先に死亡したかが明らかでないことが多い。このような時間的に死亡の前後が認定できない場合には，「同時に死亡したものとみなす」ことになっている（昭和37年改正，民32条ノ2）。たとえば，前記の事案でかりに甲，丙，丁の死亡時刻の相違が認定できないとすれば，同時に死亡したものとみなされるから，甲，丙，丁間には相続の関係が生じないことになり，丙・丁に直系卑属がなければ甲の遺産は，配偶者乙と甲の直系尊属（こ

利子，地代，家賃など）をも返還しなければならない（民1036条）。(イ) 負担附贈与については，贈与された財産の価額の中から負担の価額を差し引いて計算しなければならない（民1038条）。(ウ) 売買や交換のような有償行為であっても，その対価が不相当であって相続人の遺留分を侵害することを当事者双方が知っていたときには，これを贈与とみなされるが，この場合に減殺請求をした遺留分権利者は，その対価を償還しなければならない（民1039条）。(エ) 受贈者が減殺される目的物をすでに第三者に譲り渡しているとき，または，目的とされるものの上に抵当権などの他の権利を設定しているときは，原則として遺留分権利者は第三者に対し取戻しの請求ができないが，受贈者は遺留分権利者に財産の価額を弁済しなければならない。しかし，その財産の譲受人が譲り受けた当時，遺留分権利者を害することを知っていたときは，その譲受人に対しても減殺の請求ができる（民1040条）。(オ) 遺留分を減殺するのに，現物で取り戻すことが絶対必要ということになると，実際問題として種々の不便や不都合が生ずる。そこで法律は，受贈者に現物返還の代わりに，その財産の価額を遺留分権利者に弁償して解決することを認めている（民1041条1項）。また，前記(エ)の後段（「しかし」以下）の場合も同様である（民1041条2項）。(カ) 受贈者が無資力の場合は，現物の返還も見積額の返還もできないから，結局，遺留分権利者の損害になる（民1037条）。減殺請求をしても相手方が任意に財産を返還しない場合は，訴えの提起による。

【5】 遺留分減殺による所有権移転登記 減殺の請求（一方的な意思表示）によって，被相続人のした贈与や遺贈が遺留分を侵害する範囲で法律上無効となり，受贈者・受遺者はそのものの返還をしなければならない。減殺の目的物が不動産である場合，登記の実務は，当該不動産がいまだ受贈者または受遺者の名義に登記されていなければ，直接減殺請求をした相続人名義に相続による所有権移転登記をすることができ，すでに受贈者または受遺者の名義に登記がなされているときは，その登記を抹消しないで，「遺留分減殺」を登記原因（原因日付は「減殺請求の日」）として，所有権移転の登記をすべきものとされる（昭30・5・23民事甲973号回答）。

No.331 遺留分の放棄

相続が開始する前は，相続する権利や遺留分を受ける権利というものは，現実の権利ではなく一種の期待権である。そこで相続の開始前に相続の放棄は許されていないが，遺留分については，相続開始前でも家庭裁判所の許可があれば認められている（民1043条）。この許可申立は，被相続人の住所地を管轄する家庭裁判所にする（家事法216条別表第1の110項）。遺留分を放棄しても相続が開始した場合に，遺留分を侵害されていなければ，相続人の利益にはなんの影響もない。つまり，相続の放棄（民939条）は相続から完全にはずれるが，遺留分の放棄は，遺留分権利者としての主張ができないというだけであって，相続人としての権利義務には少しも影響がないということである。

No.332 相続と戸籍

【1】 相続開始原因の証明 現行相続法には，明治31年施行の民法（以下「旧民法」という）に認められていた家督相続（戸主権の相続と家産の相続）の制度はなくなり，昭和22年5月3日新憲法施行の日から財産相続

(5)　**直系尊属だけが相続人である場合**　被相続人の財産の1／3を遺留分として残して貰う権利がある。

(6)　**兄弟姉妹と配偶者とが相続人である場合**（遺留分は配偶者だけに被相続人の財産の1／2）　(例)被相続人甲は，相続人が妻のほかに兄弟がある場合，相続人外のXに相続財産120万円のうち90万円を贈与または遺贈し，残額30万円を妻にやるという遺言をしたとすると，相続財産の残額30万円（120万円－90万円）は，妻の遺留分60万円（120万円×$\frac{1}{2}$）にも足りないから，妻だけが現存の30万円を相続し，そのうえで侵害された分30万円（60万円－30万円）をXから取り戻すことになる。つまり，遺贈または贈与後の残額が妻の遺留分に達しないときは，兄弟姉妹があっても，妻のみが相続し，兄弟姉妹の相続分はないことになる。また妻は，遺留分の不足分を受遺者，受贈者に対して取戻しの請求をすることになる（参照―我妻栄・立石芳枝「親族法・相続法」634頁）。

(7)　**兄弟や姉妹だけが相続人である場合**　この場合，いくら被相続人が財産を勝手に処分しても遺留分を主張できない。

No.330
遺留分減殺請求権

【1】　**遺留分減殺請求**　遺留分を侵害された遺留分権利者（その承継人を含む）は，その侵害された部分について取り戻すための要求をすることが認められている。これを遺贈または贈与の「減殺請求権」という（民1031条）。遺留分の減殺を請求する権利は，形成権という種類の権利であって，遺留分権利者たる相続人から，一方的に遺贈を受けた者（受遺者），または贈与を受けた者（受贈者）に対してその意思表示（その行使は必ずしも裁判上の請求によることを要しない（昭41・7・14最一小判，民集20巻6号1183頁）ので，普通，内容証明郵便が使われる）をすれば効力が発生するものである。その効果は，遺留分を侵害する範囲の遺贈や贈与が無効になる。したがって現実に受遺者や受贈者にまだ渡してない場合には，これを渡す必要がなくなり，すでに渡してあるときは，それだけの返還を請求することになる。

【2】　**減殺の請求順序**　(ア)　贈与と遺贈の両方ある場合，まず遺贈から取り戻し，それでも不足のときに贈与から取り戻す（民1033条）。(イ)　遺贈が二つ以上あって，その全部を取り戻す必要がない場合には，遺贈した財産の価額に応じて取り戻す。しかし，とくに遺言者がそうしてはならないというような意思表示をしたときは，その意思に従うことになる（民1034条）。(ウ)　贈与が二つ以上ある場合には，最後の贈与から取り戻し，それでも不足のあるときは順次に前の贈与に及ぶ（民1035条）。

【3】　**減殺の請求時期**　贈与や遺贈の取戻しは，受贈者や受遺者またはこれらの者から財産の譲渡しを受けた者の利益に重大な関係があるから，その時期を法律は相続人が，「(ア)相続の開始があったこと，および遺留分を侵害する贈与または遺贈のあったことを知ったときから1年，(イ)相続が開始したときから10年」の間に行使しないと，取戻しの権利は時効によって消滅するものとされている（民1042条）。

【4】　**減殺の請求後の問題**　(ア)　受贈者は遺留分を侵害している範囲で財産を返還しなければならないことはもちろん，減殺の請求があった日以後の果実（天然果実のほか貸金の

と相当な額との差額が計算に入る（民1039条）。

　以上(ア)から(オ)までの財産の合計額から被相続人の債務額を差し引いたものが，遺留分計算の基礎となる財産の額になる（民1029条1項）。なお，贈与した財産の価額は，贈与を受けた者の行為などで，その後，価額が増減または滅失しても，贈与を受けたときのまま相続開始当時に存在するものとして計算される（民1044条・904条）。また，相続人が金銭を贈与された場合には，贈与のときの金額を相続開始のときの貨幣価値に換算した価額をもって評価すべきである（昭51・3・18最一小判〔民集30巻2号111頁，金融商事判例497〕）。

【2】　**遺留分の計算方法**（民1028条・1044条）　(1)　**直系卑属だけが相続人である場合**（遺留分は被相続人の財産の1/2）（例）被相続人甲は，その子AとBがあるのに相続人外のXに相続財産100万円全部を贈与または遺贈したとすると，子（AとB）の遺留分は100万円の1/2の50万円であるから，AとBは各25万円をXから取り戻すことができる。

　(2)　**直系卑属と配偶者とが相続人である場合**（遺留分は被相続人の財産の1/2）（例）被相続人甲は，その妻乙・子（AとB）があるのに相続人外のXに相続財産120万円のうち90万円を贈与または遺贈したとすると，妻子は次の計算によって遺留分の不足分を取り戻すことができる。

　妻子（乙，A・B）の遺留分合計額（相続財産の$\frac{1}{2}$）……　$120万円 \times \frac{1}{2} = 60万円$

　乙の遺留分（妻の相続分は$\frac{1}{2}$であるから）……　$60万円 \times \frac{1}{2} = 30万円$……①

　AとBの各遺留分（子の相続分は$\frac{1}{2}$であるから）　$\left(60万円 \times \frac{1}{2}\right) \times \frac{1}{2} = 15万円$…②

ところが現実の相続分（120万円−90万円＝30万円であるから）は，

　乙の相続分……　$30万円 \times \frac{1}{2} = 15万円$……③

　AとBの各相続分……　$\left(30万円 \times \frac{1}{2}\right) \times \frac{1}{2} = 7.5万円$……④

故に侵害された相続分（Xから取り戻し得る遺留分の不足分）は，

　乙（①−③）……　30万円 − 15万円 = 15万円

　AとB（②−④）……　15万円 − 7.5万円 = 7.5万円（各人）

　(3)　**配偶者だけが相続人である場合**（遺留分は被相続人の財産の1/2）（例）被相続人甲は相続人が妻だけである場合，相続人外のXに相続財産90万円全部を贈与または遺贈したとすると，妻の遺留分は90万円の1/2の45万円であるから，1人で45万円をXから取り戻すことができる。

　(4)　**配偶者と直系尊属とが相続人である場合**（遺留分は被相続人の財産の1/2）（例）被相続人甲は，相続人が妻のほかに父と母があるのに，相続人外のXに相続財産120万円全部を贈与または遺贈したとすると，妻，父，母の遺留分合計は120万円の1/2の60万円であるから，これについて妻が配偶者としてその60万円の2/3の40万円を，父と母が直系尊属として2人でその60万円の1/3の20万円（各10万円）をXから取り戻すことができる。

条の規定の趣旨から，遺贈の放棄は相手方の受領を必要とする意思表示であると解されるので，これを遺贈義務者（相続人または遺言執行者）に対してすべきであるとされている（大 7・2・2 大審院判決〔民録 24 輯 237 頁〕）。

なお，登記申請手続に関しては，№325「遺贈」の項を参照のこと。

№328 遺留分

【1】 **意義** 遺留分とは，法律が定めているところの，これだけは相続人に対して残してやらなければならないという，相続財産の割合のことである。この制度は，相続人があるのに被相続人が自己の所有財産であるからといって，全財産またはその大部分を，相続人以外の者または相続人の一部の者に贈与（生前になされるもの）あるいは遺贈（遺言でなされるもの）したりすると，相続人は全然遺産を相続することができないか，または共同相続人中の一部の者を除く他の相続人がほとんど相続する遺産がないことがある。そこで，法律は相続人の利益を保護しようという目的から，ある程度の財産は相続人に残さなければならないとしたものである。被相続人は，この遺留分の制度により自分の財産でありながら一定の割合については自由な処分の制限を受ける。

【2】 **遺留分権利者** 相続人は，すべて遺留分を受けるのではなく，遺留分を受ける相続人と遺留分を受けない相続人とがある。相続人が遺留分を受けるのは，配偶者と直系卑属と直系尊属が相続人である場合だけで，兄弟姉妹には遺留分が認められていない。つまり，兄弟姉妹以外の相続人だけが遺留分を受ける権利を有する者であり，この遺留分を受ける相続人を遺留分権利者という（民 1028 条）。

【3】 **遺留分の額**（民 1028 条） (ｱ) 直系卑属のみが相続人であるときは，被相続人の財産の 1／2。(ｲ) 直系卑属と配偶者が一緒に相続人であるときは，被相続人の財産の 1／2。(ｳ) 配偶者のみが相続人であるときは，被相続人の財産の 1／2。(ｴ) 配偶者と直系尊属とが一緒に相続人であるときは，被相続人の財産の 1／2。(ｵ) 直系尊属のみが相続人であるときは，被相続人の財産の 1／3。そして，各相続人の遺留分は，前記の 1／2 または 1／3 の遺留分を基礎にして，その相続人の法定相続分の割合に従って計算される（民 1044 条・900 条）。

注 遺留分の割合は，昭和 56 年 1 月 1 日改正施行後のものである。

№329 遺留分の計算

【1】 **遺留分の計算基礎** 遺留分を計算する基礎となる被相続人の財産は，相続開始のときを基準として次のとおり計算される。(ｱ) 被相続人が死亡の際に所有していた財産の価額に以下のものを加える（民 1029 条 1 項）。(ｲ) 被相続人が死亡する前の 1 年間のうちに他人へ贈与した財産の価額を加算する（民 1030 条）。(ｳ) 贈与する者と贈与を受ける者（受贈者）の双方が，遺留分権利者たる相続人の遺留分を侵害することを知って贈与した財産（これは 1 年前のものでも計算される，民 1030 条）。(ｴ) 相続人のうちで，被相続人から結婚や生業資金として贈与を受けている者があれば，その価額も計算に入れる（民 1044 条・903 条）。(ｵ) 被相続人が不相当に安く財産を売った場合で，安く売ることによって相続人の遺留分を侵すことを売買の双方が知っていたとすれば，これは贈与とみなされる。つまり，この場合は不相当な価額

(昭38・8・16民事甲1734号通達)。また、相続人がみずから登記義務者として遺贈の登記申請人となる場合には、その相続人の印鑑証明書を提供することになる(登記令16条2項)。これらの場合の印鑑証明書は、作成3か月以内のものであることを要する(同条3項)。(c) 住所証明書＝遺贈によって登記権利者となる受遺者を明定するために、その者の住所を証する書面(住民票など)の提出を要する(登記令7条1項6号別表30)。

【参考文献】①岡垣学「先例判例 相続法」(日本加除出版)、②清水勲「遺贈とその登記手続上の若干の問題点」(民事月報Vol. 32 No. 2 1977—2)、③御園生進「相続登記法」(日本加除出版)

No.326 包括遺贈

包括遺贈とは、遺言により相続財産の全部または何分の1という抽象的な割合をもって与えるものである。包括受遺者は、相続人と同一の権利義務を有する(民990条)から、財産全部の包括遺贈の場合は、受遺者が相続人と同じような立場で負債についても全部を負担することになり、また割合的一部の場合はその割合に応じて負債を負担することになる。さらに、包括遺贈の承認放棄については民法986条～989条の適用はなく、相続人と同じく民法915条以下(相続の承認および放棄に関する規定)が準用される(我妻 栄・立石芳枝「親族法・相続法」580頁・586頁)。したがって包括受遺者が遺贈を放棄するには、その旨を家庭裁判所に申述しなければならない。なお、包括受遺者は、相続人と同じく、遺言者(被相続人)に属した財産上のいっさいの権利義務を承継するので、包括受遺者と相続人・包括受遺者の相互間には共同相続人の間におけると同様の法律関係を生ずる(我妻 栄・有泉 亨「民法Ⅲ」398頁)。しかし、包括受遺者は、相続人そのものではないので、すべての点で相続人と同一に扱われるわけではない。たとえば、数人の包括受遺者がある場合、そのうちの一部の者が放棄をすると、その放棄者の受けるべきであった分は、他の包括受遺者に帰属せず、相続人のみに増加される(民995条本文)。なお、登記申請手続に関しては、No.325「遺贈」の項を参照のこと。

No.327 特定遺贈

特定遺贈とは、遺言で具体的な財産を特定して与えるものである。特定遺贈の受遺者は、包括受遺者と異なり、相続人と同じ待遇を受けるものでなく、特定の財産を貰うだけであって、借金のような義務は負わない。なお、個々の財産を指示しなくても「何村にある自己所有の土地全部」というように指示した場合も特定遺贈とみられる。特定遺贈も受遺者の意思にかかわらず効力が生ずるが、受遺者に強制する必要もないので、受遺者は遺言者の死亡後であればいつでも遺贈の利益を放棄することができる(民986条)。しかし、いつ放棄してもよいとなると、いつまでも不安定な状態におかれるので、民法では通常、遺産の引渡義務を負う相続人(遺贈義務者)その他の利害関係人が特定受遺者に対して、一定の期間を定めて遺贈を承認するかどうかを催告することができるとされている。もし、催告をされた受遺者が定められた期間内に回答しない場合は、遺贈を承認したものとして取り扱われる(民987条)。さらに、受遺者が遺贈の承認または放棄をしないで死亡したときは、その相続人がこれをすることになる(民988条)。この場合の放棄の方式については、特別の制限はないが、判例上は民法987

譲渡する等してその旨の登記を経由しても，相続人の同処分は無効であり，受遺者は，遺贈による目的不動産の所有権取得を登記なくして当該第三者に対抗することができる（昭62・4・23最一小判〔民集41巻3号474頁〕）。

(2) **登記手続** (ア) **登記の申請方式と農地の遺贈登記** 遺贈による不動産の登記手続は，受遺者（登記権利者）と相続人（登記義務者）または遺言執行者（相続人の代理人）の共同申請によって行われる（昭33・4・28民事甲779号通達，昭44・9・8東京高裁決定〔高裁民集22巻4号634頁〕）。さらに，遺贈による不動産の所有権の移転で問題となる農地について，遺贈の効力は遺言者の死亡により生ずるが，登記をなすには贈与と同様に特定遺贈については農地法による都道府県知事の許可（農地法3条）を得なければ登記申請は受理されない（昭43・3・1民事(三)発170号回答）。ただし，包括遺贈については相続の場合と同様に農地の遺贈は都道府県知事の許可を要しない（農地法施行規則3条5号，昭39・12・1民事(三)発706号回答）。

(イ) **遺言執行者の資格を証する書面** 遺言執行者は，遺贈義務者である相続人の代理人（民1015条）であるから，遺言執行者のする登記申請にはその代理権限を証する情報の提供を要する（登記令7条1項2号）。この書面には次のものがある。① 遺言で遺言執行者が直接指定されているときは，その指定の旨を記載の遺言書，② 遺言で遺言執行者の指定を第三者に委託しているときは，その受託者において遺言執行者を指定した旨を記載の書面と遺言書，③ 家庭裁判所が遺言執行者を選任したときは，その選任の審判書と遺言書（昭44・10・16民事甲2204号回答）。

前記の遺言書は，遺言執行者の代理権限証書として，登記官において民法所定の方式に適合しているか否かが審査される。たとえば，(a) 検認を経た遺言書でも日付が明確に記入のないものは，無効であり（昭26・8・31民事甲1754号通達），また検認を経ない遺言書は，不適法であるとして，登記の実務で受理されない（平7・12・4民三4344号通知）。(b) 遺言書の内容が，形式審査上相続人の遺留分を侵害することが明らかな遺贈の登記申請でも認められる（昭29・5・6民事甲968号回答）。(c) 遺言書の内容に「養子 X 某」を受遺者とする旨が記載されている場合，それが養子（未届）であっても，遺言者の表現のいかんにかかわらず，その内容から判断して受遺者を特定できるならば認められる（昭40・7・14民事甲1875号回答）。(d) 遺言書の遺言執行者の表示中に，同人の住所の記載がなくても，あらためて遺言執行者の選任をする必要はないとして取り扱われている（昭45・10・5民事甲4160号回答）。なお，相続人がみずから登記義務者となる場合は遺言書の提供を要しない。

(ウ) **遺贈登記に要する戸籍謄本，印鑑証明書および住所証明書** (a) 戸籍謄本＝これは，遺言者の死亡を証する書面，すなわち遺言の効力を生じたことを証する書面として遺産分割と同じく，また，遺言執行者がないときに相続人が遺贈義務者としてその登記義務者となる場合に，遺言者の相続人であることを証するものである。(b) 印鑑証明書＝これは，遺言執行者が登記義務者である相続人の代理人として遺贈の登記申請人となる場合に，その遺言執行者の真正を担保するために同人の印鑑証明書の添付を要するものである

民986条」)。なお，遺贈は，受遺者が遺言者の死亡以前，または条件附遺贈の場合その条件成就前（遺贈の効力発生以前）に死亡したときは，遺贈の効力を生じない（民994条）。この場合，受遺者の相続人は，受遺者の権利を承継できない。また，遺言者と受遺者が同時に死亡した場合も同様である。すなわち，遺贈には，受遺者の代襲相続ということは考えられていない（民995条）。

【2】 受遺能力 受遺者は，権利能力を有する者であれば，自然人つまり生きている人間に限らず，一般財団法人や一般社団法人や会社のような法人でもさしつかえない。また，胎児についても民法886条の規定が準用されるので，受遺者となることができる（民965条）。しかし，相続において相続する資格のない者（相続欠格者＝民891条）があるように，遺贈の場合にも受遺者としての資格のない者（受遺欠格者）を相続の場合と同様に規定し，相続人になる資格のないような者は受遺者になる資格もない（民965条）。

【3】 遺贈の種類 遺贈には，全財産または全財産の1/2とか4割を与えるというような分数的な割合（昭5・6・16大審院判決〔民集9巻550頁〕）で示される包括遺贈と，全財産のうち郡村番地所在何番の家屋とか甲会社の株券（大6・12・12大審院判決〔民録23輯2090頁〕）を与えるというように個々の財産をとくに指定して与える特定遺贈とがある（民964条）〔→No.326「包括遺贈」，No.327「特定遺贈」みよ〕。

【4】 遺贈の物権的効力 包括受遺者は，相続人と同一の権利義務を有するのであるから，遺言書が効力を発生するとともに遺贈の目的物は，直接受遺者に対し民法176条所定のように物権的に移転するものと解されている（昭32・12・11高松高裁判決〔下級民集8巻12号2336頁〕）。これを物権的効力（不動産の受遺者が遺言者の死亡と同時に受遺不動産上の所有権を取得する）といわれている。このことはひとり包括遺贈のみに物権的効力を生ずると解すべきでなく，通説・判例は特定遺贈についても民法上に債権的効力（遺言者の死亡により，遺言者の相続人に対して受遺不動産上の所有権の移転の請求権を取得する）のほか生じないという特別規定がないので，通則に従い直ちに物権的効力を生ずると解するのが相当であるとされる（大5・11・8大審院判決〔民録22輯2078頁〕，昭39・3・6最二小判〔民集18巻3号437頁〕）。

【5】 遺贈の登記 **(1) 対抗力** 不動産物権の変動に関する対抗力については，相続による不動産物権が相続人に移転したとき，これを第三者に対抗するためには登記を必要とするという見解（民177条，明41・12・15大審院連合部判決〔民録14輯1301頁〕，大15・2・1大審院連合部判決〔民集5巻44頁〕）が旧法時にみられたが，新法後の遺産相続について，共同相続の持分権については，登記がなくても対抗できるという見解（昭38・2・22最二小判〔民集17巻1号235頁〕，昭41・7・28最一小判〔裁集民84号243頁〕）となっている。ただし，遺産分割については，登記がなければ，分割後の取得財産について第三者に対抗できない（昭46・1・26最三小判〔民集25巻1号90頁〕）し，また，遺贈についても，判例は同様に登記を必要とする旨を明らかにしている（昭39・3・6最二小判〔民集18巻3号437頁〕）。もっとも，遺言執行者がある場合（遺言執行者として指定された者が就職を承諾する前も含む。）は，相続人が民法1013条の規定に違反して遺贈の目的不動産を第三者に

No.324 遺言書の検認

検認（民1004条）は，遺言書を保全し遺言を公正に実行させるためのものである。遺言書の保管者は相続開始後遅滞なく（保管者がなく相続人が発見した場合も同じ），公正証書による遺言を除き，遺言書はすべて家庭裁判所に提出して検認を受けなければならない。この場合の家庭裁判所は相続開始地，遺言者の住所地のいずれに提出してもよい（家事法209条・別表第1の103項）。この検認は，遺言の執行前に遺言書の状態を調査確認し，後日における遺言書の偽造，変造を予防し，その保存を確実にさせる目的のためになされる手続である。したがって，検認の実質は，遺言書の形式態様など，もっぱら遺言の方式に関するいっさいの事実を調査するものであって（家事規113条），遺言の内容の真否，その効力の有無など遺言書の実体上の効果を判断するものではなく，検認は一種の検証手続にすぎないと解されている（大4・1・16大審院判決〔民録21輯8頁〕，大7・4・18大審院判決〔民録24輯722頁〕，昭13・7・20大審院判決〔法律新聞4313号15頁〕）。この点は，死亡危急者または船舶遭難者の遺言の「確認」が，家庭裁判所の確認を得なければ遺言としての効力を生じない（民976条2項・979条2項）のと異なる。つまり，確認は遺言の効力発生要件であるが，「検認」の有無は遺言の効力に影響がない（検認を受けないままでも有効）。しかし，遺言者の意思を保全し，かつ，そのとおりに実現させるために，遺言書の検認を受けるべき者が，遺言書の提出を怠ったり，その検認を受けないで遺言を執行し，または家庭裁判所外で勝手に遺言書を開封した者は過料に処せられる（民1005条）。また，登記の実務では，検認を経てない遺言書は，相続を証する書面としては，不適格であり，これを添付した登記申請は却下される（不登25条9号，平7・12・4民三4344号通知）。さらに遺言書を隠匿した者，偽造，変造，破棄をした者は，相続人となる資格を失う（民891条5号）。なお，公正証書による遺言について検認の手続が免除されているのは（民1004条2項），遺言書（原本）が公証人役場に保管され偽造，変造などのおそれがないからである。

No.325 遺贈

【1】 意義　遺贈とは，遺言〔→No.321 みよ〕によって財産または財産上の利益を他人に与えることである。この財産上の利益を与えるということは，土地，建物，動産，株券，預金，貸金，現金などいわゆる積極財産を与えるだけでなく，借金などの債務を免除するということも遺贈の一つになる。この遺贈を受ける者を受遺者という。遺贈は，遺言でもって財産を与えるものであるから，遺言が方式の不備で無効になると遺贈も当然無効になる。また，遺贈は，財産の無償贈与であるが，必ずしも無償でなく，受遺者に一定の義務を負うことを条件とする遺贈もすることができる（負担附遺贈，民1002条・1003条）。

遺贈は，相続が被相続人の死亡によって当然開始するのと同じように，遺言者の死亡で遺言が効力を発生すると当然に効力を発生する。これは，遺贈によって財産を貰う者（受遺者）に遺贈を受ける意思があるとないとにかかわらず，あるいは遺言者の死亡したこと，また遺言者が遺言していることを知っているといないとにかかわらず，遺贈は効力を発生する（単独行為）。しかし，相続人が相続を放棄するのと同じように受遺者は遺贈を放棄することができる（「包括受遺者の放棄―民915条〜940条・990条」，「特定受遺者の放棄―

書でもよい)に遺言者みずから氏名を書き印を押す。(イ) 遺言書に封をして遺言書に押した印と同じ印で封印する。(ウ) 公証人と二人以上の証人に証明を受ける。この場合には，公証人と二人以上の証人の前に封をした遺言書を提出して，(a)自分の遺言であること，(b)実際に書いた者の住所氏名を申述する。(エ) 最後に公証人は，その遺言書に提出した日附と遺言者の前記申述((a)・(b))を封書に書き，遺言者と証人とともにこれに署名し，印を押す。

(5) **口がきけない者の秘密証書遺言**(改正民972条)・**特例**(平12・1・8施行) 前記(2)・(3)における口がきけない遺言者の公正証書の作成について，「自書」要件を「通訳人の通訳により申述」を採用したことから，秘密証書遺言についても同じくこれを採用した。

【3】 **特別の方式** この方式による遺言は，特別の状態にあるときに認められるものであるから，普通の方式によっても遺言をすることができる状態になったときから6か月間生存するときは遺言の効力がなくなる(民983条)。

(1) **死亡危急者の遺言**(民976条・同条2項・3項新設※平12・1・8施行) 病気負傷など死亡の危急に迫った場合の遺言で次の方式で作られる。(ア) 三人以上の証人が立会う。(イ) 遺言の趣旨の口授(※平12・1・8 口がきけない者は手話通訳等による申述方式採用)。(ウ) 証人の一人が書く。(エ) 筆記者が遺言者と他の証人に読み聞かせ(※平12・1・8 口がきけない者に対する通訳人の通訳による筆記内容の伝え方式採用)，または閲覧させる(平12・1・8追加)。(オ) 各証人はその筆記の正確なことを認めた後，これに署名し，印を押す。(カ) 遺言の日から20日以内に，証人の一人または相続人などの利害関係人から家庭裁判所に，その遺言の確認を請求する。(キ) 家庭裁判所は遺言が遺言者の真意によって作られた心証を得て確認する。

(2) **伝染病隔離者の遺言**(民977条) この場合の遺言は，警察官一人と証人一人以上の立会で遺言書を作ることができる。遺言書には，遺言者，遺言の筆者，立会人，証人が各署名し，印を押すこと(民980条)。

(3) **在船者の遺言**(民978条) この場合の遺言は，船長または事務員の一人と証人二人以上の立会で遺言書を作ることができる。遺言書の署名押印者は前記(2)と同様である。

(4) **船舶遭難者の遺言**(民979条・同条2項新設※平12・1・8施行) この場合は，船舶の遭難で，かつ死亡危急が迫った場合であるから，証人二人以上の立会だけで口頭(※口がきけない者に手話通訳等による申述方式が採用されたことから，本項の遺言にも同じ方式が採用された)で遺言をすることが認められている。この遺言は，遭難が止んだとき，証人が早急に遺言の趣旨を筆記して，これに署名押印し，かつ，証人の一人または相続人などの利害関係人から，遅滞なく家庭裁判所に確認の請求をする。家庭裁判所は遺言者の真意を確かめて確認する。

【参考文献】 岩井伸晃「公正証書遺言方式の改正等」(登記情報458号101〜105頁)

されたものと解すべきである。
　二　特定の遺産を特定の相続人に「相続させる」趣旨の遺言があった場合には，当該遺言において相続による承継を当該相続人の意思表示にかからせたなどの特段の事情のない限り，何らの行為を要せずして，当該遺産は，被相続人の死亡の時に直ちに相続により承継される。

【参考文献】　①「登記研究」316号63頁，②「登記先例解説集」12巻10号1頁・14巻3号3頁，③日本司法書士会連合会「司法書士100講10」7頁～25頁

No.323
遺言の方式

【1】　意義　遺言として法律上の効力を発生させるためには，法律の定める方式によらなければならない。法律は遺言者の意思を保証するため厳格な方式を規定し（民967条～984条），この方式によらなければ，遺言ができないことにしている（民960条）。遺言の方式には，普通の方式と特別の方式とがある。

【2】　普通の方式　(1)　自筆証書による遺言（民968条）　遺言者が自己の意思によって自分で書いて作成する。㈦　遺言内容の全文，㈣　遺言の日附，㈥　遺言者の氏名（戸籍上の氏名に限らない），以上は必ず自分で書くこと。㈢　これに遺言者の印（実印に限らない）を押す。㈤　もし，遺言の内容を加除，訂正もしくは変更をした場合は，その箇所に印を押し，その欄外または遺言書の末尾に何行目の何字以下を何字削除，加筆したことを記入し，これに署名する。

(2)　公正証書による遺言（民969条）　遺言者が公証人に口授して作成を依頼する。この方式は，㈦　証人二人以上の立会があること（未成年者，推定相続人とその配偶者，直系血族，公証人の配偶者，四親等内の親族，書記，雇人などは証人として不適格。民974条）。㈣　遺言者がみずから遺言の趣旨を公証人に口授する。㈥　公証人が遺言者の口述を筆記し，その筆記した書面を遺言者と証人に読み聞かせ，または閲覧させる（平12・1・8施行追加）。㈢　遺言者と証人が筆記の正確なことを認めて，各自がこれに署名し，印を押す。遺言者が署名できないときは公証人が代署し，その事由を付記する。㈤　最後に公証人が前記の方式によって作ったことを付記して署名し，印を押す（公証人役場に持参するもの—遺言者の実印と印鑑証明書等—公証28条2項）。

(3)　口がきけない者の公正証書遺言・特例（新設）（平12・1・8施行）（民969条の2・972条）　㈦　遺言者が口がきけない場合（聴覚，言語機能障害者）は，前記(2)における通常人の「口授」要件に代えて「通訳人の通訳」（手話通訳，読話（口話），触読，指点字等）による申述または「自書」（筆談）によることができることになった（民969条の2第1項）。

㈣　公証人側も確認方法として，通常人に対する「読み聞かせ」に代えて「通訳人の通訳」により筆記内容を遺言者または証人に伝えることになった（同条2項）。

㈥　通訳人の資格について，法律上の制限はなく，実務の運用に委ねられる。

(4)　秘密証書による遺言（民970条）　遺言の内容を自分の死亡するまで秘密にしておく場合に用いられる。この方式は，㈦　遺言の内容を書いた証書（文言は代書，タイプ印

遺者との共同申請により（不登26条1項），「相続」であれば相続人の単独申請が認められる（不登27条）。また，遺産が農地で特定遺贈であれば，申請書に農地法所定（3条）の許可書の提供を要する（昭43・3・1民事(三)発170号回答）。さらに登録免許税が相続の場合（不動産価格の4/1,000）と遺贈の場合（不動産価格の20/1,000）とで異なる。したがって，登記官は登記原因が「相続」か，「遺贈」かの判断を要するが，遺言で遺産を与えられる者が具体的の相続人である場合には，遺言書の内容が前記(ア)，(イ)，(ウ)のいずれに該当するか，つまり遺贈であるのか，相続であるのかの判断に困難を伴う場合がある。先例は後記のとおり，遺言書に表現されている文言からみて遺贈か，相続分の指定か，遺産の分割方法の指定かが明白な場合にはそれによることとしている。もっとも，先例の中には「遺贈する」という文言があっても，それが相続財産の全部または一部を相続人の全員に対する遺贈（包括遺贈）であれば登記原因は「相続」，もし，相続人中の一部に対する遺贈（包括遺贈）であれば，登記原因を「遺贈」として扱うべきであるとしている（昭38・11・20民事甲3119号回答，昭58・3・2民三1310号回答）。なお，遺言書に明白な表現がない場合には，遺言書の形式，記載文言などの全般にわたって総合的に判断し，被相続人の意思を解釈しなければならない（昭5・4・14大審院決定，法律評論19巻民法672頁，昭58・3・18最二小判，家月36巻3号143頁）。

〔先例1〕 昭和47年4月17日民事甲1442号通達 （要旨）長男甲，二男乙という推定相続人を有するXが遺言しようとする場合。設例(1) 遺言者Xは，その遺産について次のとおり相続させる。(ア) 長男甲にA不動産。(イ) 二男乙にB不動産。(ウ) その他の財産は甲・乙均分とする。設例(2) 遺言者Xは，その遺産について次のとおり相続させる。(ア) 長男甲にA不動産。(イ) 二男乙にB不動産。設例(3) 遺言者Xは，その遺産について次のとおり相続させる。A不動産は長男甲。設例(4) 遺言者Xは，その遺産の全部を長男甲に相続させる。これらの場合，いずれも「相続」を登記原因として所有権の移転登記をすることができる。团……筆者（いずれも「……に相続させる」という文言に留意，遺産の分割方法の指定ないし，相続分の指定と解される）

〔先例2〕 昭和47年8月21日民事甲3565号回答 （要旨）「遺言者は，次のとおり遺産分割の方法を指定する。長男A農地，二男B農地」この場合，「相続」を登記原因とする所有権の移転登記をすることができる。团……筆者（傍点の部分の文言に遺産の分割方法の指定が明らかにされている）

〔先例3〕 昭和48年12月11日民三8859号回答 （要旨）「遺言者は，後記受遺者（相続人のうちの一人）に後記不動産物件を遺贈する」この場合，所有権移転の登記原因は，「相続」ではなく「遺贈」とすべきである。团……筆者（傍点の部分に特定遺贈であることが明らかにされている）〔→ No.325「遺贈」，No.326「包括遺贈」，No.327「特定遺贈」みよ〕。

〔判例〕 平成3年4月19日最高裁第二小法廷判決（最高裁民集45巻4号477頁）

〔要旨〕 一 特定の遺産を特定の相続人に「相続させる」趣旨の遺言は，遺言書の記載から，その趣旨が遺贈であることが明らかであるか又は遺贈と解すべき特段の事情のない限り，当該遺産を当該相続人をして単独で相続させる遺産分割の方法が指定

続人相互間の担保責任〔民911条〜913条〕の割合を変更すること，民914条)。(キ) 遺言執行者の指定，その指定を第三者に委託すること（民1006条1項)。(ク) 遺贈減殺の制限（相続人が遺留分として，受遺者から取り戻す目的物の価額の割合を変更すること，民1034条ただし書)。(ケ) 認知（民781条2項)。(コ) 未成年者の後見人指定（民839条)。(サ) 未成年後見監督人の指定（民848条)〔→(ア)〜(サ)について各別の項目みよ〕。

No.322 遺言と相続（登記）との関係

【1】 **遺言の必要** 旧民法下では，「家」という制度があり，家の財産（家産）は，戸主が家督相続ということで一人で全部を受け継ぐ建前がとられていた（旧民986条)。しかも，家制度は戸籍と表裏一体で整備され，家督相続の順位が明確で，相続について紛争を生ずることもなかったから，遺言をする必要もあまりなかった。しかし，新憲法の施行に伴って昭和22年法律が改正され，一人で相続する家督相続がなくなって，遺産相続の一本建てとなった。新法は，被相続人の子は性別・年齢に差別されることなく同順位で均分相続（民900条4号本文）となり，かつ，配偶者も常に相続人となる（民890条）という原則になった。つまり，現行相続法のもとでは，遺言で遺産の処分を明確に定めていなかった場合，遺産は法律で定められた抽象的な相続分（民900条—相続の割合）に応じて，共同相続人の間で具体的に分割して取得することになる（民906条以下)。実際問題として遺産の分割協議（どの財産を誰に，どれだけ分配するかについての話し合い）は，こじれることが多く，これらの親族間の紛争をさけるためにも遺言を活用する必要がある。なお，相続に関して法律上遺言によってすることのできる事項については限定されている〔→No.321「遺言」みよ〕。

【2】 **遺言による所有権移転登記** 遺言でする遺産の分配方法には，法律上，(ア) 遺贈（民964条)，(イ) 相続分の指定（民902条)，(ウ) 遺産の分割方法の指定（民908条）の三方法がある。これらについての基本概念は次のように解されている。前記(ア)の遺贈には，遺産の全部，または1/2・1/3のように分数的割合で示した一部を与える包括遺贈と，具体的に財産を指定して与える特定遺贈とがある。前記(イ)の相続分の指定は，法定相続分（民900条）と異なる相続の割合を定めることである。この場合の具体的な財産の取得は，遺産分割手続によることとなる。また，前記(ウ)の遺産の分割方法の指定は，法定相続分の割合を変更しないで，その範囲内でもって遺産分割手続をまつまでもなく，遺言で具体的な財産の分配方法だけを定めることである。ところで，遺言で指定したとおりに遺産を分割した結果，法定相続分に変更を生ずる場合には相続分の指定をも含むことになる。たとえば，遺言で特定の不動産を指示して長男に取得させるという分割の方法を指定した場合，法定相続分の変更を生ずることがある。また，前記例示の場合は，特定遺贈とも認め得る（我妻栄・立石芳枝「親族法・相続法」430頁・449頁)。実際の遺言の内容には，被相続人が遺贈とか，相続分の指定とか，または遺産の分割方法の指定とかの法律用語の区別を意識しないでなされ，これらの三者が混在している場合が多く，その区別は明確でない。しかし，登記の実務上においては，所有権移転の登記原因が「相続」か，「遺贈」かによって登記手続上に差異がある。すなわち，「遺贈」であれば相続人もしくは遺言執行者と受

定承継と考えられる（雑誌「戸籍」167号47頁）。したがって，不動産の登記も相続登記ではなく，贈与による所有権移転登記を不動産登記法60条に基づき相続財産の管理人と分与請求者との共同申請（登記原因証明情報として分与の審判書の謄本添付）によってすべきものと解する説がある（御園生進「相続登記法」（日本加除出版）188頁）。しかし，登記の実務上は，不動産登記法63条の規定を類推適用して，家庭裁判所の審判に基づき単独で権利取得の登記を申請することができるとされている（昭37・6・15民事甲1606号通達）。ただし，登録免許税は，無償名義による所有権移転の登記として課税され，登記原因は「民法第九百五十八条の三の審判」囲であり，その日付は審判確定の日である。なお，申請書には相続財産処分の審判書正本とその確定証明書を添付することを要する取扱いである。

囲 前記通達には，「相続財産処分の審判」とあるが，昭和54年3月31日民三2112号通達により改められた。

No.321
遺言

【1】 意義　人は，死後の家族，近親者の生活，その他を考えて心配のないように願うのが人情の常であり，この死者の意思を尊重し，その実現を図ろうとするのが遺言の制度である。遺言によって死後の遺産の処理や身分関係などを善処しておくことによって，残された家族の平穏な生活が営まれることになる。遺言は，本人が死亡後になって実現されるものであるから，紛争がおきないよう厳格な方式が要求される。つまり，遺言とは，遺言者の死後にある法律的効果を実現させようとして，一定の形式に従って遺言者の意思を生存中に表明しておくものである（民960条以下）。

【2】 性質・要件　(ア) 遺言は，遺言者本人の自由意思によるべきで，他人の承諾を要しない（単独行為）。本人の自由意思の表明には，遺言時に意思能力を有することを要し（民963条），その適齢としては満15年に達していることを必要とされる（民961条）。したがって，意思能力を備えていれば，未成年者，成年被後見人，被保佐人（法律行為の制限能力者）でも単独で有効な遺言ができる（民962条）。(イ) 遺言は，遺言者の意思を明確にして後日に紛争を生じさせないため，民法に定める方式（形式）を必要とされる（要式行為）〔→ No.323「遺言の方式」みよ〕（民960条）。(ウ) 遺言は，遺言者の死亡によって効力を生ずるものであるから，生存中にはいくら適式の遺言でも効力を生じない（民985条）。(エ) 法律上の効力をもつ遺言としてなし得る行為は，次に掲げるように限定的であり，遺訓，遺誡などは道義的・倫理的意義を有するにすぎない。

【3】 法律上の効力を有する遺言事項　(ア) 遺産の処分をすること。遺贈（民964条），一般財団法人の設立（法人法第153条1項—法人法は，「一般財団法人及び一般財団法人に関する法律」の略），信託（信託法2条）。(イ) 相続人の廃除，その取消し（民893条・894条2項）。(ウ) 相続分の指定（遺留分の規定に反しない限り，民法900条の法定相続分と異なる割合で決めることができる），その指定を第三者に委託すること（民902条）。(エ) 特別受益者の相続分に関する特別の意思表示（相続人がすでに貰っていても遺留分の規定に反しない限り，法定相続分と異なる意思表示をすること，民903条3項）。(オ) 遺産分割方法の指定，その指定の委託，遺産分割の禁止（民908条）。(カ) 遺産分割による担保責任の変更（共同相

国の所有としないで、その全部または一部を特別縁故者に分与できるものとしている（民958条の3）。

【2】 特別縁故者 民法958条の3第1項は、特別縁故者の例示として第一に「被相続人と生計を同じくしていた者」、第二に「被相続人の療養看護に努めた者」を掲げている。前者には、相続人ではないが被相続人と生活を共にして肉親同様の処遇を受けていた事実上の妻とか養子、または、配偶者の連れ子（旧法の継子に相当する者）などが考えられる。また、これらの者に近い関係にある生計の同一であった者についても家庭裁判所の判断によって考慮される場合があろう。後者には、被相続人に対し金銭的対価として勤労した単なる職業的看護人などでなく、肉親に近い愛情をもって献身的に奉仕した者が相当するであろう。次に第三には、「その他被相続人と特別の縁故があった者」が掲げられているが、前記二者に準ずる特別の縁故の深い者があたるであろう。この特別縁故者にあたるかどうかは家庭裁判所の判断によることになる。なお、特別縁故者には自然人に限らず、法人または法人格を有しないが管理人の定めのある社団・財団も含まれるかどうか。たとえば、孤独の老人が長年世話になった養老院に遺産を与え、あるいは老学者が所属していた大学にその蔵書などを与えることも可能であると立法者において考えられている（谷口知平「注釈民法㉕」559頁）。

【3】 財産分与の請求 財産分与は、特別縁故者が特別の縁故関係を明らかにして家庭裁判所に対する請求によって、分与するか分与しないかの審判がなされる（民958条の3、家事法204条別表第1の101項）。この請求は、相続人の不存在が確定したときから3か月以内にしなければならない（民958条の3第2項）。なお、相続財産は、相続人がなく特別縁故者からの請求もなく、また請求しても分与されなかった場合、もしくは分与後の残余財産は、国庫に帰属することになる（民959条）。この国庫帰属の時期は、相続財産管理人が国庫（財務局長）に引き継いだときである（昭50・10・24最高裁第二小法廷判決）。

なお、被相続人の共有持分が特別縁故者への分与の対象となり得るかどうかに関し、民法255条（共有者に相続人がいないときはその持分は他の共有者に帰属する旨が規定されている。）との関係で、これを是認する裁判例と民法255条は同法958条の3に優先して、適用されるとする裁判例がみられた。そして、登記の実務は、共有者の一人が相続人なくして死亡した場合のその持分については民法255条が適用されるので、同法958条の3の規定に基づく相続財産の処分の審判による登記申請があっても、不動産登記法49条2号（現行25条2号）の規定により却下すべきであるとされていた（昭37・8・22民事甲2359号通達）が、平成元年11月24日最高裁判所第二小法廷判決が、民法958条の3の規定（特別縁故者への分与）による審判に基づく共有持分全部移転登記の申請を却下した登記官の処分を取り消したことから、登記の実務はこの判決の趣旨に従い、前記昭和37年の取扱い通達を変更し、これを受理すべきものとされた（平元・11・30民三4913号通達）。民法255条優先説だと、特に、区分建物の敷地について問題を来たしていた。

【4】 相続財産分与の登記 分与の審判の確定によって、特別縁故者は相続財産について権利を取得することになるが、その権利取得は、相続法人（民951条）からの贈与による特

㈤ 法定相続分は、昭和56年1月1日以降の相続分による。
① **前段，子の一部Aが放棄した場合** 新規定（現行）では，Aは初めから相続人とならないものであるから，これを考える必要はなく相続人は，乙，B，Cで，その具体的相続分は乙2/4，B，C各1/4あてとなる（改正前の株分け説に同じ）。
② **後段，子の全部（A・B・C）が放棄した場合** 新規定では，子A，B，C全部が相続人でなかったことになり，かつ，放棄は代襲原因にもならない（改民887条）ので，孫X，Y，Zに代襲相続ということを考えることを要しない。したがって，血族相続人の第一順位者（子，代襲者としての孫以下）がないことになり，次順位者（直系尊属，兄弟姉妹の順）が配偶者乙とともに相続人になる。結局，具体的相続分は，直系尊属があれば，乙2/3と直系尊属が1/3あてとなり，また，直系尊属がなく兄弟姉妹があれば，乙3/4，兄弟姉妹1/4となる（民900条）。

なお，前記設例で，子全部と配偶者乙も放棄した場合，もしくは配偶者乙が存在しなくて子全部が放棄した場合，昭和37年7月1日改正前の民法887条では，孫があれば，孫は・直・系・卑・属である固有の身分関係を喪失するものでないから，血族相続人の第一順位者として相続人になるものと解されていた（昭25・6・2民事甲1486号回答，昭29・4・1法曹会決議）。この場合は，代襲相続ではなく，本位相続で子と孫は単に親等の遠近によって直系卑属間で先後があるにすぎないので，子がなければ孫が直系卑属という身分で相続するというわけであった。この点，新規定887条1項では，血族相続人の第一順位者は単に「子」と規定され，孫以下は代襲原因がある場合に限って相続人となる旨が規定された（改民887条2項・3項）ので，前記設例で孫XYZは相続人とならない。

(3) **二重相続資格者の相続放棄** 相続の放棄は，相続人が自己のために開始した相続の効力を受けることを拒絶し，相続の効力を消滅させる意思表示である。したがって，直系尊属を有しない兄Aが，弟Cを養子にした後死亡しCが放棄した場合，Cのなす相続放棄の効果は，Aに対する相続放棄であるから，当然に第一順位者たる直系卑属（子）として，および次順位者たる兄弟としての相続権も放棄したものと解されている（昭32・1・10民事甲61号回答）。

【参考文献】 ①岡垣学「先例判例 相続法」（日本加除出版），②谷口知平「注釈民法⒉」，③於保不二雄「注釈民法⒈」

No.320 特別縁故者

【1】 **財産分与制度** 相続が開始した場合，通常は相続人が被相続人の権利義務を承継する（民896条）。しかし，民法は，法定相続人の範囲を比較的に小規模にとどめており，例えば，従兄弟は法定相続人としていない。このため，相続人が存在しない場合があり得るので，財産分与の制度を設け，いわゆる笑える相続人よりも，被相続人の身近にいた関係者に財産を分与することとした。具体的には，相続人が不明の場合は，相続人捜索と相続財産の清算のため3回の公告がなされ（民952条2項・957条1項・958条），それでも相続人が現われなかった場合には，前記の第3回目の公告期間（民958条）満了のときに，相続人の不存在が確定することになる。この相続財産を清算し相続人も不存在で清算後の残余財産がある場合には，これを直ちに

917条)。次に，前記の3か月という調査考慮期間は，相続財産の複雑性，多寡など正当な事情により態度決定が困難な場合，3か月の期間内に家庭裁判所に申立てして，これを伸長して貰うことができる(民915条1項ただし書)。

【4】 **相続放棄の効果** 相続を放棄すると放棄者は，相続開始の時から相続人でなかったことになる(民939条)。その結果としてそれだけ他の相続人の配分が増加することになる。現行の民法939条は，民法の一部改正として昭和37年7月1日から改正施行された。改正前の昭和23年1月1日施行の民法939条については，その解釈をめぐって学説のほか，不動産登記と国税徴収の実務の面でも取扱いが異なり問題があったため立法的に解決された。

(1) **改正前の939条の規定** 1項「放棄は相続開始の時にさかのぼってその効力を生ずる」2項「数人の相続人がある場合において，その一人が放棄したときは，その相続分は，他の相続人の相続分に応じてこれに帰属する」この規定の解釈について，第一説は，民法上，配偶者は常に相続人となるし，その相続分も別格に認められているから(民890条)，配偶者相続人と血族相続人とは別系統に属するものであると解する。たとえば，妻乙と長男丙，二男丁とを有する甲が死亡し相続が開始した場合，かりに直系卑属の一人丁が相続放棄をしたとしても，その直系卑属の相続分を別系統である配偶者に増配すべきでなく，直系卑属という同じグループの他の相続人丙に与えるべきであると解し，結局，妻乙の相続分は不動で1/3，長男丙は2/3を取得することになるというものである(株分け説，兼子 一「改正民法と家事審判」90頁，中川善之助「民法大要」252頁，我妻 栄・立石芳枝「親族法・相続法」517頁，昭28・4・14直資1—55国税庁長官通達)。

第二説は，民法の法文の文言に忠実な解釈をするもので，939条2項にいう「数人の相続人」の中には，配偶者をも含むことは明らかであるから，放棄された相続分は，配偶者と血族相続人の相続分に応じて増配すべきであると解する。したがって，前記第一説の設例の事案では，二男丁が放棄した相続分は妻乙と長男丙の双方に帰属し，乙丙の割合は1対1であるから，結局，乙丙が各1/2を取得することになるというものである(頭分け説，昭23・8・28民事甲11号最高裁民事部長回答，昭24・7・8民事甲1570号回答)。

(2) **改正後の939条の規定** 従前の同条2項を削除し，1項を「相続の放棄をした者は，その相続に関しては，初から相続人とならなかったものとみなす」と改正した。改正後の放棄者は，当初から相続人ではなかったものとして取り扱われる。すなわち，放棄者には一度も相続分が帰属したことにならないし，また，その相続分の帰属を考える必要もない。改正前の立法は，放棄そのものの効果を直接規定しないで，遡及効のあることを規定したため，相続分というものが相続人にいったん帰属したうえで，その相続分が放棄の結果，他の相続人に帰属するという建前がとられていた。この改正は，結果的に前記第一説(株分け説)の方向で立法化されたものとみられる。

〔設例〕 甲乙夫婦，その長男A，二男B，三男C，さらに長男の子X，二男の子Y，三男の子Zの親族関係で甲死亡後，子の一部Aまたは子の全部A，B，Cが放棄した場合の相続関係如何。

棄の申述の場合と同じく家庭裁判所に書面で申述することを要する（同条3項，家事法49条・201条）。

【3】 相続放棄の方式と期間 (1) 相続放棄の申述 相続を放棄（棄権）するということは，本人はもとより，共同相続人がある場合における他の相続人について，また，被相続人に対する債権者についても重大な影響がある。したがって，相続人の地位を放棄するには，相続人が相続権を欲しないという意思表示を明確にする必要がある。この場合，民法は一定の方式として家庭裁判所に相続を放棄する旨を申述することを要し（民938条），その申述方法は，限定承認の場合と同じく，相続放棄申述書に「1 申述者の氏名及び住所，2 被相続人の氏名及び最後の住所，3 被相続人との続柄，4 相続の開始があったことを知った年月日，5 相続の放棄をする旨」を記載し，これを申述人である相続人本人，またはその法定代理人が署名押印をして提出する（家事法201条，家事規105条）。この申述書は，放棄者の真意に基づくものであることが，家庭裁判所の審理において認められれば受理されるものであり（昭29・12・21最三小判〔民集8巻12号2222頁〕），その受理審判が申述者に告知されることによって相続放棄が確定的になる（家事法74条）。相続放棄申述書を家庭裁判所へ提出後，その受理審判があるまで（家事審判官による申述受理の押印前）は，申述を取り下げる（撤回）ことができるものと解されている（昭35・6・20法曹会決議，昭45・6・3法曹会決議）。

なお，相続の放棄が申述書の受理によって確定しても，これを戸籍上に公示する方法が認められていない。したがって，相続登記において，戸籍上相続人とみられる者が，放棄者であることを立証するためには，相続を証する書面として戸籍謄本のほかに，家庭裁判所による相続放棄申述受理証明書をも添付する必要がある（不登令7条1項5号イ）。

(2) 放棄の期間 相続の放棄は，承認の場合と同じく相続関係の早期安定を期待する趣旨から，自己のために相続の開始をしたことを知ったときから3か月以内に，放棄の意思表示（申述）をしなければならない（民915条1項本文）。この期間は，相続財産の状況調査とその結果に対する承認・放棄の態度決定に要する考慮の猶予期間である。この期間の起算点について，民法915条1項の「自己のために相続の開始があったことを知った時」とは，相続開始の原因たる事実の発生を知っただけでなく，それによって自己が相続人となったことを覚知したときであると解されている（大15・8・3大審院決定〔民集5巻679頁〕，昭23・11・29福岡高裁決定〔家月2巻1号7頁〕，昭48・9・4高松高裁決定〔家月26巻2号103頁〕）。たとえば，次順位相続人が被相続人の死亡の事実を知っても，先順位相続人が放棄したことによって自己が相続人となったことを全く知らなかったとか，あるいは，戸籍の記載に錯誤があるため相続人であることを知らなかったなどは，自己のために相続の開始があったことを知ったときにはあたらないものとみられる。

なお，前記期間の起算点について，相続人が承認も放棄もしないで死亡したときの期間は，その者の相続人が，自己のために相続の開始があったことを知ったときから起算される（民916条）。また，相続人が未成年者・成年被後見人であるときは，この期間はその法定代理人が制限能力者のために相続の開始があったことを知ったときから起算される（民

不動産の相続登記の実務上，遺産分割協議書あるいは特別受益証明書として多くみられるが，これらは民法939条の放棄の効果を生じない。つまり，これらは相続権自体の放棄ではないので，後日になって被相続人に属した積極財産なり，消極財産（借金）なりが発見された場合に，相続人としての権利義務関係はそのままつづいていることになる。一方，この場合に法律上の放棄の手続がなされていれば，全く権利義務の問題は起こらないことになる。

【2】 **相続放棄権者** 相続を放棄できる者は，相続の開始によって相続人の地位にある者であり，第一順位相続人が放棄したことによって次順位者が相続人となった場合はその者である。もし，相続人が未成年者，成年被後見人である場合は，その法定代理人である親権者または成年後見人が相続人に代わって放棄をすることになる（民917条）。もっとも，相続人である未成年者や成年被後見人に法定代理人が存しないときは，その選任をする必要がある。被保佐人は本人みずからが保佐人の同意を得てすることになる（民12条1項6号）。

次に，相続人が未成年者，成年被後見人である場合は，法定代理人が本人に代わって放棄をするが，次のような問題がある。たとえば，未成年者とその親権者である母が共同相続人である場合に，母が未成年者に代わって相続の放棄をすることは，その放棄した相続分が母のみに帰属して母子間に利害が対立し，また母が数人の未成年の子の一人に代わって放棄すれば，その放棄した相続分が母および他の子に帰属して一人の子と母および他の子との間に利害が対立することが考えられる。したがって，このような行為は，民法826条にいう「利益が相反する行為」にあたるという考え方もあるが，相続の放棄は1個の単独行為であって特定の相手方がないから，民法826条の特別代理人の選任を要しないという見解が判例などにみられる（明44・7・10大審院判決〔民録17輯468頁〕，昭27・6・25法曹会決議）。この問題について，登記実務の先例も特別代理人の選任を要しないという見解であるが，家庭裁判所において特別代理人を選任し，その特別代理人による相続放棄も一応有効と解し，相続による所有権移転の登記申請があったときは，これを受理する取扱いである（昭25・4・27民事甲1021号通達）。なお，胎児は相続能力を認められているが（民886条1項），相続の放棄をするには，出生後でなければすることができないものと解されている（昭24・12・26民事局長変更指示）。

次に，相続人は自由に放棄でき，共同相続人となる場合でも単独で各別に放棄することができる。一方，限定承認は，相続人が数人ある場合には共同相続人の全員で共同してしなければならないから（民923条），ある者が単純承認をし，ある者が限定承認をすることは許されないが，限定承認に加わらない者が放棄をすることは自由である（相続放棄した者は初めから相続人でなかったものとみなされるから，残りの相続人全員で限定承認をすることができる。）。なお，相続の放棄は，前述のとおり自由にできるが，単純承認もしくは限定承認をした後にこれを認めることは，相続関係をいつまでも不安定にするので許されない。また，いったんした放棄は，承認の場合と同じく原則としてこれを取り消すことができないし（民919条1項），例外的にこれを認める場合（同条2項）でも，その取消の旨を放

【参考文献】 ①岡垣　学「先例判例　相続法」(日本加除出版)，②我妻　栄・立石芳枝「親族法・相続法」，③谷口知平「注釈民法(25)」

No.318 限定承認

【1】　意義　限定承認とは，相続人が相続によって取得した財産の限度内においてのみ，被相続人の債務および遺贈を弁済すべきことを留保して，相続の効果を承認する意思表示である（民922条）。したがって，相続財産が積極財産より消極財産（債務）が多い可能性がある場合，その清算をして債務が残ってもその責任を負わないこと，もし積極財産が残れば，これを相続するという制度である。相続人保護の制度である。この点，単純承認が無限責任であるのに対し，限定承認は相続財産の限度内で責任を負う，いわゆる有限責任である。

【2】　方式　相続の限定承認をしようとする者は，自己のために相続の開始があったことを知ったときから3か月以内に財産目録を調製して，これを家庭裁判所に提出して限定承認をする旨を申述しなければならない（民924条，家事法201条別表第1の92項）。この申述の方式は，放棄の場合と同じである（家事法201条）〔→No.319「相続放棄」みよ〕。この限定承認は，相続人が数人ある場合には，その数人が共同して申述することを要する（民923条）。

【3】　限定承認の効果　限定承認は放棄と同じく申述の受理によって確定する（家事法74条）。限定承認が受理されると，相続人は遺産について積極財産の限度でのみ遺産債務を弁済すれば足りる。また，相続人が被相続人に対して有していた権利義務は消滅しなかったものとみなされる（民925条）。これは，本来，相続により債権者と債務者が同一人となるので，被相続人と相続人間の権利関係は混同によって消滅する（民179条・520条）はずであるが，限定承認の性質上，相続財産と相続人の固有財産とを分離する必要があるからである。なお，限定承認後の遺産債務に関する清算手続については，民法927条以下に規定されている。

No.319 相続放棄

【1】　意義　相続放棄とは，相続の効果を欲しない相続人が，自己のために生じた相続の効果を全面的に拒否することである。すなわち，相続人がその地位自体（相続権）を辞退する単独行為である。この放棄の制度は，もともと相続人に不利益になる場合，たとえば，相続財産があっても借金が多くて困るときに，相続人をその地位から離脱させ，相続人を救済するためのものである。しかし，一般には借金がなくても，相続財産が少なく数多くの相続人に分けることが不便であるとか，または相続財産を数多くの相続人に分けない方が事業の維持に便利であるため，特定の相続人に集中させる方法とか，相続から生ずるわずらわしさを避ける方法として，他の相続人が相続放棄の制度を利用しているのが実際である。

　相続放棄は，家庭裁判所が相続放棄の申述を受理することによって効力を生ずるものであるから，この方式によらないで事実上相続の権利を放棄する方法は，ここにいう法律上の相続放棄ではない。たとえば，共同相続人の一部の者が遺産の分割協議によって，ある特定財産の相続を辞退するとか（民907条），また共同相続人の一部の者が被相続人の生前にすでに相続分以上のものの贈与を受けていた（特別受益）と表明する（民903条）などは，

なお，相続人の上記のような不正行為は，それが適式の限定承認や相続の放棄の前である場合はもちろんのこと，その後であっても単純承認をしたものとみなされる。しかし，相続人が放棄をしたことによって，次に相続人になった者が承認をした後に前記の不正行為があるときは，放棄をした者は単純承認をしたものとみなされない（民921条3号但書）。たとえば，被相続人の子（全員）が放棄したことによって次順位者である直系尊属もしくは兄弟姉妹（代襲者を含む）が相続し承認してしまった後に子に不正行為があっても，そのことを理由に放棄をした子は単純承認をしたものとはみなさないということである。それは次順位者の承認によって相続（権利，義務）がすでに確定しているし，債権者などを害することにならないからである。この場合，相続人となった者は放棄をした者（子）に対して損害の賠償を請求できる。また，共同相続人の子全員が放棄をした後，相続次順位者である直系尊属もしくは兄弟姉妹が相続を承認する前に，子の一部の者が前記の不正行為をしたときは，その者だけが単純承認をしたことになり，次順位者は相続しないことになる。この場合，他の子の放棄はそのまま認められる。

【5】　**単純承認の取消し**　単純承認の方法としては，積極的に意思表示をすることが認められているが（民915条1項），この積極的にした単純承認をその後に取消しできるかどうかに関し，民法は，その意思表示の期間内であっても取り消すことができない旨を規定している（民919条1項）。その趣旨は，相続に利害関係を有する者が多いので，いったん生じた効力を任意に失わせることを認めると相続関係の安定が期せられないからである。しかし，民法は総則編・親族編に所定の取消原因があるときは，いったんした適式な単純承認も取り消すことができるものとしている（民919条2項本文）。すなわち，単純承認の意思表示をした者が，制限能力者である場合にその保護者の関与がなく，単独でしたとき，または詐欺・強迫のあったとき（民96条）取消しを認めている。前者の例としては，(ア)未成年者が法定代理人の同意なしに単純承認をした場合（民5条），(イ)成年被後見人が単純承認をした場合（民9条），(ウ)被保佐人が，保佐人の同意なしに単純承認をした場合（民13条）などである。取消しがあると単純承認をしなかったことになるので，あらためて限定承認なり，相続の放棄をすることができる。この取消権をいつまでも認めると相続関係が不安定となるので，単純承認は追認（確定的に有効にすること）をすることができるとき（民124条）から6か月以内，単純承認をしたときから10年以内に取り消さないと時効にかかって取消しが認められなくなる（民919条3項）。

【6】　**単純承認の効果**　単純承認は，積極的もしくは黙示の意思表示であろうと，法定単純承認であろうと，その承認の結果として，相続人は相続の効果を無限に承継することが確定する。すなわち，民法896条に規定する被相続人の一身専属以外のいっさいの財産上の権利義務が相続人に移ることになる。したがって，相続財産の内容が積極財産より消極財産の方が多くても，その不足分（負債）は相続人の固有財産で弁済する責任が生ずる（民920条）。このように単純承認が無限責任であるのに対し，限定承認は有限責任という相違がある。また，被相続人に対する債権者は，相続人名義の財産（相続により得た財産，相続人固有の財産のいずれでもよい）に対して強制執行をすることができることとなる。

おり特別の手続を必要としないので，そのまま放置しておけば，限定承認や放棄の申述期間（3か月）を経過することによって単純承認をしたものとみなされることになる（民921条2号，黙示の意思表示）。

【4】 **法定単純承認** 単純承認は，前述のとおり積極的に意思表示をすることができるわけであるが（公示方法がない），次に掲げる一定の事由があったときには，単純承認をする意思があったか否かに関係なく，相続効果の面で単純承認をしたものと同じく取り扱われる。これを一般に法定単純承認と呼ばれている（民921条）。

(1) **相続財産の処分** 相続人が自己のために相続が開始したことを知りながら，相続財産の全部または一部を処分したときは，単純承認をしたものとされる（民921条1号）。すなわち，相続が開始し，相続人が相続財産を処分するには，単純承認をしなければ確定的に相続人の財産とならないので，本来，処分してはならない筋合いのものである。したがって，相続人が自己のために相続が開始した事実を知りながら相続財産を処分したということは，これにより黙示の単純承認があるものと推認できるだけでなく，相続人に単純承認をする意思の有無に関係なく，第三者からみても，単純承認があったと信ずるのが当然であると認められるからである（大9・12・17大審院判決〔民録26輯2034項〕，昭42・4・27最一小判〔民集21巻3号741頁〕）。なお，ここにいう「処分」について，相続財産を補修するなどの保存行為や民法602条所定の短期賃貸借をすることは「処分」とはみられない（民921条1号但書）。しかし，判例は被相続人の衣類を近親者に形見分けとして分配したときは，相続財産の処分にあたると解している（昭3・7・3大審院判決〔法律新聞2881号6頁〕）。

(2) **考慮期間の経過** 相続人は，単純承認，限定承認および放棄のいずれを選択するか，その態度決定の考慮期間として，自己のために相続の開始があったことを知ったときから3か月が認められている。もし，相続人がこの一定期間内に限定承認も放棄もしなければ，その者は原則として単純承認をしたものとみなされる（民921条2号）。なお，前記の3か月という一定期間は，相続財産の状態が複雑で3か月以内に承認・放棄の態度を決定することが困難な場合には，家庭裁判所にあらかじめ（期間満了前）申し出て伸長して貰うことができる（民915条1項但書）。

(3) **限定承認・放棄後の不正行為** 相続人が財産を隠したり，私に消費したり，わざと財産目録に書かなかったりした場合には，単純承認をしたものとみなされる（民921条3号本文）。すなわち，相続した財産の限度で被相続人の債務・遺贈を弁済するという限定承認（民922条），また，相続人の地位自体を放棄（民939条）して，被相続人の負債を受け継ぐことを拒否するにしても，相続財産を明らかにする必要があり，そうしなければ，他の利害関係人に損害を与える結果になる。つまり，遺産を隠したり，私に消費したり，わざと財産目録からおとすなどして債権者に損害を与えることは背信行為である。したがって，このような不正行為に対する一種の制裁として，当該行為をした相続人には，限定承認や放棄をする資格を認めない趣旨のもとに，被相続人の権利・義務をともに承認する単純承認とみなされる。

よる損害を相続分に応じて分担しなければならない（民911条）。
　(2)　貸金などの債権を相続した場合に，その債権回収不能による損害は，各共同相続人が相続分に応じて分担することになる（民912条）。
　(3)　前記(1)，(2)のように相続人同士で保証し合い，損害を分担することになっているが，共同相続人のうち誰かが無資力で分担できなくなった場合は，その負担分を他の共同相続人が各自の相続分に応じて分担することになる（民913条）。
【8】　債務についての遺産分割　共同相続人の相互間で内部関係として債権者に対する責任負担者を定めることはできるが，対外関係では債務者の肩代わりを債権者の同意なくして，相続人だけの任意に分割することはできないので，法定相続分に従って債務を分割相続し，これによる相続人間の不公平は実際の相続分に応じて是正すべきものと解される（岡　岩雄「実務からみた家族法入門」223頁）。

No.317
単純承認

【1】　意義　単純承認とは，相続人が無条件に無限に被相続人の権利ばかりでなく，義務についても受け継ぐことを単純承認という（民920条）。したがって，相続によって承継した債務について，相続によって得た財産（相続財産）で弁済できないときは，相続人の固有財産でもって全責任を負うことになる。たとえば，被相続人が積極財産（不動産，現金，預金などのプラス財産）2,000万円，消極財産（借金などマイナス財産）3,000万円を有している場合に相続人が単純承認をしたことになると，相続人は権利と義務を全面的に受け継ぐ結果として差し引き1,000万円を自己の固有財産から支払わなければならないことになる。

【2】　単純承認・限定承認の考慮期間の起算点　相続人は相続が開始した場合，一定期間内に被相続人の財産状況を調査考慮し，単純承認もしくは一定の条件のもとに承諾する限定承認または放棄のいずれかを選ぶことになる（民915条）。単純承認は，限定承認もしくは放棄のいずれも行われない普通の相続である。前記の一定期間とは，原則として3か月以内に意思表示をすべきものとされ，その期間の起算点は，相続人が相続開始の原因である事実の発生を知っただけでなく，それによって自己が相続人となったことを覚知したときと解されている（大15・8・3大審院決定〔民集5巻679頁〕，昭23・11・29福岡高裁決定〔家月2巻1号17頁〕，昭48・9・4高松高裁決定〔家月26巻2号103頁〕）。たとえば，相続人が被相続人の死亡の事実を知ったとしても，相続順位を知らなかったため，あるいは戸籍の記載に誤りがあったため，自己が相続人であることを覚知しなかった場合には，自己のために相続の開始があったことを知ったときにはあたらないとして，法律の不知，事実誤認などの事実上の主張をすることができるものと考えられる。

【3】　意思表示による単純承認　単純承認には，一定の方式または特別の手続を必要としない。すなわち，単純承認については，民法上，限定承認，放棄と同じく積極的に意思表示をすることが原則であるように解されるが（民915条1項），限定承認や放棄のように家庭裁判所に申述するとか（民924条・938条），戸籍法上の届出をするなどの公示方法が認められていない。したがって，単純承認の意思表示を積極的にするにしても，その方法は口頭でもよいし，文書にしてもさしつかえないわけである。また，単純承認は，前述のと

【4】 **遺産分割の効果** 効果は相続が開始した時にさかのぼる（民909条本文）。したがって，分割により取得した遺産については，各相続人が相続開始と同時に被相続人から，共有でなく各自単独に取得したことになる。すなわち，他の共同相続人から移転したものではないということであり，また反面，他の共同相続人の取得したものについては相続開始のときから取得しなかったことになるわけである。しかし，その分割の効果を過去にさかのぼって発生させるにしても，相続開始から分割までの間に相続分（持分）を処分していた場合，たとえば，相続人の一人から特定不動産の共有持分を譲り受けたり，または抵当にとっていた第三者がある場合，この第三者に損害を与えることはよくないから，法律はこのような第三者の権利を侵害してはならないことにしている（民909条但書）。そこで法律は，この関係を調整するため「共同相続人の一人が遺産の分割前にその相続分を第三者に譲り渡したときは，他の共同相続人は，その価額及び費用を償還して，その相続分を譲り受けることができる。」しかし，その権利は「1箇月以内に行使しなければならない」と規定している（民905条）。なお，相続分の譲渡は，共同相続人の一部の者が他の相続人にすることが認められ，登記の実務上でも認容されている（昭59・10・15民三5195号回答，同日民三5196号回答）〔→高妻新・荒木文明「全訂第二版　相続における戸籍の見方と登記手続」（日本加除出版）第七〔例四一〕みよ〕。

【5】 **遺産分割による登記** 登記の実務は，分割前にすでに各相続人のために共同相続の登記がある場合と共同相続の登記がない場合とによって，次のように取扱いをしている。前者の共同相続人がまず遺産である不動産につき，法定相続分による共同相続登記をした後，遺産分割の協議，審判，調停がなされたときは，登記原因を「遺産分割」として共有物分割（民256条）の手続に準じて，共同申請により遺産分割を原因として単独に当該不動産の所有権を取得した者のための所有権移転（「例」何某，何某持分全部移転）の登記がなされる。後者の共同相続人が前記の共同登記を経ることなくして直ちに遺産分割をしたときは，個々の相続財産の単独取得者は，共同相続登記をする要はなく，単独申請により，登記原因を「相続」として，直接単独名義とする所有権移転の登記がなされる（昭19・10・19民事甲692号通達）。

【6】 **遺産分割後に認知された子の相続分（裁判または遺言による被認知者）** 血縁上の父からの認知があると出生の時にさかのぼって親子関係が認められ（民784条），被相続人の相続人としての身分を取得するから，遺産の分配を受けることができるはずである。しかし，すでに遺産を分配した後では遺産分割のやり直しでなく，遺産の分割取得者から，被認知者の相続分に相当するだけの金銭を支払うことになる（民910条）。もっとも，母とその嫡出でない子との母子関係は，原則として，母の認知をまたず，分娩の事実により当然に生ずるものと解されている（昭37・4・27最二小判〔民集16巻7号1247頁〕）から，母子関係の存在が遺産分割その他の処分後に明らかになった場合に，民法784条但書，910条を類推適用することはできないと解されている（昭54・3・23最二小判〔家月31巻8号40頁〕）。

【7】 **分割した遺産に欠点があった場合の担保責任** (1) 欠点のあるものを貰った者は他の共同相続人に比べて損をすることになり不公平になるので，相続人全部が互いに欠点に

等ということが原則であるが，具体的分配にあたって当事者である共同相続人が自由な意思により法定相続分と一致しない分配をすることを認めないという必要はない。その理由としては，法律上の相続分は一応の権利として認められているが，その権利をそのとおりに行使するか否かは，本人の自由な意思を尊重してよく，その意思を表明する機会さえ与えられれば，共同相続人間の公平を失うことにはならないという考え方である。相続登記の実務においても遺産分割の協議につき，法定相続分（持分）の割合にかかわらず任意に定むることができるとし（昭28・4・25民事甲697号通達），またある相続人が遺産に属する積極財産を受けないという分割の協議をも有効とする（昭32・4・4民事甲689号通達）取扱いである。

【3】 **遺産分割の方法**　分割の方法には，協議（民907条1項），審判または調停（同条2項），遺言（民908条）の3種がある。

(1) 協議によるものは，とくに被相続人が遺言で一定期間内の分割禁止をした場合を除き，共同相続人の間でいつでも協議で遺産を分割することができる（民907条1項）。この協議には共同相続人の全員の参加を要するから，一部の者が積極的に参加しないとき，または行方不明などの事由で参加ができないときは協議が成立しないことになる。なお，相続登記の実務における遺産分割協議書については別項参照〔→ №336「相続を証する書面」，№338の【4】「印鑑証明書（相続を証する書面の一部）」みよ〕。

(2) 審判または調停によるものは，共同相続人の一部の積極的不参加，または意見の不一致により協議が不成立のとき，または行方不明による協議ができないとき，共同相続人の一人または数人が共同して家庭裁判所に審判または調停を求めることができる（民907条2項，家事法39条別表2の12項，191条，家事規102条）。また，家庭裁判所は前記の申立てを受けても特別の事由があると認めるときは，期間を定めて遺産の全部または一部を分割禁止とすることができる（民907条3項）。なお，遺産分割は協議によるときはもちろん，審判，調停のいずれの場合でも共同相続人全員の間で行うことが必要である（行方不明者については，不在者財産管理人があたる）。この場合，共同相続人の中に未成年者または成年被後見人があるときは，制限能力者である未成年者または成年被後見人に代わってその法定代理人（親権者，成年後見人）が協議をし，調停にあたりまた審判を受けることになる。ところが，普通，親権者たる母と未成年者たるその子が共同相続人である場合が多くみられるが，この場合に母がその子を代理すること，また，その子が数人ある場合に母がその子全員を代理することは，相続の公平を欠くということで利益相反行為（民826条）と解せられる（昭28・4・25民事甲697号通達，昭30・6・18民事甲1264号通達）から，未成年の子それぞれに家庭裁判所で特別代理人の選任（家事法39条別表第1の65項）を得たうえで遺産分割の手続（協議，調停，審判）に入ることになる。

(3) 遺言によるものは，被相続人がみずから分割の方法を定めることができる。この場合は協議，審判，調停による余地はない。なお，被相続人は，分割の方法を定めることを第三者に委託することもできる。また，相続開始の時から5年を超えない期間内で一定の期間，遺産分割を禁ずることもできる（民908条）。

が死亡したときは，生存配偶者は，配偶者としての相続分を取得，兄弟姉妹としての相続分は取得しない。

(2) **昭和26年9月18日民事甲1881号回答**（要旨）　自己の孫（亡長女の嫡出子）を養子にしている者が死亡し相続が開始した場合には，その孫は被相続人の養子としての相続権を有すると同時に亡母の代襲相続権をも有するから，養子としての相続分と亡母の代襲相続分とを有する。

前記の二つの事案は，いずれも相続人が同一の被相続人に対して相続人となる身分を併有する点では同じである。しかし，前記(1)の場合は，被相続人に対し二重の身分を有する者が，相続の権利主体としてはもともと1個（一人）であり，たまたまその同一人に2つの身分が重なったものにすぎない。この場合の相続分は，他の共同相続人との衡平を考慮し1つの身分による相続分，しかもその相続人に最も有利になる相続分を取得させることが妥当であると解されたのではないかと考えられる。

前記(1)に対し前記(2)の場合は，被相続人に対し同系列の相続人たる直系卑属間に，いくつの相続の権利主体が存したのであろうかということを考えてみる必要があるように思われる。すなわち，かりに前記(2)の相続開始当時，養子の親（被相続人の子）が生存していたならば，養親死亡による相続について養子とその親とは同順位で，それぞれ別の人格として相続の権利主体となったはずである。次いで養子の親が死亡したとすれば，養子は自己の前記養親死亡による相続分のほかに，新たに親が相続した分についても相続することを期待できたわけである。結局，養子が別に代襲相続分をも有するということは，代襲相続の制度にかんがみ（民887条2項・3項），養子の身分とは別に，本来，別の地位を有した者（親）の子として，その者（被代襲者たる親）と同一の地位に立ち（代位＝代襲），被代襲者の人格をも承継するからにほかならないものと考えられる。

最後に，嫡出でない子を母が養子とした場合，または認知した子をその父が養子とした場合を考えてみよう。この場合，養子は養親の相続開始について実子の身分も併有するわけであるが，前述のとおり，本来，養親に対する相続の権利主体は一つ（同一人）であり，しかも非嫡出子の身分は，養子という嫡出子の身分に吸収され，結局，非嫡出子についての相続分を考慮する必要はないものと考えられる（岡垣学「先例判例　相続法」160頁）。

No.316
遺産分割

【1】**意義**　遺産分割とは，被相続人が死亡して相続が開始した場合の遺産（相続財産）について，相続人が2人以上あるとその遺産は一応その相続人の共有になる（民898条）が，この遺産を相続分に応じて分割し，各相続人の単独財産にすることである。すなわち，共同相続人の相続分は法律上に定められている（民900条）が，これはあくまでも抽象的な相続の割合を示すもので，実際上には直ちに各相続人に具体的に確定しないから，このままの状態をいつまでもおくことは種々の不都合がある。そのために各相続人に分配する手続が遺産分割である。

【2】**遺産分割の基準**　遺産の分割は，遺産に属する物または権利の種類および性質，各相続人の職業・性・年齢，その他のいっさいの事情を考慮して行うことになっている（民906条）。分割は，現行民法が公平の理念から共同相続を建前とし，各相続人にとって平

である。そして、子が2人以上あるときは、子の全員で1/2ということであるので、子が3人なら子の分である前記の1/2を子3人で等分することになる。子のうちで嫡出でない子と嫡出子とある場合は、改正前民法900条4号ただし書により、嫡出でない子の相続分は嫡出の子の相続分の1/2とされていたが、この規定は憲法に違反するものとされた（平成25年9月4日最高裁決定）ことにより、民法900条4号ただし書の「嫡出でない子の相続分を嫡出子の2分の1とする」部分が消除された（平成25年12月11日民法一部改正）ので、嫡出子と嫡出でない子の相続分に法的差異はない。

(2) 直系尊属と配偶者が相続人である場合、その相続分は直系尊属の分が1/3、配偶者の分が2/3である。そして、直系尊属に養父母と実父母の4人が生存していれば、直系尊属の分である前記の1/3を4人で等分することになる。ただし、特別養子が被相続人の場合は、その実父母は相続人とならない。

(3) 兄弟姉妹（特別養子となった者は除く）と配偶者が相続人である場合、その相続分は、配偶者の分が3/4、兄弟姉妹の分が1/4である。そして、兄弟姉妹が2人以上あるときは、その全員で1/4ということであるので、兄弟姉妹が2人なら兄弟姉妹の分である前記の1/4を2人で等分することになる。ただし、兄弟姉妹のうち被相続人と父母の一方だけが同じ兄弟姉妹の相続分は、父母を同じくする兄弟姉妹の相続分の1/2である。たとえば、被相続人Aに弟B・C・Dがあり、AおよびBは先妻の子同士で父母双方を同じくするが、CおよびDは後妻の子で父のみを同じくする場合のB・C・Dの相続する割合は、兄弟姉妹の相続分をB2，C1，D1の割合で分けることになる。

(4) 被相続人の子または兄弟姉妹を代襲して相続人となる場合（民887条2項・3項・889条2項）の代襲者の相続分は、代襲される者が受けるべきであった相続分と同じである。もっとも、代襲相続人が2人以上ある場合は、代襲される者が受けるべきであった相続分につき、等分もしくは前記(1)のただし書にならって分けることになる。

No.315 二重相続資格者の相続分

法定相続分（民900条）に関して、相続人が同一被相続人に対して二重の相続人たる資格を有する場合の相続分をいかに認定するかの問題がある。たとえば、嫡出でない子を実親（父または母）が養子とした場合、その子は母に対し（または認知した父に対し）実子と養子の2つの身分を併有しており、また、配偶者の一方が他の一方の父母の養子となった場合には、その配偶者は互いに配偶者であり、かつ、兄弟姉妹であるという2つの身分を併有していることになる。さらに祖父（母）が孫を養子にした場合、その孫は祖父（母）に対して孫であり、かつ、養子であるという2つの身分を併有しているわけである。このような場合に相続が開始したとすれば、その2つの身分を併有した相続人は、2つの地位に基づく相続分の加算したものを取得するのかどうか、それとも相続分はどちらか一方のみを取得することになるのかどうかが問題になる。このことについて学説は種々みられるが、法務省の行政先例は次のとおりである。

(1) **昭和23年8月9日民事甲2371号回答（要旨）** 旧法当時、長女と養子とが婚姻（戸内婚姻または婿養子縁組婚姻）し、新法施行後に夫婦の一方（直系卑属および直系尊属なし）

No.313 胎児の相続

　　　　　　　　胎児も相続に関しては，相続開始のときにすでに生まれていたものとみなして，子と同じく相続人の地位が与えられる（民886条1項）。もっとも，胎児が死体で生まれた場合には，当初から子が存在しなかったものとして取り扱われる（民886条2項）。この点，民法3条1項「私権の享有は出生に始まる」という原則からは，本来，相続人であるためには，相続開始当時に権利能力者として存在していること（出生という事実によりすでに人格を有していること）を要するわけであるが，胎児の相続能力について特例が認められていることになる。

　胎児に相続能力が認められていることから，被相続人に妻と胎児がある場合には，被相続人の直系尊属，兄弟姉妹には相続権がなく，妻と胎児とが相続することになる。したがって，相続登記の実務では，胎児を懐胎している母（被相続人の妻）が代理人として胎児のために出生前に相続登記をすることができるものとし（昭29・6・15民事甲1188号回答），登記簿上には権利者として「亡何某妻何某の胎児」と表示すべきものとされている（明31・10・19民刑1406号回答）。この場合，戸籍上には胎児の登録がなされないが，胎児のあることの証明は実務上とくに要求されていない。その後，胎児が出生したときは，その子の氏名・住所を付する登記（登記名義人の表示の変更登記）をすれば足りる。もし，胎児が死産したときは，当初の相続開始時にさかのぼって他に直系卑属がなければ妻と直系尊属（直系尊属がなく兄弟姉妹があるときは兄弟姉妹）とが同順位で相続人になる。したがって，胎児名義でした相続登記は，これを抹消し，同時に胎児の相続持分を他の共同相続人（妻と他の直系卑属，もしくは妻と直系尊属または妻と兄弟姉妹）に帰属させる相続登記の更正登記をすることになる。なお，胎児に相続能力が認められていることから，相続開始のときに存在する被代襲者の胎児（例，相続開始時に死亡していた長男の妻との間の胎児）も被相続人を代襲相続できるわけである（民886条1項・887条2項）。

【参考文献】　①中川善之助「注釈民法(24)」　②御園生進「相続登記法」（日本加除出版）

No.314 相続分

　　　　　　　　相続人が1人の場合は，相続財産全部を相続するので問題はないが，同順位の相続人が2人以上ある場合，すなわち，共同相続人がある場合の相続する割合を定めておく必要がある。そこで現行民法は，まず被相続人の遺言による相続分の指定（指定相続分）を認め（民902条1項），この指定がないとき，法定相続分として民法900条および901条に後記(1)，(2)，(3)のように定めている。もし，遺言による相続分の指定があるときは，法定相続分によることなく，遺留分〔→No.328 みよ〕の規定に反しない限度で遺言による定めが優先するわけである。なお，各相続人は，法定相続分どおりに権利を行使しなければならない性質のものでもなく，遺産の分割協議の際にこの権利の一部または全部を行使せずに協議を成立させることもよいのである。つまり，遺産の分割は，民法900条に定める相続分の割合によらなくても，分割に加わった共同相続人間において分割の内容について異存がなければ，どのような割合によって分割をしてもさしつかえないのである〔→No.316「遺産分割」みよ〕。以下は，昭和56年1月1日以降に相続開始の法定相続分である。

　(1)　子と配偶者が相続人である場合，その相続分は子の分が1／2，配偶者の分が1／2

No.312
代襲相続

【1】 意義　代襲相続とは，相続人となるべき子または兄弟姉妹が，相続の開始以前に死亡したため相続権を失った場合，または，その者が相続開始の前後に相続欠格もしくは廃除によって相続権を失った場合に，その者の直系卑属（ただし，兄弟姉妹については，昭和56年1月1日以降はその者の子に限る）が相続権を失った者と同一順位で相続人となることをいう（民887条2項・3項・889条2項）。

【2】 代襲相続の性質　代襲相続の性質については，代襲相続人が本来の相続人である被代襲者の地位を代位承継するのであって，代襲相続人固有の権利として直接被相続人を相続するものではないと解される。すなわち，昭和37年7月1日改正後の民法887条2項本文中には，「……代襲して相続人となる」と規定し，このことを明らかにしている。この点，従前の規定（民888条）においては明確でなかったので，代位承継説（被代襲者の地位に代わって相続する）と本位承継説（被代襲者の直系卑属が固有の資格で相続する）の両説がみられた（我妻栄・立石芳枝「親族法・相続法」428頁）。

【3】 代襲相続の要件　(1) 代襲相続人は，被代襲者の子以下の直系卑属（胎児を含む）であって，かつ，被相続人に対する関係でもその直系卑属でなければならない（民887条2項但書）。たとえば，本来の相続人となるべき者（被代襲者）が養子であって，その縁組前の子があっても，その者は被相続人（養親）の直系卑属ではないから，代襲相続人となることはできない。また，被相続人の兄弟姉妹について代襲相続（昭和56年1月1日以降は，その者の子に限る）が認められるが（民889条2項），直系尊属，配偶者については代襲相続を認めない。

(2) 代襲原因は，相続人となるべき者の相続開始以前の死亡，また，相続開始前後の欠格もしくは廃除に限定されているので，相続の放棄は代襲原因とはならない（改正後の民887条2項本文）。

(3) 欠格または廃除による代襲原因の発生は，相続の開始前に限定されていない（改正後の民887条2項本文）。たとえば，遺言による推定相続人の廃除や相続開始後に発生した欠格事由でも代襲原因となる。

(4) 代襲原因発生当時に代襲相続人が存在している必要はない。たとえば，胎児は相続については，すでに生まれていたものとみなされるし（民886条），また，欠格・廃除後の出生子や養子についても，その被代襲者の子以下の直系卑属であり，かつ，被相続人の直系卑属であれば，代襲原因発生当時に存在していなくても代襲相続人となる。この点，昭和37年7月1日改正前では，廃除後の出生子に代襲相続権はないとされていた（昭33・12・15民事甲2580号通達）。

(5) 被相続人と相続人とが同時に死亡（民32条ノ2）した場合には，両者間に相続関係が生じないので，相続人に子以下の直系卑属があれば代襲原因を生ずる。

【4】 代襲相続の効果　代襲相続人は，被代襲者と同一順位で相続人となる。すなわち，代襲相続人の相続分は，被代襲者が受けるべきであったものと同じである。もし，代襲相続人が数人あるときは，それらの者の相続分は，法定相続分に関する規定に従って定められる（民901条）〔→No.315「二重相続資格者の相続分」みよ〕。

の相違，国籍の相違も問題でなく，子として相続人の地位（順位）にはなんら影響のあるものではない。

次に，孫以下の直系卑属は，子が相続の開始以前に死亡しているか，または子が民 891 条〜893 条により相続権を失った場合にだけ子に代わって（子の地位を承継して）相続する（民 887 条 2 項・3 項）。すなわち，孫以下の直系卑属は，本来の相続人ではなく代襲相続人として相続することがあるにすぎないので，その相続分も子の相続分を代わって相続するにすぎない（民 901 条）。

(2) **直系尊属間の相続順位** 被相続人に子または孫以下の直系卑属がなければ，父母，祖父母，曾祖父母というような順位で直系尊属が相続するが，相続開始時に存在した直系尊属全部が相続人となるわけではない。すなわち，直系尊属の間では親等の近い者から順（一親等から二親等，三親等という順）に相続する（民 889 条 1 項第 1 但書）。たとえば，(ア) 父母（一親等）と祖父母（二親等）とが存在しているときは，父母が相続し，祖父母は相続できない。(イ) 父母がなくて祖父母と曾祖父母（三親等）とが存在しているときは，祖父母が相続し，曾祖父母は相続できない。(ウ) 父母も祖父母もなくて曾祖父母があれば，曾祖父母が相続する。

ところで，前記の父母のうちには，実父母のほかに養父母も含む（特別養子の実父母は除く）ので，実父母，養父母がある場合にはその双方ともに（四人が）同順位で相続する。また，祖父母としては父方のみならず母方も含むので，その全部が生存していれば四人の祖父母が同順位で相続する。さらに曾祖父母の場合も同様に全部が生存していれば，八人が同順位で相続することになる。なお，父母とか祖父母という場合でも，父母の双方，祖父母の双方がそろっている必要はなく，父母のいずれか，祖父母のいずれか一方だけでもよい。例えば，子死亡前に父が既に死亡していたときは，母のみが子を相続するのであり，父方の祖父母が生存していても逆の代襲相続のようなことは生じない。

(3) **兄弟姉妹間の相続順位** 被相続人の兄弟姉妹（特別養子の実方では，同人を除く）は，先順位の子（またはその者の直系卑属），直系尊属のいずれもないときに相続する。この場合，兄弟姉妹相互間の相続順位はすべて同順位で相続する。すなわち，年齢，性別，既婚，未婚に関係なく，あるいは血のつながりがあるか否か，被相続人と戸籍（氏），国籍が同じであるか否かも問題にならない。ただ，相続分について，被相続人と父母の一方のみを同じくする兄弟姉妹と，父母の双方を同じくする兄弟姉妹とでは前者は後者の 2 分の 1 という差異があるにすぎない（民 900 条 4 号）。たとえば，A（亡甲亡乙間の長男），B（亡甲亡乙間の長女），C（亡甲亡丙間の長男），D（亡甲亡丙間の長女）の兄弟姉妹のうち，A が死亡し相続が開始した場合の相続分は，B 2/4，C 1/4，D 1/4 ということになる。次に，兄弟姉妹の子（昭和 55 年 12 月 31 日以前の相続開始は孫以下の直系卑属も含む）は，兄弟姉妹が相続の順番であるのに，その相続の開始以前に死亡しているか，または相続権を失っている場合にだけ，本来の相続人である兄弟姉妹に代わって相続する（民 889 条 2 項）。

血族である実子（民772条・779条・789条，特別養子となった者を除く—新設民817条の9）と法定血族である養子（普通養子—民792条・809条，特別養子—817条の2）とがあり，養子には養親の嫡出子たる身分が付与される（民809条）。さらに実子には嫡出である子（民772条・789条）と嫡出でない子（民779条）とがあり，いずれも子（ただし，子の実方では特別養子となった者を除く）として相続人になる〔→No.313「胎児の相続」みよ〕。

(2) 第二順位者は，被相続人の直系尊属である（民889条1項第1）。子または孫以下の直系卑属がなければ，父母，養父母，祖父母，曾祖父母などの直系尊属が親等の順〔→後記【3】(2)みよ〕に相続する。

(3) 第三順位者は，被相続人の兄弟姉妹である（民889条1項第2，ただし，子の実方では特別養子となった者を除く）。子（またはその者の直系卑属）と直系尊属がなければ，兄弟姉妹またはその者の子が相続する（同条2項）。以上のことから，配偶者と血族相続人の相続順位は次のとおりになる。

(4) 配偶者のある者が死亡した場合，(ア) 子またはその者の直系卑属があれば，配偶者とこれらの子またはその者の直系卑属が同順位で相続し，直系尊属，兄弟姉妹は相続できない。(イ) 子または孫以下の直系卑属がなくて直系尊属があれば，配偶者と直系尊属が同順位で相続し，兄弟姉妹は相続できない。(ウ) 子または孫以下の直系卑属，直系尊属がなくて兄弟姉妹（またはその者の子囲1）があれば，配偶者と兄弟姉妹（またはその者の子囲2）が同順位で相続する。(エ) 子（またはその者の直系卑属），直系尊属，兄弟姉妹（またはその者の子囲3）のいずれもなければ，配偶者だけで相続する。

囲1・2・3　昭和55年12月31日以前の相続開始の場合は，兄弟姉妹の代襲者として孫以下の直系卑属も含まれていた。

(5) 配偶者のない者が死亡した場合，(ア) 子または孫以下の直系卑属（ただし，特別養子の実方では同人を除く）があれば，その子または孫以下の直系卑属が相続し，直系尊属，兄弟姉妹は相続できない。(イ) 子または孫以下の直系卑属がなく直系尊属があれば，その直系尊属が相続し，兄弟姉妹は相続できない。(ウ) 子または孫以下の直系卑属，直系尊属がなければ，兄弟姉妹（またはその者の子囲1）が相続する。(エ) 子または孫以下の直系卑属，直系尊属，兄弟姉妹（またはその者の子囲2）のいずれもなければ相続する者がないことになる。この場合の相続財産は一定の手続（相続債権者・受遺者からの請求，特別縁故者への分与）〔→No.320「特別縁故者」みよ〕の後，残余があれば国庫に帰属する（民951条～959条）。

囲1・2　前掲(4)参照

【3】　血族相続人相互間の相続順位　(1) 子または孫以下の直系卑属間の相続順位　血族相続人である子または孫以下の直系卑属（ただし，特別養子の実方では同人を除く）は，被相続人に配偶者があれば，これとともに第一順位で相続するわけであるが，被相続人の直系卑属全部が相続人になるわけではない。直系卑属のうち子が本来の相続人である。この場合，子相互間の相続順位はすべて同順位で相続する。すなわち，年齢，男女の別に関係なく，また婚姻しているか否か，縁組しているか否か，あるいは被相続人との戸籍（氏）

亡のみである（民882条）〔→No.310「相続人」, No.314「相続分」, No.311「相続順位」, No.316「遺産分割」, No.328「遺留分」みよ）。

No.310
相続人

【1】 相続適格者　誰が相続人になるのが適当かは、被相続人（死亡者）と一定の身分関係にある者に遺産を相続させることが、特別の事情がない限り死亡者の心情を生かし、その意思にかなうものと考えられる。現行民法は、「血族相続」と「配偶者相続」の二つを併列させている（民887条・889条・890条）。血族相続には、被相続人と血族関係（養親子のような法定血族を含む）にある者の中で相続順位を定め、具体的に相続人を決定することとされている（民887条・889条）。すなわち、第一順位が被相続人の子（胎児を含む―民886条、ただし、特別養子の実方では同人を除く―新設民817条の9）〔→No.313「胎児の相続」みよ〕、第二順位が被相続人の直系尊属、第三順位が被相続人の兄弟姉妹（胎児を含む）となっている。もっとも、被相続人の子、兄弟姉妹については、代襲相続が認められる（民887条2項・889条2項）〔→No.312「代襲相続」みよ〕。そして、第一順位者がないときは第二順位者が相続人となり、第一順位者、第二順位者がともにないときは第三順位者が相続人となる。

また、血族相続の同順位者が二人以上ある場合は、共同して相続人となる〔→No.311「相続順位」みよ〕。次に、被相続人の配偶者は、常に相続人となるので、血族相続人と共同して相続人になる（民890条）。

【2】 相続欠格者　前記の相続人となり得る地位にある者でも、次に掲げる者は相続人として不適格であり、なんらの手続をまつまでもなく、法律上当然に相続権を失うものとされる（民891条）。

(1) 被相続人または当該相続の先順位者・同順位者に対する殺害（殺人未遂）により刑事処分を受けた者（民891条1号）。

(2) 被相続人が殺害されたことを知って、これを告発もしくは告訴しなかった者（民891条2号）。

(3) 詐欺、強迫によって、(ア) 被相続人の相続についての遺言（取消・変更を含む）を妨げた者（民891条3号）、(イ) 被相続人に相続の遺言をさせたり、これを取消させたり、またはこれを変更させた不徳行為者（民891条4号）。

(4) 被相続人の相続に関する遺言書を偽造・変造・破棄・隠匿した不正行為者（民891条5号）。

No.311
相続順位

【1】 配偶者　被相続人の配偶者は、常に相続人となる。したがって、次の血族相続人がある場合はこれと同順位で相続する（民890条）。

【2】 血族相続人　(1) 第一順位者は被相続人の子である（民887条1項）。この点、昭和23年1月1日施行の民法887条には「被相続人の直系卑属」が相続人となる旨を規定していたが、昭和37年7月1日改正後の民法887条には「被相続人の子」と表示されるに至り、孫以下の直系卑属は子の代襲相続人であることが明確にされた（民887条2項・3項）。つまり、子が相続開始前に死亡し、または相続権を失ったときは、被相続人の孫以下の直系卑属が子の地位に代わって相続することになる。なお、子には自然

も，相続人は，被相続人の保証人という地位を承継することになる。なお，被相続人が売主として不動産の所有権移転登記義務を履行していないときは，その相続人の全員（登記義務の履行を共同相続人中の一人に定めることはできない＝義務者の地位の分割はあり得ない）で履行しなければならない。

【2】 相続の対象にできない財産 (1) **扶養請求権**（民 877 条） 一定の親族関係にある親が子に対する扶養される権利，また，子が親を扶養する義務などは，被相続人その人の一身に専属する権利，他方の義務であるから，その当事者以外の者が権利を行使したり，義務を履行したりすることはできない（民 896 条但書）。その他，雇傭契約についての労働者の地位は相続できないと解されている。

(2) **祭具，墳墓などの承継**（民 897 条） 通常の相続の規定によらないで，例外として慣習に従うものとされている。もっとも，被相続人が祖先の祭祀主宰者を指定しているときは，その被指定者が承継するものとされている。また，前記の慣習が明らかでないときは，権利承継者を家庭裁判所が定める（家事法 39 条別表第 2 の 11 項，190 条）。

No.309 家督相続と遺産相続

【1】 家督相続 明治 31 年施行の民法（以下「旧民法」という）の「家」の制度下にあっては，家の財産（家産）という考え方から，その家産の相続は家長たる地位（戸主）を承継する当然の結果とされた。すなわち，家督（戸主権）を相続する者は，家長としての身分を受け継ぐ附随的なものとして，前戸主の所有財産（このほかに祖先の祭祀など）を全部受け継ぎ管理するという建前で，相続の本質は家長としての身分を受け継ぐことにあったと考えられる（旧民 986 条・987 条）。家督相続をする者は 1 名に限られ，一般には長男が家督相続人（旧民 970 条）で，長男のない場合のその順位は，同じ家に在る者で男子を優先させていた（旧民 970 条～985 条）。家督相続の開始原因は，戸主の死亡のほか，隠居，国籍喪失，戸主の婚姻または縁組の取消による去家，女戸主の入夫婚姻または入夫の離婚などの生前相続が認められた（旧民 964 条）〔→ No.354「戸主」，No.352「『家』制度（家族制度）」みよ〕。

【2】 遺産相続 (1) **旧民法の遺産相続** 旧民法施行中にも家族（戸主以外の者）の遺産について，財産のみの相続制度（旧民 992 条以下）があったが，当時は戸主の財産保有のほかに家族が大きい財産を有していることはまれであった。この場合の相続開始原因は，死亡のみであったが（旧民 992 条），相続適格者は直系卑属，配偶者，直系尊属，戸主の順に具体的遺産相続人となった（旧民 994 条～996 条）。

(2) **新法（現行民法）の遺産相続** 旧民法の相続形態は，昭和 22 年 5 月 3 日施行の個人の尊厳を第一義とする新憲法（24 条 2 項）の精神に反するということから，家制度とともに，家督相続の制度も廃止された。新憲法施行後は，財産は家が所有するものでなく，個人の所有するものであるという考え方から，家族構成員各自の財産として相続が認められるようになった。すなわち，遺産相続制の一本建となり，相続適格者は，血族と配偶者（民 890 条）が共同相続人となり，しかも，血族相続人は，直系卑属，直系尊属，兄弟姉妹の順で具体的相続人となるが（民 887 条・889 条），これらの同順位者間では原則として均分相続制（例外，民 900 条 4 号ただし書）が採用された（民 900 条）。相続の開始原因は，死

【4】 相続回復請求権の消滅時効と一般の取得時効との関係

共同相続人の一人甲が自己の持分を超える他の共同相続人乙らの持分について自主占有（民180条）し，その占有を承継（相続）している場合，相続回復請求権の消滅時効とは別に，一般の取得時効（民162条）の進行が認められる限りにおいては，時効取得があり得るとみられる。

以上の点の判例の傾向をみると，明治44年7月10日大審院判決（民録17輯469頁），昭和7年2月9日大審院判決（民集4巻192頁）の判例では相続回復請求権が消滅（特別時効）するまでは，所有権の取得時効（一般時効）は進行しないとしていた。しかし，昭和13年4月12日大審院判決（民集17巻675頁）では「僭称相続人として占有事実自体が直接に総則の規定により所有権取得の効力を発生するに支障はない。」としていることから，学説一般は従前の判例を実質的に変更されたものと解している（中川 淳「相続法逐条解説（上）」42頁）。その後昭和47年9月8日最高裁第二小法廷判決（民集26巻7号1348頁）では，民法162条の要件を充足したものとして，表見相続人に相続開始時から自主占有を取得したものと認めている。なお，他主占有者（民185条）の相続人について被相続人が所有権を取得していたものと信じて占有した場合において，取得時効の成立が認められた事例がある（平成8年11月12日最高裁第三小法廷判決（民集50巻10号2591号））。

No.308
相続財産

【1】 相続する財産の範囲　相続人は，相続開始の時から，被相続人の有していた権利と義務を，原則（次の例外あり）として，すべて承継するものとされている（民896条本文）。　(1) 相続の対象となる権利ないし地位　「相続は相続人が被相続人の『法律上の地位を承継』するのである」（穂積重遠「相続法（一）」15頁）。

相続されるものには，不動産，動産の所有権をはじめ，物権の担保権はもちろんのこと，文芸，学術，美術，音楽などの著作物（著作権）または，発明・考案による特許権・実用新案権・商標権などがある（著作権法）。

また，借地権，借家権についても相続人において権利承継が認められている（大13・3・13大審院判決，新聞2247頁）。さらに，占有権について，被相続人が死亡の当時，所持の物件の占有は，法律上当然これを承継するという判例（明39・4・16大審院判決，刑録12輯472頁）がみられ，また，被相続人の占有は，原則として当然に（特別の事情のない限り），相続人に承継され，占有権も移るものとされている（昭44・10・30最一小判，民集23巻10号1081頁）。

預金，貸金，有価証券をはじめとする債権はもちろんのこと，被相続人が生前に債務不履行（民415条）または不法行為（民709条）によって取得した損害賠償請求権については，その権利者の地位を相続人が承継することが認められている（大15・2・16大審院判決，民集5巻150号）。また，不法行為による慰謝料請求権は，被害者が生前に請求の意思を表明しなくても，当然に相続される（昭42・11・1最大判，民集11巻9号2249頁）。

(2) 相続（債務の承継または地位承継）の対象となる被相続人の義務　借金をはじめ，未払の地代，家賃はもちろんのこと，被相続人の保証債務（民446条・454条）について

相続権を否定し相続の目的たる権利を侵害している場合に、真正相続人が自己の相続権を主張して表見相続人に対し侵害の排除を請求することにより、真正相続人に相続権を回復させようとするものである。そして、同条が相続回復請求権について消滅時効を定めたのは、表見相続人が外見上相続により相続財産を取得したような事実状態が生じたのち相当年月を経てからこの事実状態を覆滅して真正相続人に権利を回復させることにより当事者又は第三者の権利義務関係に混乱を生じさせることのないよう相続権の帰属及びこれに伴う法律関係を早期にかつ終局的に確定させるという趣旨に出たものである。」(昭53・12・20最高裁大法廷判決、民集32巻9号1674頁)。

【2】 相続回復請求権の規定が適用される当事者 (1) 相続回復請求権者 表見相続人に相続権を侵害された真正の相続人である。

(2) 相続回復被請求者 表見上相続人らしくみられる者(表見相続人または僭称相続人ともいわれる)である。ここに、「表見相続人」とは、真の相続人ではないが、外見的に相続人らしく見られることに合理的事由のある人である。たとえば、相続欠格者であることは戸籍上ではわからない。また戸籍上では同じ父母の子と記載されているが真実はそうではないような場合、また戸籍上はその者が唯一の相続人であり、かつ、他人の戸籍に記載された共同相続人のいることが分明でないなど本人も真実を知らないで相続人と自認している場合である。したがって、「自ら相続人でないことを知りながら、相続人であると称し、または相続財産を共有管理することにより、これを侵害している者は本来本制度の対象としている者には該らない。これらは実質において一般の物権侵害者ないし不法行為者であって、消滅時効を認められるべき者には該らない。一般には、共同相続人は共同相続人の範囲を知っているのが普通であり、相続回復制度の対象となるのは特殊な場合に限られる。」(昭53・12・20最高裁大法廷判決、民集32巻9号1674頁、昭54・7・10最高裁第三小法廷判決、民集33巻5号457頁)。

【3】 表見相続人の相続回復請求権の消滅時効援用の要件

〔判決要旨〕「共同相続人相互の間で一部の者が他の者を共同相続人でないものとしてその相続権を侵害している場合において、相続回復請求権の消滅時効を援用しようとする者は、真正共同相続人の相続権を侵害している共同相続人が、当該相続権侵害の開始の時点において、他に共同相続人がいることを知らず、かつ、これを知らなかったことに合理的な事由があったことを立証すべきである。」(平11・7・19最高裁第一小法廷判決、民集53巻6号)

本事案では、共同相続人中の一部を除いてなされた相続登記について、表見相続人(正当相続分を超える分)と真正相続人が共同相続人であるとき、登記済の者は相続分の侵害の形になるから、これを争われたものであるが、前述の登記時(侵害の開始時)に侵害者たる共同相続人において他に共同相続人が存在することを知らなかったことについての合理的事由の有無を判断すべきで、その合理的事由が存在しない場合には相続回復請求権の消滅時効を援用することはできないと判示され、審理不尽により原審に差戻しとなったものである。

相続関係　　　　　　　　　574

No.306
相続権

【1】　相続権の意義　(1)　相続権の同語異義　相続法上，旧民法（明治31年）・現行民法ともに相続権という用語は，二様の意義に用いられている。

(ア)　相続開始前の「相続権」は，旧民法973条（推定家督相続人の家督相続権），974条（推定家督相続人の生前または欠格・廃除前の家督相続権），995条（推定遺産相続人の生前または欠格・廃除前の相続権），また，現行民法上では，887条（推定相続人の生前または欠格・廃除前の相続権）など，これらはいずれも相続開始前の相続権を指称している。つまり，相続発生前の期待権である。

(イ)　相続開始後の「相続権」は，旧民法966条（家督相続の開始によって生じた相続権の回復請求），現行民法884条（相続開始によって生じた相続権の回復請求），旧民法1090条，現行民法988条（受遺者の相続人による承認・放棄権）など，これらはいずれも相続開始後に生じた相続権を指称している。つまり，相続が確定的に生じた相続権である。

【2】　相続権の法的性質　判例上では，次のとおり説明されている（大8・3・28大審院判決，民録25輯507頁）。

（要旨）　相続人の相続開始前における地位は，単純な希望ではなくて権利である。しかし，相続開始前における相続人の地位は，確定不動のものではないので，後に発生する事情のために変更を受けることがある。すなわち，家督相続にあっては，相続人は後に自己に優越して相続をなし得る者が現出することによって，その順位を奪われ，遺産相続にあっては，相続人は後に現出する事故のため（たとえば，廃除，遺留分減殺請求など）に，相続の目的たる財産の範囲を減縮されることがあるであろう。しかし，相続人は，一定の原因がなければ廃除されないなど，みだりにその地位を動かされない法律上の保護を受けるので，その相続人の地位は権利といって，民法においては，これを相続権と称し（旧民973条），相続開始後における相続権（旧民966条・1090条）と区別している（筆注・この判例は上記のとおり判示しているが，旧民973条は，推定家督相続人の相続権について規定しており，この点の説明がないため，舌足らずの判示となっている。）。

No.307
相続回復請求権

【1】　制度の趣旨（旧民法993条・966条，現行民法884条）　(1)　学説，立法趣旨　「旧民法では，家督相続について現行民法と同一の規定を設け（旧民966条），遺産相続に準用する形式をとっていた（旧民993条）。」したがって，相続回復請求権の趣旨は，旧法・新法ともに同一である。

「本条（民884条）は，相続回復請求権の短期消滅時効を規定するだけのようにみえるが，実は，相続回復請求権という特殊の請求権を認める，という意味をもっている。……かような制度を認める理由は，相続権のない者（囲真正の相続人でない者）が相続人らしい地位にあって（囲表見相続人又は僭称相続人）相続財産の管理・処分をする場合に真正の相続人に対して，相続財産を一括して回復することができるような便宜を与えようとすることである。……この請求権を比較的短い期間で消滅時効にかかるものとしていることにも重要な意義がある。」（我妻栄・立石芳枝「親族法・相続法」361頁，民法修正案理由書226頁）。

(2)　判例　「民法884条の相続回復請求の制度は，いわゆる表見相続人が真正相続人の

第 5 編

相 続 関 係

438号通達，昭36・4・5最高裁大法廷判決〔民集15巻4号657頁〕）。なお，平和条約発効前においても朝鮮人・台湾人は外地人たる身分を有し，日本内地に就籍することは許されていなかった（大11・5・16民事3236号回答）〔→No.31「内地人・外地人」みよ〕。

　通常，家庭裁判所は日本国籍を有することが明らかに認定される者について，かつ，その者の戸籍がないことを確認のうえで就籍許可の審判がなされる（家事法39条別表第1の123項）。就籍許可の申立ては，制限能力者（未成年者，成年被後見人，被保佐人，被補助人）でも意思能力があれば，その本人の申立てにより（家事法227条・118条），意思能力のない幼児などのときは未成年後見人，児童福祉施設にある意思能力のない者については親権を行う施設の長が申立できる（児童福祉法47条）。就籍の許可審判によって直ちに戸籍がつくられるものでもないので，戸籍編製のためには就籍者，または，その法定代理人が許可の日（審判告知の日）から10日以内に許可審判書の謄本を添えて就籍届を要する。届書には一般的記載事項（戸29条）のほか，戸籍法13条の戸籍記載事項と就籍許可年月日を記載しなければならない（戸110条2項）。届書に記載する本籍は通常審判書に便宜上記載されているが，本籍は本来，届出の際に任意に定めることができることから，就籍届を報告的届出のほか創設的届出の性質をも併存するものと解されている。

　就籍の戸籍記載については，通常，新戸籍が編製されることが多い（法定記載例200・201）。もっとも，父母が明らかである場合は特別の事情がない限りその父母の戸籍に入籍すべきである（昭25・8・16民事甲2206号回答）。

　届出地は，届出人の所在地または本籍を設定する地ですることになる（戸25条1項・112条）。

(2) **判決による就籍届**（戸111条）　確定判決による場合とは，親子関係存在確認の裁判が確定したことによって入籍すべき戸籍が明らかとなった場合とか，国籍存在確認の裁判が確定したことによって当然に戸籍の編製をすべきことが明らかとなった場合である。たとえば，家庭裁判所において就籍許可申立人が日本国民であることが確認できない理由のもとに，申立てを却下した場合でも，日本国籍存在確認の訴えを提起し，その訴えが認容されれば，この確定判決によって就籍届ができる（昭31・7・14民事㈡発381号回答）。この場合の届出は，判決確定の日から10日以内に就籍者から判決謄本を添えてすることになる。届書の記載事項および戸籍の記載については許可審判の場合に準ずるが，就籍者の戸籍中身分事項欄の記載例は「平成四年参月拾日国籍存在確認の裁判確定同月弐拾日就籍届出㊞」となる。

【参考文献】　青木義人・大森政輔「全訂戸籍法」

義で届出する。もし，一方が死亡している場合には，他方の生存配偶者のみで届出できる。なお，届出人となるべき者が意思能力を欠く場合（15歳未満）には，その法定代理人が代わって届出をすることができるものと解されている（大7・10・4民1082号回答，昭23・10・15民事甲660号回答4）。

【3】 **戸籍の記載** 管内転籍にあっては，転籍事項を戸籍事項欄に記載し，本籍欄の表示を更正のうえ，戸籍の編綴順序を新たな該当箇所に移せば足りるのであって，戸籍の編製，除籍の手続は要しない。一方，管外転籍については，転籍先の市町村で戸籍が編製され，従来の戸籍はこれを除いて除籍簿に移す。従前の戸籍の記載事項の移記要領については戸籍法施行規則37条に定められており（戸籍事項欄は氏変更事項のみ移記），身分事項の移記については普通の新戸籍編製に準ずる。なお，管外転籍により編製される戸籍と従前の戸籍とは単に本籍の表示の更正にとどまるので，その双方の戸籍については同一性が失われないものと解されている。それは除籍者などの移記を省略しても戸籍の同一性に影響はないものと認められる。たとえば，戸籍法施行規則41条により，本籍地変更後に原籍地の市町村長が本籍人として受理した書類によって，新本籍地の戸籍に記載をすることが認められるのは，原籍地・新本籍地の双方の戸籍の同一性に由来する。

No.305 就　籍

【1】 **意義** 戸籍は日本国民のすべてについてつくられるべきものである。そのことは明治4年戸籍法以来の戸籍制度の建前である（囲）。戸籍記載の原始的事由は，通常，出生・棄児発見・帰化であるが，出生届出がないまま届出義務者が不明となったために入籍すべき戸籍が不明となることがある。また，出生届出が未済かどうか，とにかく本籍が明らかでないために戸籍の有無が明らかでない場合もある。いずれにしても，日本国民でありながら前記のような事情から戸籍の存否が明らかでない者について，戸籍を新たにつくることを就籍という。もっとも，届出義務者がなくても出生による入籍すべき戸籍が明らかな場合は戸籍法44条の規定によって，その戸籍に入るための出生による職権記載が可能である（昭26・12・28民事甲2483号回答）。

囲　①明治4年戸籍法前文・同法1則，②明治31年戸籍法170条2項，③大正3年戸籍法44条，④現行戸籍法6条・18条・22条

【2】 **就籍届** (1) **家庭裁判所の許可による就籍届**（戸110条） 戸籍法110条には「本籍を有しない者」と表現されているが，それは戸籍制度の建前から当然に日本国民であることがその前提であり，かつ，本籍を有しない者（戸籍のない者）の趣旨であることは明らかである。すなわち，日本の国籍を有しない者（外国人）は戸籍に記載すべきでないから，就籍が許されないのは当然なことである。したがって，たとえ外国人について就籍の許可審判のうえで就籍届があっても市町村長は受理すべきではない（昭30・2・15民事甲289号通達）。というのは，就籍の許可審判によっては日本国籍存在自体の実質的確定力を有しないからである。たとえば，朝鮮人・台湾人は，平和条約発効後日本の国籍を失った者であり，同条約発効の際に朝鮮人・台湾人の身分を有する元日本内地人も同様に日本の国籍を失った者であるから，これらの者であることが戸籍の届書，審判書の理由などから明白であるときは，その就籍届を受理できない（昭27・4・19民事甲

【17】 転　籍，就　籍

No.304
転　籍

【1】 意義　転籍は戸籍の所在場所である本籍を移転することである。その移転先は日本国の領土内であれば，いつでも，何人の同意も許可も要しないで，届出により自由にできる。本籍の移転先が同一市町村の場合を「管内転籍」といい，本籍の移転先が他市町村の場合を「管外転籍」という。もっとも，本籍は日本国内の市町村の区域内に定めるべきであり（戸6条），しかも本籍は単に市町村名までにとどめないで，土地の名称に，地番号もしくは街区符号の番号まで表示するものとされている（戸規3条）。

　ところで，日本領土内の本籍を定める場所について，その場所を管轄する市町村長が存在しなければ戸籍の備付ができない。たとえば，竹島（島根県穏岐郡五箇村管内）や，歯舞諸島（北海道根室市管内）への転籍は管轄する市町村長があるので認められている（昭42・9・26民事甲2650号回答，昭44・3・11民事甲422号回答）。また，従前は国後島・択捉島・色丹島へは該地を管轄する地方自治法上の市町村がないので，転籍することはできないものと解されていた（昭44・7・7民事甲1348号回答）が，昭和58年4月1日「北方領土問題等の解決の促進の特別措置法」の施行に伴い，北方地域の三島（歯舞群島を除く色丹島，国後島，択捉島）6か村（北海道色丹郡色丹村，同国後郡泊村，同郡留夜別村，同紗那郡紗那村，同択捉郡留別村，同蕊取郡蕊取村）についても本籍を設定することができることになったので，同地への転籍が認められる。同地域の戸籍事務管掌者には同法11条1項の規定により北海道根室市長が指名されている（昭58・3・14民二1819号通達，同日付民二1821号依命通知）。なお，従前，沖縄への転籍については，沖縄現地が米国の施政権下にあった当時は，わが戸籍法上は沖縄に本籍を有する者に関する戸籍事務について，福岡法務局沖縄関係戸籍事務所が沖縄の本籍地市町村長として取り扱うことになっていた（沖縄関係事務整理に伴う戸籍，恩給等の特別措置に関する政令1条）。このように本土における取扱いには同事務所において処理するので問題はなかったが，本土在籍者が沖縄現地に新戸籍をつくる転籍をするには米国民政府の許可を要した。また，本土在籍者の成年者が養子縁組または沖縄在籍の女と婚姻によって沖縄現地の戸籍に入る場合も同様であった（昭33・6・16民事甲1217号通達）。この転籍制限の問題も沖縄の本土復帰に伴って解消することになった〔→No.92「沖縄関係戸籍事務所」みよ〕。

【2】 転籍届　(1)　転籍届書には一般的届出記載事項（戸29条）のほか，新本籍の場所を表示すべきものとされている（戸108条1項）。また管外転籍の届書には戸籍の謄本を添付することになっているが，これは届書の一部分をなすものである（戸108条2項）。

　(2)　管外転籍についての届出地は，通則の定めである事件本人の本籍地または届出人の所在地による（戸25条）ほか，新本籍地にも届出ができる（戸109条）。

　(3)　届出人は，戸籍の筆頭者およびその配偶者である（戸108条1項）。しかし，夫婦が存在するのに一方が行方不明，意思能力の欠缺などで表意不能の場合は，他方が双方の名

例昭9・7・20民事甲1002号回答)。

　この場合の改名の手続および戸籍の処理は，次のように行うのが相当である。

○　審判書の記載例（申立人の戸籍の表示，住所のほか下記のとおり）

　　申立人　山田　恵（戸籍上の名「恵子」）
　　　　　　　　　　　　　　　　（注）
　　　　　主文
　　申立人の名「恵」を「恵子」に変更することを許可する。
　　　　　　　（注）

　(注)　通常の改名審判書の場合，----の部分の記載がない。

○　戸籍の記載例　法定記載例196準用（昭和23年1月1日施行・旧法定記載例193〔名「銕吉」を「鉄吉」と変更届出何年何月何日受附㊞〕参照）

　　平成五年弐月拾六日名「恵」を「恵子」と変更届出㊞（注）

　(注)　戸籍上の名はすでに「恵子」と記載してあるので，これを一旦消除して，「恵」と訂正したうえで，更に「恵子」とすることなく，つまり，戸籍上の名はそのままにして，身分事項欄にのみ審判書の主文にならって上記の例により記載すれば足りるであろう（「恵」と「恵子」の同一性が公示される）。

達，昭 26・4・21 民事甲 840 号回答），名の変更申立をする必要がない。もっとも，誤字・俗字の範囲については，その後の多くの先例が示されたので，この先例で認められたものについては，管轄局の指示を得るまでもなく市町村長限りで処理してよい扱いである（昭 38・4・19 民事甲 1136 号回答，昭 42・10・20 民事甲 2400 号通達，昭 56・9・14 民二 5537 号通達四，昭 58・3・22 民二 1500 号通達，平 2・10・20 民二 5200 号通達第 2 ）。

(5) 戸籍の氏名欄に従来，当用漢字表に掲げる文字の原字または当用漢字字体表に掲げる文字の従前の字体等により氏名の記載がなされている場合について，たとえば，壹・貳（原字）國・廣・靜・博・傳（従前の字体）などをそれぞれに対応する壱・弐・国・広・静・博・伝というように，その更正方を関係人から随時申出があれば，市町村長限りの職権によって更正することができる（昭 34・6・4 民事甲 1127 号通達）。また，昭和 56 年 10 月 1 日戸籍法施行規則の改正施行後においても，戸籍の氏名欄または名欄が，常用漢字表・人名用漢字表の通用字体と異なる字体によって記載されている場合には，その字体をこれに対応する通用字体に更正する申出があったときは，市町村長限りで更正することができる。その具体的取扱いは，次のような処理方法をとることになっている（昭 34・6・4 民事㊁発 276 号依命通知，昭 56・9・14 民二 5537 号通達三，平 2・10・20 民二 5200 号通達第 3 ）。

(ア) 名の文字更正申出は，事件本人からなされた場合に認め，もし事件本人が 15 歳未満の者であるときはその法定代理人から代わってこれをすることができる。

(イ) 名の文字の更正の範囲は，氏の場合と同じく申出者の現在戸籍の氏名欄における文字だけに限り，従前の戸籍または除籍についてまではこれを認めていない。

(ウ) 父母の名を更正するときは，同一戸籍内にある子の父母欄の名の文字（氏についても同様）についても更正する。

(エ) 申出書についても一般の届書類に準じ，受附かつ戸籍の記載後は整理保存がなされる。

(オ) 戸籍に記載された名の文字の更正事由は，その後の戸籍の変動の場合，その後の戸籍には移記を要しない。

(6) 変体がなを氏名に使用している者について，前記(5)と同趣旨により変体がなに対応する平がなに更正する申出も認められ，かつ，旧かなづかいによる変体がなを現代かなづかいによる更正の申出も市町村長限りで処理できることになっている。たとえば，志津子・ぢゆん・ゑい，をそれぞれ，しず子・じゆん・えい，などにする例がある（昭 34・6・25 民事甲 1331 号回答，同 39・7・23 民事㊁発 271 号回答，昭 56・9・14 民二 5537 号通達三）。

(7) 戸籍上の名が戸籍の再製，または転籍その他戸籍編製の際に誤記されている場合，たとえば，「そめ子」を「染子」，「きみ子」を「喜美子」，「惠」を「惠子」などと誤記され，かつ，その戸籍を本人も永い間使用している場合，戸籍を整序するには誤記前の真正の名に戸籍訂正をすべきでなく，誤記後使用の名にする改名手続によるべきである。もっとも，本人が誤記前の真正な名を使用している場合は戸籍訂正による（参照―氏に関する先

表に掲げられ，子の命名に用いられ得るようになったというだけでは「武男」を「武彦」に変更するにつき正当の事由があるものとはいえない（大阪高裁昭 26（ラ）27 号昭 27・10・31 決定）。

(3) **その他** 名には男性の名または女性の名の区別はなく，男女性とも共通的に命名されている名も相当ある。たとえば，節，学，栄，操，久などの名である。旧法中でも男女を区別する定めはないので各自随意に付けられていたようであるが，しかし，「古来みずから男女の別を立つる」ことが慣例であったので，女子に男子の名を付けて届出があると説諭し，それでも強いて変更させることはできなかったもようである（明 13・3・3 長野県伺・同月 16 日内務省指令）。新法においても男女の名の区別はないので自由に命名できるが，男性または女性にふさわしい名が混同されて社会生活上支障のあるときは，名変更の正当事由にまで解される場合が考えられる（前記【5】(1)(イ)参照）。

【6】 **名の変更と訂正・更正** (1) 新法では当初当用漢字（更に昭和 26 年 5 月 25 日・昭和 51 年 7 月 30 日からは人名用漢字を追加），また，昭和 56 年 10 月 1 日（省令 51 号）改正施行の常用漢字・人名用漢字の通用字体の外の文字を用いた子の出生届が誤って受理された場合に，これを当用漢字または常用漢字表にかかげる通用字体による名に改めるためには，単に字体を当用漢字体または常用漢字表にかかげる通用字体に改めるにすぎないときは格別（後記(5)参照），原則として戸籍法 107 条の 2 の名変更の手続きによるべきであるとされている（昭 25・8・3 法務府・裁判所連絡会議 9 回決議）。

(2) 従前の当用漢字表に掲げる「栄」の原字である「榮」の字を用いて命名した子の出生届が非本籍地市町村で誤って受理され，本籍地に送付されたので，本籍地市町村長は当用漢字に追完方受理市町村長に返戻し，受理市町村長はその届出人に催告したが，これに応じないときは，本籍地市町村長はそのまま戸籍に記載するほかないものとされている（昭 39・9・9 民事甲 3019 号回答）。昭和 56 年 10 月 1 日以後においても同趣旨に（用いることができないものとして）取り扱うべきものと考える。なお，本例の「栄」の原字である「榮」は許容字体表（戸規附則別表）にないため，使用できない字体である（昭 56・9・14 民二 5536 号通達）。

(3) 出生届の際，子の名を誤って届書に記載して届出た場合，たとえば，「芳子」と命名したのに届出を頼まれた使者が届書に「好子」と誤記して届出たときには，名の記載について家庭裁判所の戸籍法 113 条による戸籍訂正許可があれば，これによることは当然である（昭 26・2・6 民事甲 173 号回答）が，裁判所では永年使用の名の場合，出生届に基づく記載には錯誤はないということで一般に名変更の手続きによる取扱いがなされているようである（前記【5】(1)(キ)参照）。

(4) 戸籍の氏名欄に記載されている氏名の文字に誤字，俗字がある場合について，たとえば，友・達・裕・祐などの誤字をそれぞれ友・達・裕・祐の正字に，また，博（俗字）を博（正字）にするには，その届出人または事件本人から市町村長に誤字または俗字の訂正申出があれば，市町村長は管轄法務局または地方法務局の長の指示を得て，職権による戸籍訂正手続によって処理ができる扱いとなっていたから（昭 25・12・15 民事甲 3205 号通

と変更することを認容した事例で，その理由は，両親にとって不愉快な感情をかもしたり，家庭の円満や平和を脅やかす原因となることは明瞭であるのみならず，家庭生活の破壊を来しかねないものと思慮せられ，ひいては長女自身の幸福を阻害し，その生活基盤をあやうくする可能性をもはらんでいるものといい得ると判断した（前橋家裁沼田支部昭37家128号昭37・5・25審判）。

(2) **名変更の正当事由がないとされた事例** (ア) 本籍および住所が同村同大字で氏を同じくし，名も「ハツヱ」と「ハツミ」というように類似していても，年齢において明治45年生まれと大正4年生まれの程度に差があるときは，社会生活上著しいさしつかえがあるとはいえない（東京高裁昭23（ラ）79号同年10・8決定）。

(イ) 同姓同名が改名の正当事由となるのは，社会生活上著しい支障のある場合に限られ，単に同一家庭内に呼び名を同じくする者（事例，養母佳代と養女加代子）がいて不便であるという程度では足りない（大阪高裁昭39（ラ）291号昭40・1・28決定）。

(ウ) 先代の営業を承継し，その営業を維持するために襲名をする必要があること，その他襲名をしなければ社会生活上著しいさしつかえを来す事情がない限り，襲名のため名を変更する正当の事由があるとはいえない（東京高裁昭23（ラ）124号昭24・1・31決定，同趣旨・大阪高裁昭27（ラ）110号同年2・22決定）。

(エ) 「トラ」という名は女性において珍奇なものでないから通称として永年「久子」という名を使用していても，これに変更する正当の事由があると認められない（東京高裁昭24（ラ）131号昭25・3・2決定）。

(オ) 戸籍上の名のほかに通称を用いている者が，その戸籍上の名を通称のとおりに変更しようとするには，これを変更しないことによって，その者が社会生活上甚だしいさしつかえを生ずる場合であることを必要とする（東京高裁昭23（ラ）84号同年10・22決定）。

(カ) 17歳のときから20数年使用している理由では名変更の事由とはならない。本人が社会生活上の不便が著しい場合において初めて名変更の正当な事由があるといわねばならない（大阪高裁昭25（ラ）9号昭26・11・11決定）。

(キ) 幼年者が戸籍上の名「春子」を使用せず通名「京子」を使用していたとしても，その使用期間はさほど長期にわたらず，その社会的使用分野も限られているから，通名に変更する正当事由は認められない（広島高裁昭33（ラ）18号同年10・17決定）。

(ク) 芸能人が本名と芸名を異にすることは，その日常生活を著しく困窮するものとは考えられないから，これを理由として芸名を本名とする名変更は正当事由に該当しない（東京高裁昭25（ラ）52号同年4・20決定）。

(ケ) 通名使用が改名の正当事由となるのは，戸籍名では本人の同一性識別に支障を来すような程度に達した場合に限られる（事例・1年未満の幼児）（大阪高裁昭39（ラ）291号昭40・1・28決定）。

(コ) 「富岡岡富」という姓の逆読みは，社会的にとくに奇典奇抜なものでないから，改名の正当事由があると認められない（東京高裁昭31（ラ）258号同年5・2決定）。

(サ) 当用漢字表にないためやむを得ず子の名に用いなかった文字が，その後人名用漢字

① 営業用の目的から襲名する必要のあること。
② 同姓同名の者があって社会生活上甚だしく支障のあること。
③ 神官もしくは僧侶となり，または神官もしくは僧侶をやめるために改名する必要のあること。
④ 珍奇な名，外国人にまぎらわしい名，または甚だしく難解・難読の文字を用いた名などで社会生活上，甚だしく支障あること。
⑤ 帰化した者で，日本風の名に改める必要があること。
　なお，上記に列挙した各場合でも新たな名は戸籍法50条の趣旨に鑑み，同条にいう平易な文字を用いるものであること。

【5】 改名の「正当な事由」の裁判例　名の変更について，正当な事由とは具体的にどのような場合が該当するのか，これを裁判例によってみることにする。

(1) **名変更の正当事由があるとされた事例**　(ア) 近隣に同姓同名の居住者があり，不便である場合には改名することを許可すべきである（大阪高裁昭31（ラ）241号同年2・29決定，同趣旨・同高裁昭31（ラ）273号同年12・24決定）。

(イ) 「桃千代」という戸籍上の名は男子の名としてはふさわしくないから10数年の間「兼弘」を通称して来た場合，珍奇に属するとして改名の正当な事由がある（福岡高裁昭27（ラ）35号同年9・15決定）。

(ウ) 10年以上も「和夫」という通名をもって取り扱われた場合には，「和男」をこれに変更することは，正当な事由がある（仙台高裁昭32（ラ）2号同年2・18決定）。

(エ) 永年にわたる通名の慣用により社会生活上，一般に通名の「とし子」として認識されるに至っているときは，戸籍上の名「留子」を通名「とし子」に変更することは正当事由に該当する（大阪高裁昭32（ラ）30号同年12・4決定，同趣旨・広島高裁昭36（ラ）2号昭36・3・6決定）。

(オ) 通名使用の動機が姓名判断であっても，すでに20年余にわたり「喜一」を「煕悦」と変更して使用しているときは，改名を許可するのもやむを得ない（仙台高裁昭31（ラ）14号昭32・12・27決定，同趣旨・福岡高裁昭38（ラ）64号昭38・6・6決定）。

(カ) 戸籍法50条は名の変更についても準用されるが，同法施行の20年前（30年使用）から通名としている場合は，例外であるとして，本名「浄」を「康敵」に変更することを許可した（東京高裁昭38（ラ）238号昭39・11・6決定）。

(キ) 本名「敏旦」を当用漢字表にない「旦」を用いる通名「敏旦」に変更することを許可した事例で，その理由は，昭和16年出生し，「敏旦（としあき）」と命名したのに出生届の受託者から誤記して届け出られた事案で，本人は今日まで「敏旦」名を常用していて，むしろこの事実に合致させることこそ社会生活上，本人のためにも第三者のためにも，便宜であると同時に取引の安全に資することとなるべく，それを拒否することは，むしろ，呼称秩序を害することになるおそれがあると判断した（高松家裁昭40（家）474号昭40・8・11決定）。

(ク) 夫の命名した長女の名「京子」が夫の恋人の名「京子」と同一であるとして「清美」

【2】 旧法当時の改名手続と改名事由・効力発生時期　旧法当時の改名（名の変更）は，改氏（氏の変更＝改姓）ほどには厳格でなかったようであるが，それでも一定の事由がないと許されなかった。

(1) 改名を許可する管轄庁は，改氏の場合と同じく内務省または都道府県庁であったが，都道府県知事はその職権を市町村長に委任していた場合が多いようである。そして，管轄庁は本籍地または寄留地でも扱われるなど，その取扱いは区々であったようであるが，昭和6年8月3日改名許可の管轄庁は住所地の府県庁ということに確定されている（昭6・8・3兵書22号庁府県長官宛内務省文書課長通牒）。

(2) 改名の事例としては，次のような場合が許容されていたようである。(ｱ) 同姓同名の商取引上の当事者であるとき，(ｲ) 同名の養子縁組をしたとき，(ｳ) 姑と新婦が同名のとき，(ｴ) 同籍者で名の文字は異なるが呼称が同じとき，(ｵ) 同勤者で同姓同称，たとえば，加藤庄平と加藤昇平，伊藤少次郎と伊藤庄次郎のような場合，(ｶ) 僧侶になったり，または還俗をしたとき，(ｷ) 神道教師の職に就いて布教に必要がある者，(ｸ) 商業上から先代の名を襲用するとき。

(3) 旧法当時の改名の効力発生時点は，地方行政庁の許可そのものによって効力を生ずるものであり，その届出は報告的届出であること改氏の場合と同様であった（明19内務省令19号4条，明31戸籍法164条，大3戸籍法153条）。

【3】 現行法の改名手続と効力発生時期　新法後の名の変更は，戸籍法107条の2（改正前戸107条2項）において，その許可の権限を行政庁から家庭裁判所に移管し，「正当な事由」がある場合に許される。

(1) 名の変更届出をするには，名を変更しようとする者（本人が意思能力を欠くときは，その法定代理人）から，あらかじめ住所地を管轄する家庭裁判所に申立て，その許可の審判書謄本を添える必要がある（戸119条，家事法226条）。なお，名変更を許可する審判に対しては，氏変更を許可する審判の場合と異なり，即時抗告を許していないので（家事法231条），確定証明書の添付は必要ない。

(2) 名の変更の許可の効力については，氏変更の許可の場合と同じく，許可の審判によって名の変更という効力を生ずるのではなく，名変更の届出がなされて（正確にいうと届出を受理されることによって）初めて変更の効力が発生するところの，いわゆる創設的届出で届書中の届出人の名も従前の名ですることになる。したがって，市町村長は許可があっても届出についての一般的要件を具備しないものは受理できないが，変更事由の有無は家庭裁判所の専権に属する判断事項であるから，これに立ち入って受理を拒むことは許されない。

【4】 現行法上改名の正当な事由基準　名変更の「正当な事由」について，旧法当時の改名許可基準に代わる昭和23年1月31日最高裁判所民甲37号事務総局民事局長回答は，戸籍法107条の2にいう「正当な事由」の有無を判定するについて，次のような事実の有無を斟酌させるべきものであるとしているが，これによると旧法当時の許可基準と大同小異のようにみられる。

るものとして直接許可の審判を求め、本人が15歳未満であれば、法定代理人から許可の審判を求めることになる（民791条3項、家事法17条、民附法31条但書参照）。

【3】　**変更できる氏の範囲**　本項の変更できる氏は、外国人である父または母の氏に限定される。外国人の氏の性質については、No.300「外国人との婚姻による氏の変更届」参照のこと。

【4】　**届出人**　この氏変更の届出は、届出有効期間という制限はなく、創設的届出である。届出は本人がすべきであるが、本人が15歳未満であるときは、意思能力がないと解されているところから、その法定代理人が届出をすべきものとされている（前掲通達第2・4(3)ウ）。なお、本項の届出を法定代理人からする場合、子の父または母は外国人であるから、その準拠法は、通則法32条によって子と父または母の本国法が日本法であるときは、日本民法が適用される。

【5】　**戸籍の処理**　本項の氏変更の届出の効果は、本人のみに及ぶものであるから、筆頭者でない本人について新戸籍を編製することとされている（戸20条の2第2項）。したがって、筆頭者でない兄弟が、それぞれ家庭裁判所の許可を得て氏変更の届出をした場合には各別に新戸籍がつくられる。この新戸籍を編製された子は、自己の意思に基づいて筆頭者になったものであるから、分籍者と同様に、以後は民法上同氏の父または母の戸籍に入籍することはできない。

　なお、本項の氏変更の届出による戸籍の記載方については、戸籍法施行規則附録第7号の法定記載例193～195による。

【参考文献】　昭和59年民事月報「国籍法・戸籍法改正特集」法務省民事局編

No.303　名の変更届（許可手続と戸籍の処理）

【1】　**意義**　名は、各人が出生のときに各地方の慣習に従い、通常命名権者と解される父母または祖父母などによって命名され、社会生活上において氏（苗字、姓）とともに人の同一性を識別するために極めて重要な意義がある。いいかえると、氏または名をみだりに改称することを許すときは、公的にも私的にも社会生活上同一人であるかどうかの識別に困難を生じ、社会生活に混乱を来すおそれがある。したがって、従来は明治5年8月24日太政官布告235号により、氏名（苗字、名）の変更は原則として禁止されていたもので、ただ、同姓同名等の余儀なき場合にのみ許可によって変更が認められるというにすぎなかったようである（囲）。現行制度（昭和23年1月1日施行）においても、氏名の変更ということは、原則として戸籍法107条1項・4項および107条の2に家庭裁判所の許可があったときに限り変更を許容することにしている。そして氏については「やむを得ない事由」を、名については「正当の事由」を変更の必的理由としているが、旧法当時と同じく氏の変更を名の変更の場合よりも厳格に制限していることが注目される。

　囲　太政官布告235号

　　　華族ヨリ平民ニ至ル迄自今苗字名並屋号共改称不相成候事但同苗同名等無余儀差支有之者ハ管轄庁ヘ改名可願出事。

法107条2項の氏変更による場合と同様に処理される。つまり、氏変更者が単身の場合には、戸籍事項欄および身分事項欄に所定の氏変更事項（法定記載例185・186に準ずる）を記載して筆頭者氏名欄の氏を更正すれば足りるが、氏変更者の戸籍に同籍者があるときは、氏を変更した者について新戸籍を編製するものとされている（戸20条の2第1項、法定記載例190〜192）。また、氏変更者の従前戸籍にある子の父または母の新戸籍への同籍する旨の入籍届についても同様に処理される（昭59・11・1民二5500号通達第2・4(2)イ）〔→No.300「外国人との婚姻による氏の変更届」みよ〕。

No.302 外国人父・母の氏への氏の変更届（戸籍法107条4項の届）

【1】 **氏変更の意義・対象者** 日本人が外国人と婚姻をした後に出生した嫡出子は、出生によって日本国籍を取得し（国2条1号）、その子は日本人である父または母の氏を称するので（民790条1項）、その父または母の戸籍に入る（戸18条1項）。ところで、昭和60年1月1日改正戸籍法施行後においては、外国人と婚姻をした日本人は、その氏を外国人配偶者の氏（呼称上の氏）に変更することが認められ、親の氏変更後に出生した子は外国人親の称している氏を称することになり、また、親の氏変更前の出生子でも親の氏変更後に日本人親の戸籍に同籍する旨の入籍届により呼称上の氏を外国人親の氏と同じくすることができる〔→No.300「外国人との婚姻による氏の変更届」みよ〕。しかし、日本人たる親が外国人親の氏に変更しない場合には、戸籍の筆頭者でない子は外国人親の称している氏を称することができない。もっとも、その子が成年者となって戸籍の筆頭者となった場合は、改正前の戸籍法107条1項によっても家庭裁判所の許可を得て氏変更をすることができたが、未成年の間は氏変更の方法がないことになる。そこで、戸籍の筆頭者またはその配偶者以外の者で、外国人である父または母の一方が称している氏に変更しようとする場合には、家庭裁判所の許可を得て、氏変更の届出ができることとされた（戸107条4項）。

また、本項の対象者は、父または母が外国人である場合であるが、前記の嫡出子に限らず、外国人父によって認知された日本人非嫡出子、養親の一方または双方を外国人とする日本人養子についても適用される。しかし、養親の一方または双方を外国人とする日本人養子が離縁しないで外国人たる実父または実母の氏に変更することは認められないし、日本人養子が外国人または日本人と転縁組しているときは、外国人たる実父または実母の氏に変更することも認められない（昭59・11・1民二5500号通達第2・4(3)イ参照）。

【2】 **許可制としたこと** 氏変更は、原則として戸籍の筆頭者およびその配偶者について認めたものであり、本項の対象者は筆頭者でない者という例外で、しかも、日本人親が氏変更しないため親子が別戸籍となり、子が未成年の間に生ずる問題が多いであろうと考えられることから、その適否を家庭裁判所の判断によるのが相当であるとされたものであろう。つまり、親子の生活の実態、子の年齢など子の福祉ということが考慮されるであろう。もっとも、本項の対象者は、未成年者に限定されているわけではないので、年齢を問わず、この手続をすることはできる。

なお、この氏変更の許可申立ては、子が満15歳以上であれば、本人が意思能力を有す

31日までの間に外国人と婚姻した日本人配偶者は，昭和60年1月1日から同年6月末までの間に，前記に準じて外国人配偶者の称している氏に変更する届出ができる（改正戸籍法附則11条）。この場合の戸籍の処理も前記に準じて行われる（昭59・11・1民二5500号通達第2・4(1)ク）。
【参考文献】 昭和59年民事月報「国籍法・戸籍法改正特集」法務省民事局編

No.301
外国人との離婚による氏の変更届
（戸籍法107条3項の届）

【1】 **氏変更の意義・対象者** 戸籍法107条2項の氏の変更届をした者（外国人と婚姻し，家庭裁判所の許可を得ないで外国人配偶者の氏に変更した者）は，その外国人配偶者との婚姻が，離婚，婚姻の取消し，または配偶者の死亡によって解消した後3か月以内に限って，家庭裁判所の許可を得ないで，届出だけによってその呼称上の氏を変更前の氏に再変更することができる（戸107条3項）。これは，婚姻解消後は，氏の呼称を外国人配偶者であった者と同じくしておく必要がなく，かえって社会生活上旧に復することが典型的に必要であると推定されるからである。この届出だけで氏の変更が認められるのは，前記のとおり婚姻が解消した場合に限定されるので，婚姻継続中に届出だけによる氏の再変更は認められないし，もし，再変更のやむを得ない事由があるとすれば，戸籍法107条1項の原則適用により家庭裁判所の許可を得なければならない。

また，この届出だけで氏変更ができるのは，届出だけで氏を変更した戸籍法107条2項の適用を受けた者に限られるから，同条1項の適用により家庭裁判所の許可を得て氏を変更した者には適用されない。この者が呼称上の氏を再変更するには，同条1項の原則適用により家庭裁判所の許可を得なければならない。

【2】 **届出有効期間** 本項の氏変更の届出が，家庭裁判所の許可を得ないで届出だけでできる期間は，婚姻解消後3か月以内に限られている。これは，婚姻解消後も長期間にわたって婚姻当時の氏を称していることは，変更の必要性が典型的にあるとは推測できなくなることによるもので，3か月を経過した場合には，家庭裁判所の個別的判断によるのが相当であると考えられるからである。

【3】 **再変更できる氏** 本項の届出により再変更となり得る氏は，さきの変更の際に称していた氏に限定される。たとえば，外国人と婚姻後に「鈴木」を「ベルナール」と変更した者は，その婚姻解消後に「鈴木」に変更できるだけであって，その他の新たな氏を称することはできない。また，前述の呼称上の氏「鈴木」を「ベルナール」と変更後に，その婚姻を解消したが，その氏をそのままで韓国人と再婚し，その氏を「金」と変更した場合，その後の配偶者死亡により本項の届出により変更できる氏は「ベルナール」だけであり，更に「鈴木」に変更するには原則によって家庭裁判所の許可を得なければならない（戸107条1項）。

【4】 **戸籍の処理** 本項の届出による氏の変更も，戸籍法107条2項による氏の変更と同じく，民法上の氏そのものの変更でなく，戸籍法上の呼称の変更である。したがって，本項の届出による氏変更の効果は，他の同籍者には及ばないものとされ，戸籍の処理も戸

は，婚姻をした者は，相手方配偶者の氏を自己の氏の前に冠記し，もしくは後記する国もあるようである。しかし，わが戸籍法上で予定している氏は，子孫に承継されるものを考えているので，外国人配偶者の氏の部分のうち，その本国法によって子に承継される可能性のない部分は，戸籍法107条2項に規定する外国人配偶者の称している氏には含まれないと解し，この子に承継されない部分を除いたものを変更後の氏とする届出を受理する扱いである（昭59・11・1民二5500号通達第2・4(1)イ）。もっとも，夫または妻の氏のうち，子に承継されない部分があるか否かの外国法制の調査は実際に困難であろうから，特段の事情がない限り，届出のとおり受理されることになるであろう。

【5】 **変更後の氏の表記方法** 変更後の氏は，戸籍という日本の公簿に記載されるものであるから，日本の文字によって表記すべきものであり，それは片仮名によって記載するのが原則であるが，配偶者が本国において氏を漢字で表記する外国人である場合には，身分事項欄の婚姻事項中に記載された氏に用いられた漢字が正しい日本文字であるときは，その漢字を日本人配偶者の氏とすることができる（前掲通達第2・4(1)ウ）。

【6】 **戸籍の処理** 外国人と婚姻した者が，戸籍の筆頭者（戸16条3項）で，他に同籍者がないときの呼称上の本項の氏変更届による戸籍の記載は，戸籍事項欄および身分事項欄に所定の氏変更事項（法定記載例185・186）を記載し，筆頭者氏名欄の氏を変更すれば足りる（戸規34条2号・35条13号）が，他に同籍者たる子があるときは，氏変更の効果がその子に及ばないので，氏の変更者は別に氏変更による新戸籍を編製することになる（戸20条の2第1項，法定記載例187〜189）。なお，氏変更者が従前（昭和60年1月1日前）の取扱いにより，戸籍の筆頭者およびその配偶者以外である場合も同様である。また，戸籍事項欄の氏変更の記載は，管外転籍の場合に移記されるが，身分事項欄の氏変更の記載は，転属戸籍に移記されない（戸規37条・39条）。さらに，戸籍の筆頭者でない者から外国人との婚姻の届出および本項の氏変更の届出が同時にあったときは，婚姻の届出による新戸籍を編製した後に，本項の氏変更の届出による戸籍の記載をする（前掲通達第2・4(1)オ）。

【7】 **氏変更後の従前戸籍の子の処理** 氏変更者の従前戸籍に子があるときは，届出人につき新戸籍が編製される（戸20条の2第1項）が，呼称上の氏変更の効果は同籍者に及ばないので，子はそのまま在籍する。この子は，民法上の氏を同じくする父または母と同籍する旨の入籍届により，呼称上の氏を変更した父または母の新戸籍に入籍することができる。なお，父または母の呼称上の氏変更届と同時に同籍する子全員から入籍届があった場合においても，氏を変更した者につき新戸籍を編製して入籍させることとされている（前掲通達第2・4(1)カ）。

【8】 **外国人配偶者の氏に変更後の嫡出子の母欄の記載方** 日本人配偶者が外国人配偶者の氏に変更した場合，その間の嫡出子は，出生により日本国籍を取得し（国2条1号），日本人たる父または母の戸籍に入籍するが，この場合の母欄の記載については，父母が離婚，婚姻が取消されているときを除き，日本人夫婦の嫡出子と同様に母欄の氏の記載を省略する取扱いである（前掲通達第2・4(1)キ）。

【9】 **改正戸籍法施行前に外国人と婚姻した者の処理** 昭和59年7月2日から同年12月

となっている（平成6・11・16民二7005通達第3）。

　囮　新戸籍編製などの場合の氏または名の記載に用いる文字は，従前戸籍に誤字で記載されているときは，これに対応する字種および字体による正字で記載し，その前又は事後に書面又は口頭でその旨を告知するものとされている（平成2・10・20第5200号通達，最終改正平成22・11・30）。俗字については漢和辞典に俗字として登載されている文字であれば，同通達別表に掲げる文字を除きそのまま記載することとされている。

　(3)　常用漢字表に掲げる字体，戸籍法施行規則別表第二に掲げる字体（以上通用字体という）と異なる字体によって戸籍の氏名欄または名欄の記載がなされている場合において，その字体を通用字体に更正する申出があった場合には，これを受理して市町村長限りの職権により，それに対応する通用字体により従前の戸籍の氏名欄の記載を更正して，各届出による新戸籍または入籍戸籍には更正後の氏名により戸籍の記載をする取扱いである。なお，この申出資格，申出の方法および戸籍の具体的な処理要領が平成2年10月20日民二5200号通達（前同）第3に示されている。

【参考文献】　青木義人・大森政輔「全訂戸籍法」

No.300
外国人との婚姻による氏の変更届
（戸籍法107条2項の届）

【1】　民法750条と外国人と婚姻した日本人の氏　民法750条の規定は，外国人と婚姻した者には適用されないとして，婚姻によっては氏の変更はないと解しているのが戸籍の実務である（昭26・4・30民事甲899号回答，昭40・4・12民事甲838号回答）。そこで，昭和60年1月1日以降外国人と婚姻したことにより，新戸籍が編製される場合（戸6条但書・16条3項）であっても，その者の民法上の氏は，婚姻の前後を通じ変更はない〔→No.225「国際結婚の身分的効力（氏）」みよ〕。

【2】　氏変更の意義・対象者　民法上の氏の解釈については，前記【1】のとおりであるとしても，日本人配偶者は，外国人配偶者とともに夫婦としての社会生活を営むうえで，その呼称上の氏を同じくする必要性が典型的に高いと認められるところから，昭和60年1月1日以降日本人配偶者は，婚姻成立後6か月以内に限り，許可を得ないでその氏を外国人配偶者の称している氏に変更する旨の届出をすることができる（戸107条2項）。

【3】　届出有効期間　本項の氏変更の届出は，婚姻後6か月以内に限られているから，その届出期間を経過した後は，届出だけで呼称上の氏変更は認められない。もし，6か月の届出期間経過後に呼称上の氏を変更するには，原則（戸107条1項）によって家庭裁判所による氏変更の許可を要することになる。また，婚姻解消後に外国人配偶者であった者の称している氏に変更する場合も，同様に許可を要する。

【4】　外国人配偶者の氏の性質　外国人配偶者の氏名は，日本人配偶者の戸籍の身分事項欄（婚姻事項中）に記載されている。そこで，変更後の氏は，この氏名のうち氏の部分に相当するものに変更すればよいわけである。ただ，外国人の中には氏を有しない国，または，姓の全部が氏として取り扱われない国があるようである。あるいは，外国の法制で

届書には，前記の者が届出人となって一般的記載事項のほか，同籍者全員を事件本人とし，変更前と変更後の氏および審判の確定年月日を記載する。

【3】 届書の添付書類　届書には，前項【3】(580頁)の氏変更の許可審判書謄本および審判確定証明書を添付する（戸38条2項）。なお，日本人に対する氏名の変更許可は，わが国の裁判所の専属的管轄に属するから，外国の裁判所が行った氏名変更の裁判にもとづく届書は受理されない（昭47・11・15民事甲4679号回答）。

【4】 戸籍の記載　戸籍法107条1項による氏の変更事項は，戸籍事項欄のみに次の例により記載し，筆頭者氏名欄の氏が更正される（戸規34条2号）。なお，この氏の変更事項は，管外転籍した場合に転籍地の戸籍に移記される（戸規37条1号）。

戸籍の記載例（戸籍事項欄）　法定記載例184（昭60・1・1以降）
　平成九年拾月拾七日戸籍法七条一項の氏変更届出㊞
　囲① 昭和23年1月1日以降（昭和44・12・31まで）
　　氏「我謝」を「若佐」と変更甲野義太郎同人妻梅子届出昭和弐拾参年壱月拾七日受附㊞
　　② 昭和45年1月1日以降（昭和59・12・31日まで）
　　昭和五拾六年壱月拾七日氏を「若佐」と変更届出㊞

【5】 氏の変更と訂正・更正　(1) 数十年前から戸籍に氏が誤記されている場合，数十年来誤記の氏を引き続き社会生活に使用している者が，誤記前の氏に改めるには，本来，戸籍の誤記であるから戸籍訂正をすべきものと考えられるが，長年社会生活上，異議なく使用した者が，いま戸籍を訂正すると，その波及するところが広範囲にわたるので，このような場合は，戸籍法107条1項の氏変更の手続によるべきであって，戸籍訂正によるべきでないとされている（昭5・6・24民事601号回答，昭27・5・24民事甲751号回答）。もっとも，氏変更の手続によるのが相当であると考えられる事案であっても，戸籍訂正の許可審判があった場合には，その戸籍訂正申請を受理するほかないとされている（昭27・9・25民事甲326号回答，昭32・3・6民事甲442号回答）。

(2) 誤字・俗字の訂正，傍訓の除去について，かつて，法務省民事局長通達（昭25・12・15民事甲3205号通達）は，「戸籍の氏名欄に記載されている氏名の文字に誤字があり，又は傍訓の付してある場合において，その届出人又は事件本人から市町村長に対し，誤字の訂正又は傍訓の消除方の申出があったときは，管轄法務局又は地方法務局の長の指示を得て，市町村長の職権による戸籍訂正の手続によって処理してさしつかえない」とし，また，俗字についてもすべて誤字に準じて正字に訂正することを認めた（昭26・4・21民事甲840号回答）。その後，傍訓の消除はとくに疑義がある場合のほかは管轄局の指示をまつまでもなく直ちに市町村長限りで処理できるものとし（昭26・7・14民事甲1465号通達），また誤字・俗字の範囲について多くの先例が示されたので，これらの先例で認められたものについては管轄局の指示を得るまでもなく，申出があれば直ちに市町村長限りで訂正してよいとされている（昭38・4・19民事甲1136号回答，昭56・9・14民二5537号通達四，昭58・3・22民二1501号通達，平2・10・20民二5200号通達第2，平6・11・16民二7007号通達）。なお，傍訓については，戸籍に記載しないこととし，移記もしないこと

大阪高裁決定)。

　(ウ)　**祭祀相続の事由のみでは認められなかった事例**　かつて母の実方の養子になったこともあるが、その母の実方の氏に変更し、祖先の祭祀にあたりたいという理由では、他に主宰者たる地位を承継する者が行方不明としても、「やむを得ない事由」にはあたらないとして認められなかったもの(昭24・12・15大阪高裁決定)。

【5】　**氏変更要件の社会的相当性**　(1)　**氏のもつ社会的意義**　「家制度は廃止されたが、氏は唯その本人のためのみのものではなく、同時に社会のためのものである」から、変更を許すためには「当人にとって変更しなければならない真にやむを得ない事情があると共にその事情が社会的客観的にみても是認せられるものでなければならない。」(昭30・10・15大阪高裁決定、家月7巻11号70頁)

　(2)　**氏の変更事由と社会的弊害の関係**　「改氏しても社会的な弊害がないというだけでは変更を正当とすることはできない。」(昭40・6・29大阪高裁決定、家月17巻11号105頁)

　(3)　**氏の珍奇、難解、難読と社会的相当性**　「氏の難読・難書又は奇異が戸籍法107条1項に規定するやむを得ない事由に該当するといい得るためには、社会の通常人が一見して難読・難書であると感ずる程度に顕著でなければならず、また、或氏が奇異であるか否かは個人の主観を基準としてではなく、社会の通常人が奇異と感ずるかを基準として客観的に決せられるべきである。」(昭44・10・8名古屋高裁決定、家月22巻5号62頁)

　囲　坂梨　喬(家裁判事)「氏・名変更許可実務の現状と展望」戸籍誌694号13頁

　　「前記の決定に示された、奇異、難解、難読の判断は主観的にではなく客観的になされなければならないという一般的基準は現在も実務に生きている基準である。この考え方は、氏・名の変更を、社会的にふさわしい氏・名とはなにかという氏・名それ自体の問題としてとらえるものである。氏・名は個人のものであると同時に社会のものであるから、社会的に氏・名としてふさわしくないものは使用されるべきではないことになる(いわゆる「悪魔ちゃん事件」平6・1・31東京家裁八王子支部審判の例)。

　　社会的に氏・名としてふさわしくない氏・名は、それ自体が社会的相当性を欠くものであると同時に、それによって、社会の側に不都合や不利益が生じるのである。」

【参考文献】　全国連合戸籍事務協議会「戸籍実務読本」457頁以下

No.299 氏の変更届(戸籍法107条1項の届)

【1】　**氏の変更手続**　〔→No.298の【3】「新法後の『呼称上の氏』の変更手続」みよ〕

【2】　**届出人と届書記載事項**　戸籍法107条1項の氏の変更届は、戸籍の筆頭者およびその配偶者の双方が、もし、その一方が死亡その他の事由によって除籍されているときは他方のみで届出する。したがって、双方がともに除籍されているときは、他の同籍者は分籍して戸籍の筆頭者にならない限り、氏の変更はできない。ただし、戸籍法107条4項には例外が認められている〔→No.302「外国人父・母の氏への氏の変更届」みよ〕。

現在の職場において，周囲の者より「猿」「モンキー」「キャッキャッ」など侮蔑・嘲笑の対象となって，本人や子の人格形成に悪影響を及ぼし，社会生活上不利益があるとして「藤本」に変更することを認めたもの（昭35・6・15広島家裁審判）。

　(イ)　**民法改正前の離婚前の氏（婚氏）**　民法改正前離婚復氏したが通称として婚姻中の氏を称している女性から婚姻中の氏への変更を求めた事案について，民法等の一部を改正する法律（昭和51年6月15日公布，法律66号）の趣旨をも考慮し，改氏すべき「やむを得ない事由」があるとして申立てを認容したもの（昭51・12・17大阪家裁審判）。

　(ウ)　**長年使用の離縁前の氏**　15年間養親子として生活後に離縁，その後，養親は行方不明で養子は離縁前の氏を継続して使用し，かつ，社会的・経済的活動もなんらの変更がなく，子女の養育にもあたっている場合，縁組前の氏を使用せしめることは，種々の不利不便を強制することになり，社会通念上甚だしく不当であるとして離縁前の氏に変更を認められたもの（昭33・2・27長野家裁諏訪支部審判）。

　囲　昭和62年法律101号改正民法816条2項（離縁の際に称していた氏を称する届），№210参照。

　(エ)　**長年使用の亡内夫の氏**　20年間内縁の夫の姓を通称していた内縁の妻は，その間の子も内縁の夫の氏を称しているので（戸籍上），内縁の夫の死亡後母子で氏が異なっては困るという場合，かかる事情のもとにおいて氏の変更を許可しても，あえて家の規定を廃止した新民法の精神に反するものといえないし，また，他に悪い影響を及ぼすことも考えられないとして認めたもの（昭23・4・21大阪高裁決定～家族法大系Ⅰ 261頁）。

(2)　**氏変更の「やむを得ない事由がない」とする裁判例**　(ア)　**珍奇，難解，難読と認められなかった事由**　① 「三角」の氏は，子女の学友が「頭三かく尻四かく」と嘲笑するからとの理由で「三住」と改めることは，その姓自体にはなんらの著しい珍奇または侮蔑の意味はなく，難解，難読でもないから氏変更の「やむを得ない事由」に該当しないとして認めなかったもの（昭28・10・28大阪高裁決定）。② 「簸」という氏は，やや難解，難読であり，道具の名であり，また，英語の「ミス」に通ずるけれども，人に嫌悪の感を起こさせるものでないから，これを「三須（ミヤズ）」に変更することを認めないとしたもの（昭26・10・12大阪高裁決定―家月5巻5号153頁）。

　(イ)　**離婚前の氏，事実上の養親または配偶者の氏には認められなかった事例**　① 離婚により復氏した妻が，婚姻中に政治家としてその名を知られた場合，離婚後の姓では選挙に不便不利益は認められるが，選挙および日常の私生活にも通称使用は禁じられていないので，その不便は生活を著しく困難ならしむる程度には認められないとしたもの（昭25東京家裁審判―家族法大系Ⅰ 261頁）。ただし，今日では離婚復氏者には，届出のみにより離婚の際の氏を称することが認められる（民767条2項，戸77条の2～№.233みよ）。② 事実上の亡養親（短期間）の氏に変更することは，氏変更の「やむを得ない事由」に該当しない（昭24・8・29東京高裁決定）。③ 12年間生活をともにした内縁の妻（その間，内夫の姓を通称し，母の戸籍にある子も父の姓を通称していた）が内縁の亡夫の氏に変更することは，氏変更の「やむを得ない事由」に該当しないとして認めなかったもの（昭32・8・8

② 明治19・9・28内務省令第19号第4条「……復姓……願済ノ上戸籍ニ登記スヘキ事項ハ其許可ノ指令ヲ受領シタル日ヨリ10日以内ニ届出ヘシ」。

【3】 新法後の「呼称上の氏」の変更手続 (1) 原則（戸107条1項） 氏を変更するには、戸籍の筆頭に記載した者およびその配偶者から、あらかじめ住所地の家庭裁判所に申立て、その許可を得る必要がある。この場合家庭裁判所は、氏変更の「やむを得ない事由」の有無を判断するが、氏変更事件は、調停に親しまずもっぱら審判手続でなされる（戸119条、家事法244条括弧書・別表第1の122項）。審判手続においては、氏変更の効果が同一戸籍内の者全員に及ぶので、名の変更と異なり同一戸籍内の満15歳以上の者には、その陳述を聴かなければならないことになっている（家事法229条1項）。また、申立人はこの許可申立てを却下する審判に対し、他方、利害関係人は氏の変更許可の審判に対し、いずれも即時抗告が認められているので（家事法231条）、氏の変更届には許可の審判謄本のほか、確定証明書の添付を要する。氏変更の効力発生時期は、旧法とは異なり裁判所の許可があっても、これによって直ちに効力を生ずるものでなく、従前の氏で届出し、その受理によって初めて変更の効力を生ずるものである（創設的届出）。したがって、この許可の裁判が確定しても届出義務を生ずるわけでなく、また、市町村長は許可があっても届出についての諸要件を具備しないものは受理すべきものではない。氏変更の効果は、単に呼称上の氏が変更されるにとどまるので、親子が同氏（民法上）異戸籍の場合に、親の呼称上の氏が変更されても、親子間の氏の同一性（民法上）にはなんらの影響がない。なお、裁判所の許可のない氏変更届が誤って受理されても効力は生じないものと解される。

(2) 例外 (ア) 離婚の際に称していた氏を称する届（戸77条の2の届）〔→No.233 みよ〕
(イ) 離縁の際に称していた氏を称する届（戸73条の2の届）〔→No.210 みよ〕
(ウ) 外国人との婚姻による氏の変更届（戸107条2項の届）〔→No.300 みよ〕
(エ) 外国人との離婚による氏の変更届（戸107条3項の届）〔→No.301 みよ〕
(オ) 外国人父・母の氏への氏の変更届（戸107条4項の届）〔→No.302 みよ〕

【4】 原則的氏変更の要件 社会生活上・呼称上の氏は、名とともに個人を識別する重要な役割を果たしているものであるから、みだりにこれを変更することは許されるべきものでない。したがって、前述のとおり旧法当時から氏の変更は原則として許されなかったし、現行法上も氏を変更するには、原則として（戸107条1項）「やむを得ない事由」がある場合に限定し、名の変更が「正当な事由」としているのと比較すると、氏の変更は名の変更よりも厳格に制限する趣旨のようである。ただ、裁判例には、「やむを得ない事由」の認定に積極例と消極例がみられる。

(1) 氏変更の「やむを得ない事由がある」とする裁判例 (ア) 珍奇、難解、難読を基準とした事例 ① 「穴倉（アナグラ）」という氏は、性器の別名と呼称を同じくし、社会生活上少なからぬ支障を来していたとして「宮永」に変更することを認めたもの（昭36・6・12札幌高裁決定）。 ② 「猿田」という氏は、氏自体が珍奇なものであるとはいい難いが、猿田なる呼称によって一般人に動物の猿を連想させ、子の成育過程において、また、

【16】 氏 名 の 変 更

No.298
呼称上の氏の変更（原則―不許可・
例外―許可）

【1】 氏の沿革　氏は歴史的には，姓，苗字，名字とも称され，氏によって親族団体が認識された。封建時代には，公家および武士のみが氏（苗字）を称していたようであるが，明治3年に平民も氏（苗字）を称することが許され（囲1），明治8年には各人が必ず氏（苗字）を称すべきものとなった（囲2）。さらに，明治31年6月17日施行の旧民法には，「戸主及ヒ家族ハ其家ノ氏ヲ称ス」（旧民746条）と，氏は民法上の家の称号（家名）であることが明定され，その民法上の家の出入（去家，入家）が家の異同（氏の異同）を生じ，実体的な法律上の効果（権利義務関係）を左右していた。ところが，昭和22年5月3日新憲法の施行に伴って，民法上の家に関する規定は廃止され（民応措3条），氏の本質・性格が現行法上は，旧法の家の氏という考え方に対する意味では，単なる個人の同一性を示す呼称（名と組合わせることによってより具体的となる）にとどまり，氏の異同によっては実体法上の法律効果（親族相続法その他の関係において）に差異を生ずることはなくなった。しかし，現行民法に規定する氏は，個人を特定することのみならず，氏の異同に伴う効果として戸籍の編製・変動に大きな関連を有するものとなっている〔→No.116「氏」みよ〕。本項においては，個人を特定する呼称上の氏の変更について述べる。

囲1　太政官布告　明治3年9月19日自今平民苗字被差免候事。

囲2　太政官布告第22号　明治8年2月13日
　　　平民苗字被差許候旨明治3年9月布告候処自今必苗字相唱可申尤祖先以来苗字不分明ノ向ハ新タニ苗字ヲ設ケ候様可致此旨布告候事。

【2】 旧法当時の取扱い（昭23・1・1前）　改氏名許可の管轄庁は内務省または府県庁で住所地の支庁長，市町村長に委任することができたが，苗字（氏）の変更は強く制限され，復姓（旧来用いていた苗字（氏）を再び用いること）のほかはほとんど許可されなかったもようである（囲3）。わずかに許された復姓もみだりに許すのでなく，商業上さしつかえのあるときにとくにその事由を取糺して相違ないとき（明8・12・10内務省指令），また，由緒分明なるとき（明8・12・4太政裁令），由緒の姓明白にして復姓を要する事情確実なるとき（明23・11・14内務大臣指令）などに限られていたようである。この氏の変更が復姓に限られていたことは，明治31年戸籍法164条に「氏ヲ復旧シ又ハ名ヲ改称シタル者ハ10日以内ニ……届出ツルコトヲ要ス」と表現していることからも窺える。なお，この当時の氏の変更は，地方行政庁の許可によってその効力を生ずる報告的届出であったことは，明治19年内務省令19号（明治4年戸籍法による届出を定めたもの）4条，明治31年戸籍法164条のほか大正3年戸籍法153条が届出義務を課していることからも認められる。

囲3　① 明治5・8・24太政官布告第235号，「華族ヨリ平民ニ至ル迄自今苗字名並屋号共改称不相成候事但同苗同名等無余義差支有之者ハ管轄庁へ改名可願出事」。

き，またはその者が日本国籍を引き続き保持していたとすれば，その戸籍から除籍する理由があるときは，国籍喪失時の氏により直ちに新戸籍を編製すべきものとされている。この場合は，国籍喪失時に在籍の戸籍との関連措置は別段つけられないが，相続問題を処理するうえからは，国籍再取得者が戸籍上に除籍者として記載されているので，除籍者からみて再取得者との同一性を確認するのに格別支障はないとする考えからであろう。

　(ウ)　国籍再取得者が，再取得時に日本人の養子または配偶者であるときの戸籍の処理，また再取得後の名の取扱いについては，認知された子の届出による国籍取得の場合と同様である〔→ No.286「認知された子の国籍取得」みよ〕。

【参考文献】　①昭和59年民事月報「国籍法・戸籍法改正特集」法務省民事局編，②「新しい国籍法・戸籍法」法務省民事局第5課職員編（日本加除出版）

要件（国17条2項）　官報による催告を受けて国籍を選択しなかったことによる国籍喪失者は，重国籍防止条件（無国籍者であるか，または日本の国籍を取得することによって現に有する国籍を失うこと）を備えるときに，届出により日本国籍を再取得できる。

(2)　**届出の方式**（法務大臣への届出～国17条2項）　(ア)　再取得の届出は，日本国籍を失ったことを知った時から1年以内に（天災その他，その者の責めに帰することができない事由によって，その期限内に届け出ることができないときは，その期間は届出が可能となった時から1か月以内に）しなければならない。この場合の経由庁は，国籍を再取得しようとする者が国内にあるときは，住所地を管轄する法務局・地方法務局の長に，国外にあるときはその国に駐在する日本国の領事官に対してしなければならない。ただし，外国に住所があっても国内に居所があるときは法務局・地方法務局の長を経由できる（国規1条1項）。(イ)　届出は書面によること（一定の届書），経由庁にみずから出頭することも前記の国籍不留保者の再取得の場合と同様である（国規1条3項）。(ウ)　届書の一般的記載事項も前者と同様であるが，届書の添付書類としては，国籍の再取得の要件を備えていることを証するに足りる書面を添付しなければならない（国規1条4項）が，これらの書類としては，原則として公的資料もしくはこれに代わり得るものとして次のものが考えられる。

①　日本国籍を取得しようとする者の戸（除）籍謄本～国籍選択の催告を受けて選択しなかったため国籍喪失の記載があるもの（戸105条，戸規35条11号）
②　国籍選択の催告が掲載されている官報の写し（国15条2項）
③　無国籍であること，または外国国籍の喪失（国5条1項5号）を証する書面など
④　日本国籍を失ったことを知るに至った経緯を証するに足りる書面

(3)　**届出の効果**　適法な届出は，その届出が経由機関である法務局・地方法務局もしくはその支局または在外公館の窓口において受け付けられた時に効力を生じ，日本国籍を取得することになる（国17条3項）。その他経由庁の処理手続は，認知された子の届出による国籍取得の場合と同様である〔→ No.286「認知された子の国籍取得」みよ〕。

【4】　**国籍再取得後の戸籍の処理**　(1)　**市町村長に対する国籍取得届**　国籍不留保者，国籍不選択者の国籍再取得後の戸籍法上の届出については認知された子の届出による国籍取得の場合と同様である（戸102条）〔→ No.286「認知された子の国籍取得」みよ〕。

(2)　**戸籍の記載**　国籍再取得者の戸籍法上の届出による戸籍の記載については，次によることとされている（昭59・11・1民二5500号通達第3・1(2)(3)）。

(ア)　国籍法17条1項（国籍不留保者）の国籍再取得者の氏は，出生時の日本人たる父または母の氏を称し，国籍取得時において氏を同じくする父または母の戸籍があるときは，その戸籍に入る（戸18条）。もし，入るべき戸籍が，国籍再取得の届出（市町村長に対する）前に父または母が死亡し，もしくは婚姻などにより氏を変更して除かれているときは，いったん，同一氏の父または母の最後に在籍していた戸（除）籍に入籍させた上，直ちに除籍して新戸籍を編製すべきものとされている。

(イ)　国籍法17条2項（官報催告を受けての国籍不選択者）の国籍再取得者は，国籍喪失時の氏を称し，国籍喪失時に在籍していた戸籍に入る。ただし，その戸籍が除かれていると

うという配慮によるものである。

【2】 **国籍不留保者の再取得届出の要件・方式・効果** (1) **国籍再取得の要件**(国17条1項) 国籍の不留保者は，次のすべての要件を備えるときに，届出により日本国籍を再取得できる。㋐ 国外で生まれ，日本国籍を留保しなかったことにより国籍を喪失したこと，㋑ 20歳未満であること，㋒ 日本に住所を有することである。

(2) **届出の方式**(法務大臣への届出～国17条1項) ㋐ 再取得の届出は，国籍を取得しようとする者の住所地を管轄する法務局・地方法務局の長を経由してしなければならない(国規1条2項)。㋑ 届出は届出しようとする者がみずから法務局・地方法務局またはその支局に出頭して，書面によってしなければならない(国規1条3項)。もし，国籍を取得しようとする者が15歳未満であるときは，法定代理人が代わってすることになる(国18条)。㋒ 届書は法務局・地方法務局またはその支局に備付けの一定のもの(写真貼付)を使用し，届出人がみずから持参して届け出ることになる(昭59・11・1民五5506号通達第1・1(1)(2))。㋓ 届書には必要事項(同籍の取得をしようとする者の氏名，現に有する国籍，出生の年月日および場所，住所，男女の別並びに嫡出子または嫡出でない子の別，父母の氏名および本籍，父または母が外国人であるときは，その氏名および国籍，国籍を取得すべき事由)を記載して，届出をする者が署名押印する(国規1条4項)。㋔ 届書には，国籍の取得をしようとする者が国籍取得の条件を備えていることを証するに足りる書類を添付しなければならない(国規1条4項)。この書類としては，おおむね次のようなものがある。

① 国籍留保の届出をしなかったことを証する書面(日本の国籍を取得しようとする者の出生時の父または母の戸(除)籍謄本)
② 20歳未満であることを証する書面(出生証明書，分娩の事実を証する書面など)
③ 日本に住所を有することを証する書面(在留カード，特別永住者証明書，住民票，旅券など)

また，戸籍謄本などの公的資料を提出することができないときは，これに代わり得る相当な資料または届出人および関係者の申述書を提出することとされている(昭59・11・1民五5506号通達第1・1(3))。㋕ その他の添付書面 届書の添付書類が外国語によって作成されているときは，翻訳者を明らかにした日本語の訳文を添付することとされている(国規5条)。なお，国籍を再取得しようとする者が婚姻，縁組をしているとき，または認知されているときは，その届書の記載事項証明書を添付することになる。これは日本国籍を取得後にこれらの身分事項は戸籍の記載に必要となる(戸102条2項5号，戸規58条の2)ので，法務局・地方法務局の長名義で作成交付される国籍取得証明書に付記するためである(前掲通達第1・4(1))。

(3) **届出の効果** 適法な届出は，その届出が経由機関である法務局・地方法務局またはその支局の窓口において，その届出を受け付けられた時に効力を生じ，日本国籍を取得することになる(国17条3項)。その他経由庁の処理手続は，認知された子の届出による国籍取得の場合と同様である〔→ №286「認知された子の国籍取得」みよ〕。

【3】 **官報催告による国籍不選択者の再取得届出の要件・方式・効果** (1) 国籍再取得の

日に日本の国籍を失うことになる（国16条2項～5項）。

　なお，日本国籍喪失の宣告は，行政処分であるので，その処分に不服のある者は，行政不服審査法に基づき異議の申立てを行い（同法6条），取消しの訴えを提起することができる（行政事件訴訟法3条2項）。

【4】　国籍喪失報告と戸籍の記載　日本の国籍喪失の宣告により日本の国籍を失った者については，法務省民事局長から戸籍法105条の国籍喪失の報告が本籍地の市町村長になされ，戸籍に次の例により国籍喪失の旨が記載され除籍される。

○　戸籍の記載例　法定記載例182
　　平成拾五年八月参日国籍喪失の宣告を受けたため国籍喪失同月七日法務省民事局長報告除籍㊿

【参考文献】　①昭和59年民事月報「国籍法・戸籍法改正特集」法務省民事局編，②「新しい国籍法・戸籍法」法務省民事局第5課職員編（日本加除出版）

No.297
届出による国籍再取得（国籍法上の手続と戸籍の処理）

【1】　制度新設の理由　昭和60年1月1日から昭和25年制定の国籍法の一部が改正施行され，その改正国籍法17条1項には，出生による国籍の不留保〔→国12条，No.289「国籍の不留保『国籍の当然離脱』と戸籍の処理」みよ〕により日本国籍を失った者に，一定の条件のもとに帰化手続によることなく，法務大臣に届け出ることによって再度日本の国籍を取得できるものとされた。また，同条2項には，重国籍者が官報による催告を受け日本国籍を選択しなかったため国籍を失った者に，一定の条件のもとに帰化手続によることなく，法務大臣に届け出ることによって再度日本の国籍を取得できるものとされた。

　前者の創設の理由について，留保制度は，国外における出生子について血統主義の無限定な適用によって，わが国との結合性のない者に日本国籍を付与することは，実効性のない（形骸化した）日本国籍を発生させ，かつ，重国籍を生ずることになるので，日本国民たる父または母が子の日本国籍取得に積極的行為（国籍留保の届出）をしなければ，子は出生時にさかのぼって日本国籍を失うとするものである。ところで，この国籍不留保による日本国籍の喪失者が，未成年の間にわが国に住所を定め，わが国との結合関係があることが明らかとなった場合でも，法改正前は日本国籍を再取得するのに，簡易な帰化手続によっていたが，法改正後はより簡易な届出により国籍を再取得できるとすることが，合理的であるとして考慮されたものである。

　後者の創設の理由について，改正国籍法は国籍の選択制度を採用し〔→No.291「国籍の選択制度」みよ〕，重国籍者であって日本国籍を選択しなかったことにより国籍を失った者のうちには，国籍選択の催告を受けても自発的に日本国籍を選択しなかったため，一定の期間経過により国籍を失った者がある。しかし，この選択の催告が官報による場合は，国外に居住していたなどで催告のあった事実を知らなくて，本人不知の間に戸籍が消除されてしまうことも考えられるので，この者がわが国との結合関係を回復したいというのであれば，前者と同じく帰化手続によることなく，より簡易な届出により国籍を再取得させよ

べき事項とされている（戸規37条・39条1項7号）。これは，日本国籍の選択宣言の記載が，その者の日本国籍が確定したことを登録公証するものであるから，国籍選択未了者としての通知（戸104条の3）などの混乱を生じないためにも，戸籍が転属した場合，これを転属先の戸籍に移記して公示する必要があるためである。
○ 戸籍の記載例　法定記載例178
　　平成拾七年五月拾五日国籍選択の宣言届出㊞
【参考文献】　①昭和59年民事月報「国籍法・戸籍法改正特集」法務省民事局編，②「新しい国籍法・戸籍法」法務省民事局第5課職員編（日本加除出版）

No.296
国籍喪失の宣告（国籍法上の手続と戸籍の処理）

【1】　**制度の趣旨**　国籍喪失の宣告の制度とは，日本の国籍と外国の国籍とを併有する重国籍者が，日本国籍の選択宣言をした場合（国14条2項），それによって必ずしもその外国国籍を当然に失うとは限らない（外国国籍を失うかどうかはその外国の国籍法規による）が，日本国籍選択の宣言をした日本国民は，外国の国籍の離脱手続をする義務がある（国16条1項）。それにもかかわらず，外国国籍を離脱しないで，自己の志望により外国国籍を有することを要件とする権利，特権を行使することは，日本国籍の選択宣言の趣旨（日本の国籍を保持するとともに併有する外国国籍を放棄し，外国の国籍に伴う権利，特権を行使しない旨の日本国に対する宣明である）に反することになり，その選択の宣言は真意に基づかないでしたものか，または，その選択宣言後に新たに外国国籍を選択したものとみることができる。このような場合のうち，改正国籍法は，外国の国籍を有することを就任の要件とする外国の公務員の職に就任することによって，日本国籍を選択した趣旨に著しく反する場合には，法務大臣は一定の手続により，その者に対し日本国籍の喪失の宣告をすることができるとしている（国16条2項以下）。

【2】　**国籍喪失宣告の対象者**　喪失宣告の対象は，外国の公務員の職へ就任した場合に限定されているが，それは外国との継続的で強固な公法上の法律関係が生じ，外国国籍の選択の意思が確定的になったものと認められるという解釈によるものであるとされる。この外国の公務員には，外国の中央政府の公務員のほか，その政治的下部機構の公務員も含むと解されている。また，国籍法16条2項にいう「その就任が日本の国籍を選択した趣旨に著しく反する」場合とは，その公務員の職が性質上，公権力の行使または公の意思形成に関するものである場合をいい，単にその職が肉体的，機械的労務を内容とする場合や臨時的なものである場合は，これに該当しないと解されている。

【3】　**喪失宣告の方法**　重国籍者は，前述のような外国の公務員の職に就任しただけでは，直ちに喪失の宣告がなされるものではない。法務大臣は喪失の宣告をしようとするときは，その対象者にあらかじめ期日および場所を指定して，公開による聴聞を行わなければならない。そして，その聴聞においては，対象者は利害関係人として意見を述べ，証拠を提出することができる。この聴聞の結果によっても，法務大臣は喪失の宣告をすることが相当であると判断したときは，喪失宣告を官報に告示してすることになり，その告示の

項)。

　なお，昭和60年1月1日改正国籍法施行の際，現に外国の国籍を併有する日本国民は，国籍選択の義務の適用に関しては，改正法施行の際に重国籍になったものとみなし，その者が所定の期間内(国14条1項)に国籍の選択をしないときは，その期限が到来した時に日本国籍の選択宣言をしたものとみなされる(国附3条)。この場合は，国籍選択の催告もなく，かつ日本国籍の選択宣言の届出がなくても，同条の適用の結果，一定の時期に日本国籍が確定することになる。したがって，戸籍には何らの記載もされない(前掲通達第3・5(4))。

【4】　**届出方法・届出事項・添付書面**　日本国籍の選択宣言の届出(単に「国籍選択届」という)は，一般の戸籍届出と同じく，市町村長または在外公館の大使・公使・領事になされ，その届出の内容には，日本の国籍を選択し，かつ外国の国籍を放棄する旨が届書(標準様式が定められている)に記載され，また，この届書には，その者が有する外国の国籍を記載すべきものとされている(戸104条の2第2項)。しかし，この届出には，重国籍であることを証する書面は添付すべきものとはされていない。したがって，戸籍事務管掌者にこの届出があった場合には，明らかに外国の国籍を有しないものと認められるとき(たとえば，戸籍に外国国籍喪失の記載がされている場合，または，韓国人父から認知された後6か月以内に日本国籍を喪失しないため，韓国の国籍が喪失しているときなど法令上明らかな場合～大韓民国国籍法―昭37法1180号―3条2号，昭38法1409号―12条7号)を除き，届出を受理してさしつかえないとされている(前掲通達第3・5(1))。

　また，日本国籍の選択宣言の届出は，外国の国籍をすべて放棄する趣旨のものであるから，本来その者が有している外国の国籍をすべて届書に記載すべきであるが，2以上の外国の国籍を有しているのに1か国しか記載しなかったとしても，重国籍であることを証する書面の添付がないから届出は受理されることになる。その届出は，実質が重国籍である以上有効であり，戸籍記載の訂正問題は生じない。

【5】　**届出地・届出人**　国籍選択の届出は，一般の戸籍届出と同じく届出事件本人の本籍地または届出人の所在地においてする(戸25条)。日本の国籍の選択の宣言は，本人がするのが原則であり，その届出は本人がすべきものであるが，本人が15歳未満であるときは，法定代理人が代わって選択の宣言の届出をするものとされている(国18条)。したがって，本人が15歳以上の届出については本人から，15歳未満の者の届出については法定代理人からの国籍選択宣言の届出でなければ受理されない。この場合において，法定代理人が外国に在る外国人であっても，その国に駐在する日本の大使，公使または領事に届出をすることができる(前掲通達第3・5(2))。なお，誰が法定代理人になるかは，通則法32条により子の本国法が，父母双方，もしくは父母の一方の本国法と同一のときは，子の本国法が，また，子と父，母の本国法がそれぞれ異なるときは子の常居所地法が準拠法となる。

【6】　**戸籍の記載**　国籍選択の届出があった場合の戸籍の記載は，本人の身分事項欄に次の例により記載される(戸規35条12号)が，この記載は，外国国籍の喪失事項の記載と同じく，管外転籍の場合，または新戸籍が編製され，もしくは他の戸籍に入る場合に移記す

立法は，自国の国籍離脱もしくは放棄を本人が一方的にすることは，年齢上，居住地の関係，兵役義務の有無などから種々の制限をしていることが多くみられる（例～選択強制—大韓民国国籍法12条1項但書，許可制—中華人民共和国国籍法10条）。このような場合に，一定期限までに外国国籍の離脱もしくは放棄を義務づけることは，かえって日本国籍の離脱を強制する結果にもなる。そこで，国籍選択の義務の履行方法として，日本国籍の保有を引き続き希望する者には，日本国籍の選択宣言を戸籍法上の届出によってすることが認められている（国14条2項後段）。この日本国籍の選択の宣言は，日本国籍を維持・確保し，併有する外国国籍を一方的に放棄して，以後外国国籍に伴う権利，特権を行使しない旨をわが国に宣明することである。この届出は，戸籍法上の自発的届出によって初めて効力を生ずるものであるから，創設的届出である。

【2】 **国籍選択宣言の届出と関連する問題** 日本国籍の選択宣言の届出によって日本国籍の保有が確定したことになる。しかし，これによって当然に併有する外国国籍を喪失するとは限らない（その外国の国籍喪失の効果を生ずるか否かは外国の国籍法規による）。そこで，当然に外国国籍を喪失しないときの日本国籍の選択の宣言をした者は，引き続き併有する外国国籍を現実に離脱する手続をとる義務がある（国16条1項）。この日本国籍の選択宣言をした者が，外国国籍の離脱の義務を履行しないうちに，その選択宣言の趣旨に著しく反する行為があると，日本国籍喪失の宣告を受けることになる〔→国16条2項以下，№296「国籍喪失の宣告」みよ〕。また，日本の国籍選択の宣言の届出をした者でも，外国国籍を現実に離脱していない場合は，日本国籍を離脱することができる（国13条）。なお，前記の日本国籍の選択の宣言をしても，その併有する外国国籍を当然に喪失しないときに，その外国国籍を離脱したときは，外国国籍喪失届をすることになる（戸106条）〔→№294「外国国籍喪失届と戸籍の処理」みよ〕。

【3】 **国籍の選択期間と選択の宣言の届出** 重国籍者は，日本の国籍か外国の国籍かのいずれかを一定期限までに選択すべきことが国籍法上に義務づけられている（国14条1項）が，本人が日本の国籍を選択するか，または外国の国籍を選択するかは本人の自由意思によるのであって，もし，本人が日本国籍の選択宣言の届出を戸籍事務管掌者に対してした場合には，日本国籍を選択したことになるというものである。したがって，国籍の選択に一定の有効な期限はあっても，日本の国籍を選択するかどうかは，本人の自発的意思によるものであるから，これを具現する戸籍法上の日本国籍の選択宣言の届出そのものには届出期間というものはあり得ない。この意味においても，国籍選択宣言の届出は，戸籍法上創設的届出である。

日本国籍の選択宣言の届出が適法に受理されるためには，一定の国籍選択の期間内に限らず，その期限までに選択をしなかった場合でも，当然に日本の国籍を喪失するものではないので，法務大臣から国籍選択の催告を受ける前後にかかわらず，重国籍である限り日本国籍選択宣言の届出は認められる（昭59・11・1民二5500号通達第3・5(3)）。最終的には，一定の国籍選択の期限を徒過した場合であっても，法務大臣から国籍選択の催告を受けて1か月以内は，日本国籍の選択宣言の届出をすることができるのである（国15条3

在外公館に出頭して届書に記載すべき事項を陳述し，戸籍事務管掌者がこれを筆記し，その内容を届出人に読み聞かせて届出事項の誤りのないことを認めさせたうえで，署名押印させることになっている（戸37条）。

【4】 **届出事項・添付書面** 届書には，戸籍の各届書に共通する記載事項（戸29条）のほか，外国の国籍の喪失の原因とその年月日を記載し，その喪失を証すべき書面を添付しなければならない（新戸106条2項）。この場合の添付書面は，外国官公署の発行する国籍離脱証明書，国籍を喪失した旨の記載がある外国の身分登録簿謄本その他の外国の国籍を喪失したことを証すべき書面である。

【5】 **届出期間・届出人・届出地** この届出は，報告的届出であるので，外国の国籍を有する日本人が，その外国の国籍を喪失したときは，その者はその喪失の事実を知った日に国内に在るときは，その事実を知った日から1か月以内に届出事件本人の本籍地または届出人の所在地の市区町村長に，また国外に在るときはその事実を知った日から3か月以内に在外公館に届け出しなければならない（戸106条1項）。もっとも，届出義務者は通常喪失者本人であるが，本人が未成年者であるときは，その法定代理人が届出義務者となる（戸31条）。

【6】 **戸籍の記載** 外国国籍喪失の届出があった場合の戸籍の記載は，本人の身分事項欄に次の例により記載させる（戸規35条12号）が，この記載は，日本国籍選択宣言の記載と同様に，管外転籍の場合，または新戸籍が編製され，もしくは他の戸籍に入る場合にも転属先の戸籍に移記すべき事項とされている（戸規37条・39条1項7号）。これは，重国籍でないことを明らかにするためである。なお，前記【2】に述べたように，日本国籍の選択宣言をしてもその有する外国の国籍を喪失しない場合は，本項の届出が必要となるが，その場合は，日本国籍選択宣言の届出の旨の戸籍記載の後に外国国籍喪失の旨の記載がされる。

○ 戸籍の記載例　法定記載例183

　　平成拾壱年五月六日アメリカ合衆国の国籍喪失同月参拾日届出同年六月八日東京都千代田区長から送付㊞

【参考文献】 ①昭和59年民事月報「国籍法・戸籍法改正特集」法務省民事局編，②「新しい国籍法・戸籍法」法務省民事局第5課職員編（日本加除出版）

No.295
国籍選択届（国籍選択宣言）と戸籍の処理

【1】 **届出の意義** 昭和60年1月1日国籍法の一部改正施行により，重国籍者は，一定の期限までに日本の国籍か，外国の国籍かのいずれかを選択し，重国籍を解消すべきことが国籍法上で義務づけられている（国14条1項）。その国籍選択の義務の履行方法としては，外国の国籍を選択する場合には，本人が自発的に外国の法令によりその外国の国籍を選択すること（国11条2項），もしくは本人が自発的に日本の国籍を離脱すること（国13条）によって達成できるが，日本の国籍を選択する場合には，外国の国籍を自発的に離脱もしくは放棄すること（国14条2項前段）が考えられる。しかし，諸外国の国籍

が職務上当然に知り得るので，その補助機関である法務省民事局長の名義，または法務局もしくは地方法務局の長名義で本籍地の市町村長に国籍喪失の報告がなされる（戸105条）。本籍地の市町村長は，前記の報告が戸籍法15条の報告に該当するので，これによって戸籍の記載をし，記載完了の報告書は届書に準じて整理保存することになる（戸規48条）。なお，その処理後に前記(1)の国籍喪失届がなされたときは，戸籍の記載を要しない届書として保存することになる（戸規50条）。

　(3)　**戸籍の記載**　本人に関する記載例は，戸籍法施行規則附録7号の法定記載例177により，また国籍喪失者が日本国民たる夫婦の一方であるときは，他方の配偶者の身分事項欄に「夫（妻）国籍アメリカ合衆国㊞」の例により記載される（戸規36条2項，参考記載例190）。

【参考文献】　昭和59年民事月報「国籍法・戸籍法改正特集」法務省民事局編

No.294
外国国籍喪失届と戸籍の処理

【1】　**届出の意義**　昭和60年1月1日国籍法の一部の改正施行により，日本の国籍と外国の国籍を併有する者は，一定の期限までにいずれかの国籍を選択しなければならなくなった（国14条1項）。この場合，(1)　外国の国籍を選択するには，①　日本の国籍を離脱（国13条）するか，または，②　外国の法令によりその国の国籍を選択すればよい（国11条2項）が，(2)　日本の国籍を選択するには，③　外国の国籍を離脱するか，または，④　戸籍法上の日本国籍の選択宣言の届出〔→No.295「国籍選択届（国籍選択宣言）と戸籍の処理」みよ〕をすることになる（国14条2項）。そこで，前記③の外国国籍の離脱を，その外国の国籍法規によってした場合（同条2項前段）に，その結果を戸籍上に明らかにするため，外国国籍喪失届を義務づけられた（戸106条）。

【2】　**外国国籍喪失者の範囲**　戸籍法106条の対象となる外国国籍の喪失者とは，その外国の国籍法規によるものであるから，それは本人の意思表示により離脱または放棄した場合のほか，その外国から国籍を剥奪された場合も含むことになる。

　なお，日本の国籍のほかに外国の国籍を2つ以上併有する場合，たとえば，改正国籍法施行後に韓国人父と日本人母との間にブラジルで子が出生した場合，その子は父の国籍である韓国の国籍（大韓民国国籍法2条1項1号），母の国籍である日本の国籍（国2条1号，戸104条の国籍留保届）および出生地のブラジル国籍（ブラジル国籍法1条1号）を各取得して3つの重国籍となる。この場合，日本の単一国籍となるためには，一方の韓国国籍のみ喪失しても重国籍の状態は解消できないので，ブラジルの国籍をも喪失することが必要であり，外国の国籍喪失届は二重に必要になることになる。本例の三重の国籍を有する場合に，日本国籍の選択届（戸104条の2）をすることもできるが，それによって当然に外国の国籍全部を喪失するとは限らない（その外国の国籍法規による）ので，その場合は，さらに本項の外国国籍の離脱による外国国籍喪失届が必要となる。

【3】　**届出の方法**　届出は，書面または口頭によってすることができる（戸27条）。書面による場合は，届出事項を届出用紙（標準様式が定められている）に記載し，届出人が署名し押印をする（戸29条）。口頭による届出は稀であるが，届出人自身が市町村役場または

た訳文を添付しなければならない（国規5条）。

(2) **経由機関の処理** 届出にかかる国籍離脱を処理する経由機関は，国籍取得事件と同じく前記(1)のとおり国内においては，法務局または地方法務局の長であり，国外においては，領事官である。これらの機関は届出のあった事件の法務大臣への経由に当たる。ただし，届出による国籍取得事件，国籍離脱事件で法務局または地方法務局の長を経由するものの文書の決裁は，法務局または地方法務局の長限りで行うこととされている（「法務局又は地方法務局における国籍取得の届出等に関する文書決裁規程」—昭59・11・1民五5505号法務大臣訓令）。また，領事官を経由する国籍離脱の届出については，法務本省で処理される。

法務局または地方法務局の長は，届出が適法な手続によってされ，かつ，国籍の離脱をする者が国籍離脱の条件を備えているときは，局長名義でその旨届出人に通知するとともに，国籍を離脱する者の本籍地の市町村長に戸籍法105条の報告をするものとされている。また，届出が適法な手続によってされていないとき，または国籍を離脱しようとする者が国籍離脱の条件を備えているものと認められないときは，局長名義でその旨届出人に通知するものとされている（昭59・11・1民五5505号法務大臣訓令，同日付民五5506号通達第3）。

【6】 **国籍離脱の届出効果** (1) 日本国籍の離脱は，それが法務大臣に対する届出によって，届出の時に国籍喪失の効果が生ずる（国13条2項）。届出の効力は，その届出が適法なものであるときは，経由機関である法務局もしくは地方法務局の長または領事官において届出を受け付けた時に生ずるものと解されている（昭59・11・1民五5506号通達第3）。昭和60年1月1日前においては，官報に告示され，その告示の日から効力を生ずるものとされていた（改正前国12条）。

(2) 国籍離脱による国籍喪失の効果は，離脱者本人についてのみ生じ，他の者には及ばない（国13条2項）。

(3) 国籍喪失の具体的効果としては，日本国民としての資格を消滅することに伴うものである。たとえば，国内居住権は憲法上の保障がなくなり，一般外国人と同一の地位におかれる。また，参政権がなくなり，選挙によって公職に在る者は当然にその地位を失う。その他日本国民でなければ得られない地位に在る者は，その地位を失うことになる。

【7】 **戸籍の処理** (1) **戸籍法上の国籍喪失届** 戸籍は日本国民の登録を対象としているのであるから，日本の国籍を失った者は戸籍から除くことになっている（戸23条）。そこで戸籍法は，国籍喪失者を戸籍から除くために，本人およびその近親者（本人の配偶者または四親等内の親族）に国籍喪失の届出義務を課している（戸103条）。本人の届出義務は，本人はすでに日本人でなくなっているので，国外にある外国人に過料の制裁を伴う届出義務を課し，強制することは適当でないであろうが届出資格はあるとみられる。しかし，また届出義務者以外の者から国籍喪失の旨の申出があった場合には，戸籍法44条によって市町村長は職権で戸籍の記載ができる。なお，国籍法上の届出による国籍離脱に伴う戸籍の処理は，通常，次に掲げる国籍喪失報告によって処理される。

(2) **戸籍法上の官公庁の国籍喪失報告** 届出による国籍の離脱は前述のとおり法務大臣

(**中国**)　1980年(昭和55年)9月10日公布施行の中華人民共和国国籍法によれば, 同国は二重国籍となることを認めない(同国国籍法3条)。父母の双方または一方が中国の公民で, 本人が中国で生まれた場合には, 中国の国籍を有する(同国国籍法4条)。また, この本人が外国で生まれた場合にも中国の国籍を有するが, 父母の双方または一方が外国に定住し, 本人が出生と同時に外国の国籍を取得している場合は, 中国の国籍を有しない(同国国籍法5条)。

　したがって, 昭和60年1月1日以降日本人男と中国人女間の嫡出子が日本で生まれた場合, その子は日本の国籍単一となるが, その子が中国で生まれた場合は, 中国の国籍も有するので, わが国は国籍留保の規定が適用されることになる〔→ №.289「国籍の不留保『国籍の当然離脱』と戸籍の処理」, №.290「国籍の留保届と戸籍の処理」参照〕。もしわが国の国籍を留保すれば重国籍となる。なお, 中国にも国籍離脱(許可制)の規定がある(同国国籍法11条)。

【5】 **国籍法上の届出による国籍離脱の手続**　(1)　**国籍離脱届**　国籍法上の国籍の離脱届出は, 国籍離脱の意思表示であり, それは国家の代表者たる法務大臣にすべきものとされている(国13条1項)。

　(ア)　**届出人**　国籍の離脱届出は, その効果が本人の公法上の身分に重大な影響があるから, 本人みずからの意思でなすべきもので, 代理人による届出は許されていない。したがって, 制限能力者(成年被後見人, 被保佐人, 被補助人)でも届出当時に意思能力があれば届出ができる。ただ, 本人が15歳未満であるときは, その法定代理人が代わってすることとなっている(国18条)。この場合は法定代理人のみが届出できるのであって, 本人みずからの届出は認められない。なお, 何人が法定代理人となるかは通則法32条・35条によって準拠法が指定されて定まる。

　国籍の離脱届出は, 正当権限者以外からなされても絶対的に無効と解され, また, 本人の意思に基づかない(届出人の抵抗できないような強迫その他の事由による)届出は, 無効ということになる。

　(イ)　**届出の手続**　届出は, 法務大臣に対してするのであるが, 国籍を離脱しようとする者が日本に住所を有するときは, その住所地管轄の法務局または地方法務局の長を経由して, また, その者が外国に住所を有するときはその国に駐在する領事官を経由してしなければならない。ただし, その者が外国に住所を有する場合であっても日本に居所を有するときは, その居所地管轄の法務局または地方法務局の長を経由してすることができる(国規3条・1条1項)。この届出は, 届出人みずからが経由機関に出頭して書面によってしなければならない(国規3条1項・1条3項)。

　届書には, 国籍の離脱をしようとする者の氏名, 出生の年月日, 住所および戸籍の表示, 現に有する外国の国籍を記載して, 届出人が署名押印し, 国籍離脱の条件を備えていることを証するに足りる書類を添付しなければならない(国規3条2項)。また, 法定代理人からする届出には, 法定代理人の資格を証する書面を添付し(国規4条), 届書または申請書の添付書類が外国語によって作成されているときは, その書類に翻訳者を明らかにし

いること，② 住所が生地国にあること，③ 内務大臣に申請して許可を得ること。
　以上のように現行の届出による国籍離脱は，旧国籍法当時に比べて大きな自由が保障されている。ただ，前記【2】で述べたとおり，外国を特定しない（いずれの外国でもよい）が，とにかく外国の国籍を有し，国籍離脱によって無国籍とならないことが前提条件になっている。
　(2)　**志望による外国国籍の取得の結果としての国籍喪失**　志望によって外国の国籍を取得する場合には，通常その反面において従来の国籍を放棄する意思があるとみられるから，直接に国籍を放棄することを目的とした行為ではないが，個人の意思に基づく広義の国籍離脱と解される〔→詳細はNo.288「志望による外国国籍取得と戸籍の処理」参照〕。
　(3)　**重国籍者の外国国籍選択の結果としての国籍喪失**　〔→No.292「外国国籍の選択と戸籍の処理」参照〕
　(4)　**国籍の不留保の結果としての国籍喪失**　〔→No.289「国籍の不留保『国籍の当然離脱』と戸籍の処理」参照〕
【4】　**届出による国籍離脱の要件**（国13条）　(1)　日本の国籍を有すること。たとえば，昭和60年1月1日以降外国で生まれた日本国民が，外国の国籍を取得したが，出生後3か月以内に国籍留保届をしないで，その期間経過後の出生届により誤って戸籍に記載されていたとしても，その者は出生時にさかのぼって日本の国籍を有する者でなくなっている（国12条）から，国籍離脱をなすべきでなく戸籍訂正によって除くべきである。
　(2)　外国の国籍を有すること。無制限の国籍離脱の自由を保障するとも解される憲法の条項があるのに，国籍法が離脱の届出当時に日本国籍とともに外国の国籍をも有することを要件としているのは，若干問題がないではないようであるが，わが国は国籍立法の基本原理である無国籍の発生の防止という見地から，日本国籍とともに外国籍を有することを必要とする趣旨であると解されている（前掲平賀410頁）。このように離脱の届出当時に重国籍であることを要件としているが，出生当時から重国籍である必要はない。次に重国籍の要件について，比較的事件の多い韓国・中国の場合をみることにしよう。
　（**韓国**）　朝鮮については，南北を区別しないで，わが国の承認した大韓民国政府の立法「大韓民国国籍法」に準拠することになる。そこで朝鮮人男と婚姻した日本人女，あるいは朝鮮人に認知された未成年者である日本人は，その婚姻・認知のときが大韓民国国籍法第1次改正日（昭和37年11月21日）の前であるとき（昭23法16号—3条）は，自動的に韓国の国籍を取得し，他に国籍喪失の原因のない限り，日本と韓国の重国籍である。次に，婚姻・認知のときが前記の大韓民国国籍法改正日以降であるときは，その婚姻・認知のときから6か月以内に日本国籍を離脱しないと，その婚姻・認知により取得した韓国の国籍は自動的に喪失することになっているから，この場合は日本の単一国籍ということで重国籍の要件を充足しない（大韓民国国籍法—昭37法1180号—3条・4条，昭38法1409号—12条，昭41・3・15中移総1681，外務省中南米移住局長回答，昭42・11・16領659外務大臣官房長回答）。なお，1997年法5431号により，改正された国籍法では，婚姻による国籍取得の規定は削除された。

国民として保護すべき国家がないのであるから、その者がたとえある国において不当な取扱いを受けても、その国に対して保護を要求してくれる国家という背景がないのである。

そこで、現実の問題から他国の主権の尊重という国際礼譲の要求と人権思想の確立に伴う個人の自由意思の尊重という見地からして、国籍の変更の可能性あるいは国籍変更の自由が承認され、さらに、個人はその自由意思によって他の国籍を取得し、従来の国籍を離脱する自由を有するに至ったものといわれている（平賀健太「国籍法」68・100 頁）。

【2】 国籍離脱の自由　国籍離脱の自由には、個人の自由意思によって他の国籍を取得したことによる従来の国籍を離脱する自由を有するということのみでなく、一般的に国家は個人の意思に反して自国の国籍を付与あるいは存続させてはならないという、いわゆる国籍非強制の原則をも含んでいるといわれる。たとえば、わが国のような国籍付与に血統主義を採る国の国民の子が、国籍付与に生地主義をとるアメリカ合衆国などで生まれた場合には、その子は親の国籍と生地国の国籍を取得するので二重国籍になる。このような重国籍の個人に、個人的利益の保護という見地からその意思によって抵触する国籍のうち一つを選んで他を放棄する自由を認めることも国籍離脱の自由である。しかし、国籍離脱の自由は、前述のように国家主権の相互尊重、個人の利益の保護という見地から承認されたものであるから、わが国においては個人の利益とならない無国籍になる自由までも含んでいるものではないと解されている（前掲平賀364頁）。いいかえると、無国籍となるということは、前述の国籍立法の理想である国籍唯一の原則に反することになり、個人にとっても不都合を生ずることになるからである。

【3】 わが国の個人の意思による国籍離脱　(1)　国籍放棄（届出による国籍離脱）　日本国憲法22条2項は「何人も、……国籍を離脱する自由を侵されない」と規定して、国籍離脱の自由を国民の基本的権利として保障している。この憲法の精神を受けて昭和25年7月1日施行の国籍法10条に「外国の国籍を有する日本国民は、日本の国籍を離脱することができる」とし、昭和60年1月1日改正施行の国籍法13条にも同旨を規定し、直接に現在の国籍を放棄することを認めている。なお、その離脱手続については法務大臣に届け出さえすればよいことになっている。

一方、この点を旧憲法（大日本帝国憲法）に照らすと、それ自体には明定されてなく、旧憲法18条に基づく当初の明治32年国籍法にも、個人の意思に基づく直接の国籍放棄は規定されていなかった。ただ、大正5年、大正13年の国籍法の一部改正により、次のように一定の条件のもとに日本国籍の離脱を認めている。(ｱ)　旧国籍法20条ノ2（大正5年8月1日施行）①　外国で生まれたことによってその生地国の国籍を取得し、かつ、それを保持していること、②　住所が生地国にあること、③　内務大臣に願い出て許可を得ること、(ｲ)　旧国籍法20条ノ2（大正13・12・1施行）①　勅令指定国（アメリカ合衆国、アルゼンチン、ブラジル、カナダ、チリ、ペルー、メキシコ）で生まれたことによってその生地国の国籍を取得し、かつ、それを保持していること、②　住所が生地国にあること、③　内務大臣に届け出ること、(ｳ)　旧国籍法20条ノ3（大正13・12・1施行）①　前記勅令指定以外の国で生まれたことによってその生地国の国籍を取得し、かつ、それを保持して

本項の外国国籍の選択方法は，外国の法令の定める方式に従い，外国政府，裁判所などに対しなされたことを要し，単なる事実行為は含まないが，外国法令の定める方式であれば，宣言，宣誓，届出などその具体的方法は問題でないと解されている。

なお，重国籍者が未成年の間に外国の国籍の選択がなされた場合において，根拠となった外国の法令がこれを許容し，かつ，15歳以上の本人によって行われたとき，または適法な法定代理人によって行われたときは，日本国籍喪失の効果を生じるとされる。

【2】 国籍喪失者の戸籍の処理 (1) 国籍喪失届・国籍喪失報告 国籍喪失者本人のほか，配偶者，四親等内の親族も国籍喪失届をすべき義務がある。ただし，本人が外国人となって国外に在る限り，届出資格はあっても過料の制裁を伴う届出義務はないと考えられる。この届出は，いわゆる報告的届出であり，国籍喪失の事実を知った日から1か月以内（届出義務者がその事実を知った日に国外に在るときは，その日から3か月以内）に，これをしなければならない。届書には，通常の記載事項（戸29条）のほか，とくに国籍喪失の原因とその年月日を記載し，国籍喪失を証すべき書面を添付すべきものとされている（戸103条）。

一方，国籍喪失届出がなされない場合を考慮して，官公署（国外に在っては在外公館）がその職務上，国籍喪失した者があることを知ったときは，その官公署（通常は，在外公館の大使・公使・領事）から本籍地の市町村長に国籍喪失を証すべき書面を添えて報告される（戸105条）。

(2) 戸籍の記載
○ 戸籍の記載例　法定記載例179
　平成拾五年八月参日ブラジルの国籍を選択したため国籍喪失同年九月壱日在サンパウロ総領事報告除籍㊞

【参考文献】　昭和59年民事月報「国籍法・戸籍法改正特集」法務省民事局編

No.293
届出による国籍離脱（国籍法上の手続と戸籍の処理）

【1】 国籍離脱の由来　国際社会は，その利害の対立を防止するため，1930年の「国籍法の抵触についてのある種の問題に関する条約」の前文において「いっさいの個人が一個の国籍を有すべく，かつ二個以上を有すべからざることを国際社会の各員をして認めしむるは，国際社会の一般利益なることを確信し，したがって国際問題において人類の進むべき理想は無国籍の場合および二重国籍の場合をともに消滅せしむるにあることを承認し，……」と国籍立法の理想を掲げている（わが国はこの条約に署名しているが批准に至っていない）。すなわち，かかる理想が示されたのは，重国籍（国籍の積極的抵触といわれる）とか，無国籍（国籍の消極的抵触といわれる）という国籍の抵触は，国際間の紛争あるいは個人の不利益の原因となるからである。つまり，重国籍の場合は，同一の個人に対して自国民と主張する各国家が国民としての義務の履行を要求することになり，その個人をいずれにしてよいか困却させ，他方において各国家は相互にその個人に対して外交上の保護を主張し，国際間の紛争をひき起こすおそれがある。また，無国籍の場合は，その者の利益を自

籍地市町村長は，催告を受けた者の戸籍の直前に着色用紙をとじ込むなどの方法により，催告があった旨を明らかにすることとされている。これは，催告後の1か月の期間経過後に国籍選択届が誤って受理されないようにするための予防措置である。

(2) **催告後の国籍選択期間** 国籍選択の催告を受けた者は，催告の書面が到達した日（催告の官報掲載の翌日）から1か月以内に日本の国籍を選択しない場合，すなわち，選択の宣言または外国国籍の離脱のいずれかをしない場合は，その1か月の期間経過時に日本の国籍を失うことになるので，その時以後は国籍選択の届出を受理することができない。ただし，国籍選択の届出者が天災その他その責めに帰することができない事由によって，前記の1か月の期間内に届出できないとき，その選択をすることができるようになった時から2週間以内にこれをすれば日本国籍を失わないことになっている（国15条3項ただし書）。そこで，この場合の特別の事由があるか否かの判断は，個々の事案によって異なるので，市町村長は管轄法務局・地方法務局もしくはその支局の長に指示を求めるものとされている。

(3) **催告後の国籍選択不履行による戸籍の記載** 国籍選択の催告を受けた者が，所定の期間内に義務を履行しないため，日本の国籍を喪失した場合は戸籍から除かれることになる。この場合の戸籍法105条の国籍喪失の報告は，法務省民事局長または法務局もしくは地方法務局の長がすることになっている（前記通達第3の3の(2)）。

○ 戸籍の記載例 法定記載例181

　　平成拾五年八月参日国籍選択の催告を受けて選択をしなかったため国籍喪失同年拾月七日大阪法務局長報告除籍㊞

【参考文献】 ①昭和59年民事月報「国籍法・戸籍法改正特集」法務省民事局編，②「新しい国籍法・戸籍法」法務省民事局第5課職員編（日本加除出版）

No.292 外国国籍の選択と戸籍の処理

【1】 **制度の趣旨** 国籍法11条2項の規定は，国籍法（昭和59年5月25日法律45号）の一部改正により新設され，昭和60年1月1日から施行されている。国籍法11条1項の規定は，日本国籍のみを有する者が外国の国籍を志望により積極的に取得したことにより日本国籍を当然に喪失する場合であるが，新設された本項の国籍法11条2項の規定は，日本の国籍と外国の国籍とを併有する者が，その外国の国籍を選択した場合にも当然に日本の国籍を失うものとしたものである。

この趣旨は，改正国籍法により新設された国籍選択の制度（改正国籍法14条ないし16条）と類似の制度を有する外国（たとえば，イタリア，メキシコ，ブラジル＝国外出生子のみ，インドネシア，シンガポール，パプア・ニューギニア，パキスタンなど）において，その外国および日本の国籍を有する者が，その外国の法令に従い，その外国の国籍を維持確保し，日本国籍を不要とする旨の意思を明らかにしたときは，その時に日本国籍を当然喪失するとしたものである。

これによって重国籍を解消しようとするものである〔→ No.295「国籍選択届（国籍選択宣言）と戸籍の処理」みよ〕。

ない事情があるときは、催告すべき事項を官報に掲載してすることができるし、この場合の催告は、官報に掲載された日の翌日に到達したものとみなされる（国15条2項）。

【7】 **国籍選択催告後の国籍の変動** 重国籍者は、前記の書面または官報による催告が到達した日から1か月以内に日本の国籍を選択しない場合（もっとも、この期間内に日本の国籍を離脱することはできる）は、その期間が経過した時に日本の国籍を失うものとされている。ただし、その者が前記の1か月以内に日本の国籍を選択することができないような特別な事由（天災その他その責めに帰することができない事由）がある場合には、その選択をすることができるようになった時から2週間以内に日本国籍の選択をすれば認められる（国15条3項）。

なお、前記の催告は、重国籍者に対するものであるから、外国の国籍を有しない日本の国籍単一の者に対する誤った催告であるときは、日本国籍を喪失しないことは当然である。また、官報による催告を受けての国籍喪失者は、届出による国籍再取得をすることができる（国17条2項）〔→No.297「届出による国籍再取得」みよ〕。

【8】 **国籍選択未了者通知**（昭59・11・1民二5500号通達第3・7） (1) **国籍選択未了者の把握** 法務大臣は、国籍法15条により、重国籍者で所定の期限内に国籍の選択をしないものに対し、国籍の選択をすべきことを催告するものとされたので、その対象となる重国籍者を把握するため、市町村長は、戸籍事務の処理に際し、所定の期限内に国籍の選択をしていない重国籍者があると思料するとき（当該本人が重国籍であるか否かを確定する必要はなく疑いがあると判断したとき）は、所要の事項（氏名、本籍、住所、出生の年月日および国籍の選択すべき者であると思料する理由）を管轄法務局・地方法務局もしくはその支局の長に通知しなければならないこととされた（戸104条の3、戸規65条の2、戸準47条の2）。

(2) **改正法施行時の重国籍者の措置** 改正国籍法施行日（昭和60年1月1日）現在において重国籍である者は、国籍選択の規定の適用については、その日に重国籍となったとみなされる（国附則3条前段）。また、この者が国籍選択期限（国14条1項）内に選択をしなかったときは、その期限の到来した時に日本国籍の選択の宣言（新国14条2項）をしたものとみなされる（国附則3条後段）。したがって、前記(1)の国籍選択未了者通知は、昭和59年12月31日以前（改正法施行前）に出生した者については、改正法施行の後に外国人との婚姻、縁組または外国人からの認知により重国籍者となったと思料されるものに限って行うこととされている。

(3) **国籍選択の非該当通知** 前記(1)の通知を受けた法務局・地方法務局もしくはその支局の長は、被通知者について調査した結果、国籍の選択をすべき者に該当しないときは、その旨をさきの通知をした市町村長に通知することとされている。

【9】 **国籍選択の催告に伴う戸籍の処理**（前記通達第3の8） (1) **催告後の戸籍の臨時措置** 法務大臣が国籍の選択をすべきことを催告したときは、催告後の戸籍上の処理を的確にするため、法務局・地方法務局の長をして、その催告を受けた者の氏名および戸籍の表示並びに催告が到達した日（官報に掲載してする催告にあっては到達したとみなされる日）を、本籍地市町村長にあらかじめ通知させる（国規6条2項）ので、この通知を受けた本

た時が20歳に達する以前である時は22歳に達するまでに、もし、重国籍となった時が20歳に達した後である時はその時から2年以内に、日本の国籍か外国の国籍か、そのいずれかを選択しなければならない（国14条1項）。

【4】 国籍選択の義務の履行方法　(1)　外国国籍の選択　(ア)　日本国籍を離脱すること。この場合の履行方法は、国籍法上の法務大臣に対する届出をする（国13条）。届出の時に日本の国籍を喪失するので戸籍法上の手続をとることになる（戸103条・105条）〔→№.293「届出による国籍離脱」みよ〕。

(イ)　外国の法令によりその外国の国籍を選択することにより、日本の国籍を失うこと（国11条2項）〔→№.292「外国国籍の選択と戸籍の処理」みよ〕。

(2)　**日本国籍の選択**　この場合には、次の(ア)、(イ)いずれかの方法を自由に選択できる。したがって、外国の国籍を離脱することができる場合であっても、日本国籍の選択宣言を行うことはさしつかえがない。

(ア)　外国の国籍を離脱すること（国14条2項前段・16条1項）。その手続は、重国籍者本人が自発的に外国の国籍法規に従ってすることになる。この結果を戸籍上に明らかにするために、外国国籍を喪失した日本国民は、一定の期限までに戸籍法上の外国国籍喪失届をしなければならない（戸106条）〔→№.294「外国国籍喪失届と戸籍の処理」みよ〕。

(イ)　日本の国籍を選択し、かつ、外国の国籍を放棄する旨の宣言をすること（国14条2項後段）。その手続は、重国籍者本人が自発的に戸籍法の定める日本国籍選択の宣言の届出によってする（戸104条の2）〔→№.295「国籍選択届（国籍選択宣言）と戸籍の処理」みよ〕。

【5】 **日本国籍の選択宣言の効果**　この宣言は、日本国籍を維持・確保し、併有する外国国籍を一方的に放棄し、以後は外国国籍に伴う権利、特権を行使しない旨を日本国に対し宣明することであると解されている。もっとも、この宣言は、日本国に対する一方的なものであるから、これにより当然に併有する外国国籍を喪失するか否かは、その外国の国籍法規によることになる。したがって、この宣言をした者が当然に外国国籍を喪失しないときは、外国国籍を現実に喪失するまでは日本国籍を離脱（国13条）することができるし、他方、併有する外国国籍を離脱する手続をとる義務がある（国16条1項）。また、この義務を履行しないうちに日本国籍の選択宣言の趣旨に著しく反する行為があるときは、法務大臣が一定の手続を経てする日本国籍の喪失宣告を受け、日本国籍を喪失することになる（国16条2項以下）〔→№.296「国籍喪失の宣告（国籍法上の手続と戸籍の処理）」みよ〕。

【6】 **国籍選択の催告**　重国籍者は、所定の期限内に自発的に、いずれかの国籍を選択すべきことが義務づけられている（国14条1項）。ところが、この義務に反して重国籍者が国籍の選択を所定の期限内にしない場合、次の所要の手続がとられる。法務大臣は国籍選択の義務を履行しない重国籍者に対し、書面によって国籍の選択をすべきことを催告することができる（国15条1項）。この催告の具体的手続は、国内居住者に対しては、配達証明郵便により、また、外国居住者に対しては、その国の承認を得たうえで同国に駐在する大使・公使・領事を経由してなされる（国規6条1項）。もし、催告をするについて、重国籍者の所在を知ることができないとき、その他書面によってすることができないやむを得

ダ，ブラジル等）であるときは，生地主義国の外国国籍も取得するので重国籍となる。また，国籍法改正後は，わが国が父母両系血統主義を採用したため，生地主義国以外の国外の出生子でも，母日本人・父外国人の場合には，外国の国籍と日本の国籍を取得するので，国籍法改正前よりも重国籍となる者が増加する。もっとも，国外の出生子で重国籍となる者は，すべて積極的に国籍留保の意思表示（届出）をしなければ，出生時にさかのぼって日本の国籍を失うことになるのであるが，それでも，国籍留保をすれば重国籍の状態が続くことになる。

　(3)　子が出生により日本国籍を取得した後に，自己の志望によらないで身分行為により外国の国籍を取得したときは重国籍となる（国11条1項の反面）。この点は，従前と同様である。

　　(ア)　出生により日本国籍を取得した未成年の子が，外国人父に認知されたことにより当然に父の国籍を取得したときは重国籍となる。

　　(イ)　出生により日本国籍を取得した子が，準正により外国人の嫡出子たる身分を取得したことにより当然に父の国籍を取得したときは重国籍となる。

　　(ウ)　出生により日本国籍を取得した子が，外国人の養子となったことにより当然に養親の国籍を取得したときは重国籍となる。

　　(エ)　出生により日本国籍を取得した子が，その父または母の外国へ帰化したことにより，当然に父または母に随従して外国の国籍を取得したときは重国籍となる。

　(4)　出生・帰化などにより日本国籍を取得した女性が，外国人男性と婚姻したことにより当然にその外国の国籍を取得したときは重国籍となる。

　(5)　改正国籍法が重国籍となることを許容している場合

　　(ア)　①　準正子（平成20年法律第88号による改正後及び同法の附則の適用がある場合，日本人親から認知された子）の届出による日本の国籍取得（国3条），②　国籍不留保者の届出による日本の国籍再取得（国17条1項），③　昭和40年1月1日から国籍法改正施行日の前日までに母が日本国民（父外国人）であるとき生まれた子の届出による日本の国籍取得（国附則5条），④　父または母が前記③により日本国籍を取得したときに，その子の届出による日本国籍取得（国附則6条）。これらは，いずれも従前の外国の国籍を失うことを要件とされていないので，重国籍となる。

　　(イ)　帰化により日本国籍を取得するには，原則として従前の外国の国籍を失うことを要件とされている（国5条1項5号）が，特別の事情があると法務大臣が認めて，従前の外国の国籍を失うことなく帰化を許可されたときは重国籍となる（国5条2項）。

【3】　**国籍選択の義務と履行期間**　国籍唯一の原則は，国籍立法の理想であるが，国籍の立法は各国の専権事項とされていることから，重国籍を絶無とすることは困難である。わが国においては，昭和60年施行の国籍法改正前においても前記【1】のとおり諸種の重国籍の発生防止と解消の方策を講じてきたが，父母両系血統主義を採用したことにより重国籍が増加する状態となった。そこで，重国籍者は重国籍となった事由のいかんを問わず必ず国籍を選択しなければならないものとされた。すなわち，重国籍者は，重国籍となっ

No.291
国籍の選択制度（国籍選択の催告と戸籍の処理）

【1】 国籍選択制度の新設理由　昭和25年制定同年7月1日施行の国籍法は，昭和60年1月1日からその一部が改正施行され，その改正国籍法11条2項・14条ないし16条に国籍選択の制度が新設された。この制度は重国籍の解消を目的に導入されたものである。その理由は，国籍立法の理想である国籍唯一の原則を達成するためである。もっとも，改正前の国籍法でも，① 父系血統主義を採用し（改正前国2条1号），② 生地主義国出生の重国籍には国籍の留保制度を設け（改正前国9条），また，③ 日本国民が自己の志望により外国国籍を取得したときは当然に日本国籍を失うものとし（改正前国8条），④ 日本国への帰化については重国籍防止条件を課していた（改正前国4条5号）。さらに，⑤ 日本国籍の離脱の自由を保障していた（改正前国10条，憲法22条2項）。これらの点に加え，血統主義の国でも父系血統主義を採用している国が相当数あったこともあって，改正前の国籍法のもとで重国籍を生ずる場合としては，主に生地主義国で出生し，日本国籍を留保した者であったが，その国籍留保率も世代を重ねるに従って自然に解消されていたとみられる。ただ，生地主義国でない外国で生まれ，その外国が父母両系血統主義を採用している場合は重国籍となっていた（例―中華人民共和国国籍法4条）。

ところが，今次の国籍法の一部改正では，前記の重国籍防止方策のうち最も有効な父系血統主義を父母両系血統主議に改めたことにより〔→ 国2条1号～No.285「出生による国籍取得」みよ〕，血統による重国籍者が増大し，しかも，国内による出生でも生ずることとなった。

また，国外における出生子について父母両系血統主義による重国籍者については国籍留保制度の範囲の拡大により（国12条）長期的には自然に解消するものと推測されるが，国内で生ずる重国籍は，父母両系の血統主義により生ずるものであるから，別途重国籍の解消策を措置する必要があった。なお，その他にも後述【2】の(3)～(5)のとおり，各国の立法政策上から重国籍を生ずることもあるからである。

【2】 法改正後に生ずる重国籍の類型　法改正後の重国籍を生ずる場合としては，次の類型がみられる。なお，次の場合の親子関係は，事実上の血統によるのでなく，法律上の親子関係にあることを要する。

(1) 父または母のいずれかが日本国民である場合の出生子は，出生による日本国籍を取得する（国2条1号）。そこで，子の母または父のいずれかが外国人である場合において，

(ア) 外国人である父が父系血統主義国（例―イラク，インドネシア等）に属するときは，その子は父の外国国籍と母の日本国籍を取得し，重国籍となる。

(イ) 外国人である父または母が父母両系血統主義国（例―韓国，フランス，オランダ等）に属するときは，その子は父または母の外国国籍と母または父の日本国籍を取得し，重国籍となる。

(2) 父母双方もしくは父または母のいずれかが日本国民である場合の出生子は，出生による日本国籍を取得する。そこで，子の出生地が国外の生地主義国（例―アメリカ，カナ

国籍法は適用されないというわけになる。

　以上の見解は，国籍・戸籍の実務においても次のとおり明らかにされている（昭32・9・21民事甲1833号通達）。

　生地主義をとる国に駐在する日本の大使・公使およびその職員（参事官・書記官等）の子が当該駐在国で出生した場合には，その出生子は同国の国籍法の適用を受けないのが通例であるから，その子はわが国籍法上の国籍留保の届出をするまでもなく，引き続いて日本の国籍を有するとされている。ただ戸籍の記載については，外交官の子であるために国籍留保の規定の適用外であることを明らかにする趣旨から，一般の邦人の場合と区別し，とくに出生事項中に（同国駐在大使館職員）の例により加入することとされている（参考記載例8）。

　(2)　**生地主義国で出生の外交官以外の職員の子**　外交官の身分を有しないが使節団の職員である事務的および技術的業務に雇用されている接受国の国民でない者には，外交官に近い特権が与えられ（ウィーン条約37条2），また使節団の職員で運転手，門番，料理人などの公館の使用人であるサービス職員で接受国の国民でない者には公務内の特権免除が2つと雇用に伴う報酬についての租税免除のみである（同条約37条3）。前者の事務・技術の職員は外交官と同じく住居の不可侵権をはじめ多くの特権を有するところから外交官に準ずることが一応考えられる。また，後者のサービス職員については，特権について確立した国際慣行がないようである。したがって，これらの外交官以外の大使館・公使館または国際連合代表部の職員の子について，国籍留保の規定が適用除外となるかどうかは，在外公館において調査し，その適用除外である場合には，出生届書の余白もしくは符箋にその旨（出生国の国籍を取得しないことが表示され，館長の認証印が押される）を明らかにすることになっている（昭32・12・14民事甲2372号通達）。

　(3)　**生地主義国で出生の領事の子**　領事は国際法上，外交官とは本質的に異なるものといわれている。すなわち，外交使節が本国を代表し相手国と外交交渉を行うものであるのに対し，領事は個々の領事条約で認められるものであり，必ずしも大使・公使のように特権が一般国際法上に確立した規則がなく，二国間の条約で定められているようである。すなわち，領事は外国領域内における本国の一種の行政機関であって，領事としての職務の行使は相手国の許容を前提としてなされるもので，主に，(ア)　接受国の産業，経済，通商に関する諸事情の視察と本国との報告，(イ)　自国民の保護（旅券の発行・査証），また在留自国民の出生，死亡，婚姻などの届出受理事務・遺言の証明事務などを行う。したがって，領事の特権は外交官に比してその範囲が狭い（たとえば領事に身体・名誉・住居についての不可侵権は認められていないなど）といわれている。これらの総領事・領事あるいは総領事館・領事館の職員の子については，国籍留保の規定の適用除外となるかどうかを在外公館において調査し前記(2)のような取扱いをすることになる。

【参考文献】　①平賀健太「国籍法」，②青木義人・大森政輔「全訂戸籍法」，③横田喜三郎「外交関係の国際法」，④入国管理月報21号・38号「外交特権条約について」，⑤田畑茂二郎「国際法(上)」，⑥昭和59年民事月報「国籍法・戸籍法改正特集」

き，出生の届出自体をもって国籍留保の意思表示（暗黙）と解して処理する扱いが認められている（昭 32・6・3 民事甲 1052 号回答，昭 35・6・20 民事甲 1495 号回答）。

(2) **戸籍の記載** 戸籍には現行国籍法の施行後国籍留保の旨を，また届出人がその責に帰することのできない事由のため届出期間を経過した場合には，その旨をそれぞれ記載することになっている（法定記載例 3・4）。

【5】 **国籍留保の規定が適用されない場合** (1) **生地主義国で出生の外交官の子** 外交官とは，使節団の構成員のうち外交使節（使節団の長たる大使・公使）と外交職員（長のほかの外交官の身分を有する者）をいうと定義されている（1961 年外交関係に関するウィーン条約 1 条）。問題は外交官の子が接受国（駐在地国）で生まれた場合に，その接受国が出生による国籍取得に生地主義を採用しているとすると，そこで生まれた外交官の子が接受国の国籍を取得することになるか，いいかえれば，生地主義国で生まれた日本人の子は，たとえ親が外交官であっても一般邦人と同じく日本の国籍留保の届出をしない限り，出生のときにさかのぼって日本の国籍を失うことになるのかどうかという問題である。ところで，外交使節は，国を代表し，派遣国の重要な任務を外国で遂行するものであるから，その任務を能率的に行うために，外国の権力の支配の下に立たないことの必要から特権と免除が与えられているものであり，それは各接受国に不利益をもたらすものではないということで古くからの国際慣習法として確立していたといわれる。そのことの法典化が国際連合の主催による 81 か国の政府代表からなる「1961 年外交関係に関するウィーン条約」の採択にみられる。この条約に明示された外交使節の特権・免除には，(ア) 身体・生命・栄誉についての特別保護の享有（不可侵権）と，(イ) 接受国の国権行使からの免除（治外法権＝司法特権，行政特権，使節の居館および事務所の不可侵，信書および文書の不可侵）がある。これらの特権免除は，使節団の長のほかの外交職員にも与えられるとするのが国際法の規則であるといわれている。かかる特権免除（以下単に「特権」という）を有する外交官が適当な任務を遂行するためには，外交官の子が接受国の国民とみなされないことが重要な問題とされ，つとに国際法の規則として 1930 年の「国籍法の抵触に関する条約」12 条 1 項「ある国の国籍をその国の領域で出生した事由によって付与することに関する法律上の規定は，出生国で外交上の免除を享有する両親の子には，当然に適用されない」と定められており，また同趣旨の規定を前記ウィーン条約の法典化の際に同条約のうちに保持する議がなされたが，都合によって同条約採択の際に次に掲げる特別の選択議定書に入れて可決されている。すなわち，1961 年「国籍の取得に関する選択議定書」には 2 条「接受国の国民でない使節団の構成員およびそれらの所帯に属する家族は，接受国の法律の作用だけによっては同国の国籍を取得するものではない」と規定し，国際法の規則であることが明定されている。

したがって，外交官の子であって接受国で生まれたものは，接受国の法律が生地主義をとっている場合でも，接受国の法律の作用によって自動的に国籍を取得することはないということになる。つまり，生地主義を採用する接受国が，その国内法である国籍法に派遣国の外交官の子についてはとくに除外規定を明文化していないとしても出生地の接受国の

正後も維持されている（戸104条2項）。もっとも，国籍留保の届出だけをして都合によって出生の届出をしない場合には，国籍の留保届は一応これを受理しておいて，一方，出生届を催告するということが実務上認められている（大13・11・14民事11606号回答，昭23・6・24民事甲1989号通達）。

　また，誤って留保届のない出生届を受理した場合には，それが所定期間内の出生届であれば，国籍留保の追完届出を提出させる等して，有効として取り扱うのが先例（昭35・6・20民事甲1495号回答）である。

　(2)　**国籍留保の届出方法**　出生届とは別書面もしくは口頭でも，また出生届書中に国籍留保の意思を表示してもよい扱いである（大13・11・14民事11606号回答，昭23・6・24民事甲1989号通達）。

　(3)　**届出人**　届出人は，戸籍法52条1項または2項に掲げる父または母であり，もし父・母が届出できない場合はその父または母の法定代理人も届出することができる（戸104条1項）。なお，国籍留保の届出は，日本人でない父・母または法定代理人もすることが認められている（昭46・4・23民事甲1608号回答，昭59・11・1民二5500号通達第3・4(2)）。

　(4)　**届出地**　通常在外公館に届出がなされる（戸40条）が，直接本籍地の市町村長に届書を送付することも認められる（戸25条）。

　(5)　**届出期間の起算日**　国籍留保の届出は，普通出生の日から3か月以内になされないと有効期限を経過することになる。またその期間内に届書を発送しただけでは十分でなく，期間内に大使，公使，領事または本籍地の市町村長に到達することを要する（大14・5・19民事4744号回答）。しかし，届出人が天災その他のことで，その責に帰することのできない事由により，前記の届出期間を遵守できなかったときは，その届出期間の起算日は，届出のできるようになったときから起算することが認められている（戸104条3項）。なお，この場合の国籍留保の届出期間は14日であり（同条同項），その届出の性質は創設的届出であるから，届出期間の経過による無効ということになっても，届出遅滞による行政罰は考えられない。

【4】　**戸籍の処理**　(1)　**無効の国籍留保届による戸籍**　国籍留保の届出は，日本国籍の保持という創設的効力をもつものであるから，国籍留保の届出のない出生届により（昭24・10・7福岡高裁決定），また所定の期間を経過した出生届および国籍留保の届出により，あるいは外国で生まれた子を日本で出生したものとして国籍留保の届出がない虚偽の出生届により，その他届出人が父母および法定代理人以外の者からなされた出生届および国籍留保の届出などによって，それぞれ戸籍の記載がなされていても，それは無効なものである。したがって，そのような戸籍は消除さるべきであるから発見次第，戸籍消除の手続をとることになる（昭23・5・8民事甲644号回答，昭24・11・17東京高裁決定）。

　なお，届出期間内に出生届がなされているが，国籍留保の意思表示が明記されないままに届書が郵送されてきた場合の取扱いについては，届出人に国籍留保の旨を追完させることとし，また届出人の所在不明，死亡などで追完のできないときは，その旨を符箋してお

むを得ない事由がないとして誤って国籍留保の届出が不受理処分となった場合には，戸籍法 118 条により家庭裁判所に市町村長の処分を不当とする不服申立をし，その認容審判（受理命令）を得るか，国籍留保の有効を理由として日本国籍の存在の確定判決を得て，出生による戸籍の記載がなされることになる。

【参考文献】　①平賀健太「国籍法(上)・(下)」，②山田三良「国際私法」206 頁以下，③実方正雄「国籍法」，④第 48・49 回帝国議会衆・貴「国籍法中改正法律案」についての本会議および委員会議事録，⑤昭和 59 年民事月報「国籍法・戸籍法改正特集」

No.290　国籍の留保届と戸籍の処理

【1】　**国籍留保の意義**　わが国の国籍留保の制度は，国籍の不留保（別項参照）ということを裏返しにとらえたものである。すなわち，国籍の不留保の制度は，出生によっていったん取得した日本の国籍が，その後，一定期間内に国籍保持についてなんらの意思表示をしない（不作為）でおくことによって自然に国籍を喪失するものとした建前であるから，そのいったん取得した国籍を引き続いて保有するためには，出生後，一定期間内に再度国籍を保持したい旨の意思表示を必要とするという建前がとられたのである。したがって，この国籍留保の意思表示は，出生によって取得した国籍を引き続いて保有するという創設的効力をもつものだといわれている〔→ 制度の理想・沿革については No.289「国籍の不留保」参照〕。

【2】　**国籍留保の新旧の規定**　旧国籍法（以下「旧法」という）は，国籍留保に関する規定を法の一部改正によって大正 13 年 12 月 1 日から新設し（旧法 20 条の 2 第 1 項），その内容は，重国籍を生ずる生地主義を採用する国について勅令で指定する北米・南米の 7 か国に限定していた。ところが，昭和 25 年 7 月 1 日施行の現行国籍法（以下「法」という）は，出生地国を限定していないので，生地主義を採用している国であれば，いずれの国でも昭和 60 年 1 月 1 日改正施行前の国籍法 9 条の適用があることになった。ただ，改正前の国籍法 9 条にいう外国の生地主義国とは，父母の生地，血統，国籍のいかんに関係なく子の出生という事実のみによって出生地国の国籍を付与する国を指称していたが，昭和 60 年 1 月 1 日施行の改正後の国籍法 12 条は，国籍の留保制度の適用範囲を拡大し，外国で生まれ外国国籍を取得したため重国籍となった日本国民は，その外国国籍が生地主義国の国籍付与に限定することなく，その他の生地国または外国の血統主義国の国籍付与などすべてに適用されることになった〔→ No.289「国籍の不留保」参照〕。

【3】　**国籍留保届**　(1)　**出生届との関係**　国籍留保の届出を要するのは，出生子が改正後の国籍法 2 条 1 号・2 号の規定によって，日本の国籍を取得し，かつ外国の国籍をも取得し重国籍となった場合に限られる。その届出は要式行為（戸籍事務管掌者への届出）で創設的効力を有するが，出生届とともに出生の日から 3 か月以内にすることになっている（戸 104 条 1 項）。この点，旧国籍法施行当時でも出生届に添えて国籍留保の届出をすることとなっていた（旧国規 2 条）。したがって，出生届に国籍留保の届出がない場合や，また届出期間経過後になされた国籍留保の届出は有効要件を欠き受理すべきものでなかった（大 13・11・14 民事 11606 号回答，昭 23・6・24 民事甲 1989 号通達）。この取扱いは，法改

13年12月1日以降，昭和25年6月30日以前に前記勅令指定国で生まれた日本国民で，所定の手続により国籍の留保をしなかった者である。したがって，旧法中の生地主義国における出生子でも，前記勅令指定国以外の生地主義国で生まれた日本国民は，国籍の離脱の申請を，また前記勅令指定国における出生子で，同法改正前に生まれた日本国民は，国籍の離脱の届出を，それぞれ積極的にしない限り日本の国籍を失わなかったのである。なお，これらの者には現行国籍法附則3条の適用がある。第二には，昭和25年7月1日以降昭和59年12月31日までの間に生地主義国で生まれた日本国民は，生地国のいずれであるかを問わず，すべて国籍を留保しなければ出生のときにさかのぼって日本の国籍を失うのである。

　第三に，昭和60年1月1日以降外国で生まれた日本国民は，生地主義国で生まれた場合はもちろんのこと，生地主義を採用していない外国で出生した場合でも，出生により外国の国籍を取得するときは，すべて国籍を留保しなければ出生時にさかのぼって日本の国籍を失うのである。

　(2)　国籍の不留保の効果は，前記のとおり出生のときにさかのぼって日本の国籍を失ったものとして取り扱われるが，一度は血統主義の適用によって有効に日本の国籍を取得したものである。そのことは，改正前の国籍法9条に「外国で生まれたことによってその国の国籍を取得した日本国民は，……出生の時にさかのぼって日本の国籍を失う」，また，改正後の国籍法12条に「出生により外国の国籍を取得した日本国民で国外で生まれたものは，……出生の時にさかのぼって日本の国籍を失う」という文言自体からも明らかである。

　なお，現行法においては，国籍不留保による国籍喪失者が20歳を超えて（20歳未満は国籍の再取得届—国17条）帰化しようとする場合は，国籍法8条3号にいう「日本の国籍を失った者」に該当する。

【5】　戸籍の処理　　国籍の不留保による国籍の当然喪失の効果は出生のときにさかのぼる上に，国籍不留保者については出生届も要求されていないので，戸籍の記載事由（戸15条）がない。一方，戸籍の記載は日本の国籍を有する者に限るという建前もあり，所定の届出期間をおくれた届出，もしくは不適法な届出により出生による戸籍の記載がなされている場合は，その記載は国籍法上，日本の国籍を留保しない国籍喪失者についてのもので戸籍法上も許されないので，戸籍法113条により消除さるべきものである。この点，戸籍の実務では，国籍留保の届出期間経過後になされた出生届に基づき記載されている者の戸籍の訂正などの取扱いについて，まず戸籍法24条1項による錯誤通知を発して戸籍法113条の戸籍訂正申請手続をなさしめるほか，もしこの訂正申請をしないときは戸籍法24条2項により市町村長が管轄局の長の許可を得て職権で戸籍訂正すべきことをはじめとし，その他詳細な処理要領が示されている（昭33・12・23民事甲2613号通達）。

　なお，戸籍法104条3項の天災その他によって出生の日から3か月以内に届出をすることができなかった事由の有無について，市町村長または在外大使・公使・領事の認定が誤って，やむを得ない事由ありとして受理されている場合には，その国籍留保の無効を理由に日本国籍の不存在の確定判決によって戸籍が消除されることになる。他方，前記のや

条件が加重されている場合，たとえば，1945年フランス国籍法17条〜24条によれば，出生子がフランスで生まれたという事実のほかに，その父母の一方がフランスで生まれたことを条件としているので，フランスは改正前国籍法9条にいう生地主義国ではないと解されていた（昭30・2・22民事甲331号通達）。ところが，昭和60年1月1日以後施行の改正国籍法12条の留保制度は，その適用範囲を拡大し，出生により外国の国籍を取得する子で日本国外で生まれたものすべてに適用されることになった。したがって，出生による国籍の取得につき血統主義を採用する国に属する者と日本国民との間に出生したことにより二重国籍となる子，たとえば，婚姻中の日本国民父または母と韓国民母または父との間にフランスで出生した子（韓国は父母両系血統主義を採用し，フランスは一般的生地主義国ではない）は，出生により日韓二重国籍となるので，改正後の国籍法12条が適用される。また，出生による生地国の国籍付与につき，その国内での出生事実のほかに他の積極的要件を要する法制の国（たとえば，1981年イギリス国籍法は国内出生のほか，父母の一方がイギリス市民であるか，イギリスに定住していることを要件としている）で出生したことにより重国籍となった場合にも改正後の国籍法12条は適用される。

(2) 所定の国籍留保の手続がなされないこと。現行法は，戸籍法104条によって国籍留保の手続（別項参照）を規定しているが，この手続が不作為により，または適法になされないときは国籍の不留保ということになる。すなわち，一定の期間内（出生の日から3か月以内）に国籍留保の届出がないこと（届出が市町村長または在外大使・公使・領事に届出期間をおくれて到達した場合も同様なことになる），また国籍留保の届出が出生届とともになされない場合や，正当な届出人（嫡出子については父もしくは母，嫡出でない子については母であるが，これ以外の者は届出資格がない）によりなされない場合である。

なお，届出期間の起算日は，原則として戸籍法43条1項によって出生の日であるが，同法104条3項の規定によって天災その他出生届出義務者の責に帰すことのできない事由のある場合は，届出をすることができることになったときから起算するが，この場合の届出期間は14日とされている。この届出人の帰責事由の有無は，戸籍事務管掌者たる市町村長または在外大使・公使・領事によって事実の認定をすべきものである（戸籍法104条3項は実質審査の権能が是認されていることを明示している。昭23・6・24民事甲1989号通達）。その認定に困難を伴う場合は，戸籍事務管掌者は管轄庁に照会を行って処理することになる。

囲　戸籍法104条3項の届出人の「責めに帰することができない事由」に該当するとして，受理の回答がされた事例（平12・3・29民二765号回答，戸籍誌702号64頁）
　「日本人男と離婚した外国人女の胎児を他の日本人男が認知し，その子がアメリカ合衆国で出生し，その出生の日から3か月を経過した後に，外国人女から，その子と前夫との親子関係不存在確認審判の審判書謄本等を添付してされた出生届および国籍留保届」

【4】 効果　(1) わが国は，出生による国籍の取得に血統主義を大原則としているが，国籍唯一の原則を達成する意味から，国籍の不留保によって出生のときにさかのぼって日本の国籍を失うとしたのである。この制度の対象は前述したとおり，第一に旧法中の大正

する（後述【4】参照）。

　このように国籍留保の意思表示（別項参照）を積極的にしないことによる国籍喪失を，「国籍の不留保による国籍の当然喪失」といい，届出による国籍の離脱に対して「無届による国籍喪失」，もしくは「国籍の自然離脱」ともいわれる。また，この制度は，わが国の血統主義の一大例外であって，実質的には生地主義に譲歩したものであるといわれている。

【2】　沿革　わが国の国籍不留保による国籍の当然喪失の制度は，重国籍の防止という理想を実現しているものであるが，わが国のその立法上の沿革は，次の事情が直接の動機になっているようである。大正のはじめ頃，米国への移民について欧州からの者は米国に帰化できたが，日本人は帰化して米国の市民権を得ようとしても帰化を認められなかったので，日本人たる移民者の子（二世）は，生地主義国たる米国の国籍を取得する一方，血統主義をとる日本の国籍をも取得したのである。この二重国籍者は，米国における権利を享有しようとしても支障があり，日本の国籍を離脱しようと欲しても，当時の国籍法にはその方法がなかったのである。さらに当時は日本移民の排斥運動が高まり，日本移民の受入禁止にまで発展したようである。そこで日本政府は，大正5年当時の国籍法を改正し，生地主義国で生まれた日本人については，許可制による国籍の離脱を認めた（大正5年改正国20条の2）が，満17年以上の男子に対する兵役義務による制限は除外しなかった（大正5年国24条，内務省令8号）ので，在米日本人の期待にそわず排日運動は緩和されなかったようである。そのため大正13年前記の緩和策としてそれまで重国籍となった者には年齢・性別のいかんとわず国籍の離脱申請を認め，かつ，兵役義務による制限を撤廃した（大正13年改正国20条の3・24条）ほか，とくに勅令指定国（アメリカ，アルゼンチン，ブラジル，カナダ，チリ，ペルー，メキシコ）で生まれた者には，離脱は届出のみでよいとした（旧国20条の2第2項）。さらに前記改正後に勅令指定国で生まれた者で，生地国の国籍を取得した日本人には，無届（不作為）によってわが国籍を当然に失うことを認めた（旧国20条の2第1項）。この無届による国籍喪失が本人および国家の利害を考慮したところのわが国の国籍の不留保の制度の由来である。なお，その立法をするについて，かかる制度は当事者の知らぬ間に，あるいは当事者の意思に反して日本の国籍を失うという意見もあったが，当時，北米や南米で生まれた日本人の多くは，生まれたことによってその国の国籍を取得し，同時に日本の国籍を喪失しようという意思から国籍の離脱届出が非常に多かったこと（かりにこの者を国家が強制的に引きとめておいても日本の利益とはならないこと），一方，ある一部の者は日本に戸籍法による届出をしないことによって日本の国籍を取得していないと誤信している者があったことから，実際の利便が考慮されたものである。

【3】　要件　現行国籍法12条の規定の適用によって日本の国籍を喪失するには，次の要件を具備することを要する。

　(1)　外国で生まれた子が，生地国または外国人たる父もしくは母の血統主義国の外国国籍を取得する一方，日本の血統主義の適用により，日本の国籍をも取得すること。昭和60年1月1日施行前の国籍法9条の留保制度は，アメリカ，ブラジルなど子の出生という事実のみによって生地国の国籍を取得する場合のみに適用され，子の出生事実のほかに他の

No.289
国籍の不留保「国籍の当然離脱」と戸籍の処理

【1】 意義　現行国籍法（以下単に「法」という）の国籍喪失の原因には、6つの場合がある。すなわち、①　自己の志望による外国の国籍の取得に伴う国籍喪失（国11条1項、旧国20条）、②　重国籍者の外国国籍選択による国籍喪失（国11条2項）、③　国籍の不留保による国籍喪失（国12条、旧国20条の2第1項）、④　届出による国籍の離脱に伴う国籍喪失（国13条、旧国20条の2第2項・第3項および20条の3）、⑤　日本国籍不選択による国籍喪失（国15条3項）、⑥　日本国籍の喪失宣告（国16条2項）で、ここでは前記③について述べる。

わが国籍法は、旧法（明治32年法律66号）、昭和60年1月1日前の国籍法（昭和25年法律147号）ともに、出生による国籍の取得には父系優先の血統主義を原則としていた（旧国1条～3条、改正前国2条1号～3号）が、昭和60年1月1日以後は父母両系の血統主義に改められている（現国2条1号）。このように、わが国の国籍法は、父系優先と父母両系の差があるものの、基本的に血縁主義による国籍付与の立法である。一方、世界の各国には、原則として出生地の国籍を付与するいわゆる生地主義を採用しているところが少なくない。そのことから血統主義国に所属する者、たとえば、日本人が生地主義を原則としている国で子を生んだ場合には、その子は日本人たる父または母の国籍である日本の国籍を取得するほかに生地国の国籍をも取得し、属する国籍が重複することになる。そうなると、同一の個人に対して自国民であると主張する双方の国家が、国民としての義務の履行を求めることになって、本人はいずれにしてよいか困惑する場合を生じたり、あるいは国家相互間においても本人に関する問題について、それぞれ自国民だとして外交上の保護権を主張することから、国際間の紛争を生ずるおそれがある。また、国際私法上の行為、たとえば甲と乙の両国籍を有するA男が、丙国のB女と丁国で婚姻する場合に、丁国ではA男の本国法としては甲・乙いずれの本国法を準拠法とするかという困難な問題も生ずる（1930年国籍条約5条）。

そこで、国籍唯一の原則が世界の国籍立法の理想であることは、1930年のヘーグにおける「国籍法の抵触についてのある種の問題に関する条約」の前文「国際的共存団体の全員に各個人が一個の国籍を有すべきであり、かつ一個のみを有すべきであることを認めさせることが、右の団体の一般的利益であることを確信し、従って、右の事項について人類の努力が向けられるべき理想は、無国籍の場合及び二重国籍の場合をともに消滅させることにあることを認め……」に明らかにされている（わが国はこの条約を署名したが批准していない）。わが国籍法は次の【2】にかかげる沿革を経たものであるが、前記の理想の一つを実現したのが国籍の不留保による国籍の当然喪失の制度である。すなわち、現行国籍法12条は、出生により外国の国籍を取得した日本国民で日本国外で生まれたものは、一定の手続により、いったん取得した日本の国籍を引き続いて保有するという積極的な意思を表示しないときには、出生のときにさかのぼって日本の国籍を失うと規定している。この意味は、当初から全く日本国籍を取得したことはないというのとは異なることに注意を要

ば，外国人は，フランス人との婚姻によってはフランス国籍を取得せず，婚姻後4年の経過等を要件に国籍取得の届出をすることができるにとどまる。

囲　フランス国籍法（1945年10月19日法律）
　　第37条　38条・39条～41条の規定を留保して，フランス人と婚姻する外国人女は，結婚の挙式の時にフランス国籍を取得する。
　　第38条①　国内法が国籍の留保を認める場合には，妻は，結婚の挙式に先立ちフランス国籍を拒否する旨を申告する権能を有する。
　　　　　②　妻は未成年の場合でも，いかなる許諾を要せず右の権能を行使することができる。

⑶　**代理人による外国国籍の取得申請**　外国の国籍に関する立法例中には，任意代理人による帰化の申請を認めている国がある（たとえば，ベルギー）。また，外国の立法例中には，未成年者の帰化について，未成年者に代わってその法定代理人が帰化の申請行為をすることを認めているものがある（たとえば，フランス，アルゼンチン，スイスなど）。先例にも未成年者がその法定代理人の行為によって外国の国籍を取得した場合にも適用されるとしている（昭44・4・3民事甲542号回答）。

⑷　**意思行為に瑕疵がある場合**　この場合は，自己の志望による外国国籍の取得といえるか，問題のあるところである。先例は，第二次大戦後の樺太在住の日本人のソ連国籍取得につき，特殊事情を考慮して，ソ連への帰化は自己の志望によるのとはいえないとしたものがある（昭41・3・8民事甲646号回答）。

【2】　**国籍喪失の効果・時期**　国籍法11条1項による国籍喪失者は，自己の志望によって外国の国籍を取得した本人のみであり，その日本国籍喪失の時期は，外国国籍を取得した当然の効果として表裏一体の関係である。

【3】　**国籍喪失届**　この届出は，いわゆる報告的届出であり，本人はすでに外国人となっているので届出義務を課することは適当でないとして，従前は届出義務者とされていなかったが，昭和60年1月1日戸籍法一部改正施行後は，本人，配偶者または四親等内の親族は，届出義務を課されている（戸103条1項）。もっとも，本人は外国人となっているので，国外に在る限り，過料の制裁を伴う届出義務はないと考えられる。届出は国籍喪失者の本籍地または届出人の所在地に（戸25条），当該事実を知った日から1か月以内（届出すべき者がその事実を知った日に国外に在るときは，その日から3か月以内）にすべきものとされているが，届書には通常の記載事項（戸29条）のほか，とくに国籍喪失の原因とその年月日，あらたに取得した国籍の表示をするとともに国籍喪失を証すべき書面を添付すべきものとされている（戸103条2項）。なお，官公署がその職務上，国籍喪失した者があることを知ったときは，当該官公署から本籍地の市町村長に国籍喪失を証すべき書面を添えて報告される（戸105条）。国籍喪失を証する書面には，通常，外国の帰化証（またはその写し），在外公館の発給する帰化事実証明書がある。

【4】　**戸籍の処理**　日本の国籍を喪失した者は，戸籍に登載しておくことが許されないので，本人の身分事項欄に戸籍法施行規則附録7号～法定記載例177によって外国国籍を取得したこと等国籍喪失原因とともに喪失の事実が記載されて除籍される（戸23条）。

No.288
志望による外国国籍取得と戸籍の処理

国籍喪失の原因については，現行国籍法上 11 条・12 条・13 条・15 条・16 条の 5 つの規定がある。ここでは，11 条 1 項の自己の志望によって外国の国籍を取得したことによって当然に日本の国籍を失う場合について述べることとする（他の関係については別項を参照のこと）。

【1】 **国籍法 11 条 1 項の規定の適用される場合**　この規定は，旧国籍法 20 条と同趣旨の規定であって，国籍離脱の自由の 1 つであるが，国籍の積極的抵触の防止を目的とするものである。本条の適用を受けるためには，次の 2 つの要件が必要である。

(1)　**外国の国籍を取得すること**　日本国籍を有する者が外国の国籍を有効に取得することが必要である。外国国籍の取得が当然に無効であれば，日本国籍喪失の効果も生じない。外国の国籍を有効に取得するかどうかは，当該外国の法律によって決められることになる（昭 43・12・9 東京地裁判決〔民事月報 24 巻 2 号 147 頁〕）。

(2)　**外国の国籍取得が自己の志望によること**　この場合の自己の志望によるとは，帰化という名称いかんにかかわらない。すなわち，直接外国国籍の取得を希望する行為に，その効果として外国国籍の付与が帰化，国籍の回復，国籍の選択，国籍取得の意思表示，その他いかなる名称で表現されていてもそれは問題でない。先例においても，ドイツ人男と日本人女の婚姻締結のときに，当時のドイツの国籍法に基づき妻がドイツ国籍取得の意思表示を行って同国の国籍を取得した事案につき，それが婚姻の効果であるか，あるいは志望の効果であるかが問題とされたが，婚姻が有効に成立し，かつ，日本人女が婚姻締結に際し，ドイツ国民になろうとする旨の意思表示をすれば，婚姻のみにより当然にドイツ国籍を取得するのではなく，直接にドイツ国籍取得を希望する意思行為と考えられ自己の志望によるものと解されている（昭 44・4・22 民事甲 877 号回答）。なお，現在は，簡易帰化のみが認められる。

囲　ドイツ国および邦の国籍に関する法律（1913 年 7 月 22 日法律，1957 年 8 月 19 日法律一部改正当時のもの）

第 6 条①　ドイツ国民と婚姻した外国人女は，婚姻が継続中であり，かつ夫がドイツ国籍を有する場合には，帰化の許可を申請することができる。

②　前項の婚姻をドイツ国登録官吏の面前において締結した場合には，外国人女は，当該婚姻締結の時にドイツ国民になろうとする旨の意思を登録官吏に表示してドイツ国籍を取得することができる。

なお，外国国籍の取得が自己の志望によるものに該当しないとされた先例として，フランス人男との婚姻によりフランス国籍を取得した日本人女は，その婚姻に先立ちフランス国籍の取得を拒否していない場合であっても，当時施行されていたフランス国籍法の規定をみるとフランス国籍の取得は婚姻という身分行為の当然の効果として付与されたもので，自己の意思による効果ではないと解され，同女は日本国籍を喪失しないとされている（昭 44・4・11 民事甲 584 号回答）。なお，現行フランス民法 21 条の 1，21 条の 2 によれ

【6】 帰化の効果 (1) **帰化の効力発生時期** 帰化の効力は，法務大臣が帰化を許可した旨を官報に告示した日から生ずる（国10条2項）。

(2) **日本国民たる資格の取得** 帰化者は官報告示の日から完全に日本国民として処遇される。すなわち，公法上・私法上のいかなる点においても生来の日本国民と差別されることはない。旧国籍法は，帰化人に対しては一定の公職につく資格を制限していたが（旧国16条・17条），現行法はこの制限をすべて撤廃した。

(3) **帰化者の地位** 帰化者は，確定的に日本国籍を取得するから，本人の意思に基づかないなどによって帰化が無効となる場合を除いて，帰化の効果が消滅することがない。なお，前述したようにいったん帰化許可となれば，申請人側の重大な不正行為がない限り取消しの問題はなく，また，帰化後長期間にわたって外国に居住していても帰化の効力は失わない。

【7】 帰化許可後の戸籍上の手続 (1) **帰化届** 帰化者は，日本国籍を取得したことを報告する帰化の届出を告示の日から1か月以内にしなければならない（戸102条の2）。この届書には法務局長または地方法務局長の発給した「帰化者の身分証明書」を添付する（戸38条2項）。なお，帰化届は報告的届出であるが，帰化者は帰化後の本籍と氏名を自由に定めることができるので，この点においては創設的届出の性質を併有している。

(2) **戸籍の記載** 戸籍の記載は届出によってなされるが，実務の便宜上「帰化者の身分証明書」に帰化後の本籍および氏名が記載されているので，帰化者が告示後，届出前に死亡したような場合には戸籍法44条3項の規定による職権記載ができる（昭30・9・17民事㈡発444号回答）。帰化者については，既存の戸籍に入る場合（夫または妻の戸籍に入るとき…戸籍法16条2項，父または母，もしくは養父または養母の戸籍に入るとき…同法17条・18条）を除いて，新たな氏を創設して新戸籍を編製する（戸22条）。戸籍の記載にあたっては，とくに戸籍に入った原因と年月日（戸13条3号），新戸籍の編製に関する事項（戸規34条1号），国籍の取得事項（戸規35条11号）および従前の氏名（帰化後の氏名に，告示による氏名を用いない場合）の記載に注意を要する。戸籍の記載例については，法定記載例166・167，参考記載例172以下を参照のこと。

(3) **特殊の取扱い** (ア) 帰化した夫婦については氏および本籍を共通に定め，かつ夫婦のうちいずれを戸籍の筆頭に記載するかを届書に記載することを要する。また帰化をした夫婦の一方がすでに帰化の届出をした後，他の一方が帰化の届出をする場合，もしくは夫婦の一方が日本国民であって他の一方が帰化し，その届出をする場合も同様であり，この場合には夫婦双方が届書に連署しなければならない。これは，その夫婦について婚姻の際に定めるべき称する氏の協議（民750条）が，帰化届出時に適用されると解されるからである（昭25・6・1民事甲1566号通達，同25・8・12民事甲2099号回答）。(イ) 帰化した親子が同時に帰化届をする場合には，子がとくに親と異なる氏または本籍を定めた場合を除き，子は親の戸籍に入るものとして処理すべきである。この扱いは帰化者の親が日本国民である場合も同じである（昭25・9・12民事甲2468号回答）。

【参考文献】 昭和59年民事月報「国籍法・戸籍法改正特集」法務省民事局編

条1項1号～6号)。① 引き続き5年以上日本に住所を有すること，② 20歳以上で本国法により能力を有すること，③ 素行が善良であること，④ 自己または生計を一にする配偶者その他の親族の資産または技能によって生計を営むことができること，⑤ 国籍を有せず，または日本の国籍の取得によってその国籍を失うべきこと，⑥ 日本国憲法施行の日以後において，日本国憲法またはその下に成立した政府を暴力で破壊することを企て，もしくは主張し，またはこれを企て，もしくは主張する政党その他の団体を結成し，もしくはこれに加入したことがないこと。

ただし，前掲⑤の重国籍防止条件については，外国人がその意思にかかわらずその属する国の法制上帰化前にその国籍を失うことができない場合でも，日本国民との親族関係または境遇につき特別の事情があると法務大臣が認めるときは，帰化が許される (国5条2項)。この「日本国民との親族関係又は境遇につき特別の事情があると認めるとき」とは，申請者が日本国民の配偶者または子等であってその生活実態がわが国ととくに密接な関連があるとき，または申請者が難民と認定されている者等であって，とくに人道上の配慮を要するときなどをいうと解されている (昭59・11・1民五5506号通達第2・2(2))。

(2) **簡易帰化** 日本国民と親族関係があったり，日本に一定期間居住していたり，その他，日本国と特殊の関係に立つことによって帰化の条件が普通帰化の場合に比して緩和されている。これには，さらに日本国との特殊関係の程度に応じて次の3つの場合に分けることができる。① 普通帰化に比して住所条件が緩和される場合 (国6条)。② 住所条件・能力条件が緩和される場合 (国7条)。③ 住所条件・能力条件のほかに資産または技能に関する条件が緩和される場合 (国8条)。

(3) **大帰化** 普通帰化の場合に要求される条件をすべて必要としない (国9条)。この場合は，日本に特別の功労のあった外国人につき，国会の承認を得て許可される帰化の場合である。

【5】 **国籍法上の帰化の手続** (1) **申請手続** (ｱ) 申請者は本人申請を原則とし，国籍法8条の各号に該当するとき申請者が15歳未満の場合に限って法定代理人が代理申請をする。(ｲ) 申請書および添付書類は必ず書面であるので，申請書に本人が帰化条件をそなえていることを証明するに足りる書類を添えて，本人の住所地を管轄する法務局もしくは地方法務局またはその支局に出頭して法務大臣に申請することになっている (国規2条)。なお，法定代理人による代理申請にはその資格を証する書面を，また添付書面が外国語によって作成されているときは，その書面に翻訳者を明らかにした訳文も添付を要する (国規4条・5条)。

(2) **許可の手続** 帰化の許可申請が有効になされれば，申請を受けた法務局または地方法務局においては，帰化許可条件の存否について，本人および関係人または関係官庁の協力を得て実質調査をし，その調査結果を申請書類に添えて法務大臣に進達する。法務大臣が帰化を許可した場合には，官報に許可した旨を必ず告示する (国10条1項) が，これと同時に法務局または地方法務局を経由して本人に帰化の許可の告示がなされた旨を通知するとともに帰化者であることの身分証明書を交付する。

は認められないような場合は，これに対して許可があっても帰化は無効である（昭24・7・19東京高裁判決，昭25・8・8東京高裁判決）。しかし，申請が申請権限者の意思によってなされたとき（全然意思の自由を失ったのでない場合）は，たとえ意思の決定に詐欺・強迫などの瑕疵があるとしても，すでになされた国家の行為である帰化許可は無効とならないばかりでなく，申請を取り消すこともできない（昭24・6・4東京高裁判決）。

(2) **帰化の許可行為** 国によっては（例，米国）一定の条件をそなえた外国人に対して帰化の請求権を認め，その申請に対しては国家は帰化を許可すべき義務を負うとするのがあるが（もっとも，帰化の許可条件をいかに定めるかはなお国家の自由に決定するのであるという考え方からすれば，結局，帰化の許否は本質的にその国家の自由に決定し得る原則ということになる。なお，わが国の国籍法が定める「届出による国籍の取得」の制度を実質的に「帰化」の制度のわく組で行っているとも考えることができよう。），わが国籍法は旧国籍法においてもそのような立場をとっていない。わが国籍法は，帰化の条件をそなえた外国人に対しても，特定の個人からの帰化申請に対して国家が許可を与えるか否かは，国家の自由であって，国家機関たる法務大臣の自由裁量に属すべきものとしている（国4条2項）。ただ，国籍法5条ないし9条において帰化条件が規定されているが，これは法務大臣の自由裁量に一定の基準を与えて，その恣意による許可を防止しようとする国家的利益の保護にあると解されている。したがって，法定の帰化条件を具備した外国人に帰化の請求権を与え，これに対して法務大臣に許可を義務づけたものではなく，不許可処分に対して異議申立てをすることができない（行政不服審査法4条1項10号）。また，行政訴訟を提起しても，法務大臣の裁量の範囲内であるとして，認容されることはほとんどない。

(3) **違法な許可と帰化の効力** 法務大臣が法定の帰化許可条件に違反して，帰化を許可した場合に，その違法な許可であるために帰化の効力までも否定されることがあるかという問題がある。これについては，(ア)帰化の許可は本質的には国家の自由に決定し得るものであること，(イ)法務大臣（国家機関）は帰化条件の調査は職権で十分なしたうえで許可するのであるから，国がみずから無効・取消しを主張するのは適当でないこと，(ウ)帰化の無効または取消しを認めると広汎な法律関係が一挙にくつがえり，法的安定を乱し，無国籍を生ずるおそれがあること，(エ)志望によって帰化の許可を得た者が，許可の瑕疵を理由にその無効・取消しを主張することは，条理に反することなどからして，帰化許可条件は効力要件ではないと解されている（前掲平賀271頁以下，昭31・7・18最高裁大法廷判決〔ガントレット事件〕，旧国7条2項5号－現行5条5号）。

また，一方申請者側の重大な不正行為により許可すべきでない場合に許可処分が行われた場合であって，取消しにより回復される公益が取消しによって申請者の受ける不利益を超えるときは，行政法の一般法理に従って許可処分を取り消すことは可能であると解されている（昭和59年民事月報「国籍法・戸籍法改正特集」22頁）。

【4】 **帰化の条件** わが国籍法は，帰化の許可条件については，国籍法5条ないし9条に規定しているが，条件の一部緩和も考慮していることから，その種別をいわゆる普通帰化と簡易帰化および大帰化に分類される。

(1) **普通帰化** 普通の外国人の帰化の場合で，次の6つの条件を必要としている（国5

【2】 **帰化の意義** 今日の帰化という用語には，種々の意味に用いられることがある。広い意味においては，外国人が内国人となるいっさいの場合を総称するから，国家の明示的な国籍付与の行為による場合だけでなく，法律の規定によって当然に国籍が付与される各種の場合も含み，さらには他国を征服したり，領土の併合によって一定地域の住民全部に対して自国の国籍が付与される場合をも含む。しかし，普通には，とくに外国人が内国人となることを希望し，国家がこれに対して国籍を付与することを指称している。古い永久忠誠思想の時代には国籍の変更ということは自由でなかったようであるが，今日では帰化制度を国籍自由の原則の一つとして認めている国がほとんどである。わが国の帰化は，日本の国籍を有しない特定の個人（外国人）からの帰化許可の申請（日本国籍の取得を希望する意思表示）に対し，国家が許可を与えることによって成立するものである。そして，その行為は日本国民たる資格という包括的な地位を創設するものである（国4条）。この意味の帰化は，申請とこれに対する許可とによって成立する公法上の双方行為，あるいは公法上の契約（国家と個人との間の契約）であるというもの（前掲平賀249頁）と，帰化は個人の出願に対する国家の許可によって成立するのであるが，個人の出願はただ国家の単独行為である許可の前提条件たるにすぎないのであって，個人と国家との間における契約ではない（前掲山田170頁）という説に分かれている。

【3】 **帰化の法律上の性質** (1) **帰化の申請行為** (ｱ) 帰化が有効に成立するためには，まず日本の国籍を有しない者からの申請であることが必要である。これは帰化の意義からして当然のことで，日本国籍を有する者からの申請に対して許可が与えられても当然に無効となる。たとえば，日本国籍を離脱し，いったん国籍を喪失した者からの帰化申請に対して許可が与えられても，後日になって，さきの国籍離脱が無効であることが確定したときは，帰化の許可自体は適法になされても，帰化もまた無効にならざるを得ない（昭24・3・18東京高裁判決〔旧法当時の国籍回復許可事件〕）。

(ｲ) 帰化は，本人の意思に基づく申請であることが必要である。帰化は日本国籍の取得によって日本人としての公法上の権利義務関係を生ずることとなる一方，原国籍を喪失する（国5条1項5号）という，身分に重大な変更を生ずるからである。そして，これは，国籍非強制の原則に基づく。したがって，他人による帰化の代理申請は許されない。ただ，申請者が国籍法8条各号該当者であるときは，能力者であることを要求されておらず，本人が15歳未満であればその法定代理人から代理申請をすべきものとされている（国18条）。以上のことから，たとえば，本人が15歳以上であるのに法定代理人からの代理申請や，本人が15歳未満であるのに本人自身からの申請に対して帰化が許可されても無効であって，これに本人または法定代理人から追認は認められないと解されている（昭24・3・18東京高裁判決〔旧法当時の国籍回復許可事件〕）。もっとも，その後，最高裁は無効な身分行為に関する届出について追認によって有効となることを認めており（代諾権を有しない者のした養子縁組・昭27・10・3，無効な協議離婚・昭42・12・8，無効な婚姻・昭47・7・25），帰化申請についても同理論を適用すべきかどうかの問題がある。

なお，申請が申請権限のある者からなされた場合であっても，それが抵抗のできない強迫によって意思の自由を失った状態でなされ，実質上は申請権限者の意思に基づくものと

務省民事局長通達により改正された平成2年10月20日付け民二第5200号通達別表に掲げる字体，とされている。

(4) 国籍取得者の使用する名の文字は，原則として，出生届における子の名の場合と同様に，常用平易な文字の範囲内（戸50条，戸規60条）によることとされている。ただし，国籍取得者が国籍取得前に本国法上氏名を漢字で表記する外国人であった場合において，制限外の漢字で命名され，相当の年齢に達しており，卒業証書，免許証，保険証書等により日本の社会に広く通用していることを証明することができる名を用いるときは，正しい日本文字としての漢字を用いるときに限り，制限外の文字を用いて差し支えないとされている。

○ 戸籍の記載

　子の戸籍　平成弐拾弐年拾壱月四日国籍取得同月弐拾八日親権者母届出入籍（取得の際の国籍フィリピン共和国従前の氏名ルイサ，マリア）㊞

　父の戸籍　平成弐拾弐年拾壱月四日子甲野マリア（新本籍東京都千代田区平河町一丁目四番地）国籍取得同月弐拾八日記載㊞

No.287
帰化（国籍法上の手続と戸籍の処理）

【１】　帰化の沿革　外国における帰化は，国際交通の発達しない古代には極めてまれであって，19世紀後半になって欧州諸国から南北米の新開国に移住する者が多くなり，欧州諸国においては一般に帰化法を制定し，一定の条件のもとに国籍の得喪を認めるようになった。一方，わが国における外国人の帰化は，朝鮮人や中国人が古代において頻繁にわが国土に移住し，そこに定着してその風俗・習慣に同化し，住民の一員（地縁共同体の一員）になったことが古い文献に認められるようである。すなわち，日本書紀などによれば帰化の史実について，垂仁天皇3年に新羅の王子と称する天日槍（あめのひほこ）の「来帰」をはじめとして応神天皇14年に百済から弓月君（ゆずきのきみ）が人夫120人の県民を率いて「帰化」，また推古天皇3年に高麗の僧恵慈（えじ）の「帰化」，その他にも応神天皇20年，欽明天皇元年，雄略天皇11年などに朝鮮からの「投化」・「化来」（いずれも「帰化」と同義）が記載されている。また中国人の帰化について，仲哀天皇8年に秦の嬴政の後裔，功満王が一族10万人を率いて帰化したのをはじめとして，それ以降，奈良朝時代までに帰化した者が多数あり，当時これらの者をして国内の不毛の地を開拓せしめることが国家の内政上，最重要の課題であったとのことである（山田三郎「国籍法」171頁，昭15・8内務大臣官房文書課編「国籍ニ関スル例規集」23頁以下，上田正明「帰化人」28頁以下）。

　このように古代における帰化は，国家の意思行為によって外国人に対して自国民としての資格を付与するという近代的意味の帰化ではなく，同族集団の意思又は勧誘などによって，一つの国土から他の国土に生活の本拠を移し，それが定着し，そこの住民にも受け入れられるようになったこと，つまり自律的にわが国の秩序に従い同化したことを意味し，その者を一般に古代における帰化人と理解しているものと思われる（平賀健太「国籍法(上)」5頁）。

得した者の証すべき氏及び入籍する戸籍は，次の原則によるものとされている。ただし，準正子の取扱いについては，昭和59年11月1日付け民二5500号通達第3の1(2)を適用するとされている（平成20・12・18民一3302号通達第1の2(1)）。

(1) 準正子の戸籍の記載　①準正子となる国籍取得者の氏は，父母の婚姻又は父の認知による準正時の父の氏を称し，国籍取得時において氏を同じくする父の戸籍があるときは，その戸籍に入る（戸18条）。また，その入るべき戸籍が準正子の国籍取得の届出（市長村長に対する）前に，父が死亡し，または婚姻などにより，氏を変更し除かれているときは，いったん，同一氏の父の最期に在籍していた戸（除）籍に入籍させた上，直ちに除籍して新戸籍編製すべきものとされている。②国籍取得者が日本人の養子であるときは，国籍取得の時点で民法810条により養親の氏を称することになるので，前記①による氏を取得し，直ちに，養親の氏に変更したものとして取り扱うこととされている。また，国籍取得者が日本人の配偶者であるときは，前記①による氏を取得した上，国籍取得届において日本人配偶者とともに届け出る氏を，夫婦が称する氏として取り扱うこととされている。したがって，国籍取得の届書には，その届出人でない日本人配偶者も連署を要する取扱いである。上記の氏の変動に従って戸籍の処理をすることになる。

○　戸籍の記載例　法定記載例174
　　平成九年弐月拾五日国籍取得同月弐拾四日親権者父届出入籍（取得の際の国籍アメリカ合衆国従前の氏名ベルナール、マリア）㊞

(2) 改正国籍法3条により国籍を取得した者の戸籍の記載　①国籍を取得した者の氏は，新たに定めるものとする。ただし，国籍を取得した者が国籍取得時に日本人の養子であるときは養親の氏を称し，国籍を取得した者が国籍取得時に日本人の配偶者であるときは，国籍取得の届出において日本人配偶者とともに届け出る氏を称するものとするとされている。②国籍を取得した者が①により氏を新たに定めるときは，新戸籍を編製するものとし（戸22条），養親の氏を称するときはその戸籍に入り，日本人の配偶者であるときであって自己の氏を称するときは新戸籍を編製するものとし，日本人配偶者の氏を称するときはその戸籍に入る。なお，国籍取得の届出により認知した父の氏を称して同人の戸籍に入籍することは認められていないため，国籍を取得した者が父の戸籍に入籍するには，家庭裁判所の許可を得て入籍により父の氏を称して入籍することになる。③国籍を取得した者の母が国籍取得時にすでに帰化等により日本国籍を取得しているときは，①及び②により氏を新たに定め新戸籍を編製するほか，母の戸籍に入籍することを希望する場合は，母の戸籍に入ることとされている。

(3) 国籍取得者が新たに氏を定めるときに用いる文字は，正しい日本文字を用いるものとされ，漢字を用いる場合は，①常用漢字表（昭和56年内閣告示第1号）の通用字体，②戸籍法施行規則別表2に掲げる字体，③康熙字典体又は漢和辞典で正字とされている字体，④当用漢字表（昭和21年内閣告示第32号）の字体のうち，常用漢字表において括弧に入れて添えられなかった従前の正字として取り扱われてきた「慨」，「概」，「免」及び「隆」，⑤国字で，①から④までに準ずる字体，⑥平成16年9月27日付け民一2665号法

（国規則1条1項）。国籍取得の届出は，国籍を取得しようとする者が届出の時に15歳未満であるときは，法定代理人が代わって行うが，15歳以上であるときは本人が行わなければならない。届出は届出人が自ら法務局又は地方法務局に出頭してしなければならないとされているが（国規則1条3項），法務局又は地方法務局においては，出頭した者が本人であるか否かを確認するとともに，その者の届出意思をも確認することとされている。出頭してきた者が届出人本人であるか否かの確認は，外国人登録証明書，旅券等の提示を求めるほか，届書及びその添付書類に基づいた適宜な質問をするなどして確認する。また，届出意思の確認は，届書の署名が届出人の自筆したものであるか否かを確認する方法による。

【6】 **法務大臣に対する国籍取得の届書と添付書面** 届書は法務局・地方法務局もしくはその支局または在外公館に備え付けの一定のものを使用する（届書の様式は法務省民事局長通達で示されている）。届書に添付する国籍取得の要件を備えていることを証するに足りる書類としては国籍法施行規則1条5項に明示されている。

(1) 認知した父又は母の出生時からの戸籍及び除かれた戸籍の謄本又は全部事項証明（同条5項1号），この提出理由は，①国籍を取得しようとする者が出生した時に父（又は母）が日本国籍を有していたこと，②届出時の父（又は母）が日本国籍を有していること（父（又は母）が死亡しているときは死亡の時に日本国籍を有していたこと），③国籍を取得しようとする者が日本国籍であったことがないこと，④認知があったこと，等を確認するためであるとされている。

(2) 国籍の取得をしようとする者の出生を証する書面（同条5項2号），出生証明書，分娩の事実を証する母子手帳など，これらにより国籍を取得しようとする者の氏名，年齢，父又は母が外国人であるときはその氏名などの確認をする。

(3) 認知に至った経緯等を記載した父母の申述書（同条5項3号），これは日本国籍を取得しようとする者が日本人の父から認知されていること及び当該認知に疑いがないかを確認するために必要とされている。

(4) 母が国籍の取得をしようとする者を懐胎した時期に係る父母の渡航履歴を称する書面（同条5項4号），パスポートや出入国記録により，日本国籍を取得しようとする者が母と日本人の父との間に懐胎したことについて疑いがないかを確認するために必要とされている。

(5) その他実親子関係を認めるに足りる資料（同条5項5号），これについては平成20・12・18民一3300号通達により，「外国の方式による認知証明書」等の例が示されている。

【7】 **虚偽の届出に対する罰則** 国籍法の改正による国籍法3条1項の規定による国籍取得届について虚偽の届出を防止するため，国籍法20条が新設され「第3条1項の規定による届出をする場合において，虚偽の届出をした者は1年以下の懲役又は20万円以下の罰金に処する。」と定められた。

【8】 **戸籍の処理及び記載** 改正国籍法3条により法務大臣に対する届出により国籍を取

【4】 **国籍取得の要件**（国3条1項）　(1)　父又は母が認知したこと。第一の要件は「日本国民である父又は母が認知した」子であること。ここでは、「母の認知」も要件として掲げられているが、日本人母とその嫡出でない子との間の母子関係については、原則として分娩の事実により当然に発生すると解されているので（最判昭和37・4・27民集16巻7号1247頁）、改正国籍法3条1項が適用される子は、実際上、日本国民である父が出生後に認知した子に限定されると解される。そこで認知の要件の準拠法については、通則法29条では、子の認知は、子の出生当時における認知する父の本国法（同条1項前段）によるほか、認知の当時における認知する者又は子の本国法（同条2項前段）によることとされており、日本人父の本国法による場合でも、認知の当時における子の本国法による保護要件を備えている必要がある（同条1項後段、2項後段）。したがって、認知の有無が日本法で判断される場合は、血縁上の父子関係があることが認知の要件となるので、これを欠く無効の認知を前提とした国籍取得届は不適法なものとなることはいうまでもない。

(2)　当該子が20歳未満であること。この場合の年齢は、法務大臣に対する国籍取得の届出のときに20歳未満であることを要する。その理由は、成年を超えるまで外国人たる母と同一の国籍、生活関係にあり、日本国民たる父と同一の生活関係に含まれていなかったものは、届出のみにより国籍を付与することを相当とする程のわが国との結合関係がないと考えられるからであると見られている。

(3)　認知をした父又は母が子の出生時に日本国民であったこと。子の出生時に、父又は母が日本国籍であれば足り、外国の国籍を有する重国籍者でも、また、子の出生時までに日本国籍を有することになった場合でも差し支えない。

(4)　認知した父又は母が現に日本国民であること又はその死亡の時に日本国民であったこと。「現に」とは、国籍取得の届出時の意である。つまり、父が届出時にも日本国民であることによってわが国との結合関係のあることが明らかになる。また、父が届出時に死亡しているときは、死亡時の国籍が日本であることによって、それまでのわが国との結合関係があると認められるので国籍取得を許容するのが適当であるとの考えによるものとみられる。なお、認知の当時において、父が日本国民であることは要しないが、(3)の要件は必要である。

(5)　子がかつて日本国民であった者でないこと。血統主義に基づき、出生による日本国籍の取得の補完を目的とする本条の立法趣旨から、出生等により日本国籍を取得した子で後に日本国籍を喪失したものが、たまたま後の日本国民である父から認知されたことにより届出のみで国籍を取得できるとすることは、制度の目的を逸脱することになる。このような場合の国籍取得は、原則として帰化によることになる。

【5】 **国籍取得の届出**　改正国籍法は、出生後に日本国民から認知された子は、父母の婚姻の有無を問わず、所定に条件を備えるときは法務大臣に届け出ることによって、その届出の時に日本の国籍を取得することができる。国籍取得の届出は国籍を取得しようとする者が、日本に住所を有するときは、その住所地を管轄する法務局又は地方法務局の長を経由して、また外国に住所を有するときは、その国に駐在する領事館（領事館の職務を行う大使館若しくは公使館の長又はその事務を代理する者を含む。）を経由してすることとなる

No.286 認知された子の国籍取得
（国際私法上の要件と戸籍の処理）

【1】 改正前国籍法3条1項の規定 平成20年法律第88号による改正前国籍法3条1項は，出生後に父母の婚姻及びその認知により嫡出子たる身分を取得したいわゆる準正子について，認知した父又は母が子の出生時に日本国民であることなどの一定の条件の下に，法務大臣に対する届出により日本の国籍を取得することができる旨を規定していた。この規定は，出生による国籍の取得について，従前の父系血統主義を改め父母両系血統主義を採用した昭和59年の国籍法改正により新設されたもので，その眼目は，同改正法により出生時に日本国民の嫡出子である子が出生により当然に日本国民となること（同改正法による改正後の国籍法2条1号）との均衡上一定の要件の基に帰化手続によらないで，簡易な国籍取得の方法として配慮された制度であり，出生による国籍取得を補完する制度として立法されたものである。のみならず，日本国民父の準正子は，父母の婚姻によって嫡出子たる地位を取得したことにより，日本国民の正常な家族関係に包摂され，我が国との真実の結合関係のあることが明らかになったものとして，日本国籍を付与することが妥当であるとの考えのもとに立法されたものである。

【2】 平成20年6月4日最高裁大法廷判決（民集62巻6号1367頁） しかるに，日本国民である父と日本国民でない母間に出生した後に父から認知された子について，改正前国籍法3条1項の国籍取得届がされ，これを認められないとする事例が数件発生し，同規定が法の下の平等を規定した憲法14条1項に違反する等の主張から訴訟となった。そして平成20年6月4日最高裁判所大法廷において次のような骨子の判断がされた。

(1) 改正前国籍法3条1項は，日本国民である父と日本国民でない母との間に出生し，父が出生した後に認知した子について，父母の婚姻により嫡出子たる身分を取得する準正が生じた場合に限り届出による日本国籍の取得を認め，認知されたにとどまる子と準正が生じた子との間に日本国籍の取得に関する区別を生じさせている。これは，遅くとも平成15年当時には，合理的な理由のない差別として，憲法14条1項に反するものであった。

(2) 日本国民である父と日本国民でない母との間に出生し，父から出生した後に認知された子は，改正前国籍法3条1項所定の要件のうち，父母の婚姻により嫡出子たる身分を取得したという上記区別を生じさせている部分を除いた要件が満たされるときは，同項に基づいて日本国籍を取得することが認められると解すべきであり，上告人は，法務大臣あての国籍取得届を提出したことによって，日本国籍を取得したものと解するのが相当である（澤村智子「国籍法の一部を改正する法律の解説」民事月報64巻2号9頁参照）と判決された。

【3】 改正法による国籍法の一部改正 上記の最高裁判決を受けて平成20年12月12日法律第88号で国籍法の一部改正がされた。改正国籍法では，子が準正子であることを要件としていた点が改められ，出生により日本国籍を取得しなかった子について，出生後に日本国民から認知された場合には，父母が婚姻をしていなくても法務大臣に対する届出により日本国籍を取得できるものとされた（平成22年1月1日施行）。

処分をした旨を受附帳の備考欄に記載し，届出の受理の年月日及び受付番号を消除した上で，届出人に届書等を返戻する。

届書等を返戻する際には，届出人に対し，外国人母の前夫の嫡出推定を排除する裁判等が確定した旨の書面を添付して，返戻された届書によって届出をすれば，不受理処分を撤回し，当初の届書等の受付の日に届出の効力が生ずる旨を説明する。

エ　届出の不受理処分及びその撤回
① 届出を不適法なものと認めたときは，これを不受理とし，戸籍発収簿に発収月日，事件の内容及び不受理の理由を記載した上で，届出人に届書等を返戻する（標準準則第34条）。
② 被認知胎児が婚姻中の外国人母の夫の嫡出推定を受けることを理由に届出を不受理とした場合には，届書等を返戻する際に，届出人に対し，子の出生後に外国人母の夫の嫡出推定を排除する裁判等が確定した旨の書面を添付して，返戻された届書によって届出をすれば，不受理処分を撤回し，当初の届書等の受付の日に届出の効力が生ずる旨を説明する。

なお，日本国民父と外国人母間の婚姻外の子（嫡出でない子）が，出生後に父の認知により準正嫡出子となっても当然には日本国籍を取得しないが，その後の法務大臣への届出により日本国籍を取得する制度が創設された（国3条―No.286「認知された子の国籍取得」みよ）。もし，血統上日本国民の子であっても日本国民との間に法律上の親子関係が存在しない者は，日本国籍を取得するには，一般の外国人として帰化の許可を得なければならない（国5条）。

(3) 親のいずれか一方が子の出生時に日本国籍を有すること。この親が有する日本国籍は，親自身が生来的に取得した場合に限ることなく，後発的な帰化または届出により日本国籍を取得したものであってもよい。また，この親が日本国籍のほかに外国の国籍を有し重国籍であっても，日本国籍を有する限り，子は出生により日本国籍を取得する。

【4】　国籍法2条2号の適用範囲　子の出生前に日本国民たる父が死亡していた場合（出生時に父子関係が法律上推定される場合）には，出生時に父は存在しないが父が死亡時に日本国籍を有すれば足りることが明定されている（昭和25年法律147号・現行国籍法2条2号）。

【5】　国籍法2条3号の適用範囲　〔→ No.178の【2】「棄児の国籍」みよ〕
囲　改正前の昭和25年法律145号・国籍法2条の号数「4号」そのものを「3号」に繰り上げ整理されたのみである。

【参考文献】　①昭和59年民事月報「国籍法・戸籍法改正特集」法務省民事局編，②「新しい国籍法・戸籍法」法務省民事局第5課職員編（日本加除出版）

ず，これを受理する取扱いがされているので（大正7年3月20日付け民第364号法務局長回答，昭和57年12月18日付け民二第7608号民事局長回答参照），外国人母の離婚後に子が出生する事案については，①の要件を満たさないため，第180号通達が適用されないこととなる。

2 渉外的胎児認知届の取扱い等について

(1) 相談があった場合の対応

日本人男から，外国人母の胎児を自分の子として認知したい旨の相談があった場合には，母が婚姻中であるか否かにかかわらず，胎児認知の届出の手続があることを説明する。

(2) 胎児認知の届出があった場合の手続

ア 届書等の受付

胎児認知の届出があった場合には，その届出が適法かどうかを問わず，いったん届書及び添付書類（以下「届書等」という。）を受領（以下「受付」という。）し，その受付年月日を届書に記載する。この受付の後に，民法及び戸籍法等関連する法規に照らして，当該届出の審査をする。

なお，胎児認知の届出が口頭による届出の場合には，届出人の陳述を書面に筆記し，届出の年月日を記載して，これを届出人に読み聞かせ，かつ，その書面に届出人の署名・押印を求める（戸籍法第37条第2項）。口頭による届出を筆記したときは，当該書面の適当な箇所に，戸籍事務取扱準則制定標準（昭和42年4月13日付け民事甲第615号民事局長通達。以下「標準準則」という。）附録第19号記載例によって，その旨を記載する（標準準則第27条）。

イ 届書等に不備がある場合

届書に不備がある場合には，不備な箇所を補正させ，また，母の承諾（民法第783条第1項）を証する書面等届出に必要な添付書類が不足している場合には，それらを補完させる。

なお，即日に補正又は補完することができないため，届出の受理の決定ができないときは，その旨を戸籍発収簿に記載する（標準準則第33条第1項）。

ウ 届出の受理処分及びその撤回

① 届出を適法なものと認めたときは，これを受理し，その旨を受附帳に記載する。

また，届書等の不備により即日に届出の受理の決定ができなかった届出について，後日，補正又は補完がされ，これを適法なものと認めたときは，当初の届書等の受付の日をもって当該届出を受理し，その旨を戸籍発収簿の備考欄に記載する（標準準則第33条第2項）。

② 胎児認知の届出を受理した後に被認知胎児が出生したことによって，その子が外国人母の前夫の嫡出推定を受けることが明らかになった場合には，当該受理処分を撤回して，不受理処分をする。この場合には，受理処分を撤回して，不受理

う指示する。

(2) (1)における認定の妨げとなる事情がうかがわれる場合には，その認定の妨げとなる事情についての関係資料を添付して，その処理につき当職の指示を求める。また，嫡出推定を排除する裁判が子の出生後3か月を経過して提起されている場合，又は認知の届出等がその裁判確定後14日を経過して行われている場合には，その裁判の提起又は届出に至るまでの経緯等についての関係資料を添付して，その処理につき当職の指示を求める。

囲4 平成11年11月11日付け法務省民一/五 2420号民事局第二課長/第五課長通知「**渉外的胎児認知届の取扱い等について**」

（**通知**）最高裁判所は，平成9年10月17日，外国人母の嫡出でない子が日本人父から胎児認知されていなくても，特段の事情があるときは，国籍法第2条第1号により子が生来的に日本国籍を取得する場合があるとする判決（最高裁第二小法廷判決・民集51巻9号3925頁参照）を言い渡しました。これを踏まえて，平成10年1月30日付け民五第180号をもって，この種事案における国籍事務の取扱いの基準を示す民事局長通達（以下「第180号通達」という。）が発出されています。

ところで，第180号通達は，外国人母の嫡出でない子が日本人父から胎児認知されていない事案一般に当てはまるものではなく，渉外的胎児認知届に関する従来の戸籍事務の取扱いを変更するものでもありませんが，近時，第180号通達の適用範囲を過大に解釈したり，この通達により従来の戸籍事務の取扱いに変更があったものと誤解し，その結果，訴訟に至った事案も見受けられます。

そこで，この度，第180号通達の趣旨，渉外的胎児認知届の取扱い等について再確認するため，下記のとおり整理しましたので，貴管下支局長及び市区町村長に周知方取り計らい願います。

記

1 第180号通達の趣旨について

前記最高裁判決は，婚姻中の韓国人母から出生した子について日本人父が生後認知した事案において，国籍法第2条第1号による日本国籍の取得を認めたものであるが，外国人母の嫡出でない子が日本人父から胎児認知されていない事案一般に当てはまるものではなく，①嫡出でない子が戸籍の記載上母の夫の嫡出子と推定されるため日本人である父による胎児認知の届出が受理されない場合であって，②この推定がされなければ父により胎児認知がされたであろうと認めるべき特段の事情があるときは，胎児認知がされた場合に準じて，国籍法第2条第1号の適用を認めるのを相当としたものである。

第180号通達は，この最高裁判決の趣旨を踏まえて発出されたものであり，①及び②のいずれの要件にも該当する事案について適用されるものである。

また，第180号通達は，渉外的胎児認知届に関する従来の戸籍事務の取扱いを変更するものではない。

例えば，外国人母の離婚後に胎児認知の届出がされた場合には，届出の時期を問わ

ける子について，日本人男から認知の届出があった場合の日本国籍の有無について」

　客年10月17日，最高裁判所は，日本人男と婚姻中の外国人女から出生した子について，母の夫との間の親子関係不存在確認の審判の確定後に，母の夫以外の日本人男が認知の届出をしたことにより生来的な日本国籍の取得が認められるか否かが争われた事案において，「客観的にみて，戸籍の記載上嫡出の推定がされなければ日本人である父により胎児認知がされたであろうと認めるべき特段の事情がある場合には，右胎児認知がされた場合に準じて，国籍法2条1号の適用を認め，子は生来的に日本国籍を取得すると解するのが相当である」との立場を明らかにした上，「右の特段の事情があるというためには，母の夫と子との間の親子関係の不存在を確定するための法的手続が子の出生後遅滞なく執られた上，右不存在が確定されて認知の届出を適法にすることができるようになった後速やかに認知の届出がされることを要すると解すべきである。」と判示し，当該事案については，子の出生の3か月と3日後に母の夫と子との間の親子関係の不存在を確認するための手続が執られ，その不存在が確定してから12日後に認知の届出がされているから，上記「特段の事情があるというべきであり，このように認めることの妨げになる事情はうかがわれない」として，国籍法2条1号を適用し，生来的な日本国籍の取得を認める判決を言い渡した（平成8年（行ツ）第60号事件最高裁判所第二小法廷判決）。

　ついては，この最高裁判所判決の趣旨にかんがみ，外国人母の夫の嫡出推定を受ける子の生来的な日本国籍の取得については，今後，下記のとおり取り扱うこととした。

記

1　外国人母の夫（外国人男の場合を含む。）の嫡出推定を受ける子について，その出生後遅滞なくその推定を排除する裁判（母の夫と子との間の親子関係不存在確認又は嫡出否認の裁判をいう。以下「嫡出推定を排除する裁判」という。）が提起され，その裁判確定後速やかに母の夫以外の日本人男から認知の届出（既に外国人の子としての認知の届出がされている事案においては，子が日本国籍を有する旨の追完の届出。以下両者を併せて「認知の届出等」という。）があった場合には，嫡出推定がされなければ胎児認知がされたであろうと認めるべき特段の事情があるものと認定し，その認定の妨げとなる事情がうかがわれない限り，子は出生により日本国籍を取得したものとして処理するので，その対象となりうる認知の届出等を受けた市区町村長は，その処理につき管轄法務局若しくは地方法務局又はその支局（以下「管轄局」という。）の長の指示を求めるものとする。

2　管轄局の長は，子が出生してから嫡出推定を排除する裁判が提起されるまでに要した期間及びその裁判が確定してから認知の届出がされるまでに要した期間を確認した上，次のとおり取り扱うものとする。
　(1)　子の出生後3か月以内に嫡出推定を排除する裁判が提起され，その裁判確定後14日以内に認知の届出等がされている場合には，嫡出推定がされなければ胎児認知がされたであろうと認めるべき特段の事情があるものと認定し，この認定の妨げとなる事情がうかがわれない限り，子は出生により日本国籍を取得したものとして処理するよ

(ア)　**母子関係**　日本国民母と子の法律上の親子関係は，原則として分娩の事実によって当然に生ずると解されている。それは，母が外国人男と婚姻している場合と婚姻していない場合とによって異ならない。つまり，子は嫡出子であると嫡出でない子であるとに関係なく，母が日本国民であれば，当然に生来の日本国籍を取得することになる。この点改正前の国籍法（2条3号）では，日本国民母の子の父が生来的に明らかでない場合（嫡出でない子）に限って子が日本国籍を取得するものとされていた。

　(イ)　**父子関係**　日本国民父と子の法律上の親子関係は，原則として子が嫡出であるかどうかによって決まる。つまり，日本国民父（母外国人）の婚姻中の出生子は，準拠法を指定する通則法28条によって出生当時の夫婦の一方たる夫の本国法たる日本民法も適用することができ，出生時に父の嫡出子であることが認められる（婚姻後200日以内に出生した子も嫡出子である。）。したがって，この子は出生により当然に日本国籍を取得することになる。

　また，例外として日本国民父と外国人母の婚姻外の子（嫡出でない子）である場合は，血縁上の父子関係があっても日本法上当然には法律上の親子関係を生じないので日本国籍を取得しないが，子が胎児認知されていれば（母の本国法上に胎児認知の法制がある場合に限る），出生時の日本国民父の日本国籍を取得することになる（この点は改正前の国籍法においても同じ）。この胎児認知の法制を子の出生後に適用した事例がみられる。

囲1　平成9年10月17日最高裁第二小法廷判決「**特段の事情があるとして国籍法2条1号を適用した事例**」（戸籍誌666号61頁）

　　判旨「客観的にみて，戸籍の記載上嫡出の推定がされなければ日本人である父により胎児認知がされたであろうと認めるべき特段の事情がある場合には，右胎児認知がされた場合に準じて，国籍法2条1号の適用を認め，子は生来的に日本国籍を取得すると解するのが相当である。そして，生来的な日本国籍の取得はできる限り子の出生時に確定的に決定されることが望ましいことに照らせば，右の特段の事情があるというためには，母の夫と子との間の親子関係の不存在を確定するための法的手続が子の出生後遅滞なく執られた上，右不存在が確定されて認知の届出を適法にすることができるようになった後速やかに認知の届出がされることを要すると解すべきである。」

囲2　平成10年1月16日民二94号回答「前記囲1の確定判決後の戸籍の処理」

　　「事件本人については，出生及び認知の各届出が提出され，外国人に関する届出として処理されているが，今回（囲1）の最高裁判決により，事件本人が生まれながらに日本国籍を有することが確認されたことから，既に提出されている出生及び認知の各届書の内容に不備があったものとして，当該不備について追完をさせ，当該追完届に基づいて戸籍の記載及び所要の戸籍訂正を行うことが可能である。そして，このような戸籍の処理を行えば，本来，出生の当初から日本人であった者の場合と同様の戸籍の記載をすることができることになる。」〔→ №193の囲2「日本人男が外国人女の胎児を認知する届出があった場合の取扱い」（法務省民事局補佐官連絡事項）325頁みよ〕

囲3　平成10年1月30日付け法務省民五180号民事局長通達「**外国人母の夫の嫡出推定を受**

ゆる形態の差別の撤廃に関する条約」の批准に備えるためであったこと。すなわち，同条約9条2項に「締約国は，女子に対し，子の国籍に関し男子と同等の権利を与える」と規定していることから，これとの関係で改正前の国籍法が定める出生による国籍の取得に父系血統主義（父系優先血統主義）であることは検討の必要を生じたものである。

　第二に，戦後の国際情勢，社会情勢の変化に対応するためであったこと。すなわち，戦後国際的な人的交流がはげしくなったことから，外国人の日本における定住，ひいては日本国民を当事者の一方とする国際結婚が増加した。その結果，外国人男と婚姻した日本人女間の出生子には，改正前の国籍法では父系優先血統主義により日本国籍を与えられなかったことにつき，実生活上日本国籍の取得を希望する声とこれを支持する見解も台頭するに至ったこと，また，諸外国（囲）でも父母両系血統主義に改める傾向にあることである。

　囲　父母両系主義に改正した国（かっこ内は最近改正年）　イスラエル国（1980），イタリア共和国（1992），オーストリア共和国（1998），オランダ王国（1993），カナダ（1993），ギリシャ共和国（1986），スウェーデン王国（1992），スペイン国（1982），タイ王国（1992），大韓民国（1997），デンマーク王国（1978），トルコ共和国（1981），ノルウェー王国（1979），フィリピン共和国（1987）

　なお，改正前の国籍法が父系血統主義（父系優先血統主義）を採用していた理由の一つには，出生による重国籍となることを防止することに役立つという合理性もあったが，諸外国の多くが父母両系血統主義を採用するとなると，わが国のみが父系血統主義を採用していても重国籍を防止することは困難である。そこで，改正法は，血統主義の原則を維持しつつも，父系血統主義から父母両系主義に修正する一方で，重国籍の防止の理念の達成については，別途に国籍の留保制度〔→ No.289「国籍の不留保『国籍の当然離脱』と戸籍の処理」，No.290「国籍の留保届と戸籍の処理」みよ〕を改正し，また，国籍の選択制度〔→ No.291「国籍の選択制度」みよ〕を創設した。

【3】　改正国籍法2条1号の適用範囲　改正法は昭和60年1月1日以後に出生した場合に適用される。子が出生の時に父または母のいずれかが日本国民であれば，生来の日本国籍を取得する。この場合の要点は次のとおりである。

　(1)　子の日本国籍を取得する基準時は出生の時であること。子の出生時に父または母が日本国民である場合に，その子は生来的に日本国籍を取得する。外国人母からの出生後に認知により日本国民父との間に親子関係が生じても，出生時に法律上の父子関係が確定していないので，生来的に日本国籍を取得することはできない。この点は改正前の国籍法2条1号においても同様である。もっとも，子の出生前に日本国民父が外国人母の胎児を認知しているとき（母の本国法上にも胎児認知の法制があるときに限られる—例「大韓民国民法858条」）は，子の出生時に法律上父が確定しているので，子は生来的に日本国籍を取得することになる。

　(2)　国籍法上の「父又は母」については，法律上の親子関係があること。この点は改正前の国籍法においても同様である。

国における国籍立法は，歴史的沿革，人口政策，政治的，経済的事情などを考慮して独自に決定されている結果，国籍付与の態様も多種多様である。

わが日本の国籍法は，明治32年の旧国籍法以来，出生による場合は血統主義で，しかも父系優先血統主義を採用していたが，昭和60年1月1日以降は国籍法の一部改正によって父母両系血統主義に改められた（改国2条1号）〔→No.180「渉外嫡出子の国籍」みよ〕。また，以上の要件を充足しないときは，補充的に生地主義を採用している（旧国1条〜4条，国2条3号）。夫婦の国籍については，旧国籍法は家族制度上，夫婦国籍同一主義（旧国5条1号・2号・18条）を採っていたが，現行法は夫婦国籍独立主義に改めたので，婚姻による国籍の変動はない。親子間の国籍についても，旧国籍法は親子国籍同一主義（旧国5条3号・4号・21条・23条）を採っていたが，現行法は親子国籍独立主義に改めたので，認知・縁組による国籍の変動はない〔→No.23「国籍法」みよ〕。

したがって，現行法上国籍の変動を生ずるのは，私法上の身分行為によるものではなく，認知された子の届出による国籍取得（国3条），日本への帰化による国籍取得（国4条），外国への帰化による国籍喪失（国11条1項），重国籍者の外国国籍選択による国籍喪失（国11条2項），出生後の国籍不留保による国籍喪失（国12条），届出による国籍離脱（国13条），日本国籍不選択による国籍喪失（国15条3項），日本国籍の喪失宣告（国16条），国籍不留保者・国籍不選択者の国籍再取得（国17条）などである。

その他国籍法改正施行の日（昭和60年1月1日）から3年以内に限り，届出による国籍取得の特例があった（国附則5条・6条）。

なお，国籍の得喪には，国内法たる成文の国籍法，不文の慣習法もしくは条理などによるほか，国際法上の原因による場合がある。たとえば，条約に基づく領土の範囲の変更に伴う国籍の得喪もある。戦後の例としては，従前日本国民となった台湾籍・朝鮮籍を有していた者が昭和27年4月28日対日平和条約の発効により日本国籍を喪失したことである（昭36・4・5最高裁大法廷判決〔民集15巻4号65頁〕）〔→No.29「外国人」みよ〕。

【参考文献】 ①平賀健太「国籍法(上)」，②法務省民事局「国籍実務入門」

No.285 出生による国籍取得

【1】 出生による国籍取得に関する国籍法の一部改正の趣旨　昭和25年制定の国籍法（同年7月1日施行）は，その一部が昭和59年5月25日公布の法律45号により改正され，昭和60年1月1日から施行された。その内容は，旧国籍法（明治32年法律66号）1条・3条の規定を踏襲した改正前の国籍法（昭和25年法律147号）2条が，出生による国籍取得に関し，「出生の時に父が日本国民であるとき」（1号），「父が知れない場合又は国籍を有しない場合において，母が日本国民であるとき」（3号）に，子は日本国籍を取得するという，いわゆる父系血統主義（もしくは父系優先血統主義）であったものを，改正法は，「出生の時に父又は母が日本国民であるとき」に子は出生により日本国籍を取得するという（改正法2条1号），いわゆる父母両系血統主義を採用したものである。この改正法は，改正法施行の日（昭和60年1月1日）以後に出生した者に適用される（改正法附則1条）。

【2】 法改正の理由　第一に，昭和55年7月17日わが国が署名した「女子に対するあら

【15】 国 籍 の 得 喪

No.284
国籍（意義・得喪の決定）

【1】 **国籍の意義** 国籍とは，個人が特定の国家の構成員であるための資格を意味する。いいかえれば，国家共同体の一員でもあることを意味するので，個人は国籍を有することによって，特定の国家の国民として処遇されることになる。

(1) 国籍の問題については，内国法人，外国法人（民36条，商法479条），内国船舶，外国船舶（船舶法1条以下），航空機（航空法3条の2）などの法人，物についても，国籍が問題となる場合があるが，国籍法にいう国籍は人的要素である自然人に関するものである。

(2) 国家としての構成要素は，領土と人的要素であり，国家と個人との人的関係は国家共同体としての法的紐帯であるともいわれている。

(3) 国籍は，住民あるいは一民族の構成員とは必ずしも合致するものではない。国家は，その国土に地縁的関係をもつ住民と言語，宗教，風俗，習慣などの文化を共通にする人間の共同体である場合が多い。しかし，政治的組織体としての国家は，その国土に居住しない者も国民となることができるのであり，また，二つ以上の民族から国家が構成されることもある。たとえば，かつて明治時代に日清戦争の結果による領土割譲に伴う台湾籍住民，日韓併合に伴う朝鮮民族などは内地籍を有しなかったが日本国民として処遇された〔→ No.31「内地人・外地人」みよ〕。

(4) 国籍は，公法上の身分，すなわち，国籍は国家の構成員たる身分を意味する。国民の権利・義務として憲法3章に「国民の権利及び義務」が規定されているが，国籍は，このような個々的な権利や義務あるいはその集合ではなく，個人が特定国家の構成員であるための包括的身分（国民と国家とを結びつける法律上のきずな）である。この身分に基づいて個人とその属する国家との間に各種の権利・義務を生ずるわけである。たとえば，① 基本的人権の保障（憲11条），② 国内居住権（憲22条），③ 参政権（憲15条），④ 生存権（憲25条），⑤ 教育を受ける権利（憲26条），⑥ 勤労の権利（憲27条）などは，直接的に外国人には保障されていない。その他国家が「外国人が国家公務員になることの原則的禁止，自国民に対する外交保護権による保護，国際私法上の準拠法決定の基準」となっている。以上のように，国籍は公法上の身分であるのに対し，夫婦，親子のような親族法上の身分は私法上の身分である。この意味で帰化，国籍離脱などの法律上の行為は，私法上の身分行為と異なる。

【2】 **国籍の得喪** ある個人が特定の国の国籍を有するかどうかの終局的決定は，その国家の専権に属する。すなわち，国籍の取得・喪失の決定は，それぞれの国家が独自に国籍に関する国内法を定め，その国内法によって決定される。したがって，他の国家が外国人の国籍を決定したり，また，その決定に介入することはできないので，特定の人がどこの国籍をもっているかということは，その者の属する国家機関が発給する国籍証明書などによって判断するほかない（1930年「国籍法の抵触についてのある種の問題に関する条約」）。各

家制度下における権利義務関係が付与されていた。そのことを公法，私法の各法文中には「家ニ在ル者」という文言で採用されている。たとえば，旧民法上には子の婚姻・縁組に同意する父母（旧民772条・843条），子の縁組を代諾すべき父母（旧民845条），未成年の子に対し親権を行う父・母（旧民877条），禁治産者に対し後見人となる父母（旧民902条）は，いずれも「家ニ在ル」ことを要した。また，扶養義務者の順位についても，同一の「家ニ在ル者」と「家ニ在ラサル者」とでは前者が後者よりも先に責を負うものとされていた（旧民956条）。さらに家督相続においても法定の推定家督相続人となるべき者は，被相続人の家族（家籍に在る者）であることを要した（旧民970条）。このようにその属する家を同じくするかどうか，つまり同じ戸籍にあるかどうかによって親族相続法上の法律効果に影響をもたらしていた。

【2】 **分家** 分家とは，ある「家」の家族が戸主の同意を得て，その属する家を離脱して新たに一家を設立する行為（旧民743条）を指称するほか，その新立の家を従前に属した家（本家）に対して分家という。分家の称すべき氏は本家の氏である。

分家は，要式行為で戸籍法上の届出によって成立した（旧戸145条）。分家者は一家を設立しその戸主となるが，本家・分家の関係には，旧民法は種々の法律的関係の基礎をなしていた（旧民731条・744条・948条・985条など）。つまり，本家・分家の間にはとくに密接な関係を認め，互いにその利害を顧慮し，ことに分家は本家の廃絶を救うべきものとした趣旨が窺われる。

【参考文献】 野上久幸「親族法」26頁

【14】 分　　籍

No.282
分　籍

【1】 意義　現行戸籍法（昭和23年1月1日施行）における分籍とは，戸籍の筆頭者およびその配偶者以外の者で，成年に達した者が，別に新しく戸籍をつくることである（戸21条・108条・109条）。一つの戸籍から分離して新戸籍をつくることは，その形式において旧法の分家に似ているが，実質上は差異がある。すなわち，分家は本家と家を異にし，その家籍を同じくするか否かによって親族相続法上の権利義務関係に影響があったが，現行法の分籍は親族相続法上の身分関係になんらの法的効果を伴うものではない。つまり，分籍そのものは分籍者自身が独立して生活するのに，戸籍を使用する便宜から行われる場合が多いが，戸籍を分離（戸籍法上の行為）しても身分法上に変動を生ずる実質的な意味はない。

　分籍の方法は，従前の戸籍から分籍者について新戸籍をつくるが，その戸籍の氏は従前の氏と変動はない。分籍は，分籍者自身の能力が一般に成熟したとみられる成年に達した後に認めるのが，現実の生活体制に合致するものと理解されている。

【2】 届出　分籍行為は届出によって効力の生ずるいわゆる創設的届出であり，その届出は成年者に限られている。そのため，たとえ誤って未成年者についての分籍届が受理されても，それは無効として戸籍訂正すべきものと解されている（昭25・8・17民事甲2205号回答）。また，筆頭者が死亡した後でも生存配偶者は，戸籍の筆頭に記載した者の配偶者にあたるため分籍は認められていない（昭23・4・27民事甲757号回答）。それは生存配偶者が姻族関係終了の届出をした後でも同様であると解されている（昭24・2・4民事甲200号回答八）。次に，いったん分籍した者は，従前の戸籍に復帰することは分籍の趣旨に反するので，その取扱いはできないものとされている（昭26・12・5民事甲1673号回答二）。分籍の届出を他市町村にするには戸籍の謄本を添付することになっているが（戸100条2項），この場合の謄本は届書の一部をなすもので欠くことのできないものである。なお，分籍は，通則（戸25条）である事件本人の本籍地（従前の戸籍のある地）または届出人の所在地で届け出ることができるほか分籍地においても届出をすることができるとの特例が認められている（戸101条）。

【3】 戸籍の記載　新戸籍には，従前戸籍に記載の氏名，生年月日，父母の氏名，続柄などのほか，戸籍法施行規則39条に基づき重要な身分事項を移記することになる。

○　戸籍の記載例　　法定記載例171～173

No.283
分家（旧法）

【1】 旧民法上の「家」と家籍（戸籍）　旧民法（明治31年民法）当時の戸籍は，旧民法上の「家」の構成員である戸主とその家族の一団を具体的に登録することを目的としたものである（旧民732条以下参照）。いいかえれば，戸籍は家族登録を形式的に把握する法技術的所産であった。したがって，どの家に属するかということは，どの戸籍に属するかということによって決定された。いいかえれば，どの戸籍にあるかによって，どの家にある者であるかが判定され，

【2】 成立要件　引取入籍には次の二つの種類がみられた。
(1) 婚姻・縁組によって他家に入った者のする引取入籍 (旧民 738 条 1 項)　(ア) 引取者
引取入籍の届出をする者は，普通の婚姻では妻，入夫婚姻では入夫，婿養子縁組では婿養子，単純の縁組では養子である。
(イ) 被引取者　① 引き取られる者は，引取者の意思に基づいて引き取られるのであるから，意思能力のない幼児でも妨げない (大 4・5・6 民 562 号回答)。② 引き取られる者は，引取者の親族であれば引取者の配偶者の親族でない者，もしくは，養親の親族でなくても引き取りできるのであり，まして，引取者の配偶者の親族でもある場合，また養親の親族でもある場合は，より問題なく入籍できるというのが戸籍の取扱いであった (大 14・2・9 民事 715 号回答)。
(ウ) 同意を得べき者　被引取者が属する家と新たに入る家の戸主の同意 (旧民 737 条 1 項)，被引取者が未成年者であるときは，その親権者または後見人の同意 (同条 2 項)，被引取者に意思能力があるときはその同意，また，このほか引取者が婚姻によって他家に入った者であるときは，配偶者の同意，縁組によって他家に入った者であるときは，養親の同意を要した (旧民 738 条 1 項)。
(2) 婚家・養家を去った者のする引取入籍 (旧民 738 条 2 項)　(ア) 引取者　婚姻・縁組によっていったん他家に入った後，その婚家または養家を去った者が引取者である。この場合の婚家または養家を去った原因は，離婚・離縁に限られていなかった (昭 4・3・9 民事 15 号回答)。たとえば，婚姻・縁組により入った者が，親族入籍または引取入籍により，実家もしくは実家以外に入籍した場合も本項の去家の事由に該当し，その他にも多くの事例がみられた (昭 8・9・21 民事甲 1226 号回答)。
(イ) 被引取者　引き取られる者は，婚家または養家に残された引取者の直系卑属である。被引取者は，この場合も意思能力を要しない。
(ウ) 同意を得べき者　前記(1)の(ウ)に同じである。
(3) 戸籍法上の届出　引取入籍は，親族入籍と同じく要式行為で，戸籍法に定める届出によってその効力を生じたものである (旧戸 138 条)。

【3】 戸籍の記載例
旧民法 738 条の規定による入籍 (入リタル家ノ戸籍中入籍者ノ事項欄)
　　千葉県千葉郡千葉町五番地戸主乙野忠蔵曾孫入籍戸主妻梅子届出大正拾参年拾壱月拾日受附㊞ (大正 3 年戸籍法施行当時) (大正 3 年司法省令 7 号戸籍法施行細則戸籍記載例 92)
　㊟　除籍の記載事項は，親族入籍の場合に準ずるが，これに届出人の資格氏名が加わることになる。

【参考文献】　①野上久幸「親族法」，②穂積重遠「親族法」

もし，適法な廃家がない場合は，親族入籍行為が無効になった。
　(2) **入籍行為者**　旧民法737条による親族入籍は，入籍者自身がすべきものであったから，未成年の入籍者の場合は，親族入籍のなんであるかを理解するに足るだけの意思能力を要した。したがって，未成年の入籍者本人に意思能力がないときは，その法定代理人によっても，その届出をすることができなかった（大9・3・4民事677号回答）。
　(3) **戸主の同意**　(ｱ) 入ろうとする家の戸主の同意を要した。(ｲ) 入籍者が他家の家族であるときは，その去る家の戸主の同意も要した（旧民737条1項）。
　(4) **法定代理人の同意**　未成年者の親族入籍には，戸主の同意のほか，親権者である父または母，もし，これがないときは後見人の同意を要した（旧民737条2項）。
　(5) **戸籍法上の届出**　親族入籍は，一つの要式行為で，戸籍法に定める届出によってその効力を生じたものである（旧戸137条）。
【3】**戸籍の記載例**　(1) 旧民法737条の規定による入籍（入リタル家ノ戸籍中入籍者ノ事項欄）
　　神奈川県橘樹郡橘村五番地戸主丙山忠吉二女戸主甲野義太郎姪入籍届出大正拾参年九月七日受附㊞（大正3年戸籍法施行当時）（大正3年司法省令7号戸籍法施行細則戸籍記載例90）
　㊄　明治参拾壱年拾四日子丑県寅卯郡辰巳町五番地甲野甲郎甥入家届出同日受附入籍㊞（明治31年戸籍法施行当時）（明治31年司法省訓令戸籍事務取扱細則戸籍記載例50）
　(2) 同右除籍（去リタル家ノ戸籍中入籍者ノ事項欄）
　　東京都麹町区麹町四丁目六番地甲野義太郎家籍ニ入籍届出大正参拾参年九月七日麹町区長雲井高輔受附同月九日送付除籍（同前）（大正3年司法省令7号戸籍法施行細則戸籍記載例91）
　㊄　明治参拾壱年拾四日辰巳市午未町一番地乙野乙郎方入家届出同日辰巳市戸籍吏内野丙郎受附同月五日届書及ヒ入籍通知書発送同月九日受附除籍㊞（明治31年戸籍法施行当時）（明治31年司法省訓令戸籍事務取扱細則戸籍記載例51）
【参考文献】　①野上久幸「親族法」，②穂積重遠「親族法」

No.281
引取入籍（旧法）

【1】**意義**　引取入籍は，親族入籍と同じく明治31年施行の民法（旧民法）上に認められた家族の身分取得の一原因であった（旧民738条）。また，引取入籍も一つの身分行為であり，その行為は戸籍法上の届出によって効力を生じたものである（旧戸137条）。親族入籍と引取入籍の主な相異は，前者が家籍の変動を生ずる者自身の行為であるのに対し，後者は家籍の変動を生ずる者自身の行為でなくて，それ以外の者（引取者）によって家籍を移動させられる行為であった。たとえば，一般に「連子(つれご)」というのが，この方法で行われた。つまり，前者の届出は，家族になろうとする者からすべきであるが，後者の届出は家族にしようとする者からしなければ，それぞれの効果を生じないものであった（大4・4・23民392号回答）。したがって，前者は入籍者自身に意思能力（届出能力）を要するが，後者は入籍者以外の引取者に意思能力（届出能力）を要した。

入　　籍　　　　　　　　　　　503　　　　　　　　　　　　戸籍関係(2)

No.279 入籍届（成年子の復氏）

【1】　要件　子の氏を父または母の氏に変更した者のうち、これを未成年のうちにした者は、成年に達したときから1年以内に従前の氏に復することができる（民791条4項）。この復氏については、家庭裁判所の許可を得る必要はなく、まったく復氏する者の自由意思による。ただし、その者に配偶者があるときは、配偶者とともに届け出ることが必要である（戸99条2項）。その意思表示は、戸籍法99条の規定による入籍届が受理されることによって効果を生ずることになる。すなわちこの届出は、創設的届出である。

【2】　復氏による入籍届と戸籍の記載　成年子の復氏による入籍届の届出地、届書の一般的記載事項については、前記入籍届と同様である（戸25条・29条以下）。この届書に特別な記載事項としては、「従前氏を改めた年月日」を記載することを要する。その趣旨は、その復氏する者が父・母の氏に変更した時期が、未成年のときであったか否かを明確にするためである。届出による効果としては、氏および戸籍に変動を生ずる。すなわち、従前の氏に復する子は、原則として従前の戸籍に復籍するが、(ｱ) その戸籍がすでに除かれているとき、(ｲ) その子が新戸籍編製の申出をしたとき、(ｳ) その子に配偶者があるときは、新戸籍を編製する（戸19条・20条）。その他戸籍の変動には、戸籍法17条・18条1項・2項・23条の適用によって新戸籍を編製し、またはその新戸籍に入る。

○　戸籍の記載例　法定記載例157～161

No.280 親族入籍（旧法）

【1】　意義　わが国の家族制度は、明治31年施行の民法（以下「旧民法」という）において、戸主を中心とした「家」の制度を採用し、その「家」は、一人の戸主と、その数に制限のない家族とから成るものとしていた（すなわち、旧民法上の「家族」とは「戸主」以外の者を指す。）。もっとも、家族のない単身戸主の存在も許された。この法律上の家族は、一家の構成員であるが、戸主でない者であり、戸主権に服従する義務がある一方、その家の氏を称する権利（旧民746条）、戸主の扶養を受ける権利（旧民747条）および財産を特有する権利（旧民748条）を有していた。また、家督相続人の相続順位について、被相続人の家族は、その家族でない者よりも優遇された（旧民970条・982～985条）。

前記のように、同じ家に属しているかどうかによって、法律上の権利義務に影響があった。そこで、親族入籍は、家族としての身分を取得する一原因として、ある家に属する者が、他の家に入ることを目的とした一つの身分行為であり、その行為は、戸籍法上の届出によって効力を生じたものである（旧戸137条）。また、親族入籍は引取入籍（旧民738条）と異なり、家族となろうとする者、すなわち、入籍する者自身の行為であって、他の者がこれを入籍させる行為ではないことである。これに対し、引取入籍は、入籍者以外の者（引取者）によって行われるものである（大7・11・26民1685号回答）。その意味から親族入籍は引取入籍に対して、「自己入籍」ともいわれる。

【2】　成立要件　(1)　入籍者　(ｱ) 入ろうとする家の親族で、届出前は他家に在る者であること、(ｲ) 他家にある者は、その身分が家族でも、戸主でもさしつかえなかった。ただ、戸主として他家に在る者は、親族入籍をする前提には、廃家（旧民762条）を要した。

却下をした原裁判所である家庭裁判所に書面（抗告状）を提出しなければならない。抗告状に抗告事由を記載していない場合は，14日以内に抗告事由を記載した書面を提出しなければならない（家事法87条1項・2項，家事法規55条）。なお，家庭裁判所に対する子の氏変更の許可申立は，子が15歳未満であるときは法定代理人，すなわち，親権者または後見人がするが，15歳以上の子はみずから申立てをすることになっている（民791条1項・3項）。

【5】 **許可を得てする入籍届** 民法791条1項の入籍届は，子の氏変更許可の審判を得ていなければ効力を生じないが，その審判そのものによって効力を生ずるものではなく，入籍の届出が受理されることによって，父または母の氏を称することとなるのである。すなわち，入籍の届出は創設的届出である。ここに許可申立権者と届出人に関し問題となった次の事例がある。

(1) 申立権者は氏を変更する主体である子自身である。子が15歳未満のときは，法定代理人から申立すべきを，法定代理権のない者から不適式な申立てをしてこれに許可が与えられた場合，その許可の審判が本来違法であるといわなければならないが，子の氏変更そのものに許可が与えられている実質からみてその審判が当然無効ではなく，その許可に基づく正当な法定代理人からの入籍届をすることができるとされている（昭25・7・22民事甲2006号回答一，昭26・1・31民事甲71号回答一）。

(2) 15歳に達している未成年者が父または母の氏を称する入籍届をするにあたり，親権者が代わって届け出，誤って受理された場合，その後に未成年者自身から届出をする旨の追完届があれば，その入籍は有効である（昭30・10・31民事甲2290号回答一）。

(3) 15歳未満の子につき，親権者母から父の氏を称する氏変更の許可を申し立て，許可の審判を得たが，誤って親権者でない父からの入籍届を受理した場合，母の死亡後に15歳に達した未成年者本人から追完届がなされたときは，受理してさしつかえないと解されている（昭37・11・29民事甲3438号回答）。

【6】 **入籍の届出方法と戸籍の記載** (1) **子の氏変更**（戸98条・99条） 届出地は入籍者の本籍地または届出人（民法791条2項の場合に配偶者があるときは夫婦が届出人となる）の所在地である（戸25条）。届書には通常の記載事項のほか，称しようとする父または母の氏名および本籍を記載し，許可を要する場合は家庭裁判所の許可の審判書謄本（許可審判には即時抗告は許されない）を添付しなければならない。また，届出による入籍の効果として，戸籍の変動を生ずる。子が単身であるときは，父または母の戸籍に入るが，子に配偶者があるときは，父または母の氏を称してその子夫婦について新戸籍を編製することになる（戸18条・20条）。なお，前記のとおり子が他の戸籍に入り，またはその者について新戸籍を編製したときは当然に従前の戸籍から除かれる。この場合に同籍する子があっても当然にはその子の氏や戸籍に変動を生じない（昭23・5・6民事甲520号回答）。

○ 戸籍の記載例 法定記載例145～156

(2) **同籍する入籍**（戸98条準用） 前掲【3】(3)参照。

よって氏を改めていない限り、養子からの入籍届によって養親の戸籍に入ることができる（昭40・4・10民事甲781号回答）。この場合は、養子が養親の氏を称するという原則からして（民810条）、養親たる外国人が帰化をして創設した氏を養子が称すると解することができるので、養親の帰化届によって当然に戸籍の変動を伴わないが、養親と同籍する旨の入籍届を認めたものであろう。

(ウ) 戸籍法77条の2の届出を、離婚によって復氏すべき者が離婚の届出と同時にした場合、または離婚によって復氏した者が戸籍の筆頭者となっており、かつ、その戸籍に子があるときにした場合は、その届出をした者について新戸籍が編製される。これらの場合は、その氏の変更（呼称）の効果は従前戸籍の子、または同籍者に当然には及ばないが、子が前記の届出をした父または母の新戸籍に入るには、同籍する旨の入籍の届出によってすることができる（昭62・10・1民二5000号通達第4・2(2)）。

(エ) 戸籍法73条の2の届出を、離縁によって復氏すべき者が離縁の届出と同時にした場合、または離縁によって復氏した者が戸籍の筆頭となっており、かつその戸籍に子があるときにした場合も前記(ウ)と同様である（前掲通達第3・4(2)）。

(オ) 外国人と婚姻した日本人配偶者は婚姻成立後6か月以内に限り、家庭裁判所の許可を得ないで、その氏を外国人配偶者の称している氏に変更する旨の届出をすることができる（昭59改正戸107条2項）。この場合、届出人に同籍者があるときは、氏の変更（呼称）の効果はその同籍者に及ばないため、届出人につき新戸籍が編製される（同法20条の2第1項）が、氏変更前の戸籍に在籍している子は、同籍する旨の入籍届により、氏を変更した父または母の新戸籍に入ることができる（昭59・11・1民二5500号通達第2・4(1)カ）。

○　父・母と同籍する場合の戸籍の記載例　入籍する母の戸籍中子の身分事項欄（参考記載例173・174）

　　平成四年拾月壱日母と同籍する入籍届出東京都千代田区平河町一丁目四番地乙野梅子戸籍から入籍㊞
　子の従前の戸籍中その身分事項欄
　　平成四年拾月壱日母と同籍する入籍届出同月五日京都市上京区長から送付同区小出初音町十八番地甲野梅子戸籍に入籍につき除籍㊞

【4】　家庭裁判所の許可手続　民法791条1項の許可は、子の氏変更の効力要件であるから、その許可のない届出は受理すべきでなく、また、許可のない届出を誤って受理しても無効であり、届出人または事件本人が戸籍法114条の戸籍訂正をしないときは、市町村長が管轄局の許可を得て職権によって戸籍訂正をすべきものと解されている（昭26・7・23民事甲1505号回答）。

　民法791条1項の許可申立ては、原則として子の住所地を管轄する家庭裁判所にする（家事法160条）。もし、子が数人あるときは、そのうちの一人の子の住所地の家庭裁判所でよいことになっている（家事法39条別表第1の60項・160条1項）。申立を却下する審判に対しては、即時抗告が許されている（家事法160条3項）。即時抗告の期間は2週間（家事法86条）で、事件の申立人が告知を受けた日から抗告期間が進行する。この抗告は当該

(1) 死亡した父また母の氏を称する届出をすることはできない（昭23・7・1民事甲1676号回答一）。また，家庭裁判所の許可当時に父母が存在していても，その後，届出当時に父または母が死亡した場合も同様である（昭23・12・9民事甲3780号回答）。

(2) 養父と実母の婚姻中の氏を称していた養子は，養父との縁組関係継続のまま，許可を得て養父と実母の離婚により復氏した実母の氏を称する届出をすることができる（昭26・9・4民事甲1787号通達）。

【3】 家庭裁判所の許可を得ないでする入籍届 (1) 民法791条2項による子の氏変更 子と父母の氏が異なる原因が父母の側にあり，父母が婚姻中であるときは，家庭裁判所による利害の調整をする必要性がないことから，家庭裁判所の許可を得ないで，父母の氏を称する入籍の届出を認められる（民791条2項）。この場合に該当する子が父母と氏を異にする事例としては，(ア) 父または母もしくは父母双方が養子となり養親の氏を称し父母につき新戸籍が編製されたとき，(イ) 養子であった父または母もしくは父母双方が離縁または縁組の取消しによって縁組前の氏に復し父母につき新戸籍が編製されたとき，(ウ) 離婚した父母が再婚したとき，(エ) 父または母が民法791条により氏をその父または母もしくは父母の氏を称したため父母につき新戸籍が編製されたとき，(オ) 非嫡出子の父母が婚姻をし，または父の認知による準正嫡出子の身分を取得し，子と父母の氏が異なることになったとき（準正子は当然に父母の氏を称するものとする従来の取扱いは改められた），(カ) 外国人たる父または母の帰化により，父母につき新戸籍を編製し，子と父母が氏を異にするときなどがある（昭62・10・1民二5000号通達第5・1）。

なお，この場合の父母の氏を称しようとする者に配偶者があるときは，配偶者とともに入籍の届出をしなければならない（改正戸98条2項）。

(2) 民法791条4項による子の氏変更 民法791条1項から3項までの規定によって氏を改めた未成年の子は，成年に達した時から1年以内であれば，家庭裁判所の許可を得ないで従前の氏に復するための入籍の届出をすることができる（改正民791条4項）。この場合，その者に配偶者があるときは，配偶者とともに入籍の届出をしなければならない（改正戸99条2項）。

(3) 父または母と同籍する入籍届 (ア) 昭和32年法務省令27号に基づく改製（旧戸籍法による戸籍を現行戸籍法による戸籍とするための改製）により，単身で新戸籍が編製された子，または，離婚などにより復籍すべき戸籍が除かれているため（戸19条1項但書前段）新戸籍が編製された子は，その後に父または母が離婚または離縁などにより従前の氏に復したため，これと氏を同じくするに至った場合でも，当然にはその父または母の戸籍に入らない。これは，子の戸籍が他へ転籍していたり，あるいは父または母が従前の本籍に新戸籍を編製するとは限らないので，子との関連が把握しにくいからである。もっとも，この場合であっても親子間の民法上の氏は同一であるから，子から父または母と同籍するための入籍届がなされたときは，家庭裁判所の許可を要しないで入籍が認められている（昭33・12・27民事甲2673号通達，昭34・1・20民事甲82号回答）。

(イ) 単身者たる外国人が日本人を養子とした後に帰化した場合，養子が婚姻や転縁組

【13】 入　　　　籍

No.278
入籍届（子の氏変更，父・母と同籍する入籍）

【1】　**入籍**　日本人がある戸籍に入ることを入籍というが，入籍の効果を生ずるのは，単に入籍届に限定されないで，他の各種の届出による場合が多い。通常，次のような場合がある。(1)　出生の届出により子が父母または母の戸籍に入籍する場合（戸49条・18条1項・2項），(2)　養子縁組の届出により養子が養親の戸籍に入る場合（民810条，戸18条3項），(3)　婚姻の届出により新戸籍に入るか，筆頭者たる配偶者の戸籍に入る場合（民750条，戸16条），(4)　離婚（民767条），離縁（民816条）および生存配偶者の復氏（民751条1項）によって従前の戸籍に入るか，新戸籍を編製し，その戸籍に入る場合（戸19条）などである。

　囲　嫡出でない子が準正嫡出子の身分を取得した父母の戸籍に入る取扱い（昭35・12・16民事甲3091号通達）は，昭和63年1月1日から当然には父母の氏は称しないものとされた（昭62・10・1民二5000号通達第5・3）。

　ところで，戸籍法上の届出としての「入籍届」には次のものがある。
　(1)　子が父または母もしくは父母と氏を異にする場合に，父または母もしくは父母の氏を称してその戸籍に入る場合の入籍届（民791条1項・2項，戸98条）。
　(2)　父または母と氏を同じくするため同籍する旨の入籍届（戸98条準用～昭59・11・1民二5500号通達第2・4(1)カ，昭62・10・1民二5000号通達第3・4(2)，同通達第4・2(2)）。
　(3)　成年に達した子が復氏のためにする入籍届（改正民791条4項，戸99条）〔→No.279「入籍届（成年子の復氏）」みよ〕。

【2】　**要件**　(1)　子の氏は，原則として出生時に父母または母の氏を称することになる（民790条）。しかし，その後の事由（父母の離婚など）によって親子の氏を異にするに至る場合がある。また，嫡出でない子が父に認知されても当然には父の氏を称することにはならない。そこで，このように子と父または母とが氏を異にする場合に，子の氏を父または母の氏に変更する方法が認められている。そのためには，従来すべて家庭裁判所の許可（民791条1項）を得なければならなかった。(2)　しかし，昭和62年法律101号（同63年1月1日より施行）による改正民法791条2項は，これを改め父または母が氏を改めたことにより父母と氏を異なることになった子は，父母の婚姻中に限り，家庭裁判所の許可を得ないで，戸籍法98条の入籍の届出をすることができることとされた。

　前記(1)，(2)いずれの場合でも，子が15歳未満であるときは，その法定代理人がこれに代わってし，(1)については子の氏変更の許可申立手続と入籍届を，また，(2)については許可を得ないでできる入籍届をそれぞれすることになる（民791条3項）。

【入籍届について問題になった事例】

(3) **戸籍の記載** 推定相続人の廃除，またはその取消しによってはなんら戸籍に変動をきたすものではない。しかし，相続人としての地位の消滅，およびその回復を明示するため，廃除事項またはその取消事項を被廃除者の戸籍に記載する（戸規35条8号）。戸籍の記載方は，被廃除者の身分事項欄に後記の振合いにより記載する。また，推定相続人の廃除事項は，その取消しがない限り，被廃除者につき新戸籍が編製され，または他の戸籍に入った場合にも，その者の戸籍に移記しなければならない（戸規39条1項6号）。

なお，旧民法975条1項1号の規定によって推定家督相続人を廃除された者については，新法（現行法）附則29条の規定によって，新法892条の規定により推定相続人を廃除されたものとみなされているが，この旧法当時の事項について戸籍の実務は，旧民法975条1項1号ないし4号の区別が明らかでないためか，あるいは新法戸籍には旧民法当時の家督相続という形跡を払しょくする趣旨からか，その者の戸籍の変動の際に，その廃除事項を移記しない扱いである（昭23・5・6民事甲322号回答，昭23・7・1民事甲1788号回答）。

○ 戸籍の記載例
① 推定相続人廃除の場合　法定記載例152
　　平成四年九月拾四日父甲野義太郎の推定相続人廃除の裁判確定同月拾五日父届出㊁
② 推定相続人廃除取消の場合　法定記載例153
　　平成五年拾月八日父甲野義太郎の推定相続人廃除取消の裁判確定同月拾五日父届出㊁
㊁　この記載をした場合は，さきの廃除事項を朱線で消除する。

人となれないという「相続人の欠格」(民891条)とは異なって、被相続人の意思に基づいてなされるものであるから、被廃除者に廃除の原因がなくなれば、廃除者の意思で廃除の取消しを家庭裁判所に請求できる(民894条1項)。もっとも、この廃除取消の請求は、遺言ですることが認められているので、この場合は、遺言執行者から請求手続をすることになる(民894条2項)。

家庭裁判所は、被相続人の申立てによって審判により取り消すことになる(家事法39条別表第1の87項・188条)。廃除の取消しは、その審判の告知によって確定する(この審判には即時抗告が許されていない。家事法74条・188条5項)。

(2) **取消しの効果** 廃除が取り消されると、被廃除者は、もとどおり廃除者の相続人としての地位を回復し、遺産を相続できることになる。

なお、遺言でもって遺言執行者が廃除の取消しを請求した場合において、これを認容する審判がされたときは、被相続人の死亡のときにさかのぼって、推定相続人としての地位を回復する(民894条2項)。

【6】 **推定相続人廃除の審判確定と戸籍の処理** (1) **審判確定通知** 相続人の地位は、一定の身分関係に基づいて当然に発生する。すなわち、相続人となる者は、被相続人の子(その子の代襲者を含む)、または直系尊属(民887条・889条1項第一)とともに配偶者(民890条)である。

したがって、これらの者が相続人としての地位を消滅し、またはその回復をした場合には、その旨を遅滞なく身分関係の登録公簿である戸籍簿に公示する必要がある。このため、推定相続人の廃除または取消しの審判があった場合、この審判を請求した者にその旨の届出義務を負わせている一方、家庭裁判所からも被廃除者の本籍地の市町村長に対し審判確定の通知がなされる(家事規100条)。もし、廃除またはその取消しの審判が確定したのに、戸籍の届出がないときには、市町村長が前記の確定通知に基づき管轄法務局の長の許可を得て職権でその旨を記載することになる(戸44条)。

(2) **戸籍の届出** (ア) **届出人・届出期間・届出地** この届出は、報告的届出の性質を有し、審判の申立人は、審判確定の日から10日以内に廃除もしくはその取消しの届出を要する(戸97条・63条1項)。また、届出地はとくに限定されていないので、被廃除者の本籍地または届出人の所在地である(戸25条)。

(イ) **届書の記載事項** 戸籍の各届書に共通な一般的記載事項(戸29条)のほか、この届出に特有な事項として審判確定の日を記載する(戸97条・63条1項)。

(ウ) **届書の添付書類** (a) 廃除またはその取消しの届出には、審判の謄本を要する。この場合、廃除の審判には即時抗告が許されているので、確定証明書をも添付すべきである(市町村長に審判確定通知が到達しているときは省略できる)(戸97条・63条1項)。なお、遺言による請求に基づいてなされた廃除またはその取消しの届出については、すでに裁判所が遺言者の意思を確認しているのでとくに遺言書の添付を要しない(大4・8・6民1293号回答)。(b) 被廃除者の本籍地外に届け出るときは、その者の戸籍謄抄本(戸規63条)。

〔→ №328「遺留分」, №331「遺留分の放棄」みよ〕.
【参考文献】 ①中川善之助「法釈民法⑳」, ②青木義人「戸籍法」
【3】 **廃除の手続** 推定相続人を廃除することは, 相続人の相続権を奪うことであり, 相続人に重大な打撃を与えることになるから, 被相続人の気持ちだけで勝手にできるとすることは, 弊害が生ずるので, 前述のとおりその原因が限定され, かつ, その手続も法定されている. すなわち, 廃除の請求は, 被相続人から, その住所地の家庭裁判所に「推定相続人の廃除」の審判の申立てをする (家事法39条別表第1の86項・188条1項). もっとも, 被相続人みずからが請求しないで, 遺言で誰を廃除するという意思表示をすることができるので, この場合は, 被相続人が死亡しその遺言が効力を発生した後, 遺言執行者から家庭裁判所に廃除の請求をすることになる (民893条).

請求を受けた家庭裁判所は, はたして虐待の事実, あるいは重大な侮辱の事実もしくは著しい非行があったかどうかを十分検討したうえで, その事実があったと認定すれば推定相続人を廃除する旨の審判をする. なお, 廃除事件は, 家事審判法の下では調停前置とされていたが (同法9条1項乙類9号, 17条, 18条), 家事事件手続法の下では, 調停することができなくなり, 審判のみにより処理されることとなった (家事法244条のかっこ書).

推定相続人は, 廃除の審判に対して即時抗告をすることが許されているので (家事法188条5項), 審判の告知のみによっては確定しない. もし, 審判の告知後2週間を経過しても即時抗告がなければ, その2週間の満了時に確定する (家事法74条2項・86条).

【4】 **推定相続人廃除の効果** (1) **効力発生時期** 廃除の審判確定によって被廃除者は, その被相続人の相続人としての地位を失い, 相続が開始しても相続人になれない. また, 遺言による場合は, 手続の順序は相続開始後に審判が確定することになるが, 被相続人の死亡のときにさかのぼって効力を生ずるものとされている (民893条).

(2) **被廃除者の子の代襲相続権** 廃除の効果は, 被廃除者の一身専属的なものであるから, 被廃除者の子の代襲相続権に影響を及ぼさない. したがって, たとえば, 被廃除者Bが被相続人Aの相続権を失っても, 被廃除者Bの子CはBに代わってAを相続することができる (民887条2項).

(3) **廃除者以外の相続権** 廃除の効果は, 廃除者に対する関係で相続権を奪われるだけであって, 廃除者以外の者の遺産を相続するに支障を生じない. したがって, たとえば, 甲乙夫婦間の子丙が父甲の推定相続人としての廃除を受けたとしても, 母乙についての相続権までも失うものではない.

(4) **被廃除者の廃除者からの受遺** 被廃除者は, もともと廃除者の意思により廃除者に対する関係で相続人としての地位を失った者であるから, 廃除者からその意思により別途に遺贈を受けることはなんらさしつかえのあるものではない.

(5) **被廃除者の身分関係** 廃除の効果は, 被相続人に関する相続権を奪うだけであるから, その他の身分関係にまで変動をきたすものではない. したがって, 被相続人との親族関係に基づく権利義務関係 (扶養関係, 親権関係など) に影響はない.

【5】 **推定相続人廃除の取消し** (1) **廃除取消の請求手続** 廃除は, 法律上, 当然に相続

【12】 推定相続人の廃除・取消し

No.277
推定相続人の廃除・取消し（意義・審判手続と戸籍処理）

【1】 **意義** 現行相続法には，明治31年施行の民法（以下「旧民法」という）当時にあった家督相続ということはなくなり，もっぱら遺産相続のみとなった。したがって，以前のような「法定推定家督相続人」（旧民970条以下）というものはなくなったが，現行民法上も「推定相続人」というものはある。

推定相続人とは，ある人が死亡して相続が開始した場合に，法律上，当然に相続できる順位にある者，すなわち，法律上当然に相続人の地位につく者のことである。たとえば，現行民法上Aに配偶者Bと子Cがある場合には，Aが死亡すればBとCが相続人になるが，このBとCはAの推定相続人であり，もし，Aに子がなく（その直系卑属もない）配偶者Bと直系尊属Dがある場合には，BとDがAの推定相続人であり，また，Aに子（その直系卑属を含む）も直系尊属もなく配偶者Bと兄（弟・姉・妹）Eがある場合には，BとEがAの推定相続人である（民887条・889条・890条）。

推定相続人の廃除は，推定相続人に後述のようなよくない行為があった場合に，その者に被相続人が自己の財産を相続させないために，その推定相続人としての地位を奪う制度である（民892条・893条）。また，廃除の取消しは，被廃除者によくない行為がおさまり，被廃除者をもとどおり推定相続人の地位に回復させる制度である（民894条）。

【2】 **推定相続人廃除の原因** 廃除ということは，これを被相続人のほしいままに認めるとすると，推定相続人の相続期待権を害することになるので，民法は次の原因がある場合に限って認めている（民892条）。

① 被相続人に対する虐待。② 被相続人に対する重大な侮辱。③ 推定相続人の著しい非行。

前記の原因に該当するか否かは，家庭裁判所が判断することになる。前記の原因によって廃除されるのは，遺留分（囲）を有する推定相続人に限られているが，遺留分を有しない推定相続人にこれを認めないのは，もし，その相続人に遺産を相続させたくないと考える場合は，廃除するまでもなく，その相続人には遺産を与えないように遺言することができるからである（民902条・1028条）。

囲 「遺留分」とは，被相続人が遺言で遺産を自由に処分しようとしても，これだけは推定相続人に遺してやらなければならないという遺産の限度である。遺留分を有する推定相続人とは，被相続人の直系卑属と直系尊属と配偶者を意味し，兄弟・姉妹または遺留分を放棄した相続人は，これに含まれない（民1028条・1043条）。遺留分の限度は，直系尊属のみが相続人の場合は被相続人の財産の3分の1であり，その他の場合には，被相続人の財産の2分の1である。この遺留分に違反してなされた遺贈・贈与に対しては，遺留分権利者からその不足分だけ取り戻しの要求として減殺請求ができる（民1031条以下）。

意もまた家庭裁判所の許可も必要でない)。また、この届出は生存配偶者の復氏届(民751条1項)とはまったく別個の性質を有する届出であるから、届出の時期は配偶者の死亡後であれば、復氏届の前後を問わずいつでもよいのである(囲)。

なお、この届出の後、さらに生存配偶者の意思によって姻族関係を復活させることは許されない(昭24・7・27福島管内戸籍協議会決議)。

 囲 旧民法施行当時は姻族関係終了の意思表示という制度はなく、その場合の姻族関係は生存配偶者が死亡配偶者の家を去ったときに消滅する(旧民729条2項)ものとしていたが、これには戸主の同意を要した(旧民737条1項)。なお、生存配偶者が婚家を去る場合としては、再婚によるか、または旧民法737条による親族入籍の手続(旧戸137条)によって実家に復籍するほかなかった。

  新法は家の制度を廃しているから、生存配偶者が復氏届によって戸籍に変動を生じても姻族関係終了届をしない限り姻族関係にはなんら影響もない。

【3】 **効果・戸籍の記載** 姻族関係終了の効果としては、親族として有していた権利義務の関係が消滅するということである。たとえば、婚姻や養子縁組の取消権(民744条1項・805条・806条1項・807条)、親族間の扶養義務(民877条2項)などがある。そのほかにも系譜、祭具および墳墓の所有権を承継していたときは、関係人(主として死亡した配偶者の血族)と協議のうえ、その権利を承継すべき者を定めなければならないことになっている(民751条2項)。

なお、姻族関係終了届をしても復氏届をしない限り戸籍に変動はなく、その者の戸籍内身分事項欄に姻族関係終了の旨が記載されるだけである(戸規35条7号、法定記載例142)。したがって、すでに復籍または新戸籍が編製されているときは、生存配偶者が現に属しているその戸籍の身分事項欄に姻族関係終了の旨が記載されるのであって、従前の戸籍に記載されるわけではない(昭23・4・21民事甲54号回答)。

【参考文献】 青木義人・大森政輔「全訂戸籍法」

回答一)。この場合の戸籍の処理としては，養子は単身であるので養親の戸籍に入ることになる。

(3) 帰化者について，帰化後の氏が創設されていない場合，たとえば，帰化者が日本人配偶者の氏を称して帰化した場合，または帰化者が夫婦であって帰化の際，夫婦の氏を相手方の氏に定めた場合（筆頭者の選定）がある。この場合の生存配偶者になってからの復氏届について，従前の戸籍の取扱いは配偶者の氏を称する前の氏は存在しないものと解され，生存配偶者の復氏届をすることができないものとされていた（昭35・12・19民事甲3195号回答，昭55・7・2民二3948号回答）が，昭和63年3月29日民二2020号通達により，生存配偶者からの復氏届が受理されることになった。

この場合の戸籍の処理は，届書のその他欄にたとえば「婚姻前の氏が存在しないため新たに氏を設定する」または，「帰化後の氏を創設していないため新たに氏を設定する」旨を付記し新戸籍を編製する（法定記載例148・149）。なお，復氏者の従前戸籍中の除籍事項には，新たな氏を称した旨を付加する。

○ 戸籍の記載例　法定記載例150準用
　婚姻後の戸籍中復氏者の身分事項欄（復氏後の本籍地届出）
　平成五年参月弐拾日婚姻前の氏に復する届出同年四月八日京都市上京区長から送付同区小山初音町拾八番地に乙野の氏の新戸籍編製につき除籍㊞

【参考文献】　青木義人・大森政輔「全訂戸籍法」

No.276
姻族関係終了

【1】　意義　親族関係の消滅原因としては，当事者一方の死亡というほかに，離婚，離縁などのように当事者の意思表示ということがある。夫婦関係は，配偶者の一方が死亡することによっても解消するが，それはあくまで死者との関係が消滅するにとどまって，その死者以外の者相互間の，すなわち，その死者を通じての親族関係である姻族関係の存続には，当然には影響を及ぼさないのである。

このように配偶者の一方の死亡によって，配偶関係が消滅した場合に，その夫婦関係を通じて発生している姻族関係は，それだけでは消滅しないが，生存配偶者が姻族関係終了の意思表示をすることによって消滅する（民728条2項）。

【2】　要件・方式（届出）　前述のとおり姻族関係終了の要件は，夫婦の一方が死亡したとき（失踪宣告により死亡とみなされたときも同じ）に，生存配偶者が姻族関係を終了させる意思を表示することによって成立する。この意思表示の方式は，届書に死亡した配偶者の氏名，本籍および死亡の年月日その他，戸籍法29条に規定する届出一般の記載事項を記載して市町村長に届出を要する。この方式によらないで，たとえば，生存配偶者が死亡配偶者の親に，配達証明付郵便をもって姻族関係を終了させる旨を通知したとしても，有効ではない。すなわち，姻族関係を終了させるためには，生存配偶者みずからの意思でその旨の届出を市町村長にすることによって，有効に成立するいわゆる要式行為であって，しかも届け出ることによってはじめて効力を生ずる，いわゆる創設的届出である（戸96条）。したがって，この届出をすると否とは生存配偶者の単独の自由意思による（何人の同

【11】 生存配偶者の復氏，姻族関係の終了

No.275
生存配偶者の復氏

【1】 **意義** 婚姻関係の解消は，離婚のほか，夫婦の一方が死亡した場合にも生ずる。しかし，婚姻関係の解消の効果については，それぞれ異なる点がある。すなわち，離婚の場合は，婚姻によって氏を改めた者（夫または妻）が，当然に婚姻前の氏に復する（民767条）。しかし，夫婦の一方が死亡（失踪宣告を含む）した場合は，婚姻によって氏を改めた者が生存者であっても当然には復氏しない。つまり，婚姻の際に氏を改めた生存配偶者が婚姻前の氏に復するか否かは，生存配偶者の自由意思に委ねられている。したがって，この生存配偶者が復氏するには，その旨の意思表示をしなければならない（民751条1項）。この意思表示は，戸籍法上の届出によって行う（戸95条）。

【2】 **要件・方式（届出）** 前述のように婚姻の際に氏を改めた生存配偶者が復氏するには，本人の自由意思に基づき，いつでも何人の同意もしくは家庭裁判所の許可も必要でない。ただ，本人のみが戸籍法上の復氏する旨の届出をすれば，その届出によってはじめて効力を生ずる。いわゆる創設的届出である。また，この復氏は，姻族関係の終了とはまったく無関係であるので，姻族関係の終了がなくても復氏することができる（昭23・4・21民事甲658号回答）。なお，この届出は，姻族関係終了届とはその目的および効果を異にするので，両者を1通の届書に記載して届け出ることは認められない（昭30・11・4民事甲2350号回答）。つまり，復氏によって戸籍に変動を生じても姻族関係にはなんらの影響もない〔→ No.276「姻族関係終了」みよ〕。

【3】 **復氏届による戸籍の変動** 復氏の効果は，復氏者本人のみが婚姻前の戸籍に復籍するのが原則である（戸19条1項・2項）。ただし，復籍すべき戸籍がすでに除かれているとき，または復籍者が新戸籍編製の申出をしたときは，新戸籍を編製される（戸19条1項但書）（参照―戸規附録7号～法定記載例137～141）。復氏は本人のみに対する効果であるから，死亡配偶者との間に生まれた子の氏や戸籍になんらの変動を生じない。もし，生存配偶者が復氏後に死亡配偶者との間の子（従前戸籍に残留している子）をして自己の氏を称させて同籍とするには，民法791条1項の規定によって家庭裁判所の許可を得て入籍届をすることになる（戸98条）。

なお，復氏に関する特殊な事例として次のような場合がある。

(1) 婚姻の際に氏を改めた者乙が，その配偶者甲死亡後に復氏しないまま，その自己の氏を称して丙と再婚した場合（この場合，乙丙夫婦について新戸籍を編製する。昭29・7・1民事甲1335号回答）であっても，甲との婚姻前の氏に復することができる。これは乙が民法751条の生存配偶者に該当するからである（昭23・12・1民事甲3429号回答）。この場合，乙の復氏によって丙は夫婦同氏の原則により乙の復氏後の氏に変わることになる。

(2) 夫婦養子となって新戸籍編製後にその一方が死亡した場合，生存配偶者が婚姻により氏を改めた者であれば，養親の氏に復氏することができる（昭33・8・19民事甲1686号

に於ても，甲と乙の婚姻関係は復活しないと解すべきか。
(2) 前問意見の通りであれば，勿論甲乙相互間には親族関係も相続関係も適用の余地なきものと解すべきか。
(3) 昭和6年10月19日民事第805号民事局長回答（先例大系2015頁2273項）中にある「其ノ宣告ニ因リ解消シタル婚姻ハ回復セス」とある意味は，宣告を取消された妻と夫の間には配偶関係は勿論，親族法も相続法も適用の余地はないという結論となるか。
(答) (1)，(2)，(3)はいずれも貴見のとおり解するのが相当である。

【5】 **失踪宣告取消届** この届は，失踪宣告取消の審判が確定した日から10日以内に，申立人からその審判の謄本（裁判所から本籍地に確定通知がないときは確定証明書を要する）を添えて届出しなければならない（戸94条・63条）。この届出の性質は，失踪宣告届と同様に報告的届出であり，その届出受理後は，除籍となっている失踪者について失踪の記載を消除し，戸籍を回復することになる。その場合，戸籍には法律的効果の変動事由を明らかにするため，とくに失踪宣告取消の裁判が確定して回復された旨を記載することになっている（法定記載例135・136）。

なお，失踪者について，その生存の事実が判明しても，市町村長においては失踪宣告取消の確定審判がない限り，失踪者の除籍を職権で回復することは許されない（大8・12・16民事5357号回答）。また，失踪者について死亡届がなされた場合においても，失踪の記載はそのままにしておいて死亡の記載をすることになっている（昭29・2・23民事甲291号通達，昭36・12・18民事甲3127号回答）。これは，戸籍というものが，死亡による効果と死亡擬制による効果の判断資料を提供するのが役割であるから，死亡という事実の届出があったこと，一方，死亡擬制ないしその取消の裁判があったことをそのまま戸籍に反映しておくことが必要である。そのため，失踪の記載は，たとえ，死亡の届出があってもそのままにしておいて，失踪宣告取消の審判の結果，その届出をまって消除すべきものとされている（大9・5・31民事1553号回答）。

【参考文献】 赤塔政夫「図解民法総則」

として改めて死亡による法律関係が確定されることになる。

 (2) **例外** 失踪宣告の制度は，本来，残存者のための権利関係を確定するに必要なものであるから，前記のような原則を貫くと，宣告確定後その取消前に善意でなした者に思わぬ不利益・損害をこうむらせる結果になって，制度の趣旨に合致しなくなる。たとえば，失踪宣告によって失踪者について相続が行われ，あるいは，失踪者の配偶者が他の者と再婚した後になって，失踪宣告が取り消され，失踪者が生きていたということになると，すでに相続した財産をかえしたり，婚姻関係は重婚になったりするなど，複雑な関係が生ずるおそれがある。そこで民法は，(ア) たとえ失踪宣告が取り消されても，その前に善意でした行為はそのまま有効なものとしている（民32条1項但書）。この場合の「善意」とは，失踪宣告が事実と違うことを知らないことをいう。たとえば，失踪者甲の妻乙とその再婚の相手方丙との関係において，乙丙双方ともに甲の生存を知らないで再婚した場合や，失踪者甲の相続人Xが甲の生存を知らないで相続財産を処分し，その処分を受けた相手方Yも善意であった場合に，その後に甲の失踪宣告が取り消されても，前記の再婚，相続および譲渡などの行為は無効とならない。つまり，失踪者甲と乙の前配偶関係は復活しない（昭6・10・19民事805号回答—囲1，昭25・2・21民事甲520号回答—囲2）。また，失踪者甲の相続人Xから相続財産を譲り受けたYもその財産を返還する必要がない。(イ) 前記のように失踪宣告によって善意に失踪者の相続財産を相続人から間接に取得した第三者は通常かえす必要はないが，失踪宣告を直接の原因として財産を相続した善意の者（相続人）については，その相続人が現在残している程度のものは返還しなければならない（民32条2項）。なお，悪意の取得者については，受けた利益に利息をつけてかえさなければならないものと通常解されている（民704条）。

囲1　昭6・10・19民事805号回答
　　(問)　二，妻カ失踪宣告ヲ受ケタル後更ニ妻ヲ迎ヘタル後前妻ノ失踪宣告カ取消サレタル場合前妻ハ婚家ノ戸籍ヲ復スルモノナルカ又ハ実家ノ戸籍ヲ回復スルモノナルカ本問婚家ノ戸籍ヲ回復スルトセハ前ノ婚姻ハ継続スルモノナルヤ若シ継続スルトセハ後ノ婚姻ハ如何ニ取扱ヘキモノナルヤ前ノ婚姻ハ継続セス戸籍ノミ回復スルトセハ実家ニハ親族入籍ヲスルヤ若シ入籍スルトシテ実家戸主同意セサリシ場合ハ元ノ婚家ニ止マルカ如何ニスヘキヤ
　　(答)　第二項　失踪宣告ヲ受ケタル妻ハ前婚家ノ家籍ヲ回復スルモ其宣告ニ因リ解消シタル婚姻ハ回復セス又其者カ実家ニ入ル為メニハ親族入籍ヲ為スノ外ナシ
囲2　昭25・2・21民事甲520号㈡157号回答
　　(問)　(1) 妻乙が失踪宣告を受けても，その夫甲が他の女と再婚しない間にその失踪宣告が取消された場合には，失踪宣告前の右甲，乙間の婚姻関係は継続するも，右夫甲が乙に対する失踪宣告後，他の女と再婚して，その後に乙に対する失踪宣告が取消されても，その宣告に因って解消した甲と乙の婚姻関係は，回復しない先例であるが，右乙に対する失踪宣告があって，その夫甲が他の女丙と婚姻した後，右乙に対する失踪宣告の取消があり，その後甲の後妻丙が離婚又は死亡した場合

いる(最高裁家二58〔訴3—7〕同所事務総局家庭局長通達)ので，都道府県知事からの届出によって戸籍の記載にも「未帰還者に関する特別措置法に基き年月日戦時死亡宣告確定年月日死亡とみなされる年月日何都道府県知事届出除籍㊿」と特別措置法による戦時死亡宣告であることを表示することになっている(昭34・3・30民事甲657号通達，昭35・2・22民事甲421号通達)。

　(4)　**前記のほかの各要件および効果**　一般の失踪宣告事件と同じであり，この戦時死亡宣告にも，いわゆる普通失踪と危難失踪(特別失踪)の別がある。

【参考文献】　①赤塚政夫「図解民法総則」，②法曹会「民法総則」

No.274　失踪宣告の取消し

【1】　**意義**　失踪宣告は，自然人を法律の力で死亡させるようなもの(死亡擬制)であるが，それは死亡という自然的事実ではないので，失踪者がひょっこり帰来したり，あるいは，現に生存していることが明らかになった場合には，死んだ者としておくわけにはいかない。このような場合は，法律の力で死なせた人を法律の力で生きかえらせることが必要になる。この場合の手続が失踪宣告の取消しである(民32条1項)。

【2】　**宣告取消の要件**　(1)　取消しは，失踪者が現に生存することが証明されること，または，失踪者が宣告によって死亡とみなされる時期と異なる時期に死亡したことの証明があることを要する(民32条1項)。そのほか，失踪期間開始後のある時期に生存していたことが証明されることが必要である。この失踪期間開始後のある時期に生存していたということになると，死亡とみなされる時期が別の時点となる実益がある。それは失踪期間が生存の最後の時から計算されるからである。

　(2)　取消しのためには，本人または利害関係人から請求することが必要である(民32条1項)。

【3】　**宣告取消の手続**　(1)　申立て先は，宣告の場合と同じく，失踪者の住所地を管轄する家庭裁判所であるが，必ずしも，さきに宣告した裁判所に限られない(家事法149条1項)。

　(2)　裁判所は，前記の要件が充足されると，必然的に失踪の宣告を取り消すことになっている(民32条1項)。

　(3)　宣告取消の審判に対しては利害関係人から，また宣告取消の申立てを却下する審判に対しては本人または利害関係人から，いずれも即時抗告をすることが認められている(家事法149条4項1号)。

　(4)　宣告取消の審判が確定したときは，家庭裁判所は失踪者の本籍地にその旨を通知することになっている(家事規89条)。

【4】　**宣告取消の効果**　(1)　原則　失踪宣告を受けていた者が，その生存を理由に失踪宣告が取り消されると，その者は初めから死ななかったことになり，すべての法律関係は失踪宣告前の状態に復活するわけになる。すなわち，宣告によって変動を生じた身分上・財産上の関係は，宣告前の状態に復活・還元せられるわけである。また，失踪者が他の時期に死亡したということを理由に失踪宣告が取り消されると，その確定の死亡の時期を標準

(2) **死亡としての効果の生ずる範囲** (ア) 失踪宣告を受けた者は，死亡したものとみなす（民31条）のであるから，たとえ，本人の生存という反証があがっても死亡の効果は存続する。これを阻止するには失踪宣告を取り消すほかない。なお，宣告の効果は，絶対的であって申立人だけではなく，すべての人のために，すべての人に対して生ずる。(イ) 宣告は，不在者の従来の住所・居所を中心とする身分上・財産上の私法的法律関係を死亡者として整理することになる。(ウ) 宣告は，死亡擬制であるから，失踪者の人としての権利能力までも奪うものではない。(エ) 宣告は，失踪期間満了時までの法律関係を終了させるだけのものであるから，失踪者が他所で生存していて，そこにおける失踪者の法律行為や，失踪前の住所に帰来したときは，帰来後の新たな法律関係についてまで死亡者とみなされるものではない。(オ) 宣告は，もっぱら私法上の法律関係の整理であるから，公法上の法律関係には影響を及ぼさない。たとえば，選挙権，被選挙権，犯罪の成否などに関係がない。

【5】 **失踪宣告届** 失踪宣告の審判が確定した場合には，申立人は審判確定の日から10日以内に審判の謄本（裁判所から本籍地に確定通知がないときは確定証明書も要する）を添えて失踪宣告届をしなければならない（戸63条・94条）。なお，この届書には，死亡したとみなされる日をも記載すべきものとなっているが，これは戸籍に法的効果の発生日を明示する必要からである。このように死亡とみなされる日は，重要な意義を有しているので，届書の受理についてはとくに注意を要する。この届出の性質は，すでに裁判によって身分関係に変動を生じていることを戸籍に記載するための事後報告的なものであるが，受理後は失踪者の戸籍が消除されることになる（戸23条）。戸籍の記載事項においても失踪者およびその配偶者の事項欄には，「死亡」とは区別されて「死亡とみなされる」というように記載すべきものとされている（法定記載例133・134）。

【6】 **戦時死亡宣告** (1) **請求権者** 失踪宣告の申立権者は，不在者の生死いかんによって法律上の利害関係を有する者（身分上あるいは財産上に影響をこうむるおそれのある者），つまり，不在者の配偶者，相続人または債権者などであって，民法30条の利害関係人には国家機関は含まないと解するのが通説である。そこで，いわゆる第二次大戦に関連する未帰還者（日本国籍を有する者に限る）については，国の責任において未帰還者の戸籍の処理とともに遺族にできる限りの援助をなすべきであるという趣旨のもとに，昭和34年3月3日法律7号をもって「未帰還者に関する特別措置法」が制定され，同法2条に未帰還者に関しては厚生大臣も民法30条の宣告の請求を行うことができる旨が規定された。この請求権は，同法14条の規定によって都道府県知事に委任されている。このような厚生大臣（都道府県知事）の請求によってなされる失踪宣告を一般に戦時死亡宣告と称している。

(2) **管轄** 都道府県側の援護事務が本籍地主義で行われている関係が考慮されて，未帰還者の本籍地の都道府県庁所在地の家庭裁判所でよいとされている（最高裁家二58〔訟3—七〕同所事務総局家庭局長通達）。

(3) **戦時死亡宣告の審判書および戸籍の記載** 遺族に対する特別の配慮から審判書には，「今次戦争による生死不明者」何某につき「戦時死亡宣告」と明示されることになって

(2)　申立てがあると家庭裁判所では、公示催告という不在者の生死を確かめるための公告をしたうえ、それでも不明のときは、不在者に対して失踪の宣告という審判をする。なお、公告は、家事事件手続規則4条に定める公告の方法によって、普通失踪については3か月以上の期間、危難失踪については、1か月以上の期間を定めて、不在者および不在者の生死を知る者に対し届出を促すものである（家事法148条3項）。

　(3)　失踪宣告の審判に対しては、不在者本人はもちろんのこと、利害関係人においても不服があれば即時抗告をすることができる（同条5項）。その期間は申立人が審判の告知を受けた日から2週間内である（家事法85条1項・86条1項）。もし、この期間内に即時抗告がなされないときは、その期間満了のとき、正確には、その期間満了日の経過により確定することになる。また、かりに即時抗告があっても終審の裁判（抗告の棄却または却下）があったときは、その時点において宣告の審判は確定することになる。

　(4)　この審判が確定したときは、家庭裁判所はその旨を公告するとともに失踪者の本籍地に通知することになっている（家事規89条）。

【4】　**失踪宣告の効果**　失踪宣告の審判が確定すると、不在者は法律上死亡したものとみなされる（民31条）。したがって、不在者の配偶者は婚姻が解消し、再婚ができることになり、また、不在者の相続人は残留財産を相続することができるようになる。この死亡とみなされる時期について、普通失踪と危難失踪の場合とでは異なっている。

　(1)　**死亡効果の発生時期**　(ア)　**普通失踪の場合**　7年の失踪期間が満了したときに死亡したものとみなされる。すなわち、この期間計算法は民法の一般原則に従い、起算点は行方不明となった日の翌日とし、その7年後の応当日の前日の満了時（同日の午後12時）、つまり、行方不明になった日の7年後の応当日ということになる。たとえば、審判書に「不在者は昭和20年8月15日以来7年以上生死が分明しないものと認め、次のとおり審判する。不在者何某の失踪を宣告する」とある場合に、たとえ審判書そのものに死亡とみなされる日が明示されていなくとも、「昭和27年8月15日」が死亡とみなされる日である。なお、審判書には行方不明となった始期が、①「昭和30年6月頃から…」とか、②「昭和33年以来…」というように月日までは明らかにされていない場合があるが、この場合はその年または月の最終日をおさえるのが戸籍の実務である。たとえば、前記①の場合は「昭和30年6月30日」、②の場合は「昭和33年12月31日」に行方不明になったものとして処理する（大4・1・12民253号回答、昭10・8・5民事甲842号回答）。

　(イ)　**危難失踪の場合**　死亡の原因たるべき「危難が去ったとき」に直ちに死亡したものとみなされる。この場合の審判書には、危難の去った日、たとえば昭和43年9月1日から2日間にわたって災害が継続した場合に、最後の時点を捉えて「昭和43年9月2日死亡したとみなす」と記載される。もっとも、この死亡したとみなす日に時刻まで記載がなされているときには、戸籍にもそのまま記載する取扱いである（昭37・5・30民事甲1469号通達）。なお、危難失踪の場合の死亡とみなされる時期について、従前は失踪期間3年の満了のときであったものが、昭和37年7月1日から改められた。

て来ない人で，その態様は，多少継続的・長期性を要するが，その生存は推測せられ，その帰来も一応は期待し得る者である。その点死亡の蓋然性がつよく，その帰来をまったく期待できない失踪者とは異なる。

【参考文献】　赤塔政夫「図解民法総則」

No.273
失踪宣告・戦時死亡宣告（意義・審判手続と戸籍の処理）

【1】　**意義**　不在者（行方不明になって当分帰ってこない人）が，いつまでも，その状態がつづくと単にその人の財産に財産管理人をおいたままでは，すまされなくなる。すなわち，不在者は死亡しているかも知れないが，その死亡が確認されない限り，不在者の配偶者は再婚をするわけにはいかない。また，その相続人も相続することができない。ところで，夫，妻，親の帰来を信じていつまでも待つということは，近親者の情として理解できるのであるが，死亡の公算も多く帰来もほとんど期待できないのに，死亡が確認されるまで待つということは，身分上・財産上の法律関係をいつまでも不確定な状態におくことになり，かえって近親者に酷であるという場合を生ずる。

そこで民法は，不在者が生死不明の状態が永続し，死亡の公算も相当つよくなったような場合には，一定の時期を標準として失踪者とし，これに対して失踪の宣告ということができることにしている（民30条）。それは，裁判所の宣告によって，不在者のそれまでの身分上・財産上の法律関係について，その者が死亡したと同様の効果を付与するものである（民31条）。

【2】　**失踪宣告の要件**　失踪宣告は，家庭裁判所で行われる（家事法39条別表第1の56項）が，この場合の要件（民30条）としては，

(1)　不在者の生死が明らかでないこと。すなわち，生存ということも死亡ということも証明できない場合である。

(2)　生死不明の状態が一定期間継続すること。すなわち，(ア)　普通失踪の場合は，失踪期間が7年（民30条1項）とされ，この場合の期間の起算点はとくに定めがないが，不在者が生存していたことが判明していた最後のときと解されている。(イ)　危難失踪（特別失踪ともいう）の場合は，戦争の止んだ後，または船舶の沈没したとき，そのほかの危難が去ったときから1年（民30条2項）とされ，この場合は，戦地や沈没船中にあったとか，そのほか地震，洪水などの危難に遭遇したとかなどで，死亡の公算がとくに大きい場合である。

(3)　利害関係人の請求があること。利害関係人とは，不在者の失踪宣告をすることにつき法律上の利害関係を有する者，たとえば配偶者，相続人たるべき者，法定代理人，財産管理人，債権者などである。なお，不在者の財産管理（民25条）の場合と異なって，検察官は失踪宣告の申立をすることができないと解されている。その趣旨は，近親者の意に反してまで国家が介入することが適当でないということである。

【3】　**失踪宣告の手続**　(1)　申立先は，不在者の旧住所地（従来の住所地）を管轄する家庭裁判所である（家事法148条）。

25民事697号回答)。従来からの実務の取扱いは、高齢者のうち100歳以上の者については、その関係者がなく、または関係者が不明(戸籍および戸籍の附票によって確認する)の場合、本人の生死および所在も不明で死亡の蓋然性が大きいとして、戸籍謄本および戸籍の附票の謄本のみによって死亡の日時および場所不詳として職権消除の許可を与えてさしつかえないものとされている(昭32・1・31民事甲163号回答)。なお、90歳以上100歳未満の高齢者でも、戸籍の附票に住所の記載がなく生存の見込みのない者について、本人の関係者(親族)から戸籍消除の申出があった場合には、管轄局の長の許可により死亡を原因として職権で消除してさしつかえないものとされている(昭32・8・1民事甲1358号通達第四・二・(一)(6))。

その後、平成22年9月からは、120歳以上の高齢者であり、かつ、戸籍の附票に住所の記載がない場合には、職権消除の許可を得ることができることとなり従来の取扱いが簡略化されている(平22・9・6民一2191号通知)。

以上の措置は、死亡の蓋然性の強い高齢者について、一定の要件のもとに戸籍上の整理をするものにすぎない。しかも、死亡を原因とする消除であっても、死亡の日は不詳であるから、相続の開始時間は明らかでない。すなわち、高齢者の消除事由には「年月日時及び場所不詳死亡平成五年六月壱日許可同月六日除籍㊞」または、「高齢者につき死亡と認定平成五年壱月四日許可同月拾六日除籍㊞」(参考記載例170,171)と表示されているだけである。したがって、高齢者の所有名義である不動産について相続登記をするには、自然的死亡の日が戸籍に明記されるか、または失踪宣告により死亡とみなされる日が戸籍に記載された後でなければすることができない。これは、高齢者の職権消除の記載のみでは、その謄本は相続を証する書面とはならないからである(昭32・12・27民事(三)発1384号回答)。

No.272 不在者

われわれの社会生活は、私的生活のみでなく、公的生活においても住所と深い関係にある。すなわち、その生活の中心点(生活の本拠)、つまり住所を基準として法律関係が決めてある場合が数多くある。たとえば、民法上においては、不在者(25条)、失踪者(30条)、債務履行の場所(484条)、相続開始地(883条)などを定める基準とされ、また他の法律においても、裁判管轄(民訴4条、人訴4条)、国際私法上の準拠法(通則法5条)、帰化の条件(国5条1号・6条・7条・8条)、地方公共団体の住民(地方自治法10条1項)を定める基準とされている。そこで、住所地または居所地に土地・建物を有していた人が、いままでの住所ないし居所を去って行方不明になったとすると、残された財産の管理という問題も生ずる。放置された財産は朽廃滅失を生ずると本人はもちろんのこと、相続人、債権者などは不利益となり、ひいては国家的な損失にもなる。この場合、民法は住所ないし居所を去って一定の期間帰ってくる見込みのない人を「不在者」とし、その者が財産を管理する人を決めておかないときは、利害関係をもつ不在者の債権者や親族、または公益を代表する検察官から家庭裁判所に申し出て、その財産管理人を選任してもらい、残留財産の管理をさせるということにしている(民25条、家事法39条別表第1の55項)。結局、不在者とは、行方不明になって当分帰っ

扱いがなされる。また，もし死亡報告による戸籍の記載をした後にその取消通知があったときは，便宜，市町村長限りの職権で死亡の記載を消除する取扱いである（大3・12・28民1125号回答）。なお，死亡報告の訂正通知，または再報告によってさきの報告に錯誤があることが明らかとなったときも，市町村長限りの職権訂正をすべきものとされている（昭21・1・7民事特甲719号通牒，昭24・11・17民事甲2681号通達，昭25・9・22民事甲2605号通達）。

　(2)　死亡の記載により，その記載事項は，死亡を認定する最も重要な資料となる。つまり，反証のない限り，死亡届による場合と同じく事件本人が戸籍に記載の死亡の日に死亡したものと推定される（昭16・4・28民事甲384号回答，昭20・7・17民事甲228号回答）。すなわち，認定死亡は，死亡の確率が極めて高く，しかも権限ある取調官庁，公署の慎重な取調による報告に基づいてなされる死亡事実の記載であるからである。

　(3)　認定による死亡の記載がなされたとしても，当然に死亡ということにはならない。また，失踪宣告のように死亡擬制による法律的効果も伴うものでもない。したがって，たとえば，死亡報告のあった者の配偶者が再婚後に，被報告者が生還した場合には重婚関係を生ずる（昭24・9・5民事甲1937号回答，昭28・4・23最一小判，昭33・2・1民事甲229号回答二）。もっとも，この場合の戸籍の取扱いは，取消通知による訂正要領を生還者の戸籍を復活するにとどめて，再婚した配偶者の戸籍はそのままとし（昭33・2・1民事甲229号回答二・三），その後に後婚が解消すれば戸籍訂正により生還者と戸籍を同一にすべきものとされている（昭21・3・20民事甲164号通牒）。もし，前婚が解消すれば，回復者の戸籍およびその配偶者の除籍となっている再婚前の戸籍に，離婚もしくは後婚の配偶者の死亡による解消の旨を記載すれば足りる。

　(4)　認定死亡の記載があっても，その事実は反証をあげて争うことが許されるので，失踪宣告のようには安定しているといえない。そこで利害関係人が死亡の確定的効果を得るためには，反証を許さない失踪宣告を求めることは許されるべきものと解されている。戸籍の実務においても海難による行方不明者につき，海上保安本部からの死亡報告により戸籍に記載後，失踪宣告の届出（死亡とみなされる日が死亡報告と異なる）があった場合は，これを受理し，失踪の記載をして死亡報告事項を消除するが，この場合の戸籍記載例は，「年月日死亡とみなされる年月日失踪宣告の裁判確定年月日何某届出除籍死亡事項消除㊞」と表示することになっている（参照―昭39・7・9民事甲2480号回答）。

【参考文献】①赤塔政夫「図解民法総則」，②青木義人・大森政輔「全訂戸籍法」

No.271 高齢者の職権消除

戸籍上の高齢者職権消除とは，100歳以上をもって対象者として戸籍の整理をするのが目的である。その方法としては死亡を原因とする戸籍法44条3項および24条2項の規定による職権消除を市町村長に許可するものである。つまり，この場合の職権消除の許可は，戸籍上の高齢者で所在不明の者について，市町村長から職権除籍の許可申請に対し，管轄局の長が事実の調査をした結果，死亡の事実を確認し得るときに与えるものである（大5・2・3民1836号回答，大5・11・9民1784号通牒，昭6・2・12民事1370号回答，昭6・7・

方不明者の被服又は携帯品，海難船舶の破片，ぎ装品又は属具等の現存，海難の現認者の証言等行方不明者の死亡を確認するに足る証拠があり，更に四囲の状況をも考慮するとき生存の疑いのないものであること（単に消息を絶ち生死が分明でないというだけでは足りない）。（イ）人的又は物的証拠の得られない場合でも，四囲の状況に照らし，行方不明者の乗船していた船舶が遭難し，乗船者の死亡したことが確実であって生存の見込みのないことが認められるもの（単に消息を絶ち，生死が分明でないというだけでは足りない）。4 海難発生の時から3か月以上を経過したものであること。」
③ 軍艦爆発により乗組員が海中に吹き飛ばされて死体が発見されないで，四囲の状況から死亡したものと認められる場合（大8・3・13民637号回答）。
④ 戦時災害により船内にあった者が行方不明で，四囲の状況から生存の疑いがない場合（昭17・7・15民事甲515号回答）。
⑤ 空襲などの戦災で変死体が多数あり，個々の死体の所在が判明しない場合（昭19・5・26民事甲385号回答）。
⑥ 軍人・軍属として在職中，戦死と確認された者（昭22・2・13民事甲104号通達）。
⑦ 航空機が海中に墜落し，乗務員の死体が発見されないが四囲の状況から死亡したものと認められる場合（昭37・12・3民事甲3513号回答）。
　なお，ここにいう事変の意義については，相当広義に解されている。たとえば，前にかかげたもののほか，洪水，河川決壊，山津波，一家全員の自殺・他殺（昭22・12・4民事甲1717号回答）なども含まれている。
⑧ 事変の取調をした官庁または公署が死亡地または死亡者の本籍地の市町村長に死亡報告をすることを要する（戸89条）。

【3】 **認定による死亡報告** (1) **報告者** 認定死亡の報告者を例示すれば，次のとおりである。
① 炭坑爆発による場合は鉱山保安監督局
② 外国水域での海難については領事（昭24・4・6民事甲3189号回答）
③ わが領海における海難については，海上保安庁，または各管区海上保安本部，あるいは警察署長（大4・2・19民224号回答）
④ 太平洋戦争における軍人・軍属については，都道府県知事
⑤ 外地の未引揚一般邦人については，厚生省援護局および都道府県
(2) **報告先** 原則として，死亡届の場合と同じく死亡地の市町村長である（戸89条本文）が，外国，公海または，わが国の領海内であった場合でも死亡地が推定できないか，または最寄りの市町村を判別することが困難なときは，死亡者の本籍地の市町村長に報告する（戸89条但書，昭27・10・22民事甲511号通達）。
(3) **報告の期間，記載事項および添付書面** 報告については，とくに期間は定められていないし，また報告書の記載事項は死亡届書に準じ（戸91条・86条2項，戸規58条），添付書類も必要としない（昭25・7・1民事甲1677号通達）。
【4】 **効果** (1) 死亡報告に基づき戸籍に死亡の旨が記載され，死亡に準じて戸籍上の取

することができるという見解に基づいて，死亡報告がなされている。これを「認定死亡」と称している（昭33・2・1民事甲229号回答一）。

したがって，事変による死亡でも，死亡を確定的に証明することができ，かつ，死亡届出が期待できるような場合には，認定死亡の取扱いをすべきでなく，通常の死亡届（戸86条）によるべきであろう。もっとも，この場合に死亡診断書または死体検案書を添えることができないとしても，これに代わる死亡の事実を証する書面を添付すれば足りることになっている（戸86条3項）。この「死亡の事実を証すべき書面」として，たとえば，次のようなものが認められている。

① 官公署の調査に基づく死亡確実である旨の証明書（昭21・5・31民事甲358号通牒）。
② 水難死亡者につき船長の証明書（大6・9・26民1827号回答）。
③ 災害死亡者につき火葬者，死体実見者などの証明書（大12・9・28民事3370号回答）。
④ 死亡現認書（昭24・3・25民事甲654号通達，昭24・6・9民事甲1309号通達）。
⑤ 状況目撃者の事実陳述書（昭20・12・6民事特甲631号回答）。
⑥ 遺骨携帯者の証明書，災害状況の証明書，僧侶などの葬儀執行の証明書（昭22・12・4民事甲1717号回答）。
⑦ 死亡の事実を知る者の書信（大8・6・4民事1518号回答）。

なお，戸籍法89条は，死体を発見した場合においても，もちろん死亡報告を認めているが，さきに述べたとおり通常の届出義務者による死亡届出があったときは，これを受理して戸籍に記載すべきものであり，もし，その後に死亡報告がなされたときは，同報告書は戸籍の記載を要しないものとして処理することになる（戸規50条，昭24・9・24民事甲2201号回答）。

【2】要件　(1)　水難，火災，その他の事変によって死亡した者がある場合で，死亡の事実を証明すべきものはないが，四囲の状況を考慮すると，生存の疑いがないと認められること。いいかえれば，死亡の確率が極めて高く，生存は予測し得られない場合である。したがって，死亡と認定される者は，単に消息を絶ち，生死が分明でないというだけでは足りないのである。認定死亡には，たとえば，次のような事例がある。

① 炭坑爆発事故で被災者の死体を発見し得ないが四囲の状況から死亡したものと認められる場合（大4・6・12民784号回答）。
② 水難・海難による行方不明者の死体が発見されないが四囲の状況から死亡したものと認められる場合（大5・6・29民1024号回答，昭27・9・8民事甲141号通達，昭27・10・22民事甲511号通達）（囲）。
　　囲　海上保安庁の海難による行方不明者の死亡認定事務取扱規程4条「死亡認定は，左の各号の要件を具備する場合に限り行うことができる。1　海上保安庁が取り調べた行方不明者であること。2　行方不明者の親族（婚姻の届出をしないが事実上配偶関係と同様の事情にある者を含む。以下同じ。）から死亡認定の願出があったこと。3　(ア)　行

No.269
同時死亡

【1】 同時死亡の推定規定の明文化　死亡が相続の開始原因となっているので（民882条），親子，夫婦など近親者数人が航空機事故，船舶などで共同の危難で死亡した場合に，その数人の死亡の先後が明らかでないと，その相続人もしくは相続分の確定ができないことになる。この問題を明文を設定して解決したのが昭和37年7月1日施行の民法の一部改正で制定された第32条の2の規定である。そこには「数人の者が死亡した場合において，そのうちの一人が他の者の死亡後になお生存していたことが明らかでないときは，これらの者は，同時に死亡したものと推定する。」との推定規定が設けられている。このような同時死亡の推定規定は，外国の立法例でもフランス，ドイツ，スイスなどに認められ，大韓民国民法30条にも「二人以上の者が同一の危難で死亡した場合には，同時に死亡したものと推定する」と規定されている。わが国の同時死亡の推定規定の適用範囲は，共同危難に限定しないで，親子，夫婦が同一危難でなくとも，たとえば，親の死亡日時は内地で明らかであるが，子は同じ頃シベリアの抑留所で死亡し，その日時が明確でないため，親子のいずれが先に死亡したのかわからない場合などが含まれる。また，親子で富士登山し，親は御殿場の六合目で雪崩れに遭って死亡し，子は吉田口八合目で突風であおられて転落死したという場合なども，本条の適用により解決されるとされる。なお，本条の規定が新設されなかった当時のものについても，本条が条理上，当然のことを規定したものであるという見解のもとに立案された経緯もあり，本条新設の従前の事案についても同様に解すべきである（昭27・9・1民事甲145号回答，同33・10・27民事㊁発510号回答）。

【2】 同時死亡の推定と戸籍の記載　死亡届には死亡診断書または死体検案書が添付されるが，同じ医師の作成する検案書には明確な医学上の根拠がない限り，検案書に記載される死亡の年月日時分は同一の危難の場合すべて同一に記載されるであろうから，戸籍にもすべて同一の推定死亡時刻が記載されることになる。

【3】 同時死亡の効果　前述のとおり，戸籍に近親者の数人に同時死亡の記載がなされると一般にはその証明力によって相続登記がなされる。同時死亡者相互間には相続関係は生じないことになるので代襲相続の問題に発展する〔→No.332「相続と戸籍」，No.342「相続適格者の認定例（同時死亡事項のある戸籍）」みよ〕。

【参考文献】　①戸籍誌167号（昭37）「民法の一部改正についての座談会」，②谷口知平「注釈民法(1)」

No.270
認定死亡

【1】 意義　戸籍法89条は，水難，火災その他の事変によって死亡した者がある場合に，通常の死亡届出を期待することは困難であり，かつ，届出よりもその事故を取り調べた官公署の直接資料に基づくのが正確であるという趣旨のもとに，その取調官公署に死亡の報告義務を負わせている。この場合に死体発見による死亡の確認があれば問題ないが，事変という特殊事情のもとでは，死体の発見に至らない場合がしばしばある。そのような場合に，戸籍法89条の規定により，たとえ死体が発見されなくとも死亡したことが確実と認められる者については，失踪宣告の手続きによるまでもなく，戸籍に死亡の記載をするため，取調官公署が死亡の認定をして報告

市町村名までにとどめて記載する（昭45法務省令8号，昭45・7・1施行戸規附録7号〜法定記載例129，130）。従来の取扱いでも届書には詳記したが，戸籍には刑務所内での死亡，鉄道線路，河川での死亡など変死者であることを察知するような記載はしない配慮がなされていた（昭28・6・9民事甲957号通達）。これは死亡者およびその近親者の名誉を重んずる趣旨である。

(3) **死亡報告者または届出人の資格**（職名）　在監中の者が死亡した場合，監獄の長から死亡報告があったときには（戸90条），その職名を戸籍に記載することは省略される（大14・12・12民事10648号通牒，昭45・6・5民事甲2667号通達，参考記載例164）。また，病院，その他の公設所の長からの死亡届（戸93条・56条）によって戸籍の記載をするときにも，届出人の職名の記載を省略することとされている（昭17・8・12民事甲584号回答，昭27・1・31民事甲44号回答三，前記〜参考記載例161）。

No.268
死亡の事実を証する書面

死亡の届出には，死亡診断書（死亡者を診断した医師が作成するもの）または死体検案書（死亡後死体を検案した医師が作成するもの）を添付しなければならないことになっている（戸86条2項）。しかし，やむを得ない事由によって診断書または検案書を得ることができないときは，死亡の事実を証すべき書面をもってこれに代えることができるが，届書にその正規の診断書または検案書を得ることができない事由を記載しなければならない（戸86条3項）。先例に示された死亡の事実を証する書面には，次のようなものがみられる。ただし，これらの書面を添附した死亡届の受否については，管轄局の長の指示を得たうえでなければ，受否を決定できない（大14・1・7民事12645号回答，昭23・12・1民事甲1998号回答，昭35・8・4民事甲1972号回答一）。

(1)　埋火葬認許証交付簿謄本・埋火葬をした神職僧侶の証明書（大8・6・26民事841号回答十）。

(2)　水害による死亡者につき，死亡当時の状況に関する近隣者の証明書，葬儀を執行した旨の親族と僧侶の証明書（昭22・12・4民事甲1717号回答二）。

(3)　外国の僻地で死亡したため診断書等の入手が困難であるときの日本人会長の証明書（昭19・6・22民事甲446号通牒）。

(4)　戦争による事故や災害のため外国で死亡した者について官公署の証明書，死亡現認書，埋火葬認許証，墓地管理者の埋火葬執行証明書，遺骨携帯証明書など（昭21・5・31民事甲358号通牒）。

(5)　戦後における外国からの未引揚者について，その同僚，知己などの作成した死亡現認書（昭24・3・25民事甲654号通達，昭24・6・9民事甲1309号通達）。

(6)　死亡が犯罪に起因する場合における殺害者に関する刑事判決の謄抄本（大5・10・26民921号回答）。

(7)　平成23年3月11日の東日本大震災により，死亡した死体未発見者の死亡届について法務省民事局から取扱いの通知が発せられている（平23・6・7民一1364号通知）。

【10】 死亡，失踪

No.267
死亡届と戸籍の処理

【1】 **死亡届の意義** 人の死亡は自然的事実であって，権利義務の主体の消滅を招来する。その権利義務は相続人によって承継される（民882条・896条）。このように死亡が相続の開始原因となっていることから，その死亡の事実は迅速に戸籍に記載する必要がある。そのために戸籍法は一定の者に対し一定の期間内に死亡の届出をすべき旨を義務づけている（戸86条1項・87条1項）。また，死亡の事実をできるだけ迅速に公証するため，届出できる者を届出義務者に限定しないで，届出の正確性を期待できる者として，同居の親族以外の親族にも届出資格を認めている（戸87条2項）。なお，届出を期待することが困難な特殊の事情にある場合，たとえば，事変による死亡については取調をした官公署の報告（戸89条・90条・92条）に基づき，また，航海中の死亡については航海日誌の謄本（戸93条）に基づいて戸籍の記載がなされる。さらに職権によって死亡の記載がなされることもある（戸44条）。失踪宣告によって死亡とみなされた場合にも，死亡の場合と同様に届出によって戸籍から除籍される（№273「失踪宣告」参照）。

死亡の届出，報告に基づいて以下の各種の行政措置がなされる。(ア) 人口動態調査票の作成（人口動態調査令3条，同法施行細則1条），(イ) 埋火葬の許可（墓地，埋葬等に関する法律5条・8条），(ウ) 徴税事務のための相続税法による税務署への通知（相続税法58条），(エ) 在日外国人に関する外務大臣官房領事移住部長あての死亡通知（昭39・7・27民事甲2683号通達，昭42・8・21民事甲2414号通達，昭58・10・24民二6115号通達）。

【2】 **死亡の届書・戸籍記載上の注意事項** (1) **死亡の年月日時分** 出生の時分は，戸籍に記載されないが，死亡の時分は届書だけでなく戸籍にも記載される（戸規附録7号～法定記載例）。これは，相続関係が死亡をもって開始原因としているので，同日死亡の場合，時分によって死亡の先後を明らかにする必要があるからである。同日死亡で時分についても相互に不詳の場合は同時死亡と推定される（民32条の2）。時分の記載については死亡診断書または死体検案書のとおりに記入すればよいが，戸籍には正子（午後12時）の刻は翌日の午前零時，正午（午前12時）の刻は当日の午後零時と記載する（大13・7・15民事8852号回答）。また外国で死亡した場合には日本時間と現地時間とにくいちがいが生ずることがあるが，この場合には，現地時間のままか，またはこれに日本時間を付記する（昭30・6・3民事甲1117号回答，昭35・4・12民事甲883号通達）方法がとられていたが，この取り扱いは改められ，死亡地の標準時によってのみ記載することとされている（平成6・11・16民二7005号通達第4）。

なお，死亡の日時が明らかでないときは，届書および戸籍のいずれにも死亡診断書または死体検案書のとおり推定日時を「推定何時」または「何時頃」と記載する（昭35・4・28民事甲994号回答）。

(2) **死亡の場所** 届書には死亡の場所を地番号，住居番号までも記載するが，戸籍には

国際後見準拠法については、通則法35条で「後見、保佐又は補助（以下「後見等」と総称する。）は、被後見人、被保佐人又は被補助人（次項において「被後見人等」と総称する。）の本国法による」ことを原則とし、補充的に外国人が被後見人等である場合であって、①当該外国人の本国法によればその者について後見等が開始する場合であって、日本における後見等の事務を行う者がないとき、②日本において当該外国人について後見開始の審判等があったときは、後見人、保佐人又は補助人の選任の審判その他の後見等に関する審判については、日本法によるものとしている。

　すなわち、後見等は被後見人等の本国法によるので、後見等開始の原因、後見等の機関、その設定、後見人等が被後見人等の身分上財産上の関係について有する権利義務、後見等の廃止・終了などは、すべて被後見人等の本国法による。したがって、日本にある外国人の後見等についてもその本国法によることとなり、本国法の認める後見等の機関が本国法に従って後見等の事務を執行する。

　このように後見等は、被後見人等の本国法によるべきものであるが、外国人につき、本国法上、後見等開始の原因があるにもかかわらず、日本において後見等の事務を行う者が事実上ない場合が生じ得る。この場合、そのままでは、その者の保護、および、日本社会の公益の維持に欠けるので、通則法35条2項1号・2号は、その場合、(1) 当該外国人の本国法によれば後見等開始の原因があるが、後見等の事務を行う者がないとき、(2) 外国人に対して日本において後見等開始の審判があったときは、日本の法律によるものとする。つまり、後見等の機関、被後見人等の身分上財産上の関係に関する被後見人等の権利義務などは、すべて日本の法律によることになる。

　そこで、次に日本法による後見等が設定されている場合に、本国法によって後見等が設定されたときは、日本法による後見等は消滅するかどうかという問題が生ずる。ところで、上記(1)の場合には、本国法による後見等に事務を行う者がないから日本法による後見等が設定されたものであるから、本国法によって後見等が設定され、当該後見人による保護が日本においても有効に行われるにいたった場合は、日本法による後見等を存続させる必要がなく、したがって、この場合には日本法による後見等は消滅するものと解される。これに対して、上記(2)の場合には、日本法による後見等が設定されたのは、本国法による後見等開始原因があるか否かとは無関係であるから、日本法による後見等は、日本法による後見等終了の原因がない限り存続するものと解される。

【参考文献】　江川英文「国際私法」

て，その戸籍の謄（抄）本の交付申請があった場合は，従来どおり発行することになる。
　(2)　心神耗弱を原因としない準禁治産者（浪費者，改正前民11条）　前記【2】の浪費者については，新法の適用がなく従前の例による（旧法）こととされている（民法一部改正法附則3条3項）ので，戸籍の取扱いは従来のとおり，準禁治産者として，保佐人が継続する（後見登記法附則6条2項）。
　つまり，浪費を原因として準禁治産の宣告を受けた準禁治産者および保佐人については，改正前の民法が適用されるので，その限度では準禁治産制度は存続することになる（大鷹一郎～戸籍誌697号21頁）。したがって，この場合の戸籍の謄（抄）本の作成交付は従前のとおりである。
　なお，準禁治産者に関する戸籍の謄（抄）本の利用については，後見登記所にする保佐登記の申請または家庭裁判所にする後見開始，保佐開始，補助開始の各審判申立てその他取引における行為能力の有無の証明には後見登記所発行の登記事項（有・無）の証明書とともに用いられる。
　囲　新しい保佐の制度（準禁治産制度の改正）
　　　保佐の制度は，精神上の障害により判断能力が著しく不十分な者（「心神耗弱者」の用語を改めている）を対象とする制度であり，単に浪費者であることを要件とはしていない（民11条。浪費者の中で判断能力の不十分な者は保佐または補助の各制度による保護を受けることができる）。
【参考文献】　岩井伸晃「新しい成年後見制度の成立」（登記インターネット2巻1号〈2000.1〉26頁）

No.266　国際後見・保佐・補助の準拠法

　「後見」とは，制限能力者を保護する法制度であるが，制限能力者には，(1)　未成年者と，(2)　成年被後見人・被保佐人・被補助人がある（民19条1項）ので，後見には，(1)　未成年後見と，(2)　成年後見とがある。そのほかに，被保佐人に保佐人，被補助人に補助人が付される（民7条・11条・14条・839条・840条・876条の6～10）。
　ただ，未成年者について親が親権者としてその保護をする場合には，親権制度によるので，この場合は，後見の適用がないことになる。そこで，「未成年後見」とは，未成年者の親権者による保護以外の保護手段であって一定の機関（後見機関）によってこれを保護するものであり，「成年後見」とは，成年被後見人の保護手段であって一定の機関（後見機関）によってこれを保護する法制度である。
　保佐開始の審判は，これを後見開始の審判と区別していない法制もあるが，両者を区別している場合でも，両者は，精神上の障害により事理を弁識する能力の強弱度合による差に応じた個人的保護を目的とすると同時に，これらの者と交渉を持つ一般社会の公益を維持しようとする，その制度の本質において異なるところはなく，したがって，国際私法上はこれを区別して取り扱うことはできず，これに応じて後見と保佐および補助も，国際私法上は区別し得ない。

【5】 新法施行後の旧法による禁治産者の戸籍の取扱い　前記【2】の後見の登記申請は，その申請をするか否かは一定の資格者(前掲【2】四親等内の親族など)の任意であるから，その申請のない限り従前の戸籍はそのまま存置される。したがって，その戸籍の謄(抄)本の交付申請があった場合は，従来どおり発行することになる。同謄(抄)本は，後見登記所にする後見登記の申請等のほか，取引における行為能力の有無の証明にも，後見登記所発行の登記事項(有・無)証明書とともに用いられる。

No.265 準禁治産者の従前戸籍の処理

平成12年4月1日以後においては，禁治産および準禁治産の制度を後見および保佐の制度に改め(民7条・11条)，新たに軽度の精神上の障害がある者を対象に補助の制度が創設された(民14条)。保佐制度の対象は「精神上の障害により事理を弁識する能力が著しく不十分な者」を保佐開始の審判により，被保佐人に保佐人を付することとなった(民12条)。これに関する登録と公証は後見登記所で管掌することとなった(後見登記法2条ないし4条，6条ないし11条)。

したがって，準禁治産者の従前戸籍については経過措置が必要となり，次のとおり処理される。

【1】 旧法による準禁治産者のうち心神耗弱を原因とした準禁治産宣告を受けた者　この者は，新法(民11条・11条の2)による保佐開始の審判を受けた者とみなされ被保佐人となり，その保佐人は，新法の保佐人とみなされる(民法の一部改正法附則3条2項)。

【2】 旧法による準禁治産者のうち心神耗弱を原因としない準禁治産者，すなわち，浪費者　この者は，従前の準禁治産者でも旧法(民11条)により，心神耗弱を原因としない者であり，浪費者であることが前提となっていた者である。この者は，前記【1】のような新法の適用はなく，従前の例(旧法)によるものとされている(同附則3条3項)。

【3】 旧法による心神耗弱を原因とした準禁治産者の新法適用後の保佐登記申請　前記【1】の準禁治産者は，新法の被保佐人，その保佐人とみなされるので，一定の者(被保佐人，その保佐人とみなされる者，被保佐人とみなされる者の配偶者，四親等内の親族)から保佐の登記を申請することができる(後見登記法附則2条2項)。

【4】 旧法による準禁治産者の新法適用後の戸籍管掌者への通知　前記【3】の登記がなされたときは，登記官は戸籍管掌者に対し，その旨の通知をすることとされている(同附則2条4項)。

【5】 旧法による準禁治産者(心神耗弱者)の新法適用後の戸籍再製　前記【4】の通知を戸籍管掌者が受けたときは，その通知に係る被保佐人とみなされる者の戸籍を再製しなければならないとされている(同附則2条5項)。その再製方法は，再製後の戸籍には，準禁治産に関する事項は記載しないというものである(平成12年法務省令7号改正，戸規附則4条，平12・3・15民二600号通達第2・3→ No.113「戸籍の再製」みよ)。

【6】 新法施行後の旧法による準禁治産者の戸籍の取扱い　(1) 心神耗弱を原因とした準禁治産者　前記【3】の保佐の登記申請は，その申請をするか否かは，一定の資格者(前述)の任意であるから，その申請のない限り従前の戸籍はそのまま存置される。したがっ

成立の年月日をそれぞれ届書に記載することになる（標準様式の届書の場合には，あらかじめ設けられた原因のうち「□未成年後見監督人の任務が終了した」の欄の□に「✓」を付し，その右欄に終了年月日を，また，「その他」欄に原因の具体的事由を記載する）。この届出に基づいて未成年被後見人の戸籍中その身分事項欄にする戸籍記載の振合いは「平成弐拾九年拾月参日未成年後見監督人甲川松子に欠格事由が生じたため任務終了同月七日届出㊞」の例で差し支えないと解される。なお，未成年後見監督人任務終了届の添付書類については，特に規定されていないが，終了の原因を証する書面，例えば，前述の(ｱ)の場合には破産手続開始決定の裁判書謄本およびその確定証明書を，また，(ｲ)の場合には，未成年後見人との婚姻事項の記載のある戸籍謄(抄)本を添付するのが相当と解される。

【参考文献】 青木義人・大森政輔「全訂戸籍法」

No.264
禁治産者の従前戸籍の処理
　平成12年4月1日以後においては，禁治産および準禁治産の制度を後見および保佐の制度に改めたことにより，成年後見制度として，「精神上の障害により事理を弁識する能力を欠く常況にある者」を後見開始の審判により成年被後見人として，これに成年後見人を付することになり（改正後民法7条・8条），これに関する登録と公証は後見登記所で管掌することとなった（後見登記法2条ないし4条，6条ないし11条，平成11年法律152号）。したがって，禁治産者の従前戸籍については経過措置が必要となり，次のとおり処理される〔→ No.254「禁治産・準禁治産制度の改正と任意後見制度創設のあらまし」みよ〕。

【1】　**旧法による禁治産者と新法の適用**　改正前の民法（旧法）の規定によって禁治産の宣告を受けた者は，改正後（新法）の民法の規定による後見開始の審判を受けた成年被後見人とみなされ，これに関する旧法による後見人および後見監督人は，新法の成年後見人および成年後見監督人とみなされる（民法の一部改正法附則3条1項，平成11年法律149号）。

【2】　**旧法による禁治産者の新法適用後の後見登記申請**　前記【1】の成年被後見人，成年後見人，もしくは成年後見監督人とみなされる者，また，その成年被後見人とみなされる者の配偶者もしくは四親等内の親族は，後見登記所に後見の登記を申請することができる（後見登記法附則2条1項）。

【3】　**旧法による禁治産者の新法適用後の登記と戸籍管掌者への通知**　前記【2】の登記がなされたときは，登記官は戸籍事務管掌者に対し，その旨の通知をすることとされている（同附則2条4項）。

【4】　**旧法による禁治産者の新法適用後の戸籍再製**　前記【3】の通知を戸籍事務管掌者が受けたときは，その通知に係る成年被後見人とみなされる者の戸籍を再製しなければならないとされている（同附則2条5項）。

　その再製方法は，再製後の戸籍には禁治産に関する事項は記載しないというものである（平成12年法務省令7号改正〜戸規附則4条，平12・3・15民二600号通達第2・3 → No.113「戸籍の再製」の【4】みよ）。

があった場合の記載例は参考記載例162の例による。
【参考文献】　青木義人・大森政輔「全訂・戸籍法」

No.263 未成年後見監督人の任務終了の届出と戸籍の記載

未成年後見監督人につき欠格事由が発生した場合は、任務の終了した未成年後見監督人から任務終了の届出を要するが、その届出前に後任の未成年後見監督人から地位喪失の届出があったときは、任務終了の届出義務は免れる。なお、上記以外の原因で任務が終了した場合には、届出の必要はない。

【1】**未成年後見監督人の任務終了届出**　未成年後見監督人の任務は、(1)未成年後見そのものの終了、(2)未成年後見監督人の死亡、(3)辞任または解任、(4)欠格事由の発生を原因として終了する。

しかし、任務終了の届出を要するのは、(4)の場合のみである。

すなわち、未成年後見そのものが絶対的に終了する(1)の場合は、未成年後見人から未成年後見終了の届出（戸84条）がなされ、その届出に基づく戸籍の記載によって公示されるから、未成年後見監督人からさらに任務終了の届出をする必要はない。また、未成年後見監督人の死亡により任務が終了する(2)の場合には、当該未成年後見監督人が届出をすることは不可能である。

未成年後見監督人が辞任の許可または解任によってその任務が終了する(3)の場合には、裁判所書記官から戸籍記載の嘱託がなされ（家事法116条1号・別表第1の75項・76項、家事規76条1項3号・4号、戸15条）、その嘱託に基づいて辞任・解任の旨が戸籍に記載されるから、この場合もまた、任務終了の届出の必要がない。結局、未成年後見監督人につき任務終了の届出を要するのは、例えば、(ｱ)　未成年後見監督人について破産手続開始決定が確定し（民852条・847条）、あるいは(ｲ)　未成年後見監督人が未成年後見人と婚姻した（民850条）ことなどにより欠格事由が生じた(4)の場合のみということになる。ただし、その届出前に、後任者または他の未成年後見監督人等から未成年後見監督人の地位喪失の届出があったときは、任務終了の届出義務は免れる。

【2】**未成年後見監督人任務終了届出の要件**　未成年後見監督人の任務終了の届出も、その性質上報告的届出に属する。届出事件の本人は未成年被後見人、未成年後見人および未成年後見監督人であるが、未成年後見監督人の任務終了の届出をすべき届出義務者は、当該未成年後見監督人である（戸85条・84条）。したがって、未成年後見監督人は任務終了の原因が発生した日（欠格事由が発生したときは、その事由発生と同時に当然にその地位を失う―明治32・5・27民刑934号回答）で、その日から10日以内に届出事件本人の本籍地または届出人の住所地（戸25条）に未成年後見監督人任務終了届をしなければならない。届書には、一般的記載事項（戸29条）のほか「任務終了の原因及び年月日」の記載を要するが、例えば、前述の例で、未成年後見監督人がその就任後に、(ｱ)　破産手続開始決定がされたことにより、任務が終了した場合には、右の審判およびその確定年月日を、また、(ｲ)　未成年後見人と婚姻したことにより任務が終了した場合は、右の婚姻およびその

未成年後見監督人が、辞任または解任を原因としてその地位を失ったときは、裁判所書記官からの嘱託により戸籍に記載される。

未成年後見監督人の辞任・解任および欠格事由の発生等その地位の相対的な終了の原因については、民法において未成年後見人に関する規定を準用しているから、未成年後見人の場合と基本的には同様である（民852条・844条・846条・847条。なお、未成年後見監督人については、民法第850条で更に欠格事由が定められている。）。

未成年後見監督の相対的な終了があったときの戸籍記載の手続については、未成年後見監督人の死亡、欠格事由の発生により地位を喪失する場合と、未成年後見監督人の辞任、解任により地位を喪失する場合とで、その手続が異なる。

(1) **死亡、欠格事由の発生による未成年後見監督人地位喪失の戸籍記載**

未成年後見監督人が死亡し、または民法第847条第2号から第5号までに掲げる欠格事由に該当する者となったため、その地位を失ったときは、未成年後見監督人地位喪失の届出により戸籍の記載がされる。

未成年後見監督人の地位喪失の届出義務者については、未成年後見人の規定が準用されている。未成年後見監督人が一名であった場合で後任者が選任されているときは、その後任者が就職の日から10日以内に、未成年後見監督人地位喪失の届出をしなければならない（戸85条・82条1項）。また、未成年後見監督人が複数いる場合には、他の未成年後見監督人が、その事実を知った日から10日以内に、未成年後見監督人地位喪失の届出をしなければならないこととなる（戸85条・82条2項）。これらの未成年後見監督人地位喪失の届出は、未成年者本人、その親族または未成年後見人から届け出ることもできる（戸85条・82条3項）。

未成年後見監督人地位喪失届には法定の添付書類はないが、未成年後見監督人が死亡により地位を喪失した場合には当該死亡事項が記載された戸籍謄本等、また、欠格事由に該当することにより地位を喪失した場合には当該欠格事由に該当することとなったことを証する裁判書の謄本等の提出を求めることができる（戸規63条）。また、後任の未成年後見監督人から届出をする場合において、当該後任者選任の戸籍の記載嘱託がいまだなされていない場合には、選任の審判書謄本を添付することにより届出資格を確認することができ、かつ、前任者の地位喪失原因も確認することができた場合には、受理することができる。

この届出による戸籍の記載は、参考記載例163の例による。

(2) **辞任、解任による未成年後見監督人地位喪失の戸籍記載**

未成年後見監督人が、家庭裁判所から辞任許可の審判を得た場合（民852条・844条）、又は、未成年後見人解任の審判が確定した場合（民852条・846条）には、裁判所書記官から、未成年被後見人の本籍地市区町村長に対し、戸籍記載の嘱託がなされるため戸籍の届出を要しない（家事116条・別表第1の75項・76項、家事規76条1項3号・4号）。

未成年後見監督人辞任許可の裁判確定による戸籍の記載嘱託があった場合の記載は、参考記載例161の例による。また、未成年後見監督人解任の裁判確定による戸籍の記載嘱託

る。

【6】 未成年後見監督人の解任の審判における保全処分の効力発生・失効と戸籍の処理
　未成年者の後見人，後見監督人の解任の審判前に仮の処分として，それぞれの職務の執行停止および代行者選任などがなされ，かつ，その裁判が失効することがある（家事法181条，127条）。この処分はあくまで暫定的なものであるので，従前（昭和56年1月1日前）は戸籍の記載事項とされていなかったが，公示の必要から家庭裁判所書記官からの嘱託により戸籍の記載がなされることになった（戸15条，家事法116条，家事法則76条）。
【参考文献】　①於保不二雄「注釈民法(23)」，②青木義人・大森政輔「全訂戸籍法」

No.261
未成年後見監督人の就職と戸籍の記載

　未成年後見監督人が就職した場合における戸籍への記載の方法であるが，指定未成年後見監督人の場合は，遺言により指定された未成年後見監督人が，未成年後見監督人就職の届出をすることにより，戸籍に記載される。
　また，選定未成年後見監督人の場合は，選任の裁判の確定後，裁判所書記官による戸籍記載の嘱託に基づいて記載される。
　未成年後見監督人就職を戸籍に記載する理由であるが，未成年後見監督人は，被後見人に相当の財産があるなど必要な場合に置かれる任意機関であるが，被後見人と第三者との間の財産上の行為に関与する権限を有していることから（民864条・13条1項・851条4号参照），未成年後見監督人が置かれているか否かは重要な事項であり，これを戸籍に記載して一般に公示することとされている（戸規35条5号，法定記載例134から137など）。
　そこで，指定未成年後見監督人が置かれたときは（民848条），未成年後見監督人就職の届出をすべきこととされている（戸85条・81条）。この届出は，報告的届出であり，また，未成年後見の監督機関に関する届出であるから，未成年被後見人，未成年後見人および未成年後見監督人が届出事件の本人である。
　そして，届出義務者は未成年後見監督人であり，就職した日から10日以内に届出をすることを要する。すなわち指定未成年後見監督人の場合は，遺言の効力が生ずる日（遺言者の死亡した日），つまり未成年後見開始の日（民985条1項）が右の届出期間の起算日となる。
　また，選定未成年後見監督人については，選任の裁判が確定した場合に（民849条），裁判所書記官から，被後見人の本籍地の戸籍事務管掌者に対し，戸籍記載の嘱託（家事法116条1号・別表第1の74項，家事規76条1項2号）がなされる。戸籍記載は，法定記載例136・137の例による。

No.262
未成年後見監督人地位喪失の届出と戸籍の記載

【1】届出　未成年後見監督人が，死亡または欠格事由の発生を原因としてその地位を失ったときは，未成年後見監督人地位喪失の届出により戸籍に記載される。

【3】 未成年後見監督人の資格・数

(1) **後見監督人の欠格事由** ① 後見人になる資格のない者（民847条）は、後見監督人にもなれない（民852条）。② 以上のほか、後見人の配偶者、直系血族および兄弟姉妹も後見監督人になれない（民850条）。

(2) **後見監督人の辞任・解任** 後見監督人は、後見人に準じて正当な事由があるときは、家庭裁判所の許可を得て辞任することができ（民852条・844条）、また、後見監督人の任務に適しないときは、家庭裁判所の審判によって解任される（民852条・846条）。

(3) **後見監督人の数** 後見監督人の数に制限はない。未成年後見人が一人に限られていた民法改正前（№255【5】(1)参照）においても、後見監督人（未成年者・成年者）については、通説は二人以上あってもさしつかえないものと解されていた。その理由としては、監督の目は多い方が望ましく、後見人との馴れ合いによる監督の形式化や不正を防止できる点に意義を認めていたようである。

【4】 未成年後見監督人の種類

未成年後見監督人は、その選任方法によって、次の二種に分けられる。すなわち、未成年後見にあっては、第一順位として指定後見監督人があり、第二順位として選定後見監督人がある。

(1) **指定後見監督人** 後見人を指定できる者は、遺言で未成年後見監督人を指定することができる（民848条）。

後見人を指定できる者とは、未成年者に対して最後に親権を行う者（管理権をも併有している単独の親権者）であり、また共同親権者である父母の一方が管理権を有しないときの他方の親権者（管理権をも併有している者）である（民839条）。この指定は、遺言の効力発生の時（遺言者死亡の時）にその効力を生ずる（民985条）。

(2) **選定後見監督人** 指定後見監督人がない場合、および指定もしくは選任の後見監督人が欠けた場合（死亡、辞任、解任など）、必要により家庭裁判所が未成年被後見人、その親族、未成年後見人の請求によって後見監督人を選任する（民849条）。この後見監督人の選任の審判は、選任される者に告知されることによって効力を生ずる（家事法74条2項）。

【5】 未成年後見監督人と戸籍の記載

旧民法当時の後見監督人は、必置機関であったので、戸籍に後見人の就職の記載があれば、常に後見監督人の存在が推定できたので、後見監督人に関する事項を戸籍に記載する必要がなかった。しかし、現行法は、未成年後見監督人を任意機関とした（民848条・849条）ことから、後見監督人の存否が後見人の権限に著しい差異を生ずる。

したがって、未成年後見監督人がある場合には、これを第三者にも公示する必要から、後見監督人の就職（指定・選任）、地位喪失および任務終了の各事項は、戸籍の記載事項とされている（戸13条8号、戸規35条5号）。

なお、家庭裁判所は、未成年後見監督人を選任した場合には、これを戸籍にも反映させるため、戸籍事務管掌者に戸籍記載の嘱託をする（家事法116条、家事規76条）。

また、未成年後見監督人の就職（指定・選任）、地位喪失および任務終了は、被後見人、後見人の戸籍に変動を及ぼすものではなく、これらの後見監督人に関する事項は、後見人の場合と同じく被後見人のみの戸籍に記載される。戸籍の記載方の詳細は、別項にゆず

No.260
未成年後見監督人（種類・職務内容・公示方法）

【1】 **意義** 未成年後見監督人は、未成年後見人を監督する機関である。明治31年施行の民法（以下「旧民法」という）では必置機関であった（旧民911条・912条）が、昭和23年施行の民法（現行民法）では、その必要を認める場合にのみ置く任意機関である（民848条・849条）。たとえば、後見人が未成年者の営業についての許可、その許可の取消、またはこれを制限する場合、後見人が被後見人に代わって営業をし、または未成年者がこれをすることについて同意を与える場合（民5条）、そのいずれの後見人の行為も後見監督人があれば、その同意を要し、これがなければその同意を要しないものとしている（民857条・864条）。このように後見監督人の存否は、後見人の権限に著しい差異を生ずるので、現行法が後見監督人を必置機関としなかったのは、後見事務の遂行に手続の煩雑さを避け、個々の事情により必要な場合だけ置けるようにしたものである。なお、成年後見監督人（民849条の2）は、任意機関であり、任意後見契約に関する法律による任意後見監督人（同法4条・7条）は必要機関である（同法2条）が、いずれも戸籍の記載の対象とはされていないで後見登記法による登記所に記録され（同法1条～5条）、一定の者に限って公示される（同法10条）。

【2】 **未成年後見監督人の職務** (1) **未成年後見人の事務を監督すること**（民851条1号） ① 後見人がする被後見人の財産調査および、その目録調製について立ち会うこと（民853条2項）。② 後見人が被後見人に対して有する債権、債務の申出を受けること（民855条1項）。③ 後見人が未成年者の身上および財産上に関して有する権利義務の行使について一定の行為に同意すること（民857条・864条）。④ 後見事務の報告、財産目録の提出を求めること、またはみずから後見事務そのものの調査、被後見人の財産調査をすること（民863条1項）。⑤ 被後見人の財産管理その他の後見事務について家庭裁判所に必要な処分を請求すること（民863条2項）。⑥ 後見の計算に立ち会うこと（民871条）。

以上のほか、未成年後見監督人は、後見事務の全般について適正な執行がなされるように、これを監督する責任があり、もし、後見人に不適格な事由がある場合には、家庭裁判所にその解任請求をすべき立場にある（民846条）。

(2) **後見人の選任請求**（民851条2号） 後見人が欠けた場合には、その選任を家庭裁判所に請求する義務がある。

(3) **後見事務の執行**（民851条3号・4号） ㈲ **緊急な事情があるとき** 後見人が欠けたか、一時不在などで、後見事務が行えない場合に、しかも緊急に後見事務を処理しなければならない事情にあるときには、後見監督人が後見の事務を行うべきものとしている（同条3号）。

㈱ **後見人が被後見人を代表することに公正を欠くおそれのあるとき** 被後見人Aと後見人甲の利益が相反する行為、および被後見人Aとその後見人甲の後見に服する他の被後見人B、または後見人甲を親権者としてその親権に服する子Cとの利益が相反する行為については、後見監督人が被後見人Aを代表すべきものとしている（同条4号）。

滅するために終了する場合（狭義の後見終了）を指している。以下は，狭義の後見終了について述べるものである。

未成年後見が終了したときは，未成年後見人は後見終了の日から10日以内に届出を要する（戸84条）。この後見終了届は，報告的届出の性質を有し，届出地はとくに限定されないで，事件本人（被後見人，後見人）の本籍地または届出人の所在地である（戸25条）。

なお，未成年被後見人が死亡し，または失踪宣告を受けたことにより後見が終了したときは，後見終了の記載をする実益がないので，届出も要しないものとされている（大4・11・6民1564号回答，大5・10・21民626号回答）。次に，届書の記載事項は，一般的記載事項（戸29条）のほか，後見終了届に特有な事項として未成年者後見の終了の原因および年月日を記載しなければならないが，終了の原因としては次のものがある（戸84条後段）。

(1) **未成年後見の終了原因** 未成年後見の終了原因については2つの場合があり，その1つは未成年後見人地位喪失の原因となる場合，すなわち未成年後見は継続しているが，後見人がその地位を去って後任の後見人が定められる相対的終了の原因になるものと，未成年後見そのものが絶対的に終了して，未成年後見の機関（未成年後見人および未成年後見監督人）が必要でなくなる原因である。

(2) **未成年後見の絶対的終了原因** ①未成年者が死亡しまたは失踪宣告を受けたとき，②未成年者が成年に達したとき（婚姻により成年に達したものとみなされたとき—民753条—も含まれる），③未成年者に対し親権または管理権を行う者があるに至ったときの3つである。

なお，③の場合には，㈠ 新たに親権者が生ずるに至ったときと，㈡ 従前の親権者が親権または管理権を回復したときがある。㈠については，例えば，㋐未成年者が養子となり養親の親権に服するに至ったとき（大正7・3・13民402号回答，昭和23・12・9民事甲3185号回答），㋑未成年後見に服する未成年者たる養子につき離縁によって実親が親権を行うに至ったとき（昭和37・9・13民事(二)発396号通知），㋒嫡出でない子につき準正により父が親権を行うに至ったとき（昭和23・5・13民事甲1259号回答，昭和25・12・4民事甲3089号回答），また，㈡については，例えば，㋓親権喪失，親権停止または管理権喪失の審判により未成年後見に付されていた場合に，その審判が取り消されたとき（民836条），㋔親権または管理権の辞任により後見が開始した後にこれを回復したとき（民837条2項），㋕親権者につき，後見・保佐開始の審判の取消しがあったとき（大正9・3・2民178号回答），㋖行方不明または長期不在の親権者が帰来したとき（昭和37・2・13民事甲309号）などである。

【2】 **添付書類** 親権喪失，親権停止または管理権喪失の審判の取消しによる未成年後見終了の場合は，その審判の謄本を添付すべきである。なお，取消しの審判には即時抗告が許されているので（家事法172条），前記のほか審判の確定証明書をも添付することになる。

【3】 **未成年後見の戸籍の記載** 後見終了事項は，後見に関する事項として，被後見人の身分事項欄に法定記載例133の例により記載する（戸規35条5号）。

【参考文献】 青木義人・大森政輔「全訂・戸籍法」

合は，後任の後見人を定める必要が生じるため，家庭裁判所が未成年被後見人またはその親族その他の利害関係人の請求によって後任者を選任する（民840条）。

　未成年後見の相対的な終了においては，未成年後見人の死亡，欠格事由の発生により地位を喪失する場合と，未成年後見人の辞任，解任により地位を喪失する場合とで，戸籍記載の手続が異なる。

(1) 死亡，欠格事由の発生による未成年後見終了の戸籍記載

　未成年後見人が死亡し，または民法第847条第2号から第5号までに掲げる欠格事由に該当する者となったため，その地位を失ったときは，未成年後見人地位喪失の届出により戸籍の記載がされる。当該届出においては，未成年後見人が一名であった場合と，複数名であった場合とで，届出義務者が異なる（戸82条）。

　未成年後見人が一名であった場合の届出義務者は，その後任者であり，就職の日から10日以内に，未成年後見人地位喪失の届出をしなければならない（戸82条1項）。また，未成年後見人が複数いる場合の届出義務者は，他の未成年後見人であり，その事実を知った日から10日以内に，未成年後見人地位喪失の届出をしなければならない（戸82条2項）。なお，これらの未成年後見人地位喪失の届出は，未成年者本人，その親族または未成年後見監督人から届け出ることもできる（戸82条3項）。

　未成年後見人地位喪失届には法定の添付書類はないが，未成年後見人が死亡により地位を喪失した場合には当該死亡事項が記載された戸籍謄本等，また，欠格事由に該当することにより地位を喪失した場合には当該欠格事由に該当することとなったことを証する裁判書の謄本等の提出を求めることができる（戸規63条）。また，後任の未成年後見人から届出をする場合において，当該後任者選任の戸籍の記載嘱託がいまだなされていない場合には，選任の審判書謄本を添付することにより届出資格を確認することができ，かつ，前任者の地位喪失原因も確認することができた場合には，受理することができる。

　この届出による戸籍の記載は，法定記載例132の例による。

(2) 辞任，解任による未成年後見終了の戸籍記載

　未成年後見人が，家庭裁判所から辞任許可の審判を得た場合（民844条），または，未成年後見人解任の審判が確定した場合（民846条）には，裁判所書記官から，未成年被後見人の本籍地市区町村長に対し，戸籍記載の嘱託がなされるため戸籍の届出を要しない（家事116条・別表第1の72項・73項，家事規76条1項3号・4号）。

　未成年後見人辞任許可の裁判確定による戸籍の記載嘱託があった場合の記載は法定記載例130の例による。また，未成年後見人解任の裁判確定による戸籍の記載嘱託があった場合の記載例は法定記載例131の例による。

【参考文献】青木義人・大森政輔「全訂・戸籍法」

No.259
未成年者の後見終了届と戸籍の記載

【1】届出　未成年者の後見終了という場合に，広義には前任後見人の解任および後任後見人の選任という相対的な終了も含んで解されているが，戸籍法84条にいう未成年者の後見終了とは，後見関係が絶対的に消

この届出による戸籍の記載は、未成年者の身分事項欄に法定記載例 118 の例により記載される。なお、未成年後見人が法人である場合は、法定記載例 119 の例による。
　未成年後見人の職務執行は、届出をまって初めてその効力を生ずるものではないから、就職の届出以前に未成年後見人としてなした行為は無効ではなく（明治 40・5・8 東京控訴院判決・法律新聞 437 号 6 頁）、また、指定未成年後見人は、その就職届出の前であるか否かを問わず、未成年後見人としての任務に就かなければならないとされる（大正 6・2・27 東京控訴院判決・判決大系 15 巻（Ib）― 2・1329 頁）。
【2】 **選定未成年後見人に関する戸籍記載の嘱託**　選定未成年後見人については選任の裁判が確定した場合に、裁判所書記官から未成年被後見人の本籍地の戸籍事務管掌者に対する戸籍記載の嘱託に基づき戸籍の記載をすることになる（民 840 条、家事法 116 条 1 号・別表第 1 の 71 項、家事規 76 条 1 項 2 号、戸 15 条）。
　(1)　**親権喪失または親権停止を原因として未成年後見が開始した場合**　親権者について、親権喪失または親権停止の裁判が確定したことを原因として未成年後見が開始した場合、家庭裁判所は、未成年被後見人またはその親族その他の利害関係人の請求によって未成年後見人を選任する（民 840 条 1 項）。この場合の戸籍の記載は、裁判所書記官からの嘱託により、未成年者の身分事項欄に法定記載例 120 の例により記載される。なお、未成年後見人が法人である場合は法定記載例 121 の例により記載される。未成年後見人の追加選任（民 840 条 2 項）があった場合も同様である。
　(2)　**管理権喪失、行方不明または長期不在を原因として未成年後見が開始した場合**　親権者について、管理権喪失、行方不明または長期不在を原因として未成年後見が開始した場合、家庭裁判所は、未成年被後見人またはその親族その他の利害関係人の請求によって未成年後見人を選出する（民 840 条 1 項）。この場合の戸籍の記載は、裁判所書記官からの嘱託により、未成年者の身分事項欄に法定記載例 122 の例により記載される。なお、未成年後見人が法人である場合は法定記載例 123 の例により記載される。未成年後見人の追加選任（民 840 条 2 項）があった場合も同様であり、未成年者の後見開始事由も省略せずに記載する。

No.258 未成年後見人地位喪失と戸籍の記載

【1】 **届出**　未成年後見人が、死亡または欠格事由の発生を原因としてその地位を失ったときは、未成年後見人地位喪失の届出により戸籍に記載される。
　未成年後見人が、辞任または解任を原因としてその地位を失ったときは、裁判所書記官からの嘱託により戸籍に記載される。
　未成年後見人の地位喪失は、未成年後見は継続しながら未成年後見人がその地位を去る場合、すなわち、未成年後見の相対的終了の場合に生じる。この地位喪失の主な原因は、未成年後見人の死亡（失踪宣告）、辞任（民 844 条）、解任（民 846 条）、欠格事由の発生（民 847 条）である。そして、これらの原因が生じたときは、未成年後見人は当然にその地位を失うこととなる（未成年後見の相対的終了）。このときに、未成年後見人が不在となる場

(2) **未成年後見人および成年後見人の欠格事由** (ｱ) **未成年者**（民847条1号） 民法753条に基づき、婚姻によって成年に達したものとみなされた者は、これに該当しないものと解されている。

(ｲ) **家庭裁判所で免ぜられた法定代理人・保佐人または補助人**（民847条2号） この法定代理人には、親権・管理権の喪失の審判を受けた者（民834条・835条）、後見人を解任された者（民846条）、遺言執行者を解任された者（民1019条）などがある。

(ｳ) **破産者**（民847条3号） 破産手続の開始により破産者自身のいっさいの財産について管理処分権を失い、各種の資格も剥奪され、また、社会一般から財産管理の手腕を有していないものと考えられているからである（破産法78条・47条・255条）。

(ｴ) **被後見人に対して訴訟をし、または、かつて訴訟をした者とこれらの配偶者・直系血族**（民847条4号） 訴訟の当事者となるには、原告となる場合のみでなく、被告となることも含まれるが、被後見人の利益保護を目的として単に形式的に訴訟の当事者となるような場合は、これに該当しないものと解されている（明43・11・29大審院決定〔民録16輯855頁〕、大2・10・4大審院決定〔民録19輯748頁〕）。また、家事調停（家事法244条）は「訴訟」に含まれないものと一般に解されている。

(ｵ) **行方の知れない者**（民847条5号）

(3) **欠格の効果** 欠格の効果は、前記の各欠格事由に該当する事実が発生すると同時に生ずる。したがって、後見開始前にこのような欠格事由があるときは、後見人になれない。つまり、欠格者を後見人に指定しても指定の効力を生じないし、選任の審判をしても無効である。

次に、後見人としての就職後に、欠格事由が発生したときは、その事実発生と同時に後見人は当然にその地位を失う。また、この失格した者が、その後にその欠格事由が解消しても、当然に後見人の地位を回復するものではないと解されている（明32・9・12民刑1356号回答）。もっとも、欠格事由の解消した者を改めて後見人に選任することは妨げないものと解される。

【参考文献】 ①於保不二雄「注釈民法」、②青木義人・大森政輔「全訂戸籍法」

No.257 未成年者の後見開始と戸籍の記載

指定未成年後見人の場合は、遺言により指定された未成年後見人が、未成年後見開始の届出をすることにより、戸籍に記載される。

選定未成年後見人の場合は、選任の裁判が確定後、裁判所書記官による戸籍記載の嘱託に基づいて記載される。

【1】 **指定未成年後見人による未成年後見開始届** 指定未成年後見人は、その就職の日、つまりは遺言者の死亡の日から10日以内に、後見開始の原因および年月日、未成年後見人就職の年月日を記載して未成年後見人もしくは未成年後見人の本籍地または届出人の所在地の市町村長に届け出なければならない（戸81条・25条）。その添付書類は、遺言の謄本である。なお、未成年後見は、開始原因の発生によって当然に開始するから、この届出は報告的届出にほかならない。

が，後見人の辞任を許可する審判が確定したときは，被後見人の戸籍中その身分事項欄に，家庭裁判所書記官の嘱託により法定記載例 130 の例により戸籍記載がなされる（戸 15 条，家事法 116 条）。

【2】 **後見人の解任** (1) **意義** 未成年者または成年者の後見人は，本来，後見制度の目的遂行のために設けられたものであるから，後見人に後見の任務に適しない事由があるとき，たとえば，後見人がその権限を濫用したり，管理が失当であったり，あるいは任務を怠るなど，後見人に不正な行為や著しい不行跡その他，後見の任務に適しない事由などがあるときは，家庭裁判所は一定の者の請求により，または職権によって後見人を解任することができる（民 846 条，児童福祉法 33 条の 9）。解任は，不適任の後見人をその意思に反して，その地位を剝奪するものであり，これは，あたかも親権・管理権の喪失審判原因（民 834 条・835 条）との対比において理解されるものである。

(2) **審判手続と効果** 後見人の解任は，後見人の住所地の家庭裁判所が管轄し，請求権者である後見監督人，被後見人若しくはその親族，検察官および児童相談所長の請求により，または家庭裁判所の職権によって審判手続が進められる（民 846 条，児童福祉法 33 条の 9，家事法 39 条別表第 1 の 5・73 項，117 条・176 条）。

解任の効果は，解任の審判が確定することによって生じ，後見人はその地位を失うことになる（家事法 74 条）。

なお，解任の審判に対しては，後見人，後見監督人，被後見人の親族から即時抗告（不服申立）をなすことができるから，審判の告知がなされてから 2 週間後（即時抗告があった場合は抗告審の確定）でなければ確定に至らない（家事法 74 条・85 条 1 項・123 条・179 条）。また，解任申立を却下する審判に対しては，申立人，後見監督人，被後見人の親族が即時抗告をすることができる（家事法 123 条・179 条）。

(3) **未成年被後見人の戸籍の処理** 未成年後見人の解任について，その審判が確定し効力を生じたときは，未成年者の戸籍中その身分事項欄に，家庭裁判所書記官の嘱託により法定記載例 131 の例により戸籍の記載がされる（戸 15 条，家事法 116 条）。

次に，後見人解任の審判事件において，その解任審判前に仮の処分として後見人の職務を停止し，またはその代行者を選任することがある（家事法 127 条・181 条）。この処分は，あくまで暫定的なものであるが，未成年後見に関しては，戸籍上にそれを公示する必要があるので，その仮処分が効力を生じ，もしくは取り消され，または失効したときは，未成年者の戸籍中その身分事項欄に，家庭裁判所書記官の嘱託により参考記載例 151～153 の例の戸籍記載がなされる（戸 15 条，家事法 116 条）。

【3】 **後見人の欠格** (1) **意義** 未成年後見人の主たる職務は，被後見人である未成年者についての身上監護（民 857 条）に加え，成年後見人と同様，被後見人の財産を管理し，また，その財産に関する法律行為について被後見人を代表する権利義務を有するものである（民 859 条）。したがって，後見人は相当の能力を必要とし，また，誠実にその職務を行い得るという信頼できる者でなければならない。そこで民法は，次の(2)に掲げる事由に該当する者は，後見人に就職できないものと規定している（民 847 条）。

児童、もしくは被保護者について未成年後見人選任を請求すべきものとしている（児童福祉法33条の8、生活保護法81条・19条）。

【6】 未成年後見人と戸籍の記載　未成年後見は、未成年者保護の制度であるから、後見に関する事項は、被後見人について重要な身分事項であるばかりでなく、第三者にもこれを公示する必要がある。したがって、未成年後見の開始、選任、辞任、解任は、戸籍の記載事項とされている（戸13条8号、戸規35条5号）。なお、成年被後見人については、別途特別法〔→ №254の【3】「後見登記制度の創設」みよ〕によって、後見登記所の登記ファイルに記録され、一定の者に限って登記事項証明書の交付がなされる。

また未成年後見の開始、選任、辞任、解任は、未成年後見人の戸籍に変動を及ぼすものでなく、これらの後見に関する事項は、被後見人の戸籍のみに記載される（法定記載例118から133参照）。

【参考文献】　①於保不二雄「注釈民法(23)」、②幾代　通「注釈民法(16)」、③青木義人・大森政輔「全訂戸籍法」

~~~~~~~~~~~~~~~~~~~~~~~~~~~~~~
№.256
後見人の辞任・解任・欠格
（審判手続と公示方法）
~~~~~~~~~~~~~~~~~~~~~~~~~~~~~~

【1】 未成年者または成年者の後見人の辞任　**(1) 意義**　後見人制度は、未成年者保護のための親権制度の延長もしくは補充として、また成年被後見人保護のために設けられたものである。したがって、未成年後見人および成年後見人のいずれもの後見人は、相当の事由もなく、みだりにその職務から離脱することは許されるべきではない。そこで、民法は後見人がその職務を退くには、一定の制約のもとに認めている。

すなわち、後見人は「正当な事由」があるときに家庭裁判所の許可を得て、その任務を辞することができるものとしている（民844条）。後見人の辞任は、親権の辞任の場合「やむを得ない事由」に比べて、より弾力的になっているが、正当な事由があるかどうかは家庭裁判所が判断することになる。

(2) 審判手続と効果　後見人辞任許可の申立は、後見人から被後見人の住所地の家庭裁判所にする（家事法117条・176条）。家庭裁判所は、この事件が調停に親しまないので、必ず審判手続によって処理する（家事法39条別表第1の4項、72項）。辞任の審判に対しては、却下の場合にも許可の場合にも、即時抗告（不服申立）は許されない。

未成年後見人の辞任の効力発生については、民法の規定の文言が親権の辞任と同じように表現されているが（民837条と同844条との対比）、戸籍法に親権辞任の効力が届出によって生ずる旨の規定があるのに対して（戸80条）、後見人の辞任については、届出を規定していないことから、戸籍の実務では、後見人辞任の効力は、家庭裁判所の許可審判によって生ずるものと解している（昭26・5・4民事甲912号回答）。したがって、親権辞任と後見人辞任とは、民法の規定が同じ表現であっても、さきに述べたように戸籍法の建前との関連において辞任の効力発生時点は、親権辞任が辞任届受理の時であるのに対し、後見人辞任は辞任許可審判の告知の時と解されるわけである。

(3) 戸籍の処理　未成年後見人の辞任は、前述のとおり、戸籍法上の届出を要しな

のである。家庭裁判所における未成年後見人となる者の適格性の審査はこれまでも行われてきたが，①法人の未成年後見人の選任の許容に伴い，利益相反のおそれのある者を適切に排除することができるように法文上考慮事情を明示するのが適当であること，②平成11年に法人または複数の後見人を許容する改正がされた成年後見制度において，選任の考慮事情が法文上列挙された（民843条4項）ことなどから，未成年後見についても，選任する際の考慮事情が法文上列挙された。

(2) **未成年後見人の種類**　未成年後見人は，その決定方法によって，次の二種に分けられるが，第一順位として未成年後見人となるのは，未成年後見にあっては，指定後見人であり，この第一順位の未成年後見人がない場合に，家庭裁判所が未成年後見人を選任することになる（民840条，841条）。

(ア)　**指定未成年後見人**　未成年者に対し最後に親権を行う者が，管理権を辞任・喪失した場合を除き（参照前記【4】(イ)），遺言で未成年後見人を指定し，その遺言の効力が生じたとき（遺言者の死亡）に未成年後見人に就任したものとされる（民839条1項・985条1項）。ここに最後に親権を行う者とは，父母の一方が死亡，親権の辞任・喪失・停止により他の一方が親権者となった場合とか，離婚によってその一方が親権者と定められた場合などのように単独親権者となった場合に，はじめて該当者となって指定権を有する。したがって，婚姻中の父母は，未成年者に対し，共同して親権を行うわけであるから指定権はない。しかし，共同親権者でも，一方が管理権を辞任・喪失しているときは，他の一方が遺言で未成年後見人を指定できる（民839条2項）。この場合の指定後見人は，他方の財産管理権を有しない親権者があれば，財産管理についてのみ権限を有することになる。

なお，指定後見人は，その方式が遺言に限られていることから，遺言後見人とも呼ばれている。

(イ)　**選定未成年後見人**　前記(ア)によって第一順位の後見人がないとき（未成年後見に指定後見人がない場合）は，家庭裁判所が未成年被後見人またはその親族その他の利害関係人の請求によって後見人を選任する（民840条1項）。また，第一順位の未成年後見人があっても，その後死亡・辞任（民845条），解任（民846条），その他，欠格（民847条）などの事由によって未成年後見人が欠けたときも未成年後見人の選任を要する（民840条1項後段）。

未成年後見人がある場合においても，家庭裁判所は，必要があると認めるときは，前項に規定する者，もしくは未成年後見監督人の請求によりまたは職権で，さらに未成年後見人を選任することができる（民840条2項・851条2号）。

未成年後見人を選任するには，未成年被後見人の年齢，心身の状態ならびに生活および財産の状況，未成年後見人となる者の職業および経歴ならびに未成年被後見人との利害関係の有無（未成年後見人となる者が法人であるときは，その事業の種類および内容ならびにその法人およびその代表者と未成年被後見人との利害関係の有無），未成年被後見人の意見その他一切の事情を考慮しなければならない（民840条3項）。

なお，児童相談所長や生活の保護の実施機関に対しても，親権者や未成年後見人がない

始する（昭25・3・30民事甲859号回答二）。

　(イ)　**親権を行う者が管理権を有しないとき**（民838条1号後段）　父母が共同して親権を行っている場合に、父母の一方が管理権を辞任・喪失しても後見は開始しない。この場合には、他の一方が管理権を含めて親権を行使し、管理権を辞任・喪失した一方は、監護・教育についてのみ他の一方と共同して親権を行うことになる（民818条3項）。したがって、単独の親権者または親権者である父母双方が同時に、管理権を辞任・喪失した場合にのみ後見が開始する。この場合には、親権者が身上監護権を、後見人が財産管理権を行うことになる。

　財産管理権を有する後見人は、身上監護権のみを有する親権者が死亡した場合に、身上監護の権限をも行うことになるというのが戸籍の取扱いである（明34・5・28民刑571号回答、昭27・1・24法務府と裁判所との第18回戸籍事務連絡協議会）。

【5】　**未成年後見人**　(1)　**未成年後見人の資格・員数**　未成年後見の事務を行う者を未成年後見人といい、未成年後見人になるには、一定の要件（民847条）が定められている。すなわち、次に掲げる者は、被後見人の利益を保護するため後見人になることができない。

　(ア)　未成年者、(イ)　家庭裁判所で免ぜられた法定代理人・保佐人または補助人、(ウ)　破産者、(エ)　被後見人に対して訴訟をし、またはした者およびその配偶者並びに直系血族、(オ)　行方の知れない者。

　次に未成年後見人の人数については、従前は、責任の分散と事務の渋滞を避けるため一人に限られていたが、一人で未成年者の身上監護と財産管理のすべてを果たすのは荷が重く、法律専門家に財産管理を、身上監護にはその他の者を未成年後見人に選任するのが適当な場合があるので、民法の改正により、平成24年4月1日からは、複数の未成年後見人を選任することができることとなった（民法840条の改正と842条の削除等）。

　複数の未成年後見人が選任された場合は、身上監護権、財産管理権のいずれについても、権限を共同行使することが原則とされた（民857条の2第1項）。もっとも、家庭裁判所は、(1)一部の未成年後見人について、財産に関する権限のみを行使すべきことを定めることができる（同条2項）。また、(2)財産に関する権限について、各未成年後見人が単独で権限を行使すべきこと（単独行使の定め）、または複数の未成年後見人が事務を分掌して権限を行使すべきこと（事務分掌の定め）を定めることもできるとされている（同条3項）。

　なお、一人の未成年後見人が複数の未成年被後見人のために未成年後見人となることは差し支えないと解される。また、法人であっても、体制の整備によっては身上監護の事務に対処することは可能であり、むしろ組織で対応することによって未成年後見人の負担を軽減するという利点もあり、事実上自立した年長の未成年者であれば、未成年後見人が引き取って監護することはなく、職務内容としては財産に関する権限の行使が主なものとなるので、前記の民法改正の際に、法人の未成年後見人の選任が許容されることとなった（民法840条3項の括弧書）（囲）。

　囲　新設された民法第840条第3項の規定は、未成年後見人選任の際の考慮要素を明示したも

〔→ No.264「禁治産者の従前戸籍の処理」みよ〕。
　なお，従前に禁治産の宣告（準禁治産の宣告も同じ）を受けていながら，戸籍の届出をしないまま新法が施行された場合には，新法施行後であっても，いったん戸籍に記載することが相当であるとして，改正前の戸籍法を適用し，後見開始届（または保佐開始届）をしなければならないものとされている（平成11年法律152号附則6条1項）。

【3】　**未成年後見の内容**　後見の職務内容は，民法853条から869条までに規定されている。すなわち，未成年者の監護教育と財産管理ならびに法定代理が主なるものとなっている。このように，後見の主要職務が，未成年被後見人の身上監護・財産管理・法定代理という親権とまったく同一のものとなっていることは，一見して親権と後見との差異がないようにみられる。しかし，親権には親子の愛情信頼を名目として，次のような後見人といくらかの差異を認めている。

　(1)　嫡出子には父母，養子には養親，婚外子には母が，当然に親権者となるが（民818条），未成年後見人は後述のとおり指定（民839条），選任（民840条）を要する。
　(2)　親権者には，財産調査および財産目録調製義務の定めがないが，後見人にはこれを命ぜられている（民853条）。
　(3)　財産管理について，親権者は親子の情誼からして自己の財産におけると同一の注意をすれば足りるとされているが（民827条），それに比べて後見人には高度な善良な管理者の注意義務（普通注意を用いる人が事物の状況に応じて通常なすべき注意）が要求されている（民869条・644条）。
　(4)　親権者は報酬を請求できないが，後見人は報酬を受けることができる（民862条）。
　(5)　親権者は，やむを得ない事由がなければ辞任できないが（民837条），後見人は正当の事由があれば辞任できる（民844条）。

【4】　**未成年後見の開始原因**　(ア)　**親権を行う者がないとき**（民838条1号前段）(a)　法律上親権を行う者がない場合，たとえば，親権者の死亡，失踪宣告，親権喪失，親権停止，親権辞任，精神上の障害（明33・11・16民刑1451号回答）などである。(b)　事実上，親権の行使ができない場合，たとえば親権者の事実上の精神上の障害（明39・4・17民刑298号回答），長期不在，行方不明（昭6・10・8民事710号回答）などである。
　前記，(a)，(b)の各事例は，父母が共同して親権を行っている場合において，父母の一方のみに前記の各事由が生じても，他の一方が単独で親権を行使するから（民818条3項）後見は開始しない。しかし，父母の双方が同時に，または父母の一方が単独親権となった後に死亡し，もしくは親権を喪失・停止・辞任したときは後見が開始する。
　なお，次のような特殊な場合がある。(a)　養親が死亡した場合，実親がいても後見が開始する（昭23・11・12民事甲3585号通達）。もっとも，養親と実親とが婚姻関係にある場合に，養親が死亡し，または親権を喪失・停止・辞任したときは，実親が親権を行うから後見は開始しない。(b)　養父母が養子の親権者を養母と定めて離婚後，養子が養母と離縁したときは後見が開始する（昭24・11・5民事甲2551号回答）。(c)　養親の一方の死亡後，生存養親とのみ離縁するときは，実父母が生存していても，死亡養親との関係で後見が開

【9】 未成年後見・従前の禁治産後見

No.255
未成年後見・禁治産後見（職務内容・開始原因・公示方法）

【1】 未成年者の後見制度　未成年後見は、未成年者保護の制度であり、未成年者保護のための親権の延長または補充としての実質を有している（民838条1号）。すなわち、未成年者は、本来父母の保護のもとにあるべきだが、父母がともに死亡し、または行方不明などのため、父母の保護を受けられなくなったり、もしくは、父母があっても親権の喪失・停止や財産管理権の喪失などのため、その保護を受けられなくなることがある。このような場合に、未成年者の監護教育と財産の管理をするのが未成年後見の制度である。

(2)　従前の禁治産者後見制度　成年者・未成年者を問わず、強度の精神上の障害（心神喪失の常況）のため、療養看護を必要とする場合に付されたのが、禁治産者後見である（改正前の民7条・8条）。この禁治産者後見も、療養看護の点を除けば、改正前の民法でも未成年後見と共通の内容になっている（民859条）。

なお、未成年者に対しては、未成年者の後見制度があるので、とくに禁治産宣告をする必要もないと思われるが、民法改正前も、未成年者に対する禁治産宣告も制限されていなかった。したがって、もし、未成年者について禁治産宣告の審判がなされた場合には、未成年者に親権者または既設の後見人の有無にかかわりなく戸籍上に禁治産宣告のあった旨を明示するため、後見開始届を要するのが戸籍の取扱いであった（大14・1・6民事11087号回答）。

【2】　従前の禁治産宣告制度と改正後の制度との経過措置　禁治産宣告の制度（改正前民7条）は、平成12年4月1日から改められ、精神上の障害により事理を弁識する能力を欠く常況にある者に対しては、後見開始の審判をなすことができることとし、その審判を受けた者は成年被後見人とし、これに成年後見人を付することとなった（改正後の民7条・8条）。

また、成年被後見人と成年後見人の登録、公証は、戸籍の記載によらないで、別途の特別法「後見登記等に関する法律」によることとされ、その事務は、法務省所管の登記所で取り扱うこととなった。

さらに、従前の旧法による禁治産の宣告は、新法による後見開始の審判とみなされ、禁治産の宣告を受けた禁治産者並びにその後見人および後見監督人は、新法後の成年被後見人並びにその成年後見人および成年後見監督人とみなされる（民法一部改正附則3条1項）ので、これらの者およびその者の配偶者および四親等内の親族は、登記所に後見の登記を申請することができる（後見登記法附則2条1項）。この場合に登記官は、戸籍管掌者に登記済の旨を通知し（同附則2条4項）、これを受けた戸籍管掌者においては、該当成年被後見人の戸籍に後見登記がなされた旨を記載し、その戸籍を従前の禁治産宣告の記載がなかった状態に回復する。その方法は、再製手続（職権）によりなされる（同附則2条5項

は，家事事件手続法126条2項，134条2項，143条2項に規定するもの。）の登記は，嘱託又は申請により，後見登記等ファイルに，政令で定める事項（同日以降は，法で定める事項）を記録することによって行うこととした。（法4条2項）

(5) 任意後見契約の登記

任意後見契約の登記は，嘱託又は申請により，後見登記等ファイルに，任意後見契約に係る公正証書を作成した公証人の氏名及び所属並びにその証書の番号及び作成の年月日，任意後見契約の委任者（以下「任意後見契約の本人」という。）の氏名，出生の年月日，住所及び本籍，任意後見受任者又は任意後見人の氏名，住所及び代理権の範囲，任意後見監督人の氏名，住所及び選任の審判の確定の年月日等の所要の事項を記録することによって行うこととした。（法5条）

(6) 変更の登記・終了の登記

(ｱ) 後見登記等ファイルの各記録（以下「登記記録」という。）に記録されている者は，登記すべき事項に変更が生じたことを知ったときは，嘱託による登記がされる場合を除き，変更の登記を申請しなければならないこととした。（法7条1項）

(ｲ) 後見等に係る登記記録に記録されている者は，成年被後見人等が死亡したことを知ったときは，終了の登記を申請しなければならないこととした。（法8条1項）

(ｳ) 任意後見契約に係る登記記録に記録されている者は，任意後見契約の本人の死亡その他の事由により任意後見契約が終了したことを知ったときは，嘱託による登記がされる場合を除き，終了の登記を申請しなければならないこととした。（法8条2項）

(ｴ) 成年被後見人等の親族，任意後見契約の本人の親族その他の利害関係人は，登記すべき事項に変更が生じたとき又は後見等若しくは任意後見契約が終了したときは，嘱託による登記がされる場合を除き，変更の登記又は終了の登記を申請することができることとした。（法7条2項・8条3項）

(7) 登記事項証明書の交付等

成年被後見人等，成年後見人等，成年後見監督人等，任意後見契約の本人，任意後見受任者，任意後見人，任意後見監督人その他一定の者は，登記官に対し，一定の登記記録等について，後見登記等ファイル等に記録されている事項（記録がないときは，その旨）を証明した登記事項証明書等の交付を請求することができることとした。（法10条）

(8) 従前の禁治産者，準禁治産者についての経過措置

(1) №264「禁治産者の従前戸籍の処理」みよ。

(2) №265「準禁治産者の従前戸籍の処理」みよ。

【参考文献】 ①平成11年12月8日付け官報，②髙妻新・荒木文明［全訂第二版「相続における戸籍の見方と登記手続」1231頁〜1269頁（成年後見制度・法定後見・任意後見・審判申立と登記事項証明等)］

(イ)　(ア)の場合における後見開始の審判等の請求は，任意後見受任者，任意後見人又は任意後見監督人もすることができることとした。(法10条2項)
　(ウ)　任意後見監督人が選任された後において本人が後見開始の審判等を受けたときは，任意後見契約は終了することとした。(法10条3項)
　(9)　**任意後見人の代理権消滅と登記**　任意後見人の代理権の消滅は，登記をしなければ，善意の第三者に対抗することができないこととした。(法11条)
　(10)　**後見開始の審判等は，甲類事件**　家事審判法の適用に関しては，この法律によって創設された審判事項は，家事審判法第9条第1項甲類に掲げる事項とみなすこととした。(法12条。なお，同条は，平成23年法律第53号により削除され，平成25年1月1日からは，任意後見に関するものは，家事事件手続法別表第1の101から121までの審判事項とされている。)
　(11)　**任意後見契約に関する審判手続**　任意後見契約に関する法律に定めるもののほか，任意後見契約に関する審判の手続に関し必要な事項は，最高裁判所規則で定めることとした。(法13条。同条も，12条と同様，削除された。)

【3】　**後見登記制度の創設**（平成11年法律152号「後見登記等に関する法律」(以下この項において「法」という。)，平成12年4月1日施行)
　(1)　趣旨
　民法に規定する後見（後見開始の審判により開始するものに限る。以下同じ。），保佐及び補助に関する登記並びに任意後見契約に関する法律に規定する任意後見契約の登記（以下「後見登記等」と総称する。）の制度を創設することとした。(法1条)
　(2)　登記所
　後見登記等に関する事務は，法務大臣の指定する法務局若しくは地方法務局又はその支局若しくは出張所が，登記所としてつかさどることとした。(法2条)囲本制度発足時の指定された登記所は，全国で一か所（東京法務局）のみである。
　(3)　登記官
　登記所における事務は，指定法務局等に勤務する法務事務官で，法務局又は地方法務局の長が指定した者が，登記官として取り扱うこととした。(法3条)
　(4)　後見等の登記
　(ア)　後見，保佐又は補助（以下「後見等」と総称する。）の登記は，嘱託又は申請により，磁気ディスク（これに準ずる方法により一定の事項を確実に記録することができる物を含む。）をもって調製する後見登記等ファイルに，後見等の種別，開始の審判をした裁判所，その審判の事件の表示及び確定の年月日，成年被後見人，被保佐人又は被補助人（以下「成年被後見人等」と総称する。）の氏名，出生の年月日，住所及び本籍，成年後見人，保佐人又は補助人（以下「成年後見人等」と総称する。）の氏名及び住所，成年後見監督人，保佐監督人又は補助監督人（以下「成年後見監督人等」と総称する。）の氏名及び住所等の所要の事項を記録することによって行うこととした。(法4条1項)
　(イ)　後見等の開始の審判前の保全処分（政令で定めるものに限る。平成25年1月1日以降

後見人（受任者）に対し，精神上の障害により判断能力が不十分な状況における自己の生活，療養看護及び財産の管理に関する事務の全部又は一部を委託し，その委託に係る事務について代理権を付与することができ，この契約は，家庭裁判所が任意後見監督人を選任した時からその効力が生ずる（任意後見監督人が選任される前における任意後見契約の受任者を「任意後見受任者」という。）こととした。（法1条・2条）

　(イ)　任意後見契約は，公証人の作成する公正証書によることを要することとした。（法3条）

　(2)　**任意後見監督人の選任**　(ア)　任意後見契約が登記されている場合において，精神上の障害により本人の判断能力が不十分な状況にあるときは，次の(イ)の場合を除き，家庭裁判所は，本人，配偶者，四親等内の親族又は任意後見受任者の請求により，任意後見監督人を選任し，任意後見契約の効力を生じさせることとした。（法4条）

　(イ)　任意後見受任者に不適任な事由がある等の場合には，家庭裁判所は，任意後見監督人を選任しないこととした。（法4条1項ただし書）

　(3)　**任意後見監督人の欠格事由**　任意後見受任者又は任意後見人の配偶者，直系血族及び兄弟姉妹は，任意後見監督人となることができないこととした。（法5条）

　(4)　**任意後見人の事務執行上の配慮義務**　任意後見人は，その事務を行うに当たり，本人の意思を尊重し，その心身の状態及び生活の状況に配慮しなければならないこととした。（法6条）

　(5)　**任意後見監督人の事務執行上の留意事項**　任意後見監督人は，任意後見人の事務を監督し，その事務に関して家庭裁判所に定期的に報告するとともに，随時，任意後見人に対しその事務の報告を求め，又は任意後見人の事務若しくは本人の財産の状況を調査すること等を職務とすることとした。（法7条）

　(6)　**任意後見人の解任**　任意後見人に不正な行為，著しい不行跡その他その任務に適しない事由があるときは，家庭裁判所は，任意後見監督人，本人，その親族又は検察官の請求により，任意後見人を解任することができることとした。（法8条）

　(7)　**任意後見契約の解除**　(ア)　任意後見監督人が選任される前においては，本人又は任意後見受任者は，いつでも，公証人の認証を受けた書面によって，任意後見契約を解除することができることとした。（法9条1項）

　(イ)　任意後見監督人が選任された後においては，本人又は任意後見人は，正当な事由がある場合に限り，家庭裁判所の許可を得て，任意後見契約を解除することができることとした。（法9条2項）

　(8)　**後見開始の審判等と任意後見契約との関係**　後見開始，保佐開始又は補助開始の審判（以下「後見開始の審判等」という。）と任意後見契約との関係については，次のとおりとした。

　(ア)　任意後見契約が登記されている場合には，家庭裁判所は，本人の利益のため特に必要があると認めるときに限り，後見開始の審判等をすることができることとした。（法10条1項）

ついて，補助人に同意権及び取消権を付与することができることとし，特定の法律行為の範囲は(3)(イ)に定める行為の一部に限ることとした。(法17条1項・2項)

(エ) 補助人の同意を得なければならない行為を被補助人が補助人の同意又はこれに代わる家庭裁判所の許可を得ないでしたときは，被補助人又は補助人において当該行為を取り消すことができることとした。(法17条4項・120条1項)

(オ) 被補助人の申立て又は同意を要件として，当事者等が申し立てた特定の法律行為について，補助人に代理権を付与することができることとした。(法876条の9)

(5) **成年後見人，保佐人，補助人の選任** 家庭裁判所は，後見開始，保佐開始又は補助開始の審判をするときは，職権で，成年後見人，保佐人又は補助人を選任することとした。(法843条1項・876条の2第1項・876条の7第1項)

(6) **成年後見人の複数制，法人の選任制導入** 家庭裁判所が，適任者を成年後見人等に選任することができるようにするため，配偶者が当然に成年後見人等となる旨を定める従前の規定を削除し，成年後見人等に複数の者，又は法人を選任することができるようにするための所要の規定の整備を行うとともに，その選任に当たり，家庭裁判所が考慮すべき事情を明記することとした。(法840条・842条・843条・859条の2・876条の2・876条の6)

(7) **成年後見人の事務執行への配慮義務** 成年後見人等は，その事務を行うに当たり，本人の意思を尊重し，その心身の状態及び生活の状況に配慮しなければならないこととした。(法858条・876条の5第1項・876条の10第1項)

(8) **成年後見監督人，保佐監督人，補助監督人の制度の新設** 成年後見監督人に加えて，保佐監督人及び補助監督人の制度を新設することとし，家庭裁判所は，必要があると認めるときは，当事者等の請求又は職権により，成年後見監督人，保佐監督人又は補助監督人を選任することができることとした。(法849条の2・852条・876条の3・876条の8)

(9) **公正証書遺言の方法の改正** ノーマライゼーションの一環として，聴覚等に障害がある者が遺言をするための手段を次のとおり拡充した。

(ア) 従前の公正証書遺言の方式を改め，聴覚又は言語機能に障害がある者が手話通訳又は筆談により公正証書遺言をすることができるようにすることとした。(法969条・969条の2)

(イ) 秘密証書遺言，死亡危急者遺言及び船舶遭難者遺言について，手話通訳によりこれらの方式の遺言をすることができるようにするため，所要の規定の整備を行うこととした。(法972条・976条・979条)

(10) 成年後見等に関する改正法は，民法の一部である遺言の方式に関する改正規定（平成12年1月9日施行）を除き，平成12年4月1日から施行された。

【2】 **任意後見制度の創設**（平成11年法律150号「任意後見契約に関する法律」（以下，この項において「法」という），平成12年4月1日施行）

(1) **任意後見契約の内容及び方式** (ア) 任意後見契約により，本人（委任者）は，任意

【8】 成年後見制度〔後見・保佐・補助,任意後見,後見登記〕

No.254
禁治産・準禁治産制度の改正と任意後見制度創設のあらまし

【1】 禁治産および準禁治産の制度改正と補助制度の創設（平成11年法律149号「民法（以下,この項において「法」という。）の一部改正」,平成12年4月1日施行。なお,条文番号は,平成16年法147号による民法改正後のものとする。)

(1) **禁治産および準禁治産の制度改正** 禁治産及び準禁治産の制度を,後見及び保佐の制度に改め,新たに軽度の精神上の障害がある者を対象とする補助の制度を創設することとした。(法7条・11条・15条)

(2) **成年被後見人と成年後見人** (ｱ) 後見開始の審判を受けた者(精神上の障害により事理を弁識する能力を欠く常況にある者)を成年被後見人とし,これに成年後見人を付すこととした。(法7条・8条)

(ｲ) 成年被後見人のした法律行為であっても,日用品の購入その他日常生活に関する行為については,取り消すことができないこととした。(法9条)

(ｳ) 成年後見人は,成年被後見人の財産に関するすべての法律行為について代理権を有することとした。(法859条)

(3) **被保佐人と保佐人** (ｱ) 保佐開始の審判を受けた者(精神上の障害により事理を弁識する能力が著しく不十分な者)を被保佐人とし,これに保佐人を付すこととした。(法11条・12条)

(ｲ) 被保佐人は,重要な財産に関する権利の得喪を目的とする行為,遺産分割等の一定の行為をするには,保佐人の同意を得なければならないこととした上で,日用品の購入その他日常生活に関する行為については,保佐人の同意を得ることを要しないこととした。(法13条1項)

(ｳ) 保佐人の同意を得なければならない行為を被保佐人が保佐人の同意又はこれに代わる家庭裁判所の許可を得ないでしたときは,被保佐人又は保佐人において当該行為を取り消すことができることとした。(法13条4項・120条1項)

(ｴ) 被保佐人の申立て又は同意を要件として,当事者等が申し立てた特定の法律行為について,保佐人に代理権を付与することができることとした。(法876条の4)

(4) **被補助人と補助人** (ｱ) 補助開始の審判を受けた者(精神上の障害により事理を弁識する能力が不十分な者)を被補助人とし,これに補助人を付すこととした。(法15条1項・16条)

(ｲ) 補助開始の審判は,本人の申立て又は同意を要件とし,次の(ｳ)の同意権付与の審判又は(ｵ)の代理権付与の審判とともにすべきこととした。(法15条2項・3項)

(ｳ) 被補助人の申立て又は同意を要件として,当事者等が申し立てた特定の法律行為に

日本民法により親権者を決定することになる。

【4】 **国際離婚の際の子の親権者・監護者の決定について**　父母の離婚の際の子に対する親権・監護権の帰属の問題は、法例改正前には、旧法例 16 条の「離婚」に関する問題として処理すべきであるとする考え方（江川英文「国際私法」（昭和 25 年）285 頁、折茂　豊「国際私法（各論）」256 頁・308 頁、久保岩太郎「国際私法例説」113 頁）と、改正前の旧法例 20 条の「親子間の法律関係」に関する問題として処理すべきであるとする考え方（戸籍誌 556 号 55 頁、№235「国際離婚の効力」）がみられた。

　ところで、改正後の法例及び現行の通則法においては、離婚については、夫婦に着目して準拠法が定められ、親子間の法律関係については、子の福祉の観点から子を中心に準拠法が定められたことから、戸籍事務においては、離婚の際の子の親権者の指定については、親子間の法律関係の準拠法を定める改正後の法例 21 条（現行通則法 32 条）によることとされている（平元・10・2 民二 3900 号通達第 2・1(2)）。

【参考文献】　①南　敏文「法例の一部改正」戸籍誌 552 号 42 頁～47 頁、②南　敏文「新しい国際私法（法例改正に関する基本通達の解説）」93 頁～95 頁・193 頁～199 頁、③法務省「法例の一部改正」解説（戸籍誌 556 号 50 頁～62 頁）

その後父がB外国に帰化した場合，または，子日本人が甲外国人・乙外国人夫婦の養子となった場合などが考えられる。もし，子の常居所が日本にあるとすれば，日本人子の親権者は，子の常居所地法である日本民法により決定することになる。なお，日本人子が日本に常居所を有していない場合は，常居所地国の法律により親権者を決定する。

　イ　子が日本人で，その本国法が父母の同一本国法と異なる場合　たとえば，日本人子について，日本人母が外国人父の本国に帰化した場合，または日本人子が同国外人夫婦の養子となった場合，いずれも父母（養父母）の本国法が外国で，子（養子）の本国法が日本となり，子（養子）の本国法と父母（養父母）の本国法が異なるから，子（養子）の常居所が日本にあるとすれば子（養子）の親権の準拠法は子（養子）の常居所地法たる日本法となる。この場合は，日本民法により父母（養父母）が親権者となる。

　ウ　子が日本人で，父母の一方が死亡し，もしくは知れない場合において，他方の親の本国法と子の本国法が異なる場合　例①　日本人と外国人が婚姻し，その間に子が出生した後，その婚姻中に日本人である親が死亡した場合　この例では，日本人親が死亡するまでの親権は，子の本国法である日本法により父母が共同親権者であったが，日本人親が死亡した後は，残された外国人親の本国法と子の本国法が同一でないから，子の親権の準拠法は，子の常居所地法に変動することになる（法律行為の時点が基準である）。この場合に子の常居所が日本にあれば，常居所地法たる日本民法が適用され，外国人親が親権者である。もし，子が外国に常居所を有していれば，準拠法は常居所地法たる当該外国法が適用される。例②　婚姻後外国人父と日本人母の間に生まれた子について，離婚後の親権者を外国人父と定めた後，日本人である母が死亡した場合　親権の準拠法を決定する上では，父母の婚姻，離婚には関係がなく，法律行為の時点で法律上の父または母が生存しているかどうかにより決定される。したがって，この例でも，日本人母が死亡した時点で，残された外国人父の本国法と日本人子の本国法が同一でないから，子の親権の準拠法は，子の常居所地法に変動することになる。その結果は，例①と同様になる。また，この事案で，離婚後の親権者を日本人母と定めた後その者が死亡した場合は，日本に常居所を有する未成年者について後見が開始し，親権の問題ではなくなる。もっとも，後見開始後，子が外国に常居所を移したことにより準拠法が変更され，外国人親の親権が回復したときは，後見が当然終了し，未成年後見人は後見終了届を要することになる。例③　日本人女が嫡出でない子を出生した後，外国人男がその子を認知し，協議によって外国人男に親権を移した後，日本人女が死亡した場合　この場合も，当該法律行為をする時点で，外国人父が生存している限り，子の本国法と外国人父の本国法が同一でないから，子の親権の準拠法は，子の常居所地法である国の法律により決定される。その結果は，例①と同様になる。

　エ　子が外国人である場合　この場合も，父または母の本国法と子の本国法が同一でない場合は，子の常居所地法が準拠法となる。その結果，子の常居所が日本にある場合は，

イ 子が日本人で，その本国法が父または母のいずれかの本国法と同一の場合（父と子，母と子の二者の本国法が同一） 子の本国法が日本法で，父または母のいずれかの本国法が日本法であれば，父と子，または母と子の二者の本国法が同一であるので，他方の親の本国法がいずれであっても，子の親権の準拠法は日本法たる民法の規定によることになる。したがって，父（母）日本人と母（父）外国人間の日本人子（嫡出子・父の認知した非嫡出子を問わない）の親権者は，日本民法により決定することになる。この場合，父母の一方が日本人で生存している限り，他方の親が無国籍者であってもさしつかえないわけである。

ウ 子が日本人で，父または母の一方が死亡している場合において生存する親の本国法，もしくは法律上の父または母の一方が知れていない場合において知れている親の本国法と，子の本国法が同一の場合（父と子，母と子の二者の本国法が同一） ① 子の本国法が日本法で，生存している一方の父または母の本国法が日本法であれば，子と親の一方が同一の本国法（二者同一）で日本法となり，子の親権の準拠法は日本法たる民法の規定によることになる。したがって，日本人父（母），外国人母（父）間の日本人子について，外国人母（父）が死亡している場合は，生存している日本人父（母）と子の本国法が同一であるところから，子の親権者は日本民法により決定することになる。② 子の本国法が日本法であり，子の法律上の父（認知もしくは事実主義法制上のもの）がなく（行方不明の場合ではない），母の本国法が日本法である場合は，子の本国法と母の本国法が同一（二者同一）であるところから，子の親権者は日本民法により決定することになる。

エ 子が外国人である場合 この場合も，前記ア，イ，ウの基準により，父または母の本国法と子の本国法が同一（父・母・子の三者のうち，父と子，母と子の二者が同一）であれば，子の親権の準拠法は子の本国法による。たとえば，父韓国人母日本人間の韓国人子の場合は，子の本国法たる韓国法により親権者を決定することになる（2005年3月31日改正大韓民国民法909条―1項〜父母は未成年者である子の親権者となる。養子の場合においては，養父母が親権者となる。2項〜父母が婚姻中は父母の共同親権（父母の意見が不一致の場合は家庭法院が決定する）。3項〜父母の一方が親権行使不能のとき他方が行使する。4項〜婚姻外出生子の認知後・父母離婚後の親権者は，父母の協議により定める。協議の不能，不調のときは家族法院が決定する。）。なお，子・父・母の当事者の中に重国籍者や地域的または人的に法律を異にする国の国籍を有する者がいる場合には，その本国法が同一であるかどうかを通則法38条・40条により決定することになる〔→ No.12「同一本国法」，No.10「地域的異法国籍者の本国法」，No.11「人的異法国籍者の本国法」みよ〕。

(2) **子の親権について子の常居所地法による場合**（通則法32条後段―例外）

ア 子が日本人で，その本国法が父または母の本国法のいずれとも異なる場合（父・母・子の三者の本国法がいずれも異なる） この場合は，子の常居所地国の法律により親権者を決定することになる。たとえば，父日本人・母A外国人間の出生子日本人について，

拠法として適用されていた。しかし，改正後の法例21条及びこれを踏襲して制定された現行の通則法においては，両性の平等と子の福祉の観点から，子の本国法と常居所地法の段階的連結を採用し，子を基準として次のように準拠法を定めている。

① まず，第一段階として，子の本国法が父又は母の本国法と同一であるときは，子の本国法によることとしている。

② 次に，第二段階として，そうでない場合，すなわち ア父母及び子のいずれも本国法が異なる場合，イ父母の本国法が同一であるが，子の本国法が異なる場合，ウ父母の一方が死亡し又は知れない場合において，その他方の本国法と子の本国法が異なる場合は，いずれも子の常居所地法によることとされている。つまり，親権の準拠法については，原則的には子の本国法が準拠法となり，例外的に子の常居所地法が適用される。

なお，通則法上の父または母の意味は，法律上の父（父の本国法が事実主義〔 → No.189「国際非嫡出親子関係の成立」，No.190「事実主義法制による非嫡出子出生届と戸籍の処理」みよ〕を採用している場合および認知者も含む）または母であり，これらの父または母の中には当然養父母も含まれる。また，この場合の法律上の父であるかどうかは，通則法28条または29条により指定される準拠法によることになり，養子縁組が有効に成立しているかどうかは，通則法30条により指定される準拠法によることとなる。

(2) **準拠法の変動**（本国法または常居所地法を適用する時期） 親権は，未成年者に対し継続する法律関係であるところから，婚姻，養子縁組などと異なって，具体的な親権行使当時の関係当事者の本国法により準拠法を決定することとなる。したがって，子の出生後，父または母が外国に帰化し，または国籍の離脱などにより，従前の国籍を変更した場合には，変更後の国籍により父または母の本国法を決定し，その本国法が子と同一となるか否かにより，子の本国法もしくは常居所地法のいずれかを子の親権の準拠法として決定することとなる。

また，子の常居所地法が準拠法である場合において，子の常居所地国の変更によって準拠法が変更することとなる。

【3】 親権の準拠法の具体的適用 (1) 子の親権について子の本国法による場合（通則法32条前段―原則）

ア 子が日本人で，その本国法が父母双方の本国法と同一の場合（父・母・子の三者の本国法が同一） 子の本国法が日本法で，父母の本国法のいずれも同一であれば，それは日本法であるから，子の常居所がどこにあっても，子の親権の準拠法は日本法たる民法の規定によることになる。なお，このような日本人同士の親子の場合，関係者の全員または一部が外国に居住するなど，何らかの渉外的要素が加わらない限り，純粋な国内問題として直接民法の規定が適用される。通則法が適用されるのは，渉外的要素がある場合に限られる。

届書は一般的記載事項を記載し，辞任しようとする者から，その者または子の本籍地もしくは届出人の所在地に許可書の審判の謄本を添えて提出する（即時抗告が許されていないので確定証明書不要）。この場合の戸籍の記載は法定記載例112の例により，子の身分事項欄に記載される。

No.252 管理権の回復

【1】 **意義・審判手続と効果**　管理権の辞任においてそのやむを得ない事由が止んだときは，管理権辞任の場合と同様に家庭裁判所の許可を得て，管理権を回復することが認められている（民837条2項）。その審判手続および審判の効力も管理権辞任と同様である。

【2】 **管理権回復届と戸籍の記載**　戸籍法80条後段によるこの届出は，戸籍の届出方法および届出による効力も管理権辞任の場合と同じく，届出によって初めて効力を将来に向かって生ずるものである。もっとも，家庭裁判所の許可を得ない辞任，回復の届出を市町村長が誤って受理しても，その効力を生じないものと解されている。なお，管理権回復の戸籍の記載は，法定記載例113の例により子の身分事項欄に記載される。

【参考文献】　①我妻　栄・立石芳枝「親族法・相続法」，②青木義人，大森政輔「全訂戸籍法」

No.253 国際親子間の法律関係の準拠法（親権）

【1】 **親子間の法律関係の性質決定の問題**　親子関係に基づいて生ずる法律上の効果を親子間の法律関係というが，それは嫡出親子関係，婚外親子関係および養親子関係のすべてを含む親子関係に基づいて生ずる直接的な効力を意味し，その主なるものは親権である。相続問題は間接的な効力であるから，ここに含まれないで，別に規定されている（通則法36条）。国際親子間の親権に関する問題としては，細別すると次のようなものがあり，その準拠法は，通則法32条により指定される。

① **親権の帰属**　父母の共同親権か，父母いずれかの単独親権か，父母離婚の際の子の親権者は誰になるかの問題。

② **親権の内容**　これには，身上の監護（子の監護，教育，居所指定，懲戒，職業許可，子の引渡請求）と財産の管理（子の財産の管理権，法定代理権，子の財産行為に対する同意権）とに大別されるが，これらはすべて通則法32条による。

③ **親権の消滅・喪失**　親権または管理権の剥奪に関する問題（子が成年に達するかどうかは，通則法4条に基づき子の本国法による）。

なお，親子間の扶養義務の問題は，別の「扶養義務の準拠法に関する法律」（昭和61年法律84号）による。子の氏については，戸籍の実務上は子の属人法たる本国法によることとされている〔→No.225「国際結婚の身分的効力」，No.235「国際離婚の効力」みよ〕。

【2】 **親権の準拠法の決定と変動**　(1) **準拠法の決定**　親権は親間の法律関係に含まれるところ，改正前の旧法例20条は，第1次的に父の本国法，第2次的に母の本国法を準

した父または母が，その辞任の事由が止んだときは，家庭裁判所の許可を得て親権を回復することができることとされている（民837条2項）。これが親権の回復である。

【2】 審判の手続と効果　親権回復の許可を得るには，親権辞任の場合と同じく必ず審判手続によることになる（家事法167条・別表第1の69項）。また，親権回復の効力発生についても，親権辞任と同じく，許可審判によって親権回復の効力を生ずるものではなく，戸籍法上の届出をすることによって，はじめて，その効力を生ずるものである（戸80条）。したがって，未成年者の後見が開始している場合に親権を回復するには，必ず親権回復届を要し，親権回復による未成年者の後見終了届も親権回復届を受理したうえでなければ受理できない。

【3】 親権回復届　(1)　届出人　親権を回復しようとする父または母である。

(2)　届出地　子または親権回復者の本籍地，もしくは届出人である父または母の所在地である（戸25条）。

(3)　届出期間　親権の回復は，辞任の場合と同じく，戸籍法の定めるところにより届出することによって効力を生ずるものであり，その届出は創設的届出であるので届出期間の定めはない。

(4)　届書の記載事項　一般的記載事項（戸29条）のほか，特別な記載事項は定められていない。

(5)　届書の添付書面　親権回復許可の審判謄本を要する（戸38条2項）。この審判には，親権辞任と同じく即時抗告が許されていないので，審判そのものは告知することによって効力を生ずる（家事法74条）。したがって，確定証明書の添付は要しない。

【4】 戸籍の記載　親権回復に関する事項は，子の身分事項欄に法定記載例113の例により記載する（戸規35条5号）。

【参考文献】　①青木義人，大森政輔「全訂戸籍法」，②加藤令造「戸籍法逐条解説」（日本加除出版）

No.251
管理権の辞任

【1】　意義・審判手続と効果　親権を行う父または母はやむを得ない事由があるときは，家庭裁判所の許可を得て，管理権を辞することができる（民837条1項）。この許可制の趣旨は親権者が恣意的に管理義務を免れることや，他よりの不当な影響による辞任を防止しようとするものである。この事件は，前記親権辞任と同様に調停に親しまず，必ず審判手続によることになる（家事法167条・別表第1の69頁・244条括弧書）。この辞任は許可の審判によってその効力を生ずるのではなく，届出があって初めて効力を生ずるものである（戸80条）。

【2】　管理権辞任届と戸籍の記載　戸籍法80条前段によるこの届出は創設的届出であるから，届出義務を負う者はない。つまり，辞任の許可後に届出をするか否かの最終決定は管理権者の意思いかんにかかっており，その届出がない限り管理権を失うものではない。

【参考文献】 青木義人，大森政輔「全訂戸籍法」

No.249 親権の辞任

【1】 意義　親権制度は，親が未成熟の子を保護・養育するところに，その目的があるわけであるから，親権者である父・母がその職分をほしいままに放棄することは許されない。また，他人の不当な圧迫で親権の辞退をしいられてはならない。そこで，これらを防止する趣旨から親権者である父または母が親権を辞任するには，家庭裁判所の許可を要するものとされている（民837条1項）。家庭裁判所は，本人の意思に基づくものか，また，やむを得ない事由があるかどうかを判断することになる。

【2】 審判の手続と効果　親権辞任の許可申立ては，辞任する親権者から子の住所地の家庭裁判所にする（家事法167条）。家庭裁判所は，この事件が調停に親しまないので，必ず審判手続によって処理する（家事法167条・別表第1の69項・244条括弧書）。

　親権の辞任は，家庭裁判所の許可審判によって効力を生ずるものではなく，戸籍法上の届出をして，はじめてその効力を生ずるものである（戸80条）。したがって，父母の双方が同時に親権を辞任する場合，または父母の一方が親権を行っている場合に辞任するときは，親権辞任の届出の受理によって，はじめて未成年者の後見が開始することになる。

【3】 親権辞任届　親権の辞任は，戸籍法80条の届出によって，はじめてその効力を生ずるものであり，その届出は創設的届出である。

(1) 届出人　親権を辞任しようとする父または母である（戸80条）。

(2) 届出地　子または親権辞任者の本籍地，もしくは届出人である父または母の所在地である（戸25条）。

(3) 届出期間　親権辞任は，戸籍法の定めるところにより届出することによって効力を生ずるものであり，その届出は創設的届出であるので届出期間の定めはない。

(4) 届書の記載事項　一般的記載事項（戸29条）のほか，特別な記載事項は定められていない。

(5) 届書の添付書面　親権辞任許可の審判謄本を要する（戸38条2項）。この審判には即時抗告が許されていないので，審判そのものは告知することによって効力を生ずる（家事法74条）。したがって，確定証明書の添付は要しない。

【4】 戸籍の記載　親権辞任に関する事項は，子の身分事項欄に法定記載例112の例により記載する（戸規35条5号）。

【参考文献】　①村崎　満「先例判例　親権・後見・扶養法」（日本加除出版），②青木義人，大森政輔「全訂戸籍法」，③加藤令造「戸籍法逐条解説」（日本加除出版）

No.250 親権の回復

【1】 意義　親権の辞任は，親権制度の目的からして，やむを得ない事由で親権を行使することができない場合に限って，家庭裁判所の許可のもとに認められるものである（民837条1項）。したがって，親権を辞任

により記載する（戸規35条5号）。

【5】 **意義**　親権停止の原因が止んだときには、先の審判の取消しを請求することができることになっている（民836条、児童福祉法33条の7）。

【6】 **審判取消しの手続と効果**　この申立ては、本人、その家族または児童相談所長の請求により、家庭裁判所において行われ、取消しの効果は審判の確定によって生じ、将来に向かって親権を回復させるものである。

【7】 **親権停止の審判の取消届**
　(1)　**届出人**　届出義務者は、取消しの請求をした者である（戸79条）。
　(2)　**届出地**　子もしくは親権停止の取消しを受けた者の本籍地または届出人の所在地である（戸25条）。
　(3)　**届出期間**　審判確定の日から10日以内である（戸79条・63条1項）。
　(4)　**届書の記載事項**　一般的記載事項（戸29条）のほか、審判確定の日を記載する（戸79条・63条1項）。
　(5)　**届書の添付書面**　親権停止の取消しを証する審判の謄本と確定証明書を要する（戸38条）。もっとも、確定証明書は、届出地に確定通知が到達しているときは、省略できる。

【8】 **戸籍の記載**　親権停止の取消しに関する事項は、子の身分事項欄に法定記載例111の例により記載する（戸規35条5号）。

【参考文献】　青木義人、大森政輔「全訂戸籍法」

No.248　管理権喪失審判の取消し

【1】 **意義・管理権喪失取消の手続と効果**　管理権喪失の審判を受けた者について、その原因が止んだときは、家庭裁判所は本人、その親族または児童相談所長の請求により審判を取り消すことができる（民836条、児童福祉法33条の7）。この事件の審判手続も親権喪失審判の取消しと同じく家庭裁判所により行われ、取消しの効力は審判の確定によって生じ、将来に向かって管理権を回復させるものである。

【2】 **管理権喪失の審判取消届**　この届出は、すでになされた裁判の確定によって効力を生じているものについての報告的届出であり、管理権喪失について、その審判がなされ、親権者である父母のうち、一方の母が管理権を喪失していたところ、その後、他方の父死亡により後見が開始している場合、母の管理権喪失取消がなされたときは親権者たる母は管理権をも有するので、管理権についての未成年者の後見は終了することになる。届出義務者は、その審判の申立人で、届出地、届書の記載事項および届書の添付書類などは親権喪失取消の場合と同様である。

【3】 **戸籍の記載**　管理権喪失取消に関する事項は、子の身分事項欄に法定記載例110の例により記載する（戸規35条5号）。

ることとされている（家事法116条1号，家事規76条1項1号，戸15条，法定記載例108）。
　父または母が単独で親権を行使している場合に，管理権喪失の審判を受けたとき，または父母が共同で親権を行使している場合に，父母双方が同時に管理権喪失の審判を受けたときは，いずれも管理権のみについての未成年後見が開始（民838条1号後段）し，管理権のみを行使する未成年後見人が選任される（民840条）。

【4】　審判の手続と効果　この事件の審判手続は，家事法167条，168条，別表第1の67項，244条括弧書により（調停に親しまない），その旨の審判が確定した場合は，将来に向かって管理権を喪失することになる。

No.247
親権喪失の審判取消【1】〜【4】
親権停止の審判取消【5】〜【8】

【1】　意義　親権の喪失，または管理権の喪失について，その原因が止んだときは，先の審判の取消しを請求することができることになっている（民836条，児童福祉法33条の7）。すなわち，親権喪失については，その原因である虐待または悪意の遺棄があるときその他父または母による親権の行使が著しく困難または不適当であることにより子の利益を著しく害することが止んで，子の福祉，利益を害するような状況がなくなった場合，先の審判を取り消すことが認められている。

【2】　審判取消の手続と効果　この申立ては，本人，またはその親族・児童相談所長の請求によってなされる（家事法167条・168条・別表第1の68項）。この取消しの審判が確定すると，その効力は将来に向かって生ずる。したがって，共同親権者である父母について，その一方が親権を喪失し，他方が単独親権を行っていた場合に取消しがあると，父母の共同親権になる。また，共同親権者双方が同時に親権を喪失するか，単独親権者が親権を喪失したために未成年者の後見が開始していた場合に取消しがあると，その後見は当然に終了する。

【3】　親権喪失審判の取消届　親権喪失審判の取消しは，その審判確定によって効力を生じ，その旨を一般に公示するために戸籍法上の届出（報告的届出）を要する（戸79条後段・63条1項）。
　(1)　届出人　届出義務者は，取消しの請求をした者である（戸79条）。
　(2)　届出地　子もしくは親権喪失の取消しを受けた者の本籍地または届出人の所在地である（戸25条）。
　(3)　届出期間　審判確定の日から10日以内である（戸79条・63条1項）。
　(4)　届書の記載事項　一般的記載事項（戸29条）のほか，審判確定の日を記載する（戸79条・63条1項）。
　(5)　届書の添付書面　親権喪失取消を証する審判の謄本と確定証明書を要する（戸38条）。もっとも，確定証明書は，届出地に確定通知が到達しているときは，省略できる。

【4】　戸籍の記載　親権喪失取消に関する事項は，子の身分事項欄に法定記載例110の例

は，その一方のみを対象とする。この申立ては，子の住所地の家庭裁判所に行い（家事法167条），親権停止は審判手続によって行われる（家事法39条・別表第1の67項）。

親権停止の審判がされ，審判を受けた親権者が2週間以内に即時抗告をしないで審判が確定したときは（家事法74条2項・85条・86条・172条1項2号），その親権者の親権は審判で定められた2年以内の期間に限って親権を行うことができない。その結果，共同親権者の双方が同時に審判を受けたときは，未成年後見の開始原因となる。もし，一方のみが審判を受けたときは，他の一方の単独親権となり，また，単独親権者の場合に親権停止の審判を受けたときは，未成年後見開始の原因となる。

【2】 **親権停止の審判確定による戸籍記載の嘱託** 親権停止の審判が確定したときは，裁判所書記官は，遅滞なく戸籍事務を管掌する者（本籍地の市町村長）に戸籍の記載を嘱託することとされている（家事法116条1号，家事規76条1項1号，戸15条，法定記載例109）。

父または母が単独で親権を行使している場合に，親権停止の審判を受けたとき，または父母が共同で親権を行使している場合に，父母双方が同時に親権停止の審判を受けたときは，いずれも未成年後見が開始し，後日，未成年後見人が選任される（民840条）。

【参考文献】 ①我妻 栄・立石芳枝「親族法・相続法」，②青木義人，大森政輔「全訂戸籍法」

No.246 管理権喪失の審判

【1】 **意義** 父または母による管理権の行使が困難または不適当であることにより子の利益を害するときは，家庭裁判所は，子，その親族，未成年後見人，未成年後見監督人，検察官または児童相談所長の請求により，その父または母について，管理権喪失の審判をすることができることになっている（民835条，児童福祉法33条の7）。

【2】 **管理権喪失の審判** 申立ての対象は，親権者であるが，共同親権の場合は，父母双方に喪失の原因が存在するときは，双方を対象とすることになる。もし，一方についてのみ喪失の原因が存在するときは，一方のみを対象とする。

申立ては，子の住所地の家庭裁判所に行う（家事法167条）。この管理権喪失の審判は，審判手続によって行われる（家事法39条・別表第1の67項）。

管理権喪失の審判がされ，審判を受けた親権者が2週間以内に即時抗告をしないで審判が確定したとき（家事法74条2項）は，その親権者の管理権は将来に向かって消滅する。その結果，共同親権者の一方が審判を受けたときは，身上の監護権は共同で行使するが，財産の管理権は他の一方が単独で行使する。また，単独親権者の場合に管理権喪失の審判を受けたときは，子の身上の監護権のみを行使し，子の財産管理については管理権のみを有する未成年後見人が選任される（民838条1号後段・868条）。

【3】 **管理権喪失の審判確定による戸籍の記載嘱託** 管理権喪失の審判が確定したときは，裁判所書記官は遅滞なく，戸籍事務管掌者（本籍地市町村長）に戸籍の記載を嘱託す

手続によって処理する（家事法39条別表第1の67項・244条）。

前記の審判が確定すると、親権喪失の効力が生じ、親権を行使できなくなる。したがって、共同親権者である父母の一方が親権喪失の審判を受けると、他方の単独親権となり、また、単独の親権者、もしくは共同親権者の双方が同時に、親権喪失の審判を受けると、未成年者の後見が開始することになる（民838条1号）。

【3】 親権喪失の審判確定による戸籍記載の嘱託　親権喪失の審判が確定したときは、裁判所書記官は遅滞なく、戸籍事務管掌者（本籍地市町村長）に戸籍の記載を嘱託することとされている（家事法116条1号、家事規76条1項1号）。その記載例は法定記載例108の例による。

父または母が単独で親権を行使している場合に、親権喪失の審判を受けたとき、または父母が共同で親権を行使している場合に、父母双方が同時に親権喪失の審判を受けたときは、いずれも未成年後見が開始し、後日、未成年後見人が選任される（民840条）。

No.244 親権者の職務執行停止・代行者選任

親権喪失、親権停止または親権者の指定、変更の申立てがあった場合に、家庭裁判所は子の利益のため必要があるときは、申立てによって親権喪失、親権停止または親権者の指定、変更の審判前に、仮の処分として、親権者の職務の執行を停止し、または、これを代行する者を選任することができる（家事法174条1項・175条3項）。この処分は、あくまで暫定的なもので子の戸籍中その身分事項欄に家庭裁判所書記官の嘱託により法定記載例114、参考記載例146の例による戸籍記載がなされる。また、その処分の失効または取消しの場合も同じく家庭裁判所書記官の嘱託により法定記載例115～116、参考記載例147の例による戸籍記載がなされる（戸15条、家事法116条）。

囲　親権者の職務執行停止の裁判が失効すると、その代行者選任の裁判も当然に失効することになるので、代行者選任の裁判が失効した旨の記載を要しない。

【参考文献】　青木義人、大森政輔「全訂戸籍法」

No.245 親権停止の審判

【1】 意義　父または母による親権の行使が困難または不適当であることにより子の利益を害するときは、子、その親族、未成年後見人、未成年後見監督人、検察官または児童相談所長の請求により、家庭裁判所は親権停止の審判をすることができる（民834条の2第1項、児童福祉法33条の7）。親権停止の期間は、その原因が消滅するまでに要すると見込まれる期間、子の心身の状態及び生活の状況その他一切の事情を考慮して、2年を超えない範囲内で家庭裁判所が定める（民834条の2第2項）。

申立ての対象は親権者であるが、共同親権の場合において父母双方に停止の原因が存在するときは、双方を対象にすることになる。一方についてのみ停止の原因が存在するとき

婚している場合の親権者および非嫡出子の出生後の親権者は母であるところ、その後に離婚した父母、もしくは認知後の父母間の協議、または審判によって父を親権者とした場合でも親権者の指定といわれる（同条3〜5項）。

　前記のように、民法819条1項ないし5項または民法811条3・4項によって、いったん父母の一方が子の親権者と定められた後においても、事情の変更により子の利益のために必要があると認められるときは、家庭裁判所において他方の親を親権者にすることが認められている。これを親権者の変更という（民819条6項）。

【2】　**親権者変更の方法**　(1)　親権者の変更は、父母間のみの協議によることは認められない。子の利益のために必要である場合に、必ず家庭裁判所が子の親族の請求によって、調停または審判によって変更する（家事法39条別表第2の8項，244条・268条）。

　(2)　変更については、回数の制限はないので、一度変更があっても事情変更によって家庭裁判所は後日また他方に変更することができる。

　(3)　親権者である父または母が死亡した後に他方の生存者である母または父に変更の余地はないとも解されているが（昭24・5・19民事甲1008号回答）、戸籍の実務では生存者である母または父に変更の審判があれば、その届出を受理する取扱いである（昭26・9・27民事甲1804号回答）。離婚の際に指定された親権者の死亡後に他方実親に親権者指定の審判があった場合も、戸籍の届出は親権者変更届とする（昭54・8・31民二4471号通達）。

【3】　**親権者変更届**　親権者の変更は、調停成立または審判確定のときに変更の効力を生じ、戸籍法上の届出を要する（戸79条）。この届出は、報告的届出であり、その届出義務者は、親権者となった父または母である。届出地・届出期間・添付書面については、No.241「親権者の指定」と同様である（戸79条・63条）。

【4】　**戸籍の記載**　親権者の変更は、子の身分事項欄に記載される。その記載例は法定記載例107，参考記載例143の各例による。

No.243
親権喪失の審判

【1】　**意義**　親権制度は、親が未成年の子の利益のために哺育、監護、教育することを目的するところにある。このため、父または母による虐待または悪意の遺棄があるときその他父または母による親権の行使が著しく困難または不適当であることにより子の利益を著しく害するときは、家庭裁判所は、子、その親族、未成年後見人、未成年後見監督人、検察官または児童相談所長の請求によって、親権喪失の審判をすることができる（民834条，児童福祉法33条の7）。つまり、親権喪失の審判は、子の福祉という観点から、親権を剥奪することによって子の利益を保護する必要がある場合に行われる。

【2】　**親権喪失の審判の請求と効果**　親権喪失の審判の請求は、子、その親族、未成年後見人、未成年後見監督人、検察官または児童相談所長から、子の住所地の家庭裁判所にする（家事法167条）。家庭裁判所は、この種の事件が調停手続に親しまないので、必ず審判

(イ) **審判による親権者指定** この場合は、民法819条5項および811条4項による協議に代わる審判であり、その審判が確定した場合は戸籍法79条の親権者指定届（報告的届出）を要する。

なお、前記の民法811条4項の審判に基づく親権者指定届については、その届出人と離縁届の届出人とが同一であるから、離縁届書「その他の事項」欄に親権者指定に関する事項を記載し、これによって別の書面による親権者指定届に代える取扱いが認められている。この場合の受附は、養子離縁と親権者指定の2件として処理することになる（昭37・5・30民事甲1469号通達）。

(ウ) **調停による親権者指定** 前記と対象を同じくする事案で、指定の方法を審判という形式をとらないで調停によって定めた場合、その調停成立は確定した審判と同一の効力が認められている（家事法39条別表第2の7項、268条）。したがって、この場合も戸籍法79条の報告的届出を要する。

【3】 **親権者指定届** (1) **届出人（届出義務者）** 協議による場合は、創設的届出であるから父母双方で届け出なければならない。しかし、裁判による場合は、報告的届出であり、離婚判決により指定されたときは離婚届書に記載することになるので、その届出義務者である訴えの提起者（戸77条）、調停または審判離婚のときは、調停の申立人、親権者の指定または変更の申立てに基づき審判・調停によって定められたときは、親権者の指定を受けた者が届出義務者になる（戸79条）。

(2) **届出期間** 協議による届出には、期間の定めはないが、裁判による場合は、裁判確定の日に指定の効力を生ずるから、確定の日から10日以内に届出を要する（戸77条・79条・63条）。ただ、離縁に際し民法811条4項によって指定された者は、離縁届の受理された日から親権を行うことになる。すなわち、創設的届出である離縁届があってはじめて親権者指定届を要することになるが、実際は離縁届と同時に親権者指定届をすることになるのであまり問題を生じないと思われる（前記【2】(2)(イ)なお書参照）。

(3) **届出地・届書の記載事項** 届出地は通則（戸25条）により、届書の記載事項は、一般的記載事項（戸29条）のほか、審判確定の日または調停成立の日を記載する（戸79条・63条）。

(4) **添付書面** 戸籍法79条による親権者指定届には、調停が成立した場合は調停調書の謄本、また審判の場合は審判書謄本と確定証明書を要する（届出をする本籍地に審判確定通知が到達しているとき確定証明書は省略できる）。

【4】 **戸籍の記載** 親権に関する事項は、子の身分事項欄に記載し（戸規35条5号）、その戸籍の記載例は法定記載例105・106、参考記載例140～142の各例による。

No.242
親権者の変更

【1】 **親権者の変更がなされる場合** 嫡出子の出生後に父母の離婚によって、その一方に共同親権から単独親権に変わることは親権者の指定といわれ（民819条1項・2項）、また、嫡出子の出生前に父母が離

民法818条の規定によって親権者を判断することとなるので、この点の理解が必要である（法定記載例101〜106，参考記載例136・140〜150）。

なお，親権者に関する各種の届出，戸籍の記載の詳細については，別項の説明にゆずる。

【参考文献】 ①青木義人・大森政輔「全訂戸籍法」，②村崎　満「先例判例　親権・後見・扶養法」

親権の意義・内容については，No.240「親権」にゆずる。

No.241
親権者の指定　**【1】**　親権者の指定がなされる場合　民法は，未成年者の保護をまっとうするため，共同親権の建前がとれない次の各場合について，父母の一方を親権者と定めることを認めている。これを親権者の指定という。

(1)　父母（養父母）が離婚をするとき（民819条1項・2項）。
(2)　子の出生前に父母が離婚したとき（民819条3項ただし書）。
(3)　父が子を認知したとき（民819条4項）。
(4)　15歳未満の養子が離縁する場合に，実父母が離婚をしているとき（民811条3項・4項）。

【2】　親権者指定の方法　(1)　協議による場合　(ア)　前記【1】(1)の協議離婚の際は，父母の協議で，その一方を親権者と定めて，離婚届書にその旨を記載のうえ届け出る（戸76条）。もし，離婚の協議に際して親権者の指定の協議ができないときは，あらかじめ，家庭裁判所の調停または審判によって定め（民819条5項，家事法39条別表第2の8項・268条），その旨を協議離婚の届書に記載して届け出る（昭28・3・20東京高裁決定〔家裁月報5巻7号45頁〕，昭25・12・25戸籍事務連絡協議会結論〔家裁月報昭26年1号〕）。もっとも，前記の後段の場合の指定の効力が生ずるのは，協議離婚成立のときである。

(イ)　前記【1】(2)，(3)の各場合は，戸籍法上の届出を要する（戸78条）。また，前記【1】(4)の場合についても戸籍法78条に準じて父母双方から届出を要するものとして取り扱われている（昭37・5・30民事甲1469号通達）。

なお，前記の離縁に際しての民法811条3項の協議による親権者指定届については，届出人が父母双方であるから，離縁届書「その他の事項」欄に親権に関する協議事項を付記し，親権者とならない他方が署名押印することでもって，親権者指定届に代えるという便法は認められていない。したがって，この場合は，離縁届と親権者指定届を同時に提出させて，離縁届書の「その他の事項」欄に親権者指定届を同時に提出した旨を記載することによって，離縁届書の添付書面としての資格証明を省略する取扱いである（昭37・6・29民事甲1839号回答）。

(2)　裁判による場合　(ア)　判決による**親権者指定**　離婚の判決の際は，民法819条2項により同時に親権者の指定がなされ，その裁判離婚が確定した場合は，その旨を離婚届書に記載を要する（戸77条）。

いるので，父が親権者となる余地はないと解するのが戸籍の取扱いである（昭24・3・15民事甲3499号回答）。もっとも，母の死亡後に父を親権者とする審判があれば，その届出を受理することとなろう（№242【2】(3)参照）。

(3) **養子の親権者** (ア) 通常，養子は養親の親権に服する（民818条2項）。また，養親が夫婦の場合は，その共同親権に服し（民818条3項），養父母の離婚，一方の死亡および行方不明などの場合において親権者となる者は，前述の嫡出子の親権者の場合と同様である。

(イ) 養親と実親が婚姻中の場合は，養親と実親の共同親権となり（民818条3項，昭24・2・12民事甲194号回答），また，養親と実親が離婚した場合は，離婚の際に親権者と定められた者が親権者となると解するのが戸籍の取扱いである（昭25・9・22民事甲2573号通達）。

(ウ) 養親と実親の婚姻継続中に養親と養子が離縁した場合は，縁組前にその実親が子の親権者であったか否かを問わないで，その実親が親権者となる（昭26・8・14民事甲1653号回答）。

(エ) 養親と実親が離婚に際し，養親を親権者と定めた後に離縁する場合は，縁組前の親権者の親権が回復するが（昭26・1・10民事甲3419号回答(イ)，昭26・8・4民事甲1607号回答二），実親を親権者と定めた後に離縁しても，実親の親権者たることに変更はないものと解するのが戸籍の取扱いである（昭26・6・22民事甲1231号回答一）。

【4】 **親権者の公示方法** 親権関係は，その内容が重要な身分事項であり，未成年者の身分上または財産上の法律行為において，本人はもちろんのこと，第三者の利害に影響するところが少なくない。そこで，これを一般に公示するため，親権者が誰であるかを戸籍上に明確にする必要がある。しかし，戸籍の記載の技法としては，すべての未成年者の戸籍に親権者に関する記載をすることは，かえって煩雑であるので，事例の比較的少ないとみられる民法上の親権者に関する例外的な場合（民819条の事案）のみを記載し，これと民法上の親権者に関する原則的な場合（民818条の事案）は，なんらの記載をしないこととし，両者が相まって，裏面から親権関係を明らかにする方法が採用されている。ただ，親権関係の要件が，前述のように，旧法においては子と親権者となる者が家（戸籍）を同じくすることを要したので，子の戸籍で親権者は明らかであったが（旧民877条），現行法はこれと異なり，親権者が必ずしも子と戸籍を同じくすることを要しないし，また，父母または子の戸籍の変動がなんら親権関係を左右するものではないので，特殊の場合には利用上の不便がある。すなわち，親権者と子が戸籍を異にする場合に，親権者の有無を子の戸籍のみでは判断できないために，親権者の戸籍まで確認する必要のある場合が生ずる。

親権関係の戸籍の記載方法は，前述のとおり例外的な場合だけを積極的に記載する建前であるから，戸籍上，誰が親権者であるかを判断するには，まず民法の原則的規定を理解しておく必要がある。つまり，戸籍上にとくに誰が親権者であるという記載がない限り，

(エ) 職業許可権（民823条）＝身心の発育程度を勘案してなされるので，監護権の作用とみられる。
(オ) 身分上の行為の代理権＝身分上の行為は，元来，本人自身の意思決定によるべきものであるから，代理に親しまないのが原則である。そこで，親権者は，次に掲げるような法律で特別の規定がある場合（意思能力のない未成年者でも身分行為を必要とする場合）に限ってのみ，子を代表することができるものとしている。
① 嫡出否認訴訟の被告代理（民775条）。
② 認知訴訟の原告代理（民787条）。
③ 15歳未満の子の氏変更の代理（民791条3項）。
④ 15歳未満の子の縁組・離縁の代諾（民797条・811条2項）。
⑤ 養子が15歳未満である場合の離縁訴訟の当事者（民815条）。
⑥ 養親が未成年である場合の縁組取消請求代理（民804条）。
⑦ 相続人が未成年者であるときの承認，放棄の代理（民917条）。
(カ) 親権の代行権（民833条）。

(2) 子の財産に関する権利義務 (ア) 子の財産に対する管理権（民824条本文前段）。
(イ) 子の財産に関する法律行為の代表権（民824条本文後段）。
(ウ) 子の財産に関する法律行為についての同意権（民5条），取消権（民120条）。

【3】 親権者 (1) 嫡出子の親権者 (ア) 父母共同親権＝父母の婚姻継続中は，父母双方が親権者であり，共同して親権を行う（民818条3項本文）。準正子は，嫡出子の身分を取得したときから，父母が共同して親権を行う（民789条）。
(イ) 単独親権 ① 父母の婚姻中でも，父母の一方が行方不明，長期不在および心神喪失などで，事実上，親権を行うことができないときは，他の一方が単独で行う（民818条3項ただし書）。② 婚姻中の父母の一方が死亡したときは，残存の父または母が親権を行使する。
③ 父母が離婚した場合には，親権者と定められた父または母である（民819条1項）。
④ 子の出生前に父母が離婚した場合には母（民819条3項），もし，出生後に父母の協議，または協議に代わる審判によって父を親権者と定めた場合は父である（民819条3項ただし書・5項）。

(2) 非嫡出子の親権者 (ア) 嫡出でない子の親権は，原則として母が行う（民818条1項・819条4項の反面解釈）。もし，母が未成年であるときは，母に対して親権を行う者が母に代わって親権を行う（民833条）。
(イ) 父の認知があった非嫡出子については，父母の協議または協議に代わる審判によって父を親権者とすることができる（民819条4項・5項）。
なお，母の死亡後に父の認知があった場合には，母の死亡によりすでに後見が開始して

【7】 親　　権

No.240
親権，親権者・親権代行者と
公示方法

【1】　**親権の意義**　親権とは，未成熟の子を監護・教育するために，その父母に認められた権利義務の総称のことであるが（民818条以下），親権の内容は，未成年の子の身上に関するものと，財産上に関するものとに大別される。

　親権の意義（性質）は，現行法上，親のための親権より，子のための親権という観念が強くなっている。すなわち，明治31年施行の民法（以下「旧民法」という）当時は，親の子に対する支配権という観念から，親権に服する子は未成年だけに限らないで，独立していない子は，たとえ成年でも親の親権に服するものとされていた（旧民877条1項）。しかし，旧民法下でも，漸次，親権を親の子に対する支配権という考え方から，さらに一歩進めて，親権は親の利益のための権利ではなく，子の利益のために親に与えられた権利であるということになり，親権の濫用が許されないことはもちろん，親権は権利で同時に親の義務でもあると理解されるようになった（穂積重遠「親族法」550頁以下，野上久幸「親族法」399頁以下）。

　次に，旧民法当時の親権は「家」の制度下にあって，同一の家（戸籍）にある親でなければ，たとえ同居していても親権者になれなかった（旧民877条1項）。しかし，現行法上は，戸籍の異同によって親権者となり得るかどうかは，左右されない。

　なお，現行法上，親権に服すべき未成年の子であっても，婚姻によって成年とみなされる（擬制）者は，親権に服さなくなる（民753条）。

　次に，「親権者」とは，前述の未成年の子に対する身上および財産上の権利義務を有する者をいう。また，親権者でなくて親権を行う者があるが，これを「親権代行者」という。たとえば，実親が未成年であるときに，その未成年者についての親権者が代わって親権を行うことになる（民833条）。また，児童福祉施設に入所中の子で，親権者または未成年後見人のいないものについては，その施設の長が親権を行うことになる（児童福祉法47条1項）。

　なお，親権の代行は，財産上の行為のほか，身分上の行為にも及ぶ。

【2】　**親権の内容**　(1)　**子の身上に関する権利義務**　(ｱ)　身上監護権（民820条）＝未成年の子の肉体的，精神的発展を図るためのものであって，権利というより義務性が強く，以下(ｲ)ないし(ｴ)は，監護権の具体的作用ともみられる。

　(ｲ)　居所指定権（民821条）＝監護教育を全うするためのものである。

　(ｳ)　懲戒権（民822条）＝前記同趣旨。

条)。しかし、当事者の一方が日本人で他方が外国人の場合は、単に日本人の戸籍の身分事項欄に外国人との離婚事項を記載するのみで足りるので戸籍の変動はない。もっとも、この場合日本人女が外国人男との婚姻で、戸籍法107条2項により夫の氏を称していた場合、離婚に際し戸籍法107条3項により婚姻前の氏に変更の届出があったときは、その戸籍上の氏の記載が変更される。ただし、氏を変更する者の戸籍に子があるときは、その氏の変更届出をした母について新戸籍が編製される(戸20条の2第1項)。

また、この氏変更前の戸籍に在籍している子は、同籍する旨の入籍届により、氏を変更した母(父)の新戸籍に入ることができる(昭59・11・1民二5500号通達第二4(2))〔→No.235の【1】「氏(姓)の問題」みよ〕。

なお、当事者の双方が外国人で市町村長に離婚の届出があった場合は、届出を受理した後、戸籍受附帳に登載し、戸籍の記載を要しないが、その届書を受理市町村に保存し(戸規50条)、利害関係人の閲覧または受理証明などによって公証に役立てられる(戸48条)。

(2) **親権事項の記載** 離婚に伴う親権の帰属に関する準拠法が通則法32条の規定により、原則として子の本国法、例外的に子の常居所地法となるので、もし、子の本国法、常居所地法が日本であるときは、日本法により、父母の一方を親権者と定め(離婚届書にその旨が記載される)、かつ、その離婚当事者間の未成年の子が日本人である場合(たとえば、父(母)日本人、母(父)外国人間の子)、その子の戸籍の身分事項欄に父母のいずれかが親権者である旨を記載しなければならない(戸13条8号、戸規35条5号)。

【参考文献】 ①法務省「法例の一部改正」解説(戸籍誌555号44頁～71頁)、②南 敏文「新しい国際私法(法例改正に関する基本通達の解説)」76頁～99頁(日本加除出版)

③　夫婦に同一常居所地法がない場合において，その夫婦に最も密接な関係がある地が日本，あるいはその地の法律が協議離婚制度を設けている地であるとき（夫婦について密接関連法の適用できるとき）

　そこで，報告的協議離婚の証書の審査は，届書（証書の謄本の提出の際の便宜から，法定届書を利用する）およびその添付書類に基づいて，準拠法を決定し審査することとなる。この場合，法定届書中の「別居する前の住所」欄に協議離婚をすることができない地が記載されているとき，または，離婚証書の夫婦の住所が協議離婚をすることができない地である場合などは，協議離婚の準拠法に疑義があるので，管轄局による受否の指示をまって処理することとなる。

　次に，協議離婚の方式の審査については，通則法34条により，その準拠法は「当該法律行為の成立について適用すべき法」または「行為地法」のいずれかによっているか否かを，離婚証書につき審査し，適法な方式であると認められるときは受理できることになる。

　(4)　**日本の裁判所で成立した調停・審判・判決による届出**（戸77条・63条）　No.236「渉外裁判離婚」，No.237「調停・審判による国際離婚」を参照されたい。

　(5)　**外国の裁判所で成立した裁判上の離婚の届出**　外国判決に基づく離婚届の受理に際し，当該判決が民事訴訟法118条に定められた条件を具備しているか否かを審査する必要があるが，実際の処理にあたっては，離婚届に添付された判決の謄本等によって審査し，その判決が民事訴訟法118条に定める条件を欠いていることが明らかに認められない限り，届出を受理してさしつかえないとされている（昭51・1・14民二280号通達）。なお，届出に際しては，原則として，判決の謄本，判決確定証明書，被告が呼出しを受け，または応訴したことを証する書面（判決謄本によって明らかでない場合）並びにそれらの訳文の添付を求めることになる〔→No.236「渉外裁判離婚」みよ〕。

【参考文献】　藤田秀次郎「外国離婚判決の承認」（民事月報VOL.31 No.3）

【2】　**渉外離婚による国籍の変動**　日本の現行国籍法は，私的身分行為によって国籍という公的身分には影響を及ぼさない。つまり，夫婦国籍独立主義の立場から婚姻の場合と同様に離婚によっても国籍の変動を生じない。もっとも，旧国籍法施行中は，婚姻によって日本の国籍を取得した者が離婚した場合において，その者が原外国籍を取得したときは日本の国籍を失うものとされていた（旧国19条）。しかし，旧国籍法施行中に婚姻によって日本の国籍を取得した者（旧国5条1号）が，現行国籍法施行後に離婚した場合には，日本の国籍を失うことはない。また，旧国籍法施行中に婚姻によって日本の国籍を失った者（外国人の妻）が現行国籍法施行後に離婚しても，当然には日本国籍を回復することはないので，日本国籍を取得するには帰化の手続によるほかない（旧国籍法25条のような国籍回復許可手続はない）。

【3】　**戸籍の処理**　(1)　**離婚事項の記載**　当事者の一方または双方が日本人であるときは，日本人の戸籍に離婚の記載をすることになる。日本人夫婦が離婚した場合には，婚姻の際に氏を改めた者が，婚姻前の氏に復するので戸籍の変動を生ずる（民767条，戸19

446頁，山田鐐一「国際私法新版」450頁），離婚の際の子の親権者の指定に関する準拠法も，この法によるのが相当である。そこで，離婚の準拠法が日本法であったり，協議離婚を認める法制度の場合は，協議離婚の届出をすることができるところ，その場合における子の親権者の指定の問題は，子の本国法又は常居所地法が準拠法となる。例えば，わが国に常居所を有する日本人と外国人の夫婦の離婚の場合は，通則法27条但書により，その準拠法は日本法となり，市区町村長に届け出ることにより協議離婚をすることができる。この場合，当該夫婦の子は，日本国籍を喪失していない限り，通則法32条により親子間の法律関係の準拠法は日本法となるので，離婚に当たり，夫婦で親権者を指定しなければならず，離婚の届書にその記載のない場合は，離婚の届出自体を受理することができないものとなる。次に，台湾系中国人同士の離婚の場合も，離婚の準拠法である中華民国民法1049条に基づき協議離婚が可能であり，この場合の親子間の法律関係の準拠法も中華民国民法となるので（通則法32条），同法1055条により，離婚後の親権者を指定しなければならないこととなる。他方，日本人がフィリピン人と婚姻し，その連れ子を養子とした場合であるが，フィリピン法上は離婚は認めておらず，離婚後の親権者の指定に関する規定を欠く。当該夫婦であっても，日本人配偶者が日本に常居所を有する限り，わが国で協議離婚をすることができるが，親子間の法律関係の準拠法はフィリピン法となるので（通則法32条），親権者の指定をすることができず，離婚後も共同親権のままとなる。そこで，協議離婚の届書には親権者の指定に記載がなくても，これを受理することができる。

(3) **外国の方式により協議離婚をした場合の証書の謄本の提出** 外国に在る日本人が離婚する場合は，駐在国の日本の大使などにする創設的協議離婚の届出，外国裁判所の離婚判決（後述）による報告的離婚の届出があるが，そのほかに，わが国の通則法が定める準拠法および方式に従ってした協議離婚も有効なものと認められる。この場合は，すでに成立した協議離婚の報告的届出，すなわち，外国において協議離婚をした旨の証書の謄本の提出（戸41条）ということになる。もちろん，この証書の謄本の提出があった場合は，協議離婚が準拠法上有効であるか，方式が適法であるかを確認した上で受理することとなる。

ところで，審査上の留意点としては通則法による離婚の準拠法は27条により段階的連結による準拠法を指定することになるが，外国において日本人が協議離婚をすることができる場合は，次のとおりである。
　ア　夫婦双方が日本人である場合（夫婦の同一本国法である日本法が適用される）
　イ　夫婦の一方が日本人である場合
　　①　日本人配偶者が日本に常居所を有する場合（通則法27条ただし書により日本法が適用される）
　　②　夫婦の常居所地法が同一で，その地の法律が協議離婚制度を設けている場合（夫婦の同一常居所地法が適用される。たとえば，日本人と韓国人の夫婦が韓国に常居所を有する場合，韓国の方式で協議離婚をすることができる―韓民834条・836条，韓戸2条・25条・79条）。

為地法たる日本法による方式によってすることができることが明らかであるからである。
　なお，この証明書とは，本国官憲発行のものに限られないで，出典を明らかにした法文の写し，または当該国の弁護士の証明書でもさしつかえない取扱いである。
　もっとも，韓国人については大韓民国民法（834条），台湾系中国人については中華民国民法（1049条），本土系中国人については中華人民共和国婚姻法（31条）により，いずれも協議離婚をすることができることを市町村長として把握しているので，その身分関係事実が確認できる限り，前述の証明書の提出を必要としない取扱いである。なお，韓国人と北鮮系朝鮮人間の本国法，本土系中国人と台湾系中国人間の本国法は，いずれも同一ではない〔→ No.12「同一本国法」みよ〕。
　エ　夫婦の双方が外国人で，その本国法が同一でない場合　(ア)　夫婦の共通常居所が日本にある場合は，通則法27条の段階的連結の第二段階の共通常居所地法によることになるため，当該外国人の本国法の規定内容にかかわらないで，共通常居所地法としての日本法が準拠法となる。したがって，この場合は，市町村長は夫婦の共通常居所の認定により，外国人夫婦の協議離婚の届出を受理することができるとされている〔→ No.13 の【2】「常居所の認定」9頁みよ〕。(イ)　夫婦の双方が外国人で，その本国法も常居所地法も同一でない場合に，わが国が夫婦に最も密接な関係がある地と認定される場合には，段階的連結の第三段階の密接関連法として日本法が適用されることになる。そこで，戸籍の実務上は，夫婦の一方が日本に常居所を有し，かつ，他方が日本との往来があるものと認められる場合，その他当事者の提出した資料などから，夫婦が外国に共通常居所を有しておらず，かつ，その夫婦に最も密接な関係がある地が日本であることが認められる場合は，協議離婚の届出を受理することができるとされている。しかし，個々の事件ごとにその事実認定をする必要があり，市町村長の通常事件の審査と趣きを異にして困難を伴うので，管轄局の長にその受否の指示を求めて処理することとされている。
　なお，外国人夫婦の協議離婚が日本法上有効に成立しても，当事者の本国法上協議離婚が認められない場合は，無効となったり，跛行離婚となることも考えられる。
　(2)　**離婚の際の子の親権者の指定の問題**　父母が離婚した場合におけるその間の未成年の子に対する親権，監護権の帰属・分配の問題は，法例改正前には，「離婚」に関する問題（離婚の効力）として処理すべきであるのか，又は「親子間の法律関係」の問題として処理すべきであるのか，判例，学説上は両説がみられたようである。
　ところで，法例の改正後は，子の本国法又は子の常居所地法を親子間の法律関係の準拠法と定めていて（現行通則法32条も同様），子を中心とする連結点により準拠法が決定されており，これによるときは，子の保護にもなる。また，そもそも，離婚の準拠法は，主として夫婦間の利害関係を調整するため，夫婦に関する連結素により段階的連結の方法により準拠法を指定しており，これにより子の親権者等を指定することは子の福祉に叶うかは疑問である。さらに，子に対する親権の帰属は，親権等の内容や行使方法と密接不可分であって両者を別個の準拠法によらしめるのは適当ではないということができる。そこで，学説上も，親子間の法律関係の準拠法説が通説となっており（溜池良夫「国際私法」

為地法の方式に従ってなされたときに有効に成立することとなる。なお，形式的成立要件たる日本の方式は，届書に所定の事項を記入し，当事者双方および証人が署名・押印するものである。以下は，平成元年10月2日民二3900号通達第2・1によるものである。

　ア　夫婦の双方が日本人である場合　離婚の準拠法は，同一本国法たる日本法が適用されるので，わが国の民法と戸籍法により処理することになる。たとえば，外国において，その国に駐在する日本の大使などに協議離婚の届出をした場合や，外国から直接本籍地市町村長に協議離婚の届書を郵送した場合には，日本民法の実質的成立要件を充足している限り受理することができる（離婚については，婚姻の場合における民法741条，縁組の場合における民法801条のような直接的規定はないが，民法764条・739条および戸籍法40条・76条により受理できるとされている。大12・1・6民事4887号回答，昭24・9・28民事甲2204号通達）。

　イ　夫婦の一方が日本人である場合　(ｱ)　日本人配偶者が日本に常居所を有している場合（常居所の認定は住民票の写しによる）　通則法27条ただし書により日本法が適用されるので，協議離婚の届出を，わが国の民法と戸籍法により処理することになる。(ｲ)　外国人配偶者が日本に常居所を有する場合　日本人配偶者が日本に常居所を有していない（国外転出）が，外国人配偶者が日本に常居所を有すると認められる場合（在留資格，在留期間を記載した外国人登録証明書および旅券により認定）は，戸籍の実務上その夫婦の密接関連法は，日本法であると一律に判断して，協議離婚の届出を，わが国の民法と戸籍法により処理することとされている。この場合は，日本人配偶者が常居所を有しないことを積極的に認定しなくとも，外国人配偶者の常居所のみを認定すれば足りるものと解されている。(ｳ)　夫婦がともに日本に常居所を有しない場合　その夫婦が外国に共通常居所を有しておらず，かつ，その夫婦に最も密接な関係がある地が日本であることが，当事者の提出した資料から認められる場合は，これらを具体的に認定するにつき，事件ごとに個々に判断せざるを得ないし，また通常事件を形式的に審査する市区町村長の職責としては，その判断に困難を伴うので，管轄局の長に受否の指示を求めたうえで，協議離婚の届出を受理することができるものとされている。

　なお，以上の密接関連法の適用のための管轄局における具体的認定の調査事項として，改正法例施行後当分の間は，①　日本での夫婦の居住状況，②　婚姻中の夫婦の常居所地，③　夫婦間の未成年の子の居住地，④　過去の夫婦の国籍国，⑤　その他密接関連地を認定する参考事項などを調査の上，意見を付して，法務省に内議することとされている（平元・12・14民二5476号通知）。囲〔具体的な事例 → No.14「密接関連法」みよ〕。

　ウ　夫婦の双方が外国人で，その本国法が同一である場合　この場合は，夫婦の同一本国法（8頁）により協議離婚を日本の方式に従ってすることができる旨の証明書の提出があれば，協議離婚の届出を受理することができるものとされている（昭26・6・14民事甲1230号通達）。これは，夫婦の本国法が同一であり，かつ，その本国法上に協議離婚の制度があることが明らかにされていれば足り，積極的に日本の方式に従ってすることができることの証明までも要するものではないと解されている。すなわち，通則法34条により，行

これについては，(1) 準拠法たる外国法が離婚を禁止している以上，離婚裁判をすることは許されず，公序規定（改正前法例 30 条）を適用してこれを容認することは公序観念の不当な拡張であるとする考え方と，(2) この場合には公序規定を適用して離婚裁判をすることができるとする考え方があった。この点，戸籍の実務では，形式的審査権しか有せず，離婚を認めないことが公序に反するかどうかを審査することができないので，たとえばフィリピン人夫と日本人妻が日本で別居しているような場合，夫の本国法が離婚の制度を設けていないことにより，日本の市町村長に対し，協議離婚の届出をすることはできないものとされていた。もっとも，当該本国法により離婚が認められない場合でも，具体的事情のいかんによっては，離婚を認めないことは公序に反するとして，離婚を認めた裁判例もある（昭 39・7・15 民事甲 2253 号回答）。

ところで，通則法 27 条において，離婚の準拠法につき，婚姻の効力の準拠法を定めた 25 条の規定を準用し，まず，夫と妻の本国法が同一のときは，その法律（同一本国法〜 8 頁）によることとされている。次に本国法が同一でないときは，同一の夫婦の常居所地法（同一常居所地法＝共通常居所地法〜 14 頁）によることとしている。更に以上のいずれの法律もないときは，夫婦にとって最も密接な関係がある地の法律（密接関連法〜 14 頁）を適用することとしている。もっとも，市町村長の形式審査における密接関連法の認定の困難さを考慮して，当事者の一方が日本に常居所を有する日本人であるときは，日本の法律によることとしている。この場合には，密接関連法に優先して適用される。また，離婚の準拠法に当事者双方に共通する段階的連結の法律が考慮されたことから，反致は認めていない（通則法 41 条ただし書）。

そこで，日本人配偶者が日本に常居所を有する場合は，外国人配偶者の本国法に離婚の制度がなくとも，日本の市町村長に対し協議離婚の届出をすることができる。

【参考文献】 法務省「法例の一部改正」解説（戸籍誌 555 号 44 頁〜57 頁）

No.239 渉外離婚と戸籍の処理

【1】 届出の審査　離婚とは有効に成立した夫婦関係を解消することである。渉外的離婚についての準拠法は，その成立について，通則法 27 条の規定により，第一に夫婦の同一本国法（8 頁），第二に夫婦の同一常居所地法（共通常居所地法〜 14 頁），第三に夫婦の密接関連法（14 頁）が段階的に適用される。もっとも，夫婦の一方が日本に常居所を有する日本人であるときは，離婚は日本法によることとされている。これは，第三段階の密接関連法のみに優先して適用される〔→ No.234「渉外離婚の準拠法」みよ〕。渉外的離婚の届出が市町村長になされた場合には，前述の通則法の指定する準拠法に基づいて形式的成立要件（方式）と実質的成立要件を審査することとなる。その届出は，下記のように創設的の場合もあれば，報告的の場合もある。

(1) わが国の方式による協議離婚　離婚の方式については，親族関係の法律行為の方式の一つとして，通則法 34 条が適用され，行為地法と「行為の成立について適用すべき法」の選択的連結となっている。したがって，離婚は，離婚成立の準拠法である前述の夫婦の同一本国法，同一常居所地法（共通常居所地法）もしくは密接関連法が定める方式，又は行

立ての趣旨に反しない限度で、事件解決のため離婚の審判をすることができる（家事法284条）。この審判は、当事者が2週間以内に異議の申立てをしなければ、確定判決と同一の効力を有することになるが、異議の申立てをすると、離婚の審判はその効力を失うことになる（家事法286条・287条）。これが「審判離婚」である。

このような、調停離婚が成立せず、審判離婚もなされず、または離婚審判が効力を失った場合に、法定の離婚原因があるときに、はじめて家庭裁判所に離婚の訴えを提起することができることになる（民770条1項、人訴4条）。

ところで、渉外離婚の準拠法は、三段階の連結によることとなった（通則法27条）。すなわち、第一に、夫婦の本国法が同一であるときは、その法律（同一本国法）により、第二に、その同一の本国法がないとき（夫婦が異国籍者、地域的異法国籍者～7頁、人的異法国籍者～7頁の場合）は、夫婦が同じ国に常居所（9頁みよ）を有していれば、その同一常居所地法（共通常居所地法～14頁）により、第三に、第一、第二のいずれの法律もないときは、夫婦に最も密接な関係がある地の法律（密接関連法～14頁）によることとされた。しかし、夫婦の一方が日本に常居所を有する日本人であるときは、日本の法律による。なお、反致（16頁）の規定は適用されない（通則法41条）。したがって、当事者の一方が日本に常居所を有する日本人である場合の離婚の準拠法は、通則法27条ただし書により、また、当事者の一方である日本人が日本に常居所を有しないときでも、夫婦の密接関連法が日本法であることがほとんどあるとみられるから、戸籍の実務としては、離婚の準拠法が日本法でないことが明らかである場合を除き、日本の裁判所で離婚の調停が成立または審判が確定したときは、裁判所が日本法を準拠法として適用したものと認めて、届出を受理してさしつかえないものと解されている。

なお、外国人の夫婦が同一本国法であるとき、その本国法が裁判離婚しか認めていない場合は、調停離婚を合意離婚とみる立場からは、調停離婚をすることができない。しかしながら、日本の裁判所が離婚の調停を成立せしめ、調停離婚の届出があった場合は、同一本国法上の離婚の準拠法を適用したものと認めて、そのまま受理してさしつかえないこととなるであろう。これは、調停離婚については、当事者の合意が基礎となっているが、裁判官又は家事調停官を含む調停委員会がその離婚を認めても良いと実質的に判断した上で調停を成立させているのであるから、調停離婚も裁判離婚の一種であると考えることによる。

【参考文献】 南 敏文「新しい国際私法（法例改正に関する基本通達の解説）」96頁・97頁（日本加除出版）

No.238
夫の本国法に離婚の制度がない場合

渉外離婚において、法例の改正（平成2年1月1日施行）前は、夫が外国人であるときは、離婚の準拠法が夫の本国法たる外国法となるため（改正前旧法例16条本文）、当該外国法が離婚を禁止しているとき（たとえば、フィリピン・スペインなど）はどうなるのか、離婚がまったく認められないのかという問題があった。

本法は，協議離婚と裁判離婚を認めるので，夫婦間に離婚についての合意が成立しないため協議離婚をすることができないときは，裁判上で離婚を求めることができる。

渉外的な離婚について日本の裁判所が判断することができるのは，日本の裁判所に管轄権がある場合に限られる。そこで，渉外的な裁判離婚に関する国際管轄権について述べる。

わが国の従来の通説によれば，原則として夫婦の本国に管轄権があり，夫婦の国籍が異なる場合には，その双方の本国に管轄権が認められるとしていた。しかし，もし本国に限定した場合には，外国に居住する夫婦につき，当該外国で離婚訴訟を提起することができないのは実際上不便であるとの理由から，補則として夫婦の住所地国の管轄を認めるべきであるとされる。そして，近時では，国籍よりも住所地を本来的な基準とすべきであるとの考え方もある。住所に基づく管轄権を考える場合，夫婦の住所が異なるときは夫婦双方の住所地国の管轄を認める説と，被告の住所地国を原則とし，例外的に特段の事情があるときには，原告の住所地国の管轄権をも認めるべきであるとする説とがある。昭和39年3月25日最高裁判所大法廷判決（民集18巻486頁）は，後説によったもので，原告が遺棄された場合，被告が行方不明である場合，その他これに準ずる場合には，原告がわが国に住所を有している以上，たとえ被告がわが国に最後の住所を有しない者であっても，わが国に裁判管轄権があるとしている。

ところで，日本の裁判所で前述の離婚判決が確定した場合は，戸籍法77条の規定に基づき，報告的離婚届をしなければならない〔→ №239「渉外離婚と戸籍の処理」みよ〕。

【2】 **外国の裁判所による離婚判決** 外国の裁判所で，当事者の一方を日本人とする夫婦について，離婚の判決があった場合，外国判決の承認の問題が論議される。戸籍の実務上は，離婚の準拠法が何であったかは審査の対象とはならないで，外国裁判所の判決の承認に民事訴訟法118条を全面的に適用し，同条の要件を満たしていれば，わが国においても効力を有するので，戸籍法77条の規定による報告的離婚届を要するものとして処理されている（昭51・1・14民二280号通達）〔→ №239「渉外離婚と戸籍の処理」みよ〕。

【参考文献】 南 敏文「新しい国際私法（法例改正に関する基本通達の解説）」42頁・96頁（日本加除出版）

№237
調停・審判による国際離婚

わが国で裁判上の離婚をするためには，まず家庭裁判所に調停の申立てをしなければならない（家事法257条1項）。この調停により成立する離婚が「調停離婚」である。すなわち，調停離婚とは，家庭裁判所において原則として裁判官（又は家事調停官）一人および調停委員二人以上から成る調停委員が調停を行い，夫婦間に離婚について合意が成立し，これが調停調書に記載されたときは調停が成立（離婚が成立）したことになり，その記載が確定判決と同一の効力を有することになるものである（家事法248条・251条・268条1項）。

この調停が成立しない場合において家庭裁判所は相当と認めるときは，調停委員の意見を聴き，当事者双方のため衡平に考慮し，いっさいの事情をみて職権で，当事者双方の申

「国際結婚と氏の問題」みよ）。したがって，この婚姻が離婚に至る場合も日本人について氏および戸籍に変動を生じないとして処理することになる。もっとも，戸籍法107条2項では，外国人と婚姻をした日本人配偶者の呼称上の氏を外国人配偶者の呼称上の氏に変更を認めたことから，同法107条3項において前述の呼称上の氏を変更した者が離婚，婚姻の取消し，配偶者の死亡の日から3か月以内に限って従前の変更前の氏に変更を認めている。

【2】 **成年擬制に対する離婚の効力**　婚姻によって成年に達したものとみなされた未成年者が離婚した場合，その者の地位（能力）はいかに解すべきか，学説には，平成2年1月1日の法例改正前ではあるが，旧法例16条の離婚の効力と解し離婚の準拠法によるとするもの（江川英文「国際私法」868頁），あるいは行為能力に関する旧法例3条の規定によりその者の本国法によるとするもの（久保岩太郎「国際私法例説」80頁）とがある。この点について戸籍の実務上，婚姻による成年擬制を婚姻の効力と解している（昭32・10・30民事甲2087号回答，昭31・7・20法務省民事局，最高裁家庭局，東京家裁，東京法務局第43回戸籍事務連絡会結論二）立場からは，法例改正後及び通則法施行後も，離婚による成年擬制の効力が消滅するか否かも，離婚の効力の準拠法によることになるとみるべきであろう。

【3】 **子の親権・監護権**　夫婦間に生まれた子の離婚後の親権・監護権について，離婚の効力の準拠法（通則法27条）によるべきか，あるいは，親子関係に関する通則法32条の規定によるべきかの問題がある。これについて，法例の改正前ではあるが，通説は子の親権・監護権の帰属問題（たとえば，親権・監護権は父，母のいずれにどのようにして帰属させるかの問題）は離婚の効力の問題として離婚の準拠法（改正前法例16条）により，また親権・監護権の内容，その行使の問題は親子間の法律関係として改正前法例20条（改正後21条）の規定によらせるという見解がある（折茂　豊「国際私法（各論）」256頁，久保岩太郎「国際私法例説」79頁）。他方，判例には離婚に伴う親権・監護権の帰属についても改正前法例20条（現行通則法32条）の規定によるものがみられる（昭30・10・14東京地裁判決〔判例時報68号17頁〕，昭44・6・13東京家裁審判〔家裁月報22巻3号109頁〕）。

ところで，法例改正後の戸籍の実務は，離婚の際の子の親権者の指定については，これを親子間の法律関係の準拠法を定める改正法例21条（現行通則法32条）によることとされた（平元・10・2民二3900号通達第2・1(2)）。これにより，親子間の法律関係については，子の福祉の観点から子を中心とした準拠法によることとなる。すなわち，子が父または母の一方と本国法を同じくするときは，子の本国法により，もし，子が父母の双方と本国法を異にするときは，子の常居所地法によることとなる〔→№253「国際親子間の法律関係の準拠法（親権）」みよ〕。

【参考文献】　①南　敏文「法例の一部改正」戸籍誌552号25頁・26頁，②法務省「法例の一部改正」解説・戸籍誌555号47頁・48頁・66頁・67頁

№236 渉外裁判離婚

【1】 **日本の裁判所による離婚判決**　当事者の一方が日本人である夫婦について，日本に常居所を有する日本人が日本において離婚をする場合には，離婚の準拠法は日本法となり（通則法27条ただし書），日

的には，他方当事者も合意のうえで日本法に基づき離婚しようとの意思を有しているもの
と考えられるし，裁判離婚の場合についても，裁判管轄は被告の住所地を原則的な基準と
することから，ただし書が適用される場合とは，日本に住所または常居所を有する日本人
を相手に日本の裁判所に訴えを提起する場合であるので，ただし書の要件を満たす大抵の
場合は，日本法が密接関連法として認定されるものと考えられるからである。
　なお，渉外的離婚の準拠法の具体的適用については，No.239「渉外離婚と戸籍の処理」
を参照されたい。

【3】　離婚の法律関係の性質　通則法 27 条にいう「離婚」の中にどのような法律問題が
含まれるか，その法律関係の性質には次の(1)から(3)までが含まれることに異論はないであ
ろう。
　(1)　離婚そのものが認められるか，すなわち，離婚制度があるかどうか。
　(2)　離婚の機関および方法。すなわち，裁判離婚によるべきか，または協議離婚ができ
るかどうか。
　(3)　離婚原因が存在しているかどうか。
　離婚の効力としては，①　離婚後復氏するかどうか。　②　婚姻により成年擬制を受け
た者が未成年者に復するかどうか。　③　父母離婚後の未成年の子に対する親権・監護権
の帰属問題まで及ぶか。（以上①～③についてはNo.235「国際離婚の効力」みよ）　④　財産分
与のような夫婦の一方の潜在的持分の実質的精算の問題。　⑤　有責配偶者の損害賠償責
任の問題などが考えられるが，この点は次項を参照願いたい。
【参考文献】　①南　敏文「法例の一部改正」戸籍誌 552 号 22 頁～26 頁，②法務省「法例の一部
　　　　　　　改正」解説・戸籍誌 555 号 44 頁～48 頁

No.235　国際離婚の効力

　国際離婚の効力問題は，その法律関係の性質について，平成 2 年 1 月 1 日法例の改正施行前も現行の通則法施行後も変更になっていないものとみられる。すなわち，改正前の旧法例 16 条本文の「離婚」という中には，離婚の成立問題も効力問題も含まれていると解されており（折茂　豊「国際私法（各論）」250 頁・255 頁，久保岩太郎「国際私法例説」76 頁・77 頁），その法律関係の性質については，法例改正後及び通則法制定後も変更はないであろう。また，離婚の効力の主たるものは夫婦関係の法律上の解消ということである。
　ところで，国際離婚の附随的効力として，渉外戸籍事務に関連するものに次の問題がある。

【1】　氏（姓）の問題　離婚による氏の変動の問題は，平成 2 年 1 月 1 日の法例改正前に
おいては，婚姻の身分的効力の場合と同じく，学説の多くは離婚の効力の問題として考え
るべきであるとする（折茂　豊「国際私法（各論）」255 頁）。しかし，学説の一部には氏（姓）
について個人の氏名権の問題として，その氏が問題とされている各自の本国法によると解
するものもある（久保岩太郎「国際私法例説」77 頁）。この点，戸籍の実務では，日本人と
外国人とが婚姻した場合，日本人の氏に変動はなく，また戸籍の変動もないとするのが先
例（昭 55・8・27 民二 5218 号通達）であり，通則法施行後も変更はない〔→ No.225 の【2】

ところで、世界各国の離婚に関する法制を見ると、(1) 離婚をまったく認めない法制と、(2) 離婚を認める法制とに大別されるが、後者については、その離婚のあり方につき、(ア) 離婚原因を極めて限定している国、(イ) 裁判所その他の国家機関の関与のもとにのみ離婚を認める国、(ウ) 当事者の協議による離婚を認める国、(エ) 当事者の一方的な意思表示による離婚を認める国など、さまざまに分かれる。

「国際離婚(渉外離婚)」とは、当事者の国籍・行為地の国のいずれかが異なる場合における離婚である。それは国籍の観点からみると、(1) 日本人・外国人夫婦の離婚(行為地のいかんを問わない)を中心とし、そのほかに、(2) 日本(行為地)における外国人同士夫婦の離婚と、(3) 外国(行為地)における日本人同士夫婦の離婚を含むことになる。

他方、これを行為地の観点から分類すると、(1) 日本(行為地)における渉外離婚として、(ア) 日本人・外国人夫婦の離婚、(イ) 外国人同士夫婦の離婚(これには、同国籍外国人夫婦と、異国籍外国人夫婦とがある)、(2) 外国(行為地)における渉外離婚として、(ア) 日本人・外国人夫婦の離婚、(イ) 日本人同士夫婦の離婚、(ウ) 外国人同士夫婦の離婚とに分けることができる。

【2】 **渉外離婚の準拠法** 国際離婚(渉外離婚)については、当事者の国籍・行為地の国が異なるところがあるので、その要件の準拠法が問題となる。

通則法は27条において25条の規定を準用している。すなわち、離婚の準拠法の指定方法として三段階連結によることとしている。まず第一に、夫婦の本国法が同一であるときはその法律により〔→ No.12「同一本国法」みよ〕、第二に、同一の本国法がないときは、夫婦が同じ国に常居所を有していれば、その常居所地法により〔→ No.13「常居所・常居所地法」みよ〕、第三に、第一・第二のいずれの法律もないときは、夫婦にとって最も密接な関係がある地の法律〔→ No.14「密接関連法」みよ〕によることとされている。

次に、通則法27条には、離婚の準拠法について、「ただし、夫婦の一方が日本に常居所を有する日本人であるときは、離婚は、日本法による。」とのただし書が設けられている。これは、離婚の準拠法について、通則法25条(三段階の連結による準拠法の指定)を準用するのみでは、形式的審査を前提として協議離婚の届出を処理する戸籍事務管掌者に密接関連法の認定という困難な判断を強いることになり、実務的に機能し難いため、この点が考慮されたものである。

ところで、このただし書の規定上は、第一段階の同一本国法、第二段階の同一常居所地法、第三段階の密接関連法の適用のすべてに日本人条項が優先するような体裁になっているが、実際には、第三段階である密接関連法のみに優先して適用されるものである。それというのも、夫婦の一方が日本人の場合において、同一本国法があるとすれば、それは同一国籍による日本法となるはずであり、夫婦の一方が日本に常居所を有する場合において同一常居所地法があるとすれば、これも日本法となるはずであり、もし、これにただし書が適用されるとしても、本文の規定によっても準拠法は日本法となるからである。

なお、このただし書が適用される場合は、密接関連法によることとしても、日本法がこれに該当することが多いとみられる。すなわち、協議離婚の届出があった場合には、一般

た場合も同様に直ちに新戸籍を編製する（法定記載例93〜95）。なお、離婚復氏者が婚姻前戸籍の筆頭者でその戸籍に在る子と同籍することを希望するときは、子が父または母と同籍する旨の入籍の届出による（囲①・②）。

　囲①　この場合の従前の取扱い（昭51・5・31民二3233号通達一・6）は、婚姻前の子と同籍することを希望するとき、いったん復籍の手続をしたうえ、戸籍法107条1項の規定による氏の変更の場合に準じ、戸籍の記載をすることとされていた。

　囲②　従前の取扱い（前記通達）は、離婚復氏者が離婚届と同時に戸籍法77条の2の届出をした場合、その者が婚姻前戸籍の筆頭者でその戸籍に在る子と同籍することを希望しないときは、復籍することなく、戸籍法19条1項但書の規定によって新戸籍編製の申出をさせ、新戸籍を編製するものとされていた。

(2)　離婚によってすでに復籍した者が、戸籍の筆頭者でない場合または戸籍の筆頭者であるが同籍の子があるときにおいて、戸籍法77条の2の届出をしたときには、原則どおりに、その者について新戸籍を編製する（法定記載例93〜95）。子が父または母の新戸籍に入るには、同籍する旨の入籍の届出による。

(3)　離婚復氏者がすでに新戸籍を編製し同籍の子がない場合において、戸籍法77条の2の届出をしたときは、戸籍法107条1項の規定による氏の変更の場合に準じ、戸籍の記載をする（法定記載例99・100）（囲③）。

　囲③　従前の取扱いは、裁判離婚によって訴えの提起者の届出に基づき、子の在る戸籍に復籍した者（相手方）が戸籍の記載の筆頭者である場合に、子と同籍することを希望しないとして戸籍法77条の2の届出をしたときは、便宜届書(6)欄に新本籍を記載させ、届出人について新戸籍を編製することができるものとされていた（昭51・11・4民二5355号通達）。

(4)　転婚に際して相手方の氏を称した者が、離婚により直ちに実方の氏に復している場合、戸籍法77条の2の届出は認められる。しかし、離婚によっていったん前婚当時の氏に復し、次いで生存配偶者の復氏届により実方の氏に復した後は、戸籍法77条の2の届出は認められない（昭51・11・4民二5353号通達）。

【4】　婚姻が取り消された場合の準用　　前述の取扱いは、婚姻が取り消された場合の復氏者についても、離婚に準じた取扱いをすることになる（民749条・767条，戸75条の2）。

【5】　戸籍受附帳の件名の表示方法　　戸籍法77条の2、または75条の2の届出があったときは、戸籍受附帳の件名を「法第77条の2」または「法第75条の2」と記載する。

【参考文献】　①第77回国会衆議院法務委員会会議録（戸籍時報228号）、同国会参議院法務委員会会議録（戸籍時報236号）、②宇佐見隆男「民法等の一部を改正する法律案について」（民事月報1976—4 Vol.31　No.4）、③昭51・5・31民二3233号通達

No.234
国際離婚（渉外離婚の準拠法）

【1】　意義　　婚姻関係が解消するのは、(1)　一方配偶者の死亡と、(2)　離婚である。したがって、「離婚」とは、適法に成立している婚姻関係を当事者の生存中に解消することと定義することができる。

なっているところ（民750条），実際には夫の氏を称する場合が多く，離婚があった場合，妻が復氏することとなり，それでは，婚姻中に夫婦の氏で社会的活動をしてきた妻が，離婚により氏を改めざるを得ず，その活動に不利益を受けるおそれがあること，さらには，離婚後，母が子を養育する際に，母と子の氏が異なっているため，親権の行使等に事実上の困難を伴うことにもなりかねないことから，一定の期間を区切って，婚姻によって氏を改めた者の一方的な届出によって，婚氏の続称を認めるものである。

【2】 制度の内容 (1) 制度の要旨　離婚復氏の原則は維持し，離婚時から一定期間内に婚姻中の氏（離婚の際に称していた氏）を称するかどうかを選択することができるとするものである。その選択権の行使は，相当の期間内にけじめをつける必要から，離婚の日から3か月以内に限られており，その期間内に戸籍法上の届出をすることによって婚氏続称が認められる。この場合，離婚復氏者が引き続き婚氏を称しようとするときは，その者が離婚届と同時に，または前記の期間内に市町村長に対しその旨を届け出ればよい（戸籍法77条の2）。他方の配偶者との協議またはその同意も必要でない。

(2) 離婚復氏者が離婚の際の氏を称する（婚氏を続称する）という意味　なお，この婚氏続称は，民法上の氏の変更ではなく（民法上は，離婚により復氏している），その呼称を変更するというものである。すなわち，離婚復氏者は婚氏を称しても，その氏は離婚した配偶者の氏と民法上異なる氏であるが呼称は同じである。それは，前述のとおり民法上は離婚復氏の原則によっていったん復氏し（離婚届と同時に婚姻中の氏を称するときは，瞬間的ではあるがいったん婚姻前の氏に復するものと解する），その後に呼称上の氏（姓）を婚氏に変えるということである。つまり，民法上の復氏はそのままで，呼称のみを婚姻中の氏と同姓にしようとするものである。この実質は，戸籍法107条の氏（姓）の変更と同じものであり，家庭裁判所の許可を得ないで氏（姓）の変更を認めた特則（立法的解決）である。したがって，嫡出子の氏は父母の氏，すなわちもとの婚姻中の氏であるから，離婚復氏者が婚姻中の氏を称しても（この場合は新しい姓をつくったと理解する），もとの婚姻中の氏を称している嫡出子の氏とは，呼称は同一であっても民法上は異なる氏である。そこで，この嫡出子が婚氏を称した離婚復氏者たる母（父）の戸籍に入るには，民法791条1項の規定により家庭裁判所の許可を得て，その母（父）の氏に変更しなければならない。なお，離婚復氏者につき新戸籍が編製された場合，婚姻前の戸籍に在る子は，当然にはその新戸籍に入籍しないが，単に入籍届により（許可を要しない）その新戸籍に入籍することができる。この入籍届は，戸籍法77条の2の届出があった後においてもすることができる（昭51・11・4民二5351号通達）。

【3】 戸籍法77条の2の届と戸籍の処理　離婚の際に称していた氏を称する届（以下「戸籍法77条の2の届」という）の取扱い，および戸籍の処理は，以下のとおり昭和51年5月31日民二3233号通達，昭和62年10月1日民二5000号通達に示されている。

(1) 離婚によって復氏すべき者が，協議離婚の届出と同時に戸籍法77条の2の届出をした場合は，常にその者について直ちに新戸籍を編製する（戸籍法19条3項）こととし，裁判離婚または外国の方式による離婚の報告的届出と同時に戸籍法77条の2の届出があっ

判・判決）から，戸籍の処理も無効の場合とは異なる。

　前記の取消裁判の効果は，当事者のみでなく第三者にも及ぶことは無効の場合と同様である（人訴24条）。したがって，公簿である戸籍簿上にもその旨を遅滞なく公示するため，調停申立人，または訴えの提起者に離婚取消の裁判確定の旨の届出義務を負わせている。すなわち，前記の届出義務者は，その裁判確定の日から10日以内に，裁判の謄本を添えて「離婚取消届」をしなければならない（戸77条・63条1項）。一方，家庭裁判所から当事者の本籍地市町村長に，前記の裁判（審判）確定の旨の通知がなされる（家事規134条，戸24条3項）。

　また，離婚取消の裁判が確定したのに，届出をしない場合は，申立てまたは訴えの相手方も届出をすることができるし，また，その届出もないときは市町村長が管轄法務局の長の許可を得て職権で，その旨の戸籍の記載をすることになる（戸44条）。

　次に，戸籍の処理は，協議離婚の記載を，その取消しの効果の面からみれば，離婚のなかった状態に復させるという点で戸籍訂正の方法が考えられる。しかし，戸籍記載の建前は，身分行為の経過を如実に表現するということから（協議離婚は取消しあるまでは有効であったということを考えて），従前の離婚事項を朱抹するという戸籍訂正の方法を採らないで，取消確定の結果，届出による入籍と除籍（協議離婚の届出により夫婦の戸籍から除籍した配偶者を夫婦の戸籍に入籍させ，離婚後に入籍していた戸籍から除籍する。）の取扱いにより，婚姻継続の状態をつくり出すことにしている（参考記載例137～139）。

　囲　昭36・11・14民事甲2763号回答――身分行為の無効・取消その他身分関係の存否確認の
　　　判決が確定し戸籍訂正を要する場合には，当該判決の確定を知った裁判所に戸籍法24条3
　　　項に規定する通知義務がある（戸籍誌181号20頁）。

【参考文献】　①島津一郎「注釈民法(21)」，②三田高三郎「人事訴訟手続法解説」

No.232 協議離婚届不受理申出

　届出の不受理申出制度は，当初，民法，戸籍法などの実体法に根拠はないが，戸籍上の届出を阻止するための方策として昭和27年，協議離婚制度の欠陥を補充するために行政サービスとして戸籍実務のなかから生まれたものである。その後これに対する一般国民の利用と実務の運用状況は，次第に発展し整備され，協議離婚のみならず，創設的届出のすべてについて認められるようになった。そして平成19年5月11日法律第35号の「戸籍法の一部を改正する法律」により，正式に不受理申出制度が法制化された。〔→No.154「届出の不受理申出」みよ〕。

No.233 離婚の際に称していた氏を称する届（戸籍法77条の2の届）

【1】　制度の趣旨　民法767条は，1項で，婚姻によって氏を改めた夫又は妻は，離婚によって婚姻前の氏に復することを定める一方，2項で「前項の規定により婚姻前の氏に復した夫又は妻は，離婚の日から3箇月以内に戸籍法の定めるところにより届け出ることによって，離婚の際に称していた氏を称することができる」と定め，婚氏の続称を認めている。この立法は，夫婦は婚姻の際に協議によって夫又は妻の氏を称することと

この審判は確定すると確定判決と同一の効力を生ずる（家事法281条）。もし，この確定審判を得られない場合は，住所地の家庭裁判所に訴えを提起する（人訴4条）。

前記の確定審判を得られない場合としては，当事者の合意に相当する審判に対して2週間以内に利害関係人から異議の申立てがなされる場合があり，この場合は，その審判は失効するので，訴えを提起することになる（家事法279条）。そのほか，相手方の行方不明または検察官を相手方とするなどの場合は，調停に付するのが不適当として直ちに訴えによることが認められている（家事法257条2項但書）。

(2) **訴え（もしくは調停）の当事者** 協議離婚の無効・取消しの判決もしくは審判を得るための正当な当事者は，次の者である（人訴12条）。

(ア) 原告（または調停申立人，以下同じ）が夫（妻）であるとき，被告（または調停の相手方，以下同じ）は妻（夫）である（人訴12条1項）。

(イ) 無効の訴え（または調停申立て）について第三者が原告である場合，被告は夫婦双方（その一方が死亡しているときは生存者）である（人訴12条2項）。

(ウ) 無効・取消しの訴えについて原告が生存配偶者である場合，または無効の訴えについて，夫婦双方が死亡後に原告が第三者である場合，いずれも被告は検察官である（人訴12条3項）。

【4】 **協議離婚無効・取消しの裁判確定と戸籍の処理** (1) **無効の場合** 協議離婚無効の裁判（審判・判決）が確定すると，その協議離婚は，当初から無効であったことが明らかになり，この確認の効果は，当事者だけでなく第三者に対しても及ぶ（人訴24条）。したがって，公簿である戸籍簿上の協議離婚の記載をなかった状態に回復の訂正をするため，調停の申立人，または訴えの提起者に戸籍訂正の申請義務を負わせている。すなわち，この申請義務者は，その裁判の確定した日から1か月以内に，その裁判の謄本を添えて戸籍訂正の申請をしなければならない（戸116条）。一方，家庭裁判所からも，当事者の本籍地の市町村長に対し裁判（審判）確定の旨の通知がなされる（家事規134条，戸24条3項（囲））。もし，協議離婚無効の裁判が確定したのに戸籍訂正の申請をしないときは，申立てまたは訴えの相手方も訂正申請をすることができるし（戸117条），また，その申請もないときは市町村長が管轄法務局の長の許可を得て職権で訂正処理をすることになる（戸44条）。

次に，戸籍の訂正方法は，協議離婚に関する記載を朱抹し，従前の婚姻の記載が当初から継続しているように訂正する。この場合，離婚による除籍者を従前の夫婦の戸籍の末尾に回復するが，回復戸籍の身分事項欄には，従前の重要事項（戸規39条1項各号）のみを移記すれば足り，回復に関する訂正事項の記載を要しない（同条2項）（参照戸規附録9号・法定記載例210〜214には回復後の戸籍記載例が示されていない）。

(2) **取消しの場合** 協議離婚取消しの裁判（審判・判決）が確定すると，その効果は，取消し前の離婚の当初にさかのぼって効力を生じ，当事者間の協議離婚はなかった状態になり，婚姻が継続していたことになる。この取消しは，当然無効とは異なり，取消しの裁判が確定することによってはじめて当初にさかのぼって無効になるものである（形成の審

結果明確になったときは，戸籍法24条2項の規定により，市町村長は管轄局の長の許可を得て戸籍の訂正をすることができる」(昭46・2・16民事甲568号回答)。
⑤　判例要旨「協議離婚届書に届出人の氏名が代書された場合に戸籍法施行規則62条2項の規定による代書の事由を欠いても，その届出が受理された以上，その離婚は有効である」(昭44・1・31最二小判〔判例時報553号47頁〕)。
⑥　判例要旨「事実上の婚姻関係を維持しつつ，夫婦が通謀して何らかの目的のための方便として協議離婚の届出をした場合，それは法律上の婚姻関係を解消する意思の合致に基づいたもので，離婚の意思がないとは言い得ない」(昭38・11・28最一小判〔民集17巻11号1469頁〕)。
　前記事例のうち，①～④はいずれも離婚無効の原因があると認定されたものであるが，⑤，⑥は離婚の成立を認めたものである。
　(2)　離婚無効の主張　協議離婚の無効は，婚姻無効の場合と同じく当然無効であると解するのが通説である。すなわち，無効なる協議離婚の記載が戸籍上になされているとしても，それは訴えによらなくても(判決で確定するまでもなく)，本来無効であるから誰でもいつでもその無効であることを主張できる。したがって，戸籍の訂正処理は，いつでも利害関係人等が戸籍法113条もしくは114条の戸籍訂正許可の審判を得てすることができるわけである(前掲(1)の事例①～④は当然無効を前提としており，とくに④は職権処理までも認容している)。もっとも，離婚無効それ自体の確認を訴えによって求めることもできるわけであるから，離婚無効確認の裁判があった場合には，戸籍法116条により戸籍の訂正処理をすることになる。とくに，離婚の効力につき争いがある場合には，離婚の無効自体の確認裁判を得て処理するのが相当であり，通常そのように運用されている。
【2】　協議離婚の取消し　**(1)　取消原因**　民法が認めている取消原因は，民法764条において詐欺または強迫によって協議離婚がなされた場合に限っている(民747条1項準用)。しかも，その取消請求権者は，協議離婚をした当事者(配偶者)に限られている(同前)。もっとも，この取消請求権は，その取消請求権を有する当事者が，詐欺を発見し，もしくは強迫を免れた後，3か月を経過した場合や追認をしたときは消滅する(民764条・747条2項準用)。
　(2)　協議離婚取消の請求　離婚の取消しは，離婚の無効とは異なり，前述の請求権者(離婚の当事者)が裁判上で請求しなければ認められない(民764条・747条1項準用)。すなわち，裁判上で離婚の取消しがあるまでは，その離婚は有効として取り扱われ，取消しの裁判確定によって，はじめて協議離婚は取り消される。そして，協議離婚が取り消されると，離婚はなかったものとして当初の婚姻関係が継続することになる(民121条)。この点は，協議離縁の取消しと同様であり，婚姻の取消しがその効果を初めにさかのぼらせないで，将来に向かってのみ及ぼすのと異なる(民748条)。
【3】　協議離婚無効・取消しの裁判手続　**(1)　管轄**　裁判上で離婚の無効を主張し，または取消権を行使するには，当事者の住所地の家庭裁判所へ調停の申立てをし，無効または取消しについての当事者の合意に相当する審判を求める(家事法244条・257条・277条)。

(エ)　**添付書面**　調停調書の謄本，もしくは審判または判決の謄本と確定証明書（確定証明書については，市町村長に裁判確定通知が到達しているときは省略できる）（戸77条・63条）。
　(3)　**戸籍の記載**　(ア)　**離婚事項**　裁判上の離婚は，夫婦双方の身分事項欄に，調停・審判・判決の区別をした離婚の旨が記載される（戸規35条4号，法定記載例90〜92）。ただし，審判・判決については，単に「裁判」とのみ表示する。
　(イ)　**戸籍の変動**　婚姻の際に氏を改めた者は原則として婚姻前の戸籍に復籍する（戸19条1項本文）が，下記のような場合もある。①　婚姻後に，父母の戸籍が改製新戸籍となっているとき，または，転籍しているときは，その戸籍に復籍する。②　婚姻後，実方の氏が戸籍法107条により変更されていても，変更後の氏に復し，その戸籍に復籍する（昭23・1・13民事甲17号通達五）。③　復籍すべき戸籍が除かれているとき，または復氏者が届出人の場合で新戸籍編製の申出をしたときは，新戸籍を編製する（戸19条1項但書）。
　(ウ)　**親権者指定事項**　夫婦に未成年の子がある場合，その子の身分事項欄に父または母が親権者と定められた旨を記載する（戸規35条5号，法定記載例101・102）。
【参考文献】　①島津一郎「注釈民法⑳」，②於保不二雄「注釈民法㉓」

No.231
協議離婚の無効・取消し（裁判手続と戸籍の処理）

【1】　**協議離婚の無効**　(1)　**無効原因**
　協議離婚が無効になるのは，協議離婚の有効要件である当事者間に離婚意思のあることを欠いた場合，つまり，離婚の合意がないのに離婚届がなされている場合である。なお，協議離婚は，届け出ることによって，その効力を生じ成立するから，離婚の合意があっても離婚届のない場合は，離婚そのものは不成立で，その有効・無効を論ずる必要がない。
　次に，先例・判例上，協議離婚が無効であるのか問題となった事例としては，次のようなものがみられる。
①　判例要旨「協議離婚届書作成後において，当事者の一方が翻意したため，届出がなされた当時離婚の意思を有しないことが明確であれば，協議離婚は無効である」（昭34・8・7最高裁第二小法廷判決〔民集13巻10号1251頁〕）。
②　先例要旨「協議離婚届に署名後，届出前に妻から離婚の意思をひるがえしたから，届書の受理を拒否されたい旨の申出書が提出された場合，その後に夫から前記離婚届の提出があっても，これを受理しないのが相当である」（昭27・7・9民事甲1012号回答）。
③　先例要旨「夫婦の一方が離婚届出の意思がないのに，他の一方から離婚届が提出されるおそれがある場合，その一方から届出があっても受理を拒否されたい旨の申出書の提出があったときは，その離婚届を不受理と処理してさしつかえない」（昭37・9・27民事甲2716号回答）。
④　先例要旨「協議離婚届不受理方の申出書を看過して離婚届が受理された場合，それに基づく戸籍の記載に錯誤があることが，市町村長および管轄局の長において事実調査の

り、他方が相手方として被告になる。②　相手方が生死不明の場合でも、その行方不明者を被告として公示送達の手続がとられる。注この手続とは、訴状を被告がいつでも出てくれば渡す旨を、また呼出状はそのものを裁判所の掲示場に2週間〔外国に居る者に対しては6週間〕掲示し、これを経過することによって適法な送達があったものとみなされる（民訴110条～112条）。③　夫婦の一方が成年被後見人である場合は、成年被後見人の成年後見人が成年被後見人のために当事者として訴え、または訴えられることの訴訟行為を代行する（人訴14条1項）。また、成年後見人が成年被後見人の配偶者であるときは、成年後見監督人が成年被後見人のために、訴えまたは訴えられることの訴訟行為を代行する（同条2項）。

　(4)　**親権者の定めのない裁判離婚**　調停、審判、判決による離婚の場合において、親権に服する子があるときは、裁判上で親権者を定めることになっている（民819条2項）。しかし、調停において離婚の合意は成立したものの親権者について当事者間で合意が成立しないため、後日子の意向を尊重して当事者間で協議して定める旨調書に記載された場合には、調停離婚として有効である（昭34・10・31民事甲2426号回答）。また、審判、判決において親権者を定めないことの事情が理由中に示されている場合（かりに親権者を定めないことが理由中に示されていない場合でも）、裁判離婚そのものの成立には影響はないので、この裁判に基づく離婚届は受理してさしつかえない（昭30・6・3民事甲1117号回答）。

【3】　**離婚の裁判確定と戸籍の処理**　(1)　**裁判確定通知**　離婚の調停成立、審判の確定、または判決の確定により、その効果は、当事者だけでなく第三者に対しても及ぶ（人訴24条）。したがって、公簿である戸籍簿にもその旨を遅滞なく公示するため、調停申立人または訴えの提起者に届出義務を負わせている一方、家庭裁判所からも当事者の本籍地の市町村長に対し裁判確定（調停成立、審判確定）の通知がなされる（家事規130条・134条・136条）。もし、裁判上の離婚が成立したのに戸籍届出をしないときは、申立てまたは訴えの相手方からも届出をすることができるし（戸77条）、またその届出もないときは市町村長が管轄法務局の長の許可を得て職権で離婚の記載をする（戸44条）。

　(2)　**戸籍の届出**　(ア)　**届出事項**　戸籍の各届書に共通する記載事項（戸29条・30条）のほか、裁判の確定年月日（戸77条1項・63条1項後段）、親権に服する子があるときは、親権者と定められた夫婦の一方の氏名と子の氏名（戸77条2項）、裁判上の離婚の種別など戸籍法施行規則57条に定める事項を、通常、届書に記載して提出する。なお、後述のとおり訴えの相手方も届出人となり得ること等の趣旨から、裁判または調停による離婚届書の「その他」欄に新戸籍を編製する旨記載し、署名押印して届け出られた場合、または、その旨の申出書を添付して届出があった場合には、これに基づいて新戸籍を編製することができるものとされている（昭53・7・22民二4184号通達）。

　(イ)　**届出人と届出期間**　裁判上の離婚が成立すると、調停の申立人または訴えの提起者は、裁判確定の日から10日以内に離婚の届出を要する（戸77条・63条1項）。なお、訴えの提起者が所定の期間内に届出をしないときは、申立てまたは訴えの相手方からも届出ができる（戸63条2項・77条）。

　(ウ)　**届出地**　夫婦の本籍地または届出人の所在地である（戸25条）。

No.230 裁判上の離婚（調停・審判・判決の手続と戸籍の処理）

【1】 **意義** 裁判上の離婚とは，当事者の自由な協議でする離婚（協議離婚）ができない場合に，裁判所の関与のもとにする離婚を総称する。これには，その手続の差異によって調停離婚・審判離婚・判決離婚と呼ばれる。

【2】 **裁判離婚の手続と成立** (1) **調停離婚** 裁判上の離婚をするには，まず相手方の住所地または当事者の合意で定める地の家庭裁判所（地方裁判所には人事調停を行う権限がない）に調停を申し立てることを要する（家事法257条・277条）。もっとも，後述のように調停を不適当とするときには直接家庭裁判所に訴えを提起できる（家事法257条2項ただし書）。

前述の調停において当事者間に合意が成立し，これが調停調書に記載されたときに調停が成立したものとし，その記載が確定判決と同一の効力を生ずる（家事法268条）。

なお，調停調書に協議離婚をする旨が記載されているとき（当事者が戸籍上，調停離婚ではなく，協議離婚した旨が記録されることを希望する場合になされる）は，調停によって離婚が成立したのではなく，当事者間に協議上の離婚をすることについて責任をもたせたものであるから，裁判上の離婚として扱うことはできない（昭24・4・6民事甲436号回答）。

(2) **審判離婚** 家庭裁判所は，調停委員会の調停が成立しない場合において相当と認めるときは，職権で当事者双方の申立ての趣旨に反しない限度で，調停に代わる離婚の審判をすることができることになっている（家事法284条）。この審判に対しては，当事者または利害関係人が2週間内に異議の申立てをしなければ，確定判決と同一の効力を生ずる（家事法286条・279条）。もっとも，この異議の申立てがあれば，さきの審判は効力を失う（家事法287条）。

(3) **判決離婚** 離婚の調停が成立しない場合，または調停が不成立のままで，これに代わる審判もなされない場合，あるいは審判しても，それが失効した場合に，離婚の訴えを提起することができる。もっとも，この訴えをするには，民法770条に定める離婚原因があること，また，管轄裁判所は夫婦の住所地の家庭裁判所にすることになる（人訴4条）。なお，相手方とすべき者が行方不明，または心神喪失の状態にあって，調停・審判に付することが不適当であるときには，直接に訴えを提起することができる（家事法257条）。

(ア) **離婚の訴えの原因** 夫婦の一方は，次の場合に限って，離婚の訴えが提起できる（民770条1項）。① 配偶者に不貞な行為があったとき，② 配偶者から悪意で遺棄されたとき，③ 配偶者の生死が3年以上明らかでないとき，④ 配偶者が強度の精神病にかかり，回復の見込みがないとき，⑤ その他婚姻を継続し難い重大な事由があるとき。

なお，前記の離婚原因のうち，①～④については，裁判所はいっさいの事情を考慮して，婚姻の継続を相当と認めるときには，離婚を認めないことができる（民770条2項）。

(イ) **離婚の訴えの当事者** 離婚の判決がなされるための正当な当事者としては，次のとおり対立して当事者となる（民770条）。① 訴えを提起するには，夫婦の一方が原告とな

申出がされていたことが当該届出による戸籍の記載がされた後に判明したときは，本籍地の市町村長は，戸籍法24条2項の規定による管轄法務局又は地方法務局の長の許可を得て，戸籍の訂正をするものとされている（平成20・4・7民一第1000号通達第6の5）。

【3】 **親権者を定めること** 離婚をする夫婦に親権に服する未成年の子がある場合，夫婦のいずれかが親権者となる旨を届書に記載しなければ，その届出は受理されない（民819条1項・765条・739条）。

【4】 **届出** 協議離婚は，戸籍法の定めるところにより，これを届け出ることによって，その効力を生ずるものであり，この届出は，いわゆる創設的届出である（民764条・739条1項）。

(1) **届出事項** 戸籍の各届書に共通する記載事項（戸29条・30条）のほか，親権者に関する事項（民819条1項，戸76条1号），戸籍法施行規則に定める事項（戸76条2号）を通常届書に記載して提出する。

(2) **届出人** 届出そのものが離婚そのものであるから，当事者たる夫婦が届出人であり（戸76条），届出を代理することは許されない（戸37条3項）。もっとも，届書は，本人が自書または提出しない場合でも，本人の意思により代筆され，本人を届出人と表示して使者によって届書が提出されれば，本人の届出ということに解される。

(3) **証人** 届出の真正を保証するものとして，成年の証人二人以上を要する（民764条・739条2項，戸33条）。

(4) **届出地** 当事者の本籍地または所在地である（戸25条）。所在地は，住所地のみでなく，居所や一時滞在地も含まれる。

(5) **添付書類** 成年被後見人の離婚でも，離婚の性質および効果を理解するに足りる能力を有することを証すべき診断書の添付は要しなくなった（平成11年法律152号・同12年4月1日施行により戸籍法32条2項を削除）。

【5】 **離婚による氏** 婚姻によって氏を改めた者は，離婚によって婚姻前の氏に復し（民767条），原則として婚姻前の戸籍に復籍する（戸19条1項本文）が，もし，その戸籍がすでに除かれているとき，または復氏する者が新戸籍編製の申出をしたときには，新戸籍を編製する（戸19条1項但書）〔→No.233「離婚の際に称していた氏を称する届（戸籍法77条の2の届）」みよ〕。

他方，婚姻によって氏を改めなかった者は，婚姻によって新戸籍を編製した場合でも，離婚によって氏の変動も戸籍の変更もない。つまり，さきの婚姻による新戸籍は，その者が分籍後にその者の氏を改めないで婚姻した場合と同様に理解される。

【6】 **親権事項の記載** 父母が離婚するときにその間に未成年の子があるときは，協議離婚の場合は，前述のとおり父母の協議でその一方を親権者と定め（民819条1項），その旨が届書に記載され，かつ，子の身分事項欄に親権者が明示される（戸13条8号，戸規35条5号，法定記載例101・102，参考記載例136）。

ことによる婚姻の解消では、姻族関係が直ちに消滅しないのと異なる（民728条2項）。

なお、姻族関係が終了しても、民法735条の婚姻障害は存続する（同条後段）。

(3) **復氏** 婚姻によって氏を改めた夫婦の一方は、離婚によって当然に婚姻前の氏に復する（民767条1項）。この点は、夫婦の一方が死亡したことによる婚姻前への復氏が任意であるのと異なる（民751条1項）。なお、離婚によって婚姻前の氏に復した夫または妻は離婚の日から3か月以内に戸籍法上の届出によって離婚の際に称していた氏を称することができる（民767条2項）〔→No.233「離婚の際に称していた氏を称する届（戸籍法77条の2の届）」みよ〕。

(4) **財産分与の請求** 離婚をした者の一方が相手方に対し財産の分与を請求できる（民768条1項）。この請求は、離婚後2年以内に限って認められている（同条2項）。

(5) **祖先祭祀などの承継** 婚姻によって氏を改めた者が、夫婦関係の継続中に相手方の祖先の祭祀をするための祭具などを承継した後に離婚したときには、それらの祭具などの承継すべき者を定めることになっている（民769条）。

(6) **未成年の子の親権者、監護者の決定** 夫婦間に親権に服する未成年の子があるときは、離婚の際に離婚後の親権者、監護者を定めることになっている（民766条・818条）。

【参考文献】 島津一郎「注釈民法(21)」

No.229 協議離婚届と戸籍の処理

協議離婚は、当事者の自由な合意に基づいて婚姻関係を解消する制度であり、いわゆる消極的な創設的身分行為である。以下に協議離婚が有効に成立するための要件について説明する。

【1】 **離婚意思の合致** 協議離婚は、夫婦双方に離婚の意思のあることが必要である。もし、この意思を欠くときは、離婚は無効となる（昭16・11・29大審院判決〔法律評論31巻民370頁〕、昭34・8・7最高裁第二小法廷判決〔民集13巻10号1251頁〕）。したがって、たとえば、離婚意思が全くないのに相手方が届書を偽造して届けても離婚は成立しない。この場合に他方からあらかじめ、「自らが市町村役場に出頭して離婚の届出をしたことが市町村長において確認できないときは、当該離婚届を受理しないよう申出る」、いわゆる不受理申出をしていれば受理されない（戸27条3項から5項）。なお、協議をするには意思能力があれば足りるので、成年被後見人でも意思能力を回復していれば、成年後見人の同意を要しないで協議離婚をすることができる。

【2】 **離婚意思の存在時期** 離婚の意思は、戸籍の届出という一定の方式によって表明されるものであるから、届出の当時（厳格には届出受理当時）に存在することを要する（昭52・4・4民二1861号回答）。

したがって、たとえば離婚届を作成し、署名押印後でも、その届出前に離婚意思をひるがえし、かつ、そのことによる離婚届不受理方の申出書を市町村長に提出していれば、その後の協議離婚届は、申出人本人が自ら市町村役場に出頭して届出しない限り、受理されない（戸27条3項から5項）。

なお、協議離婚届が受理された場合において、当該届出について届出に先んじて不受理

【6】 離　　婚

No.228
離婚制度

【1】 意義　離婚とは、終生の共同生活を目的として成立した婚姻関係を、夫婦の一方または双方の意思にそわない事情が生じたために、当事者の生存中にこれを将来に向かって解消することをいう（離別）。婚姻の解消には、当事者の一方が死亡したことによる場合もあるが、これは離婚ではない（死別）。

【2】 離婚制度の歴史　離婚制度は、国によってまったく認めないところがあるが、今日では、ほとんどの国で承認されているようである。しかし、それには婚姻の形態がその時代、その社会によって異なったと同様に歴史的に変遷がある。たとえば、欧米諸国では、古来キリストの「神の合せ給えるものは、人これを離すべからず」という教義による影響から、婚姻非解消主義であり、その後、離婚を許すに至ったとしても、一定の事由があった場合にのみ裁判上で認めるというものである。

わが国では、江戸時代に夫の専権による離婚請求、いわゆる「去り状」（三行半）の慣行もあったようである。

【3】 離婚の種別　わが国の現行民法が認める離婚は、大別して協議上の離婚（民763条以下）と、裁判上の離婚（民770条以下）の二種である。しかし、家事事件手続法では、さらに調停離婚（家事法244条、268条）と審判離婚（家事法284条1項）を認めている。この両者をも裁判上の離婚として広義に解するので、離婚の種別としては、協議離婚、調停離婚、審判離婚、判決離婚の四種に数えることができる。

(1)　**協議離婚**　これは、夫婦が協議に基づく合意によって婚姻を解消することであり、その合意は、戸籍法の定めるところにより届け出ることによって効力を生ずるものである（民764条）。

(2)　**調停離婚**　これは、夫婦間で協議がまとまらない場合、家庭裁判所の調停の結果により婚姻の解消を合意し、その合意を調停調書に記載したときに効力を生ずるものである（家事法268条）。

(3)　**審判離婚**　これは、調停が成立しない場合、家庭裁判所が相当と認めるとき、職権で調停委員の意見を聞き、当事者双方の申立ての趣旨に反しない限度で審判によってする離婚である（家事法284条）。この審判に対しては、異議申立がなく確定したときに離婚の効力を生ずる（家事法287条）。

(4)　**判決離婚**　これは、協議離婚、調停離婚、審判離婚ができない場合、一定の離婚原因（民770条1項）があるとき、訴えを提起し、その判決の確定によって離婚の効力を生ずるものである（人訴2条）。

【4】 離婚の効果　(1)　**夫婦の姻解消**　これによって、当然に婚姻継続中の夫なり、妻なりが、その地位を喪失し、夫婦としての身分上、財産上の効果が消滅する。

(2)　**姻族関係の終了**　離婚により夫婦の婚姻関係が解消することに伴い、直ちに姻族関係（配偶者の親族との関係）も消滅する（民728条1項）。この点は、夫婦の一方が死亡した

(2) 戸籍の記載と証書の処理　婚姻証書が送付または提出され，これを受理したときは，受附帳に登載し，当事者の一方たる日本人配偶者の戸籍に，外国人と外国の方式により婚姻した旨の記載がされる（法定記載例77）。また，戸籍に記載後の証書の取扱いについては，前記(1)と同様である。

(3) 日本人と外国人が，日本において外国の方式により婚姻した場合　日本人と外国人が婚姻する場合，従前（法例改正前）からの婚姻挙行地法による方式のほか，法例の改正により婚姻当事者の一方の本国法による方式によっても婚姻することができることとされた（改正後の法例13条3項本文）。しかし，これが認められるのは前記(2)で述べたとおり，外国において婚姻をした場合であって，当事者の一方が日本人である場合において日本で婚姻するときは，認められないのである（通則法24条3項ただし書）。したがって，日本人と外国人が日本において，外国人の本国法の方式で婚姻をした（日本人と外国人がその外国人の本国の大使館などにおいて婚姻をした場合を含む）旨の報告的届出を市町村長にしても，受理することはできないものとされている（平元・10・2民二3900号通達第1・2(3)）。たとえば，日本人と韓国人の婚姻届書が在日韓国領事館において受理され，これが韓国の市，邑・面の長に郵送されても，婚姻挙行地（韓国の戸籍上に在日領事の受理が明示されていることにより，挙行地は日本とみられる）たる日本の方式，すなわち市町村長への届出のない限り有効な婚姻とは認められないのである。もっとも，この婚姻について，韓国法上婚姻が成立した旨の証明書，すなわち，その婚姻の記載ある戸籍謄本を添付して，日本の方式による婚姻届を改めてしてきた場合は，右の戸籍謄本を婚姻要件具備証明書とみなして審査し，創設的婚姻届出として受理することはさしつかえないものとされる（昭40・12・20民事甲3474号回答，昭42・12・22民事甲3695号回答，前述【1】(3)②・③）。

【参考文献】　法務省「法例の一部改正」解説・戸籍誌555号5頁～43頁

によったものであること（証書の作成者・体裁・内容などからみて真正に作成されたものであるか否かを判断する），さらに，わが民法上の実質的成立要件を充足していることも審査しなければならないが，その方式に違反がない場合は，民法上の実質的要件上の当然無効の事由がない限り受理される。単に婚姻取消の原因があるにすぎない場合は受理を拒めない（昭5・9・29民事890号回答二・三，昭44・5・17民事甲1091号回答）。もっとも，婚姻意思の審査は，戸籍の実務としては，至難であり，そのまま受理するほかないとされている。

なお，日本人同士の婚姻については，夫婦の称する氏（民750条），夫婦について新戸籍を編製すべきときにおける新本籍（戸16条・30条1項）などを，夫婦で協議したうえで届け出なければならないので，婚姻証書にその旨が明示してない限り，婚姻証書とともにその旨（婚姻届書を利用して）を夫婦共同で提出することになる。また，婚姻証書が外国語で作成されている場合は，翻訳者を明らかにした訳文を添付しなければならない（戸規63条の2）。

② **戸籍の記載と証書の処理** 婚姻証書の謄本が送付または提出され，これを受理したときは，受附帳に登載し，当事者たる日本人双方の戸籍に外国の方式により婚姻した旨の記載がされる（参考記載例129〜133）。また，戸籍に記載後の婚姻証書の謄本は，届書の場合と同様に管轄庁に送付し，保存される（戸規48条）。

(2) **日本人と外国人が，外国において外国の方式により婚姻した場合** ① **婚姻証書の審査** 日本人と外国人が外国においてする婚姻は，法例改正前から婚姻挙行地法による方式によるものは有効とされる（法例の改正前13条1項但書，改正後13条2項，現行通則法24条2項）。このほか，法例改正後は，当事者の一方の本国法の方式により婚姻することができることとされた（改正後の法例13条3項本文）。これにより，外国に在る日本人が，外国人配偶者の本国法の方式による婚姻，たとえば，絶対的挙行地主義を採用している甲国に駐在する乙国の大使館で，乙国人と日本人が乙国の方式による婚姻をした場合（このような婚姻は，法例改正前は，挙行地法である甲国の方式に従っていないので，有効な婚姻とは認められなかった）も，乙国がこの方式を有効なものとして取り扱う限り，当事者の一方，すなわち乙国の本国法の方式によったものとして，有効な婚姻として取り扱われる。

したがって，外国にある日本人が外国人と挙行地法による方式の婚姻，または，挙行地法によらない外国人配偶者の本国法による方式の婚姻のいずれの場合も，婚姻証書を作らせたときは戸籍法41条またはその類推適用により，3か月以内にその所在する国に駐在する日本の大使などにその証書の謄本を提出しなければならない。また，婚姻証書の謄本は前記(1)と同様に日本人の本籍地に直送することも認められよう。

ところで，外国人配偶者の本国法による方式の婚姻証書としては，具体例として次のものが考えられる。ア　甲国人と日本人が乙国に駐在する甲国大使館で婚姻した場合の甲国官憲の発給する婚姻証書，イ　ギリシヤ正教徒であるギリシヤ人と日本人が第三国にあるギリシヤ正教会で婚姻した場合の教会の発給する婚姻証書（本国官憲が認めている婚姻である）。

④　**本国官憲により身分関係事実証明書，婚姻要件具備証明書を得られない場合**　外国人の本国が要件具備証明書を制度として発行していない国の場合や，本国官憲が当事者の身分関係を把握していないため要件具備証明書を発行し得ない場合には，要件具備証明書を得ることは不可能である。このような場合は，当事者の本国法の内容を明らかにする書面と当事者の身分関係事実（年齢，独身であること等）を証明する書面が必要である。前者については，出典を明示した法文（の写し）等が該当し，後者については，本国官憲発行の身分証明書，出生証明書，身分登録簿の写し等が該当する。本国官憲が当事者の身分関係を把握していない場合は，世帯主との続柄が証明される住民票の写しおよびその他の資料（戸籍届書記載事項証明書，閉鎖外国人登録原票の写し，事件本人が要件を具備している旨の第三者の申述書等）を提出させて，審査することもやむを得ないと考えられる（昭和30・2・9民事甲245号通達，平24・6・25民一1550号通達）。しかしながらこの措置は，本国において身分登録がされていないなど，本国官憲発給の要件具備証明書を提出することが困難な事情にある者について，例外的に認めているものであり，中国や韓国等からの近時渡来者については，本国官憲により身分関係が把握されているので，この例外的な取扱いは認められない（平元・12・27民二5541号通達）。

(4)　**戸籍の記載と届書の処理**　①　**当事者双方が外国人である場合**　受理された婚姻届書は，戸籍受附帳に登載するが（戸規20条〜23条），戸籍がないので記載をしないで受理市町村に保存することになる（戸規50条）。この届書は，外国人同士に関する婚姻を公証する資料として，利害関係人の閲覧，受理証明書の交付に役立てられる（戸48条）。

②　**当事者の一方が外国人である場合**　受理された婚姻届書は，戸籍受附帳に登載し（戸規20条以下），戸籍のある日本人配偶者について，その身分事項欄（日本人配偶者が筆頭者でないときは別に新戸籍が編製される）に外国人との婚姻が成立した旨が記載される（法定記載例73〜76）。この場合，民法上の氏の変動はない。ただし，呼称上の氏の変更について戸籍法107条2項の規定がある〔→No.300「外国人との婚姻による氏の変更届（戸籍法107条2項の届）」みよ〕。戸籍の記載を完了した届書は，管轄庁に送付し，保存される（戸規48条）。なお，外国人が日本人と婚姻した旨が日本人配偶者の戸籍に記載されるので，これによって外国人配偶者についても，日本人との婚姻が公証されることになる。

【2】　**外国の方式による報告的婚姻届出**　(1)　**日本人同士が，外国において外国の方式により婚姻した場合**　①　**婚姻証書の審査**　外国にいる日本人同士が，当該外国の方式により婚姻をした場合，その婚姻は日本法上も挙行地法によったものとして方式上有効なものと認められる（改正前法例13条1項但書，改正後の法例13条2項，現行通則法24条2項）。したがって，この有効に成立した婚姻の報告的届出は，戸籍法41条に基づき，その国の方式に従って作成された婚姻証書の謄本をその国に駐在する日本の大使などに婚姻成立の日から3か月以内に提出すべきものとされている。もっとも，この婚姻証書の謄本を直接本籍地の市町村長に直送された場合は，これを受領して審査し，適法であれば受理することとなる（大3・12・28民893号回答12，昭26・7・25民事甲1542号回答）。

前述の婚姻証書の謄本の提出があった場合の審査にあたっては，その婚姻が外国の方式

者が六親等内の傍系血族の間柄であるときは，婚姻できないことになる。
　ところで，日本人と外国人が婚姻する場合，日本人についての実質的要件の審査は，日本民法の規定により，具体的には戸籍またはその謄本により判断される。他方外国人についての実質的要件の審査に関しては，当該本人の身分関係事実（氏名・年齢・独身であること，意思能力・婚姻能力があること，その他家族関係など）と婚姻に関する本国法の規定内容を明らかにする必要がある。そこで，本人の身分関係事実については，本国官憲の発行する公文書（例，韓国・台湾の戸籍謄本）で足りるが，もし，その身分関係事実を明らかにできない場合，要件の審査自体をすることができないので，婚姻届出を受理できないこととなる。また，本国法の規定内容については，市町村長は，法律事項として原則的には職権調査事項とも考えられるが，個々の事件処理に外国法の調査は相当の困難を伴うし，さらには，事件本人がその本国法上の要件を具備しているかどうかの調査も困難であるので，便宜上届出人をして自己の本国法の定める婚姻の要件を具備していることを，市町村長に対し，みずから立証するという取扱いがされている（大8・6・26民事841号回答，大11・5・16民事3471号回答）。その立証をするものとして，権限ある本国官憲が本国法上その婚姻の成立に必要な要件を具備している旨を証明した書面，いわゆる婚姻要件具備証明書を婚姻届書に添付させ（昭22・6・25民事甲595号回答，昭24・5・30民事甲1264号回答），これにより，要件を審査することとしている。
　③　**婚姻要件具備証明書**　この証明書は，婚姻当事者である本人の身分関係事実と本人が本国法上の要件を具備していることを証明するものである。したがって，本人の身分関係事実が本国官憲が発行する公文書で明らかにされており，かつ，その本国法の内容が明らかになっているような場合，たとえば，当事者が韓国人または台湾系中国人の場合は，韓国の家族関係等の証明書または台湾の戸籍謄本が添付されていれば，身分関係事実が証明され，かつ，本国法も公知となっているので，別に要件具備証明書を必要としない。また，出典を明示した当該国の法文の添付がある場合も，本国法の規定内容を明らかにする機能を有するものと考えられる。
　なお，婚姻要件具備証明書に代替するものとして，次のものがある。ⅰ　宣誓書（アメリカ人が在日アメリカ合衆国領事の面前で，合衆国のその者の所属する州法により婚姻適齢に達していること，日本人何某と婚姻するについて法律上の障害がないことを宣誓した旨の領事の署名のあるもの—昭29・10・25民事甲2226号回答）　ⅱ　結婚証明書　これは，日本国内で外国人と日本人が当該外国の方式によって婚姻した旨の本国官憲の発行の証明書である。これをもって要件具備証明書に代替できるとする理由は，日本国内において日本の方式によらない婚姻は，日本法上は有効に成立していない（改正後の法例13条3項・同条3項但書）が，外国人の本国法上では有効と認めているとみられるので，本国法上の婚姻の成立要件を充足しているものとみることができるからである。これらには，ギリシヤ総領事発行のギリシヤ人と日本人が日本のギリシヤ正教会で結婚した旨を証する書面（昭40・12・20民事甲3474号回答），これに準ずる回教寺院発行の結婚証明書（昭42・12・22民事甲3965号回答）などがある。

さらに、当事者の本国法によるべき場合に、当事者が無国籍であるときは、常居所地法をもって代用される（通則法 38 条 2 項本文）〔→ No. 9「無国籍者の本国法」みよ〕。

なお、日本人と外国人が日本で婚姻する場合、外国人についての実質的成立要件の準拠法が、同国の国際私法によれば、婚姻挙行地の法律によるとされているときは、日本の民法が準拠法となる（通則法 41 条本文）。

(3) **渉外婚姻の届書の審査**　日本における日本人と外国人間の婚姻は、前記(1)の方式の準拠法により、日本の方式によることになるが、その方式は、婚姻届書に所定の事項を記載し、当事者双方および証人の署名・押印のうえ市町村長に提出することで足りる。また、外国人同士が日本の方式によるときも同様である。

次に、前記(2)の本国法の実質的成立要件の審査については以下の点に留意を要する。

① 日本人と外国人が婚姻する場合、日本人については日本の民法の規定が、外国人についてはその者の本国法が適用される。この場合の本国法の決定は、前記(2)による。なお、本国法の認定について、戸籍の実務（平元・10・2 民二 3900 号通達）は次のとおり取り扱うこととされている。「ア　外国人である婚姻当事者が届書の本籍欄に一箇国の国籍のみを記載した場合は、当該記載された国の官憲が発行した国籍を証する（旅券等を含む）等の添付書類から単一国籍であることについて疑義が生じない限り、その国の法律を当該外国人の本国法として取り扱う。イ　重国籍である外国人について、二以上の異なる国の国籍証明書が提出された場合、または届書その他の書類等から重国籍であることが明らかな場合は、次のとおり取り扱う。ⅰ　国籍国のうち居住している国の居住証明書の提出を求めた上で、当該証明書を発行した国に常居所があるものと認定し、当該外国人の本国法を決定する。ⅱ　いずれの国籍国からも居住証明書の発行が得られない場合は、その旨の申述書の提出を求めた上で、婚姻要件具備証明書を発行した国を当該外国人に最も密接な関係がある国と認定し、その本国法を決定する。ⅲ　ⅰ及びⅱにより当該外国人の本国法を決定することができない場合は、婚姻届の処理につき管轄局の長の指示を求めるものとする。」

② 次に、本国法の実質的成立要件の審査に当たっては、日本と外国の本国法上各当事者につき、一方のみに適用される一方的要件（婚姻適齢に達していること、父母・後見人などの同意があること、精神的または肉体的障害のないこと、婚姻意思の欠缺がないことなど）と、当事者の一方の本国法上の要件であっても、相手方との関係でも具備すべき双方的要件（近親関係にないこと、重婚関係にないこと、再婚禁止期間でないこと、人種上または宗教上の理由等に基づく婚姻の禁止がされていないこと＝これは、公序に反するとして、わが国では無視される場合がある）があるので、各要件ごとにそれぞれの適用関係を判断しなければならない。

たとえば、近親婚の制限について、日本民法上では三親等内の傍系血族相互間は婚姻することができないとされており、他方中華民国民法上では、六親等内の傍系血族相互間では婚姻することができないこととされている（同法 983 条 1 項）。したがって、日本人（帰化者で元台湾に属した中国人）と台湾に属する中国人が婚姻しようとする場合、この両当事

国および邦の国籍に関する法律（1913年7月22日）6条
(1) ドイツ国民と婚姻した外国人女は，婚姻が継続中であって，かつ，夫がドイツ国籍を有する場合には，帰化の許可を申請することができる………。
(2) 前項の婚姻をドイツ国登録官吏の面前において締結した場合には，外国人女は，当該婚姻締結の時にドイツ国民になろうとする旨の意思を登録官吏に表示してドイツ国籍を取得することができる。

【参考文献】 新各国国籍法規集（法務省民事局内法務研究会）

No.227 渉外婚姻と戸籍の処理

【1】 日本の方式による創設的婚姻届出 (1) 方式（形式的成立要件）の準拠法　渉外的婚姻の方式の準拠法は，従前（平成2年1月1日法例改正前）から，婚姻挙行地法によるものは有効とされる（法例改正前13条1項但書，改正後13条2項，現行通則法24条2項）ので，当事者の一方または双方が外国人でも日本国内で市町村長に届出をすることができる。もっとも，当事者の一方が日本人で日本においてする婚姻は必ず日本の方式によらなければならない（通則法24条3項ただし書）。このほか，当事者の一方の本国法によることができる（通則法24条3項本文）ので，外国に在る日本人同士が民法741条の規定に基づき，日本の大使等にする婚姻の届出（法例の改正前は13条2項，民法741条によっていた），および当事者の双方または一方が日本人である場合における外国から郵送によりする創設的な婚姻の届出は，当然に当事者の一方の方式によるものとして受理することができる（法例改正前—昭26・3・6民事甲412号回答，法例改正後—平元・10・2民二3900号通達第1・1(2)）。

(2) 実質的成立要件の準拠法　渉外婚姻の実質的成立要件の準拠法は，従前（法例の改正前）から各当事者の本国法によることとされている（現行通則法24条1項）。この本国法とは，当事者が単一国籍者である場合は，その者の属する国籍国の法である。また，その当事者が二以上の国籍を有する場合は，国籍国のうち，常居所を有する国，それがないときは当事者に最も密接な関係を有する国の法が本国法となり，ただ，重国籍の一が日本国籍であるときは，日本法が本国法となる（通則法38条1項）〔→No.13「常居所」，No.8「重国籍者の本国法」，No.14「密接関連法」みよ〕。

なお，当事者が地方により法律を異にする国に属する（地域的異法国＝不統一法国）場合，たとえば，アメリカ合衆国のように同じ国であっても州により法律が異なる国，中国本土と台湾の異法域などである。このような場合は，その国の規則（準国際私法＝域際法）に従い指定された法律，もし，その規則がないときは，当事者に最も密接な関係のある地方の法律を本国法とするものとされている（通則法38条3項）〔→No.10「地域的異法国籍者の本国法」みよ〕。

また，当事者が人的に法律を異にする国に属する（人的異法国）場合，たとえば，民族や宗教により適用する法律が異なる場合も，その国の規則（共通法＝人際法）に従い指定された法律，もし，その規則がないときは，当事者に最も密接な関係のある法律を本国法とする（通則法40条）〔→No.11「人的異法国籍者の本国法」みよ〕。

【1】 **日本人男と外国人女が婚姻した場合**　旧国籍法（明治32年法律66号）施行当時は、日本人の妻となった外国人は、当然に日本の国籍を取得するものとされていた（旧国5条1号）。したがって、旧国籍法当時に日本人男と外国人女との婚姻が成立しているのに、なんらかの事情によってその外国人女が戸籍に記載されていないとしても、その者はすでに日本国籍を有しているのである。もし、その婚姻が外国の方式による婚姻であれば、今日その婚姻証書の謄本の提出によって戸籍の記載をすることになる。

　次に、現行国籍法施行後は、前述のとおり婚姻などの身分行為によっては、いっさい国籍の変動を認めておらず、もし、その日本人男の妻となった外国人女が日本の国籍取得を希望するのであれば、法務大臣による帰化の許可を得るほかに方法がない（国4条・7条）。

【2】 **外国人男と日本人女が婚姻した場合**　旧国籍法当時は、日本人女が外国人男の妻となった場合、当然には日本の国籍を喪失しないが、相手方である夫の国籍法がその婚姻によってその国の国籍を付与するのであれば、その日本人女は日本の国籍を失うものとされていた。したがって、外国人男と婚姻した日本人女が日本国籍を失うか否かは夫の国籍法の定めによって決まることになっていた（旧国18条）。

　次に、現行国籍法施行後は、前述のとおり婚姻などの身分行為による国籍の変動を認めないから、相手方である外国人夫の国籍法が婚姻によって日本人である妻にその国の国籍を付与するのであれば、妻は重国籍を生ずる。たとえば、フランス人男と婚姻した日本人女は、引き続いて日本の国籍を有するとともに、1945年フランス国籍法37条では、原則としてフランス国籍をも取得するので重国籍となっていた。このような立法の場合、日本国籍の喪失を希望するのであれば、法務大臣に日本国籍の離脱届出をすればよいわけである（国13条）。もっとも、現在では、外国人は、フランス人との婚姻によってはフランス国籍を取得することはなく（フランス民法21条の1）、4年の婚姻生活やフランス語力等を要件の下に、国籍取得の宣言をすることによりフランス国籍を取得することができるにとどまる（同法21条の2）。なお、韓国人男と婚姻した日本人女については、1948年大韓民国国籍法3条1号により韓国国籍を取得していたが、1997年12月13日法律5431号の改正で、婚姻によっては韓国国籍を取得することはなくなった。

【3】 **特異な事例（国際婚姻の際に公的身分である国籍の取得行為をもした場合）**　日本人女がドイツ人男とドイツ国登録官吏の面前で婚姻を締結するときに、ドイツ国民になろうとする旨の意思表示をすれば、ドイツ国籍を取得するものとされている（囲1　1913年法、1957年一部改正法6条(2)）。このドイツ国籍の取得は、婚姻そのものによって当然に付与されるものでなく、婚姻成立を前提に、さらに積極的にドイツ国籍取得の意思表示をすることが要件とされているので、日本の国籍法11条1項（旧8条）の規定にいう「自己の志望によって外国の国籍を取得したとき」に該当して、日本の国籍を当然に失うことになる（昭44・4・22民事甲877号回答）。この場合の戸籍の処理は、婚姻事項および自己志望による国籍喪失の旨を戸籍に記載することになる（法定記載例177）。

　囲1　1957年8月19日法律第3次ドイツ国籍問題解決法　第1章国籍法の一部改正　ドイツ

配偶者は，外国人配偶者とともに夫婦としての社会生活を営むうえで，その氏（呼称）を同一にする必要があることを考慮されたものである〔→ No.300「外国人との婚姻による氏の変更届」みよ〕。

なお，前述の外国人との婚姻による氏の変更届の事例は，日本人女が外国人男と婚姻した場合が多く考えられるが，もし，外国人夫が日本人妻の氏に変更した場合には，前記(1)と同じく，権限ある夫の本国官憲の作成した証明書の提出により妻の戸籍の身分事項欄に婚姻事項の次に，その旨を記載する。この場合は前記(1)と同じく，外国人夫の氏名変更の旨の記載方および変更後の氏名は日本人妻の氏（漢字）を用い表記されたい旨の申出により，次の振合により記載する。例① 夫の氏名を「甲野・ウイリアム」と変更年月日記載㊞，例② 夫の氏名を「ウイリアム・甲野」と変更年月日記載㊞（昭55・8・27民二5218号通達）。以上の戸籍の実務は，法例の改正によっても，前記(1)と同じく，氏の問題は婚姻の効力の問題としていないのであるから，何ら変更はないわけである。

【3】 **国際結婚と成年擬制の問題** 国際結婚した日本人と外国人の当事者の一方または双方が未成年者であったとき（成年者の基準年齢は，各国によって必ずしも一致していない），これらの未成年者が婚姻によって成年に達したものとみなされるか否かの問題がある。すなわち，婚姻の身分的効力の問題と解すれば，通則法25条の規定により，その準拠法は個々の事案に応じて段階的に変わって決定されることになる。また，これを行為能力の問題と解すれば，通則法4条の規定により各当事者の本国法によって定まることになる。学説においては，婚姻の身分的効力に関する問題と解する説（江川英文「国際私法」259頁，実方正雄「国際私法概論」281頁）と，行為能力に関する問題と解する説（折茂豊「国際私法（各論）」220頁，久保岩太郎「国際私例説」41頁）とがみられる。戸籍の実務においては，婚姻の身分的効力の問題と解している（昭31・7・20法務省・裁判所第43回戸籍事務連絡協議会結論二，昭32・3・27民事甲577号回答，昭32・10・30民事甲2087号回答）。したがって，この問題を通則法25条によるとすれば，異国人間の婚姻の場合は，夫婦の本国法が同一ということは考えられないので，第2順位の夫婦の同一常居所地法，もし，これによれない場合は，第3順位の夫婦についての密接関連地の法律によることとなる〔→ No.13「常居所地法」，No.14「密接関連法」みよ〕。

【参考文献】 ①南 敏文「法例の一部改正」戸籍誌552号11頁〜13頁，②法務省「法例の一部改正」解説・戸籍誌555号43頁

No.226
渉外婚姻による国籍の変動

渉外的婚姻という私的な身分行為によって国籍という公的身分に変動をもたらすか否かは，各国の法制によって異なる。すなわち，渉外的戸籍事務においては，日本人と外国人とが婚姻した場合に，その外国人が日本の国籍を取得するか，または日本人が相手方の外国人の国籍を取得するか，さらには相手方の国籍を取得した場合に重国籍となるのか，もしくは従前の国籍を喪失することになるのかという問題がある。

この点，現行国籍法（昭和25年法律147号）は，婚姻，縁組などの身分行為によっては，日本人の国籍変動を当然には認めないものとしている。

の規定により夫婦の協議によって夫婦の称する氏を決定することになるはずである。しかしながら，戸籍の実務では，日本人と外国人との婚姻については，外国人については民法上の氏を有しないため，民法750条の規定の適用がないという解釈を前提として，当事者の氏に変動はないとして処理されている（昭26・4・30民事甲899号回答，昭40・4・12民事甲838号回答）。つまり，氏の問題は，氏名権という夫婦それぞれの人格権に関する問題であるとして，当事者の属人法（本国法）によらしめ，日本人については日本法によるものとする立場が採られている。したがって，日本人たる夫の戸籍の身分事項欄には，婚姻そのものによっては，単に外国人たる妻との婚姻事項を記載するにとどめており，その後，日本人たる夫から，外国人妻がその本国法に基づく効果として日本人たる夫の氏をその姓として称していることを認めるに足りる権限ある妻の本国官憲の作成した証明書を提出して，戸籍の身分事項欄に外国人妻の氏名変更の旨の記載方および変更後の氏名は日本人夫の氏（漢字）を用いて表記されたい旨の申出があったときは，次の振合いによる記載をするものとしている。例①　妻の氏名を「甲野・マリア」と変更年月日記載㊞，例②　妻の氏名を「マリア・甲野」と変更年月日記載㊞（昭55・8・27民二5217号回答，同日民二5218号通達）。この取扱いは，法例の改正により婚姻の効力の準拠法が変わったとしても，夫婦の氏は婚姻の効力の問題としていないのであるから，何ら変更はないわけである。

　(2)　**夫が外国人で妻が日本人の場合の氏の変動**　前述の従来の学説の通説によれば，夫の本国法により妻が夫の呼称（サーネーム，ファミリーネーム）を称することになるとしても，わが国の戸籍上は氏の変動がないものとして戸籍の処理をしている（昭26・12・28民事甲2424号回答）。その理由として先例は次のとおり説明している。「外国人と婚姻した日本人女がその婚姻の結果，法例14条（改正前）及び夫の本国法によって夫の呼称（Surname）を称するとしても，戸籍の取扱としては，同女を従前の戸籍から除かず単にその身分事項欄に婚姻の記載をするに止める……のが相当である。けだし，個人の呼称に関する制度は，各国まちまちであって，外国法におけるその変動事由は，わが国のそれとは必ずしも同一でないと考えられるばかりでなく，国によっては，法律によらず，これが慣習又は習俗に委ねている例が少なくない。戸籍法は，民法の規定する氏に従って戸籍の取扱をすることとしているため，民法の規定する氏と変動の事由等が異なる外国法（又は慣習）による個人の呼称に従って戸籍の取扱をするときは種々の困難が伴い，取扱の不可能な場合も少なくないと考えられる。従って，外国人と婚姻した日本人女は婚姻によって日本国籍を喪失しないので，同女に関する戸籍の取扱としては，外国法（又は慣習）による呼称を顧慮することなく，引き続き同女は民法の規定による氏を保有するものとして処理するのが相当であるからである」。

　ところで，昭和59年法律45号（同60年1月1日施行）による改正戸籍法107条2項（新設）においては，前述の外国人と婚姻した日本人の氏（民法上の氏）は，婚姻の効果としては変動しないことを前提にして，もっぱら戸籍法上の呼称たる氏の変更の届出を，婚姻後6か月以内は許可を得ないでも認めるものとしている。これは，外国人と婚姻した日本人

るところから，タイ法では婚姻による嫡出子として父のタイ国籍を取得するとともに，日本法上は非嫡出子として母の日本国籍を取得し（昭和60年1月1日以降の出生子は子が嫡出子である場合も母の国籍を取得する〔国2条1号〕），二重国籍（国籍の積極的抵触）を生ずることになる。ところで，もし，前記男女の国籍が逆であって，男が日本人であり，女がタイ人女である場合には，両者間の子は同じく跛行婚の結果ではあるが無国籍（国籍の消極的抵触）となるおそれがある〔→ No.222 の【4】「国際婚姻の方式の準拠法」みよ〕。

No.225
国際結婚の身分的効力（氏・成年擬制）

【1】 国際婚姻の効力の準拠法　平成2年1月1日改正法施行前の法例は，その14条において，婚姻の効力は夫の本国法によるとされていたが，改正後の法例14条を踏襲した現行の通則法25条においては，「婚姻の効力は，夫婦の本国法が同一であるときはその法により，その法がない場合において夫婦の常居所地法が同一であるときはその法により，そのいずれの法もないときは夫婦に最も密接な関係がある地の法による。」と定め，第1順位同一本国法，第2順位同一常居所地法，第3順位密接関連法とする段階的連結による準拠法の定め方を採用している。これは，両性平等の観点から，夫と妻の両者に共通な要素を順次捜し出して適用するのが適当であるとの考え方によるものである。このように，婚姻の効力につき，段階的連結により準拠法を指定する方式が採られた結果，当事者の国籍の変動等により，継続的な法律関係については，準拠法が変わる場合がある〔→ No.12「同一本国法」，No.13「常居所地法」，No.14「密接関連法」みよ〕。

ところで，婚姻の効力の法律関係の性質については，従来から次のような法律関係が含まれるといわれる。

① 夫婦の同居義務，② 婚姻による成年擬制，③ 夫婦間の契約，④ 夫婦の行為能力の制限，⑤ 夫婦の貞操義務，⑥ 夫婦の氏（戸籍の実務では，婚姻の効力の問題としてみられていない―後述），⑦ 夫婦間の扶養義務（扶養義務の準拠法に関する法律が適用され，改正後の法例14条（現行・通則法25条）の適用の範囲外である）

これらのうち，戸籍事務と関連のあるものには，氏の問題と成年擬制の問題がある。

【2】 国際結婚と氏の問題　これには夫が日本人である場合と外国人である場合について考えてみよう。

(1) 夫が日本人で妻が外国人の場合の氏の変動　わが民法750条は，「夫婦は，婚姻の際に定めるところに従い，夫又は妻の氏を称する」と規定している。したがって，夫婦は婚姻の効力として，必ず婚姻前のいずれか一方の氏（同じ氏）を称しなければならないのである。ところで，渉外的婚姻である夫婦の一方が外国人である場合の夫婦の称すべき氏については，婚姻の身分的効力の問題として，法例改正前は同14条の規定に基づき，夫の本国法によるものとする見解が学説では通説であった（江川英文「外国人と婚姻した日本人の戸籍」（法曹時報7巻6号），実方正雄「国際私法概論」281頁，溜池良夫「国際私法講座二巻」541頁，折茂　豊「国際私法」（各論）220頁）。

そこで，この見解によれば，日本人男と外国人女が婚姻した場合には，日本民法750条

事例(1) 法例改正（平成2年1月1日施行）前の昭和44年12月19日民事甲2733号回答は、この跛行婚の一例であるが、ニュージーランド国在住のタイ人男と日本人女が同国駐在タイ国大使館で婚姻登録をしたものである。この場合、当該婚姻登録は、婚姻挙行地たるニュージーランドの法律に定める婚姻の方式に従ったものではないから、当該婚姻は日本法上は成立していないものと解されていた。しかし、この婚姻登録はタイ国法上は有効と認められる。けだし、タイ国民商法典1450条、「①外国において、タイ国人間またはタイ国人と外国人とが婚姻するときは、タイ国法または婚姻を挙行する国の法律の定める方式に従い行うことができる、②前項に基づく婚姻の登録は、タイ国の外交官または領事が、タイ国法に定める方式に従って行うことができる」と規定しているからである。結局、この場合、日本法上は、婚姻は成立していないが、タイ国法上は成立しているわけであるから、跛行婚である。

上記事例が、法例改正後の婚姻であれば、当事者の一方の本国法によったものであるから、改正後の法例13条3項本文（現行通則法24条3項本文）の規定により有効な婚姻と認められる。しかし、婚姻挙行地が日本国内である場合、たとえば、外国人男（女）日本人女（男）が、当事者の一方たる外国人の在日本国大使館で婚姻登録を行ったときは、法例の改正前（13条1項但書）であると、改正後（13条2項および同条3項但書）であるとを問わず、跛行婚を生ずる。

事例(2) 法例改正後の平成3年8月8日民二4392号法務省民事局第二課長通知によれば、日本に在る日本人と外国に在る外国人の婚姻届が市町村長に届出され、婚姻の実質的成立要件（法例13条1項）、形式的成立要件（法例13条2項・3項）を具備しているとして受理された場合は、日本法により有効に婚姻が成立することになるとしている。しかしながら、日本に在る日本人と中国に在る中国人がわが国の方式により婚姻したとしても、在東京中国大使館領事部の見解では、中華人民共和国通則147条「中華人民共和国公民と外国人の婚姻には、婚姻締結地（注①）の法律を適用し……」は適用されないため、同国婚姻法に規定する実質的成立要件および形式的成立要件を具備しているとは判断できないので、中国政府として有効な婚姻とは認めないとされていた（注②）。これも跛行婚とみられる例である。

注① 本例のような当事者が日本と中国という異なる国に所在する場合には、日本は中国法上の婚姻締結地であるとは解されないことによるものであろうか。

注② 中国では、2010年に中華人民共和国渉外民事関係法律適用法が制定され（同年4月1日施行）、その22条では、婚姻の手続が、婚姻挙行地法、一方当事者の常居所地法又は国籍国の法のいずれかに適合するときは有効であると規定されている。そこで、本文の例では、少なくとも日本人の国籍国の法に適合する方式であるから、中国においても有効な婚姻となる。

次に、跛行婚から生まれた子は、二重国籍または無国籍となるおそれがある。上記事例(1)の跛行婚の場合、そのタイ人男・日本人女間に生まれた子は、タイ国籍法（同国法7条・8条）が昭和60年1月1日改正前の日本国籍法と同じく父系優先血統主義をとってい

B国がその婚姻を有効とする限り、日本法上もその婚姻は有効となる。

なお、改正後（平成2年1月1日施行）の法例には、前述の改正前の法例13条2項の規定が削除されているが、その理由は改正後の法例13条3項本文（現行通則法23条3項本文）において、当事者の一方の本国法による方式も認めることになったことにより、当事者の双方の本国法が同一の場合も、当然にこれに含まれるものと解されるに至ったからである。

さらに、日本国内での外交婚をみると、まず、日本における同一国籍の外国人同士の婚姻について、前述の外国における日本人同士の婚姻と同様に、当該国の外交官による婚姻を有効なものと認めるかどうか、従来の法例にはこれを認める明文規定はなかったが、法務省の行政先例は、これを認めていた（昭26・5・10民事甲891号回答、昭27・9・18民事甲274号回答、昭40・3・1民事甲479号回答）。けだし、国際慣例における相互主義の原則に立脚するものである。もっとも、日本における同一国籍の外国人同士の婚姻が日本法上有効なものと認められるためには、単に本国法上の方式に適合するというだけでなく、当該外国の外交官、領事の関与が明らかであることを要したのである。たとえば、日本における外交官の職務を有しない牧師による同国人間の教会婚は、外交官の関与してないもので、有効な婚姻とは認められなかった（昭40・3・1民事甲479号回答）。しかし、法例改正後は、この例の場合、外交婚としては認められなくとも、それが教会婚として同国人たる当事者の本国法の方式に適合するものであれば、有効な婚姻と認められる。

次に、日本における異国籍の外国人同士の婚姻について、外交婚・領事婚が認められるかどうか。改正前の法例は、絶対的の挙行地主義を採ったことにより、同国人の場合を除き、異国籍の外国人間の外交婚は、日本法上有効な婚姻とは認められていなかった（昭27・9・18民事甲274号回答）。しかし、法例改正後は、その婚姻が当事者の一方の本国法の方式（外交機関での婚姻登録を有効とするもの）に適合するものであれば、日本法上も改正後の法例13条3項本文（現行通則法24条3項本文）の規定により有効な婚姻と認められる。たとえば、日本においてイギリス人とドイツ人が在日ドイツ連邦共和国大使館で婚姻を挙行し、婚姻登録がされた場合などである〔→No.222の【4】「国際婚姻の方式の準拠法」みよ〕。

【参考文献】①南　敏文「法例の一部改正」戸籍誌552号8頁～11頁、②法務省「法例の一部改正」解説・戸籍誌555号28頁～38頁

No.224 方式違反の婚姻（跛行婚(はこうこん)）

方式違反の婚姻、すなわち、通則法24条2項・3項に定める準拠法によらない婚姻の方式による渉外婚が、無効であることはいうまでもない。ところで、渉外婚にあっては、婚姻の方式に関し、一定の方式がある国では有効な方式と認められるのに、他の国では有効と認められないことがある。その場合、当該渉外婚が前者では有効とされるのに、後者では無効とされることになる。このような状態を「跛行婚(はこうこん)」という。いわゆる跛行婚とは、渉外婚であって、ある国では有効とされ、他の国では無効とされるような、つりあいがとれない婚姻をいう。

法による方式で婚姻を挙行し（日本人と外国人が，その外国人の在日の本国大使館などにおいての婚姻，在日の寺院における宗教婚，日本においての儀式婚など），その旨の報告的届出を市町村長にしても受理されない（平元・10・2民二3900号通達第1・2(3)）。これは，日本人については，日本国内で配偶者となるべき外国人の本国法の方式によって婚姻した場合，これを有効に成立したものと取り扱うとしても事後的に市町村長に対して報告的届出（戸41条の類推適用）をしなければならない。そのことは，挙行地法たる日本の方式である創設的な婚姻届出を初めから要求することと実際上差異はなく，また，これを要求しても当事者に格別の困難を強いることにはならないこと，逆に，日本人についてもそのような取扱いを認めると，日本人が国内において身分関係の登録を要する事実が発生しているにもかかわらず，これが戸籍に記載されないまま，婚姻の成立を認めざるを得ない結果となり問題であること，また，その婚姻から出生した子の国籍や地位が事実上不安定になって望ましくないこと等の理由があげられている。たとえば，日本人と韓国人間の婚姻届を在日韓国領事館が受理し，本国の市，邑・面の長に送付した場合であっても，有効な婚姻は成立していないと解されている〔→ №227「渉外婚姻と戸籍の処理」みよ〕。

【参考文献】 ①南　敏文「法例の一部改正」戸籍誌552号8頁〜11頁，②法務省「法例の一部改正」解説・戸籍誌28頁〜42頁

No.223 外交婚（領事婚）

渉外婚において，婚姻成立の方式は，原則として婚姻挙行地（婚姻という身分的法律行為地）の法律による（平成2年1月1日前の旧法例13条1項但書。改正後の法例13条2項平成19年1月1日施行の法の適用に関する通則法24条2項）。ところで，もし，この原則を貫けば，日本人男女が外国で婚姻する場合には，その外国法による方式に従うことを要することになる。そこで，改正前の旧法例13条2項は，その例外として，とくに民法741条の適用を妨げないものとし，同条は，「外国に在る日本人間で婚姻をしようとするときは，その国に駐在する日本の大使，公使又は領事にその届出をすることができる。」と規定している。すなわち，日本人同士が外国で婚姻をしようとするときは，当該外国法の定める方式によらないで，当該外国駐在の日本国の大使・公使または領事に届出をすることによって婚姻をすることが認められているのである。次に，平成2年1月1日施行の法例改正後は，当事者の一方の本国法による方式も認められた（改正後の法例13条3項本文，通則法24条3項本文）ことにより，日本人同士が日本の大使等に届出をすることのみならず，たとえば，在外日本人Aが所在地国甲にある相手方外国人Bの本国の大使館でBの本国の方式によった婚姻も日本法上有効な婚姻と認められることになる。このように外交官によって成立する婚姻を「外交婚」または「領事婚」と呼ぶ。この外交婚は，方式に関する挙行地主義に対する例外であるが，法例改正後は外交婚の認められる範囲が広まっている。すなわち当事者の一方の本国法による方式も認められたことにより，法例改正前は無効とされていた婚姻についても，法例改正後は有効な婚姻と認められる場合がある。たとえば，前例の日本人A，外国人Bの婚姻を挙行地法である甲国の方式によらないで甲国にあるB国大使館における同国の方式による婚姻は，従来日本法上無効とされていたが，法例改正後は，

無が判断されることとなる。そして，実質的成立要件を欠く場合には，当事者のそれぞれの本国法が準拠法となって，婚姻が無効か，取り消し得べきものかが判断され，当事者の一方の本国法上，その婚姻が一定の要件を欠くものとして無効であるときは，他方の当事者の本国法上有効もしくは取り消し得べきものであっても無効である。また，当事者の一方の本国法上取り消し得べき婚姻であるときは，他方の当事者の本国法上有効なものであっても，取り消し得べき婚姻である。これは，各当事者の本国法の配分的適用の場合，そのうち一方の本国法上の欠缺を他方の本国法により補うことができないため，二つの本国法のうち，当該の欠缺に対して，より厳重な効果を認めるものの方が基準となるからである（江川英文「国際私法」273頁，久保岩太郎「国際私法例説」30頁，折茂 豊「国際私法（各論）」180頁）。

【4】 国際婚姻の方式の準拠法　婚姻成立の形式的要件（方式）について，改正前の法例は，いわゆる外交婚・領事婚による場合を除き，絶対的な婚姻挙行地法主義を採用し，婚姻は，婚姻挙行地の方式に適合する場合にのみ有効としていた（改正前旧法例13条1項ただし書）。平成2年1月1日施行の改正後の法例では，13条2項において「婚姻ノ方式ハ婚姻挙行地ノ法律ニ依ル」という原則を定め，さらに3項本文において「当事者ノ一方ノ本国法ニ依リタル方式ハ前項ノ規定ニ拘ハラズ之ヲ有効トス」と規定し，当事者の一方の本国法によることができることとされた。現行の通則法も24条でこれを踏襲している。したがって，従来は，外国において日本人と外国人とが婚姻をする場合に，挙行地の方式によらないで，その外国人の本国法の方式（たとえば，滞在国（甲国）にある本国（乙国）の大公使館での婚姻登録，あるいは，回教国を本国とする外国人の国外の回教寺院での婚姻など）によったものは，日本法上有効な婚姻とは認められていなかった（相手方の外国人の本国法上は有効と認められても日本法上は有効に成立しているとは認めないいわゆる跛行婚）が，改正後は当事者の一方の本国法の方式によるものとして日本法上も有効な婚姻と認められることとなった〔→№224「方式違反の婚姻（跛行婚）」みよ〕。

また，① 日本にある甲外国の外交官または領事が受理した甲国人と乙外国人（異国人間）の婚姻，② 日本にある外国の教会が行う外国人同士の婚姻なども，従来日本法上無効とされていたが，改正後は有効な婚姻と認められる。なお，2007年の中華民国民法改正前は，日本で行う台湾系中国人同士または台湾系中国人と外国人間の儀式婚も有効とされた。

なお，民法741条に定める外交婚・領事婚は当事者の一方の本国法による方式に該当するので，通則法24条3項により認められることになる〔→№223「外交婚（領事婚）」みよ〕。

次に，日本法に定める婚姻の形式的要件（方式）は，市町村長に対する届出である（民法739条，戸1条・74条）。通則法24条3項ただし書において「日本において婚姻が挙行された場合において，当事者の一方が日本人であるときはこの限りでない」と規定し，当事者の一方が日本人である場合において日本で婚姻するときは外国人の本国法による方式を認めないこととされている。したがって，日本人と外国人が日本において，外国人の本国

No.222 国際結婚（渉外婚姻の要件と方式の準拠法）

【1】 意義 国際結婚（渉外婚）とは、通常異国人間の結婚である。われわれにとってとくに問題となるのは、日本人と外国人との結婚であろう。また、ひろく渉外婚というときは、日本人同士の婚姻であっても、それが外国において挙行されたとき、または、外国人同士の婚姻であっても、それが日本国内で挙行されたときは、これらをも含むことになる。

【2】 国際婚姻要件の準拠法（国際婚姻の無効取消の準拠法） 婚姻は一つの身分行為であるから、婚姻をするには一定の要件を具備することを要求される。要件には、(1) 実質的要件と、(2) 形式的要件（方式）とがある。そして、実質的要件は、さらに、(ｱ) 積極的要件と、(ｲ) 消極的要件とに分かれる。積極的要件とは、婚姻が成立するために備えていなければならない要件であり、たとえば婚姻意思のほか、婚姻年齢に達していること、未成年者の婚姻に対する一定の者の同意などがこれに属する。消極的要件とは、もっていてはならない要件であり、たとえば近親婚・相姦婚・重婚の禁止などはこれに属する。

【3】 国際婚姻の実質的要件の準拠法 国際婚姻の場合には、当事者が国籍を異にするので、婚姻成立の実質的要件の準拠法は、いずれの国の法律によるべきか、または、挙行地法によるべきかなどが問題となる。そこで、この点につき、通則法24条1項は「婚姻の成立は各当事者につき、その本国法による。」と規定し旧法例及び改正後の法例と同様の規定になっている（旧法例13条1項本文、改正後の法例13条1項）。すなわち、明治31年法例の改正（平成元年法律27号）の審議段階では、婚姻の実質的成立要件の準拠法に本国法のほかに挙行地法をも加えることが検討されたが、戸籍の実務上、当事者の婚姻挙行地法上の要件についての具備の審査に困難を伴う等の問題点を有しているとして、挙行地法を準拠法とすることは採用されなかったようである。したがって、各当事者の本国法を配分的に適用するとの規定は改正する必要はないとして従前のとおり維持されている。

なお、この場合の「本国法」とは、当事者が単一国籍者であるときは、その者の属する国籍国の法律が本国法となる。また、その当事者が二以上の国籍を有するときは、国籍国のうち、常居所を有する国、それがないときは当事者に最も密接な関係を有する国が本国法となり、ただ、国籍国の一が日本国籍であるときは、日本法によるべきものとされている（通則法38条1項）〔→ No.8「重国籍者の本国法」、No.13「常居所」、No.14「密接関連法」みよ〕。

次に、同じ国でも地域により法律を異にするとき、または、民族や宗教により人的に法律を異にするときは、その国の規則に従い指定された法律、もし、その規則がないときは、当事者に最も密接な関係のある法律を本国法とされている（通則法38条3項・40条1項）〔→ No.10「地域的異法国籍者の本国法」、No.11「人的異法国籍者の本国法」みよ〕。

さらに、当事者の本国法によるべき場合に、その者が国籍を有しないときは、常居地法をもって代用される（通則法38条2項本文）〔→ No.9「無国籍者の本国法」みよ〕。

そこで、各当事者につき前述の本国法が準拠法として適用され、実質的要件の具備の有

【2】 **要件**　入夫婚姻は，普通の婚姻の要件（旧民765条以下）によるほか，妻が戸主であることを要し，戸主でない女子の入夫婚姻は許されなかった（大10・10・29法曹会決議）。もっとも，女戸主であれば，夫は他家に在ることを要しないで，戸内の男子と婚姻することも入夫婚姻として取り扱われた（大7・5・11民613号回答）。

【3】 **方式**　普通の婚姻と同じく戸籍吏に届出を要したのはもちろんであるが（旧民775条），このほか届出にはとくに入夫婚姻である旨を表示することになっていた（明治31年戸102条4号，大正3年戸100条1項4号）。もし，この表示を欠いた婚姻届が受理された場合には，普通の婚姻として女戸主は夫の家に入った（法定隠居―旧民754条2項）。

　次に，女戸主の入夫婚姻は，家督相続開始の一原因となっていたので（旧民964条3号），原則として入夫が戸主となる場合には，これを明確にするため，婚姻届書に「入夫ガ戸主ト為ルトキハ其旨」を記載することに大正3年改正の戸籍法100条1項5号により加えられた。ただ，旧民法736条が「女戸主カ入夫婚姻ヲシタルトキハ入夫ハ其家ノ戸主ト為ル但当事者カ婚姻ノ当時反対ノ意思ヲ表示シタルトキハ此限ニアラス」と規定されているところから，入夫婚姻の際にだまっていれば，――反対の意思表示をしなければ――入夫が戸主とするものと解されそうである。これについて，判例は入夫婚姻届に「入夫戸主ト為ル旨」の記載をしないことが民法にいう「反対ノ意思ノ表示」に該当するものと解すべきであるとしている（大14・6・24大審院判決，昭4・6・17東京地裁判決〔法律新聞2996号5頁〕）。また，戸籍の実務でも入夫婚姻届に戸主となる旨の記載がない場合は，戸主とならないものとして取り扱われてきた（大4・6・25民926号回答，大4・7・15民1122号回答）。

【4】 **効果**　入夫が戸主となる旨の婚姻届は，婚姻の効果一般を発生するほか，夫が妻の家に入ること（旧民788条2項）と家督相続の開始の効果があった（旧民964条3号）。すなわち，大正3年戸籍法施行後は，家督相続届を要しないで，女戸主は原則として戸主の地位を退き，入夫がその家督を相続するわけである。もっとも，入夫が戸主とならない場合は，単に入夫が女戸主の戸籍に入るのみである。なお，女戸主は入夫に戸主の地位を譲りながら，その財産の半分を限度として留保（確定日付ある証書―民施5条）することができた（旧民988条・1130条）。

【5】 **戸籍の記載例**　(1)　入夫婚姻による夫の入籍（新戸籍中入夫戸主ノ事項欄）
　　　　千葉県千葉郡千葉町五番地戸主乙川忠吉二男大正拾年五月五日藤子ト入夫婚姻届出同日入籍戸主ト為ル㊞（大正3年司法省令7号戸籍法施行細則戸籍記載例46）
　(2)　妻につき入夫婚姻に関する記載（同妻ノ事項欄）
　　　　乙川忠二郎ト入夫婚姻届出大正拾年五月五日受附㊞（同前47）
　(3)　入夫婚姻による前戸主の戸籍の抹消（前戸主ノ事項欄）
　　　　大正拾年五月五日乙川忠二郎ト入夫婚姻届出忠二郎戸主ト為リタルニ因リ本戸籍ヲ抹消ス㊞（同前77）

【参考文献】　①野上久幸「親族法」，②穂積重遠「親族法」

籍地の市町村長に対し裁判確定の通知がなされる（家事法116条）。前記の婚姻無効の裁判が確定したのに戸籍訂正申請がないときは、相手方から申請するか（戸117条），市町村長が管轄法務局の長の許可を得て職権で訂正処理をすることになる（戸44条・117条）。

戸籍の訂正方法は，縁組無効の場合と同様に，婚姻に関する記載を朱抹し，当初から婚姻がなかったように回復する方法による。この場合，回復後の戸籍の身分事項欄には，重要事項（戸規39条1項各号）のみを移記すれば足り，回復に関する訂正事項の記載を要しない（戸規附録9号第2，法定記載例210～214，参考記載例198・199）〔→No.144「戸籍訂正の種類と方法」，No.199「普通養子縁組の無効・取消し」みよ〕。

(2) 取消しの場合　婚姻取消しの裁判（審判・判決）が確定すると，その効果は無効の場合と異なり，取消前にさかのぼっては効力を生じない（民748条1項）。すなわち，取消しの効果は，婚姻を将来に向かって解消するものであるから，離婚の効果に類似し，民法上，離婚の規定が準用されている（民749条）。したがって，婚姻取消しによって当事者間に出生した子は，嫡出子の身分を失うことなく，取消しの裁判において父母の一方が親権者に定められる（昭23・5・29民事甲1454号回答）。また，復氏についても離婚に準じる。

戸籍の処理は，合意に相当する審判の申立人または訴えの提起者が取消しの裁判確定の日から10日以内に，裁判の謄本を添えて「婚姻取消届」をしなければならない。もし，前記の届出がないときは，相手方から届出できる（戸75条1項）。また，検察官が取消しの訴えを提起したときは，裁判確定後検察官から遅滞なく本籍地の市町村長に「戸籍記載の請求」をすることになる（同条2項）。なお，家庭裁判所からも本籍地市町村長に裁判確定通知がなされる（家事規134条）。

前記の婚姻取消しの裁判が確定したのに，届出がない場合は，市町村長が管轄法務局の長の許可を得て職権で戸籍の記載をすることになる（戸44条）。

戸籍の記載の振いは，離婚による復氏に準ずる（法定記載例81～83を準用し，同例示中の「請求」とあるを「届出」とする）。

(3) 婚姻取消しの際の氏を称する届　前述したように婚姻取消しの効果は，離婚の効果に類似しているので，民法767条2項の規定に認められた「離婚によって婚姻前の氏に復した夫または妻が，離婚の日から3か月以内に離婚の際の氏を称する届出」が婚姻の取消しについても認められている（民749条・767条2項，戸75条の2）。

【参考文献】　青山道夫編集「注釈民法(20) I」273頁以下

No.221　入夫婚姻（旧法）

【1】意義　入夫婚姻は，明治31年施行の民法（以下「旧民」という）において認められた制度である（旧民736条）。女子でもって戸主の地位にあるものを「女戸主」といい，その女戸主がその家を出ないでする婚姻が入夫婚姻である。すなわち，普通の婚姻の場合は，妻が夫の家に入籍するのが原則であるが（旧民788条1項），入夫婚姻の場合は夫が妻の家に入る（同条2項）。

なお，壻養子縁組（旧民786条・858条）の場合も夫は妻の家に入るが（旧民788条2項），これと入夫婚姻との差異は，入夫婚姻が婚姻だけ存するのに反し，壻養子縁組は婚姻のほか，夫が妻の親と縁組関係を併存する点である。

求しなければ認められない（民743条・744条・747条）。すなわち，裁判上で婚姻の取消しがあるまでは，その婚姻は有効であり，取消しがあって初めて将来に向かってのみ婚姻の解消をする。したがって，戸籍の処理も婚姻無効の場合は戸籍の記載を婚姻のなかった状態に回復する訂正処理をするのに比し，婚姻取消しは，訂正ではなく新たな婚姻の解消という身分変動に伴う届出による処理をする（戸75条1項）。

　次に，婚姻取消請求権者は，次の者に限定して認められているが，一定の事由（民744条1項但書・745条1項・2項但書・746条・747条2項）が生じた場合には取消しを認めていない。婚姻取消請求権者とは，
　(ｱ)　不適齢婚の場合，各当事者，親族，検察官（民731条・744条1項）
　(ｲ)　重婚の場合，前記(ｱ)のほか，当事者の配偶者（民732条・744条2項前段）
　(ｳ)　女の再婚禁止期間内の再婚の場合，(ｱ)のほか，前配偶者（民733条・744条2項後段）
　(ｴ)　近親婚の場合，(ｱ)に同じ（民734条・744条1項）
　(ｵ)　詐欺・強迫による婚姻の場合，当事者（民747条）
などである。

【3】　**婚姻の無効・取消しの裁判手続**　(1)　**主張の方法**　裁判上で無効自体または取消しを主張するには，当該訴えに係る身分関係の当事者の住所地の家庭裁判所へ調停の申立てをし，無効または取消しについての当事者の合意に相当する審判を求める（調停前置主義，家事法257条・277条・245条）。この確定審判を得られない場合は，当該家庭裁判所に訴えを提起する（人訴4条）。

　前記の確定審判が得られない場合としては，当事者間で合意が得られない場合と，当事者の合意に相当する審判に対して2週間以内に利害関係人から異議の申立てがなされたため審判が失効する場合とがある（家事法279条）。これらの場合は，訴えを提起することが必要となる。また，検察官を相手方とする場合は，調停に親しまないので，一般には調停の申立てによらないで直ちに訴えによるべきであると解されている。

　(2)　**訴えの当事者**　正当な当事者は，次のとおりである（人訴12条）。
　(ｱ)　原告（または調停申立人，以下同じ）が夫（妻）である場合は，被告（または調停の相手方，以下同じ）は妻（夫）である。
　(ｲ)　原告が第三者である場合は，被告は夫婦双方（その一方が死亡しているときは生存者）である。取消しの場合に第三者とは，当事者以外の取消請求権者をいう。
　(ｳ)　原告が生存配偶者である場合，または夫婦双方が死亡後に原告が第三者である場合，被告は検察官がなる。取消しについて，第三者とは前記(ｲ)に同じである。

【4】　**婚姻の無効・取消しの裁判確定と戸籍の処理**　(1)　**無効の場合**　婚姻無効の裁判（審判・判決）が確定すると，その婚姻は，当初から無効であったことが明らかになり，この確定の効果は，当事者だけでなく，第三者に対しても及ぶ（人訴24条）。したがって，公簿たる戸籍の記載を婚姻がなかった状態に回復の訂正をするため，合意に相当する審判の申立人または訴えの提起者は，その裁判の確定した日から1か月以内に，その裁判の謄本を添えて戸籍訂正の申請をしなければならない（戸116条）。一方家庭裁判所からも，本

する効果が当初から全然生じていないという意味に解するのが通説である。この意味において，前記2号の場合は，婚姻の無効というよりは，むしろ婚姻の不成立と解するのが通説である。婚姻無効の事例としては，先例・判例に次のような場合がみられる。

　(ア)　判例要旨「婚姻関係にない男女間に出生した子に，嫡出子の地位を取得させる目的のために，婚姻届出自体については，その男女間に意思の合致があっても，真に社会観念上夫婦と認められる関係の設定を欲する効果を有しない場合，その婚姻は効力を生じない」(昭44・10・31最二小判〔判例時報577号67頁〕)。

　(イ)　判例要旨「一方に婚姻意思がないにもかかわらず，他方が勝手に届け出た場合，婚姻は無効である」(大9・9・18大審院判決〔民録26輯1375頁〕，昭33・10・9東京地裁判決〔下民集9巻2058頁〕)。

　(ウ)　先例・判例要旨「婚姻届書を有効に作成し，提出方を依頼した後にその提出前に一方が相手方に婚姻意思の撤回を表示した場合には，その後に相手方によって届書が提出されても婚姻は無効である」(昭34・8・7民事甲1723号回答，昭29・10・5大阪地裁判決〔下民集5巻1675頁〕，昭34・8・7最二小判〔民集13巻10号1251頁〕)。

　(エ)　先例・判例要旨「婚姻届出の前に当事者の一方が死亡していたことが，婚姻届を受理した後に判明した場合，婚姻は無効である」(昭24・11・14民事甲2651号回答，昭16・5・20大審院判決〔民集20巻629頁〕)。

　(2)　**婚姻無効の主張**　婚姻の無効は，養子縁組の場合と同じく当然無効であると解するのが通説である。すなわち，婚姻無効確認の訴えによらなくても無効であることを主張できるから，戸籍の訂正処理は，利害関係人等が戸籍法113条もしくは114条の戸籍訂正許可の審判を得てすることができる場合がある。また，婚姻無効の確認訴訟によらないで，別の訴訟(相続回復の請求訴訟)において，その前提として婚姻の無効を主張することもできる。もっとも，婚姻無効それ自体の確認を訴えによって求めることもできるから，婚姻無効確認の裁判があった場合には，戸籍法116条により戸籍の訂正処理をすることになる。

　ところで，婚姻が無効であるか否かは，形式的に見て明らかでない場合が多い。たとえば，前掲事例(ア)，(イ)，(ウ)のような場合は，後述の無効自体の確認の裁判を得て処理するのが相当であり，通常そのように運用されている。また，前掲事例(エ)のような場合は，届書の提出日と戸籍の死亡の記載から婚姻が無効であることが明らかであるから，戸籍法113条もしくは114条の戸籍訂正許可の審判により処理できる。この後者の場合，利害関係人において訂正手続をとらないときには，戸籍法24条の規定により市町村長が，管轄法務局の長の許可を得て職権で訂正処理をすることになる(昭46・2・16民事甲568号回答)。

【2】 婚姻の取消し　(1)　**取消原因**　民法743条には取消原因を，(ア)不適齢婚，(イ)重婚，(ウ)女の再婚禁止期間内の再婚，(エ)近親婚，(オ)詐欺，強迫による婚姻，の各場合に限って認めている。これ以外の事由によっては婚姻が取り消されることはなく，たとえ父母の同意を得ないでした婚姻でも取り消すことができない。

　(2)　**婚姻取消の主張**　婚姻の取消しは，当然無効ではないので，一定の者が裁判上で請

るには，戸籍法第98条に規定する入籍の届出によることとなっている（昭62・10・1民二5000号通達第5・3，法定記載例79・80）。

No.219
婚姻届と戸籍の処理

【1】 届出の方法　婚姻の届出は，婚姻成立のための重要な手続である。

(1)　届出事項　戸籍の各届書に共通する記載事項（戸29条・30条）のほか，夫婦が婚姻後に称する氏（民750条，戸74条），戸籍法施行規則56条に定める事項（戸74条2号）を通常届書にして届出する。

なお，父母の婚姻によって嫡出子の身分を取得した子があるときは，婚姻届書にその旨を記載する（戸30条2項）。

(2)　届出人　届出により婚姻が成立することから，当事者本人が届出人であり（戸74条），届出を代理することは許されない（戸37条3項）。もっとも，届書そのものは，本人が自書または提出しない場合でも，本人の意思により代筆され，本人を届出人と表示して使者によって届書が提出されれば，本人の届出ということに解される。

(3)　証人　届出の真正を保証するものとして，二人以上の成年の証人を要する（民739条2項，戸33条）。

(4)　届出地　当事者の本籍地または所在地である（戸25条）。所在地は住所地のみでなく，居所や一時滞在地も含まれるので，挙式地も所在地と解される。

(5)　添付書類　(ｱ)　未成年者の婚姻には，父母の同意書の添付を要する（これは別書面でなく届書中のその他の欄に同意の旨と署名押印をすることでもよい）（戸38条1項）。

(ｲ)　成年被後見人の婚姻であっても，成年後見制度発足（平成12年4月1日）後は，その者が，婚姻の性質および効果を理解するに足りる能力を有することを証すべき診断書の添付は要しなくなった（戸32条2項削除）。

【2】 戸籍の処理　(1)　夫婦について原則として新戸籍が編製され，婚姻後の氏を夫の氏に定めた場合は夫が，妻の氏に定めた場合には妻が，それぞれ筆頭者になる（戸14条・16条1項本文）。

日本人と外国人が婚姻したときは，日本人について筆頭者でない場合は新戸籍が編製される（戸16条3項）。

(2)　婚姻後も氏の変わらない者（夫または妻）が戸籍の筆頭者の場合は，新戸籍をつくらないで他方がその戸籍に入る（戸16条2項）。

(3)　婚姻準正により嫡出子の身分を取得する子があるときは，届書にその旨を記載し，その準正嫡出子の父母との続柄を訂正することになる（法定記載例78〜80）。

No.220
婚姻の無効・取消し（裁判手続と戸籍の処理）

【1】 婚姻の無効　(1)　無効原因　民法742条には，無効原因として，同条1号に「人違その他の事由によって当事者間に婚姻をする意思がないとき」，同条2号に「当事者が婚姻の届出をしないとき」の二つの場合を規定している。

本来婚姻の無効とは，形式的に婚姻の届出はあっても，法的な夫婦関係とこれを前提と

これに反した婚姻も無効ではないが取消しの対象となる。したがって，女が前婚の解消または取消しの前から懐胎していて，その解消後6か月に達しないうちに出産した場合には，もはや待婚の必要がないので，本項の制限はなくなる。なお，この再婚禁止期間の規定は，父性推定の重複するおそれがないことが市町村長の形式的な審査で是認できる場合は，一律に適用する必要はなく，待婚を強いることを要しないとするのが先例である（大元・11・25民事708号回答，昭25・1・6民事甲2号回答，昭29・3・23民事甲607号回答，昭39・5・27民事甲1951号回答，昭40・3・16民事甲540号回答）。

(5) **近親間の婚姻でないこと**（民734条〜736条）　民法は，一定の親族関係にある者（近親）の間では，婚姻をすることを禁止している。これは，優生学的見地と倫理的見地の双方から制限されているものである（親族・親等の計算法はNo.61「親族」を参照）。この要件に反した婚姻は，無効ではないが，取消しの対象になる（民744条）。

(6) **未成年者の婚姻には父母の同意があること**（民737条）　この要件は，未成年の子を無思慮な婚姻から保護することを目的として，父母に補佐的な同意権を付与したものと解されている。これに反した婚姻は，有効であり取消しの対象にもなっていない。

【3】　**婚姻の形式的要件（届出）**　婚姻が成立するには，婚姻能力を備えた者が，さらに一定の方式をふまなければ，いくら事実上の夫婦でも内縁であって，法的に夫婦として保護されない（民742条2号）。すなわち，婚姻の成立には，実質的要件に加えて別に掲げる届出手続上の要件も具備して受理されることが必要である〔→ No.219「婚姻届と戸籍の処理」みよ〕。

【4】　**婚姻の効果**　婚姻によって，当事者およびその親族について身分上，財産上，その他相続など種々の効果が生ずるが，戸籍事務に関係あるものはおおむね次のとおりである。

(1) **夫婦が同氏になること**（民750条）　婚姻の際に，婚姻後の氏を夫婦のいずれかに定めたところに従って同氏となる（囲選択的夫婦別氏制度について，法制審議会は，平成8年2月「民法の一部を改正する法律案要綱」を答申したが，国民の意見が大きく分かれているため，政府は国会への法案提出に至っていないが，国会においては，平成9年の通常国会以来議員立法による民法改正を実現しようとする動きが続いている）。

(2) **未成年者が成年者とみなされる**　未成年でも，婚姻によって身分上，財産上の私法行為については，成年者と同じく取り扱われる（民753条）。したがって，親権には服しなくなり，あるいは未成年後見が開始していても，その後見は終了するから，戸籍にもその旨の記載をすることになる（参考記載例150）。

(3) **姻族関係の発生**　配偶者の一方と他方の血族との間に姻族関係が発生する（民725条）。配偶者が死亡したときは，生存配偶者の意思（届出）でこの姻族関係を終了させることができる（民728条2項，戸96条）。

(4) **婚姻準正**　婚姻前に出生した子について，すでに父が認知している場合には，父母の婚姻によって子は嫡出子の身分を取得する（民789条1項）。この場合は，婚姻届書にその旨を記載し，戸籍の記載を嫡出子の記載に訂正することになるが，昭和63年1月1日以降準正嫡出子は当然には父母の氏を称しないものとされ，準正嫡出子が父母の氏を称す

【5】 婚　　　　姻

No.218　婚姻制度

【1】　**意義**　婚姻とは，一男一女が合意によって終生の共同生活を目的とした法律上の夫婦関係を創設することである。その婚姻は，夫婦の結合関係に実質があるので，他人による代理行為，あるいは，条件付や期限付でなされるものではない。一方，婚姻によってつくられる家庭が社会の基盤となり，ひいては，次の社会を担う子供の誕生ということにつながるところに，婚姻の意義がある。つまり，婚姻は社会の最も基礎的な単位をなしていることから，その社会的意義が大きく評価される。

　婚姻の形態は，その時代，その社会によって異なっているが，多くの近代国家では，男女の平等が基調になっている。わが国では，社会の秩序を維持するために，法的保護を享受できる婚姻の要件を法律に明確に規定している。とくに，夫婦となるためには，婚姻の成立に戸籍法の定めるところによって届け出ることを要し，これによってのみ法的に夫婦として認める立場をとっている（民 739 条）。したがって，婚姻は，戸籍制度と切り離しては考えられないものであって，戸籍事務管掌者である市町村長は，国民の身分関係の形成という重要な役割を担っている。

【2】　**婚姻の実質的要件（婚姻能力）**　婚姻ができるための最小限度の要件として民法が規定しているものには，次のものがある。

(1) **婚姻意思の合致があること**　このことは，婚姻の成立に最も重要なことであり，当事者の双方，または一方に婚姻意思がない場合は，たとえ婚姻の届出がなされても，それは無効である（民 742 条 1 号）。なお，婚姻の意思は，届書の提出時に存在することを要し，もし，婚姻届書作成後，届書受理前に一方が婚姻意思を撤回したのに，他方が勝手に届書を提出しても婚姻は無効であると解されている（昭 27・7・9 民事甲 1012 号回答，昭 16・11・29 大審院判決〔法律評論 31 巻 370 頁〕，昭 34・8・7 最高裁第二小法廷判決〔民集 13 巻 10 号 1251 頁〕）。なお，成年被後見人も婚姻の意思能力がある限り，成年後見人の同意を要しないで，自分の意思のみで婚姻届出ができる（民 738 条，戸 32 条 2 項削除）。

(2) **婚姻適齢に達していること**（民 731 条）　男は 18 歳，女は 16 歳に達していなければ，適法な婚姻をすることができない。もし，この要件に反した婚姻（届が誤って受理された場合）は，無効ではないが，取消しの対象になる（民 744 条 1 項）。

(3) **重婚でないこと**（民 732 条）　この要件に反した婚姻は，無効ではないが取消しの対象になる（民 744 条 1 項）。なお，配偶者の一方が失踪宣告を受けたため，他方が善意で再婚し，その後に先の失踪宣告が取り消されても，前婚は復活しないので重婚とはならない（民 32 条 1 項但書，昭 6・10・19 民事 805 号回答，昭 25・2・21 民事甲 520 号回答）。

(4) **再婚禁止期間を経過していること**（民 733 条）　女が再婚するには，前婚の解消または取消しの日から 6 か月を経過した後でなければならない。これは再婚後に生まれてくる子が前夫の子か，後夫の子か，わからなくなるのを避けるためである（民 722 条・733 条）。

（外国の方式による場合にはその旨をも）記載するのみで足りる（戸規35条3号）。もっとも，日本人が外国人の養子であったときは，養子について養親の氏名および養親との続柄をも消除することになる。なお，対日平和条約発効前に，朝鮮人または台湾人が内地人の養子となって内地戸籍に入っていた場合には，対日平和条約発効に際して引き続き日本国籍を保有することとなるので，昭和27年4月28日平和条約発効後に離縁しても日本の国籍を失わない。この場合は，離縁による復籍する戸籍がないから，その養子について，称する氏は自由に設定し新戸籍を編製することになる（昭29・8・6民事(二)発280号回答，昭37・9・27民事甲2716号回答）。

　次に，外国人間の離縁が日本の方式でなされ，創設的または報告的の届出があった場合には，戸籍の記載を要しない書類として受理市町村に保存し，これに基づき利害関係人は閲覧，諸証明が得られる（戸48条，戸規50条）。

【参考文献】　法務省「法例の一部改正」解説（戸籍誌556号44頁〜49頁）。

る（平元・10・2民二3900号通達第6・1）。この場合，別に離縁時に新たに国籍証明書を必要としない。養親が帰化者で国籍が変動している場合や，日本人たる養子または養親の配偶者の戸籍中身分事項欄の養親の国籍の表示が改められている場合は，変更前の縁組当時の養親の本国をもってその本国法と認定する。

(1) **創設的届出** 市町村長に対する渉外的の協議離縁の届出がなされた場合，縁組当時の養親（外国人）の本国法（外国法）上協議離縁の制度があり，その要件を備えていること，および方式として日本の市町村長で受理できないものであるかどうかを審査する。もっとも，縁組当時の養親（外国人）の本国の国際私法が離縁の行為地の法律や養親の住所地の法律によるべきものとされていれば，反致（通則法41条本文）の規定の適用により，行為地や養親の住所地が日本ということになれば，日本の民法により判断することとなる。

なお，外国法上協議離縁制度のあることの証明については，本国官憲のその旨の証明書もしくは，出典を明示した法文（の写し）による。当事者の申述書（私の本国法では，協議離縁ができる旨）では足りないとされる。また，韓国人・台湾系中国人の場合は，わが国でその本国法を把握しているので，協議離縁制度のある旨の証明書を提出させる必要はない。その他，協議離縁の要件としては，当事者が現に縁組が継続していることが必要であるので，養子縁組届の受理証明書または，韓国の場合本国の家族登録簿の証明書にその旨の記載があるものを提出させる。

ところで，日本人と外国人夫婦が未成年者を共同して養子としている場合，外国人配偶者の本国法の法制が離縁を認めていないとき，日本人たる養親が単独で離縁をすることができるかどうかという問題がある。これについては，民法811条の2ただし書「夫婦の一方がその意思を表示することができないときは，この限りでない。」の例外規定の趣旨により単独で離縁ができるものと解されている。

(2) **報告的届出** (ｱ) 外国の方式による協議離縁　離縁の方式は，行為地法によることも認められている（通則法34条2項）ので，行為地たる外国の方式で協議離縁が成立した場合，戸籍法41条によりその旨の証書を提出させる。この場合，その証書が真正に成立したものであるか，実質的成立要件を充足しているかを審査すべきものであるが，当然無効をきたすような無効原因があることが明らかでない限り，そのまま受理してさしつかえないであろう。もっとも，外国語で作成したものについては，翻訳者を明らかにした日本語による訳文を添付することが必要である（戸規63条の2）。

(ｲ) 裁判離縁　No.236「渉外裁判離婚」を参照されたい。

【2】 **渉外離縁による国籍の変動**　旧国籍法（明治32年法律66号）施行中は，縁組によって日本国籍を取得した者が離縁をした場合には，その際に外国籍を有していたときに限って日本国籍を失うものとされていた（旧国19条）。これは，無国籍者の発生を防止する趣旨であった。現行国籍法上は身分行為による日本の国籍の変動はまったく認められていないので，日本人と外国人間の離縁について戸籍を除籍するなどの手続を要しない。

【3】 **戸籍の処理**　日本の方式または外国の方式のいずれによる場合であっても，日本人と外国人間の離縁であれば，日本人の養親または養子の戸籍の身分事項欄に離縁事項を

えを提起すべきものとしていた。しかし、現在の裁判実務は、調停又は審判が確定判決と同一の効力を有すること（家事法268条，287条）から、裁判離縁の一種であるとの見解に従っている。

ところで、戸籍事務の取扱いに関する法務省の先例は、裁判所は離縁の調停を成立させることについて、改正後の法例32条本文（通則法41条本文）による日本法に反致するかどうか、縁組当時の養親の本国法をも調査する職責があるのであるから、とくに反致しないことが明らかである場合を除いて、離縁の調停が可能な事案であると認めて調停による離縁届を受理することにしている（昭28・4・18民事甲577号通達）。さらには、通則法42条を適用した可能性もあるので、そのまま受理する取扱いである。

No.216 養親の本国法に離縁の制度がない場合の準拠法

縁組当時の養親が日本人である場合の離縁については、日本法がその準拠法となるので、協議離縁または裁判上の離縁が認められることはいうまでもない。問題となるのは、縁組当時の養親が外国人である場合である。この場合には、離縁の準拠法がその本国法となるので、その養親の本国法が離縁の制度を認めていない場合は、わが国において裁判上の離縁をすることができるかどうかが問題となる。

これについては、離縁に関する準拠法たる養親の本国法が離縁を認めていないから、離縁の申立ては却下されなければならないとする考え方もあるが、離縁を認めないことは公序良俗に反するので、それを適用しないで、日本法を適用するという（通則法42条）考え方も存する。戸籍実務は、そのような場合に、日本の家庭裁判所で離縁の調停が成立し、または離縁の裁判がなされ、これに基づいて戸籍の届出がなされた場合には、これを受理するものとしている（昭43・12・12第95回法務省，裁判所戸籍事務連絡協議会結論—戸籍誌267号37頁，昭44・11・25民事甲1436号回答）。

No.217 渉外養子離縁と戸籍の処理

【1】 届出の審査　離縁とは、有効に成立した養子縁組を解消することである。渉外的養子離縁についての準拠法は、通則法31条2項後段の規定により、縁組当時の養親の本国法である。すなわち、法例改正前（旧法例19条2項）は、離縁当時の養親の本国法によることとされていたが、改正後及び現行通則法では、養子縁組の準拠法と離縁の準拠法を一致させるため、養子縁組の成立時点と離縁の時点とで養親の本国法が変動している場合であっても、縁組成立時の養親の本国法によるものとされている。なお、ここにいう「縁組成立時の養親の本国法」とは、当該国の法を指定するという意味であり、当該本国法が法律の改正により変更がある場合は、当該法の経過規定の定めるところ（時際法）による。養親の本国法に変動がある場合としては、縁組後の帰化，重国籍者の常居所または密接関連国の変動に伴う場合（通則法38条1項）などがある。そして、戸籍実務では、当事者の一方が日本人である場合において、縁組当時の養親の本国法を認定するには、縁組事項を記載した戸籍に養親の国籍として単一の国が記載されているときは、その国の法律を養親の縁組当時の本国法として取り扱ってさしつかえないものとされてい

出をすることになる。

　ところで，渉外的裁判離縁が認められるには，いかなる国の裁判所が国際的裁判管轄権を有するかという問題がある。この点について，日本の法律に直接の規定はないが，離婚の裁判と同様に，原則として当事者のそれぞれの本国に裁判管轄権が認められ，補則として住所地国にも管轄権が認められるものと考えられる。このほか，例外として，その養子縁組の成立に関与した裁判所の属する国の裁判所にも，離縁についての管轄権が認められると解されている。

　次に，渉外的離縁が外国裁判所の判決によりなされた場合は，外国裁判所の離婚判決と同様に（昭51・1・14民二280号通達）その既判力について国際的共通性があるものとて，あらためて準拠法の要件による判断をしないで，外国判決承認の問題として取り扱われる。すなわち，この場合も戸籍法73条による報告的離縁届がなされるが，民事訴訟法118条の各号の要件により判断される。ただし，同条4号の「相互の保証」の条件は，執行を伴う財産上の判決についてのみ適用されるもので，離縁のような身分上の判決には除外される〔→ No.236「渉外裁判離婚」みよ〕。

　なお，渉外離縁の準拠法が外国法である場合において，その本国法に離縁の制度がないときは，わが国の裁判所は離縁の申立にいかに対処すべきか，また，この場合にわが国の裁判所で裁判が確定した場合に戸籍の実務はいかに処理すべきかという問題がある。これについては，No.216「養親の本国法に離縁の制度がない場合の準拠法」を参照されたい。

【参考文献】　法務省「法例の一部改正」解説（戸籍誌556号47頁・48頁）

No.215 調停・審判による国際離縁

　縁組当時の養親が日本人である場合における離縁については，その実質的要件の準拠法は日本法となる（通則法31条2項）。ところで，その離縁が裁判離縁による場合には，わが国の家事事件手続法は，いわゆる調停前置主義の建前をとっているから，まず家庭裁判所に調停の申立てをしなければならない（家事法257条）。そして，調停または審判による離縁が認められる。

　しかし，縁組当時の養親が外国人である場合における離縁については，その準拠法が外国法となり，その本国法が裁判による離縁しか認めていない場合には，わが国の調停または審判による離縁が，その本国法上の裁判離縁と同視できるかの問題が生ずる。もっとも，養親の外国法が日本法への反致を認めているときは，日本法の適用となる（通則法41条本文）。

　この点について，調停離縁も審判離縁も，全然，当事者の自由に放任されているのではなく，裁判所の判断が加わっているのであるから，裁判離縁の一種であるとし，縁組当時の養親の本国法が裁判離縁を認めている以上，離縁に関する準拠法を住所地または法廷地としてのわが国に反致していなくとも，わが国で調停または審判による離縁をすることができるとする見解もある。従来のわが国の通説は，調停および審判による離縁は，当事者の意思によってその成立が左右されるものであるとの理由により，これを国家機関の関与による一種の合意離縁とみており，日本法への反致が成立しない場合には，直接離縁の訴

(一)　協議離縁の場合　(ア)国内では市町村長に対する届出　(イ)国外では外国の方式（行為地）による証書の作成
　(二)　裁判離縁の場合　基本が判決手続によることから国際私法上の方式は問題とならない。
(2)　養親が外国人である場合
(A)　実質的要件　この場合における離縁の実質的要件は，縁組当時の養親の本国法によることとなる。したがって，養親の本国法が離縁を認めない場合には，原則として離縁をすることができないこととなる。また，養親の本国法が裁判離縁のみを認める場合には，協議離縁はできないことになる。なお，「養親の本国法に離縁の制度がない場合の準拠法」については，別項 No.216 を参照されたい。

　また，養子が特別養子型である場合に離縁が認められるかどうかの要件は，特別養子成立の準拠法たる縁組当時の養親の本国法によることとなる。
(B)　形式的要件（方式）　通則法 34 条により縁組時の養親の本国法によるが，日本において離縁をするには，日本の方式によることもできる。
(3)　共同縁組した養父母が国籍を異にする場合（縁組時と離縁時の国籍に変動がないとき）　養父の本国法上単独離縁が認められ，養母の本国法上共同でしか離縁が認められないときは，養父は単独で離縁することができるが，養母は共同でしか離縁をすることができないこととなる。

　ところで，日本人と外国人夫婦が未成年者を共同で養子としている場合において，外国人たる配偶者の本国法が離縁を認めないときは，日本人たる夫婦の一方も協議離縁をすることができないことになるのかどうか，この場合，夫婦は共同縁組をすることができないのは当然であるが，日本人たる養親については，日本民法 811 条の 2 の規定のただし書「夫婦の一方がその意思を表示することができないときは，この限りでない。」により，つまり，離縁の法制がない場合には離縁をしようにもすることができないので，同条ただし書の趣旨から，単独で離縁ができるものと解されている。
【参考文献】　①南　敏文「法例の一部改正」（戸籍誌 552 号 42 頁），②法務省「法例の一部改正」解説（戸籍誌 556 号 47 頁・48 頁）

No.214　渉外裁判離縁
　国際的養子縁組を解消することを「渉外離縁」というが，その渉外離縁の実質的要件の準拠法は，縁組当時の養親の本国法である（通則法 31 条 2 項）。

　そこでまず，(1)　養親が日本人で縁組当時と国籍に変動がない場合は，渉外離縁の準拠法は日本法ということになる。したがって，日本民法上の協議離縁（民 811 条）のほか，裁判離縁（民 814 条）も認められることになる。

　次に，(2)　養親が外国人で縁組当時と本国法に変動がない場合は，渉外離縁の準拠法は養親の本国法たる外国法によることとなる。もっとも，養親の本国法たる国際私法の規定により日本法に反致する場合は，離縁は日本民法が適用されることになる（通則法 41 条本文）。

　これらの渉外離縁の裁判がわが国の裁判所で確定した場合には，戸籍法 73 条による届

離縁に関する記載を朱抹し，従前の縁組の記載が，当初から継続しているように訂正する。

この場合，養子は離縁前の戸籍の末尾に回復するが，回復戸籍の身分事項欄には，従前の重要事項（戸規39条1項各号）のみを移記すれば足り，回復に関する訂正事項の記載を要しない（同条2項）。

(2) **取消しの場合** 協議離縁取消の裁判（審判・判決）が確定すると，それによってはじめて離縁は当初にさかのぼって無効になり（当然無効ではない），協議離婚取消の裁判が確定した場合と同じく届出（戸75条）によって戸籍の記載を要する。

なお，裁判確定の効果，また確定通知・離縁取消届および職権記載などの取扱いについては，協議離縁取消の場合と同様である（参照―No.231「協議離婚の無効・取消し」）。

次に，戸籍の処理方法は，協議離婚取消の場合と同様な取扱いである。すなわち，取消しの効果の面からみれば離縁のなかった状態に回復するので戸籍訂正の方法も考えられるが，戸籍記載の建前は，身分行為の経過を如実に戸籍上に表現するということから（協議離縁は取消しのあるまでは有効であったということを考えて），従前の離縁事項を朱抹するという戸籍訂正の方法をとらないで，取消確定の結果届出による入籍と除籍の取扱いにより，縁組継続の状態をつくり出すことにしている（参考記載例107～112）。

【参考文献】 ①三田高三郎「人事訴訟手続法解説」，②田中加藤男「先例判例 親子法」

No.213
国際養親子関係の消滅（渉外離縁の準拠法）

有効に成立した養子縁組（養親子関係）を解消することを「離縁」という。その関係が国際的である場合の養親子関係の解消は，「渉外離縁」ということができる。国際養親子関係にあっては，多くの場合養親と養子とで国籍を異にするので，渉外離縁については，その準拠法が問題となる。この点，渉外離縁の実質的要件の準拠法について，通則法31条2項は，縁組成立当時の養親の本国法によるべきものとしている。形式的要件（方式）は，同通則法34条により，その行為の効力を定める法律（縁組当時の養親の本国法）により，また，行為地法による方式も有効とされる。そこで，以下，(1) 養親が日本人である場合 (2) 養親が外国人である場合 (3) 共同縁組した養父母が国籍を異にする場合とに分けて考えてみる。

(1) **養親が日本人である場合（養親の本国法が縁組当時と離縁時で異ならないとき）**
この場合には，養子の国籍いかんにかかわらず，離縁は日本法（民法）によることとなる。したがって，養子の本国法が離縁を認めない場合でも，離縁をすることができる。
(A) 実質的要件
　㈠ 協議離縁の場合　双方当事者の離縁意思
　㈡ 裁判離縁の場合
　　(1) 一方当事者の離縁意思
　　(2) 離縁原因の存在（民814条）
(B) 形式的要件（方式）

民法 811 条 2 項の解釈である＝右改正後の民法 811 条 5 項では，離縁後に後見人となるべき者が正当な離縁協議者である）から，離縁の協議者として追完届があれば，これを受理し，離縁は当初から適法な届出があったものとして取り扱う」（昭 33・4・8 民事甲 735 号回答）。

(3) **離縁無効の主張**　協議離縁無効の主張方法は，協議離婚の無効の場合と同様である〔→ No.231「協議離婚の無効・取消し」みよ〕。

【2】 **協議離縁の取消し**　(1) **取消原因**　民法が認めている取消原因は，民法 812 条において詐欺または強迫によって協議離縁がなされた場合に限っている（民 747 条 1 項準用）。しかも，その取消請求権者は，協議離縁をした当事者（養子が 15 歳未満の場合には，その代諾権者を含む）に限られている（同前）。もっとも，この取消請求権は，その取消権を有する当事者が，詐欺を発見し，もしくは強迫を免れた後 3 か月を経過した場合や追認をした場合は消滅する（民 812 条・747 条 2 項）。

(2) **協議離縁取消の請求**　離縁の取消しは，離婚の取消しと同じく，当然無効ではないので，前記の請求権者が裁判上で請求しなければ認められない（民 812 条・747 条 1 項準用）。すなわち，裁判上で離縁の取消しがあるまでは，その離縁は有効として取り扱われ，取消しの裁判確定によって，はじめて離縁がなかったものとして当初の縁組関係が継続することになる（民 121 条）。この点は，離婚の取消しと同様であり，また，婚姻・縁組の取消しがその効果を当初にさかのぼらせないで，将来に向かってのみ及ぼすのと異なる（民 808 条 1 項・748 条 1 項準用）。

【3】 **協議離縁の無効・取消しの裁判手続**　(1) **管轄**　裁判上で離縁の無効自体の確認，または取消権を行使するには，離婚の無効自体の確認，もしくは取消しの請求方法（調停申立―審判，訴え提起）と同様である（参照―No.231「協議離婚の無効・取消し」）。ただし，訴えをする場合の管轄家庭裁判所は養子縁組の当事者の住所地になる（人訴 4 条）。

(2) **訴え（もしくは調停）の当事者**　協議離縁の無効・取消しの判決もしくは審判を得るための正当な当事者としては，次の者が当事者になる。

(ア) 原告（または調停申立人，以下同じ）が養親（養子）であるとき，被告（または調停の相手方，以下同じ）は，養子（養親）である（人訴 12 条）。

(イ) 無効の訴え（または調停申立）について，第三者が原告である場合，被告は養親と養子の双方（その一方が死亡しているときは生存者）である（人訴 12 条）。

(ウ) 無効・取消しの訴えについて，相手方（被告）とすべき者が死亡した後は，検察官が相手方になる（人訴 12 条 3 項）。

【4】 **協議離縁無効・取消しの裁判確定と戸籍の処理**　(1) **無効の場合**　協議離縁無効の裁判（審判・判決）が確定すると，当初から無効であったことが明らかとなり，協議離婚無効の裁判が確定した場合と同じく戸籍の訂正を要する。

なお，無効確認の裁判の効果，また，確定通知・戸籍訂正申請および職権訂正などの取扱いについては，協議離婚無効の場合と同様である（参照―No.231「協議離婚の無効・取消し」）。

次に，戸籍の訂正方法は，協議離婚無効の場合と同様な取扱いである。すなわち，協議

(ア)　**当事者の一方的届出**　判例要旨「当事者の一方が関知しない離縁届出行為は当然無効である」（大13・5・13東京控訴院判決〔新判例体系民法8－380の26頁〕）
　(イ)　**当事者でない者の届出**　先例要旨「養父死亡後，養母が養子を相手方とする離縁の調停が成立し，申立人である養母から，亡養父をも離縁当事者として記載された離縁届がなされ，誤って受理されても，亡養父については離縁の効力が生じない」（昭31・12・21民事(二)発657号回答）
　(ウ)　**離縁協議の当事者に関するもの**　(a)　先例要旨「婚姻継続中の養親夫婦の一方のみとの離縁は，共同ですべき離縁の意思を欠く無効なものであるから，誤って受理されても離縁は無効である」（昭25・8・15民事甲2201号回答）
　囲　本案は，昭和63年1月1日前に届出したものである。
　(b)　先例要旨「夫が，妻の15歳未満の嫡出子を養子とした後離縁する場合において，離縁後も母が親権を行使し得るにもかかわらず，特別代理人が選任され，その特別代理人によって離縁の協議がなされた場合には，その離縁は無効である。ただし，母が追認することによって有効である」（昭32・7・17民事(二)発289号回答）
　(c)　先例要旨「禁治産者たる養親の後見人が，養親に代わって養子との間に申し立てた離縁の調停が成立し，これに基づく離縁届がなされた場合は受理するほかない」（昭31・2・24民事(二)発67号回答）
　囲　本案は，平成12年4月1日前のものである。
　(d)　先例要旨「15歳未満の養子が自ら離縁の調停を申し立て，調停調書が作成されても離縁の効力を生じない」（昭31・3・27民事甲384号回答二）
　(2)　無効な協議離縁届の追完　前記のように正当な権限を有しない者から届け出た協議離縁は無効であるが，戸籍の実務では昭和27年10月3日の最高裁判所の判決の趣旨に副って，後日その届出について正当な届出人から追完届（届出人の追認のあったことを前提としたもの）があれば，当初から離縁は有効であると解して次のように処理している。
　(ア)　先例要旨「15歳以上の養子の離縁について，離縁後にその法定代理人となるべき者が離縁代諾者となった届出が誤って受理された場合，養子本人から『自ら届出する』旨の追完届があれば，これを受理し当初から有効に離縁が成立したものとして取り扱う」（昭31・10・17民事甲2354号回答）
　(イ)　先例要旨「15歳未満の養子が，養親の一方死亡後に生存養親と離縁するに際し，実親が代わって協議した届出を誤って受理して戸籍の記載をした後，後見人が選任され同人から離縁の協議者として追完届があれば，これを受理し，離縁は有効として取り扱う」（昭32・11・19民事甲2042号回答，昭37・7・14民事甲1989号回答→№206の【2】(4)(イ)373頁みよ）
　(ウ)　前記(1)の(ウ)の(b)の先例要旨の事例。
　(エ)　先例要旨「15歳未満の養子が，養父母の離婚によって親権者を養父と定められた後，養父と離縁するに養子の実父母を離縁協議者とする届出が誤って受理され戸籍に記載されている場合，後日，選任された特別代理人（これは，昭和37年法律40号による改正前の

(同条)。また，離縁の審判を請求した検察官は，審判が確定した後に，遅滞なく戸籍記載の請求をしなければならない（戸73条2項・75条2項）。

(2) **戸籍の記載** (ｱ) 離縁によって，養子が実親の氏に復する場合は，養子は同氏の実親の戸籍に入る。ただし，その戸籍がすでに除かれている場合，または養子が新戸籍編製の申出をした場合は，新戸籍を編製する（戸19条1項）。この場合の戸籍の記載は，参考記載例113から118までの例による。

(ｲ) 離縁をしても養子が復氏しない場合（例，実親の配偶者との特別養子離縁の場合）は，養子の身分事項欄に離縁事項を記載するのみで，養子の戸籍に変動はない。この場合の戸籍の記載は，参考記載例119の例による。

(ｳ) (ｱ)の場合において，養子の復籍する戸籍が特別養子縁組によって除籍された戸籍でないとき，または養子について新戸籍を編製するときは，養子が特別養子縁組によって除籍された戸籍の養子の身分事項欄にも離縁事項を記載する。この場合の戸籍の記載は，参考記載例118の例による。

(ｴ) 特別養子縁組の成立時に養子がすでに養親の戸籍に入籍していた場合において，離縁時に養子が上記の養親の戸籍から除籍されているときは，特別養子縁組によって消除された養子の戸籍の一部の身分事項欄にも(ｳ)の例により離縁事項を記載する。特別養子縁組の成立時の戸籍が転籍により除かれている場合も，その除籍にも同様に記載する。

(ｵ) 離縁事項は，養子の身分事項欄にのみ記載し，養父母の身分事項欄に記載することを要しないが，養子が外国人である場合は，養父母の身分事項欄に参考記載例120，121の例により記載する（戸規35条3号の2）。なお，検察官による特別養子離縁の記載請求があった場合は，参考記載例122，123の例により記載する。

【参考文献】 細川 清「養子法の改正」戸籍時報356号，戸籍誌525号

No.212
協議離縁の無効・取消し（裁判手続と戸籍の処理）

【1】 **協議離縁の無効** (1) **無効原因** 協議離縁の無効については，人事訴訟法第2条3項に規定されている。

ところで，協議離縁が無効になるのは，縁組無効の場合に準じ，協議離縁の有効要件である当事者間に離縁意思のあることを欠いた場合，つまり，離縁の合意がないのに離縁届がなされている場合である。この離縁意思がない場合としては，当事者の不知の間に他人が勝手に離縁届を提出したとき（届書の偽造），当事者がなんらかの目的のために方便として離縁の届出をしたとき（仮装離縁），離縁届書は有効に作成されたが，その受理前に離縁意思を撤回したとき，15歳未満の養子の離縁につき正当な権限を有しない者が協議をしたとき，などが該当する。

なお，協議離縁は，届け出ることによって成立し，その効力を生ずるものであるから，離縁の合意があっても届出のない場合は，離縁そのものは不成立で，その有効・無効を論ずる必要がない。

次に無効原因について，問題となる事例としては，先例・判例上次のような場合がみられる。

(1) 養親による虐待，悪意の遺棄その他養子の利益を著しく害する事由があること。
(2) 実父母が相当の監護をすることができること。この場合の実父母とは，縁組前の実父母であって，従前の養父母を含まない。また，実父母の監護ができる場合であるから，父母の双方が死亡したときは離縁できない。さらに，特別養子が成長して監護の必要性がないときも離縁できないと解されている。
(3) 離縁をするには，養親の一方のみとはできないし，養親の一方が死亡していても，生存養親と死亡養親の双方としなければならないと解されている。それは，実親子関係の断絶という特別養子の性質上親子関係が離縁により錯綜するからである。

【4】 **特別養子離縁審判の確定** 特別養子離縁の審判は，裁判所で離縁の要件を審査して行われるのであるが，その離縁の審判は，これを受ける者（養親，養子および実父母，また，養親に後見人があるときは，その後見人も，さらに養子に親権を行う者で養親以外の者，または後見人があるときは，これらの者も）に対し告知することによって成立する。しかし，この審判に対しては，告知を受けた前記の者に即時抗告をすることが許されているので，その審判は確定しなければ，その効力を生じない（家事法165条7項）。その即時抗告の期間（審判告知後2週間—家事法74条2項・3項・85条1項・86条1項）以内に即時抗告がなければ，その期間満了と同時に確定し効力を生ずる。また即時抗告があったときは，その抗告審の却下の裁判確定によって効力を生ずる。この審判が確定すればその確定証明書が申立てによって交付されるが，養子の本籍地の戸籍事務管掌者にも通知される（家事規94条）。

なお，離縁審判の申立を却下する審判に対して，申立人に即時抗告をすることが認められている（家事法165条7項2号）。

【5】 **特別養子の離縁審判確定による効果** 特別養子離縁の審判は確定によってその効力を生ずる。その効果は，普通離縁と同様に離縁の審判確定の日から養親および養方血族との親族関係が終了するとともに，特別養子縁組によって終了していた従前と同一の実父母および実方血族との親族関係が新たに生ずる（民817条の11）。したがって，実父母の親権は復活し，戸籍の記載についても，後述のとおり従前の実父母の実子の記載が復活される。もっとも，その離縁の効果が発生するのは，離縁の日からであることと，実父母および実方血族のみの間で親族関係が生ずることから，特別養子縁組の前に他の縁組があっても，その縁組は復活しない（昭62・10・1民二5000号通達第6・2前段）。また，その離縁前に実方の血族における相続関係が発生していたとしても，それには関与できない。

【6】 **戸籍の処理** 昭和62年10月1日民二5000号通達第6・2により下記のとおり処理方法が示されている。
(1) **特別養子離縁届** この届出は，審判を請求した養子または実父母から，審判が確定した日から10日以内に，審判の謄本および審判の確定証明書を添付（裁判所からの確定通知がある場合はこれを要しない）して届け出なければならない（戸73条1項・63条）。なお，審判を請求した者が届出期間内に届出をしないときは，養親も届出をすることができる

入籍の届出があったときも戸籍法73条の2の届出をした者について新戸籍を編製することは同様である。(5) 離縁によって復氏した者が，戸籍法73条の2の届出をした場合において，その者がすでに戸籍の筆頭に記載されているが，その戸籍に同籍者たる子がないときは，改めて新戸籍を編製するまでもなく，戸籍法107条1項の規定による氏の変更の場合の記載に準じて，戸籍の記載をする。この場合の記載は，法定記載例56・57に示されている。(6) 法定記載例50，53，56による戸籍事項欄の記載事項は，いずれも戸籍法施行規則34条2号の氏の変更に関する事項であるから，管外転籍の場合には移記を要する（戸規37条）。この場合の戸籍事項欄の法定記載例56の移記については，すでに氏変更後の戸籍の転記であるから，「年月日戸籍法73条の2の届出」と引き直して移記するものとされている。(7) 戸籍法73条の2の届出をした者の子で離縁前の戸籍に在籍する者（父または母と民法上の氏を異にする子）が，前記の届出をした父または母の戸籍に入るには，それぞれの態様によって改正民法791条1項から3項までの規定および戸籍法98条の規定によることになる（No.278「入籍届」参照）。

【5】 **縁組が取り消された場合の準用** 前述の取扱いは，縁組が取り消された場合の復氏者についても離縁の場合の取扱いに準じて処理することになる（改正民法808条2項・816条2項，戸69条の2・73条の2・19条3項）。

【6】 **戸籍受附帳の件名の表示方法** 戸籍法73条の2の届出または69条の2の届出があったときは，戸籍受附帳の件名を「法73条の2」または「法69条の2」と記載する。

【参考文献】 細川 清「養子法の改正」戸籍時報356号，戸籍誌525号

No.211
特別養子離縁の審判と戸籍の処理

【1】 **特別養子離縁の性質** 特別養子制度は，普通養子制度とは異なり，法的には養親子関係を唯一の実親子として扱うのであるから，その制度の趣旨からして原則として特別養子の離縁は認められていない（新設民817条の10第2項）。また，そうすることが特別養子制度を意義あるものにすることになる。しかし，特別養子の利益のためにとくに必要があるときに限って，家庭裁判所の審判によって成立させた特別養子縁組を，養親からの請求は認めないが養子，実父母，または公益の代表者である検察官の請求により，一定の要件のもとに審判により縁組の当事者を離縁させることができるものとされている（新設民817条の10第1項）。これは，普通養子縁組が当事者の協議による離縁，または当事者が原告，被告となる裁判上の離縁をするのとは趣きを異にするものである。

【2】 **審判の申立て** 特別養子離縁の審判は，養親の住所地の家庭裁判所の専属管轄であり（家事法165条），別表第1の審判事項とされている（家事法39条別表第1の64項，165条）。申立権者は，養子本人，実父母または検察官であり，養親からの請求は特別養子制度の徹底を期待して認められていない（民817条の10）。

【3】 **審判の要件** 特別養子の離縁は原則として認めないのであるが，養子の利益のためにとくに必要があると家庭裁判所が判断した場合に審判によって離縁させる。この場合の裁判所の判断基準としては，次の各要件を充足することが前提とされている（民817条の

条1項本文)が,養親の氏を永年使用していたときは,復氏により社会生活上の不便が生ずる。このような問題は,離婚の際にも生ずるので,その救済にはすでに昭和51年の民法改正により767条2項が新設されている〔→No.233「離婚の際に称していた氏を称する届(戸籍法77条の2の届)」みよ〕。ただ,縁組中の氏の続称については,婚姻中の氏の続称とは事情が若干異なるので,離縁の際に称していた氏を称するには縁組の日から7年を経過していることが要件とされた。つまり,離婚の際に称していた氏を称するについては,婚姻中に生まれた子と氏を同一にしたいという強い社会的要請があるが,短期間の縁組の場合には離縁の際の氏を称する必要性が少ないこと及び期間の制限を設けない場合,縁氏の取得を主たる目的とした縁組を助長するおそれがあることが考慮されたようである。もっとも,縁組後7年経過前に離縁した者が,縁組中の氏を称する必要性があれば,戸籍法107条1項により家庭裁判所の許可を経て変更することは妨げられるものではない。

【3】 **縁氏続称の内容** 離縁の際に称していた氏を称する届出は,離縁復氏の原則(民816条1項本文)を維持しつつ,離縁時から一定期間内に縁組中に称していた氏を呼称するかどうかを選択できるというものである。その選択権の行使は,相当の期間内にけじめをつける必要から,離婚の場合と同様に離縁の日から3か月以内に戸籍法上の届出をすることによって認められる。この届出は,身分法上の法律行為であるので,未成年者でも意思能力がある限り,みずからその届出をすることができる。なお,戸籍の実務上未成年者の意思能力の有無は,一般的に15歳を標準とされているが,民法上,とくに離縁した者が15歳未満の場合につき法定代理人が代わって届出をすることができる旨の規定をおいていないので(民791条3項と対照),この届出は,法定代理人が15歳未満の者に代わってすることはできないと解される(昭62・10・1民二5000号通達第3・1)。

【4】 **戸籍法73条の2の届と戸籍の処理** (1) 離縁の際に称していた氏を称する届(以下「戸籍法73条の2の届」という)の取扱いおよび戸籍の処理は,以下のとおり昭和62年10月1日民二5000号通達第3に示されている。(2) 離縁によって復氏すべき者が,協議離縁の届出と同時に戸籍法73条の2の届出をした場合は,その者について直ちに離縁の際に称していた氏で新戸籍を編製する(昭62改正戸籍法19条3項)。裁判離縁,特別養子離縁または外国の方式による離縁の報告的届出と同時にこの届出があった場合も同様である。これらの場合の戸籍の記載は,法定記載例50から52までに示されている。(3) 離縁によって復籍した者が,この届出をした場合において,その者が戸籍の筆頭者でないときは,その者について新戸籍を編製する(昭62改正戸籍法19条3項)。この場合の戸籍の記載は,法定記載例53から55までに示されている。(4) (ア) 離縁によって復氏した者が,この届出をした場合において,その者が戸籍の筆頭者でその戸籍に同籍者があるときは,その届出をした者について新戸籍を編製する(昭62改正戸籍法19条3項)。(イ) (ア)の場合において,氏(呼称としての氏)の変更の効果は同籍者に当然には及ばないが,同籍者が(ア)の届出をした父または母の新戸籍に入るには,民法上の氏(戸籍の変動を導くもの)に変動はないのであるから,単に同籍する旨の入籍の届出によってすることができる。なお,上記の場合において,戸籍法73条の2の届出と同時に同籍者たる子全員から同籍する旨の

(イ)　**届出人と届出期間**　裁判上の離縁が成立すると，調停の申立人または訴えの提起者は，裁判確定の日から10日以内に離縁の届出を要する（戸73条・63条1項）。

　なお，調停が成立し，または審判・判決が確定した場合，申立人（原告）が届出しないときは相手方からも届出をすることができる（戸73条1項・63条2項）。また，妻からの離婚の調停申立に対し，離婚の調停とともに，利害関係人として参加した養父母と相手方（夫）との間に離縁の調停が成立した場合，離縁の届出は，相手方（養子＝夫）と利害関係人（養父母）がともにその届出義務者となるべきものと解されている（昭26・2・13民事甲257号回答）。

　(ウ)　**届出地**　養親もしくは養子の本籍地，または届出人の所在地である（戸25条）。

　(エ)　**届書の添付書面**　(a)　調停調書の謄本，もしくは審判または判決の謄本と確定証明書（市町村長に裁判確定通知が到達しているときは，確定証明書の添付を省略できる）（戸73条・63条）。(b)　離縁当事者の本籍地外に届け出るときは，その者の戸籍謄（抄）本（戸規63条）。

　(3)　**戸籍の変動と記載**　(ア)　**戸籍の変動**　縁組によって養親の氏を称した養子は，離縁によって縁組前の氏に復する（民816条）。この場合，原則として縁組前の戸籍に復籍する（戸19条1項）。もっとも，縁組によって氏の変動がなかった場合（例，実母の氏を称しているその非嫡出子を養子としたなど）は，氏も戸籍も変動を生じない。

　次に，養子が復氏する場合でも，次の場合には新戸籍を編製することになるので復籍しない。(a)　婚姻の際に氏を改めなかった養子に配偶者があるとき（戸20条），(b)　復籍すべき戸籍が除かれているとき（戸19条1項但書），(c)　養子が新戸籍編製の申出をしたとき（戸19条1項但書）。

　なお，前記(a)～(c)の場合に，養子は，実父（母）と同一の氏を称することになり，その実父（母）が筆頭者または，その配偶者以外の者であっても，戸籍法17条前段の適用はなく，実父（母）については，新戸籍を編製しない（昭33・3・29民事甲633号通達）。

　(イ)　**戸籍の記載**　裁判上の離縁事項は，養親と養子の双方の身分事項欄に記載される（戸規35条3号）。もっとも，離縁事項の記載方は，調停成立，裁判（審判・判決の場合）確定の旨を明示し，また，戸籍の変動を生ずるときは，その除籍事項，入籍事項とともに記載される（法定記載例47～49，参考記載例101～106）。

No.210
離縁の際に称していた氏を称する届
（戸籍法73条の2の届）

【1】　**制度の創設**　昭和62年9月26日法律101号「民法等の一部を改正する法律」の公布により，同法は昭和63年1月1日から施行された。この改正法中の一つに，民法816条2項が新設され，縁組の日から7年を経過した後に離縁によって縁組前の氏に復した者は，離縁の日から3か月以内に戸籍法73条の2の規定による届出をすることによって，離縁の際に称していた氏を称することができることとされた。この規定は，縁組の取消しについても準用されている（民808条2項，改正新設戸69条の2）。

【2】　**立法理由**　養子は，離縁によって当然に縁組前の氏に復するのが原則である（民816

て，縁組の継続を相当と認めるときには，離縁を認めないことができる（民814条2項・770条2項）。

(イ) **訴えの当事者**　離縁の判決がなされるための正当な当事者は，次のとおりであり，対立して当事者となる（民814条）。① 養親または養子の一方が原告となり，他方が被告になる。② 被告が行方不明の場合でも，公示送達の手続がとられる。その手続とは，訴状を被告がいつでも出てくれば渡す旨を，また呼出状はそのものを裁判所の掲示場に2週間（外国に居る者に対しては6週間）掲示し，それを経過することによって適法な送達があったものとみなすものである（民訴110条〜113条）。③ 養親が夫婦であり，未成年養子と離縁する場合には，夫婦が共同で当事者とならなければならない（民811条の2）。もし，養子が成年者であれば単独で当事者となることができる。もっとも，昭和63年1月1日民法の一部改正前までは，一般に夫婦共同縁組の原則から夫婦が共同で訴え，訴えられる必要があると解されていた（明35・12・20大審院判決〔民録8輯11巻114頁〕，昭25・8・15民事甲2201号回答，昭26・8・13民事甲1510号回答）。なお，養親の婚姻が解消している場合には，養父母の一方のみが当事者となる個別的離縁が認められていた（昭23・12・3民事甲2194号回答，昭25・6・22民事甲1747号回答）。④ 養子が夫婦の場合は，その一方のみが訴え，または訴えられることで足りる（昭23・5・6民事甲652号回答）。⑤ 養子が15歳未満の場合は，養子の離縁後に法定代理人となるべき者が原告となり，または被告となる（民815条）。⑥ 当事者が成年被後見人である場合は，その成年後見人が成年被後見人のために当事者（原告または被告）として訴訟行為を代行する（人訴25条・4条）。

(ウ) **判決の確定**　離縁の判決は，言渡後に当事者に送達されるが（民訴255条），その判決書の送達がなされてから，2週間内に上訴（控訴）がなければ，その期間満了の時（満了日の翌日）に確定したことになり，また，上訴（控訴）があっても，その上訴棄却の判決があれば，その判決確定時に確定する（民訴285条・116条）。もっとも，上訴の方法がない上告審判決は，言渡しと同時に確定する（法曹会「民事訴訟法」150頁）。

なお，前記の上訴期間経過前でも，上訴権を有する当事者がこれを放棄した場合は，その放棄のあった時に確定する（民訴284条）。

【3】 離縁の裁判確定と戸籍の処理　**(1) 裁判確定通知**　離縁の調停成立，審判の確定，または判決の確定により，その効果は，当事者だけでなく第三者にも及ぶ（人訴24条）。したがって，公簿である戸籍簿にも離縁の旨を遅滞なく公示するため，調停申立人，または訴えの提起者にその旨の届出義務を負わせている一方，家庭裁判所からも調停離縁，審判離縁，裁判離縁の当事者の本籍地の市町村長に対し裁判確定の通知がなされる（家事法116条，人訴規則17条，戸44条3項・24条3項，昭36・11・14民事甲2763号回答）。もし，裁判上の離縁が成立したのに戸籍届出がないときは，市町村長が管轄法務局の長の許可を得て職権で離縁の記載をすることになる（戸44条）。

(2) 戸籍の届出　(ア) **届出事項**　戸籍の各届書に共通する記載事項（戸29条・30条）のほか，裁判の確定年月日（戸73条1項・63条1項後段）を記載して提出する。

判所の許可を得て離縁をすることができる（改正民811条6項）。この場合の戸籍の記載は，養子が養親の死亡後にする離縁の場合と同様であり，生存当事者である養親側にだけ記載すれば足りる（法定記載例46）。

No.209 裁判上の離縁（調停・審判・判決の手続と戸籍の処理）

【1】 **意義** 裁判上の離縁とは，普通養子たる当事者の自由な協議でする離縁（協議離縁）ができない場合に，裁判所の関与のもとにする離縁を総称する。これには，離婚の場合と同じくその手続の差異によって調停離縁，審判離縁，判決離縁とがある。特別養子の離縁の審判については，No.211「特別養子離縁の審判と戸籍の処理」にゆずる。

【2】 **裁判離縁の手続と成立** 裁判上の離縁をするには，まず相手方の住所地または当事者の合意で定める地の家庭裁判所に調停を申し立てることを要する（家事法244条）。もっとも，相手方とすべき者が行方不明，または，心神喪失の状態にあって，調停・審判に付することが不適当であるときは，直接，家庭裁判所に訴えを提起できる（人訴4条1項）。

(1) **調停離縁** 家庭裁判所の調停において当事者間に合意が成立し，これが調停調書に記載された時に調停が成立し，その記載は，確定判決と同一の効力を有する（家事法268条）。

なお，調停調書が作成された場合であっても，調停条項に協議離縁をする旨が記載されているときは，調停によって離縁が成立したのではなく，当事者間に協議上の離縁をすることについて責任をもたせたものであるから，裁判上の離縁として扱うことはできない（昭24・4・6民事甲436号回答）。

(2) **審判離縁** 家庭裁判所は，調停委員会の調停が成立しない場合においても離縁を相当と認めるときは，職権で当事者双方の申立の趣旨に反しない限度で，調停に代わる離縁の審判をすることができる（家事法284条）。この審判に対しては，当事者または利害関係人が2週間以内に異議の申立てをしなければ，確定判決と同一の効力を生ずる（家事法286条1項）。もっとも，この異議の申立てがあれば，さきの審判は効力を失うことになる（家事法286条5項）。

(3) **判決離縁** 離縁の調停が成立しない場合，または調停が不成立のままで，これに代わる審判もなされない場合又は異議の申立てにより審判が効力を失った場合には，離縁の訴えを提起することができる。もっともこの訴えをするには，民法814条に定める離縁原因があることが必要であり，訴えの管轄は，養子離縁の当事者の住所地の家庭裁判所に専属する（人訴4条）。

(ｱ) **離縁の原因** 離縁当事者の一方は，次の場合に限って，離縁の訴えを提起できる（民814条1項）。① 当事者の他の一方から悪意で遺棄されたとき，② 当事者の他の一方の生死が3年以上明らかでないとき，③ その他縁組を継続し難い重大な事由があるとき。

なお，前記の離縁原因のうち，①，②については，裁判所はいっさいの事情を考慮し

るときは，手続の順序としてまず届出前に死亡養親との離縁についての許可を得る必要があり，その許可申立の際には生存養親がいるため，その生存養親が法定代理人として許可申立人になるべき筋合いになるはずである。しかし，戸籍の取扱いは，二つの離縁が同時になされるのであれば，形式論にとらわれることなく，その実質をみて養子の実父母が死亡養親との関係でも許可申立人および届出人になり，また生存養親と協議し，ともに届出人になるものとされている（昭30・3・12民事甲251号回答，昭37・11・29民事甲3439号回答）。

なお，生存養親・死亡養親の双方と同時離縁の届出は，届書が1通でも受理件数は2件として扱う（昭37・11・29民事甲3439号回答）。

【3】 届出の特別留意事項　離縁の届出一般については，No.207「協議離縁届」にゆずる。

(1) 縁組当事者の一方死亡後の離縁届出は，創設的届出であり，その届出意思を確実にするため，離縁許可があっても成年二人以上が署名を要する（戸33条，昭24・5・30民事甲1251号回答）。

(2) 届書の添付書類として，家庭裁判所の許可審判の謄本と確定証明書を要する（戸38条2項）。

【4】 戸籍の変動と記載　(1) 戸籍の変動　(ア) 養父母の一方の死亡後に離縁する場合

(a) 生存養親とのみ離縁したときは，離縁の効力が死亡養親に及ばないため，生存養親と氏を同じくする養子が離縁しても，復氏しないから戸籍の変動はない（民816条1項但書新設，昭63年1月1日施行，昭62・10・1民二5000号通達第2・3）。なお，従前は養子は縁組前の氏に復する扱いであった（昭24・9・9民事甲2039号通達）。しかし，この生存養親が離縁前にすでに生存配偶者の復氏または再婚によって養子と氏を異にしているときは，養子は離縁によって復氏しない扱いであった（昭25・6・22民事甲1747号回答）。

(b) 死亡養親とのみ離縁したときも，生存養親との関係があるから養子は復氏しない（昭25・11・9民事甲2909号回答，改正民816条1項但書，昭62・10・1民二5000号通達第2・3）。なお，従前は生存養親が婚姻前の氏に復していたり，婚姻，縁組などで他の氏を称しているときは，死亡養親との離縁のみによって復氏する取扱いであった（昭23・10・11民事甲2997号回答）。

(イ) 養父母双方の死亡後に離縁した場合　(a) 死亡養親の一方とのみ離縁しただけでは養子は復氏しない。

(b) しかし，死亡養親双方との離縁をすれば復氏する（昭25・6・22民事甲1747号回答）。

(2) 戸籍の記載　(ア) 養親死亡後の離縁　死亡養親との離縁事項は，死亡養親の身分事項欄には記載を要しないで，もっぱら生存当事者である養子側にだけ記載すれば足りる。すなわち，養親死亡後の離縁の実質的意義は，生存している養子側と死亡養親の血族との親族関係を解消することにあるのであるから，死亡養親の身分事項欄に記載する実益が乏しい点を考慮されたものと思われる（法定記載例44・45，参考記載例98～100）。

(イ) 養子死亡後の離縁　昭和63年1月1日以後は，養親も養子の死亡した後に家庭裁

答)。すなわち，この許可そのものは離縁を成立させるための方式ではないからである。

また，離縁は届出が受理されることによって成立するものであるから，許可があったとしても届出義務はなく，届出をするかどうかは生存縁組当事者の任意である。

(2) **離縁の許可申立人と届出人** 縁組当事者の一方死亡後の離縁は，生存当事者本人のみがその住所地の家庭裁判所に申し立て（家事法39条別表第1の62項，162条），その許可を得て市町村長に届け出ることによって効力の生ずるものである。

ところで，養子が15歳未満の場合には，誰が代わってこの許可申立をし，届出をするかが問題であるので，各種の場合について次に説明する。

(ア) **養父母の双方（または単独の養親）が死亡している場合の離縁** この離縁は，協議離縁ではないので，養子が15歳未満の場合の協議離縁の協議代諾者についての規定「民法811条2項」の適用がないというのが戸籍の取扱いであった（昭37・9・13民事㈡発396号通知）。すなわち，養親死亡後の離縁について，家庭裁判所への許可申立および離縁の届出をすべき者は養子本人のみであり，養子が15歳未満であるときは，その現在の法定代理人である後見人（養親が死亡したときは，実親に親権が復するのではなく，後見開始の事由が生じたものと解されており，後見が開始しているのに後見人の選任がないときは，これを選任すべきである）が，養子に代わって離縁の許可申立と離縁の届出をすべきであると解されている。そして，死亡養親の一方のみと離縁するときでも後見人が養子に代わってするのが当然であり（他方死亡養親との関係で離縁後も引き続き後見開始の状態にある），また，死亡養親双方との離縁によって離縁後に実父母の親権に服するに至るときでも，この許可申立人，届出人は現在（離縁前）の法定代理人たる後見人が代わってすべきであるというものである。したがって，養親死亡後に15歳未満の養子に後見が開始している場合，後見人を選任しないで実父母から許可を得て離縁の届出があっても受理することができないとされていた（昭39・2・13民事甲319号回答）。しかし，民法811条2項は，将来の法定代理人である実父母の代理権を認めた趣旨と解され，養親双方死亡後後見人が選任されていない場合は，現在の法定代理人が代理権を行使できない場合であるから，同条の趣旨からみて実父母に離縁の届出の代理権を認めてよいとする考え方から，後見人が選任されていない場合に限って，実父母からの離縁の届出を受理することとされた（平3・6・26法務省民事局，最高裁家庭局，東京法務局，東京家裁172回戸籍事務連絡協議会結論〜戸籍誌579号）。

(イ) **養父母の一方が死亡している場合の離縁** (a) 養子が死亡養親とのみ離縁するときは，生存養親との関係はそのまま存続するので，生存養親が現在の法定代理人（親権者）として許可申立人および届出人になるべきである。

(b) 養子が生存養親とのみ離縁（協議離縁）するときは，死亡養親との関係で後見が開始するから，民法811条2項および5項の規定によって，養子の離縁後に後見人となるべき者を選任し，その者と生存養親との協議で離縁をすることになる（昭37・7・14民事甲1989号回答）。

(c) 養子が生存養親と死亡養親の双方と同時に離縁（単意離縁と協議離縁の同時届出）す

いが，婚姻の際に氏を改めない者（夫婦の氏について主導性のある者）が離縁したときは，縁組前の氏に復するので，その氏（婚姻の際に称した氏）でもって夫婦について新戸籍を編製する（昭23・5・8民事甲977号回答六）。

(5) **養親夫婦の一方と離縁した場合** 民法816条1項ただし書により，養親夫婦の一方のみと離縁しただけでは，養子は縁組前の氏に復しないので戸籍に変動を生じない。この場合は単に当該養親および養子の双方の戸籍に離縁事項を記載するのみで足りるが，養子の養父母欄中当該養親の氏名を消去することになる〔→No.205の【3】「離縁の効果」みよ〕。

(6) **離縁後の養子の子の戸籍** 養子が離縁によって復氏しても，その養子の縁組中の子には，離縁当事者でないから復氏の効果が及ばない。したがって，戸籍の変動もない（昭23・4・20民事甲208号回答一）。もし，養子の子が離縁後の父母婚姻中の戸籍に入るには，民法791条2項の規定により家庭裁判所の許可を得ないで入籍届をすることができる（戸98条，昭25・11・9民事甲2909号回答八）。なお，裁判離縁の場合は後述する〔→No.209「裁判上の離縁」みよ〕。

No.208
縁組当事者の一方死亡後の離縁と戸籍の処理

【1】 **意義** 婚姻は，当事者の一方の死亡によって解消するが，養子縁組には死亡解消ということがないともいわれている。しかし，養親と養子との関係も，その一方が死亡することによって当事者たる相手方がなくなるので，縁組の効果としての当事者間の親権，扶養義務，同意権などが消滅することは明らかである（中川善之助「親族法」230頁）。そこで，縁組当事者の一方死亡後の離縁ということの意義は，縁組当事者の一方が死亡しても，その死亡当事者を通じての他の者との法定血族関係が依然として存続し，氏，戸籍の変動もないので，これらを解消するところにある。この離縁の届出の実質は，あたかも生存配偶者が，姻族関係を終了させるための意思表示としてする姻族関係終了届（民728条2項，戸96条）と，復氏届（民751条1項，戸95条）の両者の性質を兼ね備えたものと同じであり，縁組当事者の一方的意思表示によって効力を生ずるところから，単意離縁，単独離縁とも呼ばれている。また，この離縁は「死後離縁」ともいわれ，従前は養親死亡後に養子からのみすることが認められていたが，昭和63年1月1日以後は縁組当事者（養親・養子）の一方が死亡後いずれの生存者からもすることができるものとされた（改正民811条6項）。

【2】 **離縁の手続** (1) **離縁許可の性質** 死亡後の離縁は，相手方のない生存縁組当事者の一方的意思表示によるわけであるが，それかといって生存当事者がなんらの合理的理由もなく離縁することを抑制するため，離縁の届出前にあらかじめ家庭裁判所の許可を要することとされている（民811条6項）。この点について旧民法においては，戸主の同意を得てすることとされていた（旧民862条3項）。したがって，この許可の性質は，離縁が適法になされるための受理要件の一つであって，これを欠く届出は受理できない（民813条1項）。しかし，この許可のない届出でも誤って受理された場合には，離縁の成立を妨げるものでもなく，取消しの対象にもならない（民813条2項，昭28・11・5民事甲2045号回

(抄)本(同前)。

(ウ) 縁組前に実父母が離婚し，その際に父母の一方を親権者と定めている場合は，その記載がある戸籍謄(抄)本(同前)。

(エ) 縁組後に実父母が離婚しているときは，子の離縁後に父母の一方が親権者となるべき旨の父母の協議書または調停調書もしくは審判の謄本および確定証明書(昭37・5・30民事甲1469号通達)。

(オ) 実父母双方が死亡し，または縁組前に親権者と定められた父母の一方が死亡しているため，養子の離縁後の親権者となるべき者がない場合は，後見人となるべき者の選任の審判の謄本(昭37・5・30民事甲1469号通達)〔→No.208「縁組当事者の一方死亡後の離縁と戸籍の処理」みよ〕。

【8】 **離縁による戸籍の変動と記載** (1) **普通の離縁による場合** 養子は離縁によって原則として縁組前の戸籍に復籍する(戸19条1項)。ただし，復籍すべき戸籍がすでに除かれているとき，または養子が新戸籍編製の申出をしたときは，養子について新戸籍を編製する(同条1項但書)。もっとも，復籍すべき縁組前の戸籍が他の市町村に転籍しているときには，「除かれているとき」に該当しないから，新戸籍編製の申出をしない限り転籍後の戸籍に復籍する。なお，離縁した養子が15歳未満の場合には，離縁協議者が新戸籍編製の申出をすることができる(昭25・11・9民事甲2909号回答七)。離縁事項は，養親と養子の双方の縁組継続中の戸籍の身分事項欄および養子の離縁後の戸籍の身分事項欄に記載される(戸規35条3号，法定記載例35～43)。以上述べた新戸籍編製または復籍に伴い，養子は当然に従前の戸籍から除かれる。なおNo.210「離縁の際に称していた氏を称する届」をみよ。

(2) **養子が転縁組または婚姻後に離縁した場合** 転縁組について離縁するときは，直前の縁組が離縁または取消のない限り，直前の縁組の氏に復しその戸籍に復籍する。他方，転縁組後に第一の縁組を離縁するときは，転縁組後の氏および戸籍になんらの変動も生じないので，単に第一の縁組の養親および養子の双方の戸籍に離縁事項を記載するのみで足りる。次に，養子が婚姻によって氏を改めた後に離縁した場合も同様に，養子の氏および戸籍に変動を生じない。したがって，離縁事項も単に当事者双方の身分事項欄に記載するのみで足りるが，養子の養親の氏名および養親との続柄を消除することになる。ただし，養子が縁組によって養親の氏を称した後に自己の氏を称して婚姻し(配偶者は縁組しない)，その後に離縁した場合には，養子は縁組前の氏に復し，夫婦について新戸籍を編製しなければならない(戸20条)。

(3) **夫婦養子がともに離縁した場合** 夫婦養子については，養親と別に戸籍が編製されているが，これらの者が離縁した場合には，常に縁組前の氏(婚姻の際に称した氏)に復して新戸籍を編製する(戸20条)。

(4) **夫婦養子の一方のみが離縁した場合** 夫婦養子の一方のみの離縁は認められている(昭23・5・6民事甲652号回答，昭62・10・1民二5000号通達第2・1(1))。この場合は，婚姻の際に氏を改めた者が離縁したときは復氏しないのでなんら氏と戸籍に変動を生じな

よって，その効力を生ずるものであり，この届出は，いわゆる身分関係の創設的届出である。届出の方法の詳細は，次項にゆずる。

No.207
協議離縁届と戸籍の処理

【1】 **届出の性質** 協議離縁における届出は，離縁成立の形式的要件であり，市町村長にその届出をすることによって離縁の効力を生ずる創設的届出である。

【2】 **届出方法** 届出は，口頭または書面によってする（戸27条・70条）。口頭による届出は，届出人自身が市町村役場に出頭して届書に記載すべき事項を陳述し，市町村長（戸籍事務担当者）がこれを筆記し，その内容を届出人に読み聞かせて届出事項の誤りのないことを認めさせたうえで，署名押印させることになっている（戸37条）。文書による場合は，届出事項を届書用紙（標準様式が定められている）に記載し，かつ届出人，証人の署名押印を要する。

【3】 **届出事項** 戸籍の各届書に共通する記載事項（戸29条）のほか，養子が縁組前の戸籍に入るべきときは，その戸籍の表示（戸19条・30条1項），養子について新戸籍を編製すべきときは，その旨，新戸籍編製の原因，新本籍を記載する（戸19条・20条・30条1項）。なお，養親が夫婦であって未成年者と離縁する場合には，夫婦の一方が心神喪失，行方不明などの事由によってその意思を表示することができないときは，他の一方が単独で離縁することができる（改正民811条の2ただし書）が，この場合には，届書の「その他」欄に夫婦の一方がその意思を表示することができない旨およびその事由を記載させるものとされている（戸35条，昭62・10・1民二5000号 通達第2・1(2)）。

【4】 **届出人** 届出が受理されることにより協議離縁が成立するのであって，当事者である養親と養子とが届出人となる。もし，養子が15歳未満の場合は，離縁後に法定代理人となるべき者が養子に代わって離縁の協議をし，その者と養親とが届出人となる（戸71条）。

民法796条の改正（昭和63年1月1日施行）により，従前の夫婦の一方がその意思を表示することができない場合に，他の一方が夫婦双方の名義で縁組をする制度が廃止されたことに伴い，同様の場合に，他の一方が夫婦双方の名義で離縁をすることはできないものとされた（昭62・10・1民二5000号 通達第2・1(3)，戸67条削除）。

【5】 **証人** 届出の真正を保証するため，成年者二人以上の署名を要する（民799条・739条2項）。

【6】 **届出地と届書通数** 届出地は，当事者である養親もしくは養子の本籍地または所在地であり（戸25条），届書の通数は，当事者の本籍地が同じである場合は1通，異なる場合は2通，所在地（本籍地外）の場合は，このほかさらに1通を要する（戸36条）。

【7】 **添付書面** 15歳未満の養子の協議離縁には，養子に代わって届出をする者が，離縁後その法定代理人となることを証する次の書面を添付する。

　(ア) 実父母が婚姻中の場合は，その記載がある戸籍謄（抄）本（届出地に戸籍がある場合は不要）。

　(イ) 実父母の一方が死亡している場合は，その死亡と生存を明らかにする父母の戸籍謄

る場合には、その養子夫婦が個別的に離縁することを認めていた（昭23・5・6民事甲652号回答）。

(4) **15歳未満の養子の離縁協議者** 離縁の協議は、身分行為の本質からいって当事者たる養親と養子の間で、本人みずから行うのが本則である（民811条1項）。したがって、未成年者でも15歳以上であれば通常意思能力があると解されているところから、本人みずから協議すべきであり、また、成年被後見人でも意思能力を回復していれば成年後見人の同意を要しないで、本人みずから協議すべきである。つまり、養子が15歳以上の場合は、未成年者、もしくは成年被後見人であってもその法定代理人が代わって協議することは許されていない（民811条1項・2項の反面の解釈）。

しかし、養子が15歳未満のときは、一般に本人の意思能力が十分でないと解されるところから、特別に本人に代わって離縁の協議をする者を法定している（民811条2項〜5項）。つまり、養子の離縁後にその法定代理人となるべき者は、第一に親権者となるべき実父母であり、もし、これがないときは後見人となるべき者を離縁前にあらかじめ選任し、その者が養子に代わって離縁協議者となる。さらに、15歳未満の養子に代わる離縁協議者について、各種の場合を説明しよう。

(ア) **養父母の双方（または単独の養親）と離縁する場合の協議者** (a) 通常養子の協議者は、実父母の婚姻中は、その双方であり、その一方が死亡したときは、他の生存者たる父または母である。

(b) 実父母が離婚しているときの協議者は、離婚が縁組前であれば、すでに離婚の際に定めてあった親権者たる父または母である。また、縁組後の離婚であれば、離縁に際し父母の協議により、もしその協議ができないときは家庭裁判所により、あらかじめ親権者となるべき者と定められた父または母である（民811条3項・4項）。

(c) 前記(b)による該当者がない場合の協議者は、あらかじめ家庭裁判所により選任された後見人となるべき者である（民811条5項）。

(イ) **養父母の一方と離縁する場合の協議者** (a) 養父母が離婚しているとき、その離婚に際し親権者と定められなかった一方と離縁するときの協議者は、現に親権者である養親である。この場合、もし、現に親権者である養親と離縁するときの協議者は、あらかじめ選任された後見人となるべき者である（昭37・7・14民事甲1989号回答）。あらかじめ、家庭裁判所で親権者を他の一方の養親に変更してもらっておけば（民819条6号）、新しい親権者が協議者となる。

(b) 養父母の一方が死亡しているとき、生存養親のみと離縁するときの協議者は、あらかじめ選任された後見人となるべき者である（昭37・7・14民事甲1989号回答）。もし、生存養親と死亡養親の双方と同時に離縁するときの協議者は実父母である（昭30・3・12民事甲251号回答、昭37・11・29民事甲3439号回答）。

なお、死亡養親との離縁については、No.208「縁組当事者の一方死亡後の離縁」の説明にゆずる。

【3】 **形式的要件** 協議離縁は、戸籍法の定めるところにより、これを届け出ることに

の一方が離縁意思のないのに他方が勝手に届書を偽造して届け出ても離縁は成立しない。なお、協議離縁には、特別に離縁の原因を明らかにする必要はない。

(2) **離縁意思の存在時期** 離縁の意思は、協議離婚の場合と同じく、戸籍管掌者への届出という一定の方式によって表明されるものであるから、届出の当時（厳格には届出受理当時）に存在することが必要である。したがって、たとえば、協議離縁届書を作成し、署名押印後でも、その届出前に離縁意思をひるがえし、かつ、その旨を市町村長に表明しておけば（協議離縁届不受理申出書を提出する）、その後になされた協議離縁届は、当該不受理申出をした者が市町村役場に出頭して届出をするのでなければ受理されない取扱いである（戸27条の2第3項、4項）〔→No.154「届出の不受理申出」みよ）。

(3) **夫婦共同縁組の離縁当事者** 民法は、未成年者を養子とする縁組について、夫婦の一方が他の一方の嫡出子を養子とする場合を除いて、配偶者ある者はともに当事者となるべき旨を規定しているが（民795条本文）、離縁についても原則として同様の規定をおいている（民811条の2本文）。すなわち昭和63年1月1日改正法施行後は、養父母が婚姻中に未成年者と離縁する場合には、その縁組を配偶者双方がともにしたものであるか、個別にしたものであるかに関係なく夫婦がともにしなければならない。もっとも、夫婦の一方が心神喪失、行方不明などの事由によってその意思を表示することができないときは、他の一方が単独で離縁することができる（民811条の2但書）。しかし、縁組の当事者が成年者である場合は、養親側、養子側のいずれが夫婦共同縁組であっても、夫婦は各別に離縁できる（昭62・10・1民二5000号通達第2）。

なお、昭和63年1月1日民法の一部改正前には、夫婦共同縁組した者について、格別の規定がなかったため、夫婦の一方だけの離縁が認められるかどうかに関し、学説・判例に種々の見解がみられたが、戸籍の先例は以下のとおりであった。

(ア) **養親が夫婦である場合** (a) 養父母の婚姻継続中は、夫婦共同縁組の本旨にかんがみ、その一方のみと離縁することを認めることは、改正前民法795条の規定に背反することになるので、これを是認していなかった。もし、誤って夫婦の一方のみの離縁届を受理しても離縁は無効であると解していた（昭25・8・15民事甲2201号回答、昭26・8・13民事甲1510号回答）。

(b) しかし、養父母が離婚、または養父母の一方の死亡など、養父母の婚姻が解消している場合には、その養父母の一方と個別的に離縁することを認めていた（昭23・12・3民事甲2194号回答、昭25・6・22民事甲1747号回答）。

(c) また、養父母が婚姻継続中であっても、養父母との縁組が共同して成立したものでない場合、たとえば、単身者（男）の養子となった者が、その後にその養父の配偶者となった者とも縁組した場合には、養父母のいずれか一方と個別的に離縁することを認めていた（昭28・7・22民事甲1239号回答、昭29・4・1民事甲659号回答）。

この戸籍の取扱いに対し、下級審判例中の一部には、養親夫婦の一方のみとの離縁を認めたものがみられる（昭29・9・16大阪地裁判決〔下級民集5巻9号1559頁〕）。

(イ) **養子が夫婦の場合** 夫婦が養子となり、または養子が養親の他の養子と婚姻してい

おいては，離縁の日から，縁組によって終了した親族関係と同一の親族関係を生ずる（民817条の11）。

(5) **離縁による復氏・復籍** 養子は，離縁により当然に縁組前の氏に復し（民816条1項本文），原則として縁組前の戸籍に入る（戸19条1項）。もっとも，養子が養親と氏を同じくする子（たとえば養親の長女または養女）と婚姻し，その配偶者の氏を称しているときは，離縁しても夫婦関係がつづいている（夫婦同氏の原則と妻に氏の主導性がある～民810条但書反面）ので，復氏しない。その他離縁による復氏には，従来明文の規定がなかったため，養父母の離婚後または一方の死亡後における離縁，養父母双方死亡後における離縁，養子夫婦の一方のみの離縁など各種事案によって複雑な問題がみられた。

そこで，改正民法816条1項ただし書（新設―昭和63年1月1日施行）により，夫婦共同縁組をした養親の一方のみと離縁をした場合は，養子は縁組前の氏に復しないこととされた。もっとも，夫婦が順次個別に同一の子を養子とした場合には本条但書の適用はなく，通常の転縁組の場合と同様に縁組の前後に従い，先に縁組をした養親と離縁したときは，養子の氏に変更がない。また，後に縁組をした養親と離縁をしたときは，養子は先に縁組をした養親の縁組時の氏に復する（昭62・10・1民二5000号通達第2・3(3)）。

前記の民法816条1項但書は，夫婦共同縁組をした養親の一方のみとの離縁であれば，養親夫婦の婚姻が，離婚，婚姻の取消し，夫婦の一方の死亡により解消された後でも適用があり，また，離縁をした養親が婚姻の際に氏を改めた者であるか否かにかかわらず適用される。したがって，次の場合はいずれも養子は縁組前の氏に復しないことになる。

(ア) 養親夫婦の婚姻中にその一方のみと離縁をした場合 (イ) 養親夫婦の離婚または婚姻の取消後，婚姻の際に氏を改めなかった養親のみと離縁をした場合 (ウ) 養親夫婦の離婚または婚姻の取消後，婚姻の際に氏を改めた養親のみと離縁をした場合 (エ) 養親夫婦の一方死亡後，生存養親または死亡養親のみと離縁をした場合 (オ) 養親夫婦の双方の死亡後，その一方のみと離縁をした場合（前掲通達第2・3(1)）。

なお，夫婦共同縁組をした養親が離婚によって婚姻前の氏に復したため，養子が入籍の届出により復氏した養親の氏を称している場合に，その養親のみと離縁をしたときは，養子は入籍の届出前の氏に復するものとされている（前掲通達第2・3(2)）。

(6) **離縁の際の祭祀承継者の決定** 離婚の場合と同じく，養子が養親の系譜・祭具・墳墓の所有権を承継した後に離縁したときは，当事者その他の利害関係人の協議で，その権利承継者を定めなければならない。もし，その協議が調わないとき，または協議できないときは家庭裁判所が定める（民817条・769条）。

No.206
協議離縁（要件・離縁協議者）

【1】 **意義** 協議離縁は，縁組当事者の自由な合意に基づいて，その成立した縁組を将来に向かって解消する制度であり，いわゆる消極的な創設的身分行為である。以下に協議離縁が有効に成立するための要件について説明する。

【2】 **実質的要件** (1) **離縁意思の合致** 協議離縁は，協議離婚と同じく当事者間に離縁の意思があることが必要であり，これを欠くときは離縁が無効となる。たとえば，当事者

【4】 養子離縁

No.205 離縁制度

【1】 意義 普通養子の離縁とは，有効に成立した養子縁組の効果（養親子関係と養親族関係）を将来に向かって終了させる行為である（民729条）。もともと縁組による親族関係は，血縁によるものでなく，法律上の擬制（人為的法定血族関係）によるものであるから，縁組成立後の事由によって親族関係の維持が困難となった場合，これを解消する方法として認められたものが離縁である。したがって，離縁は，その効果が縁組の取消しと同じく遡及しないが，縁組成立後に発生した事由によるものであるから，これを縁組の成立の際の要件そのものに不十分な点があったためになされる縁組の取消しとは区別される。また，養親子の一方が死亡し，その当事者間の関係だけは消滅したとしても，養親族関係（養親側の親族と養子側の親族との関係）を全面的に解消するには，離縁という方式をふまなければならない。もっとも，当事者の一方死亡後の離縁は家庭裁判所の許可によりこれが認められる（民811条6項）。

特別養子については，養子の利益のためにとくに必要があるときに限り，一定の要件のもとに家庭裁判所が，養子，実父母または検察官の請求によって離縁させることができるとされている（民817条の10）〔→No.211「特別養子離縁の審判と戸籍の処理」みよ〕。

【2】 離縁の種別 離縁の方式として現行法上認められるものは，大別して届出による離縁と裁判による離縁である。これをさらに細別すれば，前者には協議による離縁（民811条1項・2項）と当事者の一方が死亡後に行う他方のみの意思による離縁（民811条6項）とがある。次に後者には，人事訴訟法における判決離縁のほか，家事事件手続法による調停離縁と審判離縁（特別養子の離縁を含む）とがある。これらの各種別についての詳述は別項にゆずる。

【3】 離縁の効果 (1) **発生時点** 届出による離縁では，届出が受理されたとき（届出日），調停離縁では調停調書作成のとき（調書記載の日），審判離縁（普通養子・特別養子），判決離縁では，その審判，判決の確定のとき（確定日）に，以下の効果を生ずる。

(2) **養親子関係の解消** 養子（普通養子・特別養子）は，養親の嫡出子たる身分（民809条）を将来に向かって失う。その当然の効果として，養親子関係を前提とする扶養・相続・親権などの諸関係もいっさい消滅することになる（民729条）。したがって，養子が未成年のときは，離縁により実父母の親権が復活し，実父母がないときは，後見が開始する（民818条・838条）。

(3) **養親族関係の終了** 養子（普通養子・特別養子）と養親の血族との間の法定血族関係，およびこれに基づく姻族関係は消滅する。また，縁組後に婚姻した養子の配偶者，縁組後に生まれた養子の直系卑属およびその配偶者と養親およびその血族との間の法定血族関係・姻族関係も同様に消滅する。したがって，これらの養親族関係を前提とするいっさいの権利義務関係は消滅する。

(4) **特別養子の実方血族との親族関係回復** 特別養子と実父母およびその血族との間に

ン（西暦千九百四拾八年六月参日生）同人妻ケイ（西暦千九百五拾年九月拾日生）の養子となる縁組の裁判確定同月八日養父母届出㊞」

「平成六年五月六日実方の血族との親族関係が終了する旨養父母追完届出東京都千代田区永田町一丁目二番に新戸籍編製につき除籍㊞」

【参考文献】 法務省「法例の一部改正」解説（戸籍誌556号5頁～43頁）

　　　　　身分事項欄　「平成五年拾月壱日養子となる縁組の裁判確定（実方の血族との親族関係の終了）同月八日養父母届出東京都千代田区永田町一丁目二番に新戸籍編製につき除籍㊞」
(2)　外国の裁判所において成立した断絶型養子縁組の場合
　　ア　養子の新戸籍
　　　　戸籍事項欄　「平成五年拾月八日編製㊞」
　　　　身分事項欄　「平成五年拾月壱日アメリカ合衆国ワシントン州の方式により国籍アメリカ合衆国ラッシュマン、ウェイン（西暦千九百四拾八年六月参日生）同人妻ケイ（西暦千九百五拾年九月拾日生）の養子となる縁組の裁判確定（実方の血族との親族関係の終了）同月八日父母証書提出東京都千代田区永田町一丁目二番乙川孝助戸籍から入籍㊞」
　　イ　養子の従前の戸籍
　　　　身分事項欄　「平成五年拾月壱日アメリカ合衆国ワシントン州の方式により養子となる縁組の裁判確定（実方の血族との親族関係の終了）同月八日養父母証書提出東京都千代田区永田町一丁目二番に新戸籍編製につき除籍㊞」
(3)　外国の裁判所外において成立した断絶型養子縁組の場合
　　ア　養子の新戸籍
　　　　戸籍事項欄　「平成五年拾月八日編製㊞」
　　　　身分事項欄　「平成五年拾月壱日○○国の方式により国籍○○ラッシュマン、ウェイン（西暦千九百四拾八年六月参日生）同人妻ケイ（西暦千九百五拾年九月拾日生）の養子となる縁組成立（実方の血族との親族関係の終了）同月八日父母証書提出東京都千代田区永田町一丁目二番乙川孝助戸籍から入籍㊞」
　　イ　養子の従前の戸籍
　　　　身分事項欄　「平成五年拾月壱日○○国の方式により養子となる縁組成立（実方の血族との親族関係の終了）同月八日養父母証書提出東京都千代田区永田町一丁目二番に新戸籍編製につき除籍㊞」
(4)　新戸籍を編製していない場合において断絶型養子縁組である旨の追完届出があったとき
　　ア　養子の新戸籍
　　　　戸籍事項欄　「平成六年五月六日編製㊞」
　　　　身分事項欄　「平成五年拾月壱日国籍アメリカ合衆国ラッシュマン、ウェイン（西暦千九百四拾八年六月参日生）同人妻ケイ（西暦千九百五拾年九月拾日生）の養子となる縁組の裁判確定同月八日父母届出平成六年五月六日実方の血族との親族関係が終了する旨父母追完届出東京都千代田区永田町一丁目二番乙川孝助戸籍から入籍㊞」
　　イ　養子の従前の戸籍
　　　　身分事項欄　「平成五年拾月壱日国籍アメリカ合衆国ラッシュマン、ウェイ

て，当時は1991年中華人民共和国養子縁組法20条の規定によるものであり，同法22条2項の規定により中国養子縁組法上の養子縁組は，実父母およびその親族との法律関係を消滅させる断絶型の養子縁組であるが，これを日本法上の特別養子縁組として承認することについては否定されている（平7・10・4民二3959号回答）。その理由は，中国方式の養子縁組によって日本法上の特別養子縁組が成立したものと認められるためには，中国法上，日本の家庭裁判所の特別養子縁組の審判に相当する公的機関の決定，処分等が存在することが必要であるが，そのような存在が認められないことが明らかであるとしている（前記回答解説）。

(イ) **前記外国人養子縁組実施弁法施行後**

1993年11月10日以降，日本人が中国に在る中国人子を中国の方式により養子とする縁組をした事例について，同法所定の養子縁組組織の許可が，日本の家庭裁判所の特別養子縁組の審判に相当するものといえるが，これについて中国法上の養子縁組は「決定型」ではなく，「合意型」であり，同法所定の養子縁組の許可は，日本民法上の特別養子縁組（決定型）の審判に相当するものではなく，普通養子縁組（合意型＝契約型）の許可に相当するものであるから，同法施行後の事案でも特別養子縁組の効力を認めることはできず，普通養子縁組の効力しか認められないとして実務の処理がなされている（平8・5・28民二995号回答，同解説，中華人民共和国の家族法及び関係諸制度の概要（上）岩井伸晃～戸籍誌53頁～63頁）。

【3】 渉外関係断絶型養子縁組の戸籍記載例（平6・4・28民二2996号通達） 戸籍誌619号78頁

「1　届書の『入籍する戸籍または新しい本籍』欄に新戸籍を編製する旨の記載及び『その他』欄に養子とその実方の血族との親族関係が終了する旨の記載があり，かつ，当該縁組が断絶型養子縁組であることを明らかにする書面の提出があるときは，その養子について新戸籍を編製する。

2　養子について新戸籍を編製していない場合において，昭和63年1月1日以後に成立した断絶型養子縁組であることを明らかにする書面を提出して，実方の血族との親族関係が終了する旨の追完の届出があるときは，その養子について新戸籍を編製する。

3　これらの場合の戸籍の記載は，次の例による。

(1) **日本の家庭裁判所の審判により成立した断絶型養子縁組の場合**

　ア　養子の新戸籍

　　戸籍事項欄　「平成五年拾月八日編製㊞」

　　身分事項欄　「平成五年拾月壱日国籍アメリカ合衆国ラッシュマン、ウェイン（西暦千九百四拾八年六月参日生）同人妻ケイ（西暦千九百五拾年九月拾日生）の養子となる縁組の裁判確定（実方の血族との親族関係の終了）同月八日父母届出東京都千代田区永田町一丁目二番乙川孝助戸籍から入籍㊞」

　イ　養子の従前の戸籍

② 日本人夫婦が，その本国法（日本民法）により，外国人を特別養子とする縁組を成立させる審判があり，その審判の謄本を添付して，戸籍法68条の2の報告的特別養子縁組の届出があったときの戸籍の記載については，養父母の身分事項欄にのみ，特別養子とした裁判が確定した旨を記載する（参考記載例68・69）。

(ウ) **外国人同士が日本の方式により縁組した場合** 縁組届書がその受理市町村に保存され，その外国人に関する身分関係を証明することとなる（戸48条，戸規50条）。

【2】 **外国の方式による縁組** (1) **外国に在る日本人同士がその外国の方式によって普通養子縁組した場合** この外国の方式は行為地法の方式によったものとして有効である（通則法34条2項）。その場合は縁組証書を作らせ，その謄本を3か月以内にその国に駐在する日本の大使，公使または領事に提出するが，同地に日本の在外公館がないときは本籍地の市町村長に証書の謄本を提出すべきものとされている（戸41条），この場合の報告的届出は，養子縁組の準拠法上その養子縁組が無効でない限り，これを受理すべきものとされている（平元・10・2民二3900号通達第5・2(2)）。また，この場合の戸籍の編製，記載は，日本国内で縁組届が受理された場合と格別問題はないが，ただ，その縁組が外国の方式によって成立した旨が戸籍に記載される（参考記載例131～133準用）。なお，縁組証書の謄本提出方法は，通常の縁組届書に添えてするが，新戸籍を編製すべき場合は，新本籍の設定場所を申出することとなる。

(2) **外国に在る日本人がその外国の方式によって，外国人と普通養子縁組した場合** この場合も前述(1)と同様に行為地法によったものとして有効である。この場合は，前述(1)のとおり縁組証書の謄本提出によって，日本人の戸籍に縁組した旨が記載される（昭57・6・11民二3906号回答，昭60・4・12民二1971号回答，法定記載例77準用）。

(3) **特別養子制度を有する外国において，裁判所の決定により日本人夫婦または日本人と外国人の夫婦が日本人を特別養子とする縁組が成立したとして報告的届出があった場合**
この場合は，外国裁判所がわが家庭裁判所の職務を代行し，行為地法の方式によったものとして，戸籍法41条の証書の提出として，または外国判決の承認の問題として同法68条の2の届出として取り扱われている。前者の考え方に基づく場合，日本民法上無効事由がないかどうか審査すべきであるが，無効事由が明らかでない限りそのまま受理することとなろう。したがって，特別養子については，新戸籍を編製したうえで，養親の戸籍に入籍することとなる（平元・10・2民二3900号通達第5・2(2)）。

(4) **日本国内に在る外国人同士（同国人間，異国人間）が，在日当該国の公館において同国（養親例）の方式によって縁組が成立した場合** 養子縁組の成立の準拠法（縁組当時の養親の本国法）によった方式として無効事由が明らかでない限り有効に認められる（改正後の法例22条）。この場合は，縁組証書の謄本を日本の市町村長に提出し，それによっても縁組関係の証明を得られることになる（戸25条2項）。

(5) **中国の方式による養子縁組の効力**

(ア) 1993年「中華人民共和国外国人養子縁組実施弁法」施行前
日本人が中国に在る中国人子を中国の方式により養子とする縁組をした事例につい

場合は，養子の本国法が定める保護要件も審査する。もっとも，外国人養親の本国の国際私法によれば，縁組の行為地（日本）や養親の住所地（日本）の法律によるべきものとされている場合は，通則法41条の反致の規定により，結局，日本の民法が準拠法として適用されることになり，日本法のみで審査すればよいこととなる。なお，外国人同士の縁組の場合，養親，養子の双方に，それぞれの身分関係証明書のほかに本国官憲発給の要件具備証明書があればその届出は受理できることとなる。

(2) **戸籍の処理** 日本人と外国人間の縁組によっては，日本人の国籍・氏に変動はないので，創設的または報告的の縁組届の受理によって，日本人の戸籍に縁組した旨が記載されるのみである。

(ア) **日本人が外国人夫婦の養子となる場合**

① 日本の市町村長に創設的普通養子縁組の届出があったときの戸籍の記載は，養子たる日本人の戸籍に養父母欄および養父母との続柄欄を設けて，これに養父母の氏名と続柄を記載するほか，養子の身分事項欄に届出により縁組が成立した旨が記載される（参考記載例60）。

② 外国人たる養親の本国法が普通養子縁組について，裁判所の決定等により縁組を成立させる法制を採用している場合において，わが国の家庭裁判所の養子縁組を成立させる旨の審判書謄本を添付して，市町村長に報告的普通養子縁組の届出があったときは，戸籍法68条の2により受理されるが，養子については，普通養子であって，特別養子ではないので，新戸籍を編製することなく，養子の戸籍に養父母欄および養父母との続柄欄を設けて，これに養父母の氏名と続柄を記載するほか，養子の身分事項欄に裁判確定により縁組が成立した旨が記載される（参考記載例61）。

③ 日本人が外国人夫婦の特別養子となった場合，養親の本国法の定める裁判所の決定を，わが国の家庭裁判所が代行して特別養子縁組を成立させる審判があり，その審判書謄本を添付して戸籍法68条の2の報告的特別養子縁組の届出があったときは，特別養子について氏に変更はなく，戸籍法20条の3の規定により新戸籍が編製されるにとどまる（昭62・10・1民二5000号通達第6・1(2)ア(ウ)，平元・10・2民二3900号通達第5・2(1)イ）。この場合の戸籍の縁組事項の記載例は，法定記載例32，34，参考記載例61を準用し，これらのうち，準拠法が外国法であるので「民法八百十七条の二による裁判確定」とあるは「特別養子となる縁組の裁判確定」とすることとなろう。

④ 日本人が養親の一方日本人，他方外国人の特別養子となった場合，日本人養子について日本人養親の氏で従前の本籍地に新戸籍を編製したうえ，日本人養親の戸籍に入籍させる（昭62・10・1民二5000号通達第6・1(2)ア(イ)）。この場合の戸籍の記載は，法定記載例31から34までの例による。

(イ) **日本人夫婦が外国人を養子とする場合**

① 日本の市町村長に創設的普通養子縁組の届出があったときの戸籍の記載については，養父母についてのみ，その戸籍中身分事項欄に届出により縁組が成立した旨を記載する（参考記載例58・59）。

(1) **届書の審査**　養子縁組の成立は，養親の縁組当時の本国法が準拠法とされ，かつ，養子の本国法上の保護要件も充足することを要する（改正後の法例20条1項）。なお，準拠法の問題については，No.201「国際養親子関係の成立（渉外縁組の準拠法と方式）」を参照されたい。

(ア)　**養親が日本人で外国人を養子とする場合**　まず，日本民法上の縁組の要件が当事者双方に備わっているかどうかを審査し，これが備わっている場合は，養子の本国法上の保護要件を審査する。養親については，戸籍に基づき民法上の要件を審査することになるが，外国人たる養子については，その年齢，その他の身分関係証明書等（台湾系中国人の場合は，原則として戸籍謄・抄本，本土系中国人については，戸口，旅券，親族関係証明書等の身分事実についての証明書，韓国人の場合は，家族関係証明書，また，日本で出生し本国官憲に把握されていない場合は，住民票）により審査する。この場合，養子の本国官憲の発給した要件具備証明書があれば，養子の本国法上の保護要件（例　親族会の同意，実父母の同意等）は充足しているものとみることができる。しかし，これのみをもって，養子の要件すべてを充足しているものとみることはできない。つまり，養親の本国法上の養子の要件（日本法のみにある要件）も充足していることを要するからである。なお，日本人が中国人を養子とする場合の本国法上の保護要件については，次の，平成22年6月23日付け民一1541号法務省民事局第一課長通知が発出されている。

「1　養子が10歳未満である場合

　　養子縁組には，法の適用に関する通則法第31条第1項後段の要件（以下「養子の保護要件」という。）として，中国人実父母の同意が必要である（中国養子法第10条参照）が，同意の方式については，定めがない。したがって，中国人実父母が縁組代諾者として届出人となり，養子縁組届書に署名・押印している場合には，中国人実父母の同意書が添付されていなくても，それらの同意があるものと取り扱って差し支えない。なお，養子本人の同意は不要である（同法第11条参照）。

　2　養子が10歳以上で15歳未満である場合

　　養子縁組には，養子の保護要件として，中国人実父母の同意及び養子本人の同意が必要であるが，同意の方式については，定めがない。したがって，中国人実父母が縁組代諾者として届出人となり，養子縁組届書に署名・押印している場合には，中国人実父母の同意書が添付されていなくても，それらの同意があるものと取り扱って差し支えない。

　3　養子が15歳以上である場合

　　養子縁組には，養子の保護要件として，中国人実父母の同意及び養子本人の同意が必要であるが，同意の方式については，定めがない。したがって，養子本人が，養子縁組届書に署名・押印している場合には，養子本人の同意書が添付されていなくても，その同意があるものと取り扱って差し支えない。」

(イ)　**養親が外国人で，日本人を養子とする場合**　まず，養親の本国法上の養子縁組の要件が当事者たる養親・養子の双方に備わっているかどうかを審査し，これが備わっている

ら、縁組の効力の問題として養親の本国法によるべきことが主張されている（西沢　修「外国人との養子縁組」（家族法大系Ⅳ）256頁）。
【参考文献】　南　敏文「法例の一部改正」戸籍誌552号38頁・39頁

No.203　渉外養子縁組による国籍の変動

【1】　**現行法**　現行国籍法（昭和25年法律147号）は、他の身分行為の場合と同じく養子縁組による国籍の変動を認めていない。すなわち、日本人の養子となった外国人は縁組そのものによって日本の国籍を取得することはなく、また、外国人の養子となった日本人が縁組によって養親の国籍を取得したとしても当然には日本の国籍を喪失しない。この後段の場合は二重国籍者となるが、日本の国籍を喪失するには、法務大臣に日本国籍の離脱を届け出なければならない（国13条）〔→No.293「届出による国籍離脱」みよ〕。また、二重国籍者は、いずれかの国籍を選択しなければならない（国14条）〔→No.291「国籍選択の催告と戸籍の処理」みよ〕。

【2】　**旧法**　昭和25年6月30日以前の旧国籍法（明治23年法律66号）当時においては、原則として日本人の養子となった外国人は国籍を取得するものとされていた（旧国5条4号）。ただし、外国人が日本人の養子となるためには、「外国人ヲ養子又ハ入夫ト為スノ法律」（明治31年法律21号）1条の規定により、内務大臣の許可を要するものとされていた。そこで、この許可の性質は、旧民法当時の「家」制度下における養子縁組制度にかんがみ、日本の国籍取得のための要件と解される。したがって、この許可を得ることなくなされた養子縁組は、縁組自体が無効であり、日本の国籍を取得することにはならないであろう。

さらに、日本人が外国人の養子となった場合については、その縁組自体によりその養親の国籍を取得したとしても、養子について日本の国籍を喪失することはなかった。この点を旧国籍法20条の「自己ノ志望ニ依リテ外国ノ国籍ヲ取得シタル者ハ日本ノ国籍ヲ失フ」とあることに対照してみると、縁組による外国の国籍取得は、縁組という身分行為の効果であって、直接に外国の国籍そのものの取得を目的とする行為ではないから、本条の対象にならないものと解されていた（昭11・9・3民事甲1090号回答、昭23・12・14民事甲2086号回答二）。

No.204　渉外養子縁組と戸籍の処理

【1】　**日本の方式による縁組**　日本の方式によってなされる普通養子縁組は、通常、市町村長に届け出られ、その受理によって養親子関係が成立する創設的届出である。また、日本の方式による縁組には、普通養子縁組のほか、昭和63年1月1日以降は家庭裁判所の審判によって縁組を成立させる特別養子縁組がある。この後者の場合の縁組届は、報告的届出である。これらのうち、渉外的養子縁組の主たるものは、日本人と外国人間、外国人同士の間になされるものがある。

なお、外国に在る日本人同士が在外公館において、その国に駐在する日本の大使、公使、または領事に養子縁組の届出をすることができる（民801条、戸40条・42条）ので、この場合の戸籍の記載は、日本国内で他市町村長が縁組届を受理した場合と同様の手続になる。

が日本であるから，行為地法である日本法によって，市町村役場に養子縁組届を提出することもできる。さらに，外国にある日本人同士が縁組する場合，その国に駐在する日本の大使，公使または領事に創設的届出をすることができる（民801条）。

なお，日本の家庭裁判所における特別養子縁組を成立させる旨の審判，また養子縁組を成立させる旨（普通養子）の審判は，いずれも実質的要件に該当する部分のほか，方式に該当する部分についても実行（養親が日本人の場合）又は代行（養親が外国人の場合）しているものであると解されている。

(2) **外国の方式による縁組**　養子縁組の方式の準拠法は，前述のとおり養親の本国法のほか，行為地法にもよることができる。したがって，養親が外国人で養子が日本人のとき，養親の外国法の方式によって養子縁組がなされた場合は養親の本国法による方式として有効である。また，養親が日本人で養子が外国人の場合で所在地の外国の方式によってした養子縁組も行為地の方式によるものとして有効である。これらの外国の方式による縁組には，外国裁判所の決定も含まれる。なお，外国の方式によって縁組が成立した場合には，戸籍法41条の証書として取り扱うこととなる。

【参考文献】　①南　敏文「法例の一部改正」戸籍誌552号36頁～42頁，②法務省「法例の一部改正」解説（戸籍誌556号5頁～43頁）

No.202 渉外養子縁組の効力

渉外縁組の効力の準拠法については，改正前は旧法例19条2項に「養子縁組ノ効力……ハ養親ノ本国法ニ依ル」と規定されていた。この効力の問題は，改正前の旧法例19条1項の規定により各当事者の本国法によって成立した縁組について，どのような効果が発生するのかというものである。それは　①　養親子関係の発生自体による嫡出子の身分を取得するかどうか，その取得時期，②　養親族関係の発生，③　実親および実方親族との関係終了の有無などである。ところで，改正後の法例及び現行の通則法においては，「効力」についての明文の規定をおかないで，改正後の法例と同様の規定である通則法31条1項前段に「養子縁組は……」と規定し，成立の要件とか，効力について，限定的な規定をしていないことから，前記①，②の事項は同条1項に含まれるものとして定めているということができる。③については同条2項に「養子とその実方の血族との親族関係の終了……は，前項前段の規定により適用すべき法による」と定めている。次に，縁組によって成立した養親子間の親権問題は通則法32条，親族間の扶養問題は「扶養義務の準拠法に関する法律（昭61・法84）」により，相続問題は通則法36条によって決定されることとなる。

なお，通則法31条2項の「実方の血族との親族関係」の中には，実方の父母，血族はもちろんのこと，血族を介しての姻族，転縁組の場合の前養父母も含まれる。また，縁組によって養子の氏がどうなるかについては，縁組の効力とみるか，それとも親子間の法律関係とみるか，見解が分かれているようである（折茂　豊「国際私法（各論）」296頁・308頁，実方正雄「国際私法概論」322頁・323頁）。もっとも，戸籍の実務上は，氏の問題は人格権に関するものとして当該者の本国法によるものとし，日本の民法の解釈上，日本人たる養子については，外国人たる養親の氏を当然に称するものではないとされている（昭23・12・14民事甲2086号回答二）。ただ，学説においては，養子の氏は人の呼称であるか

であっても，養子縁組の可否自体は養親の本国法のみが準拠法となるから，他方配偶者の本国法を考慮する必要はなく，単独で養子縁組をすることができる。なお，他方配偶者の夫婦共同縁組の法制は，養子の保護要件ではないと解されているため，養子の本国法にこの規定があってもこれを考慮する必要はない。たとえば，韓国人妻を有する日本人夫のみが韓国人たる成年者を養子とする場合，その成立の準拠法は，養親の本国法たる日本民法のみによることとなるから，韓国人たる妻および養子の本国法（韓国民法）上に必要的共同縁組の規定（韓国民法874条）があっても，これを適用する余地がないので単独で縁組をすることができる。もっとも，この場合，日本民法796条の規定により妻の同意を要するほか，通則法31条1項後段の規定により養子の本国法たる韓国民法870条に規定の父母（これがないとき他の直系尊属）の同意を要することとなる。この成年養子についての父母の同意は，家族関係の調整を図るものと解されている。

(オ) **養親の本国法が裁判所の決定型を採用している場合の普通養子縁組** わが国は，昭和62年に特別養子制度の新設（民817条の2以下）により，家庭裁判所は特別養子縁組を成立させる，いわゆる決定型の審判ができることとなった（家審9条1項甲類8の2。現家事法別表第1の63項）。これにより，外国人たる養親の本国法が決定型の場合には，わが国の家庭裁判所でも養子決定をすることができるものと解され，これを前提にした審判があった場合には，普通養子縁組についても戸籍実務上報告的届出をすべきものとされている（平元・10・2民二3900号通達第5・2(1)ア）。

(2) **渉外特別養子縁組の準拠法** 通則法には，特別養子縁組について，その31条2項に養子とその実方の血族との親族関係の終了についての準拠法を定めているのみで，特別養子縁組成立のための特別の準拠法は規定されていない。しかし，特別養子も養子縁組の一類型であるとして，同条1項の養子縁組成立の準拠法によるものと解されている。

ところで，日本人と外国人の夫婦が特別養子をする場合の準拠法について，日本人配偶者については養親一方の本国法たる日本民法が，他方養親の外国人配偶者についてはその本国法たる外国法がそれぞれ準拠法となる。この場合，養親の双方の本国法に特別養子制度があって，その要件を充足すれば，夫婦共同で特別養子縁組をすることができることとなるが，養親の一方である外国人配偶者の本国法に特別養子制度がない場合は，結局，特別養子縁組をすることができないこととなる。もっとも，特別養子でなく普通養子縁組をすることが可能な場合も考えられよう。

なお，わが国の家庭裁判所が渉外的な特別養子縁組を成立させる審判を行った場合には，特別養子縁組の報告的届出をすべきものとされている。

【3】 渉外縁組の方式 形式的要件である縁組の方式は，養親の本国法によることを原則とし（通則法34条1項），行為地法によることもできる（同条2項）。

(1) **日本の方式による縁組** 日本における普通養子縁組の方式は，通常市町村長に対する養子縁組の創設的届出である。したがって，たとえば，日本人が養親である場合には，養親の本国法は日本民法であるから，市町村長に対して養子縁組届を提出することになる。また，養親が外国人であっても，日本において養子縁組をする場合には，その行為地

本国法上の保護要件は存在しない。)。もっとも，この場合，養子の本国において養子として認められるかどうかは，その国の問題である。

(1) **普通養子縁組** (ア) **日本人が外国人を養子とする場合** その縁組の実質的成立要件の準拠法は，養親の本国法である日本民法ということになり，まず当事者の双方について日本民法上の要件を充足することが必要となる。日本民法上の普通養子縁組に関する要件については，No.195「養子縁組制度」の【2】「普通養子縁組の要件」333頁以下に述べているとおりであるが，このほかに養子の福祉保護を図る目的から，外国人養子の本国法上の縁組要件のうち，いわゆる養子の保護要件のみについては，これをも充足することを要件とされている。このいわゆる保護要件なるもののうち，承諾，同意としては，本人の承諾，法定代理人の代諾，保佐人・親族会・配偶者・戸主などの同意が該当する。また，公の機関の許可・処分としては，多くの国では裁判所または行政庁による許可決定，命令，宣告などがみられる。これらは，養子の本国の官憲の発行した要件具備証明書があれば，その要件審査は容易である。その他具体的事件については，No.204「渉外養子縁組と戸籍の処理」を参照されたい。

(イ) **日本人が外国人の養子となる場合** その縁組の実質的成立要件の準拠法は，養親の本国法である外国法によることとなる。この場合は，養親の本国法上の養子縁組の要件が当事者双方について備わっており，かつ，日本民法上の養子の保護要件をも備わっていることを要する。外国法上の要件審査は，養親の本国官憲の発行した要件具備証明書があれば審査は容易である。日本人たる養子についての保護要件の審査は，日本民法によることとなる。なお，外国人養親の本国法を適用する場合において，その国の国際私法によれば，縁組の行為地または養親の住所地によるべきこととされているときは，通則法の41条の反致(25条，32条の場合は除外されているが)により，日本の民法が準拠法となって，日本民法上の縁組の要件を充足すればよいこととなる〔→No.15「反致」みよ〕。この場合，養親の本国法たる国際私法の法典を明らかにする必要があろう。

(ウ) **夫婦が本国法を異にする場合の共同縁組** 夫婦の一方の本国法が必要的共同縁組の法制である場合において，他方の本国法上に養子縁組制度のないときは，結局共同縁組をすることができない。もっとも，夫婦の一方の本国法は共同縁組が原則であっても例外的に他方ができない場合は一方のみでも縁組できるとするのであれば，一方のみでも縁組をすることができることとなる。たとえば，日本人夫が外国人妻の未成年の非嫡出子を養子としようとする場合，日本民法上は民法795条により原則的には必要的共同縁組である。しかし，同条但書「配偶者がその意思を表示することができない場合は，この限りでない。」により，配偶者が縁組できない場合は共同縁組を強制していない場合をかかげている。その趣旨から，夫と妻の非嫡出子との間に養子縁組を認めることの方が，家族の一体性，子の福祉と利益に資することを考慮して単独縁組を認めてよいと解されている。ただし，民法796条の規定による外国人妻の同意は要するわけである。

(エ) **夫婦が本国法を異にする場合の単独縁組** 夫婦の一方が単独で養親となる場合，他方配偶者の本国法または養子となるべき者の本国法が養親について必要的共同縁組の法制

囲13　大正三年司法省令七号戸籍法施行細則戸籍記載例43
囲14　同上44
囲15　同上45

【参考文献】　①穂積重遠「親族法」, ②野上久幸「親族法」

No.201
国際養親子関係の成立（渉外縁組の準拠法と方式）

【1】　**国際養親子関係**　養子制度とは, 本来, 血縁的親子関係のない者の間に親族法上, 擬制的親子関係を創設する制度である。しかし, 子に嫡出子と非嫡出子とがあるところから, 血縁的親子関係にある者の間であっても, それが非嫡出親子関係であるときは, 嫡出親子関係を創設するためにも養子とすることを認める場合もある。また, 国によっては養子制度を認めない法制もある。

　養子縁組は身分行為の一つであり, 身分行為は法律行為の一種である。法律行為は意思表示を要素とする行為であり, 意思表示のみにより法律行為が成立するのが原則である。しかし, 身分行為は第三者に対する関係でも効力を持たせることが必要であり, 身分行為の存在は, 社会生活上, 公示される必要がある。このため, 身分行為については, 通常, 当該者の意思のみならず, 外部形式も必要とするのである。そこで法律行為の要件は, これを二つに分けて考えることができる。実質的要件と形式的要件（方式）である。実質的要件は, 要件のうちで形式的要件を除く要件であり, 形式的要件とは法律行為の外部的形式（手続）に関する要件である。形式的要件は, 手続であり, 公的機関の協力を要することが多いから, 行為地法によることも認める必要がある。

【2】　**渉外縁組の準拠法**　養子縁組の実質的成立要件に関する準拠法について, 改正前の旧法例19条1項は,「養子縁組ノ要件ハ各当事者ニ付キ其本国法ニ依リテ之ヲ定ム」と規定し, 各当事者につき縁組当時のそれぞれの本国法が適用されていた。したがって, 養親, 養子のいずれかの本国法が養子制度そのものを認めない法制である場合には, その渉外養子縁組は, 成立し得なかった。ところが, 改正法例は, 20条1項前段において, 養子縁組の要件につき,「養子縁組ハ縁組ノ当時ノ養親ノ本国法ニ依ル」と定め, さらに, 現行の通則法31条1項では「養子縁組は, 縁組の当時における養親となるべき者の本国法による」とされている。これは, 近時の多くの各国の立法例にならったもので, 養親子の生活が営まれる地が養親の属人法国であるのが通常であり, 養子縁組の成立により養子は養親の家族構成員になることが根拠になっている。もっとも, 養子の保護と関係者の利害を調整する観点から, 通則法31条1項後段において「養子となるべき者の本国法によればその者若しくは第三者の承諾若しくは同意又は公的機関の許可その他の処分があることが養子縁組の成立の要件であるときは, その要件もそなえなければならない。」と定め, 養子の本国法をも考慮すべきものとされている。

　したがって, 養子縁組の成立要件の準拠法が養親の本国法一本となった結果, 養親の本国法に養子制度があれば, 養子となるべき者の本国法に養子制度がなくとも, 養親の本国法上の要件を備えている限り縁組をすることができるものと解される（この場合, 養子の

督相続人としての地位を取得した（明32・3・13民刑2317号回答）。
【5】 壻養子縁組の廃止とその後の扱い　昭和22年5月3日日本国憲法の施行に伴う民法の応急的措置に関する法律（応急措置法）が施行されたことにより，従来の壻養子縁組の規定は適用がなくなり廃止されるに至った（昭22・4・16民事甲317号通達第六）。ただ，旧民法当時に生じた身分行為の効力については，新法施行後もそのまま承認されている（民法附則4条但書）。したがって，旧民法当時の壻養子縁組についてのその後の戸籍の取扱いは，次のように処理することになった。

(1) 壻養子夫婦の氏の問題　新法（現行法）後，夫婦について新戸籍を編製する場合には，入夫婚姻の取扱いと同じく妻の氏を称したものと解することとなったため，新法（戸籍法）14条に準じ戸籍の記載順序は妻が筆頭に記載されることになった（昭23・1・29民事甲136号通達(4)）。ただ，旧法当時に孫，妹，姪，婦のためにした壻養子縁組が，誤って受理されていた場合，単純の養子縁組と婚姻として有効であるから，新法施行後の新戸籍の編製には夫を筆頭に記載することになる（昭24・10・15民事甲2338号回答，昭25・9・6民事甲2435号回答）。

その後，昭和27年に至り旧法当時の壻養子縁組，または入夫婚姻をした夫婦について，新法施行後に新戸籍を編製する場合に夫婦双方から申出があったときは，戸籍の記載順序を戸籍法14条の規定にかかわらず，便宜，夫を筆頭者とすることが認められた（昭27・8・5民事甲1102号通達）。この取扱いは，新法施行後に従前の取扱いにより妻を筆頭者として記載した新戸籍にも訂正することが認められ，また，昭和32年法務省令27号により旧法戸籍を改製した後の妻を筆頭者とした新戸籍にも，いつでも夫婦からの戸籍記載順序変更の申出ができることになっている（昭32・9・13民事甲1689号回答）。

(2) 壻養子の養親との続柄の問題　壻養子の養親との続柄の表示方法は，新法後に単純養子と区別する実益がないので，壻養子について新戸籍を編製または他の戸籍に移記する場合には，「壻」の文字を省略し，単に「養子」とすべきであるとされている（昭24・4・6民事甲3189号回答(2)）。

【6】 戸籍の記載例
(1) 妻につき壻養子縁組に関する記載（妻ノ事項欄）
乙川忠二郎ト壻養子縁組婚姻届出大正拾年八月拾日受附㊞（囲13）
囲　新法施行後の移記要領は，片仮名を平がなに，「壻」を「婿」とするほか，そのまま移記してよいとされる（【1】の囲1参照）。
(2) 壻養子縁組による夫の入籍（養家ノ戸籍中壻養子ノ事項欄）
千葉県千葉郡千葉町五番地戸主乙川忠吉二男大正拾年八月拾日甲野義太郎長女桜子ト壻養子縁組婚姻届出同日入籍㊞（囲14）
囲　新法施行後の移記要領は，同上のほか「戸主」の文字を省略する。
(3) 壻養子である夫の除籍（壻養子ノ実家ノ戸籍中同人ノ事項欄）
東京市麴町区麴町四丁目六番地甲野義太郎長女桜子ト壻養子縁組婚姻届出大正拾年八月拾日麴町区長雲井高輔受附同月拾壱日送付除籍㊞（囲15）

大審院民一判決（民事判例集 11 巻 2513 頁＝前掲坂本 281 頁）
注7　①明 32・10・9 民刑 1746 号回答，②明 44・9・21 大審院民二判決（民事判決録 17 輯 501 頁＝前掲坂本 300 頁）。

(2) **実男子の推定家督相続人がない場合における壻養子の地位**　(ア) **配偶者である家女との相続順位**　壻養子は，縁組の日から養親の嫡出子としての身分を取得するから（旧民 860 条），特別の規定（旧民 973 条）に該当しない限り，普通の養子と同じく旧民法 970 条に従って家督相続人になることができた（注8）。すなわち，実男子の法定の推定家督相続人がない場合は家女が推定家督相続人になるが，その家女に壻養子を迎えた場合には，その壻養子が旧民法 970 条により当然に壻養子縁組と同時に養家の家督相続人としての身分を取得するものと解された（注9）。この場合の壻養子の家督相続権の取得は，配偶者である家女に代わってその有している相続権を承継するものではなく，法定の相続順位に基づき固有の権利として取得するものと解されてきた（注10）。なお，この場合に壻養子が家女と離婚のみをしたとしても，いったん取得した家督相続人としての地位に変動を生じないものと解された（大 4・1・19 民 752 号回答，大 6・7・13 民 853 号回答）。

注8　大 5・2・24 大審院判決（法律評論 6 巻民法 318 頁＝前掲坂本 281 頁）
注9　①大 3・12・28 民 1303 号回答，②明 35・4・30 大審院民事連合部判決（民事判決録第 8 輯 4 巻 149 頁＝前掲坂本 282 頁）
注10　大 6・2・24 大審院民三判決（民事判決録第 23 輯 279 頁＝前掲坂本 282 頁）

(イ) **壻養子縁組後の単純養子との相続順位**　前記(ア)で述べたとおり，家女が法定の推定家督相続人であったため，その配偶者である壻養子が家督相続人としての地位を取得した場合，旧民法 839 条の規定により戸主は男子を単純養子とすることが認められなかった（昭 5・3・29 民事 242 号回答）。これに違反してなされた単純養子の相続順位は，壻養子に劣るものと解された（注11）。

注11　①昭 3・12・11 大審院民二判決（民事判例集 7 巻 1045 頁＝前掲坂本 282 頁），②昭 7・12・22 大審院民一判決（民事判例集 11 巻 2513 頁＝前掲坂本 283 頁），③昭 9・3・29 民事 242 号司法省民事局長回答（先例変更）

(ウ) **壻養子の配偶者である家女の姉との相続順位**　旧民法 973 条の法定の推定家督相続人とは，壻養子縁組当時にその配偶者となるべき家女に優先して，すでに家督相続人である地位にある子女をも指称するので，たとえば，妹のために壻養子を迎えた場合には，すでに家督相続人の地位にある姉は，前記(1)(ア)で述べたと同様の理由により，相続順位については妹の壻養子に優先するものと解された（注12）。

注12　①明 32・4・13 民刑 553 号回答，②昭 5・11・20 民事 1261 号回答，③昭 7・12・22 大審院民一判決（民事判例集 11 巻 2513 頁＝前掲坂本 281 頁）

(エ) **姉妹の各壻養子相互間の相続順位**　女子のみ数人を有する戸主は，旧民法 839 条によりその女子のいずれにも女壻を迎えることができた。この場合に壻養子相互間の相続順位は，前記(1)(ア)で述べたと同様の理由により，それぞれの家女と同一の地位によるわけであるから，旧民法 970 条 1 項 5 号との関係で年長の女子の壻養子が縁組の前後を問わず家

中間に他の届出事件を受け附けることができなかった（大4・6・24民428号回答）。なお，1通の届書に壻養子縁組の旨を表示して縁組と婚姻の要件を具備している場合には，便宜，受理して前記の要領により処理することが認められていた（大13・10・29民事11450号回答）。

【4】 **効果** 壻養子縁組は，縁組と婚姻の効果一般を発生するほか，とくに壻養子が妻の家に入ること（旧民788条2項）と，後述のとおり相続法上にも種々の効果をもたらした。

なお，壻養子縁組は，戸主または家族が自己の女子（家女・養女）に配するために養子とするものであるから，戸主がその孫，妹，姪もしくは婦（長・二男などの妻であった者）のために壻養子縁組をすることは認められていなかった。したがって，戸主がこれらの孫などのためにした壻養子縁組婚姻届を誤って受理されたときは，それを普通（単純）の養子縁組と戸内婚姻として有効であると解して処理されてきた（大11・2・6民事4545号回答，大11・4・28民事1212号回答，大11・12・27民事4565号回答，昭12・2・4民事甲92号回答）。

(1) **男子の推定家督相続人（注4）がある場合の壻養子の地位** ㋐ **壻養子縁組前の実男子（嫡出子・庶子）・養子との相続順位** 壻養子縁組の制度は，本来，家督相続の目的を有しないものであって，もっぱら戸主の子である家女に良き配偶者を得るためのものであるから，戸主の他の直系卑属と家督相続権を争うことのない場合に，例外として家督相続が認められたに過ぎない。したがって，法定の推定家督相続人である男子（実子・養子を問わない）を有する戸主であっても，家女である長女，二女などのためにそれぞれ壻養子を迎えることができたわけである。この場合，家督相続についての壻養子の地位は，すでに家督相続人としての地位にある嫡出子，庶子である男子（実子・養子）よりも弱い地位におかれたのは本制度の趣旨からして当然のことである。いいかえれば，壻養子の相続順位は，その配偶者すなわち戸主の家女（長・二女など）と同一の地位において，その家女の有していると同一の相続権を有したにすぎない（注5）。

注4 推定家督相続人とは，被相続人の家族で，かつ直系卑属のうち，旧民法970条の規定により第一順位の家督相続人として推定される者のことである。

注5 ①大元・11・16法曹会決議（前掲坂本130頁），②昭3・5・5大審院民三判決（民事判例集7巻317頁＝前掲坂本279頁）

㋑ **壻養子縁組後に出生した実男子（嫡出子・庶子）との相続順位** 壻養子縁組後に出生した戸主の実男子（嫡出子・庶子）は，養子縁組により壻養子となった男子のように人為的に嫡出子の身分を取得した者とは異なり，出生という自然の身分関係によるものであるから，旧民法973条にいう法定の推定家督相続人にあたり，壻養子に優先するものと解された（注6）。すなわち，相続権の有無については，本来，相続開始時を標準とすべきであるから，嫡出子・庶子の身分を有する戸主の実男子の出生が壻養子縁組後であっても，相続開始時までに出生があった以上は，その実男子が壻養子に優先して家督相続人になると解された（注7）。

注6 ①明36・4・13民刑1052号回答，②明44・2・18民刑120号回答，③昭7・12・22

あるので，壻養子縁組事項を現行の戸籍に移記する場合は「婿」の字体が用いられる（昭23・1・13民事甲17号通達10・12）。

囲2　①大4・12・27東京地裁決定（相続法実例総覧＝坂本斐郎131頁），②日本親族法昭和17年＝中川善之助322頁

【2】　**要件**　壻養子縁組は，養子縁組と婚姻が結合して1個の身分行為となるのではなく，縁組と婚姻の2個の身分行為が独立して存在するものであるから，両者の各要件を具備することはもちろん必要である。このほかに，縁組と婚姻とは当事者が相互にある程度の関連をもつ希望のもとに時を同じくして締結されることが必要であったわけである。すなわち，その一方の無効・消滅は，当然に他方の消滅につながらないが，当事者の希望によって次の点に相関関係をもたせることができるものとしていた。

①　縁組が無効であるか，または取り消されたときは，婚姻を取り消すことができること（旧民786条）。

②　婚姻が無効であるか，または取り消されたときは，縁組を取り消すことができること（旧民856条）。

③　縁組につき離縁があったときは，婚姻について離婚の訴えを提起することができること（旧民813条10号）。

④　婚姻につき離婚があったときは，縁組につき離縁の訴えを提起することができること（旧民866条9号）。

次に，壻養子縁組は，「女壻ト為ス為メニスル」養子縁組であろうと，また「姉妹ノ為メニスル養子縁組」であろうと，縁組と婚姻とが同時に締結されることが必要であるから，まず縁組をして後日に婚姻をしたものも，また，将来，家女と婚姻させる目的でする養子縁組も壻養子縁組とは解されていなかった。いいかえれば，壻養子縁組として認められるためには，縁組と同時に養親の子である家女と婚姻をした場合に限られていたものである（囲3）。

囲3　①大元・11・16法曹会決議（前掲坂本130頁），②大2・11・24民1101号回答，③昭3・5・5大審院民三判決（民事判例集3巻317頁－前掲坂本279頁）

【3】　**方式**　壻養子縁組も普通の縁組・婚姻と同じく戸籍吏に届出を要したのはもちろんのことであるが（旧民775条・847条），このほかに，届出には当事者の意思を明確にさせるため，とくに壻養子縁組である旨を表示すべきものとされていた（明治31年戸籍法102条1項4号，大正3年戸籍法100条1項4号＝昭和21年一部改正の戸籍法100条1項7号）。したがって，もし，この表示を欠いたときは，たとえ養子縁組届と養親の家女との婚姻届が同時になされたとしても壻養子縁組ではなく，前記【2】で述べた縁組と婚姻との相互に関連する効果を生じないことになり，普通の養子として，また，養子と養親の家女との婚姻として取り扱われた。

次に壻養子縁組は，縁組と婚姻と2個の関係を同時に成立させるものであるから，届書は，本来縁組届書と婚姻届書とを各別に提出すべきであり，受附は同時にしなければならなかった。この場合に，受附番号も各別に付するが（いずれを前にしてもよい），両事件の

回復の訂正をする。この場合，養子の縁組前の回復後の戸籍の身分事項欄には，重要事項（戸規39条1項各号）のみを移記すれば足り，回復に関する訂正事項の記載を要しない。（参照－戸規附録9号第1，法定記載例207～209）囲磁気ディスクを用いた戸籍の除籍の訂正〔→ No.144「戸籍訂正の種類と方法」みよ〕。

(2) **取消しの場合** 縁組取消の裁判（審判・判決）が確定すると，その効果は無効の場合と異なり（婚姻取消に同じ），取消前にさかのぼって効力を生じない（民808条・744条1項準用）。すなわち，取消しの効果は縁組を将来に向かって解消するものであるから，離縁の効果に類似し，民法上，離縁の規定が準用されている（民808条2項・769条・816条）。したがって戸籍の処理も無効の場合とは異なる。

前記の取消裁判の効果は，当事者のみでなく第三者にも及ぶことは無効の場合と同じである（人訴24条）。そこで，公簿である戸籍上にもその旨を遅滞なく公示するため，調停申立人または訴えの提起者に縁組取消の裁判確定の旨の届出義務を負わせている。すなわち，その届出義務者は，その裁判確定の日から10日以内に，裁判の謄本を添えて「養子縁組取消届」をしなければならない。もし，訴え提起者がこの届出をしないときは相手方から届出できる（戸69条・63条）。一方，家庭裁判所から当事者の本籍地市町村長に，その裁判確定の旨の通知がなされる（家事規130条・134条，戸44条3項）。また，縁組取消の裁判が確定したのに，訴え提起者（または申立人）またはその相手方から届出がない場合は，市町村長が管轄法務局の長の許可を得て職権で，その旨の戸籍の記載をすることになる（戸44条）。

次に，戸籍の処理方法は，離縁による復氏の場合に準じ入籍と除籍の取扱いをする（参考記載例73・74）。

No.200
壻養子縁組（旧法）

【1】**意義** 明治31年施行の民法（以下「旧民法」という）では，普通の養子（単純なる養子）と壻養子（囲1）とは，判然と区別されていた。壻養子縁組とは，旧民法839条但書にいう「女壻ト為ス為メニスル」縁組のことであり，また，旧民法973条にいう「姉妹ノ為メニスル養子縁組」をも含めて，いずれも同義に解されていた（囲2）。壻養子縁組の名称は，旧民法上，家族の身分を有する戸主の女子が，他家にある男子を夫に迎えることを指して用いられたものである（明31・10・12民刑1508号回答㈠，明31・11・16民刑1710号回答）。もっとも，夫が妻の家に入る場合としては，女戸主との入夫婚姻があるが（旧民736条・788条2項），入夫婚姻は婚姻のみが存在するに反し，壻養子縁組では，夫が妻と婚姻すると同時に妻の父母の養子となり，その嫡出たる身分を取得する点に差異がある（旧民860条）。つまり，壻養子縁組は，男子である養子が縁組と同時に養親の家にある養親の女子（養女でもよい）と婚姻をすることをいう。この場合の養親は戸主に限らないで家族であってもよいと解されていた（大5・3・4大審院第3民事部判決）。このように，壻養子縁組は縁組と婚姻と2個の身分関係を同時に成立させたものである（明31・10・12民刑1508号回答）。

囲1 壻養子縁組の「壻」の字体は，法文上のもので，当用漢字表（常用漢字表）には「婿」が

これらの取消請求権は，前記(イ)の場合を除き追認または一定の期間経過によって消滅する（民804条・806条〜808条）。

【3】 普通養子縁組の無効・取消しの裁判手続　(1) 管轄　裁判上で縁組の無効自体の確認，または取消権を行使するには，まず，相手方の住所地または当事者の合意で定める地の家庭裁判所へ調停の申立をし，無効または取消しについての当事者の合意に相当する審判を求める（家事法257条・277条）。この審判は確定すると確定判決と同一の効力を生ずる（家事法281条）。もし，この確定審判を得られない場合は，当該訴えに係る身分関係の当事者の住所地の家庭裁判所に訴えを提起する（人訴4条）。

前記の確定審判が得られない場合としては，当事者間で合意が成立しない場合と，当事者の合意に相当する審判がなされたものの，その審判に対して2週間以内に利害関係人から異議の申立てがなされて，その審判が失効した場合があり，いずれの場合も，訴えを提起することが必要である。なお，相手方の行方不明，または検察官を相手方とするなどの場合は，調停に付することが不適当として直ちに訴えによることが認められている（家事法257条2項ただし書）。

(2) 訴え（もしくは調停）の当事者　縁組の無効・取消しの判決もしくは審判については，次の者が当事者となる（人訴12条）。

(ア) 原告（または調停申立人，以下同じ）が，養親（養子）であるときは，被告（または調停の相手方，以下同じ）は，養子（養親）である（同条1号）。養親または養子の一方もしくは双方が夫婦である場合において，夫婦共同縁組のすべてを訴訟の対象とすべきときは，その夫婦が共同して互いに原告または被告となる。

(イ) 原告が第三者である場合，被告は養親と養子の双方（その一方が死亡しているときは生存者）である（同条2号）。なお，取消しの場合に第三者とは，養親と養子以外の取消請求権者をいうことになる。

(ウ) 原告が生存する養親または養子の一方である場合，または養親と養子の双方が死亡後に原告が第三者である場合，いずれも被告は検察官である（同条3号）。

【4】 普通養子縁組の無効・取消しの裁判確定と戸籍の処理　(1) 無効の場合　縁組無効の裁判（審判・判決）が確定すると，その縁組は当初から無効であったことが明らかになり，この確認の効果は，当事者だけでなく第三者に対しても及ぶ（人訴24条）。公簿である戸籍上の縁組の記載をなかった状態に回復の訂正をするため，調停の申立人，または訴えの提起者に戸籍訂正の申請義務を負わせている。すなわち，この申請義務者は，その裁判の確定した日から1か月以内に，その裁判の謄本を添えて戸籍訂正の申請をしなければならない（戸116条）。一方，家庭裁判所からは，当事者の本籍地の市町村長に対し裁判確定の旨の通知がなされる（家事規130条・134条，戸24条3項，昭36・11・14民事甲2763号回答）。もし，訴え提起者が戸籍訂正の申請をしないときは，相手方から申請できる（戸117条）。また，この縁組無効の裁判が確定したのに戸籍訂正の申請がないときは，市町村長が管轄法務局の長の許可を得て職権で訂正処理をすることになる（戸44条・117条）。

次に，戸籍の訂正方法は，縁組に関する記載を朱抹し，当初から縁組がなかったように

は15歳に達した養子から追完届があれば便宜これを受理し、関係戸籍の該縁組事項に続けてその旨を補記してさしつかえない」とされた（昭34・4・8民事甲624号通達）。
⑥ 先例要旨「後見人が15歳未満の被後見人を養子とするについて、特別代理人が代諾すべきを、後見人が代諾した縁組届を誤って受理した場合、後日選任された特別代理人から代諾の旨の追完届があれば受理する」（昭33・4・23民事㈡発204号回答）。

　(2)　**無効の主張**　縁組の無効は、婚姻の場合と同じく当然無効であると解するのが通説である。すなわち、無効な縁組の記載が戸籍になされているとしても、それは訴えによらなくとも（無効自体を判決で確認するまでもなく）、本来無効であるから誰でもいつでもその無効を主張できる。したがって、戸籍の訂正処理は、いつでも利害関係人などが戸籍法113条、114条の戸籍訂正許可の審判を得てすることができるわけである。また、縁組の無効自体の確認訴訟によらないで、別の訴訟（例—相続回復の訴訟）において、その前提として縁組の無効を主張することもできる。もっとも、訴えによって縁組無効そのものの確認を求めることもできるわけであるから、その確定裁判があった場合には、戸籍法116条により戸籍の訂正処理をすることになる。とくに、縁組の成立につき争いがある場合には、縁組無効の確認裁判を得て処理するのが相当であり、通常そのように運用されている。

【2】　普通養子縁組の取消し　(1)　**取消原因**　民法803条には取消原因を、㈦　養親が未成年の縁組（民804条）、㈣　養子が尊属・年長者である縁組（民805条）、㈥　後見人が被後見人を養子とする場合無許可の縁組（民806条）、㈢　配偶者のある者がした他方配偶者の同意を欠く縁組（民806条の2第1項）、また、他方配偶者が詐欺、強迫によって同意した縁組（同条の2第2項）、㈥　代諾縁組の法定代理人のほかに監護者があるときの監護者の同意を欠く縁組（民806条の3第1項）、また、監護者が詐欺、強迫によって同意した縁組（同条の3第2項）、㈮　養子が未成年である場合無許可の縁組（民807条）、㈯　詐欺・強迫による縁組（民808条・747条）の各場合に限って認めている。

　(2)　**縁組取消の請求**　縁組の取消しは、婚姻の取消しと同じく当然無効ではないので、一定の者が裁判上で請求しなければ認められない（民804～808条）。すなわち、裁判上で縁組の取消しがあるまでは、その縁組は有効であり、取消しがあって初めて将来に向かってのみ縁組が解消するものである（民808条）。

　次に、縁組取消の請求権者としては、㈦　縁組当時養親が未成年のときは、養親または、その法定代理人（民804条）、㈣　養子が養親の尊属または年長者であるときは、各当事者またはその親族（民805条）、㈥　後見人が被後見人の養子とするのに無許可のときは、養子またはその実方の親族（民806条）、㈢　配偶者のある者が単独で縁組したときの他方の同意をしていない配偶者（民806条の2第1項）、また、詐欺・強迫によって縁組に同意した配偶者（同条の2第2項）、㈥　代諾縁組に法定代理人のほかに監護者があるときの同意をしていない監護者（民806条の3第1項）、また、詐欺・強迫によって縁組に同意した監護者（同条の3第2項）、㈮　未成年者を養子とするのに無許可のときは、養子、実方の親族またはその縁組代諾者（民807条）、㈯　詐欺・強迫による縁組は、詐欺または強迫を受けて縁組した者（代諾者を含む）（民808条・747条）に限定されている。もっとも、

旨（追認は成立要件の違法を払しょくするための補完方法）の次の判例を示すに至った。
② 判例要旨「真実の父母でない者がした代諾による縁組も、養子が満15歳に達した後これを有効に追認することができる」。
　「前記の追認は、明示または黙示の意思表示をもって養子から養親の双方に対し、養親の一方が死亡した後は他の一方に対してすれば足り、適法に追認がなされたときは、縁組は初めから有効なものとなる」（昭27・10・3最二小判〔民集6巻753頁〕）。
③ 判例要旨「養子縁組の追認には、民法116条但書の規定は類推適用されないものと解するのが相当である」（昭39・9・8最三小判〔民集18巻1423頁〕）——この判旨は、事実関係を重視する身分関係の本質からいって、追認が当初にさかのぼって有効となることにより、第三者の権利を害することがあってもしかたがないという趣旨に解される。
　前記②の判決を契機に戸籍の実務も後記④〜⑥のように改められている。要するに、今日の戸籍の実務は、代諾権者のない者の代諾による縁組であっても、届出当時に存在していた真の代諾権者からの追認はもちろんのこと、15歳以上に達した本人みずからの追認、または縁組届出後に選任された法定代理人からの追認も許されるので、縁組届出当時に代諾権のない者が代諾したという理由だけでは縁組無効の取扱いをすべきでなく、別に縁組無効の裁判確定による戸籍訂正申請がない限り、戸籍の記載はそのままにしておく取扱いになっている。
　このように戸籍の実務が、消極的になっているのは、長年にわたって縁組の生活実体があるのに、これを当然無効として一律に処理することは、前述のとおり事実関係を重視する身分関係の本質に反すると考えられるからにほかならない。
④ 先例要旨「15歳未満の子が父母の代諾によって養子縁組した後、その子と前記の父母との間に親子関係不存在確認の裁判が確定した場合は、前記裁判に基づく戸籍の訂正は当該親子関係に関する記載にとどめ、縁組事項の記載は、その無効につき、別に戸籍法116条の確定裁判又は同法114条の許可審判に基づく戸籍訂正の申請をまって消除する。なお、前記の親子関係不存在の確定裁判に基づく戸籍訂正がなされた後において、縁組につきその届出当時に養子の正当な代諾権者であった者から、縁組届書の誤記を理由として、代諾の追完届出があった場合にはこれを受理し、関係戸籍の当該縁組事項の記載に続けて届出人の表示を補記してさしつかえない」（昭30・8・1民事甲1602号通達）。
⑤ 先例要旨「15歳未満の者が、親子関係のない戸籍上の父母の代諾により他の者の養子となった場合において、その者が15歳以上に達した後、養子縁組の追認をすれば、その縁組は当初から有効なものとするのが判例であるが、戸籍の取扱いとしては、縁組の届出当時における正当な代諾権者からの代諾に関する追完届は認められるが、15歳に達した後、みずから縁組の追完届をしても、その届出は受理すべきでない」とされていた（昭25・8・22民事甲2245号回答、昭31・4・26民事甲913号回答参照）。
　しかしながら、「縁組の当時、正当な代諾権を有していた者が死亡または意思能力を喪失した場合には追完届ができないこととなり、判例の趣旨に反することとなるので、今後

親側が夫婦である事案であるが夫婦共同縁組の共同性という原則的見解をもとに特段の事情の有無を考慮したが，当該事案には特段の事情があるとは認められないとして，縁組全体を無効とされている。

　結局，夫婦共同縁組の規定の趣旨にもとるものではないという特段の事情がある旨の司法判断がない限り，夫婦共同縁組違反の記載がある戸籍によっては，その縁組が有効であるとも無効であるとも確定的に取り扱うことができない。このことは，昭和63年1月1日施行後の改正民法795条によって，夫婦共同縁組の強制が緩和されても，改正前の夫婦共同縁組違反の縁組が当然に有効になるものではない。ただ，司法判断において，特段の事情の有無を改正法の趣旨をもって考慮される余地はあろう〔→髙妻新・荒木文明「全訂第二版　相続における戸籍の見方と登記手続」，№345「相続適格者の認否例」みよ〕。

　【改正後】　昭和63年1月1日施行の改正民法795条によれば，配偶者のある者が養親となる場合で，かつ，未成年者を養子とするときだけに限って，共同で縁組をしなければならないとされた。すなわち，夫婦の一方は成年者を養子とするときは，夫婦共同でする必要はなく，単独でも縁組をすることができる。また，夫婦の一方が養子となる場合も同様である。もっとも，夫婦が共同で養親となり，または養子となることもさしつかえない。

　ところで，配偶者のある者が未成年者を養子とする場合であっても，配偶者の嫡出子を養子とする場合，または配偶者が縁組の意思を表示することができない場合は，夫婦が当事者として共同縁組をすることを要しないとされている（改民795条ただし書）。

　前述のとおり改正民法施行後に夫婦共同で縁組をしなければならないのは，未成年者を養子とする場合のみであるが，この民法795条本文に該当する場合（同条ただし書の適用されない場合）で，夫婦共同縁組の要件を具備しない養子縁組届は受理すべきでない（民800条）。もし，これを誤って受理した場合の効力について，原則として縁組全部が無効となると解される。その点は前述の改正前の夫婦共同縁組の場合と同様であり，例外として特段の事情が考慮されて有効となることもあろう（法務省民事局第二課職員解説「戸籍誌」526号19頁）。したがって，戸籍面のみでは民法795条に違反しているかどうかは明らかでない。

　(ｴ)　**代諾権のない者の代諾による縁組**　戸籍上の父母の代諾によってした縁組について，その父母との間に親子関係不存在の裁判が確定した場合，従前の戸籍の取扱いは，戸籍面で代諾権のない者がした縁組であることが明らかとなるので，親子関係の記載の訂正と併せて，なんらの裁判がなくとも縁組無効に関する訂正をすべきものとされてきた（昭25・7・1民事甲1790号回答，昭26・1・31民事甲71号回答）。

　一方，判例の態度も，次のとおり先例と同じ見解であった。

① 　判例要旨「戸籍上の虚偽の父母の代諾による縁組は絶対無効であり，追認により有効となし得ない」（昭4・7・4大審院判決〔民集8巻686頁〕）。

　ところが，その後最高裁判所は，代諾権のない者の代諾による縁組は，一種の無権代理と解し，民法総則の追認に関する規定（民113条・116条），縁組の追認に関する規定（民804条・806条・807条）の趣旨を類推して，15歳に達した養子みずから有効に追認し得る

る事情を考慮した事案（昭7・2・12大審院判決〔法律新聞3377号15頁〕，昭30・3・16大阪地裁判決〔下裁民集6巻484頁〕）。

(ウ) **夫婦共同縁組違反の縁組【改正前】** 昭和63年1月1日施行前の民法795条は，夫婦は養親となる場合も，養子となる場合も，共同で縁組するのが原則であり，この要件を欠く養子縁組届が誤って受理された場合の効力については，問題があった。この点について，旧法当時は学説，判例が夫婦共同縁組は常に共同であることを必要とし，縁組は全体として一個と考え，これに反する縁組は，縁組意思を有する当事者を含めて，全体として無効であるという見解であった（大12・7・7大審（連）判決〔民集2巻9号438頁〕，昭4・5・18大審民四判決〔民集8巻494頁〕）。また，戸籍の実務も前記判例と同趣旨の見解のもとに，本条違反の縁組は絶対に無効であって，追完の余地がなく戸籍訂正により消除すべきものとされていた（昭10・12・26民事甲1048号回答，昭20・5・1民事特甲56号回答）。この取扱いは，昭和23年施行の現行法になっても昭和30年頃まで維持されていた（昭24・9・17民事甲2096号回答，昭26・7・23民事甲1497号回答）。

しかし，先例は，その後夫婦共同縁組に反する縁組の記載があっても，届出当時に縁組意思を有しながら誤って届書の記載を遺漏したにすぎない場合には，届書に記載を遺漏した夫婦の一方と相手方から追完届をすることによって縁組を有効にすることができるものとされた（昭30・4・15民事甲710号回答）。また，夫婦共同縁組に反する縁組の記載があっても，その縁組が当然に無効であるということはできないという趣旨のもとに，戸籍訂正の申請がない限りそのままにしておくほかはないとした（昭37・2・21民事甲349号回答，昭39・10・30民事甲3560号回答）。

一方，判例は通常夫婦共同縁組の違反につき，夫婦が養親側であると養子側であるとを問わず，原則として縁組の意思のある他方の配偶者についても無効であるとしなければならないという原則的見解を示しながらも，「夫婦の一方の意思に基づかない縁組の届出がなされた場合でも，その他方と相手方との間に単独でも親子関係を成立させる意思があり，かつ，そのような単独の親子関係を成立させることが，一方の配偶者の意思に反しその利益を害するものではなく，養親の家庭の平和を乱さず，養子の福祉を害するおそれがないなど，民法795条本文の趣旨にもとるものでないと認められる特段の事情がある場合には，夫婦の各縁組の効力を共通に定める必要性は失われるものというべきであって，縁組の意思を欠く当事者の縁組のみを無効とし，縁組の意思を有する他方の配偶者と相手方との間の縁組は有効に成立したものと認めることを妨げない」とし，特段の事情がある旨を判示した（昭48・4・12最高裁第一小法廷判決〔民集27巻3号500頁〕）。

ところで先例でも，その後「夫婦双方の養子となる縁組届出後，その養親の一方のみとの縁組無効の裁判が確定した場合，これに基づく戸籍訂正の申請は受理して差し支えない」とし（昭49・3・12民二1369号回答），また，夫婦共同縁組の違反の場合でも，特段の事情がある場合には，夫婦の一方のみの縁組が有効と解される場合もあることを明示している（昭53・1・23民二497号回答）。

しかし，昭和56年4月24日最高裁第二小法廷－判例時報1003号94頁－判決では，養

No.199 普通養子縁組の無効・取消し（裁判手続と戸籍の処理）

【1】 普通養子縁組の無効 (1) 無効原因
　民法802条には，無効原因として，同条1号に「人違その他の事由によって当事者間に縁組をする意思がないとき」，同条2号に「当事者が縁組の届出をしないとき」の二つの場合を規定している。
　本来，縁組の無効とは，形式的に縁組の届出はあっても，法律上からみて養親子関係とこれを前提とする各種の効果が当初から全然生じていないという意味に解するのが通説である。この意味においては，前記2号の場合は，縁組の無効というよりは，むしろ縁組の不成立と解するのが通説である。縁組無効の原因で問題となる事例としては，先例・判例に次のような場合がみられる。

　(ア)　**当事者の不知，または意思能力を欠く間になされた縁組**　①　判例要旨「当事者の不知の間に外形上縁組が成立したときでも，旧民法851条1号（現802条1号）により縁組の無効を請求できる」──養親が縁組届書の他人偽造にかかる旨を主張している事案（明40・11・6大審院判決〔民録13輯1094頁〕）。
　②　判例要旨「旧民法851条1号（現802条1号）は，単に縁組当事者において意思能力を有し縁組届出をしたのにもかかわらず，人違その他の事由により，その効果を欠く場合のみでなく，縁組当事者が全然意思能力を有しないにもかかわらず縁組の届出をしたときはもちろん，その他第三者が当事者間に縁組が成立したとして届け出た場合にも適用がある」──養親が縁組届出当時に禁治産者でないが，心神喪失の常況にあった事案（大6・12・20大審院判決〔民録23輯2182頁〕）。
　③　判例要旨「縁組届出の当時に縁組の意思がないときは，縁組の儀式をあげて同居した事実があっても縁組は成立しない」──養親が縁組届出当日に意識不明でその後も重態が継続した事案（昭7・2・16大審院判決〔清水　節「親族法Ⅱ」383頁〕，三田高三郎「人事訴訟手続法解説」379頁）。

　(イ)　**方便または仮装の縁組**　①　判例要旨「旧民法851条1号（現802条1号）に『当事者間に縁組をする意思がないとき』とは，当事者間に真に養親子関係の設定を欲する効果意思を有しない場合を指し，たとえ届出自体について意思の一致があっても他の目的を達するための便法として仮託されたものにすぎないときは，縁組の効力を生じない」──旧法中法定推定家督相続人であった女を容易に他家に婚姻入籍させるため，戸籍簿上を一時形式的な身分変動を生じさせる目的で他家から養子の入籍という方法をとった事案（昭23・12・23最一小判〔最高民集2巻493頁〕）。
　②　判例要旨「縁組の当事者が縁組届に署名押印して届出をしても，真に縁組をなす意思を有しないときは，その縁組は旧民法851条1号（現802条1号）により無効である」──当事者間で芸妓稼業をなすことを主眼とし，真に縁組をなす意思がない事案（大11・9・2大審院判決〔民集1巻448頁〕）。
　③　判例要旨「いわゆる妾を養子とした場合であっても，当事者に縁組意思があった以上，縁組を無効となし得ない」──前掲①②と異なり客観的な親子関係の成立を認め得

このように，養子について新戸籍を編製した上で，そこから養親の戸籍に入籍させるのは，①実親との法律上の親子関係の断絶の事実を新戸籍編製により表わすことと，②その新戸籍には特別養子縁組事項が記載されるが，直ちに除籍となるので，公開の制限が働き，かつ，養親の戸籍に養子を入籍させるときに，特別養子縁組事項として民法の条文番号のみが記載され，また，実父母の戸籍が記載されないので，特別養子であることが直ちには分らない仕組とするためである。
　(イ)　養父母の一方が外国人である場合も(ア)と同様，養子について新戸籍を編製した上，日本人である養父または養母の戸籍に養子を入籍させる。
　(ウ)　養父母の双方が外国人である場合は，養子の氏に変更はなく，かつ，養子について新戸籍を編製するにとどまる。
　イ　養子がすでに養親の戸籍に在籍している場合　(ア)　特別養子縁組の届出によって，その戸籍の末尾に養子を記載した上，従前養子が記載されていた戸籍の一部を消除する（戸20条の3第2項・14条3項，戸規40条3項・1項）。この場合の戸籍の記載は，参考記載例75および76の例による。なお，従前養子が記載されていた戸籍の一部を消除するには，名欄に朱線を交差する方法による（戸規42条）。
　(イ)　養父母の一方が外国人である場合も，(ア)と同様である。
　ウ　戸籍の記載　(ア)　縁組事項は，養子の身分事項欄にのみ記載し，養父母の身分事項欄には記載することを要しないが，養子が外国人である場合は，養父母の身分事項欄に，参考記載例77および78の例により記載する（戸規35条3号の2）。
　(イ)　特別養子縁組後の養子の出生事項は，従前の記載のとおり移記する。
　(ウ)　特別養子縁組後の養子の父母欄（養父母欄を設けない）には，養父母の氏名のみを記載し，父母との続柄欄には，養父母との続柄を子の出生の前後に従い，「長男（女）」，「二男（女）」等嫡出子の例により記載する（養子，養女と記載しない）。この場合，養親に他の子があり，その子の続柄が特別養子縁組によって変更することになるときは，届書の「その他」欄にその旨を記載させ，参考記載例79の例により，その子の続柄を訂正する。
　(3)　夫婦の一方が養親となる場合の取扱い　配偶者のある者のみが養親となることができ，しかも配偶者とともにならなければならないが（民817条の3第1項・第2項本文），夫婦の一方が他の一方の実子たる嫡出子，特別養子を養子とする場合は，夫婦の一方のみで養親となることができる（同条2項ただし書）。この場合の特別養子縁組の届出並びにその届出があったときの戸籍の編製および記載も前記(1)，(2)の例による。
　(4)　特別養子の婚姻届の審査　特別養子を当事者とする婚姻の届出を受理するに際し必要があるときは，縁組前の養子の戸籍の謄本を提出させ（戸63条），または縁組前の戸籍を調査することによって，近親婚による婚姻障害の要件を審査することになる。
【参考文献】　①細川　清「養子法の改正」戸籍時報356号，戸籍誌525号，②「改正養子法と戸籍実務」法務省民事局内法務研究会編

族との親族関係は終了しない。
　親族関係の終了の効果は，前述のほか，法律上の親族関係が問題となる場合，特別養子となった者は，民法その他の法令の適用上除外がない限り一般的に実方の親族でないものとして取り扱われる。たとえば，刑法（223条2項・244条）適用上，特別養子の実父母は，その直系尊属，直系血族ではないと解される。なお，嫡出でない子が特別養子となった後は，生理上の父に対する認知請求や，親子関係の存在確認請求，また生理上の父から特別養子に対する認知もしくは，親子関係の存在確認の請求，戸籍上の親子関係不存在確認請求などをすることができない。このことは，特別養子制度の趣旨に照らして当然であると解されている（囲1）。

囲1　国会質疑（政府委員答弁）〔昭62・8・25衆・法：同9・3参・法：同9・10参・法〕
　　→後掲参考文献② 422頁～430頁，（囲2）をみよ。
囲2　子の血縁上の父であると主張する者が提起した戸籍上の父と子との間の親子関係不存在の確認を求める訴えの係属中に，子を第三者の特別養子とする審判が確定した場合につき，訴えの利益を否定した原審の判断に違法があるとされた事例（控訴・上告審による差戻・2次控訴・2次上告があった事例であるが，下記は2次上告審の判断である。）。
　・　平成10年7月14日最高裁第三小法廷判決（家月51巻2号83頁，判例タイムズ984号99頁～102頁，戸籍時報505号52頁）「裁判官全員一致の意見」（原判決破棄，再度原審に差戻し）
　〔判旨〕　「子の血縁上の父であると主張する甲が戸籍上の父 Y_2 と子 Y_1 との間の親子関係不存在の確認を求める訴えを提起したところ，右訴えの帰すうが定まる前に右事情を知る審判官によって子を第三者の特別養子とする審判がされ，これが確定したが，甲について子を虐待し又は悪意で遺棄したなどの民法817条の6ただし書に該当することが明白であるとすべき事由が存在するとはいえない事情の下においては，訴えの利益を否定した原審の判断には，法令の解釈適用を誤った違法がある。」

【6】　**特別養子の戸籍の処理**　昭和62年10月1日民二5000号通達第6の1により下記のとおり処理方法が示されている。
　(1)　**特別養子縁組の届出**　この届出は，特別養子縁組の審判を請求した養父母もしくは養父または養母から，その審判が確定した日から10日以内に審判の謄本および審判の確定証明書を添付－裁判所から確定通知がある場合はこれを要しない－して届出なければならない（戸68条の2・63条1項）。届出義務者が届出しないときは，届出の催告をし，催告しても届出のないときは管轄法務局，地方法務局の長の許可を得て職権で戸籍の記載をする。また，審判確定後に養父母が死亡して催告できない場合も同様である。
　(2)　**戸籍の編製および記載**　ア　養子が養親と戸籍を異にしている場合　(ア)　特別養子縁組の届出によって，まず養子について養親の氏で従前の本籍地に新戸籍を編製した上，直ちにその新戸籍から養親の戸籍に養子を入籍させる（戸20条の3第1項・18条3項・30条3項）。養子を筆頭に記載した戸籍がすでに編製されている場合も，同様である。この場合の戸籍の記載は，法定記載例31から34までの例による。

ときでなければならない（民817条の7）。したがって，配偶者の連れ子を特別養子とする場合，または夫婦の双方もしくは一方の普通養子を特別養子とするには，縁組の前後を通じて監護が続けられているので，その他に子の利益のために，父母，父もしくは母との親子関係の終了をとくに必要とする事情がなければ，該当しないことになると解されている。

(6) 申立要件ではないが，審判には一定の試験養育期間のあることを考慮すること。縁組を成立させる審判をするには，審判前に養親となる者が養子となる者を6か月以上の期間監護した状況を考慮することを要し，この期間は原則として縁組請求の時から起算するのであるが，たとえば養親になる者がその子をすでに里子として養育していた場合などは6か月以上を要しないという例外が認められる（民817条の8）。

【4】 **特別養子縁組審判の確定** 特別養子縁組の請求は，養親となる者が家庭裁判所に対して審判の申立をすることにより行われる。家庭裁判所では成立要件を審査し，かつ，試験養育期間を考慮した上で審判を行うが，この審判は，これを受ける者（養親となるべき者，養子となるべき者の父母，養子となるべき者の未成年後見人，養子となるべき者に対して親権を行う者で父母以外のもの，および成年に達した父母の成年後見人）に告知することによって成立する。この審判に対しては利害関係人（前記の養親となるべき者以外の者）に即時抗告をすることが許されているので，その審判は確定しなければ，その効力を生じない（家事法74条，85条，164条8項）。その即時抗告の期間（審判告知後2週間－家事法86条）以内に即時抗告がなければ，その期間満了と同時に確定し効力を生ずる。また，即時抗告があったときは，抗告審における却下又は棄却の裁判の告知によって効力を生ずる〔→No.43「家事審判」みよ〕。この審判が確定すれば，その確定証明書が申立てによって交付されるが，養親の本籍地の戸籍事務管掌者にも通知される（家事法116条）。

【5】 **特別養子縁組審判による効果** 特別養子縁組の審判は確定によってその効力を生ずる。その効果は，縁組の審判確定の日から特別養子が養親およびその血族との間に完全な親族関係（養親の実子に準じた取扱い）を生じ，特別養子と実親および実方血族との親族関係が終了する（民817条の9）。したがって，後述のとおり縁組後の特別養子の戸籍は養親の実子と同じように記載される。法律上は実父母および実方血族との親族関係が消滅することから，普通養子とは異なり，特別養子と実方との間においては，相続，扶養などの法的権利義務関係がないものとして取り扱われる。もっとも，この親族関係の終了の効果は，縁組の成立の時以前にさかのぼらないので，出生の日から縁組の成立の日までの間に実方親族との間に相続関係が開始していた場合には，その相続開始時の地位は保持することになる。また，特別養子の実方親族との血族間の婚姻障害については普通養子と異ならない（民734条2項）。

なお，夫婦の一方が他の一方の嫡出子（連れ子）を特別養子とした場合（民817条の3第2項但書）は，その特別養子と他の一方とその血族との親族関係は終了しない（民817条の9但書）。たとえば，甲乙夫婦が離婚後乙が嫡出子Aを連れて丙と再婚し，丙がAを特別養子としたときは，Aと甲およびその血族との親族関係は終了するが，Aと乙およびその血

はなく，家庭裁判所が養親の養子にしたいという請求により一定の要件を充足した場合に審判で成立させるというものである（民817条の2）。すなわち，特別養子は審判という国の機関である家庭裁判所の裁判によって養子縁組を成立させるものである。なお，欧米などでは，すでに司法機関または行政機関の決定（命令）により成立するという宣告方式がとられていることが知られている。

【2】 審判の申立て　特別養子縁組の審判は，家庭裁判所の専属管轄であり，別表第1の審判事項とされている（家事法39条別表第1の63項）。申立権者は養親となる者であり，管轄裁判所は養子となるべき者の住所地の家庭裁判所である（家事法164条）。

【3】 特別養子縁組審判の要件　特別養子縁組の審判をするについては，次の申立要件などが定められている。

　(1)　養親となる者は，配偶者のある者であり，かつ，夫婦が原則として共同で縁組すること（民817条の3）。子の福祉ということから夫婦共同縁組の原則がとられ，この点は普通養子の未成年養子についても同様である（民795条本文）。もっとも，配偶者の一方の嫡出子たる連れ子を特別養子とする場合は，他の一方のみの養子とすることができる（817条の3第2項ただし書）。しかし，配偶者のみの嫡出でない子を養子とするには夫婦共同縁組の原則によることになる（民795条・817条の3）。

　(2)　養親となる者の年齢は原則として25歳以上であること。ただし，夫婦共同縁組の場合，夫婦の一方が25歳以上であって，他の一方は25歳未満でも20歳以上であれば例外として認められる（民817条の4）。この場合の「20歳」という規定の文言から，婚姻により成年になった者とみなされた成年擬制者は，普通養子の養親となることができる（民792条）が，特別養子の養親となることはできないものと解される。また，養親となる者と養子となる者との間には年齢差は設けられていない。

　(3)　養子となる者の年齢は，家庭裁判所に対する請求の時に原則として6歳未満であること。ただし，6歳後でも6歳に達する前から養親となる者に監護されている場合には，8歳未満であれば例外として認められる（民817条の5）。

　(4)　縁組の成立には，原則として父母の同意（養父母があるときはその同意をも）があること。ただし，家庭裁判所の判断により，父母がその意思を表示することができない場合，また父母による虐待，悪意の遺棄その他養子となる者の利益を著しく害する事由など特別の事情があると認める場合には，例外として父母の同意がなくても認められる（民817条の6）。父母の同意というのは，普通養子の要件にはないが特別養子縁組についての要件である。これは特別養子縁組によって実父母との親族関係が終了することからの要請であるから，実父母であれば親権の有無にかかわらず，その同意を要することになる。したがって，父母でなくて子の親権代行者（母が未成年者である場合のその父母「祖父母」）や子の後見人には同意権がない。

　(5)　子の利益のためとくに必要があると認められること（特別養子縁組の審判の判断基準である）。すなわち，父母による養子となる者の監護が著しく困難または不適当であること，その他特別の事情がある場合で，子の利益のためとくに必要があると認められる

25歳以上であること，例外として夫婦の一方は20歳に達していればさしつかえない（民817条の4）。㈦　縁組の成立には，原則として養子となる者の父母の同意を（実父母のほかに養父母があればその同意をも）要する（民817条の6）。

囲　平成10年2月9日民二255号回答（戸籍誌673号80頁）
　　アメリカ合衆国カリフォルニア州の上級裁判所において成立した米国人男日本人女夫婦が日本人を養子とする縁組の報告的届出について，日本民法上の特別養子縁組の成立要件である父母（実親）の同意がないので特別養子縁組が成立したものと認めることはできず，普通養子縁組が成立したものとして処理するのが相当であるとされた事例

ただし，父母がその意思を表示できないとき，または父母による虐待，悪意の遺棄その他養子となる者の利益を著しく害する事由がある場合には，父母の同意を要しない（民817条の6）。㈏　特別養子縁組を成立させる審判基準としては，父母による養子となる者の監護が著しく困難または不適当であることその他特別の事情がある場合において，子のためにとくに必要があると認めるときとされている（民817条の7）。これは，特別養子制度の目的であって，子の健全な育成ないし子の福祉の向上のためにとくに必要があるとの趣旨であると解されている。また，「父母による監護が著しく困難又は不適当その他特別の事情」とは，父母との親子関係の断絶が子の利益に合致する場合を具体化したものであると解されている。したがって配偶者の連れ子を特別養子とする場合は，当該配偶者は縁組の前後を通じて監護を続けているので，他の一方の父または母との親子関係の終了をとくに必要とする事情がなければ，右の要件を充足しないことになると解されている。また，夫婦の双方または一方の普通養子を特別養子とする場合も同様に考えられている。もっとも，具体的事案の処理については家庭裁判所の判断によることになる。なお，縁組の効果および戸籍の処理については別項にゆずる〔→ No.198「特別養子縁組の審判と戸籍の処理」みよ〕。

【参考文献】　①永井紀昭「養子制度の改正に関する中間試案について」戸籍誌504号〜506号，②中川高男・小野幸二「新設される特別養子制度の問題点を語る」戸籍誌522号〜523号，③細川　清「養子法の改正」戸籍時報356号，戸籍誌525号，④米倉　明・細川　清「民法等の改正と特別養子制度」

No.198
特別養子縁組の審判と戸籍の処理

【1】　**特別養子縁組の性質**　特別養子縁組とは，縁組の成立によって実親および血族との親族関係が消滅すると同時に，養親との間に完全な嫡出親子関係と養親の血族との間に親族関係を生ずるというものである。さらに，養子の利益のためにとくに必要があると認められるときでなければ，離縁は原則として認められない（民817条の10）のであって，養親の実子とするのに近い養子縁組であり，後述のとおり縁組後の戸籍の処理も養親の実子という表示がされる。また，特別養子となる者は原則として6歳未満（例外の場合でも8歳未満）の幼児に限って認め（民817条の5），普通養子が未成年でも養親と養子となる者との契約という形式をとっている（養子が15歳未満で意思能力がないときでも，その子の法定代理人が代諾する）のに対し，特別養子は契約で

決定及び留保事項」のうちには特別養子制度の導入が提言されている。それには「通常の養子のほかに、おおむね次のような内容の『特別養子』の制度を設けることの可否について、なお、検討する。」としたうえで、要件として「①特別養子となるべき者は一定の年齢に達しない幼児に限る。②特別養子はすべての関係において養親の実子として取扱うものとし、戸籍上も実子として記載する。③養親の側からの離縁を認めない。」旨が述べられている。その後の検討結果も昭和39年9月22日の身分法小委員会で報告されたが、特別養子制度および里子的養子制度の導入についての意見が分かれ、審議は一時中断していた。昭和57年7月6日開催の民法部会第19回会議において身分法小委員会の再開が決定され、同年9月28日開催の身分法小委員会において養子制度の全般的な見直しを行うことになった。その後の審議により、昭和60年10月29日開催の民法部会第21回会議において、それまで審議された事項の主要部分の大綱をまとめた「養子制度の改正に関する中間試案」および「養子制度の改正に関する中間試案の説明」が了承され、同年11月に法務省民事局参事官室から公表された。その後、昭和62年1月27日法制審議会民法部会で特別養子制度の創設をはじめ、普通養子制度等の改正を内容とする「民法等の一部を改正する法律案要綱案」が決定され、さらに同年2月26日の法制審議会総会でこれが承認されて法務大臣への正式答申となった。なお、民法の一部改正に伴う特別養子および特別養子縁組以外の戸籍の取扱いについては、法務大臣の諮問機関である民事行政審議会において審議がなされ、昭和62年2月17日その答申が決定されている。これらの改正作業の結果、その法律案が昭和62年3月26日第108国会に提出されたが継続審議となり、次の第109国会において同年9月19日可決成立し、昭和62年法律101号として昭和63年1月1日から施行された。要するに、特別養子制度は、従来の養子制度のほかに未成年のうちでも特に低年齢者を対象に子の福祉のためということを目的にした特別のものである。

【2】 普通養子と特別養子の相違 (1) 普通養子は、当事者の任意的な届出行為によって成立し、養子となっても実父母およびその血族との親族関係は消滅しないが、特別養子は、特別養子縁組の審判によって養親の嫡出子たる身分を取得すると同時に、実父母とその血族との親族関係は婚姻障害を除き、消滅するものである（民817条の2・同条の9）。

(2) 特別養子縁組は、原則として離縁を認めない。ただ、一定の要件のもとに養子の利益のためにとくに必要があるときに限って、養子、実父母、または検察官の請求により（養親からは認めない）、家庭裁判所の審判で離縁できるだけである（民817条の10）。

【3】 特別養子縁組の成立要件 (1) 特別養子縁組の成立は、原則として6歳未満の幼児に限って（例外として8歳未満）一定の要件があるときに養親となる者の請求により、普通養子のような養親と養子となる者の契約という形式でなく、6か月以上の養親の監護期間を経て家庭裁判所の審判によって成立させるものである（民817条の2・同条の5・同条の8）。

(2) 特別養子縁組の成立要件については、前述のほか、(ア) 養親となる者は原則として配偶者のある者で、ともに養親となること、例外として、夫婦の一方が他方の嫡出子の養親となることはさしつかえない（民817条の3）、(イ) 養親となる者の年齢は原則として

必要はない。それは，旧法当時にいったん養親と養子とが同籍したことがあるので，その後に養親子が異戸籍となっても，養親子関係の存否は，除籍事項，入籍事項をたどることによって判明する。

(2) **戸籍の変動と記載** 養子は養親の氏を称するのが原則である（改正民810条本文）ので，その氏の変更によって縁組による入籍，除籍および新戸籍編製などの戸籍の変動を生ずる。戸籍の記載は前記届出事項に述べたように，単身養子，夫婦養子の態様によってそれぞれ異なる。

(ア) 婚姻によって氏を改めた者が養子となった場合は，その者が婚姻の際に定めた氏を称すべき間は養親の氏を称しないので，戸籍には当事者双方に縁組事項を記載するのみで戸籍の変動はない（民810条ただし書）。たとえば夫婦の一方が養親の嫡出子で，その他方のみを養子とした場合に，その他方が婚姻の際に養親の嫡出子の氏を称し，氏を改めた者であるときは，縁組によっては養子の氏は変わらず，戸籍も変動しない。夫婦のうち氏の主導性のない者を養子とした場合であるからである〔→ No.195の【3】「普通養子縁組の効果」みよ〕。

(イ) 夫婦の一方（例，夫）が養子となる場合，婚姻の際に氏を改めている妻の父母の養子となった場合は，養子（例，夫）が養親の氏を称し，夫婦の氏は変わり，養子夫婦について新戸籍を編製することになる。夫婦のうち氏の主導性のある者を養子とするからである（民810条本文）。

(ウ) 夫婦養子が養親の氏を称し養子夫婦について新戸籍を編製する場合，養親が戸籍の筆頭に記載された者でないときでも，養親については新戸籍を編製しない（昭33・3・29民事甲633号通達）。

(エ) 父または母が自己の氏を称する非嫡出子を養子としても，養子の氏は変わらず，戸籍も変動しない（昭24・5・31民事甲1277号回答）。

(オ) 嫡出子が，その父（または母）の配偶者と縁組する場合，嫡出子がその父または母と同籍しているときは，すでに養親と同籍しているので戸籍の変動はない。また，この場合嫡出子が父（または母）と同籍していないとき（婚姻している場合を除く。）は，養親の戸籍すなわち，父または母の戸籍に入ることになる。

次に，戸籍の身分事項欄についての記載の振いは，単身養子，夫婦養子の態様によってそれぞれ異なるが，法定記載例（19～30）参考記載例（33～72）に明示されている。

No.197
特別養子制度

【1】 **制度創設の経過** 養子制度については，戦後の昭和22年法律222号による民法親族編の大改正がされて以来，一部の規定整備（①昭和23年法律260号により民法794条・798条・811条の各規定中の「家事審判所」を「家庭裁判所」と変更したこと，②昭和37年法律40号により民法811条の15歳未満の養子が離縁をする場合の代諾権者について養子の離縁後にその法定代理人となるべき者を明定したこと，民法815条の裁判離縁の当事者にも前記の離縁代諾権者を加えたこと）以外にはほとんど改正がされていなかった。しかし，養子制度に関する検討はその間になされ，昭和34年6月29・30日の法制審議会民法部会第5回会議に報告された「親族編の仮

ることの記載ある戸籍謄本，特別代理人であることの審判書謄本」(戸規63条)。代諾縁組で法定代理人と監護者とが異なるときは，監護者の同意を証する書面（戸38条1項）。

　(エ)　児童福祉施設の長が代諾するときは，都道府県知事の許可書謄本（戸38条2項）。

　(オ)　養親または養子の本籍地外で届け出る場合は，その者の戸籍謄本（戸規63条）。この提出は強制できる性質のものでないから，その提出がないからといって縁組届を不受理とすることはできない。その場合は，市町村長が職権で戸籍謄本を取り寄せて縁組要件の審査をすることになる。

　(7)　**氏の変更を目的とする縁組届の防止**　近年親子関係を創設するという養子縁組制度の本来の目的を逸脱し，氏を変更することを目的として，縁組意思のない養子縁組届出をする事案が頻繁に発生するようになった。これを防止するため，平成22年12月27日民一3200号民事局長通達及び民一3201号法務省民事一課長通知が発せられている。それによると，

1　市区町村長は，短期間に成年同士の養子縁組を繰り返し行っている者が届出人となっているなど，虚偽の養子縁組であると疑われる届出については，その受理又は不受理につき，管轄の法務局，地方法務局又はその支局の長（以下「管轄法務局長等」という。）に照会する。

2　管轄法務局長等は，1の届出に関し，届出人，証人，使者等の事情聴取を行うなどして，縁組意思の有無について十分調査をした上，市区町村長に対して，受理又は不受理の指示を行う。

3　管轄法務局長等は，2の調査を行う際，都道府県警察等に協力を求めるとともに，市区町村長に対して受理又は不受理の指示を行った後，必要に応じ，都道府県警察に対し，当該調査に係る情報を提供する（上記通達）。こととされており，通達1の「虚偽の養子縁組であると疑われる届出」とは次のような場合であるとされている。

(1)　届出人のいずれかが，届出の前おおむね6か月以内に，養子縁組又は離縁を2回以上行っている場合（ただし，養子縁組又は離縁の当事者が前の養子縁組又は離縁の当事者と同一であるときは，1回として取り扱う。）

(2)　届出人のいずれかが，届出時に，2人以上の者と養子縁組をしている場合

(3)　通達2の審査の過程で，届出人のいずれかが，届出時までに，養子縁組又は離縁を3回以上行っていることが判明した場合（ただし，養子縁組又は離縁の当事者が前の養子縁組又は離縁の当事者と同一であるときは，1回として取り扱う。）

(4)　届出人のいずれかの住民票が，職権により消除されている場合　とされている。

【3】戸籍の記載　(1)　**縁組事項**　養親と養子の双方の身分事項欄に縁組事項を記載し，養子については，実父母欄に続いて養父母欄と養親との続柄欄を設けて，それぞれ養親の氏名と続柄（養子または養女）とを記載する（戸13条，戸規35条3号）。

　なお，旧法当時は，養子は養親の戸籍（家）にかならず入籍したので（旧民861条），養親の事項欄には縁組事項を記載しない取扱いがなされていた。したがって，旧法当時に縁組した者は，現行法施行後に戸籍を異にする場合でも，養親の戸籍に縁組事項を記載する

する（戸18条・20条・30条1項）。また、養親が戸籍の筆頭に記載した者およびその配偶者のいずれでもない場合において、養子が単身者であるときは、養親について新戸籍を編製するので、新本籍および養子がその戸籍に入る旨を記載する（戸30条1項）。

(イ) 配偶者のある者が未成年者を養子とする場合において、他方の配偶者が表意不能のため、ともに縁組の当事者となることができないときは、他方が表意不能の旨を届書の「その他」欄に表意不能およびその事由を記載させる。また、配偶者のある者の縁組について養親側、養子側のいずれを問わず、夫婦が当事者とならない場合に他方の同意を要するが、その他方が所在不明または心神喪失のため意思表示をすることができないときも同様である。（民795条・796条、戸34条、昭62・10・1民二5000号通達）。

(3) **届出人** (ア) 養親と養子となる者が届出人となる（戸66条）。もし、養子となる者が15歳未満の場合は、縁組の代諾をする法定代理人が届出人となる（戸68条）。この法定代理人による届出は、一般にいう届出の代理という性質のものではなく、法定代理人自身が届出人そのものである。つまり、養子が15歳未満では、たとえ本人に意思能力があっても養子本人が届出人となることはできない。

(イ) 15歳未満の養子縁組について、代諾権を有しない者の届出がなされている場合、その追完ができる届出人については、先例で次のとおり認められている。

① 届出当時の正当な代諾権者であった者から、追完届があれば受理できる（昭30・8・1民事甲1602号通達）。

② 当該縁組について、届出当時には法定代理人が存在していなかったが、縁組届出後に選任された法定代理人（特別代理人）から代諾者として追完届があった場合、受理できる（昭33・4・23民事(二)発204号回答）。このことは、身分行為の特質からして、養親子という実体のある生活関係が存すれば、これをできるだけ容認することが、社会の習俗に合致するであろうという趣旨のもとに認められたものと解される。

③ 当該縁組について、養子が15歳以上に達してから、養子自身から当該縁組を追認する趣旨のもとに追完届があれば、受理できる（昭34・4・8民事甲624号通達）。この場合も、前記(イ)と同趣旨に基づいて認められた先例と解される。

(4) **証人** 成年者2人以上の署名を要する（民799条・739条2項）。

(5) **届出地と届書通数** 届出地は養親もしくは養子の本籍地または所在地であり（戸25条）、届書の通数は、当事者の本籍地が同じである場合1通、異なる場合2通、所在地（本籍地外）の場合は、このほかさらに1通を要する（戸36条）。

(6) **届書の添付書面** (ア) 家庭裁判所の許可を要するとき（自己または配偶者の直系卑属でない未成年者を養子とする場合、後見人が被後見人を養子とする場合）は、縁組許可の審判書謄本（戸38条2項）。

(イ) 配偶者のある者が一方のみで縁組するときは、他方の同意を証する書面（戸38条1項）。この場合、届書の「その他」欄に同意する旨を付記し、署名押印することでもさしつかえない（昭62・10・1民二5000号通達第1・1(1)ア）。

(ウ) 代諾縁組の場合、法定代理人であることを証する書面「親権者、未成年後見人であ

養義務を負うことになる（民 877 条 1 項）。また，養子と養親の血族との間には自然血族と同じような養親族関係を生ずる（民 727 条）。しかし，養親と養子の血族との間には，必ずしも自然血族と同じような親族関係は生じない。たとえば，縁組の日よりも前に出生している養子の子は，養親との間に法定の血族関係を生じない（昭 27・2・2 民事甲 89 号回答）。したがって，このような養子の子は，養親の直系卑属でなく，養親の相続開始について代襲相続権はない（民 887 条 2 項ただし書）。

　(4)　**単身養子・夫婦の双方または一方が養子となる場合の称する氏**　養子は養親の氏を称するのが原則である（民 810 条本文）。このことにより，戸籍の変動を生ずる（戸 18 条・20 条）。ただし，昭和 63 年 1 月 1 日改正民法施行後は，夫婦の一方のみでも養子となることができることになったので，婚姻によって氏を改めた者のみが養子となったときは，婚姻の際に定めた氏を称すべき間は養親の氏を称しないものとされた（改正民 810 条ただし書）。したがって，養子が婚姻によって氏を改めた者であるときは，その者は婚姻の継続中はもとより配偶者の死亡により婚姻が解消しても，養親の氏を称することなく，引き続き配偶者または配偶者であった者の氏を称する。また，配偶者の死亡により縁組時に婚姻が解消している場合も同様である。もし，この場合に養子が離婚をし，婚姻の取消があると，民法 810 条本文の適用により直ちに養親の氏を称する。また，生存配偶者の復氏の届出をすると，婚姻前の氏に復するとともに（民 751 条），直ちに養親の氏を称することになる（昭 62・10・1 民二 5000 号通達第 1・3）。

　戸籍の変動については，No.196「普通養子縁組届」にゆずる。

No.196　普通養子縁組届と戸籍の処理

【1】　**届出の性質**　養子縁組の意義，成立要件および効果などについては，No.195「養子縁組制度」の説明にゆずる。普通養子縁組をするためには，市町村長に対して届出をすることを要するが，この届出は，縁組成立の形式的成立要件（方式）である。すなわち，この届出には，届け出ることによって初めて養親子関係が形成されるという，いわゆる身分関係の創設的届出の性質がある。

【2】　**届出**　(1)　届出方法　届出は，口頭または書面によってする（戸 27 条・66 条）。口頭による届出は，届出人自身が市町村役場に出頭して届書に記載すべき事項を陳述し，市町村長（戸籍事務担当者）がこれを筆記し，その内容を届出人に読み聞かせて届出事項の誤りのないことを認めさせたうえで，署名押印をさせることになっている（戸 37 条）。つまり，通常，戸籍事務担当者が，窓口で届書を代書する方法は，戸籍の手続面からみれば，この口頭届出に該当するものと解されるから，その記載内容の読み聞かせと，署名（届出人自身が名をしるすこと）押印をさせることをおろそかにしてはならない。

　(2)　届出事項　届出すべき事項は，戸籍の各届書に共通する記載事項（戸 29 条）のほか，次のような養子縁組に特有な事項がある。

　(ア)　養子は養親の氏を称することになるので，養子が単身者であるときは養親の戸籍に入る旨，もし，夫婦養子または氏を改めない夫婦の一方が養子であるときは，養親の戸籍に入らずに養子夫婦について新戸籍を編製するので，新本籍および新戸籍編製の旨を記載

⑤　児童福祉施設に入所中の児童が養子となる場合，その者に親権者または後見人がないときは，当該施設の長が都道府県知事の許可を得て縁組の代諾をすることができる（児童福祉法47条）。この場合の許可は，民法798条の許可とその性格を異にすることから，一方の許可をもって他方の許可に代えることはできず，さらに家庭裁判所の許可も必要である（昭26・11・5民事甲2102号通達）。

(c)　代諾権を有しない者の代諾によって養子縁組の届出がなされている場合の縁組が有効かどうか，かつて判例・先例では無効であると解していたが，今日では適法に追認があれば，当初から有効であると解し，実務の処理をすることになっている（昭27・10・3最二小判〔民集6巻753頁〕，昭30・8・1民事甲1602号通達）〔→No.199「普通養子縁組の無効・取消し」みよ〕。

㋺　代諾縁組の場合に，その法定代理人のほかに監護者たる父または母（養父母を含む）が他にあるときは，その代諾をするについて監護者の同意を得ること（民792条2項）

たとえば，父母離婚後に親権者（父）と監護者（母）とを異にする子（民766条）が養子となる場合，親権者（父）が代諾するが，その際に監護者（母）の同意も要する（昭和63年1月1日改正施行）。この法定代理人が養子となる者に代わって縁組の届出をする場合は，届書の所定欄に同意を要する監護者の有無を記載させ，その記載によって，監護者の有無を審査するものとされている。なお，同意を要する監護者がある場合には，届書にその同意書を添付するか，または，届書の「その他」欄に同意する旨を付記させ，署名押印をすることでもさしつかえないとされている（昭62・10・1民二5000号通達第1・2）。

(2)　**普通養子縁組の形式的要件（縁組届出）**　普通養子縁組は，戸籍法の定めるところにより，届出をすることによって，その効力を生ずるものとされている（民799条・739条，戸66条）。したがって，届出は養子縁組の成立要件であり，それは，身分関係を創設するところの，いわゆる創設的届出である。いいかえると，届出をしない限り，法律上の養親子関係は形成されない。したがって，出生後間もない他人の子を養子とする場合，特別養子縁組の審判によらないで，直接養親となろうとする者の嫡出子として出生届をしても（戸籍面では実子同様に記載される），それは養子縁組届がなされたものと解することができないので養親子関係を生じない（昭25・12・28最二小判〔民集4巻701頁〕）。なお，下級審の判例に，前記の嫡出子出生届に養子縁組の効力を認めるべきであるとする考え方がみられる（昭43・3・27東京高裁判決〔判例時報520号54頁〕）が，いまだ最高裁ではこれを是認するに至っていない（平9・3・11最三小判〔家月49巻10号551頁〕）。

なお，届出方法の詳細は，No.196「普通養子縁組届」にゆずる。

【3】　**普通養子縁組の効果**　(1)　**嫡出親子関係の発生**（民809条）　養子は，縁組の日（届出の日）から，養親の嫡出子としての身分（縁組後に実子が生まれたのと同じ）を取得する。

(2)　**養親の親権優先**　養子が未成年の場合は，養親の親権に服する（民818条2項）。転縁組の場合は，後の養親が親権者となる。また，養親と実親が婚姻している場合は，双方の共同親権に服する（昭23・3・16民事甲149号回答）。

(3)　**養親族関係の発生**　養親と養子との間に法定の直系血族関係を生じ，相互の親族扶

件は，養子となる者の福祉のためにあるから，自己または配偶者の直系卑属を養子とする場合には，子の福祉に反するおそれはないものとして，その許可を要しない（民798条ただし書）。

この家庭裁判所の許可審判は，民法817条の2の特別養子縁組の審判（別項№198）とは異なり，縁組要件の一つであるから，この許可のみによって縁組が成立するものではない。したがって，養親となる夫婦が養子をする許可を得たが，その届出前に夫婦の一方が死亡した場合は，届出時と縁組許可当時とは事情を異にし，子の福祉にとって重大な影響があるものとして，あらためて縁組の許可を得なければ，届出を受理すべきでないとされている（昭24・7・19民事甲1648号回答三）。

(ケ) **代諾縁組は，法定代理人がすること**（民797条1項）　15歳未満の者が養子となるときは，その法定代理人が代わって縁組の承諾をすることとされている。身分行為は本人の意思に基づくものであるから，代理に親しまないというのが原則であるが，養子制度は他人の子をわが子同様に養い育てるというのが真の目的であるから，とくに例外を認めたものである。

(a)　15歳未満の者は，一律に縁組の意義とその当否を判断する能力を欠く者として，その法定代理人が代わって縁組の承諾をすることにしている。したがって，養子となる者が心身の発達がよく事実上縁組の趣旨について判断能力があるとしても，15歳に達しない限りは，本人みずからの届出行為をもって縁組することはできない。

(b)　ここにいう法定代理人には，まず親権者である父母（民818条・819条），親権者がない場合は未成年後見人（民838条1号）がなる。また，親権者である父または母は，たとえ財産上の管理権を有しないときでも，縁組は子の身上に関する行為であるから代諾する権利を有する（昭28・11・24民事甲2207号回答）。

次に特殊な場合における法定代理人になる者を列挙する。

① 父母共同親権の場合で，父母の一方が所在不明その他の事由によって意思表示ができないときは，他方が双方名義で代諾できる（民825条，昭23・11・12民事甲3579号回答）。
② 15歳未満の子の母が未成年であるときは，その親権代行者である母の親権者，もしくは後見人が代諾する（民833条・867条1項）。
③ 親権者である父または母が，その親権に服する自己の非嫡出子を養子とするには，利益相反行為として特別代理人を選任し，その者が代諾する（民826条，家事法39条別表第1の65項）。ただし，自己の15歳未満の嫡出でない子を配偶者とともに養子とする縁組の場合に限って，子の利益を尊重する民法795条（改正法）の趣旨に照らし，特別代理人の選任を要しないで親権者が代諾届出できる取扱いに一部先例の変更がなされた（昭63・9・17民二5165号通達）。
④ 後見人が15歳未満の被後見人を養子とするときは，後見監督人があれば，その者が代諾し（民851条4号），これがないときには，特別代理人を選任し，その者が代諾者になる（民860条・826条）。

頁〕, 昭26・7・23民事甲1497号回答)。しかし, 共同縁組の実体があるのに届書に当事者として夫婦の一方の記載を遺漏した場合であれば, その遺漏者と相手方当事者 (相手方も夫婦であれば, その双方) からの追完届により是正することが認められていた (昭30・4・15民事甲710号回答)。また, この追完届ができないとしても, その縁組が必ずしも当然無効とはならないと解される余地があるから, 利害関係人から戸籍訂正の申請がない限り, 戸籍の取扱いは縁組の記載をそのままとしておくべきであるとされていた (昭37・2・21民事甲349号回答)〔→ No.199 の【1】(1)(ウ)349・350頁みよ〕。

(b) 昭和63年1月1日の民法改正の前後を問わず, 養親側の夫婦の一方が, 養子となる者と嫡出親子関係を有する実親または養親である場合は, 養子側は成年, 未成年を問わずその実親 (養親) でない者と縁組することになる (参照前記(エ))。しかし, 改正後に養子となる者が養親側夫婦の一方の未成年の非嫡出子であるときは, その夫婦双方と縁組し嫡出親子関係を創設する実益があるから, その夫婦がともにしなければならない (改正民795条本文・同条但書前段反面, 昭62・10・1民二5000号通達第1・1(2)イ)。

なお, 配偶者のある者が配偶者の未成年である嫡出子を養子とする場合は, 届書の「その他」欄に配偶者の嫡出子を養子とする旨を記載させるものとされている。さらに配偶者が15歳未満の嫡出子に代わって縁組の承諾をするときを除き, 配偶者の同意を要するので, 届書にその同意書, または, 届書の「その他」欄に同意の旨を付記し, 署名押印させるものとされている (戸35条, 前掲通達)。

(カ) **配偶者のある者が単独で縁組をするには, その配偶者の同意を得ること** (民796条)
前記(オ)に述べたとおり, 配偶者のある者が養子となるには, その配偶者がともに縁組の当事者となることを要しないが, その縁組に配偶者の同意を要するものとされた。また, 配偶者のある者が単独で養親となる場合も同様である。もっとも, 配偶者のある者がともに縁組の当事者となる場合はもちろんのこと, その配偶者が意思を表示することができない場合には同意を要しないものとされている。この同意の意思表示ができないとき (長期間の所在不明, 心神喪失の常況にあるとき) の戸籍の取扱いは, 届書の「その他」欄に配偶者がその意思を表示することができない旨およびその事由を記載させるものとされている (戸34条, 昭62・10・1民二5000号通達第1・1(1)イ)。

(キ) **後見人が被後見人 (未成年被後見人・成年被後見人) を養子とするには, 家庭裁判所の許可を得ること** (民794条) これは, 後見人が被後見人の法定代理人として, 被後見人の財産管理をする地位にあるから, 養親となることによって後見人当時の不正行為を隠ぺいすることのないようにする配慮から規定されている。したがって, 後見人の辞任, 後見の終了した後でも, 管理の計算が終わらない間も前記の許可は必要である (民794条後段)。

なお, 本項の許可と民法798条 (未成年者養子) の許可とは, 別個の性質を有するものであるが, その許可自体は, 必ずしも別々になされる必要はないものと解されている (昭25・10・10民事甲2633号回答)。

(ク) **未成年者を養子とするには, 家庭裁判所の許可を得ること** (民798条本文) この要

(イ) **養親となる者は，成年者であること**（民792条）　成年者には，婚姻により成年に達したものとみなされる者（民753条）も含むものと解されている（昭23・10・23民事甲1994号回答11）。

(ウ) **養子が養親となる者の尊属または年長者でないこと**（民793条）　伯(叔)父＝おじ，伯(叔)母＝おばは，尊属であるから，たとえ，これが年少者でも養子とすることができないが，従兄弟姉妹＝いとこは尊属でないので年少者であれば養子にすることができる。また，離婚した妻を前の夫が養子とすること（昭24・9・9民事甲2034号回答），同年齢者（生年月日が同じ）同士が縁組すること（養親と養子との間に年齢差が要件となっていない）など，いずれも拒否する理由がない（昭24・11・29福岡局柳川支局管内市町村連合戸協決議，昭43・11・15〜16宮崎県連合戸協決議，同44・4・12変更認可）。

(エ) **養子となる者は，養親の嫡出子または養子でないこと**（昭23・1・13民事甲17号通達，民795条但書前段）　養子縁組は，前述したとおり嫡出親子関係を創設する制度であるから，すでに当事者間に嫡出親子関係が形成されているものは，これをあらためてする実益がないわけである。

(オ) **配偶者のある者は未成年者を養子とする場合に限り，原則として配偶者とともに縁組すること**（民795条本文）　**例外**（民795条本文反面，同条ただし書）

(a) 昭和63年1月1日民法の一部改正施行前は，夫婦は養親となる場合も養子となる場合も，原則として（養子側夫婦の一方が養親側夫婦の一方の子であるときを除き）ともに縁組の当事者とならなければならなかった（改正前民795条本文）。しかし，昭和63年1月1日以後（昭和62年法律101号）の民法795条においては，養親側についてのみ配偶者のある者が未成年者を養子とするときに限って，夫婦はともに当事者となることを要し（同条本文），その他の場合，たとえば養親側の配偶者のある者が成年者を養子とする場合，また，養子側の配偶者のある者が養子となる場合などは，配偶者とともに当事者となることを要しないこととされた（改正同条本文反面）。さらに，配偶者のある者が未成年者を養子とする場合でも，配偶者の嫡出である子を養子とするとき（従前は嫡出子，非嫡出子の区別はなかった）または配偶者がその意思を表示することができないときは，縁組の当事者となることを要しないものとされた（改正同条ただし書）。このただし書後段の戸籍の取扱いとして，配偶者のある者が未成年者を養子とする場合において，配偶者が心神喪失，行方不明などの事由によって当事者として縁組の意思を表示することができないときは，届書の「その他」欄に配偶者がその意思を表示することができない旨およびその事由を記載させるものとされている（戸34条，昭62・10・1民二5000号通達第1・1(2)ウ）。

なお，昭和62年12月31日以前の縁組については，夫婦共同縁組が原則であったから，配偶者の一方が縁組の意思表示をすることができないときは他方が双方の名義ですることができるものとされていた（改正前民796条）。もし，夫婦共同縁組の要件を具備しない届出が誤って受理された場合には，共同縁組そのものが1個の行為であるということから，当事者の一方を欠くこととなり，その縁組全体が民法802条1号（当事者間に縁組の意思がないとき）により当然無効であると解されていた（昭4・5・18大審院判決〔民集8巻494

【3】 養子縁組

No.195
養子縁組制度（代諾の問題）

【1】 意義 養子制度は、古くから多くの国に存在しているようであるが、国によって、また時代により、その形態は一様ではない。わが国では、旧法当時に家の存続を中心として認められていた養子制度が、現行法のもとでは家の制度が廃止されたことに伴い、子の福祉を前面に志向している。このことを一般に、養子制度は「家のための養子」から「親のための養子」へ、さらに今日では「養子のための養子」というように進み、未成年者縁組には従来の養子縁組のほかにいわゆる「特別養子制度」が創設されている（昭和62年法律101号）〔→No.197「特別養子制度」みよ〕。

養子制度にこのような進展があるとしても、人間には本質的に子の成長をよろこび、また、年老いて成長した子から慰めを与えられたり、自己の財産を承継してくれる者がいることも、よろこびである。このように、今日まで子のない者に子を持たせる制度の必要性を認めてきたものであり、ここに人為的に親子関係を創設するために生まれたものが養子縁組である。

そこで、現行法の普通養子縁組は、子の福祉と両立し得る範囲で、養親側の利益も配慮している。このことは、未成年者のための養子ばかりでなく、成年者を養子とすること、また夫婦を養子とすることを認めていることでも明らかであり、実際にも老後の養親の扶養のため、あるいは相続のため、成年者である近親者を養子とする例が少なくない。

つまり、わが国における養子縁組は、親子としての自然の血縁のない者の間に、社会的には婚姻関係から生じた血のつながりのある親子関係と同一の評価をなし得るような嫡出親子関係を創設しようとする場合に行われるが、さらには、自然血縁の親子関係はあっても、それが社会的には非嫡出親子関係であるため、これに嫡出親子関係を創設しようとする場合にも行われる。

【2】 普通養子縁組の要件 養子縁組が成立するためには、次の各要件を充足することが必要である。

注 特別養子については別項〔No.197「特別養子制度」〕みよ。

(1) **普通養子縁組の実質的要件** (ア) 当事者間に縁組をする意思の合致があること（民802条1号） 単に他の目的を達するため、名目上の養子縁組は、真に養子関係を形成しようとするものではないので、届出があっても無効であると解されている（大11・9・2大審院判決〔民集1巻448頁〕、昭23・12・23最一小判〔民集2巻493頁〕）。

次に、縁組意思は、各当事者みずからの意思に基づいたものでなければならない（15歳未満の者が養子となる場合に、法定代理人の代諾によってできるのは、そのことが法律上に特別に規定されているからである）。したがって、15歳以上の未成年者、または成年被後見人でも、縁組は本人みずからの意思でなすべきである（民799条・738条、明31・10・15民刑959号回答）。

(1) 朝鮮慣習の法的効力を判断するに当たり，勅令によって当時朝鮮に施行されていた法例第2条にいう「公ノ秩序又ハ善良ノ風俗」とは，朝鮮地域における公序良俗を指すものと解すべきであり，本件認知後に公布された大韓民国民法も家制度を維持していたことなどからすると，朝鮮人父の認知により子が直ちに父の家に入籍するという朝鮮慣習は，本件認知当時の朝鮮地域における公序良俗に反するということはできない。

(2) 共通法第2条第2項において準用する法例第30条の適用に当たっても，外国法の適用が排除されるのは，個別具体的な事案の解決に当たって外国法の規定を適用した結果が我が国の公序良俗に反する場合に限るものと解すべきであるところ，朝鮮人父が認知した内地人母の嫡出でない子が母の戸籍にとどまるものとするか，又は父の戸籍に入籍するものとするかは，基本的には立法政策の問題であって，そのこと自体が直ちに個人の尊厳ないし男女平等主義に反するということはできず，また，当時施行されていた旧国籍法第23条の規定にもかんがみれば，認知により父の地域籍に入ることは，平和条約の発効によって日本国籍の喪失につながるとしても，内地の公序良俗に反するとまでいうことはできない。

(3) 以上により，共通法第3条の適用の結果，被上告人は，本件認知により日本の国内法上朝鮮人としての法的地位を取得し，平和条約の発効とともに日本国籍を喪失したものといわざるを得ない。

(裁判官全員一致の意見)

なく，子は父の戸籍（朝鮮籍または台湾籍）に入るべきものと取り扱われている（昭28・2・25民事甲246号回答，昭38・8・14民事甲2340号回答，昭38・8・26民事甲2480号回答，昭39・4・21民事甲1574号回答）。

【4】 対日平和条約発効時の取扱い　昭和27年4月28日に対日平和条約が発効したことに伴い，朝鮮および台湾は日本国の領土から分離することとなった。平和条約には国籍の変動のことはなんら触れられていないが，領土の変更に伴う国籍の変動について，同条約の合理的解釈として有権的に次のような行政解釈（昭27・4・19民事甲438号通達）が示された。すなわち，同条約発効時に朝鮮人（朝鮮籍にある者），台湾人（台湾籍にある者）は日本の国籍を喪失することとなった。しかし，元朝鮮人・台湾人であった者でも，同条約の発効前に内地人との身分行為により内地籍を取得し内地の戸籍に入籍していた者，または内地の戸籍に入籍すべき事由の生じていた者（同条約発効時までに届出の受理により内地籍の身分を取得したが，届書の未送付などにより単に戸籍の記載がなされていなかった場合など）は，内地籍を有する者であるから，条約発効後もなんらの手続を要しないで，引き続き日本の国籍を保有するものと処理された。これと反対に元内地人であった者（内地の戸籍に在った者）でも，同条約の発効前に朝鮮人または台湾人との身分行為により内地の戸籍から除かれた者（内地籍の身分を失った者），または同条約発効時までに届出の受理により内地の戸籍から除籍さるべき事由の生じていた者は，いまだ戸籍から除籍されていない場合でも，内地籍の身分を失った者であるから，朝鮮人・台湾人であって，条約の発効によって日本の国籍を喪失するものとして処理された。この場合の戸籍の処理は，国籍喪失の旨の記載を要しないものとされた〔→No.29「外国人」みよ〕。

　上述のとおり，認知による内地と朝鮮・台湾相互間の地域籍の移動は，昭和25年12月5日以前と同6日以後とでは異なる取扱いがなされた結果，条約発効による日本国籍の保有と喪失に関する基準が，他の婚姻・縁組などと異なることに注意を要する。

　囲　平成10年3月12日最高裁第一小法廷判決（国籍確認請求事件）（原判決破棄，被上告人の控訴棄却）（戸籍誌674号41頁～46頁）

　　日韓併合後，昭和27年4月28日の平和条約の発効前に，朝鮮人父が認知した内地人母の子について，認知によって父の朝鮮戸籍に入り，平和条約の発効によって日本国籍を喪失したとした事例

　　1　事案の概要
　　　ア　昭和23年5月5日朝鮮人父甲，内地人母乙間の嫡出でない子A出生
　　　イ　同年6月17日父母の婚姻届と同時に父甲からAの出生届（認知効あり）
　　　ウ　Aは，国籍韓国とする外国人登録
　　　エ　平成元年12月19日父母の婚姻無効確認判決確定
　　　オ　下級審の判決
　　　　(1)　第一審（大阪地裁平成5年3月31日判決）　国勝訴
　　　　(2)　原審（大阪高裁平成6年2月25日判決）　国敗訴
　　2　最高裁判決の要旨

地戸籍（内地籍日本人を登載する建前のもの）にとどめておくことは，戸籍の役割からみて妥当でないので，従前の取扱いを改めて認知の記載をすると同時に戸籍から除くこととされ，また，これまで従前の取扱いで除籍しなかったものについても同様に除籍するものとされた（昭24・11・18民事甲2694号通達）。囲〔【4】末尾「平成10年3月12日最一小判決」参照〕。(イ)　次に，内地人たる父が朝鮮人または台湾人の子を認知した場合には，内地法に照らして子が内地籍を取得するのに制限はないから，認知によって子は内地人の身分（内地籍）を取得し，内地の戸籍に入るべきものである（昭25・6・10民事甲1653号回答二）。ところで，この認知によって内地籍を取得した子の入るべき戸籍については，内地に適用されている改正民法および戸籍法に照らし，婚姻外の被認知者を直ちに父の戸籍に入れることはできない（当然に父の氏を称することにはならない＝民790条2項，戸18条1項・2項参照）。そこで，この場合は，その内地籍を取得した子について，新たに氏と本籍を設定し，新戸籍を編製するものとされた（戸22条，昭24・4・12民事甲823号回答三，昭24・4・18民事甲898号回答三・(ロ)，昭24・7・21民事甲1647号回答五）。

【3】　**昭和25年12月6日以後平和条約発効までの取扱い**　昭和25年7月1日に現行国籍法が施行され，旧国籍法当時における認知をはじめ，婚姻，縁組などの身分行為による国籍の変動はいっさい認められなくなった。しかし，前述のとおり内鮮間・内台間の身分行為による地域籍の移動（得喪）は，旧国籍法の精神に則り（これを条理法として），国籍法改正後も従前のままの各地域籍の得喪が容認されてきた。

ところが，認知についてだけは，昭和25年12月6日民事甲3069号の法務省民事局長通達によって，同通達の発せられた日以後は認知によっては子の戸籍（地域籍）に変動を生じないこととされた。つまり，内地人が朝鮮人または台湾人に認知された場合には，認知のなされた旨を子の戸籍に記載するにとどめ，戸籍（内地籍）から除かないこととしたのである。したがって，前記の認知後の子が，その後の父母の婚姻（認知と同日の婚姻も同じ）により準正嫡出子となっても，その子を内地戸籍から消除しないのが相当であるとされている（昭43・7・22民事甲2644号回答）。囲〔認知準正の場合→後記「なお書」参照〕。また，内地人が朝鮮人または台湾人を認知した場合には，その認知された子について内地に新戸籍を編製することなく（内地籍を付与しないということ），単に認知者たる内地人男の戸籍に朝鮮人または台湾人たる子を認知した旨の記載をするにとどめることとされた。このように，身分行為によって国籍の変動を生じないとする新国籍法の趣旨を認知についてのみ取り入れ，認知によっては地域籍の得喪を生じないものとしたことと，その実施日が国籍法の施行日でなく行政通達の発せられた日をもって取り扱われたことに疑問のあるところである。このことは，次に述べるように平和条約の発効に際して，内地籍，朝鮮籍，または台湾籍のいずれにあったかによって日本国籍をそのまま保有するかどうかの基準にされるから一層重要である。

なお，朝鮮人男または台湾人男と内地人女が婚姻し，婚姻前に出生していた両者間の子について，平和条約の発効前（昭25・12・6民事甲3069号通達後）に戸籍法62条の認知届出の効力のある嫡出子出生届出または婚姻後に認知の届出をした場合は，前記通達に関係

籍（民族籍）・国籍の関係」みよ〕。

【1】 昭和22年12月末までの取扱い　(1)　内地人と朝鮮人との間の認知に関する準拠法　内地人については「旧民法」（明治31年法律9号）が適用され，朝鮮人については「朝鮮民事令」（明治45年制令7号，大正11年制令13号改正）の規定によるのであるが，同令中には具体的な規定をおかないで内地に適用の旧民法の規定をもって朝鮮法の代わりに用いられていた。

(2)　内地人と台湾人との間の認知に関する準拠法　内地人と台湾人との間の認知についても，「民事ニ関スル法律ヲ台湾ニ施行スルノ件」（大正11年勅令406号）により，内地・台湾の双方に旧民法が適用されていた。

(3)　共通法3条3項の規定（兵役関係）による地域籍の得喪制限　当時においては，同じく日本の国籍を有する内地人と朝鮮人または台湾人相互間の各地域籍の得喪について，原則として認知された子は従前の地域籍を喪失し，認知者の属する地域籍を取得して認知者の戸籍に入った（旧戸42条の2，共通法3条1項，朝鮮戸籍令32条，「本島人ノ戸籍ニ関スル件」2条）。しかし共通法（大正7年法律39号〔→№4「共通法」みよ〕）3条3項の規定により，被認知者は兵役に服する義務がなくならない限り，認知者である父の地域籍を取得することができなかった。したがって，この場合，戸籍の取扱いは，被認知者の戸籍に認知の旨を記載するほかなかったのである（大15・9・18民事6942号回答，昭12・9・27民事甲1322号通牒）。ただし，この兵役関係の共通法3条3項の規定は，昭和17年法律16号改正（内地人で兵役の義務を有する者のみが他の地域籍への転出を制限することとした），昭和18年法律5号改正（内地人・朝鮮人で兵役義務を有する者は内地籍および朝鮮籍以外の他の地域籍への転出を制限することとした）により各地域相互間の移動が緩和され，遂に昭和18年法律110号により同条3項は削除された（昭和19年9月1日より施行）。その後は兵役に関する地域籍の得喪制限はなくなったのである。なお，終戦後においては，戸籍届書および入籍通知（旧戸27条2項）を内地と朝鮮・台湾間に送付できなかったので，単に被認知者について認知の記載をするにとどまった。囲　「共通法」参照（→本書末尾参考資料みよ）

【2】 昭和23年1月1日から昭和25年12月5日までの取扱い　日本の内地においては，昭和22年5月3日に，「日本国憲法の施行に伴う民法の応急的措置に関する法律」（昭和22年法律74号）が施行され，ついで昭和23年1月1日から民法の改正法および戸籍法の改正法が施行されたが，朝鮮・台湾についてはこれらの内地の改正法が適用されるわけはないから，異法地域として従前どおり（朝鮮については朝鮮民事令が依用した旧民法を，また台湾については従来から適用の旧民法をそのまま条理法として）取り扱うほかなかった。したがって，戸籍の実務も，(ア)　内地人が朝鮮人または台湾人に認知された場合には，子は父の属する朝鮮または台湾の地域籍を取得し，父の戸籍に入るべきであるはずであるが，実際に届書の送付ができないので，内地の被認知者の戸籍に認知がなされた旨を記載するにとどめる取扱いであった（昭23・12・15民事甲2321号回答，昭24・4・18民事甲898号回答三・(イ)）。しかし，この取扱いも内地の地域籍を失った者（内地人でない者）をそのまま内

(2) 証書の提出と戸籍の処理　外国の方式による認知が成立した場合の戸籍事務の取扱いは，戸籍法41条による外国の方式によって認知が成立した旨の証書（認知証書または認知証明書の謄本）が提出され，日本人である被認知者または認知者について認知事項が記載される。この証書の謄本は，当該国の権限ある者（裁判所，公証人，身分登録機関等の公の機関）によって作成されたものでなければならない。外国の登録機関の発行する出生証明書または出生登録証明書には，父が届出人となり，出生証明書に父の氏名が記載されている場合が多い。そして，当該外国で認知届を受理することができる権限のある者が当該出生届を受理しているときは，行為地の方式によるものとして認知の効力を認めている。（昭51・5・7民二2846号回答は，ベトナムで戸籍委員が受理したもの。昭55・8・22民二5216号回答は，パラグアイで判事が認証したもの。昭56・5・22民二3249号回答はコロンビアで公証人が受理したもの。昭58・3・8民二1824号回答はイタリアの認知申告付出生証明書である。昭59・5・2民二2388号回答はニカラグアの証明書，昭60・6・28民二3675号回答はパナマの出生証明書）。その他先例上には，出生報告書（昭32・11・7民事甲2097号回答），認知の宣誓書（昭31・9・18民事㈡発479号回答，昭34・1・29民事甲124号回答），公証人作成の認知証明書（昭62・5・13民二2475号回答），裁判所が発給した認知証書（昭57・5・20民二3592号回答），行政機関の発給した認知証明書（昭54・5・11民二2864号回答，昭54・10・5民二4948号回答）などがみられる。

次に，戸籍法41条に規定する認知証書または認知証明書の謄本の提出の場合には，その証書の謄本等のほかに，①　認知者が日本人で被認知者が外国人の場合は，認知者の戸籍謄本（非本籍地届出のとき），子の出生証明書および国籍証明書，②　認知者が外国人で被認知者が日本人の場合は，認知者の国籍証明書，被認知者の戸籍謄本（非本籍地届出のとき）を提出することとなる。この場合の戸籍の記載については，次の例による。

日本人女の非嫡出子がアメリカ人男により認知され，親権者母から認知証書の提出があった場合（母の戸籍中子の身分事項欄法定記載例77，参考記載例30準用）

平成弐年参月参日国籍アメリカ合衆国メインズ，エフハーバート（西暦千九百五拾参年七月壱日生）同国の方式により認知同年四月参拾日母証書提出㊞

なお，日本に在る外国人（同国人間または異国人間）が当該国の在外公館において外国の方式によって認知がなされた場合も，戸籍法の適用があって，認知の報告的届出を要するが，その届出があった場合は戸籍の記載を要しない書類として受理市町村に保存し，これによって閲覧，証明をすることができる（戸48条，戸規50条）。

No.194
対日平和条約発効前における朝鮮人・台湾人に関する認知の特例

昭和27年4月28日に対日平和条約が発効するまでは，朝鮮，台湾は日本国の領土の一部であり，これらは新領土としての特殊事情から従前からの日本領土（内地）とは異法地域として取り扱われていた。したがって，日本国籍を有する内地人・朝鮮人・台湾人相互間の身分行為と各地域籍取得に関し種々の問題があったので，年次を追って説明を加えることとする〔→No.29「外国人」，No.31「内地人・外地人」，No.32「家籍（家族籍）・地域

欄記載と父母との続柄訂正の旨が記載される（昭34・8・28民事甲1827号通達，昭34・10・19民事甲2332号回答）。

(5) **戸籍法62条の認知届出の効力を有する渉外的嫡出子出生届**〔→№182の【3】「戸籍法62条の渉外嫡出子出生届」みよ〕

【2】 **報告的認知届出** 戸籍法63条・同条類推適用の届出（認知の裁判もしくは事実主義を採っている父の本国法に基づく父子関係存在確認の裁判が確定した場合） (1) **わが国の裁判所によるもの** 認知の裁判が確定した場合，当事者の一方が日本人のときは，その者の戸籍に認知事項を記載するため，訴えの提起者は裁判確定の日から10日以内に裁判の謄本（確定証明書付）を添付して報告的認知の届出を要し（戸63条1項），もし，訴えの提起者が外国人で届出をしないときは，その相手方である日本人も裁判の謄本を添付して認知の届出をすることができる（同条2項）。また，外国人父の本国法が事実主義を採用している場合に，わが国の裁判所で父子関係存在確認の裁判が確定したときは，通則法29条1項前段の規定により法律上の父子関係の成立が明らかとなるので，この場合の子または父からの届出については，戸籍法63条の類推適用による届出として取り扱うこととされている。

もっとも，日本人間の非嫡出父子関係の創設は，民法上認知のみによるから，父子関係存在確認の裁判でたとえ父子間の血縁関係の存在を認定されても，法律上の父子関係は認められない（昭36・1・20民事甲184号回答）。ところで，法例改正前は，その18条1項の配分的適用により，当事者の準拠法上認知ができないとみえる場合であっても，裁判が確定した場合は公序則（改正前の旧法例30条）の適用により裁判があったものとみて，そのまま戸籍の処理をする取扱いであった。この取扱いは法例改正後（現通則法施行後も）準拠法の適用があったものとみて従前のとおり戸籍の処理をすることとなる。

なお，戸籍法63条の類推適用による届出についての戸籍の記載は，法定記載例18，参考記載例30を準用して記載することになろう。

(2) **外国の裁判所によるもの** 外国裁判所の認知の裁判については，外国判決の承認の問題であり，民事訴訟法118条が全面的に適用され，準拠法は問題とならない。先例上では，外国の離婚判決を承認したものがあり（昭51・1・14民二280号通達），これと異なる取扱いをする理由はないものと解されている（戸籍誌555号171頁）。また，父の本国法が事実主義を採用している場合において，父の本国の裁判所で法例改正後に出生した日本人母の嫡出でない子と父子関係存在確認の裁判があったときは，戸籍法63条の類推適用による届出として取り扱うこととなる。

【3】 **戸籍法41条の証書提出**（外国の方式による認知が成立した場合） (1) **認知の方式**
認知の方式については，認知の成立について適用すべき法又は行為地の法によるとされている（通則法34条）。

そこで，認知の成立の準拠法を父の本国法とする場合は，方式もその国の法律に基づいてすることになるし，子の本国法を準拠法とする場合は，子の本国法による方式となるが，さらに行為地の方式によることもできる。

届出があった月日により記載します。また，不受理処分を撤回したことを明らかにするため備考欄に「年月日届出の不受理処分を撤回したので本号へ記載」とするとともに，本来の届出があった受付月日の最終事件の備考欄へも「何某の胎児認知届の不受理処分を撤回したので受付番号第何号へ記載」のように記載し，検索の便を容易にしておきます。
　(2)　不受理処分を撤回した届出事件が当該年度のものでない場合
　　　　受付番号は，届出した年度における受附帳の最終事件の次の番号を記載します。この場合，届出した年度の受附帳は，「終結」の表示がされ，既に閉鎖されていますので，「終結」の次の行に受付番号を付して記載します。不受理処分を撤回したことを明らかにするため備考欄にと同様の記載をし，本来の届出があった受付月日の最終事件の備考欄へも(1)と同様の記載をしておきます（大正11年12月27日民事4565号回答参照）。
　6　受理処分後被認知胎児が出生した場合
　　　　胎児認知届受理後，被認知胎児が出生した場合，その出生子が他男の嫡出推定を受ける子であるときは，認知の要件を欠くことになりますから，受理処分を撤回し，不受理処分とします。この場合は，その旨を受附帳の備考欄に記載し，届書の受理の年月日及び受付番号を消除し，届出人に返戻することになります。
　　　　届出人に届書を返戻する際には，5なお書と同様の説明をしておきますが，この場合の受理の日は，当初の届出日になります。受附帳の処理は，5の(1)及び(2)と同様です。」
　(ウ)　被認知胎児が死体で生まれた場合の処理　　死産届（戸65条）により，胎児認知届書は戸籍の記載を要しないものであることが明らかとなるので，これらを一括して受理市町村で保管する（戸規50条）。
　(4)　認知届を訂正申出書として取り扱う場合（婚姻後200日以内の出生子）　　外国人男と日本人女との婚姻後200日以内の出生子について，子の母が夫の子でない非嫡出子であるとして虚偽の出生届をすると，母の夫の本国法上嫡出推定を受けない場合は市町村長の審査権の範囲においてはそのまま受理するほかなく，戸籍に登載されることになる（国・改正前2条3号，改正後2条1号）。その後，この子について，後日母の夫から認知届がなされた場合，母の夫の本国法，母の婚姻年月日および子の出生年月日から判断して，子の出生時から父は明らかということになると，さきの非嫡出子出生届は虚偽であり，昭和60年1月1日前の出生子は，日本国籍を取得していないので，戸籍の記載は違法であったことが判明する（国・改正前2条1号）。他方，昭和60年1月1日国籍法改正後の出生子は，出生時に母が日本人であるから出生によって日本国籍を取得していたことは変わらない（国・改正後2条1号）。いずれの場合も，このような認知届は，認知届として受理することなく，さきになされた非嫡出子出生届を嫡出子出生届に訂正することの追完届ないし申出書として取り扱うべきものとされている。その後の戸籍の処理としては，戸籍法24条2項の規定に基づき管轄法務局または地方法務局の長の許可を得て，昭和60年1月1日前の出生子は戸籍の記載を消除し，同日以後の出生子は，その子の戸籍の身分事項欄に父

囲2　日本人男が外国人女の胎児を認知する届出があった場合の取扱い（平9・1・8法務省民事局補佐官連絡）

「1　届書の受付

　　胎児認知の届出があった場合は，届書類を受領します。届書類を受領することを「受付」といいます。受け付けたときは，その年月日を一応届書に記載しておきます。この受付後に，民法及び戸籍法等関連する法規に照らし，審査することになります。また，届出事件本人から口頭による届出があった場合は，市区町村長は，届出人の陳述を筆記し，届出の年月日を記載して，これを届出人に読み聞かせ，かつ，届出人に，その書面に署名させ，印を押させます（戸籍法37条2項）。この場合は，書面の適当な箇所に，戸籍事務取扱準則制定標準（以下「標準準則」という。）附録第21号記載例によって，その旨を記載することになります（標準準則25条）。

2　届書等に不備がある場合

　　届書等に不備がある場合は，不備な箇所について補正をさせることになりますが，同意・承諾等の書面（戸籍法38条，以下「添付書類」という。）が不足している場合は，それを補完させることになります。

3　即日に受理の決定ができない場合の届出の処理

　　届書類に不備又は不足があり，その書類等を即日に補正又は補完することができないときは，受理の決定ができないため，届書等に受領の年月日を記載し，戸籍発収簿にその旨を記載することになります（標準準則30条1項）。

4　届出の受理

　　民法及び戸籍法等関連する法規に照らし，適法なものであると認めたときは，その届出を受理し，受附帳に記載することになります。また，届書類に不備があったものについて，後日，添付書類等が補完され，適法なものであると認められたときも同様です。この場合は，その旨を戸籍発収簿の備考欄に記載することになり（標準準則33条2項），当初の受付の日に受理したことになります。

5　届出の不受理処分及び撤回

　　届出が不適法なものであるときは，不受理の処分をし，その旨を戸籍発収簿の備考欄に記載することになります（標準準則30条2項）。

　　なお，不受理処分の理由が，被認知胎児が他男の嫡出推定を受けることにある（例えば，被認知胎児の母である外国人女が日本人男又は外国人男と婚姻中で，その夫との間の子であるとの推定を受けるような場合）場合には，子が出生後，その嫡出推定を排除する裁判等が確定したときは，その裁判等が確定した旨の書面を添付して届出をすれば，市区町村長は，不受理処分を撤回し，その届出を不受理処分をした日をもって受理できる旨を届出人に説明しておきます。

　　不受理処分を撤回した場合の受附帳の処理は，次のようになります。

(1)　不受理処分を撤回した届出事件が当該年度内の場合

　　　受付番号は，不受理処分を撤回した日における進行番号とし，受付月日は，当初の

によって公証の手段とする（戸48条）。

(3) **胎児認知の場合** 渉外的胎児認知について、通則法上には直接の規定はないが、（戸籍実務上では）通則法25条1項後段および2項の適用上、「子の本国法」とあるのを「母の本国法」と読み替えて受否を決する取扱いがされている。本来胎児は、いまだ出生していないので国籍はなく、子の本国法は存在しないわけであるが、認知の成立につき認知者および子の双方の本国法を配分的に適用していた改正前の旧法例18条1項の適用においても、胎児認知については母の本国法をもって子の本国法に代用するのが従来からの戸籍の実務であったが、これを踏襲している。

ところで、胎児認知について、改正前の旧法例のもとでは、その成立要件の配分的適用により、認知者および母の本国法上の双方に胎児認知の制度がある場合にはじめて成立が認められるものであった。しかし、改正後の法例はその18条1項・2項の規定及び通則法29条1項・2項の規定（準拠法の選択的連結制の導入）により、認知する者の本国法または子の本国法のいずれかによって認知できることになったので、結局胎児認知は、認知の当時の父の本国法または母の本国法のいずれの法律によってもすることができることとなった。もっとも、父の本国法による場合には、認知の当時の母の本国法上第三者の承諾または同意のあることを認知の要件とするときは、これをも備えなければならない（通則法29条1項後段）。

(ア) **日本人母の胎児を外国人男が認知する場合の戸籍の処理** 母の本国法である日本民法を準拠法とする場合には、同法783条の母の承諾が、母の本国法上の第三者の承諾または同意の要件に該当するものと解されているので、その要件を具備するときは胎児認知の届出を受理できる。この場合、届書は受理地である母の本籍地に保管し（戸61条）、出生子は生来的に日本国籍を取得する（国2条1号）ので、胎児認知届書と出生届書を一括して処理する。すなわち、子を母の戸籍に入籍させ、子の身分事項欄には出生事項および胎児認知事項を記載することとなる（参考記載例21・30の準用により、胎児認知事項には父の国籍、氏名、生年月日をも補記する）。

(イ) **外国人母の胎児を日本人男が認知する場合の戸籍の処理** 認知者の本国法である日本民法を適用することにより母の承諾を要するが、この要件を具備するときは胎児認知の届出を受理できる。この場合、届書は2通提出させ、うち1通を父の本籍市町村で保管し、後日の出生届書と一括して処理する（昭29・3・6民事甲509号回答）。すなわち、子は生来的に日本国籍を取得する（国2条1号）が、嫡出でない子であるので、父の氏を称する（父の戸籍に入籍する）ことにならない。そのため子は新たな氏と本籍を設定して新戸籍を編製することになる（戸22条、昭29・3・18民事甲661号回答）。子の身分事項欄には出生事項および胎児認知事項を記載し、父の身分事項欄に胎児認知の旨を記載する（参考記載例20・21の準用により、子の出生事項には母の国籍、生年月日をも補記する）。

囲1 日本人男からされた中国人女と婚姻中の同国人女の胎児を認知する届出について、中国法における事実上の嫡出推定（婚生推定）が及ぶので受理すべきでないとされた事例がある（平9・2・4民二197号回答）。

認知の届出を受理できるとされている。さらに、外国人父の本国法が事実主義を採用している場合の嫡出でない子の出生届、または同出生届の追完届〔→ №190「事実主義法制による非嫡出子出生届と戸籍の処理」みよ〕により父の氏名が日本人子の戸籍に記載されていても、前述のとおり事実主義の法制が認知の妨げとならないので認知の届出を受理できるとされている。もっとも、認知の裁判が確定して戸籍法63条の報告的認知届により日本人子の戸籍に父の氏名が記載されているときは、裁判手続により父子関係が確定し、その効力も生じ、真実性が担保されていることから、創設的認知届を受理する必要はないので、この場合は認知届を受理できないものとされている。

　ところで、被認知者（子）の本国法である日本民法上の認知の要件が当事者双方に備わっていない場合、たとえば、日本人子が生来の推定嫡出子または特別養子である場合において、認知者たる外国人の本国法により認知することができる旨の外国官憲の証明書、または準拠法文の出典を明示した外国官憲の認証あるものを添付した創設的認知の届出があったときは、通則法42条（公序）の規定の適用が問題となるので、管轄局の指示を求めたうえで処理すべきものとされている。

　なお、本項首題の認知届書の審査については、外国人父の国籍証明書および日本人子の戸籍により行うことになるが、戸籍の記載は、外国人父からの認知の届出により子の身分事項欄に参考記載例30により、また、父の本国法が事実主義を採っているとして、さきに嫡出でない子の出生届により父の氏名、国籍、生年月日などが記載されている場合は、単に「平成弐年拾月参日父認知届出㊞」の例により記載すれば足りるとされている。

(2)　**子が外国人である場合**　認知の準拠法は、子の本国法である外国法を選択できるので、同国法上認知することができる旨の同国官憲の証明書または準拠法文の出典を明示した同国官憲の認証あるもの並びに子の国籍証明書・出生証明書を添付した創設的認知の届出があった場合は受理できるし、また、認知する者の本国法をもって準拠法とすることもできるので、外国人子を外国人男が認知する場合（日本人男が認知する場合は日本民法によるが）、認知者たる外国人の本国法により認知することができる旨の同国官憲の証明書または準拠法文の出典を明示した同国官憲の認証あるものと、子の本国法上の保護要件を満たしている旨の同国官憲の証明書並びに子の国籍証明書・出生証明書の提出があった場合も同様に受理できるとされている。

　なお、外国の法制が明らかでなく、要件具備証明書の添付もないときは、市町村長は、認知者から要件具備証明の得られない旨の申述書を徴して、管轄庁の指示を求めて処理することとなる。もっとも、外国法が韓国法である場合には、準拠法文の出典を求めるまでもなく、同国法の要件調査が可能であろう。また、戸籍の記載について、外国人子を日本人父が認知した場合は、父の身分事項欄に参考記載例19に準じ、「平成参年七月拾日国籍フィリピン共和国アーティアート、サムエル（西暦千九百九拾年壱月弐拾日生母アーティアート、ミラー）を認知届出㊞」の例により記載することとなる。また、当事者双方が外国人である場合は、戸籍がないので戸籍の記載を要しないが、その届書そのものを受理市町村で50年間保存し（戸規50条）、届書の閲覧、届書の受理証明または記載事項証明など

2条1号の適用を認め，子は生来的に日本国籍を取得すると解するのが相当である」とする平成9年10月17日最高裁第二小法廷判決がなされたところ，戸籍事務の処理として「特段の事情」の有無は慎重に審査すべきものとの立場から，このような届出があった場合は，市町村長は管轄局の長の指示を求めて処理することとされている。また，管轄局の処理としては，特段の事情の有無の確認すべき点の詳細な調査と市町村長に対する指示要領が通達されている（平10・1・30民五180号通達）。

囲 〔→ No.285の【3】「改正国籍法2条1号の適用範囲」の囲1～4，511～515頁みよ〕

【3】 日本人が外国人に認知された場合　旧国籍法では，日本人が外国人に認知されたことによってその外国の国籍を取得したときは，原則として日本の国籍を失うものとされていた（旧国23条本文）。ただし，日本人たる被認知者が日本人の妻，または入夫（夫婦国籍同一主義による），養子（親子国籍同一主義による）である場合は除外された（旧国23条但書）。また，とくに男子は兵役の義務に服すべき期間は除外された（旧国24条1項）。このように旧国籍法では，認知により原則として日本国籍を失うものとされていたが，現行国籍法では，親子国籍独立主義の立場から，認知をもって日本の国籍喪失の原因にはならないとされている。したがって，外国人に認知された日本人が，その外国の国籍法によってその国の国籍を取得したときは二重国籍となる。この場合，日本の国籍を脱し，外国籍のみとなるには，日本の国籍離脱を法務大臣に届出しなければならない（国13条）（囲）。

また，日本国籍を選択するには，外国国籍の離脱のほか，日本国籍の選択宣言をしなければならない（国14条2項）。

囲　朝鮮人男に認知された日本人女の非嫡の子は，出生の時に取得した日本国籍（国2条1号）のほかに，認知によって韓国国籍を取得するので重国籍となる（現行大韓民国国籍法3条2号）。ただし，1962年（昭和37年）11月21日以降（大韓民国国籍法一部改正1962年11月21日法律1180号，同法同条2号本文）は，認知されてから6か月以内に原国籍（日本国籍）を喪失しないときは，その期間経過とともにいったん取得した大韓民国国籍を喪失することになる（1963年9月30日法律1409号一部改正～現行韓国国籍法12条7号）。この場合は，被認知者が日本国籍のみであるから日本の国籍の離脱届出はできない〔→ No.293「届出による国籍離脱」みよ〕。

No.193
渉外認知と戸籍の処理

【1】 創設的認知届　(1) 子が日本人である場合　認知の準拠法は，子の本国法である日本法を選択できる（通則法29条2項）ので，日本民法上の認知の要件が当事者双方に備わっている場合は，認知する者が外国人であっても，準拠法たる日本法のみにより認知の届出を受理することができる。また，戸籍の実務上は認知する外国人男の本国法が事実主義を採用している場合であっても，同法制は出生という事実によって法律上当然に非嫡出親子関係が成立するための前提として，認知を要しないとしているにすぎないもので，認知を積極的に排斥しているものではないこと，むしろ，認知が親子関係の確定に有力な証拠となること，認知主義を採用している国（日本民法777条）でも，認知するための要件上，事実主義による父子関係の確定が認知の妨げにならないということなどを考慮して，

No.191 渉外認知の効力

子の認知の成立の要件(通則法29条1項・2項)を具備し、その認知という身分行為が成立すると、そこに非嫡出親子関係が形成される。この認知された子が親子関係を形成したことに伴い法律上どのような身分を取得するのかという問題がある。たとえば、その認知された非嫡出子は、嫡出子に準じた身分(準正子)を取得するのか、あるいは非嫡出子の身分にとどまるか、また、その身分の取得には遡及効を有するのかという問題がある。このことについての準拠法の規定を設けていないが、通則法29条1項の「嫡出でない子の親子関係の成立は」、または同条2項に「子の認知は」と規定し、認知の成立の中に認知の直接的効果であるところの、いかなる身分を取得するのか、その身分取得は遡及効を有するか等は含まれるものと解されている。もっとも、この形成された非嫡出親子関係に基づく親子間の権利義務関係の準拠法は、たとえば親権関係については通則法32条の規定により、また、相続関係については、通則法36条の規定によることとなる。なお、相続等の関係で先決問題として非嫡出親子関係が問題となる場合は、認知の成立そのもの、または事実主義の準拠法によることとなる。

ところで、認知の成立すなわち効果につき、その準拠法を出生当時の親の本国法、認知当時の親の本国法または認知当時の子の本国法のいずれによることもできることとされているので、それぞれの法律が認知の直接的効果について異なった定め方をしている場合に、いずれの法律によるべきかが問題となる。この点は、子の利益のために複数の法律の選択を認めた趣旨から、一般的に子にとって最も利益となる効果を生ずる法律によるのが適当であると解されている。

次に、認知された子の氏がどうなるかの問題について、それが認知の効力の問題であると解するとしても、戸籍の実務は、日本人が外国人を認知した場合、その外国人は当然には日本国籍を取得しないから、日本民法上の氏を称することにならない。他方、日本人が外国人に認知された場合、その認知された日本人は当然には日本の国籍を喪失しないし、また、外国人父は日本民法上の氏を有していないから、かりに当該外国人父の本国法によれば父の氏を称することとなるとしても、日本民法上の氏はそのまま変わらない(昭36・1・20民事甲183号回答)。もっとも、戸籍法107条1項・4項の適用があるので、家庭裁判所の許可を得て外国人父の氏(呼称上の氏)に変更することができる。

No.192 渉外認知による国籍の変動

【1】 日本人が外国人を認知した場合 旧国籍法(明治32年法律66号)では、外国人が日本人によって認知されたときは原則として日本の国籍を取得するものとし、いわゆる親子国籍同一主義を採っていた(旧国5条3号・6条)。しかし、現行国籍法(昭和25年法律147号、同年7月1日施行)では、認知による日本国籍の取得を認めていないので、いわゆる親子国籍独立主義を採っているものといえる。

【2】 日本人男が外国人母の夫の推定嫡出子につき認知の届出をした場合 「客観的にみて、戸籍の記載上嫡出の推定がされなければ日本人である父により胎児認知がされたであろうと認めるべき特段の事情がある場合には、右胎児認知がされた場合に準じて、国籍法

知の準拠法についていわゆる配分的適用をしていたため，日本人である非嫡出子と外国人父の法律上の親子関係は，日本民法に定める認知を必要としたが，この改正によって，従前の認知主義による父子関係の成立のほか，事実主義（生理上の父子関係がある場合には認知を要件とすることなく，法律上の父子関係を認める法制のことをいう。→ №189「国際非嫡出親子関係の成立（事実主義法制と認知の準拠法）」みよ）による父子関係の成立も認められるようになった。

　そこで，婚姻関係にない日本人女が，事実主義を採用している外国人男の子を出生した場合，届出義務者たる母が事実上の父を明示した嫡出でない子の出生届をしてきたときの取扱いは，次のとおりとなる（平元・10・2民二3900号通達第3・2(2)）。もっとも，この取扱いは，非嫡出子出生届に父の氏名が記載されていない場合にまで，父の本国法などを積極的に審査すべき義務のあるものではないとされている。

(1)　母からの非嫡出子出生届の届書中父欄に父の氏名の記載があること。

(2)　出生届書の「その他」欄に父の本国法が事実主義を採用している旨の記載があること。

(3)　届書の添付書類として，

①　父の国籍証明書（本国官憲の発給した国籍証明書のほか，旅券を含む），

②　事実主義が採用されている旨の証明書（これは必ずしも本国官憲の発給したものでなくても，父の本国の法律につき出典を明示した上，その写しを関係者が訳文し，当該国の法律の写しである旨を証明したもので足りる），

③　外国人父が当該出生子の父であることの証明書（父の申述書，父の署名ある出生証明書，父の本国官憲の父子関係証明書など）が必要である。

(4)　出生子の国籍　このような出生子は，従来どおり日本人母の非嫡出子として日本国籍を取得する（国2条1号）ので，母の氏を称し，母の戸籍に入ることとなる（民790条，戸18条2項）。

　なお，外国人父の本国の国籍立法が血統主義を採用している場合は当該出生子は重国籍者となり，国籍の選択を一定時期までにしなければならない（国14条）。また，当該出生子が国外で生まれた場合は，国籍留保届をしなければ，日本国籍を失うこととなる（国12条）。

(5)　以上により受理した届書に基づき，子の戸籍中父欄に外国人父の氏名を記載し，身分事項欄の出生事項の記載は，参考記載例13の例による。

(6)　本事案で当初の嫡出でない子の出生届に父の氏名が記載されないまま，母の戸籍に入籍している子について，その後母から外国人父の本国法が事実主義の法制である旨の関係書類（前記(3)の書面）を添えて，さきの出生届に父の氏名を記載する旨の追完届があった場合は，これを受理して子の戸籍に父の氏名を記載することとされている。この場合の戸籍の身分事項欄の記載は，参考記載例14の例による。

証書も散見される（特に，地方の公証処において発行される公証書には，そのような例が少なくない）。
　　そのような場合には，関係証拠等を総合考慮した上で事実関係の認定を行うことが必要であるといえよう。」

(3)　**フィリピン**　同国家族法（2004年改正）第175条によると非嫡出親子関係は，嫡出子の父子関係と同様な方法と証拠により生ずるものとされ，その内容は第172条において登録所で出生登録をすること，公文書又は父母が署名した私文書で親子関係を自認すること，などによって父子関係が確定するものとされているようである。

(4)　**カナダ**　同国オンタリオ州法（1980年改正）によると，「蓋然性の優越により，反対の立証がされない限り，次に掲げるいずれかの場合には，当該男性は，子の父であることが承認される。……　四　その男性が子の出生時にある程度永続的な関係でその子の母と同棲していた場合または当該同棲の終了後300日以内に子が出生した場合」と規定され（同法第8条1項・4項），このような事実が確認されれば，当該出生子と父との間に父子関係が出生時から形成されているものとみられている。もっとも，この場合，複数の父性の推定が成立する状況にある場合には，いずれの推定も成立しないで，いずれの男性も父であることが法律上承認されないとされているようである。

(5)　**ニュー・ジーランド**　同国には認知に関する法制はなく，同国準正法（1939年法律12号）によると，「父母が婚姻したすべての非嫡出子は，本法の成立の前後を問わず，出生の時から婚姻によって嫡出子とみなされる。」とされているので，父母婚姻によって子はその父との関係が当然に形成されるものと解されている（昭52・10・6民二5118号回答）。

【3】　**認知の準拠法**　認知に関する準拠法については，①　子の出生当時の認知すべき者の本国法（通則法29条1項）を原則的な準拠法とし，このほか，②　認知の当時の認知すべき者もしくは，③　子の本国法も準拠法とすることができる（同条2項中段）こととし，いわゆる選択的連結制を導入して，認知はできるだけ容易に認め，親子関係の成立をよりたやすくすることとしている。さらに，子の利益の保護を図る観点から，認知する者の本国法による場合において，認知の当時の子の本国法が，その子または第三者の承諾もしくは同意を認知の要件とするときは，その要件も備えなければならないものとされている（同条1項後段・2項後段）。なお，認知する者（例，父）が死亡した場合のほか，子が死亡した後の認知をする場合（日本民法783条2項）の関係者の本国法代置の補助規定も定められている（同条3項）。

No.190
事実主義法制による非嫡出子出生届と戸籍の処理

　平成2年1月1日施行の改正法例によれば，非嫡出親子関係である父子関係と母子関係は，それぞれ子と父との関係については子の出生当時の父の本国法により，また，子と母との関係については，子の出生当時の母の本国法によることとされた。そして，この準拠法の定め方が通則法29条1項前段に受け継がれている。この改正前は，認

実によって親子関係を生ずる法制であると解されている。平成8年3月法務省民事局付岩井伸晃氏の調査によれば，以下のとおりである。「中国は，事実主義の法制を採っており，父子関係の存在は，当事者間に争いのない場合には，父母の供述，鑑定書等によって認定され，その旨の公証書（囲）が発行されるが，当事者間に争いのある場合には，人民法院における父子関係存在確認等の裁判によって認定される」ことが確認されている。したがって，「戸籍実務においても，①　中国人男と日本人女の間の嫡出でない子の出生届及び戸籍には，父欄に父の氏名を記載する。②　中国人男と日本人女の間の嫡出でない子は，父母が婚姻したときは，当然に嫡出子の身分を取得する（嫡出子の身分取得）。③　中国人男と日本人女の間の中国で出生した嫡出でない子については，出生の時点で中国人男との間に法律上の父子関係が成立するため，我が国の国籍法2条1号の解釈としては，日本国籍とともに中国国籍を取得するので，出生による日本国籍を取得するには国籍留保の届出が必要となる」と解されている〔出生届書の取扱い→No.190みよ〕。一方，台湾に施行されている中華民国民法では，親子関係の成立に生母子関係は認知を要しない事実主義であるものの，生父子関係は認知主義が採用されている。もっとも，生父（すなわち，血縁上の父）が養育したときは，認知とみなされたり（同法1065条），婚姻外の子であっても，その生父と生母が婚姻したときは，認知をまつまでもなく当然に嫡出子とみなされている（同法1064条）など事実主義に近くなっている。

　囲　中国公証処における公証（司法部所管）の組織・手続（戸籍誌649号15頁・16頁）

　「我が国の公証人役場に相当する公証処は，親族的身分関係全般について，当事者の立証に基づいて特定の事項を証明する公証書を発行する権限を有する（公証暫定条例4条4号から7号まで）。もっとも，親族的身分関係に関する事項のうち，公証が義務づけられているのは，外国人が中国人を養子とする場合（中国養子縁組法21条。公証が縁組の成立要件とされ，公証日から縁組が成立したものとされる。）のほか，中国人が中国人を養子とする場合のうち，民政部門における登記を要しない場合において養親となる者又は養子を送り出す者が養子縁組の公証を要求するとき（同法15条——この場合の公証は縁組の成立要件ではない）に限られており，それ以外の広範な事項については，公証人が，当事者の依頼に基づき，各種の行政手続等において必要とされる要証事実の公証に応じているものである（公証の基礎は，依頼者の提示する証拠資料に依拠することになる）。

　要するに，公安部所管の戸口登記機関（戸口簿）又は民政部所管の婚姻登記管理機関・養子縁組登記機関による証明（結婚証，離婚証，収養証，解除収養証）の対象にならない各種の親族的身分関係（例えば，嫡生でない子の父子関係，事実婚による夫妻関係等）に関しては，人民法院の裁判以外の証明手段が制度上排斥されていない限り，裁判書を除き，公証処の発行する公証書が唯一の証明手段となっており，戸籍・国籍実務において多種多様な公証書が頻繁に見られるのも，このためにほかならない」（付）。

（付）　「このように，公証の対象や証拠方法が法律上明確に制限されておらず，依頼者の多様な要望に基づき，依頼者の提示する証拠資料に依拠して公証人の裁量によって公証書が発行されることから，我が国の戸籍実務においては，時折その証明力に疑義のある公

No.189
国際非嫡出親子関係の成立（事実主義法制と認知の準拠法）

【1】 非嫡出親子関係の成立一般　父母の婚姻が先行した場合には，その間の子には出生と同時に法律上の親子関係が認められる。嫡出子と非嫡出子とを分けている法制の下では，この関係を嫡出親子関係と称している。本稿においては，分り易さのため，各国の法制のいかんを問わず，この関係を嫡出親子関係という。これに対し，婚姻関係にない男女の間に生まれた子は，嫡出でない子または非嫡出子といい，その子とその父または母との間が国際的（渉外的）である場合に，生理上存在する父子関係，母子関係が法律上も親子関係として認められるときに国際非嫡出親子関係が成立する。各国の法制には，非嫡出親子関係の成立について，非嫡出子とその父または母との間に事実上の血縁関係が存在するだけでなく，父または母が自己の子であるという積極的な意思表示（認知）を必要とするいわゆる認知主義がある。これに対し，非嫡出子とその父または母との間に血縁関係が客観的に存在すれば，父または母が自己の子であると認めるまでもなく，出生の時点で当然に法律上も非嫡出親子関係の成立を認めるという，いわゆる事実主義とがある。

このように，非嫡出親子関係の成立には，出生という事実によって生ずる法制（後述【2】）と認知によって生ずる法制とがあるが，わが国の民法上は認知主義（民779条）であって事実主義については規定していない。通則法29条1項では，非嫡出親子関係の成立の準拠法につき，子と父との関係については子の出生当時における父の本国法により，また，子と母との関係については子の出生当時における母の本国法によることとされている。したがって，父の本国法が出生という事実のみにより父との非嫡出父子関係の成立を認めているときは，わが国でも，法律上の父子関係の成立が認められる。これは，出生による非嫡出親子関係の成立が，多くの国で一定の身分関係を確認するひとつの制度として認められていること，わが国の裁判所等において出生による非嫡出親子関係の存否が確認され，それに基づき父の氏名を戸籍に記載することを認めることは子の利益になり得ること等の理由で立法されたものである。つまり，わが国でも，生理上の外国人父の本国法上に事実主義が採用されている場合には，その事実上の父子関係を法律上の非嫡出父子関係として認容するというものである。

【2】 事実主義を採用している国　(1)　日本　わが国の民法上は法律上の非嫡出親子関係の成立について，父子関係，母子関係のいずれも認知主義をとっている（民779条）が，母子関係については分娩という事実があれば法律上も親子関係の成立を認める（昭37・4・27最高裁判決〔民集16巻7号1247頁〕）ことから事実主義であるとみられている。なお，父の認知行為という積極的な意思表示がなくとも，父と子の血縁関係に基づき裁判による認知の制度が存在する（民787条）。これは事実主義に近いが，裁判の確定を必要とするところから，事実主義の範ちゅうには入らないと解されている。

(2)　中国　中華人民共和国婚姻法上は，認知に関する規定は見当たらない。しかし，同法上では，生父子関係，生母子関係をもって法律上の親子関係として権利義務の関係を規定されていることから，父母からの認知という意思表示をまつまでもなく，出生という事

㊄ 取消しと撤回＝「取消」はひとまず発生している法律行為の効力を，あとから行為の始めにさかのぼって消滅させることであるが，いわゆる「撤回」は，意思表示そのものとしてはすでに効力を生じているが，その意思表示が相手方に到達しないで，まだ法律行為としての効力を生じていない間に法律行為としての効力の発生を任意に将来に向かって阻止するための意思表示をとくに講学上に「撤回」と呼ばれ，原則的な取消しと区別して用いられる。

ところで，一方的な意思表示で，法律上の効力を生ずる任意認知は，もはや撤回の余地はないものと解されるから，民法785条の規定がなくとも，撤回の許されないことは当然であるとも解される（注釈民法228頁）。

【5】 認知取消の主張　認知の取消しは，身分関係の基本である親子関係の否定にかかわる重大な問題であり，その結果を公示する戸籍の訂正をすることになるので，裁判外で取消しすることは認められていない。したがって，認知の取消しを主張するには，裁判上（訴えまたは調停申立）ですることが必要である。

【6】 認知の無効または取消しの裁判手続　(1)　無効，取消しの主張方法　裁判上で無効または取消しの主張をするには，まず，相手方の住所地または当事者の合意で定める家庭裁判所へ調停の申立てをし，無効または取消しに関する合意に相当する審判を求める（家事法277条）。当事者に合意が得られないこと等の理由で，この審判が得られない場合には，子の住所地の家庭裁判所に認知の無効または取消しの訴えを提起することになる（人訴2条，4条，30条）〔→№172の【2】(5) 272頁みよ〕。

(2)　訴えの当事者　認知の無効または取消しの裁判手続の当事者は次のとおりである。(ｱ) 原告（または調停申立人，以下同じ）が被認知者である場合，被告（または調停の相手方，以下同じ）は認知者である。

(ｲ)　原告が認知者である場合，被告は被認知者（子が死亡している場合はその直系卑属）である。

(ｳ)　原告が第三者である場合，被告は認知者・被認知者（一方が死亡している場合は生存者）である。

(ｴ)　原告が被認知者である場合において，被告となるべき認知者が死亡しているときは，人事訴訟法12条3項の規定により，検察官を相手方として訴えの提起ができる（この場合は，調停の申立てをすることなく，直ちに訴えを提起すべきである。）。

【7】 認知の無効または取消しの裁判確定と戸籍の処理　認知の無効または取消しの裁判（判決・審判）が確定すると，認知は当初にさかのぼって無効となり，父子関係は消滅する。この効果は，当事者だけでなく第三者にも及ぶ（人訴24条）。したがって，公簿たる戸籍を訂正するため，調停の申立人または訴えの提起者は，審判または判決の確定した日から1か月以内に，その裁判（判決・審判）の謄本を添えて戸籍訂正の申請をしなければならない（戸116条）。また，訴えの相手方も訴え提起者が戸籍訂正の申請をしないときは，申請できる（戸117条）。戸籍訂正の記載の振合いは，戸籍法施行規則附録7号法定記載例「戸籍訂正」の例に準じてすることになる。

【参考文献】　①中川善之助「注釈民法22の1」227頁以下，②阿川清道「親子法」45頁以下（雑誌「民事研修」抄），③青木義人・大森政輔「全訂戸籍法」

きもの」という立場から，戸籍法113条もしくは114条によって戸籍訂正許可の審判をした例がある（昭46・2・27札幌家裁審判〔家月23巻11号・12号118頁〕）。

（イ）前記【2】無効原因のうち，(2)については，次に掲げるように，戸籍先例，判例ともに，おおむね当然無効の立場（①・②・③・⑤の例）である（ただし，②の例は形成無効説であるが，問題がある。）。戸籍法62条の嫡出子出生届や庶子出生届は，法律上，出生届に認知の効力を認めるものであって，認知行為自体は存在しないので，その法的効力を否定するためには，形成判決でなく，裁判上，無効が確認されれば，それで足りるとするものであろう。なお，④の審判は，認知無効の方法でも差し支えないとするものであって，当然無効の立場と矛盾するものではない。

① 先例要旨「甲乙夫婦の婚姻前の子として戸籍法62条の嫡出子出生届があった長男丙について，他男丁との間に父子関係存在確認の裁判が確定した場合は，戸籍法113条の手続により父甲，長男丙に関する戸籍の記載を訂正できる」（昭25・7・21民事甲1951号回答）。

② 先例要旨「旧法中庶子出生届により父甲の戸籍に入籍している乙と，事実上の父丙との間に認知の裁判が確定し，これに基づく戸籍法116条の戸籍訂正申請によって乙の戸籍を消除した戸籍はそのままでよい」（昭36・9・11民事甲2204号回答）。

③ 先例要旨「朝鮮人男甲日本人女乙夫婦の婚姻前の子として戸籍法62条の嫡出子出生届があった丙について，甲丙間に父子関係不存在確認の裁判があった場合，丙を母乙の非嫡出子として出生届ができる」（昭37・10・2民事甲2818号回答）。

④ 審判要旨「戸籍法62条の嫡出子出生届により父子関係の戸籍記載がある場合には，認知無効の審判をすることができる」（昭34・12・24横浜家裁審判，田中加藤男「親子法」85頁）。

⑤ 審判要旨「戸籍法62条の嫡出子出生届をした父が，真実の父でない場合においては，認知の効力を生じないから，その場合の父子関係を否定するためには，認知無効の裁判によらず，親子関係不存在確認の裁判によりうる」（昭35・7・29大阪家裁審判）。

【4】 認知取消の原因　人事訴訟事件としての認知の取消しについては，人事訴訟法2条2号または家事事件手続法277条に規定されているが，民法785条には「認知をした父又は母は，その認知を取り消すことができない」と規定している。この認知を取り消すことができないという趣旨については，従来の通説は，これをいわゆる「撤回（囲）」することができないという趣旨と解し，詐欺，強迫などによる認知をした者は瑕疵ある（完全でない）意思表示として取消しできるものと解していたようである。しかし，近時の通説は，民法785条の「取消」は文字どおりの原則的取消を意味し，認知者は撤回も取消しもできないと解するようになっている。もし，真実に反する認知の場合は，認知者は民法786条の利害関係人として，無効の主張ができるとしている。したがって，最近の通説の中には認知の取消しはまったくあり得ないという考え方と，認知について一定の者の承諾を要する場合（民782条・783条）に，これを欠いた認知は承諾権者から取り消すことができるという考え方がある（この場合も，無効の主張をすべきであるという考え方もある）。

ない。

【3】 **認知無効の主張** (1) **当然無効** 前記の無効原因のうち、(3)ないし(7)については、当然無効であるという解釈で異論はない。当然無効の場合には、訴え（裁判上）によらなくても無効であることを主張できるから、戸籍の訂正処理はいつでも戸籍法113条もしくは114条の手続によりできることになる（大10・3・18民事1051号回答、昭26・2・8民事甲172号回答、昭30・5・11民事甲908号回答）。もっとも、認知無効の裁判を得た場合には、もちろん直ちに訂正処理ができる。また、当然無効の主張は、別の訴訟でも無効の主張が許される。たとえば、遺産相続に関する訴訟で、認知そのものの無効の裁判がなくても、父子関係が存在しないことを理由にして相続回復の請求をすることができるわけである。

(2) **当然無効か、形成無効か** (ア) 前記無効原因のうち、(1)の真実に反する認知の場合についても、当然無効であるとする見解がある（主に民法学者の説）。これに対し、当然無効でなく、認知無効の裁判（人事訴訟法による裁判のほか、合意に相当する審判（家事法277条）を含む）によって、はじめて当初にさかのぼって無効となるいわゆる形成的の無効であるとする見解がある（主に民事訴訟法学者の説）。

この両説の差異は、戸籍事務の取扱いの面に大きな影響がある。すなわち、当然無効であるということになると、前述のとおり、認知者が真実の父でなければ、いつでも判決（対立当事者によるところの確定判決と同一の効力を有する審判を含む）によらないで、非訟事件として対立当事者のない利害関係人のみの申立によって審理される戸籍法113条もしくは114条の手続で戸籍訂正をすることができる。これに対し、形成無効であるということになると、認知無効の裁判がない限り、戸籍面が真実の父子関係とは異なっていても、法律上の父子関係はくつがえされないから、単に戸籍法113条もしくは114条の手続のみでは戸籍の訂正ができないことになる。つまり、認知無効の裁判による戸籍法116条の戸籍訂正申請でなければ、戸籍の訂正は許されないわけである。

以上のことについて、戸籍の先例および判例の態度は、次のように形成無効の立場をとっている。

① 先例要旨「認知届が真実に反するとして、戸籍法114条の手続による戸籍訂正申請があっても、認知無効の裁判によるべきであるから、その申請は受理できない」（昭34・6・11民事甲1238号回答）。

② 大審院判決「認知カ真実ニ反スルトキト雖其ノ認知ハ当然無効ニ非ス子其ノ他ノ利害関係人ニ於テ訴ヲ以テ之ヲ主張シ其ノ認知ノ無効ナルコトヲ宣言スル判決アリテ始メテ其ノ認知ハ当初ヨリ無効トナルモノナルヲ以テ認知カ真実ニ反スルコトヲ理由トスル認知無効ノ訴ハ其ノ性質創設ノ訴ニ属スルモノトス」（大11・3・27大審院判決〔民集1巻137頁〕）。

なお、真実に反する認知届があった場合について、家庭裁判所の審判例は、形成無効の立場から認知無効の審判をするのが大部分であるが、「事実に反する認知は、認知無効の裁判をまたないで、何人もいつでも反対の事実を主張できるとの意味で当然無効と解すべ

いう点に重きをおくと、誤認ないしは故意に真実に反する認知をした場合は、認知としての効力を認めるべきでないということになるので、認知者と被認知者との間に血縁関係の存在ということが認知にとっての効力発生要件であると解され、これを具備しない場合は認知の無効を主張することになる（無効説）。つまり、任意認知という身分行為は、戸籍上の届出という要式行為によって（たとえ、その認知が真実に反する場合でも）形式的に成立するが、その成立した認知行為そのものが、法の目的とする認知として完全に効力を生ずるためには、その父子関係が真実に合致していなければならないという要請から、非真実の認知行為は無効に帰着するわけである。

　今日における通説は、この事実主義に接近した立場にあり、最近では後述のとおり、認知の取消しはまったくあり得ないという有力説もあるようである。

【2】　**無効原因**　(1)　**真実に反した認知届**（戸60条・61条）　たとえば、父が血縁上の父子関係を信じて認知しても、それが誤認であった場合、または血縁上の子でないことを知りながら、あえて子であるとして認知した場合などである。

　(2)　**真実に反した準正嫡出子出生届，庶子出生届**（戸62条，旧戸83条）　たとえば、血縁上の父子関係がないのに、妻の婚姻前の出生子について父として嫡出子出生届をした場合、または、旧戸籍法当時に妻以外の女の出生子について父として庶子出生届をした場合である。

　(3)　**認知者の意思能力を欠いた認知届，認知者の意思によらない認知届**　たとえば、前者は、認知者が精神障害のある状態で認知届をした場合、後者は、認知者が認知を拒否しているのに、被認知者の母が勝手に認知者名義の認知届（虚偽の認知届）を作成して提出したものが受理された場合などである。

　(4)　**亡子に直系卑属がないのにした認知届**（民783条2項）　たとえば、非嫡出子の出生後間もなく認知届をしたが、その子はすでに死亡していた場合、または、直系卑属のある亡子を認知したが、その後に亡子と直系卑属との間に親子関係不存在の裁判が確定した場合などである。

　(5)　**自己または他人の生来の嫡出子になした認知届，認知により他人の子となった者になした認知届**　たとえば、認知がなくとも法律上嫡出子と認められる婚姻後の出生子や、すでに他人との間に認知により法律上の父子関係が成立している場合である。先例として、要旨「非嫡出子丙に対し、第一に甲男から、第二に乙男から、二重の認知届が受理され、戸籍に先ず第二の届出による認知の記載がある場合は、第一の認知の記載をし（父欄の訂正は保留）、第二の認知の記載は、戸籍法114条の手続により、また、これをしないときは戸籍法24条2項により職権でも消除する」（大5・11・2民1331号回答，昭33・10・29民事㈡発509号回答）というものがある。

　(6)　**法定の者の承諾を欠いた認知届**（民782条・783条2項後段）　この場合に取消説の立場からは、取消原因となる。

　(7)　**認知届がない戸籍上の認知の記載**　この場合は、認知そのものが形式的にも不成立で、認知の無効というよりも、認知が本来不存在であるから、認知の効力はまったく生じ

ら子の本籍地の市町村長になされる（家事規134条）。一方，訴えを起こした者，または調停の申立人は，裁判確定の日から10日以内に審判または判決の謄本を添えて（原則として確定証明書をも要するが確定通知が到達しているときはこれを省略できる），認知の裁判確定の旨の届出をしなければならない（戸63条1項）。なお，訴えを提起した者が前記の届出をしないときは，その相手方から届け出ることができる（戸63条2項）。

(イ) 認知届書には，任意認知の届書の記載事項（戸29条・30条・60条）のほか，裁判が確定した日の記載を要する（戸63条）。

(ウ) 届出地は，一般の例により認知者，被認知者の本籍地または届出人の所在地である（戸25条）。

(エ) 戸籍の記載の振合いについては，戸籍法施行規則附録7号（法定記載例17・18）に示されている。なお，亡父に対する裁判認知があった場合の父の戸籍に記載する認知事項は，除籍された父の身分事項欄に記載することとなる。もし，亡父が戸籍の筆頭者で，その配偶者によって転籍がなされている場合でも，死亡当時の戸籍（死亡事項の次行）に記載する（昭36・11・22民事甲2934号回答）。

【参考文献】 中川善之助「注釈民法(22)の1」244頁以下

No.188 認知の無効・取消し（裁判手続と戸籍訂正）

【1】 意義・性質　認知の無効・取消しについては，民法上に直接の規定はないが，民法785条および786条を根拠規定とし，裁判手続では，人事訴訟法2条2号もしくは家事法257条および277条に基づき裁判がなされ，その結果は戸籍の訂正処理をすることになる。

ところで，この認知の無効・取消しに関する民法上の規定と裁判手続の規定との関係が，必ずしも合致していないことから，その解釈・適用については学説・判例の態度が区々にわたっているようにみられる。その見解の分かれているのは，認知の意義・性質を，意思主義（主観主義），もしくは事実主義（客観主義）のいずれに重点をおいて解釈運用するかによって，後述のように取消しまたは無効の主張がなされているようである。すなわち，意思主義とは，嫡出でない子をその血縁上の父が，自分の子であると認めることによって，はじめてその子と父との間に法律上の父子関係が発生するという建前をいい，わが民法の任意認知の制度がこれである。他方の事実主義とは，嫡出でない子とその父との血縁関係が客観的に存在すれば，その父が自分の子であると認める意思いかんにかかわらず法律上の父子関係が存在するという建前であり，わが民法の裁判認知（強制認知）の制度は，この事実主義が加味していることが窺える。

(1) 取消し　任意認知の意義について，意思主義の立場のもとに認知は父の承認行為（意思表示）であるとして，認知者の法的父子関係を成立させる意思に重きをおくと，非真実の認知も届出のあった以上は一応有効であるということになるので，それを当初にさかのぼって無効とするには取消しを主張することになる（取消説）。

(2) 無効　次に，任意認知であっても，子の保護のため，できるだけ事実主義の立場のもとに，認知の意思表示も子が自己の血縁上の子であるという事実の認識が必要であると

から認知の訴えを起こすときは、子の父（祖父）である。この場合において、祖父が意思能力を有しないとき（成年被後見人）は、その法定代理人が代わって相手方となる（昭10・10・31大審院判決〔民集14巻1805頁〕）。

(4) 認知の訴えの提起期間　この訴えの提起期間については、父の生存中は制限がないが、父死亡後はその死亡の日から3年内に限られている（民787条ただし書）。ただし、民法787条但書の認知の訴えの出訴期間は、父の死亡が客観的に明らかになった時から起算すべきであるとされた事例がある（昭57・3・19最高裁第二小法廷判決〔民集36巻3号432頁〕）（囲）。

囲　平成8年10月31日京都地裁判決（認知請求事件）（判例時報1601号141頁、戸籍誌669号53頁）

事実上の父死亡の日から18年以上経過した後に提起された認知の訴えが適法であるとして認知の請求を認容した事例

裁判所の判断（理由）（抄）

「原告にとっては、……太郎を特定しその死亡を知ったのは平成8年3月頃であり、それ以前においては他に認知の訴えを提起する手段がなく、且つ、右提起できなかった事情を全て原告の責に帰すべきものであるとするのも原告にとって酷に過ぎると解される。

本件においては、右事情に加えて、太郎の親戚である丙川春子、丙山夏子及び乙野梅夫も本件認知が認められることを望んでおり、且つ、太郎は、死亡時に生活保護を受けており特に財産を有していなかったこと、原告が本件認知の訴えを提起した理由は、自己の娘の婚姻等に際して、原告の父が戸籍上空欄になっていることにより不利益を受けることがないようにとの親心によるものであること等の事情を総合勘案するならば、本件認知の訴えの出訴期間は、原告が太郎を特定しその死亡を知った平成8年3月頃から起算すべきであると解するのが相当であり、このように解したとしても、本件に限っては、右事情に鑑みるならば、身分関係の法的安定性を害するとまではいえず、よって、本件認知の訴えは適法である。」

(5) 審判・判決の確定　(ア)　家庭裁判所の審判は、調停の申立てがなされ、申立人と相手方間に合意が成立し、さらに家庭裁判所において必要な事実調査のうえ、その合意を正当と認めれば、認知の審判がなされる（家事法277条）。

この審判に対しては、当事者が審判の告知を受けた日から2週間以内に利害関係人から異議の申立がなければ、その審判は確定し、確定判決と同一の効力が付与される（家事法279条）。

(イ)　家庭裁判所の判決は、人事訴訟法による審理の結果なされるが、その判決が当事者に送達後2週間内に高等裁判所に控訴されないときには確定する（民訴116条）。

【3】認知の裁判確定と戸籍手続　**(1) 確定裁判の効果**　認知の審判・判決が確定すると、出生のときにさかのぼって当事者間に法的な父子関係が発生し、親子関係一般の効果（権利義務関係）が生ずる。この確定裁判は当事者のみでなく、第三者に対しても効力を有するので（人訴24条）、それを戸籍に公示する必要がある。

(2) 戸籍手続　(ア)　審判の結果は戸籍に反映するため、裁判の確定通知が家庭裁判所か

主義の立場が重視されるに至ったことが窺える。

【2】 裁判手続 (1) 訴えを扱う裁判所 認知の訴えは、子の住所地（子が死亡しているときは死亡時の住所地）の家庭裁判所に提起すべきものとされている（人訴4条、民訴4条2項）。ただし、この場合も調停前置となり、訴えをする前にまず家庭裁判所に調停の申立てをしなければならない（家事法244条・257条）。したがって、この調停が成立しないとき、あるいは、合意に相当する審判（後述）がなされても、これに対して異議の申立てがあって、その審判が失効したときに（家事法280条4項）、はじめて家庭裁判所に訴えを提起することになる。もっとも、父の死亡後にする認知の請求の場合には、相手方が検察官では合意をすることが適当でないので、合意を前提とする審判（後述）をすることができない。この場合には調停の申立てをすることなく、はじめから家庭裁判所に訴えを提起すべきものと解されている（昭38・2・4民事甲350号回答）。

(2) 認知の訴えを提起できる者 この訴えまたは申立ては、子、その直系卑属、これらの者の法定代理人からすることができる（民787条本文）。これらの問題点について次に布衍する。

(ア) 訴訟能力の問題 子、その直系卑属が未成年者の場合でも意思能力があれば、法定代理人の同意がなくして認知の訴えができる。したがって、これらの者が被保佐人の場合でも同様に保佐人の同意なくして訴えが提起できる（家事法17条・18条）。

(イ) 法定代理人の問題 法定代理人は、本人に意思能力があるときでも、本人を代理して認知の訴えを提起できるものと解されている（昭12・6・29大審院判決〔法律新聞4157号14頁〕、昭43・8・27最高裁第三小法廷判決〔民集22巻8号1733頁〕）。なお、法定代理人たる母が未成年者の場合は、その母の法定代理人が母に代わって認知の訴えをすることになる（民833条・867条、大8・12・8大審院判決〔民録25輯17頁〕）。

(ウ) 胎児による提訴 胎児は出生前であるから特別の定めがない限り、権利の主体となる資格を有しないので、認知の請求権がない。したがって、胎児の母も胎児を代理することはできないものと解しているのが判例・通説のようである（明32・1・22大審院判決〔民録5輯17頁〕）。

(エ) 子の直系卑属の問題 子の直系卑属が提訴できるのは、その子が死亡した場合にのみ認められるべきものと一般に解されている（民783条2項参照、昭5・5・21東京地裁判決〔法律新聞3129号8頁〕）。

(オ) 子の身分問題 民法772条の推定を受ける子は、真実が他男の子（母の夫の子でない子）であっても、嫡出子否認の訴えによって法律上の推定が破られない限り、実父に対して認知の訴えはできない（大5・4・29大審院判決〔民録22輯824頁〕、大7・7・4民1296号回答）。ただし、戸籍面上嫡出推定を受けても実体上は民法772条の適用が排除される場合がある〔→No.167の【3】(5) 258頁、No.169の【2】「訴訟の対象」、No.170の【2】(1)(ウ) 267頁みよ〕。

(3) 訴えの相手方 認知の訴えの相手方は父である（人訴42条1項）。もし、父が死亡した後には検察官が相手方になる（人訴42条1項）。なお、子が死亡後その直系卑属（孫）

【5】 認知準正による戸籍記載 〔→ No.173「準正子」，No.174「認知の効力を有する嫡出子出生届出」みよ〕

　従来，認知によって嫡出子の身分を取得した子（民789条2項）は，父母の氏を称して父母の戸籍に入る（民790条1項，戸18条1項）取扱いであった（昭35・12・16民事甲3091号通達，同日付民事(二)発472号依命通知）。この場合の戸籍の処理は，父と子の双方の身分事項欄に認知事項を記載し，かつ，子については，父母との続柄「男」または「女」とあるを，「長男」または「長女」と訂正のうえ，父母の戸籍へ入籍させていた（旧法定記載例16・17）。

　ところが，昭和62年法律101号による改正民法791条2項の新設（昭和63年1月1日施行）に伴い，父または母が氏を改めたことにより父母と氏が異なることになった子は，父母が婚姻中であるときは，家庭裁判所の許可を得ないで父母の氏を称することができることとされたので，従前の取扱いを改め，準正嫡出子は，当然には父母の氏を称しないものとされた（法定記載例16）。この場合，準正嫡出子が父母の氏を称するには，戸籍法98条に規定する入籍の届出によることとなる（昭62・10・1民二5000号通達第5）。なお，従来から，この被認知者に弟妹があって，すでに「長男」または「長女」として戸籍に記載されている場合には，この認知届によってその弟妹が「二男」または「二女」となる旨を届書に付記し，弟妹の父母との続柄を訂正するものとされている（参考記載例31）。

　認知によって嫡出子の身分を取得した子について，その後，新戸籍を編製し，または他の戸籍に入る場合には，さきになした認知事項を移記する必要はない（戸規39条1項2号参照）。なお，準正子について，父が同居者の資格で出生届をしている場合の出生事項の届出人の資格を「父」と更正されたい旨の申出（認知届書または認知後の申出書に記入）があれば，市町村長限りの職権で更正することが認められている（昭42・5・20民事甲1200号通達）。

No.187
裁判認知（強制認知，裁判手続と戸籍の処理）

【1】 認知の訴えの性質　わが民法は，血縁上の父がみずからの意思で嫡出でない子を認知しない場合でも，親子関係の確定を必要とする場合に，訴えによって父子関係を確定することを認めている（民787条）。これを一般に裁判認知または強制認知と呼んでいる。この訴えの性質については，昭和17年の改正前の民法835条において「……父又ハ母ニ対シテ認知ヲ求ムルコトヲ得」と，父に対して認知の意思表示を求める訴えとして構成されていたことから，多くは給付の訴えと理解されていた。しかし，昭和17年の改正後の民法835条を「……認知ノ訴ヲ提起スルコトヲ得」と改められたことから，法律上の父子関係を創設する形成の訴えと解されるようになっている。この点は最高裁判所の判例でも形成の訴えであると解している（昭29・4・30最高裁第二小法廷判決）。

　なお，父母死亡後の認知の訴えは，従前に認められていなかったものを昭和17年の民法改正の際に検察官を相手方として提起できることになったもので，これを「死後認知」という（人訴42条1項）。この点は客観的事実に基づいて親子関係を確定するという事実

No.186 任意認知による戸籍の処理

【参考文献】 中川善之助「注釈民法(22)の1」

【1】 **戸籍の記載一般** 認知がなされると任意認知であっても、裁判認知であっても、認知者たる父と被認知者たる子の双方の戸籍の身分事項欄に認知の旨を記載する（戸規35条2号）。さらに子の父欄に父の氏名を記載する（戸13条4号）。なお、父が同居者の資格で出生届をしている被認知者について、認知届書または認知後の申出書により出生事項の届出人の資格「同居者」とあるを「父」と更正されたい旨の申出があった場合は、市町村長限りの職権で更正することが認められている（昭49・10・1民二5427号通達）。

旧法当時は、認知により認知者の戸主の同意があれば認知者たる父の家（戸籍）に入る（旧民733条・735条）こととされていたので、認知事項は子の事項欄のみに記載すれば足りた。また、認知者の家の戸主の同意が得られないで、被認知者たる子が父の家（戸籍）に入らない場合でも認知事項は子の事項欄のみに記載する取扱いであった。そのため、父の戸籍から子があるかどうかを探すことができなかったので、現行の認知による戸籍の変動がないとする建前では、認知事項を認知者の戸籍にも記載することとされたものである。

【2】 **認知事項の移記** 被認知者の認知事項は、その子自身について新戸籍が編製され、または他の戸籍に入る場合、その子が嫡出子の身分を取得していない限り、新戸籍または他の戸籍に移記しなければならない（戸規39条1項2号）。ただし、父の身分事項欄に記載されている認知事項は、その父自身の戸籍に変動があっても移記を要しない（戸規同条同項同号反面）。

【3】 **死亡した子に対する認知の記載** この認知は、死亡した子に直系卑属がある場合に認められるもので（民783条2項）、被認知者についてなすべき認知事項は、従前は子の直系卑属の身分事項欄に記載し、死亡した子の身分事項欄にはなんらの記載をしない取扱いであったが（昭33・12・2民事甲2435号回答）、昭和45年7月1日からは、死亡した子の身分事項欄に記載することとされた（参考記載例25）。

【4】 **胎児認知の記載** 胎児認知届がなされても、直ちに戸籍の記載をしないで、届書は胎児の出生に至るまで母の本籍地に保管する（戸61条）。出生届があると出生による子の入籍の記載をした後に胎児認知の旨を記載する（参考記載例21）。この場合、母の本籍地市町村長は、胎児認知届書に出生届書謄本を添えて父の本籍地に送付し、父の身分事項欄にも胎児認知の旨が記載される（参考記載例20）。なお、胎児認知後にその父母が婚姻し子を出生したときは、その子は生来の嫡出子としての出生届をすべきであるから、胎児認知の記載を要しない（大6・3・19民370号回答）。この場合の胎児認知届書は、戸籍の記載を要しない書類として保存すれば足りる（戸規50条）。また、認知された胎児が死体で生まれたときも同様に死産届とともに保存する（戸65条）。この場合の死産届は、戸籍法上のものであり、人口動態調査のための死産届（ポツダム宣言ノ受諾ニ伴ヒ発スル命令〜昭和21年厚生省令42号「死産の届出に関する規程」による）は別になされるべきである（昭23・10・11民事甲3100号回答）。

(ア)　届書には，一般的記載事項（戸29条）のほか，戸籍法60条または61条に規定する事項を記載する。

　(イ)　届出地は，認知者，もしくは被認知者の本籍地または届出人の所在地で，その市町村長に届出を要する（戸25条）。ただし，胎児認知については母の本籍地に届出する（戸61条）。

　(ウ)　届書の通数は，認知者と被認知者とが本籍地を同じくし，本籍地に届け出るときは1通，両当事者が本籍地を異にし，その一方に届け出るときは2通，本籍地外にするときは，前記のほかさらに1通を要する（戸36条）。

　(エ)　添付書類　①　成年の子の認知，胎児もしくは死亡した子の認知には，承諾書を添付するか，または，届書に承諾の旨を付記して署名押印を要する（戸38条1項）。②　認知者が成年被後見人の場合は，従前は認知の性質および効果を理解するに足りる能力を有することを証する診断書の添付を要する（改正前戸32条2項）こととされていたが，これを要しないこととなった（平成11年法律152号により同項を削る）。

　(2)　**遺言の方式による認知**　この方式は，民法960条以下の規定によってなされるもので，その前提として前掲の実質的要件を具備する必要のあることはもちろんである。遺言認知は，遺言者の死亡によって効力を生ずるが（民985条），その効果の発生を戸籍に公示するため，遺言執行者の就職した日から10日以内に，認知に関する遺言書の謄本を添付して市町村長に届出を要する（戸64条）。この届出はいわゆる報告的届出であり，届出地，通数は前掲の届出方式による認知に準ずる。

　(3)　**認知の届出の効力を有する出生届出**　非嫡出子の母と事実上の父が子の出生後に婚姻している場合に，その父からする嫡出子出生届出には認知の届出の効力が付与されている（戸62条）。この場合にも認知の実質的要件を具備することを要する〔→ No.174「認知の効力を有する嫡出子出生届出」みよ〕。

【4】　**認知の効果**　認知によって，認知者と被認知者との間に法律上の父子関係が生ずる。その認知による父子関係の形成は，子の出生の時にさかのぼって生ずる（民784条）。この父子関係の形成によって，父と子を軸とする親族関係を生ずるほか，親権関係，扶養関係，相続関係，その他，各分野にわたる親子間の権利義務関係も律せられることになる。

【5】　**胎児認知と戸籍上の嫡出推定期間内の出生子の処理**　甲男と離婚した乙女の胎児を，離婚後7か月目に丙男が認知し，その胎児が父母離婚後300日以内に出生した場合において，出生後母の前夫甲男との間に親子関係不存在の確認の裁判（囲1），または嫡出否認の裁判（囲2）が確定したときは，さきになされた胎児認知届の効力は認められる。したがって，出生子が前夫甲男の子として戸籍に記載があるときは，前記確定裁判により戸籍法116条の戸籍訂正申請をすることになるが，もし，出生届の届出前であれば，出生届（裁判の謄本確定証明書添付）により，母の嫡出でない子として，または丙男が後夫であるときは，その準正嫡出子として届出ができる。

　囲1　昭和57年12月18日民二7608号回答
　囲2　平成3年1月5日民二183号回答

で認知をすることができる（民780条）。また，この場合とは反対に，父となるべき者が成年被後見人または未成年者でもって意思能力もないときに，その法定代理人があっても，認知行為を代わってすることもできない（昭9・2・12民事甲175号回答）。

(3) **認知される子が成年者であるときは，その承諾を要すること**（民782条） 本来の任意認知は，認知者の単独の承認行為であるから，被認知者の承諾を要しないはずである。しかし，子が成年に達するまでの扶養を要する長い間を経た後に認知するには，その成年の子の承諾を要するものと規定されている。これは，長い間父の保護外におかれた子が，その子の意思を無視されて父の意思だけでは法律上の親子関係は成立しないものとしているのである。つまり，その認知により法律上の親子関係が形成され，子の親に対する扶養義務の発生，その他，子の不利益が生ずるのを考慮し，認知の成否を子の側の意思にゆだねているものである。この承諾には特別の方式はない。

なお，被認知者が成年者で意思能力を有しない成年被後見人であるときの承諾は，その成年後見人により，また，成年後見人が成年被後見人たる被後見人を認知するに成年後見監督人がない場合は，特別代理人によってなされることにより，それが充足されるものと解される（昭45・1・31民事甲464号回答）。

(4) **死亡した子の認知には，その子に直系卑属があること** 被認知者の直系卑属が成年者であるときは，その承諾を要すること（民783条2項）。死亡した子に直系卑属がないときは，死亡した子を認知する実益がないが，直系卑属があるときにその親が認知すれば，その直系卑属との間に法律上の血族関係（祖父と孫の関係）を生じ，自己の死亡後の利益をこれらの者に与える実益があるところから認められている。この場合，これらの直系卑属が成年者であるときは，前記(3)の場合と同様の理由によりその承諾を要するものとされている。

なお，死亡した子を認知した場合，その死亡した子の直系卑属に数人の成年者があるときは，その承諾をした者にのみ認知の効力を生じ，認知の承諾をしない者には認知の効力を生じない。もっとも，後日に認知の承諾があれば，その承諾のときから認知の効力を生ずるが，戸籍にその公示をするため承諾があった旨の追完届を要する。また，もし認知者が死亡後の承諾であれば，その承諾のときから認知の効力を生じ，戸籍にその公示をするためには，承諾者が承諾書を提出することによってすることができるものと解されている（昭7・6・4民事甲250号回答）。

(5) **胎児を認知するには，母の承諾を要すること**（民783条1項） 胎児認知の必要性は，子の出生後では任意認知が期待できないか，または，出生と同時に父子関係を確定する必要がある場合に実益がある。たとえば，胎児認知があれば，父日本人，母外国人間の出生子が出生による日本国籍を取得する（国2条1号）。この胎児の認知には，母の名誉にかかわることが大であり，かつ，真実性の保証のために，その承諾が必要であると解されている。この承諾には特別の方式はない〔→後掲【5】，No.193の【1】(3) 324頁みよ〕。

【3】 任意認知の形式的要件 (1) **戸籍法上の届出による認知** この認知は，市町村長に対する認知届出によって効力を生ずるところの，いわゆる創設的届出である。

ることを基盤とするものであり，認知という意思の表示をもって，その客観的な確認手段として理解されているのである。そこで，血縁上の父と子という関係がある限り，その事実上の父は，その非嫡出子が自己または他人の普通養子になった後でも認知することができる（明32・3・29民刑224号回答）。また，自己の長女の出産した非嫡出子，または，「めい」の出産した非嫡出子でも（この場合にその子の母との婚姻は認められないが），事実上の父である限り，認知することを法律上とくに禁止する規定もないので認められる（昭5・6・5民事611号回答）。なお，特別養子となった者に対する認知は，特別養子の制度上からして認められないと解されている〔→ No.198の【5】「特別養子縁組審判による効果」みよ〕。

このように実体法上には問題がないとしても，戸籍法上の手続面には，次のように認知届出に障害となっている場合がある。

(ｱ) 戸籍上で他男がすでに認知している場合は，事実上の父でもその認知無効の裁判が確定した後でなければ認知届はできない（大5・11・2民1331号回答）。

(ｲ) 虚偽の出生届によって，戸籍上で他人夫婦の嫡出子として記載されている実質上の非嫡出子に対しては，事実上の父でも戸籍の記載を訂正した後でなければ，任意の認知届ができない（昭24・10・7民事甲2286号回答）。ただし，戸籍訂正の前でも実質的な審査がなされる裁判上の認知を請求することはできる（昭7・12・14大審院判決〔民集11巻2323頁〕）。

(ｳ) 民法772条の規定により妻が夫の子と推定される子を出産した場合には，真実が他男の子であっても嫡出子否認の裁判が確定した後でなければ，他男は裁判上でも認知が認められない（大5・4・29大審院判決〔民録22輯824頁〕，大7・7・4民1296号回答）。しかし，妻が戸籍上の夫と婚姻の実体を失っている場合は，戸籍上，一応，嫡出子と推定される子でも，父子関係不存在確認の裁判が確定した後に事実上の父からの認知届が認められる（昭39・1・30民事甲201号回答，昭39・6・15民事甲2086号回答，昭39・2・6民事甲276号回答）。

(ｴ) 婚姻後200日以内に生まれた子が，夫以外の男の子であるときは非嫡出子であるので，非嫡出子としての出生届をし，それを事実上の父が認知届をするのは当然である。しかし，この子の事実上の父が母の夫である場合は，その子は生来の嫡出子であるので，非嫡出子として出生届をしたとしても，それは虚偽の届出であり，その次にその子に対する認知届がなされても認知としては処理できない。この場合には，この子が生来の嫡出子である旨の戸籍訂正の申出書として取り扱うべきものとされている（昭34・8・28民事甲1827号通達）。

(2) **認知者に認知の意思があること** 任意認知は，真実の父みずからの意思に基づいて父子関係を承認する行為であるから，他人の代理行為ではなし得ないものである。したがって，認知者たる父が，たとえ未成年者あるいは成年被後見人で，法律上は完全な行為をする能力を有しない者（民4条・7条）であっても，認知がどのようなことであるかを理解する能力（意思能力）を有すれば，その法定代理人（親権者，後見人）の同意を得ない

出)。また，父を親権者にするには，父母の協議で定めてその旨を市町村長に届出することを要する（民819条4項，戸78条～創設的届出）。もし，父母の協議で定まらないときは家庭裁判所によって定めてもらい，その結果を市町村長に届出する（民819条5項，戸79条～報告的届出）。

【5】 **準正** 嫡出でない子について，父母の婚姻と，父との間に法律上の父子関係が形成されると，その非嫡出子は嫡出子の身分を取得する。これを準正という（民789条）。準正のうち，認知が先行し，その後に父母の婚姻が行われるのを婚姻準正（民789条1項）といい，父母の婚姻が先行し，その後に認知がなされたのを認知準正という（民789条2項）。

【6】 **準正子の氏と親権** 認知または婚姻による準正子は嫡出子の身分を取得するが，昭和23年の当初は当然に父母の氏を称することはないとされていた（昭23・4・21民事甲658号回答）。その後戸籍法62条による嫡出子出生届（準正子）の場合と区別することなく，当然に父母の氏を称するものと解されたが（民791条1項，昭35・12・16民事甲3091号通達，同日付民事(二)発472号依命通知），昭和63年1月1日以降は，前記昭和35年の通達前の取扱いに復するものとされた（昭62・10・1民二5000号通達第5）。なお，準正子は，嫡出子の身分を有するから，未成年者で父母の婚姻が継続している限り，父母の親権に服することになる（民818条1項・3項）〔→No.173「準正子」みよ〕。

【参考文献】 ①岡垣 学「先例判例 相続法」（日本加除出版），②中川善之助「注釈民法(22)の1」，③我妻 栄・立石芳枝「親族法・相続法」

No.185
任意認知（生前認知・遺言認知・胎児認知・死亡児認知）の届出

【1】 **任意認知の性質・態様** (1) **一般** 任意認知とは，強制認知（裁判上の認知）に対する用語で，婚姻外に生まれた子を血縁上（事実上）の父が自己の意思のみによって，自己の子であると認める行為である。そして，認知という行為があって初めて，血縁上の父子関係が法律上でも父子関係として是認されることになる〔母の認知が必要ないことについては→No.183「認知制度」みよ〕。

このように，父みずからの意思によってなされる認知を一般に任意認知と称しているが，その態様には二つの方式がある。すなわち，認知の方式が，戸籍法上の届出という方式をふむことによって成立するものと（民781条1項），遺言の方式をふむことによって成立するもの（民781条2項）とがある。認知者を基準にしてこの前者を「生前認知」というのに対し，後者を「遺言認知」と一般に称している。

(2) **例外** 任意認知は，通常その認知される者が，出生子で現に生存する非嫡出子であるが，特別の場合には「死亡した子の認知」（民783条2項），また，胎児についての認知も認められている（同条1項）。この後者の場合を一般に「胎児認知」と称している。

【2】 **任意認知の実質的要件** 認知の方式が，市町村長に対する届出，あるいは遺言のいずれによる場合であっても，次の要件を具備することを要する。

(1) **認知される非嫡出子と認知する父との間に真実（血のつながり）の親子関係があること** 認知は，養子のような法的・人工的に創設される親子関係ではなく，血縁事実のあ

の子であると認める行為であり，それによってその間の親子関係が法的に確定することになる。その二は，裁判によって父子関係を確定する方法である。認知を血縁上の父がみずからの意思によってのみなすことができるとすると，父が認知の届出をしない限り法律上の父子関係が成立しないこととなり，子の福祉に叶わないこととなるので，その意思に反しても父子関係を裁判により確定するのである（民787条）。一般に前者を任意認知と称しているが，後者をこれに対して強制認知または裁判認知とも呼んでいる〔→ No.185「任意認知」，No.187「裁判認知」みよ〕。

No.184
認知の効果

【1】 法律上の父子関係の形成　認知（任意認知・裁判認知）により，認知者である血縁上の父と被認知者である嫡出でない子の間に，法律上の父子関係が形成される。その父子関係の形成は，認知のときでなく，子の出生のときにさかのぼって生ずる（民784条本文）。このことは，直系卑属を有する死亡した子が認知された場合（民783条2項）でも同様である。ただし，この父子関係の形成が子の出生の時点までさかのぼるとしても，そのことによって第三者がすでに取得した権利を害することはできない（民784条但書）。しかし，この但書の制限は，相続以外のことに局限される。すなわち，民法910条に相続についてだけ例外を定めている。つまり，相続開始後の認知によって相続人となった者は，いまだ遺産を処分されていなければ，当然に他の共同相続人とともにその処分に加わることになるし，もし，認知前に他の共同相続人が遺産を処分していた場合には，民法910条の適用により相続人として相続分に応じた価額のみによる支払いの請求をすることができる（昭41・7・29大阪高裁決定〔家月19巻2号73頁〕）。また，被相続人に直系卑属がないため，その兄弟と配偶者が共同相続をなして遺産分割をしてしまった後，認知の裁判が確定し，配偶者と被認知者が相続人となった場合には，民法910条の規定を類推適用し，認知により相続人となった子は，被相続人の兄弟に対して，その兄弟が相続財産の分割により取得した財産自体の返還を請求することはできないが，その財産の価額の支払請求権を有するものと解されている（昭28・6・18法曹会決議〔新要録114頁〕）。なお，相続登記の実務でも，遺産分割協議書に記載されている該書面作成の日付が被相続人の子としての認知の裁判確定の日より前であれば，その子の同意書またはその子に対する判決を添付することなく，前記協議書により相続登記をすることができるとされている（昭43・7・11民事甲2346号回答）。

【2】 相続人の身分取得　前述のとおり認知によって被認知者は出生のときから認知者の子としての地位を取得し，互いに相続人たり得る地位に立つ（民887条）。

【3】 扶養の権利義務関係　認知による親子関係の形成によって，親と子は互いに扶養する義務を負うことになる（民877条）。扶養義務者が数人ある場合の順序（民878条），扶養の程度および方法（民879条）は当事者間の協議により，またその協議が不調であれば家庭裁判所が定める。

【4】 非嫡出子の氏と親権　嫡出でない子が認知されても，当然にはその子の氏および親権に変更をきたさない。そこで，認知された非嫡出子が父の氏を称するためには，家庭裁判所の許可を得て市町村長に届出することを要する（民791条1項，戸98条〜創設的届

〔新判例体系民法(8) 368 頁〕）。ところが，その後に最高裁判所は，母とその嫡出でない子との法的親子関係は，原則として母の認知をまたず分娩の事実により当然に発生するということを認めている（昭 37・4・27 最二小判〔民集 16 巻 1247 頁〕囲）。

> 囲 （判旨） 母と非嫡出子間の親子関係は，原則として，母の認知をまたず，分娩の事実により当然に発生するのが相当であるから，生母が非嫡出子を認知した事実を確定することなく，その分娩の事実を認定したのみで，その間に親子関係の存在を認めた原判決は正当である（裁判官全員一致）。

そこで，現在では民法上の規定（779 条・780 条・783 条・785 条・787 条・789 条）や戸籍法 62 条の規定中の「又は母」，もしくは「母」という字句を全然ないものとして解釈するということになる。したがって，棄児についても事実上の母が明らかになった場合には，法的な親子関係がすでに出生の事実によって発生しているのであるから，母の認知を要しないということになる。この場合に棄児について出生届出がなければ，通常の出生届をすれば足り（戸 59 条），もし，母子関係について争いがあれば，母子関係存在確認の裁判によって確認すればよいことになる。なお，実務上は戸籍法上に母の認知届を制限する規定もないので，母の任意認知届もあり得るが，これは，その届出によって効力を生ずるものでなく事実の確認であると解される。

【3】 認知の法制 前述のことから，わが国の認知は，嫡出でない子とその自然の血縁の父との関係を法的に確定することをいうことになる。この場合には，嫡出でない子をその血縁上の父が自分の子であると認めることによってはじめて，その子と父との間に法律上の父子関係が発生するということになるが，この建前は意思主義または主観主義ともいわれている。一方，このような意思主義の立場では，意思の主体を欠くような親の死亡後にする裁判上の認知などは許されないはずであるが，わが民法はこれを認めている。ということは，わが民法の建前は，意思主義のみならず事実主義（血縁主義または客観主義ともいわれる）をも加味したものであることが認められる。他方，完全な事実主義のもとでは，嫡出でない子とその事実上の父との間の血縁関係が客観的に存在すれば，その血縁上の父が自分の子であると認める意思とは無関係に，当然に法的な父子関係の存在を認める建前になる。したがって，完全な事実主義を採るとすれば，法的父子関係は認知を前提としないで，血縁事実の証明をすることによって確定できることになるわけである（父子関係について争いがあれば，認知がなくとも父子関係存在確認の裁判によることができるはずである）。しかし，わが民法の建前は，意思主義と事実主義との併用でその中間的のものとみられるので血縁上の父子関係の存在のうえに父の認知がなければ法律上の父子関係は形成されない〔→ No.189「国際非嫡出親子関係の成立（事実主義法制と認知の準拠法）」，No.190「事実主義法制による非嫡出子出生届と戸籍の処理」みよ〕。

【4】 認知の種類 前述のように，わが民法は 779 条に認知の制度を採用しているが，その認知には次の二つの方法をもうけている。その一は，嫡出でない子について，その父が市区町村長に認知の届出をするという，みずからの意思で認知という明確な身分行為をする方法である（民 781 条）。いいかえれば，婚姻外に生まれた子を，その血縁上の父が自己

【2】 認　　知

No.183 認知制度

【1】 **意義**　実親子関係には，必ずその父母と子との間に自然な生理的現実が存在するわけである。ところが，血縁上の母子関係は分娩という事実によって明らかであるが，血縁上の父と子との関係は科学的にも確認し得ないようなものである。ただし，最近の人工授精児は例外である。また一方，母子関係が分娩の事実によって明らかであるといっても，その自然の血のつながりによる親子関係というものを，法律上も当然に親子として認めるかどうかは別個の問題として捉えることができる。たとえば，フランスにおいては，母の関係は，出生証明書の表示により確定するが，なお，認知によっても法律上の親子として認められる（フランス民法典311条の25，316条）。このように各国の家族法は，それぞれの国内事情によって後述の認知主義（意思主義），もしくは血縁主義（客観主義）という相異する法制がある（囲）。わが民法は，嫡出でない子についての親子関係については，自然の血縁による親子関係があることと，法的に親子関係があることとは区別した考え方である。すなわち，父母婚姻中に生まれた子については，その婚姻という前提に基づいて父性推定の制度（民772条）により法的に父子関係を明らかにしているが，婚姻関係にない父母から生まれた子（嫡出でない子）については，婚姻関係にある父母から生まれた子（嫡出子）と異なって，その父が誰であるかを推定することが客観的に見て困難な事柄であり，これが上記の考え方となっている。そして，血縁上の父子関係を法律上の父子関係とするために，認知を必要としているのである。

　　囲　フランス法をはじめとする同法系の国においては認知主義が，またドイツ法をはじめとする同法系の国においては血縁主義が，それぞれ採用されているようである（折茂　豊「国際私法各論」274頁，中川善之助「注釈民法22の1」170頁以下）。

【2】 **母の認知**　民法は，認知について明治31年の民法制定以来，父と母とをまったく区別しないで規定している（旧民827条〜836条，民779条〜789条）。つまり，父だけでなく，母との関係についても，認知がないと法的な親子関係が生じないとする建前である。一方，戸籍法では，民法制定の当初から今日まで，母子関係は出生の事実によって当然に生ずるという前提のもとに母に出生届出の義務を課している（明治31年戸籍法71条2項，現行戸籍法52条2頁）。すなわち，戸籍の実務では，嫡出でない子の保護のために，母との法的親子関係は母の認知をまつまでもなく分娩という事実によってこれを認めるのが望ましいという考え方から，法律上の母子関係も当然に分娩の事実によって生ずるという取扱いがなされている（大5・10・25民805号回答，大7・5・30民1159号回答，大11・3・8民647号回答，大11・5・16民事1688号回答）。

　他方，判例は，母が嫡出でない子を分娩した場合にも母が認知をしない限り，その子と母との法的親子関係は生じないという解釈を長い間とってきた（大10・12・9大審院判決〔民録27輯2100頁〕，大12・3・9大審院判決〔民集2巻143頁〕，昭7・7・16大審院判決

戸籍法62条の嫡出子出生届があった場合，出生子は日本の国籍を取得しないが（国籍法2条各号に該当しない）。認知の届出の効力を有するので，日本人父の戸籍にその旨を記載する必要がある。

その振合いは，次の例（参考記載例19）による。「平成参年七月拾日国籍フィリピン共和国アーティアート、サムエル（西暦千九百九拾年壱月弐拾日生母アーティアート、ミラー）を認知届出の効力を有する出生届出㊞」

なお，この場合の届書は2通提出させ，1通は戸籍法施行規則50条の規定によって市町村に保管し，他の1通は同規則48条の規定により事件の種類として「認知」の部で処理することになるであろう。したがって，父の本籍地が出生届の受理地外であるときは，当該市町村にその届書を送付することになる（戸規26条）。なお，前例において妻が無国籍者で日本で子を出生した場合は，その子は日本国籍を取得するので（国2条3号），父の戸籍に入籍することになる（民789条・790条，戸62条）。

【4】 **外国人父の本国法が事実主義を採用している場合の準正** 通則法29条1項は，前述のとおり嫡出でない子の父子関係の成立につき認知主義によるほか，新たに事実主義（生理上の父子関係がある場合には，認知を要件とすることなく，法律上の父子関係を認める法制）を容認していることから，外国人父の本国法が事実主義を採用している場合（日本人父の場合の本国法は認知主義であるが），日本人母の嫡出でない子は出生という事実によって法律上の父子関係が成立していることになる。この場合の出生届書および戸籍の記載についてはその処理方法が平成元年10月2日法務省民二3900号民事局長通達第3の2(1)に示され，嫡出でない子の戸籍上に父の氏名が記載される〔→ No.189「国際非嫡出親子関係の成立」みよ〕。このような嫡出でない子は，その父母の婚姻により当然に嫡出子たる身分を取得することになる。この場合の戸籍の取扱いは次のように処理される（前掲通達第3の3）。

(1) 婚姻前に出生の届出がされ，それに基づき父の氏名が記載されている場合は，婚姻の届書の「その他」欄の記載により続柄欄を訂正する。

(2) 婚姻の届出後，父の国籍証明書，父の本国法上事実主義が採用されている旨の証明書（法文でも本国官憲の認証あるものは可）およびその者が事件本人の父であることを認めていることの証明書（父の申述書，父の署名ある出生証明書等）を添付して，父の本国法が事実主義を採用していることにより父の氏名を記載する旨の，婚姻届出前の出生届の追完の届出および嫡出子たる身分を取得する旨の，さきの婚姻届の追完の届出があった場合は，父の氏名を記載し，続柄を訂正する。

(3) 婚姻の届出後，婚姻前に出生した子について，母から，出生届書の「その他」欄に父母が婚姻した旨が記載され，かつ，前記(2)の各種証明書の添付された嫡出子出生の届出（報告的届出であって，戸籍法62条の届出とはその性質が異なる）があった場合は，嫡出子として戸籍に記載される。なお，父も，これらの証明書およびその者が父である旨の母の申述書を添付して，当該出生の届出をすることができるとされている。

と称し（例，民789条2項），②父の認知後に父母の婚姻によって成立するときは，婚姻準正（例，民789条1項）と称する。これに対し，外国人父の本国法が事実主義を採用している場合は，父の本国法上，父からの認知を待つまでもなく，父母の婚姻によって直ちに婚姻準正となる。このように，父子関係の成立に認知を要するときは，準正には父の認知と父母の婚姻の成立が必要である。なお，民法上，準正の効果は，被認知者死亡後に父母が婚姻した場合も，非嫡出子が死亡後に父母が婚姻（または父母が離婚）し，その後に認知があった場合（子に直系卑属がある場合—民783条2項）も認められる（民789条2項）。

　ところで，通則法30条はその1項で「子は，準正の要件である事実が完成した当時における父若しくは母又は子の本国法により準正が成立するときは，嫡出子の身分を取得する。」と規定しており，非嫡出子は準正の要件となる事実の完成当時，すなわち，父母の婚姻によって準正となる場合には婚姻成立の時，また，父または母の認知などによって準正となる場合には法律上の父母双方との間に親子関係が成立した時に，父母のいずれか一方の本国法または子の本国法により（選択的連結），準正が認められるときは，これを認めるものとされている。後天的に嫡出親子関係が成立することから，準拠法の適用時点は，子の出生時ではなく，その後の準正の原因たる事実（父母の婚姻と認知等）の完成時である。また，子の保護の観点から，認知の成立につき子の本国法も準拠法とされている（通則法29条）ことから，準正についても親の側の法律だけでなく，子の側の法律も，そのいずれか一つを選択して適用できるとされたので，それだけ準正の成立する場合が多くなったわけである。

【2】　婚姻と認知がある場合の準正　(1)　父母の双方もしくは一方および子が日本人である場合　準正が完成する基本の届書（婚姻準正にあっては婚姻届書，認知準正にあっては認知届書）の「その他」欄に準正嫡出子となる旨，準正嫡出子となる子の戸籍の表示および準正の効果としての続柄の訂正事項を記載する〔→No.173「準正子と戸籍の処理」みよ〕。

　(2)　父日本人・母外国人間の子が外国人である場合　日本人男が外国人女の非嫡出子を認知した場合は，父の戸籍中の身分事項欄に被認知者たる外国人子の，国籍・氏名・生年月日および外国人母の氏名が記載される（参考記載例19参照）ので，認知後の父母婚姻の旨の記載，また，父母婚姻後の認知の旨の記載のいずれによっても，準正子のあることが明らかとなる。

　したがって，婚姻準正，認知準正となる基の届書上には，「その他」欄に非嫡出子が準正嫡出子となる旨を表示すれば足り，戸籍上には特別の記載を必要としない。この場合の準正子が準正によって当然に日本国籍を取得することはない。ただし，日本人父が認知した子で20歳未満の子は，一定の要件のもとに法務大臣に届け出ることによって日本国籍を取得できる（国3条）。

　なお，以上の婚姻準正子，認知準正子のある旨の父の戸籍の記載は，準正子が国籍取得届出の際に国籍取得の要件を備えていることを証する書面となり得る。

【3】　戸籍法62条の渉外嫡出子出生届（日本人父に関する戸籍の記載）　外国人女（無国籍でないとき）が日本人男と婚姻前の出生子（嫡出でない子）について，その日本人男から

が日本国籍を取得する場合において，夫（妻）が日本人，妻（夫）が外国人のときは，夫（妻）について，父母の婚姻時に新戸籍が編製されているか，または戸籍の筆頭者であるときは，子はその戸籍に入ることになる（戸16条3項・18条2項）。(エ) 父母が無国籍者の場合は，その戸籍がないから，その子が日本国籍を取得する場合は，その子について新戸籍を編製する（戸22条）。

なお，日本人母と外国人父の婚姻前の出生子について戸籍法62条の嫡出子出生届があった場合の子の戸籍中その身分事項欄の記載は次の例による（法定記載例5準用）。

「平成六年拾壱月参拾日東京都千代田区で出生同年拾弐月拾日父（国籍アメリカ合衆国西暦千九百六拾五年拾月四日生）届出入籍㊞」

【3】 **出生子が日本国籍を取得しない場合の出生届** 日本国内で発生した出生は，その子が日本国籍を取得しない場合でも，届出義務のあることは前述のとおりである（昭24・3・23民事甲3961号回答，同24・11・10民事甲2616号通達）〔→ No.161「外国人に関する届出（届書）」みよ〕。

また，血統主義を採用する日本国では，在外の日本人夫婦又は日本人・外国人夫婦の嫡出子について日本国籍を付与するが，生地主義国で出生したり，外国人親の国籍を取得する子には，国籍の積極的抵触を防止するため，出生の日から3か月以内に国籍留保の意思表示をしないときは，いったん取得した日本国籍をその出生の時にさかのぼって日本の国籍を失うことになる（国12条）から，日本国籍を留保したくない場合は出生届をする必要がない〔→ No.289「国籍の不留保『国籍の当然離脱』と戸籍の処理」みよ〕。

(1) **父母の双方が外国人である場合の推定嫡出子の出生届の取扱い** 父母の双方が外国人の場合，子の出生当時における父または母の本国法のいずれかにより，子が嫡出であるときは，嫡出子として取り扱われる（通則法28条1項）が，日本の国籍は取得しない（国2条反面）。このような外国人の嫡出子出生届があった場合は，わが国でその嫡出性が問題となったときに，その時点で判断すれば足りるので，出生届書の処理としては，通常出生届書の記載内容から明らかに疑義がない限り，そのまま受理してさしつかえないものと考えられている。

(2) **外国人たる嫡出子の出生届書の記載・保存** 出生届書中，国籍を異にする外国人たる父母と子が国籍を異にするときは，子の国籍の表示を「その他」欄に「出生子の国籍何国」と表示する。日本国籍を取得しない外国人に関する届書は，その出生子を戸籍に記載することはできないのであるから，受理後は戸籍の記載をしない書類として市町村に保存することになる（戸規50条）。その届書によって外国人の身分に関する証明に役立つことになる（戸48条2項）〔→ No.161「外国人に関する届出（届書）」みよ〕。

No.182
国際準正嫡出親子関係の成立

【1】 **準正の準拠法** 準正とは，後天的嫡出親子関係が成立することであり，その身分関係が国際的にわたる場合に国際準正嫡出親子関係という。この後天的嫡出親子関係は，子の出生後に発生するものであり，法律上の父子関係の成立が認知によりなされる場合は，①父母婚姻後に認知により父子関係が成立したときは，認知準正

または準正子（国2条1号），(オ) 日本国内で出生した無国籍夫婦間の嫡出子または準正子（国2条3号）などである。

(1) **父母の一方が日本人である場合の推定嫡出子の出生届の取扱い（要注意事例）** ア 日本民法により出生子が生来の嫡出子（推定嫡出子・婚姻後200日以内の子）であるときは，その子が日本人たる嫡出子として取り扱われることは当然であるが，他方出生子が日本民法上は嫡出子と推定されない場合でも，外国人たる父母の一方の本国法上では嫡出子と推定される場合がある。たとえば，日本人父と台湾系中国人母間の父母離婚後の301日目に出生した子は，日本民法上嫡出の推定を受けないが，母の本国法上嫡出の推定を受ける（中華民国法1061条〜1063条）ので，通則法28条1項，国籍法2条1号の規定により，結局日本法上も嫡出子として，日本国籍も取得するものとして取り扱われることとなる。この場合の嫡出子出生届には，外国人親の国籍証明書および外国人親の本国法上の嫡出子の要件に関する証明書の提出を求め，外国人親の本国法によって嫡出子となることを認めたうえで受理すべきものとされている（平元・10・2民二3900号通達第3・1(2)イ）。イ 父母の一方が日本人である場合，嫡出子が母の再婚後に出生した子であることが，届書の添付書類などから判明したときは，次のとおり処理する。(ア) 母または前夫のいずれかの本国法により前夫の子と推定され，かつ，母または後夫のいずれかの本国法により後夫の子と推定されるときは，父未定の子として取り扱う。(イ) 母，前夫，後夫のいずれかの本国法により，前夫または後夫のいずれか一方のみの子としての推定があるときは，推定される方の夫の子として取り扱う。

(2) **父母の一方が日本人である場合の準正嫡出子の出生届の取扱い** 日本人母と外国人父の婚姻前の出生子について，父母婚姻後外国人父から戸籍法62条の嫡出子出生届があったときは，子の出生により日本国籍を取得しているので，その出生届によって直ちに母の戸籍に嫡出子として入籍することになるが，この出生届を受理するには認知の要件を具備していることを確かめる必要がある。なお，この場合の戸籍の記載については，後記(4)のとおりである。

(3) **日本人たる嫡出子の出生届書の記載** 出生届書の記載について，日本人一般の場合と異なる点は次のとおりである。(ア) 父母の一方が日本人である場合は，届書中，父母の本籍欄，筆頭者氏名欄には，日本人たる父または母の本籍・筆頭者氏名を，外国人たる父または母については国籍名を「その他」欄にそれぞれ記載する。(イ) 父母の双方が無国籍の場合は，届書中本籍欄に「無国籍」，「その他」欄に新戸籍編製の場所を記載する。(ウ) 外国人男と日本人女間の準正子の戸籍法62条による嫡出子出生届書についても，前記(ア)に準ずる。

(4) **日本人たる出生子の戸籍の記載・編製** (ア) 子が生地主義国で出生し，日本人たる父母が出生届とともに国籍留保した場合には，出生による入籍の記載の際に国籍留保の届出のあった旨を記載することになっている（法定記載例3）。(イ) 天災その他の届出義務者の責に帰することのできない事由により，法定期間の経過後に嫡出子出生の届出とともに国籍留保の届出があった場合にも，その旨を戸籍に記載する（法定記載例4）。(ウ) 出生子

が日本国民であれば，子は生まれると同時に日本国籍を取得することになる。なお，ここにいう「父又は母」とは，法律上の親子関係を意味するので，子が日本国籍を取得するかどうかは，出生時における日本人父との父子関係，あるいは日本人母との母子関係の成立の有無によることになる。

なお，日本の法律では嫡出親子関係の成立が認められない場合であっても，外国人親の本国法で出生の時点で嫡出親子関係が成立するときは，その子は日本国籍を取得することになる。

次に，「父母（夫婦）の双方が外国人である場合（子の出生場所は日本）」については，その子が生来外国人であることは当然である。ただ，父母（夫婦）ともに無国籍者である嫡出子の場合には，父系・母系のいずれの血統によっても日本国籍その他の国籍を取得するに由なく，またその子の出生場所が日本であるときは，生地に基づく外国国籍の取得ということもあり得ないので，そのままではその子はまったくの生来無国籍者とならざるを得ない道理である。しかし，このような無国籍者の発生は好ましくないので，例外的に無国籍者夫婦（父母）間の嫡出子が日本で生まれた場合には，その生地が日本であることに依拠して，その嫡出子は生来日本国籍を取得することとされている（同2条3号）。

さらに，「父母（夫婦）の双方が日本人であるが，その子の出生場所が外国である場合」については，その子が生来日本国籍を取得することは当然である。ただ，もしその子が生地主義国（たとえば，アメリカ合衆国，カナダ，ブラジルなど）で出生した場合には，出生後3か月以内に日本国籍留保届をしないときは，その子は出生時にさかのぼって日本国籍を失うものとされている（国12条，戸104条）。これを「日本国籍の不留保による喪失」という。これは，血統主義国の国民の子が生地主義国で出生すると，二重国籍になるので，生地主義国の立場を考慮してそのようにされている。また，父又は母のいずれか一方が外国人であり，外国（父又は母の本国であるかどうかを問わない）で出生した子が当該外国人親の国籍も取得する場合も，国籍留保の届出をしなければ，その子は出生時にさかのぼって日本国籍を喪失する。〔→ No.289「国籍の不留保『国籍の当然離脱』と戸籍の処理」みよ〕。

No.181 渉外嫡出子出生届と戸籍の処理

【1】 **嫡出性の決定と出生子の国籍決定との関係**　渉外的要素をもった戸籍届出事件としては，日本国内で発生する場合と外国において発生する場合とがある。出生子に関しては，出生子が嫡出であるか否かは日本人夫婦間の子である場合も重要な問題であるが，渉外事件についても同様である〔→ No.179「国際嫡出親子関係の成立（嫡出性・嫡出否認の準拠法）」，No.180「渉外嫡出子の国籍」みよ〕。

【2】 **出生子が日本国籍を取得する場合**　出生した嫡出子が生来的に日本国籍を取得する場合には，その子を戸籍に記載しなければならないので，その旨の出生届出を要する。たとえば，(ア) 日本人男と外国人女間の生来の嫡出子（国2条1号），(イ) 日本国外の生地主義国で出生した日本人夫婦間の嫡出子で国籍留保をした場合（国2条1号・12条），(ウ) 日本国内で出生した外国人男と日本人女間の生来の嫡出子または準正子（準正子には国籍の変動はない―国2条1号），(エ) 日本国内で出生した無国籍者と日本人女間の生来の嫡出子

なる。

【3】 嫡出否認の準拠法　嫡出否認に関する準拠法については，平成元年法律27号による改正前の法例17条には「子ノ嫡出ナルヤ否ヤハ……」と明定されていたが，同法改正後の法例及び現法の適用に関する通則法には，嫡出否認について明定されていない。しかし，通則法28条にいう「……により子が嫡出となるべきときは」というのは，その法律によって嫡出の推定を受け，かつ，否認されないことをいうものと解されているので，(1) 夫妻双方のいずれの本国法によっても嫡出であるときは，その双方の本国法によってそれぞれ嫡出性を否認できなければ，嫡出性を否認できないし，また，(2) 夫（または妻）の本国法のみにより嫡出であるときは，その夫（または妻）の本国法により嫡出性を否認できれば，嫡出性を否認することができるものと解されている。

囲　平成10年1月12日水戸家裁審判（嫡出子否認申立事件，家月50巻7号100頁，戸籍誌681号25頁）（抄）

　　日本人夫がタイ人妻との婚姻中に生まれた子を相手方として嫡出否認の申立てをした事案について，法例17条1項により日本法及びタイ国法を適用して，嫡出子否認の家事審判法23条審判をした事例

　　裁判所の判断（理由）

　「(1) 略

　　(2) 準拠法について

　　　本件は，相手方の母が相手方を懐胎当時，申立人と婚姻関係にあったものであるから，申立人と相手方との親子関係の存否は嫡出親子関係の問題となり，この関係について法例上明確な規定はないが，法例17条1項は，嫡出の推定を受け，かつ，それが否認されない場合を規定しているので，嫡出否認の問題も同条によることになる。そうすると，同条により，申立人の本国法である日本法と相手方の母の本国法であるタイ国法とが準拠法となる。本件相手方の場合，我が民法772条によって嫡出推定を受け，また，タイ国民商法典1536条前段の『婚姻中又は婚姻解消後310日以内の女性から生まれた子は，その時の実情に従って，夫又は前夫の嫡出子と推定する。』との規定から，母の本国法によっても嫡出推定を受ける。そうすると，相手方の嫡出性を否認するためには，日本及びタイの法律を検討することを要する。

　　(3)～(6)　略

　　(7)　以上のとおり，本件は，父の本国法である日本法，母の本国法であるタイ国法によりそれぞれ嫡出の推定がなされるところ，日本法及びタイ国法によりそれぞれ嫡出子否認をすることができる。」

【参考文献】　南　敏文「全訂　渉外戸籍と国際私法」181項・189項

No.180
渉外嫡出子の国籍

　渉外嫡出子とは，国際嫡出親子関係を有する子をいう。わが国の国籍法は子が出生した時に父又は母のいずれかの一方が日本国民であるときは，子は日本国籍を取得するという父母両系血統主義を採用している（国2条1項）。したがって，子の出生時に父又は母のいずれか

て初めて嫡出子となるか（後天的嫡出子）は，法制の分かれるところである。

　(3)「出生後婚姻子」とは，子の出生後に父母が婚姻したことにより嫡出子となった子をいう。この場合，その子は，(ｱ) 父母の婚姻によって当然に嫡出子たる地位を取得するか，それとも，(ｲ) 父の認知を伴って初めて嫡出子たる地位を取得するかは，これまた法制の分かれるところである。しかし，この場合はいずれにしても，その子は後天的嫡出子であることにはかわりはない〔→ No.182「国際準正嫡出親子関係の成立」みよ〕。

　なお，前記の(1) 婚姻中懐胎子，(2) 懐胎後・出生前婚姻子については，さらに，(ｱ) 子の出生時までに父母の婚姻関係が継続しているときと，(ｲ) 子の出生前に父母の婚姻関係が解消しているときとがあり得る。そこで，両者について異なる取扱いをする法制が観念的には考えられないことはない。また，妻（母）が生んだ子の父が夫でない場合には，嫡出否認の訴え〔→ No.169「嫡出子否認の訴え」みよ〕を認める法制が通常であろうが，これに対しては，妻（母）が生んだ子については，事実の父が誰であるかにかかわりなく，その夫を子の父として確定的に擬制してしまう法制も考えられる。

　前述のように，嫡出子については，いろいろな種類・内容があり，ことに生来的嫡出子については，その範囲を，(1)「婚姻中懐胎子（本来的嫡出子）」に狭く限る法制と，(2)「懐胎後・出生前婚姻子」もこれに含める法制などがあり，それは国により異なることになる。そこで，夫婦（父母）の一方が外国人であるときのような国際親子関係にあっては，その嫡出性の準拠法は，何国法であるかが問題となってくる。ことに昭和60年1月1日改正施行前の日本国籍法は，父系優先血統主義をとっていたので，生来的嫡出子となるかどうかは，生来，日本国籍の得否について大きな問題となった〔→ No.180「渉外嫡出子の国籍」みよ〕。

【２】 **嫡出性の準拠法**　渉外的な嫡出親子関係の成立の準拠法については，法の適用に関する通則法28条1項において，「夫婦の一方の本国法で子の出生の当時におけるものにより子が嫡出子となるべきときは，その子は，嫡出である子とする。」と定められている。したがって，夫婦の一方の本国法，すなわち，子の側からすれば，父又は母の本国法のいずれかにより嫡出子であるときは，嫡出子となる。また，同条2項では，「夫が子の出生前死亡したときは，その死亡の当時における夫の本国法を前項の夫の本国法とみなす。」と夫が死亡した場合の補助準拠法が明定されている。これらにより，父又は母の本国法である日本民法により出生子が嫡出であるときは，嫡出子として取り扱われることになる。また，他方，日本人父の本国法たる日本民法により嫡出子とならない場合でも，母の本国法たる外国法により嫡出子となる場合は，結局通則法の適用によりわが国でも嫡出子と認められることになる。たとえば，日本人父と台湾系中国人母との間の父母離婚後301日目の出生子は，父の本国法（日本民法772条2項）上は嫡出子とは推定されないが，母の本国法（中華民国民法1061条〜1063条）上は嫡出子と推定されるので，結局当該出生子は嫡出子として取り扱われる。この場合，子は出生の時から嫡出子と認められるので，国籍法2条1号により日本国籍を取得することになる。また，日本人父の相続開始についても被相続人父の本国法たる日本法（通則法36条）により嫡出子としての相続分を取得することに

No.179
国際嫡出親子関係の成立（嫡出性・嫡出否認の準拠法）

【1】 嫡出親子関係の発生　夫婦間の子を「嫡出子」といい、この嫡出子とその父母（夫婦）との間の親子関係を「嫡出親子関係」という。また、子が嫡出子であることを「嫡出性」ともいう。嫡出親子関係のうち、父母（夫婦）の一方または双方が外国人である場合の嫡出親子関係を「国際嫡出親子関係」という。これには、また、外国で出生した日本人嫡出子の嫡出親子関係をも含めて考えることができる。国際嫡出親子関係については、「嫡出性の準拠法」が問題となる。しかしその前にもう少し嫡出子一般について考えてみよう。

嫡出子は、夫婦間の子であるから、それは当然に、法律上の父と母とを有する子である。母子関係は分娩という事実により客観的に明白であるが、父子関係の事柄の性質上必ずしも明白ではないから、嫡出子について法律上の父子関係が当然に認められるというところは、非嫡出子に対する嫡出子の特質ともいえる。このように嫡出子について法律上の父子関係が当然に認められるのは、その前提として父母の婚姻関係という前提が存在するからにほかならない。

このようなことを考えると、嫡出子は、本来的には、父母の婚姻中に懐胎された子ということであり、つきつめると、母が婚姻中に懐胎した子ということになる（本来的嫡出子）。しかし、懐胎後に父母が婚姻して夫婦となる場合があり、この場合もその子は「夫婦間の子」となるわけであり、これをも広義における嫡出子とみることができる（拡張的嫡出子）。

この本来的嫡出子と拡張的嫡出子とは、いろいろな角度から分類することができる。まず、(1) 生来的嫡出子と、(2) 後天的嫡出子に分けることができる。「生来的嫡出子」とは、出生と同時に嫡出子たる地位を取得した子であり、「後天的嫡出子」とは、出生後に、嫡出子たる地位を取得した子である。このように「生来的嫡出子」と「後天的嫡出子」とに重点をおいて分類するのは、それが出生時点で当然に法律上の父を有するか否かの区別にほかならず、昭和60年1月1日国籍法改正前の父系優先血統主義をとる日本国籍法上（したがって戸籍事務上）、重要な意義を有していたからである。かつては、前記の「本来的嫡出子（婚姻中懐胎子）」のみを「生来的嫡出子」とする思想であった。しかし、今日では生来的嫡出子の範囲も拡大されている場合が多い。

この問題を考えるについて、一応「嫡出子」を、(1) 婚姻中懐胎子（本来的嫡出子）、(2) 懐胎後・出生前婚姻子、(3) 出生後婚姻子に分けてみることができる。

(1) 「婚姻中懐胎子」とは、さきの「本来的嫡出子」であり、父母婚姻中に懐胎した子であって、わが国の民法でいえば、(ア) 「婚姻後200日経過後の出生子」、(イ) 「婚姻解消・取消後300日以内の出生子」がこれにあたる。この場合には、その子は出生と同時に、嫡出子（生来的嫡出子）たる地位を取得する。

(2) 「懐胎後・出生前婚姻子」は、子の懐胎後かつ出生前に父母が婚姻した場合の出生子であり、これがわが国の民法では「婚姻後200日以内の子」である。この子が、(ア) 出生と同時に当然に嫡出子となるか（生来的嫡出子）、それとも、(イ) 父（夫）の認知があっ

られている（昭39・5・4民事甲1617号回答）。この取扱いは出生届出資格者がある場合に，棄児発見手続と出生届手続を併用したところの，子のためを考慮しての妥当な処理方法であると考えられる。また，棄児について，戸籍の記載上で注意を要することは，父母の氏名が不明であるとしても，父母欄に不詳また不明という文字を記入せずに空欄としておくほか，出生の年月日が推定による場合（たとえば調書に昭和30年5月推定5日生となっているとき）であっても，戸籍上の出生年月日には「推定」の文字は記入してはならない（昭14・7・8民事甲718号回答，昭22・4・12民事甲333号回答，昭27・6・7民事甲804号通達）。これは一見して棄児であることを明示しないという子のための配慮によるものである。

【4】 棄児の引取 (1) **出生届と戸籍訂正** 父または母が棄児を引き取ったときは，引取の日から1か月以内に出生届出とともに戸籍の訂正申請をしなければならない（戸59条）。これは複本籍を防ぐ趣旨であるが，この際の出生届について，子の名はさきに市町村長が命名したものによることになっている（昭3・9・27民事10510号回答）ので，別の名をつけるには戸籍法107条の2の改名許可を得ることが必要である。母が引き取る場合は，母子関係は分娩の事実で生じているので，とくに認知を要しない。また，この場合の父または母からする戸籍訂正申請は，複本籍を排除するために市町村長の職権訂正をうながす意味で家庭裁判所の許可を要しないものと一般に解されている。

(2) **父の引取と利害関係人による戸籍訂正** 先例は，戸籍法59条の父または母を戸籍法52条1項・2項に規定する父・母を指称するものと解し，嫡出でない子を父（生父・認知により父となった者）が引き取ったときは，その父が子の出生当時同居していたのであれば，戸籍法52条3項のいう同居者として出生届をすることができるとする（昭25・9・12民事甲2506号回答）。しかし，戸籍法59条にいう「父」は法律上の父，すなわち，市町村長の棄児発見調書による戸籍編製がされた後，認知の届出を行った者を指すのであり，同条に基づき，そのような父には出生の届出義務があると解するのが相当である。この場合は子は母の戸籍に入り，棄児発見調書によって編製された戸籍の訂正は，戸籍法113条による。なお，前記【2】において述べた，日本国籍を有しないものとして戸籍を消除する場合の手続を利害関係人が行うには，戸籍法113条の規定によって戸籍訂正を申請すべきものである。

(3) **棄児の氏** 棄児は，本来，嫡出子か，嫡出でない子のいずれかであるから，実体上は民法790条の規定により出生と同時に，当然に父母または母の氏を取得しているものである。ただ，それが「すて子」という事実によって父子関係や母子関係がともに事実上不明であるにすぎない。したがって，棄児が後日父または母に引き取られたときは，その出生届によって本来の父母または母の氏に復するものと解される。

【参考文献】 青木義人，大森政輔「全訂戸籍法」

児を指すが，その棄児は客観的には，すでに出生によって何人かとの間に法律上は父子関係を，また母子関係は分娩という事実によって当然に発生しているのに，事実上，何人が子の父母であるかがわからない場合なのである。この場合には出生地との地縁関係を考慮して，一応，出生地たる日本の国籍を付与することにしているのである。

　もし，棄児が現行国籍法2条3号の規定によって日本国籍を取得したとされた後になって，その出生時にはすでに法律上の父子関係（たとえば父母婚姻中の子，または胎児認知がなされていたなど）が生じていたとか，あるいは分娩の事実で母子関係が生じていたということが明らかになった場合はどうなるか。この場合には，あらためて国籍法2条1号・2号の規定により子の出生当時を基準として日本国籍の有無を判断することになる。その結果，子の出生当時，父母が外国人であるため同法2条1号・2号に該当しない場合には，同法2条3号の規定によって棄児が一応取得したとされた日本国籍は，出生の時にさかのぼって取得しなかったものとされる。この場合の棄児の戸籍は，日本国籍を有しない者について作られたもの，つまり，戸籍の編製原因がなくて作られたもので不適法ということに帰着する。そのため，その戸籍は戸籍法113条の規定によって消除すべきものとなる（平賀健太「国籍法」233項以下）。

　注　アメリカ合衆国，アイスランド，アルバニア，イタリア，韓国，インドネシア，オランダ，カナダ，スイス，スウェーデン，デンマーク，ドイツ，フランス，ベルギー，ノルウェー，ハンガリー，フィンランド，ペルー，ポーランド。

【3】　棄児の発見後の処理　(1)　市町村長への申出　棄児を発見した者または棄児発見の申告を受けた警察官は，24時間以内にその旨を市町村長に申し出なければならない（戸57条1項）。なお，市町村長への申出は，その性質が市町村長の職権発動をうながすものであるから，とくに申出を怠ったことに対する制裁の規定もない。また申出は書面による必要はなく，調書を作るのに支障がなければ電話または口頭でもよいことになっている（大3・12・28民1994号回答）。

　(2)　市町村長の棄児発見調書による戸籍編製　市町村長が棄児発見の申出を受けると，棄児に氏名をつけ，本籍を定め，かつ，その他の所定事項（付属品・発見の場所，年月日時その他の状況，ならびに氏名，男女の別，出生の推定年月日，本籍）を調書に記載することになっている。この調書は届書とみなされ，これに基づいて戸籍の記載がなされるが，入るべき父母の戸籍が不明であるから新戸籍が編製される（戸57条2項・22条・6条）。調書による戸籍記載の手続およびその後の処理は届書の場合と同じ扱いである。また，棄児についても人口動態調査票（出生票）を作成することになっている（人口動態調査令2条2項）。次に，棄児が発見後申出前に死亡したときは，棄児発見手続と死亡届をともにしなければならない（戸58条）。この申出と死亡届を受理した市町村長はいったん新戸籍を編製したうえ死亡の記載をしてその戸籍を除籍簿に移す（大4・9・17民1413号回答）。なお，特殊の事例として，産院で出産したが出生届未済のまま本籍不明の母が行方不明となった事案（いわゆる産み逃げ）で，当該病院長から戸籍法56条の規定による出生届をなさしめ，本籍と氏名は市町村長が適宜定めて出生子について新戸籍を編製することが認め

「原審の適法に確定した前記事実関係によれば，上告人の母親は，氏名や誕生日を述べてはいたが，それが事実であるかどうかを確認することができるような手掛かりはなく，上告人を出産した数日後に行方不明となったのであるから，社会通念上，上告人の母がだれであるかを特定することができないような状況にあるものということができる。これに対して，被上告人は，上告人の母とロ○テ本人とが同一人である可能性がある事情を立証している。しかし，上告人の母が述べた生年とロ○テ本人の生年には5年の開きがあること，入院証書及び『孤児養子縁組並びに移民譲渡証明書』と題する書面に記載された上告人の母の氏名のつづりは，フィリピンにおいて届けられたロ○テ本人の氏名のつづりや，入国記録カードに記載された署名のつづりと異なっていること，ロ○テ本人が我が国に入国してから上告人の母の入院までには約3年が経過しているにもかかわらず，上告人の母は，片言の英語と身振りのみで意思を伝えていたことなど，上告人の母とロ○テ本人との同一性について疑いを抱かせるような事情が存在することも，原審の適法に確定するところである。原審も，右の可能性の程度を超えて，ロ○テ本人が上告人を出産した母であると特定されるに至ったとまで判断しているわけではない。

そうすると，被上告人の立証によっては，上告人の母が知れないという認定を覆すには足りず，日本で生まれ，その父については何の手掛かりもない上告人は，法2条3号に基づき，父母がともに知れない者として日本国籍を取得したものというべきである。」

(3) **国籍法2条3号適用後の問題** 国籍法の規定によって日本国籍を取得したとされた棄児が，その後になって日本国の外で生まれたこと，もしくは，父母がA外国人であったということが判明した場合にはどうなるか，という問題がある。以下これらの点を考察しよう。(ア) まず国籍法では「日本で生まれた者」と規定しているが，棄児は日本国内で発見されてもその出生場所が必ず日本国内であるとはいいきれない。その点は外国の立法例などは国内で発見された棄児は国内で生まれたものと推定する旨の規定をしているものが少なくない（囲）。また，1930年の国籍法の抵触についてのある種の問題に関する条約（日本は批准に至っていないが，署名している）14条2項には「棄児は，反証があるまでは発見された国の領域で生まれたものと推定される」と定めている。わが国では日本の地理的環境からして日本国内で発見された棄児は，国内で生まれたものという蓋然性が大きいことから，一般に前記条約と同趣旨に解されている。このことは，戸籍法57条の規定によって明らかにされている。すなわち，この規定は日本国内で発見された棄児については，すべて戸籍を編製することになっているが，そのことは戸籍編製の建前（前記(1)）からして，日本の国籍を取得していることの推定ということが認められてこそ理解されるものである。

なお，日本で発見された棄児について戸籍編製後に，棄児の出生地が日本国外であったことが明らかになれば，その戸籍は，はじめから日本国籍を取得しなかった者について編製されたもの，つまり，戸籍編製の原因がなくて作られた戸籍で不適法ということに帰着する。そのため，その戸籍は消除すべきものとなる（戸113条）。

(イ) 次に，前記の「父母が双方とも知れない子」とは，さきに述べたとおり，一般に棄

ある。

【2】 棄児の国籍　(1)　日本の戸籍編製の建前　棄児については，日本国籍を有しなければその戸籍を編製するわけにはいかない。いいかえると，わが国の戸籍というものは，日本人であって，かつ，そのすべてについて作られるべきものとされている。すなわち，戸籍編製の根本原則は，明治4年戸籍法1則に「編製ノ法臣民一般其ノ住居ノ地ニ就テ之ヲ収メ，専ラ遺スナキヲ旨トス」と規定し，戸籍に登載されるべき者は日本人（臣民）であることを前提にしている。また，その反面に日本国籍を有しない者は戸籍に記載しないという建前であることも明らかである。なお，このことは，明治31年戸籍法170条に「日本ノ国籍ヲ有セサル者本籍ヲ定ムルコトヲ得ス」と規定していること（このような規定は，当然なことであるとして，その後の戸籍法にはない），また現行戸籍法23条には国籍喪失をもって絶対的の除籍原因としていることからも明らかである。

(2)　日本国内で発見の棄児　日本国内で発見された棄児は日本人かどうか。国籍法「明治32年国籍法（旧）4条・昭和25年国籍法2条4号（現2条3号）」では，「日本で生まれた者」で「父母が双方とも知れない子」は，日本の国籍を取得するということになっている。ここで父母双方ともに知れないという典型的事例としては，父母が事実上判明しない場合の棄児について適用があるものと一般に解されている（囲）。

囲　平成7年1月27日最二小判決「国籍法2条3号を適用した事例」（戸籍誌632号83頁〜）
　最高裁の判断
　1　本件要件の意義について
　　　「法2条3号にいう『父母がともに知れないとき』とは，父及び母のいずれもが特定されないときをいい，ある者が父又は母である可能性が高くても，これを特定するに至らないときも，右の要件に当たるものと解すべきである。なぜなら，ある者が父又は母である可能性が高いというだけでは，なおその者の国籍を前提として子の国籍を定めることはできず，その者が特定されて初めて，その者の国籍に基づいて子の国籍を決定することができるからである。」
　2　本件要件の立証責任について
　　　「法2条3号の『父母がともに知れないとき』という要件に当たる事実が存在することの立証責任は，国籍の取得を主張する者が負うと解するのが相当であるが，出生時の状況等その者の父母に関する諸般の事情により，社会通念上，父及び母がだれであるかを特定することができないと判断される状況にあることを立証すれば，『父母がともに知れないとき』という要件に当たると一応認定できるものと解すべきである。そして，ある者が父又は母である可能性が高いが，なおこれを特定するには至らないときも，法2条3号の要件に当たると解すべきであることからすると，国籍の取得を争う者が，反証によって，ある者がその子の父又は母である可能性が高いことをうかがわせる事情が存在することを立証しただけで，その者がその子の父又は母であると特定するには至らない場合には，なお右認定を覆すことはできないものというべきである。」
　3　本件要件の該当性について

(イ) 戸籍面の事項欄の事項中，事件本人を特定する場合の戸籍の表示には，従前の「…戸主何某ノ私生子…」を，すべて「…戸主何某の子…」と記載することになった。

(ウ) 従前「私生子」の名称で記載した戸籍に基づいて新戸籍を編製する場合，または，戸籍（除籍）の謄本もしくは抄本を作る場合には，前記(イ)・(ア)の例によって改めた記載によることとされた。

(エ) 私生子の名称を記載した従前の戸籍について，利害関係人の申出，または職権でもって私生子の文字を朱抹し，前記(ア)・(イ)の改正記載例に更正できることとされた。

なお，今日私生子の文字を朱抹した除籍，改製原戸籍について，謄本・抄本を作成する場合には，消除した「私生子」の文字をそのまま写出して作成することは認められない（昭40・2・15 民事甲 325 号回答）。したがって，原本の当該部分を塗抹したうえで作成する。

(2) **庶子の名称廃止と戸籍の処理** 「庶子」の名称は，沿革的にも前述のとおり，妾の子を指称していたこと，一方，妾そのものは公序良俗に反するものであったことから，好ましい呼称ではなかった。そこで，庶子の名称は，昭和 23 年 1 月 1 日施行の現行の民法，戸籍法および関係法令上には，「家」の制度とともに廃止されるに至った。

「庶子」の名称廃止に伴う戸籍の取扱いについては，昭和 23 年 1 月 13 日民事甲 17 号をもって，法務庁民事局長から前記の私生子名称の廃止に伴う戸籍の取扱いに準ずることが通達された。

なお，庶子の名称を朱抹した除籍，改製原戸籍の謄本もしくは抄本の作成についても，私生子の場合と同様に朱抹した庶子の文字を写出しないように留意すべきである（昭 40・2・15 民事甲 325 号回答）。これらの朱抹された「私生子・庶子」の文字は外部にみられないよう積極的に塗抹されている。

【参考文献】 野上久幸「親族法」

No.178
棄児（国籍と戸籍の処理）

【1】 **意義** 棄児「すてご」とは，父母または保護責任者にすてられた子，すなわち，子の父母また身元が判明しないで，出生届も出しているかどうかわからない場合である。棄児の一般的観念には，本来，出生後間もない子供，あるいは出生後数日ないし 1，2 歳でいまだ乳房を離れない幼児，つまり乳幼児という年齢的制限があるものと解される（明 31・9・22 民刑 972 号回答）。しかし，戸籍法上の対象となる棄児の範囲には，乳児に限らず歩くようになった迷児，浮浪児などで身元が相当日時を経ても判明しないため学齢に達したような場合でも幼者であるかぎり棄児として取り扱われている（大 4・6・23 民 361 号回答，昭 25・11・9 民事甲 2910 号回答）。もっとも，今日では本人が意思能力を有するときはもちろん，意思能力を有しない幼児でも，単に戸籍編製の簡便（戸籍法 57 条の市町村長限りで作る）というよりも，子の将来のためということで未成年後見人による就籍手続（戸 110 条）によって戸籍を編製することが認められている。

棄児について，とくに国籍法および戸籍法上意味があるのは，棄てられたという観念よりも，誰の子かわからぬ子が発見されたというところに意味がある。つまり，発見された棄児にどのような身分を付与し，かつ，その登録公示の手続をいかにするかという問題が

父の家（戸籍）に入ることを拒否された場合には，その庶子は母の家（戸籍）に入るものとされ（同条2項），また，この庶子が母の家（戸籍）にも入ることを拒否された場合，あるいは私生子が母の家（戸籍）に入ることを拒否された場合に，そのいずれの場合も別に一家を創立（庶子・私生子の単独戸籍をつくること）すべきものとされていた（同条3項，旧戸69条）。

なお，庶子は，父が出生届をすれば，その届出自体に認知届出の効力が付与されたので，別に認知届を要しなかった（旧戸72条2項・83条前段）。

庶子・私生子の家籍取得に対し，嫡出子は，その父母が家族の身分を有する者であっても，戸主の同意を要しないで当然にその父母の家（戸籍）に入った（これは父母の婚姻そのものについて，すでに戸主の同意が得てある当然の結果であるともいえる（旧民733条1項・750条，旧戸69条））。

現行法上は，親子が別籍でも権利義務関係に影響を及ぼすことはないが，旧法では，子が父母の家籍（戸籍）を取得するかどうかは，父母が親権者になり得るかどうかを決し（旧民877条），また子の扶養義務者としての順位に影響した（旧民956条）。

(3) **相続問題** (ア) 子が父また母と同じ家にあるかどうかは，まず法定の推定家督相続人となり得るかどうかを決した（旧民970条1項本文）。

(イ) 庶子・私生子は，法定の推定家督相続人としての順位について，嫡出子に劣後した（旧民970条1項3号・4号）。

(ウ) 庶子・私生子は，その遺産相続分について，嫡出子の2分の1という劣後関係にあった（旧民1004条）。この点は，現行民法も婚姻の尊重という建前から旧民法と同じくしていたが，平成24年9月5日以降に開始した相続については，平等に改められた（民900条4号）。

【3】 **庶子・私生子の名称廃止** 前述のように，庶子・私生子の名称は，旧民法，旧戸籍法および関係法令上に長く法律用語として用いられてきたものであるから，当時の戸籍ですでに除籍または改製原戸籍になったものには，私生子・庶子の名称が表示されたが，現在は，塗抹されている。

(1) **私生子の名称廃止と戸籍の処理** 私生子保護の建前から，昭和17年法律7号（同年3月1日施行）によって，私生子の名称はこれを廃止することになったので，民法，戸籍法をはじめ関係法令上にその姿を消し，「私生子」を単に「子」または「嫡出ニ非サル子」と改称されるに至った。一方，「庶子」という名称は，この当時なお存続された。

私生子の名称廃止に伴い，昭和17年2月18日民事甲90号をもって，司法省民事局長から戸籍の取扱いが次のとおり通牒された。この通達中で私生子を指称する文言としては「嫡出子又ハ庶子ニ非サル子」と表現している。

(ア) 戸籍面の「前戸主トノ続柄」欄，「戸主トノ続柄」（額書欄）に，従前の「私生子」は，単に「子」と，「父母トノ続柄」欄に，従前の「私生子男（女）」は，単に「男（女）」と，また「家族トノ続柄」欄に，従前の「私生子某妻」は，単に「子某妻」と各記載することになった。

の血縁関係の存在が明確でないとして，その父子関係の認定手段に父の認知を要するものとされている（旧民827条，民779条）。したがって，父の認知のない嫡出でない子は，血縁上の父子関係が法律上の父子関係として認められないことになり，母のみの子ということになる。

ところで，庶子・私生子という名称は，現行法上の用語ではないが，旧民法およびそれ以前において法制上の用語としてみられる。

(1) **明治民法施行前** 明治3年，政府は新律綱領（布告）において妻（二等親）に生まれた子を単に「子」（一等親），妾（二等親）に生まれた子を「庶子」（三等親）と呼び，明治6年1月8日に太政官布告21号において「妻妾ニ非ル婦女ニシテ分娩スル児子ハ一切私生ヲ以テ論シ，其婦女ノ引受クルヘキ事，但男子ヨリ己ノ子ト見留メ候上ハ，婦女住所ノ戸長ニ請テ免許ヲ得候者，其子其男子ヲ父トスルヲ得ヘシ」と定められたことから「私生子」の名称が出現したといわれている（中川善之助「注釈法22の1」161頁）。

また，明治8年12月17日太政官指令では，「戸長ノ免許ヲ受ケ男子ノ籍ヘ入ルルトキハ私生ノ名義ヲ消シテ庶子ト称シ」という取扱いから，妻でもない妾でもない婦女の子（私生子）であっても，父の認知によって「庶子」という妾の子と同等の地位を取得できた（同前162頁）。

しかし，明治15年，妾が公認されなくなってからは，妻以外の女に生まれた子は，すべて「私生子」の取扱いとなり，父の認知によって初めて「庶子」の地位を取得できた（同前162頁）。

(2) **明治民法施行後（旧民法施行中）** 明治31年7月16日民法が施行されてからは，同法827条1項で「私生子ハ其父又ハ母ニ於テ之ヲ認知スルコトヲ得」，同条2項で「父カ認知シタル私生子ハ之ヲ庶子トス」と，私生子，庶子の名称が法律上に用いられていた。

このように，私生子の用語は，嫡出子に対するものであり，一般には婚姻外の子を指称するが，この私生子のうち，父の認知を受けた場合には，父との関係についてだけはとくに「庶子」と呼称した（大元・9・11民事250号回答，昭6・7・9民事663号回答三）。したがって，庶子といえば父の認知のない子と区別される。いいかえると私生子とは，嫡出でない子が母に対して有する身分であり，他方，庶子とは，父に対して有する身分であることから，父を有する婚姻外の子は，常に庶子ということになる（中川善之助「昭和17年日本親族法」286頁以下）。

【2】 **法的地位** (1) **親子関係の発生** 私生子は，分娩の事実によって生理上（血縁上）の母との関係が法律上も親子として認められるが（母の認知は不要というのが先例・判例である），父の法律上の親子関係は，生理上（血縁上）の父が認知しなければ，認められない。このことは，嫡出子について認知を要しないで父子関係が認められるのと異なる（旧民820条）。

(2) **家籍取得と戸籍** 旧法中は，家族（戸主以外の同籍者）の身分を有する者の庶子・私生子が，その父または母の家（戸籍）に入るには，その父または母の属している家（戸籍）の戸主の同意を要した（旧民735条1項）。したがって，もし，家族のもうけた庶子が

ので，管轄庁に関係者について調査をしてもらう趣旨で当該出生届の受理照会をすることとされている。管轄庁においては行政上可能な限りの事実調査（市町村の調査の補充的役割）をして，それが事実であることの心証を得たときは，市町村長に受理の指示をすることになる（昭23・12・1民事甲1998号回答7）。なお，親子関係不存在確認の裁判により戸籍が消除され，あらためて出生届をする場合において，相当の期間経過により出生証明書が得られないときは，さきの裁判の謄本により出生事実，親子関係が明示されていれば，管轄庁に指示を求める必要はない（昭42・8・4民事甲2152号回答）。もし，届出義務者がない場合は，戸籍法44条3項による出生の職権記載が許される（昭26・12・28民事甲2483号回答）。

【2】 **50歳以上の母から出生した子の出生届** これは女の一般的出産可能年齢からして，その届出の実体に疑義があるので，その届出の受否について管轄庁に指示を求めて処理するべきものとされている（昭36・9・5民事甲2008号通達）。この場合，管轄庁としては，保健所に照会するなど，その他可能な限りの調査をしてその受否を指示することになる。

【3】 **出生子が学齢に達した後になされた出生届** このような届出には，出生後長期間を経過し，事実関係の真否に疑問がもたれる。たとえば，届出の重複するもの，または日本国籍を有しない者について日本人としての虚偽の届出がなされた実例も発見されているようである。そこでその弊害を防止するために学齢に達した後になされる出生届については，その受否について管轄庁の指示を求めることとされている。管轄庁においては，相当の調査をして受否の指示がなされる（昭34・8・27民事甲1545号通達）。

【4】 **無国籍者を父母とする嫡出子等の出生届** 無国籍者を父母として日本で出生した子，または無国籍者を母として日本で出生した非嫡出子であるとして出生の届出がなされた場合，出生子は日本の国籍を取得することになる（国2条3号）ので，無国籍の認定には慎重を期する必要があるとして，その受否につき管轄庁に受否の指示を求めて処理すべきものとされている。また，母が本籍不明者として非嫡出子の出生の届出をした場合も同様に処理することとされている。管轄庁では国籍に関する十分の調査をしたうえで受否の指示がなされる（昭57・7・6民二4265号通達）。

【5】 **特段の事情のある場合の認知の届出を，胎児認知がされた場合に準じた取扱いをすることの可否** 外国人母の夫の嫡出推定を受ける子について，出生後遅滞なくその推定を排除する裁判（親子関係不存在確認または嫡出否認の裁判）が提起され，かつ，その裁判確定後速やかに日本人男から認知の届出があった場合，国籍法2条1号に該当するか否か，日本国籍の有無の判断には管轄局の長に指示を求めることとされている（平10・1・30民五180号通達，平11・11・11民二・五2420号通知）。

No.177
庶子・私生子（旧法）

【1】 **意義** 親子関係について，現行民法上，婚姻によって生まれた子を「嫡出である子」または「嫡出子」，婚姻外に生まれた子を「嫡出でない子」または「非嫡出子」と呼称している（民772条・774条・779条・789条・790条・900条）。この嫡出でない子については，明治31年の民法（以下「旧民法」という）施行以来今日まで，嫡出子のように当然には父子

一・1）。

(2) 漢字の字体については，戸籍法施行規則60条1号及び2号に掲げる常用漢字表及び漢字の表の字体に限られる。ただし，漢字の形が異なる場合であっても，その差が活字のデザイン上の差又は筆写における書方の習慣上の差であるとき（例えば，「令」と「令」との関係）は届書に用いることができる。もっとも，この場合であっても，戸籍への漢字の記載は前各号の字体で行う（平成16・9・27民一2664号通達3，4）。

(3) 前記文字の制限は，男女による区別はない。

(4) 同一戸籍内の者と同一の名をつけることは認められない（昭10・10・5民事甲1169号回答）。ただし，死亡者または，婚姻などにより除籍された者と同じ名をつけることはさしつかえないとされている（昭47・8・23民事二発420号回答）。

(5) 外国人には，事柄の性質上その適用がないと解されている（昭23・1・29民事甲136号通達）が，届書上の子の氏名は，片仮名で表記し，その下に本国法上の文字を付記させるのを建前とし，その付記がないときでも受理できる。また，子が中国人，朝鮮人等本国法上氏名を漢字で表記する外国人である場合には，正しい日本文字としての漢字を用いるときに限り，片仮名による表記をすることを要しないとされている（昭56・9・14民二5537号通達二）。

(6) 名の表示方法として，文字でない符号（○×△等）またはローマ字などの外国文字を使用することは従前から認められていない（大12・2・6民事328号回答，昭5・4・2民事228号回答）。ただし，「々」，「ゝ」，「ゞ」のように単独で用いるのでなく，直前の文字のくり返しの場合には，一般に慣用されているので，その記号を用いることはさしつかえない（昭27・1・31民事甲44号回答一）。また，「エミー」のような長音符号も使用することも認められている（昭34・3・28民事甲635号回答三，昭56・9・14民二5536号通達一・5）。

(7) 「ヰ，ヱ，ヲ」，「ゐ，ゑ，を」は，戸籍法施行規則60条3号の片仮名又は平仮名に含まれる（同通達1）。

(8) 出生届に子の名を記載しないときは，とくに重要である事項を記載しない届書として受理されない（戸34条2項）が，命名前の届出であるため名が未定であるときは，その旨を届書に表示し，名欄を空欄にしておいて後日追完の届出によって戸籍の記載をする（大4・1・20民54号回答，昭34・6・22民事甲1306号回答）〔→ No.139「名欄」みよ〕。

【参考文献】　青木義人，大森政輔「全訂戸籍法」

No.176 受理照会を要する出生届

【1】　**出生証明書の添付がない出生届**　出生届には，戸籍法49条3項本文の規定により原則として出産に立会った医師，助産師，またはその他の者の出生証明書を添付すべきものとされている。これは出生の年月日，出生子の性別および場所など虚偽の届出を防止するためと人口動態調査上の統計資料を得るためである。つまり，出生の事実を確認するものである。しかし，出生証明書の添付は絶対的なものでなく，出産に立会った者がないとか，立会者がすでに死亡した場合のように止むを得ない事情があるときは，その添付を要しない（同条3項但書）。この場合は，市町村長に出生事実の確認方法がない

【参考文献】 ①青木義人「戸籍法」236頁以下，②中川善之助「注釈民法22の1」212頁以下，③星　智孝「家族法と戸籍の諸問題」229頁以下，④戸籍誌451号

No.175
子の名に用いられる文字

【1】　**名の文字制限の趣旨**　子の名をつける者は，棄児の場合を除き，法律に別段の定めがないので，慣習によることになるが通常は父母が命名する。昭和22年以前は，命名権者の意思によって名に用いられた文字が極めて難読難解なものが多く，そのために社会生活上，自他ともに不便があった。そこで新戸籍法改正に当たり昭和21年に漢字制限の問題が公に取りあげられたので，昭和22年の改正戸籍法はその趣旨に則って，出生子の名の文字を制限し，これを簡明にすることとした。

【2】　**子の名に用いられる文字**　子の名に用いる文字は常用平易な文字であることが法定され（戸50条1項），かつ，その常用平易な文字の範囲は，法務大臣の命令で定められるものとされている（同条2項）。その命令として，昭和23年の当初は当用漢字表に掲げる漢字（昭和21年内閣告示32号），片かなまたは平がなとされていたが，昭和26年法務府令9号により人名用漢字（92字）が追加され，さらに昭和51年法務省令3号により人名用漢字（28字）が追加された。ところが，その後昭和56年10月1日当用漢字表が廃止されるとともに常用漢字表が制定されることになり，その後幾多の改正を得て，現行戸籍法施行規則60条に次のとおり定められている。

　(1)　常用漢字表（平成22年内閣告示2号）に掲げる漢字（2136字）
　(2)　漢字の表（規則別表第2）に掲げる漢字（861字）
　(3)　片仮名又は平仮名（変体仮名を除く。）

以上のように制限があるから，この範囲外の文字を子の名に用いた出生届は受理できない（昭23・1・13民事甲17号通達）。もし誤ってこれを受理した場合は，届出人に戸籍訂正の申請をするよう促すことになる（昭23・3・29民事甲452号回答）。しかし，その訂正申請がないとしても職権で別の新しい名をつけることはできない。

【3】　**子の名に用いる文字に制限外の文字を用いてさしつかえない届出**　(1)　親子関係存否の確認等の裁判に基づく戸籍訂正により戸籍を消除された子について，従前の名と同一の名を記載した出生届（この場合，従前の名の文字が誤字または俗字であるときは，それを正字に訂正したものに限る）。

　(2)　出生後長年月経過し，相当の年齢に達した者について，卒業証書，免許証，保険証書等により社会に広く通用していることを証明できる名を記載してする出生の届出（この場合も正字に限る）。

　(3)　就籍の届出
　(4)　名の変更の届出　　（以上昭56・9・14民二5537号通達一）

【4】　**子の名に用いる文字に関する留意事項**　(1)　常用平易な文字を用いることの制限は，あくまで文字だけを対象にしたものであって，その読み方（音訓）については制限を受けない（昭24・7・26民事甲1686号回答）。漢字の字種については，前掲【2】の(1)，(2)に掲げる常用漢字表，人名用漢字別表の漢字に限られる（昭56・9・14民二5536号通達

「昭和五拾七年四月七日東京都渋谷区広尾二丁目十八番地乙野梅子同籍広造を認知の届出の効力を有する出生届出同月拾日東京都世田谷区長から送付㊞」

なお，前記追完の届出の催告に応じない場合において，子の入籍すべき戸籍が判明したときは，戸籍法第45条，第44条第3項及び第24条第2項の規定に基づき職権で，右に準ずる処理をすることができる。この場合においては，子及び父の身分事項欄に，それぞれ次の振合いによる記載をする。

(1) 非本籍地に届出がなされ，子の本籍地において記載の許可を得たときの母の戸籍中子の身分事項欄

「昭和五拾七年四月壱日東京都世田谷区で出生同月7日東京都千代田区平河町一丁目四番地甲野幸雄同籍父東京都世田谷区長に届出同年五月弐拾八日許可同月参拾日入籍㊞」

(2) (1)の場合に，子の本籍地の市区町村長から届書等の謄本の送付を受けたときの父の戸籍中その身分事項欄

「昭和五拾七年四月七日東京都世田谷区長に東京都渋谷区広尾二丁目十八番地乙野梅子同籍広造を認知の届出の効力を有する出生届出同年五月弐拾八日許可同月参拾壱日東京都渋谷区長から許可書謄本送付記載㊞」

二　首題の非嫡出子出生の届出が誤って受理されている場合

1　いまだ，戸籍に記載されていないときは，子を母の戸籍に入籍させ，父欄には届出人父の氏名を記載し，出生の届出人の資格は父と記載する。この場合においては，子及び父の身分事項欄に前記一の3の㈢の本文の記載例と同様の振合いの記載をする。

2　子が母の戸籍に入籍記載されているが，父欄の記載がなされていないときは，戸籍法第116条又は第113条の規定に基づく戸籍訂正の申請により，父欄に父の氏名を記載する等所要の訂正をする。

この訂正は，戸籍面上及び届書の記載により父がその出生の届出をしたものであることが明白であるときは，同法第24条第2項の規定に基づき職権ですることもできる。

3　子が父の戸籍に誤って入籍しているときは，戸籍法第113条の規定に基づく戸籍訂正の申請により，又は第24条第2項の規定に基づき職権で，子の記載全部を子の出生当時の母の戸籍に移記する。その際は，父欄の記載を消除することなく，かつ，出生事項の記載も訂正しない。

三　首題の嫡出子出生の届出又は非嫡出子出生の届出に基づいて戸籍の記載がなされている場合　届出人父と子との間に父子関係が存在しないときは，戸籍法第116条又は第113条の規定に基づいて父欄を消除する等の戸籍訂正の申請をすることができる。

四　首題に関し，従前の取扱いによって子の戸籍の父欄を消除する等の戸籍訂正が行われている場合　子との間に父子関係があると主張する利害関係人は，戸籍法第113条の規定に基づいて父欄に届出をした父の氏名を記載する等の戸籍訂正の申請をすることができる。

べきこととされた。
　なお，これに反する従前の通達等は，本通達によって変更された。
一　首題の嫡出子出生の届出が誤って受理されている場合
　1　父がした嫡出子出生の届出に基づいて嫡出子として戸籍に記載されている子について，子と戸籍上の母との間に親子関係が存在しないことを理由として戸籍法第116条又は第113条の規定に基づく戸籍訂正の申請があったときは，子の母欄及び父母との続き柄欄の記載を訂正した上，子の記載全部を子の出生当時の実母の戸籍に移記しなければならないが，その際は，同申請書に添付された判決書謄本等の記載によって届出人父と子との間に血縁上の父子関係がないことが明らかでない限り，父欄の記載を消除することなく，かつ，出生事項の記載も訂正しない。
　　　なお，実母の戸籍が明らかでないときは，子の記載を実母の戸籍に移記することができないので，子の母欄及び父母との続き柄欄の記載を訂正した後，出生の届出人又は届出事件の本人に対して実母の戸籍に移記する等の戸籍訂正の申請をすべき旨を通知する。その通知後相当期間内に戸籍訂正の申請をする者がないときは，戸籍法第24条第2項の規定に基づき職権で子の記載を消除する。この場合において，その後母の戸籍が判明したときは，戸籍法第116条又は第113条の規定に基づく戸籍訂正の申請により，子を消除された戸籍に回復した上，母の戸籍に移記する。
　2　父がした嫡出子出生の届出に基づいて嫡出子として戸籍に記載されている子について，父母の婚姻無効を理由として戸籍法第116条又は第114条の規定に基づく戸籍訂正の申請があったときは，父母との続き柄欄の記載を訂正し，更に，父母の婚姻無効により母が従前戸籍に回復されるときは，子の記載全部を子が入籍すべき母の戸籍に移記しなければならないが，その際における父欄の記載及び出生事項の記載の処理については1に準ずる。
　3　父が子の母との婚姻の届出前に嫡出子出生の届出をした子について
　　㈠　出生の届出の受理後戸籍の記載前に父母が婚姻の届出をしたときは，その出生の届出に基づいて子を父母の婚姻後の戸籍に入籍させる。
　　㈡　出生の届出の受理後戸籍の記載前に父母が婚姻の届出をし，子が嫡出子として父母婚姻後の戸籍に記載されているときは，その記載は訂正することを要しない。
　　㈢　出生の届出の受理後相当の期間内に父母が婚姻の届出をしないときは，その出生の届出について子の父母との続き柄，父又は母の戸籍の表示等に関する所要の追完の届出をさせた上，子を母の戸籍に入籍させ，父欄には届出人父の氏名を記載し，出生の届出人の資格は父と記載する。この場合においては，子及び父の身分事項欄に，それぞれ次の振合いによる記載をする。
　　　(1)　非本籍地に届出がなされたときの母の戸籍中子の身分事項欄
　　　　「昭和五拾七年七月壱日東京都世田谷区で出生同月七日東京都千代田区平河町一丁目四番地甲野幸雄同籍父届出同月拾日東京都世田谷区長から送付入籍㊞」
　　　(2)　非本籍地に届出がなされたときの父の戸籍中その身分事項欄

受理した場合に認知効を認めるのでは，窓口審査の寛厳のいかんによって身分形成を左右することになり，ひいては身分秩序の混乱を招くおそれもあるので，戸籍の実務ではそこまで拡張して戸籍法62条の類推適用を認めなかったものと解される。

【5】 **戸籍法62条を類推適用する事例**（昭和57年4月30日民二2972号通達） 嫡出でない子について，父がした嫡出子出生の届出または非嫡出子出生の届出が誤って受理された場合，その出生届出に認知の届出の効力を認めるか否かについては，前述のとおり新法施行後の昭和23年1月1日以降は原則としてこれを認めないこととし，ただ，昭和40年1月7日民事甲4016号通達以降これらの出生届出が市町村長の形式的審査によってはその違法性が判断できない場合（前掲【4】の(1)，(2)）についてのみ，その出生届出に認知の届出の効力を認容してきた。しかし，昭和53年2月24日最高裁第二小法廷判決（囲①）が示されたことにかんがみ，同判決の趣旨を戸籍事務に認容することが検討され，ついに同判決の趣旨を全面的に反映させる戸籍事務の取扱方が昭和57年4月30日通達（囲②）されるに至った。すなわち，同判決の事案は，外国人に関するもので，その結論は前記昭和40年1月7日民事甲4016号通達によっても是認されるところであるが，判決の趣旨がさらに任意認知の方式が出生届出の形式をとっても，さしつかえないとすることは，日本人に関する場合でも区別してるとは解されない。つまり，認知届の本質を「嫡出でない子につき自己の子であることを承認し，その旨を申告する意思の表示が含まれた届」と解しているところに重要な意味がある。

囲① **昭和53年2月24日最高裁第二小法廷判決**（民集32巻1号110頁）事案は，債権者たる中国人甲が，妻以外の数名の女性に生ませた子について，一部は中国人妻との間に生まれた嫡出子として，一部は中国人母（虚名）との間の非嫡出子を父の資格で出生届をして死亡し，甲の相続人である妻とこれらの子が債務者に資金の返還請求をしたところ，この出生届に認知届の効力があるかどうかが争われたものである。

（判決理由 抄）

「嫡出でない子につき，父から，これを嫡出子とする出生届がされ，又は嫡出でない子としての出生届がされた場合において，右各出生届が戸籍事務管掌者によって受理されたときは，その各届は認知届としての効力を有するものと解するのが相当である。けだし，……認知届は，父が戸籍事務管掌者に対し，嫡出子でない子につき自己の子であることを承認し，その旨を申告する意思の表示であるところ，右各出生届にも，父が，戸籍事務管掌者に対し，子の出生を申告することのほかに，出生した子が自己の子であることを父として承認し，その旨申告する意思の表示が含まれており，右各届が戸籍事務管掌者によって受理された以上は，これに認知届の効力を認めて差し支えないと考えられるからである。」

囲② **昭和57年4月30日民二2972号通達** 嫡出でない子について父が届出人の資格を父としてした嫡出子出生の届出又は非嫡出子出生の届出が誤って受理された場合の戸籍の処理については，最高裁判所昭和53年2月24日第二小法廷判決（民集第32巻第1号110ページ）にかんがみ，その出生の届出に認知の届出の効力を認め，下記のとおり取り扱う

係にない朝鮮人男と日本人女間の嫡出でない子につき，父から届書に父を朝鮮人とし，母の本籍氏名を日本人として正しく表示した嫡出子出生届があった場合（昭35・2・18民事甲361号回答）。

　(ｲ)　現行民法施行後，婚姻関係にない日本人男女間の嫡出でない子につき，父から届書に父母の本籍氏名を戸籍に記載のとおり表示して嫡出子出生届があった場合（昭40・11・17民事甲3285号回答）。

　(ｳ)　現行民法施行後，日本人女の出生した嫡出でない子につき，朝鮮人男から届書に母の本籍氏名を戸籍の記載のとおり表示して庶子出生届があった場合（昭28・1・29民事甲73号回答）。

　前記の実体上，不適法な届出が誤って受理されても（戸籍の記載までしても），その届出に認知の効力はないものとして戸籍の実務が行われていた。

　注　先例変更―後記【5】参照。

　(ｴ)　日本人父母の婚姻前に，父から子の嫡出子出生届があっても受理すべきでなく，それが誤って受理されても，その届出に認知の効力を認めることは相当でないとされていた（昭40・11・17民事甲3285号回答）。

　注　先例変更―後記【5】参照。

　(4)　従前の認知効の認否の限界　以上の例示でも明らかなように事実上の父からする出生届に戸籍の実務上，認知の届出の効力を認めるか否かは，民法の解釈における具体的妥当性と戸籍事務取扱いの簡明かつ画一的な処理との調和を図ろうという立場から判断されていることが窺える。

　したがって，日本人に関する場合は，父母の婚姻関係にないということは，形式的に戸籍と照合することによって明らかなので，かりに実体上，不適法な届書が非本籍地で誤って受理されたとしても，本籍地で実体上，不適法であることをまったく形式的に判断できる場合には，戸籍の記載がなされたとしても認知効を認めない建前であった。

　一方，届出が表見上（届書上）外国人に関するものである場合は，たとえ，その実体が日本人に関するものであっても，その届書の記載を真実なものとして受理するほかないので，認知の届出の効力を認め，もし，その届出が届書上で明らかに不適法であること（婚姻外の子であること）が形式的に判断できる場合は，かりにその届出を誤って受理しても認知の届出の効力を否定しているのである。これは，外国人については，届書の記載自体（外国人登録済証明書の記載と一致）を日本の戸籍と同一視し得るものであるからであると，また，それ以外には日本法で認める身分に関する証明資料はないという理由からでもあろう。

　結局，事実上の父が妻との間の子としてした虚偽の嫡出子出生届の場合，あるいは，事実上の父母の婚姻が有効に成立していないのに，戸籍上，夫婦となっていたために父がした嫡出子出生届の場合，いずれも実体に符合しないものであるが，戸籍法上は（市町村長の形式審査でもっては）受理され得るものであれば，その範囲でのみ戸籍法62条の類推適用を認めていたものと解される。これを，さらに父の届出という実体関係に重きをおき，戸籍面（外国人については届書面）で実体上の不適法が容易に判明するものにまで，誤って

【4】 **戸籍法62条を類推適用する事例**（昭和40年1月7日民事甲4016号通達の運用範囲）
(1) **戸籍の処理** (ｱ) この通達が認知の効力を認める範囲としては，戸籍訂正申請書に添付された後記①・②の裁判の理由中に事実上の父子関係の存在することが認められる場合（先例変更―後記【5】参照）に限られている。したがって，その裁判の理由中に事実上の父子関係の存在が認定できないときは，従前どおり届出の全部が不適法なものとして，原則として戸籍の記載全部を消除し，あらためて非嫡出子出生届をすることになる。
① 戸籍上，父から妻との間の嫡出子として届出した子について，母子関係存否の裁判，または母子関係の存否を前提とする戸籍訂正許可の裁判により戸籍上の母子関係が否定され，その子が非嫡出子であったことが明らかになったとき（父子関係存在の明示）。
② 戸籍上，父から妻との間の嫡出子として届出された子について，その父母の婚姻無効の裁判，または父母の婚姻無効を前提とする戸籍訂正許可の裁判により，その子が非嫡出子であったことが明らかになったとき（父子関係存在の明示）。
(ｲ) 具体的な戸籍の訂正方法は，戸籍法62条の類推適用により認知効を認められる場合でも，現実に認知届そのものがあったわけではないので，単に戸籍上の子に出生届出を父からした旨，および父欄に父の氏名を従前どおり記載し，父母との続柄「長・二（男・女）」を「男（女）」と訂正のうえ，子の出生当時の母の戸籍に移記することになる。
(ｳ) 前記の通達は，行政解釈の変更を示すものであるから，現行民法施行後に従前の例（認知効を認めない）によって取り扱ったものにも適用される。したがって，従前の取扱いによるものは，戸籍法113条の戸籍訂正許可の裁判によって，認知効を認める前記(ｲ)の訂正が認められる。
(2) **父からの嫡出子出生届に認知の効力を認める事例** 日本人と外国人を当事者とする例を二，三布衍しよう。
(ｱ) 現行民法施行後，婚姻関係にない朝鮮人男と日本人女間の嫡出でない子につき，その妻朝鮮人女との間の嫡出子として父から出生届があった場合（昭40・5・13民事甲794号回答）。
(ｲ) 現行民法施行後，婚姻関係にない外国人たる朝鮮人男女間の嫡出でない子につき，事実上の父からその朝鮮人妻との間に嫡出子として出生届があった場合（昭和40・5・13民事甲797号回答，昭48・3・10民二2085号回答）。
(ｳ) 婚姻関係にない朝鮮人男と日本人女間の嫡出でない子につき，その朝鮮人父から届書上の母の本籍・氏名を朝鮮人として朝鮮名の架空の氏名を用いて嫡出子として出生届があった場合（昭40・7・5民事甲1709号回答）。
(ｴ) 婚姻関係にない中国人男と日本人女との間の嫡出でない子につき，その中国人父から届書の母の本籍氏名を中国人として中国名で表示した嫡出子として出生届があった場合（昭40・4・22民事甲846号回答，昭40・7・16民事甲1879号回答）。
前記のいずれも，裁判上認知の効力のないことが確定されない限り，父子関係があるものとして戸籍の実務が行われている。
(3) **父からの嫡出子出生届に認知の効力を否定した事例** (ｱ) 現行民法施行後，婚姻関

を以下に説明する。

(2) **旧民法当時の扱い**（明治31年7月16日から昭和22年末までの間，以下旧民法という）　この当時は，父が認知した「嫡出ニ非サル子」（婚姻外の子）を，とくに「庶子」と称していた（旧民827条2項）。当時この嫡出でない子の出生届に際し，父から「庶子」として届出をしたときには，別に認知届を要しないで，その庶子出生届に認知の届出の効力を認めていた（明治31年戸籍法71条2項，大正3年戸籍法72条2項・83条前段）。

このことから当時，夫が妻以外の女との間に出生した子（婚姻外の子）について，父として妻との子であるかのように虚偽の嫡出子出生届をしたときは，その出生届になんらの法的効果を生じないというのでなく，事実上の父がした嫡出子出生届に自己の子であることを承認する意思表示が含まれているとみられるから，これを実質において庶子出生届とみなして認知届出の効力があるものと解され（大15・10・11大審院判決〔民集5巻703頁〕），戸籍の実務上も「庶子」として取り扱われてきた。

(3) **現行民法施行後の扱い**（昭和23年1月1日以降）　(ア) **当初から昭和39年頃までの扱い**　現行民法には庶子の名称が廃止されたことに伴い，戸籍法上も認知の届出の効力を有する庶子出生届の制度も廃止されるに至っている。このことから，戸籍の実務においては，旧民法当時のように妻以外の女との間に出生した子について，夫が父としてした虚偽の嫡出子出生届に庶子出生届に転換して認知の届出の効力を有するものと認めた従来の扱いを変更し，これを認めないこととするに至った（昭25・10・12民事甲2767号回答）。すなわち，任意認知は本来，法定の要式を備えた認知届という要式行為によるべきであるから，他の届出（たとえば出生届）にみだりに認知の効力を有する届出として解することを容認できないというものである。つまり，前記のように法的根拠を欠く事実上の父がした虚偽の嫡出子出生届により，事実上の父子関係が承認されても，その不適法な届出により法律上の父子関係を生ずるものではないというものである。

(イ) **昭和40年1月7日民事甲4016号通達に至る経緯**　前記(ア)の実務に対しては，多くの学説が次の理由から反対をされたようである。すなわち，現行戸籍法62条の規定が，大正3年戸籍法83条の前段を削除し，後段のみを踏襲したのは，民法上の庶子の名称が廃止されたために，形式的に戸籍法上に庶子出生届の規定をおくのはおかしいと考えただけのことであって，自己の婚姻外の子に嫡出子出生届をするほどの父には，認知をする意思があるとみるべきであり，その理論を示した大正15年10月11日大審院判決の実質的基礎観念は現行戸籍法62条にも相通ずるものであるというものである。

次に，家庭裁判所の戸籍訂正に関する審判例にも，この学説に同調するものがみられるようになったので，昭和39年の半ばに至り戸籍の実務においても従来の見解を改めた先例がいくつか出され（昭39・6・30民事甲2240号回答，昭39・10・26民事甲3470号回答，昭39・12・25民事甲4043号回答），これを明示したのが昭和40年1月7日付民事甲4016号法務省民事局長通達である。この通達には直接に認知の届出の効力を有する旨は述べられていないが，昭和40年6月23日民事甲1451号回答で認知の効力を生ずるものと解してさしつかえない旨を示している。

前記の嫡出子出生届には、認知の届出の効力が認められるのであるから、任意認知届の要件のほか、準正および出生届の各要件を具備する必要がある。その主要な点は次のとおりである。

(1) **認知の要件を満たすこと** (ア) 血縁上の父が届出をすること。父が嫡出子出生届をするのには、母が死亡していても支障はないが（大8・9・13民事3685号回答）、父が死亡後にはこの届出をすることができない。父死亡後に準正嫡出子となるためには、非嫡出子出生届をして裁判認知によるほかない。

(イ) 出生子が成年者であるときは、その者の承諾があること（民782条、昭43・4・5民事甲689号回答）。

(ウ) 出生子が死亡した場合には、その死亡した子に直系卑属があること、またその直系卑属が成年者であるときは、その者の承諾があること（民783条2項、大6・3・6民197号回答）。

(2) **父母の婚姻後であること** いったん婚姻が成立していれば、出生届出時に母の死亡、もしくは父母が離婚していても嫡出子出生届に支障はない（大8・3・28民710号回答）。なお、父母婚姻前に非本籍地で前記の嫡出子出生届を受理した場合、それが有効な認知の届出の効力を有する出生届となるが（昭57・4・30民二2972号通達）、その出生届は非嫡出子の出生届に追完するのが本来の取扱いである（戸45条）。もっとも、このような追完届をしないうちに父母が婚姻したときは、便宜、さきの嫡出子出生届に父母が婚姻した旨を父から追完届出することによって、有効な嫡出子出生届として取り扱うことが認められている（昭23・7・10民事甲2052号回答、昭24・3・7民事甲499号回答）。

(3) **非嫡出子出生届がなされていないこと** すでに非嫡出子出生届がなされた後は、認知届をすれば目的を達するので別に本条の嫡出子出生届があっても受理すべきではない。もっとも、父母の婚姻後この嫡出子出生届を誤って受理した場合には、認知の届出の効力が認められるので、これを活用して、従前の非嫡出子としての戸籍記載を消除することの便宜的取扱いが認められている（大5・3・22民316号回答）。

【3】 **戸籍法62条の類推適用を認める嫡出子出生届** (1) **実体上不適法な届出** 問題の対象となる届出の内容としては、婚姻関係にない男女間に出生した子について、事実上（血縁上）の父からなされた嫡出子出生届がある。これには次の二つの場合がある。その一つは、妻のある男が他の女との間にもうけた子について、偽って妻との間の子として嫡出子出生届をした場合である。その二つは、事実上の父母の婚姻が有効に成立していないのに、その間の子について嫡出子出生届をした場合である。

前者について、出生証明書が偽造されて出生届があった場合には、たとえそれが不適法でも市町村長の形式審査では防止できない。また後者について、戸籍上、婚姻の記載があったために嫡出子出生届を受理し、その後に父母の婚姻が無効であったことが確定された場合には、さきの嫡出子出生届が不適法であったことに帰するが、市町村長の形式審査ではその不適法な届出の防止は困難である。これらの場合に、父からした嫡出子出生届に認知の届出の効力を認めるか否かの類推解釈の問題について、従前から今日までの取扱い

民法 790 条 1 項の規定の解釈を，出生により嫡出子たる身分を取得した場合だけでなく，準正により嫡出子たる身分を取得した場合にも適用する取扱いに変更された（昭 35・12・16 民事甲 3091 号通達）。その結果準正により嫡出子たる身分を取得した者も，その身分取得と同時に父母の氏を称することになったものと解して，直ちに父母の戸籍に入る取扱いとなった。この取扱いにより準正子は一律に父母の氏を称することとなり，従前の取扱いのもので，父母と同籍する旨の申出があったものは同籍させることとなった。ただ，死亡した子には準正による氏の変動を認めていない（昭 35・12・16 民事㈡発 472 号依命通知）。

　ところが，昭和 62 年法律 101 号による改正民法 791 条 2 項の新設（昭和 63 年 1 月 1 日施行）に伴い，父または母が氏を改めたことにより父母と氏が異なることになった子は，父母の婚姻中であるときは，家庭裁判所の許可を得ないで父母の氏を称することができることとされたので，従前の取扱いを改め，認知または婚姻による準正嫡出子は当然には父母の氏を称しないものとされた。この場合，準正嫡出子が父母の氏を称するには，戸籍法 98 条に規定する入籍の届出によることとなる（昭 62・10・1 民二 5000 号通達第 5）。

【参考文献】　①中川善之助「法釈民法⑳の 1」，②戸籍誌 527 号 61 頁以下

No.174　認知の効力を有する嫡出子出生届出

【1】　**任意の認知**　認知は，婚姻外の子（非嫡出子）と血縁上の父との間に法律上の父子関係を認めることであり，戸籍法上の届出によって認知の効力を生ずるものは，まず血縁上の父がする任意の認知届がある（民 781 条 1 項，戸 60 条・61 条）。母の認知についても民法 779 条に明示されているが，これを要しないことは戸籍法上に母の認知の規定がみられないばかりでなく，むしろ，戸籍法 52 条 2 項には母に出生届出の義務を課していることから，法律上の母子関係は分娩の事実によって当然に発生する建前であるものと解されている（大 11・5・16 民事 1688 号回答，昭 37・4・27 最二小判）。

【2】　**戸籍法 62 条の嫡出子出生届**　認知の効力を生ずるものとして，任意認知届以外の届出で戸籍法 62 条の嫡出子出生届がある。これは，婚姻中の父母が婚姻前の子を認知することにより，その子が嫡出子となる場合で，父母から嫡出子出生届をしたときは，その届出に認知の届出があったものとみなして認知の効力を認めている。戸籍法 62 条には父母双方からの届出を要するかの文言になっているが，母の認知を要しないことは前述のとおりで，母がともに加わることを要しない（大 7・5・30 民 1159 号回答，昭 23・1・29 民事甲 136 号通達）。

　嫡出でない子を出生した場合には，戸籍法 52 条 2 項の規定によって，嫡出でない子として出生届をすべきである。しかし，その届出までの間に母と血縁上の父が婚姻した場合には，準正嫡出子となるために非嫡出子出生届という原則的方法によらないで，父からする嫡出子出生届だけで目的を達するようにしたのが戸籍法 62 条の規定である。この取扱いは大正 3 年戸籍法当時から国民感情に合致した便宜なものとして活用されている。この場合は，準正の嫡出子ではあるが，出生届によって直接父母の戸籍に入る（昭 62・10・1 民二 5000 号通達第 5・3 の適用はない—戸籍誌 527 号 67 頁法務省の解説）。

【4】 **認知準正**（民789条2項） 嫡出でない子の血縁上の父母が婚姻した後に、その父が子を認知すれば、その子は嫡出子たる身分を取得する。これを認知準正という。この認知準正の効果発生時期は、民法789条2項に「認知の時から」と明示されているが、その文言どおりに解すると、父死亡後の認知（裁判上の認知）によって嫡出子の身分を取得した者は、父死亡後には非嫡出子としての相続分しか取得できないとして、準正を認める意義がないことが指摘されていた。そこで「認知の時から」を「認知のあった場合」と解する傾向にある（我妻 栄「親族法」252頁）。戸籍の先例でも認知準正の効果は婚姻成立の時から生ずるものと解されている（昭42・3・8民事甲373号回答）。なお、非嫡出子の相続分が嫡出子の相続分と平等となった現在でも、平成25年9月5日よりも前に開始した相続については、上記のとおり解することに実益がある。

認知準正となる認知の時期は、嫡出でない子に準正の効果を付与する意義がある限り、父母の婚姻後、あるいは父の死亡後（裁判上の認知）でもさしつかえないわけである（昭24・8・30民事甲1939号回答、昭25・12・4民事甲3089号回答、昭25・12・28民事甲3358号回答）。

なお、父母婚姻後に、その婚姻前の子を父から嫡出子出生届をした場合には、別に認知届がなくとも認知届出の効力が付与されているので（戸62条）、認知準正の効果を生ずる。

【5】 **子死亡後の準正**（民789条3項） 嫡出でない子が認知された後に死亡し、その後に父母が婚姻した場合、また嫡出でない子が死亡後に父母が婚姻し（あるいは、父母婚姻後に嫡出でない子が死亡し）、その後に子の認知がなされた場合は、死亡した子でも、その父母の婚姻と親子関係の確定という要件が具備すれば準正の効果が認められている。もっとも、子の死亡後の認知については、その子に直系卑属があるときに限って認められるものである（民783条2項）。

これらの子の死亡後の準正の効果は、いずれも嫡出でない子が嫡出子たる身分を取得することによって、その準正子の直系卑属が、その準正された父または母の嫡出子としての相続分を相続することになる。このような死亡した子に準正を認める意義は、代襲相続（民887条2項・3項・901条）の場合に実益がある。

【6】 **準正子の氏と戸籍の取扱い** 準正子が出生当時に取得する氏および入籍すべき戸籍は、その当時、嫡出でない子であるから民法790条2項および戸籍法18条2項後段の規定により原始的に母の氏を称し母の戸籍に入るべきものである。その後に準正により嫡出子たる身分を取得した結果、当然に父母の氏を取得するかどうか、かつて問題となった点である。すなわち、従前は、嫡出でない子として出生により母の氏を称して母の戸籍に入った子は、準正により嫡出子たる身分を取得しても当然には氏および戸籍に変動を生じない取扱いをし、その準正子が父母の氏を称するためには、民法791条の家庭裁判所の許可を要するという取扱いであった（昭23・4・21民事甲658号回答）。しかし、この取扱いは、当事者に無用の手数を強いる結果となっていること、また、戸籍法62条の規定によってする認知の届出の効力を有する出生届がなされた場合、その準正子を直ちに父母の戸籍に入籍させる取扱いである（昭23・1・29民事甲136号通達）ことなどを勘案され、

内に戸籍の訂正申請をする（裁判の謄本および確定証明書添付）義務を生ずる（戸116条）。したがって、市町村長は前記の期限内に戸籍の訂正申請がないときは、申請すべき者に申請すべき旨の催告をする。この申請催告に応じないときは、市町村長は管轄局の長の許可を得て戸籍の訂正をすることになる（戸44条）。もっとも、戸籍訂正の申請を訴えの提起者または調停の申立て人からしないときは、相手方からすることもできる（戸117条・63条2項）。なお、戸籍の処理については、前項参照のこと。
【参考文献】 ①青木義人、大森政輔「全訂戸籍法」、②中川善之助「註釈民法㉒の1」

No.173 準正子と戸籍の処理

【1】 意義 準正とは、父母の婚姻外の子、すなわち、嫡出でない子に対して嫡出子たる身分を与えることをいい、その身分を取得した子を一般に準正子、または準正嫡出子とも呼んでいる。この準正の制度は、嫡出でない子に対し嫡出子という身分を与える結果、その子の法的地位を高めることになり、ひいては婚姻をしていない父母に対して婚姻をすすめることにもなる。準正子は、すべての法律上の処遇において父母の婚姻により生まれた生来の嫡出子と同等の法的地位を与えられ、嫡出子として取り扱われる。たとえば、その準正子が未成年であれば、準正されるまで母のみの親権に服していても（民819条4項）、準正により父母の共同親権に服することになる（民818条1項・3項）。また、準正子は生来の嫡出子と同一順位で父母の相続人となり、しかも、その相続分も生来の嫡出子と均等である（民900条4号）。なお、準正による氏の変動、すなわち戸籍の変動については後述する。

【2】 準正の要件 準正は、嫡出でない子について、その子の法律上の父母が婚姻をすることによって充足される。すなわち、その子と血縁上の父母との間に法律上の親子関係が確定することと、その確定した父母間に婚姻が成立することの二つを具備することが必要である。なお、嫡出でない子は、その血縁上の父母が当然に法律上も父母と認められるかについては、民法の条文上は血縁上の父母が認知行為をすることによって確定するという建前をとっている（民779条）。もっとも、父子関係は血縁上の父の認知によって形成され確定するが、母子関係については、分娩の事実によって当然に発生するものであるというのが通説であり、判例および戸籍の先例でもそのような取扱いである（昭37・4・27最二小判、大5・10・25民805号回答、大7・5・30民1159号回答、大11・5・16民事1688号回答）。

準正には、その要件である父母の婚姻と認知とを具備するについて二つの形態がある。すなわち、婚姻と認知との先後関係による分類で、いわゆる婚姻準正と認知準正がある。

【3】 婚姻準正（民789条1項） 嫡出でない子を父が認知した後に、その父母が婚姻をすれば、その子は嫡出子たる身分を取得する。これを婚姻準正という。この婚姻準正の効力発生時期は、一般に婚姻成立の時と解されている。もっとも、準正効果の発生時期を認知の効力が出生時にさかのぼることから（民784条）、これと同様に準正の効果も出生時にさかのぼると解する説もみられる（中川善之助「新訂親族法」406頁）。しかし、次にかかげる認知準正の場合と同様に準正を認めた趣旨からみて効果発生時を婚姻成立時と解するのが多数説のようである。

の性質上許されないので、それは、もっぱら裁判所が決定すべきものとしている。したがって、この訴えの性質については、裁判所によって父が定められるところから、一般には形成力の付与を求める「形成の訴え」であるといわれている。つまり、この訴えの結果、父を定める審判や判決が確定することによって、一定の父子関係が出生の時点にさかのぼって形成されるのである。なお、父を定める訴えは、前夫の子として法律上の推定を受け、後夫の子として事実上の推定を受けるにとどまる場合（母の離婚後300日以内かつ再婚後200日以内―内縁成立後200日後―の出生子）は認められない（昭53・4・26民二2473号回答）。

【2】 **裁判手続** (1) **訴えを扱う裁判所** 子の父を定める訴えは、身分関係の当事者の住所地の家庭裁判所に提起すべきものとされている（人訴4条、民訴4条2項）。しかし、訴えをする前にまず家庭裁判所に父を定める調停の申立をすべきものとされている（家事法224・257条）。

(2) **訴えを提起できる者** この訴えまたは申立ては、子、母、母の先夫または後夫のいずれからもすることができる（人訴43条1項）。

(3) **訴えの相手方** (ア) 訴えを母の先夫から起こすときは母の後夫が、また、母の後夫から起こすときは母の先夫が互いに相手方となる。(イ) 訴えを子または母から起こすときは、母の先夫と後夫がともに相手方となり、もし、相手方の一方が死亡したときは、その生存者だけで相手方となる。(ウ) 訴えの相手方となるべき者が亡くなったときは、検察官が相手方となる（人訴43条2項）。もっとも、家庭裁判所における調停申立ての場合は、検察官が調停の相手方となることが適当でないので、申立て中に相手方が亡くなったときは、その事件は当然に終了し、別に訴えによって家庭裁判所で審理すべきであると一般に解されている。

(4) **訴えの提起期間** この訴えを起こす期間にはとくに制限がないので、いつでもできる。もっとも、母の先夫・後夫のいずれかの嫡出子否認の訴え〔→ No.169 みよ〕が認容されたときには、推定の重複がなくなるから、必然的に父を定める訴えは認められなくなる。

(5) **家庭裁判所の合意に相当する審判** 家庭裁判所に父を定める調停の申立てがなされ、当事者間に合意が成立し、さらに家庭裁判所において必要な事実調査のうえ、その合意を正当と認めれば、父を定める審判がなされる（家事法277条）。この審判に対しては、2週間以内に利害関係人から異議の申立てがなければ、その審判は確定し、確定判決と同一の効力が付与される（家事法286条）。もっとも、さきの審判に対し2週間の期間内に異議の申立があれば、その審判は失効するので、その場合はあらためて家庭裁判所に訴えを起こすことになる。

【3】 **裁判確定と戸籍訂正** 父を定める裁判（判決審判）が確定すると、その確定裁判は、当事者のみでなく、第三者に対しても効力を有する（人訴24条）。家事法277条の審判が確定した場合は、その裁判確定通知が家庭裁判所から子の本籍地の市町村長になされる（家事規134条）。一方、訴えを起こした者または調停の申立て人は、裁判確定後1か月以

は，前夫の子とも後夫の子とも推定されるので，父が定まらないことになる。

また，父性の推定が重複する例としては，妻が重婚となる婚姻届が誤って受理された場合や，適法な再婚後に，前婚の解消が無効・取消になったために重婚を生じた場合にも，妻の出生子の父が前夫・後夫のいずれとも推定され，定まらないことになる（昭 26・1・23 民事甲 51 号回答，昭 39・9・5 民事甲 2901 号回答）。

このような場合に民法は裁判所が父を定めるものと規定しているが（民 773 条），その子は父を裁判所によって定められるまでの間は「父未定の子」といわれる。

このいわゆる「父未定の子」は，嫡出でない子とは異なり，生来の嫡出子の身分を有する。

【2】 父未定の子の出生届と戸籍の記載　父未定の子の出生届は，父が未定であるから，前夫の子また後夫の子のいずれの嫡出子としての出生届も受理できない（大 7・5・16 民 1030 号回答，昭 26・1・23 民事甲 51 号回答）。ただし，前夫の生死が 3 年以上行方不明を理由として離婚判決が確定したときは，同判決後 300 日以内の出生子については，前夫の子として推定されないので，後夫の嫡出子としての出生届が認められる（昭 2・10・11 民事 7271 号回答）。

父未定の子の出生届は，嫡出子の出生届であっても，届書の父欄を空白とし，嫡出子・嫡出でない子の別は「嫡出子」，父母との続柄は，一応届出人である母に，母と前夫・後夫のいずれかとを基準に「長・二男」または「長・二女」と表示させるほか，届書その他欄に「出生子は母の前夫・後夫いずれの子としても推定を受けるので父未定である」とその父未定の事由を記載する。しかも，届出義務者は父ではなく母から届出すべきものとされている（戸 54 条 1 項）。もっとも，母が死亡その他の理由でできないときは，戸籍法 52 条 3 項に規定する者が届出義務者となるほか，子の後見人からも届出できる（同条 4 項）。

父未定の子の戸籍の記載は，一応，出生当時の母の戸籍（大部分は後夫の戸籍）に入籍させ，届書記載のとおり父欄は空白，父母との続柄は母と前夫，後夫のいずれかを基準にした「長・二男」または「長・二女」の記載をするほか，身分事項欄の出生事項中には「父未定」の旨を付記する（参考記載例 6）。

後日父が判決または審判によって確定したときは，戸籍法 116 条による戸籍訂正申請（裁判の謄本と確定証明書添付）により，父欄を記載し，父母との続柄も正しい父母双方を基準にした続柄に訂正することになる（大 3・12・28 民 1962 号回答 12）。もっとも，子が前夫の子と定められた場合には，後夫の戸籍にある父未定の子は，前述の訂正をして母と前夫の婚姻解消当時の戸籍に入籍させることになる（法定記載例 204・205）。

No.172
父を定める訴え（裁判手続と戸籍訂正）

【1】 意義　この訴えは，出生子について再婚禁止期間の看過による婚姻の成立，または重婚の発生の結果，民法 772 条による嫡出父子関係の推定が競合するため，母のいずれの夫の子であるかを定めるのが目的である（民 773 条）。すなわち，嫡出父子関係の推定が重複する場合に，父を当事者（先夫・後夫・母・子）間の合意のみにより定めることは，任意処分に親しまない身分関係

共同被告とした訴訟においても，その訴訟の係属中に共同被告の一人が死亡したときは，訴訟は生存者を相手方として続行される（人訴26条1項）。
(4) **戸籍上の父母双方死亡後の親子関係訴訟当事者** 被告の父母双方がともに死亡したときは，かつてはその訴訟は当然に終了するものと解されていた。しかし，その後はこのような相手方の死亡の場合に検察官を相手方として訴えをすることができると解する判例が出現し，戸籍事務においても認容されていた（昭45・7・15最高裁大法廷判決，昭46・3・1民事甲972号通達）。そして，人事訴訟法の制定により，その第12条3項で上記のことが明文化された。
(5) **戸籍上の親と子の双方もしくは親または子の一方が死亡後の親子関係訴訟当事者** 第三者が親子関係存否確認の訴えを提起する場合において，親と子の双方が死亡しているときは，第三者は検察官を相手として右訴えを提起することが必要であるが（人訴12条3項），親または子の一方のみが死亡し他方が生存しているときは，第三者は生存している者のみを相手方として右訴えを提起すれば足り，死亡した者について検察官を相手方に加える必要はない（人訴12条2項）。
【4】 **裁判確定と戸籍訂正** 親子関係の存否確認の訴えにおける請求を認容する判決，または請求を棄却する判決は，その内容に従い，当該親子関係が存在し，または存在しないことを既判力〔→62頁みよ〕をもって確定することになる。そして，この訴えは人事訴訟法第2条2号で規定されており，この判決の既判力は同法24条で第三者にも及ぶものとされている。この判決によって確定された親子関係が戸籍の記載と合致しないことが判然とするので，勝訴した原告は判決確定の日から1か月以内に戸籍訂正の申請をしなければならない（戸116条）。この場合の戸籍訂正申請書には判決謄本のほかに判決の確定証明書の添付を要する。なお，家事法277条の審判が確定した場合も前記に準ずる〔→No.169「裁判手続と戸籍訂正」みよ〕。

No.171 父未定の子と入籍

【1】 **意義** 民法は婚姻関係から生まれた子の父性の推定について，772条に規定している。すなわち，同条1項に「妻が婚姻中に懐胎した子は，夫の子と推定する」と，これを受けてさらに，懐胎時期の推定を同条2項に「婚姻成立の日から200日後又は婚姻の解消若しくは取消の日から300日以内に生まれた子は，婚姻中に懐胎したものと推定する」というのがそれである〔→No.168「推定を受ける嫡出子・推定を受けない嫡出子」みよ〕。
ところが，このような規定からは，その推定が重複して一人の子が同時に二人の父を推定される場合がまれに生ずる。その例として，女が再婚するには民法733条1項の規定によって，前婚の解消・取消しの日から6か月間をおかなければならないのであるが（出生子が前夫・後夫のいずれの子か不明の場合を生ずることを防止するため），その再婚禁止期間（待婚期間）を経過しない再婚の届出が誤って受理された場合は，その再婚は当然無効とはならないので，重複して父性の推定を生ずることがある。すなわち，前婚の解消後300日以内で，かつ，後婚の成立後200日以上を経過してから生まれた子（例示—離婚の翌日に再婚の届が受理され，その再婚後290日目＝前婚解消後300日以内＝に生まれた子）について

は調停の申立て)。

　この訴えを認容する確定裁判によって，これと相反する戸籍上のEに関する母乙とある記載を消除することになるが，Eの出生届が生理上の父甲からなされているときは，Eに対する認知の効力があるとして父子関係はそのまま認められる。ただし，Eの出生届が現行戸籍法施行後であれば，子Eは出生当時の母丙の氏を称し，その戸籍に甲E間の父子関係を認められたままにして移記されることになる。もっとも，子Eの出生届が父甲以外の者からなされているときは，その届出人が届出資格を有しない限り，Eの戸籍の記載全部を消除し，あらためて出生届をすることになる（昭40・1・7民事甲4016号通達，昭57・4・30民二2972号通達）。

　(イ)　前記(ア)の設例において，もし乙が死亡しているときに提起される「丙とE間」の親子関係存在確認の訴え（または調停の申立て）。

　この訴えが認容されるのは，法律上の母子関係は分娩の事実によって当然に発生すると解されるからであって，この確定裁判による戸籍の処理も前記(ア)と同様である。

　(ウ)　戸籍上，甲女の嫡出でない子として記載されているFが，実は乙女の嫡出でない子である場合に提起される「甲とF間」の親子関係不存在確認の訴え（または調停の申立て）。

　(エ)　前記(ウ)の設例において，もし甲女が死亡しているときに提起される「乙とF間」の親子関係存在確認の訴え（または調停の申立て）。

　前記(ウ)，(エ)の訴えが認容された後の戸籍の処理は，その確定裁判によってFの戸籍の記載全部を消除し，あらためて出生届をすることになる。なお，前記(ア)，(イ)，(ウ)，(エ)いずれの場合も前記(1)(ア)，(イ)のなお書と同様に戸籍法113条の戸籍訂正許可の裁判によっても処理できることになっている（昭37・2・26民事二発72号通知五）。

【3】　訴えの当事者　(1)　この訴えの原告となり，また被告となり得る者は当該親子関係の存否が争われるその親子関係の主体（親と子）である。すなわち，親子は互いに原告となり被告となる。なお，父母と子が当事者となるべき場合において，父母のいずれか一方の死亡後においては，その生存一方の者と子との間において訴えを提起できると解されている（昭25・12・28最二小判）。

(2)　第三者もまた，この訴えの原告となり得るか否かについては，その親または子と外見上また真実に親族関係にある者，およびその子を自己の子として認知しようとする者で，他人間の身分関係の存否により，自己の権利関係に直接の利害関係を有する場合に原告となり得るものと解されている（昭13・5・23大審院判決，昭13・11・26大審院判決，昭49・9・9民二5039号回答）。もっとも，第三者が原告となるときは，被告は親および子の双方である。

(3)　訴えの提起後に原告が死亡したときは，その訴訟は当然に終了する（人訴27条）。ただし，戸籍上の父母が共同原告となり，子を被告として提起した訴訟において，その訴訟の係属中に原告の一人が死亡しても他の一人が残存していれば訴訟は終了しないが，原告の父母二人ともに死亡すれば本案訴訟は終了する。また，同様に子が原告となり，父母を

て，当該家庭を構成している戸籍上の父，子，母，それに，新たな家庭を形成する可能性のある真実の父と主張する者に限定されるべきであると考える。もっとも，これらの者についても，具体的な事情のいかんによって，親子関係不存在確認の訴えを提起することが権利の濫用に当たる場合があるのは，別個の問題である。」「それ以外の第三者については，現行法の解釈として，当然に親子関係不存在確認の訴えの原告適格を否定することはできないとしても，その訴えの許容性については，より厳格に吟味されるべきであろう。これら第三者については，たとえ身分上，財産上の利害関係が存する場合であっても，むしろ特段の事情のない限り，親子関係不存在確認の訴えの提訴権者となり得ないものと解するのが，前記の民法の趣旨にかなうものである。」

　　（補注）最高裁は，平18・7・7の2件の決定において，他の夫婦の子が父母の実子として届出がなされ（いわゆる藁の上からの養子），長年実子として育ってきた場合において，父母の死後に父母の実子（戸籍上の兄弟）からする親子関係不存在確認の訴えや，当該戸籍上の父からする同訴えは，いずれも権利の濫用に当たるとしており（前者につき，家月59巻1号92頁，後者につき同号98頁），嫡出の推定を受けない嫡出子の場合の親子関係不存在確認の訴えについても，これらの判例理論は適用されるものと考える。

(2)　嫡出の推定を受けない嫡出子の場合の親子関係不存在確認の訴え（昭15・1・23大連判，昭15・4・8民事甲432号通牒）　(ア)　戸籍上，甲乙夫婦間の婚姻成立後200日以内の出生子として記載されているCが，実は乙が他男丙と婚姻前に通じた結果，懐胎分娩した子である場合に提起される「甲とC間」の親子関係不存在確認の訴え（または調停の申立て）（昭37・2・20民事甲334号回答前段）。

　なお，本設例の場合は，嫡出推定を受けないので，嫡出否認の訴えによることを要しないものと解されている。また，本設例において，もし甲が死亡しているときは，婚姻外の子Cと丙間に親子関係が形成されていないため，Cの丙に対する認知の訴え（または調停の申立て）により，その確定裁判によって戸籍法116条に基づきこれと相反する戸籍上の父甲とある記載を消却し，裁判認知の届出によって父を丙と記載することになる。

　(イ)　戸籍上，甲乙夫婦間の推定嫡出子として記載されているDが，実は夫甲の長期不在中，妻乙が他男丙と通じて生まれた子である場合に提起される「甲とD間」の親子関係不存在確認の訴え（または調停の申立て）。

　なお，本設例のような夫の長期不在，行方不明，事実上の離婚などの場合は，実質的に嫡出推定が排除されるということを理由に，戸籍法113条の戸籍訂正許可の裁判によることもできると解され（昭37・2・26民事（二）発72号通知五），その裁判例もみられる。また，本設例の甲が死亡しているときの戸籍の是正方法は，前記(1)の(ウ)のなお書後段記載と同じである。

(3)　嫡出でない子の場合の親子関係不存在確認の訴え　(ア)　戸籍上，甲乙夫婦間の推定嫡出子，または推定を受けない嫡出子として記載されているEが，実は夫甲とその妾丙間に生まれた子である場合に，提起される「乙とE間」の親子関係不存在確認の訴え（また

合を分類してみる。訴えを起こすには，原則としてまず家庭裁判所に申立てを要する（家事法257条・245条）。

(1) 戸籍上嫡出の推定を受ける嫡出子の場合の親子関係不存在確認の訴え（民772条）

(ア) 甲乙夫婦間の推定嫡出子Aが，戸籍上に丙丁夫婦間の嫡出子，または戊の嫡出でない子として不実の記載がなされている場合に提起される「丙丁とA間」，または「戊とA間」の親子関係不存在確認の訴え（または調停の申立て）。

(イ) 前記(ア)の設例において，もし丙丁または戊が死亡しているときに提起される「甲乙とA間」親子関係存在確認の訴え（または調停の申立て）。

なお，前記(ア)，(イ)の訴えが認容されることによって，この裁判に相反する不実のAの戸籍の記載は全部消除し，あらためて出生届出をすることになる。また，前記(ア)，(イ)いずれの場合も虚偽の出生届出によるものであるということから，戸籍法113条の戸籍訂正許可の裁判によってAの不実記載を全部消除することが相当であるとも解されている（昭37・2・26民事(二)発72号通知五）。

(ウ) 戸籍上，甲乙夫婦間の推定嫡出子として記載されているBが，実は妻乙が夫甲と一時別居中に他の男丙と通じた結果，懐胎分娩した子である場合に，Bは甲の嫡出推定を受けないことを理由にして提起される「甲とB間」の親子関係不存在確認の訴え（または調停の申立て）（囲）。なお，本設例の場合は，別居の期間にもよるが，一時的であれば，嫡出子否認の訴えによるべきであるとする見解が本筋のようである。また，本設例において，もし甲が死亡しているときは，次のような是正方法によることができる。丙とB間の親子関係存在確認の訴えが認容されるためには，丙B間に法律上の親子関係が形成されていることが前提として必要であるところ，Bは婚姻外の子で丙からの認知がなく，いまだに父子関係は形成されていないので，丙とB間の親子関係存在確認の訴えは許されないものと解されている。そこで，このような場合はBから丙に対する認知の訴え（または調停の申立）を提起し，その確定裁判によって戸籍法116条に基づきこれと相反する戸籍上の父甲とある記載を消除し，前記裁判認知の届出によって父を丙と記載することになる（昭37・2・20民事甲334号回答前段）。

囲 平10・8・31最高裁第二小法廷判決（家月51巻4号75頁）―上告棄却（評釈，戸籍時報510号50頁，村重慶一）

（判旨）「Yは，A男とB女との婚姻成立の日から200日以後に出生した子であるが，B女がYを懐胎した時期にはA男は出征中であってB女がA男の子を懐胎することが不可能であったことは明らかであるから，実質的には民法772条の推定を受けない嫡出子であり，また，Yの出生から40数年を経過してA男が死亡した後にその養子であるXがA男とYとの間の父子関係の存否を争うことが権利の濫用に当たると認められるような特段の事情は存しないなど判示の事情の下においては，XがYを被告として提起した親子関係不存在確認の訴えは，適法である。」

〔福田博裁判官意見〕

「嫡出推定が排除される場合であっても，父子関係の存否を争い得るのは，原則とし

記録し，その訂正経過を同人身分事項欄の下部に【消除日】平成１０年５月７日，【消除事項】父の氏名，【消除事由】嫡出子否認の裁判確定，【裁判確定日】平成１０年５月１日，【申請日】平成１０年５月７日，【申請人】甲野太郎，【関連訂正事項】父母との続柄，並びに【従前の記録】【父】甲野太郎，【父母との続柄】長男(長女)の振合いによりに各記録する。
【参考文献】 中川善之助「注釈民法㉒の１」〔親族(3)〕

No.170 親子関係存否確認の訴え（裁判手続と戸籍訂正）

【１】 **意義と性質** (1) 親子関係は，単なる生理的な事実関係ではなくて，親子という身分上の地位についての法律関係である。いいかえると，人は必ず誰かを親としてこの世に生まれたもので，事実上ないし生理上の関係では父のない子，母のない子というものはあり得ないはずである。しかし，近代国家の法律は，親子としての権利義務の関係が生ずるのは，単なる自然の事実でなくて，生理上の事実関係を基礎として，これに一定の法律的評価または要件を加えたものを法律上の親子関係として構成し，これを規律の対象としている。たとえば，婚姻関係から生まれた子についての嫡出推定の制度や，婚姻外の関係から生まれた子についての認知制度などがある。このように，法律上の親子関係は，父又は母と子との間の法律関係であるから，民事訴訟法上の確認の訴えの対象となり得るものとされている。(2) 親子関係確認の訴えとは，一般に身分関係の確認を目的とする訴訟事件（夫婦関係・養親子関係・その他親族法上の身分関係などの存否確認の訴え）の一種であって，特定人間に実親子関係の存否について争いがある場合において，それを確定することを目的とする訴えである。他方，民法772条の推定が事実に反する場合に母の夫に認められている嫡出否認の訴え（民774条以下）や，民法772条の推定が競合する場合にいずれの夫の子であるかを決定するために認められている父を定める訴え（民773条)，また，任意に認知しない父に嫡出でない子が提起する認知の訴え（民787条）は，形成の訴えであって，親子関係存否確認の訴えとは性質が異なる。従来は，親子関係確認の訴えは，民法上，人事訴訟手続法上にも規定はなかったが，この訴えの目的が身分上の法律関係に関することから，その性質は通常の訴訟手続によらせることは適当でないので，人事訴訟手続法によってなされる特殊の訴訟件と理解されていたが（昭11・6・30大審院判決，昭25・12・28最二小判），平成16年12月1日法律第147号で改正された人事訴訟法第2条2号において，実親子関係の存否確認の訴えの規定が設けられている。

【２】 **訴訟の対象** この確認の訴えは，特定人間における親子関係の存否の主張であるから，その訴訟の目的は，すでに発生している法律上の親子関係の有無そのものである。したがって，確認の必要を生ずるのは，親子関係の存否について争いがあって身分上の地位の安定を図るうえで直接的効果のある場合である。たとえば，戸籍上，親子として記載されているが，事実は他人間に生まれた子である場合の身分関係を整序することは，公簿に登録された事実に反する身分関係を明らかにし，現在の不安を除去するために，必要であるということができる。そこで，通常は，身分確定について法律上の利益，いわゆる確認の利益を有するものである。次に，身分関係整序に関する親子関係確認の訴えの各種の場

を管轄する家庭裁判所にすることになっている（人訴4条1項、民訴4条2項）。しかし、この訴えを起こすには、まず相手方の住所地または当事者の合意で定める地の家庭裁判所に調停の申立をしなければならない（家事法257条・245条）。ここにおける調停で当事者間に否認の合意が成立し、それを家庭裁判所が調査の結果正当であると認めたときには、その合意に相当する否認の審判が行われる（家事法277条）。この審判に対して利害関係人が2週間以内に異議の申立をしないときには、確定判決と同一の効力を生ずる（家事法279条・281条）。もし、この否認の審判に対して異議の申立があれば、その審判は失効するが、その旨の通知を受けて2週間以内に家庭裁判所に訴えの提起をすれば、さきの調停申立のときに訴えが起こされたものとして取り扱われるので、提訴期間を失うという不利益はない（家事法286条6項）。

【6】 **否認の裁判確定と戸籍訂正** (1) **否認の裁判の効果** 嫡出子否認の裁判（審判または判決）が確定すると、子の嫡出性と父子関係は出生の時にさかのぼって消滅する。すなわち、その子は、初めから夫の嫡出子としての身分を失い、かつ、父子関係も否定されるので、妻の嫡出でない子であったことになる。この裁判の効果は、子の身分に変動を生じさせるという形成力があり、そのことは第三者に対しても効力を有する（人訴24条）。

(2) **用紙戸籍の訂正方法** (ｱ) 子の出生当時が父母の婚姻中である場合、嫡出子としての戸籍の記載は、戸籍法116条の戸籍訂正申請手続（申請書に裁判の謄本と確定証明書を添付する）により、戸籍の記載中父欄を消去し父母との続柄を「男」または「女」と訂正のうえ（ただし、戸籍訂正申請の際に母の申し出があれば、母が分娩した嫡出でない子の出生の順により「長男（長女）」等と訂正）、その旨を身分事項欄に法定記載例203により記載する。なお、子の出生事項中「父届出」とある場合は、それをも「何某届出」に訂正する。(ｲ) 子の出生当時が父母の離婚後で母が復氏している場合、父の戸籍に嫡出子としての記載は、前記(ｱ)と同様に訂正のうえ、出生当時の母の氏を称するので（民790条2項）、同戸籍に入籍させることになる（戸18条2項）（昭24・7・6民事甲1532号回答）。(ｳ) 父母離婚後の出生子について、その出生届出前に嫡出否認の裁判が確定した場合、この出生届については、戸籍の先例は、かつて出生子は父母が離婚の際に称していた氏をいったん称したのであるから（民790条1項ただし書）、出生届により父母の離婚当時の戸籍に嫡出子として入籍させ（戸18条1項）、否認の裁判確定による戸籍訂正申請により出生当時の母の戸籍に入籍させるべきであるとしていた（昭26・2・8民事甲172号回答）。しかし、すでに出生届出前に嫡出父子関係が、さかのぼって失われていることが裁判上で明確にされているので、妻の嫡出でない子としての出生届を認めて直ちに母の復氏の戸籍に入籍させてもさしつかえなく、もしその出生子が母の後夫との間の子である場合には、直ちに父（母の後夫）の戸籍に入籍させてさしつかえない取扱いが認められた。もっとも、この場合の戸籍の記載には、出生事項に括弧書で嫡出否認の裁判が確定した旨を付記することになる（昭48・10・17民二7884号回答、昭54・8・21民二4391号通達─参考記載例7）。

(3) **磁気ディスクによる戸籍の訂正方法**（子の戸籍に変動がない場合） 戸籍に記録されている子について、【父】欄を空白、【続柄】欄を「男」または「女」と訂正後のものを

は離婚の判決など）で夫の子を懐胎し得ないことが客観的に明確にされている場合には，その裁判の謄本によって非嫡出子として処理することが認められている〔→No.168「推定を受ける嫡出子・推定を受けない嫡出子」みよ〕。もっとも，このような夫婦の実態が失われているかどうかを明確にする裁判がない場合には，市町村長の戸籍事務取扱いが形式的な審査方法でなされる関係上，実態が判然としないので一応嫡出子としての出生届により処理するほかない。その後に，裁判所の判断により嫡出子否認の裁判に該当しない場合は，親子関係不存在確認の裁判により，戸籍の訂正手続をとることになる。

【3】 **訴えの当事者** (1) **訴えを起こすことのできる者** 訴えを起こすことのできる者（申立人，原告）は，原則として（夫が生存中で成年被後見人でない場合）夫に限られている（民774条）。その理由としては，次のように解されている。すなわち，否認権の行使を他人に許すとなると第三者により妻の不貞をあばかれて家庭の平和を乱されることになり，他方，子の嫡出子たる地位も不安定なものとなる。また，妻の不貞により大きな影響を受ける者は，夫の名誉ないし精神的利益であり，その夫が否認権を行使しないものを第三者が家庭に干渉することを許すべきではないという考え方である。なお，例外として（夫が死亡後，または成年被後見人である場合），夫以外の次の者に否認権の行使を認めている。(ｱ) 夫が成年被後見人である場合の後見人（人訴14条1項）。(ｲ) 夫が子の出生前に死亡した場合，または子の出生後でも否認の提訴期間内に提起しないで死亡した場合は，その子のために相続権を害される者とか，そのほか夫の三親等内の血族（人訴41条1項）。

(2) **訴えの相手方** 訴えの相手方（被申立人，被告）は，妻ないし妻であった者の生んだ子，またはその子の親権者である母であり，その親権者である母がないときには家庭裁判所の選任する特別代理人である（民775条）。

【4】 **否認権の行使期間** (1) **提訴期間** 子の地位を早期に確定する必要から否認権を行使できる期間は，次のように極めて短期間に限定されている。(ｱ) 夫からする否認の訴えは夫が子の出生を知った時から1年以内に限られている（民777条）。もっとも，夫が成年被後見人でその取消しがあってから子の出生を知った時の期間計算は，その知った時から起算して1年以内である（民778条）。(ｲ) 夫の後見人からする否認の訴えは，その者が就職後に子の出生を知った時から起算して1年以内と解されている（注釈民法(22)の1-155頁）。(ｳ) 夫死亡後の近親者からの訴訟は，夫の死亡の日から1年以内に限られている（人訴41条1項）。(ｴ) 夫が提訴後訴訟係属中に死亡したときには，前記【3】(1)(ｲ)に掲げた近親者がそれを受けつぐことができる（人訴41条2項）。

(2) **否認権の消滅** 夫が子の出生後にその嫡出であることを承認したときには否認権を失うものとされている（民776条）。しかし，推定される嫡出子については，たとえこれを否認しようとする場合でも，戸籍法53条の規定によって一応は父（夫）から出生届出をすべきものとされているので，この嫡出子出生届をしても嫡出性を承認したものとは解されていない（明32・1・10民刑2289号回答）。

【5】 **否認権行使の方法** 否認権の行使は訴えの方法によるが，その否認の訴えは，当該訴えに係る身分関係の当事者が普通裁判籍を有する地又はその死亡の時にこれを有した地

き子に対して，夫がその出生を知った時から1年以内の提訴期間内に否認の訴えを提起して否認権を行使しなければ，嫡出親子としての身分法上の法律関係を確定させるという制度であり，否認権行使期間を限定していることとの関係上，これとは異なる方法により夫と嫡出子と推定される子との間の法律上の身分関係を争う訴えは，原則として不可。本件は提訴期間経過のため，親子関係不存在確認の訴えを提訴したとみられるが，上記判例要旨に認められる事実関係の下においては，子は嫡出子と推定されるので，不適法な提訴であると判断。

② 妻と性的関係があった者からする親子関係不存在確認の訴えが不適法とされた事例
（平10・3・10東京高裁判決〔判例時報1655号135頁〕）

　㊟　Y1およびその妻は平成2年12月15日婚姻（昭和61年から同居していた）。
　　平成5年2月6日Y1の妻はY2を出産。
　　平成9年，Y1の妻と従前から性的関係のあったXがY2は自分の子供であると主張してYらを相手に親子関係不存在確認の訴えを提起。
　　高裁は，嫡出否認の訴えの要件が厳格なのは夫婦が正常な夫婦関係を営んでいる場合に，妻がたまたま夫以外の男性との性交渉により子供を生んだとしても，その嫡出性に関してみだりに第三者の介入を許すことになると，徒に夫婦の秘事を公にし，家庭の平和を乱すからであるとした上で，嫡出否認の訴えによることなく嫡出推定を受ける親子関係の不存在確認の訴えが認められるには夫婦が正常な夫婦生活を営んでいない場合や妻が夫によって懐胎することが不可能なことが明白である場合など嫡出推定を排除するに足りる特段の事情が存する場合に限られると判示した。

③ 形式的には民法772条に該当するが同条の推定が及ばず親子不存在の訴えが認められた事例

　甲は，父と母との婚姻成立の日から200日以後に出生した子であるが，母が子を懐胎した時期には父は出征中であって母が父の子を懐胎することが不可能であったことは明らかであるから，実質的には民法772条の推定を受けない嫡出子であり，また，甲の出生から40数年を経過して父が死亡した後には，その養子である乙が父と甲との父子関係の存否を争うことが権利の濫用に当たると認められるような特段の事情が存しないなどの判示の事情の下においては，乙が甲を被告として提起した親子関係不存在確認の訴えは，適法である（平10・8・31最二小判〔判例タイムズ986号176頁，判例時報1655号128頁〕）。

【2】 訴訟の対象　嫡出子否認の訴えの対象となる場合は，前述のように民法772条の規定の適用によって，夫の子と推定される妻の生んだ子（または婚姻解消後300日以内に妻であった者が生んだ子）に限られる。なお，民法772条の適用に関しては，夫が長期間不在であったり，夫婦が事実上離婚している場合などのように，外観的に見て夫婦としての実態が失われている場合などは，その適用がないものと解する傾向が大勢を占めるに至っている（昭44・5・29最一小判〔民集23巻1064頁〕，昭44・9・4最一小判〔判例時報572号27頁，戸籍誌277号33頁〕）。そこで戸籍の実務でも，戸籍面からして一応民法772条の適用があるかのような事案について，裁判上（夫が長年行方不明のため失踪宣告の審判もしく

他方，後者の嫡出の推定を受けない子については，事実関係で父子関係が定まるから，戸籍の記載が事実と符合しない場合は，いつでも利害関係人から親子関係存否確認の訴え（No.170参照）を提起し，事実関係を立証してその確認の裁判による戸籍法116条の戸籍訂正申請，または戸籍法113条の裁判による戸籍訂正申請によって，戸籍の記載を是正できるのである（昭15・9・20大審院判決）。

【参考文献】 阿川清道「親子法」（民事研修）

No.169
嫡出子否認の訴え（裁判手続と戸籍訂正）

【1】 意義　この訴えの法文上の用語例については，民法774条が「子が嫡出であることを否認」，同法777条が単に「否認の訴」，戸籍法53条が「嫡出子否認の訴」，人事訴訟法2条及び41条が「嫡出否認の訴」というように多様の使い方をしているが，いずれも嫡出父子関係の存在を否定することを意味し，一般には「嫡出否認の訴え」ともいわれている。

ここに，父性の推定問題と嫡出性の推定問題，すなわち，父子関係の存否推定の問題と嫡出子の身分付与を推定する問題とは，本来区別して理解されるべき問題であろうと思われる。それは，父性の推定ということが，血縁上の父子関係が明らかでないことによる実子関係を推定するところに意味があり，一方，嫡出性の推定は婚姻の尊重という立場からの子の優遇という面に意味をもつ考え方である。ところが，民法はその772条において直接的に父性推定を規定する一方，774条との関連において間接的に嫡出性の推定をもはたらくように規定しているのである。いいかえると，民法774条に「民法第772条の場合……子が嫡出であることを否認することができる」という規定は，民法772条に嫡出性の推定をも含んでいることを裏付けしているものと解される。つまり，民法772条にいう「夫の子と推定」される場合には，嫡出性の付与も推定されるということであろう。

このような嫡出父子関係が推定される場合であっても，その子が常に母の夫によって懐胎されたものであるとは限らないのである。それは妻の不貞行為によって夫以外の他男との間に懐胎する場合もあるからである。このように不貞行為により妻の生んだ子（婚姻後200日後の出生子），または妻であった者の生んだ子（婚姻解消後300日以内の出生子）を，すべて夫の嫡出子として処遇しなければならないとすることは不当なので，この場合に裁判上で事実を相違する旨を立証して，嫡出父子関係の推定をくつがえすことを認めたのが，嫡出子否認の訴えである。しかし，この訴えが認められるのは厳格である〔以下判例〕。

① 嫡出否認の訴えによらない親子関係不存在の訴えを不適法とした事例

　　夫婦が子の出生する9か月余り前に別居し，夫婦間にはその以前から性交渉がなかったが，夫は別居開始から子の出生の間までに，妻との性交渉の機会を有したほか，妻となお婚姻関係にあることに基づいて婚姻費用の分担金や出産費用の支払いに応ずる調停を成立させたなどの判示の事実関係の下においては，嫡出否認の訴えによらず夫が提起した親子関係不存在確認の訴えは，不適法である（平10・8・31最二小判〔判例タイムズ986号160頁，判例時報1655号112頁〕）。

囲　民法772条以下に規定される嫡出推定制度は，同法同条2項所定の嫡出子と推定されるべ

離婚後300日以内ではあるが，婚姻後200日を経過していないので夫の子と推定されない（昭38・8・22民事甲2446号回答）。なお，婚姻成立の日から200日後という場合の起算日については，前項【3】の(3)参照のこと。

【2】 **推定を受けない嫡出子** 推定を受けない嫡出子は，婚姻後の出生子ではあるが，婚姻後200日以内の出生子のため夫の子としての法律上の推定を受けない子をいう。民法は婚姻後200日以内の出生子について，明文の規定をしていないが，昭和15年1月23日の大審院連合部判決は，婚姻前に内縁関係が先行している事案について，婚姻後200日経過してなくても生来の嫡出子であるという趣旨を判示した。これに関連して戸籍の取扱いにも昭和15年4月8日民事甲432号民事局長通牒は，前記判決の趣旨によって婚姻後200日以内の出生子については，すべて嫡出子の出生届を受理するということにした。ところが，婚姻後200日以内の出生子について，法律上の推定がないのに母の夫が血縁上の父でないという蓋然性が大きい場合にまで一律に嫡出子を押しつけることは事実に反することになるので，夫の子でないという意味で妻から非嫡出子として出生届があった場合は，これを受理してさしつかえない扱いとなっている（昭26・6・27民事甲1332号回答）。この二様の取扱いは，婚姻後200日以内の出生子が嫡出子であるのか，非嫡出子であるのか，民法に明言されていないことによる。すなわち，夫との関係で生まれた子か，夫以外の男との関係で生まれた子かということは，もっぱら事実の関係で定まるものであるから市町村長の形式的審査権による処理としては，届出のとおり扱うのが戸籍に実体上の身分関係を正しく反映する最善の方法であるというのが戸籍行政上の考え方である。この意味で母以外の者すなわち同居者からの非嫡出子出生届は認められていない。

【3】 **推定を受ける嫡出子と推定を受けない嫡出子の法律上の差異** 前者は嫡出否認の裁判がない限り，その子は母の夫の嫡出子たる実体上の身分を有するものとされ，たとえ，夫が血縁上の父でない場合であっても夫は必ず嫡出子出生届をしなければならない（戸53条）。したがって，この否認の訴え（民774条～779条）がなされずに一定期間経過した場合には，子と父（母の夫）との法律上の親子関係というものが不動のものとなる。血縁がないのに嫡出父子関係を不動にすることは，子の身分の安定と家族生活の平静のために必要なものとされているが，真実に反する不合理なものという意見もある。この嫡出否認の訴えが訴え提起権者，訴えの期間などに厳格であるところから，民法772条の推定規定は正常な婚姻関係を前提とした規定であると解するのが通説となり，戸籍の取扱いも次のような場合は同条の推定は適用がないと解されるに至っている。

① 夫の生死不明3年以上を理由として離婚判決がなされ，離婚判決前3年以内（前夫の生死不明の状態にある間）に生まれた子について，嫡出でない子，または母が再婚していれば後夫との間の準正嫡出子として出生届が認められている（昭2・10・11民事7271号回答）。

② 夫が失踪宣告を受けた場合で，その失踪期間中の出生子について，嫡出でない子，または母が再婚していれば後夫との間の準正嫡出子として出生届が認められている（大11・11・30民事4297号回答，昭28・12・11民事甲2335号回答）。

否かは，戸籍の記載によって確定するものではなく，また，法律上も嫡出の推定を受けないのであって，法律上の父子関係の存否は，もっぱら事実の関係で決められるものであるから，かりに婚姻後200日以内の出生子が嫡出子として届け出られ，戸籍にもそのとおりに記載されていたとしても，母の夫との間に血縁上の父子関係がないとき（母の夫によって懐胎された子でないとき）は，推定嫡出子についてなす嫡出子否認の訴え（№169）によるべきでなく，いつでも親子（父子）関係不存在確認の訴え（№170）によって戸籍の記載を訂正できる（昭15・9・20大審院判決〔民集19巻1596頁〕）。

【5】 嫡出子・非嫡出子の出生届と入籍　生来の嫡出子は，非嫡出子と区別され戸籍上の処理（出生届出義務者，入籍すべき戸籍，戸籍の記載など）に異なる取扱いがなされる。たとえば，嫡出子の場合には，通常，届書に父母双方を明示した嫡出子出生届を父または母がなし（戸52条1項），父母の氏を称して（民790条1項），父母の戸籍に入り（戸18条1項），戸籍上には父母の氏名とともに父母との続柄を「長男，長女」などと記載する。これに対し非嫡出子の場合には，届書に父を明示できないので母のみを表示した非嫡出子出生届を母がなし（戸52条2項），母の氏を称して（民790条2項）母の戸籍に入り（戸18条2項），戸籍上は，父欄を空白とし，母欄に氏名のみが記載される。また，父母との続柄欄は，従来は「男」又は「女」と嫡出子と区別されて記載されていたが，この取扱いは改められ，母が分娩した順により「長男，長女」などと嫡出子と同じように記載することとされている（平成16・11・1民一3008号通達）。離婚後300日以内に出生した届出未済の子について，父子関係不存在確認の裁判を得て母から非嫡出子出生届があった場合の戸籍の記載は，出生事項に括弧書で父との親子関係不存在の裁判確定の旨を付記すべきものとされている（昭54・8・21民二4391号通達―参考記載例12）。

なお，懐胎時期についての医師の診断書を添付した非嫡出子の出生届があったときは，出生事項に括弧書で（民法772条の推定が及ばない）旨を記載することとされている（平成19・5・7民一1007号通達）。

No.168
推定を受ける嫡出子・推定を受けない嫡出子と戸籍訂正

【1】 推定を受ける嫡出子　推定を受ける嫡出子は，民法772条2項の婚姻後200日後から解消（取消）後300日の間に生まれた子である。ここで注意を要するのは，出生の時が単に父母の離婚・死亡による解消（婚姻取消）後300日以内ということのみでは十分ではなくて，当然のことながら当該離婚または婚姻取消もしくは死亡により解消した夫婦の婚姻成立の日から200日後でなければならないことである。このことを，民法772条2項は「婚姻成立の日から200日後又は婚姻の解消若しくは取消の日から300日以内」と表現されているが，これは，第一に婚姻継続中であれば「婚姻成立の日から200日後の出生子であること」，第二に婚姻の解消（取消）後であれば「婚姻成立の日から200日後かつ婚姻解消（取消）後300日以内の出生子であること」という意味である。したがって，たとえば，婚姻前に他男と関係して懐胎しているのに，これを秘して婚姻したことが問題となって婚姻成立後100日で離婚し，その離婚後60日目に出生した場合を考えてみると，

実務においても前掲(5)のような取扱いがされてきたこともあって，婚姻の解消又は取消し後300日以内に出生した子のうち，医師の作成した証明書により，婚姻の解消又は取消し後の懐胎であることが証明することができる事案については，民法772条の推定が及ばないものとして，婚姻の解消又は取消し時の夫を父としない出生の届出，すなわち，嫡出でない子としての出生届出又は後婚の夫を父とする嫡出子としての出生届を受理する運用が認められている（平成19・5・7民一1007号通達）。

(6) **民法772条の適用(Ⅱ)**　性同一性障害のため女性から男性に性別変更した夫とその妻が第三者との人口授精でもうけた子は民法772条の嫡出推定が適用され，嫡出子として出生届ができる（平成25年12月10日最高裁決定）。

最高裁決定では，性同一性障害者特例法が性別変更した男性について，法律の適用に関しても原則として男性とみなすと規定していることに言及。「夫として結婚できるだけでなく，婚姻中に妻が妊娠した場合は嫡出推定が適用される」との判断を示した。

さらに，前掲の最高裁判例で，妻の妊娠時期に夫婦の実態がないなど，性的関係を持つ機会がなかったことが明らかな場合には嫡出推定されないとしている点については，「性別変更した男性に関し，結婚を認めながら，妻との性的関係によって子をもうけることができないことを理由に嫡出推定を認めないのは相当ではない」と指摘している。頗る疑問の残る決定である。

【4】 推定されない嫡出子　(1) **生来的嫡出子**　生来の嫡出子であるためには，子の出生当時にその父母が婚姻関係にあることが必要なことは推定嫡出子の場合と同様である。

(2) **婚姻後200日以内の出生子**　前述の民法772条では嫡出子と推定される場合を規定しているが，民法上には婚姻後間もないところの200日以内の出生子について，嫡出子であるとも，嫡出子でないとも明定されていない。そこで婚姻後200日以内の出生子は，母の夫が父であれば父母の婚姻関係より生じた子であるから，嫡出の推定は受けないが生来の嫡出子ということになる。このことは，昭和15年1月23日の大審院連合部判決で認容され，戸籍事務の取扱上でも昭和15年4月8日民事甲432号民事局長通牒で嫡出子としての出生届をすべきものと取り扱われている。

しかし，前述の婚姻後200日以内の出生子について，母の夫が血縁上の父でない場合は，父母の婚姻関係から生じた子ではないので，嫡出でない子ということになる。したがって，実体がこのような場合には，婚姻後200日以内の出生子に民法772条の法律上の推定がなされないことから，実体どおりであるとして妻から非嫡出子の出生届があればこれを受理することになる（昭26・6・27民事甲1332号回答）。つまり，市町村長の形式的審査権の範囲においては，婚姻後200日以内の出生子について推定規定がない以上，嫡出子・非嫡出子のいずれか一方に画一的な取扱いをすべきでなく，嫡出子出生届であろうが，非嫡出子出生届であろうが，それはそのとおりに実体を反映した出生届があったものとして受理するほかないのである。もっとも，母以外の同居者などから届出する場合は一応嫡出子の出生届をすべきものと解される。

(3) **推定されない嫡出子と戸籍訂正**　推定されない嫡出子については，嫡出子であるか

(5) **民法772条の適用(I)(法律上の推定)排除の事例**　嫡出推定に関する民法772条は，正常な夫婦関係にある場合においての懐胎事実を推定するものであるから，外観的に見て夫婦の実態が失われている場合に出生した子については，本条の適用はないという判例上の解釈が示されている（昭44・5・29最一小判〔民集23巻6号1064頁〕，同年9・4最一小判〔判例時報572号27頁，戸籍誌277号33頁〕）。また，戸籍の先例においても次に掲げる事例のように，妻が夫の子を懐胎し得ないことが客観的に明白であることが裁判上に明らかにされている場合には，非嫡出子として取り扱うこととしている。この点に関し，学説上，血液型不適合等，生理的に見て父子関係の成立が否定される場合も嫡出推定が排除されるとする見解が有力に主張され，下級審の判例上，これに従うものもあるが，最高裁の判例は，一貫して，外観的に見て懐胎可能時期に夫婦が性交渉をすることはないとされる場合に限り，嫡出性の排除を認めている。

① 夫が失踪宣告を受けその失踪期間中（死亡とみなされた日から約3年前）にその妻の生んだ子（大11・11・30民事4297号回答，昭39・2・6民事甲276号回答）。
② 夫が失踪宣告を受けその失踪宣告取消前にその妻の生んだ子（昭28・12・11民事甲2335号回答）。
③ 夫の生死が3年以上不明であることを理由に離婚判決がなされ，同判決の直前に，または同判決確定後300日以内に生まれた子（昭2・10・11民事7271号回答，昭28・7・20民事甲1238号回答）。
④ 夫の生死が3年以上不明であることを理由に離婚判決がなされ，所在不明1年後（離婚判決確定の2年前）に妻の生んだ子（昭9・3・5民事甲300号回答）。
⑤ 悪意の遺棄を原因とする離婚判決の理由中に，夫婦が子の出生前数年間，日本とアメリカとに別れて生活し音信も絶えていることが認められる事案で，離婚判決確定の1年前に出生した子，または離婚判決確定後300日以内に出生した子（昭39・6・15民事甲2086号回答，昭38・7・1民事甲1837号回答）。
⑥ 子と母の夫との間に親子関係不存在確認の裁判が確定した場合（昭40・9・22民事甲2834号回答参照）。
⑦ 形式上（戸籍上）嫡出子と推定される子について他男に対する裁判上の認知が確定した場合（昭41・3・14民事甲655号回答）。
⑧ 父母離婚後300日以内の形式上嫡出の推定を受ける子について，戸籍法113条の審判（理由中に妻が夫の子を懐胎し得ないことを明示）により，父欄の記載を消除し，父母との続柄「2男」とあるを「男」と訂正のうえ，出生当時の母の戸籍に移記することを認めた事例（昭38・12・4民事甲3165号回答）。
⑨ 婚姻の解消又は取消し後300日以内に生まれた子の出生届の取扱

　婚姻の解消又は取消し後300日以内に出生した子については，民法772条の推定を排除するには前掲(5)の例のように裁判手続を得ないと推定を覆すことができなかったものであるが，一般に裁判には相当な時間と費用がかかる上，この種の事案では当事者に裁判を求めることは，往々にして酷な場合もあると指摘されてきた所であり，かつ，戸籍

問①・② 「民法772条の嫡出推定期間の初日は，いつから起算するか」

　　甲説　婚姻成立の日から200日後については，期間計算の通常の形式による（民140条）。したがって，届出受理の日が初日であり，これを算入しないで，翌日から起算することになる。婚姻の解消・取消の日から300日以内の計算は，初日不算入の原則によるべきである。――中川　淳「親族法逐条解説」（日本加除出版）189頁・199頁，高梨公之「中川善之助編集・注釈民法22の1」92頁

　　乙説　身分法の本質や戸籍法（43条1項）及び「年齢計算ニ関スル法律」などの即日起算主義の趣旨にしたがって，婚姻当日から起算すべきである――外岡茂十郎「注釈親族法（下）」301頁。嫡出推定のための懐胎期間は，法律上の婚姻が成立した時から起算されることになっている――中川善之助「昭和17年日本親族法」295頁

　　筆者の意見　私は，乙説を妥当であると考えている。すなわち，婚姻成立の日は，婚姻届出が受理されれば，その効力は届出日にさかのぼって発生する。民法上「婚姻成立の日から200日後（以後ではない）…」とは，「婚姻届出の日から200日後（以後ではない）…」と同じことであり，素直に文理解釈をすれば婚姻届出の日を期間の初日として算入し，後記のとおり計算することになるのではなかろうか。民法772条2項の規定は，民法138条の「別段ノ定」ある場合に該当する特別法規であると解するにおいては，民法140条の適用はないことになる。したがって，①婚姻届出の日を第1日（初日）として200日を経た201日目からの出生子，②婚姻の解消・取消の日（婚姻成立後200日経たことを前提にして）を第1日（初日）として300日目までの出生子が推定嫡出子ということになる。

　　　筆者が，婚姻成立日を初日として起算することについては，以下の明治31年民法820条（現行法772条）の起草当時の審議経過も考察し，立法解釈ということにもなるのではなかろうか。

　　　そこで，旧民法820条の起案理由説明書（民法修正案理由書）によれば，「本条第二項ハ懐胎期ヲ定メタルモノナリ……懐胎後200日以内ニ生レタル子ノ生育スルハ極メテ稀ナリト云ヘリ本条第二項ニ於テハ夫ノ利益ヲ保護センカ為メ稀有ノ場合ヲ度外視シ最短期ヲ200日トシ最長期ヲ300日トセリ……故ニ本案ニ於テハ戸籍吏ニ届出ヲ為シテ婚姻ノ成立ヲ来スニ至リタル時ヨリ懐胎期ヲ起算スルコトトセリ」とある。また，民法起草者も，「一旦ハ『夫婦同居ノ初ノ日ヨリ』ト書テ見マシタガ，ドウモ夫レデモ往カナイ」（富井・法曹調査会速記録50巻115），「此処ハ『夫婦始メテ同衾シタル日ヨリ』トカ云フヤウニハ書ケナイ　何ニカハツキリシタ起算日カナイト推定カ用ヲ為サヌ　此処ハ『成立ノ日ヨリ』ト書クヨリ外ニ仕方ナイト思フ」と述べられている（同136）。（傍点は筆者による）

(4)　**人工受精子の嫡出推定（判旨）**　夫の同意を得て人工受精が行われた場合には，人工受精子は嫡出推定の及ぶ嫡出子であり，妻が夫と子との間に親子関係が存在しない旨の主張をすることは許されない（平10・9・16東京高裁決定，原審同旨―家月51巻3号165頁）。

【2】 **生来の嫡出子と非嫡出子**　生まれながらの嫡出子（生来的嫡出子）は，準正の嫡出子（後天的嫡出子）に対する区別であるが，さらに生来の嫡出子には，後述のとおり民法上，嫡出の推定を受ける出生子，いわゆる「推定された嫡出子」と民法上嫡出の推定を受けない出生子，いわゆる「推定されない嫡出子」とに区別して理解されている。

　嫡出でない子は，父母の婚姻外の関係から生まれた子である。生来の嫡出子については父との親子関係が出生によって当然生ずるのに対し，非嫡出子と父との間の親子関係は，生理上（血縁上）の父子関係があるだけでは足りないで，認知（血縁上の関係を承認して法律上の親子関係を発生させる行為）によって，はじめて生ずるものとされている（民779条以下）。子には血縁上の父と母があることは当然なことであるが，母子関係が分娩という事実によって明らかである（大11・5・16民事1688号回答，昭37・4・27最二小判）のに反して，父子関係はそうではない。そこで法は婚姻中の子については嫡出推定の制度，非嫡出子については認知の制度を設けている。

【3】 **推定される嫡出子**　(1)　**生来的嫡出子**　生来の嫡出子であるためには，子の出生当時にその父母が婚姻関係にあることが必要である（民772条）。この父母が婚姻関係にあるかどうかは，婚姻届が受理されているかどうかにかかっているが，その点の確認は届書または戸籍の記載によって容易である。

　(2)　**民法772条の出生子**　子が婚姻関係にある父母から生まれたということをいかにして立証するかという問題がある。子の母を証明することは分娩という事実によって容易であるが，父が誰であるかということを証明することは極めて困難である。父母自身でも知り得ないことがあるくらいである。そこで，民法（772条）は，夫婦の同居（民752条）と貞操の遵守という当然の期待から，正常の夫婦生活関係を前提として妻の生んだ子は一応夫の子とみて間違いないとみることにした。この民法上に定められた期間内の出生子を，夫の子と推定することから，「推定嫡出子」といわれる。この法律上の推定が事実に反すると主張するには嫡出子否認の訴え（No.169＝民774条）によらなければ，嫡出子としての推定をくつがえすことはできないのである。

　(3)　**父の推定方法**　民法は推定の方法として，まず妻が婚姻中にその夫によって懐胎した子は，夫の子と推定すると規定しているが（民772条1項），妻が婚姻中にはたして懐胎したかどうかは，容易に判断できる性質のものではない。そこで，民法は医学上の実験統計から割り出された人間の懐胎持続日数を基礎にして，①　婚姻成立の日から200日後に生まれた子（婚姻届出の日を算入して計算し200日経過後の婚姻中の出生，結局，婚姻届出の日を第1日として，200日を経た201日目からの出生子⊠①），②　婚姻の解消もしくは取消しの日から300日以内に生まれた子（婚姻成立後200日たった後の出生であることが前提である。結局，婚姻解消または取消しの日を第1日として300日目までの出生子⊠②），を婚姻中に懐胎したものと推定している（民772条2項）。

　前述の推定を受ける嫡出子は，裁判上（夫またはその三親等内の血族などが行使する嫡出否認の訴え）において反対の証明がない限り，市町村長としては嫡出子の取扱いをしなければならない。この反対の証明としてはその旨の裁判の謄本に明示される。

（民887条2項・889条），扶養（民877条），近親婚の禁止（民734条・735条）など親族関係の存否が問題となる場合には戸籍の記載によって証明することになる。

【5】 氏名の登録証明　氏名は人の同一性を識別するために社会生活上，重要なものである。したがって，出生届には子の氏名が明示され，戸籍に記載すべきものとされている。出生子の氏は出生の瞬間に定まる（民790条）のであり，これによって出生子の入る戸籍も特定される（戸18条1項・2項）。このように氏は，戸籍記載の基準となるほか，名と合体して人の識別に利用される。また，名は出生届に際して命名権者によって付せられる。命名権者としては通常，父・母が考えられている〔→554頁の【16】「氏名の変更」みよ〕。なお，出生届書には子の氏名の記載があるが，出生証明書には，命名前に証明したため子の氏名の記載がない場合は，出生届書のその他欄に，出生証明書の子の氏名欄空白の事由（例—出生証明書は命名前に交付のため子の氏名欄空白）を記載すれば受理される（昭50・5・23民二.2696号通達）。

No.167
嫡出子・非嫡出子と入籍

【1】 意義　(1) 嫡出子と非嫡出子　民法上「嫡出である子（嫡出子）」とは，「嫡出でない子（非嫡出子）」に対する用語であって，この両者について直接の定義規定は示されていない。しかし，一般的には，民法772条および774条の規定からみて婚姻関係にある男女の間に生まれた子を「嫡出である子」または「嫡出子」といい，一方，民法779条の規定からみて婚姻関係にない男女の間に生まれた子は「嫡出でない子」または「非嫡出子」といわれている。

(2) 嫡出子と非嫡出子とを区別する理由　この理由としては，婚姻を重視する思想から生じたものであると考えられているが，その結果として従来婚姻関係から生じた子を婚姻外に生まれた子よりも法律上は優位に処遇していた。現実に改正前民法900条4号ただし書では相続分について，嫡出子は非嫡出子の倍の割合（嫡出でない子の相続分は嫡出である子の2分の1である）の法的地位が与えられていた。ところが，平成25年9月4日の最高裁大法廷の決定により改正前民法900条第4号ただし書の規定のうち嫡出でない子の相続分を嫡出子の相続分の2分の1とする部分は憲法違反であると判示されたことから，平成25年12月11日民法の一部改正により民法900条第4号ただし書の「嫡出でない子の相続分は嫡出である子の相続分の2分の1とし」が削除された。改正後の規定は平成25年9月5日以降に開始した相続に適用されることとなった。したがって，嫡出子と非嫡出子の相続分に法的差異はなく同等である。

(3) 嫡出子の身分　嫡出子ということを法的効果の面から捉えて，これを広義に解する場合には，出生の時から嫡出子の身分を取得した生来的嫡出子のほか，出生の時には嫡出でない子であるが，その後に父母が婚姻関係を生ずることにより，嫡出子の身分を付与された後天的嫡出子（準正の嫡出子または準正子（No.173），民789条）をも含めて理解されるので注意を要する。すなわち，法的効果の発生時（たとえば，相続開始時）に嫡出子であるか，嫡出でない子であるかという判断をするには，生来の嫡出子のほか，その判断基準時に準正の嫡出子である場合も含むのである。

【1】 出　　生

No.166
出生届の意義

【1】 **権利の主体となる始期の登録と証明**　出生は人が人として法律上，権利（義務）の主体（権利能力者）となることを認められる最初の時である。すなわち民法3条1項には，「私権の享有は，出生に始まる。」と規定されている。出生は自然的事実であるが，その事実により人として権利義務の帰属主体となる。法律的には，このように言えても，人が社会生活を営むには，出生の事実を登録する必要がある。この登録をするためのものが出生届であり，その届が適法なものとして受理され，かつ，戸籍に記載されることにより，権利義務の主体の発生が登録され，公証されるのである。もっとも，外国人は戸籍に記載されないが出生届そのものにより公証されることになる。出生の時点がいつであるかが証明されることによって，成年者（民4条），婚姻適齢（民731条）などの年齢計算の起算点が明らかになるし，その他，就学年齢，選挙権，被選挙権の有権年齢，少年法の適用年齢など，私法上もしくは公法上の行為能力・責任能力が証明されることになる。なお，いつをもって出生があったとみるかについては，胎児が母体から全部露出した時点をもって出生と解するのが通説である。ただ，胎児について不法行為に基づく損害賠償請求（民721条），相続（民886条），遺贈（民965条）の場合は，胎児はすでに生まれたものとみなされているが，これは特例である。

【2】 **日本国民であることの登録と証明**　日本国民であるかどうかは，国籍法によって定まる（憲10条，国2条）。そして，戸籍には日本国民に限って登載されるから，日本人として出生届があって戸籍に記載されると，その者は一般に日本国籍を有するものとして推定を受ける。もっとも，戸籍に記載されていれば必ず日本国民であり，戸籍に記載されていなければ日本国民でないと断定するわけにはいかない。それは，なんらかの事情によって，日本国籍を有しない者が戸籍に記載され，または日本国籍を有する者が戸籍に記載されていない場合があるからである。日本国籍の有無は前述のとおり国籍法によって定まるのであり，戸籍の記載そのものによっては国籍の取得の効果を創設する作用をもつものでないからである〔→No.24「国籍と戸籍との関係」みよ〕。

【3】 **親子関係の登録と証明**　親子という関係は，男女の結合の結果生ずる出生子と実親との身分関係である。この出生子について身分法（民法）上，嫡出子と嫡出でない子に区別され，法的効果にも種々の差異を生じている。嫡出子の出生届には父と母が明示されるので父子関係と母子関係が，また嫡出でない子の出生届には母のみが明示されるので母子関係のみが戸籍に登録され，かつ，証明されることになる〔→「嫡出子」，「嫡出でない子（非嫡出子）」次頁みよ〕。

【4】 **親子関係以外の親族関係の証明**　出生届は，出生子とその父と母を公示することによって親子関係という一親等の親族関係を登録公証するが，さらにその父方または母方を通じて二親等以上の血族関係または姻族関係をも登録する結果となる。したがって，相続

第 4 編
戸 籍 関 係 (2)
― 戸籍届出と戸籍の処理 ―

【1】 出　　生 …………………………………………………… 254
【2】 認　　知 …………………………………………………… 301
【3】 養子縁組 …………………………………………………… 333
【4】 養子離縁 …………………………………………………… 370
【5】 婚　　姻 …………………………………………………… 394
【6】 離　　婚 …………………………………………………… 416
【7】 親　　権 …………………………………………………… 438
【8】 成年後見制度〔後見・保佐・補助, 任意後見, 後見登記〕……… 455
【9】 未成年後見・従前の禁治産後見 ………………………… 460
【10】 死亡, 失踪 ………………………………………………… 479
【11】 生存配偶者の復氏, 姻族関係の終了 …………………… 492
【12】 推定相続人の廃除・取消し ………………………………495
【13】 入　　籍 …………………………………………………… 499
【14】 分　　籍 …………………………………………………… 506
【15】 国籍の得喪 ………………………………………………… 508
【16】 氏名の変更 ………………………………………………… 554
【17】 転籍, 就籍 ………………………………………………… 570

り，その裁判例中に，渉外婚姻の届出に際し，婚姻当事者たる外国人に関する要件具備証明書の添付がないとき，市町村長には，届出人に対して証明を補正するように催告すべき法律上の義務規定はないから，これをしないでした不受理処分は違法ではないとしたものがある（市町村長の処分に関する不服申立事件，昭56・5・26東京高裁決定（抗告棄却）一審昭56・3・9東京家裁審判，戸籍誌444号56頁以下）。しかし，行政的には不備がある届出に対しては補正の機会を与えるのが妥当であろう。

　ところで，通則法では，渉外的身分行為の準拠法に常居所地法や密接関連法を採用している場合がある。このうち「常居所」の認定については，平成元年10月2日法務省民二3900号民事局長通達第8で示されており（その概要は，別項No.13「常居所」を参照されたい。），これにより対処することができるが，密接関連法については，市町村長の書面審査ではまかなうことができないことが多く，原則として法務局に受理照会するものとされている〔→No.14「密接関連法」みよ〕。

甲3961号回答，昭24・11・10民事甲2616号通達)。ただ，この場合，その子は戸籍に登載することはできないので，このような届出を受理した市町村長は，受附帳に記載した後，その届書をその翌年から10年間保存することとなる(戸規50条)。外国人が日本で死亡した場合も，同様である。次に，「渉外的」創設的届出には，渉外的婚姻，養子縁組届などがある。たとえば，日本人と外国人とは，戸籍役場たる市町村長に対しその婚姻の届出をすることにより，婚姻を成立させることができる(通則法24条2項)。

そこで，これら渉外事件に関する市町村長の審査についてであるが，まず，「渉外的」報告的届出については，おおむね通常の報告的届出に準じた取扱いとなるであろう。問題となるのは，「渉外的」創設的届出の場合である。なぜなら，創設的届出にあっては市町村長による届出の受理によって身分行為の効力が生ずるのであるから，市町村長が当該届出の受否を決するにあたっては，当該身分行為に関する要件(実質要件，形式要件)を審査する必要があるが，外国人については戸籍がないので，市町村長としてはそのままではその者の身分行為に関する要件の存否を判断することができないからである。そこで，渉外事件の創設的届出がなされた場合，市町村長は，事件本人たる外国人が当該身分行為をなす要件を具備しているかどうかを調査確認するために，外国官憲の発行した要件具備証明書を提出させることになる。たとえば，外国人たる当事者は，原則として自己の本国法の定める婚姻の要件を具備していることを，市町村長にみずから立証するという取扱いがなされている(大8・6・26民事841号回答(16)，大11・5・16民事3471号回答(1))。立証の方法としては，権限を有する本国の官憲が本国法上その婚姻の成立に必要な要件を具備している旨を証明した書面を，婚姻届書に添付するのである(昭22・6・25民事甲595号回答，昭24・5・30民事甲1264号回答)。この書面を通常「婚姻要件具備証明書」と呼んでいる。創設的養子縁組届についても同様である(昭26・6・21民事甲1289号回答)。なお，形式的要件については，婚姻届書に所定の事項が記載され，当事者および証人の署名・押印などがなされているかを審査すれば足りるので，比較的容易にすることができる。

ところで，前述の先例における要件具備証明書の内容について分析してみると，たとえば，当事者の一方外国人たる甲国官憲発給の証明書に「甲国人たるAは日本人Bと婚姻するにつき，本国法上何ら障害もないことを証明する」とあれば，A自身の婚姻要件に関する身分上の事実(国籍，氏名，生年月日，配偶者の有無など)と甲国の婚姻法の内容を一括して証明しているものとみることができる。もし，前者の要件に関する身分上の事実だけの証明であれば，適法な要件具備証明書とはいえないので，別途外国法自体の調査も要することになろう。この場合，前者の個人に関する身上関係は本人自ら立証すべきものであることは当然である(戸規63条と同趣旨)が，後者の外国婚姻法の内容は理論的には本来市町村長が国内法と同様に外国法も調査して承知すべき性質のものであろう。ただ，実務上は外国人が婚姻能力，同意，その他実質上の要件を外国法の内容も含めて，当事者をして証明させるのが，個々の事件ごとに外国法を調査するよりも(調査に困難を伴い処理が遅延する)，却って当事者の利益になるというのが先例の趣旨であろう。このことに関し，婚姻の届出に際しての実質要件を届出人に立証させるという実務を是認した裁判例があ

その届出が民法，戸籍法等に規定する法定要件を具備するかどうかを審査し，届出に添附書類を要する場合には，届出事項が添附書類の記載と一致するかどうかを審査する，いわゆる形式的審査権限を有する」（大阪高決昭和30・1・29高民8巻1号53頁）ものと解されている。戸籍法は，市町村長がこのような形式的審査権に基づく受理・不受理の権限のあることは，48条1項において「届出人は，届出の受理又は不受理の証明書を請求することができる」と，間接的に規定していることからも明らかである。

ところで，伝統的には，市町村長は，「届出が届出人の真意に出たものかどうか，届出事項が事実に一致するかどうか，添附書類の記載が真実に合致するかどうかの実質的審査権限を有するものではなく，形式上適法な届出は必ずこれを受理する外はなく，これについて不受理処分をなすことは許されない」との考え方（上記大阪高決）がある。しかしながら，婚姻の届出等のいわゆる創設的届出については，本人確認のため「出頭した者を特定するために必要な氏名その他の法務省令で定める事項を示す運転免許証その他の資料の提供又はこれらの事項についての説明を求めるもの」とされていて（戸27条の2第1項），創設的届出については，これらの資料に基づき届出人の真意に出たものかどうかを審査する権限を有している。また，「戸籍事務の取扱に関して疑義を生じたときは，市町村長は，管轄法務局若しくは地方法務局又はその支局を経由して，法務大臣にその指示を求めることができる」（戸規82条）こととされているので，届書や添付書類全体から見て，真実性に相当の疑問があるときは，法務大臣にその指示を求めるのが相当であり，そのまま受理して戸籍に記載するのは正しい事務処理とはいうことができない。

すなわち，届書の記載上は何らの不備・不都合が発見されないが，届出の内容自体が虚偽であり，しかも，そのことが市町村長において判明する場合がないとはいえない。このような場合にも，市町村長は届書の記載上は何らの不備がないからという理由で，その届出を受理し，虚偽の戸籍記載をすべきものとすることはできない。したがって，市町村長は一般的な実質審査の義務はないが，必要に応じ，実質審査をする権限はこれを留保させているものというべきである。

これを要するに，市町村長は，「形式審査」の権限・義務を有し，「実質審査」の権限を有するわけである〔→ No.56「形式審査権」, No.57「実質審査権」, No.152「受理照会」みよ〕。

No.165 渉外事件に関する市町村長の審査権

市町村長は，戸籍の届出について審査を行うが，戸籍の届出には，(1) 報告的届出と，(2) 創設的届出とがある。「報告的届出」とは，一定の身分事実の発生を戸籍に記載するためにその届出をすることを要求されるものであり，「創設的届出」とは，届出によって身分行為が効力を生ずるものとされる場合の届出のことである。そして，審査のあり方もこの届出の種類に応じて若干異なる面があり，これが渉外事件の届出に関する審査において顕著に現れる。

渉外事件の届出にも，(1) 報告的届出と，(2) 創設的届出とがある。まず，「渉外的」報告的届出には，外国人の出生届，死亡届などがある。たとえば，外国人の子が日本で出生したときは，日本人の子と同様，戸籍法に基づく出生届が要求される（昭24・3・23民事

ところで，法律行為のうちでも身分行為の方式に関する準拠法については，婚姻の方式が原則として挙行地主義を採用している（通則法24条2項）のをはじめ，特則としてその他の身分行為の方式もその行為の成立の準拠法による（通則法34条1項）ほか，身分行為の方式が行為地法によったとき（同条2項）も，身分行為が実質要件を具備する限り有効に成立することになる。そこで外国に在住する日本人が，行為地である外国の法律の定める方式によってした身分行為でも，その実質要件が準拠法（通則法24条1項・27条・29条・30条ないし32条・35条）によって具備している限り，その行為は日本法上も有効なものとして認められる。

【3】 **外国における身分行為と戸籍の記載** 在外日本人が外国で婚姻，縁組，認知など形成的な身分行為をする例は少なくないので，戸籍法は有効に成立した身分行為を戸籍に記載するため，身分行為に関する証書の謄本を提出させることとしている（戸41条）。この証書謄本の提出は，届出と同一の実質を有するものでなく，成立した身分行為についての事後報告にすぎない〔→No.122の【6】「証書の謄本」みよ〕。

【参考文献】 南 敏文「法例の一部改正」戸籍誌552号11頁

No.163 本国の方式による身分行為

日本国内に在る外国人は，本国の国内法で定める方式によって日本国に駐在する本国の領事の関与のもとに有効に婚姻することもできる（通則法24条3項本文）。そして，通則法上，日本在留の同国人相互間の場合（たとえば，甲国民と甲国民との間の婚姻）のみならず異なる国に属する外国人相互間の場合（たとえば，甲国民と乙国民との婚姻）についても，通則法24条3項本文の規定により，当事者の一方の本国の在日公館でした婚姻も当該本国で有効であれば，日本でも有効なものと認められる。この本国の方式による身分行為（外国人間の身分行為）は，婚姻に限らないで，その本国の国内法の規定いかんにより，縁組，認知，離婚，離縁などについても同様に認められる（通則法34条）。ところで，当事者の一方が日本人である場合，婚姻のみについては，通則法は挙行地である日本の方式，すなわち市町村長に届け出て初めて有効なものと認めることを規定（通則法24条3項ただし書）しているため，これに反する婚姻は，方式違反として日本法上は有効に成立したものとは認められないが，婚姻以外の場合は，実質的成立要件の準拠法が外国法である場合，外国人と日本人との身分行為について，当該外国の大使館に有効に届け出られたときは，わが国でも有効なものと認められる。この場合の本国官憲発給の身分行為に関する証明書は，日本法上も有効な身分行為を証するものとして取り扱われ，これを添付した婚姻などの届出は報告的なものということになる〔→No.223「外交婚（領事婚）」みよ〕。

No.164 市町村長の審査権

戸籍の記載は，届出，報告，申請，請求若しくは嘱託，証書若しくは航海日誌の謄本又は裁判によって行うが（戸15条），このうち届出に基づいて行うのが原則である。そして，市町村長が戸籍法上の届出を受け付けた場合について，戸籍法34条2項は「市町村長は，特に重要であると認める事項を記載しない届書を受理することができない」と規定しているが，市町村長の審査権限は，この点に限られず，「その受理，不受理を決するに当っては，

出事件を具して届出義務者の所在地の簡易裁判所にその旨の通知をすべきものとされている（昭24・11・10民事甲2616号通達）。

(2) **日本国に在る外国人に関する創設的届出**　日本国内に所在する外国人は、婚姻、縁組、認知などの創設的届出事項についても、市町村長に対する届出によってそれぞれの身分行為をすることができる。すなわち、日本国内における外国人相互間の身分行為に関する届出または日本人・外国人間の身分行為に関する届出（渉外事件）は、届出人の所在地でなされることから、届出地が身分行為の行為地ということになり、その行為地法における方式（届出）によることができる（通則法34条2項）。ただし、日本人のみに関する復氏、入籍、分籍、転籍、氏名の変更などの創設的届出は、外国人には適用がないことは当然である。

【2】 **外国人届書の保存・届出の受理証明・届書の閲覧等**　外国人については、戸籍に記載がなされない結果、外国人に関する報告的届出事項、外国人相互間の身分行為に関する創設的届出事項を公証するには、届書を保存することにより、これをもって戸籍簿と同じ役割を果たさせることができる。そこで市町村長が外国人のみに関する届出を受理したときは、当該市町村長が年ごとに各種類別につづり、かつ、目録をつけて、これを保存しなければならないこととされている（戸規50条1項）。また、その受理した届書類の保存期間は、創設的届出に関するものは受理した年の翌年から50年、報告的届出に関するものは、受理した年の翌年から10年とそれぞれ定められている（同条2項）。これらの保存された届書も外国人に関する身分登録簿としての性格を有するものであるから、届出人は届出の受理証明を（戸48条1項）、また利害関係人は届書の閲覧、もしくは届書の記載事項証明を（同条2項）請求することができることとされ、外国人に関する身分関係の公証資料となっている。

【参考文献】　平賀健太「戸籍実務読本（渉外戸籍法）」

No.162　外国の方式による身分行為

【1】 **法律行為の方式**　法律行為が成立するためには、一定の要件を充足することが要請される。その法律行為の成立要件といわれるものの中には、これを実質的な成立要件と形式的な成立要件とに区別することができる。法律行為の方式（通則法10条・34条）とは、この形式的成立要件にほかならず、それは法律行為の外部的形式を意味し（江川英文「国際私法」193頁）、または、法律行為の外面的形式としての意思表示の表現方法を指すように解されている（折茂　豊「国際私法（各論）」55頁）。たとえば、身分行為の方式としては、日本の市町村長に対する婚姻の届出行為とこれに伴う受理行為、または外国において証人の立会とか、公の機関の許可もしくは宣誓を要することなどがそれである。

【2】 **身分行為の方式の準拠法**　通則法10条1項において法律行為の方式は原則として、当該法律行為の成立について適用すべき法によると定めているが、この原則のみによることは実際に不便があるので、同条2項に補充的に行為地法によったものも有効である旨が規定されている。

わち，外国人のみに関する届書類がある。(イ) 認知された胎児に死産届とその胎児認知届の届書類 (戸65条)。

(2) 届出または報告が重複してなされたため，後で受理した届書が不要となるもの。(ア) 数人の届出義務者から各別に届けられ，最初に受理した届書によって戸籍の記載をした後，後から受理した届書が他の市町村から送付された場合のその届書類。(イ) 国籍法11条または13条の規定による国籍喪失届 (戸103条) と国籍喪失者があることを知った官公署からの国籍喪失報告 (戸105条) が競合した場合に，後で受理した届書類または報告書類。(ウ) 戸籍法92条1項の警察官からの死亡報告の後になされる，同条2項に規定する警察官からの本籍分明報告と同条3項に規定する死亡届が競合した場合に，後で受理した報告書類または届書類。

(3) 当該届書のみでは戸籍の記載ができないため，後になされる補完届書によって一括して処理されるもの。(ア) 胎児認知届 (出生届があって初めて戸籍の記載がなされる)。(イ) 本籍が明らかでない者または日本国籍を有するが本籍がない者について受理した届書類 (本籍分明届によって戸籍の記載がなされる)。(ウ) 受理または送付された届書で戸籍の記載ができない不備の届書類 (追完届によって補正されてから戸籍の記載がなされる)。

【2】 戸籍の記載不要届書の保存 前述(1)(2)の戸籍の記載を要しない届書類については，戸籍法施行規則50条の規定によって，年ごとに各別につづり，かつ，目録をつけて，これを保存しなければならないことになっている。また，この書類の保存期間は，とくに外国人の日本における身分関係を公証するため，創設的届書と報告的届書とを区別し，前者について50年間，後者について10年間を保存することとされている。もっとも，婚姻などの重複の届書類または死産届のあった胎児認知届書は，当該届出によって効力の生ずるものではないから，50年間保存する必要はなく，便宜報告的届書つづりに編綴し，10年間保存する取扱いで支障はないと考える。なお，前述(3)の届書類は，(1)(2)とは別にして追完届があるまで戸籍法施行規則50条の規定に準じ，年ごとに各別につづり，目録をつけて保存すべきであろう〔→ No.161「外国人に関する届出 (届書)」みよ〕。

No.161
外国人に関する届出 (届書)

【1】 日本の国籍を有しない者に関する届出 外国人 (無国籍者を含む) に関する届出は，届出人の所在地でしなければならない (戸25条2項)。もっとも，婚姻などのように届出人事件の本人の一方が日本人であれば，その日本人の本籍地でも届け出ることのできることはいうまでもない (戸25条1項)。

(1) 外国人に関する報告的届出 戸籍は日本国民を登録するものであるから，外国人についての届出は必要でないように考えられるが，戸籍法は本来，日本国内で生じた外国人に関する報告的届出事項についても適用があり (属地的効力)，とくに人口動態統計調査の資料を得る行政上の必要から，日本国内で発生した出生，死亡については外国人にも戸籍法が適用され届出義務を負うものと解されている (昭24・3・23民事甲3961号回答，昭39・7・4民事甲2303号回答)。したがって，日本国内に所在する外国人が届出義務者であるときも日本人と同じく届出を怠っているときは罰則の適用があるから，市町村長は届

原則として（非本籍人に関するものと外国人のみに関するものを除く）戸籍の記載後に管轄法務局，地方法務局またはその支局に送付し，そこで保存されるので（戸規48条），管轄局に送付後において閲覧の請求をする場合には手数料を徴収すべき規定がなく無手数料の扱いである（大3・5・19民793号回答）。

(2) **届書記載事項証明** (ア) **記載事項証明の範囲** 届書記載事項証明がとくに有用であるのは，第一に戸籍によっては記載事項証明そのものが得られない場合である。それは，戸籍そのものがない人すなわち外国人，あるいは無籍者，または戸籍があるかも知れないがその所在が判明しない本籍不明者などに関する届書記載事項証明（届書による戸籍の代用）である。第二には，戸籍はあっても届書の記載事項全部が戸籍に記載されるものではないので，戸籍記載事項以外の事項を必要とする場合に求められる届書記載事項証明である。第三には，通常，戸籍記載事項によっても証明できるが，急を要する場合である。すなわち，届書受理地が本籍地であると非本籍地であるとを問わず，たとえ戸籍記載以前であっても，受理された届書に基づいて直ちに証明が得られる便宜がある。

以上のことから，届書記載事項の証明範囲は，届書中の戸籍記載事項たる基本的事項のみならず，基本届書と添付書類に記載されている全事項に及ぶということができる。とくに出生届に添付された出生証明書，または死亡届に添付された死亡診断書（死体検案書）については，その需要が多い（昭5・5・9民事404号回答，昭29・6・3民事甲1116号通達）。

(イ) **証明書の作成と手数料** 証明書の書式は，戸籍法施行規則附録17号書式によることとされているほか，証明を求める事項を記載した書面の提出があったときは，その書面またはその符箋に証明の趣旨と年月日を記載し，かつ，これに市町村長の職氏名を記載し，職印を押して証明書の作成に代えることが認められている。なお，符箋によって証明するときは，その接ぎ目に職印で契印することを要する（戸規14条・67条後段）。手数料は届書の閲覧の場合と同じく一定の手数料を納めることを要するが，管轄局においてその保管にかかる届書につき証明書を発給する場合にはこれを要しない。

(3) **届書の謄抄本の作成が認められる場合** 届書については，前述のとおり一般に交付する謄抄本の制度は認められていないが，事務処理の便宜から，2通以上届書の提出を要する場合に，届書原本は1通で，他は受理地市町村長が作成する届書に代用する謄本（戸36条3項，戸規54条），あるいは受理地から本籍地へ送付の届書が紛失して再送する場合の謄本（大5・3・15民387号回答），戸籍訂正の資料としての届書謄本，その他官公吏の職務執行上に必要がある場合の謄本に限られている（昭26・11・6民事甲2095号回答，昭33・2・27民事(二)発84号回答）。

No.160 **戸籍の記載不要届書類**

【1】 **戸籍の記載を要しない届書** 市町村長が受理した届書でも戸籍の記載を要しないものがある。これを類別すると次のように分けられる。

(1) 戸籍法の適用がある届出であるが，戸籍記載の対象とならないもの。(ア) 戸籍そのものが日本国民についての身分関係を登録するものであるから，日本国民でない者，すな

16 号標準事務），不受理の証明の請求に手数料を納めさせることは届出人に酷であるので，これを要しない。なお，不受理の証明書式は，戸籍法施行規則附録 20 号書式によって作成し交付することになる（戸規 66 条）〔 → No.97「市町村長の処分に対する不服の申立て」みよ〕。

No.159 戸籍届書の閲覧・記載事項の証明

【1】 **届書等の公開の取扱**　届書の閲覧・記載事項証明の請求をする場合には，平成 19 年法律第 35 号の「戸籍法の一部改正」により，戸籍法第 10 条の 3 の規定（現に請求の任に当たっている者の証明に関する規定）が準用されることとなった（同法 48 条 3 項）。これを受けて戸籍法施行規則 52 条の 2 では，現に請求に当っている者を特定する方法および権限確認は，戸籍謄本等の交付請求の任に当たっている者を特定するための方法と同様の取扱いがされることになった（平成 20・4・7 民一 1000 号通達第 3）。〔 → No.107「戸籍謄本等の交付請求」みよ〕

【2】 **届書の公開制限（請求できる者）**　届書は，その添付書類を含めて，一般の公開に適しないので，その開示が許される場合は限定されている。すなわち，戸籍法 48 条 2 項によって請求者が当該請求届書の事件本人と利害関係にある場合で，かつ，特別の事由がなければ許されない。つまり，利害関係人であるかどうかは，一般的観念で多少なりとも利害関係のあることが証明ないしは疎明されるならば足りるが，ここに加重要件として特別の事由とは相当厳格に解されている。それは，届書に記載した主要事項は原則として戸籍原本に登載されていること，また，現行の出生，婚姻，離婚および死亡の各届書には，とくに人口動態統計の必要から，その記載事項に個人の秘密に属する事項を含んでいて，もし一般に公開を許す場合には届出人から真実の届出がなされない懸念があることなどの理由によるものである。ここに特別の事由とは，届出事件本人，届出人，届出事件本人の親族の請求，および職務執行上必要とする官公吏の請求を指し，単に財産上の利害関係をもつにすぎない者からの請求には応じない取扱いになっている（昭 22・4・8 民事甲 277 号通達，昭 23・9・9 民事甲 2484 号回答）。

なお，訴訟代理人（弁護士）などが，特別の事由を有する利害関係人の代理人として請求する場合には，その代理権限を証する書面（委任状）を呈示させるべきである。また，届出事件の家族または親族からの請求の場合は，請求者と事件本人との関係が届書およびその添付書面から明らかでないときは，身分関係を明らかにする書類の呈示を要する（昭 37・3・28 民事甲 849 号回答）。ところで，この厳格な制限のもとにしか開示されないというのは，出生，死亡，婚姻，離婚の 4 届書に限らず，すべての届書が対象になる（昭 27・11・19 民事甲 661 号回答）。

【3】 **公開の方法**　届書の公開方法は，閲覧と記載事項証明であって，謄抄本の請求は認められていない（明 31・10・15 民刑 979 号回答）。

(1) **届書の閲覧**　届書はその添付書類を含めて，特別の理由がある利害関係人が一定の手数料を納めて市町村長に閲覧の請求をすることができるが，その場合は吏員の面前で行わせることを要する（戸規 66 条の 2）。ただ，市町村長が受理した届書その他の書類は，

は，本籍不明者との婚姻（縁組）の事項を記載することになる。この場合に，本籍不明者について戸籍の記載ができないので，届書は受理市町村にそのまま保存し，後日に本籍が判明するか，または就籍があってから，前の届に対して本籍分明届をすることになる。

【4】 基本の届出と本籍分明届の処理　本籍分明届は，基本の届出に対する追完届とみられるから，前後の届書を合わせてこれに基づき戸籍の記載をすることになる。すなわち，本籍分明届の受理市町村が本籍地の場合は，直ちに戸籍の記載をすべきであるが，戸籍の記載には，本籍分明届の受附年月日とその旨を表示することになる。また，本籍分明届の受理市町村が本籍地でないときは，基本の届書と本籍分明届書を送付された本籍地では，これらの届書を合わせて1件として処理するので戸籍の記載に本籍分明届のあった旨を表示する必要はない。なお，本籍分明届は，基本の届出が報告的届出であると創設的届出であるとを問わず報告的届出である。したがって，基本の届出が創設的届出（たとえば婚姻届）である場合には，本籍分明届に関係なく届出の身分上の効果は，当初の届出のときに生ずることになる。

【5】 届出義務者　本籍分明届の届出義務者は，基本の届出の届出人または事件本人である。

【6】 届出期間　本籍が明らかとなったこと，または本籍を有するようになったことを知ったときは，その日から10日以内に届出すべきものとされている。

【7】 届出地　基本の届書が保存されている前の受理市町村に限定される。そうでないと基本の届書と本籍分明届書とが一括して処理ができないことになる。

No.158
戸籍届出の受理・不受理の証明

【1】 受理証明　届出の受理は，市町村長が届出書類を受領し，これを適法なものと判断して容認する行政処分である。この受理処分がなされた場合に，戸籍法は市町村長が届出人に対し積極的に受理した旨を告知する建前をとっていない。届出人の必要に応じ請求をまって受理証明を交付することとしている（戸48条1項）。したがって，届出人は，とくに届出の受理によって身分関係の形成されたことを明らかにする必要がある場合には，受理証明を請求することになる。通常は報告的届出，創設的届出のいずれについても，届出受理後，戸籍の記載前に直ちに届出済の証明の必要がある場合に請求がなされる。また，外国人のみに関する届出については，戸籍によって身分関係を証明することができないから，もっぱら受理証明を必要とすることになる。なお，証明書の書式は，戸籍法施行規則附録20号もしくは21号によって作成し交付することになる（戸規66条）。

【2】 不受理証明　届出の不受理については，不服申立が許されているので（戸121条），その不服申立をする場合には，不受理処分がなされた旨を明らかにする必要を生ずる。不受理処分の場合も受理処分の場合と同じく積極的行為が行われない。すなわち，戸籍法は不動産登記法25条のように積極的に「却下」という決定をしないので，届出人の請求をまって不受理の証明書を交付することになる（戸48条1項）。受理証明書の請求には市町村条例で定める一定の手数料（全国統一）を納付することとされているが（平成12年政令

もって15歳未満の者が，親子関係のない戸籍上の父母の代諾により他の者の養子となった場合において，その者が15歳以上に達した後，みずから縁組の追完届ができるとして従前の取扱い（昭31・4・26民事甲913号回答）が変更された。このことは戸籍法45条の規定の文理上からは直ちにつながらないが，実体法上の追認による身分上の効果を戸籍に反映させる手法として，便宜届書の誤記遺漏を前提とした追完届によることとされたものと解される。これをもって「身分行為の追認による追完届」と称することができるであろう。

No.157 本籍分明届

【1】 **意義** この届出は，本籍不明者として届出があった後に，その不明者の本籍が明らかになった場合にするものである（戸26条）。この本籍分明届は，一種の追完届的な性質を有し，報告的の届出である。本籍不明者の態様には，次の2つがみられる。

(1) **本籍が明らかでない者** これは，日本国内に本籍があること（日本国民）は確かであるが，それが具体的にどこにあるか明らかでない者をいう。たとえば，届出事件の当事者が自己の本籍の所在を忘失したり，不知である場合がある。また，死亡届のように他人が同居者として届出義務を有する場合に死亡者本人の本籍を知らない場合がある。

(2) **本籍がない者** これは，日本国内に本籍を有すべき者（日本国民）ではあるが，なんらかの原因により戸籍に記載されていない者をいう。たとえば，かつて昭和27年4月28日平和条約発効前に樺太・千島に本籍を有した者は，同条約発効に伴い同地域が日本国の領土外となる結果，本籍を有しない者となったために戸籍法による就籍手続がとられた（昭27・4・19民事甲438号通達第2）。なお，国後，択捉，色丹諸島の在籍者は平和条約発効後も引続き同地域に本籍を有するものと解されている（昭36・11・14民事甲2756号通達）。これらの北方地域に本籍を有する者についての戸籍事務は，北海道根室市長が管轄している（昭58・3・14民二1819号通達，同日民二1821号依命通知）。

【2】 **本籍不明者に関する届出** 前記(1)(2)の者についても，通常の場合と同じく出生届などの報告的届出，婚姻届などの創設的届出が原則として認められている（昭3・6・13民事7035号回答）が，戸籍は日本国民を登録するという建前から，この本籍不明者に関する届出を受理するにあたっては，この者が日本国籍を有しているか否かを審査する必要がある。そのため，実務上はこの本籍不明者を当事者の一方とする婚姻などの届出については，日本国籍を有すること，および婚姻の要件を具備していることが認められる資料を提出しなければ，受理されない取扱いとなっている（昭29・11・20民事甲2432号通達）。したがって，実際にはこれらの認定資料を提出することが困難であるから，届出をする前に就籍の許可を得て本籍を確定することになる。また，かりに本籍不明者の届出が受理されたとしても，戸籍の記載ができないから，受理市町村に本籍分明届があるまでそのまま保存しておくことになる。

【3】 **本籍不明者を当事者の一方とする婚姻，縁組などの届出** 婚姻，縁組などの当事者の一方が本籍不明者であっても，その者が日本国籍を有し，かつ，婚姻（縁組）の要件を具備する資料を提出して受理された場合，当事者の他方（戸籍に記載されている）の戸籍に

歳未満の子が父母の代諾によって養子縁組をした後に、その子と戸籍上の父母との間に親子関係不存在確認の裁判が確定した場合、当該親子関係に関する記載が訂正された後において、縁組につきその届出当時に養子の正当な代諾権者であった者から、縁組届書の誤記を理由として代諾の追完届出があった場合には、これを受理し、関係戸籍における当該縁組事項の記載に続けて追完の旨を補記してさしつかえないこととされた（昭30・8・1民事甲1602号通達）。

これに対して、昭和27年10月3日の最高裁判所の判決は「15歳未満の子の養子縁組に関する家に在る父母の代諾は、法定代理に基づくものであり、その代諾の欠缺した場合は、一種の無権代理と解するを相当とするものであるから、民法総則の無権代理の追認に関する規定および前述養子縁組の追認に関する規定の趣旨を類推して旧民法843条（新民法797条）の場合においても、養子は満15歳に達した後は、父母にあらざるものの自己のために代諾した養子縁組を有効に追認することができるものと解するのを相当とする。しかして、この追認は、前示追認と同じく何らその方式についての規定はないのであるから、明示もしくは黙示をもってすることができる。その意思表示は、満15歳に達した養子から養親双方に対してなすべきであり、養親の一方の死亡の後は、他の一方に対してすれば足りるものであり、適法に追認がなされたときは、縁組は、これによってはじめから有効となるものと解しなければならない」という判断を示した。このような身分行為の追認を認める判例が出現したが、それを直ちに戸籍実務の上にはそのまま採用されなかった。したがって、この判例の出現後も戸籍実務の取扱いは、15歳未満の者が親子関係のない戸籍上の父母の代諾により、他の者の養子となり、その者が15歳以上に達した後、みずから縁組の追完届をしても、その届出は受理すべきでないとされていた（昭31・4・26民事甲913号回答）。

ところが、その後、15歳未満の養子が養親の一方死亡後に生存養親と離縁する場合に、実父母が代わって協議した届出が誤って受理され、これによって養子が実方戸籍に復籍している事案につき、後日、実父母以外の者が特別代理人に選任され、その者から離縁協議者として、追完届があった場合は受理すべきであるという先例（昭31・3・19民事甲551号回答）が出された。さらにその後にも、これと同様の事案につき離縁後に選任された後見人からの追完届も受理すべきであるという先例（昭32・11・19民事甲2042号回答）がなされた。これらの先例は、前記従前の考え方とその性質を異にする。すなわち、従前の考え方が追完届出のできる者は当初の届出当時に実質的には届出をなし得る資格を有していた場合について認容する見解であるのに対し、後者の考え方は、当初の届出当時には届出資格を有していなかった場合にまで認めるものである。それは実体法上、追認によって身分行為が有効に成立しているのであれば、基本の届出後に届出資格を得た者からでもその追認の旨の報告的届出として追完届を認めるというものであろう。この意味において、後者の考え方の先例は、身分行為の追認を前提にしての追完届とみられるものであって、前述の昭和27年10月3日の最高裁判所第二小法廷の判決の趣旨を戸籍実務のうえに反映させたものである。したがって、先例も、昭和34年4月8日民事甲624号民事局長通達を

(キ)　父母の婚姻届によって準正嫡出子の身分を取得する子について，その届書にその旨の記載を遺漏している場合，その旨を婚姻の記載後にする追完。
　(ク)　父母協議離婚の際，同届書に未成年の子の親権者に関する記載を遺漏した場合，その旨を離婚の記載後にする追完（昭25・5・10～12岡山戸協決議）。
【4】　追完届の処理　追完届には，届出一般の規定が適用ないし準用される。
　(1)　届出人　追完の届出をすることができる者は，通常，不備の届出をした者であるが，このほかに正当な届出人からすることも認められていることは，前掲の事例で明らかである。すなわち，報告的届出については，届出義務者から（大3・12・28民1962号回答），創設的届出について，効力に影響を及ぼすおそれのあるものについては正当な権限者のすべてが関与するということになる（大8・6・26民事841号回答）。もっとも，追完届によっては，基本届出による実体上の効力が左右されることのないことは前述のとおりである。つまり，追完届は，基本届出によって生じている実体上の効力を明確に公示するための補正措置にすぎない。
　(2)　届出地　追完の届出は，通常，基本の届書を提出した市町村長にするのが相当であるが，戸籍法通則に定める届出事件本人の本籍地または届出人の所在地にすることも認められる（戸25条）。
　(3)　追完届の形式と処理　追完届は届書受理前の誤記補正と異なるので，基本の届書とは別個の届出の形式によることになる（大4・6・26民519号回答）。したがって，戸籍受附帳の事件各欄には，「追完」として表示すべきである（戸規23条2項）。また，戸籍記載前の追完届は基本届と併せて1つの完全な届書として処理されるが（大5・10・21民629号回答），戸籍記載後の追完届は，それだけで独立した届出として処理することになる（大4・1・9民1009号回答）。
【参考文献】　①成毛鐵二「戸籍訂正と追完の実務」，②木村三男・神崎輝明「戸籍届書の審査と受理」

No.156　身分行為の追認による追完届

　追完届の法的根拠は，戸籍法45条の規定である。すなわち，追完届は原則として届書受理後，戸籍に記載前（受理届書により戸籍の記載をすることができない場合）に許されるもので，戸籍記載後は原則として戸籍訂正の手続によるべきものである。しかし，追完の制度は，特異な事案について，戸籍記載後にも例外的に認められている〔→No.155「追完届」みよ〕。この戸籍記載後に許容される追完届も，基本的には届書の誤記または遺漏があったために戸籍にも誤記されたという場合に，簡便な手続が許される範囲のものでなければならない。すなわち，届出人の便宜を考慮して戸籍訂正手続によらなくても，さきの届書を補正し，戸籍の処理は従前の事項に単に補記すれば足りる場合に追完届を認めるものである。
　ところで，追完届をすることができる者に関しては，戸籍の先例に変遷が見られる。すなわち，従前は，当初の届書提出当時に存在していた正当な届出資格を有した者から追完するのであれば可能であるという考え方のもとに取扱いがなされてきた。たとえば，15

前にするのが原則であり，その追完事項はいかなる不備事項でもさしつかえないが，次のような場合も追完が認められる。

(ア) 届出事項のうち，一部分はすでに戸籍の記載を終えたが，他の一部分が不備のため戸籍の記載ができないときは，その記載ができない部分に限り追完の届出が許される（大4・1・9民1009号回答）。

(イ) 移記の一部の遺漏，たとえば，転籍届に一部の者の記載を遺漏した場合，戸籍記載前はもちろんのこと，一部の者を遺漏した戸籍記載後にでも追完は許される（大5・3・15民226号回答）。

(ウ) 1つの届出により2つ以上の市町村長が戸籍の記載をすべき場合に，すでに誤った届書または不完全な届書に基づき戸籍の記載をした市町村長は，戸籍訂正によりその記載を訂正すべきであるが，いまだ戸籍の記載をしない市町村長は，追完の届出によって，戸籍の記載をすることができる（大4・6・24民634号回答）。たとえば，養子が縁組前の戸籍に復籍する旨を記載した離縁届を養方の本籍地で受理され，養子の実方本籍地へ送付したところ，実方戸籍はすでに全員除籍となっている場合，新本籍および新戸籍編製の旨を追完する。

(2) 戸籍記載後の追完 戸籍記載後の追完は，特殊なものについて，届書の誤記，遺漏を理由に例外的に認められるものであり，その主な事例に次のようなものがある〔→ No. 156「身分行為の追認による追完届」みよ〕。

(ア) 父母婚姻前の出生子につき，婚姻後母から嫡出子出生届がなされ，誤ってこれを受理し，子を婚姻後の父母の戸籍に入籍させている事案で，父からその出生届の届出人として父を加える旨の追完（昭31・12・4民事甲2709号回答）。

(イ) 未成年者である母が，自己の非嫡出子の養子縁組について代諾し，その戸籍の記載がなされている場合に，その養子縁組当時すでにその母について選任されていた後見人（正当代諾権者）から代諾をする旨の追完（昭25・9・12民事甲2467号通達）。

(ウ) 15歳以上の未成年者の養子縁組につき，親権者である父母が代諾して届出をなし，これが誤って受理され戸籍の記載がなされている場合，その養子本人がみずから縁組をする旨の追完（昭29・8・20民事甲1721号回答）。

(エ) 15歳未満の子が父母の代諾によって養子縁組をした後，その子と父母との間に親子関係不存在確認の裁判が確定した場合に，正当代諾権者または本人みずからがする追完（昭30・8・1民事甲1602号通達，昭34・4・8民事甲624号通達）。

(オ) 配偶者とともにすべき養子縁組につき，その届書にその一方の記載を遺漏して届出をなし，これが誤って受理され，戸籍に記載された後，配偶者とともに縁組する者の追完（昭30・11・30民事甲2467号回答）。

(カ) 15歳未満の養子が，養親の一方死亡後に，生存養親と離縁する際，実父母が養子に代わって協議した届出を誤って受理し，養子を実方戸籍に復籍させている事案で，後日選任された特別代理人（または後見人）から離縁協議者としての追完（昭31・3・19民事甲551号回答）。

て差し支えない取扱いである（戸籍誌527号67頁）。この場合の父からの嫡出子出生届には認知の届出の効力はなく，父母婚姻の旨の追完届があった時に認知があったと解するのが従前の先例（昭35・12・9民甲3092号回答，昭37・2・20民事甲345号回答）であったが，その後の判例が，父からの嫡出子出生届に認知の届出の効力を有するものと解した（昭53・2・24最高裁第二小法廷判決〔民集32巻1号110頁〕）〔→ №174「認知の効力を有する嫡出子出生届出」みよ〕ことにかんがみ，先例もこれを認容し変更した（昭57・4・30民二2972号通達）。したがって，この場合の追完届は，婚姻準正の追完届である。

　(2)　日本人男と外国人女との間の婚姻成立前の出生子について，誤って父から嫡出子出生の届出がなされた後，父母婚姻の旨の追完届がなされた場合には，婚姻準正の要件を具備することを認めたうえでこれを受理することになる。この場合，当該出生子は日本の国籍を有しないので戸籍の記載を要しないが，父からの嫡出子出生届は認知の届出の効力を有する出生届出と解されるから，日本人父の身分事項欄に外国人たる子を認知の届出の効力を有する出生届出の旨が記載される取扱いである（前掲通達・判例）。

【2】　追完の対象（範囲）　戸籍法45条には，「市町村長は，届出を受理した場合に，届書に不備があるため戸籍の記載をすることができないときは，届出人に，その追完をさせなければならない」と規定されている。

　追完は，届書に直接加除訂正をする受理前の補正とは異なるが，その対象は，法文に「戸籍の記載をすることができないとき」としているところから戸籍の記載事項について認めているように解される。しかし，先例では届書の不備事項であれば，たとえ戸籍の記載事項以外の事項および添付書類についても認めている（大4・6・26民519号回答）。もっとも，戸籍の記載事項ではない事項については，あえて追完させる必要はない。また，追完の対象は，届書記載の脱漏事項のみでなく，届書の誤記を結果的には訂正するのと同じような場合も認めている。たとえば，出生届で子の名の記載を欠いている場合，父母の氏名または続柄が不詳となっている場合，父母の婚姻前の子を嫡出子として出生届をした場合，その他後掲事例など種々のものに認められる（大4・7・7民1008号回答）。

　次に，追完届は，いかなる届出にも認められるか，戸籍法45条の法文の「届出人に，その追完をさせなければならない」という趣意からは，届出義務者の存する，いわゆる報告的届出についてのみ認めているように解される。しかし，先例では，届出によって効力の生ずる，いわゆる創設的届出についても認めている（大8・6・26民事841号回答）（後掲事例参照）。

【3】　追完届の時期　追完の届出は，法文に「戸籍の記載をすることができないとき」とあるところから，届書受理後，戸籍の記載前と解される（大4・7・7民1008号回答）。この意味からは，追完届は戸籍記載後の訂正手続とは異なる。しかし，戸籍の先例では，例外的ではあるが，戸籍記載後の追完を許している場合がある（後掲事例参照）。この場合には，従前の戸籍記載に加入または訂正をするのでなく，もっぱら追完事項を戸籍に追記する方法がとられている。

　(1)　戸籍記載前の追完　追完の届出は，すでに述べたように，届書受理後，戸籍の記載

【6】 **不受理申出の取下げ** 不受理申出の取り下げは，市町村の窓口に出頭して，取下げをしようとする者を特定するために必要な事項（「氏名及び住所」または「氏名及び生年月日」）を明らかにすることを要する（戸規53条の4）。市町村長は，この事項を明らかにさせるため，運転免許証，写真付き住民基本台帳カード等を提示させる等して，戸籍法施行規則11条の2第1号から第3号までに規定する方法により本人確認をすることになる。ただし，やむをえない理由により自ら市町村の窓口に出頭できないときは，不受理申出を取り下げる旨を記載した公正証書又はその旨を記載した私署証書に公証人の認証を受けたもの（いずれも代理嘱託によるものは除く。）を市町村長に提出する方法により行うことができる（戸規53条の4第1項から第4項）。不受理申出の取下げは，書面を提出する方法により行うこととされ，取下げ書の様式も前掲通達で示されている。不受理申出の取下書は，本籍地の市長村長あてにすることを要するが，その取下書は，本籍地の市町村の窓口のほか，非本籍地の市町村の窓口においても提出できる。非本籍地の市町村長がこれを受理したときは，遅滞なく，本籍地市町村長に送付することになる。不受理申出の取下書は本籍地の市町村長が保管する（前掲通達6の6(4)）。不受理申出の取下げがされた場合には，これを受理した市町村長は，当該取下書の欄外の適宜の場所に，受付の日時分及び市町村の窓口に出頭した者を特定するために必要な事項の確認を記録する。一方，本籍地の市町村長は，当該戸籍の直前に講じられていた着色用紙を取り外す等の措置をすることとされている。この場合において，当該戸籍が磁気ディスクをもって調製されているときは，当該戸籍のコンピューターの画面上に講じられていた不受理申出がされていることが明らかとなる方法を消去する等の措置を講ずることとされている（前掲通達第6の6(4)）。

なお，不受理申出制度の法化に伴って，不受理申出の取り扱いとして示されていた昭和51・1・23民二900号通達および平成15・3・18民一750号通達は廃止された。

No.155
追完届

【1】 **意義** 戸籍の届出については，市町村長がこれを受理するについて民法，戸籍法などの諸法令に定められた実質的および形式的な各要件を審査し，適法と認めた後でなければ受理することはできない（民740条，戸34条）。もし，届出を受領し審査の段階で不備な点を発見すれば，補正させたうえで受理すべきである（戸規67条・31条3項）。ところが，不備を看過して受理してしまった場合，そのために戸籍の記載ができないときに，その不備を補充是正させる届出を追完届という（戸45条）。届出の追完は，本来，戸籍の記載を円滑に処理するための単なる受理届書の誤記遺漏を補正するにすぎないのであるから，報告的届出の性質を有し，これによって基本届出の受理によって生じた効力を左右するものではない。つまり，届出することによって発生する効力の成否の問題は，すでに基本届出の受理によって確定しているからである。なお，追完届は，通常，報告的届出であるが，事案によっては創設的届出の性質をも併有することがある。たとえば，次のようなことである。

(1) 父母の婚姻成立前に非本籍地で誤って父から嫡出子出生の届出がなされ，その届書が本籍地に到着前父母が婚姻し，かつ，出生届に父母婚姻の旨の追完届をした場合には，当該出生子を便宜戸籍法62条に規定する届出による出生子として父母の戸籍に入籍させ

条の2第3項）が，非本籍地の市町村の窓口においても提出できる。
　オ　不受理申出の申出書の保管は，本籍地の市町村長が行うので，非本籍地市町村長が申出を受理したときは，遅滞なく，本籍地市町村長にこれを送付することになる。さらに，不受理申出人の本籍に変更があったときは，原籍地の市町村長は保管中の不受理申出書を変更先の本籍地市区町村長に送付することになる。
　カ　不受理申出を受理した市町村長は，当該申出書の欄外の適宜の場所に受付の日時分及び市町村の窓口に出頭した者を特定するために必要な事項の確認を記録する。また，本籍地の市町村長は，不受理申出がされたことを的確に把握するため，当該戸籍の直前に着色用紙をとじ込む等の方法を講ずることとされている。当該戸籍が磁気ディスクをもって調製されているときは，当該戸籍のコンピューターの画面上に不受理申出がされていることが明らかとなる方法を講ずることとされている（前掲通達第6の1(7)）。
　キ　不受理申出の申出書の保存期間は，その取下げ等による効力喪失後3年間である（同通達第6の1(8)）。
　(2)　不受理申出の有無の確認
　市町村長は，縁組等の届出があった場合には，窓口に出頭した者がこの届出についての届出事件の本人の全員であることを確認することができたときを除き，この届出について不受理申出がされているか否かの確認を行うものとされている。この場合において，非本籍地の市町村に届出があったときは，当該非本籍地の市町村長は，当該届出を受け付けた後遅滞なく，本籍地の市町村長に対して，当該届出について不受理申出がされているか否かを電話等の方法によって，確認するものとされている（同通達6の2）。
　(3)　届出不受理の通知の内容等
　不受理申出がされたことによって縁組等の届出を受理することができなかった場合における当該不受理申出をした者に対する通知の内容等は，次のとおりである。①届出年月日，事件名，届出人及び届出事件の本人の氏名並びに不受理申出に基づいて不受理とした旨を通知する。②通知のあて先は，不受理申出をした者の戸籍の附票又は住民票上の現住所であるが，届出日以後に住所の変更がされている場合には，変更前の住所をあて先とするものとされている。③送付方法は転送不要の郵便物又は信書便物として送付するが，その郵便物及び信書便物は，封書又は届出人以外の者が内容を読みとることのできないような処理をした葉書による。④あて先不明等により返送された通知は，再送することなく，市町村において保管するものとされ，保存期間は，当該年度の翌年から1年である。⑤市町村長は通知の経緯を明らかにするため，適宜の様式により通知台帳を作成し，通知の年月日等を記録するものとされ，通知台帳は当該年度の翌年から1年間保存することとなる（前掲通達第6の3及び4）。
【5】　**不受理申出と戸籍訂正**　縁組等の届出が受理された場合において，当該届出について届出に先んじて不受理申出がされていたことが当該届出による戸籍の記載がされた後に判明したときは，本籍地の市町村長は，戸籍法24条2項の規定による管轄法務局又は地方法務局の長の許可を得て，戸籍の訂正をすることになる（前掲通達第6の5）。

（本人確認）できない限り，不受理とする制度である。すなわち，何人も，その本籍地の市町村長に対して，あらかじめ，市町村の窓口に出頭して，自己を特定するために必要な事項を明らかにする方法により，自己を届出事件の本人とする縁組届等の届出がされた場合であっても，自ら窓口に出頭して届け出たことを確認することができない限り，届出を受理しないよう申出（以下「不受理申出」という。）をすることができるというものである（戸籍法27条の2第3項）。この不受理申出の対象となる届出事件は，認知，縁組，離縁，婚姻又は離婚の5つの創設的届出に限られる。また，従来の通達では，不受理申出の有効期間は6か月とされていたが，改正戸籍法では期限がないので，不受理申出をした本人がこれを取り下げしない限り，無期限に不受理申出の効果が続くことになる。

（2）不受理申出後に縁組等の届出があった場合の市町村長の対応（平成20・4・7民一第1000号通達第6）

市町村長は，不受理申出がされた縁組等の届出があった場合には，窓口に出頭した者に対して，その者を特定するために必要な事項を確認する為に資料の提供又は説明を求め，この方法により当該不受理申出人が窓口に出頭して届け出たことを確認することができなかったときは，当該縁組等の届出は受理できない（戸27条の2第4項）。この場合，市町村長は，遅滞なく，不受理申出人に対して，その戸籍の附票又は住民票上の住所に，転送不要の郵便物又は信書便物として送付する方法により，上記の縁組届等の届出があったことを通知しなければならない（戸27条の2第5項，戸規53条の5による戸規53条の3の準用）。

【4】市町村における不受理申出の取扱い等について　(1) 不受理申出の方法及び内容等

ア　不受理申出の方法と本人確認　不受理申出は，申出人自ら市町村の窓口に出頭して，申出人を特定するために必要な事項（「氏名及び住所」又は「氏名及び生年月日」）を明らかにすることを要する（戸規53条の4）。市町村長は申出人にこの事項を明らかにさせるため，運転免許証，写真付き住民基本台帳カード等を提示させる等して，戸籍法施行規則11条の2第1号から第3号までに規定する方法により本人確認をすることになる。もし，本人確認ができなかったときは，この不受理申出を不受理とすることになる。なお，不受理申出をしようとする人は，原則として市町村に出頭する必要があるので，ファクシミリ，メール，電報，電話による不受理申出は認められない。ただし，やむをえない理由により自ら市町村の窓口に出頭できないときは，不受理申出をする旨を記載した公正証書又はその旨を記載した私署証書に公証人の認証を受けたもの（いずれも代理嘱託によるものは除く。）を市町村長に提出する方法により行うことができる（戸規第53条の4第1項から第4項）。

イ　不受理申出の受理又は不受理について疑義があるときは，管轄法務局長に照会をすることとされている。

ウ　不受理申出は，書面を提出する方法により行うこととされ，申出書の様式も前掲通達の別紙で示されている。

エ　不受理申出のあて先は，申出をしようとする人の本籍地の市長村長である（戸27

準則34条〕)。

　なお，不受理とした市町村長の処分に対し不服の申立てがなされ，それについて家庭裁判所の受理を命ずる審判があり，それが確定すれば直ちに受理の手続をする。この場合の受理の効力の生ずる日は，当初の届書受領の日である〔→ No.97「市町村長の処分に対する不服の申立て」みよ〕。

No.154 届出の不受理申出

【1】　不受理申出制度の出現と発展過程　届出の不受理申出制度は，当初，民法，戸籍法などの実体法に根拠はないが，戸籍上の届出を阻止するための方策として昭和27年，協議離婚制度の欠陥を補充するために行政サービスとして戸籍実務のなかから生まれたものである。その後これに対する一般国民の利用と実務の運用状況は，次第に発展し整備され，協議離婚のみならず，創設的届出のすべてについて認められるようになった。そして平成19年5月11日法律第35号の「戸籍法の一部を改正する法律」により，正式に不受理申出制度が法制化された。

【2】　協議離婚制度の欠陥と立法的解決の試み　平成19年の戸籍法の一部改正により，創設的届出における本人確認の制度が取り入れられたが，それ以前の協議離婚制度は，届書の記載に不備がなく提出されれば，戸籍事務管掌者に実質審査権（実質審査義務）がないことから，当事者の離婚意思の有無にまで立ち入って調査することなく（かりに真実は離婚意思の合致がなくとも）受理され，戸籍に離婚の記載がなされるのである。したがって，当事者の一方が知らぬ間の離婚届出（虚偽届出），いわゆる追出離婚が容易となる欠陥をもっている。この課題に対しては，つとに明治31年民法の原案（821条）に戸籍吏に当事者の離婚意思確認という立法化が考えられたことがある。それは「戸籍吏ハ協議ノ真実ナルコトヲ……認メタル後ニ非サレハ離婚ノ届出ヲ受理スルコトヲ得ス」という規定で，その立法趣旨には，「協議離婚ト言ヘバ其協議ガ真実デナケレバ往カヌ実際一方ノ意思ニ出デテ居ル即チ夫ノ強制ニ出デテ居ルト云フコトデハナラヌ夫レデ届出ヅルコトニスル以上ハ戸籍吏ハ其協議ハ真実デ……ナケレバ其届出ヲ受理スルコトハ出来ヌトシタノデアリマス是ヲ協議離婚ノ名義デ実際強制離婚ヲヤルト……云フヤウナ事ハ妨ゲルト云フ考ヘデアリマス」と説明されたが，実現しなかった（法曹調査会議事速記録149頁・29頁）。

　次に，離婚意思の確認の制度創設については，昭和22年の現行民法の成立過程においても，現行民法763条2項に「協議上の離婚は，その届出前に家事審判所の確認を経なければならない」という規定の追加の修正案が参議院本会議で可決されたが，その後の衆議院の不同意再決議によって結局実現しなかった。さらに，離婚意思の確認制度についてその後も検討されたが，昭和34年6月の法制審議会民法部会身分法小委員会で「763条は現行法どおりとすること」という仮決定がなされている。

【3】　不受理申出制度の概要　(1)　不受理申出制度とは，自己の意思に基づかない婚姻届・離婚届等がされるおそれがある場合に，あらかじめ市町村長に対し，その届出があっても受理しないよう申し出るものであり，この不受理申出がされた婚姻・離婚等の届出は，市町村長において，不受理申出をした人自らが窓口に出頭して届け出たことを確認

較的軽微な違法によって届出自体の効力を否定する必要のないもの（例―婚姻届について証人を欠く＝民法742条2号但書，婚姻・縁組について取消しの対象となるにすぎない要件を欠く＝民法744条〜746条・804条〜807条），また，戸籍法も形式的要件を欠くだけの場合は，いったん受理された以上その効力を否定しない扱いである（昭11・12・4大審院判決，昭12・9・22民事甲1283号通牒）。

(3) **届出の受理の対抗力** 婚姻や縁組のような身分関係の形成は，戸籍の記載がなされたかどうか，または戸籍の記載に錯誤・遺漏があったかどうかによって，何らその効力には影響がなく，届出の受理ということだけによって何人にも対抗することのできる効力が生ずるものと解されている（昭16・7・29大審院判決）。この点，不動産登記において，登記官が登記の申請を受理し，かつ，登記済証を下附しても，登記官が誤ってこれを登記簿に記載しなかったときは，その物権変動は対抗力を発生しないとしている（大7・4・15大審院判決）。このように取引の安全を目的とする登記制度との本質的な差異が注目される。

【3】 **届出受理後の取下げ** 受理された届書は，受附帳に記載を要し（受理の決定をしないものは記載しない），たとえ戸籍の記載前でも任意にその取下げまたは撤回は許されない（昭23・12・1民事甲1998号回答）。ただし，報告的届出については，虚偽の届出である場合，戸籍の記載前で取下方の申出があればさし戻してよいとされているが，この場合は受附帳備考欄にその事由を記載することになっている（大13・8・29民事10513号回答）。

【4】 **届書受理後の手続** 受理した届書は，受附帳に記載（受附の日は受理決定の日でなく，届書受領の日）した後，次の処理をすることになる。

(1) 戸籍の記載を要する事件についてはその記載をする（戸規24条）。

(2) 他市町村において戸籍の記載を要する事件については，関係市町村へ届書を送付する（戸規25条・26条）。

(3) 外国人の出生届，当事者全部が外国人の婚姻届のように戸籍の記載を要しない事件，あるいは本籍不明者の死亡届のように戸籍の記載ができない事件については，届書保管の手続をする（戸規50条1項）。

(4) その他，人口動態調査票の作成（人口動態調査令3条），住民票の記載と住所地市町村への通知（住台8条・9条2項）をする〔→No.105「戸籍受附帳」みよ〕。

【5】 **届出の不受理処分** 通常，この処分は受理の拒否という単に受領した届書を届出人に返戻する消極的行為によって行われ，登記手続における（不登49条・商登24条）却下決定というような積極的な処分はなされない扱いである（大4・8・2民1237号回答）。

市町村長の不受理処分について，不服のある届出人等は家庭裁判所に不服申立をすることができる（戸121条）ことになっているので，その不受理処分を証明するため届出人の請求があるときは，証明書の交付をすることになっている（戸48条1項）（届出の不受理処分は，届書を返戻するという方法によると，後日になって届出の有無が明らかでないので，戸籍発収簿に事件の内容と不受理の理由を記載しておくか，届書の写しを保存して，それに処理経過を明らかにしておくのが適切な措置である〔昭42・4・13民事甲615号通達→前記標準

いう事実行為自体である「受附」とは異なって，受附を認容する行政処分であると解されている。

戸籍に関する届書，申請書等が市町村役場の窓口に提出されたとき，市町村長（実際には市町村長の職務を代行する補助者が内部の所定の手続によって処理する）は，その届書が適法であるかどうか，すなわち，その届出が民法および戸籍法その他の法令に定められた要件を具備しているかどうかを，通常は届書および戸籍簿もしくは戸籍謄抄本等によって形式的に審査（形式的審査権）して，その受否を決することになる。ただし，必要に応じて実質審査をすることもある。この場合の届出を適法なものと判断して受附すなわち受領を容認する行政処分が受理であり，届出を不適法なものと判断して受理を拒否する行政処分を不受理といわれている（参照—青木義人「戸籍法」97頁以下）。

【2】 届出の受理の効力　(1)　受附と受理効力の発生時期　戸籍の届書を受理したときは，届書に受附の番号および年月日を記載することになっている（戸規20条1項）が，その受附の年月日は受理と決した日ではなく，届書を受領した年月日を記入することになる。また，戸籍受附帳および戸籍に記載する受附の年月日（戸規21条・30条2号〜5号）についても同様に届書に記載した受附の年月日を記入することになる。それでは，受附と受理の概念を区別する必要について，通常の事件では窓口で受附後直ちに受理または不受理の処分が行われるので，受附と受理の年月日は同一で問題を生じないが，次のような事案では受理決定の日が受附の日よりおくれることになる。たとえば，届出の受否に疑義があって検討（場合によっては管轄局の指示を求める）するのに相当の日数を要するとき，学齢児に達した者の出生届のように必ず管轄局の指示を求めるのに相当の日数を要するとき，休日受附の事件であるため当日審査のできないもの等がある（受附の日に受理，不受理の処分ができない事件は戸籍受附帳に記載できないので，戸籍発収簿に記載して届出事件を把握しておき，処分がなされたときはその旨を備考欄に附記する〔昭42・4・13民事甲615号通達→標準戸籍事務取扱準則30条〕）。このように届出の受理・不受理の処分が市町村長の審査の期間の長短によって，当事者の身分関係の形成時期が左右されることは妥当でないので，届出が受理されたときの効力の生ずる時期は，受理決定の日でなく，受附の日にさかのぼるものと解されている。とくにこの点は，婚姻，縁組などのように届出によって身分関係の形成される創設的届出において重要な意義がある（当事者より郵送を受けた縁組，離縁，婚姻等の届書に戸籍と符合しない点があって，これを訂正させるため，その届書を養親または夫あてに返送したところ，養子または妻はその届書が養親または夫に到達する前または到達後死亡した。その後養親または夫より不備の点を補正して再送があったときは受理すべきものとされている（大9・11・10民事3663号回答）が，この場合の届出の効力の生ずる日は，当事者の一方が死亡した日ではなく届書が最初に郵送され市町村役場に到達した受附の日にさかのぼるものと解すべきであろう）。

(2)　違法届出の受理　違法な届出であっても，誤っていったん受理した場合の効力で問題となるのは創設的届出であるが，この場合にはその違法が本質的な事項（例—婚姻において民法742条の無効原因があったとき）にかかるときはその届出の効力を生じないが，比

条),重婚でないかどうか(民732条),再婚禁止期間内ではないかどうか(民733条),その他について審査し,適法なものと認めた後でなければ,これを受理してはならないとされている(民740条)。これらは,審査の対象が届出の実質要件に関するもので,法令の解釈適用をすることである。

　このように市町村長は,みずからの責任において法令の解釈適用をなし,また,これに疑義ある場合は,管轄庁に指示を求めて届出の受理,不受理の決定をすることができる。このことは,たとえ裁判を経てなされた報告的届出または創設的届出であっても,その裁判が無効をもたらす重大な法令違反がある場合は,市町村長みずからの判断によって(裁判に拘束されることなく),法令の解釈適用をし,その届出(申請)の受理,不受理を決することができるものと解される〔→ No.48「戸籍先例と家事審判」【3】(2)参照〕。

【4】 **管轄法務局・地方法務局の機能**　前述のとおり,市町村長と管轄庁とは国民に対する関係では内部関係とみられるので,市町村長は,その審査権限に基づいて届出に関する一定範囲の事実の判断をし,かつ,法令の解釈適用をするわけであるが,この事実の判断または法律上の判断について,疑義を生じたときは管轄庁に届出の受理照会をする。これに対し,管轄庁は,戸籍法の目的を達するための戸籍行政上の一般的管理権に基づき,関係人について,その協力を得て調査を行い市町村長に受否の指示をすることになる。この場合,事実調査を行うかについては,裁判所のような調査(強制的な事実の取調べや証拠調べ)をすることはできないが,国民に対する非強制の調査により得られた資料の範囲内でもって事実の認定をし,市町村長に受否の指示をする(大4・2・15民138号回答)。また,法律上の判断については,事案に応じて管轄法務局,地方法務局自体で,または法務大臣(通常は民事局長)に照会し,その回答を得てから受否の指示がなされる。

　戸籍の先例で,一律に受理照会をすべきものとされているものに,次のものがある。

　(ア) 出生証明書が添付されていない出生届(昭23・12・1民事甲1998号回答),(イ) 学齢に達した子の出生届(昭34・8・27民事甲1545号通達),(ウ) 50歳以上の母から出生した子の出生届(昭36・9・5民事甲2008号通達),(エ) 死亡診断書または死体検案書が添付されていない死亡届(昭23・12・1民事甲1998号回答),(オ) 無国籍者を父母として日本で出生した子の出生届(昭57・7・6民二4265号通達),(カ) 外国人母の夫の嫡出推定を受ける子について,日本人男から認知の届出があった場合の日本国籍の有無について(平10・1・30民五180号通達)。

【参考文献】　①村岡二郎「戸籍読本(市町村長の審査権)」37頁以下,②田中加藤男「先例戸籍訂正法」(日本加除出版)61頁以下

No.153
届出の受理・不受理

【1】 **受附と受理・不受理の意義**　受理とは,公の機関が申請,届出等についてその内容を審理または審査のうえ,これを適法なものとして受け取ることをいい,民法上の婚姻,離婚,縁組,離縁の届出の受理(民740条・765条・800条・813条)や戸籍法上の届書の受理(戸34条・42条・45条~48条),相続放棄の申述の受理(家事39条別表1の95)等の受理という用語もこの意味に用いられる。したがって,「受理」は単に届書類を受領すると

によって認定することになる。

　(ウ)　**同意，承諾，許可を要する届出の適否認定**（戸38条）　未成年者の婚姻における父母の同意（民737条），成年者を認知する場合の同意（民782条），配偶者のある者が縁組する場合の他方配偶者の同意（民796条），未成年者を養子とする場合の許可の裁判（民798条）などは，それに基づく届出にその同意書，承諾書および許可書の添付を法定しているから，市町村長は届出事項の適否の判断をこの証明資料によって認定することになる。

　(エ)　**届出が本人の意思によることの認定**　戸籍法は，(ア)　届出人に届書の署名，押印（戸29条・37条2項），(イ)　口頭による届出には，本人自身の出頭（戸37条），(ウ)　婚姻，縁組等の創設的届出における運転免許証等の提示による本人確認（戸27条の2第1項），(エ)　縁組届等の不受理申出（戸27条の2第3項・4項）を法定しているから，市町村長はこの範囲内で届出人の真意を判断することになる。

　(オ)　**人の年齢，身分の認定**　民法上または戸籍法上に，届出要件として一定の年齢もしくは親族関係にあることを要求している場合があるが，これらは，市町村長が自己備付の戸（除）籍簿により，または他市町村長発行の戸籍謄抄本の提出要求（戸規63条）が認められているので，これらによって判断することになる。もっとも，この戸籍謄抄本の提出要求は，法律に規定されないで，規則（命令）に規定されていることから，国民に提出の強制はできないものと解されている。つまり，これを国民に強制するには法律に規定されるべきである。この場合は，市町村長が職権で他市町村長から当該戸籍謄抄本を取り寄せて届出の適否を判断することになる（大6・6・22民1180号回答）。

　(2)　**例外　実質審査（事実の判断）**　事実の判断（届出事項の真実性の認定）は，前記のように法定された資料によることが原則であるが，この原則に限定したときに，その結果がかえって，いかにも常識に反して妥当を欠き，戸籍制度の運用上好ましくない結果を招来するおそれがないとはいえない。このような場合には，戸籍制度の目的に照らして，市町村長がその職権を行うにあたって，確実に知り得た事実に基づき届出事項が明らかに事実に反すると認定されるときに不受理とすることができるものと解される（大7・7・26大審院判決＝刑録24輯1016頁）。なお，法定された資料以外によって市町村長が事実の判断をすることができることをうかがい知る戸籍の先例としては，次の(ア)～(ウ)および後記【4】の(ア)～(カ)がある。ただし，これらについては，管轄庁において補充的な事実調査をするのが適当として，(ア)については戸籍消除の許可申請，(イ)(ウ)については，受理照会をすることになっている（対国民関係では市町村長と管轄庁は内部関係である）。

　(ア)　高齢者についての死亡認定（大5・2・3民1836号回答），(イ)　診断書または検案書を得ることができない場合の死亡事実を証する書面の認定（昭23・12・1民事甲1998号回答），(ウ)　出生証明書を得ることができない場合のやむを得ない事由があるか否かの認定（同上），〔→№164「市町村長の審査権」みよ〕。

【3】　**法令の解釈適用（法律上の判断）**　形式的審査とか，実質的審査とかいうことは，前述のとおり事実の判断に関することであるから，法律上の判断に関するものではない。すなわち，市町村長は，婚姻届の受理にあたって，婚姻適齢に達しているかどうか（民731

近な市町村長が管掌するものとしている（戸1条）。第二に，法務局または地方法務局の長は，その管轄内の市町村長が管掌している戸籍事務が的確公正に，しかも滞りなく行われるように市町村長に助言，勧告，指示をなし得ることにしている（戸3条2項）。第三に，戸籍事務の管轄は，このように各法務局，地方法務局の長が担当するが，これは法務大臣の所管に係る事務を地方出先機関として分掌する関係のもので，法務局，地方法務局の長は，法務大臣の指揮監督のもとに，この分掌事務を執行するものである（法務省設置法4条21・18条，法務局及び地方法務局組織規程17条・34条・46条）。

　法務大臣は，戸籍事務について，一般的指揮管轄権をもち，その管轄権の作用である法務大臣の命令の一つとして規定されたものに戸籍法施行規則82条がある。これは，市町村長が戸籍事務の取扱いに関して疑義を生じたときに管轄法務局，地方法務局またはその支局を経由して法務大臣に指示を求めることができる旨を定めたものである。もっとも，この場合に法務大臣の所掌事務を分掌する管轄法務局，地方法務局の長自体に指示を求めることも，前記の戸籍法施行規則82条の趣旨に沿うものである。

　このような処理体制のもとに，市町村長が戸籍の届出を受領し，その届出事項を審査するにあたって，事実の認定ないしは民法，戸籍法の解釈運用上に疑義を生じた場合，その届出を受理すべきかどうかについて，法務大臣はもちろんのこと，管轄庁たる法務局，地方法務局あるいはその支局の長に指示を求めることを「受理照会」と称している。

【2】　**市町村長の審査**　(1)　**原則　形式審査（事実の認定範囲）**　市町村長が届出を審査し，その受理，不受理を決定するにあたっては，審査の範囲が戸籍法に明文の規定があるわけではないが，一般に実質審査権はなく，形式審査権（審査義務）しかないといわれている（明44・7・12東京地裁判決戸判総35頁，昭24・4・6民事甲436号回答，昭25・2・16民事甲455号回答）。このことの意味は，法律上の判断（法令の解釈適用）に関するものではなくて，その前提問題である事実の判断（認定）に関する審査の方法についてである。すなわち，前述のとおり戸籍事務が行政事務として能率的処理を要請される関係上，事実の判断について，届出の正確性（戸籍記載の正確性）の保持という面は，戸籍法がとくに規定する証明資料，戸籍簿の記載およびこれに準ずる資料（謄抄本その他戸籍に関する証明資料）によるほか，届出（届書）自体によって行い得る審査にまかされている趣旨と解されている。したがって，それ以上に立ち入って届出事項の真実性の探究を市町村長に課するもの（義務）ではないことが理解される。ただし，必要に応じ可能な限り「実質審査」をする場合がある（参照―後述(2)「例外」）。

　次に，この形式的審査の方法を各種の場合について考察してみよう。

　(ア)　**出生届，死亡届の適否認定**　出生届には出生証明書（戸49条3項），死亡届には死亡診断書または死体検案書（戸86条1項）の添付が法定されているから，市町村長は，届出事項の適否の判断をこの証明資料によって認定することになる。

　(イ)　**裁判・遺言によって生じた報告的届出の適否認定**　裁判上の認知，離婚，親権者の指定，または遺言による認知などの届出は，裁判または遺言の謄本の添付が法定されているから（戸63条・64条・83条以下），市町村長は，届出事項の適否の判断をこの証明資料

が送達または交付前に確定したときは，その送達または交付の日から起算される（戸43条2項）。

【3】 届出の催告と職権記載　市町村長は，戸籍に関する届出をしないでいる者を発見したときは，その届出義務者に対して，一定の期間を定めて，その期間内に届出をするよう催告しなければならない（戸44条1項）。また，前述の届出催告に応じなかったときは，市町村長はさらに一定の期間を定めて，届出の催告（再催告）をすることができる（同条2項）。前述の催告をしても，届出義務者がこれに応じないとき，または届出義務者がないか，不明のため催促ができないときは，市町村長は管轄法務局または地方法務局の長の許可を得て戸籍の記載をすることができる（同条3項）。

No.151　届書の受附

【1】 受附の一般的意義　受附という用語は，公務所外でも用いられている。公の機関では届書，申請書類が一般届出人または申請人から提出されたとき，あるいは公の機関相互間で公文書の送付を受けたとき，まずその届書，申請書類もしくは公文書を受け取るということが行われる。このように受附は，単に届書類または公文書の「受領という事実行為」自体を指称するものである。

【2】 戸籍の届書等の受附要領　戸籍の届書・申請書は，戸籍法施行規則20条1項に「市町村長は，届書，申請書その他の書類を受理し，又はその送付を受けたときは，その書類に受附の番号及び年月日を記載しなければならない。」と，また同規則21条1項に「市町村長は，……毎年受附帳を調製し，これにその年度内に受理し又は送付を受けた事件について受附の順序に従い，次の事項を記載しなければならない。……」と，それぞれ規定されているところから，受理と決したもののみが戸籍受附帳に記載することになっている。すなわち，前記【1】の意味における受附（届書の受領）後，その審査前には戸籍受附帳に記載しない取扱いである。そこで，届書受領後，審査のうえ不受理の処分をしたものは，戸籍受附帳に登載しないで不受理処分整理簿に記載することになる（戸籍事務取扱準則制定標準31条）。

No.152　受理照会

【1】 意義　戸籍は，国民の身分関係を登録し公証するものであるから，その記載の正確性が強く求められている。一方，戸籍事務も行政事務である以上，迅速性が要請される。この正確性と迅速性との調和という問題を比較考量する場合に，裁判事務では1件1件の処理において真実性の追究に比重がかかるが，行政事務である戸籍事務では迅速性の要請にやや比重がかかるものと考えられる。

　ところで，現在のような社会的条件の下では，戸籍事務を管掌する市町村長において，常に積極的に事件を探知し調査して戸籍の記載を的確公正に行うことは極めて困難なことがらである。

　そこで，戸籍法は戸籍の記載の正確性の保障としては，国民の側に協力を求めるという趣旨のもとに，当事者またはその利害関係人からの申告（届出，申請，証書の謄本提出）とその証明資料の提供に信頼をおいて処理する建前である。一方，申告を受ける公務所の側においても，戸籍の記載の的確公正と迅速性とが保持され得るように，公務所の側の内部の処理体制を戸籍法に明定している。その第一として，戸籍事務は窓口を国民に最も身

制されている（戸49条・63条・86条など）。もし，届出期間を怠ると届出義務者は過料に処せられる（戸135条）〔→No.96「戸籍法違反通知・過料裁判」みよ〕。この場合，届出期間を経過した後の届出であっても，受理すべきである（戸46条）。なお，創設的届出に対する追完届についても，市町村長の定める相当の期間内にしなければならない。もし，その期間を怠ると追完の届出をすべき者は過料に処せられる（戸45条・44条1項・2項・135条・136条）。ただし，養子縁組代諾者でない者の代諾による養子縁組に対する真正な代諾者からの追完届のようなものについては過料処分の対象にならない。

【2】 **届出期間の起算日と満了日** 戸籍法には届出の起算日をそれぞれの届出についてとくに規定しているもの（たとえば，本籍分明届→戸26条，裁判による認知届→戸63条，遺言による認知届→戸64条，死亡届→戸86条，帰化届→戸102条の2など）と，そうでないものとがある（たとえば，出生届→戸49条，未成年者の後見終了届→戸84条）。とくに起算日について規定されていない後者の場合には，戸籍法43条の規定により届出事件発生の日，たとえば，出生届については出生の日から起算することになる。これは民法140条の期間の初日は算入しないという原則に対する例外をなすものである。このほかの期間の計算方法（期間満了時点，暦法計算）は民法141条・142条・143条によるのが相当であろう。また，届出期間の満了日についての戸籍の取扱いは，大正3年戸籍法の施行以来，現行戸籍法の施行後も永年の間民法142条の類推適用を前提として「届出期間満了の日が一般休日に当るときは，その翌日をもって期間満了の日とする」という先例（大4・1・14民1805号回答）により処理されてきた。もっとも，近時の戸籍に実務のうちには一時期創設的届出と報告的届出のいずれであっても，民法142条の類推適用はなく，届出期間の末日が一般の休日に当るときでも，その休日をもって満了すると解する向きがあった（明31・9・5民刑1144号回答，昭51・5・31民二3233号通達，昭62・1・26民二287号回答，同解説戸籍誌518号86頁）。その根拠としては，市区町村長は日曜日，休日または平日の執務時間外の届出であっても，その届出を受け付けなければならないという先例（大4・1・11民1800号回答）にあったようである。しかし，その後，昭和63年12月13日地方公共団体の休日が法定（同日公布法律94号「地方自治法の一部改正」）されたことに伴い，戸籍の取扱いも，創設的届出，報告的届出のいずれであるとを問わず，届出期間の満了日が，市区町村の条例で定める休日（日曜日，条例で定める土曜日，祝日，年末または年始の条例で定める日）に当るときは，その翌日をもって期間の満了日とすることが明示された（地方自治法4条の2第4項，昭63・12・20民二7332号通達1）。

なお，在外公館に対する戸籍届出期間の満了日については，行政機関の休日に関する法律に定める日（昭和63年法律91号1条1項－日曜日，毎月の第2・第4の土曜日，祝日，12月29日から翌年の1月3日まで）に当るときは，同法2条の特例の適用により，また，在外公館の所在地における休日に当るときは，民法142条の類推適用により，いずれもその休日の翌日が期間の末日となることが明示された（前掲通達4）。

次に月をもって定められた届出期間は暦に従って計算される〔→No.52「期間」みよ〕。なお，裁判が確定した日から戸籍に関する届出の期間を計算する場合において，その裁判

届出事件の本人が、15歳未満の者が養子縁組をする場合であれば、その法定代理人が、また出生届であれば父もしくは母などの届出義務者が、それぞれ届出人となる。ここに「所在地」とは、住所地（住台4条、民22条）のみでなく、一時の滞在地をも含む（明32・11・15民刑1986号回答）ので、婚姻届について結婚式場の所在地または新婚旅行先でも届け出ることができる。なお、届出地の定めは、前述のとおり戸籍事務処理の便宜と届出人の利便を考慮したものにすぎない（もし、誤って受理されたとしても届出の効力は否定されない）ので、厳格に解する必要はないといえる。

【4】 届出地の原則に対する例外 (1) 原則的届出地に附加して定めたもの たとえば、出生届における出生地、交通機関の中で出生した場合の交通機関から降りた地、航海日誌を備えない船舶の中で出生した場合の船舶入港地（戸51条）、死亡届における死亡地（戸88条）、分籍届における分籍地（戸101条）、転籍届における転籍地（戸109条）、就籍届における就籍地（戸112条）などである。

(2) 特別に届出地を定めたもの 届出地を限定されている場合、たとえば、胎児認知届は母の本籍地（戸61条）、認知した胎児の死産届は認知届をした地（戸65条）、本籍分明届は基本の届出をした地（戸26条）などがある。これらは、戸籍事務処理の必要性から限定されている。

(3) 外国に在る日本人に関して定めたもの 外国に在る日本人は、本籍地のほかにその国に駐在する大使、公使、領事に届出をすることができる（戸40条）。また、外国の方式により届出事件に関する証書を作らせた場合の証書の謄本の提出も同様である（戸41条）。

(4) 在日外国人に関する届出 外国人に関する届出は、届出人の所在地でしなければならない（戸25条2項）〔→No.161「外国人に関する届出」みよ〕。

No.150
届出期間（起算日・満了日）

【1】 届出期間を定めた意義 婚姻や普通養子縁組離婚などのような創設的届出については、届け出ることによってその身分関係の発生、変更、消滅などの効力を生ずる（民739条・799条）ので、通常は届出期間を定める必要がない。ただ、創設的届出であっても、民法上の「離縁の際に称していた氏を称する届」（民816条2項、戸73条の2）、「縁組の取消の際に称していた氏を称する届」（民808条・816条2項、戸69条の2）、「離婚の際に称していた氏を称する届」（民767条2項、戸77条の2）、「婚姻の取消の際に称していた氏を称する届」（民749条・767条2項、戸75条の2）、戸籍法上の「外国人との婚姻による氏の変更届」（戸107条2項）、「外国人との離婚による氏の変更届」（戸107条3項）などのように一定の届出有効期間が設定されているものがある。これはその届出を強制するものではなく、それぞれの必要性の有無を推定するものとして熟慮する相当の期間であり、その期間内に届出をしないものは、その法的利益を得られないことを明示したものである。また、国籍法上の「国籍選択届」（国14条、戸104条の2）のように国家的要請の強いものには、催告をするなどして直接に強制される。ところで、出生や死亡などのように報告的届出については、既成の事実や法律関係の発生、変更、消滅などをすみやかに戸籍に公示する必要があるので、戸籍法に一定の期間を定めて届出を強

および養子，(オ) 当事者一方死亡後の離縁届〜生存者，(カ) 婚姻（離婚）届〜夫および妻，(キ) 離婚（離縁）の際に称していた氏を称する届〜離婚（離縁）によって婚姻前（縁組前）の氏に復する者，(ク) 親権者指定（変更）届〜子および父母，(ケ) 親権・管理権（辞任，回復，喪失宣告，喪失宣告取消）届〜子および親権者，(コ) 未成年者の後見開始届〜被後見人および後見人，(サ) 未成年者の後見人更迭届〜被後見人および新・旧後見人，(シ) 未成年者の後見終了届〜被後見人および後見人，(ス) 未成年者の後見監督人就職届〜被後見人，後見人および後見監督人，(セ) 後見監督人更迭届〜被後見人，後見人および新・旧後見監督人，(ソ) 未成年者の後見監督人終了届〜被後見人，後見人および後見監督人，(タ) 死亡届〜死亡者，(チ) 失踪宣告（宣告取消）届〜失踪者，(ツ) 生存配偶者の復氏（姻族関係終了）届〜生存配偶者，(テ) 推定相続人廃除（廃除取消）届〜当該相続人，(ト) 入籍届〜入籍者，(ナ) 分籍届〜分籍者，(ニ) 国籍取得届〜取得者，(ヌ) 帰化届〜帰化者，(ネ) 国籍喪失届〜喪失者，(ノ) 国籍留保届〜出生子，(ハ) 国籍選択届〜選択宣言者，(ヒ) 氏変更届〜筆頭者および同籍者（戸107条1項〜3項），筆頭者および配偶者以外の者（戸107条4項），(フ) 名変更届〜名を変更する者，(ヘ) 転籍届〜筆頭者および同籍者，(ホ) 就籍届〜就籍者，(マ) 戸籍訂正申請〜訂正される者，(ミ) 追完届〜基本たる届出の事件本人，(ム) 本籍分明届〜各届出事件の本人。

No.149 届出地

届出地に関する定めは，戸籍の記載をするのに最も合理的な場所であることのほかに届出人の便宜をも考慮されている（戸25条）。

【1】 届出地の原則 戸籍の届出を戸籍に記載するには，届出事件の本人〔→ No.148「届出事件の本人」みよ〕の戸籍のある場所が最適であるから，その本籍地をもって届出地とされている。また，届出地を届出事件の本人の本籍地のみに限定すると，当該事件の本人の本籍地外に届出人が居住する場合には不便であり，かつ，迅速な届出の励行という戸籍制度の本来の目的に反することになるので，届出事件の本人の本籍地のほかに届出人の所在地の市町村長にも届け出ることが認められている。そこで届出地は前述の本籍地，または所在地のいずれかを選ぶことができるわけである。

【2】 届出事件の本人の本籍地 ここにいう「本籍地」とは，届出時を基準にして届出事件の本人の戸籍がある市町村をいう。たとえば，出生届であれば出生子が記載さるべき戸籍がある市町村であり，死亡届であれば死亡者が記載されている市町村のことである。ただ問題となるのは，届出によって本籍地が他の市町村に異動（新戸籍編製または入除籍）する場合に，新本籍地，旧本籍地（原籍地）のいずれを指すかということがある。この場合は，前述の届出時を基準に届出当時現に戸籍のある市町村（旧本籍地＝原籍地）をいい，新本籍地は含まないものとして実務の取扱いがなされている（昭24・7・19民事甲1643号回答）。もっとも，新本籍地が届出人の所在地であれば届出地になり得ることは当然である。また，転籍届，分籍届および就籍届について，転籍地，分籍地および就籍地がそれぞれ届出地になり得るのは，その旨がとくに法定（戸101条・109条・112条）されているからである。

【3】 届出人の所在地 届出人〔→ No.147「届出人」みよ〕については，婚姻届であれば

も，意思能力ある限りみずから届け出るべきであるが（大9・2・27民事527号回答，昭23・4・15民事甲373号回答），意思能力のない場合には，法定代理人による届出が認められる（大7・10・4民1082号回答，昭25・10・8民事甲2712号回答）。

(4) 意思能力の有無の認定について，未成年者の場合は，民法791条3項・797条・961条などの各規定の趣旨を考慮に入れて満15歳以上の者は一般に意思能力を有するものとして取り扱われている（昭23・10・15民事甲660号回答4）。

(5) 追完届（戸45条）については，不備な届出をした者が届出人であるが，婚姻，縁組など届出人が数人ある場合で，届出によって生ずる効力に影響があるときは，届出人全員により，それ以外の場合は，届出人のうちの一人からすることもできる。

【2】 **報告的届出の場合** (1) 裁判による認知，離縁，離婚など確定した身分関係，または出生，死亡などの既成の事実の届出は，いずれも戸籍法に届出義務者が法定されている（戸52条・63条・73条・77条・87条など）。なお，届出義務者が届出をすることができないときまたは届出をしないときは，一定の者が届出をすることが認められている場合がある。たとえば，出生届について子の後見人（戸52条4項），死亡届について同居していない親族（戸87条2項），裁判上の認知，離縁，離婚，その他身分関係の存否確定による届出，戸籍訂正申請について相手方（戸63条2項・73条・77条・117条）がそれぞれすることができる。

(2) 報告的届出についても，意思能力さえあれば，未成年者でも成年被後見人でも届出ができる。ただし，未成年者が届出をすべき者となる場合には，親権者または後見人が届出義務者とされる（戸31条1項）。したがって，届出を怠った責任は，法定代理人について生ずることになる。

(3) 追完届については，不備な届出をした届出人が届出人となるが，他に届出義務者がある場合には，その者からすることもできる。

【3】 **届出の代理** (1) 届出の方法は，書面または口頭でこれをすることができるが（戸27条），代理人による届出は，書面による届出には認められなくて，口頭の届出についてのみ認められている（戸37条3項）。ただし，本人の意思を確認する必要のある任意認知，胎児認知，養子縁組，代諾縁組，協議離縁，当事者の一方死亡後の離縁，婚姻および協議離婚には，代理人による届出は認められない。なお，本人が作成した届書を他人が市区町村長に届出ることは，届出の代理に当たらず，使者による届出となる。

(2) 代理人による口頭の届出には，届出人本人の委任状を要し（大5・6・7民465号回答），市町村長が口頭の届出を筆記した書面には，代理人の氏名，生年月日および本籍を記載すべきものとされている（大3・12・28民1994号回答）。

No.148
届出事件の本人

この用語は，戸籍法（24条～26条・29条・30条）および戸籍法施行規則中（21条）に用いられている。その場合の届出事件の本人とは，届出事件の内容である身分事項の主体（当事者）となる者である。具体的には次のとおりである。(ｱ) 出生届～出生子，(ｲ) 戸籍法62条の出生届～出生子および父，(ｳ) 認知届～被認知者および認知者，(ｴ) 養子縁組（離縁）届～養親お

このような身分関係の変動を伴う届出には、当事者の届出意思に委せるのが至当であるから、戸籍法は届出義務者や届出すべき期間の定めはしないで、届出をしないことに対する罰則もない。しかし、たとえば、内縁などのように届出をしない限り夫婦としての法的保護が享受できないという意味からは、創設的届出にも当事者に届出を間接的に強制しているものといえる。また、国籍選択の宣言の届出のように一定の期間内にしない場合には、日本の国籍を失う（国15条）という間接的強制もある。創設的届出に属するものとしては次のものがある。

任意認知届（戸60条～62条）、養子縁組届（戸66条・68条）、協議離縁届（戸70条・71条）、当事者一方死亡後の離縁届（戸72条）、縁氏を続称する届（戸69条の2・73条の2）、婚姻届（戸74条）、協議離婚届（戸76条）、婚氏を続称する届（戸75条の2・77条の2）、協議による親権者指定届（戸78条）、親権（管理権）辞任届（戸80条）、親権（管理権）回復届（戸80条）、復氏届（戸95条）、姻族関係終了届（戸96条）、入籍届（戸98条・99条）、分籍届（戸100条）、国籍留保届（戸104条）、国籍選択届（戸104条の2）、氏変更届（戸107条）、名変更届（戸107条の2）、転籍届（戸108条・109条）など。

【4】 報告的性質と創設的性質を併有する届出 報告的届出について、法が一定の効果を付与するもの、たとえば、戸籍法62条の嫡出子出生届には創設的性質の認知の効果を与えられる。また、報告的届出においてその届出事項中に創設的事項を付加するもの、たとえば、裁判上の離婚届における新本籍の定め、帰化届、就籍届における新本籍の定めなどがある。なお、国籍留保の旨を記載した出生届は、報告的届出と創設的届出を併有しているものである。

【参考文献】 青木義人・大森政輔「全訂戸籍法」193頁

No.147 届出人（届出義務者）

【1】 創設的届出の場合 (1) 届出人は、届出資格を有するものでなければならない。婚姻、縁組などの身分法上の行為については民法に、転籍、分籍、氏名の変更などの戸籍法上の行為については戸籍法に各々定められている。もっとも届出に意思能力を有することが要件である。

(2) 届出人が意思能力を有する限り制限能力者（未成年者・成年被後見人・被保佐人・被補助人）であっても、その制限能力者自身が届け出るべきである（民738条・764条・799条・812条、戸32条（囲））。ただし、縁組、協議上の離縁または民法791条の子の氏変更において、養子または子が15歳未満のときはその届出能力を否定し、法定代理人または法定代理人となるべき者が代わって届出をすべきものとされている（民797条・811条2項・791条3項、戸68条・71条）。

囲　戸籍法32条2項削除　平成11年法律151号により同条1項中「無能力者」を「未成年者又は成年被後見人」に改め、2項中「禁治産者」を「成年被後見人」に改め、同年法律152号により、改正後の2項全文が削られた。これにより未成年者以外の制限能力者については、診断書の提出はないが、届出がある限り意思能力あるものとして受理するほかない。

(3) 戸籍法上に規定されている転籍、分籍（未成年者を除く）、氏名の変更などについて

【11】 届出一般と届書類の処理

No.146
届出の種類（報告的届出・創設的届出・報告的性質と創設的性質を併有する届出）

【1】 届出の効果による分類　戸籍の役割は，公簿に国民の身分に関する一定内容の自然的既成事実，または法的に形成された関係を登録することによって公示し，社会における身分関係に基づく公法上，または私法上の秩序維持に役立つことにある。そこで戸籍法は，身分関係の登録手段として届出に基づいて行うのを原則としている（戸15条）。

　戸籍の届出は，通常，その性質を届出の効果の面から捉え，身分関係の発生，変更，消滅が届出の前に生じたものか，あるいは届出によって生ずるものかの区別によって，前者を報告的届出，後者を創設的届出というように分類している。このような区別をして理解することは，戸籍事務の取扱いのうえで，その差異が明らかとなり，適正な処理に役立つことになる。

【2】 報告的届出　この届出は，出生，死亡などのような既成事実を戸籍に登録する届出（この出生登録によって一般に親子，兄弟姉妹などの身分関係が明らかにされる）のほか，裁判または遺言によって生じた法律関係（法的身分関係）を戸籍に登録する届出を指称する。この報告的届出は，一定内容の身分関係が，すでに届出前に生じているものであるから，届出の受否いかんが身分関係の発生，変更，消滅に影響するものではない。したがって，戸籍法は，戸籍面と事実関係および法律関係を合致させるため，既発生の身分関係をできるだけ早く公示するために，報告的届出には，すべて届出義務者と届出すべき期間を定め，この届出を怠る者には過料処分で臨み，届出を強制している（戸135条）。この届出に属するものとしては次のものがある。

　出生届（戸49条～59条），裁判認知届（戸63条1項），遺言認知届（戸64条），特別養子縁組届（戸68条の2），養子縁組取消届（戸69条），裁判による離縁届・離縁取消届（戸73条1項），検察官提起にかかる離縁請求（戸73条2項），婚姻取消届・検察官提起にかかる婚姻取消請求（戸75条），裁判離婚届（戸77条），裁判による親権者指定届・親権者変更届（戸79条），親権（管理権）喪失届（戸79条），未成年者の後見開始届（戸81条），未成年者の後見人更迭届（戸82条），未成年者の後見終了届（戸84条），死亡届（戸86条～93条），失踪宣告届またはその取消届（戸94条），推定相続人の廃除届・廃除取消届（戸97条），国籍取得届（戸102条），帰化届（戸102条の2），国籍喪失届（戸103条），国籍喪失報告（戸105条），外国国籍喪失届（戸106条），就籍届（戸110条）など。

【3】 創設的届出　この届出は，婚姻，縁組，協議離婚などのような届出をすることによって初めて一定内容の身分関係が発生し，変更し，あるいは消滅するものである。重要な身分行為については，公的機関が関与することにより法的要件を審査し，かつ明確にするため，とくにこれを要式行為として「届出」によらしめているのである。

に比べ，横書きであり，その様式も左端に戸籍事項（戸籍の編製，消滅）と身分事項（出生，婚姻，死亡など）の基本タイトルを表示し，次に縦の分岐線を入れて，その右側に戸籍事項と各身分事項のそれぞれの処理欄をもうけている。この右側の処理欄には，用紙戸籍の文章形式でなく，これを分解した戸籍事項，身分事項の各要素ごとに項目化して記録することとされている。たとえば，左側の基本タイトル戸籍事項「戸籍編製」に対し，右側の処理欄には「【編製日】平成10年4月1日」と，左側の基本タイトル身分事項「出生」に対し，右側の処理欄には「【出生日】平成10年3月20日【出生地】東京都千代田区」などである（戸籍73条6項，附録24号のひな形，附録25号記載例）。したがって，磁気ディスクによる戸籍の訂正方法は，左端の基本タイトル戸籍事項の欄または身分事項の欄には，訂正または消除のマークを付し，右側の処理欄には相応の訂正後または消除後の事項を記載し，さらに訂正前または消除前の事項を【従前の記録】として記載し，その訂正または消除の経過を明らかにすることとされている（戸規73条8項，附録27号様式）。

No.145 誤記訂正と更正

戸籍訂正と区別すべきものに戸籍記載の誤記訂正と更正がある。戸籍訂正と誤記訂正とでは，いずれも誤った記載を正しくするという点では同じであるが，訂正の対象と方法が異なる。すなわち，用紙戸籍の訂正は戸籍の記載の完了後（市町村長の認印を押すことによって完了する）に誤りを発見して訂正するものであるが，誤記訂正は記載文字または記載事項を誤って記載したがその記載完了前（市町村長の認印を押す前）に誤りを発見して訂正するものであり，その訂正方法も戸籍訂正の場合（戸規44条）と誤記訂正の場合（戸規31条）とでは異なる。

(1) 戸籍訂正は訂正の趣旨および事由を戸籍事項欄または身分事項欄に記載し，その事項の文末に認印することになっているが，誤記訂正は訂正，加入または削除の字数を欄外に記載し，市町村長がこれに認印する（戸規附録6号戸籍の記載のひな形）。ただ，誤った記載の消除方法はそのいずれの場合も朱で消すことになる（戸規44条，昭35・12・22民事甲3220号通達）。

(2) 更正は，用紙戸籍の記載がその記載当時においては正しいものであったが，その後に発生した原因により戸籍の記載が事実に反することになったため，それを正しくするものである。たとえば，行政区画・土地の名称または地番号の変更がある（戸規45条・46条）。これらに変更があった場合には訂正されたものとみなされるので更正するか否かは任意である（戸規45条）。しかし，実務上は利用上の便宜からほとんど更正されている。更正方法については，本籍欄の従前の該当部分を朱で消してその右側に変更後の表示をするのみで他に何らの更正事由の記載を要しない（戸規附録10号様式ひな形）。

(3) 戸籍記載の錯誤の原因が届出自体になく市町村長の誤りによる場合には、届出人などに通知して戸籍訂正申請をさせることは、届出人などに迷惑であるばかりでなく、その必要もないから、錯誤通知をしないで市町村長において管轄法務局、地方法務局の長の許可を得て職権により訂正すべきものとしている（戸24条1項但書・同条2項但書）。なお、職権による訂正については、管轄局の許可を要しないで市町村長限りですることを認める先例（包括的許可）があるが、これは軽微な事項について戸籍面上顕著な誤記、たとえば、移記の際の誤記、府県名などの誤記、氏名の文字についての誤字などで、とくに先例で認容されているものに限る趣旨である（大7・5・11民613号回答、大11・5・16民事2501号回答、昭6・7・8民事730号回答、昭38・9・12民事甲2604号回答、昭47・5・2民事甲1766号通達）。このほか市町村長限りの職権訂正には本籍地変更により非本籍人につき戸籍の記載をした結果となる場合の職権消除（戸規41条）、同一事件につき数個の届出があった場合の職権訂正（戸規43条）、当事者の申出による氏または名の字体の更正（昭56・9・14民二5537号通達三）、当事者の申出による氏または名の誤字・俗字の訂正（前掲通達四、平2・10・20民二5200号通達第2）などがある。

【3】 訂正方法 (1) 用紙戸籍の全部の訂正 たとえば、夫婦が縁組により養親の氏を称して新戸籍を編製した後、当該縁組が無効であることが裁判により確認され、これに基づく戸籍訂正申請があった場合、その戸籍の編製原因が誤っていたことになるから戸籍全部を消除することになる。この場合、当該縁組事項は朱線を交叉して消除し（該当者の身分事項欄にその旨を記載する）、戸籍事項欄に戸籍全部を消除する旨を記載して当該戸籍は除籍の朱印を押して除籍簿に移すことになる（戸規34条・44条・附録9号様式第1）。

(2) 用紙戸籍の一部の訂正 訂正の趣旨・事由を該当者の身分事項欄に記載し、朱で訂正すべき記載を消除する（戸規44条・附録9号様式第2中名の訂正）。

(3) 用紙戸籍の全部または一部の回復 消除された従前の戸籍の戸籍事項欄または身分事項欄における消除または除籍に関する記載を消除するとともに、あらためてその戸籍の全部または一部の記載を回復する。この場合、戸籍全部の回復は、除籍簿に移してある従前の戸籍は所要の訂正後そのまま残し、別に新用紙を用いてこれに従前戸籍と同一内容のもの（消除した事項を除いたすべての事項～除籍者も含む）を移記する（昭32・3・27民事甲599号回答、昭44・7・24民事甲1477号回答）。新用紙の戸籍事項欄には回復戸籍である旨（職権訂正の例「戸籍消除の記載は誤記につき年月日許可同月何日回復㊞」）を記載する。また、戸籍の一部の回復は、従前の戸籍の末尾余白に移記するが、この場合の身分事項欄は他の戸籍に入る場合と同様に重要な身分事項のみを移記し（戸規39条2項）、移記後の末尾に回復の旨の訂正事項は記載しない（昭54・8・21民二4390号通達二・2㈢）。

(4) 磁気ディスクによる戸籍・除籍の訂正方法 用紙を用いた戸籍の訂正は、その該当する事項の右側に訂正後の記載をし、または訂正事項を文章形式で戸籍訂正事項の記載により書き換えし、その訂正前の事項を朱線を縦に引くか、または朱線を交叉する方法により消除することとされている（戸規44条、附録9号様式）。

一方磁気ディスクの記録を媒体として調製した戸籍は、用紙を用いた戸籍が縦書である

(3) 戸籍法第116条によって国籍回復の戸籍の訂正をするためには，判決の主文において国籍回復の許可の無効なることを宣言する確定判決を要するかにつき，同条は確定判決の効力として戸籍の訂正を認めるものではなく，訂正事項を明確ならしめる証拠方法として，確定判決を要するものとする趣旨であるから，判決の主文と理由とを綜合して訂正事項が明確にされている以上，必ずしも，主文に訂正事項そのものが表現されていることを必要としないと解すべきである。

No.144 戸籍訂正の種類と方法

戸籍訂正は，事件本人だけでなく利害関係人にも重大な影響を及ぼすことがあるので，その訂正は慎重にしなければならない。したがって，戸籍の訂正は原則として関係当事者の申請に基づいて行うことにしている（戸113条・114条・116条）。しかし，この訂正申請がなされない場合に，誤った記載をそのままにしておくことは許されないので，市町村長においてこれを発見した場合には，市町村長の職権による訂正が許される（戸24条）。次に，戸籍の訂正手続については，人の重要な身分に関する記載だけに，その訂正を単に届出人側の申請もしくは市町村長限りの判断に委せることは却って戸籍の公証力を軽くする結果になる。そこで，その訂正は裁判所，管轄庁の関与のもとに一定の手続によって行うものとされている。

【1】 申請による戸籍訂正　戸籍法は，戸籍の記載が当事者などの届出に基づいてなされるのを建前としている（戸15条）ことから，その訂正も当事者（届出人，届出事件の本人）または利害関係人の申請によって行うのを適当とし，原則として当事者または利害関係人をして裁判所の関与（家庭裁判所の許可，確定判決）のもとに戸籍訂正の申請をなさしめて，これに基づいて市町村長が訂正の手続をとることとしている（戸113条～117条）。なお，父母がその棄児を引き取ったときは，すでに編製された戸籍を消除するために何らの許可を要しないで戸籍の訂正申請をすべきものとされている（戸59条）。

【2】 職権訂正　(1) 戸籍の訂正は申請によるのを原則としているが，この申請がないからといって違法または事実に反する戸籍の記載をそのまま放置しておくわけにいかないので，市町村長がその事由を発見（この発見には市町村長自らの形式的審査によるもののほか，戸籍法24条3項によって裁判所その他の官庁などが職権上戸籍記載の誤りを発見して通知してきた場合もある）したときは，市町村長自身の過誤の場合を除き，まず，届出人または届出事件の本人に錯誤通知をして訂正申請を促すことにしている（戸24条1項本文）。この通知によって届出人または届出事件の本人から前記【1】の手続がとられると，その通知の目的は達せられることになる。

(2) 次に，前記の錯誤通知をするとしても，届出人または届出事件の本人が死亡，行方不明などでその通知ができない場合，または，この通知をしても戸籍訂正の申請をする者がない場合（申請し得べき者がありながらその手続を怠っている場合も含む）には，申請による訂正に代わる措置として，市町村長が管轄法務局，地方法務局の長の許可を得て職権により訂正することができる（戸24条2項本文）。

ないときは，ここにいう「遺漏」にはあたらない。

【3】 戸籍訂正の範囲　(1) 戸籍の訂正は，誤って編製された戸籍全部を消除することもあり，また戸籍記載の一部を消除することにとどまることもある。さらに，誤って編製した戸籍全部を消除するとともに別に戸籍全部を回復することもあり，あるいは戸籍記載の一部を訂正（一部を消除のうえこれに代えて正しい記載をする），もしくは一部を加入することもある（大7・4・9大審院決定，民録24巻510頁）。なお，戸籍の記載の一部の訂正はいかなる部分でも許される。

(2) 戸籍の訂正は，現在の戸籍のみでなく除籍や改製原戸籍についてもすることができる。すなわち，除籍，原戸籍は，保存期間を150年（戸規5条4項。もっとも，昭和32年法務省令27号による原戸籍は50年（同令7条），平成6年法務省令51号による原戸籍は100年（戸規平6附則2条6項）と定められていたが，現在はいずれも150年の保存となっている。），その取扱いと保存方法も戸籍と異なるところなく厳重になされている（戸規7条〜11条）。これは，その内容が極めて重要で，かつ，その存否が利害関係人に及ぼす結果の重大であることによるものである。したがって，除籍，原戸籍が戸籍と同様に訂正が許されるわけである（大11・4・25大審院決定〜民集1巻222頁，大5・11・10民1505号回答，大7・11・22民2487号回答，大9・2・7民事284号回答）。しかし，再製原戸籍，再製原除籍〔→No.103 みよ〕は，戸籍法に規定する戸籍にあたらないから，その記載に誤りがあっても戸籍訂正手続によってこれを訂正することができないし，またその必要がない。

(3) 訂正すべき戸籍が二つ以上にわたり，その戸籍の存する市町村が管轄裁判所を異にするときは，いずれか一方の裁判所の許可裁判に基づいて両戸籍の記載を訂正することができる（家事法226条3号，大8・9・15民事2816号回答）。なお，管轄権のない裁判所がした許可の裁判の謄本を添付した戸籍訂正申請は受理すべきものとされている（大9・6・26民事2156号回答）。また，管轄法務局の許可を得て訂正すべき事項が二つ以上の市町村にわたり，その管轄局を異にする場合，一方の法務局は管轄権を有しない市町村の戸籍について訂正の許可を与えることができない。しかし，その戸籍訂正が入除籍につき両市町村間に表裏一体の関係にあるとき，たとえば，甲戸籍を除き乙戸籍に入る場合は，一方の市町村がその管轄局の許可を得て訂正後その許可書謄本を他方市町村に送付し，その送付を受けた市町村は改めて管轄局の許可を得るまでもなく，直ちに訂正できるとされている（昭31・4・26民事甲912号回答）。

【4】 戸籍法116条の確定判決を要する趣旨　昭和32年7月20日最高裁大法廷判決（民集11巻7号1314頁）

(要旨)　(1)　日本国籍離脱が無効な場合には，その後なされた国籍回復許可も無効である。

　　　　(2)　現在日本国籍を有することについて争のない場合でも，その国籍取得が国籍回復許可によるものでなく日本人を父として出生したことによると主張する者は，その旨の確認を求める法律上の利益がある。

　　　　((1), (2)につき少数意見がある。)

籍法」459頁・460頁，加藤令造「戸籍法逐条解説」(日本加除出版) 147頁・530頁)。
【2】 戸籍の記載が当初から不適法または事実に反すること　戸籍に記載する事項は，戸籍法13条に定められていて，その記載を任意に省略することも，またこれ以外の事項を記載することも許されない。これに反して戸籍の記載に違法，錯誤，遺漏があった場合，これらを是正することを戸籍訂正という。戸籍法にはこれらは，24条1項および113条に「戸籍の記載が法律上許されないものであること」，「記載に錯誤若しくは遺漏があること」，114条に「届出によって効力を生ずべき行為について……その行為が無効であること」，また116条に「確定判決によって戸籍の訂正をすべきとき」とそれぞれ表現されている（これらの意義について後述参照）。このように戸籍訂正とは，不適法または真実に反する戸籍の記載を真正な身分関係に合致させることであり，ある身分関係の存在または不存在が裁判などにより遡及的に確定される場合，たとえば，婚姻・縁組の無効または親子関係不存在の確認判決（人訴2条1号・2号・3号）のほか，嫡出性の否認（民774条），父の確定（民773条），認知の取消し（人訴2条2号）などの場合も，戸籍訂正の方法（戸116条）によって従来の戸籍の記載を訂正することになる。他方，離婚の取消し（戸77条），離縁の取消し（戸73条），失踪宣告の取消し（戸94条），推定相続人の廃除の取消し（戸97条）のように，当初に遡及して離婚，離縁もしくは失踪宣告，推定相続人の廃除がなかったことになる場合は，届出によって処理する特別の規定があり，戸籍訂正の手続によらない。また，届出の受理要件を欠く場合（たとえば，未成年者の婚姻についての父母の同意を欠くとき）であっても，受理によって効力を生じているときは，戸籍の記載自体には誤りがないので戸籍の訂正はできない（民742条・743条）。

(1) 戸籍の記載が法律上許されないものであること　これは民法，戸籍法などに照らして戸籍に記載できない事項が記載されていることである。たとえば，次のようなものがある。①戸籍事務管掌の権限を有しない者のした記載（大3・12・28民893号回答），②戸籍法に規定のない記載（胎児認知届・死産届に基づく記載～大4・1・16民1184号回答，前科の記載～大3・12・28民1125号回答），③戸籍に記載すべきでない者についてなされた記載（外国人など戸籍に記載できない者や非本籍人に関する戸籍の記載～大3・12・28民999号回答），④戸籍の記載をすべきでないのになされた記載（死者や届出資格のない者からの届出による記載～昭22・7・18民事甲608号回答，偽造・変造の届書による記載～大4・1・16民1184号回答）。

(2) 戸籍の記載に錯誤があること　これは戸籍の記載の全部または一部が事実に合致しないことをいう。たとえば，出生年月日，性別，氏名の誤記とか，誤ってした死亡の記載または国籍喪失の記載とか，あるいは嫡出子を嫡出でない子として記載したり，入籍すべきでない者を入籍させたなど多くの事例がみられる。

(3) 戸籍の記載に遺漏があること　これは，戸籍に記載しなければならない事項について，その記載の一部が脱漏していることをいう。たとえば，出生子につき出生年月日欄の記載を脱漏したとか，転籍による戸籍編製の場合に一部の同籍者の移記を脱漏したなど多くの事例がみられる。なお，前記【1】に述べたとおり戸籍の記載がまったくなされてい

いから，戸籍訂正は，戸籍の記載を訂正することによって，いったん失った身分関係を回復するものでもなく，真実の身分関係を表示する手続にすぎない（囲）。

次に，戸籍訂正は新たな身分関係を発生，変更，消滅させるものでもない。たとえば，婚姻や縁組の取消または被後見人が成年に達した場合のように将来に向かって身分関係が発生，変更，消滅するものは，戸籍訂正によることなく，戸籍法の定める届出（戸75・69・63・84の各条）または市町村長の職権により戸籍の記載をすることになる（大4・9・8民1334号回答）。

囲 （判例）「戸籍ノ記載ハ人ノ身分関係ヲ確定スル効力ヲ有スルモノニ非サレハ，民法ノ規定ニ依リ家族タル者カ誤テ戸主トシテ戸籍ニ記載セラレタル場合ニ於テモ，其ノ者ハ依然トシテ家族タル身分ヲ有スルニ止マリ，戸籍ノ記載ニ因リ戸主タル身分ヲ取得スルモノニ非ス……訂正ハ一旦喪失シタル身分関係ヲ回復スルモノニ非スシテ真正ノ身分関係ト戸籍ノ記載トヲ一致セシメントスル方法タルニ過キス」（大11・11・6大審院決定〔民集1巻638頁〕）

No.143
戸籍訂正の対象と範囲

【1】 戸籍の記載があること　(1) 戸籍訂正にはその対象である戸籍の記載があることを要するから，戸籍の届出が受理されたものの，何らかの事由により戸籍の記載がまったくなされていない場合には，戸籍訂正の余地はない（大11・12・21大審院決定，民集1巻783頁）。この場合の記載未了は，市町村長の懈怠によるものであるから，市町村長が管轄法務局または地方法務局の長の記載許可（記入承認）を得て戸籍の記載をなすべきものと解する（戸24条1項但書・同2項後段の準用）。なお，実務もそのように取り扱われている。

(2) 届出・報告などに基づき戸籍に記載すべきものとして戸籍法が定めている事項について，その届出自体がないために戸籍の記載もないという場合は，戸籍法24条・113条の遺漏とはならない。たとえば，死亡届がないものについて，死亡の記載遺漏につき死亡除籍する旨の許可の審判があっても，その戸籍訂正申請は受理すべきでない（第20回戸籍事務連絡協議会決議・家裁月報5巻4号172頁）。この場合において死亡を証するものがあるものの届出義務者がないときは，利害関係人の申出に基づき市町村長が管轄法務局または地方法務局の長の許可を得て職権で死亡の記載をすることができる（戸44条）。なお，死亡届出の資格を有する者の範囲は，同居の親族以外の親族も届出できることになったので職権記載をするに至る事例はまれであろう（戸87条2項－昭和51年6月15日追加改正施行）。

(3) 戸籍の記載の一部遺漏が届書の一部の不備による場合は追完の届出が許されている（大4・1・9民1009号回答）。たとえば，離婚に際し未成年者の親権者を定めながら離婚届書にその記載を遺漏したとか，婚姻届書に準正による嫡出子に訂正の旨の記載を遺漏した場合には追完の届出によって戸籍の訂正をする〔→ No.155「追完届」みよ〕。

困 戸籍法24条・113条の「戸籍の記載に遺漏があること」とは，戸籍に記載することを要する事項に関しその一部の記載が脱漏されている場合をいう（青木義人・大森政輔「全訂戸

【10】 戸籍の訂正・更正

No.142 戸籍訂正の意義（性質）と効果

【1】 戸籍の真正保持　戸籍の記載は，人の身分関係すなわち，日本国民であること（公法上の身分）に加えて親子夫婦というような関係（私法上の身分）を公証することを目的としているもので，その記載は一応真実なものとしての証明力を有する。そのために戸籍の記載は適法で，かつ，真実に合致することが強く要請され，そのことが戸籍の究極の目標とされる。戸籍法は，このために出生・死亡などの既成事実や裁判上の特別養子縁組・特別養子離縁または離婚・離縁，外国の方式により成立した婚姻・離婚，その他日本国籍の取得・喪失など，ある身分関係を形成・変更・消滅した場合には，届出期間を定めて一定の範囲の者に届出義務を負わせ，届出を怠った者には過料の制裁を課している（戸135条・136条）。また，民法でも任意認知，普通養子縁組，婚姻，協議上の離縁もしくは離婚などは，届出をしなければ当事者の身分関係は形成・変更・消滅しない（法律上では事実上の関係を認めない）ものとして，間接的に届出の促進を図っている（民739条・764条・781条・799条・812条）。さらに，虚偽の届出により戸籍に不実の記載をなさしめた者には刑事罰で臨む（刑157条1項）など，戸籍記載の正確を期すための配慮がなされている。しかしながら，誤った記載を完全に防止することはできない。その原因には，次に掲げるように届出人側の責に帰すべきものと市町村長の処理手続に誤りがあるものとがある。このようにして生じた戸籍の記載が不適法であったり，真実に反することは戸籍本来の目的からみて許されないので，それを改めることが要請されるのであり，このための手続が戸籍訂正である。

【2】 戸籍記載の誤りの原因　(1) 届出人側の原因　戸籍の記載は，当事者などよりの届出に基づいてなされるのが通例である。この届出について，市町村長が受理する際の審査については，通常実質的審査権が与えられていない（多数の事件を処理している関係から実質審査の義務までも負わせない趣旨に解される）ため，戸籍簿，届書およびその添付書面に表われている内容を関係法令に照らして，その適否を形式的に審査するものとされている。そこで，届出人が故意に真実に反した虚偽の届出（たとえば他人の子を自分の子としての出生届，生年月日を事実よりも遅らせた出生届）をした場合はもちろん，過失によって真実と相違した届出（たとえば，二女との婚姻を誤って長女との婚姻と表示した婚姻届）をした場合には，戸籍に真実に反した記載がなされることになる。

(2) 戸籍事務管掌者側の原因　市町村長（多くは吏員が補助者として市町村長の名において戸籍事務を執行する）は，多数の届出事件を処理しているうちに担当者自身の不注意などによって，届出自体は正しくなされても戸籍に誤った記載（または遺漏）を生ずることがある（たとえば，出生届において生年月日や父母との続柄の男女別を誤記したもの，名の文字の誤記）。

(3) 戸籍訂正の効果　戸籍の記載は，人の身分関係を確定する効力を有するものではな

配偶欄の「夫」または「妻」の文字の消除。

【5】 **磁気ディスクによる特例戸籍の消除方法** 各人が除かれたときは，各人の身分事項の欄に所要の身分事項を記録したうえ，各人の不動文字表示「戸籍に記録されている者」欄に 除籍 マークの表示をする方法による（戸規73条7項，付録26号様式）。

　全部の消除方法（付録26号様式第1）
　一部の消除方法（付録26号様式第2）

事項の文末に代理資格を記載し，その認印をすべきである。
　なお，従前戸籍に氏または名の文字が誤字・俗字で記載されていても，若干の例外を除いて新戸籍，入籍戸籍には正字で記載する。この場合は，戸籍の記載の事前または事後に書面または口頭で，その旨を告知する。もっとも，届書の届出人署名欄に正字で自己の氏また名を記載して届出をした者に対しては告知を要しない（平2・10・20民二5200号通達）。

　(1)　**身分事項欄の移記**（戸規39条・37条）　(ア)　出生に関する事項。(イ)　嫡出子でない子について認知に関する事項。(ウ)　養子について現に養親子関係の継続するその養子縁組に関する事項，①　養親が死亡していても移記し，②　数次の縁組事項はそのすべてを移記する。(エ)　夫婦について現に婚姻関係の継続するその婚姻に関する事項および配偶者の国籍に関する事項。(オ)　現に未成年者についての親権，または未成年者の後見に関する事項。(カ)　推定相続人の廃除に関する事項でその取消しのないもの。(キ)　日本の国籍の選択の宣言または外国の国籍の喪失に関する事項。(ク)　名の変更に関する事項。(ケ)　その他，禁治産者後見，保佐事項の経過措置，成年被後見人とみなされる者（改正民附則3条1項）または被保佐人とみなされる者（同条2項）については，従前のとおり従前戸籍に記載された後見または保佐に関する事項を移記する（平成12年法務省令7号，戸規附則3条1項・3項，平12・3・15民二600号通達第2・(4)）。

　(2)　**管外転籍の場合の移記**（戸規37条）　原則として原籍地の戸籍に記載された事項は，転籍地の戸籍に記載する建前であるが，次の事項は移記を省略する。(ア)　戸籍事項欄の「氏の変更に関する事項」以外の事項。(イ)　筆頭者以外で除籍された者に関する事項。(ウ)　筆頭者で除籍された者の身分事項欄に記載した事項。この場合，名欄には朱線交叉して除籍者であることを明示する。(エ)　上記のほか新戸籍編製の場合に移記を要しない事項。

【4】　**用紙戸籍の消除の方法**　(1)　**戸籍の一部の消除**　一戸籍内の一部の者を除くときは，除かれた者の身分事項欄にその事由を記載し（戸規40条1項），名欄を朱線交叉する（戸規42条，附録8号様式第2）。この場合，配偶欄記載のある一方の者を除くときは配偶欄にかけて名欄に朱線交叉し，他方，配偶欄の夫または妻の文字を朱抹する（戸規42条，附録8号様式第2）。なお，夫婦が婚姻継続のまま縁組または離縁によってともに除かれるときは，配偶欄をそのままにして，名欄のみに朱線交叉する。

　(2)　**戸籍の全部の消除**　一戸籍内の全員が除かれる場合には，その事由を戸籍事項欄に記載して，「除籍」の朱印をその戸籍の欄外右上部に押して除籍簿に移す（戸規42条，附録8号様式第1）。

　(3)　**戸籍の記載の消除**　戸籍の訂正以外の一般届出により事項欄，配偶欄，養父母などの記載を消除するには，縦に1本の朱線を引いて消す（戸規42条，附録8号様式第2）。〔例〕　①　無効となった親権または未成年後見に関する記載事項の消除。②　失踪宣告の取消しのあった場合の失踪の記載の消除。③　推定相続人廃除の取消し。④　離縁届による養父または養母の氏名の消除（離縁によって戸籍の変更がない場合）。⑤　氏名変更届があった場合の従前の氏名の消除。⑥　配偶者の一方の死亡または離婚による他方配偶者の

(3) **事項欄の記載と文末認印**　戸籍事項欄・身分事項欄の記載は，一事件ごとに行をあらためて，その書き初めは一文字さげる（戸規33条）。また，記載事項の文末には，記載後の加筆を防止することと戸籍事務管掌者の記載の責任を明らかにするため，一事件ごとにその認印を押すこととされている（戸規32条1項）。この場合，文末が行一杯のときは次行に認印する。なお，戸籍の記載を市町村長の職務代理者がなしたときは，その代理資格を記載して，代理者の認印を押すこととされている（同条2項）。

　囲　(1)　代理資格の記載方法　①　地方自治法152条1項の場合「……副市（町村）長㊞」，②　同法152条2項，同条3項の場合「……職員㊞」，③　同法252条の17の8の場合「……臨時代理者㊞」

　　(2)　認印もれを発見した場合の処理＝認印もれの事項につづけて「年月日認印漏発見㊞」とし，この押印は発見当時に使用中の戸籍事務管掌者の認印である（昭3・12・12民事11462号回答）。もし，当該事項につづけて記載ができない場合は，最終の事項の次行に「年月日何々事項文末認印漏発見㊞」とし，認印もれの事項にも押印する（昭4・2・8民事751号回答）。

(4)　**丁数記載と契印・掛紙**　（戸規2条）〔→№98の【5】「戸籍用紙の契印・丁数・掛紙」みよ〕

(5)　**磁気ディスクによる特例戸籍**　〔→№98「戸籍簿」【8】みよ〕

【2】　**記載順序**　二人以上の者を一つの戸籍に記載するときは，戸籍法14条に定められた順序によることになる。第一＝筆頭者（夫婦が夫の氏を称するときは夫，妻の氏を称するときは妻）。第二＝筆頭者の配偶者。第三＝子（嫡出子，非嫡出子，養子の区別なく出生の前後の順）。もっとも，配偶者のない場合は，第一が筆頭者（親），第二が子という順になる。

　なお，戸籍が編製された後にその戸籍に入るべき原因が生じた者は，その戸籍の末尾に記載されることになる（戸規24条・33条）。〔例〕　①　筆頭者が養子を有した後に配偶者を迎えた場合にその配偶者は養子の次に記載される。②　婚姻または縁組によって除籍された者が離婚または離縁によって従前の戸籍（実方戸籍）に復籍するときは，実方戸籍の末尾に記載される。③　長男の出生届をしないうちに後から生まれた長女についての出生届があって戸籍に記載がなされている場合，その後の長男の出生届出による記載は妹の次になされる。

　しかし，以上①～③のような戸籍がその後転籍によって新戸籍を編製する場合は，本来の戸籍記載の順序に引き直して戸籍の記載をすることとなる（昭23・1・13民事甲17号通達(4)）。

【3】　**用紙戸籍の編製・入籍（復籍）の場合の移記**　戸籍の変動により新たに戸籍を編製する場合，または入籍，復籍，管外転籍がなされる場合の身分事項欄，戸籍事項欄の記載は，原則として移記すべき事項について従前の戸籍の記載どおりに記載される。ただし，訂正，更正によって消除された部分とその訂正，更正の事由または市町村長の職務代理者が記載した文末の代理資格の記載は省略される。なお，移記事項には移記の旨の付記を要しないが，移記事項の文末に市町村長の認印を押し，もし，代理者が移記した場合は移記

(3) 子の名に用いる文字は常用漢字・人名用漢字，ひらがな，カタカナに限られている（戸規60条）〔→ No.175「子の名に用いられる文字」みよ〕。

(4) 従来，名に傍訓（ふりがな）をつけた出生届があったとき，（届書の「その他欄」に戸籍にも傍訓を記載されたい旨の記載があるなど特にその趣旨の申出があったとき）は，戸籍にもそのとおり記載する取扱いがされていたが，この取扱いが改められ，名の傍訓は戸籍に記載しないこととなり，従前戸籍に記載されている傍訓の付されている名を移記するときは，傍訓は移記しないこととされている（平成6・11・16民二7005号通達第3）。

(5) 名の変更があったときは，本人の身分事項欄に変更事項を記載し，名欄の従前の名を朱で消し，その右側に変更後の名が記載される。

No.140 出生年月日欄（→No.98）

(1) この欄の出生年月日は，身分事項欄の出生年月日と必ず一致すべきである。

(2) 出生時刻は，出生届書に記載されるが，この欄にも身分事項欄にも記載されない。

(3) 棄児の出生年月日が推定による場合でも，この欄に「推定」の旨を記載しない（昭27・4・7民事甲399号回答）。

(4) 年月日を記載するには，「壱」，「弐」，「参」，「拾」の文字を用いることとされているので，この欄もこれによらなければならない（戸規31条2項）。

No.141 戸籍の記載方法

【1】 一般的注意事項 (1) 記載用具 用紙戸籍の記載は正確であることを保持するために，記載文字の筆具についても文字の変色，褪色による消失を防ぐものでなければならない。したがって，インクや炭酸紙の使用は認められないが（大4・7・7民638号回答，昭24・2・12民事甲311号回答），褪色消失のおそれのない黒色インクを使ったタイプライター（昭10・12・18民事甲1419号通牒），不動文字の印判（大5・3・15民226号回答），活字式日本語ワードプロセッサー（昭60・5・17民二2789号通知）による記載は認容されている。

囲 平成6年12月1日以降は，磁気ディスクに記録する方法で戸籍とする特例が認められている（平成6年法律67号，戸117条の3）。

(2) 使用文字 戸籍記載の文字自体は，略字・符号を用いないで字画も明らかにしなければならない（戸規31条1項）。また，外国文字も使用できない（大12・2・6民事328号回答）。次に，年月日を記載するには，壱・弐・参・拾の多角文字を用いなければならない（同条2項）。時分の記載も同様であるが，地番号の記載には多角文字を用いることを要しない（大3・12・28民893号回答）。さらに記載した文字の改変は許されない（同条3項）。もし，訂正・加入・削除したときは，その字数を欄外に記載し，市町村長がこれに認印を押し，削除した文字は削除後も明らかに読むことができるようにその字体を存しなければならない（同条4項）。前記の取扱いは，戸籍の記載の進行中のものであり，一旦記載が完了（市町村長の文末認印済み）した後には，前記の訂正・加入・削除の方法は認められないから戸籍訂正の手続によるべきである〔→ No.144「戸籍訂正の種類と方法」みよ〕。

① 父または母が戸主の場合，その長・二・三男等の妻は，「婦」。② 父または母が戸主の場合その長・二・三男等の子は，男女を問わず「孫」。③ 父または母が戸主の場合その長・二男等の養子は男女を問わず「孫」。ただし，その養子が戸主の親族の場合は，その続柄を記載する（養子縁組によって生じた続柄を記載するものでない）。④ 父または母が戸主の場合，その長・二男（女）等の庶子または私生子は男女を問わず「孫」。⑤ 父または母が戸主の場合その孫の子女は「曾孫」。⑥ 兄または弟の妻は「兄妻」または「弟妻」。⑦ 姉または妹の夫であって養父母の婿養子は「兄」または「弟」。⑧ 姉または妹の婿で単に親族入籍をしたものは「姉夫」または「妹夫」。⑨ 父母の兄または姉は「伯父」または「伯母」。以下伯と叔の区別は父・母・祖父・祖母より年長者を「伯」といい，年少者を「叔」と称する。⑩ 父母の弟または妹は「叔父」または「叔母」。⑪父母の兄弟の妻は「伯（叔）父妻」。⑫ 兄弟姉妹の子女（養子女とも）は，男のときは「甥」，女のときは「姪」。⑬ 伯（叔）父または伯（叔）母の子女は，戸主より年長のときは「従兄・従姉」，戸主より年少のときは「従弟，従妹」。⑭ 甥または姪の子女は男女を問わず「姪孫」。⑮ 従兄弟姉妹の子女（いわゆる従兄違）は男女を問わず「従姪」。⑯ 祖父の兄または姉（いわゆる大伯父・大伯母）は「伯祖父・伯祖母」。⑰ 祖父の弟または妹（いわゆる大叔父・大叔母）は「叔祖父・叔祖母」。⑱ 伯（叔）祖父（母）の子女（いわゆる筋違い従兄）は「伯（叔）従父（母）」。⑲ 伯（叔）従父（母）の子女（いわゆる又従兄）は「再従兄（弟）姉（妹）」。⑳ 入夫と妻の父，母または従兄弟姉妹は姻族関係である（血族間の親族関係を生じない）ので「妻の父または妻の母もしくは妻の兄弟姉妹」とし，その他の傍系親もこの例による。㉑ 養子（女）がその子女を養家に親族入籍させたときのその入籍者は，戸主と親族関係がないので戸主との続柄は記載を要しない。㉒ 夫が死亡後その妻（家女でなく他家から入った者）が戸主となった場合に夫の甥または姪は姻族関係があるので，「亡夫ノ甥または姪」。㉓ 入夫と妻の先夫の子または妻の養子（養子に実父があるとき）は入夫と継親子関係があるので「継子男（女）」。㉔ 入夫の妻の私生子は入夫と継父子関係がないが姻族関係があるので「妻ノ子」。㉕ 養子縁組の当事者は，養親は「養父・養母」。養子は男のとき「養子」，女のときは「養女」。㉖ 夫が死亡後その妻（家女でない者）が戸主となった場合に夫の尊属親は，姻族関係であるので「亡夫ノ父または母」。㉗ 庶子の父または私生子の母が戸主の場合，その庶子または私生子は，嫡出子ではないので単に「庶子男（女）」，「私生子男（女）……ただし，私生子の名称廃止後は単に「子」。

No.139
名　欄　（→No.98）

(1) 戸籍法13条1号の各人の氏名は筆頭者を含めてそれぞれに記載されるべきであるが，同一戸籍内の者はすべて呼称上の氏を同じくし，その氏は筆頭者氏名欄に記載されているので，各人の名欄には氏を記載しないで名のみが記載される。

(2) 名未定（命名前）の子については，追完の届出があるまでは一時空欄にしておくが（大3・12・9民1684号回答），出生届前に死亡した子が無名であるときは「無名」と記載される（明32・1・26民刑1788号回答）。

(5) 養親が死亡しても，離縁しない限り養親族関係は終了しないので，養親の氏名はそのままにしておき，養子が他の戸籍に入籍するときは移記する。
　(6) 離縁または縁組の取消しにより養親子関係が消滅したときは，養父母欄および養父母との続柄の記載を消除する（昭23・12・1民事甲1998号回答）。もっとも，離縁によって養子の戸籍が除かれるときはとくに消除する必要はない。

No.136 養父母との続柄欄（→No.98）

　この欄は，養父母欄を設けるときにともに設け，普通養子が男であるときは「養子」と，女であるときは「養女」と記載し（特別養子については，この欄は設けない），この記載方法は養子が数人あっても変わらない（大3・12・28民1125号回答）。なお，旧法当時の婿養子については，新法後に新戸籍の編製または他の戸籍に入るときに単に「養子」と記載することとされている（昭23・4・21民事甲54号回答）。

No.137 配偶欄（→No.98）

　この欄もあらかじめ設けられているものでなく，配偶者のある者について婚姻の記載をする際にとくに名欄の上部に配偶欄を設けて「夫」または「妻」と記載される。この記載は，配偶者の死亡または離婚などによって婚姻が解消したときには消除される（昭23・1・13民事甲17号通達）。もっとも，婚姻の解消と同時に除籍される一方については，名欄とともに朱線交叉により消除されるので，特別の措置を要しない（昭23・10・15民事甲207号回答）。
　次に，以上は夫または妻の双方が日本人であるときの記載方法であるが，夫または妻の一方が日本人で他方が外国人である場合は，夫婦が同籍とならないが，昭和60年1月1日以降は日本人配偶者につき，新戸籍を編製した場合，または，すでに戸籍の筆頭である場合のいずれであるかを問わず配偶欄を設けることに改められた（昭59・11・1民二5500号通達第二・2）。なお，旧法当時は，配偶欄に相当する部分に額書欄（次項参照）が設けられていたが，新法はこれを廃止し，配偶者のある者についてのみ配偶欄を設けて配偶関係を明瞭にすることとされた。

No.138 戸主との続柄欄（額書欄）

　(1) 明治5年以降昭和22年までに編製された旧法戸籍において，戸籍内のすべての者について「戸主との続柄欄」またはいわゆる「額書欄」を設けて戸主と家族との続柄を表示すべきものとされていた〔→「明治5年式戸籍・明治19年式戸籍・明治31年式戸籍・大正4年式戸籍の書式」末尾附録みよ〕。これは，戸籍に親族法上の地位を示したもので戸籍額書と呼ばれた。すなわち，戸主の氏名欄の上部に「戸主」，戸主以外の家族各自の名欄の上部に「妻・長男・二男・婦・孫」などの表示をすることによって家族の親族法上の地位を明示した。その表示方法は戸主より家族を呼称したものを表示したので，戸主との続柄欄のことを別名で額書欄とも称していた。したがって，戸主と親族関係のない家族は，額書を空欄とされた。
　(2) 額書欄の表示方法は，次のように記載すべきものとされていた（明36・1・10民刑734号回答，明41・5・2民刑1562号回答，大7・5・11民613号回答）。

(7) 女戸主カ戸主ト為ラナカッタ入夫トノ間ニ長男ヲ出生シ，其ノ夫ノ死亡又ハ離婚ニ因リ，更ニ入夫ヲ迎ヘ其ノ入夫カ戸主ト為リタル後男子ヲ出生シタトキハ，其ノ子ノ続柄ヲ長男トス（大7・9・16民2013号回答……前記(1)の①による）。

(8) 長男ヲ有スル女戸主カ他男ヲ入夫ト為シ，入夫戸主ト為ラズ其ノ間ニ男子出生シタル場合，戸主トノ続柄父母トノ続柄ハ二男トス（大11・11・29民事4186号回答……前記(1)の①による）。

(9) 実家ニ長二男ヲ有スル者ガ，他家ニ入夫婚姻ヲ為シ戸主ト為リタル後男子出生シタルトキハ，長男ト記載スベシ（昭7・12・13民事甲1430号通牒……前記(1)の①および③による）。

(10) 実家ニ長二男女ヲ有スル養子カ，養家ニ於テ設ケタル出生子ハ長二男女トス（昭5・6・5民事611号回答……前記(1)の②および③による）。

(11) 婿養子カ長男ヲ設ケタル後死亡シタルヲ以テ更ニ婿養子ヲ為シ男子出生シタルトキハ，其ノ子ノ父母トノ続柄ハ長男トス（大4・12・14民1803号回答……前記(1)の②による）。

(12) 乙，丙，丁家ニ順次養子ト為リ各家ニ於テ一男ヲ出生シタルモノニ付テハ，子カ各家ヲ異ニスルノデ三家トモ長男トス（大8・8・1民事2115号回答……前記(1)の③による）。

(13) 先夫ノ二男丙及三男丁ヲ有スル長女乙ノ婿養子甲カ妻乙及継子丙丁ヲ携帯分家シタル場合，丙及丁ノ父母トノ続柄ハ二男及三男トス（昭12・3・5民事甲230号通牒……前記(1)の④による）。

No.135
養父母欄（→No.98）　この欄は，あらかじめ設けられていなくて，普通養子であるときに父母欄の左に並べて設けられる。しかし，民法817条の2の特別養子には養父母欄を設けないで，父母欄に養父母の氏名を記載する（戸規附録6号ひな形，昭62・10・1民二5000号通達第6）。この欄の記載は，養子が養親と同籍するか否かによって区別されない。その取扱いは旧法当時も同様である（昭5・6・17民事622号回答）。記載要領は次のとおりである。なお，養父母の氏または名の文字は，若干の例外を除いて正字で記載する（父母欄に同じ）。

(1) 養親が養父または養母の一方のみのときは，その養父または養母のみの欄を設ける（大6・3・5民363号回答）。

(2) 夫婦が養子であるときは，夫婦のそれぞれにこの欄を設けて養親の氏名を記載する（大5・10・28民988号回答）。

(3) 嫡出でない子が実父母の養子となったときも養親の氏名の記載を省略できない（昭22・8・16民事甲788号回答）。

(4) 数次縁組をしている養子（甲の養子Aが，甲と離縁しないまま乙の，さらに丙の養子となっている場合など）については，本来すべての養父母につきこの欄を設けるべきであるが，あまりにも煩雑になるので最後の養父母についてのみ記載すれば足りるとされている（大3・12・28民1125号回答）。もっとも，この場合でも身分事項の継続している縁組事項はすべて次の戸籍に移記されるので，身分関係の公示に問題はない。

前後をもって長男（女）・二男（女）の順序を定められる（明31・11・10民刑1857号回答）。

(2) 準正の嫡出子の場合には，認知・婚姻の届書に準正子の父母との続柄を，もし，同一父母の弟妹があれば父母との続柄変更の旨を記載し，戸籍の記載は身分事項欄に続柄変更の事由を記載し，続柄を訂正することとなる（参考記載例31，32，昭23・12・9民事甲2929号回答）〔→No.186「任意認知による戸籍の処理」の【5】みよ〕。

(3) 嫡出でない子については，従来，男女の別によって「男」「女」とのみ記載される取扱いであったことから，旧法当時の私生児男（女）・庶子男（女）についても同様に「男」「女」と訂正すべき者とされていた（昭17・2・18民事甲90号通牒，昭23・1・13民事甲17号通達）〔→No.177「庶子・私生児」みよ〕。

その後この取扱いは変更され，嫡出子でない子と父母との続柄は，父の認知の有無にかかわらず，母との関係のみにより認定し，母が分娩した嫡出でない子の出生の順により，「長男（長女）」「二男（二女）」等と記載する取扱いとなった。また，従前の取扱いにより，戸籍に記載されている父母との続柄である「男」「女」の記載を「長男（長女）」，「二男（二女）」等の記載に更正する申出があれば，現在事件本人が在籍する戸籍について市長村長限りで更正することができるものとされている（平成16・11・1民一第3008号通達）。

No.134
旧法当時の父母との続柄の定め方
（先例要旨）

(1) 「長二男女」ノ別ハ，① 父母ノ一方カ戸主ナルトキハ戸主ヲ標準トシ，② 父母カ共ニ家族ナルトキハ父ヲ標準トシテ定ムヘク，③ 他家ニ於テ出生シタル子ハ家ヲ同クスルニ非サレハ続柄ニ付テハ其者ヲ算入セサルモノトス。④ 継子ニ付テハ実父ニ付キ定ムベシ（大5・6・5民392号回答，大7・4・4民535号回答）。

(2) 本家ニ於テ長男（女）ヲ出生シ，分家後一男（一女）ヲ出生シタルトキハ，分家ニ於テ生レタル子ヲ長男（女）トスヘシ（同前回答……前記(1)の①および③による）。

(3) 長男女ヲ本家ニ残シ（又ハ長男女死亡シ）二三男女ヲ携帯分家シタル場合，分家戸籍ノ続柄ハ長二男女ト記載スベシ（大11・6・5民事2144号回答……前記(1)の①および③による）。

(4) 本家ニ長二三男女ヲ残シ分家シタル者カ，分家後子女出生シ長男女ト届出シタ後，本家ニ在ル二三男女ヲ入籍セシメタル場合ハ，入籍者ヲ長二男トシ，分家ニ於テ出生シタル長男女ヲ年長順ニ二三男女トスベク，本家ニ在ル子カ漸次入籍シタル場合ハ其ノ都度変更スベシ（同前回答……前記(1)の①および③〜家を同じくしたことによる）。

(5) 前記(3)ノ例ニ於テ，分家ヲ廃シ本家ニ入籍シタル場合，分家ニ於ケル長二男ノ父母トノ続柄ハ，本家ヲ基トシテ（本家ニ於ケル順序ニ復スル）二三男ト改ムベシ（大11・6・5民事2144号回答，大13・5・14民事6958号回答……前記(1)の②および③〜家を同じくしたことによる）。

(6) 年長ノ嫡出子ガ死亡シ又ハ分家其ノ他ノ事由ニ因リ他家ニ入ッタ場合デモ，残ッタ他ノ嫡出子ノ続柄ヲ変更スベキモノニ非ズ（大13・5・14民事6958号回答）。

ている（平成3・11・28民二5877号通達）。

(3) 父母欄の記載は、子を記載する当時の父または母の身分関係を示しているので、その後に父または母の氏・名が婚姻、離婚、その他の事由（戸107条・107条の2）によって変更した場合には、それらの届出に基づいて子の身分事項欄にその旨（更正事由）を記載し、父または母の氏・名の記載を更正してよいとされている（昭12・4・7民事甲371号回答、昭26・12・20民事甲2416号回答、昭29・9・1民事甲1791号回答）。もし、父または母の氏・名の記載を変更後のものにあらためていなくて、その後、子が他の戸籍に入籍または新戸籍をつくる場合には、その原因となる届書に変更後の父または母の氏・名を明示し戸籍にもそれを記載することになる（大15・5・21民事3875号回答）。なお、父母の氏・名の文字の記載に誤り（誤記・誤字）があって、これが訂正された場合、または、父母の氏・名の文字を常用漢字表または人名用漢字表に掲げる字体に更正された場合、同籍する子の父母欄を訂正または更正するについては、子の身分事項欄に訂正（更正）事由を記載する実益がないから、父母欄訂正（更正）の事項の記載は省略することが認められている（昭26・2・23民事甲285号通達、昭47・5・29民事甲2091号通達、昭56・9・14民二5537号通達三・4）。

(4) 嫡出でない子の父欄は空欄となるが、父の認知届によって父の氏名が記載される。

(5) 棄児発見調書によって戸籍に記載する場合でも父母欄に「不詳」の文字を記入しない（昭27・4・7民事甲399号回答）。

No.133 父母との続柄欄 （→No.98）

この欄には、実父母との続柄を記載する。民法817条の2の特別養子についても嫡出子と同様に記載する（戸規附録6号、昭62・10・1民二5000号通達第6）。続柄の記載方（呼び方）は、次のようにして男女の別と嫡出子・非嫡出子の別が明らかにされる。

(1) 嫡出子・特別養子については、男女各別に出生の順に「長男・二男・三男」、「長女・二女・三女」と記載される。この父母との続柄の定め方の基準については、同一の父母たる夫婦ごとにその間の子のみについて数えるから、父または母の一方のみを同じくする子は、その算定に加えないで別個に数える。このことは、子が父母と戸籍を同じくするか異にするかに全く影響がない（昭22・10・14民事甲1263号通達）。たとえば、先妻との間に男一人もしくは女一人、後妻との間に男一人もしくは女一人が出生した場合は、それぞれ「長男」もしくは「長女」と定められる。この点は家制度を中心とし、父を重んじた旧法当時の扱い〔→No.134「旧法当時の父母との続柄の定め方」みよ〕と異にし、新憲法施行後は家制度の廃止と男女平等の趣旨によったものである。したがって、従前の記載は、申出または職権によって随時身分事項欄にその事由を記載してその訂正が認められている（前記通達・昭22・11・6民事甲1349号通達）〔→No.81「民法の応急措置法当時の戸籍の取扱い」みよ〕。また、父母との続柄の定め方には、死亡した子（命名前であっても）も算入し（明32・1・26民刑1788号回答）、国籍の留保（国12条、戸104条）をしない子は、戸籍に記載されないが、これも算入して定めるべきである。なお、双子については、出生の

的届出によるものと，婚姻，縁組のようないわゆる創設的届出によるものとがある。法定の記載事項である出生，認知，縁組（特別養子も含む），離縁（特別養子の離縁も含む），縁氏の続称，婚姻，離婚，婚氏の続称，親権，未成年後見，死亡，失踪，生存配偶者の復氏，姻族関係終了，推定相続人の廃除，子の氏変更による入籍，分籍，国籍の得喪，国籍の選択，戸107条2項ないし4項の氏変更，名の変更，就籍などの各身分事項は，事件ごとに事件本人の身分事項欄に記載される（戸規35条各号）。

(2) 戸籍から除かれる場合は，その戸籍から除かれた原因および年月日（戸23条）。戸籍内にいるある者について新戸籍が編製され，または他の戸籍に入ることにより戸籍から除くときは，除籍される者の身分事項欄にその事由（入籍すべき戸籍の表示を含む。）を記載しなければならない（戸規40条）。

(3) 他の戸籍から入った者については，その従前の戸籍の表示（戸13条7号）。これらは，入除籍相互の関連をもたせるためである。

(4) 戸籍法施行規則で定める事項（戸13条8号）。① 戸籍に記載される身分事項には，ある戸籍への入籍，また従前戸籍から除籍という戸籍の変動を伴う事項ばかりでなく，親権，未成年後見のように戸籍の変動を伴わない身分関係の取得・喪失および変更も含まれる。② 届出または申請の受附年月日ならびに事件本人でない者が届出または申請をした場合には，届出人または申請人の資格と氏名（父または母が届出人または申請人であるときは氏名を除く）。③ 報告，請求または嘱託の受附の年月日および報告者の職名。④ 証書または航海日誌の謄本の受附の年月日。⑤ 他の市町村長または官庁から届書，申請書，その他の書類の送付を受けた場合には，その受附の年月日およびその書類を受理した者の職名。⑥ 戸籍の記載を命ずる裁判確定の年月日。

以上の戸籍事項欄および身分事項欄に記載すべき事項は，一般の戸籍について戸籍法施行規則附録6号ないし9号の戸籍記載のひな形，戸籍記載例および戸籍訂正のひな形などに代表的事例が要領よくまとめられている。このように戸籍の記載事項について，文例の統一が多く示されているのは，公示上の簡明・的確の要請によるものである。なお，特例による磁気ディスク戸籍記録については，各事件毎に示されるタイトル及びインデックスに基づき記録することとされている。

No.132
父母欄（→No.98）

この欄には，実父母の氏名を記載する。ただし，民法817条の2の特別養子の父母欄には養父母の氏名を記載する（戸規附録6号，昭62・10・1民二5000号通達第6）。

(1) 嫡出子の場合その父母が婚姻中で同じ氏であるときは，父欄のみに氏を記載し母欄の氏の記載を省略する（戸規附録6号ひな形）。

(2) 子について戸籍記載後に父または母が死亡し，死亡届書のその他の欄に同籍する子の父母欄更正の旨の記載がある場合に限って，子の身分事項欄に更正事由を記載することなく直ちに「亡」の字を冠記してよいとされていたが（昭40・4・26民事甲858号通達，昭40・10・16民事甲2937号回答，昭45・12・17民事二発1219号回答），現行の取扱いにおいては「亡」の字は冠記しないこととなり，従前冠記されていても移記を要しないとされ

準に付番されているときは，小字の記載は省略してよい（昭38・5・14民事甲1359号回答）。
　(2)　官有地などの地番の定めのない場合は，無番地とするか市町村で便宜附している番号を記載してよい（大5・3・24民11号回答）。しかし，干拓地などのような行政区画のまだ定まっていない地には本籍を定めることはできない（昭25・12・27民事甲3352号回答）〔→No.115「本籍」みよ〕。
　(3)　行政区画，土地の名称，地番号または街区符号の番号に変更があったときは，戸籍の記載は訂正されたものとみなされる（戸規45条本文）。ただし，戸籍の利用上からは更正することが望ましいので，その更正が許され（同条但書），実務上も更正がなされている。なお，戸籍の本籍欄の更正方法は，戸籍法施行規則附録10号様式によって更正するが（戸規46条1項），その更正事由は記載を要しないものとされた（昭34年1月1日戸規46条1項の改正施行，昭33・12・20民事甲2612号通達）。しかし，戸籍簿の表紙に記載した名称を更正した場合には，表紙の裏面にその事由を記載すべきものとされている（戸規46条2項）。
　〔記載例〕　市名変更の場合「平成何年何月何日行政区画変更につき何月何日戸籍簿表紙中「何々市役所」と更正㊞」　土地の名称変更の場合「平成何年何月何日土地の名称変更につき何月何日戸籍簿表紙中「何々町一丁目」と更正㊞」。次に，同一市区町村内の転籍の場合は，戸籍事項欄に届出事項を記載し（戸規34条3号），本籍欄の記載を訂正する（戸規附録6号ひな形）。

No.129　筆頭者氏名欄　（→No.98）

　この欄は，戸籍の筆頭に記載された者の氏名が記載され，本籍欄の記載とともに戸籍の表示として，戸籍の索引的機能を有するものである。したがって，筆頭者が除籍となっても本欄の記載は消除しないし，また死亡しても「亡」の字を冠しない（昭23・1・29民事甲136号通達）。もっとも，戸籍法107条および107条の2による氏名の変更があった場合には，その届出事項を氏については戸籍事項欄に（戸規34条2号（囲）），名については筆頭者の身分事項欄に記載し（戸規35条14号），本欄の氏もしくは名を更正する。

No.130　戸籍事項欄　（→No.98）

　この欄には，一つの戸籍内の各人に共通な戸籍全体に関する事項を記載する（戸規34条）。(1)　新戸籍の編製に関する事項，(2)　氏の変更に関する事項，(3)　転籍に関する事項，(4)　戸籍の全部の消除に関する事項，(5)　戸籍の全部に係る訂正に関する事項，(6)　戸籍の再製または改製に関する事項。これらのうち典型的事例については，法定の戸籍記載例（戸規附録7号）または通達により参考の戸籍記載例が示されている（昭54・8・21民事甲4391号通達〜平2・10・20民二5201号通達）。

No.131　身分事項欄　（→No.98）

　この欄には，戸籍の記載事項のうち戸籍事項欄およびその他の欄に記載さるべき事項以外のすべてのものが記載される。すなわち，次の事項がそれである。
　(1)　戸籍に入った原因および年月日（戸13条3号）。出生，帰化のようにいわゆる報告

【9】 戸籍の記載事項と記載欄

No.127 戸籍の記載事項と記載欄

【1】 一般の戸籍（戸規1条～用紙によるもの） 戸籍に記載される事項は法定されている（戸13条，戸規30条）。すなわち，法定の記載事項は，これを市町村長において任意に省略することを許されないばかりでなく，法定記載事項以外の事項を記載することも認められない。もし，法定記載事項以外の事項を記載したときは，その記載は，法律上許されない記載として消除されることになる（戸24条1項・113条）。

戸籍法13条に定められた記載事項（法定記載事項）を戸籍用紙のどの欄に記載するかについては，戸籍法施行規則33条の規定により，同規則附録6号のひな形が示す相当欄にすべきものとされている。なお，その記載欄を書き尽したときは，掛紙を貼ってその掛紙に記載し，この場合は掛紙と本紙とに市町村長の職印で契印することになる（戸規2条2項）。また，多数（4人以上）の者を一つの戸籍に記載するのに初葉用紙だけで足りないときは，継続用紙を追加して記載することになる（同条1項）〔→No.98「戸籍簿」みよ〕。

【2】 特例による戸籍・除籍（戸119条～磁気ディスクによるもの） (1) 戸籍 磁気ディスクをもって調製する戸籍の各欄の記録方法は，戸籍法施行規則（73条6項）により，同規則附録24号のひな形に定める相当欄に記載すべきものとされている。この場合の各種の事項欄の記載は，同規則附録25号記載例（法定記載例）により，また，平成6年11月16日付け法務省民二7000号民事局長通達による記載例（参考記載例）に従ってすべきものとされている。

(2) 除籍 磁気ディスクをもって調製された除かれた戸籍（除籍）の場合，その戸籍の全部もしくは一部の記録の消除方法は，戸籍法施行規則（73条7項）により，同規則附録26号様式に従ってすることとされている。

No.128 本籍欄（→No.98）

本籍は一つの戸籍内の各人に共通するから，各人について記載しないで「筆頭者氏名欄」とともに別に設けられた「本籍欄」に記載する。この本籍と筆頭者の氏名により「戸籍の表示」として戸籍を特定することができる。

(1) 本籍は，「何県何郡何町大字何何番地」のように，行政区画，土地の名称および地番号で記載する（大4・1・11民1800号回答）。また，昭和51年12月1日からは，地番号によらないで住居表示の街区符号の番号によることもできることとなった（改正戸規3条）。土地の名称，地番号は土地登記簿の記載による（大4・10・25民1674号回答）。もっとも，行政区画は，通常，都道府県名から記載するが，地方自治法252条の19第1項による指定都市（大阪・名古屋・京都・横浜・神戸・北九州・川崎・福岡・札幌・広島・仙台・千葉・さいたま・静岡・堺・新潟・浜松・岡山・相模原・熊本の各市）および県庁所在地の市で県名と同名の市については県名の記載をしないで市名から記載することとされている（昭30・4・5民事甲603号通達，昭46・11・17民事甲3408号回答）。なお，地番号が大字を基

(2) **具体的要領** 戸籍内の一部の者を除くときは，除籍される者の身分事項欄に婚姻その他を原因として他の特定戸籍を編製し，また特定戸籍に入る旨を記載して消除することになる（戸規40条）。なお，具体的な記載方法は戸籍法施行規則附録6・7・8・9号に示されている（戸規31条以下）。

次に，戸籍内の一部の除籍にとどまらないで，一戸籍の全員を除籍したときは，その戸籍の全部を消除し，戸籍簿から外して除籍簿に編綴する（戸12条）。なお，戸籍全部の消除手続は戸籍事項欄に全部の消除をする旨を記載してする（戸規33条・34条・40条2項・42条）。なお，磁気ディスクによる戸籍の除籍方法については戸籍法施行規則73条7項による。

【参考文献】 青木義人・大森政輔「全訂戸籍法」

にすぎない。その点は戸籍法施行規則37条に「～届書に添附した戸籍の謄本に記載した事項は，転籍地の戸籍にこれを記載しなければならない。～」と全面的に移記の原則がとられていることからも，書換えという趣旨が明示されている。したがって，戸籍原本の書換えをした以上，従前のものを戸籍から除くことは当然なことである。ただ，この除く場合に注意を要することは，原籍地の戸籍記載事項がすべて新本籍地に移記されたことを確認するために，転籍届書に添付の戸籍謄本（原籍地発行のものであるが，謄本発行後，届出および送付までの間に原籍地の戸籍に新たな届出による記載がなされることもある）と原籍地の戸籍原本とは戸籍内の各人について十分照合をする必要がある。そのために新本籍地で受理した転籍届書を原籍地に送付する（戸規25条）には，戸籍謄本の添付が絶対に必要である。

なお，本籍地変更による戸籍の書換え後に，従前の戸籍（原籍地）に新たな届出事項を記載しても（転籍届が到達しない間），それは無意味であるから，その記載は消除して書換え後の新本籍地の戸籍に記載すべき旨が明定されている（戸規41条）。

(3) 死亡，失踪の宣告があった場合。この場合は，自然人たる権利主体が消滅し，または消滅したと同様に取り扱われ，戸籍に登録しておく実益がないので（戸籍をそのまま放置しておくことは却って実体と合致しなくなる），除籍することになる。

(4) 国籍を喪失した場合。国籍の喪失が除籍の原因とされているが，これは戸籍の記載が日本国民に限ってなされるものであるから，日本国籍喪失者を除籍するのは当然なことである。戸籍が行政施策の基本として用いられることから，日本国民でない者が戸籍に登載されているとすれば，国民でない者に国民としての権利義務を行使させるような重大な誤りを生ずるおそれがあるので，厳格な取扱いが要請される（戸23条後段）。

【2】 除籍方法 (1) 手続 新戸籍の編製または他の戸籍に入ることによって，従前の戸籍を除くには，戸籍の届出・申請などを受理し，または送付を受けた本籍地市町村長が遅滞なく戸籍の記載をする（戸規24条）。また本籍が他の市町村に転属するときでも，戸籍の届出・申請を受理した本籍地市町村長は，戸籍の記載をした後に遅滞なく届書，申請書の1通を他の市町村長に送付することになっている（戸規25条）。そのために入除籍がすべての場合に時間的間隔がなく行われるとは限らない。すなわち，同一市町村で入除籍が行われる場合には同日付であるが，二市町村にわたる入除籍は入籍と除籍との間に届書の送付を要する時間（日数）だけ一時的（技術的）に無籍を生じたり，あるいは重複戸籍を生ずる。たとえば，先に除籍の手続をとった後に入籍地に届書を送付してそこで入籍の手続がとられると，その間だけ無籍の状態ができるし，他方，先に入籍の手続をとった後に届書を除籍地に送付して除籍の手続をとるとその間だけ複本籍の状態ができる。これは手続技術上やむを得ないことである。この点を旧法当時には除籍地市町村長が除籍の手続をするには，入籍地市町村の入籍通知をまって処理する入籍通知の制度（旧戸27条2項・3項）があったため，一時的無籍の状態は出現しなかったが，原則として一時的重複戸籍は避けられなかった。この入籍通知の制度は，事務取扱いが煩わしく，実益に乏しいということで新法には採用されなかった。

(3) 子が未成年の当時に父または母の氏に改めた場合，その子が成年に達した時から1年以内に自己の意思により従前の氏に復するときに（民791条4項），その氏を改める前に在籍していた戸籍に入ること（戸19条2項後段）。

〔問題点〕　ここに復氏すべき従前の氏とは，子が未成年の当時に称していた民法791条1項・2項・3項による改氏の直前の氏を指す。もっとも，この改氏が再三あってもそれが未成年の当時における改氏であれば，未成年の当時のいずれかの氏に復するかの選択が認められる（昭23・1・13民事甲17号通達(7)，昭23・9・21民事甲1789号回答）。また，改氏直前に在籍していた戸籍，すなわち復籍する戸籍の趣旨については前記(1)の(ウ)に述べたことと同様である。また，改氏後従前の氏に呼称上の氏の変更があった場合，あるいは復氏する者が自己の氏を称する婚姻によって配偶者を有する場合，もしくは改氏者がさらに婚姻によって氏を改めた場合の取扱いは，いずれも前記(2)に述べたことと同様である（昭23・1・13民事甲17号通達(7)，昭23・9・21民事甲1789号回答）。

囲　昭和45年7月1日から戸籍記載例の改正により，復籍先が縁組前または婚姻前の戸籍であっても，離縁（離婚）による除籍事項中には単に「復籍につき」としないで「…郡村番地何某戸籍に入籍につき」と，他方，離縁（離婚）による入籍事項中にも単に「…復籍」としないで「…郡村番地何某戸籍から入籍」と具体的に表示することとされた（参照—昭和45年法務省令8号による改正前の法定記載例旧57・59・110・111，現行35・37・84・86）。

【参考文献】　青木義人・大森政輔「全訂戸籍法」

No.126　除　　籍

戸籍法は，一つの戸籍に記載された者が，新戸籍を編製され，または他の戸籍に入った場合，あるいは戸籍の記載の対象から除外される場合に除籍するものとしている（戸23条）。

【1】　**除籍原因**　戸籍法上の除籍原因（戸籍内の各人を除く原因）には次のものがある。

(1) 戸籍法16条ないし21条の規定によって新戸籍を編製され，または他の戸籍に入った場合。具体的には，婚姻，縁組または離婚，離縁などの民法上の身分変動，あるいは分籍のような戸籍法上の原因が生じた場合であって，従前の戸籍から除かれる（戸23条前段）。

(2) 他市町村への転籍。戸籍法上には除籍原因としてとくに規定がないが，それは転籍というものの性質から生ずる。すなわち，転籍の本質は，新たに戸籍をつくるというものではなく，単に戸籍の所在を示すところの本籍の表示を変更することにすぎないのであり，この点は，同一市町村における転籍が，何ら戸籍の変動を伴わないことから，単に本籍の表示を訂正するのみで足りるということからも明らかである。つまり，戸籍の内容に変動を生ずるものではないから（戸籍の同一性），転籍によって戸籍が二つ以上あり得るはずはない。

次に，他市町村への転籍についてであるが，転籍の本質からすれば，本来従前の戸籍原本を新本籍地に移送し，本籍の表示を訂正することで足りるわけである。しかし，原本の移送ということになると紛失などのおそれがあるので，戸籍原本の保全上その手続の便宜措置として，原籍地の戸籍謄本をもって新本籍地で新たな用紙に書き換える方法をとった

(1) 離婚（民767条・771条）または婚姻の取消し（民749条）によって婚姻前の氏に復するとき，あるいは離縁（民816条）または縁組の取消し（民808条2項）によって縁組前の氏に復するときに，それぞれその復氏する者が婚姻または縁組前に在籍していた戸籍に入ること（戸19条1項本文）。

〔婚姻または縁組前の戸籍についての問題点〕 (ｱ) 第一の配偶者死亡後にその婚方から第二の婚方へと転婚した者が離婚した場合の復籍は，転婚者が第一の婚方における生存配偶者の身分を保有するから，その者の意思により復すべき氏について実方，第一の婚方いずれかの選択により実方の戸籍に復籍するか，第一の婚方の戸籍に復籍することになる（昭23・1・13民事甲17号通達(2)）。(ｲ) 第一の養方から第二の養方へと縁組した者が第二の縁組を離縁した場合の復籍は，第一の縁組が離縁または取消しとならない以上，実方の氏に復して実方の戸籍に復籍する理由がないので，原則どおり直前の第一の養方の戸籍に復籍すべきである（昭23・4・20民事甲208号回答(8)）。(ｳ) 復籍すべき戸籍は婚姻前と縁組前に在籍していた戸籍であることを原則とするので，復籍すべき戸籍が他の市町村への転籍により原籍地の戸籍が除かれたとしても，転籍地に編製された戸籍と同一性を失わないので，復籍すべき戸籍が除かれている場合にあたらず，転籍地の戸籍に復籍することになる。(ｴ) 婚姻または縁組によって氏を改めた者の実方の氏が戸籍法107条1項によって変更された後に離婚，離縁または婚姻もしくは縁組の取消しによって婚姻または縁組前の氏に復すべき場合にその氏は，呼称変更後の氏である（昭23・1・13民事甲17号通達(5)）。

(2) 生存配偶者が自己の意思により婚姻前の氏に復するときに（民751条1項），その婚姻前に在籍していた戸籍に入ること（戸19条2項前段）。

〔問題点〕 (ｱ) この場合に復する氏は，婚姻直前の氏であるから自由な氏を創設することは認められない。また，婚姻前に在籍していた戸籍，すなわち，復籍する戸籍についての趣旨は(1)の(ｱ)に述べたとおりである。さらに，生存配偶者が復氏前に婚姻直前の実方の氏の呼称が戸籍法107条1項によって変更になっても，その呼称変更後の氏に復することは前記(1)の(ｴ)と同様である（昭23・1・13民事甲17号通達(5)）。(ｲ) 配偶者死亡後に転婚した場合に，後の婚姻の配偶者も死亡したとき，その生存配偶者が復氏する場合も，前記(1)の(ｱ)に述べたと同様に生存配偶者の意思により実方の氏または前婚方の氏のいずれかに復し，新戸籍を編製する場合を除きその戸籍に復籍することになる（昭23・1・13民事甲17号通達(2)）。また，生存配偶者が復氏前に自己の氏を称する再婚をした場合にも前婚の生存配偶者として復氏することができ，その者の後婚の配偶者も夫婦の氏の主導性が当該生存配偶者にあるので，ともに氏を改めることになる（昭23・12・1民事甲3429号回答）。もし，この再婚において生存配偶者が氏を改めた場合には，その者に後婚についての主導性がなく，かつ，夫婦は同氏という原則からして復氏は認められない。(ｳ) 配偶者の死亡後に生存配偶者が縁組によって氏を改めている場合も離縁復氏がない限り，養親子関係が継続中であるのでその生存配偶者の復氏が認められないことは当然である。さらに生存配偶者が民法791条1項・2項によって氏を改めた場合には自己の意思で他の氏を決めたのであるから，生存配偶者としての復氏は認められないということになろう。

ないときは，養親の戸籍に入る前にまず養子について養親の氏で新戸籍が編製される（戸20条の3）〔→ No.198「特別養子縁組の審判と戸籍の処理」みよ〕。

(10) 分籍の届出があったときは新戸籍が編製される（戸21条）。

(11) 帰化者，棄児，就籍者のように父または母の戸籍に入ることのできないときは，その者について新戸籍が編製される（戸22条）〔→ No.117「氏の変動と戸籍の変動」みよ〕。

(12) 性同一性障害者の性別の取扱いの特例に関する法律（平成15年法律第111号）第3条1項の規定による性別の取扱いの変更の審判があった場合において，当該性別の取扱いの変更の審判を受けた者の戸籍に記載されている者（その戸籍から除かれた者を含む。）が他にあるときは，当該性別の取扱いの変更の審判を受けた者について新戸籍が編製される（戸20条の4）。

No.124 入　　籍

【1】 入籍の態様には，一方の戸籍から他方の戸籍に入る場合として，次の原因に基づくものがある。

(1) 婚姻により夫婦の一方が他方の戸籍に入る場合（戸16条2項）。

(2) 縁組により養子が養親の戸籍に入る場合（戸18条3項）。

(3) 離婚，離縁，婚姻の取消しおよび縁組の取消しによって婚姻または縁組前の戸籍に入る場合（戸19条1項本文）。

(4) 生存配偶者の婚姻前の氏に復することにより，婚姻前の戸籍に入る場合（民751条，戸19条2項）。

(5) 子が父または母と氏を異にする場合に家庭裁判所の許可を得て，もしくは，この許可を得ないで，入籍届によりその父または母の戸籍に入る場合（民791条1項・2項，戸18条1項・2項）。

(6) 前記(5)の父または母の戸籍に入った子が，成年に達した後，1年以内に従前の氏に復する入籍届により氏変更前の戸籍に入る場合（民791条4項，戸19条2項）。

【2】 新たに戸籍に記載された場合（原始的入籍）として，次の原因に基づくものがある。

(1) 出生によって嫡出子が父母の戸籍に入る場合（民790条1項，戸18条1項）。

(2) 出生によって嫡出でない子が母の戸籍に入る場合（民790条2項，戸18条2項）。

(3) 国籍取得または帰化による父母の既存戸籍に入る場合（戸102条・102条の2・18条1項・2項準用）。

No.125 復　　籍

復籍という用語は，法令上に明治4年戸籍法当時から使われてきた（明治4年戸籍法4号戸籍書式中，また，明治31年民法739条〜742条にみられる）。現行法令上には，戸籍法施行規則の一部改正によって戸籍の届書様式中（昭和43年1月1日改正），また戸籍記載例中（昭和45年7月1日改正）にあった「復籍」という用語がそれぞれ姿を消したが，これは実質を変更した改正ではないので（囲），現在なお戸籍の実務上では「復籍」を入籍の一形態として従来と同趣旨に理解し用いられている。その「復籍」とは，戸籍法19条に規定されている婚姻前，縁組前，子の改氏前の戸籍に入るという次の三つの場合がある。

No.123
新戸籍の編製

【1】 編製の基準　本籍と氏〔→ No.115・116【7】「戸籍の編製基準」みよ〕

【2】 編製の原因と単位　(1) 婚姻の届出があったときは原則として夫婦について新戸籍が編製される（戸16条1項）。外国人と婚姻した日本人については，戸籍の筆頭者でない限り新戸籍が編製される（同条3項）。

(2) 戸籍の筆頭者および配偶者以外の者が同氏の子または養子を有するに至ったとき（ここにいう「同氏の子」とは，女が出産した嫡出でない子，または男が子を認知した後，子が父の氏に改めたときにおける当該子をいう。）は，その実親または養親について新戸籍が編製される（戸17条）。

(3) 離婚，離縁により復氏する場合に，復籍すべき戸籍が除かれているとき，または復氏者から新戸籍編製の申出があったときは，新戸籍が編製される（戸19条1項）。

(4) 生存配偶者の復氏または民法791条4項による復氏の場合に，復籍すべき戸籍が除かれているとき，またはその者から新戸籍編製の申出があったときは新戸籍が編製される（戸19条1項）。

(5) 婚姻によって氏を改めた夫または妻は，離婚もしくは婚姻の取消しによって婚姻前の氏に復するが，離婚もしくは婚姻取消の日から3か月以内に離婚または婚姻取消の際に称していた氏を称する旨の届出をすることができる。この届出をした者（復氏者）が戸籍の筆頭に記載されてないときはその者について新戸籍が編製される（民767条2項，戸77条の2・19条3項）。もっとも，離婚または婚姻の取消しの届出と同時に離婚，婚姻の取消しの際に称していた氏を称する旨の届出があったときは，その者について当該従前の氏で直ちに新戸籍が編製される（昭51・5・31民二3233号通達）〔→ No.233「離婚の際に称していた氏を称する届」みよ〕。なお，裁判離婚により訴えの提起者である夫（妻）からの離婚届出に基づいて相手方である妻（夫）が子の在籍する婚姻前の戸籍に復籍し戸籍の筆頭者である場合に，妻（夫）が離婚の際の氏を称する届出（戸77条の2）をするに際し，子と同籍することを希望しないときは，戸籍法77条の2の届書に便宜新本籍を記載し，妻（夫）について，直ちに新戸籍を編製することが認められている。この場合の戸籍記載例は法定記載例98〜100（戸規附録7号）によるとされている（昭51・11・4民二5355号通達）。

(6) 縁組7年経過後の離縁もしくは縁組の取消しによる復氏者についても，離縁の際の氏を称することが認められたので離婚の場合と同様に新戸籍が編製される（民816条2項，戸73条の2・69条の2・19条3項）。

(7) 夫婦養子の縁組または離縁のように入籍または復氏する者に配偶者があるときは，当然に夫婦について新戸籍が編製される（戸20条）。

(8) 戸籍法107条2項・3項の規定によって氏を変更する旨の届出があった場合において，その届出をした者の戸籍に在る者が他にあるときは，その届出をした者について新戸籍が編製されるし，また，戸籍法107条4項において準用する同条1項の規定による氏変更の届出があったときは，届出事件の本人について新戸籍が編製される（戸20条の2）。

(9) 特別養子縁組（民817条の2以下）の届出があった場合，養子が養親と同一戸籍に

立人に届出させるよりも，裁判所の嘱託により戸籍の記載をするのが相当であるとされたものについて，裁判所書記官が行う戸籍記載の嘱託を指称する（家事116条）〔→No.243「親権喪失の審判」，No.247「親権喪失の審判取消」，No.262「未成年後見監督人地位喪失の届出と戸籍の記載」みよ〕。

【6】　**証書の謄本**　「証書の謄本」とは，外国に在る日本人で所在国の方式に従って身分行為をした場合に，その国の官公署など権限のある者からその身分行為の成立を証する書面がつくられることがあるが（通則法10条・24条），この場合の証書の謄本を指し，その証書の謄本に基づいて戸籍の記載がなされる（戸41条）。

【7】　**航海日誌の謄本**　「航海日誌の謄本」とは，一定の船舶の船長が作成を義務づけられている航海日誌（船員法18条）の謄本を指すのであって，航海中に出生または死亡があったときは，これを記載した航海日誌の謄本に基づいて戸籍の記載がなされる（戸55条・93条）。

【8】　**裁判**　戸籍法15条にいう「裁判」とは，戸籍事件について市町村長がした処分を不当として家庭裁判所に対し不服の申立てをし，これについて家庭裁判所が市町村長に届出の受理または戸籍の記載を命ずる裁判を指称する（戸121条）。この場合，市町村長はその裁判の告知を受け，これが確定したときは，不服申立人の申出を待つまでもなく，その裁判に基づいて当初の届出を受理し戸籍の記載がなされる（家事法230条2項）。

【9】　**職権記載**　戸籍の記載を利害関係人その他の届出，報告などのみによることは適当でない場合があるので，市町村長が職権による記載をすることが認められている。

〔例〕　①　出生，死亡などの事実発生，離婚などの調停成立もしくは判決確定などの場合，届出義務者が届出を怠り，その届出催促にも応じないか，または届出義務者がないために届出催告ができない場合には，市町村長が管轄法務局，地方法務局の長（もしくはその長の事務を分掌する支局の長）の許可を得て職権で戸籍の記載ができる（戸44条・45条・24条2項）。②　法定の届出資格者以外の者から届出がなされた場合，市町村長は本来適法な届出として受理できないので，職権記載を促す申出とみて，前記①と同様に管轄局の長の許可を得て戸籍の記載をすることができる。③　戸籍の訂正申請を怠った者がある場合，すなわち，戸籍法113条・114条の戸籍訂正許可の裁判が確定したのにその訂正申請（戸115条）がないとき，または身分関係の存否確認の裁判が確定したのにその訂正申請（戸116条）がないときは，市町村長が前記①と同様に管轄局の長の許可を得て職権で戸籍の記載を訂正することができる（戸117条・44条）。

囲　届出人または戸籍訂正の申請人の届出もしくは申請の資格範囲について，昭和51年6月15日公布（法律66号）の戸籍法の一部追加改正により，嫡出子出生の届出は母も父と同様にすることができるし（戸52条1項－昭和51年12月1日改正施行），死亡の届出は同居していない親族もすることができることにより（戸87条2項－法改正公布日施行），また確定裁判に基づく認知，離縁，離縁の取消し，婚姻の取消し，離婚，離婚の取消しの各届出，または戸籍訂正の申請は訴えの相手方もすることができることとなった（戸63条2項・73条・75条1項・77条・117条－法改正公布日施行）。

【8】 戸籍の記載手続

No.122
戸籍の記載手続

戸籍の記載は，原則として届出，報告，申請，請求もしくは嘱託，証書もしくは航海日誌の謄本，または裁判に基づいてする（戸15条）。これは，戸籍の記載が常に実体関係を正しく反映するものであることが強く要求されるところから，戸籍の記載を市町村長の職権による調査認定によるよりは，当該身分関係を形成しようとする者，または戸籍に記載すべき事実を知っていたり，その記載事項に最も密接な関係にある者からの届出・報告などに基づいて記載するのが一般的には，より真実に合致した内容が得られるであろうとの趣旨によるものである。しかし，例外的にではあるが市町村長が戸籍の届出をしないでいる者を発見し，その届出の催告をしても届出をしない場合には，市町村長は管轄法務局，地方法務局の長の許可を得て，職権で戸籍の記載をすることができる（戸44条）。

【1】 届出 「届出」とは，戸籍記載の最も原則的なもので，戸籍記載の中心的存在である。したがって，戸籍法は4章1節において届出地，届出の方法，届書の記載事項など届出の通則を定めるとともに，2節から16節にわたって出生，認知，婚姻，死亡など届出の種類とそれぞれの特則を定めている。なお，「棄児発見申出」のように届出でないが申出による調書を便宜届書と同じく取り扱われているものもある（戸57条2項）。

【2】 報告 「報告」とは，関係者からの届出が期待できない場合に補充的に認められた方法であるが，届出と同じく戸籍受附帳に登載され直ちに戸籍に記載される。〔例〕 ① 水難，火災その他の事変によって死亡した者がある場合における，その取調べをした官公署からの報告（戸89条），② 刑死者その他，在監中死亡した者で引取人のない場合の監獄の長の報告（戸90条），③ 行路病者などの本籍不明者，認識不能者の死亡についての警察官からの報告（戸92条），④ 国籍の喪失につき職務上これを知った官公署（法務省，外務省の関係機関）からの報告（戸105条）。

【3】 申請 「申請」とは，利害関係人からの戸籍訂正の申請を指称する。すなわち，戸籍の記載が違法であったり，真実と相違するときは，届出人または事件本人その他の利害関係人が家庭裁判所の許可（戸113条～115条），または，確定判決（戸116条1項）を得て戸籍訂正の申請をし，これにより戸籍の記載が訂正される。なお，父または母が棄児を引き取ったときにする戸籍訂正の申請も含まれる（戸59条）。

【4】 請求 「請求」とは，公益の代表者である検察官が原告となって婚姻取消の訴え（民744条）を提起し，その勝訴の判決を得た場合，また検察官が特別養子縁組について離縁の審判を請求し，これが確定した場合に，検察官が戸籍事務管掌者に対してする戸籍記載の請求を指称する（戸75条2項・73条2項）。なお，戸籍法116条2項に検察官が訴えを提起した場合についても「請求」の規定があるが，現行法上，検察官が原告として人事訴訟事件を提起できるのは，婚姻取消の訴えに限られるようである（民744条1項。青木義人「戸籍法」382頁，加藤令造「戸籍法逐条解説」(日本加除出版) 544頁）。

【5】 嘱託 「嘱託」とは，家庭裁判所が関与した審判事件のうち，確定した審判事項を申

号回答,昭23・4・8民事甲193号回答)。しかし,旧法戸籍の改製が完了した後においては,新法により編製された戸籍,改製済の戸籍のいかんを問わず,すべて養子が養親と同籍することによって戸籍上三世代を形成する場合にのみ戸籍法17条の適用があると解されるに至り,筆頭者およびその配偶者以外の者が夫婦を養子とした場合には,戸籍法17条の適用がなく,養親については新戸籍を編製しないこととされた(昭33・3・29民事甲633号通達一・㈡中段,昭33・5・29民事甲1064号回答,昭33・8・13民事甲1645号回答)。

(4) **筆頭者およびその配偶者以外の者と同氏の子が同籍に至らない場合** たとえば,筆頭者およびその配偶者以外の子(A)に認知された孫(B)が,(A)の氏を称する入籍届に際し,(B)にその氏を称する配偶者(C)がある場合には,(B)が(A)と同籍とならないので,(A)について戸籍法17条の適用はない(昭33・3・29民事甲633号通達)。

【参考文献】 青木義人・大森政輔「全訂戸籍法」

子(B)または養子(C)を有するに至る場合には，その者(A)について新戸籍を編製し，その者の子(B)または養子(C)をその新戸籍に入籍させることになる(戸18条)。

(2) **態様** 戸籍法17条が適用される事例としては，種々認められる。たとえば，筆頭者またはその配偶者でない者について，① 嫡出でない子をもうけ，その出生届がある場合，② 養子をする縁組届がある場合，③ 嫡出でない子を認知し，その被認知者から父の氏を称する入籍届がある場合，④ 嫡出でない子から母の氏を称する入籍届がある場合などである。なお，旧法戸籍が改製されるまでは，前記のほか，離婚，離縁，婚姻または縁組の取消，生存配偶者の復氏，民法791条3項の復氏などが多くみられた。

(3) **新本籍の場所** 新戸籍を編製される者が届出事件の届出人であるときは(出生届の届出人，縁組届の届出人など)，新本籍を自由に定めることができるが，そうでないときは，その者の従前の本籍と同一場所を新本籍として新戸籍が編製される(戸30条3項)。この場合の従前の本籍について，離婚等により復籍すべき戸籍が他市町村に転籍のうえ除籍になっているときは，転籍後の本籍と同一の場所を新本籍として新戸籍を編製することになる(昭50・4・30民二2221号回答)。

(4) **戸籍編製後の変動** 戸籍法17条によりいったん新戸籍を編製された者は，新戸籍編製の原因となった同氏の子または養子がその戸籍から除籍されることになっても，従前の戸籍に復することはない(昭23・4・20民事甲208号回答)。

【2】 **戸籍法17条の適用除外** (1) **筆頭者とその配偶者** 前述のとおり，戸籍法17条の適用があるのは，筆頭者とその配偶者でない者がこれと同氏の子または養子を有するに至る場合であるから，戸籍の筆頭者またはその配偶者がこれと同氏の子または養子を有することになっても新戸籍は編製されない。

(2) **筆頭者の除籍後のその配偶者** 戸籍の筆頭者の配偶者という場合には，筆頭者死亡後の生存配偶者も含まれる(昭23・5・7民事甲249号回答)。また，旧法中の入夫，婿養子が筆頭者となった後，離婚により除籍された場合も，戸籍の筆頭者の配偶者に該当するものと取り扱われている(昭24・2・11民事甲3659号回答)。したがって，これらの筆頭者の除籍後の配偶者が，同氏の子または養子を有しても新戸籍を編製すべきでなく，その配偶者が現に在籍する戸籍に入籍することになる。

(3) **筆頭者およびその配偶者以外の者が夫婦養子をした場合** 現行戸籍法施行後の当分の間，旧法戸籍がそのまま新法戸籍とみなされたため(戸128条)，一戸籍には戸籍法6条の編製基準に合致しない2組以上の夫婦もしくは親子以外の者が在籍していた。そこで，旧法戸籍が改製されるまでの間にも，戸籍の届出がなされる場合に，できるだけ新法戸籍の基準に合致するよう旧法戸籍の分解方法には戸籍法17条が大いに活用された。すなわち，戸籍法17条が適用されるためには，同一氏の子または養子を有するに至れば足り，その子または養子が必ずしも父母または養親の戸籍に入るべき場合であることを要しないものと積極的に解され，たとえば，筆頭者およびその配偶者以外の者が配偶者ある者を養子にした場合，養子夫婦について新戸籍を編製されるが(戸20条)，養親についても戸籍法17条を適用して新戸籍を編製する取扱いがなされていた(昭23・2・27民事甲210

婚しているときは、子は父母の離婚の際の氏（婚姻当時の氏）を称し（民790条1項但書）、そのときの父または母の戸籍に入る（戸18条2項）。このように出生により子が親と同じ氏を取得することを親子同氏の原則と呼ばれる。この原則は、昭和60年1月1日施行の国籍法の一部改正（国3条）により日本人父または母の子が外国人である場合に、届出により当然に日本国籍を取得する場合にも基準にされている。すなわち、日本人として氏を有するに至るのは国籍取得時点であるが、民法の定める氏決定時点（出生時、準正時など）を基準とされている（昭59・11・1民二5500号通達第三・1(2)）〔→ No.286「認知された子の国籍取得」みよ〕。したがって、親子同氏の原則は、出生による子の氏または日本人の血統を承継する国籍取得者の氏を決定する場合に考えられることであって、子が出生または国籍取得によっていったん取得した氏が永久に変更されないというものでなく、また、親子間の同氏を生涯を通じて強制するものでもない。すなわち、親と子とは、出生時または国籍取得時に同じ氏であっても、親または子の身分行為によって、それぞれ異氏となることは民法上認められているところである（民750条・767条・771条・791条・810条・816条）。たとえば、① 母の氏を称している子を有する母が、夫の氏を称する婚姻をしても、② 父母の氏を称している子を有する父母が、養子縁組によって養親の氏を称することになっても、③ 養子の氏を称する子（縁組後の出生子）を有する養子が離縁によって縁組前の氏に復しても、そのためにこれらの親と同氏であった子の氏が当然に親の氏とともに変動するものではない（昭23・3・5民事甲327号回答、昭23・4・20民事甲208号回答、昭24・11・4民事甲2562号回答、昭24・11・11民事甲2641号回答）。

【2】 例外　夫婦は同氏同一戸籍であるが、親子は同氏であっても戸籍を異にする場合がある。たとえば、① 婚姻の際に氏を改めなかった子、② 孫を有するに至った同氏の子または養子、③ 分籍した子などは、異戸籍であるが氏の同一性を保持する（戸16条1項本文・17条・21条）。しかし、呼称上の同一氏は、同一戸籍に限られることは当然である（戸107条1項）。

【参考文献】　①青木義人・大森政輔「全訂戸籍法」、②昭和59年民事月報「国籍法・戸籍法改正特集」

No.121 三代戸籍禁止の原則

【1】 戸籍法17条の適用　(1) 理由　現行戸籍法は、戸籍の編製基準を一組の夫婦とこれと同氏の子（親子単位）により編製するのを原則としている。もし、未婚の者に同氏の子があればその親子について戸籍を編製する建前である（戸6条）。すなわち、戸籍法は、戸籍の編製基準を親子二世代まで同籍を認めている。したがって、たとえば筆頭者夫婦の戸籍にその夫婦間の嫡出子または養子が入籍することはもちろん、夫または妻のみの子（夫の被認知者、妻の嫡出子または嫡出でない子）が入籍しても、三世代の同籍ということにはならない。しかし、筆頭者またはその配偶者の子または養子が、さらに自己と同一氏の子または養子を有して自己の戸籍に入籍させるとなると親・子・孫と三世代の同籍となり、前述の戸籍法6条の戸籍編製基準に合致しないことになる。そこで、戸籍法17条は、三世代が同籍となるのを防止するために、筆頭者とその配偶者でない者(A)が、(A)と同氏の

644号。

No.119 氏の主導性

戸籍は，一組の夫婦とこれと同氏の子でもって編製するものとされる（戸6条本文）。夫婦は婚姻の際に定めるところに従い，夫または妻の氏を称し（民750条），新戸籍が編製されるのが原則である（戸16条1項本文）。この場合の戸籍の記載順序は，氏を改めない者を戸籍の筆頭に記載し，次いで氏を改めた者を記載することとされている（戸14条1項第1）。もっとも，氏を改めない者がすでに戸籍の筆頭に記載されている場合は，新戸籍を編製するまでもなく氏を改めた者を入籍させるだけで足りるとされている（戸16条1項但書・2項）。このように夫婦についての戸籍の編製は，氏を改めない者を軸（基準）にして戸籍の変動が考慮される仕組みになっている。この婚姻の際に氏を改めない夫婦の一方を氏の主導性を有する者と呼んで説明がなされている場合がある（成毛鐵二「戸籍の実務とその理論」22頁）。氏の主導性として問題にされるのは，夫婦の婚姻継続中に身分行為がなされたことにより氏の変動を生ずるか否か，すなわち，戸籍の変動を生ずるか否かの問題である。たとえば，① 甲男と乙女が夫甲の氏を称して婚姻している場合，乙女が夫甲の父A母B（甲と同氏）と縁組しても，甲乙夫婦間には婚姻継続中であり夫甲に氏の主導性がある（昭和63年1月1日以降は民法上に明示された－民810条但書）から，乙女に氏の変動はなく，甲乙について新戸籍は編製されない。また，夫甲が妻乙の父C母D（甲と異氏）と縁組したときは，夫甲が氏の主導性を有し養親（C・D）の氏を称するから，妻乙はこれに附随し甲乙夫婦について養親の氏で新戸籍が編製される（昭23・5・20民事甲1074号回答，昭24・9・15民事甲2058号回答，昭25・11・9民事甲2909号回答）。② 養親X・Yとその夫婦養子甲乙（乙が甲の氏を称している）間において，甲のみがX・Yと離縁したときは（婚姻継続中），氏の主導性を有する甲について氏の変動を生じ，乙はこれに附随し甲乙夫婦について縁組前の氏で新戸籍が編製されるが（乙についてX・Yとの縁組事項は移記される），乙のみが離縁したときは，単に離縁事項の記載がなされるにとどまり，新戸籍は編製されない（昭23・5・6民事甲652号回答）。また，養女が妻の氏を称する婚姻後，離縁すれば，養女の夫は婚姻継続中氏の主導性を有する妻に従って共に氏の変動を生じ，養女の実方の氏（縁組前の氏）に復し，その氏で新戸籍が編製される（昭23・10・23民事甲1640号回答）。

No.120 親子同氏同一戸籍の原則

【1】 原則　戸籍は，一組の夫婦とこれと同じ氏をもつ子（親と子）により，もし，配偶者がなく同じ氏をもつ子があるときはその親と子により，編製すべきものとされている（戸6条）。このような戸籍の編製基準は，現実の親族団体の共同生活の形態に即応することに由来するものであり，その基準となる氏の取得ないし変動については，民法上に規定されている（民750条・767条・771条・790条・791条・810条・816条）。子は，出生によって当然に親と同じ氏を取得するものとされている（原始的取得）。すなわち，婚姻関係にある夫婦間に生まれた子（嫡出である子－民法772条の推定嫡出子，婚姻後200日以内の推定を受けない嫡出子）は，出生当時の父母の氏を称し（民790条1項本文），その時の父母の戸籍に入る（戸18条1項）。ただし，子の出生前に婚姻関係にあった父母が離

すでに戸籍の筆頭に記載されているときは，新戸籍を編製するまでもなく他方の氏を改めた者を入籍させるだけで足りる（戸16条1項但書・2項）。つまり，夫婦は同氏同一戸籍である。

【2】 **旧法当時からの夫婦の氏** 旧法当時には，各人がその属する家の氏を称し（旧民746条），婚姻によって普通は妻が夫の家に入る結果その夫の家の氏を称するが，特別な場合として入夫または婿養子が妻の家に入る結果として妻の家の氏を称したものである（旧民788条）。したがって，旧法当時の婚姻では現行民法750条に規定する氏についての協議がなされていないわけである。ところが，新法にはこれらについての経過規定が設けられていないため，法務省の行政解釈として次のような取扱方が示されている。

(1) 旧民法施行当時に婚姻した夫婦で，入夫または婿養子の場合は妻の家の氏を称したので妻の氏を称したものと解し，そのほかの場合はすべて夫の氏を称したものと解すべきであるとされる（昭23・1・29民事甲136号通達(4)）。

(2) 前記(1)の例外として，入夫または婿養子婚姻した夫婦であっても，夫が他家相続などの身分行為によって他家に入家し，家女である妻が旧民法745条の適用によって夫に従ってその家に入った場合には，その家籍変動の日以後は夫婦は夫の氏を称したものと解すべきであるとされる（昭25・12・20民事甲3232号通達）。

(3) 前記(1)の入夫・婿養子は妻の氏を称したものと解されることから，新法（現行戸籍法）施行後における戸籍の記載順序は戸籍法14条により妻を筆頭に記載すべきであるが，夫婦双方からとくに申出があれば，便宜，夫を戸籍の筆頭に記載してさしつかえないとされる（昭27・8・5民事甲1102号通達）。

【3】 **例外** 夫婦の一方が外国人である場合には，戸籍法6条の戸籍編製の原則が適用されない。すなわち，戸籍に記載されるのは日本国民に限られている戸籍法の建前からして夫婦ともに入籍する戸籍の編製をすることができない。現行国籍法のもとでは婚姻によっては国籍の得喪を生じないからである。また，日本民法上の氏は，もっぱら戸籍編製との関連において位置づけられており，民法および戸籍法上の氏に関する規定は外国人に適用がないと解されている（昭24・11・15民事甲2670号回答，昭26・4・30民事甲899号回答，昭40・4・12民事甲838号回答）。したがって，外国人男と婚姻した日本人女が，婚姻の効果として夫の本国法におけるその氏（姓）を称するに至るとしても（改正前法例14条），それは外国法の氏（姓）であって日本民法上の氏ではないので，民法上の氏の変動即戸籍の変動ということはなく，日本人女の身分事項欄に婚姻事項を記載するほかはないとされていた（昭26・12・28民事甲2424号回答）が，昭和60年1月1日以降は外国人と婚姻した者は，戸籍の筆頭者でない限り，新戸籍を編製することとされている（戸16条3項）。囲法例（14条）の改正施行（平成2年1月1日）により，婚姻の効力の準拠法が変わっても（現行通則法25条も同じ），氏に関する戸籍の実務に変更はない〔→ No.225「国際結婚の身分的効力（氏・成年擬制）」みよ〕。囲 選択的夫婦別氏制度「民法の一部を改正する法律案要綱」法制審議会総会決定（平成8年2月26日），「選択的夫婦別氏制度の導入に伴う別氏夫婦に関する戸籍の取扱い」民事行政審議会答申（平成8年1月30日）。（参照）戸籍誌642号・

甲3091号通達），準正嫡出子は当然には父母の氏を称しない取扱いに改められた（昭62・10・1民二5000号通達第5）〔→ No.186の【5】「認知準正による戸籍記載」，No.218の【4】「婚姻の効果」の(4)「婚姻準正」みよ〕。

【2】 一定の要件のもとに直接氏の変更を目的とする個人の行為の結果戸籍に変動を生ずる場合　(1) 配偶者の一方が死亡したときに，他方が当然に復氏することにはならないが，姻族関係の終了の有無にかかわらず，生存配偶者が復氏の届出をすれば，婚姻前の氏に復し（民751条），婚姻前の戸籍に入るか，婚姻前の氏で新戸籍が編製される（戸19条2項）〔→ No.275「生存配偶者の復氏」みよ〕。

(2) 子が父・母（または父母）と氏を異にするときに，子が未成年であると否とを問わず家庭裁判所の許可を得て，または許可を得ないで父・母または父母の氏を称する入籍の届出をすれば，父・母の戸籍に入るか，新戸籍を編製する（民791条1項・2項，戸20条・98条）〔→ No.278「入籍届」みよ〕。

(3) 未成年当時に自己または法定代理人の届出によって父・母の氏に改めた子が，成年に達した時から1年以内に，みずから従前の未成年当時の氏に復する入籍の届出をすれば，従前の戸籍に復籍するか，または従前の氏で新戸籍が編製される（民791条4項，戸19条2項）。この場合も復氏者について改氏後の戸籍から除籍される（戸23条）〔→ No.278「入籍届」みよ〕。

(4) 呼称上の氏の変更は，同籍者の全員および戸籍の筆頭者氏名欄における氏の記載が改められる場合か，または氏の変更者について新戸籍が編製される場合がある（戸20条の2・107条）〔→ No.298「呼称上の氏の変更」みよ〕。

(5) 離婚（婚姻の取消し）または，縁組7年経過後の離縁（縁組の取消）によって婚姻前または縁組前の氏に復する者が，離婚または離縁の日から3か月以内に戸籍法の定めるところにより届け出ることによって離婚または離縁の際に称していた氏を称することができる。この場合に届出人（復氏者）が戸籍の筆頭に記載されていないときは，新戸籍が編製される（民767条2項・816条2項，戸77条の2・73条の2・19条3項）〔→ No.210「離縁の際に称していた氏を称する届」，No.233「離婚の際に称していた氏を称する届」みよ〕。

以上のように，戸籍は氏を同じくする者によって編製される建前から，氏に変動があれば，必ず戸籍に変動がある。しかし，戸籍の変動は必ずしも氏の変動によるものではない。たとえば，婚姻の際に氏を改めなかった者，同一氏の子・養子を有するに至った者，分籍者などは，氏に変動はないが，新戸籍が編製される（戸16条1項本文・17条・21条）。

【参考文献】　青木義人・大森政輔「全訂戸籍法」

No.118　夫婦同氏同一戸籍の原則

【1】　**原則**　戸籍は，一組の夫婦を中心に編製される（戸6条本文）。夫婦は婚姻の際に必ず夫または妻のいずれかの氏に定めなければならないものとされている（民750条）。したがって，夫婦は必ず夫または妻のいずれかの氏を称して同氏となる。この場合，戸籍は氏を改めない者を戸籍の筆頭に記載し，次いで氏を改めた者が記載される（戸14条1項第1）。夫婦については原則として新戸籍が編製されるが，氏を改めない者が

分行為の結果として，または一定の要件のもとに個人の意思により，その氏に変更を生ずることがある。前者の一定の身分行為の結果として当然に生ずる場合としては，民法上① 婚姻による氏の変動（民750条），② 離婚または婚姻の取消しによる氏の変動（民767条・771条・749条），③ 養子縁組による氏の変動（民810条），④ 離縁または縁組の取消しによる変動（民808条・816条・808条2項）などがある。後者の一定の要件のもとに，直接，氏の変更を目的とする個人の行為の結果として生ずる場合としては，民法上① 生存配偶者の復氏による氏の変動（民751条），② 子が父・母と氏を異にする場合に，父・母と同一氏を称する場合の氏の変動（民791条），などがある。なお，戸籍法上には呼称上の氏の変更（戸77条の2・73条の2・69条の2・107条，〔→ No.298「氏の変更」みよ〕）がある。

No.117
氏の変動と戸籍の変動

【1】 身分行為の結果として当然に戸籍の変動を生ずる場合　(1) 夫婦は，婚姻の際に定めるところにより，夫または妻の氏を称する（民750条）から，夫または妻のいずれかの氏によって夫婦について新戸籍が編製される。もっとも，夫の氏を称する場合に夫が，妻の氏を称する場合に妻が，すでに戸籍の筆頭に記載されているときは新戸籍を編製するまでもなく，他方が夫または妻の戸籍に入る（戸14条・16条）。

(2) 離婚または婚姻の取消しがあれば，婚姻の際に氏を改めた者が婚姻前の氏に復する（民767条・771条・749条）から，氏を改めた者は婚姻前の戸籍に入るか，もし，入るべき戸籍が除かれているとき，または復氏者の申出によって婚姻前の氏で新戸籍が編製される（戸19条）。ただし，離婚（または婚姻取消）による復氏者について離婚の際の氏を称することが認められる（民767条2項，戸77条の2）。

(3) 縁組により養子は養親の氏を称する（民810条本文）から，養親が戸籍の筆頭者であるときは，養子はその戸籍に入るが，養親が筆頭者以外の者であるときは，養親子について新戸籍が編製される（戸17条・18条）。もっとも，養子が夫婦であるときは，その養子夫婦について養親の氏で新戸籍が編製される（戸20条）。

　囲 特別養子の氏〔→ No.198の【6】「特別養子の戸籍の処理」みよ〕，氏を改めた夫婦の一方
　　の縁組後の氏〔→ No.196の【3】「戸籍の記載」の(2)(ア)みよ〕

(4) 離縁または縁組の取消しがあれば，養子は縁組前の氏を称する（民816条・808条2項）から，養子は縁組前の戸籍に入るか，もし，入るべき戸籍が除かれているとき，または，養子の申出によって縁組前の氏で新戸籍が編製される（戸19条）。もっとも，養子が夫婦であるときは，その養子夫婦について縁組前の氏で新戸籍が編製される（戸20条）。ただし，縁組7年経過後の離縁（または縁組取消）による復氏者について離縁の際の氏を称することが認められる（民816条2項，戸73条の2・69条の2）。

　前記いずれの場合も，他の戸籍に入る者は，従前の戸籍から除籍される（戸23条）。

　囲 父に認知された子がその後の父母の婚姻によって嫡出子の身分を取得したとき，または，
　　婚姻中に父の認知した子が嫡出子の身分を取得したとき，従来，いずれもこの準正嫡出子は，
　　直ちに準正時の父母の氏を称し，父母の戸籍に入る取扱いであったが（昭35・12・16民事

なお，新法（現行民法，戸籍法）における氏と戸籍の関係は，旧法（旧民法，旧戸籍法）における家即戸籍というほどに表裏一体の関係にないにしても，戸籍の編製ないしその変動が民法上の氏を前提に密接に結びつけて定められている。これは，現実の親族共同生活の形態に即応し，かつ，個人の身分登録として個人単位の編製よりも各個人間の身分関係を一見明瞭ならしめるという利便，また，数量的にも増加しないという戸籍事務取扱上の便宜などから考慮されたものであるといわれる。

【2】 **氏の原始的取得と選択的取得** 氏の取得は，日本国民である限り民法上親子という身分関係に基づく出生の事実によって当然に定まるものとされる（民790条―原始的取得）。すなわち，嫡出である子は，父母の氏を称する。ただし，子の出生前に父母が離婚したときは，離婚当時の父母の氏を称する。また，嫡出でない子は，母の氏を称する。次に，昭和60年1月1日国籍法の一部改正施行による血統主義を基礎にした届出による国籍取得者の氏についても，帰化者の場合と異なり日本人たる父または母の氏を承継するものと解する基準が示されている（昭59・11・1民二5500号通達第三・1(2)〔→No.120「親子同氏同一戸籍の原則」みよ〕）。しかし，民法の規定によって氏を決定できない次のような場合には，氏の自由な選択が許され，新たな氏が創設される（昭23・1・13民事甲17号通達㈠→選択的取得）。① 棄児＝父母が不明であるから市町村長が定める（戸57条2項）。しかし，その後に父母が判明すれば，出生によって当然に取得した父母の氏を称しているものとして戸籍訂正の手続がとられる（戸59条）。② 父母の不明な就籍者（大11・4・15民事893号回答）。③ 帰化者＝ただし，夫婦が同時に帰化した場合，または日本人の配偶者が帰化した場合には，夫婦同氏の原則から，帰化届に際し夫または妻のいずれかの氏を称する旨を明らかにすることとされている。また，親子が同時に帰化した場合，または，父母が日本人で子が帰化した場合には，子が帰化届に際し父母ととくに異なる氏を選定しない限り，父母と同一の氏を称するものとして取り扱われる（昭25・6・1民事甲1566号通達）。④ 旧国籍法に基づき婚姻，縁組により日本の国籍を取得した者が，新国籍法（現行）になって離婚，離縁した場合，氏の選定が許され新戸籍が編製される（昭23・10・16民事甲2648号回答）。

【3】 **民法上の氏の異同による法的効果** (1) **旧民法上の氏と現行民法上の氏** 家制度を採用した旧民法においては，「戸主及ヒ家族ハ其家ノ氏ヲ称ス」と規定し（旧民746条），氏は民法上の家の称号であることが明定されていた。すなわち，各個人はその属する家の氏を称し，民法上の氏の取得ないし変更は，その家の出入（入家，去家）ということを意味した。つまり，氏の異同は，即家の異同ということになるから，家の異同ないし変動に基づく実体法上の効果（親族相続法，その他の関係における権利義務関係）に影響を及ぼした。ところが，新憲法の施行による家制度の廃止に伴って，現行民法上は，氏の異同による個人の実体的権利義務に影響がなく，氏の変動は戸籍の変動の原因としての意義を有するにすぎない。ただ，民法は復氏による系譜，祭具，墳墓の返還を規定しているが（民769条・751条・817条），例外とみるべきである。

(2) **氏の変動** 各個人が原始的，あるいは選択的に取得した氏でも，その後の一定の身

(4) 本籍は，他人と同じところに設定できるか。同一の戸籍に記載される者は本籍を共通にするので，当然に同一になる。これは，戸籍の編製が個人別でなく，一組の夫婦とこれと氏を同じくする子ごとになされることになる。また，本籍は，現実の生活とは無関係な人の戸籍上の所在場所であるから，他人と同じ場所を選定することができる。

(5) 本籍を定める者は誰か。新戸籍を編製される者（筆頭者とその配偶者）が定める（戸30条1項・108条1項）。ただし，新戸籍を編製される者が届出人でないときは，従前の本籍と同一場所に新本籍を定めたものとみなされる（戸30条3項）。なお，棄児については，市町村長が定める（戸57条）。

(6) 本籍の表示方法は，地番号，住居表示（街区符号の番号）のいずれによることもできるか。本籍の表示方法について，明治4年戸籍法には行政取締を目的として住居地登録を建前とし（同法1則），本籍の表示には屋敷番号が採用されていたが（同法7則），明治19年式戸籍に土地番号主義が採用された（明治19年内務省訓令20号戸籍登記書式第一）。その後，明治31年戸籍法（171条1項），大正3年戸籍法（10条1項），現行戸籍法（改正前戸規3条1項）にも地番号（不登79条1項）によることが明定されていた。ところで，昭和37年に「住居表示に関する法律（昭和37年法律119号）」が制定され，その実施地域については住居表示（街区符号，住居番号）を本籍の表示方法に採用方の要望がなされるに至っている。これについて，法務大臣の諮問機関である民事行政審議会が，昭和50年2月28日法務大臣あて「本籍の表示方法として，『住居表示』によることも認めることとすること」の答申がなされた。次いで，昭和51年11月5日法務省令48号で同年12月1日から本籍の表示方法には地番号，もしくは住居表示の街区符号の番号によることが認められるに至った。

なお，地番号によって表示した本籍を街区符号によって表示する本籍に改める場合は，すべてこれを転籍として取り扱うものとされている（昭51・11・5民二5641号通達）。

【参考文献】 青木義人・大森政輔「全訂戸籍法」

No.116
氏（性格・取得・異同）

【1】 氏の性格（意義） 氏とは，戸籍法上，個人を特定するための呼称である（戸107条）とともに，個人をいずれの戸籍に記載するかを決定するための基準となるものである（戸6条）。先ず，単に個人の同一性を特定する呼称上の氏については，名と結合して使用することにより，個人の特定を一層確実に行う〔→No.298「氏の変更」みよ〕。次に，戸籍編製の基準となる氏については，戸籍法6条では夫婦とこれと氏を同じくする子ごとに編製するものと定め，同法16条以下において，民法上の氏の取得ないし変動が，戸籍法上に新戸籍編製，入籍，除籍などの原因となるべく規定されている。したがって，氏の取得ないし変動は常に戸籍の記載ないし変動を生ずる。この場合，戸籍編製上の氏の異同は，夫婦と親子間においてのみ問題とされるので，子相互間，父の後妻と子との間には氏の同一性が問題とされない。また，戸籍編製の対象とならない外国人には，民法上の氏に関する規定の適用がない（昭24・11・15民事甲2670号回答，昭26・4・30民事甲899号回答，昭40・4・12民事甲838号回答）。

【7】 戸籍の編製基準

No.115
本　　籍

　　　　本籍とは，人の戸籍上の所在場所である。戸籍法6条には「戸籍は，市町村の区域内に本籍を定める一の夫婦及びこれと氏を同じくする子ごとに，これを編製する」と規定し，本籍は戸籍を編製する基準となるものである。したがって，戸籍法上の仕組みは，日本国民に関する戸籍の届出がどこでなされても，すべて本籍と定められた場所のある市町村（本籍地）に送付されて，そこで戸籍に記載されることになっている。このことから本籍は，戸籍の所在する市町村を明らかにし，かつ，当該戸籍を表示する役割をもっているので（戸9条），戸籍索出の便宜に用いられ（戸規3条），一般には，個人を特定するものとして同一性を認識するのに重要な役割を果たしている。以上のような機能と役割をもつ本籍は，どのように定められるべきものであるか，その問題点についてみると，次のとおりである。

　(1)　本籍は，いかなる場所にも定められるか。本籍は，市町村の区域内に定めるべきものであるから，日本国の領土内の一定場所でなければならない。しかし，日本国の領土内であれば現実の生活関係とは無関係にいずれの場所にも自由に設定できる（囲）。すなわち，祖先の墳墓の地，出生地，居住地などの特殊の縁故の地であることを要しない。もっとも，日本国の領土内であっても，干拓地などのいまだいずれの市町村の区域に属するか，その行政区画の定められていない場所には本籍を定めることはできない（昭25・12・27民事甲3352号回答）。

　囲　昭和58年4月1日「北方領土問題等の解決の促進のための特別措置法」の施行に伴い，北方地域の三島（歯舞群島を除く色丹島，国後島，択捉島）の6か村（北海道色丹郡色丹村，同国後郡泊村，同郡留夜別村，同紗那郡紗那村，同択捉郡留別村，同蕊取郡蕊取村）についても，本籍を設定することが認められ，戸籍事務ができることになった。これに伴い，同法第11条第1項の規定により，同地域に本籍を有する者についての戸籍事務管掌者として北海道根室市長が指名されている（昭58・3・14民二1819号通達，同日付民二1821号依命通知）。

　(2)　本籍を有することのできる者は誰か。本籍は，戸籍の編製基準となるものであるから，戸籍編製の対象となっていない外国人には適用がない。つまり，日本国民でない者は本籍を定めることができない（明31戸170条2項，戸23条）。一方，日本国民はその所在が日本国の内外いずれにあっても，すべて戸籍が編製されるべきであるから，本籍のない者は就籍の手続によって本籍を定め戸籍の記載がなされることとなる（戸110条・112条）。

　(3)　本籍は，各個人が2個以上有することができるか。本籍の重複（複本籍）は，戸籍編製の建前からして許さるべきではないから，すみやかに戸籍訂正手続によって誤って記載された戸籍を消除しなければならない（戸規41条・43条，昭2・12・24民事9201号回答）。

に変更があったため等により，戸籍の記載が更正されている場合（同1(4)）。などが通達で示されている。
②戸籍法11条の2第1項ただし書きに該当する場合。同条一項本文に定める再製の要件が満たされている場合であっても，再製によって戸籍の記載に「錯誤又は遺漏がある」戸籍となるときは再製が許されないものとされている。つまり，再製の結果が戸籍の前後の関連性や記載内容に矛盾が生じることは許されないということである（同通達第5の2(1)から(3)の具体例参照）。
　(3)　戸籍法11条の2第2項の申出再製
　市町村長が記載をするに当たって文字の訂正，追加または削除をした戸籍について，当該戸籍に記載されている者から，当該訂正，追加または削除に係る事項の記載のない戸籍の再製の申出があったときは，法務大臣は，その再製について必要な処分を指示することとされている。
2　申出再製の対象となる戸籍の範囲
　申出再製の対象となるのは，戸籍法（昭和22年法律第224号）及び戸籍法施行規則（同年司法省令第4号）によって規定されている現行の戸籍様式の戸籍に限る。除かれた戸籍のうち，旧戸籍法に基づく旧様式の戸籍は，申し出の対象とはならない（同通達第3の2）。
3　市町村及び管轄法務局等における手続
　(1)　報告と具申　再製を求める申出を受けた市町村長は，遅滞なくその事由，年月日，その他必要な事項を記載した書面によって管轄法務局若しくは地方法務局又はその支局の長に報告する（戸規10条）。報告を受けた管轄法務局等の長は，申出再製の要件を満たしているか否か，戸籍法11条の2第1項ただし書に該当しないかを調査し，その結果，再製が相当であると認められる場合には，法務大臣に対して具申するが，「戸籍事務についての専決に関する訓令」（平成14・12・18民一2999号訓令）により，管轄法務局等の長の決裁があったときに法務大臣から指示があったものとされる。
　(2)　処分の指示と再製完了報告　管轄法務局等の長は，決裁後法務大臣から指示があった旨を市町村長に伝達する。これを受けて，市町村長は戸籍を再製し，再製事項を記載する前の再製後の戸籍の写しを再製案として添付した再製完了報告を管轄法務局等の長になし，管轄法務局等では，この再製案の適否を審査する。
　(3)　調査完了通知　管轄法務局等の長は，上記再製案を審査した結果，再製相当と認めるときは，調査完了の旨を市町村長に通知し，市町村長は，当該調査完了の日を再製の日として再製戸籍を備え付けることになる。
4　再製原戸籍の保存期間
　戸籍法11条の2第1項による再製原戸籍の保存期間は再製の翌年から150年，同条2項による再製原戸籍の保存期間は再製の翌年から1年である（戸規10条の2第2項・3項）。

れた戸籍に不実の記載がされたことが第一の要件である。
　ア　虚偽の届出等により不実の記載がされたことという場合の，虚偽の届出とは，真実と異なることを認識してされた届出をいい，届出行為に虚偽がある場合と届出内容の全部又は一部に虚偽がある場合の双方を含むとされている（平成14・12・18民一3000号通達第2の1(1)ア）。前者は，例えば，第三者が勝手に他人の婚姻届を偽造して届出をしたような場合であり，後者は，例えば，養親及び養子とも実際に養親子関係を成立させる意思がないにもかかわらず，養子の氏を変える手段として養子縁組の届出をしたような場合である。
　イ　錯誤による届出等により不実に記載がされたことという場合の，錯誤による届出とは，真実と異なることを認識せずにされた届出をいい，届出行為に錯誤がある場合と届出内容の全部又は一部に錯誤がある場合の双方を含むとされている。前者は，例えば，届書を作成して使者に託したところ，その提出を指示する前に使者が誤って届出をしてしまった場合の届出のように，届出意思がないにもかかわらず届出がされた場合をいい，また，後者は，届出人が真実の届出事項を覚知していなかった場合の双方がこれにあたる（前掲通達第2の1(1)イ）。
　ウ　市町村長の過誤により不実の記載がされたことという場合とは，届出内容は真実に合致し，かつ，届出行為に瑕疵はなかったが，市町村長が真実とそごし，又は法律上許されない戸籍の記載をした場合をいう（前掲通達第2の1(1)ウ）。例えば，胎児認知届について，その出生届前に戸籍に記載してしまった場合，また，例えば，父母の戸籍に在籍する女性の出生届に基づきその子を同じ戸籍に入籍させた場合も，法律上許されない戸籍の記載になる（三代戸籍の禁止）。これらはいずれも戸籍に入ることができない者を入籍させてしまったという例である。
② 　不実の記載について戸籍訂正手続により訂正がされていることが第二の要件である。すなわち，不実の記載につき，戸籍法24条2項・113条・114条又は116条の規定によって戸籍訂正がされていること（前掲通達第2の1(2)）。
③ 　当該戸籍に記載されている者（その戸籍から除かれている者を含む。）から申出があったことが第三の要件である。
　上記①及び②の要件が満たされている場合に，戸籍を再製するか否かは，当事者の意思（申出）に委ねられている（戸11条の2第1項）。申出は，戸籍に記載されている者（15歳未満のときはその法定代理人）1人以上から書面又は口頭ですることになる（前掲通達第2の1(3)）。
　(2)　申出再製をすることができない場合（前掲通達第5）
①戸籍法11条の2第1項本文の要件を満たさない場合は，申出再製はできない。該当事例は，ア嫡出否認や親子関係不存在確認の裁判確定により嫡出性を排除する旨の訂正がされている場合（前掲通達第5の1(1)）。イ父の認知又は父母の婚姻により準正した子及び同一父母の嫡出子の父母との続柄につき訂正がされている場合（同1(2)）。ウ婚姻等の取消しの裁判に基づく記載がされている場合（同1(3)）。エ行政区画の，土地の名称又は地番号

3　戸籍の編製の年月日
　　　　　　　　年　　　月　　　日

　　（注）　2の通知書の写しを添付すること。　　　　　　　　　　　　　」

【5】　戸籍（除籍・原戸籍）の補完　補完とは，戸籍が永年の使用または虫害，複写機の現像液による汚損などによって，滅失までに至らないが，滅失のおそれがある場合に，法務大臣の指示によって当該部分を補修する手続のことである。その補完手続は，戸（除）籍中の第何葉かの当該用紙全部を取り除き，これと同一様式の用紙を用いて従前の記載を，すべてそのまま移記するのである。つまり，前記の戸（除）籍の一部に滅失のおそれがある場合にする再製手続と異ならない。
　　囲　従前は，「滅失の虞あるため法務総裁の命により本戸籍第一葉補完㊞」と戸籍記載中に「補完」の用語が用いられた（昭25・8・30民事甲2354号回答）が，今日では「再製」と区別して取り扱う実益がなくなっている。

No.114　申し出による戸籍の再製

　申出による戸籍の再製制度は，平成14年12月18日公布・施行された「戸籍法の一部を改正する法律」（平成14年法律第174号）により導入された制度である。この制度は，虚偽の届出等若しくは錯誤による届出等又は市町村長の過誤によって不実の記載がされ，且つ，その記載につき訂正された戸（除）籍について，当該戸（除）籍に記載されている者からの申出による戸（除）籍の再製の制度を設けることにより，不実に記載等の痕跡のない戸籍の再製を求める国民の要請に応えようとするものである（平成14・12・18民一3000号通達第1参照）。以下，この制度による戸（除）籍の再製を「申出再製」という。

1　申出再製の要件
　戸籍法は「虚偽の届出等（届出，報告，申請，請求，若しくは嘱託，証書若しくは航海日誌の謄本又は裁判をいう。以下この項において同じ。）若しくは錯誤による届出等又は市町村長の過誤によって記載がされ，かつ，その記載につき第24条2項，第113条，第114条又は第116条の規定によって訂正がされた戸籍について，当該戸籍に記載されている者（その戸籍から除かれたものを含む。事項において同じ。）から，当該訂正に係る事項の記載にない戸籍の再製の申出があったときは，法務大臣は，その再生について必要な処分を指示する。ただし，再製によって記載に錯誤又は遺漏がある戸籍となるときは，この限りではない。」と規定し（戸籍法11条の2第1項），同条2項では，「市長村長が記載するに当って文字の訂正，追加又は削除をした戸籍について，当該戸籍に記載されている者から，当該訂正，追加又は削除に係る事項の記載のない戸籍の再製の申出があったときも前項本文と同様とする。」と規定されている。
　(1)　戸籍法11条の2第1項の申出再製の要件
　①　虚偽の届出等若しくは錯誤による届出等又は市町村長の過誤によって戸籍又は除か

きは，当該記載のある一葉のみを対象とする一部再製手続を行うものとする。この場合の再製戸籍の記載は参考記載例番号223（現行226）により，再製される従前戸籍の記載は参考記載例番号224（現行227）によるものとする。

　(ウ)　磁気ディスク（これに準ずる方法により一定の事項を確実に記録できる物を含む。）をもって戸籍の調製をしている場合の再製は，禁治産又は準禁治産に関する事項の記録がある戸籍の全部再製の手続を行うものとする。この場合の再製戸籍の記録事項証明書の記載は参考記載例番号221（現行224）により，再製される従前戸籍の記録事項証明書の記載は参考記載例番号222（現行225）によるものとする。

　エ　再製される従前の戸籍の禁治産又は準禁治産に関する事項は，再製後の戸籍には記載しないものとされた（規則附則第4条後段）。

　再製後の戸籍に記載しない事項は，現に効力を有する後見開始の審判又は保佐開始の審判とみなされる禁治産宣告又は準禁治産宣告に係る次に掲げる事項とする。

①　禁治産宣告・準禁治産宣告の裁判に関する事項
②　後見人，保佐人及び後見監督人の選任及びその解任の裁判に関する事項
③　後見人，保佐人及び後見監督人の職務執行停止，職務代行者選任及びその改任の裁判に関する事項

　なお，これら以外の後見命令又は保佐命令の裁判に係る事項及び取り消された禁治産宣告又は準禁治産宣告に係る事項については，再製後の戸籍に記載することとなる。

　囲　後見登記法による移行措置がないので，戸籍にその記載が残る（同法附則2条参照）。

別　紙

　　　　　　　　　　　　　　　　　　　　　　　　戸発第　　　　号
　　　　　　　　　　　　　　　　　　　　　　　　平成　年　月　日

何法務局（何支局）長　殿

　　　　　　　　　何市（町村）長　氏　名　[職印]

　後見登記等に関する法律附則第2条第5項の規定による戸籍の再製の報告
　当庁備付けの下記の戸籍について後見登記等に関する法律附則第2条第5項の規定により再製する必要があるので報告します。

記

1　再製する戸籍の表示
　　　何県何市　　番地　　　　何　某
　　　　　　　　事件本人　　何　某
2　後見登記等に関する法律附則第2条第4項の通知があった年月日
　　　平成　年　月　日

載は原戸籍に記載された事項を，そのまま正確に移記する。すなわち，除籍事由のいかんにかかわらずすべて除籍者も移記し，戸籍訂正事項もすべてそのまま移記する（昭25・4・18民事甲1012号回答，昭34・2・18民事甲313号回答）。なお，戸籍の記載例は旧記載例によったものをしいて新記載例に引き直す必要はないが，引直しできるものは新記載事例によってもさしつかえない（昭48・11・17民二8522号依命通知）。(ウ) 再製事項の記載＝再製戸籍（除籍）は，管轄局の調査完了によって戸籍（除籍）としての効力が認められるので，その調査完了年月日を再製年月日として明示し，再製事由を表示する。

再製事項の記載例は，参考記載例222から231を参照のこと。

(5) **再製原戸籍・再製原除籍の保存・証明**〔→ No.103「再製原戸籍・再製原除籍」みよ〕

【4】 **後見または保佐の登記の通知があった場合の戸籍の再製手続**（平12・3・15民二600号通達第2の3）「(1) 趣旨** 成年被後見人とみなされる者又は被保佐人とみなされる者について，後見又は保佐の登記がされ，登記官から当該者の戸籍事務を管掌する市町村長に対しその旨の通知がされた場合には，当該市町村長は，当該者の戸籍から禁治産又は準禁治産に関する事項を消除するため新戸籍を再製することとされた（後見登記法附則第2条，規則附則第4条）。

この手続を設けた趣旨は，成年被後見人とみなされる者又は被保佐人とみなされる者について後見又は保佐の登記がされたときは，戸籍と登記とで二重に公示され，禁治産又は準禁治産に関する事項を戸籍にとどめておく必要がないこと及び国民感情等を考慮したものである。

(2) **戸籍の再製手続及び戸籍記載例等** 戸籍の再製は，次に定めるもののほか，滅失のおそれがある戸籍の再製手続に準じて行うものとする（規則附則第4条前段，規則第10条，第9条）。

ア 市町村長は，登記官から後見又は保佐の登記の通知（後見登記法附則第2条第5項）を受けたときは，遅滞なく，管轄法務局若しくは地方法務局又はその支局に対し，その旨及び年月日，再製の対象となる戸籍の表示及び編製の年月日を，別紙の様式により報告するものとする（規則第10条，第9条）。

この再製の対象となる戸籍は，現に効力を有する後見開始の審判又は保佐開始の審判とみなされる禁治産宣告又は準禁治産宣告に係る事項の記載のある戸籍とする。

イ 管轄法務局若しくは地方法務局又はその支局は，アの報告を受けたときは，速やかに，昭和44年4月1日付け法務省民事甲第482号当職依命通達に準じた取扱いにより，市町村長に対し，指示を行うものとする。

ウ(ア) 禁治産又は準禁治産に関する事項の記載がある者の在籍する戸籍が一葉であるときは，全部再製の手続を行うものとする。この場合の再製戸籍の記載は，本日付け法務省民二第601号当職通達をもって示した戸籍記載例及び記録事項証明書記載例（以下「参考記載例」という。）番号221（現行224）により，再製される従前戸籍の記載は参考記載例番号222（現行225）によるものとする。

(イ) 禁治産又は準禁治産に関する事項の記載がある者の同籍する戸籍が数葉にわたると

項欄)に再製事由を記載してその文末に認印を押すことになる。

再製事項の記載例は,参考記載例222・223参照のこと。

(エ) 再製に相当の期間を要する場合＝その間のあらたな届出などに基づく戸籍の記載は,戸籍の再製がなされるまでの仮処置として,戸籍と同一の効力を有する仮戸籍〔→ No.102 みよ〕に記載しておき,再製完了後の戸籍に移記する(昭24・9・5民事甲1940号回答,昭26・4・19民事甲830号回答)。

(5) その他 (ア) 戸籍の再製が完了し,管轄局の調査も完了したときは,その副本を管轄の局に送付し,管轄の局では従前の副本を取り除く(昭24・9・5民事甲594号回答)。

(イ) 戸籍の再製指示がなされた後に,滅失したはずの戸籍が発見されても,すでに再製指示があった以上は,再製資料とはなっても戸籍としての効力はないものとされている(大15・12・9民事9557号回答)。この再製資料は,再製原戸籍に準じ1年間保存すれば足りるものと考える(戸規10条の2第1項)。

【3】 戸籍(除籍・原戸籍)に滅失のおそれがある場合の再製手続 (1) 再製の対象 戸籍簿,除籍簿または改製原戸籍簿の全部または一部の滅失のおそれがある場合である。すなわち,再製の対象は,原本の記載の文字が判読できるが,そのままでは間もなく滅失するおそれがある場合である。したがって,すでに一部の数文字が磨滅したり,改ざんにより不明となった場合は,前記の一部が滅失した場合の手続により再製しなければならない(昭23・12・9民事甲3678号回答)。この滅失のおそれがある場合の再製も法務大臣の指示により行われる(戸11条・12条2項)。この場合,滅失の場合と異なって,原本が現存するので官報告示の必要はないが,その他の手続については,滅失した戸籍(除籍)の再製に準ずる。

(2) 報告と具申 市町村長の報告は,戸籍(除籍)が滅失した場合に準じて行われ,この報告を受けた管轄局は法務大臣に再製方法を具申することになる(戸規10条)。ただし,この具申手続については,下記のように簡略化されている。

(3) 再製指示 滅失のおそれがある戸籍(除籍)の再製について,事務の簡素化,合理化の見地から,管轄法務局,地方法務局の長が法務大臣の再製指示を専決処分することとされた(昭44・4・1民事甲481号訓令)。したがって,前記の再製具申については,従前のように法務省に進達し,個々に直接法務大臣から再製指示を得るまでもなく,管轄局の長がその管轄市町村長の報告に基づく「滅失のおそれがある戸籍(除籍)」につき,再製することを相当と認めたときは,法務大臣の名のもとに処分指示書を作成するとともに,これに基づいて当該市町村長に対して再製に関する指示を発することとされている(昭44・4・1民事甲482号通達)。なお,戦時中または戦後における物資不足の際に編製された戸籍で,その用紙が粗悪のため磨滅のおそれを生じているものが相当多数あり,これらの再製について,法務大臣はかつて特別措置として昭和33年9月15日民事局長をして依命通達(民事甲1847号)を発し,法務大臣が個々的の指示をしないで管轄の局の長が管内市町村の実情に応じ具体的な指示ができるようにしたことがある。

(4) 再製の方法 (ア) 戸籍用紙は本則として原戸籍と同一の様式による。(イ) 戸籍の記

たような場合も一部の滅失にあたる。この再製手続は，以下のような方法によって行われる。なお，正規の再製手続を経ないで，市町村長が任意に再製することは許されないので，違法な再製は，再製戸籍としての効力を有しない。

【2】 戸籍（除籍・原戸籍）が滅失した場合の再製手続 (1) **申報と具申** 戸籍簿の全部または一部が滅失したときは，市町村長は遅滞なく，その事由，年月日，帳簿の名称，冊数，その他，必要な事項を記載した書面を作り，管轄の局である法務局，地方法務局またはその支局に報告しなければならない（戸規9条1項）。この申報を受けた管轄の局では必要な調査（係官を現地に派遣して報告事項の確認と善後策のため所要の調査をさせる例が多い）をしたのち，その再製の方法を具して法務大臣に具申する（戸規9条2項）。

(2) **官報告示** 法務大臣は，滅失した戸籍を一般に周知させるとともに，再製資料の整備状況に応じて関係市町村長または関係人などに，再製資料の送付または提出，あるいはすでに届出された事項についての再申出などを求めるために，所要事項を官報によって告示するのが例になっている。

(3) **再製指示** 法務大臣は，前記の告示と同時に，当該市町村を管轄する管轄法務局，地方法務局の長に対して，再製資料の収集および再製の方法その他，必要な事項を具体的に指示する。この指示によって管轄の局の長は，当該市町村長に対し，細部の指示をして再製をさせる。なお，この指示の内容には，通常，次のような内容が包含されている。

(ア) 管轄の局である法務局，地方法務局またはその支所に保存する戸籍の副本および届書類を当該市町村長に送付させること。これらの書類は最も重要な再製資料であるから，これらの保存が完全であれば，これのみによって再製は可能である。もし，前記の資料が管轄の局においても滅失しているときは，次の(イ)～(エ)のような補充的手段によることになる。

(イ) 当該市町村長から届書類の送付を受けたり，当該市町村長に届書類の送付をしたことのある市町村長に，その届書類の写しを作成させて一定期間内に再送させること。

(ウ) 戸籍の謄抄本および証明書の交付を受けたことのある者に一定期間内にその謄抄本を呈示させること。

(エ) 戸籍の届出または申請をしたことのある者に，一定期間内にさらにその事項を当該市町村長に申し出させること。

(4) **再製方法** 当該市町村長は，以上のような措置によって収集した資料に基づき，次の要領により再製する。(ア) 戸籍用紙＝戸籍（除籍）の再製は，滅失前の状態をそのまま再現することが理想であるから，本則として滅失当時の様式による。(イ) 戸籍の記載＝除籍者についてもすべて記載し（昭25・4・18民事甲1012号回答），戸籍の各人の記載順序も従前のとおりでよく（昭28・9・3民事甲1609号回答），記載例も強いて新記載例に引き直して記載する必要もない（昭24・9・5民事甲1940号回答）。また，文末の認印は再製事由を除き，その必要はない（昭7・5・28民事甲542号回答）。(ウ) 再製事項の記載＝再製戸籍の戸籍としての効力発生は，管轄の局の調査を受けることにかかっている（大13・5・6民事7383号回答）ので，調査の完了日をもって戸籍事項欄（旧法戸籍については戸主の事

除籍」改製による新戸籍の戸籍事項欄「昭和参拾弐年法務省令第二十七号により改製年月日同所同番地何某戸籍から本戸籍編製」

(イ) **改製省令4条1項または5条2項前段の場合** 旧法戸籍であっても在籍者の形態からみて新戸籍法6条の編製基準に合致するものは、あえて新法戸籍に編製替えをしなくても実質的に問題がないので、簡便な措置として当該旧法戸籍の戸主の事項欄に改製事由「昭和参拾弐年法務省令第二十七号により年月日本戸籍改製」と記載するのみで改製済の効力を生ぜしめ、実際には戸籍の編製替えを省略した。これが、いわゆる簡易改製である。以上(ア)(イ)の改製は義務づけられていることから強制改製、または次に掲げる(ウ)に対し第一次改製とも呼ばれている。

(ウ) **改製省令4条2項または5条2項後段の場合** 前記(イ)の簡易改製済の戸籍は、戸籍の様式が旧法の様式であることには変わりはないので、これを名実ともに新法戸籍とするために、さらに新法様式の戸籍用紙を用いて編製替えを認め、その実施を義務的のものとせず、市町村の任意としたことから、これを前記(ア)(イ)に対し、任意改製または第二次改製とも呼ばれている。この場合の戸籍の記載の振合いは次のとおりである(昭33・1・30民事甲210号通達)。従前の戸籍の筆頭者の事項欄「昭和参拾弐年法務省令第二十七号により年月日あらたに戸籍を編製したため本戸籍消除」新たな戸籍の戸籍事項欄「昭和参拾弐年法務省令第二十七号により年月日改製につき年月日本戸籍編製」

(3) **磁気ディスクによる戸籍調製のための改製**(平6・11・16民二7000号通達第7の1(4))

改製後の新戸籍の戸籍事項欄

| 戸籍改製 | 【改製日】 平成9年10月11日
【改製事由】 平成6年法務省令第51号附則第2条第1項による改製

(注) 改製日 法務大臣の指定した日
改製事由 戸籍改製の法的根拠

改製により原戸籍となった従前戸籍の初葉欄外

「平成六年法務省令第五十一号附則第二条第一項による改製につき平成九年十月十一日消除㊞」

No.113 戸籍(除籍・原戸籍)の再製・補完

【1】 **再製の対象** 戸籍(除籍、原戸籍)の再製とは、戸籍が滅失した場合に、その滅失前の戸籍を回復すること、または滅失のおそれがある戸籍について、これを新たな用紙に移記することの手続である。戸籍の滅失または滅失のおそれは、火災、水害、虫害、その他、自然的または人為的の諸種の原因によって生ずる。そして、その滅失または滅失のおそれが生ずるのは、全部にわたる場合と一部の場合があるが、いずれの場合も法務大臣が戸籍の再製について必要な処分を指示することになっている(戸11条)。なお、滅失とは、戸籍の全部または一部が、その原形を失ったときだけでなく、戸籍記載の一部の数文字の部分が墨汁の汚点で不明になったり、または謄本を複写機で作成中に原本が機械にまきつき、その一部分を破損して不明となっ

7号）に基づき編製された戸籍をいう。大正4年式戸籍は，明治31年式戸籍と同じく明治31年民法（身分法）の実現手段たる役割を担っていた。ところが，昭和22年5月3日新憲法の制定施行に伴い，従来の家の制度が全廃され，そのために戸籍法も民法とともに当然に改正される運命にあったが，諸種の都合で昭和23年1月1日から民法の一部を改正する法律とともに施行されたものが，前述の昭和22年戸籍法（現行戸籍法）である。

この新戸籍法によって，従来の大正4年式戸籍は，新法戸籍に改めるための編製替えを要することになったわけである。この改製は，単に戸籍の様式を新法戸籍に合致させるというだけの意義ではなく，このほかに，民法上の「家」の制度を廃止した以上，家の登録であった戸籍も当然に廃止されるべきものという大変革を意味しているので，改製はできるだけ早期に行うことが望ましかったのであるが，終戦直後の経済的混乱その他，新制度に対する国民感情を考慮され，改製は新法施行の10年後に延期された。そこで，新戸籍法128条1項但書（現行戸籍法附則第3条1項但し書）に基づく旧法戸籍の改製は，昭和32年6月1日法務省令27号をもって一般的に命令され，昭和33年4月1日から着手して，全国の市町村が特別の事情にあるところを除き，ほとんど3か年内に完了している。

　(5)　**平成6年磁気ディスクによる戸籍調製のための改製**〔№100の【2】(5)みよ〕

【3】　**改製の要領**　(1)　**明治5年式・同19年式・同31年式の改製**　明治5年式戸籍は，明治19年式または明治31年式の戸籍の様式により，また，明治19年式戸籍は，明治31年式または大正4年式の戸籍の様式により，それぞれ改製されたが，一戸籍は一戸籍として戸主のほか在籍者のみを移記した。このほか明治31年式戸籍で大正4年式戸籍に改製されたものも同様である。なお，明治5年式戸籍，または明治19年式戸籍は明治31年戸籍法施行後に明治31年式または大正4年式の戸籍に改製する場合に，旧戸籍が戸番号（原戸籍番号）で編製されており，これを地番号に改めるには，土地台帳に照査して市町村長の職権で処理すべきものとされた（大4・6・22民406号回答）。

改製についての戸籍の記載の振合いを，明治年間には原戸籍の戸主の事項欄と新戸籍の右欄外にいずれも同じく「年月日司法大臣ノ許可ヲ得テ改製」としていたようであるが，大正4年以後は次のとおりである（大4・6・22民406号回答）。

改製によって消除された戸籍（原戸籍）の戸主の事項欄「年月日改製ニ付本戸籍ヲ抹消ス」改製新戸籍の戸主の事項欄「司法大臣ノ命ニ依リ年月日本戸籍ヲ改製ス」

　(2)　**大正4年式戸籍**（明治31年式戸籍で新法施行前に改製しなかったものを含む）**の改製**

昭和22年の新戸籍法（現行法）は，同法6条の戸籍編製基準によって一つの夫婦及びこれと氏を同じくする子，または配偶者のない者とこれと氏を同じくする子ごとに編製するのであるから，旧法戸籍が一戸籍でも一戸籍ないし数戸籍に分解されたのが特徴である。

　(ア)　**改製省令**（昭和32年法務省令27号）**5条1項の場合**　戸籍の記載の振合いは次のとおりである（昭32・6・1民事甲1002号通達）。改製によって消除された戸籍（原戸籍）の筆頭者の事項欄「年月日改製につき本戸籍消除」改製省令5条1項の規定により編製された新戸籍の筆頭者となる者の従前の戸籍の事項欄「改製により新戸籍編製につき年月日

籍の記載要領，戸籍副本制度および届書の処理要領などは現行制度に近いものが確立された〔→ No.77「明治19年式戸籍」みよ〕。

　明治19年式戸籍は，明治31年戸籍法の施行によって同法の規定による戸籍に改製すべきであるが，前記，明治5年式戸籍の改製の場合と同様に，法令の改正によって直ちに改製ということは事実上困難であるので，改製時期は司法大臣が各地の実情を考慮して，一般的にまたは各地域ごとに実施することに定められた（明31戸221条，明31・10・4民刑1383号回答）。明治19年式戸籍についての改製は，明治31年戸籍法施行当時には一般的命令が発せられないで，個々の市町村長の上申に基づいて命令がなされ随時に行われた（大3・12・28民1669号回答）。

　次に，明治19年式戸籍で，明治31年式戸籍に改製されていないものは，その後の大正3年戸籍法（185条）の施行によって，大正4年式戸籍に改製すべき旨が定められた。しかし，明治19年式戸籍の改製について，その後，昭和22年11月12日までは大正4年式戸籍への一般的改製命令がなく，他方，昭和23年1月1日から施行の新戸籍法には，明治19年式戸籍の改製規定がおかれていないことから，昭和22年11月13日全国市町村長に対し，司法大臣訓令4号が発せられ，ここに明治19年式戸籍は残数も少ないことから昭和22年末までにすべて改製をみたのである。

　(3)　**明治31年式戸籍の改製**　明治31年戸籍とは，明治31年6月15日法律12号で制定，同年7月16日民法とともに施行された戸籍法と同時に制定施行の戸籍取扱手続（同年司法省令5号）により編製された戸籍をいう。明治31年式戸籍は，民法の制定に伴って従来の行政取締的の戸籍調べの性格を一掃して，もっぱら身分関係の公証を目的とするものとなった。明治31年式戸籍は，大正3年戸籍法の施行によって同法の規定による戸籍に編製替えするのが筋であるが，同法184条1項の規定で，大正3年戸籍法による戸籍としての効力を認めているので，直ちに改製の要はなかった。これは，戸籍法が改正されても実体法である民法に変更がないことに大きな理由があったものと思われる。しかし，戸籍の様式が形式の問題であるとしても，一般の利用上から新様式に符合させることが望ましいので，同法184条2項に司法大臣が改製を命令できる旨を規定された。この改製命令は，一般的になされないで，事情の許す市町村の上申に基づいて改製が認められていた（大3・12・28民1669号回答）。

　次に，前記の事情から明治31年式戸籍で大正3年戸籍法施行当時に改製されなかったものは，その次の昭和22年戸籍法（同年12月22日法律224号＝現行戸籍法）が施行されても，同法128条1項の規定によって新法の戸籍としての効力を維持するものと認められたので，同法（現行戸籍法）施行後直ちに昭和23年式戸籍に改製すべきものとはされなかった。しかし，昭和22年戸籍法施行後は，明治31年式戸籍も大正4年式戸籍と同じく，実質的にも形式的にも新法戸籍と大きな相違があるので，改製が必要であった。その改製の詳細は次の(4)に同じである。

　(4)　**大正4年式戸籍の改製**　大正4年戸籍とは，大正3年3月31日法律26号で全面改正の戸籍法とともに，大正4年1月1日から施行された戸籍法施行細則（同年司法省令

【6】 戸籍の改製・再製

No.112
戸籍の改製

【1】 意義　戸籍の改製とは、通常、戸籍の様式が法律または命令に基づき改められた場合に、それまでに従前の規定による様式で編製されていた戸籍を新しい様式に改めるための編製替えのことをいう。戸籍の改製は、再製とは区別され、再製が滅失前の戸籍または滅失のおそれがある戸籍にあった者を、当該戸籍中の除籍者についてもそのまま再現（回復または移記）するというのと異なり、改製は、その時に在籍する者のみを編製戸籍に移記するものである。ただし、戸主制度のあった当時、家督相続が開始したのに新戸主が所在不明または定まらないで、そのままとなっていた戸籍の改製は、除かれた戸主の事項はそのまま移記されていた（大4・7・22民1206号回答、昭22・11・26民事甲1506号回答）。また、戸籍としての効力発生時期は、再製戸籍が管轄庁の調査完了後に効力を生ずる（大13・5・6民事7383号回答）のと異なり、改製は各戸籍につき市町村長が実際に改製をした時である（昭11・7・23民事甲561号回答）。

【2】 戸籍改製の変遷　戸籍法はじまって以来、今日までの改製の経過は、次のとおりである。

(1) 明治5年式戸籍（壬申戸籍）の改製　明治5年式戸籍とは、明治4年4月4日太政官布告170号戸籍法（明治5年2月1日施行）の規定により編製された戸籍をいう。この戸籍は、美濃紙の大きさの罫紙または白紙を戸籍原本用紙とし（法27則）、これに本籍（住居の地において戸籍編製をする建前から、住所をもって本籍を表示し、かつ屋舗番号を用いた＝法1則・7則）、氏名、年齢や婚姻、縁組などの身分関係を登録するほか、職業、印鑑、宗旨、犯罪など各種行政上の所要事項をも登載するなどの行政取締を主体とする戸籍調製であったことがうかがわれる〔→No.76「明治5年式戸籍（壬申戸籍）」みよ〕。

明治5年式戸籍は、6年目ごとの実態調査による戸籍の編製替えを建前とし、明治6年7月8日太政官布告242号によって、その実施が見合わせられたが、全国のうちには、その後、戸籍の編製替え（改製）を行ったところがあるようで、そのことが先例「明治9年又ハ同20年ノ戸籍改造ニ因リ一般ニ不用ト為リタル原戸籍ノ謄本抄本ノ認証文ハ……」（大4・1・11民1800号回答）などにもうかがわれる。

明治5年式戸籍は、その後の明治19年内務省令22号による戸籍取扱手続の制定施行によって、明治19年式戸籍に改製すべきであるが、改製は市町村の人的事情や経済的事情を考慮して、個々の市町村が随時管轄庁の許可を得てする自主的改製に委ねられた（同省令5条）（明31・9・21民刑1159号回答）。そのため、明治5年式戸籍の改製は、明治31年戸籍法が施行されても同じく随時に行われ、明治43年頃までにはほぼ完了したようである。

(2) 明治19年式戸籍の改製　明治19年式戸籍とは、明治19年10月16日内務省令22号「戸籍取扱手続」によって編製された戸籍をいう。明治19年式戸籍の様式は、各記載すべき事項欄が現行のものに類似するまでに発展したもので、戸籍の編製基準のほか、戸

第四 除かれた戸籍の全部事項証明書

　これは，除籍に記録されている事項の全部を証明した書面である。
　　　平成何年何月何日
　　　　　　　　　　　　　　　何市町村長氏名　［職印］

第五 除かれた戸籍の個人事項証明書

　これは，除籍中の一部の者について記録されている事項の全部を証明した書面である。
　　　平成何年何月何日
　　　　　　　　　　　　　　　何市町村長氏名　［職印］

第六 除かれた戸籍の一部事項証明書

　これは，除籍に記録されている事項中，請求者が証明を求めた事項について証明した書面である。
　　　平成何年何月何日
　　　　　　　　　　　　　　　何市町村長氏名　［職印］

付録第二十三号書式（戸規73条3項関係）

第一　戸籍の全部事項証明書

　　これは，戸籍に記録されている事項の全部を証明した書面である。
　　　　平成何年何月何日
　　　　　　　　　　　　　　　　何市町村長氏名　　［職印］

第二　戸籍の個人事項証明書

　　これは，戸籍中の一部の者について記録されている事項の全部を証明した書面である。
　　　　平成何年何月何日
　　　　　　　　　　　　　　　　何市町村長氏名　　［職印］

第三　戸籍の一部事項証明書

　　これは，戸籍に記録されている事項中，請求者が証明を求めた事項について証明した書面である
　　　　平成何年何月何日
　　　　　　　　　　　　　　　　何市町村長氏名　　［職印］

の遺児である，Zは寡婦であるなどの証明は，証明事項そのものが戸籍の記載から判断してなされるものであるから，このような証明の形式のものは，戸籍記載事項証明として適当でなく，交付すべきではないとされている（昭16・9・29民事甲907号通牒，昭31・8・30民事甲1965号回答）。それは，記載事項証明の制度が謄抄本（原本の記載をそのまま写す）の代用ということにねらいがあることから考えて，戸籍の記載事項のうち，請求者の必要とする部分をそのまま書き写し，戸籍にはこのように記載されている旨を証明するものにほかならないからである。このことをさらに敷衍すれば，恩給給与規則18条3項の「相続人たることを証する市町村長の証明書」について，戸籍先例（昭30・6・15民事甲1229号回答）は，「市町村長は戸籍法10条により戸籍に記載した事項に関する証明をするほかは，相続人であることの証明のように市町村長が戸籍の記載に基づいて判断した結果に関して証明をすることは，その職務に属さず，適当でないので，相続関係を明らかにすることができる戸（除）籍に関する戸籍法10条の謄抄本または記載事項証明を意味すると解すべきもの」として取り扱っている。

　次に，戸籍記載事項証明の範囲について若干問題となる点を考察しよう。

　(1)　特定の者が一定の時期に当該戸籍に記載されていた旨の証明（〔旧〕引揚者給付金，引揚者特別交付金の給付申請に必要な引揚者についての終戦時の本籍地証明〜昭42・10・14民事㈡発735号通知）。

　(2)　戸籍に記載のない旨の消極証明なども認められている（昭29・8・20民事甲1721号回答，昭32・1・23法曹会決議）。もっとも，この戸籍に記載のないことの証明は，戸籍が特定していて，かつ，証明の対象が戸籍に記載すべき事項に限られることは当然なことである。たとえば，「郡村番地何某戸籍に離婚事項の記載がない」とか，または，「郡村番地何某戸籍に何某の記載がない」という証明は，戸籍記載事項証明として是認されるが，「郡村番地に何某の戸（除）籍がない」という，いわゆる不在籍証明は，戸籍が特定してないので，戸籍記載事項証明の範囲に属さないで，一般行政証明（手数料も標準戸籍手数料によらないで，各市町村の手数料条例による）と解されている（昭34・9・12民事甲2064号回答）。

　(3)　国籍の有無についての証明は，単に戸籍の記載の有無によって形式的に判断すべきものではないので，市町村長において発給することは適当ではないとされている〔→ No.86「国籍証明」みよ〕。

No.111 磁気ディスクによる戸籍，除籍の記録事項証明書の作成

磁気ディスクによる戸籍，除かれた戸籍の記録は，その全部事項または一部の事項について，戸籍法10条1項または12条の2第1項の戸籍または除籍の謄本・抄本または証明書に代えて，その記録の証明書を請求できる。この証明書は，戸籍または除かれた戸籍の謄本または抄本とみなされる（戸120条）。この場合の各種証明書には，市町村長の識別番号（戸規77条，準則60条）は出力しないこととされている（平6・11・16民二7002号通達第5の5(3)）が，証明文は次のとおりである（戸規73条3項）。

　なお，請求の方法などについては，No.108の謄抄本の場合に同じ。

本に代用できることを目的に昭和16年3月法律75号をもって戸籍法（旧法）の一部が改正されたもの（旧戸籍法14条の3）で，これが現行法にも引き続き採用されているものである。

【2】 **請求者・請求の方法・手数料**　前項（№107・108）の謄抄本の場合と同じである。

【3】 **無手数料の場合**　戸籍記載事項証明は，謄抄本の場合と同様に通常は手数料を徴するのが建前であるが，例外として次のような特別法または条例で容認された無料扱いがある。

(1) 無料扱いすることを直接に規定した特別法（※印は謄抄本についても無料扱いを示す）としては，次のものがある。① 健康保険法196条，② 船員保険法144条，③ 労働基準法111条，④ 船員法119条，⑤ 土地改良法118条6項（※法条の規定中「謄本」のうちには戸籍記載事項証明を含む～昭32・2・20民事甲358号回答），⑥ 農業委員会等に関する法律30条（※法条の規定からは謄抄本の交付請求を意味していないが，従来公用請求と解して無料扱いとしていた～昭23・4・2民事甲399号回答），⑦ 農地法48条（※），⑧ 警察官の職務に協力援助した者の災害給付に関する法律13条，⑨ 海上保安官に協力援助した者等の災害給付に関する法律7条，⑩ 入会林野等に係る権利関係の近代化の助長に関する法律25条8項（※）。

(2) 無料扱いをするかどうかは，当該市町村の条例の定めに委せた場合があり，この場合は，特別法（主に社会保障関係法令であり，謄抄本は含んでいない）のほか，当該市町村の手数料条例に無料扱いの定めがあるかどうかを調査する必要がある。① 雇用保険法75条，② 労働者災害補償保険法45条，③ 地方公務員災害補償法66条，④ 厚生年金保険法95条・172条，⑤ 国家公務員共済組合法114条，⑥ 国民健康保険法112条，⑦ 国民年金法104条，⑧ 中小企業退職金共済法87条，⑨ 児童扶養手当法27条，⑩ 地方公務員等共済組合法144条の25など。

(3) 従来先例で容認されているものとしては，官公吏が職務上必要である場合の請求がある（大3・11・19民1608号回答）。ただ，実務上は，請求の目的が職務上か否かの解釈について疑義を生ずる場合があろうと思われるが，具体的事件の処理は，もっぱら条例によるほかない。

【4】 **戸籍の証明事項の範囲**　戸籍記載事項証明は，戸籍の記載そのものをありのまま証明するものであって，市町村長が戸籍の記載から判断して得られる事項を証明することは，この証明の範囲に属さない。たとえば，甲はXとYの長男である，甲と乙は兄弟である，甲はXの相続人である，甲はX

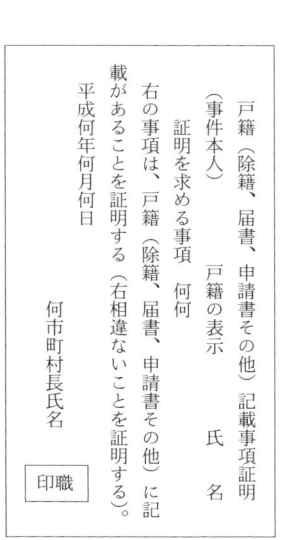

附録第十七号書式（戸規14条関係）

```
戸籍（除籍，届書，申請書その他）記載事項証
明（事件本人）
　　戸籍の表示
　　　　　　　氏　名　何何
右の事項は，戸籍（除籍，届書，申請書その他）に記
載があることを証明する（右相違ないことを証明する）。
　平成何年何月何日
　　　　　何市町村長氏名
　　　　　　　　　　　　印職
```

損うおそれのある事項の転写は，これをすべきでないのでとくに注意を要する（現行の戸籍にはかかる記載はない）。たとえば，次に掲げる事項は，塗抹されているはずであるが，さらに転写前に原本を確認し，適正な作成をする。

① 棄児を推測させる事項（「棄児」の文字，出生年月日欄の「推定」の文字）（昭27・6・7民事甲804号通達）。
② 族称の記載（華族・士族など）（昭23・1・13民事甲17号通達，昭43・1・11民事甲10号通達，昭47・5・16民事甲1898号回答）。
③ 私生子・庶子の文字（昭17・2・18民事甲90号通牒，昭23・1・13民事甲17号通達）。
④ 出生・死亡事項中の刑務所名（大15・11・26民事8120号通牒）。
⑤ 死亡事項中変死を察知させる事項（昭28・6・9民事甲947号通達）。
⑥ 父母欄の「不詳」「不明」の文字（昭27・6・7民事甲804号通達）。

(4) 謄写につき文字を訂正，加入，削除したときは，上部欄外に「何字訂正」の例により，これを明らかにして認証者である市町村長（またはその代理者）の職印を押す（昭4・7・5民事5550号回答）。

(5) 謄抄本には，戸籍法施行規則附録15号書式による認証文を付記し，発行日付と認証者である市町村長（またはその代理者）の職氏名を記載し，その職印を押す（戸規12条2項）。

(6) 謄抄本が数葉にわたるときは，各葉のつづり目に認証者である市町村長（またはその代理者）の職印で契印する（戸規12条3項）。

(7) 謄抄本に掛紙がある場合は，認証者である市町村長（またはその代理者）の職印で，本紙と掛紙にわたって契印をする（戸規12条4項）。

【参考文献】 青木義人・大森政輔「全訂戸籍法」

附録第十五号書式（戸規12条関係）

第一
この謄（抄）本は，戸籍（除籍，届書，申請書その他）の原本と相違ないことを認証する。
平成何年何月何日
何市町村長氏名
印職

第二
この抄本は，戸籍（除籍）の原本と相違なく，かつ，戸籍（除籍）の全員を記載したものであることを認証する。
平成何年何月何日
何市町村長氏名
印職

No.110 戸籍記載事項証明書の作成

【1】 意義　この証明は，戸籍（除籍，改製原戸籍を含む）に記載した事項に関するもの（戸10条1項後段・12条の2）であり，戸籍の公開方法としての謄抄本の交付と軌を一にするもので，その証明力は他の謄抄本と形式を異にしても何ら優劣のあるものではない。この制度の由来は，戦時中の担当職員の減少に伴い，謄抄本作成手続の簡素化を図ったもの（現在のように複写機が発達していない当時のこと）であって，謄抄

作業が既に完了していること等により、あえて戸籍謄本等と除籍謄本等の扱いに差を設ける必要はないとされたことにより、戸籍謄本等と同様に取り扱われることとなった。また、交付請求における本人確認等の提出正面についても、戸籍の謄本等の規定が準用されている（戸規11条の6）。

No.109 謄本・抄本の作成

【1】 **意義・目的** 謄本，抄本とは，文書の原本に対する用語である。一般的に謄本とは，文書の原本の内容を原本と同一の文字・符号によって全部を完全に写し取った書面のことをいう。一方，抄本とは，謄本と異なり，原本の一部を抜すいして転写した書面のことをいう。つまり，戸籍の「謄本」は，原本と同一の様式によって戸籍の全部をそのまま転写したものであり，戸籍の「抄本」は，原本と同一様式によって，請求により記載内容を抜すいした限度において原本と同一の文字・符号を使用して転写されたものである。もっとも，一事項中の一部分だけを抜き書きすることは原則として認められない（昭31・10・22民事甲2441号回答，昭34・12・11民事甲2786号回答）。これは除籍の原本に対する謄本・抄本についても同様である。

なお，「写し」という用語があるが，たとえば「住民票の写し」というように，それは謄本または抄本と本質を異にするものではない（住基法12条）。

次に謄抄本の目的は，原本の存在と原本の記載内容自体の全部または一部を一般に証明する必要がある場合につくられる。市町村長が原本の内容と同一である旨の認証をしたものは，法律の規定によって，原本と同様に取り扱われる（民訴規143条1項）。

【2】 **手数料** 謄抄本の請求には，市町村の条例に定める一定の手数料（標準手数料）を納付することが必要で，手数料の納付がないときは，その交付請求を拒否できる（市町村条例による）。なお，郵便による請求には，手数料のほかに郵便料を納めることが必要となる（市町村条例による）。

この標準手数料の額は，市町村の収入となるが，その額を市町村議会などによって免除，または増減することは許されなかった（明31・9・19民刑861号回答）。また，平成12年政令16号「地方公共団体の手数料の標準に関する政令」によって，全国につき一定されている。なお，戸籍手数料は地方交付税の算定の基礎とされているものである（地方交付税法5条2項）。

注　謄抄本の無料扱い〔→ No.110「戸籍記載事項証明書の作成」みよ〕。

【3】 **用紙戸籍の謄抄本作成上の留意事項**　(1) 謄本は，原則として戸籍または除籍の全部をそのまま転写するものであるから，転写事項を適宜に取捨することは許されない（昭2・12・7民事9162号回答）。

(2) 謄抄本の作成用紙は，原本と同一様式であることを要するが（戸規12条1項），規格は多少縮小してもよいとされている（昭17・3・17民事甲177号回答）。今日では，複写機によって作成するのがほとんどであるが，次の(3)に掲げる事項は複写しないよう配慮すべきである。

(3) 旧法戸籍で除かれたもの（除籍，原戸籍）の謄抄本作成上において，個人の名誉を

(イ)　公用請求及び弁護士等請求の場合については，戸籍法施行規則11条の2第5号ロ及びハに明らかにする方法が規定されているので参照されたい。

　囲　戸籍法施行規則別表第一は，免許証，許可証，資格証証明書等として，船員手帳，海技免状，小型船舶操縦免許証，猟銃・空気銃所持許可証，戦傷病者手帳，宅地建物取引主任者証，電気工事士免状，無線従事者免許証，認定電気工事従事者認定証，特種電気工事資格者認定証，耐空検査員の証，航空従事者技能証明書，運送管理者技能検定合格証明書，動力車操縦者運転免許証，教習資格認定証，警備業法（昭和47年法律第117号）23条4項に規定する合格証明書，身体障害者手帳，療育手帳，運転経歴証明書（平成24年4月1日以後に交付されたものに限る。）を掲げている。

【6】　代理権限等の権限確認書面（戸籍法第10条の3第2項）

　現に請求の任に当たっている者が請求者の代理人又は使者である場合には，当該請求の任に当たっている者は，市町村長に対して，請求者の依頼又は法令の規定により当該請求の任に当たるものであることを明らかにする委任状，法人の代表者又は支配人の資格を証する書面その他の自己に戸籍謄本等の交付の請求をする権限が付与されていることを証する書面を権限確認書面として提供しなければならない（戸規11条の4）。

　権限確認書面として，本人等請求の場合は次の方法により提供しなければならない。

　(1)　窓口請求の場合は，ア　請求者がその意思に基づいて権限を付与したときは，請求者（請求者が法人であるときはその代表者）が作成した委任状の提出，イ　請求者の法定代理人（未成年者の親権者，成年被後見人の成年後見人等）が現に請求の任に当たっているときは，戸籍謄本等，後見登記等の登記事項証明書又は裁判書の謄本その他その代理権を証する書類の提出，ウ　請求者が法人である場合（第三者請求に限る）には代表者や支配人の資格を証する書面の提出（前掲1000号通達）

　(2)　郵送請求の場合も上記(1)と同様に取り扱い，窓口請求な場合に提示しなければならない書類についてはその写しを提出することとされている（前掲1000号通達）。

　(3)　提出書類の有効期限及び還付請求　提出を要する戸籍謄本等及び後見登記等の登記事項証明書並びに法人の代表者及び支配人の資格を証する書面等で官庁又は公署の作成したものは，その作成後3月以内のものに限られる（戸規11条の4第2項）。また，交付請求における提出書面の原本還付については，これを認めることとしている（戸規11条の5）。

No.108　除籍謄本等の交付請求

　平成19年法律第224号による改正後の戸籍法12条の2は，除かれた戸籍の謄抄本等の交付請求について，戸籍の謄抄本等の交付請求に関する戸籍法10条から10条の4までの規定を準用し，同様の規律を採用している。したがって，従来，戸籍謄本等に比較し，除籍謄本等の交付請求ができる場合は制限され，除かれた戸籍に記載されている者等一定の者が請求する場合を除き，相続関係を証明する必要がある場合に限られていたが，改正によって戸籍謄本等の交付請求自体がより制限されたこと，除かれた戸籍に記載されていた国民のプライバシー保護の観点からより慎重な取扱いをすべき記載事項の塗抹

項の記載がある場合には、その記載内容と同一であることを確認することになる。また窓口に提示された1号書類及び2号書類に写真が貼付されている場合は、現に請求の任に当たっている者が当該書類に貼付された写真の人物と同一人であることを確認する（平成20年4月7日民一第1000号通達第1の5(1)ア(エ)）。
　イ　公用請求（戸規11条の2第1号・11条の3第1号）
　(ア)　現に請求の任に当たっている者が自己を特定するために明らかにすべき事項は、「氏名及び所属機関」、「氏名及び住所」又は「氏名及び生年月日」である（戸規11条の3第1号）。
　(イ)　(ア)の事項を明らかにする方法は、1号書類を提示することになるが、1号書類のうち、国又は地方公共団体の機関が発行した身分証明書は、氏名、所属機関の名称、発行機関の名称が記載されているものでなければならない（平成20年4月7日民一第1000号通達第1の5(1)イ(イ)及び(ウ)）。
　(ウ)　市町村長の確認の方法は、前記ア(エ)と同様の方法によることになる。
　ウ　弁護士等請求（戸規11条の2第4号・11条の3第2号）
　(ア)　弁護士等の請求で明らかにすべき事項は、「氏名及び住所」、「氏名及び生年月日」又は氏名及び請求者（弁護士等）の事務所の所在地である（戸規11条の3第2号）。
　(イ)　(ア)の事項を明らかにする方法は、1号書類又は弁護士等であることを証する書類（資格者証）若しくは弁護士等の補助者であることを証する書類（補助者証）を提示し、弁護士等の職印が押されている統一請求書を提出しなければならない（戸規11条の2第4号）。なお、資格者証の要件やこれに変わる弁護士記章の提示の方法については、平成20年4月7日民一第1000号通達第1の5(1)ウ(ウ)及び(エ)に示されているので参照されたい。
　(ウ)　市町村長の確認の方法は、前記ア(エ)と同様の方法によることになる。
　エ　送付請求の場合（戸規11条の2第5号）
　郵送等によって戸籍謄本等の送付の請求する場合において、明らかにすべき事項は、窓口請求の場合と同じであるが、明らかにする方法及びその取扱いは次のとおりである。
　(ア)　本人請求及び第三者請求の場合に明らかにする方法と取扱いは、①運転免許証等の1号書類又は戸規11条の2第2号イに掲げられた書類のいずれか1以上の写しを送付し、当該書類の写しに記載された現住所を送付先に指定する方法、②戸籍の附票の写し、住民票の写しを送付し、当該書類の写しに記載された現住所を送付先に指定する方法、③当該請求を受けた市町村長の管理に係る現に請求の任に当たっている者の戸籍の附票、若しくは住民票に記載された現住所を送付先に指定する方法、とされている（戸規11条2第5号イ）。したがって、現住所が証明の対象とされていない旅券等は確認書類とはならない。また、代理人又は使者が現に請求に任に当たっている場合は、その代理人及び使者について上記①、②及び③の方法によるものとされている。市町村長の確認も交付請求書に記載されている現に請求の任に当たっている者を特定し、上記の方法により実在性を確認することになる。なお、法人の代表者又は支配人が請求の任に当たっている場合については、戸規11条の2第5号イ(1)、(2)規定されている。

戸籍法10条の3第1項は，戸籍謄本等の交付請求において，現に請求の任に当たっている者は，市町村長に対して，運転免許証を提示する方法等により当該請求の任に当たっている者を特定するために必要な事項を明らかにしなければならない。これにより請求の際の本人確認をし，個人情報の保護及び不正請求の防止を図ろうとするものである。現に請求の任に当たっている者とは，市町村の窓口に請求のため出頭した者又は郵送請求の場合は交付請求書に請求者として記載されている者，あるいは請求者氏名以外の代理人又は使者の氏名が記載されているときは，その代理人または使者がこれに当たる。
　ア　本人等請求及び第三者請求（戸籍法施行規則11条の2第1号から3号，11条の3本文）の場合に，
　(ア)　明らかにすべき事項は，現に請求の任に当たっている者が自己を特定するための「氏名及び住所」又は「氏名及び生年月日」である。
　(イ)　上記(ア)を明らかにする方法は，次のとおりである。
① 運転免許証，旅券，戸籍法施行規則の別表第1に掲げる国又は地方公共団体の機関が発行した免許証・許可証・資格証明書等（囲），在留カード，特別永住者証明書，写真付住民基本台帳カード，国又は地方公共団体の機関が発行した身分証明書で写真が添付されたもの（戸規11条の2第1号に掲げられた書類。以下「1号書類」という。）を1枚以上提示する方法。
② 上記①の方法よることができないときは，(a)国民健康保険・健康保険・船員保険・介護保険の被保険者証，共済組合員証，国民年金手帳，国民年金・厚生年金保険・船員保険に係る年金証書等及び(b)学生証，国若しくは地方公共団体を除く法人が発行した身分証明書若しくは国・地方公共団体の機関が発行した資格証明書（上記①に掲げる書類を除く。）で，写真を貼り付けたもの等（戸規11条の2第2号に掲げられた書類。以下「2号書類」という。）を複数組み合わせて提示する方法。すなわち，(a)に掲げる書類のいずれか1以上の書類及び(b)に掲げる書類のいずれか1以上の書類を提示する方法，(b)に掲げる書類を提示することができない場合に合っては，(a)に掲げる書類のいずれか2以上の書類を提示する方法。
③ 上記①及び②の方法によることができないときは，市町村長の求めに応じて戸籍の記載事項を説明する方法その他の市町村長が現に請求の任に当たっている者を特定するために適当と認める方法（戸規11条の2第3号）。例えば，交付の請求の対象になっている戸籍の記載事項のうち，現に請求の任に当たっている者が知っているべきと考えられる事項（例えば，続柄，父母その他の親族の氏名等）について説明を求める方法，または，市町村の職員と現に請求の任に当たっている者との面識を利用する方法等（平成20・4・7民一第1000号通達第1の5(1)ア(オ)）。
　(ウ)　1号書類，2号書類の有効性については，市町村長が提示を受ける日において有効なものに限られる。
　(エ)　市町村長は，窓口で提示された1号書類又は2号書類により，現に請求の任に当たっている者につき，氏名及び住所又は氏名及び成年月日を確認し，交付請求書にこれらの事

【4】 弁護士等による請求（戸籍法第10条の2第3項から5項までの請求）

(1) 戸籍法10条の2第3項の請求

(ｱ) 弁護士，司法書士，土地家屋調査士，税理士，社会保険労務士，弁理士，海事代理士又は行政書士（海事代理士を除き，弁護士法人等の各資格者法人を含む。以下「弁護士等」という。）は，受任している事件又は事務に関する業務を遂行するために必要がある場合には，①その有する資格，②当該業務の種類，③当該事件又は事務の依頼者氏名若しくは名称，④当該依頼者についての戸籍法10条の2第1項各号に定める第三者請求に際して明らかにすべき事項を明らかにして戸籍謄本等の交付請求をすることができるとされている。

(ｲ) 「受任している事件又は事務に関する業務を遂行するために必要がある場合」とは，弁護士等が特定の依頼者からその資格に基づいて処理すべき事件又は事務の委任を受けて，当該事件又は事務に関する業務を遂行するために必要がある場合をいうと解されている（平成20・4・7民一第1000号 通達第1の4(1)）。

これにより，弁護士等は，受任している事件又は事務を遂行するために必要がある場合には，依頼者からの個別の委任がなくても，戸籍謄本等の請求ができることになる。従って請求に際し依頼者からの委任状の提出は要しない。また，資格者法人（海事代理人を除き弁護士法人等の各資格法人を含む。）が上記の事件又は事務の委任を受けた場合において，当該資格法人に所属する弁護士等が当該事件又は事務に関する業務を遂行するために戸籍謄本等の交付請求をするときも上記に該当するものとして取り扱うことができる。

(2) 戸籍法10条の2第4項の請求

弁護士等（海事代理士及び行政書士を除く）は各士業ごとの戸籍法10条の2第4項各号に掲げられた紛争処理手続の代理業務を遂行するために必要がある場合には，その資格，当該事件の種類，その業務として代理しようとする事務及び戸籍の記載事項の利用の目的を明らかにして戸籍謄本等の請求をすることができ，この場合，依頼者の氏名や受任事件の詳細を明らかにする必要はない。

(3) 戸籍法10条の2第5項の請求

弁護士が行う業務であって，戸籍法10条の2第4項が適用される業務，すなわち，特定の依頼者から事件を「受任」し，かつ，紛争処理手続きを「代理」する業務とはいえないが，性質上紛争性を有する事件に関する業務であって，同項の業務と同様に扱いをすることが適切と考えられるもの，具体的には，刑事事件における弁護人としての業務，少年の保護事件における付添人としての業務，人身保護法の規定により裁判所が選任した代理人としての業務等の，主として刑事の性質を有する事件に関する業務及び裁判所から選任された代理人としての業務について，これらの業務を遂行するために必要がある場合には戸籍謄本等の交付請求をすることができる。交付請求の際には，弁護士は，その資格，業務の別及び戸籍の記載事項の利用の目的を明らかにしなければならない。

【5】 本人確認

(1) 現に請求の任に当たっている者を特定するための方法

弟の財産を相続により取得し，その相続税の確定申告書の添付書面として，弟の戸籍謄本を税務署に提出する必要があるため，兄からその戸籍謄本を請求する場合がこれに該当する。

(3) その他戸籍の記載事項を利用する正当な理由がある場合

この場合に明らかにすべき事項は，戸籍の記載事項の利用の目的及び方法並びにその利用を必要とする事由である（戸10条の2第1項3号）。

「その他戸籍の記載事項を利用する正当な理由」とは，権利行使又は義務履行に準ずる場合，すなわち，権利義務関係にはないが，社会通念上他人の戸籍の記載事項を利用してある行為をすることが一般に期待され又は許容される場合であると解される。この関係で問題になるのは，結婚しようとする相手方の婚姻要件等又は財産的取引をしようとする相手方の行為能力等を確認するために，当該相手方の戸籍の記載事項を利用することが，上記の「正当な理由」に当たるかであるが，このような場合は，一方では，市町村の窓口において，請求者がこれから婚姻等の身分行為や取引行為を行おうとしているかどうかの真偽を確かめることは難しく，プライバシーの侵害の防止の観点からは問題があり，他方では，このような場合には当事者間に対立関係がなく，相手方から戸籍謄本等の交付を受けることも可能であることから，「正当な理由」には当たらないという見解が採用されている。これに対し，例えば，民生委員や成年後見人であった者が死亡した当該高齢者の遺品を相続人たる親族に渡すため，当該高齢者の戸籍謄本を請求するような場合は，「正当な理由」がある場合に当たると解される。

【3】 **公用請求（戸籍法第10条の2第2項の請求）** 国又は地方公共団体の機関は，法令に定める事務を遂行するために必要がある場合には，請求の任に当たる権限を有する職員が，①その官職，②当該事務の種類，③根拠となる法令の条項，④戸籍の記載事項の利用の目的を明らかにして戸籍謄本等の交付の請求をすることができるとされている。

国又は地方公共団体の機関による請求は，法令に根拠を置く事務処理の必要性に基づき，その機関における決裁手続を経て機関の行為としてなされるものであるので，通常その必要性は明確であり，かつ不正な請求がなされる可能性も低いことから，上記のような抽象的な要件で足りるとされている。

改正前戸籍法においては，国又は地方公共団体の職員が職務上請求する場合には請求事由の記載を要しないとされていたが，これが変更され，請求事由の記載が必要とされている。ただし，公用請求の性質にかんがみ第三者請求のような詳細な請求事由の記載までは要しないものと解されている。例えば，地方公共団体が生活保護の決定に際して要保護者の扶養義務者の有無を確認する場合には，上記②の事務の種類は生活保護決定事務とし，上記③の根拠となる法令の条項は生活保護法19条1項，上記④の戸籍の記載事項の利用目的は扶養義務者の有無の確認とすることで足りる。

なお，公用請求の主体は国又は地方公共団体の機関に限定されているので，改正前戸籍法施行規則別表第一に掲げられていた法人に関する例外的な取り扱いは廃止されたので，これら法人は，第三者請求の規律に従って戸籍謄本等の交付請求をすることになる。

その者を除く。）を含む。）又はその配偶者，直系尊属若しくは直系卑属は，その戸籍の謄本若しくは抄本又は戸籍に記載した事項に関する証明（以下「戸籍謄本等」という。）の交付の請求をすることができる。」としている。ただし，これらの者の請求であっても不当な目的によることが明らかなときは，市町村長はこれを拒むことができるとされている（戸10条2項）。ここでいう「不当な目的」とは，嫡出でない子であることや，離婚歴など，他人に知られたくないと思われる事項をみだりに探索し又はこれを公表する等してプライバシーの侵害につながるもの，その他戸籍の公開制度の趣旨を逸脱して戸籍謄本等を不当に利用する目的をいうと解されているが（平成20・4・7民一1000号通達第1の1），請求理由を明らかにする必要のないこれらの者の請求が不当な目的であると認められる場合は稀なことであろう。

(1) 戸籍に記載されている者

戸籍の「名」欄に記載されている者であり，当該戸籍から除かれた者も含まれるが，除かれた者のうち，その者に係る全部の記載が市町村長の過誤によってされたものであって，当該記載が戸籍法24条2項規定によって訂正された者は除かれる。

(2) 戸籍に記載されている者の配偶者

戸籍に記載されている者の配偶者が，配偶者の資格でその戸籍の謄本等の交付請求をする場合とは，例えば妻が婚姻前の夫の戸籍について謄本等を請求する場合や，外国人である妻が，日本人である夫の戸籍謄本等の請求をする場合である。

【2】 第三者請求（戸籍法10条の2第1項の請求） 改正前戸籍法の10条3項においては，第三者による戸籍謄本等の交付請求についても，それが不当な目的によることが明らかな場合以外は交付請求を認めていたが，その要件が抽象的であったため，地域によってかなり幅のある異なった取り扱いがされていることが問題点として指摘されていた。そこで，平成19年法律第35号の戸籍法の一部改正により第三者請求の要件がより明確かつ具体化された。つまり，戸籍に記載されている者以外の者は，以下の場合に限り，その理由を明らかにして戸籍謄本等の請求ができる。この場合において，当該請求する者は，以下の当該各号に定める事項を明らかにする必要がある。

(1) 自己の権利行使又は義務履行のために戸籍の記載事項を確認する必要がある場合

この場合に明らかにすべき事項は，権利義務の発生原因及び内容並びに当該権利行使等のために戸籍記載事項の確認を必要とする理由である（戸10条の2第1項1号）。例えば，債権者が貸金債権を請求するに当たり，死亡した債務者の相続人を調べて相続人に債務の履行を請求するという場合には，交付請求書には「交付請求者は，平成×年×月×日にAに対して金〇万円を貸し付けたが，Aは平成△年△月△日死亡したので，債務の支払を請求する相続人を調べるためにAの戸籍謄本が必要である。」といった程度の具体性のある記載をすることが必要である。

(2) 国又は地方公共団体の機関に提出する必要がある場合

この場合に明らかにすべき事項は，戸籍謄本を提出すべき国又は地方公共団体の機関及び当該機関への提出を要する理由である（戸10条の2第1項2号）。例えば兄が死亡した

【5】 戸籍・除籍の公開と公開制限

No.106 戸籍公開制度の改正

戸籍の公開制度は，明治31年戸籍法（明治31年法律第12号）によって採用され，同法13条では「何人ト雖モ手数料ヲ納付シテ身分登録簿ノ閲覧又ハ登記ノ謄本若クハ抄本ノ交付ヲ請求スルコトヲ得」と規定され，同法174条においてこの規定を戸籍簿並びに除籍簿の謄本及び抄本に準用していた。

この戸籍公開の原則は，その後に制定された大正3年戸籍法（大正3年法律第26号）に踏襲され，同法14条1項においては「戸籍簿ヲ閲覧シ又ハ戸籍ノ謄本若クハ抄本ノ交付ヲ受ケントスル者ハ手数料ヲ納付シテ之ヲ請求スルコトヲ得」と定められ，次いで現行戸籍法（昭和22年法律第224号）に受け継がれ，同法10条1項では「何人でも，手数料を納めて，戸籍簿の閲覧又は戸籍の謄本若しくは抄本の交付請求をすることができる。戸籍の謄本若しくは抄本の記載事項に変更のないことの証明又は戸籍に記載した事項に関する証明についても，同様である。但し，市町村長は正当な理由がある場合に限り，本項の請求を拒むことができる。」と定められた。しかし，戸籍の記載事項の中には，例えば嫡出でない子であることや，離婚歴など，他人に知られたくないと思われることも少なくないため，国民のプライバシー保護のため，昭和51年法律第66号をもって戸籍法の一部改正がなされた。これにより戸籍簿及び除籍簿の閲覧制度が廃止されるとともに，戸籍の謄本及び抄本を請求する場合には，法務省令で定める場合を除き，請求の事由を明らかにしてしなければならないこととされた。市町村長は，請求が不当な目的によることが明らかなときは，これを拒むことができることとされた（改正前戸籍法第10条）。また，除籍の謄抄本の請求については，除籍の性質を考慮して，第三者の請求が認められる場合を，相続関係を証明する必要がある場合などに限定して，その公開については戸籍よりも厳しい制限がされた（同法12条の2）。しかし，この改正後約30年の期間が経過し，自己の情報を他人に知られたくないという国民の意識の高まりを背景として，個人情報の保護の社会的要請が強まり，また，他人の戸籍謄本を不正に取得するという事件が発生・発覚したことから，戸籍の公開制度を厳格なものに改めるべきであるという要望が関係各界から出されるに至ったことから，個人情報の保護という観点から，平成19年5月11日公布された「戸籍法の改正する法律」（平成19年法律第35号）により，戸籍の公開制度のあり方が見直され，戸籍謄本等の交付請求をすることができる場合が限定されるとともに，その交付請求の際に交付請求者の本人確認を行うことにより，不正な請求を防止するための措置が講じられた。

No.107 戸籍謄本等の交付請求

【1】 **戸籍に記載されている者等による請求** 戸籍法10条1項は，「戸籍に記載されている者（その戸籍から除かれた者（その者に係る全部の記載が市町村長の過誤によってされたものであつて，当該記載が第24条第2項の規定によって訂正された場合における

かにするためのものである。たとえば，本庁と支所の各分担区域にそれぞれ本籍を有する者の婚姻届を本庁で受理した場合（他市町村から送付を受けた場合も同じ），本庁では届書を受附帳に登載し，そのうち1通を支所に送ることになるが，支所では，この届書を本庁と同じく受附帳に登載すると，同一市町村長が一つの事件を重複して受理し，件数も2件として計上することになり，事件数の把握のうえからも適当ではない。この場合，支所における届書の収受を明らかにするために，当該市町村の内部規程による受附補助簿に登載する（昭30・7・1民事甲1345号通知）。

(2) 支所，出張所においての戸籍事務の分掌は，あくまで内部的処理の問題であって一つの市町村長の処理権限が支所長または出張所長に移譲されるのではなく，また戸籍事務が分割されるのでもないので，対外的には一つの戸籍事務を数か所の窓口で取り扱うにすぎない。したがって，数か所の事務を管掌する者は，一つの市町村長であって，届出が本庁，支所または出張所のいずれになされてもその受理を拒むわけにいかない。なお，支所，出張所で戸籍事務を扱うには，事前に担当者の配置，設備，事務の連絡方法等を明らかにして管轄法務局の長に報告を要する（昭59・11・1民二5504号通達）。

月日のほかに死亡の時分も相続開始等に重要な影響があるので時分まで記載を要する。

事件発生日の記載は，受理市町村のみの受附帳に，しかも出生と死亡の日のみを記載すべきものと規定されている（戸規21条1項6号・7号）が，受附帳の重要な役割からして，このほかに裁判の確定による身分関係の形成，変更，消滅についても，その効力発生日すなわち確定年月日を表示することが望ましい。

(5) **件名** 件名は，戸籍法4章（2節ないし16節），5章の規定に従って次に掲げる例による（戸規23条，昭41・2・23民事甲384号通達）。出生，棄児発見，認知，養子縁組，同取消，特別養子縁組，養子離縁，同取消，特別養子離縁，法73条の2，法69条の2，婚姻，同取消，離婚，同取消，法75条の2，法77条の2，親権（指定，変更，喪失，辞任，回復），管理権（喪失，辞任，回復），未成年者の後見（開始，更迭，終了），未成年後見監督人就職，死亡，失踪宣告，同取消，生存配偶者の復氏，姻族関係終了，相続人の廃除，同取消，入籍，成年に達した者の復氏，分籍，国籍取得，帰化，国籍喪失，国籍選択，外国国籍喪失，氏変更（戸107条1項〜4項），名変更，転籍，就籍，戸籍訂正（市町村長職権＝戸24条2項・113条・114条・116条），雑（追完，その他）。

なお，市町村長が，届出のないため管轄局の長の許可を得て，もしくは市町村長限りでする職権記載は，その事件名を，たとえば調停離婚の届出がなくて職権記載する場合の件名は「離婚」とし，また，成年に達した者に関し，後見終了の届出がないため市町村長限りで職権記載をする場合は「後見終了」と，高齢者の整理による職権消除は「死亡」と各表示する。

(6) **届出事件の本人の氏名** 届出事件の本人の氏名は，本籍とともに当該事件を特定するものであるから，原則として事件本人となる者全員を記載すべきである。したがって，縁組のように身分関係を形成するもの，または離縁のような身分関係を解消するもので，事件本人の養親と養子がともに夫婦である場合，その4名すべてを届出当時の氏名で表示すべきである。ただし，転籍で同籍者が多人数であるような場合は，筆頭者のみを表示して他は「外何名」の例でさしつかえがない。なお，届出によって氏名の変更を伴うものは，変更後の氏名を備考欄に附記することが適切である。

また，「届出人の資格氏名」は，本人以外の者からの届出があった場合のみに記載するが，これは届出の正確性を担保するものである。

(7) **本籍，国籍** 届出事件の本人の本籍または国籍を記載すべきものとされているが，届出によって変動を伴う事件で本籍・国籍欄に届出当時のものを表示した上で，備考欄に新本籍，新国籍を表示するか，または本籍・国籍欄に新本籍，新国籍を表示した上で，備考欄に従前の本籍，国籍を表示するか，いずれの方法によっても支障はない。

【6】 **戸籍受附補助簿** (1) 受附補助簿は，市町村が戸籍事務所を本庁のほかに支所，出張所を有する場合に，戸籍受附帳に準じて調製し，各庁に備える帳簿である。これは，同一市町村内の本庁と支所，出張所間，または支所，出張所相互間にまたがる届出を受理または他市町村から送付された場合に，当初に届書類を受け取った本庁，支所，出張所のいずれかで受附帳に登載するが，他庁では受附帳に記載しないので，その届書の収受を明ら

書の閲覧，または戸籍の謄抄本，諸証明書の交付等の請求については，事件の性質が前記の届出等の場合と異なるので記入すべきものではない（大4・1・13民1771号回答）。この場合は，閲覧簿または交付簿（請求書をつづって帳簿に代用する方法もある）に記入すべきものである。

囲 (ア)　「請求」とは，検察官の戸籍記載請求（戸75条2項・116条2項）。
　(イ)　「嘱託」とは，家庭裁判所書記官による戸籍記載の嘱託（戸15条，家事法116条）。
　(ウ)　「証書の謄本」とは，外国に在る日本人がその国の方式に従って証書を作らせた場合の証書の謄本（戸41条）。
　(エ)　「航海日誌の謄本」とは，一定の船舶の船長が作成を義務づけられる航海日誌の謄本（戸55条・93条）。
　(オ)　「裁判」とは，不服申立による戸籍記載の処分を命じた裁判（戸118条）。

【5】　受附帳各欄の記入方法　(1)　受附番号　受附番号は，届書を受理した場合に受附の順序を明らかにするために届書に付し（戸規20条1項），かつ，受附帳への記入とともに届書類の整理に役立てようとするものであり，暦年によって毎年市町村長が更新する（戸規22条）。

附番方法は，特殊な場合（受附の日と受理決定の日が異なる場合）を除き，受理，送付の区別なく受附の順に附番する。もっとも，受附帳が本籍人に関するものと非本籍人に関するものと各別に調製している戸籍事務所においては，各別に起番して一連番号で進行する。対象となる届書，申請書は，届出，申請の種類とか，戸籍の記載を要するものか，または戸籍の記載を要しないものかを区別しない。

なお，事件の附番で注意を要する点は，届書が一つであっても事件数は2件として，附番を要する場合がある。たとえば認知において一つの届書に被認知者（認知される子）が二人ある場合は，認知者が一人でも認知は子ごとに成立するので2件になる（大5・11・11民1523号回答）。また，一つの事件について数通の届書を受理（戸36条）した場合には，すべての届書に同一の受附番号と受附年月日を記入する。

(2)　受理・送付の別　受理・送付の別は，該当欄に○印の符号を付する方法でもさしつかえない。

(3)　受附月日　受附月日は，受附番号とともに届書に記入したものを記入する。そして受附月日は受理と決した日でなく事実上届書等を市町村役場の窓口で受領した日を記載する（前記【3】参照）。これは郵送された届書等についても同じく配達を受けた日である。したがって，休日等の執務時間外に届出または配達された届書類には，当直員において受領の日を明示することが必要である。

(4)　事件発生月日　事件発生月日は，人としての権利を受けたり，喪失したりする出生，死亡という事実について，届書廃棄後であっても，戸籍の記載遺漏または過誤が発見された場合，その訂正に際し，支障のないように設けられたものである。この記載方については，当該年内に発生したものは月日のみで足りるが，事件発生の年と異なった年（翌年以後）に届出されたものは，発生の年も記載すべきである。なお，死亡については，年

ように，届書の受領日に受理決定のできないものは，受領の事実を明らかにするために戸籍発収簿に登載することが適当である。したがって，受附帳に登載されている事件は，すべて受理処分がなされていることを明示するものであり，仮に戸籍記載の遺漏または届書類の紛失があっても，受附帳の記載のみによって身分関係の形成・変更・消滅等が証明できるわけである。このほか，受附帳は戸籍簿の滅失再製または戸籍記載の過誤等の訂正のための重要な確認資料となる。そのため，受附帳の保存年限も当該年度の翌年から起算して50年と改正された（戸規21条3項—昭和59年法務省令40号改正）がさらに150年に改正されている（平成22年法務省令22号で改正された戸規21条3項）。

【3】 戸籍受附帳の記載順序　届書等を受理し，または他市町村から送付を受けた場合に，通常は，当該書類を受け取った（受附）順序に記載する（戸規21条1項）。しかし，受否について管轄局に照会中の事件のように，受附後，受理決定までの間に相当の日時を要する場合は，その間には他の事件が受理され，かつ，受附帳に記載されるので，この場合は当該届書を受理と決した時点で受附帳に記載すればよい。

　たとえば，学齢に達した子の出生届書を1月5日に受領（受附）し，その受否を管轄局に照会，受理することの指示によって1月10日受理と決した場合は，受附帳には，すでに1月9日までに受理と決した事件が受附番号10号まで記載されているとすると，この出生届は1月10日現在の進行番号「11号」を附して当該欄に記入することになるが，受附月日欄の受附月日は当初の受領日「1月5日」を記載する（大4・1・11民1800号回答，昭31・12・25民事甲2878号回答，昭34・8・27民事甲1545号通達）。なお，この場合，備考欄に「1月10日受理」と，また，すでに記載されている1月5日受附の最終事件の備考欄に「1月5日受附出生1件第11号登載」と附記することによって，後日に受理事件の調査をする場合（とくに受附の月と受理の月が翌月にまたがっているとき）などは便利である。さらに，受理した事件について，受附帳の記載を遺漏している事件のあることを，他の事件が記載された後日になって発見した場合は，記載すべきであった当該箇所に加入することなく，これを発見した現在の進行番号を付して記載することになるが，この場合も前述の受附と受理の月日が異なるときの例によって記載する（大11・12・27民事4565号回答）。ただし，受附の年と受理もしくは受附帳の記載遺漏を発見した年とが異なっているときは，当該受附年の受附帳に最終番号の次に附番して記載することになる（大11・12・27民事4565号回答）。なお，帳簿が終結しているときは，職権回復のうえ記載後に再終結の表示をする。

【4】 戸籍受附帳に記載すべき事件　対象となる事件は，戸籍記載の事由になっている戸籍法15条に規定の届出，報告，申請，請求もしくは嘱託，証書もしくは航海日誌の謄本または裁判による事件などである（囲）。そのほかに，戸籍法24条2項，同法44条3項に規定する管轄局の長の許可を得てする戸籍の訂正または記載（市町村長限りの戸籍訂正，戸籍記載を含む）も同様に取り扱う（戸規20条2項）。なお，戸籍の記載を要しない外国人に関する届書等についても公証の必要がある（戸48条の証明は受附帳または届書に基づいてする）ので，戸籍の記載を要する日本人の場合と何ら区別すべき理由はない。しかし，届

番号),丁数(当該除籍に附されているもの)などを記載する(戸規6条1項)。
　除籍見出帳の備考欄には,除籍が戸籍訂正により回復され,戸籍簿に移された場合は,その旨「何年何月何日戸籍訂正により回復」を記載し,戸籍簿に移したことを明らかにする。また,除籍事項が訂正されて除籍年度に変更があった場合は,その旨を記載する。
【3】　**見出帳のカード化**　見出帳は,帳簿式であるが,市町村長においてカード式を便利とするときには,法定様式による見出票を採用し,前記順序に整序して見出帳にすることが認められている(戸規6条2項・附録4号様式)。この見出票は,戸籍の見出票であったものを除籍となった場合には,引き続き除籍の見出票に活用しようとするものである。

No.105
戸籍受附帳・戸籍受附補助簿

【1】　**受附帳の意義**　受附帳とは一般に,届出,申請,その他の文書等を受け取った事実について,これを明らかにするために設けられる帳簿であるが,戸籍受附帳は,市町村長が届書,申請書等を受領し,かつ,これを受理したことを明確にするために備えるものである(戸規21条)。
【2】　**戸籍受附帳の調製と役割**　(1) 受附帳は,暦年によって毎年一定の様式をもって調製して備え付けなければならない(戸規21条1項)。この受附帳は,戸籍事務所(市町村の本庁および戸籍事務取扱いの認容を受けている支所,出張所)ごとに必要なものであり,さらに受附帳の調製は,届出の事件本人が本籍人であるか,非本籍人であるかの区別をしないで登載する一本建の帳簿とすることが原則とされている。しかし,市町村長が相当と認めたときは,受附帳を本籍人に関するものと非本籍人に関するものとに区分して登載する二本建の各別の帳簿とすることができる(戸規21条2項)。さらに,本籍人受附帳を受理事件と送付事件に分けて調製することも認められている(昭43・5・16民事甲1663号回答)。この方法は,いわゆる総合窓口制を実施している市役所で,窓口係と記録係の横割方式のとられているところには便利である。実際には届書の整理,整理目録の調製等の便宜から前記後者の方法(本籍人と非本籍人の別)が多く活用されている。
　なお,暦年の途中において市町村の廃置分合があったとき,対等合併により新たな市町村が創設された場合は,受附帳を新しく調製し,受附番号を更新する。また,吸収合併の場合は,吸収市町村の受附帳を引き続き使用する。この場合,被吸収市町村に支所,出張所を設けたときは,支所,出張所に新たに受附帳を調製する。
　また,戸籍事務を電子情報処理組織によって取り扱う場合には,受附帳は磁気ディスクをもって調製する(戸規76条)。
　(2) 受附帳は,戸籍簿に次いで重要なものとして利用される。受附帳に記載できる届書類は,受理と決したものに限られている。すなわち,市町村長(補助者を含む)が単に届書類を届出人等から受け取っただけでは受理ではなく,受け取った書類を諸法令に照らし,適法だと判断して受け取ることを認容して,はじめて受理ということになるので,未だ受理と決しない前には受附帳への記載はできない(戸規21条1項,大3・11・17民1599号回答)。たとえば,届書を受領したが受理することに疑義があり,管轄法務局へ照会をしている事件は,受理の指示により市町村長が受理と決してから受附帳へは記載する。この

に準じて50年間保存することとされていた（昭38・3・11民事甲742号回答）が，再製原戸籍（再製原除籍）には戸籍（除かれた戸籍）としての効力はなく（同じ内容の記載がある戸籍が別に指示によって作られているから），今後の戸籍訂正事件の調査資料に使用される場合が主である。したがって，50年間保存の実益に乏しいことを考慮されて，再製の翌年から10年保存することに改められた（昭39・2・27民事甲381号通達）が平成14年法務省令59号で戸籍法施行規則10条の2が新設され，①戸籍，除籍の全部又は一部が滅失したため又は滅失のおそれがあるため再製された戸籍又は除かれた戸籍の原戸籍については，当該年度の翌年から1年（同10条の2第1項），②虚偽の届出等により戸籍の記載を訂正した場合申出によって再製された戸籍又は除籍の原戸籍については，当該年度の翌年から150年（同条2項），③市町村長が記載するに当って文字の訂正等をした戸籍について，申出によって再製された戸籍又は除かれた戸籍の原戸籍については，当該年度の翌年から1年（同条3項）と改められている。

【4】　再製原戸籍・再製原除籍の証明　再製原戸籍が戸籍としての効力を有しないので，除かれた戸籍に準じて謄抄本の請求には応ずべきでないとされている（昭37・11・2民事甲3175号回答）。しかし，再製原戸籍は公文書であることには変わりがないので，一般行政証明としては，その証明文を「右の事項は，再製原戸籍（再製原除籍）に記載があることを証明する」のように取り扱うことが認められている。なお，この場合の証明手数料は，市町村の条例の規定するところによって徴すべきである（昭38・9・12民事甲2604号回答）。

No.104　戸籍簿見出帳・除籍簿見出帳

戸籍事務を適正円滑に処理するため，用紙による戸籍には，戸籍簿，除籍簿のほかに法定帳簿として戸籍簿，除籍簿の見出帳（戸規6条），戸籍受附帳〔→No.105 みよ〕（戸規21条），その他法務局または地方法務局の長が定める執務準則により，各種の諸帳簿を備えることとされている。見出帳は，戸籍簿，除籍簿の各別につくられるが，それは，戸籍簿，除籍簿の数が多く，その索出に便ならしめるためには必要なものである。これらの見出帳は，その様式が法定されている（戸規6条・附録3号様式）。すなわち，原則的には縦書きであるが，横書きとすることも認められている（昭34・7・22民事甲1550号回答，昭35・4・15民事甲930号回答）。なお，磁気ディスクによる戸籍，除かれた戸籍については，その見出帳・見出票の調製を要しない（戸規71条）。

【1】　戸籍簿見出帳　この見出帳には，筆頭者の氏の(い)(ろ)(は)順または(あ)(い)(う)(え)(お)順により筆頭者の氏名，本籍，戸籍編製年月日を記載する（戸規6条1項）。なお，戸籍見出帳の備考欄には，戸籍簿から除かれて除籍簿に移された年月日と，その事由「何年何月何日全員除籍（転籍，戸籍消除）」を記載し，除籍簿に移したことを明らかにする。また，25年経過の副本を送付した場合は，その旨「何年何月何日25年経過副本送付」を記載して，次の送付に備えるなど種々活用できる。

【2】　除籍簿見出帳　この見出帳にも，筆頭者の氏の(い)(ろ)(は)順または(あ)(い)(う)(え)(お)順により，筆頭者の氏名，本籍，除籍の年度，除籍簿の冊数（当該除籍のつづりこまれている簿冊

【4】 **仮戸籍の保存・証明** 仮戸籍が戸籍としての効力を有する以上，戸籍に準じた処理をすべきことは当然である（昭20・5・22民事特甲88号通牒5）。ところで，仮戸籍は戸籍法所定の制度ではないので，戸籍事務として積極的に公開する建前はとっていない。すなわち，謄抄本の作成・交付は認めないでとくに必要があるときは，一般行政証明として仮戸籍の記載事項の証明をすることにしている程度である（昭20・5・22民事特甲88号通牒8）。したがって，この場合の手数料は，全国標準の戸籍手数料によることなく，各市町村独自の手数料条例によることとなる。また，この記載事項の証明文は，戸籍法施行規則附録17号書式に準じて「右の事項は，仮戸籍に記載があることを証明する」とするのが妥当であると考える。

なお，本戸籍が再製された後の閉鎖された仮戸籍の保存・管理については，その資料価値が，あたかも滅失のおそれがある戸籍を再製した場合の再製原戸籍と類似しているので，その仮戸籍は再製原戸籍に準じ10年間保存することとされている（昭39・2・27民事甲381号通達）。

また，閉鎖後の仮戸籍につき，記載事項の証明をすることも閉鎖前と同様にさしつかえないものと考えられる。

【5】 **仮戸籍の訂正** 訂正方法は，戸籍に準じ，戸籍訂正の手続によることになる。仮戸籍の記載の錯誤もしくは遺漏の訂正については，原則として市町村長限りで処理できるが，訂正の結果が，親族，相続，その他の関係に重大な影響を及ぼすときは，確定判決によって戸籍訂正をすべきものとされている（昭20・5・22民事特甲88号通牒6，大14・2・27民事537号回答前段）。もっとも事案によっては戸籍法24条・113条・114条によって訂正することも可能であると考える。

～～～～～～～～～～～～
No.103
再製原戸籍・再製原除籍
～～～～～～～～～～～～

【1】 **再製原戸籍** これは，用紙戸籍の全部または一部に滅失のおそれがある場合に，戸籍法11条の規定に基づく法務大臣の指示により戸籍の再製〔→No.113 みよ〕が行われるが，この場合に新たな戸籍用紙に従前の戸籍に記載されていた事項を移記したために除かれた従前の戸籍のことをいう。そして，再製原戸籍であることを識別する表示としては，次のとおり記載されている。

(1) 戸籍の全部または数葉ある戸籍について第一葉のみが再製された場合……再製原戸籍中戸籍事項欄に「年月日再製につき消除㊞」（参考記載例222）。

(2) 戸籍が数葉で，そのうち第二葉（第二，第三葉のときも同じ）のみが再製された場合……再製された第二葉の原戸籍の上部右側欄外に「年月日再製につき消除（郡村番地何某戸籍第二葉）㊞」（参考記載例224）。

【2】 **再製原除籍** これは除籍の全部または一部に滅失のおそれがある場合に，戸籍法12条の規定に基づく法務大臣の指示により除籍の再製〔→No.113 みよ〕が行われるが，この場合に新用紙に移記されたことによる消除された従前の除籍のことをいう。この場合の再製による消除事由は，前記【1】に同じである。

【3】 **再製原戸籍・再製原除籍の保存期間** 再製原戸籍は，大正4年式戸籍の改製原戸籍

の利害関係人の申出，戸籍謄抄本，住民票などに基づき，戸籍簿に準じた「仮戸籍」を調製する。この仮戸籍には再製完了前の届出，報告，申請などがあれば，戸籍受附帳に記載したうえ，仮に記載しておき，再製完了ののち戸籍に移記する取扱いである。一方，この仮戸籍に基づき戸籍が再製されるまでの暫定的措置として身分証明の求めにも応じ，戸籍に準じた役割を果たすものである（大11・4・29民事1177号回答）。

　たとえば，大正12年の関東大震災による東京市本所区役所の滅失戸籍の再製についても仮戸籍の調製がなされている（大14・2・27民事537号回答）。また，過般の戦災による滅失戸籍の再製についても，資材，人員，その他の状況などから事実上急速には再製できないという見通しから，次善の措置として戸籍再製のためにする仮戸籍調製の手続が示されている（昭20・5・22民事特甲88号通牒）。さらに，終戦直後に沖縄県に本籍を有する本土在住者のために仮戸籍の調製が指示され，県民の保護が図られている（昭20・8・28民事特甲350号通牒）〔→No.92「沖縄関係戸籍事務所」みよ〕。このように仮戸籍の調製は，事変の場合だけでなく，平時においても大量の滅失戸籍を再製する場合，その急速な処理が困難であるときに，応急措置として必要なものである。

【2】　**仮戸籍の記載の効力**　仮戸籍の記載は，本戸籍の記載と同一の効力を有するものとされ（大14・2・27民事537号回答後段），仮戸籍に記載のある者が戸籍の届出などによって新戸籍編製を要する場合は，仮戸籍でなく本戸籍として編製すべきものとされている。たとえば，仮戸籍に記載のある男女が婚姻によって新戸籍の編製を要する場合に，新戸籍は本戸籍とし，また，他市町村への転籍届に仮戸籍の記載事項証明書が添えてあっても，転籍後の戸籍は本戸籍として編製される（昭24・9・5民事甲1940号回答，昭31・7・12民事甲1593号回答）。なお，前記事例での転籍前の仮戸籍は，普通の戸籍のように消除して仮戸籍簿から除籍簿に編綴替すると，滅失戸籍が再製未了のままとなるおそれがあるので，前記の仮戸籍に転籍による消除事項は一応記載するが，そのまま仮戸籍簿におき，同仮戸籍の本戸籍再製をして転籍による消除事項も移記のうえ，前記仮戸籍は閉鎖することになる。

【3】　**仮戸籍調製の具体的要領**　通常，戸籍用紙と同様式の用紙を用い，第一葉右側に「仮戸籍調製の申出書」と標題をかかげ，これに申出年月日，申出人の住所および氏名押印をなさしめて，各事項欄には所要の身分事項（証明資料を添えて）を記載させる方法がとられている。また，戸籍副本のみが存在し届書類は滅失しているというような場合には，まず副本を謄写し，これに当該戸籍の副本調製後，かつ，滅失当時までの身分変動事項のみを各人ごとの符箋用紙に記入せしめて申出（滅失前発行の戸籍謄抄本，戸籍受附帳の写し，死亡証明などの資料を添えて申出人の表示もする）させ，各人欄に貼付して仮戸籍を調製するという方法もみられる。そして，仮戸籍から本戸籍に移記したときは，戸籍事項欄に「再製戸籍に移記につき年月日本仮戸籍消除㊞」として閉鎖する。もっとも，仮戸籍には滅失当時の戸籍記載事項を復元するほか，その後の届出，申請事項をも一時記載するから，この一時の記載事項を本戸籍に記載するには，その文末に「年月日移記㊞」と明示する（昭24・9・5民事甲1940号回答，昭26・4・19民事甲830号回答）。

号回答)。(イ) 管轄局に保管中のものが滅失したとき（昭3・9・28民事10505号回答，昭24・3・23民事甲642号回答）は，送付が求められる。

(5) **磁気ディスクによる戸籍・除籍の副本送付の特例** 戸籍または除かれた戸籍が磁気ディスクをもって調製されているときは，その副本を1年ごとに管轄局に送付することとされている。この場合には，前掲(1)ないし(3)，(4)の(ア)の処理を要しない（戸規75条，戸籍事務取扱準則63条）。なお，前掲(4)の(ア)の場合には，戸籍事務取扱準則61条の回復報告に準ずる。

【5】 **副本の作成・送付の要領** (1) 一般戸籍の副本作成は，戸籍用紙を用いて正本の記載どおりにこれを記載し，各事項の文末の押印，各葉にわたる契印をするのが，副本という原則的意義にかなうものである。しかし，事務の合理化，簡素化という見地から，今日はコピー機による作成の方法が採用されている。

副本を送付するには，その目録をつけ，それに発送者の職名の記載を要する（戸規16条）。

(2) 磁気ディスクによる戸籍・除籍の副本の調製と送付には，特例（送付目録には「磁気テープ○巻年月日作成」の例）が認められている（戸籍事務取扱準則62条）。

【6】 **戸籍・除籍副本の保存，廃棄** (1) **保存** 管轄局は，市町村から送付を受けた戸籍または除かれた戸籍の副本を，市町村ごとに区別し，原則的には市町村における正本と同様に整理保存すべきであるが，事務簡素化の見地から，戸籍副本も除籍副本も同じく市町村別，年別に整理することになっている（戸規18条）。

(2) **旧副本の廃棄** 25年経過戸籍副本，除籍副本，管轄局がとくに求めた副本の送付によって，前に送付された戸籍の副本は，更新されるので廃棄してよいこととなっている（戸規19条）。

【参考文献】 ①青木義人・大森政輔「全訂戸籍法」，②佐藤達夫ほか「法令用語辞典」

No.102
仮戸籍

【1】 **仮戸籍の意義** 「仮戸籍」という制度は，法定されていないが，戸籍の実務上，古くから利用されている。ところで，戸籍が滅失したときは市町村長は遅滞なく，その事由，年月日，帳簿の名称，冊数その他必要な事項を記載して管轄法務局，地方法務局またはその支局に報告しなければならない（戸規9条1項）。前記の報告を受けた管轄庁は，必要な事項を調査して再製または補完の方法を法務大臣に具申しなければならない（戸規9条2項）。法務大臣は，この具申によって必要事項を告示する（滅失戸籍を国民に周知させ，かつ，関係市町村長および関係人に再製資料の提出を求める）とともに，管轄法務局または地方法務局の長に指示を発して再製に支障のないように管理させ，当該市町村長をして再製させる（戸11条）。

普通，再製の資料は，管轄庁に保存してある届書および戸籍，除籍の副本により，また必要によっては身分登記簿，戸籍受附帳などが利用される。しかし，大事変による戸籍簿の滅失の場合，その再製資料のない場合が多く，またあっても一部であり，不十分という状況では直ちに戸籍の再製ができない。それでは身分関係を公証するものがなく，国民の日常生活の利便に大きな支障となるので，緊急措置として戸籍の再製前に事件本人その他

いる（同令6条）。さらに，編製，改製した戸籍は，郡長または県知事の検査を受けることに定められていた（同令7条）。

　明治31年戸籍法においては管轄庁が内務省から司法省に移管されたため，戸籍副本の保存はすべて地方裁判所に保存すべきものとされた（同法172条）。その後，大正3年戸籍法においては，戸籍副本を当時の監督区裁判所に保存すべきことに改められ（同法11条），そのほか同法施行細則により，除籍についての副本制度も確立せられ今日に至っている（旧戸細5条・6条）。なお，磁気ディスクによる戸籍が調製されたときも，自庁での副記録の備付け（戸規72条）のほかに，その副本を管轄局に送付する（平成6年法務省令51号，戸規附則2条4項）。

【4】　**副本の作成・送付を要する場合**（戸規15条・18条）　(1)　**新たに戸籍を編製したとき**（戸規15条1項1号）　通常の新戸籍の編製のほか，改製，再製，戸籍訂正による回復戸籍がつくられたとき，1か月ごとに作成し，送付を要する。なお，戸籍を改製したときは，編製替後の戸籍および原戸籍の副本を作成，送付する（大4・2・10民93号回答，大4・4・26民353号回答，大4・7・17民1134号回答，昭32・6・1民事甲1002号通達）。

　また，滅失あるいは滅失のおそれのある戸籍・除籍を再製したときは，その再製後の副本を作成し，送付する（大4・7・17民1134号回答，昭33・11・18民事二発551号回答）。もっとも，除籍の再製を管轄局保存の副本によったときは，送付の実益がないので，その送付を要しない（昭27・1・22民事甲5号通達）。

　(2)　**戸籍編製の日から25年を経過したとき**（戸規15条1項2号）　これがいわゆる「25年経過戸籍副本」である。副本は作成後長期間にわたると，前述のとおり正本の記載と一致しなくなるほか，副本と一体をなす届書も累積し，その保存が困難になるので，副本送付後25年経過したものは1か月ごとに戸籍の副本を作成し，送付を要する。なお，25年経過副本が送付されることによって，その副本に記載済の届書類は廃棄できるので，それとの関連から若干の余裕をみて，届書類の保存期間は27年と定められている（戸規49条2項）。

　(3)　**戸籍の全部を消除したとき**（戸規15条1項3号）　一つの戸籍に在る者が種々の原因によって除かれ，その全員が除かれると，その戸籍は戸籍簿から除かれ，除籍簿に移される（戸12条）。この戸籍に在る全員が除かれて戸籍簿から除く手続をしたときに，その除かれた戸籍（除籍）の副本を1か月ごとに作成し，送付を要する。また，戸籍の改製により原戸籍となった場合も，全員が除籍となった場合に準じて原戸籍の副本の送付を要する。なお，滅失のおそれがある戸籍を再製したときは，再製後の戸籍に除かれた者を含めて，従前の記載はすべて移記されるから，その再製原戸籍の副本の送付を省略することが認められている（昭33・10・28民事甲2260号回答）。

　(4)　**管轄局から副本の送付を求められたとき**（戸規15条2項）　先例としては，次の場合が示されている。(ｱ)　除籍の副本送付後に，それについて訂正がなされたときは，あらためて，その訂正後の副本を送付する。この場合は，戸籍の表示，戸籍事項欄の記載および当該訂正の関係部分のみ貼紙で送付する扱いが認められている（大9・2・7民事284

づき権限ある者によって，とくに原本に基づき正本として作成される。すなわち，原本が法令の規定によって一定の場所に保存することを要する文書について，その効力を他の場所で発揮させる必要がある場合に，原本と同一の効力を有するものとして作成される正本がある。たとえば，民事訴訟における判決原本は，訴訟記録の一部として裁判所に保存されるので，当事者に判決書を送達したり，執行文を付与する場合には，判決の正本が用いられる（民訴255条2項・91条3項，民訴規159条2項，民執25条），または公証人の作成する証書の原本は，原則として公証人役場外に持ち出すことができないので（公証25条），当事者が公証人役場外の場所で，その証書を使用する必要がある場合を生ずる。たとえば，強制執行をするときは，原本と同一の効力を有する正本を利用し，この正本の末尾に付記された執行文が付与される（民執22条5号・25条・26条，公証47条・57条の2）。この場合の正本は，原本と同じ目的のために使われるから，実質は原本に対する謄本に類する。

【2】 **副本の意義** 戸籍・除籍の副本とは，正本に対する用語であり，正本とともに市町村長において作成され，その市町村役場の所在地を管轄する法務局，地方法務局またはその支局（以下「管轄局」という）に送付のうえ，そこで保存される（戸8条2項，戸規15条・18条）。

　正本と副本との差異は，正本が戸籍の本来の目的である国民の身分登録と公証という役割を果たすことに使用されるのに対し，副本は，本来の目的以外の目的に用いるために，正本の外に同一内容の文書を作成し使用するものである。すなわち，副本は，正本が火災などにより滅失した場合の再製資料として，予備的に作成されるものである。

　このように，副本は従たる目的に使用するために，はじめから正本と同一内容のものとして作成される点において，公証のために随時つくられる謄本，写しなどと性質を異にしている。もっとも，副本には，それを保存する管轄局において，その後に正本に記入される事項が同じく記入されないため，正本と副本とは不一致を生ずる。しかし，これに備えて，戸籍記載の基本となる届書類が副本を保存する管轄局に送付され，整理保存されるので（戸規48条・49条），副本と届書類を合体すれば，副本作成後の異動も明らかになる。したがって，正本が滅失したとしても，副本と届書とによって，あたかも副本に正本と同じ記載がなされているのと同様な資料を得て再製が可能である。

【3】 **副本制度** (1) **目的** 副本制度は，前述のとおり正本が滅失した場合の再製資料とすることが第一義である。なお，このほかに管轄局が市町村の戸籍事務処理が適正に，かつ，滞りなく行われているか否かを審査する役割を果たしている。

　(2) **沿革** 戸籍の副本制度の初めは，人口集計確認のためではあるが，明治4年戸籍法4則「戸長其区内ノ戸籍ヲ式ノ如ク之ヲ集メ二通ヲ清書シ……其支配所ニ差出スヘシ」にみられる。その後，明治19年内務省令22号「戸籍取扱手続」において，戸籍の副本制度が明定されている。すなわち，町村の戸籍については郡役所に納め，市（区のある市を含む）の戸籍については，県庁に納め，それぞれ保存することになっていた（同令2条）。また，戸籍簿が滅失したときは，さきに納めおいた副本によって再度編製すべき旨が定められて

(5) 磁気ディスクによる戸籍調製により原戸籍となったもの　この原戸籍には，戸籍法119条1項による磁気ディスクによる戸籍を調製した場合，改製された従前の戸籍が該当する（平成6年法務省令51号，戸規附則2条1項～3項）。この原戸籍には，初葉の欄外に「平成6年法務省令第51号附則第2条第1項による改製につき平成何年何月何日消除㊞」の例による記載がなされている（平6・11・16民二7000号通達第7(5)）。

【3】 原戸籍の編綴順序と保存　(1) 明治5年式，同19年式，同31年式の各戸籍で原戸籍となったもの（明治31年式戸籍で昭和23年式戸籍に改製したため原戸籍となったものを除く）については，編綴を除籍簿とは別冊にして，改製の年ごとに地番号の順序につづり，表紙には「明治何年改製原戸籍簿」と記載して保存することになっている（大4・7・16民1138号回答，大6・7・16民1259号回答）。また，前記の各戸籍簿の保存期間は，改製の翌年から少なくとも50年間とされていた（明19戸手7条但書，旧戸細48条・51条）が，除籍簿の保存期間が50年では相続登記などの関係で，親族関係を立証するのに短かすぎるとの理由から，昭和36年12月8日法務省令57号で80年に延長され，さらに平成22年5月6日法務省令第22号で150年に延長された（現戸規88条3項）ので，これと同一の効力がある原戸籍についても同様の必要性から，前記原戸籍の保存期間を150年と改正されている（現戸規88条4項）。

(2) 大正4年式戸籍で原戸籍となったもの（明治31年式戸籍で昭和23年式戸籍に改製されたため原戸籍となったものを含む）については，原戸籍の数が多くその利用度も高いことから，索引の便宜を考慮して編綴を戸籍簿と同じく地番号の順序によってつづり，表紙に「昭和何年改製原戸籍」と記載するほか，すべて除籍簿の取扱いに準ずることになっている（昭32・6・1民事甲1002号通達，昭33・1・30民事甲210号通達）。また，この原戸籍の保存期間は，改製の翌年から少なくとも50年間は保存すべきものとされていたが（昭和32年法務省令27号7条），前記と同様150年とされている

(3) 平成6年法務省令51号（戸規附則2条1項）の改製による従前の戸籍で原戸籍となったもの　この原戸籍の保存期間は，改製の日から100年（同省令51号，戸規附則2条6項）とされていたが，現在150年に延長されている（戸規附則2条6項）。

【4】 原戸籍の謄抄本の認証文　大正4年以来「右謄（抄）本ハ，原戸籍ノ原本ト相違ナキコトヲ認証ス」と除籍と区別して表示すべきものとされ（大4・1・11民1800号回答），昭和23年以降においても「この謄（抄）本は，原戸籍の原本と相違ないことを認証する」と除籍と区別した取扱いをすることになっている（昭23・5・7民事甲249号回答）。

No.101　戸籍（除籍・原戸籍）の正本・副本

【1】 正本の意義　戸籍または除かれた戸籍（除籍）の正本とは，副本に対する用語で，原本の趣旨に用いられている。そのことは，正本が市町村役場に備えつけられ，副本は正本によって作成されるということからうかがわれる（戸8条，戸規15条）。したがって，正本の作成・保存は原本の取扱いをすることになる。

次に，正本という意味が，謄本の一種に用いられる場合がある。それは法令の規定に基

籍がある。(イ) 明治5年式戸籍の改製は当時許可制のため，明治19年式戸籍の当時にはすべてが改製されないで，明治31年式戸籍の時代になっても明治5年式戸籍が残存していたようである。この改製未了戸籍は，明治31年戸籍法221条に基づく個々的命令によって，随時，明治19年式戸籍を編製することなく，明治31年式戸籍に改製したことにより除かれた従前の戸籍も原戸籍となっている。この場合の原戸籍であることを識別する表示としては，原戸籍の戸主の事項欄に相当する箇所（白紙のため罫がない）に「明治参拾七年拾月五日司法大臣ノ許可ヲ得テ改製㊞」または「明治四拾参年七月六日付司法大臣ノ訓令ニ因ル明治四拾参年七月弐拾九日改製戸籍ニ付除籍㊞」の例による記載がなされている。

(2) **明治19年式戸籍で原戸籍となったもの** この原戸籍には，(ア) 明治31年戸籍法221条1項に基づく個々的命令により明治19年式戸籍を，その次の新様式である明治31年式戸籍に改製したことによって除かれた従前の戸籍がある。(イ) 大正3年戸籍法185条に基づく個々的命令により明治19年式戸籍を，大正4年以後に大正4年式戸籍に改製したことによって除かれた従前の戸籍がある。なお，昭和22年11月13日の一般的命令により，昭和22年末までに大正4年式戸籍に改製したことなどによる除かれた従前の戸籍がある。前記の原戸籍であることを識別する表示としては，原戸籍の戸主の事項欄に前記(1)の例示による振合いのほか，大正4年以後には「昭和弐年拾弐月六日改製ニ付本戸籍ヲ抹消ス㊞」の例による記載がなされている。

(3) **明治31年式戸籍で原戸籍となったもの** この原戸籍には，(ア) 大正3年戸籍法184条2項に基づく司法大臣の個々的命令により明治31年式戸籍を，その次の新様式である大正4年式戸籍に改製したことによるものと，(イ) この改製をしなかった戸籍については，昭和22年戸籍法128条1項但書（平成19年法律35号で改正され附則3条となった）に基づき，明治31年式戸籍を昭和33年4月以後に昭和23年式戸籍（現行）に改製したことなどによる除かれた従前の戸籍がある。前記(ア)の原戸籍であることを識別する表示としては，前記(2)と同じく戸主の事項欄に「昭和拾壱年八月弐拾日改製ニ付本戸籍ヲ抹消ス㊞」の例により記載がなされている。ただし，昭和23年式戸籍に改製した場合には，次の(4)による。なお，大正4年1月1日以後の除籍については，「除籍」の朱印を押すことになっているが，前記(1)(2)(3)の各原戸籍には，除籍と区別するため除籍印は押印しないことになっている（大7・7・20民1388号回答）。

(4) **大正4年式戸籍で原戸籍となったもの** この原戸籍は，昭和22年戸籍法128条1項但書（平成19年法律35号で改正され附則3条となった）に基づく昭和32年6月1日の一般的命令によって，大正4年式戸籍を昭和23年式戸籍（現行）に改製したことによって除かれた従前の戸籍である。この原戸籍であることを識別する表示としては，原戸籍の戸主の事項欄に「昭和参拾参年四月壱日改製につき本戸籍消除㊞」または「昭和参拾弐年法務省令第二十七号により昭和参拾四年四月弐日あらたに戸籍を編製したため本戸籍消除㊞」の例による記載がなされている。なお，このほか，原戸籍の上部右欄外に「改製原戸籍」の表示がなされている。

り，除籍簿は年ごとに別冊として毎葉に丁数を付して，その表紙に「平成何年除籍簿」と記載する（戸規5条1項，昭25・9・6民事甲2435号回答）。もっとも，多量のときは分冊することができ，この場合には表紙に番号のほか，地区別にするときは内容を明らかにする地区名をも記載する（戸規5条2項・4条2項）。また，量が少ないときは数年分を合わせてつづることができるが，この場合には，さらに表紙をつけて「自平成何年至平成何年除籍簿」と記載する（戸規5条3項）。

【4】 **除籍簿の保存** 除籍簿は，戸籍簿とともに人の身分関係を登録公証する重要な帳簿である。すなわち，戸籍の仕組み（戸23条）が身分変動によって新戸籍が編製され，または，他の戸籍に入る者は，従前の戸籍から除かれる（死亡者，失踪宣告を受けた者，国籍喪失者も同様である）。この場合，新戸籍または他の戸籍に入っても，出生以来の身分事項がすべて移記されるわけではない（戸規37条・39条）。したがって，現在の戸籍のみでは他の戸籍に在る者との親族関係を知ることができない場合が多く，どうしても除かれた戸籍の介在を必要とする。このような身分の変動を記録した除かれた戸籍をつづった除籍簿は，その保管について，戸籍簿とともに施錠のある耐火性の書庫に格納するという厳重な取扱いが定められ（戸規8条），しかも事変を避ける場合でなければ，役場外に持ち出すことができない（戸規7条）。前記のとおり，除籍は利用度の高いことから，その保存期間も従前50年であったものが80年に改正され（昭和36年12月8日法務省令57号），さらに，150年に改正された（平成22年5月6日法務省令第22条＝戸規5条4項）。なお，前記の改正前に80年の保存期間を満了している除籍についても，その廃棄手続の未済のものは，改正後の規定が適用され，150年保存すべきものである（平成22・5・6民一1080号通達）。また，廃棄決定としたものであっても廃棄処分を保留して保管しているものについては，廃棄決定を取消し，改正後の保存期間に関する規定が適用されることになっている（同通達）。

【5】 **磁気ディスクによる除籍** (1) 磁気ディスクをもって調製された除かれた戸籍を蓄積して除籍簿とする（戸119条2項後段）。

(2) 除籍簿の同一事項の備付け（戸籍簿に同じ）

No.100
原戸籍（改製原戸籍）

【1】 **意義** 改製原戸籍（以下「原戸籍」という）とは，戸籍の改製によって従前の戸籍が消除され，新たな戸籍が編製された場合の，その除かれた従前の戸籍を指称する。つまり，原戸籍は，通常の身分関係の変動を原因とした戸籍の消除，すなわち一般の除かれた戸籍「除籍」とは，登録事項の公証という効力においては何ら優劣のあるものではないが，両者は消除原因の相違からして区別した取扱いがなされている〔→No.112「戸籍の改製」みよ〕。

【2】 **原戸籍の種別** (1) **明治5年式戸籍（壬申戸籍）で原戸籍となったもの** この原戸籍には，(ア) 明治19年内務省令22号戸籍取扱手続5条が「戸籍簿ノ改製ヲ要スルトキハ管轄庁ノ許可ヲ受ケテ之ヲ為スヘシ」と定めていたことから，その当時に市町村が自主的に許可を受けて明治5年式を明治19年式戸籍に改製したことによって除かれた従前の戸

は，近年，事務の合理化，能率向上の見地から一戸籍ごとにファイルし，これをキャビネットの抽出に相当数収納する方式も認容されている（昭45・12・2民事甲4708号回答）。
【8】 **磁気ディスクをもって調製される戸籍・除籍（用紙を用いた戸籍と異なる部分）**
(1) **法的根拠** 電子情報処理組織による戸籍は，磁気ディスクに記録し，これをもって調製する（戸119条）。これらの磁気ディスクをもって調製された戸籍を蓄積して戸籍簿とする（同条2項前段）。また，磁気ディスクをもって調製された除かれた戸籍を蓄積して除籍簿とすることとされている（同条同項後段）。

(2) **磁気ディスク記録戸籍の様式とひな形** 磁気ディスクに記録し，これをもって調製された戸籍については，その記録事項証明様式（横書き方式）及び証明事項が，戸籍法施行規則73条に規定されるとともに，付録22号様式で定められ，具体的な記載方法については，同規則73条6項により付録24号において記載のひな形として示されている〔→本書末尾附録みよ〕。このひな形の戸籍事項，身分事項は，左側に基本タイトル（出生，死亡などの事件の種別）を明示し，次に縦の分岐線を入れてその右側に具体的事件の処理欄を設けている。この処理欄には，戸籍用紙を用いた戸籍の文章形式に代えて（文章を分解した形），戸籍事項または身分事項は各要素ごとの項目をかかげて，その必要文言のみを記入することとし，その摘示したものが一目でわかるように配慮されている。なお，年月日の記載は多角文字でなくアラビア数字を用いることができる（戸規73条5項）ほか，同規則73条6項により付録24号に記載のひな形を示し，各種事例の記載例（法定記載例・参考記載例）が示されている（戸規付録7号，平6・11・16民二7000号通達）。

(3) **磁気ディスク記録と同一事項記録（副記録）の別途備付け** 市町村長は，磁気ディスクをもって調製された戸籍簿および除籍簿に記録された事項と同一の事項の記録をバックアップとして別に備えることとされている（戸規72条1項）。この副記録は，電子組織の事故に備えて応急の回復措置を考慮されてのものである（同条2項）。

No.99
除 籍 簿

【1】 **戸籍用紙による除籍の意義** 戸籍から一部の者を除くこと（一部消除）も「除籍」といい（戸規40条1項），また，一戸籍内の各員が順次消除されて，その全員が除かれた場合，戸籍簿（戸籍をつづった帳簿，戸7条）からその戸籍を別つづりの帳簿に移すこと（戸籍の全部消除）も「除籍」という（戸規40条2項）。この戸籍簿から除かれた戸籍を「除かれた戸籍」といい，除かれる以前の戸籍を単に「戸籍」というのと区別される。この「除かれた戸籍」は，また「除籍」ともいわれ，それをつづり込むものが「除籍簿」である（戸12条）。したがって，除籍は除籍簿に対する関係では個々の除かれた戸籍を指称することになる（大3・12・28民893号回答）。

【2】 **戸籍用紙による除籍（戸籍の全部消除）の事由と手続** 戸籍の全部が除かれる場合としては，戸内の全員が除かれたとき（全員除籍），市町村を異にする管外への転籍，戸籍訂正などであり，その除かれる戸籍には，これらの事由を戸籍事項欄に記載のうえ，その戸籍の全部を消除または訂正する（戸規34条3号〜5号・40条2項・42条・44条・同附録8号〜法定記載例130・同附録8号第1様式）。

【3】 **戸籍用紙による除籍簿の調製** 除かれた戸籍は，その除かれた順序に除籍簿につづ

戸籍が数葉の用紙にわたるときは，戸籍事務管掌者（職務代理者を含む）の職印で（職印を未調製の間は認印で）毎葉のつづり目に契印し（囲），毎葉には丁数を記入すべきものとされている（戸規2条1項）。次に，一つの戸籍の各葉の用紙中にある欄の記載事項が多くなって余白がないときは，当該用紙に掛紙を貼ってこれに戸籍の記載をするが，この場合も掛紙と本紙とにかけて戸籍事務管掌者の職印で契印をする（同条2項）。

　この掛紙の利用される場合は，主として事項欄である。なお，掛紙の方法は，当該戸籍事項欄または身分事項欄に当該欄と同じ大きさの様式の丈夫な用紙を用いてこれを貼付する（糊づけする部分は，上段欄外の余白を利用する）。ただ，戸籍事項欄は，上下段全部をそのままでは，掛紙が長過ぎ，使用に不便があるので，便宜，上段に相当する部分のみと同じ寸法の様式でもって用いることが認められている（昭39・4・6民事甲1497号回答）。前記の契印・丁数を記入する趣旨は，一つの戸籍として一体であることを明らかにするためのものである。すなわち，正規の手続によって記載されたものであることが明らかになるので，戸籍の偽造を防止し，かつ，初葉と各葉の用紙との関連，また，本紙と掛紙とのつながりを明らかにして戸籍用紙の紛失発見に役立つものである。

　囲　契印と割印＝契印とは，一つまたは一連の書類が数紙または数個の書類からなる場合に，その相互の連接が正当になされたことを確認するために，そのつづり目に一つの印章を押すことまたはその印影（押したあと）を指す。公務員の作成する書類では契印を要求されることが多い（登記所または公証人役場における確定日附ある証書の記入手続……民施6条2項）。

　　割印とは，分離した2個の書類の両紙面にまたがって押す印章またはその印影，つまり書類相互間の関連を証するためのものである（民施6条1項）。なお，契印のことを俗に割印または割判ともいい，契印を割印の意に用いた場合もある（公証人の私署証書に与える認証の方式……公証59条）。

【6】　**戸籍用紙による戸籍の編綴順序**　戸籍簿は多数の戸籍がつづられたものである。戸籍をつづる順序は，地番号もしくは街区符号の番号の順序によることとされている（戸規3条）。もし，一つの市町村内に起番区域を異にした区画（町または字の区域）が二つ以上あるときは，その区画の順序を市町村長が適宜に定めるが，この場合も各区画ごとの地番号もしくは街区符号の番号の順序につづることになる。しかし，市町村長が相当と認めたときは，前記の番号の順序によることなく，町または字を区域とした区画ごと，あるいは市町村長が定める区域ごとに，戸籍の筆頭者の氏のあいうえお順につづることが認められている（同条）。

【7】　**戸籍用紙による戸籍簿の表紙**　戸籍簿には，一定の表紙（「戸籍簿」と表示）をつけ（戸規4条1項），また，これを適当な量に分冊することも認められている（同条2項前段）。分冊の場合は，表紙に分冊の番号を記載し，また，分冊が地区によって分冊してあるときは，その地区の名称も記載するものとされている（同条2項後段）。戸籍簿には，常に，新たに編製された戸籍がつづられ，また，除かれた戸籍はとりはずされるので，その加除に便利なバインダー式の帳簿が利用されている。なお，戸籍簿の保管方法について

【4】 戸籍に関する帳簿

No.98
戸 籍 簿

【1】 **戸籍の編製** 戸籍は，市町村の区域内に本籍を定める一の夫婦，また，その夫婦と氏を同じくする未婚の子があれば，その夫婦と子を単位に一つの戸籍がつくられる。ただし，外国人と婚姻した者または配偶者のない者について，あらたに戸籍を編製するときは，その者について一つの戸籍を，また，その者と氏を同じくする未婚の子があれば，その者とその子を単位に一つの戸籍がつくられる（戸6条）〔→ No.116「氏」，No.115「本籍」みよ〕。

【2】 **用紙による戸籍** 一つの戸籍をつくるには，所定の用紙を用いることとされている。すなわち，戸籍用紙は，日本工業規格B列4番または美濃判の丈夫な用紙を用いなければならない（戸規1条）。これは，原本として永年使用に耐えるものであることが要請されるからである。囲〔→「磁気ディスク」によるもの後掲【8】みよ〕。

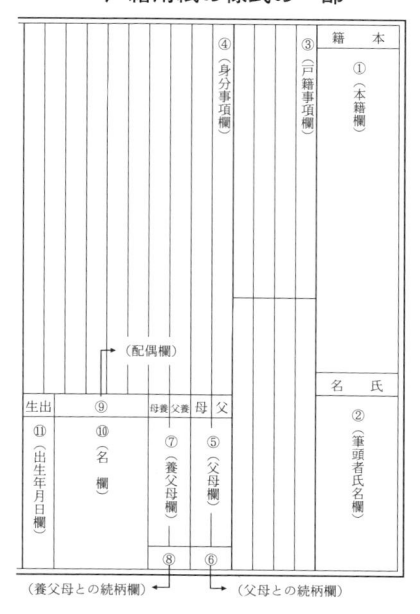

【3】 **戸籍用紙の様式（形式）** 戸籍用紙の様式も一定されており（戸規附録1号），その様式の事項欄の行数を増減することは認められていない（明31・9・27民刑1240号回答）。もし，違法な様式で調製した戸籍は，戸籍法24条2項の規定により管轄局の許可を得て調製替えすべきものとされている（昭26・5・10民事甲947号回答）。なお，戸籍用紙の枠の寸法については，昭和27年に改正（昭和27年法務省令66号，同年7月1日施行）されるまでは，縦22cm，横13cmと定められていたが，美濃判の用紙を用いる場合，多少の拡大を考慮して，枠寸法の制限を撤廃して任意とされた。しかし，公簿の体裁および公示上からして，従前の寸法を基準に調製されているのが実際である。

【4】 **戸籍用紙の各記載欄** 戸籍用紙には，①本籍欄，②筆頭者氏名欄，③戸籍事項欄，④身分事項欄，⑤父母欄（特別養子も同じ），⑥父母との続柄欄（特別養子も同じ），⑦養父母欄（普通養子のみ），⑧養父母との続柄欄（普通養子のみ），⑨配偶欄，⑩名欄，⑪出生年月日欄と称せられるものがある〔→「戸籍用紙の様式」右図みよ〕。このうち，③と④を併せて事項欄と総称し，また⑦〜⑨は戸籍用紙中にあらかじめ設けないで，必要のつど記載して設けられる〔→ No.127「戸籍の記載事項と記載欄」みよ〕。

【5】 **戸籍用紙の契印・丁数・掛紙** 一つの

戸籍用紙の様式の一部

（右側に戸籍用紙様式図：①本籍欄，②筆頭者氏名欄，③戸籍事項欄，④身分事項欄，⑤父欄，⑥父母との続柄欄，⑦養父母欄，⑧養父母との続柄欄，⑨配偶欄，⑩名欄，⑪出生年月日欄）

(イ) 裁判所の審判，管轄法務局の長の許可処分に対しては，行政救済としての不服の申立ては許されない（大6・6・14大審院決定，大7・12・20大審院決定〔戸籍総1413頁・1417頁〕）。戸籍法121条の不服申立ては，戸籍事件について市町村長のした処分に対するものであるから，家庭裁判所の戸籍訂正許可の審判などに対しては，家事事件手続法によるべきである。また，管轄法務局の長の戸籍訂正許可などは，市町村長に対する管轄上の行為であって，直接外部に対して効力を有するものではないから，これに対して直接不服の申立ては許されない。

【3】 **不服申立権者と申立手続** 不服の申立てができる者は，市町村長の具体的処分によって不利益を受けた者である。申立先は，申立人が違法処分をしたという当該市町村長の所在地（市町村役場）を管轄する家庭裁判所である（家事法226条4）。

【4】 **審判手続** (1) この事件は，調停に適しないのでもっぱら審判手続により処理される（戸122条，家事法226条4別表第1の125）。

(2) 家庭裁判所は，審判前に当該市町村長の意見を求めなくてはならないものとされている（家事法229条）。これは市町村長に処分について再考する機会を与えることになる。

(3) 審判の範囲は，前述のとおり届出の実質（内容）の真否を判断するものではなく，市町村長の審査権（形式審査権）の範囲内における処理の当否を判断すべきものである。すなわち，この審判が確定しても，届出の有効・無効が確定したことにはならない（昭6・7・29大審院決定〔戸判総1414頁〕）。

(4) 家庭裁判所は，審理の結果，申立てに理由があると認めるときは，当該処分をした市町村長に相当な是正の処分を命ずることになる（家事法230条2）。もし，申立てに理由がないと認めるときは，申立てを却下することになる。この申立ての認容・却下の審判は，申立人のほか市町村長に告知される（家事法230条1）。

【5】 **即時抗告** 前述の市町村長に処分の是正を命ずる審判に対しては市町村長から，また，申立てを却下する審判に対しては申立人から，不服申立てとしてそれぞれ告知を受けた日から2週間以内に，当該家庭裁判所を管轄する高等裁判所に対して即時抗告することができる（家事法86条・231条）。なお，即時抗告の方法は，原裁判所である当該家庭裁判所を経由して高等裁判所に，書面ですることとされている（家事規55条）。

【6】 **不服申立て認容の審判確定後の戸籍の処理** 不服申立てを認容する審判が確定すると，当該市町村長は直ちに相当の是正の手続をとらなければならない。たとえば，不受理の処分をした届出について受理を命ずる審判が確定すれば，直ちに受理の手続（創設的届出については，当初の受付日に遡及して有効に成立する）をして戸籍の記載をすることとなる。また，戸籍の記載を命ずる審判が確定すれば，その審判に基づいて戸籍の記載をすることとなる（戸15条）。この受理命令または戸籍の記載命令の結果戸籍に記載する場合は，戸籍の記載事項中に当該命令の裁判確定年月日を記載すべきものとされている（戸規30条6号，同附録7号～法定記載例66～68）。

の方法として当該行政庁に対する異議の申立て，もしくは直近の上級庁に対する審査請求をすることが認められている（行不審3条）。しかし，戸籍事件に関する不服の申立ては，戸籍事務の性質を考慮し，これと密接な関係にある家庭裁判所にするのが適当であるので，特別の定めとして，戸籍法121条では家庭裁判所の管轄としている。したがって，戸籍事件についての不服の申立ては，家庭裁判所に対してのみこれをすることができるのであって，通常の行政訴訟は許されないものと解されている（青木義人「戸籍法」384頁）。また，行政不服審査法による審査請求もしくは異議の申立ては，戸籍事件について許されない旨が戸籍法123条に明定（行政不服審査法の適用除外）されている。なお，行政事件訴訟法1条，行政不服審査法1条2項にも，特別の定めがある場合には，その適用を除外する旨が規定されている。

【2】 **不服申立ての対象となる処分** (1) **戸籍事務管掌者の処分** 不服申立ての対象となるものは，戸籍事件についてなされた戸籍事務管掌者たる市町村長（戸1条・4条），またはその職務代理者の違法処分である。ここに戸籍事件についての処分とは，通常は，市町村長において届出，申請などを受理しない場合〔→No.153「届出の受理・不受理」みよ〕，また，適法な届出として受理していることが明らかである（受附帳登載済）のに戸籍の記載をしない場合，あるいは戸籍簿の謄抄本の交付をしない場合（消極的処分）などのように，戸籍記載以外の処分で市町村長が職権をもって変更できるものを指し，市町村長が任意に変更することのできないものは包含しないものと解されている。したがって，市町村長が届出を受理し，これに基づき戸籍の記載をした以上，市町村長は任意にこれを変更できないから，もはや不服申立ては許されず，戸籍訂正によるべきものと解されている（大8・1・13宮崎区裁決定，大13・10・6東京地裁決定，大4・10・2民1557号回答＝以上戸判総1416頁，昭58・11・8東京高裁決定〔判例時報1092号69頁〕）。もっとも，届出，申請などの受理，謄抄本の交付などの積極的処分もここにいう戸籍事件に関する処分にあたる。しかし，届出または申請を受理されれば，届出人，申請人からの不服申立ては考えられないし，利害関係人からの不服申立てがあるにすぎない。これも戸籍の記載を要する届出については，通常，受理後遅滞なく戸籍に記載されるので（戸規24条），戸籍に記載後は前述したとおり不服申立ては許されなくなる。なお，単なる帳簿書類の整理保存のような事務は戸籍事件にあたらない。

(2) **不服申立ての許される範囲** (ア) 届出事項の内容に関する事由に基づくものは許されない。市町村長が受理，不受理を決するには，原則として形式審査権〔→No.56みよ〕によって処分するのであるから，その処分についても，その範囲において考慮されるべきものと解される（青木義人「戸籍法」384頁）。すなわち，戸籍法121条は，市町村長において，戸籍に関する届出が形式において瑕疵があるにもかかわらず，これを有効として受理し，もしくは，その瑕疵がないのにこれを無効として不受理とした場合に救済する趣旨であるから，届出事項の内容の有効，無効という実質に関する事由によって不服の申立てを許す趣旨ではないと解されている（大2東京地裁決定，昭6・7・29大審院決定〔戸判総1414頁・1419頁〕）。

戸籍の記載自体は完了しても第1順位者の届出懈怠責任まで免れることはないので違反通知を要する。もっとも第2順位以下の者の届出義務については，先順位の届出義務者が届出できない状態になったことを知ったときに発生すると解するのが理論的であるが，一般には事実上届出義務の発生したことが明らかでないから，市町村長は次順位者に届出の催告をなし，その催告に応じなかった場合に，はじめて次順位者の懈怠責任を追及することが妥当であるという取扱いである（昭34・11・30民事(二)発595号回答）。

(2) **不正手段による戸籍謄本等の入手者等** 個人のプライバシー保護等の観点から，偽りその他不正の手段により戸籍，除籍の謄抄本等の交付を受けた者，届書等の閲覧，証明書の交付を受けた者に対する制裁である。この場合は，利害関係人からの過料裁判の申立て，市町村長等からの戸籍法違反通知ができるものと解される。

(3) **市町村長の職務懈怠** この場合は，市町村長からの通知ということは考えられないので，通常は管轄局の長からの戸籍法違反通知がなされる。このほか，通知がなくても過料の裁判をするのに妨げとはならない（明37・7・13民刑750号回答）ので，利害関係人からの過料裁判の申立てによっても，また裁判所の職権によっても可能であると解される。

【4】 **過料の裁判手続** 裁判は非訟事件手続法162条の規定によって，理由を付した「決定（判決よりも簡易な手続）」でなされる（非訟162条1項）。この決定は裁判所の相当と認める方法（郵便送達，その他）によって裁判を受ける者に告知されれば，裁判として効力を生ずる（非訟18条）。もっとも，裁判所がこの決定をするには当事者の陳述を聴き，検察官の意見も求めることになっている（非訟162条2項）。この告知された裁判については，当事者および検察官が地方裁判所に即時抗告をすることが許されている（非訟162条3項，裁24条）。この即時抗告は裁判の告知を受けてから1週間内にしなければ有効と認められない（民訴332条）。

また，過料の裁判は裁判所が相当と認めたときは，当事者の陳述を聴かないで行うことができる（非訟164条1項）が，この場合の裁判に対して当事者および検察官は，その裁判の告知を受けてから1週間内にその裁判をした裁判所に異議を申し立てれば，その裁判は失効停止する（非訟164条2項）から，その際は裁判のやり直しであらためて当事者の陳述を聴いて行われる（非訟164条4項）。

裁判は前述したように告知後，1週間内に即時抗告または異議の申立てがないと確定する。裁判の確定によって，裁判所からその旨を検察庁に連絡し，過料の確定裁判は検察官の命令で執行され，強制執行の手続は民事訴訟法の強制執行の規定によって行われるので，過料の納付先は検察庁である。

【参考文献】 青木義人・大森政輔「全訂戸籍法」

No.97 市町村長の処分に対する不服の申立て

【1】 **戸籍事件に関する不服申立ての準拠法** 行政庁の違法な処分に対しては，一般的には，その取消しを求める行政訴訟を提起することができる（裁3条，行訴3条）。また，処分の内容によっては，不服申立て

が過料の制裁を受けることになる。なお，市町村長の在職中における職務懈怠は，その離職後でも過料の処分をなすことができるものと解されている（明 32・11・8 民刑 1949 号回答，明 35・2・5 民刑 86 号回答）。

【２】　違反行為（戸籍法上）の個数　　届出または申請義務者について，一つの届出でも法定の届出期間を正当の理由がなく懈怠したときは，そのこと自体で１件の違反行為となり，その場合，市町村長から一定の期間を定めて届出の催告があったのに，その指定期間内に届出をしないときは，さらに１件の違反行為が成立する（昭 11・10 長崎地方管内連合戸協決議）。一方，市町村長が，数個の届出について継続して戸籍の記載を怠った場合は，これを１個の行為とみて処断すべきでなく，数個の違反行為があるものとして，各行為についてそれぞれ過料の処分をすべきものと解されている（大 8・6・6 大審院決定〔民録 25 輯 976 頁〕№95 の【１】(2)参照）。

【３】　違反通知（戸籍法上）　(1)　届出義務者の届出懈怠　　市町村長は届出，申請またはその追完の届出を怠ったことを知ったときは，遅滞なく（正当な，または合理的理由がない限り遅延が許されないという意味）届出事件を具して管轄簡易裁判所に通知すべきものとされている（戸規 65 条）。この場合の通知先である裁判所については，過料の処分を受けるべき者（届出義務者）の住所地を管轄する簡易裁判所である（戸 138 条，非訟 119 条〜122 条）。なお，過料に処せらるべき者が，日本に住所がないかまたは知れないときは居所地，居所がないか，または知れないときは最後の住所地，最後の住所もなく，またはこれも知れないときは東京都千代田区の簡易裁判所が管轄することになっている（非訟 2 条，昭和 23 年最高裁規則 30 号）。

　次に，通知にあたっての注意すべき点をいくつかかかげる。

　(ア)　この通知をすべき市町村長は，届出などを受理した市町村長に限られていないので（規則には届出懈怠を知った市町村長と定められている関係上），二重の通知をする必要のないことを明らかにするために，受理市町村長が通知を了したときは，本籍地市町村長に送付する届書に「戸籍法違法通知済もしくは届出期間経過通知済」などの例による表示をすべきものとされている（昭 12・7・12 民事甲 937 号通牒）。

　(イ)　この通知は，法定期間内に届出などがなされないときは，正当な理由の有無に関係なく（正当の理由の有無の判断は裁判所がすべき性質のものと考えられるから），一応，通知し，裁判所の判断を待つべきものとされている（大 11・4・29 民事 1307 号回答）。したがって，市町村長が届出，申請などを怠っている者を知ったときは，戸籍法 44 条 1 項の届出催告をするとともに，その届出懈怠者を簡易裁判所に遅滞なく通知すべきである。この届出催告に定めた相当の期間内に届出がないときは，戸籍法 44 条 2 項の規定によって，さらに届出催告をすることができるが，この場合にも届出催告に応じなかった旨を簡易裁判所に遅滞なく通知すべきである。

　(ウ)　第 2 順位者以下の懈怠責任について，第 1 順位の届出義務者が届出期間を経過しても届出しないために，第 2 順位の者から届出があったり，もしくは届出義務者以外の者から届出があって市町村長が管轄局の許可（戸 44 条 3 項）を得て職権記載をした場合には，

(3)　正当な理由がなくて届書その他受理した書類の閲覧を拒んだとき。
　(4)　正当な理由がなくて戸籍謄本等、除籍謄本等、第48条第1項若しくは第2項（これらの規定を第117条において準用する場合を含む。）の証明書又は120条第1項の書面を交付しないとき。
　(5)　その他、戸籍事件について職務を怠ったとき（昭23・12・9民事甲2831号回答）〔→№96「戸籍法違反通知・過料裁判」みよ〕。
　なお、市町村長の前記違法な処分に対する救済方法については、不服の申立てが認められている〔→№97「市町村長の処分に対する不服の申立て」みよ〕。
【2】　**刑事責任**　戸籍事務に関して、市町村長、職務代理者、職務補助職員等が虚偽公文書作成罪（刑156条）、収賄罪（刑197条・197条の2・197条の3）、背任罪（刑247条）等の刑事責任を負うことがある〔→№84「戸籍の意義と正確性保持」みよ〕。
【3】　**民事責任**　「国又は公共団体の公権力の行使に当る公務員が、その職務を行うについて、故意又は過失によって違法に他人に損害を加えたときは、国又は公共団体が、これを賠償する責に任ずる」（国賠1条）ことになっているが、これを戸籍事務についてみると、戸籍事務は国家事務であり、その処理は国家公権力の行使にあたるから、これについては、国家賠償法の適用がある。すなわち、戸籍事務を処理する市町村長、職務代理者、またはこれらの職務補助職員等の公務員がその職務を行うについて、故意または過失によって違法に他人に損害を加えたときは、国がその賠償の責に任じ（国賠1条1項）、戸籍事務の経費を負担する市町村もまた、これが賠償の責に任ずることになる（国賠3条1項）。この国および市町村の責任は連帯債務と解されている。なお、公務員個人は通常被害者に対して直接の賠償責任は負わないが、公務員に故意または重大な過失があったときは、国又は市町村はその公務員に対して求償することができることになっている（国賠1条2項）。
【参考文献】　石井敬二郎「戸籍読本」17頁以下

№96
戸籍法違反通知・過料裁判

【1】　**過料裁判（戸籍法違反）の対象者**　「過料」は刑罰（刑9条）ではなく行政上の制裁で行政罰であり、戸籍事務に関するものには次のものがある。
　(1)　対象者の一は、戸籍法上の届出、申請などを正当の理由がなく一定の期間内にしない者である（戸135条）。…秩序罰。
　(2)　対象者の二は、戸籍法上の届出、申請などを正当の理由がなく一定期間内にしない者について、さらに一定期間を定めて届出・申請の催告をなしたのに、これに応じなかった者である（戸136条）。…秩序罰。
　(3)　対象者の三は、不正の手段により戸籍謄本等、除籍謄本等又は磁気ディスクに記録された記録事項の証明書の交付を受けた者である（戸133条）…懲戒罰。
　(4)　対象者の四は、不正の手段により届出の閲覧をし、又はその証明書の交付を受けた者である（戸134条）。…懲戒罰。
　(5)　対象者の五は、戸籍事務管掌者たる市町村長の職務違反である（戸137条）。…懲戒罰。その内容は戸籍法137条参照。事務補助者に職務違反行為があったときは、市町村長

法務局が直接これを担当するとともに，法務局の長はその管轄内の地方法務局の事務をも指揮管轄する（法務省設置法18条5項）。また，支局においては法務局長，地方法務局長の指揮管轄のもとに戸籍の管轄事務を分掌する（同法19条1項・2項）。

(2) **管轄権** 法務局，地方法務局の長の管轄区域は前記のとおり一定されており，管轄庁も市町村役場の所在地によって定まる。戸籍法3条1項・2項に基づく，法務局，地方法務局の長の管轄権は，自己の管轄区域の市町村の戸籍事務に限られ，他管内のそれには及ばない。すなわち，甲管轄局管内の市町村と乙管轄局管内の市町村の双方に関連する戸籍訂正について，甲管轄局管内の市町村の戸籍については甲管轄局長が，乙管轄局管内の市町村の戸籍については乙管轄局長が許可を与えるべきであると解されている（昭27・1・26民事甲34号回答）。もっとも，訂正する事項が表裏一体の関係にある場合（たとえば，婚姻による入除籍の記載が遺漏している場合），もしくは戸籍届出に代わる職権記載の事項が表裏一体の関係にある場合（たとえば，調停離婚による入除籍の記載をする場合）などは，双方の市町村が同一の管轄局内にあると否とにかかわらず，一つの市町村において戸籍の訂正または記載の許可を受けて，他の市町村に許可書の謄本を送付することによって，直ちに処理することが認められている（昭31・4・26民事甲912号回答）。なお，A地方法務局の直轄内の市町村と同地方法務局内のX支局管内の市町村の双方の戸籍について訂正する場合は，前記【2】の(3)で述べたとおりA局長は双方の戸籍について訂正許可（一方には訂正指示）を与えることができる。

【参考文献】 ①青木義人・大森政輔「全訂戸籍法」，②石井敬二郎「戸籍読本」23頁以下

No.95
戸籍事務管掌者と戸籍事務補助者の責任（行政上・刑事上・民事上）

戸籍事務に関する市町村長またはその補助者の違法な行為が刑法その他の行政法の罰則にふれている場合には，刑罰，行政罰の対象となる。また，民事上の責任を生ずる場合もある。

【1】 **行政責任** 戸籍法137条は，次の場合に行政上の責任として市町村長が行政罰である過料の制裁を受けることのあることを規定している。

(1) 正当な理由がなくて届出または申請を受理しないとき。
(2) 戸籍の記載又は記録をすることを怠ったとき。

(判例) （大8・6・6大審院決定）「戸籍法第22条ニ依レハ，本籍地ノ市町村長ハ戸籍ノ届書ヲ受理シタルトキハ遅滞ナク戸籍ノ記載ヲ為スコトヲ要スルカ故ニ，某記載ハ届書受理後可成速ニ為ササル可カラス，抗告人ハ大正8年3月1日ヨリ同月28日迄ニ受理シタル44件ノ届書ニ付キ，同年4月4日以後ニ至リ戸籍ノ記載ヲ為シタルモノナレハ，特別ナル正当ノ事由ナキ限リ某記載ヲ怠リタルモノトシテ問擬セラルヘキヤ論ナシ，然リ而シテ市町村長ガ数個ノ届書ニ付キ継続シテ戸籍ノ記載ヲ怠リタル場合ニ於テハ，之ヲ1箇ノ行為ト看做シ処断スヘキモノト為シタル規定アルニ非サレハ，此場合ニ於テモ戸籍法第178条第2号ニ該当スル数箇ノ違反行為アルモノトシテ，各行為ニ対シ各別ニ30円以下ノ過料ニ処スヘキハ当然ナリ。」

「戸籍先例」の「法務省の見解と異なる見解」75頁みよ）。

(ｳ) **戸籍事務協議会の決議（意義）**　戸籍事務協議会は，全国連合戸籍事務協議会，各法務局，地方法務局ごとの協議会，各支局ごとの協議会などで，いずれも市町村戸籍実務担当者の任意団体であるが，その決議は管轄庁の指示を得て実施しているので，実務上重要な意義をもっている。

(2) **法務局，地方法務局の長の関与**（支局長の場合を含む）　(ｱ) **管轄権の及ぶ範囲**
管轄権の対象が戸籍事務そのものに限られるのはもちろんであるが，財務，人事行政など市町村の自治事務については，それが戸籍事務に関連するものであっても管轄権は及ばない。しかし，管轄権が及ばないということは，市町村長がその指示に従うべき法的義務がないということであって，戸籍事務の運用に関連する戸籍担当者の配置，予算措置などについて助言，勧告をすることはさしつかえないものと考えられる。

(ｲ) **一般的なもの**　法務局，地方法務局の長は，法務大臣の指揮管理のもとに管内市町村の戸籍事務が法令に基づき適正に，かつ，滞りなく行われるように，これを管理する責務がある。そのために事務取扱いにつき指示を発することができる（明31・11・29民刑1668号回答）。たとえば，現に明治31年当時から今日まで戸籍事務の取扱準則が制定されている（昭23・1・13民事甲17号，昭29・11・5民事甲2335号，昭42・4・13民事甲615号各通達）。また，市町村の事務取扱いに関する疑義照会に対する回答が日常行われている。なお，市町村長の職務懈怠に対しては，管理者として戸籍法違反の通知をすることができる（戸122条）。

(ｳ) **法令上に明示されているもの**　① 市町村長の職権による戸籍訂正，または戸籍記載の許可（戸24条2項・44条3項），② 電子情報処理組織による戸籍の取扱い指定申出の経由（戸規70条），③ 戸籍簿，除籍簿の持出しの場合，戸籍簿，除籍簿の滅失もしくは滅失のおそれある場合，または書類引継ぎの場合に報告を徴する（戸規7条2項・9条1項・10条・80条2項），④ 戸・除籍副本，戸籍届書類の送付を受けること（戸規15条・48条2項）は，戸・除籍の再製を目的とするほかに，送付書類の審査によってその不備の注意を促すなど，種々の関与が発動される。

(ｴ) **法令上に明示されていないもの**　現に一般的助言，求報告として行われている主なるものとして，① 昭和22年8月以来実施されている現地指導（戸籍事務と人口動態調査事務との関係においてその実効を収める方法として考慮されたもの），② 市町村役場の支所，出張所で戸籍事務を取り扱うには，あらかじめ管轄庁に報告する取扱いであること（昭42・4・13民事甲615号，昭59・11・1民二5504号各通達），③ 戸籍事務担当者に対する研修，などがある。

【4】 **戸籍事務の管轄権**　(1) **法務局，地方法務局またはその支局の組織**　法務局，地方法務局の組織については，法務局は高等裁判所所在地に全国8か所，地方法務局は高等裁判所所在地以外の地方裁判所所在地にそれぞれ1か所が設けられ，それぞれの支局の管轄区域も定められている（法務省設置法18条，法務省組織令70条・同別表1）。法務局の所在地には地方法務局は設けられないで，その区域における地方法務局の所掌すべき事務は，

の命令である「法務局及び地方法務局組織規程」46条の規程により，支局においても戸籍事務（管轄事務を含む）を分掌することになっており，しかもすべての法務局または地方法務局の長は，その管内の支局長および市町村長に対する指示「戸籍事務取扱準則」によって管轄権の行使を委任しているからである。なお，行政庁がその事務の一部を下級の行政庁に委任する場合は，代理権の授与でなく，職権の一部委任である。すなわち，法務局または地方法務局の長，その管内の支局の長，およびその管内の市町村長という三者の関係は，戸籍事務の処理に関しては，互いに内部関係にある（対国民という関係からみて）ので，法務局または地方法務局の長のその管内支局の長に対する委任は，いわゆる内部委任にすぎないものと思われる。この内部委任は，職権の委譲という性質のものではなく，行政庁がその部下の職員に命じて自己の職権の一部を行わせるにすぎない（対外的責任関係は行政庁自身に帰する）（佐藤達夫ほか「法令用語辞典」17頁）。したがって，たとえば法務局または地方法務局の長が，その管内支局の市町村の戸籍についても訂正を許可できることは当然なことと解されているが，これは法務局または地方法務局の長の職権を支局の長に委譲したものではないと解することによって理解される。

(4) その他　大使，公使，領事も戸籍の届出の受理・送付の事務を分担するが，その直接の管轄は，外務大臣であり，法務大臣は外務大臣を通じて所要の調整をする。

【3】 戸籍事務関与の態様　(1) 法務大臣の関与　(ア) 法令上明示されているもの　国家行政組織法上，各省は，その所掌事務を遂行するため，局を置いたり（7条），地方支分局を置くことができ（9条），法務省には，内局として民事局等が設置され，また，地方支分局として，法務局，地方法務局が設置されている。そして，各省大臣は，同法上，主任の行政事務について，法律を施行するためまたは法律の委任に基づき，省令を発したり（12条），告示を発したり，その所掌事務について，所管の諸機関及び職員に対し，訓令又は通達を発することができる（14条）。そこで，法務大臣は，戸籍法を施行するため及び同法の委任に基づき（戸131条），戸籍法施行規則を制定したり，民事局長等に対して，戸籍に関する事務を委任し，一部専決により遂行すべきことを命じている。

次に，法務大臣は，戸籍法や戸籍法施行規則に基づき，戸籍事務に関して，次のような関与をするものとされている。まず，戸籍法3条1項に基づき，市町村長が戸籍事務を処理するに当たりよるべき基準を定めることができ，民事局長において戸籍事務取扱準則制定標準を通達している。また，戸籍簿，除籍簿等の再製，補完の指示及び告示（戸11条・12条）を行っている（なお，滅失のおそれがある戸・除籍の再製については，法務局長又は地方法務局長の専決処分である。）。さらには，戸籍法施行規則82条に基づき，法務大臣は，市町村長からの照会に対して，指示をすることができるので，民事局長等において同照会について回答している。

(イ) 先例（意義と効力）　法務大臣の関与は，通常，内部委任に基づき民事局長の通達，回答，指示の形式でなされ，これらは一般に先例と呼ばれ，戸籍の実務を処理するうえに重大な役割をもっている。先例は，戸籍事務につき行政庁の有権解釈として戸籍事務担当者を拘束し，その後の取扱いは，これにより決定され統一されることになる〔→No.48

とは異なる関与のルールを適用する必要があるため、改正後の戸籍法（以下「改正戸籍法」という）3条に、戸籍事務の処理における国の関与のあり方についての規定を設けることとなった。すなわち、改正戸籍法3条の規定は、地方自治法の関与の一般ルールの特則となるものである。

ところで、改正地方自治法245条の9は、処理基準の設定についての一般のルールを規定しているが、同条2項では、都道府県の執行機関が、市町村の法定受託事務を処理するにあたりよるべき基準を定めることができることとし、同条3項では、各大臣は、とくに必要があると認めるときは、その所管する法律またはこれに基づく政令に係る第一号法定受託事務の処理について、市町村が当該市町村の第一号法定受託事務を処理するにあたりよるべき基準を定めることができることとしている。すなわち、地方自治法の定める一般ルールでは、市町村の処理する法定受託事務については、原則として都道府県知事が処理基準の設定をし、とくに必要があるときに限り、国が市町村の処理する法定受託事務について処理基準の設定をすることとしている。

しかしながら、戸籍事務においては、この一般ルールに従い、都道府県知事が戸籍事務を処理するにあたりよるべき基準を定め、とくに必要があるときに限り、国が基準の設定をできるとするのは相当ではない。なぜなら、従前の戸籍法3条は、戸籍事務は、市役所または町村役場の所在地を管轄する法務局または地方法務局の長がこれを監督すると規定しているのであるが、これは、戸籍事務がもっぱら民法を中心とした私法法規の具体的適用を使命とし、全国的な統一がとくに強く要請されるため、都道府県知事ではなく、法務大臣の管理する地方出先機関である法務局または地方法務局の長が関与を行っていくこととしたものであり、従来、同条は、改正前の地方自治法150条の指揮監督権を排除するものと解釈されていた（青木義人・大森政輔「全訂戸籍法」29頁）。

この改正前の戸籍法3条の趣旨は、戸籍事務の性質に由来するものであって、機関委任事務が廃止された後も、都道府県の関与を排除し、法務局または地方法務局の長が関与を行うという仕組みは、今後も維持されるべきものとして、改正戸籍法3条も戸籍事務については、都道府県知事ではなく、もっぱら国（法務大臣）が事務を処理するための基準を設定できることとしたものである。

戸籍事務の処理にあたってよるべき基準とは、国の事務である戸籍事務をいかに処理するかの基準をいい、事務処理の仕方一般についての基準のほか、一定類型の事件についての処理の仕方等を明らかにするもので、法務省令、通知等の形式によって行われることとなる（法務省民事局第二課、戸籍誌691号、34頁・35頁、平12・3・15民二600号民事局長通達・戸籍誌700号5頁以下）。

(3) **法務局、地方法務局の支局の長**　戸籍法3条2項によれば、市町村長の管掌する戸籍事務を管轄するのは法務局または地方法務局の長であるから、それらの支局の長は法律上当然には管轄権はないものと解される。したがって、支局の長が管内市町村の戸籍事務を管轄するには管轄権の委任が必要であると解される。ところが現実にはすべての支局の長が戸籍事務について管轄権を行使しているが、これは、法務省設置法に基づく法務大臣

戸籍法2条の違反とはならない（明34・5・23民刑489号回答）。また，市町村長の職務代理者についても，戸籍法2条の適用はある。

【3】 **戸籍法2条が適用される場合の職務執行者** 市町村長が戸籍法2条に該当する事件について職務を執行することができないときは，地方自治法152条の規定による代理者がその職務を執行する〔→ №88「戸籍事務管掌者の代理者」みよ〕。

№94
戸籍事務の管理

【1】 **戸籍事務の管轄庁の沿革** 明治4年太政官布告（戸籍法33則）にはじまった戸籍制度は，その当初において行政取締を主目的とする戸口調査の制度であったことから，内務大臣の所管であったが，明治31年民法の制定によって戸籍法も従来の戸口調査の性格をもっぱら身分登録を目的とするものに根本的に改正をしたことから，当時その所管が司法大臣に移されている。それ以来，終戦直後まで司法大臣の所管であったが，司法省の機構改革によって法務行政を掌る法務総裁ないし法務大臣の所管になっている。

一方，第一線の戸籍事務を管理する地方出先機関としては，内務大臣の所管当時において，町村にあっては郡長，また市にあっては府県知事であった（明治19年内務省令22号戸籍取扱手続）のが，司法大臣に所管が移ってからは戸籍役場（市役所，町村役場）を管轄する区裁判所の一人の判事または当時の監督判事が担当した（明治31年・大正3年各戸籍法）。しかし，昭和22年5月3日日本国憲法施行と同時に裁判所の分離（司法と行政の分離）により行政を掌る法務総裁の下部機関である司法事務局の長が担当することになり，今日はその改組された法務局，地方法務局の長が法務大臣の指揮管轄権を分掌している（戸3条，法務省設置法18条）。

【2】 **戸籍事務に対する関与** (1) **法務大臣** 戸籍事務は法務省設置法4条21号によって法務大臣の所管であることが明定され，法務省は戸籍事務を遂行する責任を負う行政機関である。平成12年4月1日施行の改正戸籍法では，法務大臣は，市町村長が戸籍事務を処理するにあたりよるべき基準（以下「処理基準」といわれる）を定めることができるとされた（戸3条1項）。なお，その事務の中央における処理は民事局民事第一課が担当している（法務省設置法18条，法務省組織令4条・28条）。

(2) **法務局，地方法務局の長** 法務大臣所管の事務を分掌する地方出先機関（法務省設置法15条・18条・19条）として，戸籍法3条2項には法務局，地方法務局の長においてその管轄内の市町村の戸籍事務が適正に行われるよう種々の態様（求報告，助言，勧告および指示）により関与することが定められている。

〔団〕 「改正戸籍法3条2項の趣旨」地方分権推進一括法で地方自治法が改正され，従来の地方自治法150条が削除されるとともに，新たに，改正地方自治法11章1節として，「普通地方公共団体に対する国又は都道府県の関与等」が設けられ，地方自治体の事務の処理に対し，国または都道府県が関与を行う際の一般的なルールが規定されることとなった（平12・4・1施行）。

戸籍事務も，市町村が処理する事務であり，改正地方自治法において規定される関与の一般的なルールが適用となるが，戸籍事務については，その特殊性から，一般の法定受託事務

戸籍の整備の資料とするに足りる必要数の届書（たとえば，沖縄の某市在籍者と某町在籍者の婚姻届を受理する場合に2通）を提出させて，当該届書を事件本人の在籍する沖縄の市町村長あてに直接郵送することとされた（昭33・6・16民事甲1217号通達）。

【3】 **沖縄復帰後の戸籍事務の取扱い** 昭和47年5月15日沖縄の復帰に伴い，戸籍事務の処理についても，次のとおり種々の措置がとられた。

　(1)　復帰に伴い沖縄県の市町村長が戸籍法1条の市町村長として戸籍事務を管掌することとなり（沖縄の復帰に伴う特別措置に関する法律7条・9条1項＝昭和46年法律129号），福岡法務局沖縄関係戸籍事務所は廃止されることとなった（沖縄の復帰に伴う関係法令の改廃に関する法律24条＝昭和46年法律130号，沖縄の復帰に伴う関係法務省令の改廃等に関する省令8条・9条＝昭和47年法務省令39号）。

　(2)　復帰の際に沖縄現地市町村に備付けまたは保存の戸籍，除籍は，戸籍法による戸籍，除籍とみなされ（沖縄の復帰に伴う法務省関係法令の適用の特別措置等に関する政令14条＝昭和47年政令95号），復帰後の沖縄在籍者に関する戸籍の記載，証明などは，すべて沖縄現地の戸籍により処理することとなった（昭47・5・15民事甲1783号・1784号通達）。なお，沖縄現地の戸籍整備法（1953年立法86号）は，復帰に伴い失効したので，滅失戸籍で同法により再製手続中のもの，または再製申出のないものについては法務大臣の再製訓令が発せられた（昭47・7・15民事甲1711号訓令）。

　(3)　復帰に伴い，福岡法務局沖縄関係戸籍事務所備付けの戸籍と現地戸籍との重複または相違，また本土の市町村備付けの戸籍（除籍）と現地戸籍との複本籍もしくは錯誤については，その細部の処理方法が指示された（昭47・5・15民事甲1783号・1784号・1793号各通達，民事㈡発884号依命通知）。なお，沖縄関係戸籍事務所の廃止に伴う戸籍関係事務の処理についても，福岡法務局長あて別途指示がなされた（昭47・5・15民事甲1794号指示）。

【参考文献】　戸籍時報171号「沖縄復帰記念特集」

No.93　戸籍事務管掌者の除斥

【1】 **意義**　戸籍法2条は，民事訴訟法（23条1項），刑事訴訟法（20条），公証人法（22条），および不動産登記法（10条）などと同じく，戸籍事務管掌者である市町村長は，自己またはその配偶者，直系尊属もしくは直系卑属に関係のある戸籍事件（届出事件，謄抄本などの申請事件）について，職務を行うことができないものとされている。これは，戸籍事務が他の一般行政事務と異なって準司法的事務であるところから，とくにその職務執行の公正ひいては戸籍の正確性を保持するためである。しかし，戸籍事務管掌者が戸籍法2条に違反して職務を行った場合でも，その受理した届出または戸籍の記載は当然無効ではない。ただ，当該違反の再発防止について管轄庁から指示を受ける対象となる（昭2・4・22民事2979号回答，昭13・3・17法曹会決議）。

【2】 **適用範囲**　市町村長は，自己（その配偶者，直系尊属，直系卑属も同じ）の戸籍謄本を作成すること，または戸籍の届出を受理することができないが，市町村長が婚姻，離婚などの届出事件について証人となって，みずからこれを受理し戸籍の記載をすることは，

本籍地の市町村長として受理機関となり，受理された届出事件は，小笠原関係戸籍事務所の長に送付されて戸籍の記載がなされた（昭43・6・24民事甲2269号通達）。

No.92
沖縄関係戸籍事務所

【1】 沖縄関係戸籍事務所の由来 (1) 沖縄関係戸籍事務所は，第二次大戦の末期（昭和20年7月15日），沖縄戦局の激化に伴って本土（内地）に在住している沖縄在籍者の保護と福祉を図るため，福岡市に設置された沖縄県事務所と沖縄県内各市役所および町村役場事務取扱所にはじまる（昭20・7・15内務省発地236号内務次官通牒）。前記事務取扱所は，沖縄県庁の出先機関として一般行政のほか，同所で選任された同県内各市町村長の臨時代理者が那覇区裁判所代理としての福岡区裁判所の監督を受け，沖縄の現地市町村と同様に沖縄在籍者で本土に在住する者に対する戸籍および寄留事務（後に住民登録事務となる）を取り扱った。そして，沖縄の戸籍は，昭和20年8月他の地域に搬出保全の事実のない限り，すべて滅失したものと解し，前記事務取扱所に仮戸籍の調製が命ぜられた（昭20・8・28民事特甲350号通牒）。

(2) 昭和23年9月30日，沖縄関係事務整理に伴う戸籍，恩給等の特別措置に関する政令（政令306号）が公布されて翌10月1日から施行された。この政令によって沖縄在籍者の全部の戸籍および寄留事務（後に住民登録事務となる）で，本籍地市町村長の管掌すべきものは国の機関である福岡司法事務局（後に機構改革により福岡法務局となる）に勤務する法務庁事務官（後に法務事務官）で，法務総裁（後に法務大臣）の指定する者が管掌することとされた。また，同事務所は福岡市所在の福岡司法事務局の出張所（名称は沖縄関係戸籍事務所）として設置され，従来の沖縄県内各市役所および町村役場事務取扱所は廃止された（昭23・9・24民事甲3122号通達）。

(3) 昭和25年1月1日，鹿児島県大島郡の一部地域（北緯30度以南，北緯27度以北の南西諸島―口之島，与論島を含む）に本籍を有する者の戸籍および寄留事務をも取り扱うことになったので，「沖縄関係戸籍事務所」は「沖縄奄美大島関係戸籍事務所」と改称された（昭24・12・27民事甲3020号通達）。

(4) 昭和28年12月25日，奄美大島が日本国に復帰したため，奄美大島関係の事務を鹿児島地方法務局名瀬支局に引き継ぎ，従来の事務所は福岡法務局の支局として「沖縄関係戸籍事務所」と改称された（昭28・12・23民事甲2524号通達）。

【2】 沖縄関係戸籍事務所の性格 沖縄関係事務所は，法令上その居住地が本土，沖縄現地のいずれにあるかを問わず沖縄在籍者の全部について，戸籍の届出をするには，まず仮戸籍の調製の申出をさせ（昭26・1・26民事甲16号通達），または戸籍の編製・記載などの事務のすべてを処理する建前になっていたが，実際には本土に在住する沖縄在籍者とその者に関係ある沖縄在籍者に関するものであった。一方，沖縄現地では，昭和29年3月1日の戸籍整備法の施行以来，滅失戸籍の再製が進められ，昭和32年1月1日から本土と同様な新民法，新戸籍法が施行された。そこで本土にある沖縄関係戸籍事務所の戸籍と沖縄現地の戸籍の一致を図るための一方法として，昭和33年7月1日以降では，本土の市町村長が本土在住の沖縄在籍者の戸籍の届出を受理する場合には戸籍法36条1項・2項に規定する届書の通数（沖縄関係戸籍事務所長あての送付すべきものを含む）のほかに，沖縄の

る（昭29・2・3民事甲259号通達）。しかし、この場合にも一つの市町村長の管掌する戸籍事務が分割されるのでなく、あくまでも数か所の戸籍事務所における事務を管掌する権限のある者は一つの市町村長である。つまり、戸籍事務を管掌する市町村長の権限の一部が支所長または出張所長に移譲されるのではなくて、一つの戸籍事務を単に内部関係から数か所の窓口で取り扱うというだけのことである。

No.91 小笠原関係戸籍事務所

【1】 **小笠原関係戸籍事務所の由来** (1) 第二次大戦の末期に戦局が激化したことに伴い、小笠原諸島、硫黄列島、南鳥島の島民7,700人余は、日本軍の要請によって兵役義務者約800人を軍属として現地徴用するほか（これらの者は終戦後アメリカ軍によって本土引揚を命ぜられる）、7,000人の全島民は、昭和19年3月から7月にかけて本土に引揚げさせられた。これらの島民のために、昭和19年7月東京都が配慮して東京都港区芝海岸通に小笠原島各村役場事務取扱所を開設し、小笠原諸島の5か村（父島大村、父島扇村袋沢村、母島北村、母島沖村、硫黄島村）と村制のない2島（硫黄列島、南鳥島）の島民に物資の配給その他の保護行政を行い、戸籍、寄留事務についても同事務所で従前どおり5か村の各村長またはその代理者が管掌していた。戸籍簿および寄留簿は本土引揚の際に搬出し管理していたので、事務には大村、硫黄島村の滅失戸籍（昭和19年6月19日の現地空襲の際に焼失）のほかは支障なく行われた。もっとも、大村、硫黄島村の滅失戸籍についても、その後、再製に着手し、昭和32年5月2日に再製を完了している。

(2) 昭和21年11月15日各村長の公職追放によって戸籍・寄留事務は東京都地方事務官（小笠原支庁職員）が管掌することになったが、その後、昭和22年5月2日前記都地方事務官の管掌は解かれて5か村を1名の上席書記が管掌していた。

(3) 昭和27年4月28日平和条約の発効に伴い、沖縄関係事務整理に伴う戸籍、恩給等の特別措置に関する政令の一部を改正する政令（昭和26年政令322号）および関係法務府令の制定によって、前記事務所における前記地域に対する戸籍、寄留事務は、国家機関である東京法務局の出張所（名称も小笠原関係戸籍事務所となる）として取り扱い、管掌者も法務大臣の指定する東京法務局に勤務する法務事務官が就任していたが、昭和54年4月1日小笠原村の村政確立により、公選村長が誕生したので、同年6月1日をもって同事務所は廃止され、戸籍事務も他の市町村長と同じく小笠原村長が管掌することとなった（昭和54年5月25日政令149号・150号、法務省令33号）。

【2】 **小笠原諸島復帰後の戸籍事務の特例** 昭和43年6月26日小笠原諸島は日本に復帰したが、直ちに本土市町村と同様の事情になかったので、同島が整備されるまでの当分の間は、戸籍事務の取扱いについても、次の暫定措置がなされていた（昭和43年6月1日法律83号「小笠原諸島の復帰に伴う法令の適用の暫定措置等に関する法律」、昭和43年6月24日政令201号「小笠原諸島の復帰に伴う法務省関係法令の適用の暫定措置に関する政令」）。

(1) 小笠原村長は、戸籍事務を管掌しないで、なお、従来の小笠原関係戸籍事務所を存置し、戸籍事務を引き続いて行うこととされた。

(2) 現地小笠原諸島における戸籍の届出は、国の機関である小笠原総合事務所の長が非

㊞」と，また戸籍謄抄本などの認証資格は「何市町村長臨時代理者氏名」とそれぞれ表示する（同前通達）。なお，磁気ディスクによる戸籍の文末押印は省略する。

(3) **市町村長の職務の暫定執行者** 市町村長の職務の暫定執行者とは，地方自治法施行令1条の2の規定による場合である。それは新たに市町村の設置があった場合に，従来その市町村に属していた関係市町村の長，職務代理者，臨時代理者である者，またはこれらであった者の中から，その協議により，協議が調わないときは所轄行政庁によって定められた者が，新たに設置された市町村の長が選挙されるまでの間，その職務を行うことになる。たとえば，町が隣接村を合併して新たに市を設置し，従前の町長が一時市長の職務を執行する場合に，その者は他の特別の職名を有しないから，この場合の戸籍の記載の文末資格は「……職務執行者㊞」と，戸籍謄抄本などの認証資格は「何市町村長職務執行者氏名」とそれぞれ表示する（昭26・3・30民事甲677号回答）。また，従前，市に属していた地域が同市より分離し，分離によって新しく設置される町村の長が選挙されるまで，従前の市長が新たな町村の長の職務を行う場合に戸籍の記載の文末資格は「……何市長㊞」と，戸籍謄抄本などの認証資格は「何町長職務執行者何市長氏名」とそれぞれ表示する（昭25・12・28民事甲3421号回答）。なお，磁気ディスクによる戸籍の文末押印は省略する。

No.89 戸籍事務の補助者

市町村長または市町村長の職務代理者は，その補助機関である職員をして市町村長の権限に属する事務を補助させることができる（地方自治法154条）。このことは，市町村の自治事務にとどまらず，市町村長が国の法定受託事務を執行する場合にも同様である。したがって，市町村長が国の法定受託事務である戸籍事務の処理についても，市町村の職員をして補助させることができるのは当然である。この補助機関である職員は，市町村長の手足としてその事務を取り扱うにすぎないから，職務代理者とは異なり，みずからの名で戸籍事務を処理すべきではなく，市町村長の名においてなすべきである。すなわち，事務補助者については，戸籍法2条（戸籍事務管掌者の除斥），同122条（市町村長に対する過料）の適用がないが，事務補助職員も公務員として，民事上の責任には国家賠償法の適用があるものと解される。なお，地方自治法153条1項などによれば，市町村長はその権限に属する事務の一部を当該市町村の吏員に委任し，またはこれをして臨時に代理させることができるが，戸籍事務については，その事務の性質上これをもっぱら市町村長に管掌させるという戸籍法1条1項の規定の趣旨から，市町村長があるのにこの事務の委任または代理は認められないものと解されている（昭25・5・2民事甲931号回答）。

【参考文献】 青木義人・大森政輔「全訂戸籍法」

No.90 戸籍事務の分掌

戸籍事務の分掌とは，戸籍事務を支所，出張所で取り扱うことをいう。市町村は，地方自治法155条の規定により条例で必要な地に支所または出張所を設けて，市町村長の権限に属する事務を分掌させることができるが，戸籍事務についても，区域の広大，交通の不便な場合に住民の利便を考慮し，管轄局の認容（指示）を得て支所または出張所で取り扱うことが認められてい

張所である小笠原関係戸籍事務所の長（法務大臣の指定する法務事務官）が，復帰後も引き続いて戸籍事務管掌者となっていた。また，小笠原諸島現地においてなされる戸籍に関する届出は，小笠原総合事務所の長が，本籍地以外の市町村長（非本籍地市町村長）とみなされて，その受理権限があったが昭和54年6月1日から廃止された（①昭和43年6月18日法律83号「小笠原諸島の復帰に伴う法令の適用の暫定措置等に関する法律」，②同43年6月24日政令201号「小笠原諸島の復帰に伴う法務省関係法令の適用の暫定措置に関する政令」，③昭43・6・24民事甲2269号通達）〔→No.91「小笠原関係戸籍事務所」みよ〕。

【参考文献】 ①青木義人・大森政輔「全訂戸籍法」，②石井敬二郎「戸籍読本（戸籍事務）」，③加藤令造「戸籍法逐条解説」（日本加除出版）

No.88 戸籍事務管掌者の代理者

市町村長の職務を代理する者としては，市町村長の職務代理者，臨時代理者，職務の暫定執行者がある。

(1) **市町村長の職務代理者** 市町村長の職務代理者とは，地方自治法152条の規定による場合である。それは，㈦ 市町村長に事故があるとき，または市町村長が欠けたときに副市（町村）長がその職務を代理する（同条1項）。㈵ 次に副市（町村）長にも事故があるとき，もしくは副市（町村）長も欠けたとき，または副市（町村）長をおいてないときに，市町村長の指定する職員がその職務を代理する（同条2項）。㈻ さらに市町村長，前記の副市（町村）長，指定職員に事故があるとき，またはこれらの者がともに欠けたときには，市町村の規則で定めた上席の職員が市町村長の職務を行うことになる（同条3項）。以上㈦㈵㈻の場合における磁気ディスクによらない戸籍用紙を用いた戸籍の記載の文末には「……副市（町村）長（職員）㊞」と代理資格を記載する（戸規32条2項）（昭54・8・3民二4257号通知，昭24・5・30民事甲1252号回答）。また，戸籍謄抄本の認証文中の認証者の肩書きや戸籍届書類送付の際の発送市町村長の肩書きなどは「何市町村長職務代理者副市（町村）長（職員）」と表示する（昭26・4・26民事甲863号通達，戸規29・16条）。次に，磁気ディスクに記録する戸籍の場合は，その電子記録媒体に直接押印ができないので，事務管理として戸籍の記録をするごとに市町村長またはその職務代理者の識別番号を記録することになっている（戸規77条）。この識別番号は，戸籍事務管掌者の処理の正確性担保と責任の所在を明らかにするものであるので，市町村長またはその代理者が就職したときは，その識別番号を管轄局に報告することとされている（戸籍事務取扱準則57条）。これにより，市町村長の職務代理者の代理資格の記録は，戸籍用紙による場合（戸規32条2項）とは異なり，これを要しないとされている（平6・11・16民二7000号通達第5の2）。なお，この識別番号は，記録事項証明書には，出力しないものとされている（平6・11・16民二6002号通達第5の5(3)）。

(2) **市町村長の臨時代理者** 市町村長の臨時代理者とは，地方自治法252条の17の8の規定による場合である。それは前記(1)によっても職務代理者がないときに，都道府県知事によって市町村長の被選挙権を有する者で，当該市町村の区域内に住所を有する者の中から臨時代理者を選任し，その者が市町村長の職務を行うことになる。この場合にその臨時代理者は他に特別の職名を有しないから，戸籍の記載の文末資格は「……臨時代理者

述のとおり，事務の性質上，市町村長がもっぱらその責任において担当すべきものと解されるからである。
　ところで，市町村長が戸籍事務の処理機関であることについては，明治以来の歴史的事情によるものであるが，最も実質的な理由は，戸籍事務が市町村行政にも利用されることと，国民と密接な関係にあるため，その国民と最も密接な関係にある市町村役場で取り扱うのが適当であることにもよるということができる。
　(1)　市町村長を管掌者とする沿革　当初の戸籍法である明治4年戸籍法施行当時は，戸長役場において「戸長」をもってあたらせている（同法1則）。その戸長の職務は従前の庄屋，名主，年寄，触頭などといわれていた者を戸長，副戸長と改称してあたらせた（同2則但書，明治5年4月9日太政官布告117号）。次に，明治31年戸籍法では「戸籍吏」が戸籍事務を管掌し，その取扱場所を「戸籍役場」と称していた（同法1条）。その戸籍吏には市町村長をあてる建前であった（同法2条）から，市町村長は市町村長としての資格でなく，別に「戸籍吏」としての資格で戸籍事務を担当していた。この「戸籍役場」「戸籍吏」という用語は今日でも慣用されている。さらに，大正3年戸籍法では戸籍吏に市町村長をあてるという資格の使い方をやめて，市町村長そのものの資格で戸籍事務を処理することに改められ，戸籍吏，戸籍役場という名称は廃止された（戸1条）。その後は現行法もこの建前をとっている。
　(2)　都・指定都市の区長　戸籍事務管掌者は原則として市町村長であるが，東京都および地方自治法252条の19第1項の指定都市である大阪，名古屋，京都，横浜，神戸，北九州，川崎，福岡，札幌，広島，仙台，千葉，さいたま，相模原，新潟，静岡，浜松，堺，岡山，熊本の大都市においては，それぞれ区長が管掌者であって，都知事，または市長は戸籍事務処理の権限がない（戸4条）。
　(3)　市町村共同組合長　市町村は役場事務の共同処理をするために市町村組合を設けることができる（地方自治法284条）が，その場合には組合について市町村に関する規定が準用されるので，市町村長の戸籍に関する職務権限は組合の執行機関たる組合長が管掌する（明31・12・7民刑2142号回答）。
【3】　特殊な戸籍事務管掌者　(1)　大使・公使・領事　戸籍事務管掌者は原則として市町村長であるが，外国在留の日本人に関する戸籍上の届出について，その利便を考慮し在外日本人の保護の任にある大使，公使，領事に戸籍法上の届出をすることが認められている（戸40条）。したがって，その大使などは，外国に在る日本人に関し，その国の方式によって届出事件に関する証書が作成されたときには，その証書の謄本を受理したり（戸41条），また，その国に着港した船舶の船長から出生，死亡に関する航海日誌の謄本を受理する権限を有する（戸55条3項・93条）。なお，その受理した戸籍届書類については，本人の本籍地の市町村長に送付する職責を有する（戸42条・55条3項・93条）。この戸籍事務の一部を担当する意味において大使，公使，領事も戸籍事務管掌者といわれる。
　(2)　小笠原諸島関係　小笠原諸島は，昭和43年6月26日本に復帰し同日から小笠原村が設置されたが，当時現地の事情が他の市町村と同様でなかったため，東京法務局の出

任事務であることを明らかにした規定であると解されてきたが，改正後は，戸籍事務の処理主体が市町村であることを前提に，市町村長がその執行機関として戸籍事務を取り扱うことを明らかにした規定であると解することになる〔平12・3・15民二600号通達第1・1・(1)，戸籍誌691号33頁・34頁〕。

(2) **戸籍事務費との関係（地方交付税）** 戸籍事務の性質が前述(1)のとおりであり，市町村固有の「自治事務」（地方自治法2条8項）でなく，国が本来果たすべき役割に係るもので国でその適正な処理の確保が必要とされるという「法定受託事務」（同法2条9項1号「第一号法定受託事務」）であるということと，市町村の長が直接に戸籍事務を執行し，市町村がその事務処理に必要な経費を負担する問題とはまったく別の問題であることを理解する必要があろう。すなわち，地方財政法では，地方公共団体の事務を処理する経費については市町村がその全額を負担することにしている（同法9条本文）。一方，市町村の長に国の事務執行をさせる場合，国はそのために要する経費の財源について必要な措置として，地方交付税法上では，地方公共団体の財源の均衡化を図るため，国は交付税の交付をすることにしている（地方交付税法1条～3条）。この場合，戸籍事務についての国の行政機関たる法務大臣は，所管行政に係る交付税の算定に必要な資料を自治大臣に提出しなければならないとされている（同法5条4項）。そこで，その措置の一つとして戸籍事務の経費については戸籍手数料を市町村の条例で定めるところによるが，その徴収額の標準は全国統一して定める必要があるので，政令および条例で定められる（改正地方自治法227条・228条1項，平成12年政令16号「地方公共団体の手数料の標準に関する政令」八（平12・3・15民二600号通達第1・1・(3)））。なお，市町村における全財政需要額（戸籍事務のみでなく当該市町村が他の事務も含めての事務を行うについての必要額）が財政収入額（税収入，手数料収入など）を超える場合には，その超過額（収入不足額）を補てんすることを目的として，国がその市町村に地方交付税を交付する仕組みであり，これが現行の地方財政の建前である（地方交付税法3条・11条以下）。また，地方交付税の交付については，条件を付け，または使途の制限いわゆるひも付きにすることはできない（同法3条2項）ことになっているので，考え方によっては，その市町村の事情により，ある年度にとくに戸籍事務の改善のために平年度以上の費用を要する場合には，それだけのものを充当することも可能である。

【2】 主たる戸籍事務管掌者（市町村長） 戸籍事務は，前述のとおり本来は国の事務であって市町村の自治事務ではないが，国は戸籍事務の処理について特別の機関を設けないで原則として市町村長を執行機関としてあたらせている。すなわち，戸籍法1条1項は，市町村長が戸籍事務を管掌する旨を規定している。ここに「管掌する」とは，市町村長みずからの名で戸籍に関する事務を処理することを意味する。したがって，事務補助者たる職員は代理者ではないので，その補助従事者の名義で戸籍事務を処理することはできない。あくまで市町村長の名において行う責任の重いものである。一方，地方自治法153条によれば，市町村長はその事務の一部を当該市町村の吏員に委任することが認められているが，戸籍事務については認められていない（昭25・5・2民事甲931号回答）。これは前

【3】 戸 籍 事 務

(注) 本書中の「管轄局」「管轄庁」とは，管轄法務局または地方法務局もしくはその支局を指称する。

No.87 戸籍事務管掌者

【1】 戸籍事務の性質 (1) 国の事務を市町村長が直接に執行するものであるということ　戸籍に関する事務には，国民を登録し（日本国民であるかどうかはわが国籍法の定めによる），その国民（国家構成員）の出生・死亡といった既成事実の登録，夫婦，親子というような各人の身分形成などに関する各種の届出受理，戸籍簿への記載およびこれに関連する事務が存在し，「戸籍事務」とは，これらの事務を包括して称するものである。それは社会秩序の維持を目的としているところから強行性のある法規によって処理されている。ところで，戸籍事務は，市町村長が担当しているが，地方公共団体が行う事務に関しては，地方分権推進一括法により改正された地方自治法（平12・4・1施行）2条では，これまでの国からの機関委任事務が廃止されたことを受けて，自治事務と法定受託事務があるものとし，これらの定義を明らかにしている。すなわち，自治事務については，同条8項で，「この法律において「自治事務」とは，地方公共団体が処理する事務のうち，法定受託事務以外のものをいう。」とし，法定受託事務については，同条9項で，「この法律において，「法定受託事務」とは，次に掲げる事務をいう。一　法律又はこれに基づく政令により都道府県，市町村又は特別区が処理することとされる事務のうち，国が本来果たすべき役割に係るものであって，国においてその適正な処理を特に確保する必要があるものとして法律又はこれに基づく政令に特に定めるもの（以下「第一号法定受託事務」という。）二　（略）」としている。

このように，機関委任事務が廃止されることに伴い，市町村の処理する事務は自治事務と法定受託事務に再構成されることとなったが，戸籍事務は，国民の親族的身分関係を登録し公証するという国の根幹にかかわる事務であり，本来は，国が果たすべき事務であるが，明治初年以来市町村長が担当してきた歴史的経緯や，事務の性質から，国民と最も密接した関係にある市町村長の担当とするのが国民の利便性，事務の効率性の面から有益であるため市町村長が処理することとされており，その性質上，統一的な取扱いの確保がとくに必要な事務であることから，法定受託事務として整理された。そして，法定受託事務については，法律またはこれに基づく政令で明らかにすることとされたため，現行戸籍法1条に，2項として「前項の事務は，地方自治法（昭和22年法律第67号）第2条第9項第1号に規定する第1号法定受託事務とする。」との規定を加え，戸籍事務が法定受託事務であることを明らかにした。

また，「戸籍に関する事務は，市町村長がこれを管掌する。」という従前の戸籍法1条の規定は，改正後は同条1項となる。この規定は，従来，本来は国の事務である戸籍事務を国の機関としての市町村長に委任することを定めたものであるとされ，戸籍事務が機関委

を原則とし，しかもその届出の受理審査は，通常，形式的審査（書面審査）を原則とするから，国籍法上の国籍得喪原因を実質的に審査（事実調査）するまでに至らない。そのために虚偽の届出に基づいて戸籍の記載がなされる場合もある。また，届出の懈怠により，すべての国民が戸籍に登載されているとは限らない。戸籍制度としては，国籍と戸籍とが一致するのが理想であり，その実現について，戸籍法上，種々の強制措置を講じているが，現実には国籍と戸籍とが一致しない場合が生ずる（昭34・5・14東京高裁判決）。

【2】 **国籍を証する書面** 国籍を証する書面としては，通常，戸籍が利用される。このことは，前述の戸籍制度の趣旨にかんがみ当然のことであり，国内の各般の行政事務において戸籍が信頼され，一様に利用されている。しかし，外国官憲が日本国民であるか否かの認定をする必要がある場合，国によっては戸籍によらないで，日本国籍の有無の直接証明を求める場合がある。かかるやむを得ない事情がある場合に，行政証明として法務省民事局が発行する「国籍証明書」がある（昭44・9・1民事甲1741号通達）。この証明には，(ｱ) 日本の国籍を有すること（積極証明），(ｲ) 何年何月何日日本国に帰化したこと（同前），(ｳ) 日本の国籍を有しないこと（何年何月何日日本国籍離脱，何年何月何日日本国籍喪失）（消極証明）の3種がある。

【3】 **国籍証明書の請求・交付の手続** 日本国籍の有無の証明については，市町村長が行政証明として発給することは，事柄の性質上適当でないので，国籍法実施の全般的責任者である法務大臣（部局は法務省民事局）において発給することとされている（昭23・6・22民事甲1969号通達，昭33・7・26民事甲1556号回答）。

(1) この証明を受けようとする者は，本人またはその法定代理人が申請書に戸籍謄本および住民票の写しなどを添えて法務局または地方法務局もしくはその支局（直接，法務省民事局第5課でも可）に提出する。

(2) 申請書を受けた庁では，申請者の出生時から申請時までの間の国籍の得喪に関する事実調査をし，調書を作成して1件書類とともに法務省に進達する。

(3) 法務省では，これらの資料をもとに，さらに綿密な調査をし，申請者の国籍存否が明らかになった場合は，国籍証明書の必要性を考慮して，主務官庁である「法務省民事局」名で発行される。この場合，証明書の発行部数は原則として1部に限られている（昭44・9・1民事㈤発1025号依命通知）。

【4】 **国籍証明書が発行される事例** (ｱ) 外国において婚姻するなどの身分行為をする場合，(ｲ) 外国において事業活動をする場合，(ｳ) 中国にいる日本人が一時帰国（里帰り）する場合，(ｴ) 重国籍者が外国籍を保持するため日本国籍を離脱した場合（国13条）。前記(ｱ)～(ｳ)については，日本国籍を有する者であることの積極証明であり，(ｴ)については，日本国籍を有しない者であることの消極証明である。

【参考文献】 法務省民事局「国籍実務入門」

~~~~~~~~~~~~~~~~~~~~~~
No.85
戸籍記載の効力と利用
（推定力・公証力）
~~~~~~~~~~~~~~~~~~~~~~

【1】 戸籍記載の効力　戸籍法は，戸籍の記載が正確であることを担保するために，強行性ある規定をもうけている〔→ No.84「戸籍の意義と正確性保持」みよ〕。このことから戸籍の記載は一応真実であることの強い推定力と公証力を有するものと一般に認識されている（明37・1・23大審院判決〔戸判総15頁〕，昭28・4・23最一小判〔同前16頁〕）。したがって，戸籍の記載が不実であると主張する者は，その者が真実を立証しなければならない（昭7・6・29大審院判決〔戸判総16頁〕）。その場合に前記の推定力が反証によって覆えされることのある（大11・1・16大審院判決〔戸判総17頁〕）ことは，市町村長の判断（形式審査による）が，司法判断（裁判は実質審査をする）と異なる仕組みによるものである。また，それは，訴訟になった場合，真実の身分関係を重視すべきであることに由来するものであるが，この戸籍の記載がすべてではないということから，一般には戸籍に公信力がないといわれる。

　また，戸籍の記載は，反証を許さないほど絶対的な証明力を有するものでないことは，裁判の結果，戸籍訂正を許すという建前からも理解される（明41・10・9大審院判決〔戸判総15頁〕）。すなわち，人の身分関係は戸籍の記載そのものによって形成されるものではないということである。たとえば，出生，死亡というものは，自然の事実の発生によるものであり，また婚姻・縁組の成立は届出の受理にかかるものである。さらに日本国民であるということは，国籍法の定めによって形成されるのであるから，戸籍記載が国籍付与という創設的効力を有するものではない（昭34・5・14東京高裁判決〔戸判総17頁〕）。

【2】 戸籍の利用　戸籍は日本国民について，その身分関係を登録し公証するという機能（推定力，公証力）からしてその役割は極めて多いが，主なるものを次に掲げる。(ｱ) 公的身分に関しては，日本国民であることのあかしとして国籍証明に役立つ。(ｲ) 私的身分に関しては，親子，夫婦，兄弟姉妹という関係を明らかにするので，相続，扶養，親権などの権利義務関係の有無の証明に用いられる。また，成年，未成年を明らかにするので取引能力，婚姻能力，縁組能力の有無，その他各種の証明に用いられる。さらに未成年者の法定代理人を明らかにするので，取引その他に代理資格を証するものとして用いられる。(ｳ)

　行政上も，戸籍が上記各証明として用いられるほか，戸籍が戸籍の附票を媒介として住民票の正確性を確保するためにも用いられている（住基法19条）。なお，成年被後見人の後見人，被保佐人の保佐人，被補助人の補助人の証明は，後見登記所の登記事項証明による。

~~~~~~~~~~~~~~~~~~~~~~
No.86
国籍証明
~~~~~~~~~~~~~~~~~~~~~~

【1】 国籍と戸籍制度　日本国民たる要件は国籍法で定め（憲10条），これによって日本国民と認められる者は，すべて戸籍に登載される建前になっている。このことは，明治4年戸籍法以来，現行戸籍法に至るまで明定されている〔→ No.84「戸籍の意義と正確性保持」みよ〕。したがって，戸籍に登載されている者は日本国籍を有する者であるという推定がなされる。しかし，日本国籍の有無は戸籍の記載によって決定されるものでなく，国籍法の定めによって判断され，日本国籍を有する者と認められる者が戸籍に記載されるべきものである。ところで，戸籍の記載は届出

の訂正許可を求めることができることにしている。また市町村長が職権で戸籍を訂正するには管轄庁の許可を要するものとしている。これらは前記(ア)ないし(エ)に掲げるような方途によって，戸籍の記載が適法かつ真実に合することを目標にしているので，いったん戸籍に記載された事項を誤りがあるとして市町村長の任意に是正できるとすることは，かえって戸籍そのものの公証力を弱めることになる。そこで戸籍を訂正するとしても，それは裁判所や管轄庁など適当な機関の関与のもとに一定の慎重な手続を要することにしている。つまり，戸籍の記載はかるがるしく訂正すべきものではないというのが鉄則である〔→No.142「戸籍訂正の意義（性質）と効果」みよ〕。

(2) **間接的強制措置（行政罰・刑事罰）** (ア) **届出懈怠者に対する過料処分**（戸135条・136条）　出生，死亡などの既成事実の発生，確定裁判による身分関係の形成・解消などの，いわゆる報告的届出を怠ることで戸籍に真実性が反映されなくなる。そこで正当の理由がなく届出を怠る者には，法律秩序の違反者として過料の制裁を課することとされている。

(イ) **戸籍事務管掌者の職務違反に対する過料処分**（戸137条）　戸籍事務管掌者が正当な理由がなく，戸籍の届出または申請を受理しなかったり，あるいは戸籍の記載を怠ったりすると，戸籍の記載が公証力を弱める。そこで，これらの不正執行者には懲戒的意味で過料の制裁を課することとされている〔→No.96「戸籍法違反通知・過料裁判」，No.95「戸籍事務管掌者と戸籍事務補助者の責任」みよ〕。

(ウ) **公正証書原本不実記載罪**　「戸籍」は，刑法157条1項において「公正証書」の1つとして明示されており，虚偽の届出によって戸籍の原本に不実の記載をなさしめた者は，5年以下の懲役または50万円以下の罰金によって処断されることになる（昭5・2・28大審院判決）。なお，市町村長もしくはその補助者が届出事項の虚偽であることを知りながら，届出人の意を受けて戸籍の記載をしたときは，刑法156条の犯罪（虚偽公文書作成罪）が成立する（大7・7・26大審院判決〔刑録1016頁〕）。

(エ) **戸籍記載不要事項の虚偽届出の罪**（戸132条）　戸籍法上，届出すべきものとされている事項は，戸籍の記載を要しないもの，または届書中戸籍記載事項以外の届出事項であっても，たとえば，出生，死亡，婚姻，離婚の各届書中人口動態統計に必要な事項（戸49条2項4号─戸規55条，戸86条2項2号─戸規58条，戸74条2号─戸規56条，戸76条2号─戸規57条）については，その届出の正確を期するため，戸籍法上に虚偽の届出をした者に1年以下の懲役または20万円以下の罰金によって処断する旨（戸132条）が定められている。また，外国人に関する事項の届出についても，戸籍に記載されないが，届書そのものが市町村に保存され（戸規50条），その届書の閲覧，もしくは届出受理証明書・届書記載事項証明書（戸48条）の作成交付など公証に供される重要なものであるから，前記同様に刑事罰をもって保護されている。

いる。

(1) 直接的強制措置　(ア)　戸籍事務管掌者の除斥（戸2条）〔→ No.93 みよ〕。

(イ)　適格者による届出（戸 31 条・32 条・52 条以下）　戸籍の記載は，届出，報告，申請，請求，もしくは嘱託，証書もしくは航海日誌の謄本または裁判によってすることになっている（戸 15 条）が，これらの届出などをなし得る者は各届出について法定の適格ある者に限られており，戸籍記載の真実性を担保することにしている。たとえば，意思能力のない未成年者が届出人となる場合については，その法定代理人である親権者または未成年後見人から届出をし，出生・死亡の届出はその事実をよく現認する立場にある者からなさしめることにしている。誰が届出の有資格者であるかは各届出にそれぞれの届出適格者を定めている。

(ウ)　届出に正確性を証する書面の添付（戸 38 条・49 条 3 項・63 条・77 条・86 条 2 項・3 項・100 条 2 項・102 条 2 項・102 条の 2・103 条 2 項・105 条 1 項・108 条 2 項・111・115 条・116 条 1 項など）　届出には真実を反映するために，婚姻，離婚などには証人をつけて当事者の意思が確実であることを担保し，また，成年の子の認知についてその子の承諾（民 782 条），胎児認知における母の承諾（民 783 条 1 項）などを証する書面は，適法な届出であることを担保する。そのほか裁判によって身分関係に変動があった場合には，裁判の謄本を添えるとか，出生届に出生証明書を，死亡届に死亡診断書を添えるなど，いずれも届出の正確であることを担保するものである。

(エ)　届出懈怠に対する催告，職権による戸籍の記載・訂正（戸 44 条・24 条 2 項・3 項）
戸籍の報告的届出について，届出を怠った者があることを知った市町村長は，届出義務者に届出を催告する（戸 44 条 1 項・2 項）。それでも届出義務者が届出をしないときには，市町村長が管轄法務局または地方法務局の長の許可を受けて職権によって戸籍の記載をする（戸 44 条 3 項前段）。これを「職権記載」という。一方，市町村以外の一般に信頼ある裁判所その他の官庁，検察官または吏員がそれぞれの職務を執行するうえにおいて，戸籍の記載に法律上許されないもののあること，その記載に錯誤・遺漏があることを知ったときには，その旨を本籍地の市町村長に通知すべきことを義務づけし，市町村長に前記の届出催告，職権記載のほか，戸籍の訂正の手続をとらしめることにしている（戸 44 条 3 項後段・24 条 2 項・3 項）。これらは戸籍に既成の事実または法律関係を反映させる措置である。なお，家庭裁判所において戸籍の届出（申請）を要する事件について調停が成立し，または審判が確定したときに，遅滞なく事件本人の本籍地市町村長に通知すべきものとされているが，これらも身分関係を最も多く扱う家庭裁判所と戸籍事務管掌者とが密接なつながりをもつことによって，戸籍記載の正確性を担保しようとする一つのあらわれである（家事法 116 条・230 条，家事規 76 条・89 条・93 条・95 条・119 条・130 条）。

(オ)　戸籍の公開と戸籍訂正（戸 10 条・24 条・113 条・114 条・116 条）　戸籍は戸籍に記載されている者又はその配偶者，直系尊属若しくは直系卑属や，戸籍の記載事項を確認する必要があると認められる特定の人に対し，公開しているので，戸籍の記載に利害関係のある者は，戸籍記載の不適法または真実に反することを家庭裁判所において立証し，戸籍

【2】 戸籍の役割

No.84
戸籍の意義と正確性保持

【1】 戸籍の意義 戸籍とは何か，一口にいうと日本国民の身分関係を登録し，かつ公証する公文書である。第一に，戸籍は日本国民たることの公的身分（公民，国籍法上）の登録簿的性格を有する。すなわち，国家というものが存立するからにはその国家の構成員を明らかにしなければならない。それでなければ国家（政府）は国民の保護を全うすることができない。つまり，日本国民であることを明らかにすることを使命としたのが戸籍である。このことについては，つとに明治4年太政官布告「戸籍法」の制定趣旨に「戸数人員ヲ詳ニシテ猥リナラサラシムルハ政務ノ最モ先シ重スル所ナリ夫レ全国人民ヲ詳ニセス何ヲ以テ其保護スヘキコトヲ施スヲ得ンヤ是レ政府戸籍ヲ詳ニセサルヘカラサル儀ナリ又人民ノ各安康ヲ得テ其生ヲ遂ル所以ノモノハ政府保護ノ庇蔭ニヨラサルハナシ去レハ其籍ヲ逃レ其数ニ漏ルルモノハ其保護ヲ受ケサル理ニテ自ラ国民ノ外タルニ近シ此レ人民戸籍ヲ納メサルヲ得サルノ儀ナリ……」と明示されているところであって，同法1則にも「戸籍……編製ノ法臣民一般……遺スナキヲ旨トス……」とし，全国民の戸籍記載を遺漏しないことを命じている。以上の戸籍編製の基本的性格はその後に戸籍法が改正され，同様な明文の規定があろうとなかろうと変わることのないものである。それは次に掲げる規定からもうかがい知ることができる。たとえば，㋐ 明治31年戸籍法170条「①戸籍ハ戸籍吏ノ管轄地内ニ本籍ヲ定メタル者ニ付キ之ヲ編製ス ②日本ノ国籍ヲ有セサル者ハ本籍ヲ定メルコトヲ得ス」，㋑ 日本の国籍を有しない者に関する届出は，戸籍に記載しないで寄留地に送付し寄留簿に記載する建前にしていること（大正3戸36条2項・44条），㋒ 日本国籍を喪失した者は除籍する建前にしていること（大正3戸細付録4号，戸籍記載例119，戸23条）など。

第二に，戸籍は日本国民である者についての私的身分（親族法上）の登録簿的性格を有する。すなわち，国家社会，地域社会（地方公共団体）において，同じく日本国民である者であっても夫婦，親子というように，その人がいかなる親族法上の地位を有するかによって法律上の権利義務に重要な影響があるので，その各人の私的身分関係を明らかにしておく必要がある。それでなければ社会の秩序を保つことができない。つまり，親族法（民法）はいかなる者が夫婦であり，また親子であるかなどを規定しているが，その身分関係の発生・消滅などを明確にするための手段に用いられたのが戸籍である。いいかえると戸籍をみれば各人の親族関係がわかる仕組みである。

以上のように戸籍は，日本国民という公的身分とともにその国民の私的身分を登録し，かつ公証するという役割を有しているが，それは社会生活の必要から生まれたものである。

【2】 戸籍の正確性保持 戸籍は，人の公的・私的の身分に関する事項を記載する公文書として極めて重要なものであるから，その正確性の保持に現行戸籍法は，次の措置をして

No.83 皇統譜

　戸籍は，日本国籍を有する者を登録の対象としているが，日本国籍を有する者でも戸籍に記載されない唯一の例外に，天皇および皇族がある。天皇および皇族の身分に関する事項は，これを皇統譜に登録される（皇室典範26条，皇統譜令）。皇統譜の副本は，法務省に保管される（皇統譜令2条）。したがって，天皇および皇族には戸籍法はまったく適用がなく，戸籍上の届出も戸籍の記載もなされない。しかし，皇族が，自己の意思によりまたは皇族以外の者との婚姻により，もしくは皇族以外の女子が婚姻により皇族となった後に婚姻が解消するなどにより，皇族の身分を離れた場合（皇室典範11条ないし14条），新たに戸籍の記載を要することになる。また，皇族以外の女子が婚姻により皇族となった場合（皇室典範15条）は，戸籍から除籍する必要がある。これらの皇族の身分を離れた者および皇族となった者について，新戸籍の編製，復籍もしくは除籍する場合の手続規定として，昭和22年「皇族の身分を離れた者及び皇族となった者の戸籍に関する法律」（昭和22年法律111号）がある。

17民事甲1310号通達），この母子手帳の呈示がある場合にのみ主要食糧の配給がなされることとなった（昭24・12・20民事甲2915号通達）。

⑿ **出生届，死亡届の完全正確度の調査制度**　出生，死亡に関する医師または助産婦の市町村長に対する報告義務が，昭和22年6月21日司法・厚生省令1号（ポツダム勅令に基づく命令）でもって公布され，7月1日から施行されることとなった（昭22・6・21民事甲561号通達）。これに伴い出生届，死亡届の完全性調査を市町村で1か月ごとに行い，その集計結果を法務省に報告することとされたが，この取扱いはその目的を達したことにより昭和27年1月1日以後廃止された（昭27・1・16民事甲35号通達）。

No.82
現在の戸籍

【1】**用紙による戸籍・除籍（一般）**　戸籍は，日本人である限り，その居住地が国内，国外のいずれの場所にあっても，すべての者について記載がなされるべきものである（明4戸1則，明31戸170条，大3戸36条2項・44条，戸23条）。ただし，天皇，皇族は除外される（皇統譜）。戸籍の編製は市町村（戸4条）の区域内に本籍を定める一つの夫婦とこれと氏を同じくする子ごとに編製される（戸6条本文・ただし書あり）。旧民法（明治31年）当時の旧法戸籍では，親子であっても，兄弟であっても戸籍を異にすることによって身分上の地位に差異があったが，現行民法に伴う現行戸籍では，戸籍の異同は身分の地位に影響はない。戸籍は，市町村長が定める区域ごとに本籍を表示する地番号順もしくは街区符号の番号の順序（戸規3条），あるいはその区域内に本籍を有する者の戸籍筆頭者の氏の(あ)(い)(う)(え)(お)順に戸籍簿につづられる（戸7条，戸規3条）。正本は市町村役場に，副本は管轄法務局もしくは地方法務局またはその支局に備えつけられる（戸8条）。戸籍を特定するには，本籍と筆頭者による（戸9条）から，本籍は戸籍の在り場所を示す役割をしている。本籍は日本国内（市町村の区域内）であればどこに定めてもさしつかえなく，また，本籍には従来地番号を用い，住居表示の番号は採用されていなかったが，昭和51年12月1日から地番号のほか住居表示の街区符号の番号を用いることも認められるに至った（昭和51年11月5日省令48号）。筆頭者は旧法の戸主とは異なって，何ら実体法上の権利を有するものではない〔→No.116「氏」，No.115「本籍」みよ〕〔→戸籍の様式，書式については末尾附録みよ〕。

【2】**磁気ディスクによる戸籍（特例）**　平成6年法律67号（同年12月1日施行）により，法務大臣の指定する市町村長は，戸籍事務の全部または一部を電子情報処理組織により取り扱うことが認められるに至った。この取扱いは，市町村長の申出に基づき法務大臣が指定の告示をすることによってなされる（戸117条の2）。この特例による戸籍は，戸籍の記載事項を磁気ディスクに記録して調製される。この磁気ディスクに蓄積した記録をもって戸籍簿とし，その磁気ディスクに記録された除かれた戸籍の蓄積したものを除籍簿とすることとされている（戸117条の3）。これらの記録されたものは，戸籍または除籍の謄抄本に代えて，記録事項証明として作成される（戸117条の4）。この証明書の様式，記載事項は戸籍法施行規則73条1項・6項により書式（付録23号），ひな型（付録24号）が示されている。囲〔→No.110「戸籍記載事項証明書の作成」みよ〕

置法施行と同時にその父母（父または母）が親権を行うこととなったから，後見は当然終了することとなった。その場合，被後見人の事項欄に次の記載がなされた。「昭和弐拾弐年五月参日父何某母某親権ヲ行フニ付キ後見終了届出月日受附㊞」（前記通達6「7」）。

(5) **家制度の廃止による各規定の消滅** 隠居，家督相続，推定家督相続人の廃除，家督相続人の指定，親族入籍，引取入籍，離籍，復籍拒絶，廃家，絶家，分家，廃絶家再興，族称の変更，襲爵などはなくなった（前記通達6「8・10〜15・17」）。

(6) **謄抄本の作成方法** 族称の記載の謄写を省略するほかは，従前どおり原本のまま謄写することとされた（前記通達10）。

(7) **遺言養子の廃止** 遺言養子は認められなくなった（昭22・5・12民事甲417号通達）。

(8) **嫡出子の父母との続柄の定め方** 父母を同じくする嫡出子のみについて，同一戸籍内にあると否とを問わず，その出生の順序に長，二，三男（女）と称し，父または母の一方のみを同じくする嫡出子はこれに算入しないこととされた。これによって，戸籍に長男と記載すべき者につき，従来二男と記載されていた者（例―戸主に先妻との間に長男があるため後妻との間の子が二男と記載されている場合），あるいは戸籍に二男と記載すべき者につき，従来，長男と記載されていた者（例―措置法施行前，本家に長男を残して二男を分家に随伴して分家戸籍の長男と記載されている場合）は，届出人の申出または職権によって更正することとし（昭22・7・28民事甲664号通達，昭22・10・14民事甲1263号通達），その訂正の事項欄の記載は，次の振合いによることとされた（昭22・11・6民事甲1349号通達）。「父母トノ続柄変更ニ付キ年月日何男（女）ト訂正ス㊞」「父母トノ続柄変更ニ付キ年月日筆頭者父母トノ続柄何男（女）ト訂正ス㊞」

(9) **措置法施行前の全戸除籍と家督相続届出** 措置法施行前すでに1戸の全員が除かれているため，措置法施行後に除籍簿に移すこととされたが，その戸籍につき，その後，家督相続の届出（旧法中の家督相続開始）があったときは，その除籍の回復手続をしないで（綴込みも改めないで見出帳の備考欄に訂正の旨を明示する），除籍事項を次のとおり訂正すれば足りるとされた（同前通達）。「年月日何某ノ家督相続届出アリタルニ因リ除籍事項抹消ノ上戸籍ヲ抹消ス㊞」

措置法施行前に開始した家督相続につき，措置法施行後に家督相続届を受理して新戸籍を編製する場合は，「前戸主」欄，「前戸主トノ続柄」欄の記載を要しないこととされた（昭22・7・28民事甲664号通達）。

(10) **額書の記載方** 戸籍の筆頭に記載した者の長二女が夫を迎え，夫が妻の戸籍に入った場合，戸籍の筆頭に記載した者との続柄（額書）は，「長二女ノ夫」と記載することとされた（昭22・5・29民事甲445号通達）。

(11) **出生届済証明制度の新設** 昭和22年7月1日以降出生した者には，出生届を受理した後でなければ出生子に食糧配給をしないことに決定され，出生届受理の際は異動申告書中に，または別書面に出生届済の旨を無料で証明することとされた（昭22・6・11民事甲512号通達）。この取扱いは，その後，母子手帳に無料で出生届済証明をし（昭23・5・

ては，大正4年式戸籍に改製すべき旨が規定され（旧戸185条），また，明治31年式戸籍については，市町村の上申に基づき司法大臣の命令を得て大正4年式戸籍に改製できるものとされた（旧戸184条2項）〔→ No.112「戸籍の改製」，No.100「原戸籍（改製原戸籍）」みよ〕。

(6) **新戸籍の編製原因，全戸籍の消除原因，入除籍の処理** 明治31年戸籍法施行当時に同じ〔→ No.78「明治31年式戸籍」みよ〕。

(7) **大正4年式戸籍の保存** 大正4年式戸籍は，現行法（昭和22年戸籍法）による戸籍の直前の戸籍で，現行法施行後も新法戸籍にみなされ，新法施行後10年を経過して現行法の様式とするための改製に着手し，現在すでにその改製を完了している。大正4年式戸籍は，改製原戸籍として，または，除籍として現在保存されている〔→ No.112「戸籍の改製」，No.100「原戸籍（改製原戸籍）」みよ〕。

No.81
民法の応急措置法当時の戸籍の取扱い

昭和22年5月3日，日本国憲法の施行に伴う民法の応急的措置に関する法律（以下「措置法」という）の施行にあたって，戸籍の取扱いについては，特別の立法措置が講ぜられなかったので，憲法および措置法により当然適用されなくなった部分を除き，戸籍の取扱いは，すべて従前の取扱いをそのまま踏襲された（昭22・4・16民事甲317号通達1）。従前の取扱いと異なる部分は，おおむね次のとおりである。

(1) **家に関する規定の排除** 民法中，家に関する規定の適用がなくなる結果，戸籍法および同法施行細則中の家に関する手続規定も適用がなくなるか，または読み替えて取り扱われた。たとえば，「戸主」とあるのを「戸籍ノ筆頭ニ記載シタル者（其者カ戸籍ヨリ除カレタル後亦同シ）」と，「家族」とあるのを「戸籍ノ筆頭ニ記載シタル者以外ノ者」と，「家」とあるのを「戸籍」と，「一家創立」とあるのを「新戸籍編製」と読み替えられた。また，入夫婚姻，婿養子縁組婚姻はなくなったので，「夫カ妻ノ戸籍ニ入ル……」と読み替えられた（前記通達2・3）。

(2) **戸籍の筆頭者または全員の除籍** 戸籍の筆頭に記載した者が，死亡，婚姻，縁組などの事由で除かれた場合でも，その戸籍はそのままとし新戸籍を編製しない。ただし，一戸籍の全員が除かれたときは，戸籍の筆頭に記載した者の事項欄に「全員除籍ニ付キ年月日本戸籍抹消」と記載して除籍簿に移すこととされた（前記通達4）。

(3) **嫡母庶子関係，継親子関係の消滅** 措置法により嫡母庶子関係はなくなり，姻族一親等であるから，戸籍上「父ノ妻」「夫ノ庶子男」と記載し，また，継父母継子関係も同様になくなったから戸籍上「父（母）ノ妻（夫）」「夫（妻）ノ何男」と記載することとされた（前記通達6「1・6」）。

(4) **家の規定排除による身分関係の回復** 親権を行う者は，必ずしも子と同一の戸籍の者であることを要しなくなったから，従来，子と戸籍を異にするため親権のなかった父または母も，措置法により当然に親権を有することとなった。したがって，措置法施行前に父母（父もしくは母）が被後見人の家になかったがため，後見が開始していた場合は，措

届出・報告などの事項全部が記載された（明31戸手1条）。この身分登記の制度は、重複した二重手続であり、あまり利用されなかったということで、大正3年戸籍法により廃止されたが、身分登記簿正本は同法施行後3年間保存することが規定された（大正3戸細49条1項）。しかし、身分登記簿正本は、大正4年式戸籍の記載を補充するものとして、その後も廃棄しないで保存すべきものとされ（大3・12・28民1669号回答）、今日まで戸籍の身分事項の補記、閲覧、謄抄本の交付に利用されていた（昭26法務府令34号、戸規77条2項）。ただし、身分登記簿の閲覧、謄抄本の交付は昭和51年12月1日から廃止された（昭51・11・5省令48号）。なお、身分登記簿の副本の保存は、原則として大正4年から50年間とされ、大正3年戸籍法により新設された除籍の副本の全部が当時の監督区裁判所に送付された場合は、その翌年から3年間保存すべきものとされた（大正3戸細当時の49条2項）〔→身分登記簿の書式については、末尾附録みよ〕。

No.80 大正4年式戸籍

この戸籍は、明治31年式戸籍と同様に、民法の附属的手続法としての戸籍法（大正3年法律26号、以下「旧戸」という）、戸籍法施行細則（大正3年司法省令7号、以下「旧戸細」という）に基づき、大正4年1月1日から施行されたものである。これが大正4年式戸籍といわれる。この戸籍の特徴は、日本国民の登録であることには変わりがないが（旧戸36条2項・44条）、おおむね次のとおりである。

(1) **身分登記簿の戸籍への一本化** 身分登記簿を廃止して、戸籍簿と一本化されたこと。明治31年戸籍法により創設された身分登記の制度は、身分に関する事項について、まず身分登記簿に登記し、さらに戸籍簿に転記するという重複した二重の手続であり、その利用度も低かったので、身分登記簿を廃して戸籍簿に統合し、身分登記簿の一本化が図られた〔→No.79「身分登記簿」みよ〕。

(2) **除籍副本制度の創設** 従来の戸籍の副本制度を存続するほか（ただし、送付保管先は当時の監督区裁判所に変更）、全戸除籍の副本についても、その除かれたつど当時の監督区裁判所に送付し、同所に保存することに改められた（旧戸11条・12条、旧戸細5条・6条）。

(3) **戸籍事務の管掌者と事務取扱所** 戸籍事務管掌者を戸籍吏から市町村長（または区長）に、戸籍事務所を戸籍役場から市役所（または区役所）、町村役場に改められた（旧戸1条・11条）。

(4) **戸籍の様式、書式** 身分登記簿を戸籍簿へ統合したことにより、精密な記載を要することとなり、各人の記載欄が明治31年よりも拡大され、様式の一部が改められた（旧戸細1条）。また、戸籍用紙の規格は「強靱ナル美濃紙」とされていたが（旧戸細1条）、昭和19年1月1日から「日本標準規格B列4番ノ強靱ナル用紙」に改められた（昭和18年司法省令58号）〔→戸籍の様式、書式については、末尾附録みよ〕。

(5) **大正3年戸籍法施行前の戸籍の改製** 同法施行前の戸籍には、明治31年式戸籍と明治31年戸籍法によって改製されなかった明治19年式戸籍とがあるが、そのいずれも大正3年戸籍法に基づく戸籍としての効力が認められた。しかし、明治19年式戸籍につい

(11) **新戸籍の編製原因** (ア) 一家創立〔→ No.359「一家創立・復籍拒絶・離籍」みよ〕，(イ) 家督相続，家督相続回復，前戸主の失踪宣告の取消，隠居の取消などにより戸主に変更を生じたとき（旧民964条・966条，民32条，旧民758条），(ウ) 分家，廃絶家再興（旧民743条），(エ) 帰化，国籍回復（旧国11条・25条・26条），(オ) 就籍（明31戸198条，旧戸160条），(カ) 管外からの転籍（明31戸195条，旧戸158条），(キ) 再製，改製（明31戸174条＝旧戸15条・221条・184条・185条）。

(12) **全戸の消除原因** (ア) 家督相続，(イ) 廃家，絶家，(ウ) 非嫡出子（私生子）が母の家に入ることができないため一家創立（旧民735条2項）後，父に認知され父の家に入った場合（旧民733条1項），(エ) 転籍，(オ) 改製。

(13) **入除籍の処理** (ア) 戸籍を編製した後に一人または数人が戸籍に入るときは，戸籍の末尾に記載することとされた（明31戸186条，旧戸19条2項，現行の技法に同じ―戸14条3項）。(イ) 全戸（1戸の全員）を除くときは，その事由を戸主の事項欄に記載して戸籍の全部を抹消し，1戸籍内の一人または数人を除くときは，その事由をその者の事項欄に記載して該当者だけを抹消することとされた（明31戸187条，旧戸27条1項，ほとんど現行の技法に同じ―戸規40条）。(ウ) 婚姻，縁組などのように入籍者が他管に本籍があるとき，届書の送付と同時に入籍通知を発し，除籍地は入籍通知をまって除籍するものとされた（明31戸188条・189条）。この技法は大正3年戸籍法（35条）にも維持されたが（ただし，入籍地で届出を受理した場合は届書の送付のみで足りるとした），現行戸籍法には採用されていない。

(14) **明治31年式戸籍の保存** 明治31年式戸籍は，除籍または改製原戸籍として現在保存されている〔→ No.112「戸籍の改製」，No.100「原戸籍（改製原戸籍）」みよ〕。

No.79 身分登記簿

明治31年戸籍法（同年法律12号，同年7月16日施行）では，戸籍簿のほかに西欧の制度にならって身分登記の制度が併設された（明31戸1条～169条）。もっとも，その原型というべきものは，明治19年戸籍取扱手続9条「登記目録」に認められる（明31戸219条・220条）〔→末尾附録「明治19年式戸籍」みよ〕。身分登記簿には，戸籍吏が，身分に関する届出，報告，証書の謄本の送付，航海日誌の謄本の送付，または登記された身分事項の取消・変更の申請もしくは請求，身分登記をすべき旨の裁判を受けたとき，まず身分登記簿に登記し（明31戸18条），これに基づいてその重要な身分事項を戸籍簿に転記することとされた（明31戸15条・178条）。明治31年戸籍法は，身分登記の制度を第一義的に位置づけ，その取扱いには詳細な規定がなされている。他方，戸籍簿の取扱いは第二義的で身分登記された事項に基づき，各人の身分変動を一覧できるように整理し，転記するという方法がとられている。

身分登記簿は，本籍人と非本籍人とに大別して，出生，死亡，婚姻，離婚などの各届出事件ごとに区別して，各別冊に1年ごとに編製され，正本と副本を備えることとされた（明31戸7条・8条）。身分登記簿の正本は戸籍役場に永久保存し，副本は1年ごとの登記が終わって，当時の監督区裁判所を管轄する地方裁判所に納付して永久保存すべきものとされた（明31戸11条）。身分登記簿の様式は，用紙を美濃13行罫紙とし，身分に関する

(2) **身分関係の形成・変更と戸籍の届出**　民法上重要な身分関係の形成，消滅が戸籍の届出によって効力を生ずるものとされ（旧民77条，その他），かつ，戸籍の届出を受理したとき（報告的・創設的の届出）は，戸籍の記載を要することとされた（明31戸178条）から，戸籍は家に属する者の身分関係の登録，公証を主目的とすることとなった（旧民727条以下，明31戸176条各号）。

(3) **戸籍の様式，書式**　前述の司法省訓令によって定められ，用紙に美濃紙を用い，様式の枠を横5寸縦8寸と定められた。明治19年式に加えてとくに「戸主トナリタル原因及年月日」欄が新設された（明31戸手2条）〔→戸籍の様式，書式については，末尾附録みよ〕。

(4) **地番号による本籍の表示**　戸籍の編綴順序（本籍の表示）は，明治19年式戸籍において地番号主義が採用されたが，屋敷番号を従前どおり維持したところもあったので，明治31年式戸籍には地番号主義によることを徹底すべく法定された（明31戸171条）。

(5) **附籍の廃止**　明治4年戸籍法による附籍の制度は廃止された（明31戸222条）〔→No.360「附籍」みよ〕。

(6) **身分登記簿の新設**　戸籍簿のほかに身分に関する公文書として，身分登記簿が設けられた。身分に関する事項は，まず身分登記簿に届出事項の全部を登記し，その後に戸籍簿に主要事項のみを転記することとされた（明31戸15条・18条・178条）。身分登記簿は，使用の前年にあらかじめ監督官に差し出し，監督官は毎葉の綴目に契印し，表紙の裏面にその枚数を記し，職，氏名の記入と職印を押して還付するなど，戸籍簿よりも厳重な取扱いがなされた（明31戸9条・10条）〔→No.79「身分登記簿」みよ〕。

(7) **明治19年式戸籍の改製**　明治19年式戸籍を明治31年式戸籍に改製することについては，各地または一般について司法大臣が定めるものと規定されたが（明31戸221条1項），明治31年戸籍法施行中には一般的命令はなされなかったので，各市町村ごとに司法大臣の命令を得て個々に実施された（大3・12・28民1669号回答）〔→No.112「戸籍の改製」，No.100「原戸籍（改製原戸籍）」みよ〕。

(8) **戸籍事務の管轄庁**　戸籍事務の所管庁が内務省から司法省に移され，戸籍事務の出先管轄庁は府県庁，郡長から戸籍役場所在地管轄の区裁判所（判事，監督判事）となり（明31戸5条1項），戸籍副本は戸籍編製のつど地方裁判所に送付し，同所に保存され（明31戸172条2項・194条），戸籍届書類は，当時の監督区裁判所に1か月ごとに送付し同所に保存されることとなった（明31戸38条）。

(9) **戸籍吏**　戸籍事務（戸籍，身分登記）は，戸籍吏が戸籍役場において取り扱うものとされた（明31戸1条）。戸籍吏には市町村長（区制のところは区長），戸籍役場には市区役所，町村役場があてられた（明31戸2条・4条）。

(10) **戸籍の正確性保持**　戸籍吏の除斥（明31戸3条），戸籍吏の損害賠償責任（民事責任，明31戸6条），戸籍吏の職務違反に対する過料処分（行政責任，明31戸212条・213条），身分，戸籍に関する詐偽の届出者に対する刑事罰（明31戸215条），届出懈怠者に対する過料処分（明31戸210条・211条）など，身分登記簿，戸籍簿の正確性保持について，現行法の先駆をなして詳細に規定されている。

入すべきものとされた（戸手8条）。登記目録の編製方法は，戸籍登記書式等別冊（明治19年訓令20号）に詳細に例示されている〔→登記目録の書式は末尾附録みよ〕。加籍目録は本籍人として戸籍に登載する者について，さらに次の種類に細別して登載する。出生（本籍人管内と管外別），棄児，就籍，他府県からの入籍（婚姻など），他郡区からの入籍，他戸長役場管内からの入籍などに区分する。除籍目録は，本籍人として除籍する者について，さらに次の種類に細別して登載する。死亡（本籍人管内と管外別），失踪者，重籍者，他府県へ送籍（婚姻など），他郡区へ送籍，他戸長役場管内へ送籍などに区分する。異動目録は，管内の異動目録で，管内間の送入籍（事項種別は加籍目録の入籍，除籍目録の送籍の場合に同じく区分する），送入籍を要しない異動（戸内婚姻，離婚，廃嫡，改名など）に細別して登載する。登記目録の目的は，その細別した登載方法からみて，人口動態の集計に便ならしめることにあったと考えられる。他方，登記目録は，身分変動のあった者の主要事項を具体的に記載する形式がとられ，後（明治31年）の身分登記簿の形式を大部分備えていたので，身分登記簿制度採用後に明治31年末までは身分登記簿に代用された（明31戸219条・220条）。

(7) **寄留制度の明確化** 人口の出入把握を厳にするため，戸籍に登載しない入寄留者について入寄留簿，戸籍に登載してある他への出寄留者について出寄留簿を備えるなど，その寄留簿の書式および事務取扱が明定された（戸手20条～24条）〔→寄留簿の書式については，末尾附録みよ〕。

(8) **届出懈怠者の制裁** 明治19年内務省令19号により出生，死亡，寄留などの報告的事項は，届出期間が設けられ，違反者は科料に処するものとされた。

(9) **その他の処理** 届書保管（監督方，戸手15条），送入籍（戸手16条～19条），戸籍の記載方法（戸手10条～12条）などの手続が明確化された。

(10) **明治19年式戸籍の取扱い** 除籍（相続，転籍による），または改製原戸籍（明治31年式，大正4年式に改製）として現在保存されている〔→No.112「戸籍の改製」，No.100「原戸籍（改製原戸籍）」みよ〕。

No.78 明治31年式戸籍

明治5年式戸籍，明治19年式戸籍は，ともに明治4年戸籍法33則に基づき行政取締を主たる目的とした，いわゆる戸口調査の制度であった（身分関係の登載は目的を達する手段で従たるものであった）。ところが，明治31年民法（旧民法）の制定に伴い「家」制度が創設され，戸籍は民法上の「家」を具現するものとして，家に属する者の身分登録を主目的とすることに，その性格を一変した。すなわち，新たに戸籍法が民法の手続附属法として制定された。この戸籍法は，明治31年法律12号で制定，同年7月16日民法とともに施行され，同時に戸籍法取扱手続（同年司法省訓令5号）が制定施行された。これが明治31年式戸籍といわれる。この戸籍の特徴は，おおむね次のとおりである。

(1) **戸籍即家** 戸籍は日本国民について（明31戸170条2項）民法上の家（戸主と家族）を単位に編製されることから，戸籍即家の登録となり，入家・去家が入籍・除籍の原因とされた（戸口調査的ではないから現実の生活単位とは必ずしも一致しない場合を生ずる）（旧民732条，明31戸175条・176条）。

項証明書の請求に応ずるときは、現行の戸籍記載事項に相当する事項についてのみ作成すべきものとされている（昭43・3・4民事甲373号通達）。

(9) **明治5年式戸籍の保存** 明治19年式戸籍または明治31年式戸籍に改製されたので、その当時の改製原戸籍または除籍として保存されている〔→ No.112「戸籍の改製」、No.100「原戸籍（改製原戸籍）」みよ〕。

No.77 明治19年式戸籍

この戸籍は、明治4年戸籍法に基づき、その内容を整備したものである。すなわち、形式的には、戸籍法の改正ということではなく、戸籍法による細則を省令、訓令で定めるという形がとられたが、実質的には戸籍簿の様式、戸籍制度の改革がなされている。明治19年9月28日内務省令19号「戸籍第5則出生死去出入等届出方及寄留者届出方並違背者処分ノ件」、同年10月16日内務省令22号「戸籍取扱手続」（以下「戸手」という）、同年同月内務省訓令20号「戸籍登記書式」がそれである。これらに基づいてつくられた戸籍が明治19年式戸籍と呼ばれている。実質的改正の主な事項は、おおむね次のとおりである。

(1) **戸籍の様式、書式** 前述の内務省令および同省訓令によって定められ、用紙に美濃紙が用いられた〔→戸籍の様式、書式については、末尾附録みよ〕。また、戸籍の記載は、字画を明瞭に、添削した場合にはこれに認印を押し、削る場合は朱線で原文が読みうるように残すべきものとされた（戸手4条）。

(2) **戸籍の編製と副本制度** 戸籍は、各戸を別葉にし、1町村ごとにつづり（戸籍用紙の多寡により1町村を分冊または数町村を合冊も可）（戸手1条）、戸籍簿の副本をつくって郡役所、または府県庁に送付保管し（戸手2条）、副本に加除異動を登記しないで戸籍簿滅失の場合の再製に備えた（戸手6条、明治19年10月16日内務省訓令21号）。この副本制度は今日にも維持されているが、前身は、明治4年戸籍法4則・5則にさかのぼる。

(3) **戸籍の表示** 住所（本籍）の表示には、地租を目的とした土地台帳の整備に伴い地番主義が採用された（末尾戸籍登記書式）が、ところによっては屋敷番号主義が維持された。

(4) **除籍簿の制度** 除籍簿の制度が設けられた。転籍による全戸籍の場合、その旨を朱書し、全欄にかけて朱線の大交叉をして除籍簿につづる（戸手13条）。相続により戸主の交替があった場合、同籍者全員について新戸主との続柄に改写することとし、その旧用紙（前戸主の戸籍）は官印で新戸主の戸籍と割印をして除籍簿につづる（戸手14条）。この割印（契印）制度は、明治31年戸籍法（179条）当時まで維持されている。したがって、前戸主の戸籍が本籍の表示に屋敷番号、新戸主の戸籍が地番号を用いていても戸籍の継続性を割印（契印）によって認定できる。

(5) **明治5年式戸籍の改製** 壬申戸籍を明治19年式戸籍に改製するには、管轄庁（府県庁）の許可を受けて改製すべきものとされ（戸手5条）、この改製は、郡長または府県庁の検査を受け、改製した従前の戸籍は改製原戸籍として50年間保存すべきものとされた（戸手7条）〔→ No.112「戸籍の改製」みよ〕。

(6) **登記目録の新設** 戸籍簿のほかに登記目録を新設し、これを加籍目録、除籍目録、異動目録の3種別に毎年編製し（戸手9条）、戸籍の届出があったときには、まずこれに記

に戸口調査を行って，戸籍との照合をし，戸籍の正確性を保持すべきものとされていたが（法4則・20則～23則），その建前は，明治6年7月8日太政官布告242号により廃止され，現実には実施されなかった。(イ) 戸籍には，戸主を筆頭に直系尊属，戸主配偶者，直系卑属，直系姻族，兄弟姉妹，傍系親族の順に記載するものとし（法4則・戸籍書式4号），戸籍内の異動（出生，死去，婚姻，縁組などの出入）については，そのつど戸長に届け出でるべきものとされた（法5則）。(ウ) 戸籍には，親族関係にない者（厄介者，被養育者）でも同居先の世帯の一員（同居者）とされ，「附籍者」として同居先の戸籍の末尾（同一用紙または別用紙）に記載された（法29則・30則）〔→ №360「附籍」みよ〕。(エ) 戸籍には，前記の一定の序列に従って戸の総人員の姓名，年齢（年何十），戸主との続柄，身分関係の取得事由のほか，華士族と平民の別，職業，寺，氏神などが記載された（戸籍書式4号）。なお，印鑑の登録（明治5年4月9日太政官布告117号）や犯歴なども記載されたようである。

(4) **戸籍の用紙** 美濃紙の寸法による公用罫紙を用いることとされた（法27則）。しかし，実際には枠や罫がなく白紙を用いたものもある。また，戸籍簿は全戸除籍の規定もなかったので，戸主の代替わりになっても，従前からの戸籍に張紙をしたままで，新戸主を中心にした戸籍に戸主との続柄が訂正されたようである。しかし，この方法は，明治19年戸籍取扱手続14条により改正され，従前の戸籍は除籍簿に移すべきものとされた。

(5) **転居** 他の管轄地（府県）に全戸転居するときは，従前の管轄府県庁に願出（戸長経由）して送り状を受け，それを新管轄地の府県庁に届け出（戸長経由）て，その管轄内の所属区戸籍に編入させることとされた（法8則）。また，全戸転居でないか，または所用のため一時滞留の者で90日以上は，寄留者として本籍管轄の府県庁の鑑札を持参し，寄留地戸長を通じてその管轄庁に差し出し，その庁からの鑑札を引替に渡して使用させ，本籍地に帰る時に従前の鑑札に引き替えて帰るべきものとされた（法12則・16則）。

(6) **戸籍事務管掌者** 府県庁に戸籍専任の吏員をおき，その管内各区の戸長，副戸長とともに戸籍整備の責任者とされた（法1則・3則・6則）。婚姻，離婚，縁組，離縁など1戸から他戸へ送る送籍・入籍については，戸長にあたらせた（法9則・10則）。戸長の職務は前述のとおり身分登録事務のみでなく，人口の異動を伴う寄留，旅行，僧侶の取締りなど，戸口調査の任にあることが法各則中に認められる（法21則前段・その他）。なお，この当時の戸長，副戸長とは，それまで江戸時代の支配末端機関であった庄屋，名主，年寄などが廃されて改称されたものである（法2則但書，明治5年4月9日太政官布告117号）。

(7) **戸籍副本制度の明定** 戸籍の副本制度が開始された（法4則・5則）。当初編製した戸籍は戸長に備えおき，その清書したもの2通をつくり，管内総計の戸籍表，職分表とともに管轄府県庁に2通（うち1通は太政官へ）提出するものとし，その後，府県庁は，出生，死去，戸籍の出入などそのつど戸長に届け出られたものにより，自己の保管している戸籍表に人数の増減を加除すべきものとされた。

(8) **明治5年式戸籍の取扱い** 壬申戸籍は，その記載事項が今日一般の公開に適しないものがあるので，原簿の閲覧請求に応じないこと（昭和51年6月15日法律66号で戸籍の閲覧制度は廃止となる），また，この戸籍についてとくに必要があって謄抄本または記載事

これには、脱籍者の本籍復帰の方法、復籍の費用、脱走の防止などが示されている（山主政幸「日本社会と戸籍法」38頁）。

(2) **明治5年以後** 現行戸籍法の原型ともいうべき最初の統一的戸籍法「明治4年4月4日太政官布告第170号戸籍法33則」に基づく戸籍が明治5年につくられた。この戸籍は施行の年を基準に壬申戸籍または明治5年式戸籍ともいう。次に、この戸籍は、明治19年内務省令19号、同22号および同年内務省訓令20号によって戸籍の取扱手続、登記書式が整備された。この戸籍を明治19年式戸籍という。次に、明治31年民法の制定施行に伴って戸籍も身分登録が主目的に改められたことから、明治31年法律12号で戸籍法が改正され、明治31年7月16日から戸籍の書式も改められた。この戸籍を明治31年式戸籍という。この時に戸籍簿のほかに身分登記簿（西欧の方式を採用）が併置されることになった。次に、大正3年法律26号で戸籍法が改正され、戸籍簿と身分登記簿が一本化されることになり、この施行が大正4年1月1日であるところから、この戸籍を大正4年式戸籍という。次が昭和22年公布の民法、戸籍法の改正による昭和23年1月1日施行の現在の戸籍である〔→ 各年式の戸籍の様式・書式については、末尾附録みよ〕。

No.76 明治5年式戸籍（壬申（じんしん）戸籍）

この戸籍は、明治4年4月4日太政官布告170号、明治5年2月1日施行の戸籍法（以下「法」という）により編製された戸籍である。この戸籍は、実施の年の干支が壬（みずのえ）申（さる）であったことから一般に「壬申（じんしん）戸籍」と呼ばれている。この戸籍編製の基本は、人民を把握し（動態の把握）、行政目的の重要な資料にすること、また政府の人民保護（警察的支配、行政的取締）を主たる目的としたものである（法前文）。戸籍編製の方法が後記のとおりであったことから、住民登録（住所登録）のほかに身分登録としての実質的意義を併有したものである。戸籍の制度および編製の具体的方法は、おおむね次のとおりである。

(1) **登録の対象となる者** すべての日本国の臣民（国民）であること（法前文＝人民（国民）、法1則＝臣民）。法公布当初の1則、32則によれば、臣民という場合に封建的身分の各階層が意識されていたが、法施行前の明治4年8月28日太政官布告（448号・449号）によってその身分のわくがなくなり、臣民はすべて登録される建前がとられた（山主政幸「日本社会と戸籍法」49頁以下）。

(2) **登録方法** 住所地においてなされ、戸籍簿は区（1府1郡のうち4～5町もしくは7～8村を組み合わせて1区となし、区ごとに戸長、副戸長をおく。法1～3則）内の戸籍紙数に応じて、1町もしくは数村を1冊として綴り、各戸籍は、現実の生活をともにする戸主と家族（世帯）を構成員とし、町村内の屋敷を単位に番号を定め（何番屋敷という）、この屋敷番号を戸籍に表示し、戸籍等の編綴もその屋敷番号の順によった（法1則・3則・4則・7則）。この屋敷番号は、今日の住居表示における住居番号の意味に通じ、当時の戸籍は今日の住民基本台帳の役割を果たしていることが認められる。

(3) **戸籍の編製** 明治5年2月1日から検査編製することとし（法前文）、その事前準備がなされて、同年中に大体整備されたようである。(ア) 戸籍は、当初の編製後6年目ごと

【1】 今日までの身分登録制度

No.75
戸籍の沿革

【1】 明治前の戸籍 **(1) 古代・奈良・平安時代** わが国の戸籍の起源は、日本書紀によれば、崇神天皇の12年にさかのぼり、天皇の詔りにより人民を調査し、賦役を課したのがそのはじまりであるといわれるが、制度として統一的に確立したのは大化の改新以後である。すなわち、大化元年8月国司に詔して造籍の準備をやり、ついで大化2年正月に改新詔書（3項）「初造=戸籍計帳班田収授之法=」が公布された。これによって実際に戸籍がつくられたのは、公布後6年目の白雉3年4月（西暦652年）であるといわれるから、この時をもって戸籍制度の起源であるとみるのが相当である。

戸籍は当時「ヘフミタ」と呼び、「ヘ」は「戸」「家」に通じ、「フミタ」は「文板」（ふみいた）（戸籍を書いたもの）を意味するという。造籍は、当時、村落制を50戸をもって1里を構成するものとし、その里には長一人がおかれ、各戸（家）ごとに6年に1回調製するものとされたようである（今日の国勢調査の意味がある）。戸籍に記載された事項は、人口の総数をあげ、その戸の等級（租税負担能力）、家口の姓名年齢、男女、嫡庶の別（正丁、次丁、正女、次女）、戸主との続柄（妻妾、叔姪、寄人、奴婢など）、官位職名、身体障害者の有無などが書かれたようである。この当時の戸籍には、有名なものとして白雉3年の造籍から18年後（3回目）の造籍（天智9年2月の庚午年籍という）、次に、庚午年籍から20年後の造籍（持統4年の庚寅年籍という）があり、さらに大宝令、養老令による造籍が重ねられて、漸次整備されていったようである。造籍の主な目的は、課税、賦役、徴兵、受田の対象を明らかにすること、他方、浮浪者の取締りなどをすることにあり、戸籍の6年1造制は、平安時代まではほぼ維持されたようである（中川善之助「戸籍法及び寄留法」（新法学全集第12巻）3頁、岸　俊男「日本古代籍帳の研究」（塙書房）82頁以下、成毛鐵二「戸籍の実務とその理論」（日本加除出版）3頁以下）。

(2) 鎌倉～江戸時代 武家時代に入って朝廷の権威も衰えて戸籍の6年1造制が励行されなくなったが、諸大名も領民把握の施策をそれぞれ行っていたようであり、とくに江戸時代に入って幕藩体制が整備されるに伴い、戸口調査的な人数調査などがなされている。たとえば、五人組帳、人別帳、宗門改帳などがある（吉田和夫「戸籍の変遷過程（戸籍時報）」180号、成毛鐵二「前掲」6頁）。

【2】 明治以後の戸籍 **(1) 明治元年～明治4年** 京都府において王政復古後、間もなく明治元年11月戸籍仕法（市中戸籍仕法、郡中戸籍仕法、士籍法、率籍法、社寺籍法）が制定され（俗に「京都戸籍」という）、政府は明治2年6月4日民部官達をもって、京都府の戸籍仕法を全国的戸籍法として採用するよう各府県に頒布し、地方によってはその中の郡中戸籍仕法を基礎にして戸籍法がつくられた（福島正夫「地方制度と戸籍制度」128頁）。なお、戸籍は行政的警察的機能を目的としており、とくにこの当時は、戸籍をして脱籍者の取締りを強化すべく、さらに明治3年9月4日「脱籍無産ノ輩復籍規則」が定められた。

第 3 編
戸 籍 関 係 (1)
―戸籍事務一般―

- 【1】 今日までの身分登録制度 …………………………………… 110
- 【2】 戸籍の役割 ………………………………………………… 122
- 【3】 戸籍事務 …………………………………………………… 127
- 【4】 戸籍に関する帳簿 ………………………………………… 145
- 【5】 戸籍・除籍の公開と公開制限 …………………………… 162
- 【6】 戸籍の改製・再製 ………………………………………… 175
- 【7】 戸籍の編製基準 …………………………………………… 186
- 【8】 戸籍の記載手続 …………………………………………… 196
- 【9】 戸籍の記載事項と記載欄 ………………………………… 204
- 【10】 戸籍の訂正・更正 ………………………………………… 216
- 【11】 届出一般と届書類の処理 ………………………………… 223

による準血族の範囲は，同727条の養親子関係に基づく場合と異なり狭義（継親または嫡母の血族に及ばない）に解すべきであり，ただ，継父母と継子または嫡母と庶子との関係を生じた後に発生した継父母または嫡母の直系卑属の間と継子または庶子もしくは継子，庶子の直系卑属と継親，嫡母の間，およびその直系卑属の相互間には，いずれも準血族関係を生ずるが，この関係発生前にすでに生じている継父母または嫡母の血族と継子または庶子との間には，準血族関係を生じないものと解されていたことが下記の先例にみられる（大8・6・26民事841号回答）。

(1) 継父母が継子の家で設けた実子と継子との親族関係は，兄弟姉妹である（明32・5・9民刑41号回答）。

(2) 継親子関係発生後生まれた継子の子（およびその直系卑属）と継親との間（大6・12・26大審院判決，大9・4・8大審院判決），また継子の子（およびその直系卑属）と継親の直系卑属との間には，いずれも準血族の関係を生ずる（大8・6・26民事841号回答）。

(3) 継父が廃家のうえ入籍した際に，ともに入籍した継父の父母と継子との間には祖父母，孫の関係を生じない（大11・7・8民事2586号回答）。団これは旧民法728条が，同727条のように継子と継父母の血族との間に血族間におけると同一の親族関係を生ずるものとは規定していないことによるものである。

(4) 父甲の継母乙が長男丙の出生前に丙の祖父丁の後妻として入籍したときは，乙丙間には祖母孫の親族関係を生じ，また，長男丙の出生後に継母乙が祖父丁の後妻として入籍したときは，祖母孫の関係を生じないが，姻族関係を生ずるので，丙が戸主の場合家族との続柄は「祖父某妻」と記載する（昭5・12・9民事1182号回答，昭50・9・9民二5096号回答）。

(5) 継親子関係発生前に婚姻した継子の妻と継父との間に親族関係を生じないが，継親子関係発生後に婚姻した継子の妻は継父との間に親族関係（姻族関係）があるので，夫の継父たる戸主との続柄は「婦」と記載する（大14・8・1民事7271号回答）。

(6) 継親子関係および嫡母庶子関係は，応急措置法の施行と同時に認められなくなったので，同時に継子の子と継父との祖父孫の関係（または庶子の子と嫡母との祖母孫の関係）は，いずれも姻族二親等に変動した（昭29・12・24民事甲2650号回答）。

【参考文献】 髙妻・荒木「全訂第二版 相続における戸籍の見方と登記手続」（日本加除出版）
問137〜140

⑾　次の場合には，いずれも継父子関係を生ずる。㋐　戸主甲の養子乙が他家から丙を妻に迎え，長女丁を設けた後養子乙死亡し，その後，戸主甲は戊を養子となし，丙と戸内婚姻をしたとき丁と戊との間，㋑　家族たる祖父の養子が戸主の母と戸内婚姻をしたとき戸主と養子との間（大2・9・30民719号回答）。

⑿　夫が婚姻前認知した庶子と妻との間には嫡母庶子の関係を生ずる（明45・4・15民事602号回答）。

⒀　庶子の父がその妻（嫡母）死亡後，ふたたび妻を迎えた場合，その後妻は庶子の嫡母となり嫡母庶子の関係を生ずる（大2・9・30民719号回答，大7・6・15民1333号回答）。

【3】　継親子関係・嫡母庶子関係の消滅（旧民729条）　継親子関係は，継子たるべき者の父または母と継親たるべき者の婚姻が要件であるから，継親の離婚（旧民729条1項後段），または死亡による婚姻解消後の継親の去家（同条2項）によって消滅するものとされる。また，嫡母庶子関係についても，庶子の父と嫡母との離婚，父死亡後の嫡母の去家によって，消滅することは継親子関係と同様である（旧民729条）。

⑴　戸主が実父死亡後，継母を離籍したときは，継親子の関係は消滅する（大3・1・14民17号回答）。囲旧民法729条2項の適用である。

⑵　継親がその配偶者とともに他家へ親族入籍をしたときは，継親子の関係は消滅する（大5・11・10民1420号回答）。囲旧民法729条2項の類推適用である。

⑶　長女乙を有する女戸主丙廃家のうえ，丙家の長男丁と婚姻後離婚したときは，丙家にある乙と丁との継親子の関係は消滅する（昭11・4・11民事甲371号回答）。囲旧民法729条1項の適用である。

⑷　継母が去家する（婚姻により他家に入る）ことによって消滅した継親子関係は，かつての継母が離婚によってその家に復籍しても，かつての継子との関係がふたたび生ずることはない（大9・3・2民事178号回答，昭12・4・23民事甲519号通牒）。囲旧民法729条1項もしくは同条2項により，消滅した継親子関係は，新たな継親子関係の発生原因がない限り回復することが考えられない。

⑸　継子が他家の養子となった後，生存配偶者たる継母が前記継子の養家に親族入籍したときは，継親子の関係は消滅する（明44・2・14民刑24号回答）。囲継子が他家の養子となった状態では継親子の関係の消滅を生じないが，継母が婚家を去ったことにより旧民法729条2項が適用されたものと考えられる。

【4】　継親子関係・嫡母庶子関係の継続　⑴　生存配偶者たる継父が廃家のうえ，継子とともに他家に入った場合，継親子の関係は消滅しない（大3・8・8民1205号回答）。継父が適法に廃家して継子が当然に継父に従って他家に入る場合は，旧民法729条2項の「生存配偶者カ其家ヲ去リタルトキ」にあたらないものと解されている。

⑵　継親が配偶者とともに分家をしても，継子の関係は消滅しない（大5・11・10民1420号回答）。分家の場合は，旧民法731条により継親子関係（嫡母庶子関係）の消滅原因（旧民729条2項）とならない旨が規定されている。

【5】　継親子関係・嫡母庶子関係に基因する親族関係　一般的には，旧民法728条の規定

との間，(イ) 父または母が後妻または後夫と婚姻をなす前に本家相続，分家，廃絶家再興をなし，または，離籍により一家を創立した子とその後妻または後夫との間，(ウ) 父または母が後妻または後夫と婚姻をなす前に他家に親族入籍をなし，または，他家相続により家を去った子と後妻または後夫との間（大 8・6・26 民事 841 号回答）。

(4) 父が後妻とともに分家した後，本家に離縁復籍した前妻の子は後妻との間に継親子の関係を生じない（大 14・11・26 民事 9054 号回答）。

(5) 入夫の実家にある庶子と入夫の妻との間には嫡母庶子の関係を生じない（大 2・2・26 民事 89 号回答）。

【2】 **継親子関係・嫡母庶子関係の発生** (1) (ア) 遺妻が戸内において婚姻した場合に，後夫と前夫の子との間に，継父子の関係を生ずる（大 2・7・3 民 103 号回答）。(イ) 長男の遺妻がいったん実家に入籍後，二男と婚姻により入籍したときは，二男と亡長男の子との間に継父子の関係を生ずる（大 7・5・11 民 613 号回答）。

(2) 遺妻が再婚により他家に入り，その後，夫とともに前夫の子の家に入籍したときは，その子と母の後夫との間に継父子の関係を生ずる（大 11・5・16 民事 3790 号回答）。

(3) 入夫離婚により，その長男が戸主となった家に離婚した父が後妻とともに入籍したときは，実母があっても，戸主と父の後妻との間には継母子の関係を生ずる（昭 13・8・8 民事甲 895 号回答）。

(4) 戸主の妻が前婚の子を引取入籍（旧民 738 条）させたときは，その子と戸主（後夫）との間には継父子の関係を生ずる（昭 10・3・2 民事甲 212 号回答）。

(5) 庶子の実父が死亡し庶子を有する嫡母が後夫を迎えた場合，その後夫は継父となる。その継父が戸主となったときは，庶子の戸主との続柄は継子男（女）と記載する（昭 9・12・28 民事甲 1467 号回答）。団この場合の継父子関係は，庶子を嫡出化する力をもつものではないから，庶子は後夫に対して「庶子たる継子」となるのである（中川善之助「日本親族法」〔昭和 17 年〕81 頁）。

(6) 女戸主の養子と，婚姻によりその家に入った入夫との間には，継父子の関係を生ずる（明 32・7・29 民刑 1400 号回答）。

(7) 養子縁組後の養父の妻と養子との間には，継母子の関係を生ずる（明 44・5・24 民事 184 号回答）。

(8) 養子を有する女戸主が廃家のうえ婚姻により他家に入ったときは，養子と養母の夫との間に継父子の関係を生ずる（大 5・11・10 民 1420 号回答）。

(9) (ア) 養子の実母が養父の弟と婚姻によりその家に入籍した場合，養子と養父の弟との間には継父子の関係を生ずる（昭 11・11・21 民事甲 1457 号回答）。(イ) 養子の家に実母とともに親族入籍をした実母の後夫と養子との間には，継親子の関係を生ずる（大 2・10・29 民 1005 号通牒）。

(10) 妻の実家にある妻の養子，継子を婚家に引取入籍（旧民 738 条）させたときは，夫とその子との間に継父子関係を生ずる。ただし，継子については旧民法 729 条によって継親子関係が消滅しない場合のみである（大 7・5・30 民 1159 号回答）。

親族関係

No.73 嫡母と庶子

【1】 嫡母庶子の意義 父が認知した非嫡出子（庶子）と，その父の妻で庶子の母でない者とが家を同じくするときに，両者の関係を嫡母庶子という。ここに「嫡母」とは，民法上の嫡出子の母を意味しないで，庶子の父の妻の意である。

なお，嫡母庶子関係は，継親子と同様に家の制度に基づく法定親子関係で，新憲法の施行に伴う民法の応急的措置に関する法律によって昭和22年5月3日から廃止され，結局，嫡母と庶子との親族関係は，親子の関係でなく，直系姻族の一親等になった。しかし，旧民法当時に嫡母庶子の関係から生じた法律効果には影響がない（現行民附4条）。

【2】 要件 (ア) 庶子の父と嫡母となるべきものとの間に婚姻が成立すること。(イ) 庶子と父の妻とが家を同じくすること。

前記の二点が基本的要件で，家を同じくする意味は継親子の場合〔→ No.72「継父母と継子」みよ〕と同様で，嫡母は婚姻によって父の家に入ったものであるか，または婚姻前から父と家を同じくしたものである（戸内婚姻）ことを要する（明45・4・15民事602号回答，大7・6・15民1333号回答）。したがって，入夫または婿養子（旧民788条2項）の実家にある庶子と入夫または婿養子の妻との間には嫡母庶子の関係は生じないものと解されている（大2・2・26民事89号回答4）。

【3】 効果 (1) 嫡母と庶子との間には，実親子と同一の親族関係を生ずるが，嫡母の血族と庶子との間には別に親族関係が生じないことは，継親の血族と継子との間と同じである（旧民728条）。

(2) 継親子関係と同じく，嫡母庶子関係の成立後，庶子に生じた直系卑属は，嫡母と家を同じくするときに限り自然血族と同一の親族関係になる（法定血族）。

(3) 嫡母庶子関係は，いったんこの関係が発生した後にその庶子が婚姻，縁組のためにその家を去っても消滅しないものと解されている（大2・2・26民事89号回答）。

(4) 庶子の嫡母との間に生ずる親子関係は，庶子の父との親子関係に等しいものであるが，庶子の父に対する地位は，父と嫡母との間の嫡出子に劣る。したがって，庶子は家督相続人としての順位（旧民970条），遺産相続分（旧民1004条）などはすべて庶子として受けることのできる限度を超えない。

【参考文献】 中川善之助「日本親族法」昭和17年

No.74 継親子関係・嫡母庶子関係とこれに基因する親族関係（先例要旨）

【1】 継親子関係・嫡母庶子関係の不発生
(1) 戸主の亡妻の私生子（嫡出でない子。父から認知を受けると「庶子」といわれる。）が戸主の家に親族入籍しても，戸主とその者との間に継父子の関係を生じない（大9・3・25民事956号回答）。

(2) 私生子とその母の夫との間には継親子の関係を生じない（大10・2・8民事522号回答）。

(3) 家を異にする者の間には，継親子の関係を生じない。たとえば，(ア) 父または母が後妻または後夫と婚姻をなす前に縁組，婚姻により他家に入った子とその後妻または後夫

を迎えると，継父（親）の配偶者であるから継子とその継父の妻との間には継母子関係を生ずる（大2・8・22民452号回答）。この継母子関係は再継母子関係とも呼ばれている。
(イ) 継親となるべき親の配偶者には実親でない伯（叔）父母でも継親になる。たとえば，長男の遺妻が戸内で亡夫の弟（叔父）と再婚したとすると，前夫の子と後夫（叔父）との間に継父子関係を生ずる（大2・7・3民103号回答）。

(2) 継親と継子とは家を同じくすること。すなわち，継親子関係の基礎となるところの婚姻成立の際に，すでに家を去っていた子は継子とならない（大8・6・26民事841号回答）。しかし，その後，ふたたび家を同じくすることになれば，その時から継親子関係を生ずる。たとえば，他家に婚姻により入った子が，父が妻を迎えた後に離婚して父の家に帰ってくれば，その時から父の妻の継子となる。

(3) 継子となり得る者は，配偶者の嫡出子または庶子であること，また，養子，継子もさらに継子となり得る。たとえば，庶子を有する嫡母（庶子の亡父の妻）が後夫（入夫）を迎えた場合は，その庶子と後夫とは継親子関係（庶子たる継子）を生ずる（明37・5・27大審院判決，昭9・12・28民事甲1467号回答）。父の認知を受けない非嫡出子（いわゆる私生子）は，その母が連れ子として他家に入っても母の夫との間に継父子関係を生じない（大10・2・8民事522号回答）。

【3】 効果 (1) 継親子関係は，直接には継親と継子の間だけに認められる。すなわち，継親子関係は，養親族関係（旧法727条）のように継子を継親の親族全体に結びつけるものではない。しかし，養子の場合と同じく継子となった後に出生した継子の直系卑属は，継親と家を同じくするときに限り法定血族とされる（大6・12・26大審院判決〔民録2229頁〕）。たとえば，継子の出生子は継子を通じて継親の孫となり（大8・6・26民事841号回答），継父母が継子の家にあるときに出生した子は，継子と兄弟姉妹の関係になる（明32・5・9民刑41号回答）〔→ No.74「継親子関係・嫡母庶子関係とこれに基因する親族関係」みよ〕。

(2) 継親子関係は，いったんこの関係を生じた後に継子が婚姻，縁組のために他家へ出た場合には，その去家が離籍された場合のように継親子関係を絶止する趣旨によるものではないから，一般にすでに発生した継親子関係は消滅しないものと解されている（長島学士・法学評論14巻〔人事法総覧33頁〕，昭5・10・8法曹会決議〔同前36頁〕）。

(3) 継子の地位は，継父母との間で，あたかも嫡出子とその親，または庶子とその親との関係と同じ法的効果をもつことになる。たとえば，継親に嫡出子たる実子Aと継子Bがあった場合に，旧法中，継親について遺産相続が開始したときには，AとBは同順位で，しかも同等の相続分を取得し，もし，Bが庶子の場合（嫡母の後夫の継子）の相続分はAの2分の1ということになる（旧民994条・1004条）。

なお，旧法戸籍では継親が戸主の場合，継子の戸主との続柄（額書欄）は，継子が嫡出子，庶子のいずれでも「継子男」または「継子女」と記載することとされていた（明41・5・2民刑1562号回答，昭9・12・28民事甲1467号回答）。

【参考文献】 中川善之助「日本親族法」昭和17年

甲2192号回答)。

(8) 旧法中，妻の夫として妻の子の戸籍に親族入籍をした者が，その子を養子とした後，離婚して親族入籍によりその家を去った場合は，旧民法730条2項の適用がある（昭39・2・13民事甲316号回答)。

(9) 旧民法730条2項のいわゆる「養親カ養家ヲ去リタルトキ」にあたるとされた事例「他家より婚姻によって入った者が転婚した場合」（昭38・10・29民事甲3055号回答)。

(10) 昭和22年5月3日以後は養親の一方が死亡した後に生存養親と離縁しても，その離縁の効力は亡養親に及ばない（昭23・12・6民事甲3000号回答)。

(11) 旧法当時，婿養子が養親とさらに養子縁組をしている場合において，応急措置法後は，一つの離縁届によって前記養親子間の縁組関係は全部解消するものと解する（昭27・9・15民事甲275号回答)。

(12) 旧民法においても改正民法においても養子の縁組前の出生子は，養親との間に血族間におけると同一の親族関係を生ずるものでない（昭27・2・2民事甲89号回答)。

(13) 養子が子を出生後に離縁し，その後，ふたたび前の養親と縁組した場合，養子の子と養親との関係は親族関係を生じない（昭25・10・10民事甲2709号回答)。

No.72 継父母と継子（継親子）

【1】 **継親子の意義** 継父母と継子（継親子）の定義規定は，旧民法にはないので，家族制度上の伝統と条理とによって親子と同一の法的効果を与えるべきかどうかを決するほかないものと取り扱われてきた。大審院判決（大9・4・8）には，「継子トハ配偶者ノ子ニシテ婚姻ノ当時配偶者ノ家ニ在リタル者又ハ婚姻中ニ其家ニ入リタル者ヲ称ス」と示され，継親子関係とは，子の親の配偶者であって，子にとっては親でない者とその子が家を同じくする場合の法定親子関係である。これを自然の血のつながりのある，いわゆる自然血族に対して，法律の擬制によるところから法定血族または準血族と呼んでいる。この継父母と継子の法定親子関係は，旧民法728条によって親子としての法的効果を付与されたものであるが，これは家の制度に基づくものとして，新憲法の施行に伴う民法の応急的措置に関する法律によって昭和22年5月3日から廃止され，結局，継父母と継子との親族関係は親子の関係でなく直系姻族の一親等になった（昭22・4・16民事甲317号通達)。しかし，旧民法当時の継親子関係によって生じた相続その他の法的効果は，特別の定めがない限り，現行民法下においても認められているほか（民附4条・16条)，家附の継子には，現行民法上もとくに特別の地位が認められている（民附26条)。継親子関係の典型的事例としては，夫婦の間に子が生まれて妻死亡後に夫が後妻を迎えると，後妻と先妻によって生まれた子との間に生ずる継親子関係がある。

【2】 **要件** (1) 継親とは子の親の配偶者であること，すなわち，継親となるべき者と継子となるべき者の親との間に婚姻が有効に成立することを要する。(ア) ここに子の親という中には，必ずしも実親でなければならないわけではないので，養親のほかさらに継親も含まれることになる。たとえば，独身の養父が妻を迎えると養父の妻と養子との間には継親子関係を生じ（明44・5・24民事184号回答)，また，実母が死亡し，継父が新たに後妻

るものと解している（昭9・9・4民事甲1189号回答，昭10・10・30民事甲1268号通牒，昭10・12・3民事甲1377号回答，昭49・6・19民二3465号回答）。なお，旧民法730条3項の養子の配偶者中には，他家から入った者のほか養家において生まれた養親の親族でない女も包含する（明32・3・15民刑2209号回答）。

【2】 養親族関係の消滅と戸籍 養子の配偶者（養女）が養子とともに養家を去ったため，養親族関係（養親子関係はもちろんのこと）が消滅した場合，その家籍の異動先（入家先）の戸籍については，養親の氏名および養親との続柄は移記すべきでない。もし，誤ってこれを移記している場合は，戸籍事務管掌者において管轄法務局の許可を得てその記載を消除すべきである（戸24条1項但書・2項後段）。もっとも，養子の配偶者（養女）について，前記の事由により養親族関係が消滅しているのに，誤って家籍の異動先に養親の氏名，および養子の旨が移記されているため，元養親の死亡または元養親の実子（直系尊属なし）の死亡による相続人（養子または兄弟姉妹）として相続登記申請があっても，登記官は，その審査権（法令解釈権）に基づき，誤記ある戸籍の訂正がないままで当該申請を却下することができるものと解する〔→No.340「登記官の相続適格者の認定基準（登記官の審査権）」みよ〕。

No.71 旧法中の養親族関係と新法の施行 （先例要旨）

昭和22年5月3日以降の取扱いは次のとおりである。

(1) 旧法当時，離縁復籍した養子の養方にある直系卑属と養親およびその血族との親族関係は，応急措置法の施行と同時に消滅する（昭24・6・23民事甲1413号回答）。

(2) 養子の直系卑属が前記(1)の養子離縁前に他家の養子となっている場合も，(1)と同様である（昭24・6・23民事甲1413号回答）。

(3) 旧民法当時，養母が婚姻によって養家を去った場合は，養母が家女でない限り，その去家によって新民法施行後も養子との縁組関係は消滅したものと解すべきである（昭25・3・24民事甲764号回答）。

(4) 旧法中，婚姻によって他家から夫の戸籍に入った後，夫とともに養女を迎えその養女が婚姻によって除かれ，夫が死亡してから養女の婚家に親族入籍した前記の妻と養女との親子関係は継続しない（昭26・7・23民事甲1505号回答）。

(5) 旧法中，婚姻により入籍した甲女が絶家により一家創立後，丙男を養子とし隠居したため丙男が戸主となり，さらに甲女は他家に婚姻している場合，甲丙間の養親子関係は依然として存続する（昭29・11・30民事(二)発463号回答）。

(6) 養母が離婚によって養家を去ったために，旧民法730条2項の規定によって養子との養親子関係が消滅した後に，養母が再婚によって前婚家に入っても従前の養子との養親子関係は回復しない（昭32・4・30民事甲834号回答）〔囲本例は，新たな身分行為である〜No.68⑿との相異をみよ〕。

(7) 応急措置法施行前，戸主甲の長男乙が他家から妻丙（甲の姪）を迎えたが，乙死亡し，その後，丙は非嫡出子丁を出生，さらに戊を養子とした後，婚姻により去家した場合は，甲と戊間および丁と戊間には応急措置法施行後は親族関係がない（昭33・11・7民事

No.280 みよ〕，離籍〔→ No.359 みよ〕なども含まれ，去家の事由が自由意思によるものであろうと，裁判上のものであることを問わない（大3・1・14民17号回答，大13・7・14民事8408号回答，昭10・7・2民事甲522号回答）。

【5】 **養親の去家による養子の子の養家における身分**　養親の去家によって養子と養親との親族関係は消滅しても，去った養家における養子の子（養子・実子）の身分には何らの影響もない。たとえば，甲家の前戸主甲の養子である戸主乙が丙を養子とした後に隠居し，実家に旧民法737条の親族入籍をしたとき，乙丙間においては養親の去家で養親子関係が消滅しても，甲丙間には祖父と孫の関係が存続している（大5・3・17民390号回答）。

【6】 **養親子関係の消滅と回復の戸籍記載**　本条2項によって，養親が養家を去ったために養親子関係が消滅したときは，市町村長は職権をもって養子の戸籍に記載してある養親の氏名および養親との続柄を抹消し，かつ，事項欄に「年月日養母家ヲ去リタルニ付キ年月日養親ノ氏名及養親トノ続柄ノ記載抹消」の例により，抹消事由を記載することとされている（大5・11・13民1556号回答7，大13・7・14民事8408号回答）。前記の処理遺漏を発見した場合には，現在でもたとえ当該戸籍が除籍または改製原戸籍となっていても，その除かれた戸籍に前記の処理をし，抹消事由などを記載すべきである。

　次に，他家から入った養母が，婚姻で他家に入ったときは，前述のとおり養親の氏名および養親との続柄を抹消するが，その養母が旧法中離婚によって復籍した場合には，旧民法739条により実家（他家から入った者でも養母からみて婚姻前の家，養子からみて養家）において有していた身分を回復するので，養母たる身分を回復する。この場合には，養子の戸籍にさらに養母の欄を設け，その氏名と続柄を記載すべきものとされていた（大12・2・19民事4941号回答）。その処理が遺漏している場合には今日でもその補記をすべきである。

【参考文献】　髙妻・荒木「全訂第二版　相続における戸籍の見方と登記手続」（日本加除出版）問128以下

No.70
旧法の「養子ノ配偶者（養女）カ養子ノ離縁ニ因リ夫ト共ニ養家ヲ去リタルトキ」

【1】 **養子の配偶者の去家**　旧民法施行当時，養子の離縁によって養子は通常実家に復籍し（旧民739条），もし，養子に妻があれば妻も養子に従って養子の実家に入り（旧民745条），妻と養親およびその血族との姻族関係は消滅したわけである（旧民730条3項）。しかし，この場合，妻が養親の実子であるときは，養子たる夫に従って養親の家（妻よりみて実家）を去っても，養親（実親）との自然血族関係が消滅しないのは当然である。ところで，養子と養女が戸内婚姻しているか，または養女が婿養子を迎えている場合のように，養子の妻自身が養女であるとき，夫の離縁によって妻が夫に従って他家に入った場合には，その養女と養親およびその養親の血族との親族関係は，自然血族に準じ（法定血族として）消滅しないものと解すべきかは問題であるが，先例は家制度と夫婦関係を重視し，旧民法730条3項の規定により消滅す

民731条)。その除外事由としては，新たな家と従前の家との関係は，これを同視すべきほどに密接であるからである。

 例1 本家相続（旧民744条）＝分家の法定の推定家督相続人が本家戸主から，その家督相続人に指定され，その後にその家督相続が開始し，または親族会によって本家の家督相続人に選定されて本家の家督を相続する場合である（旧民979条〜981条・985条）。

 例2 分家（旧民743条）＝家族がその属する家を離脱して新たな家を設立することである〔→No.283「分家」みよ〕。

 例3 廃絶家再興（旧民743条）＝家族は，戸主の同意を得て，すでに廃家（旧民762条）または絶家（旧民764条）となっている家を再興することができる。その手続は戸籍管掌者にする届出により，廃絶家再興者〔→No.358 みよ〕は各廃絶した家の氏を称する（旧戸146条）。

【2】 本条2項の「養親」 ここに「養親」とは，養親がその家の出身（生来取得の家籍）ではなく，元他家から入った者と解されている（明41・9・21民刑994号回答）。したがって，家女（生来の家籍にある女）が，養子をした後に婚姻などによって他家に入っても，生家にある養子との法定血族関係は消滅しないものと解されている（大14・12・21民事10564号回答，昭25・3・24民事甲764号回答）。

【3】 養親の入籍の原因 本条2項の適用があるための養親の他家から入った原因に制約があるかどうか熟慮を要する。本条2項の適用がある典型的事例としては，養親が縁組または婚姻により他家から入った場合である（前掲994号回答）。たとえば，㈦ 他家から入夫婚姻により戸主となった甲が妻乙とともに丙を養子とした後に隠居し，乙死亡後他家に再度入夫婚姻した場合（昭6・11・12民事1053号回答），㈥ 戸主夫死亡し選定により戸主となった遺妻（他家から入った者）が，養子を迎えて隠居後婚姻によりその家を去った場合（昭38・10・29民事甲3055号回答）などである。なお，他家から入った事由が婚姻，縁組以外である場合がある。たとえば，姻族（子の母の夫）として妻の子の戸籍に妻とともに親族入籍した者が，妻の子を養子とした後，妻と離婚し，実方に親族入籍によりその家を去った場合に本条2項の適用があり，養親子関係は消滅する（昭39・2・13民事甲316号回答）。一方，本条2項の適用がないとする事例としては，旧民法731条の法意からして他家から入った者でも血族関係により入った者とか，原家（従前の家）と新たな入家先とが極めて密接な関係にあって入った者が考えられる。たとえば，㈹ 廃家再興者，親族入籍者（血族としての入籍者で姻族としての入籍者は含まない），指定または選定により他家を相続した者，認知入籍者については，本条2項の適用がない（大8・1・17民2808号回答，大14・5・29民事4254号回答㈠）。㈡ 父甲の戸籍に入った庶子丙女が，実母乙の戸籍に親族入籍後，戸主となり，丙は養子丁を迎えて隠居後婚姻により去家したときは，丙が乙との血族関係により親族入籍したものであるから，丙が婚姻によって家を去っても本条2項の適用はない（昭49・8・8法務省裁判所戸籍事務連絡協議会結論）。

【4】 養親の去家の原因 本条2項の適用がある養親の去家の原因には，旧民法731条の制限があるが，その他については養親の離婚，離縁に限らず，婚姻，縁組，親族入籍〔→

親族関係

(4) 養親子関係は養親の死亡によっては消滅しない。ただし，養親の一方が死亡した場合において生存養親と離縁をなすときは，死亡した養親との養親子関係も消滅する（大8・9・19民事4252号回答）。囲応急措置法施行後には，生存養親との離縁のみでは死亡養親との関係は消滅しない。

(5) 旧民法730条2項の養親は，元他家から入った者と解すべきである（明41・9・21民刑994号回答）。

(6) 養親たる家女は，その家を去っても生家との関係を断絶するものではないので，生家の養子との準血族関係は消滅しない（大14・12・21民事10564号回答）。

(7) 他家から入った養親が離婚によって去家したときは，養子との親族関係は消滅する（大5・11・13民1556号回答）。

(8) 養親のその家に入る原因が，婚姻または養子縁組による入籍以外である場合，たとえば，親族入籍者（囲），指定または選定によって相続をした者，認知入籍者であるときは，旧民法730条2項の適用を受けない（大14・5・29民事4254号回答(一)）。囲姻族は含まない（昭39・2・13民事甲316号回答）〔→ No.69の【3】「養親の入籍の原因」みよ〕。

(9) 他家から入った養親が分家に親族入籍したときは，その者と本家にある養子との養親子関係は存続しない（昭9・2・14民事甲10号回答）。

(10) 戸主の養女が他家から養子を迎え，さらに他家へ養子となったときは，養子との親族関係は消滅する（昭10・7・2民事甲522号回答）。

(11) 養親の去家によって養子と養親との親族関係は消滅するが，養家における既成の親族関係には影響を及ぼさない（大5・3・17民390号回答）。

(12) 養母が婚姻によって養家を去ったことによって，いったん消滅した養親子関係は，養母であった者が離婚によって復籍したときは，これによって回復する（大13・7・14民事8408号回答）〔囲本例は，従前の身分回復である～No.71(6)との相異をみよ〕。

(13) 養子が婚姻または縁組によって他家に入籍しても養親との親族関係は消滅しない（明33・4・9民刑335号回答）。

(14) 養子を離籍し，または養子に対して復籍拒絶をしても，養親との親族関係は消滅しない（大6・7・14民1161号回答）。

(15) 養子と戸内婚姻をした養女が，夫の離縁によって，ともにその実家に入った場合，養女と養親との親族関係は消滅する（昭10・10・30民事甲1268号通牒）。

No.69 旧法の「養親カ養家ヲ去リタルトキ」

【1】 意義　旧民法730条2項「養親カ養家ヲ去リタルトキ」（以下「本条2項」という）は，養親族関係の終了の一つの場合を「家」中心の建前から規定されたものである。この趣旨は，普通，養親自身が他家から婚姻または縁組によって，その家に入った者であるときに，その養親が離婚または離縁によって養家（養家とは養子からみての養家である）を去った場合，養親自身および養親の実方の血族と養子との養親族関係が終了するものとする。ただし，養親が養家を去る原因が本家相続（囲1），分家（囲2），および廃絶家再興（囲3）の場合には，これを除外している（旧

その死んだ養親と養子との間は，人としての身分のない死者との関係であるから，何らの法律上の権利義務のないことは当然なことである。この意味で死者との養親族関係は終了するといわれる。しかし，養親が死亡しても，あるいは養子が死亡しても，その死者を仲介して（生存中に）存在していた養親族関係は何ら影響がない。つまり，(ｱ) 養親が死亡しても養子と養親の血族との間には身分の変動がないのである。たとえば，養父が死んでも養子と養父の実子との間の兄弟姉妹の関係は存続する。したがって，養親または養子死亡後の離縁（民法811条6項）は，死者との関係というよりも死者を通じての養親または養子の血族との関係を終了させることに意味がある（民法728条の姻族関係終了と同趣旨）。また，(ｲ) 養子が死亡した場合，養親と死んだ養子との間の養親子関係は当然に終了するが，養子を仲介として（生存中に）生じた縁組後の養子の直系卑属との間の関係，たとえば，養父と養子の子との間は祖父と孫の関係が存続する。このような場合に，養父の死亡により相続が開始すれば，孫が養父の直系卑属として養子に代わって相続する身分を有する（民887条2項）。

　(2)　**離縁・縁組取消**　離縁によっても養親族関係はすべて終了する（民729条）。離縁には協議上の離縁（民811条1項），裁判上の離縁（民814条）のほか，縁組当事者の一方死亡後における離縁（民811条6項）もある。また，特別養子縁組が審判で離縁（民817条の10）となった場合も同様に養親族関係が終了するが，養子と実父母およびその血族との間においては，離縁の日から縁組によって終了した従前の親族関係と同一の親族関係が発生（回復）する（民817条の11）〔→ No.209「裁判上の離縁」みよ〕。なお，縁組の取消しによっても，取消しに遡及効がないので離縁の場合と同様に養親族関係が終了する（民808条）。

　(3)　**去家**　旧法中は，養親が養家を去った場合（旧民730条2項），あるいは，養子の配偶者，直系卑属，または養子の直系卑属の配偶者が，養子の離縁を原因として養子とともに，その養家を去った場合，そのいずれも養親族関係の終了を認めている（旧民730条3項）。なお，養子が縁組もしくは婚姻によって他家に入り，第一の養方を去家しても既存の養親子関係は消滅しない（明33・4・9民刑335号回答）。養親族関係のうち，旧法中に生じた養親子関係について，それに基づく旧法当時の相続が開始しているものは現行法でも是認される（民附則4条）〔→ No.69「養子カ養家ヲ去リタルトキ」，No.70「養子ノ配偶者（養女）カ養子ノ離縁ニ因リ夫ト共ニ養家ヲ去リタルトキ」みよ〕。

【参考文献】　①中川善之助「注釈親族法（上）」，②野上久幸「親族法」昭和3年

No.68
旧法中の養親族関係（先例要旨）

　(1)　明治民法施行前においては，母子をともに養子とすることはできなかったが，母を養女とし，子を養孫として入籍してさしつかえない慣例があった（大4・7・7民942号回答）。

　(2)　明治民法施行前，嗣子に定められたことによって，戸主と養親子関係を生ずるものではなかった（大11・5・16民事2678号回答）。

　(3)　養子縁組以前に出生した養子の子と養親との間には，祖父母孫の関係を生じない（大2・1・9民事840号回答）。

子との関係は，養親の血族であることによる。すなわち，民法727条の文理上から養子と養親との間，また養子縁組成立の際に存在（出生）している養親の血族と養子との間の，いずれの養親族関係も縁組成立の日以後に向かって発生する。なお，縁組後に出生した養親の血族と養子との間も，養親族関係が発生することになる。

囲　昭和49年12月23日最二小判（民集28巻10号2068頁），平成9年3月11日最三小判（家月49巻10号55頁）

〔要旨〕　養子縁組は法定の届出によって効力を生ずるものであるから，養子とする意図で他人の子を嫡出子として出生届をした場合に，たとい実の親子と同様の生活の実体があったとしても，右出生届をもって養子縁組届とみなし有効に養子縁組が成立したものとすることができない。

(2) **養親および養親の血族と養子の血族との関係**　(ア)　養親側と養子の直系卑属との間の法定血族関係は，民法727条の文理上，養子縁組の日以後に向かって発生するものであるから，縁組成立後に生まれた養子の直系卑属（たとえば子）は，養親および養親の血族に対しても直接に親族関係を認められるが，縁組成立前に生まれていた養子の直系卑属（たとえば子）は，縁組後も養親および養親の血族との間に何らの法定血族関係を生ずるものではないと解されている。このことは旧法中でも現行法下でも同様である（大6・12・25大審院判決〔民録23輯〕，昭7・5・11大審院判決〔民集11巻1062頁〕，大2・1・9民事840号回答，昭27・2・2民事甲89号回答）。たとえば，養親甲と養子乙の縁組前の子丙とは祖父母孫の関係にはなく，丙は養親甲の直系卑属といえないので，乙死亡後甲の相続が開始した場合に甲の相続人（乙を代襲しての相続人）たる身分を有しない（民887条2項但書）。なお，民法施行前においても，養子は養親およびその血族との間に養子縁組の日から血族間におけると同一の親族関係を発生したものと解されていた（大4・4・29大審院判決〔民録21輯570頁〕）。

(イ)　養親側と養子の直系卑属以外の血族との間　縁組前にすでにあった養子の血族（たとえば実父母），あるいは縁組後に生まれた，養子の直系卑属以外の血族（たとえば弟・甥・姪）は，養親および養親側の血族との間に何らの親族関係を生ずるものではない（大13・7・6大審院判決〔新聞2302号570頁〕）。

(3) **親族の範囲**　養親族関係は，(ア)　血族　養親と養子との間をはじめ，養親の五親等内の血族と養子との間，六親等内において養親子を仲介として連絡する養親およびその血族と養子の縁組後に生じた直系卑属との間に生ずる。たとえば，養子からみて養親の兄弟は三親等の親族関係であり，また，養子からみて養親の実子と他の養子は二親等の法定血族である。

(イ)　姻族　三親等の範囲で法定血族を仲介として姻族となる。たとえば，養親の実子の配偶者と養子とは二親等の姻族となる。

【3】　**養親族関係の終了（消滅）**　養親族関係の終了原因には，次のものがみられる。

(1) **死亡**　死亡は親族関係の一般的な終了原因で，法律上の権利義務としての養親族関係についても，死者に対する関係は終了する。すなわち，養親が死亡すれば，それ以後は

関係については，血族と同じく互いに当然の扶養義務者とした（旧民954条2項）が，新法（現行法）は血族と同じ扱いをせず特別の事情がある場合に限って扶養義務を負わせることとした（民877条2項）〔→末尾附録「姻族三親等図」みよ〕。

No.66 親子（自然血族・法定血族）

(1) 親子とは，社会的には生みの親と子だけでなく，このほかに血のつながりはないが育ての親とその養育される者との間にも親子として同視される場合がある。法律上は親子の自然的血縁関係のある場合の実親子（自然血族）と自然的血縁関係はないが法律上で親子とされる養親子（民727条，法定血族）とがある。なお，法律上に「家」の制度を採用していた明治民法（明治31年施行）では，同じ「家」すなわち「戸籍」にある場合に，父の子と父の後妻との間に継母子，母の子と母の後夫との間に継父子の関係を，また父の正妻と父が認知して自分の家に入れた庶子との間に嫡母庶子の関係を認めて，これらを法律上親子と同一視していた（旧民728条）が，昭和22年5月3日の新憲法施行に伴って家に関する制度が廃止されたために，この法定親子関係は認められなくなって，これらの者の間は単に姻族一親等という関係にとどまることになった〔→No.72「継父母と継子」，No.73「嫡母と庶子」みよ〕。

(2) 民法上の実親子関係としては，嫡出子と，非嫡出子とがある。この区別は，婚姻の尊重，すなわち一夫一婦制の尊重及び父子関係の確定や推定のためになされている。

嫡出子は，婚姻中の父母から生まれた子で，嫡出子と父母との親子関係は，出生によって法律上当然に生ず。

この生来の嫡出子には，法律上の推定を受ける嫡出子と，法律上の推定を受けない嫡出子とがある〔→No.168「推定を受ける嫡出子」・「推定を受けない嫡出子」みよ〕。嫡出でない子（非嫡出子）は，父母の婚姻外の関係から生まれた子である。

(3) 特別養子縁組によって養子となった者とその実父母および実方の血族との親族関係は終了する（民817条の9）〔→No.197「特別養子制度」みよ〕。

(4) 法律上で親子として認められる養親子となるための成立要件などについては，民法792条以下に規定されている〔→333頁の【3】「養子縁組」みよ〕。

No.67 養親族関係

【1】 意義　養親族関係（民727条）は，養子縁組をすることによって，養子と養親との間に限らず，養親の血族と養子，養親または養親の血族と養子の縁組後に生まれた直系卑属との間にも自然の血族と同様な親族関係を認めるものである。この点は，旧法中の継親子関係が直接には継親と継子との間に限り，また嫡母庶子関係が直接には嫡母と庶子との間に限って，それぞれ親族関係を認めていた（旧民728条）のと差異がある。もっとも，継親子関係発生後の継親と継子の直系卑属との間，または継親と嫡母庶子関係発生後の庶子の直系卑属との間には，親族関係が認められた。この養親族関係に基づく親族関係があるかどうかは，あらゆる法律上の親族としての権利義務の有無に重要な関係がある。

【2】 養親族関係の発生と範囲　(1) 養親側と養子との関係　親族関係発生の原因は養子縁組（囲）であり，養親と養子との関係は養子縁組そのものにより，また養親の血族と養

り，同様に算して祖父母を共同始祖とする伯叔父母または甥・姪とは三親等である。以下これに準じ六親等まで算しての相互の者が親族である。

(3) 夫婦の一方の親族は，その他方の姻族となる。たとえば，直系姻族において夫（妻）の一親等である父母は，妻（夫）の一親等の姻族であり，傍系姻族において夫（妻）の二親等である兄弟姉妹は妻（夫）の二親等の姻族である。つまり，配偶者が血族として有する親等が他方配偶者の姻族の親等になる。このように三親等まで算しての相互の者が親族である〔→末尾附録「血族六親等図」・「姻族三親等図」みよ〕。

No.65
姻　　族

【1】　意義　民法上に姻族の定義規定はないが，姻族とは，一人の人を中心に考えた場合，その人の配偶者の血族との関係，ならびにその人の血族の配偶者との関係をいずれも姻族という（明31・9・21民刑962号回答）。たとえば，夫（妻）からみた妻（夫）の親，親からみた息子（娘）の妻（夫）（嫁としゅうと），そのほか子からみた子と血のつながりのない父（母）の妻（夫）はいずれも相互に姻族である。

実親子，養親子の関係にない子と父（母）の妻（夫）との間は，旧民法（728条）施行当時，継親子関係「夫婦の一方の子とその子の親でない他方との間に家を同じくした場合にその子と父（母）の妻（夫）との間」と，嫡母庶子関係「非嫡出子が認知によって父の家に入った場合にその子と父の妻との間」を，いずれも法定血族として親子間と同じく認めていたので血族一親等であったが，新憲法施行後（民法の応急措置法3条）は，家の制度の廃止によって本来の姻族一親等の関係になった。

前述のように姻族関係は，血族関係と一つの配偶関係とを連結して形成される関係で，しかも配偶関係が，そのつながりの一端にあるような関係である。したがって，血族関係と配偶関係とが連結した関係であっても，そのつながりの中に配偶関係が二つ以上ある場合（たとえば，姉の夫と妹の夫との間），または配偶関係が二つの血族関係の中間にある場合（たとえば，夫の親と妻の親との間，夫の兄弟姉妹と妻の兄弟姉妹との間）には，いずれも姻族関係は認められていない（明31・10・22民刑915号回答）。

【2】　親等　姻族についても，血族の場合と同じく直系と傍系の別が考えられて親等が用いられている（民726条・735条）。たとえば，一親等の直系血族とその他方配偶者との関係である夫（妻）と妻（夫）の親，または子と血のつながりのない父（母）の妻（夫）との間は，いずれも互いに一親等の直系姻族である。また，二親等の傍系血族とその他方配偶者との関係である兄とその弟の妻（姉とその妹の夫）との間は互いに二親等の傍系姻族である。この理は三親等の直系，傍系の姻族関係についても同じである。

【3】　効果　姻族関係にある者同士は，当然の扶養義務はないが家庭裁判所の審判により扶養義務を命ぜられることがある（民877条2項，家事法39条別表1の84）。民法をはじめ他の法律命令で用いられている「直系尊属」「直系卑属」という用語は，通常血族だけを指して姻族は含まれていない。たとえば，民法729条・736条・787条・887条・889条・900条・901条等にみられる。なお，いわゆる「嫁としゅうと」の関係は本来，姻族関係であって，旧民法当時においても法定血族としなかった。しかし，「家」の制度の建前から扶養の

間，祖父母を共同の始祖とする伯叔父母と甥・姪との関係，または従兄弟姉妹（いとこ）をいずれも傍系血族という。また，法定血族においては，養親の自然の傍系血族およびその子女と養子およびその子女との関係をも含む。

【3】　**直系姻族**　直系姻族とは，配偶者の尊属または卑属をいい（明 31・9・21 民刑 962 号回答），たとえば，夫婦の一方と他方の父母，祖父母，または他方のみの子，孫などを相互に直系姻族という（明 31・10・22 民刑 915 号回答）。

【4】　**傍系姻族**　夫婦の一方と他方の傍系血族とを相互に傍系姻族という。たとえば，夫婦の一方と他方の兄弟姉妹は互いに傍系姻族である（明 31・9・21 民刑 962 号回答）。

No.63 直系尊属・直系卑属

親族の種別を横割りにした分類，すなわち，世代による分類によって尊属，卑属と呼称されている。この場合の尊属，卑属の区別には血族のみの区別であって，姻族を含まないものと一般に解されている（青山道夫「注釈民法（20）」120 頁）。

【1】　**直系尊属**　直系の親族において自己の祖先，たとえば父母，祖父母，曾祖父母など（法定血族を含む）を直系の尊属という。また，直系尊属といわずに単に尊属と規定している場合には，傍系親も含む。傍系の親族においては，自己と傍系の親族とが共同の始祖にさかのぼる親等を計算し，それが自己よりも少ないもの，すなわち，父祖と同世代の傍系の親族をいい，たとえば，自己の父母の兄弟姉妹である伯叔父母は傍系尊属である。この「傍系尊属」の用語例は法文上ほとんどみられない。

【2】　**直系卑属**　直系の親族において自己を祖とする子，孫など（法定血族を含む）を直系卑属という。また，直系卑属といわずに単に卑属と規定している場合は，傍系親も含む。傍系の親族においては，自己と傍系の親族とが共同の始祖にさかのぼる親等を計算し，それが自己よりも多いもの，すなわち，子孫と同世代の傍系の親族をいい，たとえば，自己の兄弟姉妹の子で甥，姪などは傍系卑属である。この「傍系卑属」の用語例は法文上ほとんどみられない。なお，兄弟姉妹，従兄弟姉妹（いとこ）の間においては共同始祖にさかのぼる親等が等しい（同列の世代である）から，尊属，卑属の区別はなく，また配偶者にも尊卑の区別はない〔→末尾附録「血族六親等図」・「姻族三親等図」みよ〕。

No.64 親等の計算法

親等の遠近によって相続順位（民 889 条），婚姻を禁ぜられている近親の範囲（民 734 条）など法律上の効果に影響がある〔→No.61「親族」みよ〕。親等は親子の間を一世とし，親族の間を連絡する世数を算してこれをその親族間の親等とする（民 726 条）。

(1)　直系の親族においては，自己を中心にして，単純に直上，または直下するところの相互に連絡する世数を算すれば足りる。たとえば，親子の間は自然血族・法定血族も一親等で，自己と祖父母または孫の間は二親等，自己と曾祖父母または曾孫の間は三親等，以下これに準じ六親等まで算する相互の者が親族である。

(2)　傍系の親族においては，その一方から双方の共同始祖にさかのぼり，その始祖から他の一方に下る世数を合算して親等を定める。たとえば，一方の子から親まで一親等，親から他方の子まで一親等を合算する。つまり父母を共同始祖とする兄弟姉妹は二親等であ

た者の配偶者相互，たとえば，夫が重婚をなした場合，二人の妻は互いに親族とはならないものと解される。
　(3)　**姻族**　夫婦の一方と他方の血族（法定血族を含む）との関係を相互に姻族という。すなわち，Aなる者とその配偶者Bの血族Cとの関係，またBなる者とその配偶者Aの血族Dとの関係をいう（明31・9・21民刑962号回答）。一方配偶者の血族Cと他方配偶者の血族Dとは，社会生活上，親類として接することが多いが，法律上は，相互に姻族とは認められていない（明31・10・22民刑915号回答）〔→ No.65「姻族」みよ〕。

【4】　**親族関係の法律的効果**　親族関係から生ずる効果は，民法上だけでなく，民法以外にも及んでいる。
　(1)　**民法上の主なもの**　(ア)　四親等内の親族は，成年者の後見，保佐，補助の審判開始の申立権がある（民7条・11条・14条）。(イ)　直系血族および同居の親族は相互扶助の義務がある（民730条）。(ウ)　近親婚について一定の制限がある（民734条〜736条）。(エ)　親族一般は，婚姻・縁組の取消請求権がある（民744条・805条・806条・807条）。(オ)　尊属養子は禁止される（民793条）。(カ)　子の親族は，親権，管理権の喪失，またはその取消の請求権がある（民834条〜836条）。(キ)　未成年被後見人の親族は，未成年後見人，未成年後見監督人の選任および解任の請求権がある（民840条・846条・849条）。(ク)　夫の三親等内の血族は，夫死亡後の嫡出否認の訴えが提起できる（人訴41条）。(ケ)　直系血族と兄弟姉妹ならびに配偶者には，相続権が認められている（民887条・889条・890条）。
　(2)　**民法以外の主なもの**　(ア)　親族間の犯罪については，特別の定めがある（刑105条・244条・251条・255条・257条）。(イ)　一定の親族間の行為について，公正な処理を期待する趣旨から除斥の規定がある（民訴23条以下，刑訴20条以下，戸2条）。(ウ)　一定の親族関係にある者について証言の拒絶権が認められている（民訴196条，刑訴147条）。(エ)　一定の親族関係の有無によって告訴の許否が定められている（刑訴231条以下）。
　前記のほか多数の法令上に親族に基づく権利義務関係が定められている。
【参考文献】　①青山道夫「注釈民法（20）」，②野上久幸「親族法」

No.62
直系・傍系の親族（直系血族・傍系血族・直系姻族・傍系姻族）

　親族の分類を血縁の系列（縦割り）によって直系親族または傍系親族と呼称される場合がある。この場合に法定血族，姻族を含むが，配偶者は縦の関係がないのでこの分類はない。次の【1】と【3】は直系親族の，また【2】と【4】は傍系親族のそれぞれの細分類である。
【1】　**直系血族**　親族において直下する生理上の血統の連絡，またはこれに準ずべきもの（縁組）で連絡される直系の血族をいう。たとえば，自然血族では父母と子，祖父母と孫など，また法定血族では養親およびその父母，祖父母と養子およびその子孫である。
【2】　**傍系血族**　親族相互の血統が直上直下しないで共同の始祖で連絡される関係をいう。つまり，共同の始祖から直下する二つの異なる系列に属する者相互間の親族関係である（民726条2項）。たとえば，自然血族においては父母を共同の始祖とする兄弟姉妹相互

No.61 親族（親族の範囲・種別・効果）

【1】 意義 戸籍は人の身分関係を登録し，公証するものであるところから，Aなる者とBなる者との間に親族関係があるかどうかを明らかにする。それは親族関係の形成・消滅の多くが戸籍法上の届出によって行われるからである。ところで，わが民法上の親族とは何か，それは習俗上のいわゆる親類概念であるところの血族と姻族を合わせたものを前提としていると考えられる。また，民法に親族というものを規定した趣旨は何か。その一つは，立法技術上において親族の範囲を明定しておくことによって，その他の者はいわゆる他人であり，親族としての法律上の権利義務の関係の有無を明らかにする便宜があるからである。他の一つは，親族法たる民法が夫婦，親子，兄弟などの関係を規律する社会秩序維持の基本的な法（いわゆる強行法的性質を有する）であり，国家が親族の範囲や親族扶助義務を法定することによって近親者間の相互扶助の確立を期待していることも窺える。そのためには，民法上に一定の範囲の者をもって親族とし，国家はこれらの親族関係にある者を法律上の権利義務の関係をもって保障しているわけである。

親族関係発生の中心は，慣習上の親類意識が前提であるから，血縁（血のつながり）と婚姻を通じての親族関係（姻族）である。このほかに血縁ではないが，養子縁組などにより社会生活上は家族として血縁に準ずる関係にある者をも親族として認めている。

【2】 親族の範囲 習俗上の親類であっても，必ずしも法律上の親族ではない場合があり，民法が認めている親族は，次の3種に限られている（民725条）。(ｱ) 六親等内の血族（血縁），すなわち，六親等内の尊属と卑属である直系，傍系の血族をいう（明31・10・4民刑1389号回答）。ただし，特別養子となった者と実方血族との親族関係は終了する（民817条の9）〔→No.197「特別養子制度」みよ〕。(ｲ) 配偶者。(ｳ) 三親等内の姻族，すなわち，配偶者の一方と他方の三親等内の血族をいう（明31・9・21民刑962号回答）。民法のみでなく，他の法令上において親族というときは，常にここに限定された法律上の親族を意味する。親族の法律上の限定は，血族と姻族においては親等によって定まり，親等の計算法は，民法726条に規定されている〔→No.64「親等の計算法」，末尾附録「血族六親等図」・「姻族三親等図」みよ〕。

【3】 親族の種別 (1) **血族** 血族は，これをさらに血のつながりのある者とこれに準ずべき者の2種に分けられる。(ｱ) 自然血族＝自然の生理による血のつながりのある者。直系においては親子，傍系においては兄弟姉妹が自然血族の最も近いものである。(ｲ) 法定血族＝自然の生理上の血縁がなくて法律上で自然血族に準ずる取扱いを受ける者。たとえば，養子であり，養子縁組による養親族関係が養子縁組の日から血族間の場合と同様に親族関係を生ずるものと法定している（民727条）〔→No.67「養親族関係」みよ〕。なお，旧民法中には継親子関係，嫡母庶子関係に基づくものが法定血族として認められていた（旧民728条）〔→No.72「継父母と継子」，No.73「嫡母と庶子」みよ〕。

(2) **配偶者** 婚姻関係にある男女を互いに配偶者という。それは婚姻の成立によって発生し，当事者の一方の死亡または離婚，婚姻の取消によって消滅する。なお，重婚をなし

第 2 編

親 族 関 係

様に相続人たるべき者の権利義務を定めたものであるから、「実体法」である。

ただ「目的」と「手段」との関係において、その境界が曖昧なことがあるように、「実体法」と「手続法」との関係も、その区別が必ずしも明確でない場合もある。たとえば、同じく「目的」といっても、低位の「目的」は、より高次の「目的」に対しては「手段」的色彩をもつであろうし、また、同じく「手段」といっても、高次の「手段」は、より低位の「手段」に対しては「目的」的色彩をもつであろう。同様なことは、「実体法」と「手続法」との関係についてもいえるのである。

No.60 手続法

「実体法」の内容を実現する手続を定める法が「手続法」である。実体法が人と人との間の権利義務を定めても、これが守られないのでは無意味であるが、これを当該本人にまかせたままでは守られないことがあり得るので、公的機関がその実現に協力することになる。この実体法の内容の公的機関による実現協力の手続を定めたものが手続法である。

たとえば、犯罪を犯した者が懲役に処せられるというのは、実体法である刑法の定めるところであるが、そこで犯罪を犯した者があるとき、だれがどのようにして、これを懲役に処するのかといえば、それは刑事訴訟法の規定に従い、警察官、検察官、裁判官による一連の訴訟手続によって行われることになる。これが刑事訴訟手続であり、刑事訴訟法は手続法である。

また、利息つきで金を借りた者は約束どおりに利息つきで借金を返済しなければならないということは、実体法である民法の定めるところである。ところでもし、その借主が約束どおりに返済しない場合には貸主はどのようにして約束を履行させることができるか。この場合、貸主は、民事訴訟法に従い、裁判所に訴えて給付判決を得、これに基づいて、執行官によって借主に対する強制執行をしてもらうことになる。これが民事訴訟手続であり、民事訴訟法は手続法である。手続法における主体は、裁判所であるが、行政機関が介入することもある。たとえば戸籍は、民法で定める人の身分関係を登録・公証するものであって、戸籍法は一つの手続法であり、この場合に介入する公的機関は市区町村長である。

実体法が定められても、これを実現する手続が確保されないときは、実体法は「絵に描いた餅」にひとしくなる。守られない実体法は法の権威を失墜させることにもなるので、手続法による法の実現の可能性をも考慮したうえで実体法の内容を定める必要もある。

わが国の戸籍制度は、日本国民の身分関係を登録・公証する制度であるが、このような戸籍制度のない国（たとえばアメリカなど）では、婚姻関係の有無が一覧的な身分登録において公証されないから、重婚の規制が有名無実になる可能性があり、それゆえに、婚姻公告の制度を導入する等の措置を採っている。また、戸籍がなければ相続人（親族）が公証されないから、相続においてはどうしても遺言を必要としたり、相続財産を清算する等の措置がとられる。したがって、戸籍のないアメリカでは、相続は、遺言相続によることが多い。また、裁判所（surrogate court）の関与のもと、相続のために公告や清算が行われる。このように戸籍（手続法）の有無は、婚姻法、相続法（実体法）のあり方に大きな影響を及ぼすことになる。

らないのである（形式審査義務）。

　これを要するに、市町村長は、戸籍届出の審査にあたり、「形式審査」については、その権限および義務を有し、「実質審査」については、その権限のみを有するのである〔→No.164「市町村長の審査権」みよ〕。

No.58 公示力・公信力

　登録（登記を含む）は、人の身分関係または財産関係に関する一定事項を公簿に登録し、必要に応じてこれを公示する制度であって、日本における戸籍制度、不動産登記制度がこれにあたる。

　この登録においては、登録事項が公示されるが、このことを「公示力」という。

　これに対して、登録の内容がそのまま法的実体として認められる制度のあり方を「公信力」という。「公信力」が与えられると、登録の内容が実体的真実として認められることになるので、これを利用する第三者の立場からすれば、登録内容が真実に合致するかどうかを調査する必要がなく、便利な面がある。しかし、登録は、原則として当事者の届出（申請）によって行うものであり、役所側の審査も、形式審査（義務）にとどまって、届出内容が実体的真実かどうかまでを審査すべき義務までがあるものではないから、虚偽の届出による虚偽の登録がないとはいえない。このような場合に、虚偽の登録内容をもって実体的真実とみなされてしまうことは、関係者に不測の迷惑を蒙らせることになるので、登録に「公信力」まで認めることには問題があるであろう。

　もしも、戸籍の記載（登録）に「公信力」が認められると、たとえば、甲とは無関係の乙が甲・乙間の虚偽の婚姻届出をしても、いったんそれが戸籍に記載（登録）されたときは、その婚姻が実体的に成立したものとみなされることになるが、これはいかにも不合理である（もしも甲が死亡すれば乙は相続人となる）。

　ただ、登録に「公信力」までを付与することは問題があるとはいっても、登録の内容は、できる限り、実体的真実と一致すべきものであり、またそうでなければ登録制度自体が無意味となるが、これは、登録制度に対する国民の理解協力と事務担当者の努力が必要となるのである。

No.59 実体法

　権利や義務の発生・変更・消滅について定める法が「実体法」である。権利には、(1) 人に対する権利と、(2) 物に対する権利とがあるが、物に対する権利も、結局は、その権利を第三者が認めるかどうかという問題に帰するから、これも広義で人に対する権利とみることができる。これに対して、この「実体法」の内容を実現する手続を定めるものが、「手続法」である。「目的」と「手段」ということがいわれるが、実体法は、いわば「目的」であり、手続法は、その目的を達成するための「手段」といってもよいであろう。たとえば、民法や刑法は「実体法」であり、民事訴訟法や刑事訴訟法は「手続法」である。民法の親族編では、婚姻年齢について「男は、満18歳に、女は、満16歳にならなければ、婚姻をすることができない」（民731条）と規定している。これは、婚姻年齢に達するまでは、婚姻をすることができず（権利の制限）、婚姻年齢に達すれば婚姻をすることができる（権利の発生）ことを定めたものであるから、「実体法」である。相続編において、相続人の範囲や相続分について定めた規定も、同

戸籍に関する法令と用語一般　　　　88

された日付が異なる場合には，その届出を受理しないことになる。ここでは，通常，それ以外の証拠を追求し届出の内容が実体的に真実であるかどうかということまでは調査しないから，「形式審査」というのである。

　戸籍事務処理にあたって，戸籍役場である市町村は，このような形式審査をする権限があるので，市町村長は形式審査権（限）を有するという。また市町村長は，このような形式審査をする権限を有するとともに，このような形式審査をすることは，またその義務でもある。したがって，この義務の面から市町村長は形式審査義務を負うものということができる。

　ただ，この形式審査義務の範囲は，必ずしも明確ではない。たとえば，近親婚は法律上許されず，近親者間の婚姻届がなされた場合には，もし，それが市町村役場で判明したときは不受理とすべきである。しかし，近親者かどうかは，婚姻届出各当事者の関係戸籍をすべて点検すれば判明することであるとはいえ，市町村役場における現実の具体的事件処理にあたって，そこまで調査することは事実上不可能である。したがって，そこまですることが形式審査「義務」の範囲内に属するとまではいえないであろう。しかし，もしそれがたまたま判明すれば不受理とする「権限」はある。したがって，形式審査「権限」の範囲と，形式審査「義務」の範囲とは，細部に至ると，必ずしも一致しないところがあるといわねばならないであろう〔→No.164「市町村長の審査権」みよ〕。

No.57　実質審査権

　市町村長において戸籍の届出を審査して，その受理・不受理を決定するにあたり，届出の内容がはたして実体的に真実であるかどうかを調査して受否を決定することを「実質審査」という。たとえば，真実は甲女の非嫡出子であるものについて，乙女の非嫡出子としての虚偽の出生届がなされた場合，届書や添付書面を見ただけではそれが虚偽の内容のものとは判明しない場合がある。そこで届書類をみるだけでなく，その届出内容がはたして真実かどうかまでを審査するのが実質審査である。

　もし，市町村長が実質審査の権限を有するときは，「実質審査権（限）」があるといい，また，もし，市町村長が実質審査の義務を有するときは，「実質審査義務」を有するということになる。しかし，市町村長が数多い戸籍の届出のすべてについて実質審査の義務を負うべきものとすることは到底できないので，実質審査義務があるとはいえない。

　問題は，実質審査権（限）があるかどうかである。届出が形式上は整っていても，その内容が実体的には虚偽であることが，市町村長において何らかの方法によって明白となったときは，その届出を不受理とする権限は留保されているものというべきである。なぜなら，戸籍の記載内容は真実たるべきものであるから，市町村長において届出内容が虚偽であることが判明した場合にも，その届出が形式的に整っているからといって，これを受理し，その虚偽内容を戸籍に登載しなければならないとする道理はないからである。すなわち，市町村長は，実質審査権（限）を有するのである。ただ，通常は，届出の内容が実体的に真実か否かということまでは，市町村長において知り得ないから，届出書類の記載事項自体の形式のみを調査する「形式審査」にとどまるし，また，そこまでは調査しなければな

戸籍に関する法令と用語一般

【参考文献】 ①我妻　栄編集代表「新法律学辞典」，②佐藤達夫ほか「法令用語辞典」

No.54
期　日

【1】「期日」とは，一般的には一定の日を意味する。いいかえると，期日は，公法上，私法上の法律行為もしくは事実行為の履行をするように指定された日，または公法上，私法上ある法律上の効果が発生もしくは消滅する日をいう。「期日」は，一定の日時に関係のある類語の「期間」や「期限」とは次の点で区別して用いられる。すなわち，「期間」は，一定の日（または時）から他の日（または時）までという一定の時間的継続を含んでおり，他方「期限」も始期についてはその時点から後へ，終期についてはその時点までの間に，不定の時間的なひろがりを含んでいるが，これに対し，「期日」は特定の具体的な日である点が異なっている。たとえば「12月31日までに」というのは，「期限」を定めたものであるが，これに対し「12月31日に」といった場合には「期日」を定めたものとなる。したがって，「この法律は，平成何年3月31日まで効力を有する」といった場合は，法律の終期，すなわち「期限」を定めたことになるが，「この法律は，平成何年1月1日に廃止される」とか，もしくは「この法律は，平成12年4月1日から施行する」とかいった場合は，法律失効の日，もしくは法律施行の日を特定した点に着目すれば「期日」を定めたものといえる。

【2】「期日」という用語には訴訟法上では，特別な意味が与えられている。すなわち，期日は訴訟上の行為がなされる日という意味で，裁判所，当事者その他の訴訟関係人が一定の場所に会合して訴訟行為をなす時間であり，その開始から終わりまでの時間は，すべて訴訟行為で満たされる。訴訟法上の期日は，その目的に従って，弁論準備手続期日，口頭弁論期日，証拠調べ期日，和解期日，裁判言渡期日などと呼ばれる（民訴93条以下，民事訴訟規則35条以下，刑訴273条，家審規7条の4など）。これらの期日は，裁判長（受命裁判官または受託裁判官）が定め，日曜日その他一般の休日には期日を指定しないのが原則となっている。

【参考文献】 ①我妻　栄編集代表「新法律学辞典」，②佐藤達夫ほか「法令用語辞典」

No.55
年齢計算法

法律上で問題になる期間の起算で，民法はその計算方法を次のとおり定めている。(ア)　期間が時，分，秒を単位とするときは即時を起算点とする（民139条）。(イ)　期間が日，週，月，年を単位とするときは，期間が午前零時から始まるときのほか，初日を算入しない。つまり，通常は翌日から起算するものとしている（民140条）。しかし，他の法令中に初日を算入するという別段の定め（民138条）をしているものが少なくない。その別段の定めとして，明治35年法律50号年齢計算ニ関スル法律における「年齢ハ出生ノ日ヨリ之ヲ起算ス」がある。したがって，年齢の計算については出生の時刻がその日の午後11時であっても，その出生日を1日（実際には1時間である）として計算することになる〔→No.52「期間」みよ〕。

No.56
形式審査権

戸籍役場である市町村において，戸籍の届出を審査して受理・不受理を決定するにあたり，事実真否の認定方法として戸籍の記載および届書類の記載のみを照合審査して届書の受否を決定することを「形式審査」という。そこで，たとえば，出生届に記載された日付と添付書面である出生証明書に記載

No.53 期限

【1】 意義 期限とは、公法上、私法上の法律行為の効力の発生・消滅、または、これらの法律行為もしくは事実行為の履行が、一定の日時の到来にかかっている場合における一定の日時をいう（民135条）。いいかえると、期限は法律行為の効力の発生・消滅、または、債務の履行を制限するために、将来到来することが確実な事実の生ずるときまで延ばすという、意思表示の内容に付加したところの一種の制限である。

【2】 始期と終期 期限には、始期と終期とがある。始期とは法律行為の効力が発生する時期、または法律行為もしくは事実行為を履行し得ることとなる時期をいう。他方、終期とは、法律行為の効力が消滅する時期、または法律行為もしくは事実行為を履行すべき最終の時期をいう。

【3】 確定期限と不確定期限 期限には、確定期限と不確定期限とがある。すなわち、確定期限とは、「来年1月1日から」とか、「12月31日までに」というように到来する時期が確実なものをいうが、不確定期限とは「父が死んだ時」というように、到来することは確実であるが、到来の時期が不確実なものをいう。

【4】 期限と条件 期限と条件とは、「期限」が「条件（法律行為の効力の発生、または消滅を将来の不確定な事実の成否にかからせる一種の制限＝民127条。たとえば、試験に合格したら100万円やる）」と同じく将来の事実に関するものであるが、「期限」が到来することの確実であるという点に対し、「条件」は、その成就が不確定のものであるという点で異なる。

【5】 期限と期間 期限と期間との関係は、ともにある時間的な長さをもつ観念であるが、その違いは、期間が、その始期と終期との間の一定の時間的長さであるのに対し、期限は、始期以後または終期以前における不定の時間的ひろがりをもつ点にある。たとえば、「1月1日から同月10日までに」といった場合は期間であるが、単に「1月1日から」または「1月10日までに」といえば期限になる。また、「裁判が確定した日から10日以内に」とか、「14日以内に」といった場合に、その始期から10日または14日という期間を定めるものであるが、「以内に」ということで「10日」、「14日」を経過する最後の日までにということを意味するので、これに着目すれば、期限を定めたものともみられる。

【6】 期限と期日 期限と期日との関係は、期限が不特定の時間的長さを含んでいるのに対し、期日は、1日の行為が行われる時期が1日の間に特定される観念である点に差異がある〔→No.54「期日」みよ〕。

【7】 期限と身分行為 身分上の行為には、始期も終期もつけることができない。これは条件の場合と同じく強行法規または公序良俗に反する結果になるからである。婚姻、縁組、認知、相続の放棄・承認などは、条件または期限に親しまない行為といわれている。たとえば、他男に妻があることを知っている女と他男との間に他男は妻と離婚して互いに婚姻をする旨を予約しても、その契約は善良な風俗に反して無効である。または、1年後には離婚するということを前提に婚姻をしても、その1年後という終期は無意味である。

なお、期限の法律上の効力について、私法上は基本規定が民法135条ないし137条にあるが、公法上の期限の法律上の効果については、それぞれの法令によることになる。

日，12月29日から翌年の1月3日まで）法定されている（平成4年法律28号，同年30号）。また，戸籍の取扱いにおいては，大正3年戸籍法の施行以来，現行戸籍法の施行後も永年の間，届出期間の末日が12月29日，30日，31日であるときは，前記の日は民法142条にいう「其他ノ休日」に該当しないので，その日を満了の日とすべきであり，届出期間の末日が1月1日，2日，3日であるときは，その日には満了しないで，いずれも翌4日に満了するものとして処理されてきた（大4・1・14民1805号回答，昭36，福岡戸協決議に対する昭37・8・28民事㈡発348号指示）。もっとも，昭和51年5月31日民二3233号通達以降の一時期は，戸籍届出期間の満了の日について，創設的届出と報告的届出とに差異なく民法142条の適用はないと解する向きがあった（明31・9・5民刑1144号回答，昭62・1・26民二287号回答，同解説）。それは，市区町村長は，日曜日・休日または平日の執務時間外に戸籍の届出があった場合でも，その届出を受け付けなければならないとされていること（大4・1・11民1800号回答，昭31・12・25民事甲2878号回答）によるもののようである。しかし，その後の戸籍の取扱いは，創設的届出，報告的届出のいずれであっても，届出または申請の期限が，地方公共団体の条例で定める休日（日曜日，条例で定める土曜日，祝日，年末または年始の条例で定める日）に当たるときは，その翌日をもって期間の満了日とすることが明示された（昭63・12・13法律94号，昭63・12・20民二7332号通達1）。その後も国の行政庁に対し休日が届出または申請の期限に当たるときは，その翌日をもって期間の満了日とすることが法定され（平成4年法律28号，行政機関休日法2条），地方公共団体の行政庁に対する申請等についても同じく法定されている（地方自治法4条の2第4項）。また，裁判所に対する申立て，届出の期限についても同じく法定された（平成4年法律30号，裁判所休日法2条）〔→ No.150の【2】「届出期間の起算日と満了日」みよ〕。

　(4)　**暦法計算**　期間を定めるのに週，月または年をもってしたときは，暦に従って計算し（民143条1項），週，月または年の初めから期間を計算しないときは，最後の週，月または年における起算日に応当する日の前日をもって期間が満了する（同条2項本文）。もし，月または年をもって期間を定める場合において最後の月に応当日がないときは，「其月ノ末日」をもって満期日とする（同項但書）。たとえば，昭和44年5月1日午前10時にこれから5か年といえば，起算日は5月2日（初日の5月1日は算入しない）で，最後の年の応当日は昭和49年5月2日であるから，その5か年という期間は起算日に対する応当日の前日5月1日午後12時に満了する。この場合，暦法的計算法によるから，年や月はその年なり月なりで必ずしも日数は同じではないが，暦によって1か月とするものは大の月でも小の月でも不問とし，1か年とするものは平年か，うるう年かを問題としないのである。

　また，7月31日に，これから2か月といった場合や，うるう年の2月29日に，これから1か年といった場合は，それぞれ9月30日，翌年の2月28日という，その月の末日が満期日になる。なお，週についても月や年と同じく規定されているが，1週は7日で，暦法計算でも日割計算でも実際上の差異がないので，民法143条に週を加えたことは無意味であるといわれている。

【参考文献】　法曹会「民法総則」

生の日を一日として計算し，終期は20年後の出生の日に応当する日の前日の終了（正確には午後12時の満了）をいうのであるが，公職選挙法10条2項（被選挙権）の年齢は，選挙の「期日」により算定すると規定されており，この被選挙権の規定は選挙権についても類推適用されると解すべきであり，また，特例政令3条によれば，『選挙人の年齢については選挙の期日現在により』算定する旨定められている。これらの規定の趣旨によれば，選挙権に関する公職選挙法9条2項にいう「満20年以上」というのは「満20年に達した時」または「満20年を超えるとき」と異なり，満20年に達する日が終了したことを要せず，満20年に達する日を含むと解すべく，……満20年に達する日をもって選挙権取得の始期と定めた趣旨であるとみられるから，満20年に達する前示出生応当日の前日の午後12時を含む同日の午前0時以降全部が右選挙権取得の日に当たるものと解することができる。昭和34年4月9日に出生した者は，20年後の出生応当日の前日すなわち，昭和54年4月8日の終了を待たないで，同日の始時から選挙権を取得すると解すべきである」。

②退職者の年齢計算について，明治45年4月1日生まれの者が満60歳に達するのは昭和47年3月31日である（昭和54年4月19日最高裁第一小法廷裁判所判決要旨─判例タイムズ369号193頁）「明治45年4月1日生まれの者が満60歳に達するのは，右の出生日を起算日とし，60年目のこれに応当する日の前日の終了時点である昭和47年3月31日午後12時であるところ（年齢計算法，民143条2項），日を単位とする計算の場合には，右単位の始点から終了点までを一日と数えるべきであるから，右終了時点を含む昭和47年3月31日が右の者の満60歳に達する日と解することができる」。

(3) **期間満了の時点（期間満了点）** (ア) 期間を定めるのに日，週，月または年をもってしたときは，「期間の末日の終了」をもって，期間の満了とされる（民141条）。末日の終了とは，末日の午後12時を過ぎることをいう。

(イ) 期間の末日が日曜日，国民の祝日に関する法律（昭和23年法律第178号）に規定する休日その他の休日に当たるときは，その日に取引をしない慣習がある場合に限り，期間は，その翌日に満了することになる（民142条）。ここでいう「その他の休日」については，昭和63年12月13日改正前の民事訴訟法156条2項（其ノ他ノ一般ノ休日）の解釈として，「いわゆる一般の休日とは法令が指定している休日のみをいうのではなく，一般国民が慣行上休日としているものも包含するものと解し，昭和2年勅令25号『休日ニ関スル件』が施行されていた当時は1月3日は元始祭の行われる祭日として法令の指定する休日であったが，右勅令が昭和23年法律178号『国民の祝日に関する法律』の施行と同時に廃止されてからは1月3日は法令の指定する休日ではなくなった（改正前）。しかし，1月3日は一般に元日2日とともにいわゆる3が日として休暇休業日とするのを慣行としているが故に，1月3日は民訴156条2項にいう一般の休日に該当する」と解されてきた（昭33・6・2最高裁大法廷判決）。その後，裁判所の休日は，行政機関の休日（日曜日，第2・第4の土曜日，祝日，12月29日から翌年の1月3日まで）と同じく法定された（昭63・12・13法律91号，93号）。その後も，行政機関と裁判所の休日は，同じく（日曜日および土曜日，祝

法を次のように定めている（民 138 条〜 143 条）。

　(1)　**原則**　期間は，法令の規定（たとえば，民 3 条・30 条）や，裁判上の命令（たとえば，民 915 条 1 項但書）や，法律行為（たとえば，民 19 条）によって定められる。そしてそれらの法令，裁判上の命令または法律行為でとくに期間の計算法を定めているときは，それによることになるが，そうでないときは，(2)以下で説明する計算方法によることとなる（民 138 条）。つまり，民法は補充的な計算方法を定めている。法令に「別段ノ定アル場合」としては，戸籍法 43 条，民事訴訟法 95 条以下，刑法 22 条，刑事訴訟法 55 条以下，手形法 36 条以下，小切手法 60 条以下などであり，期間に関する規定がある。なお，民法の計算法の規定は，私法関係のみでなく，選挙をはじめその他の公法関係についても「別段ノ定」がない場合は適用せられるものと一般に解されている（昭 5・5・24 大審院判決）。

　(2)　**期間起算の時点（期間起算点）**　(ｱ)「時間によって期間を定めたときは，その期間は，即時から起算する」（民 139 条）。これは「時」を単位としたものであるが，瞬間から瞬間までを精密に計算する計算法によっている（これを人為的に増減を加えない自然的計算法といっている）。その起算点から計算して定められた期間の経過した時を満了点とする。分，秒を単位とする場合も同様である。

　(ｲ)「日，週，月又は年によって期間を定めたときは，期間の初日は，算入しない。」（民 140 条本文）。これは日の端数を加えないというものである。たとえば，ある日の午後 9 時に今から 8 日間といった場合は，その翌日を第 1 日として 8 日を計算する。しかし，期間の初日に端数が生じないとき，つまり，初日が「午前零時から始まるときは」は初日を算入することになる（民 140 条ただし書）。たとえば，来年 1 月 1 日から 1 年間といった場合は 1 月 1 日も初日に算入される。

　ところで，期間の起算点について，民法は前記のように初日を算入しないという原則であるが，これに対する特則（別段の定め）として年齢計算ニ関スル法律は「年齢ハ出生ノ日ヨリ之ヲ起算ス」と定めている。たとえば，3 月 3 日の午後 11 時に生まれた者の年齢の計算方法は，当日が残り 1 時間という日としては端数であるが，3 月 3 日を初日として加え入れることになるので，その者は翌年 3 月 2 日の午後 12 時に満 1 歳に達することになる（囲）。また，戸籍法 43 条は，「届出期間は，届出事件発生の日からこれを起算する」と定めているので，戸籍法にとくに起算日について規定せられていない各届出（戸 49 条・84 条）については，その事件発生の時点が午前零時でなくとも発生日を初日として算入される。たとえば，1 月 1 日（日）の午後 10 時に生まれた者の出生届出期間の最終日は，出生日を初日として算入するから 1 月 14 日（火）となる。この届出期間を経過した出生届出があったときは，市町村長はそのことを管轄簡易裁判所に通知しなければならないことになっている（戸規 65 条）。

　囲　①選挙権，被選挙権の取得要件としての年齢計算については，満了時を含む同日の午前 0 時以降全部であると解されている。昭和 54 年 11 月 22 日大阪高裁判決要旨（高裁民集 32 巻 2 号 224 頁）「年齢の計算については，年齢計算に関する法律により，出生の日から起算し，民法 143 条を準用するものとされ，一般的には満 20 年の始期については出

るものである。たとえば、売買契約（民555条）では申込みという意思表示と承諾という2個の意思表示が合致することを要し、貸借契約（民587条・593条）では2個の意思表示の合致のほかに目的物の授受を必要とする。また、婚姻にあたっては、夫婦になろうとする男女の婚姻の意思表示の合致のほかに届出を必要とする（民739条・742条）。なお、身分上の行為について、届出を要件とするものは、届出当時に当事者に意思の合致を要すると解されている（囲3・4）。

> 囲4　協議離婚届に署名押印した妻から「離婚の意思を翻したから離婚届出は受理しないで欲しい」旨の申出書の提出があった後、夫から離婚届の提出があっても受理しないのが相当とされている（昭27・7・9民事甲1012号回答、昭39・2・27民事甲385号通達）〔→No.154「届出の不受理申出」みよ〕。

【5】　**意思表示の効力発生時期**　意思表示は表示行為そのものの完了によって成立するが、その効力発生時期については、民法は、97条で到達主義の原則をとっている。この民法総則の規定は、一般的に財産上の効果の発生を目的とする法律行為にのみ適用があり、婚姻や認知のように身分上の行為については適用されないのが原則とされている。しかし、戸籍の届出について、届出人が生存中に届書を郵送したところ、その届書が市町村役場に到着する以前に届出人が死亡した場合には、死亡後の届出であるから無効とすることは妥当性を欠き、民法97条にいう隔地者間の意思表示の場合のように、いったん外部に表現されたものを救済することにし、戸籍法47条は、郵送中に届出人が死亡したときは、届出人の死亡の時を効力発生時期としている（囲5）。

> 囲5　戸籍法47条の取扱いは、すでに古くから先例（大7・10・10民1791号回答）で認められ、昭和15年法律4号「委託又は郵便による戸籍届出に関する件」4条において法制化されていた（昭28・4・15民事甲597号通達参照）。

No.52
期間（計算方法・起算点・満了点）

【1】　**意義**　期間とは、一般的には、ある時点から他の時点までの一定の時間的へだたりであり、3日間、1週間、1年間などというのがその例である。期間により、われわれの社会生活、法律生活においていろいろの効果が与えられている。たとえば、未成年者が成年となるように一定の期間を経過することによって行為能力が認められ（民3条）、また、時効のように一定の期間、一定の事実が存続することによって、権利の得喪・変更を生ずることもある（民162条・163条・167条～174条の2）。また、婚姻の適齢（民731条）、待婚期間（民733条）、婚姻取消期間（民746条・747条）、離婚または離縁の原因としての、配偶者または縁組当事者の一方の生死不明の期間（民770条1項3号・814条1項2号）、子の嫡出推定期間（民772条）、嫡出否認期間（民777条）、父母死亡後の認知請求期間（民787条）をはじめ親族法上、相続法上において、さらには戸籍法上の届出期間など数多くの期間が定められていて、それぞれ期間の経過により、各個の効果が付与されている。

【2】　**期間の計算方法**　期間は、前述のようなはたらきがあるので、期間をどのような方法で計算するかは、法律効果に影響するところが少なくない。そこで民法は、その計算方

93条～95条)，また，内心的効果意思が詐欺または強迫によって自由なる意思に基づかないで決定された場合は，「瑕疵ある意思表示」としてその意思表示は取消しできることになっている(民96条)(囲3)。たとえば，暴力によって婚姻届に署名押印することを強制されたり，当事者間に全然婚姻する意思がないのに第三者によって婚姻届をなされたときなどは，婚姻意思が欠缺することとなって，当該婚姻は，無効である。

囲2　意思表示が有効か無効かの判別またはその解釈にあたって，個人の内心的効果意思(真意)を尊重する意思主義と，意思表示の内容は客観的な表示行為を標準として決すべきであるとする表示主義とに分かれているが，民法上は意思主義を主とする折衷主義を建前としている。

(ｱ)　養子縁組届に押印の欠缺があり無用の記載がある場合でも，受理された以上，当事者の意思がある限り縁組は有効である(昭2年198号，同年7・7大審院判決)。

(ｲ)　養子縁組届書に，届出人の氏名が代書された場合に，その事由(代書した旨)を欠いていても，その届出が受理された以上，縁組は有効である(昭29(オ)年356号，同31・7・19最一小判)。

(ｳ)　たとえ，届出自体について意思の一致があっても，他の目的(芸妓稼業)を達するための便法として仮託されたにすぎないで，真に養親子関係の設定を欲する効果意思がない場合には，旧民法851条1号(新民802条1号)によって絶対に無効であって，民法93条但書の適用はない(昭23年(オ)85号，同年12・23最一小判，大11年(オ)534号，同年9・2大審院判決)。

(ｴ)　婚姻の届出が本人の父によってなされた(父が代わって本人名義の届出)としても，本人の婚姻の意思があった場合には，右届出は有効である(昭23年(タ)18号，同26・8・11大阪地裁判決)。

(ｵ)　婚姻，縁組等の届出が当事者の意思に基づかず無効であるときでも，後日その届出に対応する生活事実が実現され，かつ，前の無効の届出を追認する意思が明示または黙示されているときは，届出当時に遡及してその身分行為は有効となる(昭30年(タ)214号，同33・10・9東京地裁判決)。

囲3　協議上の離婚など創設的届出は，届出当時，意思が存在していなければその効果がないのであって(昭25年(タ)6号，同26・4・30新潟地裁相川支部判決)，たとえ離婚届に署名押印した後でも届出当時に意思を翻したときはその届出が受理されても効力は生じない(昭27・7・9民事甲1012号回答，昭16年(オ)1067号，同年11・29大審院判決，昭32年(オ)508号，同34・8・7最二小判)。

〔ここに受理されても効力を生じないということは，戸籍の記載がされても離婚の効力はないということであり，この場合は，離婚無効の判決または審判を得て戸籍法116条に規定する戸籍訂正を要する〕

【4】　意思表示の成立　意思表示は，遺言(民960条以下)のように単独で法律効果を発生する場合もあるが，これはまれであり，多くの場合は二つの意思が結合し，あるいはさらにそれに一定の事実行為や外界の事件が結合して法律行為を構成し，法律効果を発生す

甲175号回答）。

囲5㈦ 転籍の届出は意思能力があれば未成年者でも届出ができる（大7・11・6民168号回答）。
㈹ 未成年筆頭者の転籍はその者が15歳未満のときはその法定代理人により，15歳以上のときは法定代理人の同意を得ないでみずから届け出る（昭23・10・15民事甲660号回答4）。
㈺ 15歳以上の未成年者の名変更届がその法定代理人からなされ，これが戸籍に記載された後に本人みずから追完届をすることはさしつかえない（昭32・2・26民事甲381号回答）。

囲6 意思能力のある制限能力者はみずから届出することが認められているが，報告的届出においてこれらの者に届出義務を課し，罰則をもって届出を強制することは酷であり，また，これに届出の励行を期待することはできないので，この場合，親権者または未成年後見人に届出義務を負わせている（大12・7・23大審院判決）。

囲7 意思能力の有無は，一概に年齢によって標準を定めることはできないが，大体において自己のなす事柄を了解できる程度の知能を発達した者を意思能力のある者と認めてよいとされている（大14・10・30民事9449号回答，大7・5・11民613号回答）。通常は，15歳以上をもって意思能力ある者とされている。

No.51 身分行為上の意思表示

【1】 意義　意思表示とは，一定の法律上の効果，すなわち法律で規律し国家の権力によって保障せられる効果を発生させようと欲し，かつ，その意思を他人に知らせるため外部に発表する行為である（囲1）。したがって，意思表示は法によって行為者が欲したとおりの法律効果を認められる行為（法律行為）の必要的条件でその基礎をなすものである。このことは，国家構成員としての生活関係（公法関係）についてもみられるが，主として社会の一市民としての生活関係（私法関係）のものが重要である。たとえば，売買，貸借，遺言，婚姻，縁組等その他に多くみられる。

囲1 この意思表示の成立過程を心理的に分析すると，まず，ある動機によって効果の発生を目的とする意思を決定し（効果意思），次に，この意思を外部に発表しようとする意思（表示意思）をもちながら外部に発表する（表示行為）という順序で行われると説かれている。

【2】 意思表示の形式　形式は，通常，言語または書面をもってなされる（明示の意思表示）が，ときには動作（たとえば合図）や特定の符牒をもってなされることもあり，また，黙認していることが承諾と解せられるように黙示的になされることもある。

【3】 意思表示の内容の確定　意思表示の解釈について，通常の場合，行為者の内心に存在した真意（内心的効果意思）と行為者が外部に示した表示行為から推断される表示上の効果意思は一致するはずである。したがって，具体的事件の場合に意思表示の内容を確定するにあたっては，表現せられた言葉や文章を重視すべきであるが，このほかに行為者の企図した目的や行為当時の諸般の状況，ことに取引の慣習などをよく斟酌して，妥当な内容を発見するようにしなければならない（囲2）。しかし，表示上の効果意思に対応する内心的効果意思が欠けているときは，「意思の欠缺」と称してその意思が無効になったり（民

の行為については，行為能力がないとしても，民法親族相続編は，婚姻，縁組，離縁，認知，遺言，子の氏変更などの身分上の行為については，意思能力がある限り（未成年者につき，囲7参照）本人のみがなすことを原則としている（民738条・764条・780条・791条3項・797条・799条・812条・961条，戸37条3項但書）。

なお，民法上身分行為につき明文をもって法定代理人の同意を要する場合は，現行法にはない（民法737条の未成年者の婚姻に父母の同意を要することは別の問題である）。また，代理を許す身分行為の規定としては，15歳未満の者の縁組，離縁および子の氏の変更のみである（民791条3項・797条・811条2項）。

【4】 制限能力者の戸籍法上の届出能力　(1) 民法上の認知，縁組，協議上の離縁，婚姻，協議上の離婚，協議上の親権者指定，親権もしくは管理権の辞任または回復，生存配偶者の復氏，姻族関係終了，入籍の各届出のように身分関係の発生・変更・消滅は届出によらしめている，いわゆる創設的届出について，【3】に述べたように身分行為は本人みずからがすべきであって，代理に親しまない特質を有することから委任代理または法定代理が許されないのが原則である（戸37条3項但書）。したがって，制限能力者（未成年者・成年被後見人）でも意思能力を有する限り，みずからこれを行うのを原則とするから，制限能力者みずからが単独でなし得る行為については，制限能力者自身が届出すべきものとしている（戸32条）(囲4)。

なお，民法親族編に規定のない戸籍法にのみ規定された転籍，分籍，氏名の変更などの創設的届出についても，広義の身分行為と解され，民法791条3項・797条・961条の規定を斟酌して満15歳以上の者は，通常意思能力を有するものとして取り扱われている（囲5）。

(2) 出生，裁判または遺言による認知，縁組の取消し，裁判上の離縁，離縁の取消し，婚姻の取消し，裁判上の離婚，離婚の取消し，裁判による親権者の指定またはその変更，親権もしくは管理権の喪失またはその取消し，未成年者の後見の開始・終了または後見人の更迭，後見監督人の就職・更迭または任期終了，死亡，失踪またはその取消し，推定相続人の廃除またはその取消し，国籍の得喪，就籍の各届出のように，既成の身分上の事実または法律関係の事後報告である，いわゆる報告的届出について，届出すべき者が未成年者であるときは，届出義務を負担することはないが，意思能力を有する限り，未成年者の届出を法定代理人の同意を要せず単独に認めている（戸31条1項）(囲6)。

(3) 創設的届出，報告的届出のいずれについても届出には意思能力を要することは当然であるから，市町村長は，届出の受否を決するについて届出能力の有無を判断しなければならない。未成年者については大体満15歳という画一的基準によって取り扱われている（囲7）。成年被後見人の届出については，成年被後見人の旨の戸籍の記載はないことから，届出能力の有無の判断は積極的にしないこととなった（従前の戸31条2項削除）。

囲4(ｱ) 15歳以上の未成年者の養子縁組を法定代理人が代諾した場合は無効とされており，これにつき未成年者から「届書の記載が誤りであるからみずから縁組する」旨の追完届がなされれば当初から有効になる（昭31・10・17民事甲2354号回答）。

　(ｲ) 未成年者の認知届をその法定代理人から届出しても受理できない（昭9・2・12民事

であって，かりに行為者が行為当時に意思能力をもっていたとしても，これを取り消すことができるし，また，意思能力を欠いている場合は取消しをまつまでもなく当然無効である。
- 囲1(ア) 11歳の幼児でも意思能力を有する場合も有しない場合もある（昭12・9・11大審院判決）。
- (イ) 9歳の少年も特別の事情のない限り贈与を受くるに足る意思能力を有する（昭12・10・13大審院判決）。
- (ウ) 7歳3か月の幼児でも不動産取得の意思決定をなし得る（昭5・10・2大審院判決）。
- (エ) 12歳7か月の少年が空気銃により被害者の右眼に命中失明させた事件で少年の責任能力を否定した（大10・2・2大審院判決）。
- (オ) 11歳1か月の少年が自転車により他人に怪我をさせた事件で少年の責任能力を肯定した（大4・5・13大審院判決）。
- (カ) ドイツ民法は7歳未満を絶対的無能力者（完全な意味の意思無能力者）とし，7歳以上を制限的無能力者（不完全な意思無能力者）としている（赤塔正夫「民法総則」43頁）。
- 囲2(ア) 未成年者とは，20年に満たない者（民3条），ただし，未成年者が婚姻すれば私法上の行為能力につき成年に達したものと同じく取り扱われる（民753条）。年齢の計算方法は「年齢計算に関する法律」による。
- (イ) 成年被後見人とは，精神上の障害により判断能力を欠く常況にある者で，本人をはじめ一定範囲の親族，検察官または市町村長（精神保健及び精神障害者福祉に関する法律51条の11の2，知的障害者福祉法27条の3，老人福祉法32条）の請求によって家庭裁判所から後見開始の審判を受けた者（民7条・8条）をいう。
- (ウ) 被保佐人とは，精神障害の程度が心神喪失の常況にある場合のように全然意思能力を失っているとまではいかないが，その判断力が著しく不十分な者（民11条・11条ノ2）をいう。
- (エ) 被補助人とは，精神上の障害により判断能力が被保佐人よりも不十分な者（民14条・15条）をいう。
- 囲3 制限能力者の保護機関としては，法律の規定（民8条・11条ノ2・15条・818条・838条）により未成年者の親権者・後見人，成年被後見人の後見人，被保佐人の保佐人，被補助人の補助人等がある。

【3】 意思能力ある者の身分行為 制限能力に関する制度は，取引の安全・敏速および相手方の保護を目的としているものであるから，主として財産上の行為について適用され（民19条），真実性や本人の意思を尊重すべき身分上の行為については，意思主義に基づく身分法独自の規律によるものとされ，民法総則の規定は適用ないし準用されないのが原則である。

身分上の行為については，制限能力者であっても意思能力のある限り，単独で完全・有効になし得るのを原則とするから，たとえ法定代理人（親権者，未成年後見人）でも代理することができないのが原則である。ただ，明文のある場合に限って法定代理人の同意を要し，または代理を許すものとしている。この点に関し，未成年者，成年被後見人は財産上

とは、財産関係が、打算があり、熟慮があり、意思決定があって作られるのに対し、身分関係は、親子関係のように超打算的（損得の意思がない）であり、婚姻関係のように感情的、性情的な点である。また、認知のように自然の親子関係を確認する行為もある。このような身分行為は、財産行為と異なった法的規制を受けるので、一般に財産行為に関する総則規定であるといわれる民法総則の法律行為に関する規定のうち、意思能力、代理、意思の欠缺などについての規定は、原則として適用されないと解されている。

【参考文献】 中川善之助「日本親族法」昭和17年

No.50
制限能力者の身分行為（意思能力・行為能力・戸籍法上の届出能力）

【1】 **意思能力** 意思能力とは、自分の行為の性質を判断し得る精神的能力のことで、人が権利義務を取得するための法律行為や不法行為が法律上の効果を生ずるためには、その行為の性質や結果を通常人のもつ正常な認識力と予期力をもって判断し得るだけの精神的能力を具えていることが必要である。つまり、人の行為が法律的な効果を生ずるためには常に意思能力が必要であり、意思能力をもたない者のなした法律行為は無効とされている。すなわち、単独で完全・有効な法律行為をなし得る能力（行為能力）を有するためには意思能力のあることが前提要件である。また、他人の権利を侵害し損害を与える不法行為についての精神的能力（責任能力）も同様であり、行為の責任を認識するに足るべき知能を具えていなければ賠償責任は生じないのである（民712条・713条）。年少者や心神喪失の常況にある者などは一般に意思無能力であることが普通であり、通常人でも睡眠中や泥酔時においては意思能力を欠いている。なお、刑事上の責任についても心神喪失者、14歳未満の者の行為は不処罰とされている（刑39条1項・41条）。

【2】 **制限能力者** 前述のように、意思能力のない者のなした行為は法律上の効果を生じないのであるが、意思能力の有無は表意者の精神的発達の程度や行為当時の精神状態等に依存する内心の問題であるために外部から確知し難いのである。すなわち、同一の者でも意思能力を有する場合とこれを欠く場合とがあり、意思能力の有無は時と場合により異なるので、行為者につき、事件の各場所ごとに具体的に判定すべきものである（囲1）。したがって、行為者が意思能力を欠くものとして保護を受けるためには、その行為の当時に意思能力のなかったことを立証することを要し（実際はその立証も困難である）、他方これらの者と取引する相手方としては、いちいち先方の精神状態を慎重に判断してからでないと後日に取引行為の無効が主張されるおそれがあり、まことに不安である。そこで、民法では画一的な基準として特定の者のなした行為は、その当時の精神状態が実際にはどうであったかを問わずに、いいかえれば意思能力の有無を問わずに、その行為を取り消し得るものと定めている（民120条）。この特定の者に未成年者（民4条2項）、成年被後見人（民7条・8条・9条本文）および被保佐人（民11条・11条の2・12条4項）または、被補助人（民14条・15条・16条4項）がある（囲2）。これらの者を一般に制限能力者と称している（囲3）。このようにわが民法は意思能力の十分でない者に全面的に行為能力を与えないというのではなく、行為能力の範囲に制限を加えている。つまり、これらの者は制限能力者

ところ，これを不受理とした市町村長の処分について，同審判は民法819条6項の解釈を誤った違法があるとした上で，次のように判示して，不受理処分は違法であるとした。

「審判による親権者の変更は，その届出によって親権者変更の効力が生ずるのではなく，審判の確定によって形成的に親権者変更の効力が生ずるのであるから，たとえ当該審判が誤った法令の解釈に基づくものであったとしても，当該審判が無効であるためその判断内容に係る効力が生じない場合を除いては，確定審判の形成力によって，親権者変更の効力が生じ，当該審判によって親権者とされた者は子の親権者として親権を行使することができることになる。しかるに，このような親権者の変更が戸籍に反映されないとすると，子の親権に関し無用の紛争を招いて子の福祉に反することになるおそれがあるほか，身分関係を公証する戸籍の機能を害する結果ともなるものである。また，戸籍事務管掌者は，戸籍の届出について法令違反の有無を審査する権限を有するが，法令上裁判所が判断すべきものとされている事項についての確定審判に基づく戸籍の届出の場合には，その審判に関する審査の範囲は，当該審判の無効をもたらす重大な法令違反の有無に限られるものと解される。

そうすると，戸籍事務管掌者は，親権者変更の確定審判に基づく戸籍の届出について，当該審判が無効であるためその判断内容に係る効力が生じない場合を除き，当該審判の法令違反を理由に上記届出を不受理とする処分をすることができないというべきである。

これを本件についてみると，別件審判は，民法819条6項について上記(1)とは異なる解釈を採って，CがAに対してしつけの名の下に体罰を繰り返してきたことなどからAの親権者をB及びCから他方の実親である抗告人に変更したものであるところ，このような解釈を採ったことをもって直ちに別件審判が無効となるものということはできない。」

このように最高裁は，家事審判が「無効であるためその判断内容に係る効力が生じない場合」に限り，審判に基づく戸籍の届出を却下し得るとしている。上記の例では，死者に対する就籍許可の審判などがこれに該当すると考える。

【参考文献】 ①青木義人「戸籍法」，②大島光治「戸籍実務と家事審判」，③田中加藤男「先例戸籍訂正法」（日本加除出版）

No.49 身分行為

人の生活には，生存のための経済生活と同時に性的結合に伴う生殖・哺育の生活や縁組による親子関係が存在する。「身分」という字義については，封建的社会における武士，町人などのような世襲的な社会的地位を指すこともある（「社会的身分」＝憲法14条1項）。しかし，今日の法律上における身分関係とは，前述の性的結合等における夫婦，親子の種族保存の関係を指す。したがって，身分関係の「身分」とは，身分関係の構成員であるという法律的地位を指すものと理解されている。すなわち，配偶者であること，親であること，子であること，親族であることなどは，それぞれ一つの身分である。今日の身分法，身分行為といわれる場合も，すべてこの意味で用いられている。身分行為とは，財産法上の法律行為に対して，親族相続法上の法律的効果を生じさせる法律行為を総称している。たとえば，婚姻，縁組，認知や親権者としての行為，相続の限定承認・放棄などがそれである。身分行為の特質としていわれるこ

から入籍届がなされた場合（昭24・7・19民事甲1648号回答）のいずれも受理できるとされている。これは、審判自体に不適法な点はあるが、無権代理人からの申立てに基づきなされた審判であっても、その後、本人又はその法定代理人からの追完により、事件本人である子に対して効力を生ずるから、とくにその審判の取消しがない限り認容してさしつかえないとするものである。

(2) **法令の解釈について法務省の見解と異なる見解による審判**　市町村長は、裁判所と異なり、事実の取調べや証拠調べを強制的にする機能はないから、調査方法については、いわゆる形式的審査権しか有しないと一般に解されている。しかし、このことは、市町村長の法令解釈権（法律上の判断）までも認めないというものではない。すなわち、市町村長に法令の解釈が許されないとすれば、身分関係の形成、変更、消滅などの戸籍の届出の受否を決せられないことになる。そこで市町村長の法令解釈（戸籍事務の管轄庁である法務省の法令解釈に従うことになる）が、審判における法令解釈と見解を異にする場合には、前記(1)に述べたとおり、当該審判が不能なことをしているものでない限り、審判の形成力により審判の対象となる法律関係が形成されるから、その審判に基づく戸籍の届出は受理せざるを得ないとされる場合が多くみられるのである。たとえば、未成年の子の親権者を母と定めて父母離婚後に母が死亡した場合は、子について後見が開始するから、民法819条6項による親権者変更を許すべきでないという法務省の見解（昭23・8・12民事甲2370号回答、昭24・5・19民事甲1008号回答）に対し、家庭裁判所が親権者を父と変更する旨の審判をした場合、これは明らかな法令違背の問題でなく、民法819条6項の適用に関する法律解釈の問題にすぎないのである。したがって、すでになされた審判の形成的効力により父について親権者という身分関係が形成されていることを認めざるを得ないので、これを内容とする報告的戸籍の届出は受理するほかはないのである（昭26・9・27民事甲1804号回答、昭48・4・25民二3408号回答）。

しかし、前記(1)に述べた事例のように明らかな法令違背があって無効と認められる場合には、市町村長は審判の効力に拘束されることはないので、そのような審判に基づく届出は受理するには及ばないわけである。この点、従来の先例を見ると、たとえ明らかな法令違背でなくとも、法務省の取扱方針に照らし違法と認められる審判に基づく届出は受理できないとの取り扱いであった。たとえば、子が死亡した父または母の氏を称することの許可審判（昭23・7・1民事甲1676号回答）、養子について実父母の氏を称する氏変更の許可審判（昭33・3・10民事（二）発110号回答）、死者に対する就籍許可の審判（昭31・3・6民事発91号回答）、認知がないのに非嫡出子と父との間に親子関係の存在確認の審判（昭36・1・20民事甲184号回答）、非嫡出子について父の認知があったことを認める資料がないのに、記載遺漏を原因として父の名の記載を許可した審判（昭37・3・13民事甲691号回答、団その後の裁判例は、法務省の見解と同趣旨となる―昭49・7・3名古屋高裁決定「戸118条関係」、平2・7・19最高裁第一小法廷判決）などがそれである。

しかしながら、最高裁判所平成26年4月14日決定は、未成年者Aの実父XがAの親権者をその実母Y及び養親ZからXに変更する審判に基づき親権者変更の届出をした

この受否の決定は実体的形式的要件を規定する法規（民法）の解釈適用によるものであるからである。このように裁判上の問題とならないうちに、先例が身分法の解釈を示し、これに基づく戸籍事務担当者の受否の決定が身分関係の成否を決しているのである。

【2】 家事審判 家事審判制度は、「個人の尊厳と両性の本質的平等を基本として、家庭の平和と健全な親族共同生活の維持を図ることを目的」とし（廃止前家審1条）、家庭裁判所という特別の国家機関に、家庭の紛争のみならず、家庭に関するいっさいの事項（紛争性のないものも含む）を処理させるものである。ところで、民法、戸籍法などに家庭裁判所の権限とされているものが多く規定されており、家事審判は、戸籍事務とも密接な関連を有している。すなわち、審判には、身分関係の形成裁判、または確認裁判の性質を有するもの（家事法277条）、または戸籍届出の要件とされる許可審判（子の氏変更、氏名変更、戸籍訂正など）、戸籍届出の内容とされる審判（親権者の指定・変更・喪失など）の非訟事件的性質のものがあるが、いずれも戸籍に反映されるものである。ところで、審判も裁判である以上、法規の厳正な適用がなされるのであるから、市町村長は、戸籍事務に関する審判について、審判における事実上および法律上の判断に拘束されることになる。このため、市町村長は、法令の解釈について審判と先例とが抵触する場合にいずれに従うべきかという問題に遭遇することがある。この点については、次の【3】において述べる。

【3】 戸籍先例と家事審判との抵触 （1） **審判に違法がある場合** 家事審判は、争訟的であれ非訟的であれ裁判である以上、審判手続の違法、その内容に不当があっても当然に無効であるということにはならない。これは裁判所という国家の公権的法律判断として尊重されなければならないからである。また、このことは行政庁の行う処分についても同様である（昭28・6・26最二小判〔民集7巻6号771頁〕）。そこで、先例の態度も審判が不能なことをしているものでない限り、審判の趣旨を尊重して戸籍の事務を処理すべきであるとしている。もっとも、先例には、違法と認められる審判に基づいて戸籍の届出があった場合に、これを受理しない取扱いをしているものもあった。たとえば、(ｱ) 審判が申立適格を有しない者に対してなされたとき、(ｲ) 審判が明らかに法令に違背しているとき、または法令に規定しない事項について審判がなされたときである。(ｱ)の例としては、戸籍の筆頭者およびその配偶者の氏変更（戸107条1項）について、それ以外の者からの許可申立てに対し許可審判があった場合は、正当な申立人たるべき者に審判の効力が及ばないから、その審判は何ら実質的効力を生じないものである（参考—昭26・2・13民事甲274号回答）。また、(ｲ)の例としては、親権に服する未成年者についてなされた後見人選任の審判（昭26・5・4民事甲912号回答）、日本国籍を有しないことが明らかな者に対する就籍の審判（昭30・2・15民事甲289号通達）、胎児の親権者をあらかじめ指定すること（昭25・9・1民事甲2329号回答）などである。他方、審判自体に不適法な点があるが、効力の発生を妨げない場合は、受理する扱いである。たとえば、母の親権に服する15歳未満の子につき、親権者でない父の申立てによって子の氏変更許可の審判がなされ、親権者母から入籍届がなされた場合（昭26・1・31民事甲71号回答）、また子が15歳以上であるのに親権者母がその代理人となって申立てをして子の氏変更許可の審判がなされ、子自身

事に関する訴訟事件はまず家庭裁判所の調停に付され（家事法257条），その調停において成立した当事者の合意が正当と認められるときは，これに相当する審判がなされ（家事法277条），この審判に対し2週間内に異議の申立てがないときは，確定判決と同一の効力が与えられる（家事法279条）。

(ア) 人事訴訟事件においては，(a) 身分関係の形成的効力をもつ認知・縁組の取消し，離縁もしくは離縁の取消し，婚姻の取消し，離婚もしくは離婚の取消しなどの各判決がある。(b) 身分関係の形成的効力をもつ判決には，前記(a)のほかに遡及的に一定の身分関係の存否が確定される嫡出子否認，父の確定，認知の取消しなどの各判決がある。(c) 身分関係の存否を確認する判決としては，認知，縁組，離縁，婚姻，離婚などの各身分行為の無効判決や親子関係存在または親子関係不存在の確認の判決がある〔→ No.170「親子関係存否確認の訴え」みよ〕。

(イ) 行政訴訟事件においては，公法上の身分関係の存否について国を相手方とする日本国籍の存在または不存在の確認判決や，日本国籍の離脱無効または回復無効の確認判決がある〔→ No.143の【4】「戸籍法116条の確定判決を要する趣旨」みよ〕。

(2) **確定判決に基づく戸籍の処理** (ア) 前記(1)(ア)(a)に掲げた各判決については，戸籍法上，認知の判決が確定したときは認知の届出（戸63条），縁組取消の判決が確定したときは縁組取消の届出（戸69条），離縁または離縁取消の判決が確定したときは離縁または離縁取消の届出（戸73条），婚姻取消の判決が確定したときは婚姻取消の届出（戸75条），離婚または離婚取消の判決が確定したときは離婚または離婚取消の届出（戸77条）などを，訴えの提起者が裁判確定後10日以内に，その裁判の確定証明書を添えてしなければならない。

(イ) 前記【2】(1)(ア)(b)(c)に掲げた各形成判決や確認判決，ならびに前記(1)(イ)に掲げた日本国籍の存否に関する確認判決については，戸籍法上その判決が確定したときは，訴えの提起者が裁判確定後1か月以内にその裁判の確定証明書を添えて戸籍の訂正を申請しなければならない（戸116条）。

【参考文献】 ①兼子　一「民事訴訟法体系」，②杉本良吉「行政事件訴訟法の解説」，③青木義人「戸籍法」

No.48 戸籍先例と家事審判

【1】 **戸籍先例**　戸籍の先例は，戸籍事務の監督官庁である法務省という行政官庁が，戸籍事務の取扱いについて全国的統一を期するために発する指示，通知，回答などである。この先例は，戸籍手続上の問題はもちろんのこと，身分法の解釈運用について，有権的行政解釈として戸籍事務担当者を拘束することになるので，その後の取扱いはこれによらなければならない。したがって，戸籍事務管掌者である市町村長は，戸籍事務の取扱いについて実体的身分法の具体的適用をする場合に先例に従うことになる。もっとも，法令の最終的有権解釈は，裁判によってなされるが，いまだ判例のない事案については，先例がその取扱いを支配する。先例が重要であるのは，婚姻や縁組などの多くの創設的届出において，その身分関係の形成は戸籍の届出が受理されて初めてその効力を生ずるところ，

い状態になる。この意味の判決の取消ができなくなったことを判決が確定したという（形式的確定力）。

(3) **判決の確定時期** (ア) 判決の確定の時期は、当事者がともに上訴期間（2週間という不変期間）を徒過したことによるその期間満了の時、または上訴権を放棄した時である。すなわち、第一審の判決に対する控訴、および控訴審判決に対する上告については、該判決送達後2週間内に上訴がないときにその期間満了の時、このほか上訴期間経過前でも上訴権そのものを当事者が放棄した時に確定する。また、いったん上訴をしても上訴期間経過後に上訴を取下げ、もしくはこれが不適法として却下された結果、上訴がなかったことになれば、やはり上訴期間満了の時に確定するものと解されている（民訴284条・285条・116条1項）。(イ) 当事者間で不控訴合意をしておいた場合（民訴281条1項但書）は、初めから上訴が許されないので、判決の言渡しと同時に確定する。(ウ) 終審である上告審において、上訴棄却の判決や破棄自判の判決がされると、判決の言渡しの時に判決は確定する。すなわち上訴期間内に上訴の提起（適法な上訴）があると判決の確定は妨げられ、上訴期間を経過しても確定しないが、上訴棄却の判決（不服申立を理由なしとして原審の判決を維持する場合の控訴棄却・上告棄却の判決を指す）が確定するまでは遷延されることになる（民訴116条2項）。

前述の判決の確定は、次に掲げる特別の場合には排除される。(エ) 上訴の追完（民訴97条）。すなわち、当事者がその責に帰することのできない事由によって上訴の不変期間を遵守することのできなかった場合、訴訟を判決確定前の状態へ復活させるために前記事由の止んだ後、1週間内に限って上訴が認められる。(オ) 特別上告（民訴327条）。すなわち、高等裁判所が上告審としてなした終局判決に対し、最高裁判所へする不服の申立てで、その判決に憲法の解釈に誤りのあること、その他憲法に違背することを理由とするときに限って認められ、最高裁判所が原判決を破棄したときは、高等裁判所の上告判決は確定しなかったこととなる。(カ) 再審（民訴338条以下）。すなわち、確定判決の基礎となった資料や手続に異常の欠点がある場合などに認められる。

(4) **判決の確定証明** 当事者が確定判決を利用しようとする場合においては、判決が確定したことを証明してもらう必要がある。そのためには、訴訟記録を保管している原裁判所の書記官に判決確定証明書の交付を求めることができる（民訴規48条1項・2項）。

【2】 **確定判決と戸籍事務** (1) **戸籍事務に関係ある確定判決** 裁判が形式的に確定すると裁判の内容である権利または法律関係の存否に関する判断が、以後いずれの裁判所をも拘束し、これに抵触する判断をなし得ない（これに違背すると再審事由となる。民訴338条1項10号）こととなり、また、当事者の側からみても確定された裁判で判断された権利または法律関係の存否について、もはやこれを争い、これに反する主張はできないということになる（これは既判力と呼ばれている）。ところで、私法上の身分関係事件（人事訴訟）および公法上の身分関係事件（行政訴訟）のうち、次に掲げる形成判決（形成の訴えに対する判決）や確認判決（確認の訴えに対する判決）は、戸籍事務の処理に関連するものである。さらに判決のほかに確定判決と同一の効力をもつ家庭裁判所の審判もある。すなわち、人

囲3　① 昭3(オ)438号，同年6・29大審院判決，② 昭6年(オ)2425号，同7・3・25大審院判決，③ 昭12年(オ)2426号，同13・5・23大審院判決。

囲4　① 昭11年(オ)1513号，同11・10・23大審院判決，② 昭14年(オ)1100号，同年12・8大審院判決。

囲5　昭24(オ)97号，同25・12・28最二小判。昭43(オ)179号，同45・7・15最大判。

囲6　昭25(オ)318号，同32・7・20最大判。

【3】　**確認判決の効力と戸籍訂正**　人事訴訟事件の確認判決が確定したときは，第三者に対してもその効力を有する（人訴24条1項）。そして確認判決は，本来有していた身分関係，当初から有効に成立した身分行為を確定的にしたものであって，認知判決や離婚判決のような形成判決と趣きを異にする。この確認判決と戸籍上の記載とが符合しないときは戸籍法116条の規定に基づき，判決確定の日から1か月内に判決謄本（確定証明書を添付）をもって戸籍の訂正申請をしなければならないことになっている〔→ No.170「親子関係存否確認の訴え」みよ〕。

【参考文献】　①三田高三郎「人事訴訟手続法解説」，②民事法学辞典

No.47
身分関係の確定判決（確定証明・戸籍処理）

【1】　**判決の確定**　(1) **訴訟一般**　私人はその生活関係上，他人との間に紛争利害の衝突が生じて困る場合に，裁判所へ訴えを提起して判決を請求する権利がある。これについて国家は裁判所の処理の適正公平を期するために訴訟制度を定めているが，その訴訟手続は，民事事件につき判決手続のほか，その附随的なものとして証拠保全や少額訴訟，督促手続を民事訴訟法に，また破産手続を破産法に規定している。他方，私法上の身分関係事件については，婚姻，親子関係のような特殊の身分関係の確定・形成を目的とする訴訟であることから，民事訴訟法によることを適当としない一面があるので，判決手続の特則を人事訴訟法に規定している。なお，民事訴訟における私人間の権利関係の紛争と異なって，公法上の法律関係を審判するための行政訴訟事件（刑罰権以外の公権力の行使に関する事件）は，国民が行政庁の行政処分の違法を争う不服の訴えに基づく特殊のものであることから，通常の民事訴訟とは基本的に異なった特殊の訴訟上の取扱いが要請されて，その訴訟手続を行政事件訴訟法に規定している。もっとも行政事件訴訟法に定めてない事項については，民事訴訟の例によることとされている（行政事件訴訟法7条）。

(2) **判決手続**　訴訟は訴えの提起によって開始されるが，訴訟が裁判所の指揮によって進行し，審理が尽くされ，訴訟が終局判決に熟すると認められると裁判所は弁論を終結して，判決の内容を確定して当事者に告知するために言渡しがなされる（民訴243条・252条・254条）。この判決言渡後に判決書の正本が当事者に送達される（民訴255条，民訴規158条）が，この送達は当事者に判決内容を確知させて不服申立てを考慮する機会を与えるものである。したがって，この判決の送達後一定期間内に上訴をしないと，その判決はその訴訟手続内の通常の不服申立方法（上訴）によっては，その存在が奪われることのな

るものと解されている。人事訴訟に属する各種の確認の訴えにおいても同様に第三者が婚姻無効，縁組無効など確認の訴えの原告となり得るためには，当該婚姻または縁組の無効を即時に確定することにより法律上の利益を有することを要件とし，また離婚無効，離縁無効その他各種の身分関係確認の訴えにおいて原告となる適格を有するためには，当該離婚もしくは離縁の無効であることを確定し，または不明瞭な身分関係を明確にすることにより現に法律上の利益を有することを要件としている。

　この要件を確認の利益と呼んでいるが，この確認の利益があるためには，当該身分行為の無効もしくは当該身分関係の存否を判決により即時確定することに直接効果的であり，全面的利害を感ずる場合のみに限られ，もしもその第三者の感ずる利益が財産上の争いの前提にすぎないとき（例えば，被相続人に金銭を貸し付けた者が，被相続人による認知無効を前提として，実子のみに対して訴えを提起する場合）は，第三者は財産上の訴えまたは抗弁の方法により当該身分行為の無効もしくは身分関係の存否を主張すれば十分であって，それ以上に他人間に介入して身分行為の無効または他人間の身分関係の存否確認の訴えを提起する必要はなく，また，これを許すべきでないと解されている。つまり，人事訴訟事件においての確認の利益とは，通常の民事事件のように単なる財産権上の利害関係でなく，第三者が自己の法律上の地位に不安，危険を感じ，その不明瞭な身分関係を明確にし，かつ，画一的確定を図ることの必要を指称している。なお，実子が養子又は被認知者を相手に，相続人でないことを確定するため，縁組無効や認知無効の訴えを提起することは，相続財産の争いが主たる目的であっても，可能である。

　判例の傾向は，現行民法改正前では単に養子縁組当事者と四親等または五親等の血族関係ありとの事実のみでは縁組無効の確認の訴えを提起できる権利はないとする制限的なもの（囲3）や当該身分関係の当事者のいずれかと親族の関係に在る者は一般的に確認の利益があるとするもの（囲4）がみられる。現行民法施行後のものには，次のようなものがみられ，被告適格については，次の趣旨のとおり人事訴訟法12条で法定された。(ｱ)　戸籍上，父母の一方の死亡後はその生存一方の者と子との間において，また，父母または子の一方の死亡後における検察官を相手方とし，もしくは，親と子の双方死亡後における第三者が検察官を相手方として，なお親子関係存否確定の利益がある以上，右確認の訴えを提起できる（囲5）。(ｲ)　戸籍簿に旧国籍法施行中になした国籍の離脱ならびに回復の記載があって，日本国籍を有することについて争いがない場合でも，その国籍離脱の届出が無効で，かつ，国籍回復も無効である場合，日本国籍を有するのは生まれながら保有するものであるから，かかる国籍離脱，国籍回復の記載ある戸籍を訂正するため生来の日本国民である旨の確認判決を求める法律上の利益を有する（囲6）。

(3)　**管轄・訴訟能力などの要件**　〔→ No.39「訴えの提起」，No.42「人事訴訟と家庭裁判所」みよ〕。

　囲2　第三者ヨリ夫婦カ共同ニ為シタル養子縁組ノ無効ヲ主張スルモノナルニ拘ラス其ノ一方ノミヲ相手方ト為シタルハ失当ニシテ仮令既ニ夫トノ間ニ縁組無効ノ判決確定シタリトスルモ該判決ハ其ノ訴訟当事者間ニアリテモ其ノ効力ナシ（昭12年(ｵ)2216号，同14・

判力の及ぶ範囲は確定した判決の主文に包含されるものに限られている（民訴114条1項）。

なお，人事訴訟は家庭裁判所に調停の申立てをしなければならない（調停前置主義，家事法244条・257条・277条）〔→ No.42「人事訴訟と家庭裁判所」みよ〕。

囲1　既判力とは，確定した終局判決の判断内容が訴訟当事者および後訴裁判所（後に提起される訴えを審理する裁判所）を拘束し，これと矛盾する主張や判断を不適法とする訴訟法上の効果で，形式的確定力に対して実質的確定力または実体的確定力ともいう。民事判決は私人間の紛争に対し国家の有権的に示す紛争解決案であるが，その確定にもかかわらず紛争がむし返され，そのたびごとに裁判所が前回と矛盾した判断を示すようでは民事訴訟制度の目的は果されない。そこで，この紛争のむし返しの禁止を目的とし，矛盾判決の防止を機能として認められてきた法制度が既判力である。

【2】　**要件**　(1)　**当事者**　人事訴訟事件は，その判決の既判力が当事者のみならず第三者に対しても効力を有することから，訴訟当事者は関係者全員の間で画一的に確定することが要請されている。したがって，当事者は当該身分関係に在る者，もしくは当該身分行為の当事者の一方から訴えを提起するには他方を相手方とすべきである。たとえば婚姻の無効を夫（妻）から提起するには妻（夫）たる他方を相手方とすべきである。また，第三者が訴えを提起するには当該身分関係に在る者もしくは当該身分行為の当事者双方を相手方とすることを要する。もっとも，当該当事者の一方が死亡した場合には，生存者のみを相手方とすることが許されることがある。たとえば第三者が他人なる夫婦間の婚姻無効の訴えを提起するには当該夫婦双方を相手方とすべきで，もしその夫婦の一方が死亡した後はその生存者をもって相手方とする（人訴12条）。

以上のことから，もし第三者が原告として生存者である他人間に存する子の認知についてその無効確認を求める場合，被認知者もしくは認知者の一方のみを相手方とし，被認知者（子），認知者（父）双方を共同被告としなかった場合や，第三者より夫婦が共同してなした養子縁組（昭和62年の民法改正前の縁組で養親・養子ともに夫婦共同縁組が強制されていたものである）に対してする縁組無効確認の訴えには，必ず養親とともに養子夫婦双方を共同被告としなければならないのに，養親もしくは養子のいずれかを欠いた場合には，判決は現に訴訟に関与した当事者に対してもその効力がないものと一般に解されている（囲2）。なお，一般的には当事者双方とも死亡した場合はもはや訴えを提起できないのであるが，人事訴訟法は特定の訴えに限り検察官を相手方として訴えを提起できることになっている（人訴12条）。

(2)　**確認の利益があること**　確認の訴えにおける請求は，通常，訴訟において権利または法律関係の現在における存否の主張でなければならないとするのが通説である。過去の権利関係がどうであったかを確定しても，さらに現在の権利関係に及ぶ影響が問題とならざるを得ないから，現在の紛争解決に最も直接的な現在の権利関係の確認を求めなければならない。すなわち，原告が権利関係または法律関係の存否について，判決によって即時に確定してもらう現実の法律上の利益または必要のある場合に限って確認の訴えが許され

項について，調停が成立し，または特殊の審判，調停に代わる審判が確定したときは，家庭裁判所は，遅滞なく事件本人の本籍地の戸籍事務管掌者あてにその旨を通知しなければならないことになっている（家事規130条2項）。これは戸籍記載の真正を担保するためのものであり，その戸籍の届出事件の種類を掲げれば次のとおりである。

(1) 調停の成立また調停に代わる審判の確定によって直ちに効力を生ずる事件（報告的届出），①離婚届＝調停成立または審判確定の日から10日以内（戸77条），②養子離縁届＝同上（戸73条）。

(2) 審判，調停のいずれによっても処理できる事件（報告的届出），①親権者指定（変更）届＝調停成立または審判確定の日から10日以内（戸79条），②推定相続人廃除（廃除取消）届＝同上（戸97条）。

(3) 合意に相当する審判の確定によって効力を生ずる事件（報告的届出），①戸籍訂正申請（婚姻無効，縁組無効，協議離婚無効，協議離縁無効，認知無効，認知取消，父の確定，嫡出子否認，各種の身分関係存否確定などによる）＝審判確定の日から1か月以内（戸116条）。②婚姻取消届＝審判確定の日から10日以内（戸75条）。③養子縁組取消届＝同上（戸69条）。④離婚取消届＝同上（戸77条）。⑤離縁取消届＝同上（戸73条）。⑥認知届＝同上（戸63条）。以上の各届出には調停調書または審判書の謄本の添付を要し，なお，これらの届出を本籍地外でするときは確定証明書の添付をも必要とする。つまり，本籍地における届出については，前述のとおり調停の成立，または審判が確定したときは，その旨の通知が本籍地になされるので，確定証明書を添付しなくても差し支えない（昭24・2・4民事甲200号回答，昭29・12・24民事甲2601号回答）。

【参考文献】 ①市川四郎「家事審判法概説」，②山木戸克己「家事審判法」，③宮崎澄夫「調停の理念」

No.46
身分関係の確認の訴え

【1】 **意義と特質** 確認の訴えとは，請求の性質内容が特定の権利または法律関係の存在または不存在の主張である訴えをいい，その存在を主張するのを積極的確認の訴え，また，その不存在を主張するのを消極的確認の訴えという。これを親族法上の関係，つまり身分行為または身分関係の存否についてみると，実親子関係存在，養親子関係存在もしくは離縁無効，夫婦関係存在もしくは離婚無効，その他親族関係の存在などの確認の訴えがあり，また，実親子関係不存在もしくは認知無効，養親子関係不存在もしくは養子縁組無効，夫婦関係不存在もしくは婚姻無効，その他親族関係の不存在などの確認の訴えがある。また，国籍法上の関係では日本国籍存在もしくは日本国籍不存在，あるいは日本国籍離脱無効もしくは帰化無効などの積極・消極の確認の訴えがある。

確認の訴えによって開始される訴訟手続（民事訴訟法，人事訴訟法）が確認訴訟であり，確認の訴えに対する本案判決は本来の権利関係または法律関係が存在するか，あるいは存在しないという判断であって，それを確認判決といい，その既判力（囲1）により当事者間の紛争が解決される。身分関係の訴訟については既判力が当事者間のみならず一般第三者に対しても対世的絶対的効力が認められている（人訴24条）。この既

または284条1項の規定による審判をせず、あるいはこれらの審判をしても異議申立てがあってその審判が失効した場合に、当事者がその旨の通知を受けた日から2週間以内に訴えを提起したときは、調停申立ての時にその訴えの提起があったものとみなされる（家事法272条3項）。これは出訴期間を経過する不利益を防止しようとするものである。

【6】 **調停の効力** 調停が成立すると調書の記載は確定判決または確定した審判と同一の効力を有する。すなわち、訴訟事項に関する調停は確定判決と同一の効力を有し、審判事項に関する調停は確定した審判と同一の効力を有するものとされている（家事法268条1項）。家事事件手続法277条に規定する事件については当事者の任意に処分が許されないものであるから、たとえ、当事者の合意があって調停が成立したのみでは確定判決と同一の効力を有するものとは認めていない（家事法268条4項）。

【7】 **調停における特別の審判** (1) **合意に相当する審判** この審判の対象となるのは、離婚や離縁を除いた次の人事訴訟事件である（家事法277条）。婚姻の無効（民742条）、婚姻の取消し（民734条～747条）、縁組の無効（民802条）、縁組の取消し（民803条～808条）、協議離婚の無効（当事者に離婚の意思がないとき、または届出がないとき）、協議離婚の取消し（民764条・747条）、協議離縁の無効（協議離婚の場合に同じ）、協議離縁の取消し（民812条・747条・808条1項但書）、認知（民787条）、認知の無効（民786条）、認知の取消し（人訴2条）、父の確定（民773条）、嫡出子否認（民774条～778条）、身分関係存否確定など。

　これらの事件は、その性質上、当事者の任意処分を許すことは不適当であるということから、当事者間に合意があっただけでは調停の成立を認めないで、当事者間に争いがなければ、訴訟の形式によらないで家庭裁判所が必要な事実調査をし、調停委員の意見を聴いたうえで正当と認めれば合意に相当する審判をすることができる。この審判に対し、利害関係人は、当該家庭裁判所に対し審判告知の日から2週間以内に異議の申立てをすることができる（家事法279条1項・2項）。したがって、この審判に対する異議の申立てが適法であれば、審判は当然に効力を失うが、当該異議がその申立期間経過後になされた場合や、権限のない者からの異議申立ては不適当として却下される。そしてこの却下の審判に対しては異議申立人から即時抗告をすることが認められている（家事法280条2項）。

(2) **調停に代わる審判** 当事者の互譲による紛争解決の手段である調停が成立しない場合に、家庭裁判所は相当と認めるときには、調停委員の意見を聴き、当事者双方のため衡平に考慮し、いっさいの事情をみて職権で当事者双方の申立ての趣旨に反しない限度で、離婚や離縁等の事件を解決するために審判をすることが認められている（家事法284条）。この審判に対しても前記(1)の合意に相当する審判と同じく異議の申立てが認められている（家事法286条1項・2項）。また、この審判が適法な異議申立てによって失効することも同様である（家事法280条4項）。

(3) **合意に相当する審判・調停に代わる審判の確定** これらの審判は、所定の期間内に異議の申立てがないとき、または異議の申立てを却下する審判が確定したときは、確定判決と同一の効力を有することになる（家事法281条、287条）。

【8】 **家事調停と戸籍の届出** 離婚、離縁、その他戸籍の届出または訂正を必要とする事

不履行による慰藉料請求の事件など地方裁判所で扱う事件も家事調停の対象になる。

(2) 審判事項のうち、家事事件手続法別表第2に掲げられている遺産分割、財産分与、相続人廃除などの事件についても家事調停の対象とすることができる（家事法274条）。

(3) 家庭に関する事件は、夫婦、親子間の事件だけでなく、親族または親族に準ずる者の間の問題、たとえば内縁の夫婦間の事件、婚姻予約者間の事件なども含まれている。

(4) 家族、親族間の紛争は、必ずしも身分法上の問題だけでなく、家族、親族間の金銭貸借、土地建物の貸借に関する紛争についても家事調停の申立ができる。

【4】 **家事調停の手続** 家事調停は、調停委員と裁判官または家事調停官とをもって組織する調停委員会が行う場合と、裁判官または家事調停官だけで行う場合とがある。しかし、当事者から申立てがあるときは必ず調停委員会で調停を行わなければならないことになっている（家事法247条2項）。なお、調停手続の詳細については、家事法244条以下に示されている。

(1) **調停の不成立** 調停委員会は、当事者間に合意が成立する見込みがない場合、または成立した合意が相当でないと認める場合において、家庭裁判所がいわゆる調停に代わる審判（家事法284条）をしないときは、調停が成立しないものとして事件を終了させることができる。また、家事事件手続法277条に定める事件の調停について当事者間に合意が成立した場合に家庭裁判所が同条の審判をしないときも同様である（家事法277条4項）。なお、調停不成立による事件の終了は、調書にその旨を記載して行われるが、家庭裁判所は遅滞なく当事者にこれを通知することになっている（家事法272条2項）。

(2) **調停の成立** 調停手続において当事者間に合意が成立し、これを調書に記載すれば、これによって調停が成立したことになる（家事法268条1項）。したがって、たとえ当事者間の合意が調停委員会によって相当と認められても、調書に記載されなければ、調停が成立したことにならない。なお、調停が成立すれば、当然にその事件の手続は終了し、調停としての効力を生ずることになる。

【5】 **調停と訴訟との関係** (1) 人事に関する訴訟事件については、前述のとおりいわゆる調停前置主義（家事法257条1項）が採られているので、もし、これに反して訴訟を提起した場合には受訴裁判所は、その事件を家庭裁判所の調停に付さなければならない（家事法257条2項）。ただ、相手方が行方不明の場合や死者の代わりに検察官を相手方とする場合の訴訟は家庭裁判所の人事訴訟手続で行われる（家事法257条2項ただし書）。

(2) 家事調停を行うことができる事件について訴訟が係属している場合には、受訴裁判所はいつでも職権でその事件を家庭裁判所の調停に付することができる（家事法274条1項）。

(3) 受訴裁判所が職権で家庭裁判所の調停に付した事件について調停が成立すれば、裁判所に係属中の訴訟は調停成立の日に取下げがあったものとみなされて当然に終了する。なお、調停手続において家事事件手続法277条または284条1項規定による審判が行われ、それが確定した場合も同様である（家事法276条1項）。

(4) 調停事件について調停が成立せず、かつ、その事件について家事事件手続法277条

対する意味で述べる。家事審判は一種の裁判であり、裁判の種類としては民事訴訟における「決定」に近いものといわれている。これに反して家事調停は他の調停と同じく裁判ではない。つまり、それは裁判所が関与して当事者の互譲による合意の成立を斡旋し、紛争を自主的に解決することを目的とする手続である。

【2】 調停制度の沿革　(1)　人事調停法の制定　民事的紛争について調停が制度としてとりあげられたものに、わが国では大正11年に借地借家調停法、大正13年に小作調停法、大正15年には商事調停法が、そして昭和7年には金銭債務臨時調停法が制定され、昭和14年には現行の家事調停の前身である人事調停法の制定をみた。同法は昭和23年1月1日以降、現行の家事審判法の制定に伴って廃止された。

(2)　民事調停法と家事調停　昭和26年10月1日から従来の借地借家調停、小作調停、商事調停、金銭債務調停、民事特別調停などを整理統一した調停法として民事調停法が生まれたが、家事調停だけは除外され、従来どおり家事審判法に存置された。

(3)　人事調停法と現行法　昭和14年の人事調停法と家事審判法による家事調停とは重要な差異がある。そして、家事審判法による家事調停は、家事事件手続法においても、実質的にそのまま引き継がれているが、旧来の人事調停法上の家事調停と現行の家事調停とを比較すると、次のとおりである。(ア)　家庭に関する事件について、前者は訴訟によるか調停によるかは当事者の自由にまかせられていたが、現行法は訴訟を起こす前には必ず調停の申立てをしなければならないとしたこと（家事法257条）。(イ)　離婚や離縁について、前者は調停ができても協議離婚や協議離縁の届出をしなければその効力を生じなかったのであるが、現行法は調停が成立すれば、直ちに法律上の効果を生ずるものとなったこと（家事法268条1項）。(ウ)　婚姻、縁組の無効または取消し、認知、嫡出子否認などの事件のように本人が処分することのできない事項について、前者は調停ができないで必ず訴訟を提起しなければならないものとされていたが、現行法は当事者間に争いがない場合には調停の申立てができることとなり、家庭裁判所が必要な調査を行い、調停委員の意見を聴いて合意に相当する審判をすることができることになったこと（家事法277条）。(エ)　離婚、離縁などの調停について、前者に採用されていなかったもので、現行法には当事者が僅かの点で意見が合わないなどのために調停ができない場合、家庭裁判所が調停委員会の意見を聴いたうえで当事者双方のために衡平を考慮してなすところの、いわゆる調停に代わる審判をすることができることになったこと（家事法284条）。

【3】 家事調停の対象　家事調停の対象となる事件は、人事に関する訴訟事件および家事事件手続法39条別表第1に属する審判事件を除くいっさいの家庭に関する事件である（家事法244条）。

(1)　人事に関する訴訟事件は、人事訴訟法に定める事件、すなわち婚姻の無効・取消し、離婚、協議離婚の無効・取消し、婚姻関係存否確認、嫡出否認、認知、認知の無効・取消し、父の確定（民773条）、実親子関係の存否確認、養子縁組の無効・取消し、離縁、協議離縁の無効・取消し、養親子関係の存否確認といった家庭裁判所が取り扱う人事訴訟事件（人訴2条）のほか、相続回復請求の事件（民884条）、遺留分減殺請求事件（民1031条）、婚姻予約

離縁の無効もしくは取消し（民764条・812条）とか，認知請求（民787条）や任意認知の無効（民786条）もしくは取消し（民785条），そのほか出生子の嫡出推定が重複する場合の父を定めること（民773条），嫡出子の否認（民774条）および身分関係の存否の確定に関する事件についても同様に処理される（家事法277条）。

(2) **調停に代わる審判** 家庭裁判所の調停によって処理される事件のうち離婚や離縁等の調停事件について調停が成立しない場合，家庭裁判所が相当と認めるときに，調停委員の意見を聴き，当事者双方の衡平を考慮しいっさいの事情を斟酌して，職権でなす離婚・離縁の審判，その他事件の解決のためになされる必要な審判，すなわち調停に代わる審判である（家事法284条）。

(3) **審判と異議申立てとの関係** 前記の合意に相当する審判に対しては，これに不服のある利害関係人から当該家庭裁判所に当事者が審判の告知を受けた日から2週間内に，また前記の調停に代わる審判に対しては，これに不服のある当事者または利害関係人から家庭裁判所に当事者が審判の告知を受けた日から2週間内に異議の申立てをすることができることになっている（家事法279条・286条）。そして，前記の期間内に適法な異議の申立て（この申立てには何らの理由を付する必要がないと解されている）があれば，当該審判は当然に効力を失うことになる（家事法280条4項・286条5項）。この場合には，家庭裁判所は遅滞なくその旨を当事者に通知すべきものとされている（家事法272条2項・280条4項・286条5項）。もし，前記の法定期間内に異議の申立てがないとき，または異議の申立てがあっても法定期間を経過しているか，もしくは申立て適格者でないものの申立てであるため異議を却下する審判が確定（囲）した場合には，その審判は確定判決と同一の効力を生ずることになる（家事法281条）。

(4) **審判確定後の戸籍の処理** 前記の合意に相当する審判が確定すると，家庭裁判所は，遅滞なく事件本人の本籍地の戸籍事務管掌者にその旨を通知すべきものとされている（家審規143条）。一方，調停申立人は，戸籍法63条・73条および77条の届出または同法116条の戸籍訂正申請を，また，前記の調停に代わる審判が確定すると戸籍法73条・77条の届出を，それぞれ審判書謄本および確定証明書を添えてしなければならない。

囲 異議の申立てを却下する審判に対しては，異議申立人から原裁判所に抗告状を提出することができることになっている（家事法86条以下）ので，この場合は，高等裁判所で即時抗告が却下又は棄却されることによって，はじめて前記の審判は確定判決と同じ効力を生ずることになる。

No.45
家事調停（特殊審判・調停に代わる審判）

【1】 **調停という用語** 調停という言葉はいろいろの意味に使われる。まず制度としての調停すなわち調停制度そのものを指称する場合があり，他方，調停制度を利用している場合にその手続としての調停を単に調停という語で表現しているときもある（家事法257条）。また，調停行為そのものを理解する場合にも調停という語が用いられる（家事法266条）。なお，調停手続の目標である合意を意味する場合もある。本項の家事調停については，狭義の家事審判に

判決をすることができない。この効力は既判力（実体的確定力）と呼んでいる。審判事件における審判に既判力があるかどうかについては，通説は別表第1事件，第2事件ともに既判力を有しないと解されている。たとえば，親権者指定または変更の審判が確定した後でも，その親子について親子関係不存在確認の判決または審判をすることを妨げないということになる。これは，審判事件が民事行政的な裁判で非訟事件の裁判とその性質を同じくするところに，その理由があるようである。なお，家事事件手続法277条による特殊の審判（合意に相当する審判）〔→No.44「家事審判と異議の申立て」みよ〕については，確定判決と同一の効力が認められ（家事法281条・287条），人事訴訟における確定判決と同様に既判力はすべての第三者に及ぶ。もっとも，死者との間に親子関係が存在しないことを確認する旨の家事審判法23条（現行・家事法277条）に基づく審判には，対世的効力を有しないと解されている（昭37・7・13最二小判—民集16巻8号1501頁）。

囲2　債務名義とは，一定の私法上の給付請求権の存在および範囲を表示し，強制執行によりこれを実現できる執行力を法律上認められた公の文書である。

【参考文献】　①市川四郎「家事審判の本質」，②鈴木恵一「非訟事件の裁判の既判力」（岩松還暦記念論文集），③河野　力「家事審判制度の将来」（戸籍誌100号記念論文集），④山木戸克己「家事審判」（民事訴訟法講座5巻），⑤民事法学辞典

No.44 家事審判と異議の申立て

【1】　**用語の意義**　異議の申立てという法令上の用語は，国または地方公共団体のような行政庁が法の執行としてする処分や，司法機関である裁判所書記官の処分や受命裁判官の裁判等に対してその処分庁または裁判所に不服の意思を表示することの意味に用いられる（行不審3条等）。戸籍事件について，市町村長の処分に不服のある者は，家庭裁判所に不服の申立てをすることができる（戸118条）〔→No.97「市町村長の処分に対する不服の申立て」みよ〕。そのほか，各種の行政法上（地方自治法74条の2・118条・176条・258条）に，または民事訴訟法上（121条・329条1項）に，もしくは刑事訴訟法上（51条・309条・428条）などにみられる。

【2】　**異議申立ての認められる家事審判**　身分関係についての家庭裁判所の審判に対して異議の申立てが認められている（家事法279条）が，その異議の申立ての対象となる審判は次のとおりである。

(1)　**合意に相当する審判**　人事に関する訴え（離婚及び離縁の訴えを除く）を提起することができる事項（例．婚姻・養子縁組の無効または取消に関する事件）について，調停前置主義（家事法257条）によってまず調停委員会で調停を行い，当事者間に合意が成立した場合，たとえ当該事件の無効または取消しの原因の有無に争いがない場合でも家庭裁判所は，重要な身分関係である婚姻，縁組事件の処理を当事者間の調停による自治的解決のみにゆだねることが適当でないので，さらに必要な事実を職権で調査した上で調停委員の意見を聴き，さきの調停委員会の調停における合意が正当と認められるときになされる合意に相当する審判である（家事法277条）。なお，この調停および審判の手続は，婚姻・養子縁組の無効または取消し（民742条以下・802条以下）事件ばかりでなく，協議離婚や協議

⑤　親権もしくは管理権の喪失の審判またはその申立てを却下する審判（家事法172条）……抗告権者（前段は審判を受けた者またはその親族，後段は申立人または子の親族）
⑥　親権もしくは管理権の喪失の審判の取消しまたはその申立てを却下する審判（家事法172条）……抗告権者（前段は子の親族，後段は本人またはその親族）
⑦　未成年後見人，未成年後見監督人の解任またはその申立てを却下する審判（家事法179条）……抗告権者（前段の後見人解任について後見人，後見監督人および被後見人の親族，後段の後見人解任の申立て却下については申立人，後見監督人または被後見人の親族。または後見監督人の解任もしくはその申立て却下についても後見人に関する規定が準用されている）
⑧　氏の変更の許可またはその申立てを却下する審判（家事法231条2項）……抗告権者（前段は利害関係人，後段は申立人）
⑨　就籍の許可の申立てを却下する審判（家事法231条3項）……抗告権者（申立人）
⑩　戸籍訂正の許可またはその申立てを却下する審判（家事法226条3項）……抗告権者（前段は利害関係人，後段は申立人）
⑪　戸籍事件について市町村長の処分に対する不服申立ての認容，または右の不服申立てを却下する審判（家事法231条7項）……抗告権者（前段は当該市町村長，後段は申立人）
⑫　親権者の指定または変更に関する審判（家事法172条10項）……抗告権者（前段は父もしくは母，後段は親権を行う者）
⑬　推定相続人の廃除の審判（家事法188条5項1号）……抗告権者（推定相続人）
⑭　推定相続人の廃除，または廃除取消の申立てを却下する審判（家事法188条5項2号）……抗告権者（申立人）

　次に，即時抗告を許さない審判は告知によって直ちにその効力を生ずる（家事法74条）。ただし，いつでも前述のとおりその取消し，変更ができるから形式的確定力の問題を生じない。

【6】　審判の内容上の効力　(1)　形成力　審判は，別表第1事件，別表第2事件ともに形成的内容の審判が多く，審判の告知または確定の時にその内容に従って，その対象とする法律関係につき一定の法律関係を当然に形成することになる。たとえば，親権者変更の審判が確定した場合は，審判で親権者と定められた者が当然に親権者たる身分を取得する。したがって，形成力を有する審判に基づく戸籍の届出は報告的届出である。また，審判の形成力はその性質上一般の第三者にも及ぶ。すなわち，何人も審判による形成の効果を承認しなければならない。

　(2)　執行力　婚姻費用の分担，離婚の際の財産分与，遺産分割などのように審判によって金銭の支払，物の引渡し，登記義務の履行，その他の給付を命ずる場合は，この審判には執行力のある債務名義（図2）と同一の効力が認められている（家事法75条）。執行力の問題は戸籍事務に直接の関係はない。

　(3)　既判力　判決によって確定された事項が後の訴訟の問題となった場合において，その判決をした裁判所または他の裁判所は従前なされた当該判決に拘束され，これに反する

履行確保の制度などの特殊の配慮がなされ，広汎な裁量的判断がなされる。
 囲1 当事者主義と職権調査主義＝原則として前者が当事者の申立てに基づいて証拠調べをする。つまり当事者に訴訟資料と証拠資料の蒐集をまかせるのに対し，後者は裁判所が当事者の主張をまたずにあるいはこれに拘束されずに積極的に職権で証拠調べをなして事実を探知し裁判をするものである。

【4】 **審判の取消し・変更** (1) **取消し・変更の許される場合** 非訟事件手続にあっては，いったん裁判があってもそれが当初から適当でなかった場合や，客観的事情の変更によってその裁判を維持することが不適当となった場合に，裁判所が自己のなした裁判をみずから取消し・変更することが許されている（非訟59条）。これは非訟事件の裁判が国家の監督，指導的作用として行政的性格を有することに由来する。このことは，家事審判についてもその性質が非訟的性格を有することから認められている（家事法78条）。すなわち，家庭裁判所は審判をした後，その審判を不当と認めれば，職権でその取消し・変更をすることができる。

 (2) **取消し・変更の許されない場合** (1)で説明した取消し・変更は不服申立てが認められない審判について当てはまるが，即時抗告によって不服を申し立て得る審判は，裁判所がみずからその審判の取消し・変更をすることはできない（家事法78条1項1号）。また，申立てによってのみ審判をする場合に申立てを却下した審判は，申立てがなければこれを取消し・変更ができない（家事法78条1項2号）。

【5】 **審判の効力発生時期** 審判に対する通常の不服申立ては，家事審判法に特別の定めがある場合にだけ許され，それも即時抗告のみである（家事法85条）。これは，即時抗告には審判告知の日から2週間という抗告期間の定めがあるが（家事法85条），もし抗告期間の定めがない普通抗告を認めると抗告審で最終の実体的裁判（実体的確定力を生ずる裁判）のない限り，人の身分関係に影響のある審判がいつまでも不確定の状態にあっては適当でないことによる。即時抗告を許す審判は，その確定（審判告知後2週間の期間を徒過したとき，もしくは不服について終審の裁判があったとき，あるいは抗告権そのものを放棄したとき）によって効力を生じ，もはやその審判は取消しまたは変更し得ない状態に達する（これは形式的確定力と呼ばれる）。なお，戸籍事務に関係ある審判事件で即時抗告の許されているものは次のとおりである。

① 失踪の宣告またはその申立てを却下する審判（家事法148条5項）……抗告権者（前段は本人または利害関係人，後段は申立人）
② 失踪の宣告取消またはその申立てを却下する審判（家事法149条4項）……抗告権者（前段は利害関係人，後段は本人または利害関係人）
③ 死後離縁を許可する審判またはその申立てを却下する審判（家事法162条4項）……抗告権者（前段は利害関係人，後段は申立人）
④ 特別養子縁組を成立させる審判またはその申立てを却下する審判（家事法164条8項）……抗告権者（前段は養子となるべき者の父母または後見人，親権代行者，父母の後見人，後段は申立人）

子を代表する特別代理人の選任（民826条，家事法167条〜175条）
⑨　親権または管理権の喪失の宣告およびその取消し（民834条〜836条，戸79条，家事法167条〜175条），もしくは，前記審判前の保全処分（家事法116条，戸15条）
⑩　親権または管理権を辞し，または回復するについての許可（民837条，戸80条，家事法167条以下）
⑪　未成年後見人または未成年後見監督人の選任（民841条・849条，戸81条・82条・83条・85条，家事法176条以下）
⑫　未成年後見人または未成年後見監督人の辞任についての許可（民844条・852条，戸82条・83条・85条，家事法176条以下）
⑬　未成年後見人または未成年後見監督人の解任（民846条・852条，戸82条・83条・85条，家事法176条以下）
⑭　氏または名の変更の許可（戸107条・119条，家事法226条以下）
⑮　就籍の許可（戸110条・112条・119条，家事法226条以下）
⑯　戸籍訂正の許可（戸113条〜115条・119条，家事法226条以下）
⑰　戸籍事件について市町村長の処分に対する不服の申立て（戸118条・119条，家事法226条）
⑱　推定相続人の廃除およびその取消し（民892条〜894条，家事法39条別表第1の86・87項・188条，戸97条）

（2）　**別表第2の事件**　別表第1の事件が前述のとおり非争訟的性質（行政的裁判の性格）の事項であることから，対立する当事者は存在しないのに比し，別表第2の事件は争訟的性質を有するので，その審判は対立当事者の紛争解決の強制的手段である。したがって，別表第2の事件は調停にも適する。なお，別表第2の事件中，戸籍事務に関係あるものは次のとおりである。
①　養子の離縁後に親権者となるべき者の指定（民811条4項，家事法39条別表第2の7項・268条・167条）
②　親権者の指定または変更（民819条5項・6項，家事法39条別表第2の8項・268条・167条，戸79条）

【3】　審判手続　別表第1の事件，第2の事件に共通する点としては，家庭に関する事件を合目的に処理することであり，家庭的親族的な生活関係を将来に向かって適正妥当に調整することが主眼となっている。したがって，その手続は通常の民事訴訟に求められる厳格な形式性よりも，むしろ無方式性，簡易迅速性というような柔軟な弾力性を備えていること，たとえば，申立ては口頭でも認め，申立ての手数料を低廉にし，管轄も極めて融通性のあるものにするとか，また，通常の民事訴訟手続における，いわゆる当事者主義に対して職権調査主義を採用し（図1），専門の調査機関として調査官の制度を有して迅速化が図られている。そのほかの特色として，家庭内の問題は他人に知られたくない性質のものも含まれるから，国民が安じて家庭事件の解決を国家に委ねることができるように秘密性の保持を採用し（非公開の原則），あるいは参与員の制度や医務室の設備を有し，家庭裁判所で行われる事件の処理手続は，専門的知識の活用，事件関係人に対する環境の調整，

No.43
家事審判（対象・取消し・変更・即時抗告・効力発生）

【1】 **家事審判の用語** 広義においては，家事審判制度そのものを指すが，この場合には狭義の家事審判と家事調停を包含する。他方，狭義においては家事調停に対する意味で主として家事審判手続を指す。以下この狭義の意味での家事審判について述べ，この手続の結果の裁判の結論をも家事審判と呼ぶ。なお，裁判の結論に「審判」という語を用いるのは家庭裁判所がする裁判ないし処分に限られている。通常の他の裁判所における裁判の結論は判決，決定あるいは命令であって，たとえ家庭裁判所の審判に対し即時抗告がなされ，抗告審たる高等裁判所が審判事件についてする裁判は審判とは呼ばれないで「決定」である。

【2】 **家事審判の対象** 民法上の問題で家事審判の対象となるものは家事事件手続法39条別表第1及び別表第2に掲げられているが，このほかに任意後見契約に関する法律（4条・8条・9条・10条・12条），戸籍法（後述），児童福祉法（28条），生活保護法（30条），精神保健及び精神障害者福祉に関する法律（20条）など他の法律で，とくに家庭裁判所の権限に属させたものもある（家事法39条）。審判事件は，さらにこれをもっぱら審判手続のみでなされる別表第1の事件と審判，調停のいずれの手続によることもできる別表第2の事件とに類別される（家事法274条・244条・268条）。

(1) **別表第1の事件** 別表第1の事件は当事者の自由処分を許さない事項，すなわち当事者の合意で決することのできない事項であることから調停に適しないものである。したがって，国家が私人の生活関係を直接に管理する必要のある場合である。たとえば，相続の放棄または限定承認の申述を受理して公証するとか，不在者の財産管理，成年者に対する補助人・保佐人，未成年者・成年者に対する後見人などの選任のように，個人の力で自己の利益を管理することのできない状態にある者に対しこれを保護するとか，親権および管理権の喪失，未成年者を養子とするについての許可のように，未成年の子の利益が正当に守られているかどうか監督するとか，つまり国家が私生活に介入して家庭生活に対して後見作用を行う場合である。なお，別表第1中，戸籍事務に関係あるものは次のとおりである。

① 失踪の宣告およびその取消し（民30条・32条1項，戸94条，家事法148条・149条）
② 子の氏の変更についての許可（民791条，戸98条，家事規160条）
③ 後見人が被後見人（未成年被後見人および成年被後見人）を養子とするについての許可（民794条，家事法161条）
④ 未成年者を養子とするについての許可（民798条，家事法161条）
⑤ 養子の離縁後にその後見人となるべき者の選任（民811条5項，戸81条，家事法161条）
⑥ 縁組当事者の一方死亡後の離縁をするについての許可（民811条6項，戸72条，家事法162条）
⑦ 特別養子の縁組および離縁に関する処分（民817条の2・817条の10，家事法164条～166条，戸68条の2・73条）
⑧ 親権者とその子，または親権に服する子相互間の利益相反行為について，その一方の

方裁判所（遺留分減殺請求事件）はとくにその事件を調停に付することが適当でないと認める場合（たとえば、当事者の一方が行方不明、強度の精神障害などで調停の成立が期待できないとき）のほかは、事件を家庭裁判所の調停に付さなければならないものとしている。なお、人事訴訟事件が家庭裁判所に訴訟として係属している場合には、受訴裁判所（当該訴訟の係属している裁判所）は、その訴訟がいかなる段階でも、また、理由の有無にかかわらず事件を職権で家庭裁判所の調停に付することができる（家事法274条1項）。このように人事訴訟事件について調停前置主義を採ったことは、それらの事件が家庭内の紛争であることから、訴訟の方法により公開の法廷で家庭または親族間の不和もしくは醜聞をさらけ出し、かつ、時間と金銭の空費をして黒白を決するよりも、できる限り調停（すべて非公開）によって世間に公表されることなく、円満かつ自主的に解決することが望ましいにほかならない。この家庭裁判所で成立した調停には確定判決と同一の効力が与えられ（家事法268条1項）、もし調停が成立しない場合には、当事者がその旨の通知を受けた日から2週間以内に訴え（本裁判の請求）を提起したときは、調停申立の時に訴えの提起があったものとして取り扱われる（家事法272条3項）。

(2) **合意に相当する審判** 人事訴訟の対象となる婚姻または養子縁組の無効または取消しに関する事件、協議上の離婚もしくは離縁の無効もしくは取消し、認知または認知の無効もしくは取消し、民法773条に規定する父を定めること、嫡出子の否認または身分関係の存否確定に関する事件については、家事調停手続において当事者間で当該身分行為に無効原因等があることに争いがなく、かつ、双方とも申立ての趣旨どおりの審判を受けることに合意しているときは、合意に相当する審判をすることができる（家事法277条）。これらの事件は、いずれも人の身分に関する重要事項であって、かつ、当事者の任意処分を許さない性質のものであるから、当事者の合意のみを基礎として処理することはできないからである。調停手続において合意が成立しない場合および合意は成立したが裁判所の事実調査の結果と相違すると認められる場合には、調停不成立として事件を終了させることができる（家事法272条）。なお、合意に相当する審判に対し異議の申立てがあれば審判は効力を失うので、この場合に事件の解決をするには訴え（本裁判）である人事訴訟を提起するほかない（家事法272条3項・277条4項）〔→No.44「家事審判と異議の申立て」みよ〕。

(3) **調停に代わる審判** 人事訴訟の対象である離婚事件および離縁事件は、他の人事訴訟と異なって、家庭裁判所の調停手続で当事者間に合意が成立した場合に、これを調書に記載して調停を成立させることができる。しかし、離婚、離縁自体には問題はないが、これに付随した子の養育費や慰謝料の額などで意見の対立が解消できない場合等において、離婚または離縁まで不成立とすることが当事者の不利益となり、また、社会の正義観念にも反するというようなときは、一切の事情を考慮して、調停に代わる審判をすることができる（家事法284条）。この審判に対する異議申立および訴え（本裁判）の提起については前記(2)の場合と同様である（家事法279条・280条5項）〔→No.44「家事審判と異議の申立て」みよ〕。

【参考文献】 市川四郎「家事審判の本質」

で行われるなど，その審理は人事訴訟手続法に提起の特則のほかは，一般法たる民事訴訟法の規定が適用されることになる（明43(オ)54号，同年4・6大審院判決）。

【2】 **人事訴訟法の制定** 人事訴訟法（平成15年7月16日法律109号）は，平成16年4月1日から施行され，従前の人事訴訟手続法は廃止された。人事訴訟法は，人事訴訟事件の第1審の管轄を地方裁判所から家庭裁判所に移管することを主な目的として制定されたものであり，これにより，人事訴訟事件についても家庭裁判所調査官のノウハウを活用したり，家事調停や家事審判を扱う裁判所と同一の裁判所が当該事件を扱うこととなり，国民にとって利用し易いものとなった。また，同法制定に当たり，これまで人事訴訟手続法の解釈でまかなっていた訴訟類型や管轄権が明文化され，人事訴訟の手続がスムーズなものとなった。なお，人事訴訟の特質は，そのまま引き継がれている。

【3】 **人事訴訟の特徴** 人事訴訟の特徴として主なるものは，次のとおりである。

(1) **職権探知主義** 民事訴訟では，いわゆる弁論主義を採り，弁論に現われない事実は原則として判決の基礎とすることはできなく，また当事者間に争いのある事実を認定する証拠は，当事者の提出したものでなければならないが，これに反して人事訴訟では，いわゆる職権探知主義を採って，裁判所は当事者の主張，立証に拘束されることなく，職権をもって証拠調べを行い，かつ，当事者の提出しない事実を斟酌して判決することができる（人訴19条・20条・33条）。

(2) **当事者の特定** 民事訴訟では，当事者となる者が法律によって特定されている場合はまれであるが，これに反して人事訴訟では原則として法律によって訴訟当事者が特定されているから，それ以外の者は当事者となる適格を有しない（人訴各条）。

(3) **当事者に検察官** 検察官が公益の代表者として人事訴訟を提起し，あるいは被告として訴えられる場合がある（民744条，人訴12条3項・23・42条・43条）。

(4) **未成年者，成年被後見人等の訴訟能力** 民事訴訟では，未成年者，成年被後見人は原則として訴訟能力を有しないとされ（民訴31条），また，被保佐人または被補助人は，みずからが一定の訴訟行為をするには保佐人または補助人の同意を必要とする（民訴32条2項）が，これに反して人事訴訟は，未成年者，成年被後見人も意思能力を有する限り訴訟行為能力が認められ，被保佐人または被補助人の訴訟行為には保佐人または補助人の同意を必要としない（人訴13条）。

(5) **管轄** 人事訴訟の事物管轄（事件による権限の分掌）は家庭裁判所の専属であり，土地管轄は人訴法4条以下に定められている。

【4】 **人事訴訟と家事事件との関係** 昭和23年1月1日から家事審判制度が実施せられ，人事訴訟事件の取扱いについては，民事訴訟法において行われない特別の法則，すなわち調停前置主義の適用によって重要な関係を有するようになった。

(1) **調停前置主義** 人事訴訟の対象となる事件はすべて家事調停手続によって処理できる（家事法244条）ことから，家事法257条1項は人事訴訟事件に属する訴えを提起しようとする者は，まず家庭裁判所に調停の申立てをしなければならないものとし，もし，この調停の申立てをしないで訴えを提起した場合には，その訴えを受けた家庭裁判所又は地

認された。そして，家事審判法が「個人の尊厳と両性の本質的平等を基本として，家庭の平和と健全な親族共同生活の維持を図る」ことを目的として，昭和22年12月6日法律152号をもって公布された。これに合わせて，従来の通常の裁判所とは別に家庭事件専門の裁判所が設けられ（いわゆる裁判所くさくない裁判所というねらいで家庭裁判所を創設），同法は，昭和23年1月1日民法の改正とともに実施されるに至った。

　囲　人事調停法は，家庭事件を専属的に扱う特別の機関を設けなかったこと，調停前置主義を採らなかったこと，調停に代わる審判（家審24条）を認めなかったことなどが家事審判法と異なる。

【2】　**家事審判規則**　家庭裁判所における審判および調停に関する手続としては，まず家事審判法によることになるが，同法に定められていない手続については最高裁判所の定める規則に委せられている（家審8条）。この最高裁判所によって定められたものに「家事審判規則」があり，これは昭和22年12月29日最高裁判所規則15号をもって定められ，かつ，昭和23年1月1日から施行された。

【3】　**特別家事審判規則**　家事審判規則は，民法上，家庭裁判所の権限とされている事項についての手続規定であるが，他方，民法以外（たとえば，戸籍法，児童福祉法，生活保護法，精神保健及び精神障害者福祉に関する法律，破産法，任意後見契約に関する法律など）で家庭裁判所の権限とされているものがある。これらについての審判手続を規定したものが「特別家事審判規則」であり，これは，昭和22年12月29日最高裁判所規則16号をもって定められ，かつ，昭和23年1月1日から施行され，その後においても，漸次追加された。

【4】　**家事事件手続法**　平成23年法律52号により従来の家事審判法，同法規則，特別家事審判規則をとり込んだ家事事件手続法が成立し，平成25年1月1日から施行された。また，同時に平成24年最高裁規則8号で家事事件手続規則が制定されている。なお，家事審判規則や特別家事審判規則は同日廃止された。

No.42
人事訴訟と家庭裁判所
（調停前置主義）

【1】　**人事訴訟**　人事訴訟は，身分法（親族法）によって規律せられる生活関係において発生する争いを解決することを目的とする特別の民事訴訟である。その手続を定めるため人事訴訟手続法（明治31年6月21日法律13号）が，明治31年7月16日施行の民法とともに施行された。人事訴訟の対象である身分上の法律関係は，夫婦および親子の関係を基本とする人間の生活関係であるから，国家または社会の秩序に極めて重大な関係を有し，財産上の法律関係に比して，はなはだしく公益的性格が強くなっている。したがって，身分法上の生活関係についての争いを処理する訴訟においては，当事者の任意処分を許す私権（経済面）の争いを処理する通常の民事訴訟とは異なった手続を必要とするのは当然であって，人事訴訟手続法が民事訴訟法に対する特別法として存在する意義もここにある。もっとも，人事訴訟は民事訴訟の一種であるから，相対立する当事者の存在を必要とし，原告の訴え提起によってはじめて手続が開始せられる。そして，当事者に対する主張・立証の権利は保証せられ，判決の言渡しが公開の法廷

きるわけである。(2) 取下げについて，原告は訴訟能力，すなわち，自己の訴訟を追行する上に必要な能力（訴訟上の行為能力）を有することが必要である（民訴31条）。人事訴訟事件については特則（人訴13条）がある。また，代理人は訴えの取下げのための代理権を有することが必要である（民訴32条2項・55条2項2号）。(3) 訴えの取下げは原則として書面（取下書という）で行わなければならない（民訴261条3項）。これは，訴訟係属を初めにさかのぼって消滅させる重要な行為であるから，意思の明確を期する趣旨である。もっとも，口頭弁論または準備手続期日において口頭ですることができる（民訴261条3項但書，民訴規67条1項1号）。(4) 家事事件に関する家庭裁判所に対する審判，調停の申立についても，訴えに準じて原則として取下げが認められる。ただし，申立人が申立義務を負う事件や公益上の理由から検察官も申し立てることのできる事件については，取下げは許されないという見解もある。

【3】 **訴え取下げの効力** (1) 本来は訴訟係属の遡及的消滅，すなわち，訴訟は訴えの取下げが行われた部分については初めから係属しなかったものとみなされる（民訴262条1項）。したがって，すでに行われた裁判所，当事者，第三者のいっさいの訴訟行為は裁判を含めて，みなその効力を失い，訴訟は判決によらないで消滅，終了する。(2) 判決後でその判決確定前に取下げをした者は再び同一の訴えを起こすことができない（民訴262条2項）。(3) 訴えの取下げがあったものとして取り扱われる場合があるが，人事訴訟において，地方裁判所が調停前置主義（家事法257条）によって事件を家庭裁判所の調停に付した場合において，家庭裁判所でその調停が成立したとき，また調停における合意に相当する審判，もしくは調停に代わる審判が確定したときは，地方裁判所になされた訴えは取下げがあったものと同じく取り扱われる（家事法276条1項）〔→ No.42「人事訴訟と家庭裁判所」みよ〕。

No.41 家事事件手続法・家事事件手続法規則

【1】 **家事審判法** (1) **臨時法制審議会の答申** 大正8年に内閣に設置された臨時法制審議会が，旧民法親族相続編の改正を審議しているうち，民法の改正と併行して家庭内部の紛争の解決のために，訴訟の形式によらないで調停審判をする家事審判所というような特別の制度を設ける必要を，大正11年政府に答申したのがこの制度のはじまりのようである。その後，政府は「家事審判所ニ関スル法律調査委員会」を設けて昭和2年10月家事審判法案の起草を終えたが，民法の改正作業の方がおくれていたことに伴って，家事審判法の制定は一応棚上げの形になったようである。

(2) **人事調停法の制定** 昭和12年の日華事変後，出征遺家族間の恩給や扶助料をめぐる紛議の続出から，その迅速・円満な解決が急がれた。そこで政府は昭和14年に民法改正と家事審判法の制定とは一応切り離して，家事審判制度の構想のうち家事調停の部分に関する趣旨を一部取入れ（囲），とにかく人事調停法として制定施行することになったものである。

(3) **家事審判法の制定** 終戦後，新憲法の制定によって各種の法制改革のうち，民法とくに親族相続編は全面的に再検討されたが，その際，さきの家事審判制度の必要性が再確

(3) 形成の訴えは，請求が法律上一定の事由（形成原因）に基づいて裁判所の判決によって法律関係（法律上の地位）が新たに形成（発生，変更，消滅）されるべきことの主張である訴えである。これは創設の訴えまたは権利変更の訴えとも呼ばれている。形成の訴えと他の訴えとを比べてみると，確認の訴えおよび給付の訴えが訴訟以外の既存の法律関係を主張するものであるのに対し，形成の訴えは，これまで存在せず，また判決を得ないでは存在するに至らないところの法律効果を生ぜしめることを意図するものである点に明瞭な区別があると解されている。形成の訴えに属する身分関係については，婚姻取消の訴え（民743条），離婚の訴え（民770条），嫡出子の否認の訴え（民775条），縁組取消の訴え（民803条），離縁の訴え（民814条・815条），認知の訴え（民787条），認知取消の訴え（人訴2条2項）などがみられる。

囲2 既判力とは，権利関係の実質確定をみる効力で，判決の主文に表現された判断事項だけについて生じる（民訴114条1項）。

執行力とは，判決の内容である給付義務を強制執行によって実現できる効力をいう。

形成力とは，その宣言する法律状態の発生，変更，消滅を引き起こす効力をいう。

【3】 **訴え提起の方式**　訴えは訴状を作成して裁判所に提出してしなければならない（民訴133条1項）。訴状を裁判所に提出して訴えを提起する場合には，その訴状に一定の事項（当事者および法定代理人，請求の趣旨および原因）を記載し（民訴133条2項），訴額相当の収入印紙を貼用し，かつ，被告に訴状を送達するに要すべき郵券を予納しなければならない（民訴費用8条・13条）。また，訴状送達の用に供するためその副本を添えて提出しなければならない。訴訟代理人（当事者である本人の名において，これに代わって訴訟行為をし，または受ける者），または法定代理人（親権者，後見人，特別代理人）によって訴状を提出する場合は，各々その資格を証明する訴訟委任状・戸籍謄本などを添付することを要する（民訴規15条・55条）。もっとも訴状の提出は原告本人またはその代理人の意思に基づいてなされなければならないが，その使者または郵便による提出を妨げない。なお，人事に関する訴訟については，家庭裁判所への調停申立てを前提とする特別の定めがあることに注意を要する〔→No.42「人事訴訟と家庭裁判所」みよ〕。また，家庭裁判所に対する審判申立ておよび調停申立は訴えではないが，申立てをするには申立書に申立ての趣旨及び理由等を記載して提出しなければならない（家事法49条）。

No.40
訴えの取下げ

【1】 **意義**　訴えの取下げは，訴え提起ののち原告が訴え（請求の当否についての審判の申立）の全部または一部を撤回する訴訟法上の行為である（民訴261条1項）。取下げは，原告が訴えの不適法，請求の不当，立証の不十分を自覚するようになった場合や，その他の事由により請求を維持する必要がなくなった場合のほか，通常の民事訴訟では示談の結果，行われることが多いようである。

【2】 **訴え取下げの方式および要件**　(1) 取下げは訴えが適法なものであったかどうかは問題でなく，訴訟の係属中，すなわち，訴えに対する判決が確定するまでは行うことができる（民訴261条1項）。したがって，判決の言渡し後でも確定前ならよく，上訴審でもで

戸籍に関する法令と用語一般

られる特別の民事訴訟手続が，人事訴訟法である（平成15年法律第109号，最近改正平成24年法律63号）〔→№42「人事訴訟と家庭裁判所」みよ〕。

【参考文献】　兼子　一「民事訴訟法㈠」

№39 訴えの提起

【1】　**訴えの意義**　訴えは，ある者が原告（訴える者）となり，他の特定の者が被告（訴えられる者）となって，その間で一定の主張（請求）の法律的当否について，特定の裁判所に審判断を要求する訴訟行為である。いいかえると，原告は訴えにおいて被告との間で争いとなっている自己の権利主張（請求）を持ち出し，その当否について審判を求めるのであるが，訴え自体は，直接に被告に向けられた行為でなく，裁判所へ審判を要求する訴訟法上の行為（民事訴訟，行政訴訟，人事訴訟など）である。したがって，訴えの提起が時効の中断（囲1）などの私法上の効果を伴う（民147条，民訴147条）ことがあっても，それは私法（個人相互関係を規律する民法など）が訴えの提起を法律要件として認める附従的な効果にすぎなく，訴えが被告に対する意思表示であるからではないと解されている。また，訴えは訴訟法上裁判所に審理判決を要求する行為であるから，判決以外の裁判の要求，たとえば，支払督促の申立て（民訴384条），家事調停の申立て（家事法244条以下）などは訴え（訴訟法上の）ではない。なお，裁判所でない行政庁に対する救済の要求である審査請求，異議申立（行政不服審査法）なども訴えに属さない。

囲1　時効とは，一定の事実状態が永続した場合に，社会はそのような事実状態を正しい権利関係に基づくものと信頼して，それを基礎に種々の法律関係をきずきあげているので，これを今更くつがえすことは社会の法的安定性を阻害することになる。したがって，この状態が真実の権利関係に合致するものかどうかを問わずに，その事実状態をそのまま尊重し，これをもって権利関係を認めようとする制度であるが，その時効が完成するまでに一定の事実状態と相容れない事実の発生によって時効の進行が中絶されて，すでに経過した時効の期間の効力が消滅することを時効の中断という。

【2】　**訴えの種類**　訴えにおいて原告が審判を求める請求の性質内容に応じて，確認の訴え，給付の訴えおよび形成の訴えと区別せられ，これに伴って請求認容の判決の内容と効力（既判力，執行力，形成力（囲2））が定まる。

(1)　確認の訴えは，請求が特定の権利関係の存在または不存在の主張の訴えをいう。身分関係についても，親族法上の各種の存否確認の訴えがみられる。たとえば，親子関係存在または不存在，養親子関係存在または不存在，夫婦関係存在または不存在，兄弟姉妹関係存在または不存在などの各確認の訴えが，人事訴訟法によって審理される〔→№46「身分関係の確認の訴え」みよ〕。

(2)　給付の訴えは，請求が被告の原告に対する特定の給付義務の存在の主張である訴えをいう。身分関係については，認知の訴え（民787条）が昭和17年2月法律7号による民法および人事訴訟手続法の一部改正（被告たる父または母死亡後も3年内に限り検事を相手方として訴えが認められることになった）までは給付の訴えに属するというのが通説であったようであるが，今日においては形成の訴えと解されている。

「戸籍の編製基準」みよ〕。

【2】 戸籍法施行規則　昭和22年戸籍法125条の規定に基づき，届書その他戸籍事務の処理に関し必要な事項を法務大臣の命令「法務省令」という法形式で定めたものが「戸籍法施行規則」である。この規則は，昭和22年12月29日司法省令94号をもって公布され，昭和22年戸籍法と同時に昭和23年1月1日から施行されるに至った。戸籍法施行規則は，戸籍の実務担当者にとって，日常事務における指針である。戸籍法の改正に随伴する。

No.37 戸籍法の施行地域

【1】 日本国の領土　戸籍法は日本国の領土全部に施行される。かつては，日本国の領土であっても戸籍法の施行されない地域が存在した。それは平和条約発効前の朝鮮や台湾にみられた。これらの朝鮮や台湾は，日本国の領土となっても異法地域として内地とは別個の戸籍法規が施行されていた〔→ No.31「内地人・外地人」みよ〕。

【2】 日本国の領海内　日本国の領海内で出生や死亡が発生した場合には，出生者や死亡者が日本人であるか否かを問わず，日本国内における出生や死亡とみなされて戸籍法の適用がある。このことは，日本国の領海内にある外国船舶（外国軍艦を除く）において出生や死亡が発生した場合も同様である。

【3】 日本船舶内　日本船舶は，その種類，大小を問わず，また航海日誌を備えているか否かを問わず，戸籍法の適用に関しては日本国の領土の一部とみなされる。したがって，航海中の日本船舶内で出生や死亡があった場合には，出生者や死亡者の国籍のいかんを問わず日本国内におけると同様に戸籍法の適用がある（戸51条2項・55条・93条）。このことは，日本の船舶が公海にある場合だけでなく，外国の領海内にある場合も同様に解される〔→ No.115「本籍」みよ〕。

【参考文献】　平賀健太「戸籍実務読本」（渉外戸籍法）

No.38 民事訴訟法・人事訴訟法

【1】 民事訴訟法　民事訴訟制度は，私人間の紛争の解決，利害の調整を目的とするものである。したがって，私人は，生活関係において他人との間に紛争，利害の衝突が生じて困る場合には，国家の設ける民事訴訟制度を利用することができる。すなわち，私人は，国家の設営する裁判所へ訴えを提起して権利の保護を求めることができる。民事訴訟とは，国家機関としての裁判所が，民事事件について対立する利害関係人を関与させて，裁判または執行を行う法律的手続である。そして，裁判制度が国民一般の信頼を得るためには，裁判所の処理の適正・公平を期し，訴訟の円滑・迅速な処理のために個々の事件の当事者に不便があっても画一的な取扱いをすることが必要である。この目的のため，民事訴訟を処理する裁判所の組織権限，民事訴訟に関与する者の能力資格，裁判や執行の要件，方式，効果等を規定した法律が民事訴訟法（旧法＝明治23年法律29号，新法＝平成8年法律109号―平成10・1・1施行）である。

【2】 人事訴訟法　夫婦，親子関係のような身分法によって規律せられる生活関係において，発生する争いを解決すること（身分関係の確定，形成）を目的とする訴訟について認め

(2) **法3条** 戸主，家族その他家に関する規定の適用排除。すなわち，従来の民法が人は必ずいずれかの家に属し，家は，その統率者たる戸主と戸主の支配に服する家族とにより構成され，戸主は家族に対し居所指定権，婚姻および縁組の同意権，入籍および除籍の同意権，離籍権などを有したが，これらの権力は，個人の尊厳を強調する日本国憲法の下では許されないことは当然である。したがって，従来の民法中に随所に見える「戸主」，「家族」，「家ニ在ル」，「家ヲ去リタルトキ」，「家ヲ同ジクスル」などの用語を含む諸規定は効力を失うこととなったほか，継親子・嫡母庶子の関係，婿養子縁組，遺言養子などに関する規定も家を前提とするものとして，その適用を排除することとしたことなどである。

(3) **法4条** 成年者の婚姻，離婚，縁組，離縁に父母の同意を要しないこととしたこと。これは，婚姻が両性の合意のみに基づいて成立すべきことを規定した日本国憲法24条1項と，離婚等および家族に関するその他の事項に関し，個人の尊厳を強調する同条2項の規定に従ったものである。

(4) **法5条** 夫婦について，両性の本質的平等を徹底させるものとして，同居場所の定めは夫婦の協議によるとか，また，財産関係や貞操義務について夫婦の不平等を排除したことなどである。

(5) **法6条** 親権の行使については，父と母との間に優劣先後の区別をしないこととしたこと。また，父母が離婚した場合や父が子を認知した場合には，父母の協議または裁判所によって親権者を定めることとしたことなどである。

(6) **法7条** 家督相続の制度が戸主の地位の継承を本質としたものであることから，これを認めないこととし，また，財産相続が長子相続制として家督相続制度と結合していたので，個人の尊厳と平等とを本旨とし，相続については遺産相続に準ずる均分相続制度をとることとしたことである。

(7) **法8条** 相続人の中に兄弟姉妹を加え，また，配偶者の相続順位および相続分については特別の措置を講じたことである。

(8) **法9条** 配偶者に特殊な地位を与えたこと，および兄弟姉妹を相続人に加えたことに対応して遺留分に関する規定を補足したこと。すなわち，兄弟姉妹には被相続人との親等を考慮して遺留分を与えないで，直系卑属の場合だけ，または，配偶者と直系卑属が相続人であるときは，被相続人の財産の2分の1，配偶者と直系尊属が相続人であるときは，被相続人の財産の3分の1などと定めたことである。

No.36
戸籍法・戸籍法施行規則

【1】 **戸籍法** (1) **戸籍法の沿革** 〔→110頁の【1】「今日までの身分登録制度」みよ〕。

(2) **現行戸籍法** 旧戸籍法（大正3年法律26号）による戸籍は，国民各人の身分関係を公証することを目的としたものであったが，戸籍が家単位に編製され，家の登録たる性格をもっていたから，昭和22年5月3日の新憲法の施行と同時に家の制度の廃止に伴い，戸籍制度の変革がなされるに至った。そこで昭和22年12月22日法律224号をもって公布された新戸籍法は，民法の一部を改正する法律（昭和22年法律222号）とともに，昭和23年1月1日から施行されるに至った〔→186頁の【7】

【2】 民法施行法　「施行法」は，ある法律の施行に必要な経過規定その他の諸規定を内容とする法律である。本法の附則において規定するには，あまりに量が多いような場合に別個の法律として制定されるものである。民法施行法は，前述の民法典が施行されるにあたって，その施行前に生じた私法関係の事項について規定し，民法の施行との調和を図っている。このようなことから，「民法施行法」は明治31年6月21日法律11号で公布され，民法施行の日と同日（明治31・7・16）に施行となっている。

No.35　民法の応急措置法

【1】　民法の応急措置法とは，正確には「日本国憲法の施行に伴う民法の応急的措置に関する法律」（昭和22年4月19日法律74号）のことである。この法律（以下「法」という）は，昭和22年5月3日すなわち新憲法施行の日から施行されて昭和23年1月1日に効力を失う臨時法である（参照―本法附則）。この法律の出発点は日本国憲法であって，新憲法の14条1項に「すべて国民は，法の下に平等であって，人種，信条，性別，社会的身分又は門地により，政治的，経済的又は社会的関係において，差別されない」とあり，また24条において「①婚姻は，両性の合意のみに基いて成立し，夫婦が同等の権利を有することを基本として，相互の協力により，維持されなければならない。②配偶者の選択，財産権，相続，住居の選定，離婚並びに婚姻及び家族に関するその他の事項に関しては，法律は，個人の尊厳と両性の本質的平等に立脚して，制定されなければならない」と規定されたことから，民法（明治31年6月21日法律9号），とくに親族相続編に関する規定中には，これら憲法の条文と抵触する部分が多い結果となり，これらの規定の改正は必須のものとなったので，とりあえずこの法律が制定されたわけである。

【2】　前記の改正の事業については，昭和21年3月1日に「憲法改正草案要綱」が発表されたときから，民法の改正も予知されたので，政府は改正問題を司法省の司法法制審議会および内閣の臨時法制調査会に諮問し，昭和21年の秋に「民法の戸主及び家族に関する規定を削除し親族共同生活を現実に則して規律すること」など42項目にわたる改正要綱の答申を得て，これに基づき改正案の作業が進められた。しかし，何分にも大改正のことで，新憲法の施行に到底間に合わないという見切りから，政府は取りあえず，「日本国憲法の施行に伴い民法について個人の尊厳と両性の本質的平等に立脚する応急的措置を講ずることを目的とする」（法1条）として，頭書にかかげた臨時法を制定公布することとしたものである。この法律は，わずか10か条の小法律であるが，民法の重要改正点の目録みたいなものである。この法律が昭和22年12月末限りの暫定的なものとされたのは，民法改正が昭和22年中に成立することが約束されていたことによる。そして，予定どおり昭和23年1月1日から改正民法が施行されたが，原則として遡及適用されたため，この改正民法の主要部分は，応急措置法によりさかのぼって，新憲法と同時に適用されたことになる。

【3】　本法の内容は，おおむね次のようになっている。

(1)　法2条　女性の能力を制限する規定の撤廃。すなわち，(ｱ) 妻の無能力に関する規定を排除したこと（民14条～18条・120条2項など），(ｲ) 母の親権行使に関する制限を排除したこと（民886条・887条）などである。

月1日から施行された。これによって寄留法は廃止された。寄留法と住民登録法の対象者とが異なる点は次のとおりである。前者は、本籍外の居住者について、住所を有する者のほか居所を有する者も登録の対象とした。これに対し後者は、市町村の区域内に住所を有する者は、本籍の有無を問わずすべてを対象者とした。しかも居所のみを有する者は除外した（住1条・3条）。なお、本籍と住所との連けいについては、戸籍の附票制度に寄留手続令11条（出寄留用紙）の趣旨を踏襲して活用した（住11条・16条）。

【3】 **住民基本台帳法** 住民登録法における住民票は、住民に関する記録を正確かつ統一的に行い、住民の利便を増進し、あわせて国民および地方公共団体の行政の合理化に資するためのものであったが、これに、各種の制度的改善の基礎となるべき旨を明示したものが住民基本台帳法である。同法は、住民登録法の充実発展を期したものである。同法は昭和42年7月25日法律81号で公布され、同年11月10日から施行された。これにより住民登録法は廃止された。

【4】 **戸籍の附票** 戸籍の附票の制度は、住民登録法（11条以下），住民基本台帳法（16条以下・現行同じ）のいずれにも採用され、市町村の区域内に本籍を有する者について、その戸籍を単位として作成し、これに戸籍の表示，氏名，住所，住所を定めた年月日を記載する。戸籍と戸籍の附票の直結によって，戸籍により住民票の正確性が担保され（すなわち，住民基本台帳法9条2項，同法施行令12条の規定に基づき，市町村長は，戸籍に関する届書を受理したり，職権で戸籍の記載をしたとき等は，職権で住民票の記載をしたり，住民票の存在する市町村長に通知し，戸籍と住民票の記載が一致するようにされている。），一方，戸籍の附票の整備によって，本籍を有する者の住所を把握することが可能となる。このように戸籍の附票によって本籍者の住所の異動を知ることができるので，住所に関する証明として役立っている。この制度の沿革については，前述のとおり寄留法当時に考案されたものに由来する。もっとも，寄留法は，本籍居住者を対象としないで，本籍外の居住者（出寄留者）についてのみを対象として記載したが，戸籍の附票は，本籍のある者すべて（全部の戸籍）に本籍に住所があると否とを問わないで住所に関する事項を記載することとしている。

No.34 民法・民法施行法

【1】 **民法** 実質的意味あるいは広義における民法とは，民法典だけでなく，人類としての生活関係を規律する法を総称するといわれる。すなわち，私的生活関係は，国家を離れても私人相互間に対等の関係において親族生活または経済取引生活が行われるので，これらを規律する法が必要となる。たとえば，民法典のほかに商法，借地法，借家法，建物保護法，利息制限法，信託法，工場抵当法，企業担保法など多数がある。その他，民法の法源には慣習法上，判例法上もしくは条理にも法源となるものが存在するといわれる。

次に，形式的意味あるいは狭義における民法とは，民法典である明治29年4月27日法律89号で公布の「第一編　総則，第二編　物権，第三編　債権」と，明治31年6月21日法律9号で公布の「第四編　親族，第五編　相続」である。これらはいずれも明治31年7月16日から施行された。

全な外国人となった。この場合において，朝鮮人，台湾人というのは，これまで述べてきた内地人とは区別してきた朝鮮，または台湾に身分上所属していた者，つまり，朝鮮または台湾に本籍をもっていた者としたのである。いいかえれば，身分行為等によって籍の異動がなされた場合を除き，基本的に朝鮮人社会または台湾人社会の構成員であった者，つまり，その社会を構成する地域籍ないし民族籍を有していた者である（血縁的には必ずしも100％の朝鮮人，台湾人でない者も含むことはもちろんである）。籍の異動が原則として制限されていたことから，外地人たる朝鮮人または台湾人の地域籍（民族籍）の有無は，平和条約発効後の朝鮮人，台湾人の国籍を確定する合理的な根拠となったのである。このように，朝鮮人，台湾人の平和条約発効後の国籍確定の基準を地域籍を表現する本籍地主義ないし地域ごとの戸籍主義による解釈は，まず行政解釈（昭和27年法律126号2条6項，昭和28年法律57号附則3項，昭27・4・19民事甲438号通達，昭28・7・22民事甲1261号回答）において示され，その後，この解釈は裁判上においても確立されるに至っている（昭36・4・5最高裁大法廷判決，昭40・6・4最高裁第二小法廷判決，昭37・12・5最高裁大法廷判決）。さらに近年の判例（平10・3・12最高裁第一小法廷判決）にも同趣旨に基づく判断がみられる〔→No.194の【4】「対日平和条約発効時の取扱い」みよ〕。

No.33 寄留法・住民登録法・住民基本台帳法・戸籍の附票

【1】 **寄留法** 明治政府は，明治4年戸籍法（同年太政官布告170号）を制定し，住居の地において戸籍を編製し，臣民一般を把握して行政施策の基本とした。しかし，社会経済の発展に伴い，人の異動がはげしくなり，戸籍のみによっては人の居住の実態把握が困難となった。そこで，明治19年内務省令19号をもって他府県または他郡区に寄留したときは，10日以内に寄留地戸長に届出をさせ，かつ，その旨を本籍地に通報させる取扱いであった。このことを更に徹底するために大正3年法律27号をもって「寄留法」を制定公布し，同4年1月1日から施行した。寄留法は，同法1条に「90日以上本籍外ニ於テ一定ノ場所ニ住所又ハ居所ヲ有スル者ハ之ヲ寄留者トス　本籍ナキ者，本籍分明ナラサル者及日本ノ国籍ヲ有セサル者ニシテ90日以上一定ノ場所ニ居住スルモノ亦同シ」とし，対象者は届出または職権により寄留簿に記載した（同法1条2項）。寄留簿に記載される者は，90日以上，本籍外に住所または居所を有する者であるから，本籍に居住する者は対象から除外された（寄留手続令1条）。すなわち，戸籍は本籍居住者についての住所登録でもあったわけである。寄留簿は住所寄留簿と居所寄留簿の2種類であった（同令2条）。寄留者は，本籍外に住所または居所を有する者であるから，その者の戸籍には用紙（出寄留用紙）を添付し，これにその氏名，寄留の場所および年月日ならびに寄留の住所，居所の別を記載した（同令11条，寄留手続細則1条・4条）。

【2】 **住民登録法** 寄留簿の利用は，戦時中に兵事または学事に利用されたが，その他にはあまり利用されなかった。終戦後には一層寄留法の運用が十分でなく有名無実となった。そこで，政府は市町村住民の把握の必要から，寄留法の不備を是正するため，新たに「住民登録法」を制定した。同法は昭和26年6月8日法律218号で公布され，同27年7

族籍）の相互転属問題を，単に内地人相互間，あるいは同じ外地人相互間の籍（家族籍ないし家籍）の問題と一様な考え方で律するわけにはいかないのである。ここに日本国家社会の構成の変遷を図示すれば右の図のとおりである。

【3】 家籍（家族籍）と地域籍（民族籍）との関係　日本社会は有史以来，明治のはじめまでは，一つの国家社会としておおむね，言語，宗教，思想，風俗，習慣などを総じて文化を共通にする人間の共同体，すなわち一つの民族共同体として構成されていた。しかし，明治に

日本社会の構成（国家）

明治前	明治以後（地域籍）		平和条約発効
日本社会（国　家）＝国　籍	日本人社会（内地人の民族籍）＋樺太原住民社会 民族籍＋台湾人社会 民族籍＋朝鮮人社会 民族籍	外地人／外地人／外地人／日本国家	日本人社会（国家）／中国人社会（国家）／朝鮮人社会（国家）

入ってからは一つの民族共同体たる日本内地人社会に加えて，他の民族共同体である外地人社会を含むに至った。この二つ以上の民族共同体は，それぞれ国内的には地域集団としてそのまま血縁の集団社会すなわち，種族社会を構成し，その中にある個人は公法上その社会の社会籍（民族籍，地域籍）をも有するものとして，国内法上の地位を区別した。これを布衍すると，個人は家族の一員として家籍（家族籍）を有し，日本の国家に対する関係ではその一構成員であるとともに，その属する種族社会の一構成員ともなったのであり，日本社会の内部的な区分に応じ，内地人（内地在籍者），台湾人（台湾在籍者），朝鮮人（朝鮮在籍者），樺太原住民という身分上の区別を設けた（上の図参照）。各民族相互間の身分行為については，その民族の混淆というものが自然発生的であって，作為的に急激に行われるものではないこともあって，旧民法のとっていた家族制度に基礎をおいていた限りにおいては是認されていたが，各地域社会の籍の転属のみを目的とするものは自由ではなかった。もっとも国家的要請の強いもの，たとえば，兵役に服する者（忠誠心につながる），参政権などは特別の配慮がなされていた〔→ No.31「内地人・外地人」の【4】以下みよ〕。

【4】 外地人の地域籍（民族籍）と平和条約発効後の国籍　昭和27年4月28日平和条約の発効によって，朝鮮，台湾は日本国の領土から分離することになったが，外地人たる朝鮮人，台湾人の国籍については条約上具体的な取りきめがなかったことから，同条約の合理的解釈として，それまで同じく日本国籍を有しながら内地人と区別されていた朝鮮人，台湾人は，日本居住者を含めてすべて日本国籍を喪失したと解したのである。すなわち，かつて朝鮮人，台湾人は外地人として日本社会の構成員であったが，平和条約発効後は完

の家籍の者との身分行為があった場合であっても、一方の地域の家籍（民族籍ないし地域籍）の異動を禁止しているときは、他方の地域の家籍（民族籍ないし地域籍）を取得しないものとした。たとえば、内地人戸主は朝鮮人の認知によって内地籍を去ることができない（旧民744条の趣旨）のに朝鮮籍に入ることを認めることは、二重戸籍となる。これは戸籍の積極的衝突を防止するための一方的異動を禁止したもので地域籍の転属不自由の原則に矛盾するものではない〔→ No.32「家籍（家族籍）・地域籍（民族籍）・国籍の関係」みよ〕。

【参考文献】 実方正雄「共通法」

No.32 家籍（家族籍）・地域籍（民族籍）・国籍の関係

【1】 「籍」の意義　まず、一般に「籍」といった場合にはどのようなものを意識するであろうか。かつて昭和31年〜昭和32年当時、山主政幸教授による戸籍意識についての中流家庭346人から寄せられた調査回答の内容中には「籍（戸籍といってもよい）とはどういうものだと思いますか」という問に対し次のものが寄せられている。「籍とは日常生活の上に非常に大切だ、もし籍というものがなかったら、複雑な不安定な社会生活が生まれる」、「籍は結婚生活上重要なものだ」、「籍は血のつながりを示すもので扶養、相続問題について必要だ」、「籍というものがあってこそ、小さくは家族の一員、市町村の一員、ひいては国家の一員であることを示すことができる」、「籍に入れない限り日本国民として認められない」、「籍は国家の秩序であり、籍がなければ国家の秩序が乱れる」、「戸籍は国民の一員たることを明らかにし、国民としての権利義務の基礎をつくるものである」、その他にも同趣旨のものがいろいろと表現されている。

このように「籍」により、個人を中心とする人間同士の関係、つまり夫婦、親子関係を結びつけて家族構成の一員を示す家族籍を意識するとともに、社会生活の面から一つの民族（種族）の社会集団の単位（一地域の社会籍＝地域籍ないし民族籍）として考え、もしくは国家社会を構成する構成員（国民）の登録（国籍）として意識されているようである。

【参考文献】 山主政幸「家族法と戸籍意識」（民法学の諸問題）215頁

【2】 日本社会の構成　「籍」については、私法上の身分生活関係とともに公法上の身分生活関係も有している。すなわち、籍は、個人の家族の一員たることを明らかにする一方、対社会関係においては社会人としてその一構成員たる地位をも明らかにするものである。地域社会の態様は小は市町村をはじめ、国家社会、国際社会といろいろあるであろうが、日本の国家社会の構造は、ある時期には一民族の共同体をもって一国家を形成し、また時代の変遷によって二つ以上の民族の共同体で国家を形成していたこともある。そして、日本国家が内地人社会と外地人社会によって構成されていた当時（明治以後）は、それぞれの地域社会人の権利義務関係は区別されていた。その区別をする基準を当該地域社会の籍（地域籍ないし民族籍）に求め、これによって内地人、外地人の識別をしていた。このように地域社会の構成員が内地人であるか、外地人であるかによって権利義務関係を異にすること〔→ No.31「内地人・外地人」の【4】以下みよ〕を考えてくると、内地人と外地人とは同じく日本国家を形成している一員といっても、内地人と外地人間の籍（地域籍ないし民

めるとしても、単に一つの民族共同体に属する家籍の変動自体を直接の目的とする転籍、就籍、分家（分籍）、一家創立、廃絶家再興によっては、内地人が外地に、外地人が内地に本籍を移転することは認めなかったのである（大10・12・28民事4030号回答、大11・1・16民事4177号回答、同年5・16民事3236号回答、同年5・17民事1775号回答、大13・6・14民事8490号回答、大15・6・29民事5407号回答、昭4・2・6民事689号回答）。

　次に、婚姻、縁組などのような夫婦になるという行為または養親子になるという行為とともに、その行為の結果、家族たる身分の得喪が行われる場合でなく、もっぱら、単に家族たる身分の得喪が行われるということのみを目的とするような行為、すなわち、親族入籍、引取入籍はどのように理解すべきか。これについて朝鮮人が内地の家に親族入籍または引取入籍の要件（戸主の同意など旧民法737条・738条の要件）をそなえる場合においては共通法3条1項の適用があるものと解されている（大11・12・22民事3998号回答、昭4・4・5民事2204号回答、昭5・3・3民事194号回答、昭12・8・20民事甲1091号回答—昭12・8・6朝鮮総督府法務局長回答）。このように婚姻、縁組などによる家族法的効果を伴う場合のみならず、単に家族法的効果の発生自体を目的とする親族入籍などを容認するのは、わが旧民法の「家」の制度に基づくものである。そして、朝鮮人、台湾人が婚姻、縁組、親族入籍などの身分行為によって内地法上の家（戸籍）に入った場合には、その者は、内地人の身分を取得し、内地戸籍法の適用を受けるに至るので、その後は他の内地人と同じく戸籍法上、内地に分家（分籍）、転籍、一家創立ができることは当然である（昭7・12・14法曹会決議）。しかし、このように元朝鮮人（朝鮮籍に在った者）または元台湾人（台湾籍に在った者）であっても、いったん内地人の身分（内地籍）を取得した以上、ふたたび朝鮮または台湾に単に身分上の本拠地（本籍）を変更する分家、転籍、一家創立などは許されないわけである。他方、内地人が身分行為によって朝鮮人または台湾人の家籍に入った場合も、その者は朝鮮人または台湾人の身分を取得することになるので、その後は朝鮮法に基づき朝鮮に、台湾法に基づき台湾に、それぞれ分家、転籍をすることができることは当然である（昭3・3・16朝鮮総督府法務局長回答）。しかし、このような元内地人であっても朝鮮籍または台湾籍にある者は、再度内地に分家、転籍を許されないこともまた当然である。

　なお、地域籍の転属不自由の原則は、共通法3条の規定に矛盾するものではない。すなわち、同条1項は、身分変動の結果によってその者の本籍が転属する場合（家族法上の身分行為により一つの地域の家籍、ひいては民族籍ないし地域籍を取得したときに限って従前の地域の家籍、ひいてはその民族籍ないし地域籍を喪失する効果を付与するもの）であり、地域籍の転属不自由の原則は、家籍の本拠地（本籍）のみの異動を直接の目的としたもの（分家、転籍、就籍、一家創立）についての一般的建前（民族籍の自由な混淆を禁止）をいうものである（大10・12・28民事4030号回答3）。つまり、内地人、外地人の身分上所属する民族籍（地域籍）は、原則として単純に転属を容認しないというものであるが、わが旧民法下「家」の制度に立脚しての家族法的効果が発生する場合は、地域籍（民族籍）の異動をも考慮されたものである。また、共通法3条2項は、一つの地域の家籍の者と他方の地域

②　大正12年法律48号恩給法91条（内地人タル公務員其ノ職務ヲ以テ台湾・朝鮮・関東州……樺太又ハ南洋群島ニ一定ノ期間引続キ在勤シタルトキハ当分ノ内在勤期間ノ1月ニ付半日ヲ加算ス）。

囲22　大正14年法律47号衆議院議員選挙法5条（①帝国臣民タル男子ニシテ年齢25年以上ノ者ハ選挙権ヲ有ス，②帝国臣民タル男子ニシテ年齢30年以上ノ者ハ被選挙権ヲ有ス）。

囲23　清宮四郎「外地法序説」46頁，小林尋次「改正選挙法詳解（昭和10年）」17頁，古井喜実「選挙法規（昭和11年）」6頁，美濃部達吉「選挙法詳説」29頁

囲24　昭和20年4月1日法律34号衆議院議員選挙法（改正法）「14章　朝鮮及台湾ニ於ケル特例　51条　朝鮮及台湾ニ於テハ5条1項ノ規定ニ拘ラス帝国臣民タル年齢25年以上ノ男子ニシテ選挙人名簿調製ノ期日迄引キ続キ1年以上直接国税15円以上ヲ納ムル者ハ選挙権ヲ有ス」。昭和20年3月18日付朝日新聞。昭和20年3月31日付東洋経済新報。

囲25　清宮四郎「外地法序説」46頁

囲26　小林尋次「改正選挙法詳解」29頁（朝鮮人，台湾人，樺太土人の内地に住居を有する者は，講和条約が未だ締結せられない為に法律上は未だ確定的に日本人たる身分を失ったものではなく，随って理論上は内地に於いて尚選挙権を有する者のようであるが，此等の外地が日本の統治を離れて外国の領域となった以上は，それ等の者は外国人に準ずべきもの……）。

【5】　**内地人と外地人との間の身分行為と地域籍の変動（本籍転属不自由）**　内地人の籍についての根拠法は戸籍法であり，朝鮮人の籍は朝鮮の戸籍法規，台湾人の籍は台湾の戸籍法規によってそれぞれの地域籍（民族籍）を明示している。すなわち，内地人は内地に，外地人は外地に，それぞれ民族的地域社会に身分上専属するというのがわが国の統治政策上とった建前であった。これは内地と外地，または，A外地とB外地という地域社会相互間に家籍ないし身分籍の混同を許さないという原則からである。その結果として内地人が外地に本籍を有したり，外地人が内地に本籍を定めることも許されなかった。この地域籍の転属不自由（本籍転属不自由）の原則は，わが国が二つ以上の種族社会（民族共同体）で構成されている建前から一つの国家社会内でもさらに各民族共同体の識別が必要になってくることを認めたためである（これも各民族の同化が進むことによって識別の必要性がなくなったときには撤廃されるに至ったものであろう）。したがって，個人は一つの家族構成員であるとともに，また，一つの種族社会の構成員でもあるということを明示しなければならなかった。かかる必要性から，個人は一つの国家社会の中でも家族法に基づく身分行為によらない限り（この点は，旧国籍法が家族制度と密接なつながりを有し，外国人についてさえ身分行為による戸籍の得喪を認容していたことからみても内地人と外地人間の身分行為による地域籍の変動は容認できる），一つの種族社会から他の種族社会に自由に身分を移すことを許さないというものである。それはあたかも日本人が外国籍を，外国人が日本籍を自由に有することを認めないのと類似の考え方である。

このことをさらに布衍すると，内地人，朝鮮人，台湾人は，認知，婚姻，縁組，離縁などによる家族法的効果としての家籍の変動による場合は，例外として地域籍の異動まで認

方，朝鮮人も国民学校令施行地たる内地に来れば就学義務を負うものと解され区別はなかったようである（囲25）。

(2) 次に，終戦後についてみると，(ア) 参政権について昭和20年12月17日法律42号（改正衆議院議員選挙法）附則には「戸籍法ノ適用ヲ受ケサル者ノ選挙権及被選挙権ハ当分ノ内之ヲ停止ス（5項），前項ノ者ハ選挙人名簿ニ登録セラルルコトヲ得ス（6項）」と定めており，これらの外地に所属する者は，たとえ講和条約締結のないうちは日本国民たる資格を失わないで内地に居住していても選挙権を有することができないものとなったのである。また，朝鮮人，台湾人が戸籍法の適用を受けない者として選挙権および被選挙権を停止されたことは，昭和22年法律11号参議院議員選挙法附則9条，昭和22年法律67号地方自治法附則20条，昭和25年法律100号公職選挙法附則2項に同趣旨の規定がなされている。これらは，外地が日本の統治を離れて事実上外国の領域となった以上は，外地に所属する者は外国人に準ずべきものであるという考え方によるもののようである（囲26）。(イ)前記の外国人に準ずべき者ということを明らかにしたものとして，昭和22年5月2日（同日施行）勅令207号外国人登録令11条には「台湾人のうち外務大臣の定めるもの及び朝鮮人は，この勅令の適用については，当分の間これを外国人とみなす。（1項）」とした。このように法理上は，朝鮮人，台湾人が講和条約締結までは日本の国籍を有すると解せられるとしても，外地人として内地人とは異なった処遇がなされたのである。この場合の内地人，外地人の区別はもっぱら戸籍が内地にあるか，朝鮮，台湾にあるかに求められたのである。したがって，内地人，外地人の区別と戸籍法の適用の有無とは不可分に近い関係にあり，実際上多くの場合において内地人という標識は戸籍法の適用を受ける者であり，戸籍法の適用の有無は内地人，外地人の区別に重要な意義をもっていたことは疑問のないところである。

囲17　昭和2年法律47号兵役法1条（帝国臣民タル男子ハ本法ノ定ムル所ニ依リ兵役ニ服ス），9条（第二国民兵役ハ戸籍法ノ適用ヲ受クルモノニシテ常備兵役，後備兵役，補充兵役及第一国民兵役ニ在ラサル年齢17年ヨリ40年迄ノ者之ニ服ス），23条1項（戸籍法ノ適用ヲ受クル者ニシテ前年12月1日ヨリ其ノ年11月30日迄ノ間ニ於テ年齢20年ニ達スル者ハ本法中別段ノ規定アルモノヲ除クノ外徴兵検査ヲ受クルコトヲ要ス）。

囲18　昭和18年法律4号改正兵役法9条2項（第二国民兵役ハ戸籍法又ハ朝鮮民事令中戸籍ニ関スル規定ノ適用ヲ受クル者ニシテ……之ニ服ス），同23条1項（戸籍法又ハ朝鮮民事令中戸籍ニ関スル規定ノ適用ヲ受クル者ニシテ……徴兵検査ヲ受クルコトヲ要ス）。

囲19　昭和18年法律110号改正兵役法9条2項（第二国民兵役ハ常備兵役，補充兵役及第一国民兵役ニ在ラサル年齢17年ヨリ年齢45年ニ満ツル年ノ3月31日迄ノ者之ニ服ス），同23条1項（前年12月1日ヨリ其ノ年11月30日迄ノ間ニ於テ年齢20年ニ達スル者ハ本法中別段ノ規定アルモノヲ除クノ外徴兵検査ヲ受クルコトヲ要ス）。

囲20　昭和7年勅令373号（「樺太ニ施行スル法律ノ特例ニ関スル件」の改正），同年司法省令47号（樺太「アイヌ」人ノ定籍ニ関スル件）。

囲21　①　明治43年勅令137号朝鮮・台湾・満州・樺太及南洋群島在勤文官加俸令1条，

一方，朝鮮，台湾，樺太に所属する外地人は，いずれも日本国籍をもつに至った者である。いいかえれば，これらの者は国籍法に関係なく，日清講和条約（明治28年），日露講和条約（明治38年），韓国併合条約（明治43年）による領土の割譲または併合という国際法上の原因に基づいて日本国籍を付与された者，つまり，日本国民となった者なのである。しかし，これらの日本国民となった外地人は，同じく日本国民たる内地人とは法的地位を異にした（後述【5】参照）〔→No.29「外国人」みよ〕。

囲16　実方正雄「共通法」26頁・27頁

【4】　**内地人と外地人の処遇上の差異**　朝鮮人，台湾人，樺太原住民は，領土の変更に伴い日本国籍を取得したというものの，内地人とは異法人域をなし，その身分上の区別によって法上の取扱いが異なっていた。主なるものを終戦前と終戦後とに分けて掲げると次のとおりである。(1)　まず終戦前，(ア)　兵役義務は原則として内地人にのみ課せられた（囲17）。もっとも，その後，昭和18年（法律4号・110号）兵役法の改正によって朝鮮人（囲18），台湾人（囲19）にも兵役義務は課せられることとなった。なお，樺太アイヌ人（囲20）については昭和8年1月1日から内地戸籍法の適用を受けるようになったので，その後は内地人と同じく課せられた。(イ)　外地在勤加俸を受ける資格および恩給につき外地在勤加算を受ける資格について，とくに「内地人」にこれを認めていた（囲21）。(ウ)　参政権について，朝鮮，台湾の住民には貴族院議員および衆議院議員を出す途がなかった。これはその選挙法が両地域に施行されなかったためである（この点は内地人も内地に住居を有しなければ選挙権が与えられなかった）。もっともその後，衆議院議員選挙法の施行地たる内地に居住する朝鮮人，台湾人は帝国臣民として選挙権，被選挙権を獲得した（明治33年および大正14年（囲22）の衆議院議員選挙法には朝鮮人，台湾人を適用除外とすることなく，同法中の帝国臣民とは国籍法にいう国籍を有する者に限らない。つまり，内地人のほかに朝鮮人，台湾人，樺太原住民も含まれるものと解されていた）（囲23）。なお，選挙法施行後，長い間その施行区域外であった台湾，樺太，朝鮮についても戦争に際し，これらの外地の住民も内地人と同じく全力をあげて戦争に協力する体制からして政治上にも内地人と同一に待遇する必要が認められ，これらの地域に選挙法が施行されることになった（囲24）。

すなわち，政府は昭和19年朝鮮及台湾在住民政治処遇調査会（昭和19年12月26日勅令671号）を設けて，鮮台住民についての参政権問題を鮮台住民政治処遇の一つとしての研究の結果，両地住民より貴・衆両院議員を出す途を開くに決し，昭和20年3月25日86帝国議会では政府提出の貴族院令および衆議院議員選挙法改正案が通過した。その内容は貴族院議員は両地にて7年期限の勅選10名だけ，衆議院議員は15円以上の直接国税納付者の制限選挙（内地人には納税が要件となっていない）で不満足であったかも知れないが，朝鮮は道単位選出で計23人，台湾は州・庁単位で計5人，樺太3人というのである。ただ，この衆議院議員の選挙は，次の選挙すなわち昭和21年までは行われないということであって，そのまま終戦となり実施に至らなかった。(エ)　就学義務については，国民学校令がそのまま朝鮮には行われない結果，内地人も朝鮮に行けば就学義務はなくなる一

によっていたのである。関東州の支那人，南洋群島の島民については，とくに戸籍法規というものはなかったようである。したがって，本籍の所在する地域いかん，あるいは本籍の有無によって内地人，外地人の区別がなされ，これが公法上の身分生活関係を規律する標準としても採用されたのである（後述【5】参照）。つまり，内地人とは，内地に本籍を有する者であり，外地人とは，わが国の統治権下にあった外地に所属した者を指称したのである。

注7　大正10年朝鮮総督府令99号「朝鮮人ト内地人トノ婚姻ノ民籍手続ニ関スル件」

注8　大正11年勅令407号「台湾ニ施行スル法律ノ特例ニ関スル件―昭和7年勅令360号改正14条ノ2（内地人ト本島人トノ間ノ婚姻又ハ縁組ニ因リ……）」

注9　明治45年制令7号朝鮮民事令「10条（朝鮮人相互間ノ法律行為ニ付テハ……），11条（朝鮮人ノ親族及相続ニ関シテハ……）」，明治43年勅令396号「朝鮮人タル官吏ノ特別任用ニ関スル件」

注10　① 前掲大正11年勅令407号「5条（本島人ノミノ親族及相続ニ関スル事項ニ付テハ……），12条（5条ノ規定ハ本島人ノミニ……）」，② 昭和7年律令2号（本島人ノ戸籍ニ関スル件）。なお，本島人とは，日本が台湾（台湾本島，澎湖列島およびその他の附属島嶼から成る）を領有する前からの同島住民で漢民族，平埔族，および高砂族を指称している。

注11　昭和22年勅令207号外国人登録令10条（①台湾人のうち……）

注12　① 明治40年法律25号「樺太ニ施行スヘキ法令ニ関スル法律（土人ニ関スルコト）」，大正9年勅令124号1条（樺太ニ於ケル土人……），② 明治43年樺太庁令17号（大正10年樺太庁令35号）土人戸口規則（土人戸口届出規則）

注13　大正12年勅令26号南洋群島裁判事務取扱令「2条（島民ノ外ニ関係者ナキ民事ニ関スル事項ニ付テハ慣例ニ依ル……），3条ノ4（島民ニ対スル1年未満ノ懲役……）」

注14　明治41年勅令213号関東州裁判事務取扱令2条（支那人ノ外ニ関係者ナキ親族相続ニ関スル事項ニ付テハ当分ノ内慣習ニ依ル）

注15　実方正雄「共通法」31頁・32頁，清宮四郎「外地法序説」41頁

【3】　**外地人の国籍**　外地人の意義については前述のとおりであるが，関東州および南洋群島の外地については，日本国家の統治が当然かつ無制限に行われる地域ではなかった（関東州は租貸国の統治権が潜在的に残っていたし，また委任統治区域に対する統治は，日本が受任国として各種の制限があった，いわゆる準領土にすぎない）ので，これらの地域に所属する外地人には，純領土たる朝鮮，台湾，樺太に所属した外地人のように日本の国家構成の基盤をなす構成員という特別の資格，すなわち国籍は付与されなかったのである。いいかえれば，関東州の原住民と南洋群島の島民はわが統治下の外地人ではあったが，本来わが国の構成員たる国民ではないので日本国籍を有しない者，つまり法理上外国人（注16）である。したがって，これらの関東州原住民と南洋島民がわが国の国籍を取得するか否かは，一般の外国人と同様，もっぱらわが国内法たる国籍法によるのであって，同法に基づく国籍取得原因のない限り日本国民ではない。

等内地のある地域に，ある法律が，ある期間行われてない場合（囲4）と全く建前が異なる。すなわち，これらの地域はいずれも内地の一部であって，すべての法律は当然に行われるのが原則であるからである」と説明されている。

したがって，外地は内地の法律（内地法）が原則として施行されない地域である。この意味で外地に行われる法を外地法と称されているが，その外地法の適用範囲については，まず第一に，外地という地域において属地的に行われる法であることはもちろんであるが，第二に，外地に関連して行われる法をも含む意味において，外地人に属人的に行われる法，すなわち，外地にあると内地にあるとを問わず外地統治当局の組織および作用を規律する法，内地と外地または外地相互の関係を規律する法も含まれると解されている（囲5）。一方，外地法とは外地および外地人に通用する法であるとも言われている（囲6）。

囲1　国語学校規則4条　国語学校附属学校ハ内地人ノ学齢児並本島ノ幼年者及青年者ニ須要ナル教育ヲ施シテ本島ニ於ケル普通教育ノ模範ヲ示シ……。

囲2　共通法1条　本法ニ於テ地域ト称スルハ内地，朝鮮，台湾，関東州又ハ南洋群島ヲ謂フ……。

囲3　清宮四郎「外地法序説」10頁・14頁・29頁

囲4　①　大正14年法律第47号衆議院議員選挙法（明治33年の改正法）150条「本法ハ東京府小笠原島並北海道庁根室支庁管内占守郡，新知郡，得撫郡及色丹郡ニハ当分ノ内之ヲ施行セス」。②　大正10年勅令190号「町村制57条ノ規定ニ依リ島嶼ヲ指定スルコト左ノ如シ　東京府管下小笠原島及伊豆七島」　本令大正10年5月20日施行（大正7年勅令135号廃止）。

囲5・6　清宮四郎「外地法序説」30頁

【2】　**内地人と外地人の区別**　内地人，外地人の用語の意味については，前述の内地，外地という場合と同じく，その区別をする標識を，単に，常識的な血統，言語，出生地，居住地ないし服装などによることはかならずしも適当でないので，法的意味において理解する必要がある。ところで，内地人，外地人という法令上の用語としては，内地人について前述の明治29年台湾総督府令38号台湾総督府国語学校規則をはじめ，その後，諸々の法令（囲7・8）に用いられているが，外地人という語は法令上に直接には用いられていないようである。法令上にはそれぞれの外地に所属する身分を特定して各別に，朝鮮に身分上の本拠（本籍）のある者は「朝鮮人」（囲7・9），台湾に所属する者は「本島人」（囲8・10）または「台湾人」（囲11），樺太原住民は「土人」（囲12），南洋群島に所属する者は「島民」（囲13），関東州にあっては「支那人」（囲14）と称せられていた。

このように外地が一国の異法地域を形成することからして，その地域に所属する外地人は，日本国の統治権に服する者であっても，内地人とは異法人域（囲15）を形成しており，それぞれの地域に所属する身分上の本拠をもっていたのである。その標識としては本籍の所属いかんによっており，その根拠法規も内地人が戸籍法に基づいたのに対し，朝鮮人は民籍法ないし朝鮮民事令中戸籍関係法規，台湾人は戸口規則（明治38年12月台湾総督府令93号，昭和10年6月台湾総督府令32号），樺太原住民は樺太土人戸口規則（前記）

することは不適当であるということで，帝国憲法の定める通常の立法手続で定立される法が施行される法域とは別に，新領域に対して新たな法域を認め，その新領域の特殊事情によく適合するような法律を施行し得る体制が定められた。つまり本土とは別に異法地域を認めたのである。

　外地という法令上の用語としては外地電話通話規則（昭和9年逓信省令51号），所得税法人税内外地関渉法（昭和15年法律55号）がある。外地の語は内地に対するものであるが，その内地の語は古くから一般に用いられ，法令上の用語にも台湾を領有して間もない明治29年に台湾総督府国語学校規則（囲1）（台湾総督府令38号），韓国併合後において共通法（囲2）（大正7年法律39号）にみられるように多くの法令において用いられている。

　内地，外地の区別の基準については，明治23年11月29日現在の憲法施行の時を基準として，従前から日本の領土であった地域を内地，その後に日本の領土になった地域が外地であるという説（佐藤丑次郎，広浜嘉雄，黒田覚）があるが，これに対しては，特定の時点を基準とすると，その後の内地，外地の区別が永久不変のものになるので，たとえば，樺太が昭和18年4月1日から内地に編入されたことによって，内地と同一法制下におかれることになった（昭和18年3月27日法律85号）ことを十分説明できないという批判がある。以上の見解に対し，内地に行われる法と外地に行われる法とが原則として相異なり，内地と外地とが異法領域をなす点に主眼をおいて，内地，外地の区別をすることが説かれている（美濃部達吉，宮沢俊義，浅井清，実方正雄）。すなわち，宮沢博士は「領土が数個の法域に区別される場合に，通常の立法手続によって定立される法が原則として施行される法域は内地と呼ばれ，そのほかの法域は外地と呼ばれる」と定義づけられている（囲3）。

　このように，内地と外地との法的意味における区別は，異法領域関係として理解されている。この点は，昭和32年6月外務省条約局3課発行の「外地法令制度の概要」（外地法制誌第2部）において外地の意義を次のように明らかにしていることからも窺い知ることができる。すなわち，「一般通念で外地というと国の海外領域（over seas land），新版図（new territory），植民地（colony）等を意味するが，戦後の一部の間には戦時中日本軍が占領していた外国領域（the territory occupied by Japan）をも含めて言う場合もある。しかし，本稿で外地とは内地＝日本本土（Japan proper）に対して，法制上異なる地域，すなわち，日本の領域中憲法の定める通常の立法手続で定立される法が原則として施行されない地域，換言すれば異法地域（the territory governed by laws other than those of Japan proper）を指称するのである。これを更に具体的に説明すれば，戦前の日本領域中，本州，四国，九州及び北海道並びに行政区画上これらの島のいずれかに附属する島嶼をくるめて内地と言い，朝鮮，台湾，関東州租借地及び南洋委任統治地域並びに昭和18年4月1日内地に編入される前の樺太及びこれらの地域に附属する島嶼を外地と言うのである。しかして，右に述べた憲法上の法律が原則として行われないということは，ある条件に従ってのみ，施行されることはあるが，その施行が当然のことでないことを意味する。この点は，北海道（千島を含む），琉球諸島（沖縄県），東京都下の伊豆諸島又は小笠原諸島

（平和条約発効）までの間は占領下にあったので、外国人の出入国管理は連合軍総司令部の手に移っていた。昭和21年以来、朝鮮人の引揚げが低調（朝鮮の経済事情などによる）となって、かつ、朝鮮から不法入国が多くなったので、わが国として終戦後の秩序回復のためポツダム宣言の受諾に伴う発する命令（勅令）である昭和22年5月2日勅令207号「外国人登録令」を公布、同日施行し、登録は市町村で行うことになった（外国人登録の所管庁は内務省の解体に伴って昭和23年2月から法務庁民事局に移り、その後、出入国、退去強制などと一体となって外務省へ、そしてまた法務省へ変わった）。この外国人登録の目的は「外国人の入国に関する措置を適切に実施し、かつ外国人に対する諸般の取扱いの適正を期すること」にあって、その登録の対象者には一般外国人のほかに、平和条約の発効の時までは、法的には日本国籍を有する朝鮮人および台湾人を含めていた（同令11条）。その内容は、入国には連合国最高司令官の許可が必要であること、在留外国人に対する登録の実施すること、および不法入国者または登録手続に違反して司法処分を受けたものについて退去強制を行うことが骨子である。なお、出入国の管理については、昭和24年・26年にそれぞれ政令を制定公布し管理体制の整備がすすめられ平和条約をむかえた（所管庁は昭和25年10月1日から外務省出入国管理庁が発足し、出入国、外国人登録、退去強制などを一体的に運営することになり、その後、入国管理庁に改称、そして昭和27年8月1日から「法務省入国管理局」に改組された）。

　次に、昭和27年4月28日の平和条約発効に伴い同日法律126号をもって、従来のポツダム政令による出入国管理令を法律としての効力をもつ措置がとられ、かつ、同日法律125号をもって、従来の外国人登録令に代わって「外国人登録法」が公布、施行された。なお、政府は平和条約発効に伴い朝鮮人および台湾人は日本国籍を喪失し、外国人となる旨を明らかにした。したがって、平和条約発効後は外国人となった朝鮮人、台湾人が日本の戸籍に入るためには、日本国籍を取得することが前提であり、そのためには、一般の外国人と同様にもっぱら国籍法の定める帰化の手続を要することになった（昭27・4・19民事甲438号通達）〔→No.29「外国人」みよ〕。

【参考文献】　法務省入国管理局「出入国管理とその実態」

No.31
内地人・外地人

【1】　内地と外地の区別　日本の旧領域中には、朝鮮、台湾、樺太、関東州および南洋群島があったが、これら各地域は、明治28年4月17日下関で調印の日清講和条約によって台湾（澎湖列島を含む）を、明治38年9月5日ポーツマスで調印の日露講和条約によって南樺太を、同日露講和条約および明治38年12月北京で調印の日清間満州に関する条約によって関東州租借地を、明治43年8月22日京城で調印の韓国併合条約によって韓国を、また、大正9年12月17日ジュネーブで国際連盟理事会作成の「南洋群島に対する日本国の委任統治条項」によって南洋群島をわが統治下においたのである。しかし、この新領域には、日本本土と異なる数多くの特殊事情があったので、本土に行われた統治方式と同じ方式をもって統治に臨むことはできなかった。

　そこで、統治の一般方式である法律も本土に行われているものをそのまま新領域に施行

氏名，出生の年月日，男女の別，住所等の基本事項に加え，国民健康保険や国民年金等の被保険者に関する事項記載される。さらに，外国人住民特有の事項として，国籍等に加え，住民票作成対象者の区分に応じそれぞれ，①中長期在留者（在留カード交付対象者），②特別永住者，③一時庇護許可者又は借滞在許可者，④出生による経過滞在者又は国籍喪失による経過滞在者の旨が記載される。

【4】 外国人に関する戸籍の届出の際の本人確認等の証明資料

外国人の戸籍に関する届出等において本国法の適用や身分関係の確認などの場面において，旅券，在留カード，特別永住者証明，住民票などによる確認は，虚偽の届出の防止や受理要件の審査が適法に行われるなど，届出の真実性が担保される事になるので，戸籍事務の処理上重要な資料となる。

【5】 外国人在留管理の沿革

(1) 明治以後（終戦前），江戸時代の鎖国 220 年間にわが国が世界に開いた窓口は長崎一港だけで貿易の相手方はオランダと清国の二国，そして来航者の居住地はオランダ人は出島に，清国人は唐館十三軒部屋に限定されていたようである（朝鮮との貿易は対馬の宗家にだけ特許されていたようである）。幕末の開国条約で横浜，長崎，神戸，新潟，函館の港が開かれ，来航者の国内旅行は，外交官には自由でも，貿易商業活動者である一般外国人は，原則として開港場の十里四方以内の地域（ただし，横浜は東を六郷川まで，神戸は京都から十里以内に入らぬこと）と限定されていたようである。明治維新後もこの条約はひきつがれ，明治 7 年 7 月太政官布告では外国人が職務上または病気などで他の土地に旅行するには，そのつど外務省に申し出て通行免状をもらうことが定められていた。

明治 27 年 7 月になって日英新条約が結ばれて治外法権が撤廃されたのにつれて，各国とも明治 32 年 7 月には旅行，住居，通商，宗教の互恵主義から外国人が自由に日本人と雑居できることになった。そのため，わが国としては，二つの新しい外国人管理の方式を採用した。一つは，明治 32 年 7 月内務省令 32 号「宿泊届その他の件」によって，旅館主には外国人宿泊者の宿泊届を警察に出すこと（この宿泊届は日本人にも適用をみた），90 日以上同一市町村内に居住する外国人は居住届を警察に出すこと，住所の移転，姓名，国籍の変更なども警察に届けることを定め，警察署には登録簿を置いた。他の一つは，明治 32 年 7 月勅令 352 号「条約もしくは慣行により居住の自由を有せざる外国人の居住及び営業に関する件」でもって，居住の自由を有しない外国人にも今までの居留地や雑居地以外で居住，移転，営業その他の行為をできるようにしたが，労働者だけは，行政官庁の許可のない限りこれらの自由を与えなかったというものである（外国人低賃金労働者の流入阻止策から，原則として入国も禁止され，とくに中国人が対象となった）。

次に大正 7 年 1 月内務省令 1 号「外国人入国ニ関スル件」，さらに昭和 14 年 3 月内務省令 6 号「外国人ノ入国，滞在及ヒ退去ニ関スル件」を公布して，入国禁止，退去命令については，地方長官が行い，入国，在留の取締りについては，警察が行った。

(2) 終戦後，昭和 20 年 9 月 2 日（わが国の降伏文書調印の日）から昭和 27 年 4 月 28 日

が国に中長期間滞在する外国人で，次の①から⑥のいずれにも当てはまらない人が対象となる。①「3月」以下の在留期間が決定された人，②「短期滞在」の在留資格が決定された人，③「外交」又は「公用」の在留資格が決定された人，④これらの外国人に準じる者として法務省令で定める人，⑤特別永住者，⑥在留資格を有しない人。具体的に対象となる人は　・「技術」や「人文知識・国際業務」などの就労資格により企業等に勤める人　・「留学」などの学ぶ資格により，学校に通う人　・日本人と結婚して「日本人の配偶者等」の在留資格により生活している人　・「永住者」の在留資格を有している人等であり，対象とならない人は，・観光目的で日本に短期間滞在する人　・俳優や歌手など芸能活動目的で来日し，「興行」の在留資格で「3月」以下の在留期間が決定された人などである。

　(2)　在留カード　在留カードは，対象となる外国人に対し，上陸許可や在留資格の変更許可，在留期間の更新許可等の在留に係る許可に伴って交付される。在留カードには，写真が表示されるほか，次の事項が券面に記載される（入管法19条の4）。また，偽変造防止のためICチップが搭載され，券面記載事項の全部又は一部が記録される。①氏名，生年月日，性別及び国籍の属する国又は入管法2条5号ロに規定する地域，②住居地（本邦における主たる住居の所在地），③在留資格，在留期間及び在留期間の満了の日，④許可の種類及び年月日，⑤在留カードの番号，交付年月日，有効期間の満了の日，⑥就労制限の有無，⑦資格外活動許可を受けているときはその旨，などが記載される。

【2】　特別永住者　日本国との平和条約の発効により日本の国籍を離脱した者で戦前から引き続き日本に在留している者及びその子孫であって，我が国における定着性が高い特別永住者については，在留管理制度の対象とはせず，特別永住者の利便性の観点から，外国人登録法が廃止され外国人登録証明書も廃止されたことにかんがみ，これと同様な証明書として，法務大臣が特別永住者証明書を交付することとされている。特別永住者証明書には，①氏名，生年月日，性別及び国籍の属する国又は入管法2条5号ロに規定する地域，②住居地，③特別永住者証明書の番号，交付年月日及び有効期間の満了の日，が記載される。

【3】　外国人住民基本台帳制度　新たな外国人在留管理制度の導入により外国人登録制度が廃止されたことから，外国人住民についても日本人と同様に住民基本台帳法（以下「住基法」という。）の適用対象として，外国人住民の利便の増進と市町村等の行政の合理化がはかるため「住民基本台帳法の一部を改正する法律」（平成21年法律77号）が平成24年7月9日から施行され，外国人住民に関する特例の規定が新設された（住基法30条の45以下）。

　(1)　住民票を作成する対象者　基本的には，観光などの短期滞在者を除いた，適法に3か月を超えて在留する外国人であって住所を有する者について住民票が作成される。その対象者は，①中長期在留者（在留カード交付対象者），②特別永住者，③一時庇護許可者又は仮滞在許可者，④出生による経過滞在者又は国籍喪失による経過滞在者とされている。

　(2)　外国住民に係る住民票の記載事項　外国住民に係る住民票には，日本人と同様に，

囲9　明治8年交換条約附録4条「樺太（サカリヌ）島及クリル島ニ在ル土人ハ現ニ住スル地ニ永住シ且其ノ儘現領主ノ臣民タルノ権ナシ故ニ若シ其自己ノ政府ノ臣民タランコトヲ欲スレハ其居住ノ地ヲ去リ新領主ノ領スル土地ニ赴クヘシ又其儘在来ノ地ニ永住ヲ願ハハ其ノ籍ヲ改ムヘシ……3ケ年ノ猶予ヲ与ヘ置クヘシ……3ケ年ノ期限過キテ猶双方交換済ノ地ニ居住センコトヲ欲スル土人ハ総テ其新領主ノ臣民トナルヘシ」

囲10　前記「樺太土人戸口届出規則」1条には「本島ニ居住スル『アイヌ，ニクブン，オロッコ，キーリン，サンダー』等ノ土人ニシテ本籍ヲ有セサル者左記ノ場合ニ該当スルトキハ速ニ之ヲ届出ツヘシ　1出生　2死亡又ハ所在不明　3結婚，離婚，養子縁組又ハ離縁　4家長相続　5転居　6同居　7一家創立　8改氏名」

囲11　①　朝鮮には旧国籍法の施行が明定されなかったが，これをいかに解すべきか。平賀健太「国籍法」（132頁）は朝鮮人としての身分の得喪，ひいてはその結果としての日本国籍の得喪は慣習と条理によって決せられ，その慣習と条理の内容は旧国籍法に準じて処理すべきものと解されている。②　（先例）婚姻ニ因リ朝鮮ノ家ニ入リタル外国婦人カ離婚ノ場合ニ於テハ国籍法19条ノ規定ノ趣旨ニ準シ取扱フヘキモノト思考ス（昭8・12・7拓務省朝鮮部長照会・昭8・12・12朝鮮総督府法務局長回答）

囲12　平賀健太「国籍法」152頁。その他の文献＝実方正男「共通法」，六信哲二郎「渉外戸籍先例精義」，外務省「外地法制誌」

No.30 外国人の在留管理

平成21年7月15日「出入国管理及び難民認定法及び日本国との平和条約の基づき日本の国籍を離脱した者等の出入国管理に関する特例法の一部を改正する等の法律」（平成21年法律第79号）が公布され，この法律により「出入国管理及び難民認定法」（以下「入管法」という。）が改正され（平成24年7月9日施行），入管法別表に定める在留資格をもって本邦に中長期間在留する外国人を対象として，法務大臣が在留管理に必要な情報を継続的に把握するという新しい在留管理制度が導入された。この改正では昭和27年の制定以来，市区町村における外国人登録制度の根拠となってきた「外国人登録法」（昭和27年法律第125号）を廃止し，在留管理の機能を入管法に一元化したものである。これに伴って外国人住民に係る住民基本台帳制度が導入された。

【1】　新在留制度の概要　新しい在留管理制度においては，中長期在留者には在留カードが交付され（入管法19条の3以下），在留管理に必要な情報について法務大臣への届出義務が中長期在留者に課せられており，これにより法務大臣が，公正な在留管理を行ううえでの必要な情報がタイムリーに把握でき，情報の正確性が担保されることになる。また，従前よりも外国人の在留情報を正確にかつ継続的に把握できることから，そのメリットにより在留外国人の利便性の向上措置として，在留期間の上限をこれまでの3年から最長5年に伸張し，1年以内に再入国場合，原則として再入国の許可を不要とするみなし再入国許可制度が導入され，また，再入国許可の有効期限の上限がこれまでの3年から5年に伸張された。

　(1)　対象者　在留管理制度の対象と成るのは，入管法上の在留資格をもって，適法に我

婚姻（旧国18条・大正5年8月1日改正施行）
離婚（旧国19条），離縁（旧国19条），認知（旧国23条）
夫の国籍喪失による妻の国籍喪失（旧国21条）
父，母の国籍喪失による子の国籍喪失（旧国21条）

(エ) **昭和25年法律147号国籍法**（昭和25年7月1日施行）～現行法改正前（昭和60年1月1日一部改正前）

① 出生による国籍取得（父系優先主義）
　父（日本人）の国籍取得（国2条1号・2号）
　母（日本人）の国籍取得（国2条3号）
　生地（日本）の国籍取得（国2条4号）
② 帰化による国籍取得（昭和27年4月28日日本国との平和条約の発効によって日本国籍を失った台湾人・朝鮮人が日本人になるためには，帰化の手続を要することになった）
　普通帰化（国4条），簡易帰化（国5条・6条），大帰化（国7条）
③ 自己の志望による外国国籍取得により喪失（国8条）
④ 出生による国籍の不留保により喪失（国9条）
⑤ 国籍離脱届出により喪失（国10条）〔→ No.293「届出による国籍離脱」みよ〕

(オ) **昭和59年法律45号国籍法一部改正**〔→ No.284の【2】「国籍の得喪」みよ〕

(カ) **平成5年法律89号**（平成6年10月1日施行）**国籍喪失宣告の聴聞方法と手続の改正**（国16条2項・3項，国規7条）

(キ) **平成20年法律88号**（平成21年1月1日施行）**出生後に日本人に認知されている子の国籍取得**（国3条）

囲6　明治29年法律63号1条「台湾総督ハ其ノ管轄区域内ニ法律ノ効力ヲ有スル命令ヲ発スルコトヲ得」，5条「現行ノ法律又ハ将来発布スル法律ニシテ其ノ全部又ハ一部ヲ台湾ニ施行スルヲ要スルモノハ勅令ヲ以テ之ヲ定ム」。この法律は3年の時限立法であったが，再々延長され，なお，全面改正の形式をとった同趣旨の法律が第二次大戦後の日本の領土から分離するまで維持された。

囲7　内地・台湾の関係については，同一民法の施行区域であるため家族法的効果の承認に関する連絡規則は必要でないので，送受籍の手続だけが定められ，内地側としては「戸籍法（大正3年法律26号）42条ノ2規定ハ内地ノ家ヲ去リテ台湾ノ家ニ入リ又ハ台湾ノ家ヲ去リテ内地ノ家ニ入リタル者ノ戸籍ノ記載手続ニ付キ準用ス可モノトス」という民事局長通牒（昭8・2・14民事甲187号）が発せられている。しかし，内地に昭和23年1月1日から改正民法（昭和22年法律222号）が施行されたことから，内地と台湾はそれぞれ異法地域を生じ，共通法2条2項と3条（家族法的効果を生ずべきときに相互的に之を承認して戸籍制度の連絡を図る）の規定が適用されるに至ったものと解されている。

囲8　樺太南部とウルップ島以北の北千島は，日露両国民混住の地で徳川末期以来，両国の領土権の主張が紛議していたことから，政府は明治8年日本の所領樺太南部を露国に譲り，その代りに千島列島（クリル群島の18島）を日本が譲り受けた。

家の領土の範囲の変更に伴う国籍の変動（条約国籍法）のほか，国家間の人間交流が頻繁になるに従い，必然的に何人がその国家の構成員であるかという，国民の範囲を定める基準なり法則なりが制定されることから，この基準または法則による国籍の得喪が生ずることになる。その基準とか法則は必ずしも明文の法規である必要はなく，慣習とか条理として行われるものであっても実質上の国籍法（実質国籍法）であるといわれている。わが国の明治前における実質国籍法は古代において「帰化人」という史実がみられることからも，その存在がうかがわれる。以下に明治以後の成文法（明文法）である国籍法の沿革を述べよう。

　㈠　**明治6年3月14日103号太政官布告**（外国人民ト婚姻差許条規）　①　日本政府の許可によって日本人と外国人との婚姻を認め，②　同じく許可によって日本人女が外国人男を婿養子とすることを認め，そして日本人女が外国人の妻となった場合は，日本国籍を失い，もし離婚で日本国籍を回復するには政府の許可を要する。③　外国人女が日本人男の妻となった場合や外国人男が日本人女の婿養子となった場合は，いずれも日本国籍を取得する。なお，この布告当時の日本人について定義の規定はないが，これは慣習または条理によって定まっているものと解される。そして，この点はその後の改正国籍法規においても踏襲され，改正法が従前の国籍法施行当時に日本国籍を有していた者に関し何らの規定はないとしても，新国籍法施行当時に現存する者の日本国籍の有無は，旧国籍法の規定，日本国が締結した条約，さらにさかのぼっては，旧国籍法施行前の法令・慣習・条理などによって定まるものと解されている（囲12）。

　㈡　**明治6年103号布告改正法律**（明治31年法律21号・同年7月29日施行・昭和25年7月1日廃止）　別名「外国人ヲ養子又ハ入夫トナス法律」と称され，政府の許可により日本人が外国人を養子または入夫となすことを認めている。

　㈢　**明治32年法律66号国籍法**（明治32年4月1日施行・昭和25年7月1日廃止）
①　出生による国籍取得（父系優先主義）
　　父（日本人）の国籍取得……（旧国1条）
　　母（日本人）の国籍取得……（旧国3条）
　　生地（日本）の国籍取得……（旧国4条）
②　出生後の国籍取得
　　帰化（普通帰化～旧国5条5号・7条，簡易帰化～旧国9条・10条・14条，大帰化～旧国11条）
　　国籍回復（旧国25条・26条）
　　身分行為または身分関係による取得（婚姻～旧国5条1号・2号，認知～旧国5条3号，養子縁組～旧国5条4号，夫の国籍取得による妻の国籍取得～旧国13条・27条，父，母の国籍取得による未成年の子の国籍取得～旧国15条・27条）
③　意思行為による国籍喪失
　　自己の志望による外国国籍取得（旧国20条）
　　出生による国籍不留保（旧国20条の2第1項，大正13年12月1日改正施行）
　　国籍離脱（届出によるもの旧国20条の2第2項，許可によるもの旧国20条の3）
④　身分行為または身分関係による喪失

旧国籍法を準用していたことが認められる（囲11）。

次に朝鮮人の親族，相続に関する制度については，別段の規定のある場合を除いて慣習によることになっていた（明治45年制令7号朝鮮民事令11条1項）。たとえば，婚姻成立要件について当事者の一方が内地籍の場合であっても他方の朝鮮籍の者についての要件は，常に朝鮮の慣習によるのであって，この点，台湾の場合が台湾籍の者同士のときに限って慣習によることとされていたのと異なる。また，戸籍制度については，韓国時代から民籍法による民籍簿があり，これは大正12年7月1日施行の朝鮮戸籍令（大正11年朝鮮総督府令154号）による戸籍簿の制度に改廃されても，従前の「民籍」は戸籍令による「戸籍」としての効力を認められて維持された（同戸籍令122条）。

このように朝鮮においても戸籍の制度はあったが，内地と法制を異にしていることによって，朝鮮在籍者と内地在籍者との間に身分行為があった場合の戸籍の変動は，当然に一つの地域の効力が他の地域に及ぶということにはならなかった。たとえば，共通法施行前は内地人女戸主と朝鮮人男との入夫婚姻届を内地市町村長が受理し，朝鮮籍男が内地籍女の戸籍に入ったとしても当然に朝鮮籍から除かれるとは限らなかった。そこでこの間の連絡調整を図ったのが大正7年法律39号共通法3条（大正10年7月1日施行）の規定である。この共通法3条の規定によって身分行為の家族法的効果の連絡（入籍原因と除籍原因の相互的承認）を図り，さらに送籍，入籍，除籍などの実務諸手続を規定したのが，内地においては旧戸籍法42条ノ2，朝鮮においては朝鮮戸籍令32条である。これらの特別規定によって内鮮間に戸籍の変動が行われたのは，台湾の場合と同じく認知，婚姻，離婚，縁組，離縁などの身分行為のみであって，転籍，分家，廃絶家再興，一家創立，就籍などによる本籍の移転は認められなかった（大5・7・24民1127号回答，大7・5・11民613号回答，大11・5・16民事3236号回答）。

以上のように朝鮮在籍者は，韓国併合条約に基づき日本国籍を取得した後，異法制下に戸籍の変動が行われても，内地戸籍とは截然と区別されていた。昭和27年4月28日日本国との平和条約（対日平和条約）の発効によって，朝鮮の地域が日本国の領土から分離することとなったことに伴い，ここでも籍を基準とし，生来の朝鮮在籍者はもちろん，もと内地籍にあった者でも条約発効前に朝鮮籍に移っている者は，本条約発効の日から日本国籍を喪失し，かつ，朝鮮の国籍を取得するものとされた。また反対に，もと朝鮮籍に在った者が，条約発効前に内地在籍者と婚姻などにより条約発効当時，内地戸籍に登載されている場合は，条約発効後も日本の国籍を保有するものと解されている（昭27・4・19民事甲438号通達1，昭36・4・5最高裁大法廷判決，昭40・6・4最高裁第二小法廷判決）。なお，条約発効前に内鮮人間の身分行為に関する戸籍の届出が，本籍地外の内地市町村長または朝鮮の戸籍行政機関において，適法に受理され効力を生じているが，交通事情などのため届書の未着で，条約発効当時に戸籍に入籍または除籍の記載がなかった者でも，朝鮮籍に入るべき事由の生じていた者は，日本の国籍を喪失し朝鮮の国籍を取得するものであり，また，内地籍に入るべき事由の生じていた者は条約発効後も日本の国籍を保有するものと解されている（昭28・7・22民事甲1261号回答）。

(2) **国籍法上の規定に基づく日本国籍の取得と喪失**　国籍については，条約に基づく国

されたとしても特例が設けられた（大正9年勅令124号「樺太ニ施行スル法律ノ特例ニ関スル件」）。すなわち，樺太原住民のみに関する民事と刑事の事項は慣例によることとされ，その結果，樺太原住民には内地戸籍法の適用がなく，原住民一般の出生，死亡，婚姻などの実態把握は「樺太土人戸口規則」または「樺太土人戸口届出規則」（大正10年9月25日樺太庁令25号）によったのである。

その後，大正13年勅令88号をもって内地の国籍法（明治32年法律66号），戸籍法（大正3年法律26号），外国人ヲ養子又ハ入夫ト為スノ法律（明治31年法律21号），国籍喪失者ノ権利ニ関スル法律（明治32年法律94号）などが施行され，樺太の町村長において戸籍事務が取り扱われるようになった。なお，昭和7年勅令373号「樺太ニ施行スル法律ノ特例ニ関スル件」の一部改正によって昭和8年1月1日から「アイヌ」人（囲10）については本籍を有することが認められ，民事法が全面的に適用されることとなった。そこで本籍を有することになった樺太「アイヌ」人の定義に関して昭和7年司法省令47号（昭和8年1月1日施行）が発せられている。この本籍を有したアイヌ人は内地に本籍を移すことが認められ，樺太・内地相互間は転籍が自由となり，右アイヌ人は朝鮮人，台湾人に対する関係では内地人と同様になった。しかし，樺太アイヌ人以外の原住民（囲10）については日本国籍を取得しても本籍を有しなかったので，内地への本籍移転は認められていなかったようである（大15・3・22民事1963号回答）。

次に，昭和27年4月28日日本国との平和条約の発効に伴って樺太・千島列島（北方地域の我が国固有の領土は含まれていない）も日本国の領土から分離されることとなったのであるが，これらの地域に本籍を有する者は同条約の発効によって日本の国籍を喪失しないものと解されている。ただ，これらの者は，同条約発効後は同地域が日本国の領土外となる結果，本籍を有しない者となるので，戸籍法による就籍の手続をする必要があるものとして取り扱われている（昭27・4・19民事甲438号通達2）。ところが，アイヌ人以外の樺太原住民の取扱いについては，日露講和条約に基づいて日本国籍を取得していたのであり，平和条約に何らの国籍についての取りきめがないのであるから，他の内地人（アイヌ人を含む）と別異の扱いをせず就籍の手続によって内地に戸籍を編製することが認められている（昭31・2・28民事㋩発71号回答，昭31・3・13民事㋩発116号回答）。

(ウ)　**朝鮮在籍者（朝鮮人）**　明治43年8月29日韓国併合条約によって韓国の全領土が日本国に帰属し，このときに勅令318号「韓国ノ国号ヲ改メ朝鮮ト称スルノ件」が公布され，同日から韓国は朝鮮と改称されて韓国民も当然に日本国籍を付与された。ところで朝鮮は日本国に併合される以前，一つの独立国として特別の人情，風俗，文化を有し，内地と同一法制下におくことのできない事情にあったため，台湾領有の場合と同じく内地とは別の法制がとられた。すなわち，台湾の例（律令）にならって，朝鮮では法律を要する事項は，朝鮮総督の命令（制令）で規定し，内地の法律は，勅令をもってその全部または一部を施行することを定めたものに限り行われたにすぎない（明治43年勅令324号・明治44年法律30号）。したがって，朝鮮では内地の法律の行われるものは少なく，法律に該当する事項の大半は制令をもって規定された。ただ，旧国籍法（明治32年法律66号）が台湾，樺太に施行されたのに朝鮮にはその施行が明定されないままとなっているが，実務の処理では

から，暫定的に戸口調査簿の記載を戸籍とみなし，戸籍事務取扱者として戸口調査主務官署である郡守，警察署長，警察分署長または支庁長をもってあて，内台人間の身分行為についての台湾における届出の受理・送付および入籍・除籍などの手続をする戸籍事務管掌者とした（昭和7年勅令361号，昭和7年律令2号，昭和8年台湾総督府令8号）。なお，内地においては，旧戸籍法（大正3年法律26号）42条ノ2の規定の準用によって内台人間届書の処理および戸籍の記載手続がなされた（囲7）。

このように，内台間の連絡措置がとられても，台湾は内地または朝鮮とは別の法制による戸籍が存続していたので，これらの異法地域相互間においては認知，婚姻，離婚，縁組，離縁などの身分行為による場合を除いては，本籍を一つの地域から他の地域に移すことは認められなかった。すなわち，転籍，分家，廃絶家の再興，一家創立，就籍などで，他の地域に本籍を異動することは許されなかった（明42・2，昭4・3戸籍学会各回答）。そこで，もしこれに反する戸籍の処理がなされている場合は，違法なものとして戸籍訂正を要することになる。

以上のように，台湾在籍者は日本国籍を取得した後，異法制下に内台間の戸籍の変動が行われたので，内地戸籍とは截然と区別されていた。このようなことから，昭和27年4月28日日本国との平和条約（対日平和条約）の発効によって台湾の地域が日本国の領土から分離することとなった際に，籍を基準として，個人の国籍を決定するものとし，台湾在籍者は，朝鮮在籍者と同じく再度国籍の変動が生じたのである。すなわち，平和条約発効時の台湾在籍者は，同条約発効の日から内地に在住している者を含めてすべて日本の国籍を喪失し，中国の国籍を回復または取得するものと解して取り扱うべきものとされた（昭27・4・19民事甲438号通達，日華平和条約10条，昭37・12・5最高裁大法廷判決）。なお，平和条約発効前に内地籍から台湾籍に入った者，または入るべき事由の生じていた者は，台湾在籍者とみられ，反対に平和条約発効前に台湾籍から内地籍に入った者，または入るべき事由の生じていた者は，日本の国籍を保有するものと扱われた。したがって，台湾在籍者は昭和27年4月28日以後，日本国籍を有しないので外国人ということになる（昭27・4・19民事甲438号通達）。ただ，日本国籍喪失の時期について，最高裁（昭37・12・5）大法廷判決は日華条約の効力発生日（昭27・8・5）と解しており，行政先例と異なっている。

(イ) **樺太原住民**　明治8年樺太・千島交換条約（囲8）に基づき，樺太は露国領となるに伴い，日本国籍を有していた原住民で同条約発効後3か年経過してもそのまま樺太に居住していた者は，すべて日本国籍を喪失するに至った。他方，日本領となった千島列島に引き続き居住していた露国民であった者は，日本国民となったのである（囲9）。

次に，明治38年の日露講和条約によって，樺太南部地域は日本に割譲されることとなり，これに伴ってこれら地域の樺太原住民は，当然に日本国籍を取得（回復）したものと解されている。新領土となった樺太についての法制は，台湾，朝鮮と同じく特殊事情を考慮して，明治40年法律25号「樺太ニ施行スヘキ法令ニ関スル法律」をもって該地域に法律の全部または一部を施行する必要がある場合には，勅令をもって定めることとされた。したがって，内地の法律がすべて樺太に行われるようになったというのでなく，また施行

る条約1条「何人が自国民であるかを自国の法令によって決定することは，各国の権限に属する。……」，2条「個人がある国の国籍を有するかどうかに関するすべての問題は，その国の法令に従って決定する」

【2】 日本国民（日本人）の範囲 (1) 国際法上の原因に基づく日本国籍の取得と喪失
条約に基づく領土の範囲の変更（領土の割譲・復帰または一つの国の国家全体の他国への併合，国家の独立）に伴い，国籍の変動を生ずる（被割譲地または被併合国の国民は条約に別段の定めをしない限り当然に旧国籍を失って新国籍を取得する）が，日本の明治以後における国籍の得喪は次のとおりである（条約国籍法）〔→ No.32 の【2】「日本社会の構成」みよ〕。

(ア) **台湾在籍者（台湾人）** 台湾は，明治28年の日清講和条約に基づき，清国から日本国に割譲され，これに伴って台湾在籍者は日本国籍を付与された。しかし，これら地域の特殊事情（人種の相違・伝統・宗教・習俗・社会観・道徳観などの相違）から，統治政策上，日本内地の法令は当然には新領土に施行されなかった。そのために台湾在籍者は，日本国民となっても内地と区別され，公法上（兵役義務，選挙権，被選挙権など），または，私法上（身分行為など）において内地在籍者と異なった取扱いがなされていた。つまり，勅令により定められた場合に限り，内地の法令を外地たる台湾にも施行するものとした（明治29年法律63号「台湾ニ施行スヘキ法令ニ関スル法律」）（囲6）。そして，旧国籍法（明治32年法律66号）は明治32年勅令289号で，旧民法（明治31年法律9号）は大正11年勅令406号をもって漸次施行されたが，戸籍制度については，内地の戸籍法を施行せず，内地の戸籍簿と形式および実質を異にし，主として警察の取締りの目的を有する戸口規則による戸口調査簿によっていた（明治38年台湾総督府令93号）。また，内地在籍者と台湾在籍者間の身分行為に関しては，昭和8年3月1日から次の措置がとられた。

① 共通法（大正7年法律39号・同年7月1日施行，ただし3条は大正10年7月1日施行）については，台湾に内地法たる民法（旧民法）が大正12年1月1日から施行されることになったので，内台人間の身分行為について共通法2条2項および3条の適用の余地がないものと解され，内地戸籍から除籍禁止に関する共通法3条3項と同趣旨のもの（当時台湾には兵役法の施行がなく，内地人で兵役義務のある者は台湾の家に入ることができないとしたもの）が，台湾に施行の法律特例中に規定された（大正11年勅令407号・同12年1月1日施行「台湾ニ施行スル法律ノ特例ニ関スル件」に昭和7年勅令360号をもって11条ノ2を新設，昭和8年3月1日施行）（囲7）。

② 台湾人のみに関する身分行為は，台湾の慣習によることとされていた（大正11年勅令407号5条）。また，内地人が婚姻，縁組によって台湾の家に入った場合は，台湾人の身分を取得することになるが，離縁，離婚をするとなると台湾の慣習では内地方式のような届出を要しなかった（事実主義）。これでは元内地人は，民法上の離縁，離婚によって内地の家に復することが困難である（内地戸籍吏に届け出るほかない）ことから，台湾における戸口調査主務官署（郡守，警察署長，警察分署長または支庁長）に届け出ることによって効力を生ずるものとされた（前記勅令をもって14条ノ2を新設）。

③ 前記のとおり，大正12年1月1日から内地と台湾とは，民法に関しては同一法域となっても，台湾の戸口調査制度と内地の戸籍制度とはまったく別異のものであったこと

条1項，住基法39条，入管法2条2号）。したがって，日本の国籍と外国の国籍を併有する者いわゆる重国籍者（通則法38条1項）は日本人であって（匿1・2・3），外国の国籍のみを有する者，およびいずれの国の国籍をも有しない者いわゆる無国籍者（通則法38条2項，匿4）が外国人である。なお，ある者がいずれの国民であるかということは，本来それぞれの国が自国民として処遇するかどうかということに帰着するから，これはそれぞれの国の専権事項であるとされている（匿5）。したがって，ある者を外国人というためには先決問題として日本国民（自国民）の範囲を明らかにすることが必要であり，これによって外国人の範囲も必然的に定まることになる。

匿1　各国の国籍法規が統一されていないことから重国籍を生ずる一例アメリカ合衆国・カナダ・メキシコ・パナマ・アルゼンチン・ブラジル・ペルー・オーストラリア・インドなどで出生した日本人父母間の子は，出生地国の国籍を当然に取得し，かつ，日本の国籍をも取得するので二重国籍となる。ただし，この場合に戸籍法104条による国籍留保の届出をしなければ，出生のときにさかのぼって日本の国籍は失うことになる（国2条・12条）。

匿2　1930年の国籍法の抵触についてのある種の問題に関する条約3条には，「本条約の規定のもとに2個又は2個以上の国籍を有する者は，その国籍を有する各国によりその国民として認められるべし」とされている。ちなみに，日本と外国の国籍を併有する重国籍者は，国際私法上の問題処理に本国法を適用する場合は日本法による（通則法38条1項但書）。たとえば，日米二重国籍を有する男（大正8年生）と日本人女間の婚姻について，その届出が市町村長になされた場合には，日本人男女間の婚姻として戸籍の処理をすることになる（昭29・9・2民事甲1813号回答）。

匿3　外国人の定義について，特殊なものとして，昭和55年12月1日に廃止（昭和54年法律65号）された「外国人の財産取得に関する政令」（昭和24年政令51号，昭和34年法律129号）には，諸外国との間の健全な経済関係の回復を促進するとともに，国民経済の復興および自立を図り，あわせて国家資源を保全するため，外国人の投資および事業活動を調整することを目的として，同令2条で外国人の中に日本国籍を有しない者（1号）のほか，同項2号で「日本の国籍と日本以外の国籍を有する者，但し，この政令の施行地に住所を有する者を除く」と規定していた。

匿4　無国籍を生じた一例　米国人男と昭和26年7月1日婚姻届出した日本人女が同年9月1日に日本で子を出生し嫡出子出生の届出をした場合，アメリカ人たる父が子の出生前10年間（そのうち5年間は年齢16年に達した後において）合衆国またはその属領に居住していたものであれば，子はアメリカ合衆国の国籍を取得する（アメリカ国籍法201条G項参照）が，父が右の要件を具備していない場合は，子はアメリカ合衆国の国籍を取得せず，かつ，母方の日本国籍も取得しない（出生のとき父が日本国民でないから日本の国籍法改正前2条各号に該当しない）から，結局無国籍となる（昭26・10・22民事甲2042号回答）。もし，子の出生が昭和60年1月1日以後であるときは日本国籍を取得する（国2条1号）。

匿5　国際法上の一般原則と認められる1930年の国籍法の抵触についてある種の問題に関す

主義」とは，出生子の生来国籍の取得について，地縁関係に重点を置き，自国内で生まれた者を自国民とする主義である。人の国籍には，(1) 生来国籍（出生と同時に取得する国籍）と，(2) 後天国籍（出生後に帰化・婚姻等により取得する国籍）とがあるが，通常多くの人を支配する国籍は生来国籍であり，また，現存者はもとより，将来出生してくる子の国籍をどうするかということが最も大切な問題である。この出生子の生来国籍の取得に関する考え方の相違が，国籍立法の相違として現れる。

日本，中国，韓国などの国籍法は血統主義であり，これに対して，英米諸国の国籍法は生地主義である。日本国籍法の血統主義は，「父系優先」「母系補充」の血統主義であったが，昭和60年1月1日国籍法改正後は父母両系の血統主義となった（国2条1号）。すなわち，出生子の生来日本国籍は，改正前が第一次的には，父の国籍のいかんによるから，「父系優先」血統主義である。父がない場合か，父が無国籍の場合には，第二次的に母の国籍のいかんによるから「母系補充」血統主義であった。しかし，改正後は父または母のいずれかが日本国民であれば生来日本国籍を取得するという父母両系血統主義である。

国籍法は，国民たる要件を定める法であり，国民は国家の基本的要素であるので，各国が血統主義，生地主義と異なる国籍法を採用していることは，それ自体，それぞれの国情の反映であることは当然であるが，国籍法のあり方がまた，多くの面で国家社会に影響を及ぼしている。血統主義国では，出生子は親（父・母）の国籍を取得するものとされるために，そこでは，生来国籍決定のために親子法が問題となる。また，「父系優先」血統主義の場合，父子関係成立の前提として婚姻法（離婚法を含む）が問題となる。つまり，血統主義国では，国籍法と親族法とが密接不可分の関係にある。わが国の戸籍が日本国民の国籍登録と親族登録の性格を不離一体的に併有している理由もここにある。

英米諸国などの生地主義国では，出生子の国籍は「出生場所」のいかんによるために，親子関係を問題とする親族法と国籍法とは絶縁されて何の関係もない。「出生場所」というのは，単なる自然的事実であって，親族法的問題ではないからである。これらの国々では，国籍登録としての「出生地登録」は存在しても，親族登録は欠如することがあり，この親族登録の有無ということが，相続のあり方（法定相続，遺言相続）などに影響を及ぼし，さらには住民登録の有無につながり，このことは，各種行政手続のあり方に大きな変化をもたらすのである。

【参考文献】 田代有嗣「国籍法（国籍登録＝戸籍）の親族法・相続法に及ぼす影響について」（日本戸籍の特質）429頁以下

No.29
外 国 人

【1】 意義　外国人という用語は，内国人（自国民）に対する用語であって，異国人などと表現される場合もみられるが，その法令上の意味は国家を構成する人的要素である自国民に対する区別である。ところで外国人と内国人（日本人）の区別は何によってなされるべきか，もし，これを人種あるいは民族のいかんによって定めるとすれば，人間社会の発展につれて異民族との混合が避け得られない今日その区別は困難を極める。そこで内外人の区別は日本人（内国人）としての分限（身分ないし資格）を有するかどうか，すなわち日本の国籍を有するかどうかによって決めている。つまり外国人とは日本国籍を有しない自然人（日本国民でない者）のことをいう（国4

国籍者の日本国籍離脱は認められないのである。これは，もしこれを認めると，その者は無国籍者とならざるを得ないが，無国籍者の発生は好ましくないからである〔 → No.25「国籍の抵触」，No.293「届出による国籍離脱」みよ〕。

No.27 夫婦・親子の国籍同一主義と独立主義

「夫婦国籍同一主義」とは，夫婦は同一の国籍を有すべきものとする建前をいい，「親子国籍同一主義」とは，親子は同一の国籍を有すべきものとする建前をいう。

血統主義国においては，夫・婦（父・母）が別個の国籍を有すれば，当然の結果として，その間の子が親（父母双方）と同一の単一国籍を有することはできないことになる。すなわち，親子が同一の単一国籍を有するためには，父母（夫婦）双方が同一の国籍を有することが必要である。したがって，「夫婦国籍同一主義」と「親子国籍同一主義」とは，密接な関係がある。つまり，それは結合して，「夫婦・親子の国籍同一主義」となるのである。

旧国籍法は，この「夫婦・親子の国籍同一主義」を採っていた。すなわち，旧国籍法5条1号は，「外国人ハ左ノ場合ニ於テ日本ノ国籍ヲ取得ス。①　日本人ノ妻トナリタルトキ」と規定していたので，外国人女（妻）でも日本人男（夫）と婚姻してその妻となれば当然に日本国籍を取得した。つまり，夫婦同一国籍（日本）である。そして，その日本人夫婦間に生まれた子は，血統主義により，父の日本国籍を取得するから（旧国籍法1条），親子同一国籍（日本）である。

「夫婦・親子の国籍同一主義」は，夫婦，親子は同一国籍を有することが個人の幸福であり，また，国家の利益であるとする考え方に基づくものであろう。旧国籍法における「夫婦・親子の国籍同一主義」は，従前の日本における「家制度」の一つの現われといえる。

以上に対して，「夫婦・親子の国籍独立主義」は，夫婦・親子であっても必ず国籍を同一にしなければならないものとはせず，それぞれ別個独立の国籍を有したままでもさしつかえないとする考え方である。

戦後の現国籍法は，この「夫婦・親子の国籍独立主義」を採っている。すなわち，戦前のごとく，外国人女（妻）が日本人男（夫）と婚姻しても，その婚姻により当然に日本国籍を取得するとする規定はないので，この場合，夫婦はそれぞれ別個独立の国籍を有したままである。その日外人夫婦間の子が出生した場合，昭和60年1月1日国籍法改正前の出生子は，「父系優先」血統主義の日本国籍法により，父（日本人夫）の日本国籍を取得する。したがって，父と子は日本人で同一国籍であるが，母は外国人であるから，母と子は必ずしも同一国籍とはいえない。

このように「夫婦・親子の国籍独立主義」は，そのもとは，「夫婦国籍独立主義」から出発する。そして，この「夫婦国籍独立主義」は，やはり個人の国籍得喪の自由を尊重するものであろう〔 → 昭和60年1月1日改正国籍法 No.285「出生による国籍取得」みよ〕。

No.28 血統主義・生地主義

国籍立法の建前として，大別すれば，(1) 血統主義と，(2) 生地主義との二つの立場がある。「血統主義」とは，出生子の生来国籍の取得につき，その父母との血縁関係に重点を置き，自国民を父（母）として生まれた者を自国民とする主義である。これに対して，「生地

を判断するためには，親の国籍を知る必要があり，それにはどうしても親の戸籍（国民登録簿）を必要とする。このように出生子の生来国籍の決定にあたり，生地主義では，他の登録の存在を必要としないので，これを「自律的（自力的）」と呼び，血統主義では，他の登録の存在（援助）を必要とするので，これを「他律的（他力的）」とも呼ぶことができる。このように，日本のような血統主義国では，出生子の生来国籍の決定につき，これに先立つ（親の）戸籍の存在を必要とする点において，国籍と戸籍との密接不可分の関係があるのである〔→ No.86「国籍証明」みよ〕。

No.25 国籍の抵触

国籍の抵触には，(1) 積極的抵触と，(2) 消極的抵触とがある。国籍の「積極的抵触」とは，一人が二つ以上の複数の国籍を有する場合（重国籍）であり，「消極的抵触」とは，まったく国籍を有しない場合（無国籍）である。

国籍抵触の発生原因については，血統主義国籍法と生地主義国籍法との交錯によって生ずることが多い。たとえば，血統主義国（日本）の国民の子が生地主義国（アメリカ）で生まれると，その子は，血統により親の国籍（日本）を，生地により出生国の国籍（アメリカ）を取得するので，二重国籍となる。次に，生地主義国（アメリカ）の国民の子が血統主義国（日本）で生まれると，その子は，血統・生地のいずれによっても生来国籍を取得し得ないので，無国籍者となる。このような無国籍の発生を避けるため，生地主義国の国でも，自国への登録や居住を条件として，一部血統主義による国籍付与を認める等の立法がされている。

各人は，通常，単一の国籍を有するものであり，このような「国籍の抵触」は厄介な問題をはらむ可能性があるので，好ましくないとされる。すなわち，一人が複数の国籍を有する「積極的抵触」の場合には，その者は複数の国の管轄下にあるので，その管轄国の間に反目が生ずるときは，お互いに処遇に困る面がでてくるのである。また「消極的抵触」の無国籍者の場合には，自国民ではないから自国民として取り扱うことはできないし，さりとて，これを引き取るべき本国もない，いわば「宿なし」であるから，これまた各国はその処遇に困るのである。したがって，国際的にも，このような国籍の抵触が発生するのを防止しようとする条約がある。「国籍法の抵触についてのある種の問題に関する条約（1930年4月12日ヘーグで署名，1937年7月1日効力発生。日本は署名したが批准していない）」，「無国籍のある場合に関する議定書（1930年4月12日ヘーグで署名，1937年7月1日効力発生。日本は署名していない）」がそれである。

【参考文献】田代有嗣「国籍法逐条解説」（日本加除出版）180頁・617頁

No.26 国籍離脱の自由

「国籍離脱」とは，本人の意思に基づいて，その有する国籍を失わせることである。憲法22条2項は，「何人も，……国籍を離脱する自由を侵されない」と規定している。すなわち，何人も国籍離脱の自由を有するのであり，この国籍離脱の自由は，基本的人権の一つとされる。

ただ，国籍法13条1項は，日本国籍離脱について「外国の国籍を有する日本国民は，法務大臣に届け出ることによって，日本の国籍を離脱することができる。」と規定し，日外二重国籍者たる日本人に限って，日本国籍の離脱を認めている。いいかえれば，単一日本

生来国籍と，(2) 後天国籍とに分かれる。「生来国籍」とは，出生と同時に取得する国籍であり，「後天国籍」とは，出生後，帰化等により取得する国籍である。国籍は，「取得」とともに「喪失」ということがある。

【2】 国籍法施行規則　法律の規定を実施するための手続を定める省令・府令が施行規則である。国籍法施行規則（昭和25年法務府令69号）は，国籍法を実施するための手続を定めた法務省令であるが，その後一部が改正（最近改正平成20年法務省令73号）され，その内容はわずか7か条であって，1条は国籍取得の届出手続，2条は帰化しようとする場合の申請手続を定め，3条は日本国籍を離脱しようとする場合の届出手続，4条は法定代理人がする届出手続，5条は届出，申請に添付する外国文書には訳文を添付すべき旨，6条は国籍選択の催告手続，7条は聴聞手続について定めている。

No.24 国籍と戸籍との関係

戸籍は，日本国民の親族関係を登録（証明）するものである。日本国民でなければ登録されず（外国人は登録しない），また日本国民である以上，全部が登録される建前である。したがって，それは日本国民登録簿ともいえる。市町村役場では，戸籍登載にあたっては，まずその者が日本人であるかどうかを日本国籍法の規定に照らして判断し，日本人であるものについてのみ戸籍の登載をするのである。それゆえ，国籍法は実体法であり，戸籍法はその手続法であるともいえる。

戸籍には日本国民が登録されるから，逆に戸籍に登載されている者は日本国民であるということになる。ただ，虚偽の出生届などにより，日本人でない者について誤って戸籍が記載されることが生じ得る。もちろん，このように外国人が誤って戸籍に記載されたからといって日本国籍を取得するわけではない。日本国籍を有するかどうかは，ひとえに日本国籍法の規定による。しかしながら，戸籍の記載が真実に反しても長年月を経過して，それが虚偽であることの立証がつかなくなると，ついには戸籍の記載を事実とみなさざるを得ない場合が到来するであろう。したがって，虚偽の記載は未然に防止することが必要である。

日本のような血統主義国籍法のもとでは，国籍（法）と戸籍（国籍登録）とは，相互依存の関係を有する。まず戸籍記載にあたっては，国籍法の規定によるべきことは当然である。つまり，「戸籍」が「国籍」に依存するのである（この場合，国籍法が「本」（基礎）であり，戸籍は「末」である）。ところが国籍法は，血統主義であるから，出生子の生来国籍の決定にあたり，子の親が日本人であるかどうかをみなければならない。ところで，親が日本人かどうかは何で判定するかといえば戸籍記載に依存するほかはないのである。この場合，「国籍」は「戸籍」に依存する（この意味では，戸籍が「先」で，国籍が「後」である）。要するに，国籍・戸籍の関係は，実体的な「本末関係」からいえば国籍が「本（基礎）」であるが，手続的な「先後関係」からいえば戸籍が「先」立つ面がある。

生地主義国における「出生地登録（国籍登録）」では事情が異なる。たとえば，生地主義国アメリカでは，出生場所がアメリカ領土内であるということが自国民たる要件であるから，「出生場所」が登録される。ところで「出生場所」は，それ自体で決まることがらであり，他の登録の援助を必要としない。しかし，血統主義では上記のごとく，出生子の国籍

ついても、これと異なる慣習法の存在を容認している。他方、親族相続法は、「絶対強行規定」が多いから、慣習法の成立する余地は少ないというべきである。

なお、慣習法は「不文事項」において多く形成されるとすれば、慣習法そのものは「法の明文化」と密接なかかわりをもち、それは、絶えず一方において生成され、他方において消滅していくものといえよう。その消滅とは、(1) 慣習法内容自体の消滅のほか、(2) 慣習法内容が明文化された結果、慣習法の存在意義がなくなる場合がある。後者の場合、慣習法は、「不文法」から「明文法」へ転化するまでのものであるとすれば、過渡的性格を有するものといえる。そういった意味で、地域的慣習法は、その内容が一般的に明文化されることが通常できないから、慣習法としての性格をいつまでも永続させることになる。いずれにしても、慣習法は、時間的にも地域的にも過渡的性格の法であり、緊張した動的関係にある法といえよう。

No.22 条理

条理とは、物事の筋道ないし道理ということである。「裁判事務心得（明治8年6月8日太政官布告103号）」というのがある。太政官布告は、当時の法律であり、現在でも法律としての効力を認められるものもある。その中に3条として、「民事ノ裁判ニ成文ノ法律ナキモノハ習慣ニ依リ習慣ナキモノハ条理ヲ推考シテ裁判スヘシ」と規定されていた。条理は、法律（慣習法を含む）の欠けた部分を補うものであり、その意味で、法解釈の基準でもあり、法の内容でもある。条理は、これを経験則ということもできるであろうが、経験則というときは、事実認定の基準ということにもなるであろう。この「裁判事務心得」は、大日本帝国憲法76条に基づき、「憲法ニ矛盾セサル現行ノ法令」として「遵由ノ効力ヲ有ス」とされ、また、日本国憲法98条1項によっても効力を否定されておらず、現在も法律として効力を有すると考えられる。判例で、「……と解するのが相当である」と判示しているものにつき、法律にそのように書いてあるものと解釈することが多いと思われるが、法律の文言からはそのような解釈をしづらいときは、条理を用いたものと考えられる。

No.23 国籍法・国籍法施行規則

【1】 国籍法　特定の国家の所属員たる資格を国籍といい、この国籍を定める法律を国籍法という。ある者がA国籍を有する場合に、その者をA国民という。

それぞれ自国民の要件を定めることは各国の権限に属する。そして、各国はそれぞれの国籍法を有する。国籍法は、明文法であることもあれば不文法であることもある〔→ No. 29 の【2】の「条約国籍法」29頁の(1)、「実質国籍法」32頁の(2)みよ〕。

国民は国家の最も重要な要素であるから、国家が存在する以上、国民の要件を決定する国籍法を有するものといわなければならない。ただ、それが明文法でないときは、不文法というにとどまるのである。日本でも、明文法としての国籍法が制定されたのは、明治32年であり、旧国籍法（明治32年法律66号）がそれである。現行国籍法（昭和25年法律147号）は、昭和25年の制定であるが、その後一部が改正（昭和59年法律45号、平成5年法律89号、平成16年法律147号、平成20年法律88号）されている。

国籍法には、大別して、(1) 血統主義と、(2) 生地主義とがある〔→ No.28「血統主義・生地主義」みよ〕。日本国籍法は血統主義を採っている。国籍は、取得の時期により、(1)

に子が出生したときは，日本国籍法が適用され，その子は生来日本人となる（国2条1号・2号）。また，外国居住の日本人が婚姻するときは，その婚姻要件（実質要件）については日本民法が適用される。

さらに，戸籍法の属人的効力の効果としては，戸籍法に規定された身分関係の変動（出生，死亡，婚姻，離婚など）が日本国民について生じた場合には，当然にその事件について戸籍法の関係規定の適用がある。この場合は，事件本人である日本国民が事件発生当時日本国内に在るか，外国に在るかを問わない。また，その事件発生地が日本国内であると外国であるとを問わない。要するに，居住場所のいかんにかかわらず，その者の本国法の適用を認めるときは，これを「属人的効力」ということができる。上述したところを要約して図示すると，次のようになる〔→No.162「外国の方式による身分行為」みよ〕。

国籍＼居住地	自 国 居 住	外 国 居 住
自 国 民	〔属人的効力〕 （属地的効力）	〔属人的効力〕
外 国 人	（属地的効力）	───

No.21 慣習法　慣習法とは，社会生活における事実上の慣行によって成立した社会規範である。慣習には一国全体を通ずる慣習もあれば，国の一地方における慣習もある。他面，慣習法には，その前提として社会共通の認識を必要とする。共通の認識がない限り，慣習とはなり得ないからである。

慣習法については，法律の規定のない事項（不文事項）についてのみ成立するのか，明文規定がある事項（明文事項）についても成立するのか，という問題がある。慣習法は，「不文事項」つまり，明文法で規定されていない事項に関するものであるときに，大きな意味をもつことは否定できない。問題は，明文事項についても慣習法が成立し得るのかである。この点，明文（規定）事項にも，強行（規定）事項と任意（規定）事項とがあり，「任意（規定）事項」は，当事者の任意にまかされた事項（規定）であって，法律の規定とは異なる内容の合意をすることを認めるものであり，当事者間に特段の合意がない場合に法律の規定を適用するものであるから，これは実質的には「不文事項」に近く，これについては慣習法成立の余地がある。ちなみに，通則法3条は，「公の秩序又は善良の風俗に反しない慣習は，法令の規定により認められたもの又は法令に規定されていない事項に関するものに限り，法律と同一の効力を有する。」と規定し，また，民法92条は，「法令中の公の秩序に関しない規定と異なる慣習がある場合において，法律行為の当事者がその慣習による意思を有しているものと認められるときは，その慣習に従う。」と規定しているこれらの規定によれば，任意規定事項に関しては，慣習法が成立する余地があることになる。特に，商慣習に関しては，商法1条2項は，「商事に関し，この法律に定めがない事項については商慣習に従い，商慣習がないときは，民法の定めるところによる。」と規定しその効力を全面的に認めている。また，民法277条は，「第271条から前条までの規定と異なる慣習があるときは，その慣習に従う。」と規定しており，強行事項（物権法定主義）に

る。そこで(1)(a)と(3)(b)を除いた残りの事件は，すべて渉外戸籍事件となる。しかし，その中で，外国人のみに関する事件は，届書が受理され保管されるにとどまり，当該外国人について戸籍が作られるわけではない〔→ No.161「外国人に関する届出」みよ〕。

No.19 属地的効力

国の法律は，その国の領土（領海を含む）内で施行され，その国の国民に対して施行されることを建前とする。国の法律の規定が自国内に施行されることを，「属地的効力」といい，自国民に対して施行されることを「属人的効力」という。

国際間の交流がない鎖国時代においては，このような属地的効力とか属人的効力とかは問題となる余地がない。というのは，鎖国時代には，自国内に居住する者は，すべて自国民であって外国人は存在せず，また，自国民は，すべて自国内に居住していて外国に居住するということがないから，法が自国内に適用されるということは自国民（全部）に適用されることであり，法が自国民に対して適用されるということは，自国内に適用されることにほかならないからである。このような鎖国時代には，法の属地的効力と属人的効力とは，自明のこととして，両者は未分化の時代にあったといえるであろう。要するに，鎖国時代においては，国の法律は，自国内，かつ，自国民に適用されるのである。

国際交流の時代になると，外国人が自国内に居住することになり，同時にまた，自国民も外国に居住することになる。そこで，外国人であっても，自国内に居住する者については，これに対して自国法を適用する必要がある場合が生じ得る。そのような場合に，自国法を外国人に対して適用させることを当該法律の「属地的効力」という。たとえば，婚姻は，社会生活上これを公示するための形式要件（方式）が必要であり，渉外的婚姻の成立には，実質要件（婚姻意思など）と形式要件（方式）が必要とされる（通則法24条）。そして，この形式要件（方式）は原則として婚姻挙行地の法律によるべきものとされるが（通則法24条2項），日本における婚姻の方式（形式要件）は戸籍の届出である。そこで日本に居住する外国人の婚姻については，日本人の婚姻におけると同様，市町村役場への婚姻届出をすることによって，婚姻が法的に成立することになる。つまり，この場合に，戸籍法は，日本在住の当該外国人に適用されているのであり，これが戸籍法の「属地的効力」である。もともと戸籍法は，日本人を対象として制定されたものではあるが，このように，その属地的効力により外国人もその適用対象となり得るのである〔→ No.161「外国人に関する届出」みよ〕。また，わが国に在住する外国人が出生し，又は死亡した場合，わが国としては，行政目的のため，これらの事実を把握しておく必要がある。このため，戸籍法を当該外国人に対しても適用し，出生又は死亡の届書を市区町村長に提出するよう求めることも必要である。

No.20 属人的効力

自国民に対しては，その居住場所が国内であると外国であるとを問わず，自国法を適用することを「属人的効力」という。もともと国の法律は，自国内＝自国民に適用されることを建前とするものである。しかし，国際交流の時代に，自国民が外国に居住することが生ずると，事柄の性質に応じて，自国民である以上，その者が外国に居住する場合であっても，これに対して自国法を適用することが生ずる。これが「属人的効力」である。たとえば，外国居住の日本人夫婦の間

は問題であろう（参考—昭20・4・18民事甲577号通達）が，その後の戸籍実務においては，これを受理してさしつかえないとされている（昭56・11・13民二6602号通達）。もっとも，韓国人を夫とする協議離婚において母を親権者とする届出は，市町村長の形式的審査の権能からは改正前旧法例30条の適用排除を判断できないとして受理しておらず，この場合は，協議離婚後に親権者を父から母に変更する申立てを裁判所にして調停または審判によるほかなかった。しかし，1990年法律4199号（1991年1月1日施行）の韓国民法909条4項によれば，韓国人夫婦の協議離婚において親権者の指定を父母の協議によって定めることができることになったので，同法改正施行後は当事者双方が日本人である場合と同様に親権者を指定した協議離婚届を市町村長は受理できる〔→No.253「国際親子間の法律関係の準拠法（親権）」みよ〕。

No.18 渉外的戸籍事件

渉外的戸籍事件とは，外国人，外国法，外国に関する戸籍事件のことであり，要するに，外国の色彩を有する戸籍事件のことである。戸籍は，日本国民についての身分登録（親族登録）であって，戸籍法が初めて制定された明治初期のように内外交流がほとんどなかったような時代には，このような外国にかかわりを有する戸籍事件は，ほとんど存在しなかった。国際交流が盛んになってくると，おのずから渉外的戸籍事件が発生し，増加してくることになる。日本人と外国人との間の国際結婚を例にとって考えると婚姻の実質要件の準拠法は，当事者の本国法とされているので（通則法24条1項），その婚姻届出が市町村役場に対して提出された場合に，届出審査をなすべき市町村役場としては，外国人の本国法たる外国法を問題とせざるを得ないことになる。また，婚姻の方式（形式要件）は原則として挙行地法によるものとされており（同条2項），さらには，日本人と外国人が日本で婚姻しようとするときは，日本の市町村役場に対して婚姻届を提出しなければならないものとされている（同条3項但書）。もっとも，外国人同士が日本で婚姻をするときに当事者の一方の方式によったものも有効とされる（同条3項本文）。なお，日本人同士の婚姻であっても外国で婚姻するときは，当該外国の方式に従うことがあり得るので外国法が問題となる。このように，渉外的戸籍事件については，外国法の適用の要否が問題となる。

これらの渉外的戸籍事件を分類してみると，大体，次のようになるであろう。まず，すべての戸籍事件は，当事者（事件本人）と身分行為（事実）の発生場所との観点から次のように分類することができる。

(1) 日本人のみに関する事件　(a)　日本国内で発生したもの
　　　　　　　　　　　　　　(b)　外国で発生したもの
(2) 日本人・外国人間の事件　(a)　日本国内で発生したもの
　　　　　　　　　　　　　　(b)　外国で発生したもの
(3) 外国人のみに関する事件　(a)　日本国内で発生したもの
　　　　　　　　　　　　　　(b)　外国で発生したもの

次に，これらの中から(3)(b)の外国人のみに関する事件が外国で発生した場合には，戸籍事件の対象範囲となることがないから，これは除外され，残りが戸籍事件となるが，その中で，(1)(a)の日本人のみに関する事件が日本国内で発生したときは，純粋の国内事件であ

改正前の旧法例30条により外国法の適用を排除したものに下記の昭和52年3月31日最高裁判所第一小法廷判決（判例時報850号22頁，戸籍誌386号35頁）がある。（判例要旨）→　「わが国に居住する韓国人夫婦の離婚訴訟において，その夫婦間の未成年の子の親権者指定についての準拠法は父の本国法である大韓民国法によることになるべきところ（注・この場合の準拠法の指定には改正前の旧法例16条による説と改正前旧法例20条によるという両説があったが，法例改正前はそのいずれによっても父の本国法ということになるが，平成2年1月1日法例改正後は法例21条によることに行政解釈がなされている～平元・10・2民二3900号通達第2・(2)），同国民法（改正前）909条5項によると，親権者は法律上自動的に父に定まっており，母が親権者に指定される余地がないことになるが，本件の場合，扶養能力のない父を親権者と認め，現に扶養能力のある母から親権者の地位を奪うことは，親権者の指定が子の福祉を中心に考慮決定すべきものとするわが国の社会通念に反する結果，わが国の公の秩序または善良の風俗に反するものと解するのが相当であり，法例30条（改正後33条）により父の本国法である大韓民国民法を適用しないで，わが国民法819条2項を適用して母を親権者に指定することができる。」この判決は，改正前の法例30条により外国法の規定そのものがわが国の公序良俗に反するとしてその規定を排除するものではなく，その適用の具体的結果がわが国の公序良俗に反する故をもって，外国法の適用を排除するものであると解されている（戸籍誌386号36頁）。
　上記判決の趣旨は，その後，戸籍の実務にも影響し，下記のとおり昭和53年10月3日民二5408号法務省民事局長通達をもって先例の変更が示達されている。
　（先例の変更通達）→　「従来，韓国人夫婦又は韓国人夫と日本人妻を当事者とする離婚事件につき，離婚後の子の親権者の指定について法例30条により韓国民法の適用を排除し，わが国民法819条2項を適用して母を親権者に指定する裁判が確定した場合，これに基づく戸籍の届出があっても受理すべきでないとして取り扱ってきたが（昭28・10・15民事甲1895号回答，昭35・5・31民事甲1293号回答等），昭和52年3月31日最高裁判所第一小法廷判決の趣旨等に照らし，前記先例はこれを変更するのが相当と思料されるので，今後は，前記離婚後の子の親権者につき法例30条を適用し，母を親権者と指定し又は父から母に変更する裁判が確定した場合，これに基づく戸籍の届出があったときは，これを受理して差し支えないこととする。」
　上記の判決および通達の趣旨は，改正前の旧法例30条（現・通則法42条）により外国法の規定そのものの適用排除ではなく，具体的事案において外国法の適用の結果が，わが国の公序良俗に反すると認められる場合に同法を適用するというものである。この場合の戸籍の実務において，判決書または審判書に公序良俗に反する事実が認定され，かつ，改正前旧法例30条の適用の旨が表現されていれば問題なくそれに従うことができるが，裁判所は事実関係および法令（外国法を含む）の調査適用をして判断をするのであるから，これらが明示されていなくても，当然にそれらの検討がなされて結論が出されたものとして受理してさしつかえないものと考えられる。なお，前記取扱いは判決または審判による場合であるが，調停において親権者の指定または変更がなされた場合はいかがであろうか。調停の本質が当事者の自由意思による合意形成を斡旋するものであるという立場から

反致を認める以上，転致も認めざるをえないであろう。しかし，反致にあっては，(1) 自国法適用の便宜があること，(2) それが問題となる事例が転致より多いことなどから，転致を認めない法制もあり得る。日本の国際私法である通則法は反致は認めるが（通則法41条），転致は認めない建前を採っている。

【参考文献】　江川英文「国際私法」65頁

No.17　公序

「公序」とは，公の秩序のことである。善良の風俗を意味する「良俗」という言葉とあわせて「公序良俗」などともいう。この公序の問題は，今日ではこれを，(1) 国内公序と，(2) 国際公序，に分けて考えることができる。

法は，社会秩序を維持するための手段であるから，公序に反する行為を是認しないことは当然である。このことを，民法90条は，「公の秩序又は善良の風俗に反する事項を目的とする法律行為は無効とする」と規定している。たとえば，賭博契約，妾契約などは，公序良俗違反の行為である。不当に債務者に不利な代物弁済契約なども，公序違反として無効となる。また暴利行為も同様であるが，何が暴利であるかということの基準は必ずしも明らかでないので，金銭を目的とする消費貸借上の利息の契約については，出資の受入れ，預り金及び金利等の取締りに関する法律や利息制限法が具体的にその内容について規定している。

この公序の問題は，国際的行為に関する国際私法においては，若干の異なる面を有する。国際私法においては，外国法が準拠法となることが予想されるが，国によって公序良俗の観念が若干異なることがあり得るからである。たとえば，甲国において乙国法を準拠法とする場合，乙国では公序違反でないとされる乙国法を甲国において適用するにあたり，それが甲国においては甲国の公序に違反すると考えられる場合があり得るのである。このような場合には，甲国における当該乙国法の適用を排除すべきものであろう。このことを通則法42条は，「外国法によるべき場合において，その規定の適用が公の秩序又は善良の風俗に反するときは，これを適用しない」としている。

このように国際的行為にあって，外国法が準拠法とされる場合に，それが内国の公序に反するときは，その適用を排除することが必要であるが，他面，むやみと公序違反の名の下に外国法の適用を排除することは，国際礼譲にも反することになる。すなわち，国際私法における公序の問題は，一面において，内国公序に反する外国法の適用を排除する必要を生ぜしめるとともに，他面において，内国公序の名の下に，外国法の適用を安易に排除することは，これまた国際私法の精神にもとるので，慎まなければならないのである。したがって，近時の国際私法条約においては，「公序に違反することが明らかな場合に限り」という表現を用いて，その精神を現そうとすることが多い。

公序により，外国法の適用が排除された場合に，それでは，これに代えて何国法を適用すべきかという問題が生ずる。日本の通則法には，これに関する規定がないが，これについては，(1) 内国法とする説，(2) 条理によるとする説，(3) 当該外国法に近い説，などといろいろの考え方があり得る。

法」とは，属人法としての本国法（目的地の所在地法，行為地法その他が偶然当事者の本国法と一致した場合を含まない。）の適用される場合に限られ，反致の原則が適用されるのは，改正前の3条ないし5条および13条ないし26条の適用を受ける事項であると解されていた。また，ここに「当事者ノ本国法」とは「当事者の本国の実質法」を意味し，日本の国際私法により本国の実質法が指定される場合でも，「其国ノ法律ニ従ヒ」，すなわち「その国の国際私法」によって，逆に日本法が指定される場合には「日本ノ法律ニ依ル」として，「日本の実質法による」ことの意味であると解されている。つまり反致の原則が適用されるためには，(ア) わが国際私法上属人法としての本国法（実質法）を適用すべき場合であること，(イ) 本国の国際私法が直接に日本の法律（実質法＝民法）に送致することである。したがって，第三国への転致，また本国への二重反致は認めるべきではないと解されている（①・②・③）。

(2) 改正後 わが法例32条は，改正前の法例が前述のとおり，属人法としての本国法を適用する場合のすべてについて反致を適用していたが，改正法は準拠法の連結に段階的連結を採用した14条・15条1項・16条・21条について，反致を廃止することとした。段階的連結の場合には，当事者双方に共通する法を厳選していること，共通本国法の国の国際私法により，共通常居所地以外の連結点や夫の住所地を連結点として反致するのは相当ではないこと等の理由により，反致を認めないこととしたのである。

【参考文献】 ①江川英文「国際私法」66頁～74頁，②久保岩太郎「国際私法」82頁～86頁，③木棚照一「新しい国際私法」（日本加除出版）288頁，④南 敏文「法例の一部改正」（戸籍誌552号56頁～59頁），⑤澤木敬郎・南 敏文「新しい国際私法」（日本加除出版）36頁・265頁

(3) 通則法の規定 平成19年1月1日に法例に代わって施行された通則法においても，改正後の法例と同様の取扱いが踏襲された。

No.16
転 致（再致）

ある行為について，甲国は本国法主義，乙国は住所地法主義を採るとする。甲国（本国法主義）の裁判所において，自国居住の乙国人であるXの国際的行為についてその準拠法が問題となる場合，Xの本国法である乙国法へたどり，乙国の国際私法が住所地法主義であるところから，居住地である甲国法に戻るのが，「反致」である（甲国法→乙国法〔本国法〕→甲国法〔居住地法〕）。

もし，そのXが丙国居住の乙国人であって，これに関する行為が甲国（本国法主義）の裁判所で問題となる場合に，反致の考え方を類推すると，Xの本国法である乙国法へたどり，乙国の国際私法が住所地法主義であるところから，居住地である丙国法へ転じて，これを準拠法とすることになる（甲国法→乙国法〔本国法〕→丙国法〔居住地法〕）。これが「転致」（または「再致」）である。ただ，転致は，甲国において，丙国居住の乙国人につき，その準拠法が問題となる場合であるから，このような事例は，極めてまれであると考えられる。

このような「転致」を認めるべきかどうか。本国（乙国）の住所地法主義を貫徹すれば，

戸籍に関する法令と用語一般　　　16

- (9) 平成3年12月13日民二6124号（本土系中国人夫と韓国人妻の離婚）
- (10) 平成3年12月13日民二6125号（本土系中国人夫とアメリカ人妻の離婚）
- (11) 平成4年2月28日民二887号（ボリヴィア人夫とペルー人妻の離婚）
- (12) 平成4年7月17日民二4372号（ポルトガル人夫と連合王国人妻の離婚）

【参考文献】　①南　敏文「法例の一部改正」（戸籍法552号5頁・6頁）、②法務省「法例の一部改正」解説（戸籍誌555号54頁～58頁）、③戸籍誌605号60頁

No.15　反致

【1】　**反致条項の意義**　国際的（身分・財産）行為について、世界各国の準拠法を定める国際私法は統一されていない。各国の準拠法の定め方には、その連結点として当事者に最も密接なつながりのあるもの、すなわち、国籍、住所（常居所）、居所、行為地、物の所在地などが基準に採用されているが、国によって同一の身分的、財産的の法律関係の準拠法も同一であるとは限らない。たとえば、乙国に常居所を有する甲国人の行為能力の準拠法について、甲国の国際私法の規定によれば、その本国法である甲国法が適用され（本国法主義）、他方乙国の国際私法の規定によれば常居所地法（住所地法）である乙国法が適用される（住所地法主義・常居所地法主義）という具合である。このようにそれぞれ、自国の法律を準拠法として適用する結果、抵触が生じる場合（積極的抵触）は、国際私法の規定を統一する以外には、これを調和する方法がないものと考えられる。しかし、国際私法の規定が国によって共通でないとしても、次のように、それぞれ相手国の法律を準拠法として適用する結果、抵触が生じる場合（消極的抵触）は、本国法主義と常居所地法主義（住所地法主義）もしくは物の所在地法主義などとの調和をはかる趣旨で反致が考えられている。たとえば、ある行為について、甲国は本国法主義を採り、乙国は常居所地法主義ないし住所地法主義を採るとしている場合、甲国に常居所を有する乙国人Xが甲国で国際的行為をし、甲国の裁判所でその行為の準拠法が問題となったとする。この場合、甲国の国際私法（本国法主義）によれば、「乙国の本国法」たる乙国法（実質法）によることになるが、その乙国の国際私法は常居所地法主義ないし住所地法主義であるところから、逆にXの常居所（住所）たる居住地国の甲国法によるべきことになる。この場合において、甲国の裁判所で乙国の国際私法も考慮すれば、甲国においても、甲国法を準拠法として適用することができるようになり、両国の間で調和がとれるようになる。これが「反致」である。これは甲国法をスタートして乙国法に行き、ふたたび甲国法に戻ってくるから「反致」といわれる。この場合の最初の甲国法は国際私法であるが、最終の甲国法は自国法たる実質法である。そうでなければ、際限のないピンポンと化して適用すべき法律はついに決定しないことになる（二重反致の否定）（①・②）。この場合は、甲国は、自国の国際私法の規定のみでなく、乙国の国際私法の規定も考慮したものである。

【2】　**通則法施行前のわが法例の規定**　法例は、平成2年1月1日改正施行され、改正前29条は改正後の32条となり、かつ、改正後には、改正前のものに但書が追加された。

(1) 改正前　法例29条は、「当事者ノ本国法ニ依ルヘキ場合ニ於テ其国ノ法律ニ従ヒ日本ノ法律ニ依ルヘキトキハ日本ノ法律ニ依ル」と規定していた。ここに「当事者ノ本国

27条本文)。つまり，連結点を段階的に採用している。もっとも，夫婦の一方が日本に常居所を有する日本人であるときは，日本の法律(日本法)によることになる(同条但書)。したがって，日本人配偶者が日本に常居所を有する場合は，通則法27条但書により，日本に常居所があることが認定(住民票の写し添付)できれば，日本法(民法)によることになる。さらに，日本人配偶者が日本に常居所を有していない場合であっても，外国人配偶者が日本に常居所を有すると認定(在留カード，特別永住者証明書，住民票の写し等添付)できれば，①配偶者の一方が日本人であること，②外国人配偶者の常居所が日本に在ること，③当事者双方が日本法による協議離婚に合意しており，かつ，それが離婚当事者の一方の本国法が日本法であること等により，その夫婦に最も密接な地を日本と認め得ることから，実務上その夫婦の密接関連法は日本法となるものと解している(平元・10・2民二3900号通達第2・1(1)イ(ア)後段)。

なお，密接関連法の認定について，前記事例に該当しないが，当事者の提出した資料等から夫婦が外国に同一の常居所を有していないで，かつ，その夫婦に最も密接な関係がある地が日本であることが認められる場合は，管轄庁に指示を求めることとされていた(前掲通達第2・1(1)イ(イ))。その後の法務省の指示(平5・4・5民二2986号通知，解説付)が，次のとおりなされている(③)ほか，後記(囲)の事例も示されている。

1　婚姻が日本での届出により成立し，夫婦が日本において同居し，婚姻の成立から協議離婚の届出に至るまでの間，夫婦の双方が日本に居住していた場合は，夫婦に最も密接な関係がある地は日本であると認めることができる。

2　婚姻が外国で成立した場合であっても，夫婦が日本において同居し，以後協議離婚の届出に至るまでの間，夫婦の双方が日本に居住して婚姻生活の大部分を日本で送ったと認められるときは，夫婦に最も密接な関係がある地は日本であると認めることができる。

3　夫婦の一方又は双方が，協議離婚の届出の際に日本に居住していない場合，又は協議離婚の届出のために日本に入国したにすぎない場合は，夫婦に密接な関係がある地を日本とは認めない。ただし，これらの場合であっても，婚姻が日本での届出により成立しており，夫婦に最も密接な関係がある地が外国であると認められる事情(夫婦が外国で同居していたこと等)が全くないときは，夫婦に最も密接な関係がある地は日本であると認めて差し支えない。

囲　密接関連地の具体的事例(法務省民事局第二課長回答—戸籍誌605号61頁〜77頁)
 (1)　平成2年4月12日民二1240号(本土系中国人夫と台湾系中国人妻の離婚)
 (2)　平成2年4月23日民二151号(韓国人夫とフィリピン人妻の離婚)
 (3)　平成2年9月20日民二4178号(本土系中国人夫と台湾系中国人妻の離婚)
 (4)　平成2年9月20日民二4179号(連合王国人夫とアメリカ人妻の離婚)
 (5)　平成3年12月5日民二6047号(連合王国人夫と本土系中国人妻の離婚)
 (6)　平成3年12月5日民二6048号(本土系中国人夫と台湾系中国人妻の離婚)
 (7)　平成3年12月5日民二6049号(オーストラリア人夫とヴェトナム人妻の離婚)
 (8)　平成3年12月13日民二6123号(日本人夫と韓国人妻の離婚)

| | ニ　イからハまでに掲げる活動以外の活動 |

別表第二（第2条の2，第7条，第22条の3，第22条の4，第61条の2の2，第61条の2の8関係）

在留資格	本邦において有する身分又は地位
永　住　者	法務大臣が永住を認める者
日本人の配偶者等	日本人の配偶者若しくは民法（明治29年法律第89号）第817条の2の規定による特別養子又は日本人の子として出生した者
永住者の配偶者等	永住者の在留資格をもって在留する者若しくは特別永住者（以下「永住者等」と総称する。）の配偶者又は永住者等の子として本邦で出生しその後引き続き本邦に在留している者
定　住　者	法務大臣が特別な理由を考慮し一定の在留期間を指定して居住を認める者

【3】　常居所地法・同一常居所地法（共通常居所地法）　前述の常居所のある地域に適用される法律を常居所地法といい，当事者双方の常居所地法が同一の場合（双方が同一の法域内に常居所を有していれば，例えば，沖縄と北海道に別居していても，常居所地法は同一である。同居の必要はない。），その常居所地法を同一常居所地法（共通常居所地法）という。
【参考文献】　①南　敏文「法例の一部改正」（戸籍誌552号12頁・13頁・54頁・55頁），②法務省「法例の一部改正」解説（戸籍誌556号64頁〜95頁）

No.14
密接関連法

【1】　連結点としての密接関連法の採用と意義　平成2年1月1日施行の改正法例（14条）及び平成19年1月1日施行の通則法25条において，夫婦関係の準拠法を指定する補充的連結点として，新たに夫婦に最も密接な関係がある地の法律，いわゆる「密接関連法」を，段階的連結の第一順位「同一本国法（共通本国法）」，第二順位「同一常居所地法（共通常居所地法）」に次いで第三順位として採用された。つまり，夫婦に関する連結点としては同一本国法を原則とするが，その補充として第二，第三の「段階的連結」による準拠法の指定方法が採用された。これは，両性の本質的平等を考慮して，その一方の本国法を準拠法とはせず，夫婦双方に関連する法律を準拠法とすることを目的としたことから，夫婦に共通な連結点を段階的に採用することとした結果によるものである（①）。通則法の夫婦間の法律関係としては，25条（婚姻の効力），26条（夫婦財産制），27条（離婚）に採用されている。

なお，密接関連法という考え方は，通則法38条・40条にそれぞれ採用されているほか，これまでも昭和39年法律100号「遺言の方式の準拠法に関する法律」6条，昭和61年法律84号「扶養義務の準拠法に関する法律」7条に採用されている（本書末尾囲②の(3)，囲②の(4)）。

【2】　密接関連法の適用例　離婚については，第一に，夫婦の本国法が同一であるときはその法律（同一本国法）により，第二に，その法律がない場合において夫婦の常居所地法が同一であるときはその法律（同一常居所地法）により，第三に，そのいずれの法律もないときは夫婦に最も密接な関係がある地の法律（密接関連法）によることとされている（通則法

別表第一の三
　三

在留資格	本邦において行うことができる活動
文化活動	収入を伴わない学術上若しくは芸術上の活動又は我が国特有の文化若しくは技芸について専門的な研究を行い若しくは専門家の指導を受けてこれを修得する活動（四の表の留学の項から研修の項までの下欄に掲げる活動を除く。）
短期滞在	本邦に短期滞在して行う観光，保養，スポーツ，親族の訪問，見学，講習又は会合への参加，業務連絡その他これらに類似する活動

別表第一の四
　四

在留資格	本邦において行うことができる活動
留学	本邦の大学，高等専門学校，高等学校（中等教育学校の後期課程を含む。）若しくは特別支援学校の高等部，専修学校若しくは各種学校又は設備及び編制に関してこれらに準ずる機関において教育を受ける活動
研修	本邦の公私の機関により受け入れられて行う技能等の修得をする活動（二の表の技能実習の項の下欄第一号及びこの表の留学の項の下欄に掲げる活動を除く。）
家族滞在	一の表，二の表又は三の表の上欄の在留資格（外交，公用，技能実習及び短期滞在を除く。）をもって在留する者又はこの表の留学の在留をもって在留する者の扶養を受ける配偶者又は子として行う日常的な活動

別表第一の五
　五

在留資格	本邦において行うことができる活動
特定活動	法務大臣が個々の外国人について次のイからニまでのいずれかに該当するものとして特に指定する活動 　イ　本邦の公私の機関（高度な専門的知識を必要とする特定の分野に関する研究の効率的推進又はこれに関連する産業の発展に資するものとして法務省令で定める要件に該当する事業活動を行う機関であって，法務大臣が指定するものに限る。）との契約に基づいて当該機関の施設において当該特定の分野に関する研究，研究の指導若しくは教育をする活動（教育については，大学若しくはこれに準ずる機関又は高等専門学校においてするものに限る。）又は当該活動と併せて当該特定の分野に関する研究，研究の指導若しくは教育と関連する事業を自ら経営する活動 　ロ　本邦の公私の機関（情報処理（情報処理の促進に関する法律（昭和45年法律第90号）第2条第1項に規定する情報処理をいう。以下同じ。）に関する産業の発展に資するものとして法務省令で定める要件に該当する事業活動を行う機関であって，法務大臣が指定するものに限る。）との契約に基づいて当該機関の事業所（当該機関から労働者派遣事業の適正な運営の確保及び派遣労働者の就業条件の整備等に関する法律（昭和60年法律第88号）第2条第2号に規定する派遣労働者として他の機関に派遣される場合にあっては，当該他の機関の事業所）において自然科学又は人文科学の分野に属する技術又は知識を要する情報処理に係る業務に従事する活動 　ハ　イ又はロに掲げる活動を行う外国人の扶養を受ける配偶者又は子として行う日常的な活動

研　　究	本邦の公私の機関との契約に基づいて研究を行う業務に従事する活動（一の表の教授の項の下欄に掲げる活動を除く。）
教　　育	本邦の小学校，中学校，高等学校，中等教育学校，特別支援学校，専修学校又は各種学校若しくは設備の編制に関してこれに準ずる教育機関において語学教育その他の教育をする活動
技　　術	本邦の公私の機関との契約に基づいて行う理学，工学その他の自然科学の分野に属する技術又は知識を要する業務に従事する活動（一の表の教授の項の下欄に掲げる活動並びにこの表の投資・経営の項，医療の項から教育の項まで，企業内転勤の項及び興行の項の下欄に掲げる活動を除く。）
人 文 知 識・国 際 業　　務	本邦の公私の機関との契約に基づいて行う法律学，経済学，社会学その他の人文科学の分野に属する知識を必要とする業務又は外国の文化に基盤を有する思考若しくは感受性を必要とする業務に従事する活動（一の表の教授の項，芸術の項及び報道の項の下欄に掲げる活動並びにこの表の投資・経営の項から教育の項まで，企業内転勤の項及び興行の項の下欄に掲げる活動を除く。）
企 業 内 転 勤	本邦に本店，支店その他の事業所のある公私の機関の外国にある事業所の職員が本邦にある事業所に期間を定めて転勤して当該事業所において行うこの表の技術の項又は人文知識・国際業務の項の下欄に掲げる活動
興　　行	演劇，演芸，演奏，スポーツ等の興行に係る活動又はその他の芸能活動（この表の投資・経営の項の下欄に掲げる活動を除く。）
技　　能	本邦の公私の機関との契約に基づいて行う産業上の特殊な分野に属する熟練した技能を要する業務に従事する活動
技 能 実 習	一　次のイ又はロのいずれかに該当する活動 　　イ　本邦の公私の機関の外国にある事業所の職員又は本邦の公私の機関と法務省令で定める事業上の関係を有する外国の公私の機関の外国にある事業所の職員がこれらの本邦の公私の機関との雇用契約に基づいて当該機関の本邦にある事業所の業務に従事して行う技能，技術若しくは知識（以下「技能等」という。）の修得をする活動（これらの職員がこれらの本邦の公私の機関の本邦にある事業所に受け入れられて行う当該活動に必要な知識の修得をする活動を含む。） 　　ロ　法務省令で定める要件に適合する営利を目的としない団体により受け入れられて行う知識の修得及び当該団体の策定した計画に基づき，当該団体の責任及び監理の下に本邦の公私の機関との雇用契約に基づいて当該機関の業務に従事して行う技能等の修得をする活動 二　次のイ又はロのいずれかに該当する活動 　　イ　前号イに掲げる活動に従事して技能等を修得した者が，当該技能等に習熟するため，法務大臣が指定する本邦の公私の機関との雇用契約に基づいて当該機関において当該技能等を要する業務に従事する活動 　　ロ　前号ロに掲げる活動に従事して技能等を修得した者が，当該技能等に習熟するため，法務大臣が指定する本邦の公私の機関との雇用契約に基づいて当該機関において当該技能等を要する業務に従事する活動（法務省令で定める要件に適合する営利を目的としない団体の責任及び監理の下に当該業務に従事するものに限る。）

は，当該国に常居所があるものとして取り扱う。ただし，重国籍の場合の日本以外の国籍国，永住資格を有する国又は配偶者若しくは未成年養子としての資格で滞在する場合における外国人配偶者若しくは養親の国籍国においては，一年以上の滞在で足りる。
　(2)　事件本人が外国人である場合
　　　外国人の国籍国における常居所の認定については，1(1)に準じて取り扱い，国籍国以外の国における常居所の認定については，1(2)に準じて取り扱う。

囲(2)　出入国管理及び難民認定法（昭和26年政令第319号）（抄）
（平成24年法律第27号による改正後のもの）
（編注）　表中の「上欄」は「左欄」，「下欄」は「右欄」と読み替えて下さい。
別表第一（第2条の2，第5条，第7条，第7条の2，第19条，第20条の2，第22条の3，第22条の4，第24条，第61条の2の2，第61条の2の8関係）
　一

在留資格	本邦において行うことができる活動
外　　交	日本国政府が接受する外国政府の外交使節団若しくは領事機関の構成員，条約若しくは国際慣行により外交使節と同様の特権及び免除を受ける者又はこれらの者と同一の世帯に属する家族の構成員としての活動
公　　用	日本国政府の承認した外国政府若しくは国際機関の公務に従事する者又はその者と同一の世帯に属する家族の構成員としての活動（この表の外交の項の下欄に掲げる活動を除く。）
教　　授	本邦の大学若しくはこれに準ずる機関又は高等専門学校において研究，研究の指導又は教育をする活動
芸　　術	収入を伴う音楽，美術，文学その他の芸術上の活動（二の表の興行の項の下欄に掲げる活動を除く。）
宗　　教	外国の宗教団体により本邦に派遣された宗教家の行う布教その他の宗教上の活動
報　　道	外国の報道機関との契約に基づいて行う取材その他の報道上の活動

別表第一の二
　二

在留資格	本邦において行うことができる活動
投　資・経　営	本邦において貿易その他の事業の経営を開始し若しくは本邦におけるこれらの事業に投資してその経営を行い若しくは当該事業の管理に従事し又は本邦においてこれらの事業の経営を開始した外国人（外国法人を含む。以下この項において同じ。）若しくは本邦におけるこれらの事業に投資している外国人に代わってその経営を行い若しくは当該事業の管理に従事する活動（この表の法律・会計業務の項の下欄に掲げる資格を有しなければ法律上行うことができないこととされている事業の経営若しくは管理に従事する活動を除く。）
法　律・会計業務	外国法事務弁護士，外国公認会計士その他法律上資格を有する者が行うこととされている法律又は会計に係る業務に従事する活動
医　　療	医師，歯科医師その他法律上資格を有する者が行うこととされている医療に係る業務に従事する活動

事件本人が国外に転出し，住民票が消除された場合でも，出国後1年内であれば，我が国に常居所があるものとして取り扱う。出国後1年以上5年内であれば，事件本人が後記2(1)ただし書に記載した国に滞在する場合を除き，同様とする。
(2) 事件本人が外国人である場合

　出入国管理及び難民認定法による在留資格（同法第2条の2並びに別表第一及び第二）等及び在留期間により，次のとおり取り扱う。在留資格及び在留期間の認定は，これらを記載した在留カード，特別永住者証明書又は住民票の写し及び旅券（日本で出生した者等で本国から旅券の発行を受けていないものについては，その旨の申述書）による。

ア　引き続き5年以上在留している場合に，我が国に常居所があるものとして取り扱う者

　別表第一の各表の在留資格をもって在留する者（別表第一の一の表中の「外交」及び「公用」の在留資格をもって在留する者並びに別表第一の三の表中の「短期滞在」の在留資格をもって在留する者を除く。）

イ　引き続き1年以上在留している場合に，我が国に常居所があるものとして取り扱う者

　別表第二の「永住者」，「日本人の配偶者等」（日本人の配偶者に限る。），「永住者の配偶者等」（永住者等の子として本邦で出生しその後引き続き本邦に在留している者を除く。）又は「定住者」の在留資格をもって在留する者

ウ　我が国に常居所があるものとして取り扱う者

　(ア)　我が国で出生した外国人で出国していないもの（ア又はイに該当する者を含む。）

　(イ)　別表第二の「日本人の配偶者等」（日本人の配偶者を除く。）又は「永住者の配偶者等」（永住者等の子として本邦で出生しその後引き続き本邦で在留している者に限る。）の在留資格をもって在留する者

　(ウ)　日本国との平和条約に基づき日本の国籍を離脱した者等の出入国管理に関する特例法（平成3年法律第71号）に定める「特別永住者」の在留資格をもって在留する者

エ　我が国に常居所がないものとして取り扱う者

　(ア)　別表第一の一の表中の「外交」若しくは「公用」の在留資格をもって在留する者又は別表第一の三の表中の「短期滞在」の在留資格をもって在留する者

　(イ)　日本国とアメリカ合衆国との間の相互協力及び安全保障条約第6条に基づく施設及び区域並びに日本国における合衆国軍隊の地位に関する協定第9条第1項に該当する者

　(ウ)　不法入国者及び不法残留者

2　外国における常居所の認定

(1) 事件本人が日本人である場合

　旅券その他の資料で当該国に引き続き五年以上滞在していることが判明した場合

は，すでに各国の国際私法を統一するためのヘーグの国際私法条約を批准したことによる国内法として，昭和39年法律100号（同年8月2日施行）「遺言の方式の準拠法に関する法律（2条）本書末尾囲②の(3)」，昭和61年法律84号（同年9月1日施行）「扶養義務の準拠法に関する法律」（2条・3条・7条本書末尾囲②の(4)）に「常居所」を準拠法の連結点として採用している。国際私法条約においては，相当長期間にわたり居住する地という意思的要素を含まない事実的概念として常居所が新たに作られたといわれる（木棚照一「新しい国際私法」283頁）。したがって，「常居所」とは，人が常時居住する場所で，単なる居所とは異なり，人が相当期間にわたって居住する場所であり，日本民法上（22条）の「住所」を「その人の生活にもっとも関係の深い一般的生活，全生活の中心地をもって，その者の住所と解する」（昭35・3・22最三小判）のと国際私法における「常居所」とはほぼ同一のものであると考えられている。ところで，常居所は自然人のみについて考えることのできる概念であり，法人が常居所を有するということはない。そのため，常居所が適用され得るのは自然人に関する法律関係が問題となる場合に限られている。

【2】 常居所の認定　常居所の認定は，居住の年数，居住目的，居住状況などの諸要素を総合的に勘案してなされるべきものとされる。戸籍の実務においては全国統一の画一的処理を必要とするところから，その認定基準および認定方法について通達で示されている（囲(1)・(2)）。通達では，わが国における常居所の存在と外国におけるそれとに場合を分けた上，日本人と外国人についてそれぞれ居住年数の要否，期間（たとえば，通常の外国人がわが国において常居所を有するとするには，原則として5年以上の在留を要するなど―国籍法5条1号，あるいは，居住目的（永住目的）の場合は，もっと少ない居住年数（1年以上の在留）とし，観光目的・演劇目的などの場合は，原則として日本に常居所を有するものとしないなど）等によって常居所の認定基準および認定方法を具体的に定めている。その際，在留の目的については客観的に判断できるよう，出入国管理及び難民認定法に定める在留資格を基準としており，在留資格に応じて居住期間を定めているのである。また，通達では認定資料についても旅券，住民票，在留カードなどを具体的に掲げている。

囲(1)　平元・10・2民二3900号通達第8（基本通達）同通達一部変更（平2・5・1民二1835号通達，平4・1・6民二155号通達，平成13・6・15民一1544号通達，平成24・6・25民一1550号通達）

　　第8　常居所の認定
　　　事件本人の常居所の認定については，次のとおり取り扱って差し支えない。次の基準によっていずれの国にも常居所があるものと認定することができない場合は，原則として居所地法による（改正法例第30条，現通則法39条）が，疑義がある場合は，管轄局の指示を求めるものとする。
　　1　我が国における常居所の認定
　　　(1)　事件本人が日本人である場合
　　　　事件本人の住民票の写し（発行後1年内のものに限る。）の提出があれば，我が国に常居所があるものとして取り扱う。ただし，後記2(1)の事情が判明した場合を除く。

法国）において本国法を決定するには，その国に人的実質法を指定する内部規則，いわゆる国内の人際私法（域際私法）があれば，まずそれによったうえで（この点は通則法 40 条 1 項中前段に「……その国の規則に従い指示される……」と明示している），指定される人的実質法が本国法として適用されることになる。もし，この人際私法（域際私法）がない場合は，当事者に最も密接な関係がある法（密接関連法）をもって本国法とされる。なお，当事者の常居所地でも人的に異法域である場合の常居所地法の決定や当事者に最も密接な関係がある場合の密接関連地法の決定も，前述の本国法の決定に準じてなされる。

【参考文献】　①南　敏文「法例の一部改正」（戸籍誌 552 号 52 頁），②澤木敬郎・南　敏文「新しい国際私法」（日本加除出版）30 頁・31 頁・33 頁・54 頁

No.12 同一本国法（共通本国法）

準拠法の指定において通則法 25 条（26 条・27 条に準用）で，「夫婦の本国法が同一であるときは，その法により」と，また，32 条「子の本国法が父又は母の本国法（父母の一方が死亡し，又は知れない場合にあっては，他の一方の本国法）と同一である場合には子の本国法により」と定めている。この場合の本国法の同一という意味について，当事者が重国籍者または不統一法国における地域的異法国籍者（異法地域者），もしくは人的異法国籍者（異法人域者）である場合には，本国法決定に注意しなければならない点がある。たとえば，夫が韓国の国籍を有し，妻が日本と韓国の重国籍を有する夫婦については，韓国という共通の国籍をもっているが，妻の本国法は通則法 38 条 1 項ただし書により日本法となるから，夫婦の本国法は同一とならない。また，アメリカ合衆国は，各州によって私法を異にする不統一法国（通則法 38 条 3 項）であるので，夫婦双方がアメリカ国籍を有している場合でも，夫婦の本国法は必ずしも同一ではない。たとえば，夫がニューヨーク州出身のアメリカ人で，妻がカリフォルニア州出身のアメリカ人である場合，改正法 28 条 3 項により，夫の本国法はニューヨーク州法，妻の本国法はカリフォルニア州法となり，夫婦の本国法は同一ではない。また，大陸系の中国人と台湾系の中国人の夫婦の場合は，本国法はそれぞれ中華人民共和国の法律と台湾に施行されている従来からの（中華民国当時からの）法律という形で，本国法は同一でない。たとえ，協議離婚の制度が双方にあるとしても同じ法律でなければ，本国法は別だと解されている。

No.13 常居所・常居所地法・同一常居所地法（共通常居所地法）

【1】　連結点としての常居所の採用と意義

平成 2 年 1 月 1 日改正施行の法例では，新たに国際私法の身分法関係の補充的連結点として，「常居所」を用いることになり，平成 19 年 1 月 1 日施行の通則法も，同様にこれを採用している。たとえば，婚姻の効力の準拠法は，三段階の連結点のうち第二順位（第一順位は同一本国法，第三順位は密接関連法）として，同一の常居所地法（共通常居所地法）によらしめている（通則法 25 条）。その他，常居所を準拠法の連結点とするものに 26 条（夫婦財産制），27 条（離婚），32 条（親子間の法律関係），38 条（1 項日本国を除く重国籍者の本国法の決定，2 項無国籍者の本国法の代用規定），39 条（常居所地法の代用規定），40 条 2 項（人的異法国籍者の常居所地法の決定）などがある。このように準拠法を定める連結点として「常居所」が採用されているが，わが国で

28条2項及び通則法38条2項は，常居所地法をもって本国法とはみなしていない。これは，常居所地法を本国法として扱うのではなく代用法として適用することを明らかにし，無国籍者の夫婦について共通本国法があるとの解釈をしないようにするためである〔→ No.13「常居所（常居所地法）」，No.14「密接関連法」みよ〕。

【参考文献】　南　敏文「法例の一部改正」（戸籍誌552号50頁・51頁）

No.10 地域的異法国籍者（異法地域者）の本国法

国の法制のあり方として，(1) 単一の法律が全国内に施行される場合と，(2) 国内がいくつかの法域に分かれ，それらの地域によってそれぞれ異なる法律が施行される場合とがある。前者が「単一法国」または「統一法国」であり，後者が「複数法国」または「不統一法国」であるといわれる。日本は前者に属するが，アメリカ合衆国は，州ごとに法律が異なるから後者に属する。もっとも，日本もかつては（対日平和条約発効前），内地，朝鮮，台湾の地域をそれぞれ異法地域としていた〔→ No.4「共通法」，No.3「準国際私法」，No.31の【1】「内地と外地の区別」みよ〕。

　ところで，国際的身分行為において当事者の本国法が準拠法となる場合に，その本国が複数法国（不統一法国）であるときは，その複数法の中のいずれかによるべきかという問題を生ずる。このような国に属する者の本国法としては，通則法38条3項の規定に従い，当該国の内部規則（準国際私法または域際私法＝例・日本のかつての共通法）に従って指定される法律を本国法とすることとなる。もし，当該国にそのような内部規則がないときは，当事者に最も密接な関係がある地方の法律（出生地，常居所地，過去の常居所地，親族の居住地などを基準にして）を，その当事者の本国法とすることとされている。

【参考文献】　①江川英文「国際私法」93頁，②田代有嗣「国籍法逐条解説」（日本加除出版）318頁，③澤木敬郎・南　敏文「新しい国際私法」（日本加除出版）30頁・31頁

No.11 人的異法国籍者（異法人域者）の本国法

国際社会においては，国により法制のあり方は，(1) 一国内を統一法によるもの，(2) 国内を地方により異法地域とするもの（通則法38条3項）がある。このほか，国によっては，(3) 人種，宗教などによって法域を異にする，いわゆる人的異法域とするものがある。本国法の決定について，単一国籍者で統一法国の場合は問題がないが，重国籍者の本国法の決定，無国籍者の本国法の決定，また地方により異法地域にある者の本国法の決定は，従来から法例中に規定されている（旧法例27条，改正後法例28条，現行通則法38条）。しかし，人種，宗教などの人的に適用される法律を異にする国に属する者，いわゆる人的異法国籍者（異法人域者）の本国法の決定については，従来規定がなかったが，地方により法律を異にする場合の旧法例27条3項の規定を類推適用されていたようである。改正後の法例の31条として明文の規定が設けられ，現行の通則法40条にも規定されている。

　ところで，人の所属する人種，宗教によって異なる内容の法が適用される例（不統一法国）として，マレーシア国においては，仏教徒用婚姻法等宗教により各種の法律を適用している。その他，インドやインドネシアは，典型的な人際法国である。人的異法国（人際

関係（28条ないし32条），その他の親族関係（33条），後見・保佐・補助（35条），相続（36条），遺言の成立・効力および取消し（37条）などに本国法をもって準拠法としている。

　この本国法という場合に，単一国籍者でその所属国が単一の統一法であれば，問題ないが，次の場合には本国法の決定のための一定のルールを要する。それは，重国籍者の本国法の決定（38条1項），無国籍者の本国法の決定（38条2項），地域的異法国籍者（異法地域者）の本国法の決定（38条3項）であり，さらに人的に適用する法律を異にする国に属する者，いわゆる人的異法国籍者（異法人域者）の本国法の決定（40条）である。

No.8　重国籍者の本国法

　重国籍とは，本人が二つ以上の国籍を有することである。本国法が準拠法とされる場合に，このような重国籍者については，その属する国が複数であるために，その中のどの国の法律を適用すべきか，それともそれらの国の法律を重畳的に適用すべきかという問題を生ずる。複数の国の法律を重畳して適用することは，それらが抵触する場合に問題を生ずるので，いずれか一つの法律とせざるを得ないが，この点につき，わが国の通則法では，当事者が二つ以上の国籍を有するときは，従来最後に取得した国籍によって，その本国法を定めるとしていたものを（旧法例27条1項本文），重国籍国のうち常居所を有する国，それがないときは当事者に最も密接な関係を有する国の法律（密接関連法）を本国法と決定することに変更した（改正法28条1項本文，現行通則法38条1項本文）。この改正は，昭和60年1月1日の国籍法改正施行をはじめ，各国における国籍法の改正により，生来的に父母両系の国籍を同時に取得する場合が多くなった結果，従来の法例では問題を解決することができないためになされたものである。

　次に，重国籍者のうち，その一つが日本の国籍であるときは，従来どおり内国国籍を優先させ，日本の法律を本国法とすることにしている（通則法38条1項ただし書）。したがって，戸籍の実務でも，重国籍者の場合，その一つが日本国籍であるときは，まず日本法，つまり日本法の適用される日本人として処理すれば足りるので，その余の常居所地法，密接関連法などを考慮する必要はないわけである〔→No.13「常居所」，No.14「密接関連法」みよ〕。さらに，日本人が当事者の場合，当該日本人が外国国籍を有しているかどうかも調査する必要はないこととなる。

【参考文献】　①江川英文「国際私法」88頁，②南　敏文「法例の一部改正」（戸籍誌552号49頁・50頁）

No.9　無国籍者の本国法

　国際的身分行為において，当事者の本国法を準拠法とする場合，当事者が無国籍であるときは，その属する国がないために問題を生ずる。そこで，旧法例は（平成2年1月1日改正法施行前には），本人の住所地法をもって本国法とすると定めていたが（旧法例27条2項），改正法例では，婚姻および親子に関する関係（14条・15条・16条・21条）で準拠法を段階的に適用する場合，本国法の次に常居所地法を適用することとしたので，その他の関係についても平仄を合わせる趣旨で従来の「住所地法」から「常居所地法」に連結点が変更され，平成19年1月1日施行の通則法に踏襲された。

　なお，旧法例27条2項は，住所地法をもって本国法とみなしていたが，改正後法例の

て，国際私法である「法例（明治31年法律10号）」を準用するものとし，この場合には，各当事者の属する地域の法令をもってその本国法とするものとした。また，他の地域での裁判を承認するかどうかの問題や，ある事項がいずれの地域の裁判所の管轄に属するかという問題などについても，規定していた。

　要するに，共通法は，(1) 域際的身分行為・取引行為における準拠法，(2) 外域裁判の承認の問題，(3) 域際的裁判管轄権の問題について規定していたのである。これを国際私法に準じて，当時の日本における「域際私法」または「準国際私法」ということができる。

No.5 連結点（連結素）

渉外事件における準拠法を指定する基準となるものを連結点または連結素という。この連結点または連結素としては，従来の法例では，当該国際的行為の種類，性質に応じて国籍，住所，居所，行為地，物の所在地，事実発生地，法廷地，当事者の意思などを用いてきた。この連結点について，新たに人間が日常生活をする上で最も重要なのは，その現実に居住している地の法律であるという考えから，また西欧諸国の近時の国際私法の改正動向（国際私法の世界的統一を目的とするヘーグ国際私法会議では，常居所を連結点の基本に置いている）にかんがみ，平成2年1月1日施行の改正法例では「常居所」も連結点として採用するに至り，平成19年1月1日施行の通則法に引き継がれた（通則法25条，26条2項2号，27条ただし書，32条，38条など）。

　これらの国籍，常居所などの連結点ないし連結素を媒介として，一定の法律関係についての準拠法を指定するのである〔→No.13「常居所（常居所地法）」みよ〕。

【参考文献】　①南　敏文「法例の一部改正」（戸籍誌552号7頁），②江川英文「国際私法」53頁・79頁

No.6 行為地法

行為地法とは，法律行為の行われる場所の法律である。法律行為が身分行為たる婚姻であるときは，挙行地法ともいう。わが国の婚姻の方式は，従来公の秩序に関するものであるとの理由で，外交婚・領事婚（民741条）による場合を除き，挙行地法によることが強制され，これに反するものは有効と認めていなかった。このため，外国人と日本人の婚姻について，外国人の本国では，有効とされているのに，日本では無効とされる場合があった（跛行婚）。通則法では，挙行地法によることを原則（24条2項）としながらも，婚姻の方式は当事者の一方の本国法によることもできることとされた（24条3項本文）〔→No.223「外交婚（領事婚）」，No.224「方式違反の婚姻（跛行婚）」みよ〕。ただし，当事者の一方が日本人で，日本で挙行するときは，戸籍実務も考慮して，日本の方式によることが強制されている（24条3項ただし書）。

　なお，婚姻のほか，離婚，認知，養子縁組，離縁などの方式についても，行為地法によることが認められている（34条）。

No.7 本国法

国際私法上，国際的行為の準拠法として本国法を指定している場合がある。本国法とは，行為者本人が所属する国（国籍の属する国）の法律である。わが国の通則法では，国際的身分行為について本国法によるべきことを原則としている。たとえば，婚姻の成立要件（24条1項も従来どおり当事者の本国法によるとしている）をはじめとして，婚姻の効力（25条），夫婦財産制（26条），離婚（27条），親子

日勅令123号)。この法例は，全31箇条から成り，上述の明治23年法に加除修正をなしたものである。それ以来平成元年12月31日までの90年余の間わずかな修正部分(囲②の(1)～(4))を除き維持された。囲①の(1)明治31年法律10号「法例」(本書末尾参照)

　しかし，「近時の諸外国における国際私法，国籍法の改正の動向および最近の我が国における渉外婚姻をはじめとする渉外的身分関係事件の増加にかんがみ，婚姻関係および親子関係における準拠法の指定をより適切なものとする」ことを目的として(国会提案理由説明)，「法例の一部を改正する法律」が平成元年6月28日法律27号として公布され，同2年1月1日から施行された。改正後の法例は，全文34箇条から成り(改正前は31箇条)，1条2項を削除し，2条から12条に変更はない。改正前の13条から31条が，改正後は13条から34条となった(改正後19条・22条・30条・31条を新設)。

No.3 準国際私法
　国によって法が異なるので，「国際的」身分行為・取引行為などが行われることになると，複数の国の法律が関係し得るので，その場合に準拠すべき法はどの国の法であるかを決定する必要があり，また，外国裁判をどの範囲で承認するかの問題があり，さらには，国際的裁判管轄権の問題がある。これらの国際私法の問題は，国によって法を異にするために生ずる「法の抵触」の問題であるが，もし一国内であっても，地域によって法を異にし，一国がいくつかの法域(異法地域)に分かれている場合(複数法国。州制度を採用している国等)には，国内でも同様の問題が生ずる。すなわち，(1)域際的行為における準拠法の問題，(2)外域裁判の承認の問題，(3)域際的裁判管轄権の問題である。これらの問題は，域際間交流が生ずる場合には当然に生ずる問題であって，これらを解決する法が，「域際私法」であり，「準国際私法」である。

　対日平和条約発効前の日本は，内地，朝鮮，台湾とそれぞれ法域を異にする「複数法国」であったため，この地域間の法抵触問題を解決するための域際私法(準国際私法)として「共通法(大正7年法律39号)」が制定されていた〔→ No.31「内地人・外地人」みよ〕。また，今日，たとえばアメリカ合衆国は，州ごとに法域を異にする複数法国である。このような国には，各州間の法の抵触を解決する州際私法(準国際私法)がある。ただ，このような準国際私法としての域際私法は，明文規定をもって定められるとは限らず，条理(不文規定)による場合もある。

【参考文献】　江川英文「国際私法」20頁

No.4 共通法
　「共通法(大正7年法律39号)—本書末尾囲①の(5)みよ」は，戦前の日本が内地，朝鮮，台湾という三つの異法地域(法域)に分かれていたため，その域際間行為の準拠法等を定め，法抵触の問題を解決する必要があったことから制定された法律である。つまり，戦前の日本人が準拠すべき親族法，相続法などは，内地人については内地法，朝鮮人については朝鮮法，台湾人については台湾法によるべきこととされていた。そこで，この場合，内地人・朝鮮人間の婚姻のごとき域際的身分行為が行われるようなときは，その行為が二つの地域にまたがるので，はたしてどの地域の法を適用するのかという準拠法の問題を生ずるのである。そこで，この問題を解決するために共通法が設けられたのであるが，共通法2条2項は，とくに規定する場合を除い

④準拠法の定め方について国際的統一を図り，連結点として常居所が採用されている。近時の西欧諸国の国際私法の改正では，常居所を連結点の中心に置こうとする傾向があることから，段階的連結の２番目の連結点として採用する等している。個別の法律関係に関する準拠法の中にも，国際的統一を図っているものもあり，婚姻の効力（25条）について段階的連結を採用し，夫婦財産制（26条）において当事者の合意による準拠法の選択を認め，養親子関係（31条）について養親の本国法を採用する等は，近時，多くの国でも採用しており，国際的な立法の動向との調和が図られている。

　⑤戸籍に関わりをもつ，婚姻及び親子に関する分野は，戸籍の対応の配慮を念頭に置いて，準拠法を定めている。例えば，婚姻では，当事者の一方の本国法による方式を有効としつつ，当事者の一方が日本人の場合においては，日本において婚姻するときは，外国人の本国法による方式を認めず，市区町村への届出のみを有効な方式として認めている。

　離婚では，夫婦の一方が日本に常居所を有する日本人であるときは，離婚の準拠法は日本法であるとされている。これらは戸籍実務を考慮してなされた平成元年の改正の法例の立法政策が維持されたものである。

【２】　**従前の立法**　従前の法例の立法及び改正経緯等は以下のとおりである。

　「法例」という名の法律は，明治23年10月６日法律97号として公布され，同26年１月１日から施行すべきものとされていた。同法には，１条に法律の施行時期，２条に法律は遡及効のないことを規定した。３条では，人の身分および能力の準拠法は本国法とし，親族関係およびこれから生ずる権利義務関係の準拠法も同じくした。４条では，動産，不動産は所在地法を準拠法とし，相続は被相続人の，遺贈は遺贈者の各本国法を準拠法とした。５条では，外国での合意は当事者の選択する国の法律を，当事者の意思が不分明のとき，同国人の場合はその本国法を，同国人でない場合は，合意に最大の関係を有する地の法律を準拠法とした。６条では，外国人が日本で日本人と合意するときの外国人の能力はその本国法と，日本法の中で合意の成立に最も有益な法律を準拠法とした。

　７条では，不当利得，不正の損害，法律上の管理の準拠法はその原因発生地の法律とした。８条では，無国籍者，異法地域者の本国法は住所地法を，住所不明のときは居所地法を適用し，また日本と外国の重国籍者の本国法は日本法を，外国のみの重国籍者は最後に取得した国の法律を準拠法とした。９条では，公正証書および私署証書の方式を作成地国の法律により，10条に合意地または行為地の方式によるものも有効とした。11条では，外国の方式による不動産物権の移転の証書は，日本国内で有効となるためには裁判所の検認を要するとした。12条では，第三者の利益のためにする公示方式は不動産につき所在地法，その他につき原因発生地法を準拠法とした。13条に裁判管轄の準拠法，14条に刑罰法，公法関係，公序良俗関係（日本法による）を定め，15条では，公序良俗関係法に抵触または脱法行為は不成立とし，16条では，身分または能力に関する脱法行為は無効とした。17条では，判事は法律不明等を理由として裁判拒絶はできないものとした。この法律の施行は，修正目的のために２回にわたって延期され，同法は明治31年法律10号「法例」の公布日（明治31年６月15日）に廃止された。

　次いで，明治31年法律10号「法例」は同年７月16日から施行された（明治31年６月21

No.1 国際私法

国際交流の時代になると、内外人間の婚姻のような国際的身分行為や、内外人間の売買のような国際的取引行為が発生する。この場合に、その行為の準拠すべき法律は何かを決める必要が生ずる。これを定めるものが渉外事件における「準拠法」の指定の問題である。

次に、私法上の問題の解決は、結局、裁判所の裁判にまつことになるが、渉外事件について、内国の裁判所がどこまで管轄権を有するかという問題が生ずる。これが「国際的裁判管轄権」の問題である。また、外国の裁判を自国内で承認・執行する必要が生ずる。この場合も、外国裁判を自国内で無条件に承認・執行するわけにもいかないので、どの範囲まで容認すべきかの問題が生ずる。これが「外国裁判承認」の問題である。

英米やフランスでは、この渉外事件に関する、(1)「準拠法」の問題、(2)「国際的裁判管轄権」の問題、(3)「外国裁判承認」の問題のすべてを「国際私法」の問題として取り扱うが、日本やドイツでは、「準拠法」の問題を「国際私法」の問題とし、「国際的裁判管轄権」の問題、および「外国裁判承認」の問題は、これを国際私法から分離して、むしろ「国際民事訴訟法」上の問題としている〔→ No.236「渉外裁判離婚」みよ〕。

【参考文献】 江川英文「国際私法」19頁

No.2 法の適用に関する通則法

【１】 通則法　法の適用に関する通則法(以下「通則法」という。)とは、国際私法を含む、法規の適用関係を定める法律で、従来「法例」という名称で規定されていた。

通則法は平成18年法律第78号で法例を、その題名を変更するとともに、全面改正することにより、平成19年1月1日から施行された。この改正では、財産法の分野について法律の内容が実質的に改正されたが、婚姻や親子関係に関する規定、本国法の決定等の補則に関する規定等は、親族間の法律行為の方式について改正があったほかは、カタカナを平仮名に変更する等の表記の現代語化のみが行われたに止まる改正となっている。

通則法は平成元年に全面改正された法例(平成2年1月1日施行)の趣旨をそのまま受け継いでおり、身分法の分野では具体的には、次のとおりである。

①まず、準拠法の決定において、男女平等等の精神が一層生かされるよう、婚姻の効力(25条)や離婚(27条)について、夫婦に共通の要素を見つけ出し、順次準拠法を指定するという段階的連結が採られている。

②婚姻の方式(24条)、嫡出親子関係の成立(28条)、認知(29条)及び準正(30条)に関する準拠法については、選択的連結を採用し、当事者に関係がある複数の法律のうちのいずれかにおいてその要件を満たせば、わが国においてもこれらの身分関係の成立を認めることにしている。また、養子縁組(31条)については、養親の本国法を準拠法とし、準拠法指定の平易化が図られている。もっとも、子の保護に欠けることがないように、認知及び縁組については、子の本国法上、関係者の同意等の保護要件があるときは、その要件も満たすべきものとしている。

③親子間の法律関係(32条)については、子の本国法又は常居所法を準拠法とするなど、子を中心とした準拠法としており、子の福祉の理念が配慮されている。

第 1 編

戸籍に関する法令と用語一般

目次

資①の(4) 件（明治45年勅令第21号）………… 4
資①の(4) 朝鮮民事令（明治45年制令第7号）（抄）………… 4
資①の(5) 共通法（大正7年法律第39号）（抄）………… 5
資②の(1) 民法中改正法律（昭和17年法律第7号）（抄）………… 6
資②の(2) 民法の改正に伴う関係法律の整理に関する法律（昭和22年法律第223号）（抄）………… 7
資②の(3) 遺言の方式の準拠法に関する法律（昭和39年法律第100号）………… 7
資②の(4) 扶養義務の準拠法に関する法律（昭和61年法律第84号）…… 8
資③ 法例の一部を改正する法律新旧対照条文
　1 法例（明治31年法律第10号）………… 11
　2 民法（昭和22年法律第222号）………… 16
資④ 民法の一部を改正する法律の施行に伴う関係法律の整備等に関する法律（平成11年法律第151号）（抄）………… 16

附　録

明治5年式戸籍 ……………………… 2
明治19年式戸籍 …………………… 8
明治19年寄留簿 …………………… 11
登記目録（一部）…………………… 14
明治31年身分登記簿（一部）………… 18
明治31年式戸籍 …………………… 23
大正4年式戸籍 …………………… 26

現在の戸籍 ………………………… 30
　附録第6号様式 …………………… 30
　付録第22・23・24号様式 ………… 33
血族六親等図 ……………………… 39
姻族三親等図 ……………………… 40
事項索引 …………………………… 41
判例索引 …………………………… 75
先例索引 …………………………… 83

遺言の方式 …………………………… 599	共同相続人中に特別受益者・相続放
遺言書の検認 …………………………… 601	棄者・遺留分放棄者がある場合の
遺贈 …………………………………… 601	相続人の認定と相続分の算定方法
包括遺贈 ……………………………… 604	の具体例 …………………………… 627
特定遺贈 ……………………………… 604	新民法施行後の相続開始に家附の継
遺留分 ………………………………… 605	子が相続人となる場合と代襲相続
遺留分の計算 ………………………… 605	の各種具体例 ……………………… 629
遺留分減殺請求権 …………………… 607	国際相続の準拠法 ………………… 631
遺留分の放棄 ………………………… 608	国際相続（本問題）の先決問題の準
相続と戸籍 …………………………… 608	拠法 ………………………………… 632
戸籍の公証力と相続 ………………… 610	国際遺言の準拠法 ………………… 633
相続と戸籍訂正 ……………………… 611	国際遺言の方式の準拠法 ………… 634
相続登記と相続法・戸籍法 ………… 612	
相続を証する書面	### 第6編　その他の旧法関係
（登記令7条1項5号イ）………… 614	
相続人の証明	「家」制度（家族制度）……………… 638
（登記令7条1項5号イ）………… 616	本家・分家 …………………………… 639
相続登記に要する戸籍書類 ………… 617	戸主（戸主権）……………………… 640
相続関係説明図（相続を証する書面	隠居（普通隠居・特別隠居）………… 642
等の原本還付）……………………… 621	廃家 …………………………………… 644
登記官の相続適格者の認定基準（登	絶家 …………………………………… 645
記官の審査権）……………………… 622	廃絶家再興 …………………………… 647
相続適格者の認否例（高齢者死亡に	一家創立・復籍拒絶・離籍 ………… 649
よる職権消除事項のある戸籍）…… 623	附籍 …………………………………… 652
相続適格者の認否例（同時死亡事項	妾 ……………………………………… 653
のある戸籍）………………………… 623	縁女 …………………………………… 654
相続適格者の認否例（認定死亡事項	「家」制度と改正民法 ……………… 655
のある戸籍）………………………… 624	
相続適格者の認否例（身分関係の存	### 《参考資料》
否に関する戸籍の記載相互間に矛	
盾する記載がある戸籍）…………… 624	囲①の(1)　法例（明治31年法律第
相続適格者の認否例（配偶者のある	10号）……………………………… 2
者がその一方のみでした縁組の記	囲①の(2)　法例ヲ台湾ニ施行スルノ
載がある戸籍）……………………… 625	件（明治31年勅令第161号）……… 4
	囲①の(3)　法例ヲ朝鮮ニ施行スルノ

入籍届（成年子の復氏）……………… 503
親族入籍（旧法）………………………… 503
引取入籍（旧法）………………………… 504

【14】 分　　籍

分籍 …………………………………………… 506
分家（旧法）……………………………… 506

【15】 国籍の得喪

国籍（意義・得喪の決定）…………… 508
出生による国籍取得 …………………… 509
認知された子の国籍取得（国際私法
　上の要件と戸籍の処理）…………… 516
帰化（国籍法上の手続と戸籍の処理）
　…………………………………………………… 520
志望による外国国籍取得と戸籍の処
　理 …………………………………………… 525
国籍の不留保「国籍の当然離脱」と
　戸籍の処理 ……………………………… 527
国籍の留保届と戸籍の処理 ………… 531
国籍の選択制度（国籍選択の催告と
　戸籍の処理）…………………………… 535
外国国籍の選択と戸籍の処理 ……… 539
届出による国籍離脱（国籍法上の手
　続と戸籍の処理）……………………… 540
外国国籍喪失届と戸籍の処理 ……… 545
国籍選択届（国籍選択宣言）と戸籍
　の処理 ……………………………………… 546
国籍喪失の宣告（国籍法上の手続と
　戸籍の処理）…………………………… 549
届出による国籍再取得（国籍法上の
　手続と戸籍の処理）…………………… 550

【16】 氏名の変更

呼称上の氏の変更（原則―不許可・
　例外―許可）…………………………… 554
氏の変更届（戸籍法107条1項の届）
　…………………………………………………… 557
外国人との婚姻による氏の変更届
　（戸籍法107条2項の届）………… 559
外国人との離婚による氏の変更届
　（戸籍法107条3項の届）………… 561
外国人父・母の氏への氏の変更届
　（戸籍法107条4項の届）………… 562
名の変更届（許可手続と戸籍の処理）
　…………………………………………………… 563

【17】 転籍，就籍

転籍 …………………………………………… 570
就籍 …………………………………………… 571

第5編　相続関係

相続権 ………………………………………… 574
相続回復請求権 …………………………… 574
相続財産 ……………………………………… 576
家督相続と遺産相続 …………………… 577
相続人 ………………………………………… 578
相続順位 ……………………………………… 578
代襲相続 ……………………………………… 581
胎児の相続 ………………………………… 582
相続分 ………………………………………… 582
二重相続資格者の相続分 ……………… 583
遺産分割 ……………………………………… 584
単純承認 ……………………………………… 587
限定承認 ……………………………………… 590
相続放棄 ……………………………………… 590
特別縁故者 ………………………………… 594
遺言 …………………………………………… 596
遺言と相続（登記）との関係 ……… 597

　　　　　　　　　　　　　　…………………… 431
渉外離婚と戸籍の処理 …………… 432

【7】 親　権

親権，親権者・親権代行者と公示方
　法 ………………………………… 438
親権者の指定 ……………………… 441
親権者の変更 ……………………… 442
親権喪失の審判 …………………… 443
親権者の職務執行停止・代行者選任 … 444
親権停止の審判 …………………… 444
管理権喪失の審判 ………………… 445
親権喪失の審判取消・親権停止の審
　判取消 …………………………… 446
管理権喪失審判の取消し ………… 447
親権の辞任 ………………………… 448
親権の回復 ………………………… 448
管理権の辞任 ……………………… 449
管理権の回復 ……………………… 450
国際親子間の法律関係の準拠法（親
　権）……………………………… 450

【8】 成年後見制度〔後見・保佐・補助，任意後見，後見登記〕

禁治産・準禁治産制度の改正と任意
　後見制度創設のあらまし ……… 455

【9】 未成年後見・従前の禁治産後見

未成年後見・禁治産後見（職務内容
　・開始原因・公示方法）……… 460
後見人の辞任・解任・欠格（審判手
　続と公示方法）………………… 464
未成年者の後見開始と戸籍の記載 … 466
未成年後見人地位喪失と戸籍の記載 … 467
未成年者の後見終了届と戸籍の記載 … 468

未成年後見監督人（種類・職務内
　容・公示方法）………………… 470
未成年後見監督人の就職と戸籍の記
　載 ………………………………… 472
未成年後見監督人地位喪失の届出と
　戸籍の記載 ……………………… 472
未成年後見監督人の任務終了の届出
　と戸籍の記載 …………………… 474
禁治産者の従前戸籍の処理 ……… 475
準禁治産者の従前戸籍の処理 …… 476
国際後見・保佐・補助の準拠法 … 477

【10】 死亡，失踪

死亡届と戸籍の処理 ……………… 479
死亡の事実を証する書面 ………… 480
同時死亡 …………………………… 481
認定死亡 …………………………… 481
高齢者の職権消除 ………………… 484
不在者 ……………………………… 485
失踪宣告・戦時死亡宣告（意義・審
　判手続と戸籍の処理）………… 486
失踪宣告の取消し ………………… 489

【11】 生存配偶者の復氏，姻族関係の終了

生存配偶者の復氏 ………………… 492
姻族関係終了 ……………………… 493

【12】 推定相続人の廃除・取消し

推定相続人の廃除・取消し（意義・審
　判手続と戸籍処理）…………… 495

【13】 入　籍

入籍届（子の氏変更，父・母と同籍
　する入籍）……………………… 499

渉外認知による国籍の変動 ……… 321
渉外認知と戸籍の処理 …………… 322
対日平和条約発効前における朝鮮
　人・台湾人に関する認知の特例 … 328

【3】　養 子 縁 組

養子縁組制度（代諾の問題）…… 333
普通養子縁組届と戸籍の処理 …… 338
特別養子制度 ……………………… 341
特別養子縁組の審判と戸籍の処理 … 343
普通養子縁組の無効・取消し（裁判
　手続と戸籍の処理）…………… 348
壻養子縁組（旧法）……………… 354
国際養親子関係の成立（渉外縁組の
　準拠法と方式）………………… 359
渉外養子縁組の効力 ……………… 362
渉外養子縁組による国籍の変動 … 363
渉外養子縁組と戸籍の処理 ……… 363

【4】　養 子 離 縁

離縁制度 …………………………… 370
協議離縁（要件・離縁協議者）… 371
協議離縁届と戸籍の処理 ………… 374
縁組当事者の一方死亡後の離縁と戸
　籍の処理 ………………………… 376
裁判上の離縁（調停・審判・判決の
　手続と戸籍の処理）…………… 379
離縁の際に称していた氏を称する届
　（戸籍法73条の2の届）……… 381
特別養子離縁の審判と戸籍の処理 … 383
協議離縁の無効・取消し（裁判手続
　と戸籍の処理）………………… 385
国際養親子関係の消滅（渉外離縁の
　準拠法）………………………… 388
渉外裁判離縁 ……………………… 389

調停・審判による国際離縁 ……… 390
養親の本国法に離縁の制度がない場
　合の準拠法 ……………………… 391
渉外養子離縁と戸籍の処理 ……… 391

【5】　婚　　姻

婚姻制度 …………………………… 394
婚姻届と戸籍の処理 ……………… 396
婚姻の無効・取消し（裁判手続と戸
　籍の処理）……………………… 396
入夫婚姻（旧法）………………… 399
国際結婚（渉外婚姻の要件と方式の
　準拠法）………………………… 401
外交婚（領事婚）………………… 403
方式違反の婚姻（跛行婚）……… 404
国際結婚の身分的効力（氏・成年擬
　制）……………………………… 406
渉外婚姻による国籍の変動 ……… 408
渉外婚姻と戸籍の処理 …………… 410

【6】　離　　婚

離婚制度 …………………………… 416
協議離婚届と戸籍の処理 ………… 417
裁判上の離婚（調停・審判・判決の
　手続と戸籍の処理）…………… 419
協議離婚の無効・取消し（裁判手続
　と戸籍の処理）………………… 421
協議離婚届不受理申出 …………… 424
離婚の際に称していた氏を称する届
　（戸籍法77条の2の届）……… 424
国際離婚（渉外離婚の準拠法）… 426
国際離婚の効力 …………………… 428
渉外裁判離婚 ……………………… 429
調停・審判による国際離婚 ……… 430
夫の本国法に離婚の制度がない場合

目　次

【11】届出一般と届書類の処理

- 届出の種類（報告的届出・創設的届出・報告的性質と創設的性質を併有する届出） ……………… 223
- 届出人（届出義務者） ………………… 224
- 届出事件の本人 ………………………… 225
- 届出地 …………………………………… 226
- 届出期間（起算日・満了日） ………… 227
- 届書の受附 ……………………………… 229
- 受理照会 ………………………………… 229
- 届出の受理・不受理 …………………… 232
- 届出の不受理申出 ……………………… 235
- 追完届 …………………………………… 238
- 身分行為の追認による追完届 ………… 241
- 本籍分明届 ……………………………… 243
- 戸籍届出の受理・不受理の証明 ……… 244
- 戸籍届書の閲覧・記載事項の証明 …… 245
- 戸籍の記載不要届書類 ………………… 246
- 外国人に関する届出（届書） ………… 247
- 外国の方式による身分行為 …………… 248
- 本国の方式による身分行為 …………… 249
- 市町村長の審査権 ……………………… 249
- 渉外事件に関する市町村長の審査権 ……………………………………………… 250

第4編　戸籍関係(2)
─戸籍届出と戸籍の処理─

【1】出　生

- 出生届の意義 …………………………… 254
- 嫡出子・非嫡出子と入籍 ……………… 255
- 推定を受ける嫡出子・推定を受けない嫡出子と戸籍訂正 ……………… 260
- 嫡出子否認の訴え（裁判手続と戸籍訂正） ……………………………… 262
- 親子関係存否確認の訴え（裁判手続と戸籍訂正） …………………………… 266
- 父未定の子と入籍 ……………………… 270
- 父を定める訴え（裁判手続と戸籍訂正） ……………………………………… 271
- 準正子と戸籍の処理 …………………… 273
- 認知の効力を有する嫡出子出生届 ……………………………………………… 275
- 子の名に用いられる文字 ……………… 283
- 受理照会を要する出生届 ……………… 284
- 庶子・私生子（旧法） ………………… 285
- 棄児（国籍と戸籍の処理） …………… 288
- 国際嫡出親子関係の成立（嫡出性・嫡出否認の準拠法） …………………… 293
- 渉外嫡出子の国籍 ……………………… 295
- 渉外嫡出子出生届と戸籍の処理 ……… 296
- 国際準正嫡出親子関係の成立 ………… 298

【2】認　知

- 認知制度 ………………………………… 301
- 認知の効果 ……………………………… 303
- 任意認知（生前認知・遺言認知・胎児認知・死亡児認知）の届出 ……… 304
- 任意認知による戸籍の処理 …………… 308
- 裁判認知（強制認知，裁判手続と戸籍の処理） ……………………………… 309
- 認知の無効・取消し（裁判手続と戸籍訂正） ………………………………… 312
- 国際非嫡出親子関係の成立（事実主義法制と認知の準拠法） …………… 317
- 事実主義法制による非嫡出子出生届と戸籍の処理 ………………………… 319
- 渉外認知の効力 ………………………… 321

戸籍法違反通知・過料裁判 ……… 140	氏の主導性 ……………………… 192
市町村長の処分に対する不服の申立て ……………………………… 142	親子同氏同一戸籍の原則 ……… 192
	三代戸籍禁止の原則 …………… 193

【4】 戸籍に関する帳簿

戸籍簿 ……………………………… 145	【8】 戸籍の記載手続
除籍簿 ……………………………… 147	戸籍の記載手続 ………………… 196
原戸籍（改製原戸籍）…………… 148	新戸籍の編製 …………………… 198
戸籍（除籍・原戸籍）の正本・副本 ……………………………… 150	入籍 ……………………………… 199
仮戸籍 ……………………………… 153	復籍 ……………………………… 199
再製原戸籍・再製原除籍 ……… 155	除籍 ……………………………… 201
戸籍簿見出帳・除籍簿見出帳 … 156	【9】 戸籍の記載事項と記載欄
戸籍受附帳・戸籍受附補助簿 … 157	戸籍の記載事項と記載欄 ……… 204

【5】 戸籍・除籍の公開と公開制限

戸籍公開制度の改正 …………… 162	本籍欄 …………………………… 204
戸籍謄本等の交付請求 ………… 162	筆頭者氏名欄 …………………… 205
除籍謄本等の交付請求 ………… 168	戸籍事項欄 ……………………… 205
謄本・抄本の作成 ……………… 169	身分事項欄 ……………………… 205
戸籍記載事項証明書の作成 …… 170	父母欄 …………………………… 206
磁気ディスクによる戸籍，除籍の記録事項証明書の作成 ………… 172	父母との続柄欄 ………………… 207
	旧法当時の父母との続柄の定め方（先例要旨）…………………… 208

【6】 戸籍の改製・再製

戸籍の改製 ……………………… 175	養父母欄 ………………………… 209
戸籍（除籍・原戸籍）の再製・補完 ……………………………… 178	養父母との続柄欄 ……………… 210
	配偶欄 …………………………… 210
申し出による戸籍の再製 ……… 183	戸主との続柄欄（額書欄）…… 210

【7】 戸籍の編製基準

本籍 ……………………………… 186	名欄 ……………………………… 211
氏（性格・取得・異同）……… 187	出生年月日欄 …………………… 212
氏の変動と戸籍の変動 ………… 189	戸籍の記載方法 ………………… 212
夫婦同氏同一戸籍の原則 ……… 190	【10】 戸籍の訂正・更正
	戸籍訂正の意義（性質）と効果 …… 216
	戸籍訂正の対象と範囲 ………… 217
	戸籍訂正の種類と方法 ………… 220
	誤記訂正と更正 ………………… 222

目次

　行為能力・戸籍法上の届出能力）… 77
　身分行為上の意思表示 ……………… 80
　期間（計算方法・起算点・満了点）… 82
　期限 …………………………………… 86
　期日 …………………………………… 87
　年齢計算法 …………………………… 87
　形式審査権 …………………………… 87
　実質審査権 …………………………… 88
　公示力・公信力 ……………………… 89
　実体法 ………………………………… 89
　手続法 ………………………………… 90

第2編　親族関係

　親族（親族の範囲・種別・効果） …… 92
　直系・傍系の親族（直系血族・傍系血族・直系姻族・傍系姻族） …… 93
　直系尊属・直系卑属 ………………… 94
　親等の計算法 ………………………… 94
　姻族 …………………………………… 95
　親子（自然血族・法定血族） ………… 96
　養親族関係 …………………………… 96
　旧法中の養親族関係（先例要旨）…… 98
　旧法の「養親カ養家ヲ去リタルトキ」 ……………………………………… 99
　旧法の「養子ノ配偶者（養女）カ養子ノ離縁ニ因リ夫ト共ニ養家ヲ去リタルトキ」……………………… 101
　旧法中の養親族関係と新法の施行（先例要旨）……………………… 102
　継父母と継子（継親子）……………… 103
　嫡母と庶子 …………………………… 105
　継親子関係・嫡母庶子関係とこれに基因する親族関係（先例要旨）…… 105

第3編　戸籍関係（1）
　　　─戸籍事務一般─

【1】　今日までの身分登録制度

　戸籍の沿革 …………………………… 110
　明治5年式戸籍（壬申戸籍）………… 111
　明治19年式戸籍 ……………………… 113
　明治31年式戸籍 ……………………… 114
　身分登記簿 …………………………… 116
　大正4年式戸籍 ……………………… 117
　民法の応急措置法当時の戸籍の取扱い ……………………………………… 118
　現在の戸籍 …………………………… 120
　皇統譜 ………………………………… 121

【2】　戸籍の役割

　戸籍の意義と正確性保持 …………… 122
　戸籍記載の効力と利用（推定力・公証力）………………………………… 125
　国籍証明 ……………………………… 125

【3】　戸籍事務

　戸籍事務管掌者 ……………………… 127
　戸籍事務管掌者の代理者 …………… 130
　戸籍事務の補助者 …………………… 131
　戸籍事務の分掌 ……………………… 131
　小笠原関係戸籍事務所 ……………… 132
　沖縄関係戸籍事務所 ………………… 133
　戸籍事務管掌者の除斥 ……………… 134
　戸籍事務の管理 ……………………… 135
　戸籍事務管掌者と戸籍事務補助者の責任（行政上・刑事上・民事上）
　　………………………………………… 139

最新 体系・戸籍用語事典　＜目次＞

第1編　戸籍に関する法令と用語一般

国際私法 …………………………… 2
法の適用に関する通則法 ………… 2
準国際私法 ………………………… 4
共通法 ……………………………… 4
連結点（連結素） ………………… 5
行為地法 …………………………… 5
本国法 ……………………………… 5
重国籍者の本国法 ………………… 6
無国籍者の本国法 ………………… 6
地域的異法国籍者（異法地域者）の本国法 …………………………… 7
人的異法国籍者（異法人域者）の本国法 …………………………… 7
同一本国法（共通本国法） ……… 8
常居所・常居所地法・同一常居所地法（共通常居所地法） ………… 8
密接関連法 ………………………… 14
反致 ………………………………… 16
転致（再致） ……………………… 17
公序 ………………………………… 18
渉外的戸籍事件 …………………… 20
属地的効力 ………………………… 21
属人的効力 ………………………… 21
慣習法 ……………………………… 22
条理 ………………………………… 23
国籍法・国籍法施行規則 ………… 23
国籍と戸籍との関係 ……………… 24
国籍の抵触 ………………………… 25
国籍離脱の自由 …………………… 25
夫婦・親子の国籍同一主義と独立主義 ……………………………… 26
血統主義・生地主義 ……………… 26
外国人 ……………………………… 27
外国人の在留管理 ………………… 35
内地人・外地人 …………………… 38
家籍（家族籍）・地域籍（民族籍）・国籍の関係 ……………………… 46
寄留法・住民登録法・住民基本台帳法・戸籍の附票 ………………… 48
民法・民法施行法 ………………… 49
民法の応急措置法 ………………… 50
戸籍法・戸籍法施行規則 ………… 51
戸籍法の施行地域 ………………… 52
民事訴訟法・人事訴訟法 ………… 52
訴えの提起 ………………………… 53
訴えの取下げ ……………………… 54
家事事件手続法・家事事件手続法規則 ……………………………… 55
人事訴訟と家庭裁判所（調停前置主義） ……………………………… 56
家事審判（対象・取消し・変更・即時抗告・効力発生） …………… 59
家事審判と異議の申立て ………… 63
家事調停（特殊審判・調停に代わる審判） ……………………………… 64
身分関係の確認の訴え …………… 68
身分関係の確定判決（確定証明・戸籍処理） ……………………………… 71
戸籍先例と家事審判 ……………… 73
身分行為 …………………………… 76
制限能力者の身分行為（意思能力・

42 号)
参考記載例……平成 2 年 3 月 1 日民二第 600 号民事局長通達　別紙　戸籍記載例（最近改正：平 23・12・27 民一 3172 号通達）
民集……大審院（最高裁判所）民事判例集
民録……大審院民事判決録

高裁民集……高等裁判所民事判例集
下級民集……下級裁判所民事判例集
新聞……法律新聞
家月……家庭裁判月報
民月……民事月報
登研……雑誌「登記研究」
戸判総……戸籍関係判例総覧

法令名・文献略語表

国……国籍法
旧国……従前の国籍法（明32法66・大5法27・大13法19）
国規……国籍法施行規則
旧国規……従前の国籍法施行規則（大13内務26）
民……民法
民附……民法附則
民施……民法施行法
民応措……日本国憲法施行に伴う民法の応急的措置に関する法律
旧民……従前の民法（明31法9）
家事法……家事事件手続法
家事規……家事事件手続規則
人訴……人事訴訟法
非訟……非訟事件手続法
民執……民事執行法
民訴……民事訴訟法
民訴規……民事訴訟規則
民訴費用……民事訴訟費用等に関する法律
刑……刑法
刑訴……刑事訴訟法
国賠……国家賠償法
行訴……行政事件訴訟法
行不審……行政不服審査法
入管法……出入国管理及び難民認定法
戸……戸籍法
戸規……戸籍法施行規則
戸準……戸籍事務取扱準則制定標準
旧戸……大正3年（法26）戸籍法
旧戸細……大正3年戸籍法施行細則

明31戸……明治31年（法12）戸籍法
明31戸手……明治31年戸籍法取扱手続
明19戸手……明治19年戸籍取扱手続
明4戸……明治4年（布170）戸籍法
寄留……寄留法
住……住民登録法
住台……住民基本台帳法
裁……裁判所法
公証……公証人法
不登……不動産登記法
商登……商業登記法
明31・12・7民刑2142号回答……明治31年12月7日民刑第2142号司法省民刑局長回答
大5・8・26民25号回答……大正5年8月26日民第25号司法省法務局長回答
昭30・3・10民事甲10号通達（回答）……昭和30年3月10日民事甲第10号法務省民事局長通達（回答）
昭31・7・27民事㈡発80号回答……昭和31年7月27日民事㈡発第80号法務省民事局第二課長回答
昭51・1・23民二900号通達……昭和51年1月23日民二第900号法務省民事局長通達
昭40・6・7民事㈢発88号回答……昭和40年6月7日民事㈢発第88号法務省民事局第三課長回答
戸協決議……戸籍事務協議会決議
法定記載例……戸籍法施行規則附録第7号戸籍記載例（最近改正：平23法務省令

上司であった田代有嗣先生（前法務省法務総合研究所研修第三部長）に，終始懇切なご指導を賜り，かつ，監修までもいただいた。また，日本加除出版株式会社の尾中郁夫社長はじめ，出版部長笠原哲哉氏，編集担当の紅林進氏，その他社員の方々の絶大なご配意をいただいた。ここにあらためて深く感謝申し上げる次第である。

　なお，本書の執筆には，参考文献として引用させていただいた諸先生の文献に負うところが多く，衷心から敬意を表したい。

　昭和55年2月

　　　　　　　　　　　　　　　　　　　　髙　妻　　新

初版はしがき

　戸籍制度は，明治4年太政官布告以来，日本国民の身分関係を登録公証することをもって，国または地方の行政に，はたまた国民の利便に大きく寄与してきた社会秩序維持の基本的制度である。

　社会の各般の制度は，常に時代の要請によって進展するが，戸籍制度もまたその例外ではない。昨今の戸籍制度においても個人のプライバシーの保護，両性の実質的平等を図る観点から，戸籍法の一部改正をふくむ昭和51年法律第61号「民法等の一部を改正する法律」が公布施行をみたのは，その顕著な例である。

　戸籍制度がその目的に適合するように運用され，かつ発展するためには，それを運用する実務者と利用する者が，ともに現行制度のみならず従前の制度についても理解する必要があろう。一方，今日の社会では内外人の交流が頻繁になるにつれて，国際的私法関係のいわゆる渉外的戸籍事件も増加しつつあるので，戸籍実務者としてはその適正で円滑な処理をも要請される。

　かかる要請に応えるべく，本書は先例に即して実務を主眼に，現行法上のものに限定しないで，できるだけ旧法上のものも解説したが，先例のないものは，若干の私見を加えた。また，初心者のために戸籍用語は内国的なもののほか，渉外事件の処理に必要な基礎知識をも得られるよう国際私法関係の用語を配意した。次に，相続関係を掲げたのは，筆者の登記官としての経験にかんがみ，戸籍制度の利用という観点から特に戸籍実務と関係の深い相続登記の実務に言及し，戸籍制度を登記官その他の利用される方の理解に役立てようとするものである。さらに本書の特色としては，所要の問題索出の利便を考えて，巻末に「事項索引」を五十音順に数多く掲げて十分な活用を願っている。以上のような配意にもかかわらず，私の非力から十分でない点もあるかと思われるが，読者各位のご批判を仰ぎ，さらに充実を期していきたい。

　本書は，日本加除出版株式会社のご好意により，同社の「戸籍時報」誌に長い間連載いただいた筆者の「戸籍実務用語解説」を基にし，これに検討を加えて修正，増補したものである。このたびの発刊には，法務省民事局在職当時の

が，読者各位の批判を仰ぎ，さらに充実を期していきたい。

　本書の出版に当たっては，前版の見直しの機会を与えて下さいました髙妻新先生に感謝申し上げるとともに，法務省民事局在職当時の上司であった南敏文先生には，終始親切的確なご指導を賜り，かつ，ご監修までも頂きました。また，日本加除出版株式会社の編集第一部長大野弘氏には大変お世話になりました。ここに記して感謝の意を表します。

　　平成 26 年 9 月

　　　　　　　　　　　　　　　　　　　青　木　惺

補訂に当たって

　本書は，髙妻新先生が昭和55年3月を初版として，平成13年1月の改訂版まで，幾多の改訂を重ね，戸籍実務者及び戸籍研究者の皆様方に広く利用され，かつ，戸籍事務にかかわる人々のバイブルとして活用されてきたものである。

　このたび，髙妻新先生の命を受け不肖私が全面的に見直しすることとしたものである。

　基本的には従来の内容，形態を可能な限り維持しつつ，平成13年以降の法律改正及び戸籍実務の取扱いの変更を盛り込んで書き改めたものである。

　戸籍事務が常に時代の要請に応じて適切に運用され，かつ，発展するためには多くの身分関係法令の改正に的確，迅速に対応していく必要があることは言うまでもない。平成13年以降のおもな改正法令を挙げれば次のようなものがある。

　①　平成18年法律78号「法の適用に関する通則法」の制定，②　平成14年法律174号「申出による戸籍の再製」の新設，③　平成15年法律109号「人事訴訟法」の制定，④　平成19年法律35号「戸籍の公開制度」の改正，「不受理申出制度」の新設など戸籍法の一部改正，⑤　平成20年法律88号「認知による国籍取得」についての国籍法の一部改正，⑥　平成21年法律77号，79号「出入国管理及び難民認定法」「住民基本台帳法」の一部改正による外国人の在留管理，⑦　平成23年法律51号「非訟事件手続法」の制定，⑧　平成23年法律52号「家事事件手続法」の制定により家事審判法，家事審判規則，特別家事審判規則が廃止，⑨　平成23年法律61号「離婚後の子の監護，親権の効力・喪失，未成年後見等」に関する民法の一部改正，⑩　平成25年法律94号「嫡出でない子の相続分」についての民法の一部改正，など最後の改訂版が出されたのち13年の間に数多くの法律改正がされ，またこれらの法律改正に伴い時代及び社会の要請に応えるべく多くの戸籍事務の取扱いについての通達，回答が発出されている。

　今回の本書の見直しに当たっては，前記法改正等に伴う取扱いのすべての見直しを行ったところである。私の非力から十分でない点もあるかと思われる

た青木さんとも十分に意見交換を行い，遺漏なきように努めた。18世紀のフランスで啓蒙のため進歩的知識人が多く集まって百科事典を作成し，その後も多くの知識人が改訂作業に携わったが，本書は，髙妻さん1人が戸籍に関する百科事典を完成させ，それを青木さんが補訂するというものである。担当した人数こそ少ないが，わが国の戸籍制度・実務が余すところなく記載されており，その内容は世界一である。

　本書は，事典として該当箇所を読まれることを前提に記述が進められているが，書名に「体系」の語が冠記されているとおり，1頁目から戸籍の体系書としても読むことができ，戸籍制度の幹及び細部の両方を理解し得るユニークな書である。ボリュームに圧倒されず，1頁目から読破されることをお勧めする次第である。

　　平成26年9月

　　　　　　　　　　　　　　　　　　　南　　　敏　　文

監修のことば

　髙妻新さんが執筆された本書「体系・戸籍用語事典」を青木惺さんが補訂するに当たり，監修者であった田代有嗣さんが他界されていることもあり，監修を依頼された。今回の改訂は，青木さんが「補訂に当たって」で書かれているとおり，髙妻さんの手による平成13年1月の改訂の後，相当期間が経過し，その間に，民法や戸籍法の改正，人事訴訟法，家事事件手続法や法の適用に関する通則法の制定等，戸籍に関わる法制度に大幅な改正が行われたため，本書を現行法に合致させることが主な内容である。

　監修に当たり，本書の1頁目から最終頁までを2回にわたり熟読した。髙妻さんの戸籍に対する情熱がひしひしと伝わる記述も多く，また，髙妻さんの戸籍制度についての博識さを改めて感じた。田代さんが本書初版の「監修のことば」で述べておられるとおり「永年戸籍事務に打ち込んでこられた著者が，実に十余年の歳月をかけ，精力を傾注して完成された入魂の書であり，質においても量においてもまさに金字塔と呼ぶにふさわしい」ものである。特に，旧民法及びそれを支える家制度を中心とする戸籍の取扱いに関する研究の深さ，纏め方の巧妙さには敬服した。旧制度における先例通達は理路整然としており，髙妻さんが，そのような論理一貫性を現在の戸籍法を含む家族法にも持たらすべきであると暗に提唱されているようにも思われた。田代さんが本書のことを空前絶後の書であると評されたが，全くの同感である。

　もっとも，旧制度の記述の中には稀有の事象と考えられ，かつ，現在において除籍や改正原戸籍を読む上で，必要性に乏しいと思われる箇所もあり，監修者の責任で割愛した部分がある。この点についての知識を求める読者は，本書の旧版を参照願いたい。また，髙妻さん独特の言い回しもあり，表現がやや難解な箇所も見受けられたので，平易な記述に改めた。

　監修を引き受けるに当たり，日本加除出版株式会社の大野弘編集部長は，本書は，世に同社の編集出版能力の高さを示すものであって，同社の宝であると説明された後，その価値をますます高めて貰いたいと言われた。本書の監修者となることは，これまで戸籍，特に渉外戸籍に関わった私にとって幸せなことであり，十分に監修したつもりである。監修に当たり，補訂を実際に担当され

最新 体系・戸籍用語事典

法令・親族・戸籍実務・相続・旧法

南　　敏文　監修
髙妻　　新　著
青木　　惺　補訂

日本加除出版株式会社